KB271874

국어 형태·의미의 탐색

국어 형태·의미의 탐색

국어 형태·의미의 탐색

홍사만 외 지음

도서출판 역락

책머리에

형태·의미 연구의 여정

경북대에서 보낸 36년간의 교수 생활은 일견 짧게 느껴지기도 하지만 참으로 의미 있는 시간·공간이었다. 일구어 놓은 게 별로 눈에 띄지도 않는데, 무엇 하느라 그렇게 분주했는지 바쁘고 또 바빴다.

당초 국어 형태론에서 출발한 나의 구학(求學)은 어느덧 의미론에 이르렀다. 한평생의 강의도 이 두 분야의 강좌가 주류를 이루었다. 여기에다 80년대 일본 쓰쿠바(筑波)대학에서 한·일어 대조론으로 학위를 받고 돌아온 뒤로부터는 대조언어론이라는 새 장르가 추가되었다.

지난해 초 학과 교수들로부터 내 퇴임 논문집 출간에 관한 제언이 있었다. 나는 그 얘기를 귀담아 듣지 않았다. 이는 정년퇴임을 한다고 내가 연학(研學)을 종식하는 것도 아니고, 또 그런 쑥스러운 절차가 왜 필요한지 하는 평소의 생각 때문이었다. 그렇게 버티다 결국 퇴임 기념의 색조를 조정하는 방향으로 발간의 가닥을 잡았다. 그래서 내가 편집하고 머리말을 쓰는 모양새가 되었다.

무엇보다 전국의 유수한 동학들을 한 책에서 만나게 된 것을 큰 기쁨과 영광으로 생각한다. 가장 소중한 옥고를 망설임 없이 보내 준 여러 교수님들께 진정어린 감사를 드린다. 또한 이 일을 주선하고 출판하기까지 애써온 이상규, 백두현, 남길임 학과 교수의 노고를 잊을 수 없다.

이 책은 나의 전공에 따라 국어 형태와 의미에 관한 논고들을 묶어 엮은 것이다. 학술지에 이미 발표한 논문 중 논자가 최상의 것으로 골라 뽑아 준 탁론들이다. 공시론과 통시론, 응용론의 세 부면으로 나누어 모두 27편의 주제들을 여기에 담았다. 앞으로 석·박사 과정의 교재로도 유익하게 활용될 것이다. 형태와 의미의 원리를 익히고, 논구 과정에서 보여주는 논증과 기술의 기법을 터득하는 데 큰 도움이 될 것이다.

전체가 4장으로 구성되었다. 국어 형태와 의미에 대해 공시적으로 기술하고 통시적으로 추론하며 응용적으로 분석했다. 이는 언어 연구에서 수평적인 정태와 수직적인 동태를 유기적으로 분석 결합하고, 이로부터 응용적인 접근을 모색함으로써 짜임새 있는 틀을 구축하기 위해서이다.

제1장 공시 형태론에서는 형태소론, 굴절론, 조어론, 형태 규칙, 특정 기능어의 문법 등에 관해 논했고, 제2장 공시 의미론에서는 유의성, 동음성, 다의성 등 단어의 의미관계, 환유 표현, 유연성과 배의성, 차용어의 의미 확장에 대해 탐색했다. 제3장 통시론에서는 동사사(動詞史)의 문제, 특정어의 어원과 의미, 방언 문법 형태, 개화기 어휘, '–고 싶다'의 의미 성립 과정, 관용 표현의 생멸을 논했고, 제4장 응용론에서는 외래어 정책론, 대조분석론, 의미 빈도 사전 및 방언사전 편찬론, 어휘 교육론 등을 다루었다.

정년 퇴임을 눈앞에 둔 지금, 심중에는 그저 고마움이 가득할 뿐이다. 여러분의 성원에 보답하면서 부끄럽지 않은 내일을 살겠다.

도서출판 역락에 감사한다. 이곳에서 나의 졸저 다섯 권이 태어났다.

2009년 8월

정년을 맞으며 홍사만 씀

목 차

형태·의미 연구의 공시적 접근 (1)

형태론

국어 조어론 연구의 오늘·어제*

하치근

1. 국어 조어론 연구의 흐름

어느 나라말에서나 기존의 제한된 수의 낱말은 사상·감정의 복잡화나 문화적인 환경의 변화 때문에 증가 현상이 나타나는데, 이때에 낱말 만들기가 이루어진다. 낱말 만들기는 새로운 개념에 맞먹는 형식을 기존의 것이 아닌 전혀 새로운 것으로 만들어 내는 경우도 있고 기존의 낱말을 이용하는 경우도 있는데, 전자를 신어 창조(neologism) 후자를 신어 조성(wordformation)이라고 한다. 신어 창조는 기존의 언어적 수단을 사용하지 않고 새말을 만들어내는 곧, '무'에서 '유'를 이끌어내는 방법이다. 이 방법은 지속성과 일반성을 찾을 수 없으므로 조어론 연구의 방법으로는 적합하지 못하다. 그러나 신어 조성은 기존의 언어적인 수단을 사용하여 새말을 만들어내는 곧, '유'에서 '유'를 이끌어내는 방법으로 지속성과 일반성을 찾을 수 있고 이를 바탕으로 한 규칙 설정이 가능하므로 조어론 연구에 적합한 방법이다. 그러므로 조어론 연구의 본질적인 영역인 낱말 만들기는 신어 조성을 말한다. 우리말을 대상으로 한 조어론 연구의 출발은 주시경에서 비롯되었다. 그 뒤부터 이론적인 바

---

* 이 논문은 『우리말 연구 제19집』(우리말학회, 2006. 10)에 발표한 내용을 깁고 더한 것임.

탕을 달리하는 전통문법적인 연구, 구조·기술문법적 연구, 생성형태론적 연구, 인지문법적인 연구로 이어지면서 연구의 방향과 방법이 바뀌어 왔다.

이 연구의 목적은 국어 조어론의 역사적인 연구 과정을 종합적으로 개관해 봄으로써 국어 조어론 연구가 어떻게 계승, 발전되어 왔는가를 살펴보고 국어 조어론 연구의 정통성을 확립하려는 데 있다.

2. 연구사 개관

1910년대 주시경의 『국어 문법』으로부터 시작된 낱말 만들기에 대한 연구는 주로 파생어나 합성어의 분류를 중심으로 한 전통문법적인 경향이었다. 국어 조어론 연구사에서 보면 주시경의 연구를 출발점으로 하여 연구의 필요성이 제기되고 관심이 고조되었다. 오늘날 주시경의 조어론 연구 업적 가운데서 일반적으로 지적되고 있는 것은 통사적인 층위와 조어적인 층위를 구분하지 않아 파생법과 굴곡법의 한계를 짓지 못한 점이다. 그 이후 최현배의 『우리말본』에서는 앞선 연구에서는 볼 수 없었던 광범위한 파생어와 합성어에 대한 자료 분석을 통하여 조어법의 이론적인 토대를 마련하고 전통문법적인 경향의 조어법 연구의 기틀을 마련하였다. 여기서도 부분적인 문제점들이 지적되기도 했는데, 씨끝과 씨가지의 구분이나 도움줄기와 뒷가지의 기능적인 차이를 객관적으로 밝혀내지 못하고 말마음에 의존한 점 등이다.

1960년대에 와서 구조·기술문법 이론을 바탕으로 한 조어론 연구의 시기를 맞게 된다. 허웅은 학문적인 처리 방법이 비과학적이라는 비난을 면하기 위해서는 엄격한 원리에 의해서 일관되어야 한다는 자세로 종래의 말마음에 의한 본능적 방법을 지양하고 형태 중심의 객관적인 방법을 제시했다(허웅, 1966ㄱ: 32). 파생과 굴곡의 한계를 구조적인 환경의 차이 곧 분포라는 잣대로 측정하여 분포의 개방성과 제한성을 구분의 기준으로 삼았다. 파생접사의 구실을 근저형에 뜻을 더하는 것과 품사를 바꾸는 것으로 나누고 동형성의 원리를 적용하여 파생법의 체계를 수립했다.

김계곤은 이 시기에 최초의 접사 목록을 작성하여 조어론 연구의 방향을 시사했다(김계곤, 1968, 1969).

고영근은 토착화자의 공시적인 언어 의식을 중심으로 한 접미사의 확립 기준을 세우고 우리말 접사 목록을 재정비했다(고영근, 1974).

1970년대 말에 와서는 생성형태론적인 조어론 연구의 방법이 도입되어 종래의 분류나 분석 위주에서 생성 위주로 조어론 연구의 경향이 바뀌었다. 이전까지의 연구에서는 파생어와 합성어를 대상으로 한 분류와 분석에 치중했는데, 이 시기에 와서는 새로운 낱말을 만드는 심리적인 실체로서의 어휘부(lexicon)에 대한 탐색이 있었으며, 낱말 만들기를 주로 어휘부의 구조와 관련시켜 설명하면서 낱말을 만들어 내는 규칙, 곧 어휘 규칙 설정에 비중을 두었다. 어휘 규칙은 문법 규칙에 비해서 제약이 심하기 때문에 어휘 규칙 설정에서 규칙과 제약 중심의 새로운 생성형태론적 연구 경향이 활기를 띠었다. 생성형태론적 연구 경향에는 어휘 규칙과 문법 규칙을 이원적으로 보는 '약어휘론적 입장'(하치근, 1987 ; 송철의, 1989)이 있고 이 두 규칙을 달리 보지 않고 어휘 규칙과 문법 규칙을 동일시하는 '강어휘론적 입장'(시정곤, 1993)이 있다.

지금까지 살펴본 전통문법적인 조어론 연구는 어형 변화의 유형과 체계를 밝히는 데 비중을 두었고, 구조·기술문법적인 연구에서는 형태소 분석과 식별을 통하여 파생어와 합성어의 짜임새를 밝히는 데 비중을 두었다. 그런데 생성형태론에서는 어휘부의 조직과 어휘 규칙을 설정하여 낱말 만들기 과정을 밝히는 데 비중을 두었다.

1990년대 이후에 들어서는 생성형태론과 인지언어학 이론을 접목시키려는 논의가 새로이 제기되고 있다. 인지언어학에서는 말할이의 낱말 만들기 능력을 표시하는 방법으로서 규칙 설정에 반대하고, 그 대안으로 어휘적 관련성이라는 개념을 제시하고 있다. 말할이의 낱말 만들기 능력은 서로 긴밀한 관련을 가지고 있는 머릿속에 저장된 방대한 어휘의 목록인 어휘부에 입력되어 있다고 본다. 그리고 새로운 낱말은 어휘부에 갈무리 되어 있는 어휘항목의 유사성에 기초하여 유추적 추론 과정을 통하여 이루어진다고 보았다(채현식, 2000).

요즈음 제기되고 있는 이와 같은 이론을 생성형태론의 '규칙론'에 대하여, '유추론'이라고 부르기도 한다. 이 '유추론'은 다시 '총칭적 객관화 원리'의 도전을 받는다. 이 논의에서는 유추는 낱말 형성의 한 기제일 뿐 전체 낱말 형성의 모든 현상을 포괄할 수 없는 기제이기 때문에 규칙의 논리보다 상위 개념인 화자의 낱말 형성 직관인 '총칭적 객관화 원리'를 낱말 형성의 기제로 제시했다(김명광, 2004). 최근의 인지언어학적인 조어론 연구도, '유추론'과 '총칭적 객관화 원리'의 대립 양상을 보이고 있다.

3. 연구의 경향

3.1. 전통문법적 연구

국어 조어론사에서 낱말 만들기가 처음 다뤄진 것은 주시경의 『국어 문법』 (1910)에서부터다. 그 뒤에 김두봉(1922), 최현배(1937), 이희승(1955)으로 이어지면서 체계적인 연구가 이루어졌는데 특히 최현배는 이 시기에 국어 조어법 전반에 걸친 종합적 검토를 하여 조어론의 위상을 확고히 했다.

이 시기 조어론 연구의 일반적인 경향은 파생과 굴곡에 대한 기준 설정이 불분명하여 조어법에 품사 전성뿐만 아니라 임시적 자격 변동법까지 포함시켜 영역 설정이 유동적이었다.

국어 조어론 연구의 출발점은 주시경의 『국어 문법』(1910)에서부터다. 여기에서 조어론에 대한 학문적인 연구의 필요성이 제기되었고 관심의 대상이 되었다. 주시경의 조어법 체계에 대한 평가 가운데 가장 일반적으로 지적된 내용은, 통어적인 층위와 조어적(형태적)인 층위를 구분하지 않아 파생법과 굴곡법의 한계를 짓지 못한 점이다.

    (1) ㄱ. 감, 먹음, 먹지, 가기, 먹이
        ㄴ. 썰에, 묻엄, 막애, 남아, 남아지

(1ㄱ)의 '-(으)ㅁ, -지, -기, -이'는 모두 이름씨 되기에 관여하는 접미사로써, 이 가운데 '-지, -기' 접미사의 차이는 '-지'는 부정의 뜻으로만 쓰이는 데 반하여 '-기'는 두루 쓰이는 것이라고 했다(주시경, 1910 : 102).[1]

그런데 '감, 먹음, 먹지, 가기' 등의 '움짓임' 되기 밖에 '먹이'를 움몸 '먹'에 '이'를 더한 것으로 함께 들고 있다. 현대적인 관점에서 본다면 '먹음, 먹지, 먹기'가 통어론적 기능을 가진 구성이라면 '먹이'는 조어론적 구성이 되겠는데, 주시경의 '씨몸바꿈'은 이와 같은 두 층위를 구별하지 않고 있다. 어쨌든 (1ㄱ)의 예들을 주시경은 (1ㄴ)과의 상대적 관점에서 분포가 개방적인 파생어로, (1ㄴ)은 분포가 제약된 파생어로 나누어 보아 두 층위를 구분하지 않았다. 따라서 『국어 문법』의 '기몸바꿈'에서는 파생접사와 굴곡접사의 차이점을 고려하지 않았다.

그러나 한편으로는 두 층위를 공유하는 입음과 하임의 접사가 '남움'과 '제움'으로의 통어적 변형 관계를 이룰 수 있으므로 씨의 바꾸임이 있는 파생으로 본 점은 높이 평가되고 있다. 현재 조어론의 연구 경향은 조어 현상에 나타나는 특이성을 반영할 어휘 규칙과 일반적인 문법 규칙을 별개로 보자는 측과, 이 두 규칙을 하나로 통합시키자는 측으로 나누어져 있음을 고려할 때, 주시경의 관점은 단어통어론의 입장에 서서 조명할 때 그 타당성이 밝혀질 수 있을 것이다. 따라서 낱말은 분석적으로, 조어법은 종합적으로 처리하고 있는 주시경의 방법론은, 낱말은 종합적으로 조어법은 분석적으로 처리한 최현배의 방법론과 차이점이 있다. 주시경의 조어법 연구는 국어 조어론 연구의 출발점이 되었으며 연구의 필요성과 윤곽을 제시하고 문제점을 시사한 점은 뒷날 조어법 연구를 위한 방향 설정에 있어 지침이 되었다.

주시경의 문법 이론을 가장 충실하게 계승하여 그 부족한 내용을 수정, 보

---

1) 김계곤(1988 : 60)은 이와 같은 처리에 대하여, 월조각을 규정하는 통어론적 관점에서는 그런 대로 이해될 수도 있지만은 조어적인 관점에서는 이해될 수 없고, 또 어찌꼴 씨끝 '-지'를 이름씨 만드는 뒷가지로 본 것은 도저히 이해할 수 없는 처리라고 지적했다.

완하고 일층 체계화시킨 연구가 김두봉의 『깁더 조선말본』(1922)이다. 이 책의 조어법은 독립된 항목이 아니고 각 씨의 하위 항목에 '바꿈(파생)'과 '어우름(합성)'이라는 용어로 기술하고 있다.

> (2) ㄱ. 눈→눈, 귀→귀 : 검→검, 맵→맵, 먹→먹
>   ㄴ. 돌→숫돌, 스승→스승님 : 밝앟→샙밝앟, 길→길죽하 : 끌→이끌,
>   웃→웃기
>   ㄷ. 손→솜씨, 설→서투르, 젖→적시

여기서 '바꿈'(뜻바꿈, 몸바꿈)은 ① 그대로 바꿈, ② 더하여 바꿈, ③ 덜고 더하여 바꿈으로 나누고 있는데, (2ㄱ)의 '그대로 바꿈'은 단순어가 뭇뜻을 가지는 경우로, 이런 처리는 뒤에 최현배로 이어지지만 조어론에서 취할 낱말 만들기 방법이 아니다. 그리고 (2ㄴ)의 '더하여 바꿈'은 접사가 첨가되는 파생법이며 (2ㄷ)의 '덜고 더하여 바꿈'은 형태음운 변동 현상을 가져오는 파생법이다.

> (3) ㄱ. 솜+옷→솜옷, 가락+찌→가락찌
>   ㄴ. 우+옷→우ㄷ옷
>   ㄷ. 불+손→부손, 물+넘기→무넘기

그리고 '어우름(합성)'은 (3ㄱ)과 같은 '그대로 어우름', (3ㄴ)과 같은 '더하여 어우름', (3ㄷ)과 같은 '덜고 어우름'으로 구분했는데 구분 기준을 형태음운 변동에 두었다.

두 뿌리가 합성될 때 형태음운 변동이 없는 것은 '그대로 어우름', 사이시옷이 붙는 합성은 '더하여 어우름', 음운이 탈락하는 합성은 '덜고 어우름'이라고 했다. 앞 시기의 주시경이 '기몸헴'에서 '모힌몸(합성어)'을 '낫몸(단순어)'과 구분하고 몇 개의 예만 제시한 데 비하면 한 걸음 발전한 면이 있으나, 합성어의 구분에 통어적인 면이나 의미적인 면을 고려하지 않고 음운 현상만을 위주로 하여 나눈 것은 지엽적인 처리로서 타당성이 없다. 한편 움직씨의 뜻바꿈에서 '더하여 바꿈'의 예에 자리를 높이는 '보→보시, 잡→잡으시'와 때를 말하는 '보→보앗, 보→보앗것, 보→보겟' 등을 낱말 파생으로 본 것

은 주시경의 오류를 그대로 따르고 있다.

김두봉의 조어론에서 가장 특색이 있는 것은 파생법이나 합성법에 있어서 형태음운 변동 현상을 주요 기준으로 설정한 점인데, 현재 북한의 단어 조성 수법 가운데도 '소리바꿈'이 주요 수단으로 처리되고 있다.[2] 그리고 얻의 뜻 바꿈 가운데 '더하여 바꿈'의 예로, 뿌리에 접두사와 접미사가 함께 첨가된 '샙밝앟', '싫검엏'의 바탕말을 '밝앟', '검엏'으로 본 것은 접두파생보다 접미 파생이 우선한다는 생성형태론의 단계 유순 가설과 일치하며, 현재 북한의 조어론에서 지향하고 있는 종합적 각도와 맥을 같이 한다.[3]

위와 같은 조어법 연구의 기반 위에서 최현배는 광범위한 자료 분석을 토대로 하여 전면적이고 체계적인 조어 이론을 수립하였다. 앞 시기의 경향과 다른 점은, 주시경은 씨는 분석적 관점에 의하여 나누었으나 조어법은 종합적 관점을 취했다. 이와 같은 경향은 김두봉에서도 보인다.

그런데 최현배는, 씨의 분류는 종합적 관점을 취하되 조어법은 분석적 관점을 취했다. 곧 통어적인 층위와 조어적인 층위를 나누고 조어적인 층위는 분석적 관점의 바탕 위에서 체계를 수립했다. 이와 같은 경향은 뒷 시기에 가서 낱말의 구조 분석을 중시하는 구조문법적인 조어론 연구로 이어졌다.

그의 조어론 연구의 특색은, 첫째, 조어론의 체계 수립에 있어서 기본이 되는, 연구 영역과 용어 설정 및 용어에 대한 개념 정립이 전반적으로 명시적이고 합리적이다.

파생법의 연구는 파생접사의 기능 파악이 전제가 되어야 하는데, 파생접사

---

2) 김동찬(1987 : 209)에 의하면, '소리바꿈법'은 의미부의 말소리를 바꿈으로써 새로운 단어를 조성하는 파생법의 한 종류로 보고 있다. 곧 북한의 소리바꿈법은 남한의 내적 파생법에 해당하는데, 남쪽의 합성법에 해당하는 북쪽의 둘배합법에도 '덧붙임-소리바꿈법', '합침-소리바꿈법', '되풀이-소리바꿈법', '소리바꿈-줄임법' 등의 종류가 있고, 셋배합법에도 '덧붙임-합침-소리바꿈법', '덧붙임-되풀이-소리바꿈법', '분립-덧붙임-소리바꿈법' 등의 종류로 나누어 '소리바꿈'의 수단을 조어법에서 중요시하고 있다.

3) 김동찬(1987 : 31)은, 조성되어 있는 단어를 놓고, 그 조성적 구조를 해부하는 견지에서 현존하는 유의미적 또는 유기능적 단위들을 갈라 보고 그들 사이의 상관 관계를 살펴보는 것을 '분석적 각도'라 했다. 그리고 단어에 대하여 그것을 이루는 과정의 견지에서 고찰하는 경우에 분리되어 있던 의미적 단위들이 하나의 어휘론적 단위에도 결합되면서 단어로서의 단일체가 형성되는 단계를 살펴보는 것을 '종합적 각도'라고 했다.

는 그 기능이 낱말에 국한된 것과 월에까지 확장된 것이 있으므로 형태·통어적인 양면에서 연구해야 한다는 관점의 제시는 파생의 본질을 밝히는 타당성 있는 처리다(최현배, 1985 : 657). 그리고 씨가지(접사)와 으뜸조각(뿌리)을 구분하고 씨가지의 구실을 구체적으로 명시했으며, 씨가지가 완전한 뿌리에 붙기도 하고 불구뿌리(어원적인 뿌리)에 붙기도 하는 분포 환경을 고려하여 불구뿌리의 존재를 확립했다.

둘째, 씨끝과 씨가지의 구분이 때에 따라 어렵다는 점을 지적하면서 '말마음(언어 의식)'을 그 해결책으로 제시하고 분포 환경을 고려한 객관적인 구분 기준을 제시하지 못한 점이 뒷날의 연구자에게 비판의 대상이 되었다.

셋째, 도움줄기의 정밀한 분석을 통하여 문법 전반에 걸쳐 범주 수립을 시도한 점은 발전적이지만 높임, 때매김, 입음도움줄기도 하임도움줄기를 같이 묶어 같은 기능을 가진 도움줄기로 처리하고 이들 모두를 풀이씨에 뜻을 더하는 뒷가지로 보았다. 분포의 개방성과 제한성, 새말의 파생력 등 도움줄기와 뒷가지의 기능적인 차이를 밝히지 못한 점은 앞 시기의 오류를 그대로 답습했다.

넷째, 조어법에서 '어휘화'의 처리에 대한 중요성을 인식하고 홑진낱말(단순어)과 겹친말(복합어)의 구분 기준을 처음으로 수립했다. 현재의 생성형태론적 경향에 의한 조어법 연구에서도 어휘화 문제를 해결하기 위한 논의가 활발하다.

최현배(1965 : 39)는, 그 얽이(구성)는 분명히 두 낱말로 되었으나 그 어우름의 까닭을 설명하기 어려운 겹친말은 통일성이 가장 굳어 그것이 홑진낱말로 인정하게 되는 것이 있다고 하면서 「계집, 감발, 신발」을 홑진낱말로 보았다. 역사적으로 음운, 형태, 의미에 있어서 변화를 입은 겹씨가 현재에도 그대로 쓰이고 있을 때 이들 겹친말(겹씨, 복합어)에 대한 분석을 어원적으로 할 것인가, 공시적으로 할 것인가에 따라 분석 결과는 달라진다. '계집'은 어원적인 분석에 의하면, 「집에 겨는(있는) 사람」이라는 통어론적 짜임새가 형태론적 짜임새로 바뀐 말이다. 그런데 구성이 바뀐 이유를 설명하기 어려운 '계집'은 '계―'란 뿌리가 현재 쓰이지 않고 '집'이라는 뿌리도 '계집'의 구성에서는 본뜻에서 멀어져 '여성'이라는 뜻으로 바뀌었으므로 어휘화한 홑진 낱말로 보는 것이 타당하다.

그러나 '감발', '신발'은 합성 구조가 특이하지만, 각각의 뿌리가 현재 쓰이고 있고 본뜻을 가지고 있으므로 겹친말(겹씨, 복합어)로 보아야 한다. 이와 같은 처리 방법에서 최현배(1987 : 658)가 홑씨 속에 단순어와 파생어를 합친 까닭을 알 수 있다. 곧 파생어를 홑씨로 보려고 한 근거는, 파생접사 가운데는 분포가 아주 제한된 것이 있고 분포가 제한된 접사가 파생한 파생어는 그 자체를 어휘화한 것으로 보는 것이 타당하다. 그러나 개방성이 있는 접사가 붙은 파생어는 어휘화한 말로 볼 수 없기 때문에 홑씨에서 제외해야 한다. 한편 움직씨를 분포 관계를 고려한 구조적 관점에서 '첫째 가지 도로된 본대 움직씨'와 '둘째 가지 도로된 본대 움직씨'로 구분한 처리는 어휘화에 대한 객관적 기준을 설정한 탁견으로 평가된다.

다섯째, 김두봉의 '뜻 바꾸인 보기틀' 안에 있는 '그대로 바꿈'에는 한 낱말이 뭇뜻을 가지는 뜻바꿈과 현재 영변화(무변화) 파생으로 보고 있는 몸바꿈을 묶어서 처리했다.

최현배도 김두봉의 체계와 같이 영변화 파생을 '그대로 몸바꿈', 뭇뜻을 가지는 경우는 '그대로 뜻바꿈'이라고 보아 그 처리 방법이 같다. 그런데 주시경이나 김두봉의 체계에는 없는 '소리 바꾼 뜻바꿈(음소 교체법, 내적 파생)'의 설정은 당시로는 독창적인 처리이다. 그리고 '소리 바꾼 뜻바꿈'은 「곱다–굽다, 근근하다–끈끈하다, 새우다–세우다」와 같이 각 쌍 사이에 유의 관계가 수립되지 않는 것은 제외한다는 기준 제시는 합리적인 처리 방법이다(최현배, 1987 : 731).

이상에서 밝힌 최현배의 조어 이론은 국어 조어론 연구사에서 가장 전면적이고 획기적인 내용으로서, 그 이후 부분적인 지적을 받기는 했으나 전통문법기의 조어법 연구에 있어서 가장 종합적이고 체계적인 연구 성과로 볼 수 있다.

이희승은 낱말의 특성을 고려하여 낱말의 갈래를 보다 체계적으로 구분했다.

(4) 단어 구성 ┌ 단일어
└ 합성어 ┌ 복합어 – 병립, 주종, 혼일
├ 첩 어 – 유음첩어, 동음첩어
└ 파생어 – 내적 파생어, 외적 파생어

최현배가 '홑씨' 속에 포함시킨 파생어를 합성어로 보았고, 또 앞선 연구에서 언급되지 않았던 '첩어'를 설정하여 역시 합성어로 보았다.

그리고 최현배가 '소리 바꾼 뜻바꿈'을 '씨가지' 편에서 다루지 않고 '씨의 몸바꿈'에서 별도로 처리했던 것을, 파생법 가운데 내적 파생을 두어 여기에서 다루었다. 결과적으로 특수한 조어 현상으로 보았던 것을 파생법 속에 넣어 체계의 간결화를 기했다. 그러나 예를 든 각 쌍의 낱말들이 공시적으로 유의 관계가 성립되지 않고, 어원적으로 연계성이 있는 낱말들이므로 이들은 파생 관계로 볼 수 없고 각각 독립된 말로 분화한 형태로 보아야 한다. 설정한 내적 파생이 타당성을 가지려면『국어학 개설』(1955 : 290~290) 제4장 '음상, 어의, 어감'에 나오는 예를 들어야 한다. '내적 파생'을 처음으로 고려하여 체계상의 간결화를 꾀한 점은 돋보이나, 어원적인 분석과 공시적인 분석을 구분하지 않고 유의 관계를 고려하지 않은 처리는 파생법의 체계 수립에 있어서 보강해야 할 점이다.

한편 앞선 연구에서 구체화되지 못했던 분포의 제한성이나 뜻의 바뀜을 고려하여 실사의 접사화 과정을 공식화한 점은 복합어와 파생어의 구분에 객관성을 부여한 처리였다.

3.2. 구조·기술문법적 연구

구조·기술문법적인 경향에 의한 조어론 연구에서 특기할 만한 점은, 학문적인 처리 방법이 비과학적이란 비난을 면하기 위해서는 엄격한 원리에 의하여 일관성 있는 처리를 해야 한다는 생각에서 파생접사나 굴곡접사의 특성을 구조·기술언어학적 관점에서 밝혔다. 파생과 굴곡의 한계를 구조적 환경의 차이 곧 분포라는 잣대로 측정하여 분포의 개방성과 제한성을 그 특성 구분의 기준으로 삼았다.

 전통문법적인 조어론 연구에 나타난 문제점을 종합하여 객관적인 기준을 마련하고 체계 정립을 꾀한 허웅의 기본 관점은 구조·기술문법적인 분석 방법을 토대로 하였다.

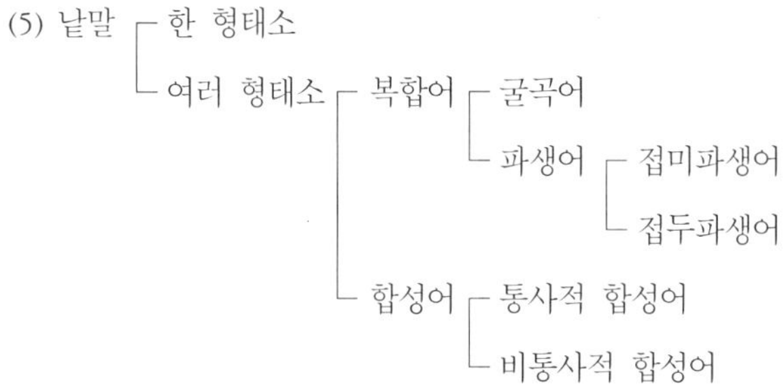

 허웅은 조어법 연구의 기본 단위인 낱말을 (5)와 같이 구분했다(1966ㄱ : 5). 그 특징으로는 종래 홑씨와 겹씨 구분이 언어직관에 의존하여 주관적인 경향이 강했으므로 이를 객관화하기 위하여 형태소의 숫자에 따라 나누었다. 여기서 단순어는 한 형태소로 된 것에만 제한하고 있는데 종래에는 이것밖에도 파생어나 굴곡어까지 포함시켰다. 그리고 여러 형태소로 된 말은 굴곡어와 파생어를 구분하여 복합어로 묶었다. 기존 논의에서는 두 개 이상의 뿌리가 결합된 낱말을 복합어(겹씨)로 보았으나 여기서는 굴곡어와 파생어를 복합어로 묶어 앞 시기와는 차이가 나는 낱말의 체계를 세웠다.4) 그리고 파생어를 접두파생어와 접미파생어로 나누었다. 여기서 주목할 점은 기존 논의에서 접요사(속가지)를 설정한 관점에 대하여 국어에는 접요사가 없음을 명확히 밝혔다(허웅, 1966ㄱ : 3). 다음은 종래 복합어(겹씨)를 합성어라 하고, 통어적 짜임새

---

4) 이익섭(1975 : 157)은 단어 분류는 조어 방식에 의한 분류이며 조어란 어간 내의 문제이므로 단어를 일단 어간과 어미로 양분하고 난 다음 그 어간의 구조에 의해서 단어를 분류해야 하므로 '활용어'는 단순어로 보아야 한다고 했다. 이와 같은 방법에 따르면 '웃기다, 짓밟다'는 파생어이기도 하고 굴절어이기도 한 모순이 있음을 지적했다.

의 합성어와 비통어적 짜임새의 합성어로 나누었다. 이와 같은 처리의 계기
는 종래 합성어(복합어)를 때로는 의미적 기준이나, 때로는 통어적 기준을 적
용하여 구분한 결과 기본적인 한계를 수립할 수 없었던 점을 고려한 것이었
다. 그리고 이은말과 통어적 합성어의 구분이 주관적 판단에 의하여 좌우되
어서는 안 된다는 점을 중시하여 구분 기준을 제시했다.[5]

종래의 연구에서 파생법의 체계 수립에 가장 큰 문제가 되어 왔던 점은 파
생접사의 특질을 밝히는 일이었다.

허웅은 파생접사의 구실을 ① 근저형에 뜻을 더하는 것, ② 근저형의 품사
를 바꾸는 것으로 나누고 파생접사와 굴곡접사의 차이를 구체적으로 밝혀 국
어 파생법의 체계 수립과 위상 정립의 한 전기를 마련했다(1966ㄱ : 7~11). 그
리고 입음과 하임의 접사가 파생접사인가, 굴곡접사인가 하는 문제에 대하여,
이들 접사는 그림씨에 붙어 남움직씨를 만들고, 분포가 제한되며, 굴곡접사에
비해서 뿌리에 가까이 결합되는 점 등을 고려하여 파생접사임을 확실히 했다
(허웅, 1966ㄱ : 13~15).

> (6) ㄱ. 노릇하다, 지조ㅎ다, 말ㅎ다, 이리ㅎ다, 잘ㅎ다
>   ㄴ. ㄱ득하다, 당당ㅎ다, 거머ㅎ다, 누러ㅎ다

허웅의 조어법 체계 수립에 있어서는 '동형성의 원리'가 주요 기준이 되었다.
'ㅎ다'형 풀이말이 합성어인가, 파생어인가 하는 점을 해결하기 위하여 (6ㄱ)
의 'ㅎ다'는 동작성이 느껴지므로 합성어로 보는 편이 나을 듯하지만, (6ㄴ)
은 'ㅎ다'가 파생접사의 기능을 드러내는 파생어이므로 동형성을 고려하여
모두 파생어로 보았다. 그런데 동형성의 원리 적용은 객관성 있는 체계 수립
에 있어서는 유용한 기준이 될 수 있으나 조어 현상에 나타나는 실사의 접사
화나 어휘화에 관한 문제 해결을 위해서는 본질과 동떨어진 결론을 이끌어
낼 수도 있다.

---

5) 허웅(1966ㄱ : 6)은 ① 합성어의 두 성분은 매우 긴밀히 결합되어 있어서 문법적으로 하나의 낱말
  처럼 작용한다, ② 합성어의 각 성분의 뜻은 그것이 독립된 낱말로서 단독으로 쓰였을 경우와는
  꽤 심한 변이를 입는 경우가 많다, ③ 합성어의 성분은 통어적 구성의 한 성분과 같은 말일지라도
  그 문법적 기능을 달리하는 일이 있다는 기준을 제시했다.

(7) ㄱ. 돋다→ 돋우다, 깨다→ 깨우다, 메다 → 메우다
    ㄴ. 걷다－걷우다 > 거두다(收), 밀다(推)－밀우다 > 미루다(延), 일다(起)－
       일우다 > 이루다(成)

(7ㄱ, ㄴ)은 동형성의 원리에 의하면, 형태상으로나 의미·기능상으로 같은 접사로 보아야 하겠지만, (7ㄱ)에서는 '－우－'가 사역의 뜻을 더하면서 제움직씨를 남움직씨로 바꾸지만 (7ㄴ)에서는 '－우－'의 그와 같은 의미나 기능을 찾을 수 없다. 따라서 (7ㄴ)은 각 쌍이 어휘화하여 독립적인 낱말로 분화했으므로 파생 관계가 이루어지지 않는다. 그러므로 동형성에 대한 고려가 조어법 전체를 지배하는 원리로 작용하게 되면 조어법에 나타나는 특이성을 해결할 수 없는 문제점이 나타나므로 이런 문제에 대한 고려는 보강해야 하겠다.6)

(8) ㄱ. ᄂ외다(反復) → ᄂ외, 고초다(拱) → 고초, 모도다(集) → 모도
    ㄴ. 長生인, 安樂國이는, 光目일, 木連이

(8ㄱ)과 같은 파생 관계를,『깁더 조선말본』에서는 '그대로 바꿈'으로,『우리 말본』에서는 이미 이루어진 씨 또는 씨줄기가, 다른 아무 것도 더하지 아니하고 그 본형을 그대로, 다른 씨줄기 또는 다른 씨로 몸바꿈한 '씨의 몸바꿈'으로 보았다.

허웅은 국어의 파생법은 대개는 유형의 접사를 취하는데 (8ㄱ)과 같은 경우에 움직씨가 접사 없이 바로 어찌씨로 바뀌었다고 보는 것은 옳은 처리가 아니므로 움직씨의 줄기 뒤에 어찌씨를 만드는 무형의 접사가 있다고 보았다 (1966ㄱ : 19).

종래의 연구에서는 이들을 보편적인 파생 현상과는 별개의 특수 현상으로 보았던 것을 영형태를 설정하여 파생법에 포함시켰다. 그리고 (8ㄴ)의 '－이'를『우리 말본』에서 '소리 고루는 씨가지'로 보았던 것을, 이것은 위치상으로

---

6) 허웅(1983 : 137)은 "노래, 도리깨, 무녀리, 거란지(뼈)"는 어원적으로는 파생어나 합성어로 볼 수 있지만 공시적으로는 형태, 의미적인 측면을 고려하여 '홑낱말'로 바뀐 것으로 보고, '어휘화'를 의식한 처리를 하여 동형성의 원리가 중심을 이루었던 1960년대의 연구 경향에서 점차 '어휘화'를 의식하는 경향으로 변화하는 모습을 엿볼 수 있다.

는 꼭 접사처럼 보이지만 문법적으로나 어휘적으로 아무런 뜻이 없고 오직 소리를 고루기 위하여 들어간 '유형의 비접사'로 보았다.

```
(9) 낱말 만들기 ┬ 가지 붙이기 ┬ 앞가지 붙이기
              │            └ 뒷가지 붙이기
              └ 뿌리 합치기 ┬ 통어적 합치기
                           └ 비통어적 합치기
```

허웅의 『20세기 우리말의 형태론』에서는, 그 이전까지의 낱말 만들기에 대한 인식이 크게 바뀌었음을 나타내는 점이 있다.

'파생법'을 '가지 붙이기'로, '합성법'을 '뿌리 합치기'로 우리말 용어로 바꾸었다. 이것은 단순히 용어의 문제를 넘어선 낱말 만들기에 대한 인식의 바뀜 문제이다. 허웅은 『20세기 우리말의 형태론』(89면)에서 '가지 붙이기'와 '가지 치기'는 같은 말인데 '가지 치기'에는 두 가지 뜻이 있다고 했다. 하나는 가지를 다듬는다는 뜻이고, 다른 하나는 가지가 새로 생겨난다는 뜻이 있는데 여기서는 뒤의 뜻으로 썼다고 했다. 분석 위주에서 관점의 전환을 가져온 생각의 바탕에는 구조·기술주의적인 조어론 연구에 생성형태론적인 연구 경향을 수용한 결과라고 본다. 이와 같은 경향을 엿볼 수 있는 것으로, 「여닫이, 땀받이, 꺾꽂이」의 낱말 만들기 과정을 아래와 같이 기술하고 있다(허웅, 2000 : 430∼431).

```
(10) ㄱ. 「여닫-」+「-이」 → 여닫이
     ㄴ. 땀을 # 받다 → 땀 # 받다 → *땀받다(한 낱말이 된 것으로 가정)
                              「*땀받-」+「-이」 → 땀받이
     ㄷ. 「꺾어 # 꽂-」+「-이」 → 「*꺾꽂-」+「-이」 → 꺾꽂이
```

(10ㄱ)의 '여닫이'는 한 낱말로 합쳐진 '여닫다'가 있으므로 합성뿌리 「여닫-」에 뒷가지 「-이」가 붙어 정상적인 낱말이 되었다. 그러나 (10ㄴ)의 '땀받이'와 (10ㄷ)의 '꺾꽂이'는 '땀받다'나 '꺾꽂다'가 정상적인 낱말이 아니므로 설명 방법을 달리해야 한다. 곧, (10ㄴ)의 '땀받이'는 원래 「땀을 받다」가,

(10ㄷ)의 ‘꺾꽂이’는 「꺾어 꽂다」라는 통어적 짜임새가 ‘땀받다’, ‘꺾꽂다’의 형태적 짜임새로 바뀐 것으로 가정하고 합성뿌리에 뒷가지 「-이」가 붙어 이루어진 것으로 보았다. 이와 같은 가상적인 낱말을 설정하여 말만들기 과정을 기술하는 것은 어휘부(lexicon)의 존재를 인정하는 생성형태론의 입장에서 본 처리와 방법을 같이하고 있다.

    (11) 짓밟히다, 되세우다, 맞달리다

    위의 ‘짓밟히다’는 제일차적인 성분분석을 ‘짓밟-히-’ 따위로 할 수 있다. 그것은 ‘짓밟다’가 앞가지 붙이기로 성립되기 때문이다. 그러나 어떠한 말에 있어서는 이러한 분석이 되지 않을 수가 있다. 곧, ‘되세우다, 맞달리다’에 있어서는 ‘*되세다, *맞달다’가 없기 때문에 이러한 경우에는 ‘되-세우다, 맞-달리다’만이 가능하다. 그러므로 모든 경우에 이를 맞추어 풀이하는 방법을 취하고 있다(허웅, 2000 : 185).

    이러한 처리 방법도 생성형태론에서 말하는 뒷가지 파생이 앞가지 파생에 앞선다는 ‘단계 유순 가설’과 방법을 같이 하고 있다.

    김계곤은, 허웅의 구조주의적 연구 방법론을 바탕으로 하여 광범위한 자료를 분석하고 이론과 실제 사이에 나타나는 틈을 찾아내고 해결책을 모색했으며, 국어 조어론 연구사에서 최초로 접사 목록을 작성해 낸 성과를 들 수 있다. 앞으로의 발전적이고 체계적인 조어법 연구를 위해서는 현재 여러 방향에서 시도하고 있는 새로운 이론들을 대상으로 하여 믿을 만한 자료 분석의 과정을 거쳐 타당성 검증을 하는 단계가 반드시 필요하다. 이런 면에서 김계곤의 연구 성과는 국어 조어법의 위상을 정립하는 데 큰 몫을 했다.

    (12) 문학가, 정치가 ; 누님, 선생님 ; 개다리, 개꽃

    김계곤(1969 : 106~107)은 (12)의 ‘문학가, 정치가’의 ‘-가(家)’를 접미사로 보는 관점에 대하여, ‘-가’가 독립적인 쓰임은 없으나 그 뜻은 독자성을 가지고 있으므로 접미사가 아닌 이름씨로 보았으며 ‘님’은 안옹근이름씨 ‘놈, 년’ 못지않게 독자성을 가지므로 ‘임’의 음성적인 변이형태로 보고 안옹근이

름씨로 처리했다.7) 그리고 '개다리'의 '개'는 앞가지스런 것으로 볼 수도 있겠으나, 그 뜻인즉 <개가 다리를 들고 오줌을 누듯 되지 못한 사람의 행동> 곧 <막잡이로 만든 물건>을 뜻하므로 합성어로, '개꽃'의 '개-'는 앞가지로 보아 파생어로 처리했다. 조어법에서 동형성의 원리를 적용시키는 목적은 낱말의 구조를 객관적으로 분석하고 합리성 있는 조어법 체계를 수립하고 나아가 접사의 목록이나 합성어 목록을 작성함에 있다. 이와 같은 목적에 비추어 볼 때, 김계곤의 처리 방식은 때로는 어원적인 분석에, 때로는 의미에, 때로는 언어직관에 기대어 여전히 전통문법적인 조어론 연구 경향을 벗어나지 못한 기술 부분들이 발견된다. 조어론의 특이성을 일반화할 수 있는 방법은 실사의 접사화나 어휘화의 과정을 음운, 형태, 의미적인 면과 아울러 살펴보고 분포상의 특수성이나 구조적인 양상까지도 고려할 때 가능하다. 따라서 한자어의 뒷가지 처리 문제는 형태상의 동형성을 고려하기보다 분포상의 특성을 고려하여 한 낱말의 뒤에 붙은 '-가(家)'는 <특수한 재능을 가진 전문인>을 뜻하는 접미사로, '-님'은 '존칭'의 접미사로 보는 것이 타당하다. 그리고 '개꽃'을 파생어로 본다면, '개다리'도 파생어로 보아야 일관된 기술이 될 것이다.

(13) 너-새, 한-창, 귀잠-들다, 옴포동이-같다.

(13)의 '너-새'는 접두파생어로 보았는데, 그 이유로 '새'가 단독으로 쓰이는 일은 없지마는 '기와'라는 낱말을 대신하고 있으며, 형태상으로 '새'는 '기와'의 옛말인 '디새'가 앞가지에 연결되면서 조어상의 변이를 입은 이름씨 뿌리이고, '너-'는 앞가지이기 때문이라고 했다(김계곤, 1982 : 68).

그리고 '한-창'의 '창'은 한자 '漲'에서 온 말인 듯 하므로 이름씨로 보고 '한-'은 접두사로 보아 접두파생어이며, '귀잠들다'<잠이 깊이 들다>의 '귀'는 본뜻이 확실하지 않으나 '귀(耳)'의 뜻이 있는 이름씨로 보고 "귀잠"을 합성이름씨로 처리했다(김계곤, 1978 : 15).

---

7) 고영근(1974 : 63)은 여기에 대한 반론으로, '-님'이 형식명사일 수 없는 것은 관형사 아래 쓰일 수 없음은 물론 통합 어근이 불규칙하다는 특성을 들어 접미사로 보았다.

또 "옴포동이"의 '옴'은 '오목오목'의 준형태로, '포'는 '포동포동'의 준형태로 보아 "옴포"는 합성어찌씨로 처리했다(김계곤, 1978 : 16).

이와 같은 분석 방법의 문제점은, 현재 쓰이지 않는 형태를 어원적으로 분석해 내어 언어직관에 의한 의미 부여를 하고 있는 점이다.

따라서 형태나 의미, 분포 특성을 고려하여 '너새'나 '한창', '옴포'와 같은 말은 어휘화한 홑형태소로, '귀잠'의 '귀'는 '耳'와 의미상의 유연성이 없고, 뿌리 '잠'은 현재에도 쓰이고 있는 이름씨이므로 접두파생어로 보는 것이 타당하다.

```
(14)  통사적 합성임자씨 ┬ 대등적인 합성법
                      ├ 종속적인 합성법
                      └ 파생적인 합성법
```

위의 (14)와 같이 통사적인 합성임자씨를 통사적 기능에 따라 대등적인 합성법과 종속적인 합성법으로 구분하고 나서 그 종류에 소속시키기 어려운 부류는 파생적인 합성법에 포함시켰다. 여기서 파생적인 합성법은 두 뿌리 사이에 종속적 관계가 이루어지지만 그 기준을 파생적이라는 데 중점을 두고 설정한 갈래이다(김계곤, 1972 : 26).

이와 같은 갈래 설정은 분포 환경을 통하여 실사의 접사화 과정을 고려하려는 의도로 보이나 결과적인 처리는 실사로 보고 있어 파생적인 합성법 설정의 의의를 잃고 있다.[8]

곧 김계곤이 설정한 '파생적 합성법'은 형태나 의미, 분포 환경을 고려할 때 '앞가지스런 이름씨'는 '앞가지'로, '뒷가지스런 이름씨'는 '뒷가지'로 보고 파생법에서 다루는 것이 합리적이다.

지금까지의 조어법 연구가 어원적인 낱말 분석이나 언어직관, 동형성의 원리에 바탕을 두었다면, 고영근은 토착화자의 공시적인 언어 의식을 중심으로 한 구조적 양상을 고려하여 접미사의 확립 기준을 마련하고 접사 목록을 재

---

8) 김계곤(1972 : 53)은 "객소리, 상소리, 선머리"의 '객―, 상―, 선―'은 '앞가지스런 이름씨'로, "걱정거리, 도련님, 조카빨"의 '―거리, ―님, ―빨'을 '뒷가지스런 이름씨'라고 했다.

정비했다.9)

접사 선별의 특색은 기존의 연구가 접사의 특성을 주로 낱말 단위에 한정했는데 고영근은 월 단위까지 확대하여 종합적으로 검토했다. 한편 앞선 연구에서는 낱말을 어원적으로 또는 공시적으로 분석하여 상충되는 점을 해결하기 어려웠으나 고영근은 어원적인 분석을 지양하고 실사의 접사화나 어휘화에 대한 개념 정립과 기준 제시를 하여 뿌리와 접사의 구분에 객관성을 보강했다.

(15) −당하다, −되다, −받다, −시키다

동형성의 원리에 의하면 (15)의 예는 모두 실사이지만 고영근은 이들이 자립성을 드러낼 때는 실사로 보지만 구조적 양상을 고려하여 특정 어근과 통합하여 문법범주를 달리하거나 통합 어근이 일정하지 않으면 접미사로 보았다(1974 : 67).

(16) −걷이, −뜯이, −걸이, −뽑이

그리고 (16)의 예들은 풀이씨 줄기에 이름씨를 만드는 '−이' 접미사가 결합된 말인데, 이들이 진정한 이름씨라면 자립성이 인정되어야 하지만 뿌리가 실질형태소이면서도 의존성만 파악되므로 '준접미사'로 처리했다. 따라서 준접미사 '−뜯이'나 '−걷이'와 결합된 '뼈−뜯이, 가을−걷이' 등은 준합성어로, 자립성이 있는 '벌이', '놀이'와 결합된 '밥벌이', '윷놀이'는 합성어로 구분했다. 요즈음의 생성형태론적 방법에 의한 조어론 연구에서는 새말 파생을 위해서 접사의 생산성에 대한 고려가 중요시되고 있다. 고영근은 생산성 있는 접사를 '규칙적인 접사'라 하고, 이 접사의 특성으로 뿌리와의 분리가 비교적 쉽고 이것과 결합되는 뿌리의 수효가 별로 제한을 받지 않음을 들었다(1974 : 35). 그리고 접사가 뿌리와 결합하는 정도에 따라 ① 매우 불규칙적인 것, ② 다소 규칙적인 것, ③ 매우 규칙적인 것으로 구분했다.10)

---

9) 고영근(1974 : 27)은 접미사의 확립 기준으로 ① 의존성을 띨 것, ② 특수성을 띨 것, ③ 어휘성을 띨 것, ④ 조사와 어미와의 통합에 제약이 없을 것을 들었다.

동형성의 원리에 의하면 실사의 접사화 과정을 인정할 만한 기준을 제시하기 어렵다. 그런데 실제로는 실사인지, 접사인지를 구분해야만 낱말의 구조 파악이 가능한 경우가 있다.

> (17) ㄱ. -감(옷-), -거리(걱정-), -결(물-), -놈(김가-)
> 　　 ㄴ. -같다(쥐뿔-), -궂다(심술-), -없다(시름-), -적다(멋-)
> 　　 ㄷ. -것(수ㅎ-), -바람(맨머리ㅅ-), -차(인사-), -채(몸-)

고영근은 이와 같은 현상을 '동요'라고 하여 동요의 정도를 (17ㄱ~ㄷ)과 같이 세 단계로 나누었다(1974 : 64).

(17ㄱ)은 본래 자립형식이 임시로 접사의 기능을 발휘하고 있는데, 앞으로 자립형식으로서의 용법을 상실하게 되면 접미사로 바뀔 가능성이 있지만 현재로서는 접사보다는 실사로서의 기능이 두드러진 것으로 보았다.[11] (17ㄴ)은 실사와 형태상으로는 같지만 이 경우에는 의미상으로 유연성을 인정할 수 없으므로 완전히 접사화한 것으로, 그리고 (17ㄷ)은 원래 매인이름씨였던 것이 이외 같은 특수한 구조적 양상으로 인하여 접사로 바뀐 것으로 보았다. 지금까지의 예들은 본래 실사였던 것이 접사로 동요한 경우인데, 거꾸로 본래 접사였던 것이 실사로 동요하고 있는 아래와 같은 예를 들고 있다.

> (18) -자락(옷-), -티(시골-), -투성이(먼지-), -끼리(너희-)

(18)의 예들은 현대어에서는 파생어이지만 접사가 자립형식으로 쓰이는 경우를 고려하여 접사가 실사화한 동요 현상으로 보았다. 그런데 역사적으로 실사가 접사화한 경우는 일반적인 현상이지만 접사가 실사화하는 경우는 특이한 현상이므로 이를 비문법화 현상이라고 했다(고영근, 1974 : 75).

---

10) 고영근(1974 : 35~36)은 규칙성의 정도에 따른 접사를 아래와 같이 밝혔다.
　① 매우 불규칙적인 것 : -악서니(꼴-), -암(막-), -애(막-), -웅(집-)
　② 다소 규칙적인 것 : -이(높-, 깊-, 길-, 넓-), -음(얼-, 졸-, 믿-, 걸-), -이(다)(먹-, 낚-, 덮-)
　③ 매우 규칙적인 것 : 들, 쯤, 깨, 게, 꼴, 짜리
11) (17ㄱ)의 예들을, 김계곤(1972 : 53)은 '뒷가지스런 이름씨'가 들어 있는 파생적인 합성이름씨로 보았다.

그리고 매우 불규칙한 접사가 유연성을 상실하여 유일형태소로 바뀌어 버리면 어근과 융합하여 어휘화한 단일어가 되며, 유연성 상실 여부를 결정짓는 방법으로 하임월(사동문)과 스스로월(주동문), 입음월(피동문)과 제힘월(능동문)의 변형 관계 성립 여부에 따라 변형 관계가 성립되면 유연성이 있고, 성립되지 않으면 유연성이 없는, 어휘화한 것으로 보았다.12)

3.3. 변형생성문법적 연구

앞 시기 구조·기술 문법에서는 어휘부는 한 언어의 모든 형태소를 모아 놓은 어휘목록으로 보고 이 어휘목록에는 각 형태소를 음소로 기입하는 형식(form) 항목과, 형태소의 문법범주를 표시한 류(class) 항목, 형태소의 의미를 풀이한 주해(gloss) 항목으로 나누어 기재하도록 했다. 그러므로 어휘부는 사전과 다를 바 없는 수동적인 역할만 한다고 보았다. 변형생성문법에서는 인간은 동물과는 달리 태어나면서부터 언어를 습득할 수 있는 언어 습득 장치를 두뇌 속에 가지고 태어나며 어린이는 이 장치를 가동시킴으로써 복잡한 언어 체제를 빠른 기간 안에 완전히 습득할 수 있다고 보았다. 이 언어 습득 장치의 발견으로 수동적인 어휘부의 역할이 능동적이고 창조적으로 바뀌게 되었다. 따라서 어휘부는 낱말을 저장하는 곳이며 저장된 낱말을 바탕으로 하여 새로운 낱말을 만들어 내는 능동적인 부문으로 그 기능이 강화되었다. 이 어휘부는 파생어 형성과 굴절의 관계에서, 굴절은 전적으로 어휘부에서 일어나므로 파생 규칙과 문법 규칙을 달리 설정할 필요가 없다고 보는 강어휘론 가설과 굴절은 어휘 규칙이 적용되고 난 뒤에 통사부나 그 이후 단계에서 이루어진다는 약어휘론 가설로 나뉜다.

약어휘론 가설(weak lexicalist hypothesis)을 바탕으로 하는 논의에서는 어휘 규칙과 문법 규칙을 다르게 보고, 어휘부의 역할을 강화하여 파생어나 합성어

---

12) 고영근의 이와 같은 관점은, 최현배의 으뜸조각에 씨가지를 더한 낱말을 홑씨로 본 것과, '바꾸힌 움직씨'가 유연성을 잃으면 '본대 움직씨'가 된다는 선행 연구의 바탕 위에서 구조적 양상을 고려하여 한 단계 발전시킨 이론으로 평가된다.

가 어휘부 안에서 어휘 규칙에 의하여 생성된다면 어휘 규칙을 구조화할 수 있는 방법의 모색이 있어야 함을 강조했다. 파생과 굴절을 구분해야 하는 약 어휘론적 입장의 논거는 다음과 같다(Scalis, 1984 : 131~148).

> (19) ㄱ. 굴절 규칙은 낱말의 통사범주를 바꾸지 않지만 파생어 형성 규칙은 바꿀 수 있다.
> ㄴ. 굴절은 파생에 대해 항상 주변적이다.
> ㄷ. 파생 규칙과 굴절 규칙은 각기 어기의 상이한 특성에 반응한다.
> ㄹ. 파생 규칙과 굴절 규칙은 하는 일이 다르다.
> ㅁ. 파생 규칙은 어기의 개념상의 뜻을 바꾸는데 비해 굴절 규칙은 문법적인 뜻을 바꿀 따름이다.
> ㅂ. 파생 규칙은 여러 번 적용될 수 있으나 굴절 규칙은 그렇지 못하다.
> ㅅ. 파생 규칙은 완전히 생산적이지 않지만 굴절 규칙은 생산적이다.
> ㅇ. 파생 규칙은 수의적인 데 비해 굴절 규칙은 의무적이다.

어휘 규칙에는 낱말을 형성하기 위한 형태소의 배열 순서를 명시해 주어야 한다.

> (20) ㄱ. 사랑+스럽+다.
> *ㄴ. 스럽+사랑+다.
> *ㄷ. 다+스럽+사랑

(20ㄱ)은 형태소의 배열 순서에 맞게 파생된 파생어이며, (20ㄴ, ㄷ)은 배열 순서에 맞지 않으므로 실제적으로 사용되지 않는 낱말이 되어 버렸다. 그러므로 낱말 만들기 규칙에 의해서 생성된 낱말이 실제적으로 사용되는 낱말이 되기 위해서는 형태소의 배열순서가 명시되어야 한다.

> (21) $[_N X] \rightarrow \#[_N[_N X] + 나기]\#$
> : 지역적 특성을 가진 사람
> (X : 서울, 시골)

낱말 만들기 규칙은 뿌리의 통사범주나 출력부의 통사범주 그리고 출력부의 내부 경계를 명시하고 통사적인 의미 정보까지도 나타내어야 한다. (21)에

서 뿌리 [X]의 통사범주는 N이며 여기에 접사 {−나기}가 결합된 파생어의
통사범주도 N이며 뿌리와 접사 사이에는 접사 경계 [+]가 놓이고 접사의 뜻
은 <지역적인 특성을 가진 사람>이다. 그리고 접사가 결합될 수 있는 뿌리
의 종류를 명시하여 접사의 생산성의 정도를 파악하는 일은 설정한 낱말 만
들기 규칙의 일반성을 포착하는 중요한 기준이 된다.

(22) ㄱ. 방망이질, 빨래질, 담배질, 인두질
    ㄴ. 선생질, 서방질, 부정질, 도장질

낱말 만들기 규칙에서는 뿌리의 그것과 일치하지 않는 파생어의 의미적,
통사적 특성을 명시해 주어야 한다. 위의 (22ㄱ)처럼 실체성 이름씨와 결합하
면 <습관적인 행위>의 뜻을 나타내고, (22ㄴ)처럼 인간이나 인간 행위의 이
름씨와 결합하면 <경멸스러운 행위>를 나타낸다는 특이성을 규칙에 명시해
주어야 한다.

(23) ㄱ. 총질하다, 통장질하다, 서방질하다, 마당질하다.
    ㄴ. *총하다, *통장하다, *서방하다, *마당하다.

통어상의 특성으로는 {−질} 접사는 실체성 이름씨가 '하다'와 통합할 때
나타나는 (23ㄴ)과 같은 양립 불능 현상을 중화시켜 (23ㄱ)과 같이 정상적인
낱말 만들기를 가능하게 한다.

(24) ㄱ. 길다랗다, 널따랗다, 좁다랗다, 커다랗다.
    ㄴ. 기다래지다, 널따래지다, 좁다래지다, 커다래지다.

낱말 만들기 규칙에는 음운적인 특성도 고려해야 한다. (24ㄱ, ㄴ)에 있어
서 '널따랗다'의 '−따랗−'은 '−다랗−'이 된소리 되기가 일어난 것으로, 같
은 음성적인 환경이지만 된소리 되기가 일어나기도 하고 일어나지 않기도 하
므로 이와 같은 개별적인 현상을 명시해 주어야만 실제 사용하는 낱말을 생
성할 수 있다. 그리고 (24ㄴ)처럼 '−지(다)'가 통합될 때에는 접사 '−다랗−'
의 /ㅎ/ 끝소리가 탈락하고 /ㅏ/가 'ㅣ'모음 역행 동화를 일으켜 /ㅐ/로 바뀌는

음운 현상도 포착할 수 있다.

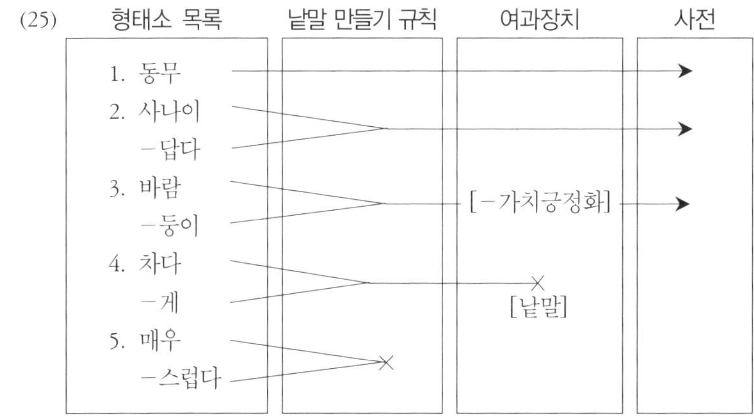

형태소 목록에 낱말 만들기 규칙을 적용하면 실제 사용되는 낱말(actual acceptability word)과 용인 가능한 낱말(potential acceptability word)과 사용 불가능한 낱말(unacceptanility word)이 만들어 지는데 (25)에서 형태소 목록 안의 1, 2, 3은 실제 사용되는 낱말의 파생 과정을, 4는 용인 가능한 낱말을, 5는 사용 불가능한 낱말이 만들어 지는 과정을 나타낸다. 실제 사용되는 낱말을 만들어 내기 위해서는 여과장치에 의한 조정 작용이 필요하다. 목록 안에 있는 '동무'라는 말은 낱말 만들기 규칙의 적용을 받지 않고 그대로 사전에 등재된다. 그런데 '사나이'는 파생접사 '-답(다)'과의 결합에 의하여 '사나이답다'라는 파생어가 만들어지고 이것이 그대로 사전에 등재된다. 그런데 '바람'이라는 뿌리가 접사 '-둥이'와 결합하여 만들어진 '바람둥이'는 '해방둥이, 귀염둥이, 꼬마둥이'와 의미상으로 비교해 보면, 이들이 <가치긍정적>인 뜻을 드러내는데 비하여 '바람둥이'는 <가치부정적>인 뜻을 드러내므로 여과장치 속에 <가치긍정적>이라는 정보를 명시해 주면 이 파생어가 가지는 예외적인 뜻을 바르게 파악할 수 있다. 그리고 국어의 사물접미사 '-개'는 '덮개, 가리개, 싸개, 지우개'와 같이 움직씨의 뿌리에 붙어 사물이름씨를 파생하는 것이 일반적이다. 그런데 이 목록 속에 있는 '차다'는 움직씨이면서 '-개'

파생이 저지된다. 그러므로 '*차개'는 용인 가능한 낱말이지만 실제 사용되지 않는 낱말이므로 여과장치 속에 표시해 주어야 한다. 어찌씨 '매우'는 접사 '-스럽-'과 결합될 수 없다. 왜냐하면, 접사 '-스럽-'이 취할 수 있는 뿌리 는 이름씨여야 하기 때문이다. 따라서 '매우'와 '-스럽-'은 낱말 만들기 규 칙의 적용 대상이 될 수 없다는 사실을 명시적으로 나타내 주어야 한다.

강어휘론 가설(strong lexicalist hypothesis)을 바탕으로 하는 논의에서는 어휘 규칙과 문법 규칙을 통합하여 어휘부의 범위를 광범위하게 확장시켰다.

(26) 국어 단어 형성 틀

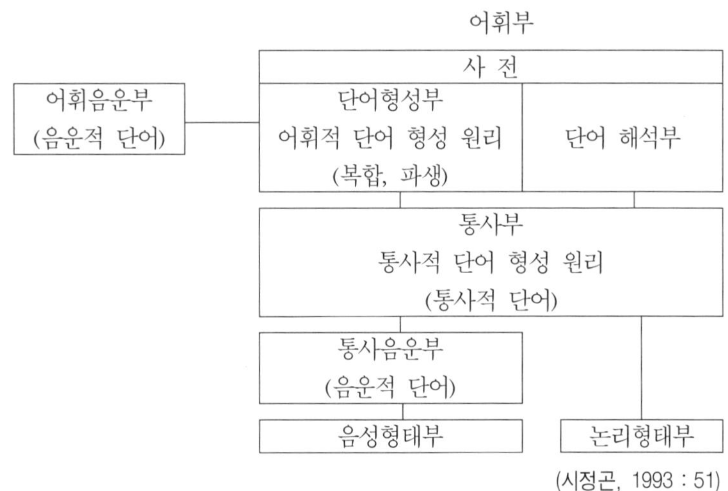

(시정곤, 1993 : 51)

(26)의 모형과 같이 어휘부 속의 어휘음운부에서는 첩어나 내적 파생어가, 낱말 형성부에서는 어휘적 접사에 의해 파생어와 복합어가, 통사부에서는 통사 적 접사에 의한 파생어나 통사적 복합어가, 통사음운부에서는 「매김말+매인이 름씨」류의 음운적 단어가 형성된다고 보았다(Di Sciullo & Williams, 1987 : 78~79, 106~109 ; 시정곤, 1993 : 51).[13]

---

13) Spencer(1994 : 64)는, 음운적 단어(phonological word)의 설정에 대하여, 운율 형식(prosodic domain) 의 문제에 종사하고 있는 음운 학자들이 단어성의 형식상의 규정과 음운적 단어가 일치하지 않 는다는 점을 강조한다. 그리하여 단어성에 대한 음운론적 기준이 음운학자에게는 매력적인 연구 과제이지만 이것은 일반적으로 형태학자에게는 고작해야 때로 모순되는 기준 가운데 하나를 제

이렇게 되면 (26)의 예와 같이 낱말 만들기가 어휘부의 고유 작용이라는 기존의 관점에서 통사부에서도 음운부에서도 일어나는 방대한 영역이 되어 버린다. 이와 같은 논의의 배경은 어휘 규칙을 기존의 어휘항목을 해독하는 잉여 규칙으로 보지 않고 새말을 만들어 내기 위하여 항시적으로 사용되는 규칙으로 보기 때문이다.

따라서 어휘부에는 굴절형을 비롯하여 모든 어형을 포함하고 있다는 관점이 바탕을 이루고 있다.

(27) ㄱ. [순자가 밥을 먹] vp었] TP다.
     ㄴ. 쌀많이먹기운동

이와 같은 입장에서 (27ㄱ)의 '-었-'을 구조 폐쇄 기능이 없는 1부류의 통사적 기능 접사로 보았고,[14] (27ㄴ)은 통사부에서의 핵이 연속, 순환 이동에 의해서 명사핵 '쌀'이 '많이'로 이동하고, 다시 '먹-'과 '-기'로 이동한 다음 어휘부에 와서 '운동'과 결합하여 합성어를 이룬다고 보았다(시정곤, 1993 : 21, 308).

낱말 만들기를 핵이동 현상으로 설명하는 방법은 통사론의 X-바 이론을 낱말 짜임새와 연관 지우려는 데서 비롯되었다.

이렇게 되면 형태·음운론적 과정을 도외시하고 항목 배열(item and arrangement)

공해 주는 것에 불과하다고 했다.
14) 시정곤(1993 : 24)은 국어의 접사를 아래와 같이 나누고 있다.

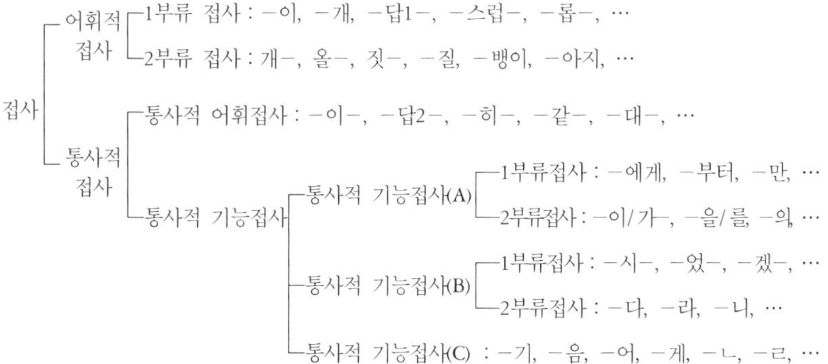

방식을 고수하여, 낱말 짜임새의 계열적 측면보다 통합적 측면을 강조한 방법이 되어 버린다(spencer, 1994 : 268).

이와 같은 처리의 결과는 기존의 낱말, 이은말, 마디, 월의 경계 설정이 불필요하게 되며, 파생이나 합성에 의한 낱말 만들기의 본질적인 개념 규정이 모호하게 된다. 그리고 낱말 만들기를 핵 이동 현상으로 보게 되면 핵 이동의 본질이나 방향이 명시적으로 밝혀져야 하는데도 불구하고 핵 이동의 제약 관계에 대한 세심한 고려가 없이 결과적으로 한 낱말로 볼 수 없는 단위도 합성어로 보는 무리가 따르게 되고 그 결과 수많은 잠재적 합성어가 만들어져 합성 현상에 걷잡을 수 없는 혼란을 가져오게 된다.

> (28) ㄱ. 연필꽂이, 편지꽂이, 책꽂이
> 　　　ㄴ. 귀걸이, 코걸이, 가슴걸이

채현식(2000 : 135)은 (28ㄱ, ㄴ)의 합성이름씨가 형성되기 전에는 [N−V−이]와 같은 통사적인 낱말이 현재는 형태적인 낱말인 [N[V−이]]로 바뀌었으므로 핵이동이라는 통사적 절차보다는 '논항의 전수'로 설명하고 있다. 곧 [[N−V]이] 구조는 N과 V 사이의 논항 관계가 직접적이지만, 재구조화 과정을 거친 [[N[V−이]] 구조에서는 간접적으로 연결된다. 그러므로 '연필꽂이', '귀걸이' 류의 낱말 형성 문제는 형태론 안의 문제인데도 내부 구조를 [[N−V]이]로 보면 핵 이동이라는 통사적 절차를 끌어들여야 하므로 화자의 인식과 멀어질 우려가 있다고 했다. 그러므로 이들은 재구조화 과정을 거친 N과 V 사이의 논항 관계가 간접적인 것으로 보고 있다.

지금까지 논의의 중심을 이루었던 통사적 접사의 확대는 결과적으로 파생 범주를 어휘 범주가 아닌 문법 범주에 통합시켜 낱말 만들기 규칙과 문법 규칙의 구분이 쓸모없는 것이 되어 버린다. 이와 같은 처리를 하는 의도에는 형태론과 통사론의 중개 장치(interface) 설정을 통하여 그 틈을 줄이려 하고 있지만 실제적으로 많은 문제점을 안고 있다.

> (29) ㄱ. 선행 명사구에 격을 배당할 수 없다.
> 　　　ㄴ. 접사와 선행 명사구 사이에 어떠한 요소도 삽입할 수 없다.

ㄷ. 논항 구조를 가지고 있어서 명사구에 의미격을 배당한다.

강어휘론 가설에 바탕을 두고 통사적 접사를 확대하려는 논의에서는 (29 ㄱ~ㄷ)을 이론적 근거로 하여 '-이(다)', '-답(다)', '-히(다)'를 통사적 어휘 접사로 보았다. 과연 이와 같은 기준 설정이 타당성이 있으며, '-이'나 '-음' 파생이름씨는 어휘화한 굳어진 낱말이며, '-기' 파생이름씨는 원래 움직씨의 이름꼴이 낱말되기(단어화) 과정을 거친 것으로 보는 처리가 합리성이 있는가 하는 문제가 해결되어야만 이론에 대한 합리성과 타당성을 획득할 수 있다.

이 논의에 대하여 지금까지 문제점으로 제기된 바는, 핵 이동 설정에 의한 연산의 과도함, 통사적 어휘 접사의 의미역 배당의 부적절함, 생성 이론의 임의적 적용, 어순 재배치 구문에 대한 설명의 난점, 월과 낱말의 경계 붕괴, 조어론과 굴곡론의 변별 불가능성, 용어상의 이율배반성 등이다.

3.4. 인지문법적 연구

인지문법적인 연구 경향인 유추론에서는 말할이의 낱말 형성 능력은 서로 긴밀한 관련성을 가지고 말할이의 머릿속에 저장된 방대한 어휘목록인 어휘부에 등재되어 있으며, 새로운 낱말은 어휘부에 저장된 어휘항목의 유사성에 기반을 두고 이루어지는 유추적 추론 과정을 통해서 만들어진다고 보고 있다.

(30) 어휘부(형태부)의 구조
　　　ㄱ. 저장부, 지원부, 단어형성부
　　　ㄴ. 사전, 단어형성부, 단어해석부

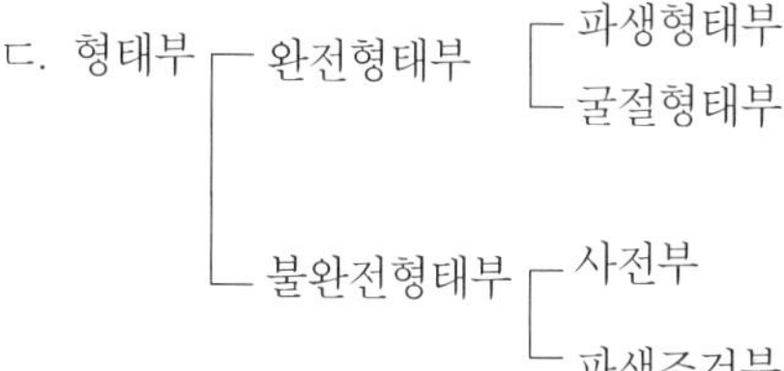

```
ㄹ. 형태부 ┬ 어휘부-어휘화한 낱말
          │            ┌ 파생어
          ├ 낱말형성부 ┤
          │            └ 합성어
          │            ┌ 굴곡어
          └ 굴곡부     ┤
                       └ 준굴곡어
```

인지문법적인 연구에서 많은 논란이 제기 되고 있는 것은 (30ㄱ~ㄹ)과 같은 어휘부(형태부)의 구조를 보는 관점상의 차이이다. 이와 같은 차이가 나타나는 원인은 어휘부를 추상적으로 존재하는 심리적 실재로 보기 때문이다. 그러므로 어휘부 속에는 어휘항목들이 저장되어 있는 것이 아니라 발화의 생성과 이해라는 지속적인 언어 자극을 통해서 끊임없이 서로 간의 관련성을 변화, 발전시키고 그에 따라 어휘 사이에 맺고 있는 관련성이 다양하게 재구성되고 있다고 보고 있다.

지금까지 규칙 중심으로 낱말 만들기 과정을 설명해 온 생성형태론적 연구를 비판하고 1990년대부터는 어휘부(lexicon)를 기저로 한 유추 작용을 중심으로 인지문법적인 연구가 이루어지고 있다. 인지문법적인 연구에서 이론적 전제가 되는 것은 어휘부에는 불규칙하게 형성된 낱말뿐만 아니라 규칙적으로 형성된 낱말도 모두 등재된다는 완전 등재 가설(full listed hypothesis)이고, 또 하나는 새로운 낱말 형성이 규칙적인 과정이 아니고 유추적 과정에 의한다는 유추적 낱말 형성 가설이다(채현식, 2000 ; 송원용, 2003).

(31) 유추에 의한 단어 형성 과정
    1단계 : 표적(target)의 확인 단계
    2단계 : 근거 단어(source words)의 탐색 및 발견 단계
    3단계 : 표적과 근거 단어의 비교·정렬 단계
    4단계 : 근거 단어로부터 표적으로의 사상(mapping) 단계

채현식(2000 : 72, 77)은 유추에 의한 낱말 만들기 과정을 위의 (31)과 같이 설정하고 있다. 새말은 형성 과정에서 유추의 바탕으로 사용된 낱말들과 의미, 형태적인 면에서 강력한 관련성을 획득해야 새말로서의 구실을 할 수 있

다. 유추에 의한 낱말 만들기를 주장한 근거 가운데 하나가, 낱말 만들기 규칙은 일회용 규칙이라는 규칙론에 대한 반대 입장이다. 곧 한번만 적용하는 규칙을 과연 규칙이라 할 수 있으며 소수의 새로운 낱말을 위하여 규칙이라는 심리적 표상을 따로 기억하고 있을 필요가 있을까 하는데 문제 제기를 하고 있다.

그러나 인지 과정에 나타나는 유추 현상이 과연 새말의 형성에만 작용하는가가 유추론적 가설의 타당성 여부를 결정짓는 요인이다. 유추가 언어 현상에 드러내는 일반적인 경향은 의미 집단을 형성하고, 낱말의 균형을 잡아 주고, 문법의 통일을 기하며, 새로운 어형을 창조한다.15) 이처럼 방대한 범위에 걸쳐 작용하는 유추적인 현상을 낱말 만들기의 유일한 기제로만 처리하는 것은 실질적인 언어 현상과 거리감이 있다. 그리고 낱말 만들기의 한 과정인 '말 다듬기'나 '새로운 이름 짓기'는 유추의 틀이 형성될 수 없으므로 규칙에 기대야만 가능하다.

> (32) ㄱ. 분지기, 산지기, 등내시기, 묘지기
> ㄴ. 산길, 들길, 시골길, 골목길
> ㄷ. 권두언→머리말, 귀일→일치, 부전지→쪽지, 결집→모음
> ㄹ. 누리마루, 평사리 가는 길, 오시 날개

(32ㄱ)의 파생어 형성에서는 '$[[X]_N-지기]_N$'이라는 유추의 틀이, (32ㄴ)의 합성어에서는 '$[[[X]_N-[X]_N]_N$'과 같은 유추의 틀이 이루어져 새로운 낱말이 만들어진다고 보았다. 그러나 (32ㄷ, ㄹ)의 새말도 낱말 만들기의 대상이다. 곧 (32ㄷ)은 '말 다듬기'에 의해서 새로이 만들어진 말이며, (32ㄹ)은 새로운 이름 짓기에 의해서 만들어진 말이다. '누리마루'는 2006년 부산 APEC 당시의 회의장 이름이며, '평사리 가는 길'이나 '오시 날개'는 상호이다. 이들 (32ㄷ, ㄹ)의 새말들은 유추의 틀이 만들어질 수 없다.

그리고 유추론에서 설정하고 있는 '유추의 틀'과 규칙론에서 설정한 '규칙'

---

15) 시정곤(1999 : 270~276)은, ① 유추의 절차는 얼마나 체계적인가?, ② 유추는 1차적인 낱말 형성 기제인가?, ③ 유추는 규칙적인 낱말 형성 기제인가?, ④ 유추는 새로운 낱말을 만드는 공시적인 절차인가?와 같은 유추의 문제점을 지적하고 있다.

의 차이는 실질적인 차이가 아니고 방향성의 차이에 불과하다. 왜냐하면 심리적 기제인 유추의 틀이 밖으로 드러난 것이 '규칙'이고 기초적인 실체로서의 규칙이 심리적으로 저장되어 '유추의 틀'을 이루기 때문이다.16)

    (33) 총칭적 객관화 원리

통사부의 단위가 어휘부 입력형의 자격을 획득하기 위하여, 특칭적인 사건과 관련이 있는 외연적 의미가 도출되는 것을 저지하면서, 그 형식이 가지고 있는 고유한 내포적 의미만을 발현시키는 일련의 과정 및 하위 조건들이다.

유추는 낱말 만들기의 한 기제일 뿐이며, 전체 낱말 만들기의 모든 현상을 포괄할 수 없는 기제라는 점을 들어 김명광(2004)은 인지문법적인 관점에 서서 '규칙론'도 아니고 '유추론'도 아닌 '총칭적 객관화 원리'에 의해서 낱말 만들기가 이루어진다고 보았다.

    (34) ㄱ. 덮어씌우기, 몸사리기, 퍼주기, 끼워팔기
         ㄴ. 영특함, 고개떨굼, 초조함, 또래다움

이 논의에서는 (34ㄱ, ㄴ)과 같은 통어적인 짜임새가 '총칭적 객관화 원리'에 의해서 낱말로 바뀌는 과정을 밝히고 있다. 이 과정을 거쳐 만들어지는 낱말은 어휘부에 등재되기 전의 낱말이므로 임시어이다. 그런데 통어적인 짜임새가 낱말로 바뀌는 어휘화 과정을 지금까지는 통시적 현상으로 보아 왔는데 여기서는 공시적 현상으로 보고 있다.

어휘부에는 낱말의 자격을 획득한 등재어가 있고, 아직 낱말의 자격을 얻

---

16) 지금까지 '유추' 작용에 관하여 밝힌 개념 규정의 사례는 다음과 같다.
    ㄱ. 언어 기호는 고립되어 존재하는 것이 아니라 어떠한 말들끼리 떼를 형성하려는 경향이 농후하다. 그 떼 안에 있어서는 각 언어 기호들은 외형조차 가까워지려는 경향이 있다.
    ㄴ. 유추는 두 개의 대상물 간의 관계의 일치이다. 언어 개개의 예외적인 사실을 대원칙에 귀일시킴으로써 노력 경제의 심리에서 나온 것이다.
    ㄷ. 낱말의 균형을 잡아 주고 문법의 통일을 기해 줄 수 있는 절차다.
    ㄹ. 내부 차용 혹은 유추는 한 체계의 어떤 부분으로부터 동일 체계의 또 다른 부분으로 언어의 특질을 전이시키는 현상이다.
    ㅁ. 유추는 화자의 심리 중에서 어떤 언어형식이 그것과 어떤 심리적 결합을 이루고 있는 언어형식에 동화적인 배경을 형성하거나 또는 그것과 같은 형식을 창조하게 되는 점과 같은 심리 과정이다.

지 못한 임시어인 미등재어가 있다. 조어론에서 새말을 만들 때의 낱말 만들기 규칙이나 유추의 틀, 그리고 총칭적 객관화 원리의 적용 대상은 등재어가 주된 자료이다. 그러므로 임시어는 부수적인 자료의 수준에서 다루어야 한다.

> (35) ㄱ. 완소, 겨털, 직찍
> ㄴ. ○○, ㄷㄷ
> ㄷ. 슴가
> ㄹ. 캐공감, 급질, 초섹시
> ㅁ. 캐안습

(35ㄱ~ㅁ)은 N-세대(Net Generation)의 조어법에 따라 만들어진 임시어이다(동아일보, 2006. 7. 15).

(35ㄱ)의 '완소'는 '완전 소중하다'를, '겨털'은 '겨드랑이 털'을, '직찍'은 '디지털로 직접 찍어 인터넷 등에 게재한 사진'을 축약의 방법으로 만든 말이다. (35ㄴ)은 우리말의 음절 구성법에 벗어난 닿소리 연결로만 이루어진 말이다. '○○'는 부류에 대답하는 느낌씨 '응'의 닿소리 연결 방식을 취한 말이고 'ㄷㄷ'은 무섭거나 놀랍다는 표현인 어찌씨 '덜덜'의 닿소리 연결 방식을 취한 말이다. (35ㄷ)의 '슴가'는 성적인 뜻을 지닌 '가슴'의 음절 배열 차례를 바꾸어 시각적인 거부감을 줄인 말이다. (35ㄹ)은 접두파생어이다. 원래 접사는 실사가 문법화 과정을 거쳐 이루어진 조어 기제이다. 이 접두파생어는 문법화 과정을 거치지 않은 접두사를 임의적으로 만들어 뜻을 강조하거나 바꾼 예들이다. '캐공감'은 접두사 '캐-'를 붙여 <매우 공감한다>는 뜻의 말로 쓰고 있다. '급질'은 <긴급한 질문>을 뜻하는데 접두사 '급-'은 '긴급하다'에 바탕을 둔 말이다. '초-'는 '매우'의 뜻이 있는 접두사인데 '초섹시'는 <매우 섹시함>의 뜻으로 쓰인 말이다. (35ㅁ)의 '캐안습'은, (35ㄱ~ㄹ)까지의 조어 방법을 섞어 쓴 말로 <매우>의 뜻을 가진 접두사 '캐-'에 <안구에 습기가 많이 차다>를 축약한 '안습'과 결합시켜 <안구에 습기가 매우 많이 차다>는 뜻으로 쓰였다.

위에서와 같이 N세대의 새말 만들기에 나타난 문제점은, 지금까지의 낱말 만들기 방법과는 달리, 언중을 고려하지 않는 자기중심적인 방법으로 새말을 만들어 계층 간의 의사소통에 있어서 단절을 초래하고 있다.[17] 임시어의 낱말 형성 방법이 이와 같은 데도 임시어를 대상으로 하여 낱말 형성 원리를 밝혀내고 조건을 수립하는 일은, 낱말 만들기의 본질에서 동떨어진 결과를 가져올 우려가 있다. 따라서 총칭적 객관화 원리에서 설정한 원리와 조건은, 실질적으로 화자의 의지가 모든 것을 결정하게 되므로 그 필요성은 부수적인 것에 불과하다(시정곤, 2005 : 63).

그러므로 임시어인 미등재어가 생성되는 통어적인 짜임새의 어휘화를 공시적 절차로 간주하고 총칭적 객관화 원리를 적용하여 낱말 만들기를 설명하는 방법은 보편적이고 객관적인 처리가 될 수 없다. 그리고 이 원리에 의해서 통어적인 짜임새가 낱말로 바뀐 임시어를 어휘부에 등재하게 되면 어휘부의 등재 범위가 너무 넓어 어휘부와 통사부의 구분이 모호해지고 어휘부 설정의 효용성이 떨어질 우려가 있다.

지금까지 인지문법적인 조어론 연구 경향인 유추론과 총칭적 객관화 원리를 살펴보았다. 두 논의 과정에 드러난 공통적인 문제는 국어 낱말 만들기의 일반적인 체계성에서 벗어난 예외적인 현상들을 어떠한 방법으로 일관되게 처리해야할 지에 대한 해결 방법을 제시하지 못하고 연구자의 주관에 치우친 논의라는 느낌이 든다. 앞으로 인지문법적인 조어론 연구에 대한 논의가 보편타당성 있는 방법임을 인정받기 위해서는 낱말 만들기의 본질에 맞는 접근이 이루어지도록 우리말의 특질에 맞는 방법론을 정립해 나가야 할 것이다.

---

17) N세대 조어 방식의 특색으로는, ① N세대의 주요 생활 환경인 인터넷에서 편리하게 낱말을 변형해서 쓰는 자판 편의성(speedy)과 ② 성적(性的) 의미를 지닌 낱말이나 비속어의 경우 글자나 형태를 바꾸어 시각적 거부감을 줄이기 위한 표현 완화와 ③ 사이버 공간이 다양한 커뮤니티나 모임 등 사적인 소통의 공간을 많이 만들어내면서 이 같은 언어를 쓰는 기회나 사람이 늘어나는 전문화(specialized) 현상 등이 있다(동아일보, 2006. 7. 15).

4. 국어 조어론사의 평가

국어 조어론 연구의 출발은 주시경에서 비롯되었다. 그의 조어론 체계의 특색은 낱말의 설정에는 분석적인 기준을 적용하였으나 조어법은 종합적인 관점을 취하여 통어적인 층위와 조어적인 층위의 구분을 짓지 않았다.

최현배는 낱말 분석에는 종합적인 관점을 취하고 조어법은 분석적인 관점을 취하여 체계를 수립한 점이 주시경과 차이가 있다. 최현배의 조어론은 우리말 조어론 연구사에서 가장 전면적이고 깊이 있는 내용으로, 전통문법적인 조어론 연구의 근간을 이루었다.

허웅은 앞 시기에 이루어진 연구에서 언어직관에 의존한 객관성 없는 체계 설정에 대하여 문제의식을 가지고 구조·기술문법적인 방법으로 도움줄기나 접요 파생에 대한 문제를 명쾌하게 해결했다. 그리고 김계곤은 허웅의 구조·기술문법적인 방법에 기대어 최초로 접사의 목록을 작성했고, 고영근은 도칙화자의 공시적인 언어 의식을 중심으로 한 구조적 양상을 고려하여 접미사의 확립 기준을 마련하고 접사 목록을 재정비했다.

1970년대 말 생성형태론의 이론이 도입되자 이제까지 분류나 분석 위주의 조어론 연구에서 생성 위주의 연구로 방향이 바뀌면서, 새로운 낱말 형성을 위한 규칙 설정에 연구의 중심을 두게 되었다. 생성형태론의 연구 경향은 어휘 규칙과 문법 규칙을 다르게 보는 약어휘론적인 입장과 이를 같이 보는 강어휘론적인 입장으로 나뉜다. 그리고 이 시기 연구의 특색은 낱말 형성을 위한 규칙을 설정할 때 머리 속 사전인 어휘부(lexicon)를 상정했다는 점이다.

1990년대 이후에 인지문법 이론이 수용되자 인지문법적인 경향에 바탕을 둔 유추론과 총칭적 객관화 원리가 제기되었다. 유추론에서는 말할이의 낱말 형성 능력은 서로 긴밀한 관련성을 가지고 머릿속에 저장된 방대한 어휘목록인 어휘부에 등재되어 있으며, 새로운 낱말은 어휘부에 저장된 어휘항목의 유사성에 기반을 두고 이루어지는 유추적 추론 과정을 통해서 만들어진다고 보고 있다. 총칭적 객관화 원리는 규칙론과 유추론의 한계를 극복하기 위하여 통사적인 이은말의 낱말되기 현상을 바탕으로 낱말 형성 과정을 설명하는 원리이다.

변형문법 이론을 바탕으로 하고 있는 생성형태론의 강어휘론 가설이나, 인지문법 이론을 바탕으로 하고 있는 유추론, 총칭적 객관화 원리는 공통적인 연구 경향을 보이고 있다. 이들 논의에서는 파생과 굴곡 현상에 차별성을 두는 처리에 대하여 부정적이다. 그리고 조어법의 연구의 대상을 사전 등재어에만 한정하지 않고 비등재어인 임시어까지 포함시키고 있다. 그리고 총칭적 객관화 원리에서는 어휘화를 역사적인 현상이 아닌 공시적인 현상으로 보고 있다. 이상과 같은 연구의 경향은 주시경이 통어적인 층위와 조어적인 층위를 구분하지 않고 조어 현상을 밝힌 연구 방법과 유사한 면이 있다.

참고문헌

고영근(1974), 『국어 접미사 연구』, 백합출판사.
김계곤(1968), 「현대 국어의 조어법 연구―앞가지에 의한 파생법」, 『인천교대 논문집』 제3집.
_____(1969), 「현대 국어의 조어법 연구―뒷가지에 의한 파생법」, 『인천교대 논문집』 제4집.
_____(1972), 「현대 국어 임자씨의 통사적 합성」, 『인천교대 논문집』 제7집.
_____(1988), 「조어법」, 『한힌샘 연구』, 한글학회.
_____(1996), 『현대 국어의 조어법 연구』, 박이정.
김규선(1970), 「국어 복합어에 대한 연구」, 『어문학』 3, 한국어문학회.
김동찬(1987), 『조선어 리론 문법―단어조성론』, 고등교육도서출판사.
김두봉(1922), 『깁더 조선 말본』, 역문 1-23, 탑출판사.
김명광(2004), 「국어 접사 ‘-옴’, ‘-기’에 의한 단어 형성 연구」, 서강대학교 박사학위 논문.
송상조(1990), 「제주도 방언의 접미파생어 연구」, 동아대학교 박사학위논문.
송원용(2003), 「인지형태론의 과제와 전망」, 『한국어 문법론의 연구 현황과 과제』, 박이정.
송철의(1989), 「국어 파생어 형성 연구」, 서울대학교 박사학위논문.
시정곤(1993), 「국어의 단어 형성 원리」, 고려대학교 박사학위논문.
_____(1999), 「규칙은 과연 필요 없는가?」, 『형태론』 1.2, 박이정.
_____(2005), 「국어학의 연구 동향―형태론」, 『국어 연감』, 국립국어원.
이양혜(1998), 「우리말 굴곡가지의 파생가지 되기 연구」, 동아대학교 박사학위논문.
이익섭(1975), 「국어 조어법의 몇 문제」, 『동양학』 5, 단국대 동양학 연구소.
이희승(1955), 『국어학 개설』, 민중서관.
조일규(1993), 「국어 이름씨 뒷가지의 변천 연구」, 동아대학교 박사학위논문.
주시경(1910), 『국어 문법』, 역문 1-11, 탑출판사.
채현식(2000), 「유추에 의한 복합명사 형성 연구」, 서울대학교 박사학위논문.
최현배(1937 / 1987), 『우리 말본』, 정음사.
하치근(1987), 「국어 파생접미사 연구」, 부산대학교 박사학위논문.
_____(1995), 「국어 조어론 연구의 어제와 오늘」, 『한힌샘 주시경 연구』 7, 8집, 한글학회.
_____(1996), 「국어 통사적 접사의 수용 범위 설정에 관한 연구」, 『한글』 제231호, 한글

　　　　학회.

하치근(1999), 「'-음'접사의 본질」, 『형태론』 1권 2호, 형태론 학회.

＿＿＿(2005), 「허웅 선생의 현대 국어 형태론」, 『나라 사랑』 110집, 외솔회.

허　웅(1966), 「15세기 국어를 대상으로 한 조어법의 서술 방법과 몇 가지 문제점」, 『동아 문화』 6, 동아문화연구소.

＿＿＿(1983), 『국어학』, 샘문화사.

＿＿＿(1995 / 2000), 『20세기 우리말의 형태론』, 샘문화사.

Halle. M.(1973), "Prolegomena to a Theory of word-Formation", *Linguistic Inquiry* vol.4 Number 1.

Di sciullo & Williams, E(1987), on the Definnition of word, MIT press, cambridge(Mass)

Scalise. S.(1984), Generative Morphorogy, Dordrecht, Foris publications(전상범 역(1987), 『생성형태론』, 한신문화사).

Andrew spencer(1991), Morphological Theory : An Introduction to word structure in Generative Grammar, Basil Blackwell(전상범·김영석·김진형 공역(1994), 『형태론』, 한신문화사).

동아일보, 2006. 7. 15., 「국어 파괴? 변형 문법!」.

곡용과 활용의 불규칙에 대하여*

송철의

1. 서론

이 글은 지금까지 국어학에서 용언의 활용을 논의할 때 흔히 사용해 온 '불규칙(不規則)'(혹은 '불규칙적')이라는 용어의 개념을 소박하게나마 다시 한 번 검토해 보고, 이를 바탕으로 현대국어의 곡용(曲用)이나 활용(活用)상에서 나타나는 불규칙의 유형에는 어떤 것들이 있으며, 또 그들을 기술·설명할 때에 대두되는 문제들에는 어떤 것들이 있는가를 고찰해 보려는 데에 그 목적이 있다.

지금까지 국어학에서 '불규칙'(혹은 '변칙(變則)')이라는 용어는 일반적으로 극히 한정된 경우에 대해서만 사용되어 온 느낌이 없지 않다. 따라서 불규칙에 대한 논의도 자연히 그들 한정된 경우에만 집중되었다. 즉, 용언의 활용상에서 나타나는 일부의 불규칙에 대해서만 논의가 집중되었던 것이다. 그 결과 불규칙의 개념 정의도 분명하게 제시되지 못하였고 불규칙과 관련될 수 있는 여러 문제들이 다각도로 검토되지 못하였다. 주로 음운론적인 관점에서의 논의가 대부분이었던 것이다. 이 글은 체언의 곡용까지를 포함하여 불규

---

* 이 논문은 『진단학보』 80(1995년), 273~290면에 실렸던 「曲用과 活用의 不規則에 대하여」를 약간 수정한 것임.

칙의 문제를 좀 더 폭을 넓혀서 논의해 보고자 한다.

　불규칙의 문제를 논의하기 위해서는 이와 관련되는 몇 가지 용어의 개념을 다시 한 번 검토해 볼 필요가 있을 듯하다. 곡용, 활용, 패러다임, 교체, 기본형 등이 이에 해당하는 용어들일 것이다. 이들 용어의 개념은 대체로 이미 상식화 되어 있는 것이긴 하지만 불규칙의 문제를 구체적으로 파고들다 보면 불분명한 구석이 없지 않다. 우리는 먼저 곡용과 활용, 그리고 패러다임의 개념부터 살펴보기로 하겠다.

　곡용이니 활용이니 하는 용어의 개념은 이미 상식화되어 있어서 매우 자명한 것 같지만 실제로 국어를 기술하는 과정에서는 그러한 개념이 정확히 이해되고 있는지 의심스러운 경우가 없지 않다. 활용이란 일반적으로 '용언이 여러 가지로 어미를 바꾸어 가지는 것(일)'이라고 정의되는데(이용주, 1993), 이러한 정의에 따른다면 불규칙 활용이란 존재하기 어렵다. 용언이 어미를 바꾸어 가지는 일이 불규칙하게 이루어지는 경우는 없기 때문이다. 위와 같은 정의를 따르면서 굳이 불규칙 활용이란 용어를 쓴다면 소위 불구동사(不具動詞)의 활용 정도나 여기에 해당될 수 있는지 모르겠다. 그러나 국어학에서 사용해 온 불규칙 활용이란 용어는 불구동사의 활용을 지칭하기 위한 것이 아니었다. 활용과정에서 나타나는 형태소의 교체(어간 형태소의 교체 및 어미 형태소의 교체)가 불규칙한 경우를 지칭하는 용어였던 것이다. 이렇게 되면 당연히 활용이 형태소의 교체까지를 포함하는 개념인가 하는 의문이 제기된다. 활용이란 용어의 개념이 형태소의 교체와는 무관한 것이라면 불규칙 활용이란 용어는 다른 적절한 용어로 대체되어야 할 것이고 이 용어를 그대로 사용하려 한다면 활용이란 용어의 개념을 새로이 정의해야만 할 것이다. 이런 문제를 해결하기 위해서 우리는 활용을 '어간에 어미가 결합되어 활용형(들)을 형성하는 일'이라고 정의하고자 한다. 이렇게 되면 활용형은 실제의 문장에서 나타나는 형태로서 형태소의 교체를 거친 것이므로 자연히 활용이 형태소의 교체까지를 포함하게 된다. 곡용도 이에 준하여 정의한다면 '어간에 조사가 결합되어 곡용형(들)을 형성하는 일'이라고 할 수 있을 것이다.

2. 곡용과 활용의 패러다임

　곡용에 의해서 형성되는 어형을 곡용형, 활용에 의해서 형성되는 어형을 활용형이라 한다. 이때 하나의 체언어간으로부터 형성된 곡용형들이나 하나의 활용어간으로부터 형성된 활용형들이 모여서 각각 패러다임을 형성하게 된다. 그러니까 패러다임이란 하나의 어간으로부터 형성된 곡용형이나 활용형들의 집합이라 할 수 있겠다.[1] 곡용형들의 집합은 곡용의 패러다임이 될 것이고 활용형들의 집합은 활용의 패러다임이 될 것이다. 그러나 패러다임을 이와 같이 정의한다면 어간 형태소의 교체는 패러다임을 통해서 확인할 수 있겠지만 어미 형태소의 교체는 확인할 수 없을 것이다. 따라서 어미 형태소의 교체를 확인하기 위해서는 각각의 어미에 대해서도 패러다임을 상정해야만 할 것이다. 그리하여 하나의 어간에 대한 패러다임과 각각의 어미에 대한 패러다임을 함께 고려해야만 어떤 용언이 규칙적인 활용을 하는지 불규칙적인 활용을 하는지를 판별힐 수 있을 것이다.

　문법범주에 따른 어미의 수가 비교적 적은 언어에서는 패러다임이 단순할 수 있지만 어미가 발달되어 있는 언어에서는 패러다임이 복잡할 수밖에 없다. 특히 국어와 같이 연결어미, 선어말어미, 종결어미 등이 문법범주에 따라서 다양하게 발달되어 있는 언어에서는 하나의 어간에 대하여 완벽한 패러다임을 작성한다는 것이 결코 간단한 문제가 아니다. 그러나 어쨌든 곡용이나 활용에 있어서의 규칙성과 불규칙성을 정밀하게 고찰하려면 각각의 어간 및 어미에 대한 전체적인 패러다임을 고려해야만 할 것이다.

　패러다임에는 완전한 것과 불완전한 것이 있을 수 있다. 불완전한 패러다임(defective paradigm)이란 곡용형 중의 일부나 활용형 중의 일부가 결여된 패러다임을 말한다.[2] 불완전한 패러다임의 대표적인 예로서는 흔히 불구동사

---

1) 패러다임(paradigm)의 개념에 대해서는 Bybee, J. L.(1985) 참조.
2) Bloomfield, L.(1933 : 223)에서는 '불완전한 패러다임'을 다음과 같이 정의하였다.
　"Defective paradigms lack some of the inflections ; thus, *can, may, shall, will, must* have no infinitive, *must* has no past tense, *scissors* no singular. "

또는 불완전동사라고 불리어졌던 것들의 패러다임을 들 수 있다.

(1) ㄱ. 내리-   ㄴ. 데리-
    내리다   -
    내린다   -
    내려(내리어)   데려(데리어)
    내려다(내리어다)   데려다(데리어다)
    내리러   데리러
    내리고   데리고
    내려라   -
    내렸다   -
    내리겠다   -
    내린   -
    내릴   -
     ⋮   ⋮

위에서 볼 수 있는 바와 같이 '내리-'의 패러다임에는 빈칸이 없는데, '데리-'의 패러다임에는 빈칸이 많다. 이는, '내리-'는 활용상의 제약을 받지 않는데 비해서 '데리-'는 활용상의 제한을 받아서 몇 개의 활용형만이 허용된다는 것을 의미한다. 이러한 불구적인 패러다임은 용언 중에서는 동사의 활용에서만 발견되는 것으로 지적되기도 하였는데(홍윤표, 1977), 이는 단일어간만을 대상으로 했을 때 그러하다는 의미인 것으로 받아들여진다. 단일어간 이외의 경우까지로 범위를 확대시켜 보면 형용사에도 이런 예들이 없는 것은 아닌 듯하다(김영욱, 1994).

(2) '뒤늦-' : 뒤늦게, 뒤늦은, *뒤늦다, *뒤늦고, *뒤늦으니, …

뿐만 아니라 이러한 불구적인 패러다임은 체언의 곡용상에서도 나타난다(고영근, 1987).

한편, 고영근(1987)에서는 defective paradigm을 '불완전계열'이라 부르고 있다.

(3) ㄱ. 바람　　　　　　ㄴ. 때문　　　　　　ㄷ. (할) 줄
　　　바람이　　　　　　때문이 (아니라)　　　　　－
　　　바람의　　　　　　－　　　　　　　　　　　－
　　　바람을　　　　　　－　　　　　　　　　(할) 줄을 (모른다)
　　　바람에　　　　　　때문에　　　　　　　　－
　　　바람으로　　　　　때문으로　　　　　(할) 줄로 (알았다)
　　　바람과　　　　　　－　　　　　　　　　－
　　　바람은　　　　　　때문은　　　　　　(할) 줄은 (안다)

위에서 '때문'이나 '줄'은 '바람'과는 달리 곡용의 패러다임에 빈칸을 가지고 있음을 볼 수 있다. 말하자면 곡용이 완전치를 못한 것이다. 앞에서 보았던 '데리ー'와 같이 활용이 불완전한 동사를 불구동사라고 한다면 이들 곡용이 불완전한 명사들은 불구명사(不具名詞)라 부를 만하다.[3] 국어의 의존명사들은 대부분이 곡용에 있어서 불구적인 성격을 띠는 것으로 여겨진다. 물론 '것'과 같이 곡용이 완전한 경우도 없는 것은 아니다.

한편, 지금까지 국어학 논저들에서 언급해 온 불구동사들처럼 활용이 극히 제한적이지는 않지만 아무튼 활용이 완전하지는 못한 또 한 부류의 동사들이 있다. 소위 준말과 관련된 동사들 중에 그런 예들이 있는데 다음을 보기로 하자.

(4) ㄱ. 디디ー　　　　　　ㄴ. 딛ー
　　　디디다　　　　　　딛다
　　　디디고　　　　　　딛고
　　　디디지　　　　　　딛지
　　　디디느냐?　　　　딛느냐?
　　　디디니?　　　　　딛니?
　　　디딘다　　　　　　딛는다
　　　디디면　　　　　　ー(*디드면)
　　　디디니(연결)　　ー(*디드니)
　　　디딜　　　　　　　ー(*디들)
　　　디뎌(← 디디어)　ー(*디더)

____

3) 국어에서 불완전한 패러다임을 보이는 예들에 대한 구체적인 논의는 김영욱(1994) 참조.

디뎌라(← 디디어라)　　　　(*디더라)

위에서 '딛다'는 '디디다'의 준말이라고 할 수 있는데(송철의, 1993), 본말인 '디디다'는 완전한 패러다임을 갖지만 준말인 '딛다'는 완전한 패러다임을 갖지 못한다. 따라서 '디디-'와 '딛-'을 각각 독자적인 어간으로 인정한다면 '딛다'는 현재 단계로서는 불구동사라고 보지 않을 수 없다.[4] 그러나 앞에서 논의한 불구동사와 차이점이 없지는 않다. 즉, 앞에서 논의한 유형의 불구동사에서는 가능한 활용형과 가능하지 않은 활용형을 거의 예측할 수가 없었는데, 이 경우에는 그런 예측이 가능하다는 점에서 차이가 있는 것이다. '딛-'은 모음으로 시작되는 어미와의 통합이 일률적으로 제약된다. 이와 동일한 양상을 보여주는 예로서는 '가지다'의 준말인 '갖다'가 있다.[5]

이상에서 간단히 살펴 본 예들은 곡용이나 활용이 매우 제한적이어서 완전한 패러다임을 갖지 못하는 경우들이었다. 그런데 이와는 약간 대조적으로 동일한 문법범주에 대하여 곡용형이나 활용형이 두 개씩 존재하는 경우가 있다. 이런 경우들도 역시 정상적인 패러다임을 갖는 경우들이라고 볼 수는 없다. 물론 이들도 우리에게 다 잘 알려진 예들이다.

(5) ㄱ. 호박　　　　　　　　ㄴ. 사과
　　　호박이　　　　　　　　사과가
　　　호박의　　　　　　　　사과의
　　　호박을　　　　　　　　사괄, 사과를
　　　호박에　　　　　　　　사과에

---

4) '딛-'을 독자적인 어간으로 인정해야 하는 이유에 대해서는 송철의(1993) 참조.

5) 배주채(1994 : 80~81)에서 논의한 고흥방언의 '빠지-/빳-', '성가시-/성갓-'은 중앙어의 '디디-/딛-', '가지-/갖-'과 동일한 성격의 것이 아닌가 생각되는데, 거기에서는 '빠지-'와 '빳-', '성가시-'와 '성갓-'을 자유변이 관계로 보았다. 해당 방언의 실상을 정확히 알 수 없어서 섣부른 판단을 내릴 수는 없으나, 만약 '빠지-'와 '빳-'의 패러다임을 각각 작성하여 비교해 본다면 이들의 관계를 자유변이 관계로 보기는 어려운 경우가 있지 않을까 생각된다. 특히 '빳는다'와 같은 활용형은 '빳-'의 독자성을 인정하지 않고서는 설명하기 어려울 것이다.
한편, 중세국어에서의 '이시-/잇-'의 관계와 현대국어에서의 '가지-/갖-'의 관계를 동일한 성격의 것으로 오해할 소지가 없지 않으나 현재로서는 이들을 동일한 성격의 것으로 볼 수 없다. '이시-'와 '잇-'은 그 분포가 상보적인 성격을 띠지만 '가지-'와 '갖-'은 그렇지가 않기 때문이다. 이들의 경우도 각각의 패러다임을 작성하여 비교해 보면 이러한 사실을 더욱 분명히 알 수 있다.

호박으로	사과로
호박과	사과와
호박은	사관, 사과는

위에서 볼 수 있는 바와 같이 '호박'의 패러다임 (5ㄱ)에서는 각각의 격(格)에 대하여 곡용형이 하나씩만 존재하는데 '사과'의 패러다임 (5ㄴ)에서는 대격과 주제격에 대하여 곡용형이 둘씩 존재한다. 만약 동일한 격에 대하여 공존하는 이들 두 형식 사이의 관계가 공시적으로 어느 한쪽에서 다른 한쪽이 도출되는 그런 관계가 아니라면 이런 예들이 보여주는 패러다임도 정상적인 패러다임이라고 볼 수는 없겠다.

이와 동일한 것은 아니지만 이와 유사한 현상은 용언의 활용상에서도 나타난다. 다음의 예들을 보자.

(6) ㄱ. 잡-	ㄴ. 가-	ㄷ. 오-	ㄹ. 하-
잡다	가다	오다	하다
잡고	가고	오고	하고
잡으니	가니	오니	하니
잡아	가	와	하여, 해
잡았다	갔다	왔다	하였다, 했다
잡아라	가거라, 가라	오너라, 와라	하여라, 해라

위에서 '가다, 오다, 하다'는 불규칙 동사로 일컬어지던 것들인데, 이들은 특정한 활용형에 있어서는 두 개의 형식이 존재한다는 점에서도 예외적이다. '가다, 오다'의 경우 '가거라, 오너라'는 구형(舊形)이고, '가라, 와라'는 신형(新形)이라 할 수 있는데, 현대국어의 공시적인 관점에서 본다면 신형들은 규칙적으로 형성된 것들이고 구형들은 불규칙적으로 형성된 것들이라 할 수 있다. 따라서 구형을 기준으로 했을 때에만 이들은 불규칙 동사가 되는 것이고 신형을 기준으로 했을 때에는 규칙 동사가 된다. 물론 '가라'와 '가거라', '와라'와 '오너라'가 의미를 달리 한다고 한다면 문제가 달라질 수도 있는데, 그런 문제는 여기서는 일단 접어 두기로 한다. '하다'의 경우는 '아/어'계 어미와 결합할 때 일률적으로 두 가지 형식이 존재하게 되는 셈인데, 현대국어의

공시적인 관점에서 본다면 두 형식이 모두 규칙적으로 형성된다고 볼 수 없다.

　(5ㄴ), (6ㄴ, ㄷ, ㄹ)의 경우 각각에 대하여 두 가지씩의 패러다임을 상정한다면 패러다임 자체는 정상적인 것이 될 수 있다. 예컨대 '사과'에 대해서라면

(7) ㄱ. 사과	ㄴ. 사과
사과가	사과가
사괄	사과를
사과의	사과의
사과에	사과에
사관	사과는

위와 같이 두 가지의 패러다임을 갖는다고 보는 것이다. 이 문제는 뒤에서 다시 언급될 기회가 있을 것이다.

　이상에서 우리는 곡용과 활용의 패러다임의 문제를, 주로 패러다임이 비정상적인 경우를 중심으로 살펴보았다. 이는 패러다임이라는 개념이 곡용과 활용의 규칙, 불규칙을 논의하는 데 필요한 개념이라고 생각되었기 때문이다.

3. 교체의 종류와 불규칙의 개념

　곡용이나 활용과 관련하여 사용해 온 '규칙'이니 '불규칙'이니 하는 용어도 그 개념이 자명한 것 같지만 구체적으로 따지고 들면 불분명한 구석이 없지 않다. 전통문법적인 국어 연구에서 규칙활용과 불규칙활용을 구분하는 기준은 첫째 어간과 어미가 통합되는 과정에서 그들이 변화를 입느냐 입지 않느냐, 둘째 변화를 입는다면 어떤 성격의 변화를 입느냐 하는 것이었다고 할 수 있다. 그러나 이 기준은 그리 타당한 것도 아니었고 기준의 적용에 있어서도 일관성이 있었다고 보기는 어렵다. 어간이나 어미가 변화를 입는다고 해서 그것이 불규칙이 되는 것은 아니며 '놀-+-는→노는'은 불규칙활용으로 보면서(어간말 'ㄹ'탈락) 왜 '없-+-고→업꼬'는 불규칙활용으로 보지

않는지(어간말 ‘ㅅ’탈락)가 설명되고 있지 않기 때문이다. ‘으’불규칙을 설정했던 것은 불필요한 첫번째 기준에 집착한 결과일 것이다. 물론 어떤 변화는 규칙적인 것으로 인식하고 어떤 변화는 불규칙적인 것으로 인식한 것을 보면 나름대로의 어떤 기준이 있기는 있었던 듯하다. 표면적으로 드러내고 있지는 않지만 ‘듣-+-으니→들으니’에서의 ‘ㄷ→ㄹ’의 변화는 불규칙으로 처리하면서 ‘믿-+-는→민는’에서의 ‘ㄷ→ㄴ’의 변화는 규칙으로 처리하고 있다는 사실이 이를 보여 주는 것이다. 두 변화의 성격 차이를 인식하지 못했다면 그러한 구분이 가능하지 않았을 것이다.

위에서 변화란 말을 썼는데, 여기서 변화란 형태소의 교체를 의미하는 것이다. 따라서 규칙이니 불규칙이니 하는 용어는 형태소의 교체를 전제로 한 개념들이라 할 수 있다. 형태소의 교체란 이미 잘 알려져 있는 바와 같이 하나의 형태소가 주위의 환경에 따라 음상(音相)이 달라지는 현상을 말한다. 그런데 여기에는 기본형이라는 개념이 전제되어 있다는 것과 원칙적으로 기본형은 한 가지로만 설정된다는 것을 염두에 둘 필요가 있다. 교체의 유형을 형태론적으로 조건된 교체와 음운론적으로 조건된 교체, 자동적 교체와 비자동적 교체, 규칙적인 교체와 불규칙적인 교체, 조건 교체와 자유 교체[6] 등으로 분류했던 것은 이러한 전제를 밑바탕에 깔고 있었던 것이다. 그리하여 ‘하여라’와 같은 활용형은 {하-}와 {-어라}가 결합한 다음 {-어라}가 ‘여라’로 교체되어 형성된 것이고 ‘든는’은 {듣-}과 {-는}이 결합한 다음 {듣-}이 ‘든’으로 교체되어 형성된 것이라고 보게 되는 것이다. 그리고 전자의 교체는 특정한 형태소 다음에서만 일어나기 때문에 형태론적으로 조건된 교체라 하고 후자의 교체는 특정한 음운(그것이 소속된 형태소가 어떤 것이냐는 상관없이) 앞에서 일어나기 때문에 음운론적으로 조건된 교체라 하는 것이다. 교체는 어떤 환경이 주어져야만 일어날 수 있는 것이므로 교체는 형태소의 결합이 이루어진 다음에 일어난다고 보아야 한다. 만약 {하-}는 명령형 어미로서 이형태 ‘-여라’를 선택한다든지, {-는} 앞에서는 이형태 ‘듣-’이 선택

---

6) 교체의 개념 및 교체의 유형 없이 교체가 이루어지는 경우를 말한다. 모음으로 끝나는 체언어간 아래에서 대격조사 ‘ㄹ’과 ‘를’이 교체되는 경우(날/나를, 널/너를)가 이에 해당한다.

된다고 하면 교체라는 개념은 성립될 수 없는 것이다. 앞에서 열거한 교체의 유형들에 대한 개념은 이미 잘 알려져 있으므로 여기서 굳이 설명을 할 필요는 없을 것이다. 국어학에서 활용이 규칙적이냐, 불규칙적이냐 하는 판단은 이러한 교체의 유형 중에서 자동적 교체와 비자동적 교체에 관련시키는 경우가 많았다. 즉, 어간이나 어미 양쪽이 모두 자동적 교체를 보이면 규칙활용이고 어간과 어미 중 어느 한쪽이라도 비자동적 교체를 보이면 불규칙 활용이라고 규정하였던 것이 아닌가 여겨진다. 이에 따른다면 어간과 어미 중 어느 한쪽이라도 비자동적 교체를 포함하는 활용형은 불규칙 활용형이 될 것이고, 패러다임 속에 그러한 불규칙 활용형을 포함하고 있는 용언은 불규칙 용언이 될 것이다.

그러나 이러한 불규칙의 개념 정의는 한정된 자료만을 대상으로 했을 때는 받아들일 수 있을지 모르지만 대상 자료의 범위를 확대시키면 받아들이기 어렵다. 사실 지금까지의 국어학에서는 불규칙의 문제를 너무 한정된 범위 내에서만 논의해 온 것이 아닌가 하는 느낌이 없지 않다. 불규칙의 개념을 정의하고 그러한 불규칙에 해당하는 예들을 전반적으로 논의한 것이 아니라 불규칙을 보이는 일부의 용언만을 대상으로 논의가 반복되어 왔다는 느낌이 없지 않은 것이다. 또한 어간 쪽에만 주로 관심을 두었지 어미 쪽에는 그리 많은 관심을 두지 않았다는 문제도 있다. 우리는 이 불규칙의 문제를 체언의 곡용과 어미까지도 고려하여 폭을 넓혀서 논의해 보기로 하겠다.

우선 규칙, 불규칙의 문제를 자동적 교체, 비자동적 교체와 관련시키면 자동적 교체의 폭이 매우 한정되어 있어서 문제가 될 수 있다. 예컨대 용언 어간말음 'ㅎ'은 모음으로 시작되는 어미와 결합하면 규칙적으로 탈락하는데(좋으니→조으니, 낳아→나아) 이 경우 'ㅎ'이 탈락하지 않으면 국어의 음운 패턴이 깨어지거나 하는 것은 아니다. 따라서 그런 환경에서 '좋-~조-'의 교체나 '낳-~나-'의 교체는 자동적 교체는 아니다. 그러면 이들을 불규칙으로 볼 것인가? 그러기에는 'ㅎ'의 탈락이 너무 규칙적이다. 이들을 불규칙으로 보기는 어려운 것이다. 따라서 규칙, 불규칙을 자동적 교체와 비자동적 교체에 관련시키는 것은 그리 타당한 태도가 아니라는 것을 알 수 있겠다.

　그렇다면 규칙, 불규칙의 문제를 어떤 유형의 교체와 관련시키는 것이 합리적일까? 우리는 앞에서 교체의 유형 중에 규칙적 교체와 불규칙적 교체가 있음을 보았다. 여기서 규칙적 교체란 자동적 교체이거나 비자동적 교체라 하더라도 그 교체가 음운규칙으로 설명될 수 있는 경우를 말한다. 이때의 음운규칙은 물론 공시적인 것이어야 한다. 물론 여기에도 문제가 없는 것은 아니겠지만 일단 규칙적 교체와 불규칙적 교체를 곡용과 활용에서의 규칙, 불규칙을 판단하는 기준으로 삼고서 불규칙 곡용이나 불규칙 활용을 검토해 보기로 하겠다.

　국어의 체언이나 용언 중에는 그 곡용형이나 활용형 중에서 하나만이 불규칙적 교체에 의해 형성되는 것들이 있다. 다음의 예들을 보자.

(8) ㄱ. 이거　　　ㄴ. 누구　　　ㄷ. 아기　　　ㄹ. 밧(< 밭)
　　　<u>이게</u>　　　　<u>누가</u>　　　아기가　　　밧이
　　　이거를　　　누구를　　　아기를　　　밧을
　　　이거의　　　누구의　　　아기의　　　밧의
　　　이거에　　　누구에게　　아기에게　　<u>밭에</u>
　　　이거와　　　누구와　　　아기와　　　밧으로
　　　이거로　　　누구로　　　아기로　　　밧은
　　　이거는　　　누구는　　　아기는
　　　　　　　　　　　　　　　<u>아가</u>

　(8ㄱ)의 패러다임에서 주격형 '이게'는 규칙적으로 형성된 활용형이라고 보기 어렵다. 전체적인 패러다임을 고려할 때 어간의 기본형은 '이거'라고 할 수 있겠는데 이러한 어간으로부터 규칙적으로 주격형이 형성된다면 그 어형은 '이거가'가 되어야 하기 때문이다. '이게'는 어간에 주격의 '-이'가 결합된 다음 통시적으로 모음축약을 겪은 것일 텐데, 공시적으로 이것을 교체에 의해 설명하기는 쉽지 않다. '{이거}+{-이}'가 하나의 형태로 교체되었다고 볼 수도 있고, '{이거}+{-이}'에서 {이거}는 '이게'로 교체되고, {-이}는 'ø'로 교체되었다고 볼 수도 있기 때문이다. 그러나 어느 쪽으로 해석되든 교체의 관점에서 보면 이것이 불규칙 교체를 보인다는 것은 틀림이 없다. 따

라서 '이게'는 불규칙 곡용형이고 그 패러다임에 불규칙 곡용형을 가지고 있는 '이거'는 불규칙 체언이라 할 수 있다.

(8ㄴ)의 패러다임에서도 주격형이 예외적이다. 전체적인 패러다임을 고려했을 때 어간의 기본형은 {누구}로 잡을 수밖에 없는데, 주격에서는 이것이 '누'로 교체되고 있다. 이러한 교체는 음운론적으로 설명되지도 않고, 또 주격에서만 나타난다. 따라서 이는 형태론적으로 조건된 교체이며 불규칙적인 교체이다. 잘 알려져 있는 바와 같이 '누구'는 의문대명사 '누'에 의문첨사 '-고'가 결합된 형식이('누고') 어간으로 굳어져서 재구조화된 다음 제2음절 이하에서 일어났던 '오 > 우'의 변화를 겪은 것이다. 그런데 주격에서는 재구조화되기 이전의 형식이 잔존하고 있는 것이다. 물론 '누'의 흔적이 주격에서만 남아 있는 것은 아니고 '뉘 집, 뉘시오' 등에도 남아 있다. 이들은 일종의 화석형(化石形)들이라고 할 수 있다. 공시적인 곡용규칙에 의해서 형성된다고 보기 어려운 것들이기 때문이다. 이들의 어간을 '누'로 상정할 경우 그로부터 나올 속격형이나 계사 결합형은 '누의, 누시오~누이시오'가 되어야 할 것이다 (나무+-의→나무의(*나뮈), 친구+-이시오→친구시오~친구이시오(*친귀시오)). 만약 이렇게 나타난다면 불완전한 대로 '누'의 패러다임을 별도로 인정해야만 할 것이다. 그러나 그렇더라도 '누구'의 패러다임에서 '누가'라는 형식이 예외적이고 불규칙적이라는 사실에는 변함이 없다. 패러다임에 불규칙적으로 형성되는 곡용형을 갖고 있으므로 '누구'도 불규칙 체언에 속한다.

(8ㄱ), (8ㄴ)의 패러다임에서는 주격이 예외적이었는데, (8ㄷ)의 패러다임에서는 호격이 예외적이다. 물론 현대국어에서는 호격 앞에서 어간말 '이'가 탈락하는 경우가 없지 않으나(맹꽁이+-아→맹꽁아), '애비야, 에미야' 등에서는 탈락하지 않으므로 '아기+-아→아가'에서의 '이' 탈락을 규칙적인 것이라고 보기는 어렵다. 따라서 이것도 불규칙 곡용에 포함되어야 할 것이다.[7] 여기

---

7) 이와 유사한 예가 곽충구(1994 : 374)에서 또하나 제시된 바 있다. 함북 육진 방언에서 나타나는 것인데, 편의상 한글로 전사하여 패러다임을 간략히 보이면 다음과 같다.

   제비
   제비(주격)
   제비르(대격)

서 한 가지 재미있는 것은 '아기'의 패러다임에서 불규칙적 곡용형인 이 '아가'가 하나의 새로운 어간으로 굳어져서 어휘화되었다는 사실이다. 이러한 현상은 시어(詩語)에서부터 비롯된 것이 아닌가 생각되는데(<u>아가야</u> 나오너라, <u>아가는</u> 잠이 들고, <u>아가의</u> 웃는 얼굴), '아가방'과 같은 신조어가 등장되는 것을 보면 일상어에서도 독자적인 단어의 자격을 획득한 것이 아닌가 생각된다.[8]

(8ㄹ)의 예는 방언에 따라서 곡용의 양상이 다양하게 나타날 수 있는 것인데, 그 중 하나의 곡용형에서만 문제가 되는 예를 제시한 것이다. 여기에서는 처격형이 문제됨을 볼 수 있다. 이 경우에도 전체적인 패러다임을 고려하면 '밧'을 기본형으로 설정할 수밖에 없다. 그리고 이것이 처격 '−에' 앞에서만은 '밭'으로 교체된다고 기술할 수밖에 없다. 역시 형태론적으로 조건된 교체인 셈이다. 그렇다면 '밧'도 위와 같은 패러다임을 갖는 방언에서는 불규칙이다.

이상의 예들은 각각의 패러다임에서 하나의 어형만이 불규칙한 예들이었다. (8ㄱ), (8ㄴ)에서는 주격이 불규칙한 것이었고, (8ㄷ)에서는 호격이, (8ㄹ)에서는 처격이 불규칙한 것이었다. 이들은 대부분의 경우 어간이 겪은 재구조화가 특정한 곡용형에서만은 받아들여지지 않고 있어서 문제가 되었는데, 왜 각각 하나의 곡용형에서만 재구조화가 거부되고 있는지는 아직 일반화하여 설명할 수 없다. 다만 이들 예들을 통해서 언어변화가 비록 규칙적으로 이루어지는 것이라 하더라도 해당되는 모든 예들에서 예외 없이 일률적으로 일어나는 것만은 아니라는 사실을 말할 수는 있다.

용언의 활용에서는 소위 '거라'불규칙과 '너라'불규칙이 이와 유사한 성격을 띠는 것이라고 할 수 있다. 특정한 하나의 활용형에서만 불규칙성을 보인

제비게(여격)
제비는(주제격)
접아 (속격)

위에서 볼 수 있는 바와 같이 여기서도 호격이 예외적이다. 전반적으로 어간이 '제비'로 재구조화되었는데, 호격에서만은 재구조화되기 이전의 형식이 잔존하고 있는 것이다. 그러나 교체의 관점에서 본다면 {제비}가 호격 앞에서는 [접]으로 교체된다고 보아야 한다.

8) '아기'와 '아가'는 중심의미는 같으나 연상의미는 다르다. '아기'에 비해서 '아가'는 좀 더 귀엽다는 느낌을 준다. 이런 의미 차이는 어간말모음 'ㅣ' 대 'ㅏ'의 대립에서 비롯되는 일종의 음성상징과 관련된 것이 아닌가 여겨진다. '아가'가 시어(詩語)로 정착될 수 있었던 것은 이런 이유 때문일 것이다.

다는 점에서 그러하다.

현대국어의 곡용상에서 불규칙성을 보이는 대표적인 예로서는 인칭대명사 '나, 너, 저'를 빼놓을 수 없다. 이들에서의 불규칙은 앞에서 본 경우와는 성격이 약간 다르다. 우선 어느 한 곡용형만 불규칙한 것이 아니라는 점에서 그렇다.

<table>
<tr><td>(9) ㄱ. 나</td><td>ㄴ. 너</td><td>ㄷ. 저</td></tr>
<tr><td><u>내가</u></td><td><u>네가</u></td><td><u>제가</u></td></tr>
<tr><td>나를(날)</td><td>너를(널)</td><td>저를(절)</td></tr>
<tr><td><u>내</u>(나의)</td><td><u>네</u>(너의)</td><td><u>제</u>(저의)</td></tr>
<tr><td>나에게(<u>내게</u>)</td><td>너에게(<u>네게</u>)</td><td>저에게(<u>제게</u>)</td></tr>
<tr><td>나와</td><td>너와</td><td>저와</td></tr>
<tr><td>나로</td><td>너로</td><td>저로</td></tr>
<tr><td>나는(난)</td><td>너는(넌)</td><td>저는(전)</td></tr>
</table>

이들 인칭 대명사의 곡용도 방언에 따라 상당한 차이를 보이는데(최명옥, 1993 : 7) 중앙어에서의 곡용의 양상은 대체로 위와 같다. 대격과 주제격의 곡용형이 둘씩인 것은 모음으로 끝나는 모든 체언에 해당되는 사항이므로 여기서는 문제 삼지 않는다. 이들을 제외하고 나면 주격, 속격, 여격이 문젯거리로 남는다. 주격의 곡용형은 어간에 주격조사가 결합된 상태에서 모음축약을 경험하여 어간과 조사가 융합되어 버린 다음 그 융합된 형태에 다시 주격조사가 결합되어 형성되었다. 이들에서의 모음축약은 공시적인 것이 아니라 통시적인 것이다. '내가, 네가, 제가'의 '내, 네, 제'는 어간과 조사가 융합된 형태라는 점에서는 '이게'와 동일하다고 할 수 있다. 그러나 전자의 예들은 그 자체로서는 주격으로 기능하지 못하는데 비해서 후자의 예는 그 자체로서 주격의 기능을 한다는 점에서 차이가 있다. 공시적인 관점에서는 '내가'의 '내'는 기본형 '나'가 주격에서 교체를 입은 것이라 해야 할 텐데 이 경우의 교체는 음운론적으로 조건된 것은 아니므로 형태론적으로 조건된 교체라고 보아야 할 것이다. 따라서 이것은 불규칙이다. 한편, '내가' 등은 '아가야'와 동일한 구조를 갖는 것이라고 할 수 있다. 통시적인 사실까지를 고려하면 동일한

기능을 하는 격조사가 겹쳐 있다는 점에서 그러하다. 그러나 '내가'의 '내'와 '아가야'의 '아가'도 문법적 자격은 동일하지 않다. '내'는 '나'의 이형태로만 존재하는 셈인데 '아가야'의 '아가'는 독자적인 단어의 자격을 획득했기 때문이다.

속격의 '내, 네, 제'는 통시적으로 모음축약에 의해 어간과 조사가 융합된 것이라 할 수 있는데, 이점에서는 주격의 경우와 유사하다. 그러나 주격에서는 축약을 경험한 '내, 네, 제' 자체가 스스로 주격형이 되지는 못하는데 속격에서는 '내, 네, 제' 스스로가 속격형이 된다는 점에서 차이가 있다. 이런 점에서 속격의 '내, 네, 제'는 '이게'의 경우와 동일한 예라고 할 수 있다. 다만 이들 인칭대명사의 속격에는 공시적 곡용에 의해 규칙적으로 형성되는 곡용형도 공존한다는 점에서 차이가 있다.9) 그러나 어쨌든 속격 '내, 네, 제'는 불규칙한 곡용형임에는 틀림없다. 여격의 경우도 사정은 비슷하다. 따라서 이들 인칭대명사들도 불규칙 체언이라고 하지 않을 수 없다.

이상에서 우리는 체언의 곡용상에서 나타나는 불규칙의 예들을 살펴보았다. 현대국어의 경우 체언의 곡용상에서 나타나는 불규칙은 모두가 형태론적으로 조건된 교체와 관련되는 것이어서 그 양상이 그리 복잡하게 나타나지 않는다. 중세국어에서만 하더라도 용언과 동일한 양상을 보이는 체언의 불규칙(소위 특수어간 교체)이 있었는데, 체언에서는 그러한 불규칙은 모두 사라지고 앞에서 살펴 본 정도의 불규칙만 발견되는 것이다. 따라서 현대국어에서는 불규칙에 관한 한 체언과 용언이 뚜렷한 차이를 보여 준다고 할 수 있다(송철의, 1991 참조).

---

9) 이들 인칭대명사의 속격이 중세국어에서는 특이한 일면이 있었음은 잘 알려진 사실이다(안병희, 1967 ; 홍윤표, 1969). 즉, 단순한 속격으로는 '내, 네, 제'가 쓰였는데, 종속절의 주어 기능을 하는 소위 주어적 속격으로는 '나의, 너의, 저의', 혹은 '내의, 네의, 제의' 등이 쓰였던 것이다. 그러다가 근대국어 시기에 와서 주어적 속격이 사라지면서('나의 살던 고향은'에서와 같이 아직도 그 흔적이 남아 있기는 하다) '내의, 네의, 제의'와 같은 형식은 사라져 버리고 '나의, 너의, 저의' 등은 그 기능이 단순한 속격으로 바뀌게 된 것이다(홍윤표, 1994 : 438~442). 그러나 현대국어에서의 '나의, 너의, 저의'가 주어적 속격으로부터 유래하는 것인지 '가라, 와라'처럼 불규칙적인 형식에 대하여 규칙적인 형식으로 새로이 등장한 것인지는 딱 잘라 말하기 어렵다. '내게, 네게, 제게'에 대하여 '나에게, 너에게, 저에게'가 등장한 것을 보면, '나의, 너의, 저의'가 규칙적인 형식으로 새로이 등장한 것이라는 해석도 가능하기 때문이다.

　용언의 활용상에서 나타나는 불규칙은 그 양상이 다양하고 복잡해서 여러 가지 어려운 문제들을 제기해 준다. 우리는 먼저 그 동안 불규칙이라고 거론되어 왔던 예들을 살펴보고 거기에서 제기되는 문제점들을 검토하는 순서로 논의를 진행하기로 하겠다. 비교적 문제점이 적은 예들부터 살펴보기로 한다.

　'거라'불규칙과 '너라'불규칙은 주지하는 바와 같이 '해라'체 명령형 어미가 형태론적으로 조건된 교체를 보여 주기 때문에 불규칙으로 처리되는 예들이다. 이들이 불규칙이라는 것은 논란의 여지가 없을 듯하다. 다만 '-너라'는 여전히 '오다'의 활용에서만 나타나는데, '-거라'는 '가다' 이외에 '자다'(자거라), '있다'(있거라) 등의 활용에서도 수의적으로나마 나타난다는 점은 지적해 둘 필요가 있을 듯하다. 화자들이 '가거라'를 '가-'와 '-거라'로 분석하고 있음을 보여 주는 좋은 예가 되기 때문이다. '가거라'를 분석될 수 없는 형식으로 인식하고 있다면 위와 같은 현상은 나타나지 않을 것이다. 앞에서 '가거라', '오너라'에 대해서 '가라', '와라'와 같은 활용형이 새로이 나타나고 있음을 언급한 바 있는데, 이와 관련하여서는 패러다임을 두 가지로 설정하는 방법이 있을 수도 있다.

(10) ㄱ. 가다	ㄴ. 가다	(11) ㄱ. 오다	ㄴ. 오다
가고	가고	오고	오고
가	가	와	와
<u>가라</u>	<u>가거라</u>	<u>와라</u>	<u>오너라</u>
갔다	갔다	왔다	왔다
가니	가니	오니	오니

　패러다임을 위와 같이 두 가지씩으로 설정하면 (10ㄱ), (11ㄱ)과 같은 패러다임을 가질 때는 '가다, 오다'가 규칙동사이고 (10ㄴ), (11ㄴ)과 같은 패러다임을 가질 때는 '가다, 오다'가 불규칙동사라고 기술할 수 있을 것이다.

　'여'불규칙은 '하다' 동사와 관련된 것인데 이 경우도 패러다임을 두 가지로 상정하는 것이 타당할 듯하다. '하여라'와 '해라'의 경우 전자는 어미가 불규칙적인 교체를 보이는 것이고 후자는 어간이 불규칙적인 교체를 보이는 것이어서 이들을 한꺼번에 설명할 수가 없기 때문이다.

(12) ㄱ. 하다   ㄴ. 하다
     하고   하고
     하지   하지
     하니   하니
     하여   해
     하여라   해라
     하였다   했다

(12ㄱ)에서는 '-어X'와 같은 형식을 갖는 어미들이 '-여X'와 같은 형식으로 교체되는데, 이러한 교체는 형태론적으로 조건된 불규칙적인 교체이다. '하-' 다음에서만 이러한 교체가 일어나기 때문이다. '여'불규칙이라는 명칭은 (12ㄱ)와 같은 패러다임을 상정하고 붙여진 명칭일 것이다. (12ㄴ)에서는 '어'계어미들 앞에서 어간 '하-'가 '해-'로 교체되고 있다. 이 교체는 음운론적으로 조건된 것이기는 하지만 역시 불규칙적인 교체이다. 어간말음으로 '아'를 갖는 어간들이 모두 이와 같은 교체를 보여 주는 것은 아니기 때문이다. 그런데 (12ㄴ)과 같은 경우까지를 '여'불규칙이라고 부를 수는 없다. '여'불규칙과는 성격이 다르기 때문이다. 다른 불규칙의 명칭들을 고려한다면 '아'불규칙이라고 하든가 '하'불규칙이라고 불러야 할 것이다.10) 결국 '하다'는 두 가지 유형의 불규칙 활용을 하는 셈이다. 그러나 이 두 유형의 불규칙은 모두 '어'계어미와 결합할 때만 나타난다는 공통점을 갖는다.

'우'불규칙은 '푸다'에서만 나타나는 것인데, 이것도 공시적인 관점에서 보면 불규칙임에는 틀림없다. '어'계어미 앞에서 '우'가 탈락하는 현상은 '푸다'에서만 나타나기 때문이다. 즉 어간이 음운론적으로 조건된 불규칙적인 교체를 보여주는 것이다. '으'계어미 앞에서는 그러한 불규칙적인 교체를 보여 주지 않는다.

'르'불규칙의 경우는 어간말음 '르'의 탈락이 음운론적 조건에 의해서 이루어지는 경우와 형태론적 조건에 의해서 이루어지는 경우가 있다. '우는, 부는'과 같은 경우의 '르'탈락은 음운론적 조건에 의한 것이고 '우오, 부오'와

---

10) 최명옥(1988)에서는 이를 ε불규칙이라 하였다.

같은 경우의 '르'탈락은 형태론적 조건에 의한 것이다. 후자는 어간이 형태론 적으로 조건된 교체를 보이는 것이므로 어간말음이 '르'인 용언들은 모두 불 규칙용언이라 하지 않을 수 없다. 어간말음 '르'이 탈락하기 때문에 불규칙이 아니라 어간이 형태론적으로 조건된 교체, 즉 불규칙적인 교체를 보이는 경 우가 있기 때문에 불규칙인 것이다.

'르'불규칙과 '러'불규칙은 '어'계어미와 결합할 때만 불규칙적인 교체를 보이는 것이다. 전통문법에서는 '르'불규칙은 어간과 어미가 모두 변하고, '러'불규칙은 어미만 변하는 불규칙이라고 기술하지만 규칙적 교체와 불규칙 적 교체라는 관점에서 보면 '르'불규칙은 어미쪽만 불규칙적인 교체를 보이 고 '러'불규칙은 어간과 어미가 모두 불규칙적인 교체를 보이는 불규칙이라 고 기술해야 한다. '흘러'의 경우 '{흐르-}+{-어}'에서 '흐르-'가 먼저 '-어' 앞에서 '흘-'로 교체되고 이어서 '-어'가 '-러'로 교체된다고 보면 '흐르-'가 '흘-'로 교체되는 것은 규칙적인 교체이다. '으'가 '어' 앞에서 탈락하는 것은 국어에서 규칙적인 현상이기 때문이다. 그러나 '-어'가 '- 러'로 교체되는 것은 물론 불규칙적인 것이다. 다른 경우에는 동일한 환경에 서 그러한 교체가 일어나지 않기 때문이다. '이르러'의 경우에는, {이르-}+ {-어}에서 일반적인 규칙에 따르자면 '이르-'가 '일-'로 교체되어야 하는 데 교체되지 않으므로 그 자체가 불규칙적이라고 할 수 있다. '-어'가 '러' 로 교체되는 것은 물론 불규칙적인 것이다. 따라서 '르'불규칙은 어미만 불규 칙적인 교체를 보이는 것인데 비하여 '러'불규칙은 어간과 어미가 모두 불규 칙적인 교체를 보이는 예라 할 수 있는 것이다. 이들도 '으'계어미와 결합할 때는 어간이든 어미든 불규칙적인 교체를 보이지 않는다.

'ㄷ, ㅂ, ㅅ'불규칙 용언들은 '으'를 포함하여 모음으로 시작되는 어미들과 결합할 때 어간이 불규칙적인 교체를 보여 준다. 이들 용언의 어간말음은 모 음으로 시작되는 어미들과 결합할 때 각각 'ㄷ~ㄹ, ㅂ~ㅈ, ㅅ(ㄷ)~ㅇ'의 교 체를 보이는바, 이들 교체는 음운론적으로 조건된 것이기는 하지만 음운론적 으로 설명되지는 않는다. 즉 현대국어의 일반적인 음운규칙으로 설명되지는 않는 것이다. 동일한 조건이면서 그러한 교체를 보이지 않는 경우들이 있기 때문이다.

이상에서 살펴 본 불규칙들을 크게 두 가지 부류로 나누어 본다면 어간이나 어미가 형태론적으로 조건된 교체를 보여주기 때문에 불규칙인 것과 어간이 음운론적으로 조건된 교체를 보여주기는 하지만 그러한 교체가 공시적인 음운규칙으로 설명되지 않기 때문에 불규칙인 것으로 나누어 볼 수 있을 것이다. 그리고 후자는 다시 '어'계어미 앞에서만 불규칙적인 교체를 보이는 경우와 모음으로 시작되는 모든 어미 앞에서 불규칙적인 교체를 보이는 경우로 나누어 볼 수 있다. 이런 점에서 본다면 음운론적으로 조건된 교체 중에서 불규칙적인 교체는 주로 모음어미 앞에서 나타난다는 것을 알 수 있다.

규칙, 불규칙의 문제가 어간이나 어미의 교체를 기준으로 판정되는 것이라면 'ㅅ'불규칙이니 'ㄷ'불규칙이니 하는 명칭도 문제가 있다. 이러한 명칭은 음소를 기준으로 한 것이지 형태소를 기준으로 한 것은 아니기 때문이다. 따라서 정확히 명칭을 붙이자면 'ㅅ'말음어간 불규칙, 'ㄷ'말음어간 불규칙이라 해야 할 것이다.

그런데 'ㅅ'불규칙의 경우 '짓-~지-'의 교체(짓고, 지어)가 불규칙적인 교체라고 한다면 종결어미 '-소~-오'의 교체(듣소, 가오)나 '-습니다~-읍니다'의 교체(듣습니다, 갑니다)도 불규칙적인 교체라고 해야 할 것이다. 이들의 교체도 '짓-~지-'의 교체와 교체의 조건이나 양상이 동일하다고 볼 수 있기 때문이다. 그리고 '-소~-오'의 교체를 불규칙적인 교체라고 한다면 현재형 종결어미 '-ㄴ다~-는다'의 교체나 주격조사 '-이~-가'의 교체도 불규칙적인 교체라고 해야 한다. 음운론적으로 조건된 교체이기는 하지만 이 형태들 간의 관계가 음운론적으로 설명되지 않는다는 점에서 동일한 성격의 교체들이기 때문이다.

(13) ㄱ. 먹소   ㄴ. 먹습니다   ㄷ. 먹는다   cf. ㄹ. 먹는
      안소   안습니다   안는다   안는
      잡소   잡습니다   잡는다   잡는
      가오   갑니다   간다   가는
      주오   줍니다   준다   주는

고오	곱니다	곤다	고는
우오	웁니다	운다	우는

위의 예들은 어미를 기준으로 한 패러다임인데 (13ㄱ, ㄴ, ㄷ)은 어미들이 음운론적으로 조건된 교체를 한다는 것을 알 수 있다. 그리고 (13ㄷ)과 (13ㄹ)을 비교해 보면 (13ㄷ)에서는 '는'이 모음이나 'ㄹ' 다음에서 'ㄴ'으로 교체되는데 (13ㄹ)에서는 그러한 교체가 일어나지 않음을 볼 수 있다. 따라서 '-는다'가 '-ㄴ다'로 교체되는 것은 불규칙적인 교체라고 볼 수밖에 없는 것이다. 동일한 환경에서 그러한 교체가 규칙적으로 일어나는 것은 아니기 때문이다. 이러한 사정은 '-이/가'의 경우도 마찬가지다. 주격의 경우에만 한정시켜 놓고 보면 '-이~-가'의 교체가 해당 환경에서 예외 없이 일어나기 때문에 규칙적인 교체라고 생각될 수 있을지 모르지만, 다른 경우와 비교해 보면 그렇지 않음을 알 수 있다.

(14) ㄱ. 죽이		ㄴ. 죽이라도
산이		산이라도
밥이		밥이라도
옷이		옷이라도
개가		개라도
소가		소라도
바다가		바다라도
머리가		머리라도

(14ㄱ)에서는 '이'가 모음 다음에서 '가'로 교체되지만 (13ㄴ)에서는 오히려 '이'가 'ø'로 교체된다. 그런데 '이'가 '가'로 교체되는 것은 음운론적으로 설명될 수 없지만 '이'가 모음 다음에서 탈락하는 것은 음운론적으로 설명이 가능하다. 따라서 '이~ø'의 교체는 규칙적인 것이라고 할 수 있겠지만 '이~가'의 교체는 불규칙적인 것이라고 할 수밖에 없는 것이다. '짓-~지-'의 교체나 '들-~들-'의 교체도 그들 자체만 놓고 보면 매우 규칙적이다. '짓-, 들-'이 모음으로 시작되는 어미 앞에서는 예외 없이 '지-, 들-'로 교체되기 때문이다. 그러나 그러한 환경에서 동일한 교체를 보이지 않는 경우가 있

어서 이들을 불규칙적인 교체로 보았던 것이다(웃-, 뜯-). '이~가'의 교체는 바로 이들의 교체와 동일한 성격의 것이라고 볼 수 있는 것이다.

이렇게 되면 국어에서 어간이 모음으로 끝나는 체언이나 용언은 모두 불규칙이 되는 셈이다. 곡용이나 활용상에서 조사나 어미의 교체가 불규칙적인 경우를 포함하게 되기 때문이다. 지금까지의 불규칙에 대한 논의들에서는 이러한 문제들이 깊이 있게 다루어지지 못하였다. 국어와 같은 교착어에서는 사실 어간의 교체보다는 어미의 교체가 훨씬 더 복잡하고 다양한데, 그래서인지 어미쪽에 대해서는 교체에 관한 한 깊은 관심을 두지 않았었던 것이다.

4. 결론

이 논의의 출발점은 '불규칙 활용'이니 '불규칙 용언'이니 할 때의 '불규칙'의 개념을 좀 더 명확히 해 보려는 데에 있었다. 그리고 그 개념에 따라 곡용이나 활용에서 나타나는 불규칙의 유형들을 살피면서 거기서 제기되는 문제점들을 검토해 보고자 하였다. 본론에서 논의된 내용을 요약하면 다음과 같다.

우리는 먼저 활용과 곡용의 개념을 새로이 정의하고 패러다임의 개념을 검토하여 보았다. 활용은 "어간과 어미가 결합하여 활용형(들)을 형성하는 일"이라고 정의하였다. 곡용도 이에 준하여 "어간과 조사가 결합하여 곡용형(들)을 형성하는 일"이라고 정의하였다. 패러다임은 "하나의 어간으로부터 형성된 활용형들이나 곡용형들의 집합"이라는 개념을 받아들이되 조사나 어미 각각에 대해서도 패러다임이 상정되어야 한다고 보았다. 그리고 국어에서의 불완전한 패러다임의 유형들을 검토하였다. 패러다임의 문제를 먼저 살펴 본 것은 곡용이나 활용에서의 규칙, 불규칙을 논의하기 위해서는 각각의 어간에 대한 패러다임이 고려되어야 한다고 생각되었기 때문이었다.

규칙, 불규칙을 자동적 교체와 비자동적 교체에 대응시키려는 경우가 있으나 이는 타당치 않음을 지적하고 규칙적 교체와 불규칙적 교체라는 개념을 도입하였다. 그리하여 어간이나 어미(조사)가 불규칙적 교체를 보이면 불규칙인데, 여기서 불규칙적 교체란 형태론적으로 조건된 교체이거나 또는 음운론적으로 조건된 교체이되 이형태들의 관계가 공시적인 음운규칙으로 설명되지 않는 교체를 말한다. 활용에서 이러한 불규칙적 교체를 보이면 그 활용은 불규칙활용이 될 것이고, 패러다임에 불규칙적으로 형성된 활용형을 하나라도 가지고 있으면 불규칙 용언이 될 것이다.

불규칙은 현대국어에서는 활용 쪽에서만 주로 논의되었는데 곡용에도 불규칙이 있음을 지적하고 곡용의 불규칙과 활용의 불규칙을 살펴보았다. 체언의 곡용에서는 형태론적으로 조건된 교체이기 때문에 불규칙인 것만 나타나고 용언의 활용에서는 그 외에 음운론적으로 조건되었지만 이형태들 간의 관계가 음운론적으로 설명되지 않기 때문에 불규칙인 것이 나타난다. '하다' 같은 경우는 패러다임을 두 가지로 갖는데 그에 따라 불규칙의 성격이 달라진다.

'짓–~지–'의 교체가 불규칙적인 것이라면 종결어미 '–소~–오'의 교체도 불규칙적인 것으로 간주해야하며 '–ㄴ다~–는다'의 교체고 불규칙적이라고 보아야 한다. 물론 '–이~–가'의 교체도 불규칙적이다. 국어는 교착어이기 때문에 어미 쪽이 훨씬 더 복잡한데, 지금까지의 논의들에서는 어미까지를 전문적으로 다룬 적은 없다. 어미 쪽의 교체를 좀 더 정밀하게 그리고 체계적으로 검토해 볼 필요가 있으나 깊이 있게 검토하지는 못하였다.

참고문헌

姜昶錫(1985), 「活用과 曲用에서의 形態論과 音韻論」, 『울산어문논집』 2, 울산대학교 국어국문학과.

高永根(1987), 「補充法과 不完全系列의 問題」, 『語學研究』 23-3, 서울대학교 어학연구소.

______(1989), 『國語形態論研究』, 서울대출판부.

郭忠求(1994), 『咸北六鎭方言의 音韻論』, 太學社.

金京芽(1990), 「活用에서의 基底形 設定과 音韻現象」, 國語研究 94.

金星奎(1988), 「非自動的 交替의 共時的 記述」, 『冠嶽語文研究』 13, 서울대학교 국어국문학과.

______(1989), 「活用에 있어서의 化石形」, 『周時經學報』 3.

金永旭(1994), 「불완전계열에 대한 형태론적 연구」, 『國語學』 24.

김진우(1971), 「所謂 變格用言의 非變格性에 關하여」, 『韓國言語文學』 8·9 합병호.

박창원(1986), 「음운교체와 재어휘화」, 『語文論集』 2, 경남대학교.

배주채(1994), 「고흥방언의 음운론적 연구」, 서울대학교 박사학위논문.

宋喆儀(1991), 「國語 音韻論에 있어서 體言과 用言」, 『國語學의 새로운 認識과 展開(金完鎭先生回甲紀念論叢)』, 民音社.

______(1993), 「준말에 대한 形態·音韻論的 考察」, 『東洋學』 23, 단국대학교 동양학연구소.

安秉禧(1959), 「十五世紀 國語의 活用語幹에 對한 形態論的 研究」, 『國語研究』 7(1978), 塔出版.

______(1967), 「韓國語發達史 中(文法史)」, 『韓國文化史大系 V(言語·文學史)』, 高大民族文化研究所.

李庸周(1993), 『韓國語의 意味와 文法 I』, 三知院.

崔明玉(1985), 「變則動詞의 音韻現象에 대하여―p-, s-, t- 變則動詞를 中心으로」, 『國語學』 14.

______(1988), 「變則動詞의 音韻現象에 대하여―li-, lə-, ε(jə)-, h- 變則動詞를 中心으로」, 『語學研究』 24-1, 서울대학교 어학연구소.

______(1991), 「語尾의 再構造化에 대하여」, 『國語學의 새로운 認識과 展開(金完鎭先生回甲紀念論叢)』, 民音社.

______(1993), 「語幹의 再構造化와 交替形의 單一化 方向」, 『省谷論叢』 24.

최현배(1975), 『우리말본』, 정음사.

韓榮均(1985), 「音韻變化와 語彙部의 再構造化」, 『冠嶽語文研究』 10, 서울대학교 국어국문

학과.

韓榮均(1990),「不規則活用」,『國語研究 어디까지 왔나』, 東亞出版社.

洪允杓(1969),「十五世紀國語의 格研究」, 國語研究 21.

______(1977),「不具動詞에 대하여」,『國語國文學論叢(李崇寧先生古稀紀念)』, 塔出版社.

______(1994),『근대국어연구』, 태학사.

Bloomfield, L.(1933), *Language*, New York : Holt, Rinehart and Winston.

Bybee, J. L.(1985), *Morphology : A study of the relation between meaning and form*, Amsterdam : Benjamins.

Hockett, C. F.(1958), *A Course in Modern Linguistics*, New York : MacMillan.

우리말의 융합 형태소와 형태소 중복 현상*

한 길

1. 융합 형태소와 형태소 중복의 성격

하나의 형태소는 어휘적 의미이든 문법적 의미이든 하나의 의미소를 가지는 것이 일반적이다. 그러나 일부 형태소 중에는 하나의 형태소가 둘 이상의 문법적 의미를 함께 가지는 것이 있다. 이를 융합 형태소(portmanteau morpheme)라고 한다. 융합 형태소는 둘 이상의 문법적 의미가 동시적으로 실현되는 경우에 한한다. 예컨대, 영어에서 'we'는 1인칭[+I]과 복수[+plural]라는 두 가지 문법적 의미를 함께 가지기 때문에 융합 형태소에 해당한다.

우리말에서는 격조사 중에 '께서'와 '께'가 융합 형태소에 해당한다. '께서'는 <주격>과 <주체존대>의 두 가지 문법적 의미를 함께 가지며, '께'는 <부사격>과 <객체존대>의 두 가지 문법적 의미를 함께 가진다.

그리고 종결어미 중 일부도 융합 형태소에 해당한다. {−다}는 문법적 의미로 <서술법>과 <청자 아주낮춤>을, {−니}는 <의문법>과 <청자 아주낮춤>을, {−자}는 <청유법>과 <청자 아주낮춤>을, {−구나}는 <감탄법>과 <청자 아주낮춤>을 동시에 같은 자리에서 실현한다.

---

* 이 글은 『강원인문논총』 15집(2006)에 수록했던 「우리말의 융합 형태소와 형태소 중복 현상」을 수정 보완한 것임.

이웃하는 두 형태소가 부분적으로, 때로는 전체적으로 하나로 중복되어 나타나는 경우가 있다. 이와 같은 동시적 실현을 형태소 중복(morphemic overlap)이라 한다. 결과적으로 표면상 분석 가능했던 두 형태가 분석 불가능한 형태로 녹아 붙어 버린다.

1인칭의 /나/와 접속조사 /의/가 결합하여 /내/로 융합되어 실현된다. 이 때 /내/에서 /ㅐ/는 /ㅏ/+/ㅢ/로 분석되지 않는다. 2인칭의 /너/와 접속조사 /의/의 결합에서도 이와 꼭 같아 /네/에서 /ㅔ/는 /ㅓ/+/ㅢ/로 분석되지 않는다. 곧 두 형태의 결합 결과, 표면상 분석이 불가능한 형태로 녹아 붙었다.

‘집에 가.’에서 /가/도 형태소 중복에 해당한다. 곧 동사어간 /가-/만으로는 문장을 끝맺을 수 없고, 문장 끝에 종결어미가 결합되어야 하는 것이 국어의 일반적 규칙이다. 따라서 /가-/ 뒤에는 종결어미 /-아/가 결합되어야 마땅하다. 그렇지만 동사 어간 /가-/의 모음과 종결어미 /-아/가 일치하여 중복되어 실현된 것으로 이해된다.

‘철수가 그 일을 했다.’에서의 ‘했-’도 형태소 중복에 해당한다. 동사 어간 /하-/에 과거 시제의 /-였-/이 결합되어 /했-/으로 실현되어 표면상 분석 불가능한 형태로 녹아 붙었다.

그러나 단일 형태소 안에서의 주는 것은 형태소 중복 현상과는 무관하다. 단일 형태소 ‘무엇’이 /뭐/로 줄거나 ‘아이’가 /애/로, ‘오이’가 /외/로 주는 것은 형태소 사이의 중복 현상과는 관련이 없다.[1] 형태소 중복은 이웃하는 두 형태소가 녹아 붙어 표면상 분석이 안 되는 경우에 한정된다.

이 글에서는 우리말에서의 융합 형태소에는 어떤 것들이 있으며, 그들은 어떤 문법적 특성과 의미 특성이 겹쳐 실현되는가를 살피기로 한다. 아울러 인접한 두 개의 형태소가 표면상 분석 불가능하게 중복되는 것으로는 어떤 것들이 있는가를 논의하기로 한다.

---

[1] 이와 같은 현상은 단지 음절 축약으로 원형의 변이형태에 해당할 뿐이다.

2. 융합 형태소의 특성

한 형태소가 둘 이상의 문법적 의미를 가지는 융합 형태소는 인구어에서 주로 나타난다. 우리말은 첨가어적 특성을 갖기 때문에 주로 한 형태소가 하나의 의미를 갖게 되므로 융합 형태소에 관한 관심이 별로 없었다. 그러나 우리말의 형태소 중에도 두 가지의 문법적 의미를 동시에 실현하는 융합 형태소가 있다. 또한 융합 형태소를 두 가지 이상의 문법적 의미에 국한하지 않고 어휘적 의미와 문법적 의미가 동시에 실현되는 것까지로 확대하면 더 많은 융합 형태소를 찾아낼 수 있다.

형태소와 그 의미 사이의 관계를 통해 융합 형태소의 범위를 한정지을 수 있다. 따라서 형태소와 그 의미 사이의 관계를 파악할 필요성이 제기된다.

2.1. 형태소와 의미

의미적인 측면에서 형태소는 모두 의미를 가지고 있지만, '어머니', '아이', '기다리−'와 같이 그 형태소 자체가 실질적으로 가지는 의미를 어휘적 의미(lexical meaning)라 하고, '가', '를', '−었−', '−다'와 같이 그 자체가 실질적인 의미를 가지지 않고 문법적 기능을 나타내는 것을 문법적 의미(grammatical meaning)라 한다.

형태소는 단어나 단어의 구성요소로서 더 쪼개면 의미를 잃게 되는 최소의 단위로서, 어휘적 의미나 문법적 의미를 가진 언어 형식 가운데 가장 작은 단위가 된다. 여기서 말하는 어휘적 의미는 사물이나 개념 등을 가리키는 실질적 의미(substantial meaning)를 나타내고, 문법적 의미란 조사나 어미 등의 문법 요소가 가지는 형식적 의미를 나타낸다. 형식적 의미란 아무런 의미가 없다는 것이 아니라 문법적 기능의 의미적 특성을 나타냄을 말한다.

어휘적 의미에는 의미소(sememe)와 변이의미(allosome)가 있다. 의미소는 구조 안에서 변이의미의 공통적 의미, 곧 추상화된 의미를 가리키며, 변이의미는 의미소를 둘러싸고 있는 구체적 의미, 곧 주변적 의미를 가리킨다. 만일 의미소가 다르다면 별개의 형태소에 해당된다.

이와 같이 한 형태소는 하나의 의미소를 바탕으로 하여 문맥에 따라 변이 의미를 가질 수 있지만, 의미소 자체가 다르면 한 형태소가 되지 못하고 별개의 형태소가 됨을 알 수 있다.

문법적 의미는 구조 의미 또는 구조 기능을 말한다. 어휘적 의미에서와 마찬가지로 약간씩 다른 변이 기능을 가지더라도 공통된 구조 기능을 보이는 경우에 한 형태소에 해당되며, 구조 기능 자체가 다르게 되면 별개의 형태소가 된다. 이를테면, 조사 '야'는 (1)과 같이 호격조사로 쓰이는 경우와 보조사로 쓰이는 경우가 있다.

> (1) ㄱ. 철수야, 어디에 가니?
>   ㄴ. 철수야 알 까닭이 있니?

위 보기에서 '야'는 둘 다 조사로서의 문법적 기능을 수행하지만, ㄱ의 '야'는 호격조사의 기능을 보이고 ㄴ의 '야'는 보조사로서의 기능을 보이기 때문에 구조적 의미에서 차이가 난다. 이런 까닭에 이들은 별개의 다른 형태소에 해당된다.

형태소는 어휘적 의미이건 문법적 의미이건 관계없이 최소 의미 단위 (minimal unit of meaning)인 의미소(sememe)를 가지게 된다. 동일한 음성형식이 같은 의미소를 가지게 되면 한 형태소가 되고, 다른 의미소를 가지게 되면 각각 다른 형태소가 되기 때문에 의미소가 의미적 변별성을 결정해 주는 역할을 한다. 곧 의미적 변별성이 있느냐 없느냐에 따라 각기 다른 형태소인가 동일 형태소인가를 식별하게 된다.

2.2. 융합 형태소의 의미 특성

영어에서 동사에 결합하는 융합 형태소 '-s'는 같은 자리에서 동시적으로 여러 가지 문법적 의미를 나타낸다. 예를 들면, 'He goes to school.'에서의

'-s'는 문장 주어의 인칭(person)이란 문법 범주에서 <주어가 3인칭>이라는 문법적 의미와 아울러 문법 범주 수(number)에서 <단수>임을 나타내는 문법적 의미, 문법 범주 시제(tense)에서 <현재>임을 가리키는 문법적 의미를 동시에 실현한다.

국어에서도 이와 같이 하나의 형태소가 두 가지 문법적 의미를 나타내는 경우가 있다. '께서'는 더 이상 분석되지 않는 단일한 형태소이지만 의미상으로 <주격>과 <주체존대>의 의미적 특성을 가지며, 이 두 의미가 항상 동시적으로 같은 자리에서 실현되는 융합 형태소이다.

이와 같이 한 형태소가 두 가지 이상의 문법적 의미를 가지되, 그들 의미가 같은 환경에서 동시적으로 실현되어야만 융합 형태소가 될 수 있다.

동일한 형태(morph)가 다른 환경에서 또 다른 의미로 쓰이는 경우가 있을 수 있다. 예컨대, '-s'가 명사 뒤에 결합하여 'There are books on the table.'에서의 '-s'는 앞의 '-s'와 동일 형태(morph)이지만 동시적으로 실현될 수 없을 뿐더러 쓰이는 자리가 다르다. 의미에서도 <복수>를 나타내기 때문에 이들은 별도의 형태소이지 결코 융합 형태소에 해당하지 않는다.

우리말에서의 예를 들면, 시제 어미 '-겠-'은 <추정>과 <의도>의 의미를 가지지만, 이 둘의 의미가 같은 자리에서 동시적으로 실현되는 일은 결코 없다. 곧 '-겠-'이 <추정>과 <의도>라는 문법적 의미를 가지더라도 항상 다른 환경(<의도>의 의미인 경우에는 서술문에서 주어가 1인칭이고 서술어가 행동성 동사이며 시제가 현재일 때와 의문문에서 주어가 2인칭이고 서술어가 행동성 동사이며 시제가 현재일 때이며 그 밖에는 <추정>의 의미로 쓰인다)에서 실현될 뿐 아니라 두 의미가 동시적으로 실현되는 일(<의도>이면서 <추정>)이 없기 때문에 융합 형태소가 되지 않는다.

그러므로 융합 형태소는 둘 이상의 문법적 의미를 가지되, 그 의미들이 반드시 같은 자리에서 동시적으로 실현되어야 한다.

2.1.에서 살핀 바와 같이 한 형태소가 여러 어휘적 의미를 가질 수 있으나 그들 의미는 동일한 의미소에서 적용상의 전이에 따라 달라진 변이의미에 해당될 뿐이고 의미소 자체가 다르지는 않다. 만일 의미소 자체가 다르다면 형

태만 같을 뿐이고 서로 다른 형태소가 된다. 예컨대, 형태 '배'는 '배가 고프다'에서는 <腹>을 의미하고, '배를 먹는다'에서는 <梨>를 의미하며, '배를 탄다'에서는 <舟>를 의미하여 비록 동일 형태 '배'가 세 가지 의미를 가지지만 의미소 자체가 각각 다르기 때문에 '배'는 각기 다른 세 가지 형태소에 해당하지 융합 형태소에는 해당하지 않는다.

형태소 중 어떤 것은 어휘적 의미와 문법적 의미를 가지는 경우가 있다. 이 두 의미가 항상 같은 자리에서 동시적으로 실현되기 때문에 융합 형태소의 조건에 어느 정도 합당하게 된다. '진지'는 어휘적 의미 <밥>과 문법적 의미 <존대>란 두 가지 의미를 가지는데, 이 두 의미는 항상 같은 자리에서 동시적으로 실현 되며, 이 두 의미가 분리되어 각각 쓰이는 일은 없다. 본디 융합 형태소는 동시적으로 둘 이상의 문법적 의미를 가지는 것을 일컫는데, <진지>와 같이 동시적으로 어휘적 의미와 문법적 의미가 실현되는 것도 융합 형태소로 처리하지 못 할 당위성은 없다. 따라서 어휘적 의미와 문법적 의미가 항상 같은 자리에서 동시적으로 실현되는 형태소도 마땅히 융합 형태소의 범주에 넣어야 한다.

위에서 논의한 내용을 바탕으로 융합 형태소를 정의하면, (2)와 같다.

> (2) 융합 형태소의 정의
> 둘 이상의 문법적 의미이거나, 어휘적 의미와 문법적 의미를 가진 형태소로, 이들 의미가 동시적으로 같은 자리에서 실현되는 형태소를 융합 형태소라 한다.

2.3. 융합 형태소의 종류

융합 형태소는 그 의미적 특성에 따라 두 가지로 구분할 수 있다. 곧 두 가지 문법적 의미를 가지는 것과, 어휘적 의미와 문법적 의미를 가지는 것으로 가를 수 있다. 전자를 전형적인 융합 형태소로서 순수 융합 형태소라 하고, 후자를 융합 형태소에 준한다는 뜻에서 준 융합 형태소라 하기로 한다.

2.3.1. 순수 융합 형태소

국어에서 두 가지 문법적 의미를 가지는 순수 융합 형태소로는 몇 가지 종류가 있다. 먼저 격조사 중에서 융합 형태소를 찾아보기로 한다.

'께서'는 격이란 문법 범주로 <주격>이라는 문법적 의미와 주체존대법이란 문법 범주로 <주체존대>라는 문법적 의미를 동시에 같은 자리에서 실현한다.

> (3) ㄱ. 할아버지께서 서울에 가신다.
>   ㄴ. 선생님께서 오셨다.

곧 '께서'는 '할아버지'와 '선생님'이 문장에서 주어로 쓰이게 하는 역할과 아울러 그들에 대한 높임이라는 문법적 의미를 동시에 나타내기 때문에 순수 융합 형태소에 해당한다. 따라서 '께서'의 의미는 <주격, 주체존대>로 해석된다.

순수 융합 형태소에 해당하는 격조사로는 '께서' 외에 '께'가 있다. '께'도 격이란 문법 범주로 <부사격>이라는 문법적 의미와 객체존대법이란 문법 범주로 <객체존대>라는 문법적 의미를 같은 자리에서 동시에 실현한다.

> (4) ㄱ. 철수가 할아버지께 선물을 드린다.
>   ㄴ. 철수가 선생님께 말씀을 여쭈었다.

이와 같이 '께'도 '할아버지'와 '선생님'이 문장에서 부사어로 쓰이게 하는 역할과 아울러 그들에 대한 높임이라는 문법적 의미를 동시에 나타내기 때문에 순수 융합 형태소에 해당한다. 따라서 '께'의 의미는 <부사격, 객체존대>로 해석된다.

순수 융합 형태소에 해당하는 격조사로는 '께서'와 '께' 외에 호격조사가 있다. 호격조사 '아/야', '이어', '이시여'는 격이란 문법 범주로 <호격>이라는 문법적 의미와 청자존대법이란 문법 범주로 <청자존대>라는 문법적 의미를 같은 자리에서 동시에 실현한다.

> (5) ㄱ. 철수야, 어디 가니?
>   ㄴ. 젊은이이여, 원대한 꿈을 가지시오.

ㄷ. 하느님<u>이시여</u>, 굽어 살펴 주시오소서.

(5)의 ㄱ에서 '야'는 <호격>과 <청자 아주낮춤>, ㄴ에서 '이여'는 <호격>과 <청자 예사높임>, ㄷ에서 '이시여'는 <호격>과 <청자 아주높임>이라는 두 가지 문법적 의미를 동시에 같은 자리에서 실현하기 때문에 순수 융합 형태소에 해당한다.

종결어미 중에도 두 가지 문법적 의미를 가지는 순수 융합 형태소에 해당하는 것들이 있다. 예컨대, '−ㄴ/는다'는 의향법이란 문법 범주로 <서술>이라는 문법적 의미와 청자존대법이란 문법 범주로 <청자 아주낮춤>이라는 문법적 의미를 같은 자리에서 동시에 실현한다.

(6) ㄱ. 철수가 밥을 먹<u>는다</u>.
ㄴ. 철수가 학교에 <u>간다</u>.

곧 '−ㄴ/는다'는 종결어미로 쓰인 문장에서 문법적 의미로 <서술>의 의향법을 실현함과 동시에 <청자 아주낮춤>의 청자존대법을 실현하기 때문에 순수 융합 형태소에 해당한다. 따라서 '−ㄴ/는다'는 <서술, 아주낮춤>으로 해석된다.

종결어미 중에 순수 융합 형태소에 해당하는 것은 단순형에 국한된다. 복합형의 종결어미는 두 가지 이상의 형태소가 결합되어야만 의향법과 청자존대법의 문법적 기능을 수행하기 때문이다. 우리말의 반말의 종결어미를 의향법에 따라 정리하면 다음과 같다.[2]

- 서술법 : 단순형 : −어, −지, −게, −네, −는군, −데, −거든, −는데, −고
- 복합형 : −다나, −자나, −으라나, −는다고, −느냐고, −자고, −으라고, −는다니까, −냐니까, −자니까, −으라니까, −을래, −을게, −는걸, −을걸, −고말고, −다마다
- 의문법 : 단순형 : −어, −지, −게, −네, −는가, −나, −데, −는데, −고
  복합형 : −다니, −냐니, −자니, −으라니, −는다고, −느냐고, −자고, −라고, −는다면서, −자면서, −으라면서, −는대,

---

2) 반말 종결어미의 설정 기준과 종류에 대하여는 한길(2004 : 113~116)을 참조할 것.

－는다지, －을까, －을래, －는지

- 청유법 : 단순형 : －어, －지
- 명령법 : 단순형 : －어, －지, －고

위 반말 종결어미 중에 단일형태소인 단순형만이 두 가지 문법적 의미를 가지는 순수 융합 형태소에 해당한다. 이들 순수 융합 형태소 중 서술법의 '－어, －지, －게, －네, －는군, －데, －거든, －는데, －고'는 공통적으로 청자존대법의 문법 범주로 <안높임>의 문법적 의미와 의향법의 문법범주로 <서술>이란 문법적 의미가 같은 자리에서 동시적으로 실현된다. 이들 의미 이외에도 각각의 종결어미마다 고유의 의미적 특성을 가지고 있다. 의문법의 '－어, －지, －게, －네, －는가, －나, －데, －는데, －고'는 <안높임, 물음>을, 청유법의 '－어, －지'는 <안높임, 꾀임>을, 명령법의 '－어, －지, －고'는 <안높임, 시킴>을 문법적 의미로 가지며, 같은 자리에서 동시적으로 이들 의미가 실현된다.

청자존대의 정도가 예사낮춤에 해당하는 종결어미를 의향법에 따라 분류하면 다음과 같다.3)

- 서술법 : 단순형 : －르세, －음세, －으이, －네, －거니, －느니
        복합형 : －는다네
- 의문법 : －는가, －나, －네, －을런가, －을손가
- 청유법 : －세
- 명령법 : －게

위 예사낮춤 종결어미 중에 단일형태소인 단순형만이 두 가지 문법적 의미를 가지는 순수 융합 형태소에 해당한다. 이들 순수 융합 형태소 중 서술법의 '－르세', '－음세', '－으이' '－네', '－거니', '－느니'는 공통적으로 <청자 예사낮춤>과 <서술>이라는 두 가지 문법적 의미를 가지는 융합 형태소이다. 의문법의 '－는가', '－나', '－네', '－을런가', '－을손가'는 <예사낮춤, 물음>, 청유법의 '－세'는 <예사낮춤, 꾀임>, 명령법의 '－게'는 <예사

---

3) 예사낮춤 종결어미의 설정 기준과 종류에 대하여는 한길(2004 : 260~262)을 참조할 것.

낮춤, 시킴>이란 두 가지 문법적 의미를 같은 자리에서 동시에 실현하는 융합 형태소이다.

　청자존대의 정도가 예사높임에 해당하는 종결어미를 의향법에 따라 분류하면 다음과 같다.[4]

- 서술법 : 단순형 : -오, -는구려
　　　　　복합형 : -는다오, -습디다, -으리다
- 의문법 : 단순형 : -오
　　　　　복합형 : -읍디까, -으리까
- 청유법 : 복합형 : -읍시다
- 명령법 : 단순형 : -오, -구려

　위 예사높임 종결어미 중에 서술법의 '-오', '-는구려'는 <예사높임, 서술>, 의문법의 '-오'는 <예사높임, 물음>, 명령법의 '-오'는 <예사높임, 시킴>의 문법적 의미를 같은 자리에서 동시에 실현하는 융합 형태소이다.

　청자존대의 정도가 아주낮춤에 해당하는 종결어미를 의향법에 따라 분류하면 아래와 같다.[5]

- 서술법 : 단순형 : '-는다', '-으마', '-는구나', '-어라', '-으니', '-을라'
　　　　　복합형 : '-는단다', '-느니라', ('-도다', '-을진저', '-을지니
　　　　　　　　　라', '-을거나', '-을러라', '-을레라', '-을지라', '-
　　　　　　　　　을지로다')[6]
- 의문법 : 단순형 : '-느냐', '-니'
　　　　　복합형 : '-으렷다', '-을소냐', '-는다니', ('-을소냐', '-는고',
　　　　　　　　　'-을러라')
- 청유법 : 단순형 : '-자'
- 명령법 : 단순형 : '-어라', '-으려무나'
　　　　　복합형 : '-으렷다', ('-을지어다')

　위 아주낮춤 종결어미 중에 서술법의 '-는다', '-으마', '-는구나', '-어

---

4) 예사높임 종결어미의 설정 기준과 종류에 대하여는 한길(2004 : 316~319)을 참조할 것.
5) 아주낮춤 종결어미의 설정 기준과 종류에 대하여는 한길(2004 : 370~372)을 참조할 것.
6) 괄호 안의 종결어미들은 현대 우리말에서 간혹 쓰이기도 하지만 주로 예스러운 표현에서 사용된다.

라’, ‘-으니’, ‘-을라’는 <아주낮춤, 서술>, 의문법의 ‘-느냐’, ‘-니’는 <아주낮춤, 물음>, 청유법의 ‘-자’는 <아주낮춤, 꾀임>, 명령법의 ‘-어라’, ‘-으려무나’는 <아주낮춤, 시킴>의 문법적 의미를 같은 자리에서 동시에 실현하는 융합 형태소이다.

청자존대의 정도가 아주높임에 해당하는 종결어미들을 의향법에 따라 분류하면 다음과 같다.7)

- 서술법 : -습니다, -는답니다, -나이다, -으오이다, -올시다
- 의문법 : -습니까, -는답니까, -나이까, -으오이까
- 명령법 : -으십시오, -으소서

위 아주높임 종결어미 중에 ‘-으소서’를 제외하면 모두 둘 이상의 형태소로 이루어져 있기 때문에 융합 형태소에 해당하지 않는다. ‘-으소서’만 융합 형태소로 <청자 아주높임>과 <시킴>의 문법적 의미를 같은 자리에서 동시에 실현하는 융합 형태소이다.

높낮이없음의 종결어미들을 의향법과 형태적 특성에 따라 분류하면 다음과 같다.8)

- 서술법 : 단순형 : -다, -음
- 의문법 : 복합형 : -는담, -으랴
- 명령법 : 단순형 : -으라
- 복합형 : -을 것

위 높낮이없음의 종결어미들은 청자존대의 정도가 높이지도 않고 낮추지도 않는 <같음>에 해당한다. 서술법의 ‘-다’, ‘-음’은 <같음, 서술>, 명령법의 ‘-으라’는 <같음, 시킴>의 문법적 의미를 같은 자리에서 동시에 실현하는 융합 형태소이다.

한 형태소로 이루어진 종결어미 이외에 순수 융합 형태소에 해당하는 것으로는 관형화 내포어미를 들 수 있다.

---

7) 아주높임 종결어미의 설정 기준과 종류에 대하여는 한길(2004 : 444~446)을 참조할 것.
8) 높낮이없음 종결어미의 설정 기준과 종류에 대하여는 한길(2004 : 466~467)을 참조할 것.

(7) ㄱ. 빵을 먹<u>는</u> 사람이 누구입니까?
　　 ㄴ. 빵을 먹<u>은</u> 사람이 누구입니까?
　　 ㄷ. 빵을 먹<u>을</u> 사람이 누구입니까?

(7)에서 ㄱ의 관형화 내포어미 '−는'은 시제라는 문법 범주로 <현재>의 문법적 의미와 문장 구성에서 <관형화>의 문법적 의미를 같은 자리에서 동시에 실현하는 융합 형태소이다.9) ㄴ의 '−은'은 <과거>와 <관형화>, ㄷ의 '−을'은 <미래>와 <관형화>라는 두 가지 문법적 의미를 같은 자리에서 동시에 실현하는 융합 형태소이다.

한 형태소로 이루어진 인칭대명사도 두 가지 문법적 의미를 가지는 순수 융합 형태소에 해당한다. 곧 인칭대명사는 <사람 가리킴>과 높임법에서 <높낮이>란 문법적 의미를 같은 자리에서 동시에 실현한다.

(8) ㄱ. <u>나</u>는 학생이다.
　　 ㄴ. <u>저</u>는 학생입니다.
　　 ㄷ. <u>우리</u>는 학생들이다.

(8)에서 '나'와 '저'는 공통적으로 <화자 자신을 가리킴>이란 문법적 의미를 가지지만, 동시에 높임법의 문법 범주도 실현한다. 그러나 높임법에서 차이를 보여, '나'는 <화자 안낮춤>에 해당하고, '저'는 <화자 낮춤>에 해당한다. 그러므로 '나'는 <화자 자신을 가리킴, 화자 안 낮춤>이란 문법적 의미가, '저'는 <화자 자신을 가리킴, 화자 낮춤>이란 문법적 의미가 동시에 같은 자리에서 실현되는 순수 융합 형태소이다. ㄷ의 '우리'는 <화자＋청자 가리킴, 안높임, 복수>라는 세 가지 문법적 의미를 동시에 같은 자리에서 실현하는 순수 융합 형태소에 해당한다.10)

(9) ㄱ. <u>너</u>는 어디에 가느냐?

---

9) 관형형 어미 '−는'이 시제로서 <현재>의 의미를 잃게 되는 경우도 있다. 곧 '−는'이 '−었−', '−겠−'과 결합되면 시제로서의 기능을 잃게 되고, 단지 관형사형을 만드는 문법적 의미만 남게 되어 융합 형태소로서 역할을 하지 않게 된다.

10) '우리'는 가리킴의 대상으로 화자와 청자만이 해당하는 것은 아니다. 이외에도 여러 가지 용법으로도 쓰인다.

    ㄴ. <u>자네</u>는 어디에 가는가?

    ㄷ. <u>당신</u>은 어디에 가오?

(9)에서 '너', '자네', '당신'은 공통적으로 <청자 가리킴>이란 문법적 의미를 가지지만, 동시에 높임법의 문법 범주도 실현한다. 그러나 높임법에서 차이를 보여, '너'는 <청자 아주낮춤>에, '자네'는 <예사낮춤>에, '당신'은 <예사높임>에 해당한다. 그러므로 '너'는 <청자 가리킴, 아주낮춤>, '자네'는 <청자 가리킴, 예사낮춤>, '당신'은 <청자 가리킴, 예사높임>이란 문법적 의미가 같은 자리에서 동시적으로 실현되는 순수 융합 형태소이다.

위에서 살핀 바와 같이 순수 융합 형태소는 존대법 관련 격조사, 한 형태소로 이루어진 종결어미, 관형화 내포어미, 한 형태소로 이루어진 인칭대명사 등에서 발견된다.

2.3.2. 준 융합 형태소

한 형태수가 둘 이상의 문법적 의미를 가지는 순수 융합 형태소에 준하는 것으로, 어휘적 의미와 문법적 의미를 같은 자리에서 동시적으로 실현하는 것이 준 융합 형태소이다. 우리말에는 이에 해당하는 것으로 어떤 것들이 있나 살피기로 한다.

이에 해당하는 것으로 부정어를 들 수 있다. 부정어는 부정법의 문법 범주를 실현하므로 <부정>이란 문법적 의미를 공통적으로 가지며, 이와 모순 관계에 놓이는 긍정어의 어휘적 의미를 가지면서 이 둘의 의미가 동시적으로 같은 자리에서 실현되기 때문에 준 융합 형태소에 해당한다. 예를 들어, '없-'은 모순관계에 놓이는 '있-'의 부정어로 쓰인다.[11]

    (10) ㄱ. 철수가 집에 있다.

        → 철수가 집에 <u>없</u>다.

      ㄴ. 철수가 돈이 있다.

---

11) '없-'은 '있-'의 부정어이지만 '있-'을 부정하면 모두 '없-'으로 실현되는 것은 아니다. '안 있-', '있지 않-', '있지 말-'로 실현되기도 한다. 이에 대한 자세한 논의는 한길(1981 : 128~135)을 참조할 것.

　　　　　→ 철수가 돈이 <u>없다</u>.

　곧 '없-'은 '있-'의 부정어이기 때문에 어휘적 의미인 <있->과 문법적 의미인 부정의 <안>으로 해석되며, 이 두 의미는 같은 자리에서 동시적으로 실현되기 때문에 융합 형태소에 포함된다.

　'모르-'는 모순관계에 놓이는 '알-'의 부정어로 쓰인다.

　　(11) ㄱ. 철수가 순이를 안다.
　　　　　　→ 철수가 순이를 <u>모른다</u>.
　　　　ㄴ. 철수는 부끄러움을 안다.
　　　　　　→ 철수는 부끄러움을 <u>모른다</u>.

　곧 '모르-'는 '알-'의 부정어이기 때문에 어휘적 의미인 <알->과 문법적 의미인 부정의 <안>으로 해석되며, 이 두 의미는 같은 자리에서 동시적으로 실현되기 때문에 융합 형태소에 포함된다.

　지정사 '아니-'는 모순관계에 놓이는 '이-'의 부정어로 쓰인다.12)

　　(12) ㄱ. 철수가 학생이다.
　　　　　　→ 철수가 학생이 <u>아니다</u>.
　　　　ㄴ. 이것이 의자다.
　　　　　　→ 이것이 의자가 <u>아니다</u>.

　곧 '아니-'는 '이-'의 부정어이기 때문에 어휘적 의미인 <이->13)와 문법적 의미인 부정의 <안>으로 해석되며, 이 두 의미는 같은 자리에서 동시적으로 실현되기 때문에 융합 형태소에 포함된다.

　준 융합 형태소로 부정어 이외에 존대어를 더 들 수 있다. '진지'는 '밥'의 존대어이기 때문에 어휘적 의미 <밥>과 아울러 문법적 의미 <존대>로 해석되며, 이 두 의미는 같은 자리에서 동시적으로 실현된다.

　　(13) ㄱ. 철수가 <u>밥</u>을 먹는다.

---

12) 지정사 '이-'의 부정어 '아니-'를 '안'과 '이-'로 분석해 낼 수 있다면 '아니-'는 융합 형태소에 해당하지 않을 것이다.
13) 실제적으로 지정사 '이-'는 어휘적인 의미보다는 형식적 의미를 가진다.

　　　→ 할아버지께서 진지를 잡수신다.
　ㄴ. 어머니가 철수에게 밥을 차려 준다.
　　　→ 어머니가 할아버지께 진지를 차려 드린다.

　(13ㄱ)의 ‘진지’는 문장의 주체가 존대의 대상인 ‘할아버지’이기 때문에 쓰이게 되었다. 주체가 존대 대상이 아닌 ‘철수’인 경우에는 ‘밥’이 쓰인 점에서 ‘진지’에는 어휘적 의미인 <밥>과 아울러 <주체존대>라는 문법적 의미가 동시적으로 실현되었음이 확인된다. (13ㄴ)의 ‘진지’는 문장의 부사어로 등장하는 인물인 객체 ‘할아버지’이기 때문에 쓰이게 되었다. 객체가 존대 대상이 아닌 ‘철수’인 경우에는 ‘밥’이 쓰인 점에서 ‘진지’에는 어휘적 의미인 <밥>과 아울러 <객체존대>라는 문법적 의미가 동시적으로 실현되었음이 확인된다. 따라서 ‘진지’는 어휘적 의미 <밥>과 문법적 의미 <존대>가 같은 자리에서 동시적으로 실현되는 준 융합 형태소에 포함된다.

　‘말씀’은 ‘말’과 ‘씀’으로 형태소 분석될 수 있을 것 같지만 이렇게 분석하기 어려운 이유는 ‘씀’이 무엇인지 알 수 없을 뿐 아니라 ‘말’ 이외에는 결합되는 경우가 없다는 점이다. 만일 ‘씀’이 의미가 뚜렷하다면 ‘말씀’은 두 형태소로 이루어진 복합형식으로 다루게 될 것이나 그렇지 않기 때문에 단일 형태소에 해당하는 것으로 보게 된다. ‘말씀’은 <남의 말을 높임>이나 <자기 말을 낮춤>의 의미적 특성을 보인다.

　(14) ㄱ. 철수의 말이 일리가 있습니다.
　　　　→ 선생님의 말씀이 일리가 있습니다.
　　　ㄴ. 철수의 말 좀 들어 보시지요.
　　　　→ 제 말씀 좀 들어 보시지요.

　(14ㄱ)의 ‘말씀’은 <남(선생님)의 말을 높임>의 의미적 특성을 나타내며, (14ㄴ)의 ‘말씀’은 <화자 자신의 말을 낮춤>의 의미적 특성을 나타낸다. 따라서 ‘말씀’은 어휘적 의미 <말>과 존대법에 관련한 문법적 의미 <남의 말 높임>이나 <자기 말 낮춤>이 같은 자리에서 동시적으로 실현되기 때문에 준 융합 형태소에 해당한다.

‘댁’은 <남의 집이나 가정을 높이는 말>이란 의미적 특성을 가진다.14)

> (15) ㄱ. <u>철수</u>가 집에 있습니까?
> → <u>선생님</u>이 댁에 계십니까?
> ㄴ. 뉘 <u>집</u> 아들인지 잘 생겼군.
> → 뉘 댁 자제인지 잘 생겼군.

(15ㄱ)의 ‘댁’은 <남(선생님)의 집을 높임>의 의미적 특성을 나타내고, (15ㄴ)의 ‘댁’은 <남의 집안을 높임>의 의미적 특성을 나타낸다. 따라서 ‘댁’은 어휘적 의미로 <집이나 집안>과 존대법에 관련한 문법적 의미 <높임>이 같은 자리에서 동시적으로 실현되기 때문에 준 융합 형태소에 해당한다.

한 형태소로 이루어진 주체존대 동사도 준 융합 형태소에 해당한다. 주체존대 동사로는 잡수-(먹-), 주무시-(자-), 계시-(있-), 편찮으시-(아프-), 돌아가시-(죽-) 등이 있다.

> (16) ㄱ. 철수야, 이 음식을 먹어 보아라.
> → <u>할머니</u>, 이 음식을 <u>잡수</u>어 보십시오.
> ㄴ. 철수가 낮잠을 <u>자</u>고 있다.
> → 할머니께서 낮잠을 <u>주무시</u>고 계시다.
> ㄷ. 철수가 학교에 <u>있</u>다.
> → <u>선생님</u>이 학교에 <u>계시</u>다.
> ㄹ. 철수가 몹시 <u>아프</u>다.
> → 할머니께서 몹시 <u>편찮으시</u>다.
> ㅁ. ㄴ철수가 죽었다.
> → 할머니께서 <u>돌아가시</u>었다.

(16)의 주체존대 동사 중에 ‘편찮으시-’와 ‘돌아가시-’는 한 형태소로 볼 수는 없다. 적어도 주체존대 ‘-시-’는 분석 가능하여, 단일 형태소에 해당하지 않기 때문에 융합 형태소에서는 제외된다. ‘주무시-’와 ‘계시-’에도 주체존대 ‘-시-’와 동일한 음성 형식이 포함되어 있지만, ‘편찮으시-’와

---

14) ‘댁’이 청자를 높이는 2인칭 대명사로 쓰이기도 한다. ‘댁은 누구십니까?’에서의 ‘댁’이 이에 해당한다. 이 경우의 댁은 <청자 가리킴>과 <청자 높임>이란 두 가지 문법적 의미를 가지기 때문에 순수 융합 형태소이다.

‘돌아가시-’에서와 달리 ‘-시-’가 분석될 수 없기 때문에 단일 형태소에 해당한다. 따라서 융합 형태소의 자격을 가지는 것은 ‘잡수-’, ‘주무시-’, ‘계시-’이다.

‘잡수-’는 ‘먹-’의 주체존대어에 해당하기 때문에 어휘적 의미로 <먹->과 문법적 의미로 <주체존대>가 같은 자리에서 동시적으로 실현되는 준 융합 형태소이다. ‘주무시-’는 ‘자-’의 주체존대어로, 어휘적 의미 <자->와 문법적 의미 <주체존대>가, ‘계시-’는 ‘있-’의 주체존대어로, 어휘적 의미 <있->과 문법적 의미 <주체존대>가 같은 자리에서 동시적으로 실현된 준 융합 형태소이다.

한 형태소로 이루어진 객체존대 동사도 준 융합 형태소에 해당한다. 객체존대 동사로는 ‘모시-(데리-)’, ‘뵙-(보-)’, ‘여쭈-(묻-)’, ‘드리-(주-)’ 등이 있다.

> (17) ㄱ. 철수가 순이를 <u>데리</u>고 간다.
> 　　　 → 철수가 <u>할머니</u>를 <u>모시</u>고 간다.
> 　　 ㄴ. 철수가 순이를 보고 갔다.
> 　　　 → 철수가 <u>할머니</u>를 <u>뵙</u>고 갔다.
> 　　 ㄷ. 철수가 순이에게 <u>묻</u>는다.
> 　　　 → 철수가 <u>할머니</u>께 <u>여쭙</u>는다.
> 　　 ㄹ. 철수가 순이에게 선물을 <u>주</u>었다.
> 　　　 → 철수가 <u>할머니</u>께 선물을 <u>드리</u>었다.

(17)에서 ‘모시-’는 ‘데리-’의 객체존대어로, 어휘적 의미 <데리->와 문법적 의미 <객체존대>가, ‘뵙-’은 ‘보-’의 객체존대어로, 어휘적 의미 <보->와 문법적 의미 <객체존대>가, ‘여쭙-’은 ‘묻-’의 객체존대어로, 어휘적 의미 <묻->과 문법적 의미 <객체존대>가, ‘드리-’는 ‘주-’의 객체존대어로, 어휘적 의미 <주->와 문법적 의미 <객체존대>가 같은 자리에서 동시에 실현된 준 융합 형태소임이 드러난다.

위에서 살핀 바와 같이 준 융합 형태소는 주로 부정어와 존대어 등에서 발견된다.

3. 형태소 중복 현상

융합 형태소는 단일 형태소가 둘 이상의 문법적 의미나, 어휘적 의미와 문법적 의미를 같은 자리에서 동시적으로 실현하는 특성을 보이는 데 비하여, 형태소 중복 현상은 인접해 있는 두 형태소가 부분적으로, 때로는 전체적으로 하나로 녹아 붙어 표면상 형태소 분석이 안 되어 마치 단일 형태소처럼 보이는 특성을 보인다.

따라서 형태소 결합이나 통합 과정에서 두 형태소가 동시적으로 녹아 붙어 표면상 분석 불가능한 것들을 형태소 중복(morphemic overlap)이라 한다. 형태소 중복 현상은 두 형태소 사이에 녹아 붙어 줄어드는 현상이기 때문에 단일 형태소 안에서의 주는 것은 형태소 중복 현상과는 관계가 없다. 이를테면, 단일 형태소 '무엇'이 /뭐/로 줄거나 '아이'가 /애/로, '오이'가 /외/로, '거기'가 /게/로 주는 것은 음절 축약에 의한 현상일 뿐 형태소 사이의 중복 현상과는 아무런 관련이 없다.

우리말에서 형태소 중복 현상에 해당하는 예들로, 먼저 일부 인칭대명사에 접속조사 '의'가 결합되면서 생기는 경우가 있다. 1인칭대명사 /나/와 접속조사 /의/가 결합하여 /내/로 녹아 붙어 실현되기도 한다.

> (18) ㄱ. <u>나의</u> 사전에 불가능이란 없다.
>   ㄴ. <u>내</u> 사전에 불가능이란 없다.

'나'와 '의'가 결합하여 (18ㄱ)과 같이 녹아 붙지 않고 실현될 수도 있지만, (18ㄴ)과 같이 '나'와 '의'가 녹아 붙어 실현되기도 한다. 이때 /내/에서 단모음 /ㅐ[ɛ]/는 /ㅏ[ɑ]/+/ㅢ[ij]/로 분석되지 않는다. 따라서 '내'는 내면적으로는 '나'와 '의'의 결합에 해당하지만 표면상으로는 분석 불가능한 형태소 중복에 해당한다. 형태소 중복의 '내'는 의미상으로도 1인칭대명사 '나'의 의미와 접속조사 '의'의 의미가 그대로 보존되는 특성을 보인다.

1인칭대명사 /저/와 접속조사 /의/의 결합에서도 형태소 중복 현상이 일어난다.

  (19) ㄱ. <u>저의</u> 말씀 좀 들어 보세요.
     ㄴ. <u>제</u> 말씀 좀 들어 보세요.

 (19)에서 '저'와 '의'가 결합할 때, (19ㄱ)과 같이 그대로 실현되거나, (19
ㄴ)과 같이 '제'로 실현되기도 한다. 이때 '제'에서 단모음 /ㅔ[e]/는 /ㅓ
[ə]/+/ㅣ[ij]/로 분석되지 않는다. 따라서 '제'는 내면적으로는 '저'와 '의'의
결합에 해당하지만 표면상으로는 분석 불가능한 형태소 중복에 해당하며, 의
미상으로도 '저'와 '의'의 의미가 그대로 보존된다.

 2인칭대명사 /너/와 접속조사 /의/의 결합에서도 형태소 중복 현상이 나타
난다.

  (20) ㄱ. <u>너의</u> 이름이 무엇이니?
     ㄴ. <u>네</u> 이름이 무엇이니?

 곧 /네/에서 /ㅔ[c]/는 /ㅓ[ə]/+/ㅣ[ij]/로 분석되지 않는다. 곧 두 형태의 결
합 결과, 표면상 분석이 불가능한 형태로 녹아 붙었다.

 부정칭의 3인칭대명사 '누구'와 접속조사 /의/의 결합에서도 형태소 중복
현상이 일어난다.

  (21) ㄱ. <u>누구의</u> 집 자식인지 모르겠어.
     ㄴ. <u>뉘</u> 집 자식인지 모르겠어.

 곧 /뉘/에서 /ㅟ[ɥ]/가 /ㅜ[u]/+/ㅣ[ij]/로 분석되지 않는다. 곧 두 형태의 결
합 결과, 표면상 분석이 불가능한 형태로 녹아 붙은 형태소 중복에 해당한다.

 의존명사 '것'이 조사와 결합할 때 형태소 중복 현상이 일어나기도 한다. '것'
과 주격조사 '이'가 결합하여 녹아 붙게 되면 '게'로 실현되는데, '게'의 /ㅔ[e]/
는 /ㅓ[ə]/와 /ㅣ[i]/로 분석되지 않기 때문에 형태소 중복에 해당한다. 그러나
'것'에 보조사 '은'이 결합되어 '건'으로 축약되고, 목적격 조사 '을'이 결합
되어 '걸'로 축약되는 현상은 형태소 중복에 해당하지 않는다. 왜냐하면 '건'

과 '걸'은 의존명사 '것' 부분과 조사 부분으로 분석이 가능하기 때문이다.

형태소 중복 현상에 해당하는 예들로, 용언 어간과 종결어미가 결합되면서 생기는 경우를 들 수 있다. 반말의 서술법 종결어미 '-아/ -어'가 일부 용언 어간에 결합하는 경우에 형태소 중복 현상이 일어난다.

(22) ㄱ. 철수가 학교에 남아.
ㄴ. 철수가 학교에 가.
ㄷ. 기차가 여기에서 멈추어.
ㄹ. 기차가 여기에서 서.

(22ㄴ, ㄹ)의 '가'와 '서'도 형태소 중복에 해당한다. 곧 동사어간 /가-/와 /서-/만으로는 문장을 끝맺을 수 없고, (22ㄱ, ㄷ)에서와 같이 문장 끝의 서술어에는 종결어미가 결합되어야 하는 것이 국어의 일반적 규칙이다. 따라서 /가-/와 /서-/ 뒤에는 종결어미 /-아/와 /-어/가 결합되어야 마땅하다. 그렇지만 동사 어간 /가-/의 모음과 종결어미 /-아/가 일치하고 /서-/의 모음과 종결어미 /-어/가 일치하여 중복되어 실현된 것으로 이해된다. 문장 (22ㄴ)의 끝에 '-아'가 실현되더라도 '철수가 학교에 가아.'처럼 적격한 문장이 되며, 문장 ㄹ의 끝에 종결어미 /-어/가 실현되더라도 '기차가 여기에서 서어.'처럼 적격한 문장이 되는 것으로 보아 형태소 중복으로 보는 것이 타당하다. (22ㄴ)의 '가'와 ㄹ의 '서'를 형태소 중복으로 보지 않고, 종결어미 '-아'와 /-어/의 생략으로 볼 수도 있지만, 서술어 자리에 종결어미가 실현되는 일반성과 형태소 결합 측면에서 보면 형태소 중복 현상으로 보는 것이 합리적이다.

반말의 서술법 종결어미 '-아/ -어'만이 아니라 의문법, 청유법, 명령법의 '-아/ -어'에서도 동사 어간이 모음으로 끝나면서 /아/와 /어/인 경우에 형태소 중복 현상이 일어난다.

(23) ㄱ. 학교에 가? / 이 버스 어디에서 서?
ㄴ. 우리 같이 학교에 가. / 우리 같이 여기에서 서.
ㄷ. 철수야, 학교에 가. / 철수야, 너 거기 서.

곧 (23ㄱ)에서는 동사 어간 /가-/와 /서-/에 의문법 반말 종결어미 /-아/와 /-어/가 중복되었으며, (24ㄴ)에서는 /가-/와 /서-/에 청유법의 /-아/와 /-어/가 중복되었다. (24ㄷ)은 /가-/와 /서-/에 명령법의 /-아/와 /-어/가 중복되었다.

동사 '하-'에 반말 종결어미 '-여'가 결합하는 경우에도, '해'로 녹아 붙어 표면상 분석이 불가능해진다. 서술, 의문, 명령, 청유인 경우 모두 '해'로 실현된다.

불구동사구 내포어미 '-아/ -어'에서도 형태소 중복 현상이 일어난다. 반말 종결어미 '-아/ -어'에서와 같은 조건일 때 동사어간에 불구동사구 내포어미 '-아/ -어'가 중복되어 실현된다. 동사 어간이 '하-'인 경우에는 (24ㅁ)과 같이 '해'로 중복된다.

> (24) ㄱ. 철수가 손을 잡<u>아</u> 보았다.
>   ㄴ. 철수가 학교에 <u>가</u> 보았다.
>   ㄷ. 철수가 빵을 먹<u>어</u> 보았다.
>   ㄹ. 철수가 교단에 <u>서</u> 보았다.
>   ㅁ. 철수가 일을 <u>해</u> 보았다.

동사 '하-'에 시제 어미 '-였-'이 결합하는 경우, 그대로 실현되거나 수의적으로 '했-'으로 실현되어 표면상 분석이 불가능해지기도 한다.

> (25) ㄱ. 철수가 그 일을 <u>하였</u>다.
>   ㄴ. 철수가 그 일을 <u>했</u>다.

곧 (25ㄴ)의 '했-'은 (25ㄱ)의 '하였-'이 축약된 것이 분명해 보이지만, 표면상으로 '했-'이 '하였-'으로 분석이 불가능한 형태로 녹아 붙었기 때문에 형태소 중복에 해당한다.

형태소 중복 현상은 통사적 구성의 통합 과정에서 실현되기도 한다.

> (26) ㄱ. <u>이</u> 아이가 누구입니까?
>   → <u>얘</u>가 누구입니까?

ㄴ. <u>그</u> 아이가 누구입니까?
　→ 걔가 누구입니까?
ㄷ. <u>저</u> 아이가 누구입니까?
　→ 쟤가 누구입니까?

(26)에서와 같이 통사적 구성인 '이 아이'가 '애'로, '그 아이'가 '걔'로, '저 아이'가 '쟤'로 축약되었다. '애'는 '이 아이'가 '이 애'로 축약된 다음에 '애'로 축약되었으며, 반대로 '애'가 '이 애'로 분석 가능하기 때문에 표면상 분석이 불가능한 형태소 중복으로 처리할 수 없고 단지 축약형에 해당된다. 그러나 '걔'와 '쟤'는 표면상 분석이 불가능하기 때문에 형태소 중복에 해당한다.

이상에서 살핀 바와 같이 형태소 중복은 형태론적 구성 안에서 인접하는 형태소들이 표면상 분석 불가능한 형태로 녹아 붙은 것을 가리키지만, 그 밖에도 통사론적 구성에서도 인접하는 형태소가 녹아 붙어 표면상 분석이 불가능해지는 경우도 있다.

4. 마무리

언어형식 중에 가장 작은 단위가 형태소로, 더 이상 분석을 하게 되면 의미를 잃게 된다. 의미를 가진 가장 작은 말의 단위가 형태소이기 때문에 이론상으로는 형태소의 범위와 한계가 분명한 것처럼 보인다. 그러나 실제로 형태소 분석을 하다 보면 몇 가지 문제에 부딪친다. 이 글에서 다룬 융합 형태소와 형태소 중복 현상이 그 중에 일부이다.

하나의 형태(morph)가 둘 이상의 의미소(sememe)를 가지면 의미 수만큼 각기 다른 형태소가 됨은 자명하다. 그러나 한 형태가 둘 이상의 문법적 의미나, 어휘적 의미와 문법적 의미를 가지되 늘 같은 자리에서 동시에 이들 의미가 실현되는 것들이 있다. 이를 융합 형태소라 하였다. 한 형태소가 둘 이상의 문법적 의미를 가지는 것이 순수 융합 형태소이고, 어휘적 의미와 문법적 의미를 동시에 가지는 것이 준 융합 형태소이다.

우리말의 순수 융합 형태소로는 존대법 관련 격조사(주격의 −께, 부사격의 −께서, 호격의 −야, −이여, −이시여), 한 형태소로 이루어진 종결어미(격식체와 비격식체의 모든 등급에 해당하는 종결어미로 단일 형태소인 경우에 해당함), 관형화 내포어미(−는, −을, −은), 한 형태소로 이루어진 인칭대명사(1인칭의 나, 저, 우리, 2인칭의 너, 자네, 당신) 등에서 발견되었다. 이들 순수 융합 형태소에는 어떤 문법적 의미들이 융합되어 있는가를 규명하고자 하였다.

준 융합 형태소로는 부정어(없−, 모르−, 아니−)와 존대어(존대 명사도 진지, 말씀, 댁, 주체존대 동사로 잡수−, 주무시−, 계시−, 객체존대 동사로 모시−, 뵙−, 여쭈−, 드리−) 등에서 발견되었다. 이들 준 융합 형태소에는 어떤 어휘적 의미와 문법적 의미가 융합되어 있는가를 밝히고자 하였다.

형태소 중복은 주로 형태론적 구성 안에서 인접하는 형태소들이 동시적으로 표면상 분석 불가능한 형태로 녹아 붙은 것을 가리킨다. 형태소 결합 과정에서의 형태소 중복 현상은 일부 인칭 대명사와 접속조사 '의'의 결합 과정과 일부 동사 어간에 반말 종결어미 '−아 / −어'(서술, 의문, 청유, 명령)의 결합 과정, 일부 동사 어간에 불구동사구 내포어미 '−아 / −어'의 결합 과정, 동사 '하−'와 시제어미 '−였−'의 결합 과정 등에서 실현되었다. 형태소 중복 현상은 통사론적 구성에서도 인접하는 형태소가 녹아 붙어 표면상 분석이 불가능해지기도 한다. '그 아이'가 '걔'로, '저 아이'가 '쟤'로 실현되는 것이 이에 해당하였다.

참고문헌

고창운(1995), 『서술씨끝의 문법과 의미』, 박이정.

국립국어연구원 편(1999), 『표준국어대사전』, 두산동아.

김석득(1992), 『우리말 형태론』, 탑출판사.

김영석·이상억(1998), 『현대형태론』, 학연사.

김일웅(2000), 「마침법 씨끝의 겹침과 융합」, 『한국민족문화』 15, 부산대학교 민족문화원.

김진형(2000), 『형태론』(Eugene A. Nida 지음), 아카넷.

안명철(1990), 「국어의 융합 현상」, 『국어국문학』 103, 국어국문학회.

안상철(1998), 『형태론』, 민음사.

이성하·구현정(2000), 『형태론』(Joan L. Bybee 지음), 한국문화사.

이철수(1994), 『국어형태학』, 인하대학교 출판부.

전상범(1987), 『생성형태론』(Sergio Scalise 지음), 한신문화사.

______(1995), 『형태론』, 한신문화사.

정은이(2002), 『형태론 입문』(Henning Bergenholtz·Joachim Mugdan 지음), 인하대학교
        출판부.

최경은(1995), 『형태론 입문』(Henning Bergenholtz·Joachim Mugdan 지음), 학문사.

한 길(1981), 「'있다'를 풀이말로 하는 문장에서의 높임과 부정」, 『강원대학교논문집』
        제15집.

______(2002), 『현대 우리말의 높임법 연구』, 역락.

______(2004), 『현대 우리말의 마침씨끝 연구』, 역락.

______(2006), 『현대 우리말의 형태론』, 역락.

한영목 외(1994), 『형태론』(John T. Jensen 지음), 태학사.

허 웅(1995), 『20세기 우리말의 형태론』, 샘문화사.

'부사성'의 문법적 의미*

민현식

1. 규범문법 기술의 반성

2002년에 나온 개정 고교문법 교과서(교육인적자원부 위탁, 서울대 국어교육연구소 개발)에서는 문법 기술에서 몇 가지 달라진 것이 있다. 첫째, 전통문법 이래 통일문법(1985, 1991, 1996)에서도 유지해 온 '거라 불규칙'을 폐지하도록 하였다. 둘째, 통일문법(1985)에서 폐기한 부사형어미를 재도입하도록 하여 대등, 종속, 보조적 연결어미의 상위 개념으로 설정하였다. 셋째, 전통문법 이래 통일문법(1985, 1991, 1996)에서 접속부사를 독립어로 처리하던 것을 부사어로 처리하였다. 이러한 개정은 교육인적자원부에서 15인으로 구성한 '문법 교과서 심의위원회'(위원장 : 임용기 교수)에서 제기된 문제들을 심의, 처리한 결과이다. 이의 개정 사유는 '고교 문법 교사용 지도서'의 해당 항목들에 간략히 나오지만 개정의 구체적 이론적 근거를 밝힐 필요가 있어 본인이 고교 문법 교과서 개발기관의 당시 실무자로서 이들 개정의 이론적 근거가 무엇이었는지를 본고에 밝히고자 한다.

학문문법은 일반적으로 언어 현실을 있는 그대로 기술하여 기술문법 (descriptive grammar)의 태도를 가지므로 늘 변화하고 있는 현실 언어의 변화를

---

* 이 글은 한국어의미학회(2002), 『한국어의미학』 10호, 227~250면에 실은 것을 부분적으로 어구 수정을 하여 재록한 것임.

기술하는 데 앞서서 진보적 태도를 가질 수밖에 없다. 반면에 학교문법으로 대표되는 규범문법은 언어 현실의 반영에 민감하기보다는 기존의 언어 규범의 실천과 계몽 강화에 민감하여 처방문법(prescriptive grammar)의 태도를 가지므로 과거에 정한 문법의 틀을 존중하는 보수적 태도를 가질 수밖에 없다.

또한 학문문법에서는 해석의 다양성이 있을지라도 규범문법에서는 가장 합리적 문법 논리로 단일한 해석을 도출하여 약속하도록 되어 있다. 아울러 규범문법에서는 교육 목적상 용어 사용이나 기술이 통일되고 간결하여야 한다. 이러한 학문문법과 규범문법의 관계 때문에 상호 갈등 요소를 제거하고 완벽한 규범문법을 기술하기란 쉽지 않다. 어차피 시간이 흐르면 규범문법은 언어 변화를 반영하지 못한 낡은 문법으로 비치기 쉽기 때문이다. 그러한 예로는 '거라' 불규칙의 설정 문제를 들 수 있다.

최현배의 '우리말본'(1937, 1975 : 344)에서는 '거라' 불규칙을 '가다, 나다, 자다'류라는 세 가지 ㅏ 말음 자동사 유형으로 국한하였다.

> '거라' 벗어난 움직씨란 (…중략…) 시킴꼴의 씨끝이 '–아라'나 '–어라'가 아니요, '–거라'인 움직씨를 이름이니라.
> (ㄱ) 가다, 나가다, 돌아가다, 들어가다, 넘어가다, 물러가다, 장가가다, 시집가다, 엇나가다, 값나가다
> (ㄴ) 나다, 축나다, 빛나다, 벋나다, 덧나다, 서슬나다, 탈나다, 혼나다
> (ㄷ) 자다
>
>   –최현배, 우리말본(1937, 1975 : 344)

그동안 위의 최현배(1937, 1975)에 따라 학교문법은 '–거라' 명령형을 '가다, 나다, 자다' 등 일부 ㅏ 모음 어간의 동사에만 붙는 것이라 하면서 불규칙으로 해 왔고 대부분의 국어학 학문문법서의 기술에서도 이러한 기술을 답습해 왔다. 그러나 위의 최현배의 기술은 비현실적 기술을 하고 있어 근본부터 문제를 보인다.[1] 그 이유는 다음과 같다.

---

1) '우리말본'의 이 용례에는 용례 제시부터 문제가 있다. 동사 명령형으로 잘 쓰이지 않거나 불가능한 자동사류인 '엇나가다(자), 값나가다(자), 축나다(자), 벋나다(자), 덧나다(자), 혼나다(자)'나 관용구인 '서슬나다(句), 탈나다(句)'를 제시하였는데 이들은 '가다'와 달리 행위 명령이 불가능하다.

첫째, '-거라'가 위 '가다, 나다, 자다' 류 동사 이외의 동사에도 일반화하여 '있거라, 보거라, 먹거라, …' 등은 물론 같은 ㅏ 말음 타동사인 '사거라, 타거라, 파거라' 등도 잘 쓰인다. 심지어 '오너라' 대신 '오거라'도 이따금 나타나는 것이 현실이다.[2]

둘째, '-거라'가 보수적 문체의 명령형 어미로 인식되고 있기 때문이다. 오늘날 이 어미를 쓰는 층은 노장년층이며 사극(史劇) 등에서도 '게 섰거라, 있거라, 앉거라, 듣거라, 먹거라, …'처럼 자주 쓰여 '-거라'는 보수적 문체의 종결어미로 이해됨이 대세이다. 청소년층에서는 쓰지도 않는 '-거라'를 '가다, 나다, 자다' 류에만 써야 한다고 반세기(半世紀) 전의 잘못된 기술을 존속한 채 문법교육을 함은 낡은 문법의 전형적 사례라는 비난에 직면하기 쉽다.

셋째, 위에 제시한 '거라' 불규칙의 용례들은 모두 ㅏ 말음 자동사인데 ㅏ 말음 타동사인 '사다, 타다, 파다'는 제외되었다. 그러나 자동사 특성이라는 문법 범주 기준과 ㅏ 말음 자동사에만 '-거라'를 쓰라는 음운 기준은 언어 현실에 맞지도 않거니와 문법 기술에 매우 번거롭고 국어를 까다로운 문법 체계의 언어로 오해시키는 기술이다. 더욱이 언중의 의식과 무관함에서는 비현실적 문법 기술의 단적인 예로 비친다.

넷째, 고어 자료에서도 이들 '-거라'가 세 유형에만 쓰인 것은 아니다. '뎌 즁아 게 잇거라 너 가는 뎌 무러보자(정철 시조), 가마귀 검거라 말고(청구영언)' 등에서처럼 '-거라'의 쓰임새는 위 세 유형에만 국한되지 않았다.

위에서처럼 오늘날 '-거라' 형태는 '가다, 나다, 자다' 류에만 붙는 것이 아니고 '오다'를 뺀 모든 동사에 붙을 수 있는 것으로 나타난다. 규범문법 정착에 큰 기여를 한 남기심·고영근(1985, 1993 : 148)에서도 '-거라' 명령이 확산되어 있음을 인지하여 "구어체에서는 불규칙 활용형 '있거라, 서거라, 듣거라, 안거라'도 쓰이고 있다"고 열린 기술을 보이고 있다. 그러나, 이 책에서는 구어체 일부의 현상으로 보고 여전히 '거라' 불규칙을 설정하고 있다.

요컨대 오늘날 언어 현실을 보면 '-거라' 활용형이 모든 동사에 붙어 쓰

---

2) 인터넷에 '오거라'를 입력 검색하면 여러 사례가 쓰이고 있음을 알 수 있다. 문법적으로 오용 표현이지만 언중 속에 어느 정도 통용되고 있음을 보여 준다.

일 수 있는 것이 현실이라 '−거라'가 붙는 모든 동사를 오히려 '거라' 규칙 동사로 보아야 하기에 이르렀다. 단지 '오다' 동사만 '−거라'가 붙지 않고 '−너라'만 붙음을 인정할 때 오히려 '오다'를 '거라' 불규칙 동사로 부르거나 또는 불규칙 현상의 결과로 명명한 용어인 '너라 불규칙동사'로 부를 수 있어야 할 것이다.

'거라' 불규칙의 예는 언어 현실과 문법 기술의 갈등에서 나타나는 사례로 언어 현실을 정확히 기술하는 일의 중요성을 깨닫게 해 준다. 그런데 규범문법의 체계에서는 언어 변화와 관련한 문제만 있는 것은 아니다. 언어 변화와 관계없이 문법 범주에 대한 근본적인 개념을 규범문법 기술자들이 공유하여 정확무오한 문법 체계 기술을 하는 것도 중요하다. 부사형어미의 설정 문제라든가 부사절의 범위와 관련한 해묵은 문제는 바로 이러한 문법 범주의 개념 인식과 용어 도출에서 학자들 간에 공통점을 찾기 어려워 어떤 한 약속 체계를 수용하여 기술할 수밖에 없는 경우라 하겠다. 1985년부터 통일 고교 문법 시대에 들어서서 5차 고교 문법(1991), 6차 고교 문법(1996) 교과서에 이르기까지 부사형어미를 설정하지 않은 것도 그러한 약속 체계의 결과라 하겠다. 그러나 이러한 약속 체계가 현장 교육에서 교사들에 의해서나 학생들에 의해서 이해하기 어렵거나 복잡하게 느껴지고 불균형한 체계로 보일 때는 그 약속 체계는 재고하지 않을 수 없다. 그동안 학교문법에서 부사형어미가 설정되지 않음으로 인해 어미 설명에 문제를 제기하는 교사들의 비판 의견을 중시하여, 기존의 통일 학교문법의 어미 분류나 부사절 체계에 손상을 주지 않으면서도 부사형어미를 설정하는 방안을 모색할 필요가 대두되었다.

2. 부사형어미 기술의 재검토

그동안 학교 현장에서는 어떤 학생이 다음 문장의 어미 '−게'가 무슨 어미이냐고 질문할 때 무엇이라고 대답할 것인지 교사들은 곤혹스러워 하는 경우가 많았다.

    (1) 꽃이 아름답게 피었다.

    교육부(1985, 1991, 1996)의 세 차례에 걸친 통일 고교 문법 교과서 체제에서는 어미 분류를 관형사형어미, 명사형어미, 대등·종속·보조적 연결어미로 분류하는데, 이에 따르면 '가게 된다'의 경우는 보조용언 앞의 '-게'를 보조적 연결어미로 처리하는데 반하여 위 (1)의 '아름답게 피었다'의 '-게'에 대해서는 어디에 소속시켜야 할지 명확한 설명이 보이지 않는다.

    4차~6차 문법 교과서의 이론적 기반을 보여 주는 남기심·고영근(1985, 개정 1993 : 158~159)에서는 고교 문법 교과서와 같은 분류를 다음과 같이 보이면서 '-게'에 대한 설명의 어려움을 설명하고는 보조용언 앞의 '-게'나 위 (1)과 같은 '-게'를 모두 보조적 연결어미로 묶어 설명할 수밖에 없다고 하였다.3) 따라서 고교 문법 교과서에서는 미세한 기술을 하지 않다 보니 위 (1)과 같은 예가 누락된 것일 뿐이며 대체로 다음과 같은 남기심·고영근(1985, 1993)의 체제가 유지된 것으로 볼 수 있다.

    (2) 남기심·고영근(1985, 1993)
        ① 어말어미
        ② 전성어미 ┌ 명사형어미
                └ 관형사형어미
        ③ 연결어미 ┌ 대등적 연결어미
                ├ 종속적 연결어미
                └ 보조적 연결어미

    그런데 보조용언 앞의 '-게'는 '보조적 연결어미'라고 하는 것이 '보조'라는 용어를 일치시킴으로써 합리적 일관성을 지닌 기술로 볼 수 있으나 위 (1)과 같은 경우에 대해서는 무엇으로 설명해야 하는지 그동안 문법 교과서의 기술에 공백이 있어 왔고 문법 지도서에도 분명한 언급이 없어서(특히 6차 문

---

3) 남기심·고영근(1993 : 158)에서는 '하늘이 맑게 개었다'라는 예문을 들고 있는데 이는 위 (1)의 '꽃이 아름답게 피었다'나 마찬가지 구성을 보인다.

법 교과서는 교사용 지도서도 없었다) 현장 교사들의 학생 지도에 어려움과 혼란
이 있어 왔다. 다행히 입시에서 이런 문법 지식이 다뤄지지 않기에 이런 문
제가 크게 부각되지 않았을 뿐이지만 문법 체계 기술의 관점에서는 위 (1)의
유형까지 '보조적 연결어미'로 처리함이 과연 타당한 것인지는 그동안 문법
가들이나 교사들의 비판이 있어 왔다.

위에서 밝힌 부사형어미 문제는 결국 '부사성'이란 무엇인가의 문제와 통
한다. 부사는 용언이나 다른 부사를 수식하는 것이 특징이므로 '부사성'이란
'용언 수식성'과 '부사 수식성'을 의미한다. 이는 문장 구조에서 '관형성'이란
것이 '체언 수식성'을 뜻하는 것과 대조를 이루며 서로 균형을 이룬다. 따라
서 이런 관점에서는 '부사형어미는 부사성을 보이는 어미'라 하겠다. 그동안
부사성과 관련하여 부사형어미의 설정 문제와 부사절 및 종속절의 설정 문제
를 두고 다양한 논쟁이 있어 온 것은 이미 잘 알려져 있다(이관규, 2000 참고).
그러나 그동안 학계가 다양한 논쟁을 해 왔음에도 불구하고 규범문법에서 제
시한 내용은 '-게'에 대해 여전히 만족스런 기술을 보이고 있지 않다.

위 '…아름답게 피었다'의 '-게'에 대한 기술은 전통문법에서 어미 분류의
전범이 된 최현배의 '우리말본'(1937, 1975)의 경우, 다음과 같은 분류 체계를
보이면서 '…아름답게 피었다'처럼 형용사에 붙은 '-게'에 대해서는 부사형
어미로 설정하고 있다.4)

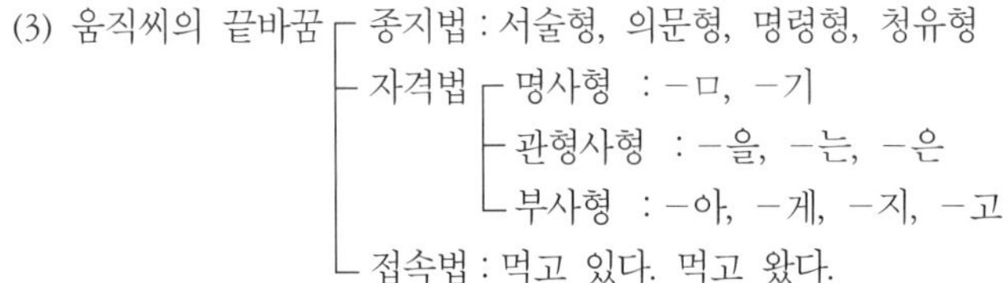

---

4) 이 분류는 '종지법'의 반대를 '비종지법'으로 설정하지 않고 자격법, 접속법이란 범주로 벌여 설
정하였는데 위 분류와 다른 다음과 같은 분류도 가능하다(왕문용·민현식 1993 : 168).

  ① 종결형
  ② 비종결형─명사형
         관형사형
         부사형(연결어미는 여기에 포함)

  이 분류는 종결형이 다른 자격으로 전성한 것을 비종결형이라고 보는 태도이다.

즉 '-게'의 경우, 동사 활용을 설명하는 항에서는 보조용언 앞에 오는 '-게'를 부사형어미로 처리하였는데, 형용사 항에서는 보조용언이 오지 않는 경우인 '아름답게 피었다'의 경우에 대해서도 부사형어미로 처리하였다.

일반적으로 국어의 용언 구성인 V1+V2 구성에서 '-게'가 가능한 유형은 다음 세 가지 유형을 보인다.

> (4) ㄱ. 그 사람을 오게 하였다.　　본동사+보조용언　　보조용언 구성
> 　　　실내를 아름답게 하였다.　본형용사+보조용언　보조용언 구성
> 　　ㄴ. 그 사람이 오게 연락하였다.　본동사+본동사　　본동사 접속 구성
> 　　　내 마음은 미치게 괴롭다.　본동사+본형용사　본동사 접속 구성
> 　　ㄷ. 꽃이 아름답게 피었다.　　본형용사+본동사　본형용사 접속 구성
> 　　　차가 이상하게 빠르다.　　본형용사+본형용사　본형용사 접속 구성

위에서 (4ㄱ)의 보조용언 구성과 (4ㄷ)의 본형용사 구성은 최현배(1937, 1993)의 '우리말본'에 따르면 부사형어미로 보았는데, (4ㄴ)의 본동사 구성은 접속문의 구조로 본 듯 명시적 언급은 하지 않고 있다. 본동사 구성의 경우, 위 예로 보아도 '오게 연락하였다'는 '(그 사람이) 오게, (누가) 연락하였다'처럼 접속문 연결 구조로 볼 수 있다. '미치게 괴롭다'도 '(내가) 미치게 (마음은) 괴롭다'처럼 접속문 연결 구조로 볼 수 있는데 '미치도록 괴롭다'로도 쓰인다. 최현배(1937, 1975)에서는 이러한 (4ㄴ) 본동사 구성의 '-게'에 대해서는 어미 명칭의 분류에 예시하고 있지 않아 의도적이든 비의도적이든 기술의 공백을 보이고 있고, (4ㄱ) 보조용언 구성의 '-게'와 (4ㄷ) 본형용사 구성의 '-게'만 부사형어미로 처리하고 있는 것이다.

참고로 '-게'와 유사한 '-도록'은 최현배(1975)에서 접속법의 '미침꼴'(도급형)로 처리하고 있어 구별하고 있다. 실제로 위 (4ㄱ~ㄷ)의 '-게'에 '-도록'을 치환하여 보면 (4ㄱ, ㄴ)은 어느 정도 치환이 되지만 (4ㄷ)에는 '꽃이 아름답도록 피었다, 차가 이상하도록 빠르다'가 어색한 비문이 되어 우리는 '-게'와 '-도록'이 형용사 구문에서는 분명히 구별되는 특성이 있음을 알 수 있다. 이는 '-도록'이 '-게'보다 소위 종속적 연결어미로 절 구조 구문에서 상대적으로 잘 쓰이는 데 반하여, '-게'는 '아름답게 피었다'처럼 '피었

다'라는 서술어를 바로 앞에서 수식하는 성분 수식의 부사형어미로 더 잘 쓰이기 때문이라고 할 수 있다.

그런데 이러한 '-게'를 다시 '우리말본'에서 다루고 있는 곳은 문장 분류 부분에서 종속절과 구별하여 부사절을 설정하는 부분이다(최현배, 1975 : 829~830).

    (5) ㄱ. 그 사람이, 낯이 뜨뜻하게, 그런 소리를 했어요.
       ㄴ. 모래벌이, 눈이 부시게, 희다.
       ㄷ. 나뭇잎이, 소리도 없이, 떨어진다.

위에서 '-게', '-이' 삽입절을 어찌마디라 하여 부사절로 설정하고 있는 것은 '-게, -이'를 부사적 형태소로 본 때문이다. 그런데 (5)의 삽입절 부분들은 주지하다시피 '낯이 뜨뜻하게, 그 사람이 그런 소리를 했어요'처럼 앞으로 이동이 가능하고 소위 종속절로 볼 수 있는 것들이다. 따라서 이들을 종속절에 소속시키지 않고 최현배처럼 따로 분리하여 어찌마디(부사절)로만 볼 이유가 없는 것이다. 이는 소위 종속절이란 것이 문장 속으로 이동하여 내포의 형상이 되면 부사절의 모습과 다를 것이 없기 때문이다.

그런데 최현배(1937, 1975)는 부사절과 종속절을 구별하는 태도를 취하고 있고 위 (5)의 유형만 부사절이라고 굳이 따로 독립하여 설정하고 있다. 이러한 태도는 그동안 학문문법에서 심각한 반대 논쟁을 일으켰지만, 지금껏 학교문법에는 비판 없이 최현배의 태도가 그대로 반영, 지속되고 있다. 이를 좀 더 부연하여 살펴보면, 최현배(1937, 1975 : 817~853)는 문장을 다음과 같이 분류하면서 '겹월', 즉 겹문장 속에 '가진 월'(포유문)의 하나로 부사절을 설정하면서 '이은월', 즉 종속절 구문과 구별하였다.

(6) ㄱ. 홑월(단문)

　　　ㄴ. 겹월(복문) ┬ 가진 월(포유문) ┬ 어찌마디(부사절),

　　　　　　　　　　　　　　　　　├ 매김마디(관형절)

　　　　　　　　　　　　　　　　　├ 이름마디(체언절)

　　　　　　　　　　　　　　　　　└ 풀이마디(용언절)

　　　　　　　　　　├ 벌린 월(병렬문) : 대등절

　　　　　　　　　　└ 이은 월(연합문) : 종속절

이러한 문장 분류의 견해는 교육부(1985, 1991, 1996)의 통일 고교문법 교과서에도 이어졌다. 그런데 전술하였듯이 최현배의 체계에서는 부사형어미가 있었는데 학교문법에 와서는 부사형어미가 완전히 사라졌다.

(7) 어미 ┬ 종결어미

　　　　├ 연결어미 – 대등적/종속적/보조적 연결어미

　　　　└ 전성어미 – 명사형/관형사형어미

　　문장 ┬ 홑문장

　　　　　└ 겹문장 ┬ 이어진 문장

　　　　　　　　　　└ 안은 문장 : 명사절, 관형절, 서술절, 부사절, 인용절

또한 교육부(1996 : 77)의 6차 교육과정 고교문법 교과서에서는 최현배(1937, 1975)의 용례 중에서 '–게'는 빠지고 '–이' 유형만 부사절로 들고 있다.

(8) ㄱ. 그들은 <u>우리가 입은 것과 똑같이</u> 입고 있다.

　　　ㄴ. 그는 <u>아는 것도 없이</u> 잘난 척한다.

이처럼 오늘날 부사절이나 부사형어미의 판정 문제에 심각한 문제점을 일으킨 단초는 최현배(1937, 1975)에서 시작되었다.

원래 영문법에서는 대등절(coordinate clauses＝중문 compound sentence)과 종속절(subordinate clauses＝복문 complex sentence)의 구분과 부사절, 관형절, 명사절의 구분은 분류 기준이 다른 것이다. 절대로 동일 범주 내에서 하위분류로 같이 나올 수 없는 것이다.

(9) 영어의 대등절과 종속절 : 부가절을 유도하는 접속사(conjunctions)의 의
    미에 따라 나눈다.
    ┌ 대등(=등위) 접속사 : and, but, or, …
    └ 종속 접속사 : if, although, while, when, since, …

또한 부사절(adverbial clauses)은 의미 기준에 따르는 대등절·종속절과는 다
른 기준 즉 '통사성'이라는 '품사성' 및 '성분성'을 기준으로 하여 설정하는
것으로 부사절의 유형은 주지하다시피 다음과 같은 종속 접속사가 동원되는
것으로 기술하고 있다(Collins Cobuild, 1999 : 343).

부사절의 유형	
시간절 time clauses	when, before, after, since, while, as, until
조건절 conditional clauses	if, unless
목적절 purpose clauses	in order to, so that
원인절 reason clauses	because, since, as
결과절 result clauses	so that
양보절 concessive clauses	although, though, while
장소절 place clauses	where, wherever
양태절 clauses of manner	as, like, the way

위 표에 따르면 등위 접속사는 부사절 유형의 목록에서 제외하고 있는데
이는 전통 영문법의 일관된 태도이다. 위 방식을 적용한다면 국어에서도 종
속적 연결어미로 실현되는 종속절은 당연히 부사절이 되며 대등적 연결어미
로 실현되는 대등절만 부사절에서 제외해야 되는 것이다.

위와 같이 이미 영문법에서는 종속절은 부사절로 당연히 처리하고 있고 대
등절만 부사절에서 제외하고 있다. 따라서 종속절과 부사절은 같은 분류 내
에서 공존항으로 존재할 수 없다. 그런데 '우리말본'에서는 문장의 종류를 분
류하면서 겹월(복문)의 하위분류에 종속절, 대등절, 부사절의 세 가지 공존항
으로 정립(鼎立)시켜 놓아 문제를 일으키게 된다. 즉 종속절은 이은월(연합문)로,
대등절은 벌린월(병렬문)으로 분류한 후 부사절은 가진월(포유문)에 설정함으로
써 결국 같은 분류에 넣을 수 없는 절들을 상위 대분류 내에 공존하여 설정

하는 문제점을 일으키게 된다. 최현배(1975 : 838~846)에서는 이에 대한 장황한 고민을 다음과 같이 밝혀 이미 이러한 문제점을 알고 있었다.

> 내가 여기에서 이은월이라고 하여서 겹월의 한 갈래로 잡기까지에는 오랜 시일을 두고 많은 고심을 하였다. 영어 말본, 일본 말본 등에서는 보통으로 겹월을 둘로 갈라서 가진월과 벌린월의 두 가지로 하고, 위에서 내가 이은월이라고 한 것을 가진월에 넣으며 그 앞마디를 가진월의 어찌마디로 봄이 예사이다. 그러나 나는 여기에서 그러한 전례에 따르지 아니하고, 세 가지 가름을 하여서 위와 같이 가진월과 벌린월 밖에 다시 이은월을 더하였나니 그 까닭은 대강 다음과 같으니라… (…후략…)

이처럼 고민스레 부사절과 종속절을 구별한 이유를 밝히고 있는데 요점은 "앞마디가 뒷마디에 대하여 그 조건은 될지언정, 결코 그 꾸밈은 되지 아니하는 것이다"(우리말본, 840면)라고 '조건'과 '꾸밈'을 구별하는 매우 주관적 해석을 하면서 부사절과 종속절을 동일시할 수 없다고 밝히고 있는 것이다.

따라서 최현배는 주관적 해석으로 부사절과 종속절을 구별하려다 보니 무리하게 부사절의 범위를 전술한 대로 '-게, -이' 유형으로 축소하여 기술할 수밖에 없었고 그동안의 학교문법은 여전히 그러한 분류 방식에서 벗어나지 못한 채 따라 온 것이다.

그러나 이런 분류가 국어의 특성을 살린 것도 아니고 국어 문장 구조 분류에 문제점만 일으킨다면 재고하여야 할 것이다. 따라서 영문법에서처럼 일반 문법의 보편적 흐름을 따라 종속절은 당연히 부사절로 보도록 하여야 할 것이다. 이처럼 종속절을 부사절과 동일시하는 주장들은 이미 다른 데서 수많은 논의들이 있었으므로 여기서 재론하지는 않는다. 단지, 우리의 현 규범문법의 부사형어미 실종과 부사절의 불균형한 기술이 영문법과 비교하여도 상당히 주관적, 편향적 해석의 결과이고 불균형한 체계의 모습임을 다시금 강조하고자 한다.

그동안 종속절과 부사절의 동질성 여부를 다루는 논의는 수없이 많았고 이익섭 · 임홍빈(1983), 이익섭(1986)에서는 부사절과 종속절의 구별 논의의 어려움을 밝히면서 부사절과 종속절은 구별하는 것이 별 의미가 없다고 한 바 있다. 이런 논의의 지향점은 종속절을 부사절로 보아야 한다는 것이고 대등절까지 부사절로 보아야 하지 않느냐는 것이었다. 이런 논의들은 이익섭·임홍빈(1983), 남기심(1985), 유현경(1986), 이관규(1990, 1992, 1999), 왕문용·민현식(1993), 임홍빈·장소원(1995) 등에서도 나타난 것으로 국어의 종속절은 부사절에 해당하며, 국어의 대등절은 종속절과 의미 관계와 통사적 측면에서 차이가 없는 것은 아니나 인구어의 접속 구성과는 달리 본질적으로는 종속절과 구분되지 않는다는 것이다.

이런 흐름 속에서 최근에 나온 이익섭·채완(1999)에서는 종속적 연결어미를 모두 부사형어미로 기술하고 종속절도 부사절로 단정하는 혁신적 기술을 함으로써 결국 전통 영문법 체계와 같은 기술로 복귀하였다. 이에 따라 이익섭·채완(1999)에서는 문장의 종류도 접속문과 내포문으로 하고, 접속문은 대등 접속문만 가리키는 개념으로 하였다. 결국 문장의 종류를 대등 접속문과 내포문의 2분법으로 한 것이다. 이는 최현배의 '우리말본' 이래 60여 년간 혼미했던 논의에 종지부를 찍는 기술이지만 이제 비로소 60여 년간 지속된 혼미를 바로 잡고 우리의 문법 논리가 정상화하는 계기가 될 것이다.

3. 대등절 및 종속절의 부사적 속성

이제 남는 것은 대등절도 부사절로 보느냐의 문제이다. 영문법의 규범문법에서는 대등절의 경우 문장의 병렬적 나열성에 주목하여 단순한 등위 접속으로만 처리하는 것으로 만족하며 굳이 그것을 부사절로 보려고 하지 않는다. 그래서 앞에 제시한 부사절 유형의 접속사 목록에는 등위 접속사 and, but, or는 빠져 있다. 따라서 우리의 경우도 보편문법의 관점에서 종속절만 부사절로 보고 대등절은 굳이 부사절로 보지 않는 처리가 가능하다.

그러나 국어에는 대등절 어미 '-고, -내[-지만-, -은데], -든지' 따위가 종속절 어미로도 쓰일 수 있다는 점이 특이하다. 이런 사실은 동일 형태어미를 가지고 다음 (10ㄱ~ㄷ)의 ↔ 표 좌측에 대등절 어미로 볼 수 있는 용례를 보이고, 우측에 종속절 어미로 볼 수 있는 용례를 보여 대비한 것에서도 알 수 있다.

> (10) ㄱ. 산은 높고, 물은 깊다.
> ↔산은 높고, 오르려는 마음만 바쁘다.
> 그가 가고, 안 좋은 일이 생겼다.
> ㄴ. 산은 낮으나[낮지만, 낮은데], 계곡은 깊다.
> ↔산은 높으나[높지만, 높은데], 오르기는 쉽다.
> ㄷ. 산에 가든지, 바다에 가든지 한다.
> ↔어디에 가든지, 배움에 충실한다.

위 ↔의 좌우측 어미를 대등성, 종속성이라는 의미에 따라 구별 소속시키는 것은 통사 의미론적 기준에 따라 가능한 분류이다. 그러나 종속절만 부사절로 보고 대등절은 부사절로 보지 않는다면, 이들 동일 어미들에 대해서 종속절에서는 부사절을 이끄는 어미라 하고, 대등절에서는 부사절을 이끄는 어미가 아니라고 하는 이원적 기술을 하게 되어 논리적 모순에 부닺힌다. 즉, 위에서 동일 어미 형태인데도 종속적 연결어미는 부사절을 이끌어 부사형어미로 보고 대등적 연결어미만 부사형어미가 아니라고 한다면, 동일 어미 형태를 '종속'과 '대등'이라는 다소 주관적이기 쉬운 의미 기준에 따라 강제로 분리 기술하는 것이 되어 문법 기술에 불편하고 논리적으로 불균형하다.

특히 '라디오를 들으며, 숙제를 한다'와 같은 구문에서 '라디오를 들으며'와 '숙제를 한다'가 대등한 동작의 나열인가 아니면 종속적 동작의 나열인가와 같은 주관적 논란이 따르므로, 주관적 논란이 항상 따르기 쉬운 '종속성'과 '대등성'이라는 의미 기준으로 어미 형태의 범주를 명명하기보다는 '명사성, 관형성, 부사성'과 같은 문법의 '품사성'과 '성분성' 논리와 같은 '통사성' 논리에 충실한 범주 명칭을 더 우선적인 상위 개념의 명칭으로 부여하는 것이 합리적이다.

더욱이 대등절 구문을 부사절로 볼 수 있음은 다음의 문법 논리로 가능한데 이는 위 (10)의 좌측 대등절 구문을 다음 [ ] 안의 접속부사 연결 구문으로 치환이 가능하기 때문이다.

> (11) ㄱ. 산은 높다. 그리고 물은 맑다.
> ㄴ. 산은 낮다. 그러나[그렇지만, 그런데] 계곡은 깊다.
> ㄷ. 산에 간다. 그러든지[또는, 아니면] 바다에 간다.

(10ㄷ)을 (11ㄷ)으로 치환함은 인위적이라 문맥이 어색하기는 하지만 (10ㄱ, ㄴ)을 (11ㄱ, ㄴ)으로 치환한 사례만으로도 치환은 분명히 가능하다. 그런데 규범문법에서는 위의 '그리고, 그러나, …'류를 부사의 하위분류인 접속부사로 본다. 따라서 (10)의 좌측에 나온 대등 접속어미는 부사성을 속성으로 하는 접속부사 즉 부사로 치환되므로, 대등 접속어미가 부사성을 속성으로 하는 부사형어미라고 보는 것에 아무 문제가 없다.

요컨대 우리는 동일 형태가 대등과 종속 연결어미로 동일하게 쓰이는 것이 존재하므로 이들의 종속 연결어미를 부사형어미로 보고 그런 절을 부사절로 본다면 대등 연결어미를 부사형어미로 보고 대등절도 부사절로 보는 데 주저할 이유가 없다고 본다. 결국 주관적 의미 기준으로는 의미론적 대등 구성을 인정한다고 하더라도, 접속 구문에서 통사론적 대등 구성은 존재할 수 없는 것이다. 의미적으로는 대등절로 보이는 것조차도, 통사적으로는 주절에 종속되어 부사적 기능을 하는 것이기 때문이다.

4. 의존명사 및 기타 구성의 부사절

대등절, 종속절이 일찍이 영문법에서 설정한 개념이고 의미에 따라 나누는 방식이긴 하지만 국어에서 그 대등절과 종속절을 형성하는 형성소의 종류에 대해서는 대부분 연결어미가 붙는 경우만 거론하여 왔다. 그러나 영어 접속사가 유도하는 대등절과 종속절의 형성 방식은 국어의 경우 연결어미 외에 의존명사 방식에도 상당히 의존하고 있다.

(12) 영어에서 대등절·종속절을 형성하는 접속사에 대응하는 국어의 대등
절·종속절 형성소(***** 표는 사례가 없는 경우임)

　　　① 연결어미 유형 ┌ 대등 : -고, -나, -든지, …
　　　　　　　　　　　└ 종속 : -니, -며, -는데, -면서, -ㄹ지라도, …
　　　② 의존명사 유형 ┌ 대등 : *****
　　　　　　　　　　　└ 종속 : -기 때문에, -기 전에
　　　　　　　　　　　　　　　　-는 동안, -는 가운데, -는 한, -ㄹ 때,
　　　　　　　　　　　　　　　　-ㄴ 후에, -ㄴ 이래, -는 듯
　　　③ 기타 유형 ┌ 대등 : *****
　　　　　　　　　 └ 종속 : -기 위하여, -기까지

　그런데 그동안 종속절이나 대등절 논의에서는 주로 연결어미 유형만 논의
되었고 의존명사나 기타 유형은 별로 주목받지 못하였다. 그러다 보니 종속,
대등절 논의가 연결어미에 의한 대등절·종속절로만 집중되어 대등절·종속
절이 부사절이냐의 논의만 무성했다. 종속절이나 대등절이 영어에서 접속사
가 유도하는 질의 유형에 따른 것으로 보고 있으므로 영어의 접속사에 대응
하는 국어의 다음과 같은 통사 방식은 종속절 개념에 모두 포함하여야 할 것
이다. 따라서 연결어미 유형은 물론 의존명사나 기타 유형도 모두 대등절이
나 종속절로 보아야 한다.

(13) ㄱ. 의존명사로 형성되는 명사절이나 관형절로 이루어진 종속절
　　　　비가 오기 때문에, 길이 질다
　　　　비가 오기 전에, 빨래를 걷어라.
　　　　비가 오는 동안, 거리를 헤맸다.
　　　　비가 올 때, 종로를 걷고 있었다.
　　　　비가 온 후, 공기가 깨끗해졌다.
　　　　비가 온 이래, 가뭄이 풀렸다.
　　　　비가 오는 듯, 빗방울 떨어지는 소리가 들린다.
　　 ㄴ. 기타 요소로 형성되는 종속절
　　　　비를 피하기 위하여, 우산을 펼쳤다.[5]

─────────────

[5] '-기 위하여' 구문은 명사형 '-기'로 유도되었는데 후행어는 '위하다'라는 동사이다. 우리는 '위

> cf. 비를 피하려고, 우산을 펼쳤다.
> 비에 젖기까지, 너는 무엇을 했냐?
> cf. 비에 젖도록, 너는 무엇을 했냐?

따라서 우리는 위 각 용례들에서 앞부분의 절들을 부사성 의존명사나 기타 요소로 유도되는 종속절로 보아야 한다. 그리고 이들 종속절의 경우는 의존명사 및 기타 요소 앞부분까지가 명사절이거나 관형절인 예들이다.

그런데 최현배(1937, 1975)에서는 서구 문법에서 대등절·종속절과 부사절을 다른 기준으로 나누어 이질적 범주로 다루는데도 불구하고, 국어의 문장 분류 기준에서 동질적 범주 안에 같이 넣어 동질적 범주 안에서 구별하려고 한 데 문제가 있다. 더 나아가 학교문법(1985, 1991, 1996), 남기심·고영근(1985, 1993)에서는 어미 분류까지 명사형, 관형사형어미와 같은 품사성 어미 분류를 대등 연결어미, 종속 연결어미, 보조 연결어미와 같은 의미성 어미 분류와 동질 범주 안에 넣어 구별하려고 하고 특히 부사형어미까지 제거함으로써 국어 어미의 부사성에 대한 기술의 공백이 나타났다.

5. 성분 수식과 문장 수식의 부사형어미

여기서 우리는 성분 수식 부사형어미와 문장 수식 부사형어미의 개념을 도입할 필요가 있다. 이러한 논의는 이미 유현경(1986)에서 나타난 바 있는 것으로, 단순 부사형이라고 한 '－게'는 성분부사와 문장부사의 개념을 동원할 때 성분부사처럼 주로 단문 안에서 자유롭게 출현하여 쓰이므로 성분부사의 성격과 흡사하다. 반면에 대등, 종속 연결어미들은 문장부사가 후행 문장 전체를 수식하듯이 주로 주절 앞에서 종속절이나 대등절을 구성하여 주절 전체를 수식하는 것으로 볼 수 있다. 따라서 종속 연결어미나 대등 연결어미가

하다'도 선행어로 본용언을 취할 때에는 '－기'를 취하는 보조용언으로 보아야 한다고 본다.

유도하는 부사절을 문장부사절이라 부를 수 있을 것이다.

(14) ㄱ. 그는 확실히 갔다. → 확실히 : 성분부사
     ㄴ. 확실히 그는 갔다. → 확실히 : 문장부사

(15) ㄱ. 꽃이 아름답게 피었다. → 아름답게 : 성분 수식. 성분부사어.
            '-게' : 성분 수식 부사형어미
     ㄴ. 그가 오게, 연락을 취해라. → 그가 오게 : 주절 수식. 문장부사절.
            '-게' : 문장 수식 부사형어미

이에 따르면 부사형어미도 성분 수식 부사형어미와 문장 수식 부사형어미로 나누는 것이 가능하다. 한편, 보조적 연결어미는 단문이든 복문이든 본용언만 수식하므로 당연히 성분 수식 부사형어미에 불과하다. 따라서 이상의 개념을 도입하고 그동안의 분류 체계를 최대한 존중하면서 영문법과 같은 보편문법적 기술과도 어긋나지 않게 국어의 특색을 살리는 어미 체계를 제시한다면 다음 체계가 될 것이다.

(16) 국어의 어미
     ┌ 종결 어미
     └ 전성 어미 ┌ 명사형 어미
               ├ 관형사형 어미
               └ 부사형 어미: 다음 (ㄱ), (ㄴ)으로 구분

     (ㄱ) 문장 수식 부사형 어미
      · 대등적으로 수식(대등적 연결어미) : 비가 오고, 바람은 안 분다.
      · 종속적으로 수식(종속적 연결어미) : 비가 와서, 길이 질다.
                                      비가 오고, 날이 추워졌다.
     (ㄴ) 단어 수식 부사형 어미
      · 보조 용언 수식(보조적 연결어미) : 비가 오고 있다. 비가 오게
                                      된다.
      · 일반 용언 수식 : 비가 지루하게 내린다.

문장의 분류도 다음과 같이 된다.

(17) ┌ 단문
　　　└ 복문(내포절) ┌ 명사절
　　　　　　　　　　　├ 관형사절
　　　　　　　　　　　└ 부사절(접속절) ┌ 대등절
　　　　　　　　　　　　　　　　　　　└ 종속절

6. 접속부사의 성분 처리

다음으로 최현배의 '우리말본' 이래 고쳐지지 않는 기술의 하나는 '그러나, 그리고, …'와 같은 접속부사를 독립어로 처리하는 태도이다. 최현배(1937, 1975 : 758)에서는 홀로말(독립어)의 종류로 다음 예처럼 부름말(호칭어), 보임말(제시어), 느낌말(감동어), 이음말(접속어)을 두고 있다.

(18) ㄱ. 할머니, 어데 가셔요? (부름말)
　　　ㄴ. 돈, 돈이 무엇인가? (보임말)
　　　ㄷ. 아, 아름답다, 이 내 고장. (감동어)
　　　ㄹ. 그러나, 그 돈을 먹지 아니하였다. (접속어)

그러나 접속어라고 한 '그러나 그러므로, …'류는 이미 최현배(1937, 1975)에서 접속부사로 하여 부사성을 인정한 것이다. 따라서 부사로 보았다면 성분상 부사어로 보는 것이 자연스럽고 당연하다. 그런데 성분 설명 부분에서는 부사어로 보지 않고 독립어라고 함으로써 부사성의 적용에서 예외를 보이고 있다. 그리고 그 후 오늘날까지 이 기술은 대부분의 문법서와 통일 고교 문법서에도 답습되어 오고 있다. 따라서 우리는 문법 논리의 일관된 적용을 통하여 단순하면서도 간결한 기술을 위하여 이들을 부사어로 처리하여야 한다고 본다.6)

---

6) 접속 개념과 관련하여서는 국어 조사 중에 접속조사의 목록 설정에도 문제가 있다. 즉 접속조사의 목록에는 '겸, 내지, 대, 및' 류도 포함하여야 할 것이다. 이들이야말로 체언을 이어주는 접속

7. 체언 수식 부사의 재고

끝으로 부사성의 해석과 관련하여 ‘체언 수식 부사’라는 개념도 문제가 된다. 그동안 용언과 체언 앞에 올 수 있는 다음의 ‘오직’과 같은 어류를 부사라 하고 체언 앞에 오는 경우를 ‘체언 수식 부사’라고 해 왔다.

(19) ㄱ. <u>오직</u> 걸었을 뿐이다.(용언 수식 부사)
ㄴ. <u>오직</u> 너만 사랑한다.(체언 수식 부사)

그러나 체언 수식 부사라는 개념을 허용함은 ‘부사성＝용언 수식성’, ‘관형성＝체언 수식성’이라는 국어 문법의 근간을 흔드는 기술이 아닐 수 없으므로 재고할 필요가 있다. ‘오늘, 내일’ 등의 시간명사를 부사로도 통용[전성]하는 것으로 처리하고 있듯이 품사의 통용[전성] 현상을 허용하고 있는 만큼, 소위 체언 수식 부사들을 용언 수식 때에는 부사로 처리하고, 체언 수식 때에는 관형사로 처리하면 될 것으로 본다. 왕문용·민현식(1993)에서는 이들이 주로 ‘오직 너, 바로 너, …’처럼 후행어에 대해 일정한 정도의 제한 기능을 하거나 ‘<u>오직</u> 두 개, <u>겨우</u> 두 명, <u>불과</u> 십 분만에, <u>단</u> 한 개, …’처럼 수량어를 후행한다는 점 때문에, ‘성상 관형사’ 안에서 ‘정도 관형사’라고 하고 다음과 같이 분류한 바 있다.

(20) 국어 관형사의 분류
ㄱ. 지시 관형사 : 이, 그, 저, 다른, 어느, 무슨, 아무, 어떤, 옛, 올, 現,
舊, 前, …
ㄴ. 수 관형사 : (양수) 한, 두, 세, … (서수) 첫, 첫째, 둘째, 셋째, …

조사라고 할 만한데 이들을 의존명사로 처리하는 것이 현 실정이다. 의존명사라면 관형형 뒤에 온다든가 격조사를 취하는 명사성이 보여야 하는데 다음의 ‘겸, 내지, 대, 및’은 그러한 성질을 보여 주지 않는다.

국장 겸 과장   열 내지 스물   청군 대 백군   이사장 및 이사들

물론 이 경우도 약속인 이상 준수할 수밖에 없다. 이런 처리는 ‘국어연구소’의 한글 맞춤법 해설집(1989)의 띄어쓰기 규정 45항의 해설에서도 나타나며 국어사전들에도 그대로 답습하여 있다.

ㄷ. 성상 관형사
　　┌ 상태 관형사 : 새, 헌, 외딴, 純, 新, 準, …
　　└ 정도 관형사 : 오직, 바로, 겨우, 한갓, 고작, 한낱, 다만, 아주, 但
　　　　　　　　　　 只, 惟獨, 天生, 진짜, 꼭, 참, 맨, 딱, 한, 다만, 無慮,
　　　　　　　　　　 約, 近, 不過, 單, …

8. 맺음말

　우리는 지금까지 규범문법 기술에서 직면하는 문제점을 두 가지 사례로 살펴보았다. 한 가지는 언어 변화를 어느 정도에서 반영할 것인가의 경우이고 다른 하나는 문법 범주 개념의 통일된 인식 여부의 경우이었다.

　전자는 오늘날 이미 모든 동사에 붙는 것으로 규칙화한 소위 ‘-거라’ 형태를 불규칙 명령어미로 기술해 온 관행의 문제점을 지적하고, 규범문법이라도 언어 변화가 상당히 진행한 경우는 적절한 시점에서 이를 반영해야 할 필요성이 있는 사례로 보았다.

　후자, 즉 문법 범주의 개념을 명확히 할 사례로는 국어학계의 해묵은 문제인 부사형어미 설정 문제와 부사절의 범위 문제를 재고하였다. 이를 위해 기존 학교 통일 문법의 체계를 손상하지 않으면서도 부사형어미를 설정하는 방안을 생각해 보았다.

　그리하여 대등적 연결어미, 종속적 연결어미, 보조적 연결어미를 결국 부사형어미로 볼 수 있음과 종속절, 대등절을 모두 부사절로 볼 수 있다는 학문문법의 논의들을 살림으로써 부사형어미를 상위 개념으로 설정하면 기존 규범문법 체계를 존중하면서도 규범문법 체계의 합리성을 높일 수 있는 것으로 보았다. 여기서 우리의 논의가 기존 학교문법 체계를 손상하지 않음을 강조함은 1985년의 통일 문법이 규범문법 연구의 값진 전통을 살려 만든 소산이므로 규범문법의 대대적 변개는 가급적 삼가야 하기 때문이다.

　아울러 ‘그러나, 그리고, …’ 따위의 접속부사를 독립어로 보는 것도 문제라고 보아 접속부사를 부사로 보면 성분도 부사어로 봄이 형식 논리상 합리적이라고 보았다.

　또한 ‘오직, 단지, 다만, …’ 따위를 ‘체언 수식 부사’라고 해 오는 설명 방식도 ‘용언 수식성’을 특징으로 하는 ‘부사성’의 의미상 모순된 용어이므로 ‘오직, 다만, 단지, …’ 따위가 용언 앞에 오면 부사로 쓰이고, 체언 앞에 오면 관형사로 통용[전성]하는 것으로 보면 된다고 하였다. 이러한 모든 것이 결국 ‘부사성’의 문법적 의미가 무엇인지를 정확히 인식하는 것에서 출발한다는 점에서 문법 범주의 정확한 의미를 인식하는 것이 중요함을 다시금 깨닫게 한다.

참고문헌

고광주(1999), 「대등 접속문에 대한 검토」, 『한국어학』 9, 고려대학교.
고영근(1975), 「현대국어의 어말어미에 대한 구조적 연구」, 『응용언어학』 7-1, 서울대학교.
_____(1988), 「학교문법의 전통과 통일화 문제」, 『선청어문』 16·17, 서울대학교.
교육부(1985, 1991), 『고등학교 문법』, 성균관대학교 대동문화연구원.
_____(1996), 『고등학교 문법』, 서울대학교 국어교육연구소.
교육인적자원부(2002), 『고등학교 문법』, 서울대학교 국어교육연구소.
___________(2002), 『고등학교 문법 교사용 지도서』, 서울대학교 국어교육연구소.
권재일(1985), 『국어의 복합문 구성 연구』, 집문당.
김영희(1988), 「등위 접속문의 통사 특성」, 『한글』 201·201, 한글학회.
_____(1998), 『한국어 통사론을 위한 논의』, 한국문화사.
김지홍(1992), 「국어 부사형 어미 구문과 논항 구조에 대한 연구」, 서강대학교 박사논문.
남기심(1985), 「접속어미와 부사형 어미」, 『말』 10, 연세대.
_____(1994), 『국어 연결 어미의 쓰임』, 서광학술자료사.
남기심·고영근(1985, 개정 1993), 『표준 국어문법론』, 탑출판사.
서정수(1988), 「어미 '게'와 '도록'의 대비 연구」, 『말』 13, 연세대.
_____(1994), 『국어 문법』, 뿌리깊은나무.
서태룡(1987), 「국어 활용어미의 형태와 의미」, 서울대학교 박사논문.
안명철(1999), 「보문의 개념과 체계」, 『국어학』 33, 국어학회.
양인석(1972), 「한국어의 접속화」, 『어학연구』 8-2, 서울대.
엄정호(1999), 「동사구 보문의 범위와 범주」, 『국어학』 33, 국어학회.
왕문용(1997), 「대등접속문은 국어에 과연 있는가」, 『어문학보』 20, 강원대 국어교육과.
왕문용·민현식(1993), 『국어 문법론의 이해』, 개문사.
유현경(1986), 「국어 접속문의 통사적 특질에 대하여」, 『한글』 191, 한글학회.
윤평현(1989), 「국어 접속어미에 대한 연구」, 전남대학교 박사논문.
이관규(1990), 「국어 대등구성에 대한 연구」 고려대학교 박사논문.
_____(1999ㄱ), 『학교 문법론』, 월인.
_____(1999ㄴ), 「대등문·종속문·부사절 구문의 변별 특성」, 『선청어문』 27, 서울대학교.
_____(2000), 『국어 부사절의 특성과 통사 구조』, 언어학회 발표자료집.
이은경(1995), 「국어의 연결 어미 연구」, 서울대학교 박사논문.

이은경(1998), 『접속어미의 통사, 문법 연구와 자료』, 대학사.

이익섭(1986, 개정 2000), 『국어학개설』, 학연사.

이익섭·임홍빈(1983), 『국어문법론』, 학연사.

이익섭·채 완(1999), 『국어문법론강의』, 학연사.

이필영(1994), 「대등절과 종속절에 관하여」, 『선청어문』 22, 서울대학교.

임홍빈·장소원(1995), 『국어문법론 I 』, 한국방송대학교 출판부.

전혜영(1989), 「현대 한국어 접속어미의 화용론적 연구」, 이화여자대학교 박사논문.

최재희(1991), 『국어 접속문 구성 연구』, 탑출판사.

______(1997), 「국어 종속 접속의 통사적 지위」, 『한글』 238, 한글학회.

최현배(1937=1975), 『우리말본』, 정음문화사.

Babstone, Rob(1994, 1999), *Grammar*, Oxford Univ. Press.

Lukoff, Fred(1993, 1997), *An Introductory Course in Korean*(Revised) Ⅰ-Ⅲ권.

Martin, Samuel E.(1992), *A Reference Grammar of Korean*, Charles E. Tuttle Co.

Thornbury, Scott(1999, 2nd. 2000), *How to Teach Grammar*, Longman.

Ur, Penny(1988), *Grammar Practice Activities*, Cambridge Univ. Press.

__________(1996, 2nd. 2002), *A Course in Language Teaching : Practice and Theory*, Cambridge Teacher Training & Development Series, Cambridge Univ. Press

William Collins Sons & Co Ltd(1990, 1999), *Collins Cobuild English Grammar*, William Collins Sons & Co Ltd.

문어와 구어에서의 조사 '의'의 문법*

김창섭

1. 서론

필자(2008b)에서는 명사연속구성을 새로 분류하는 작업을 수행한 바 있다. 그 글에서는 보충어라는 새 문장 성분을 설정하여 이전의 관형어를 새 관형어와 보충어의 두 문장 성분으로 분리하였다. 그리고 명사소구, 명사중간구, 명사구 등의 명사적 구성들을 관형어+핵으로 된 관형구성의 것과 보충어+핵으로 된 보충구성의 것으로 나누었다. 이제 여기에서는 명사연속구[1])에 개재하는 조사 '의'의 문법을 문어와 구어에서의 차이에 주목하여 기술해 보고자 한다.

먼저 필자(2008b)의 결론을 다음 (1)~(6)과 같이 제시한다. 이것은 필자(2008b)에서 제안한 명사연속구성의 분류 체계이다.[2])

---

* 『震檀學報』 106호(진단학회), 2008. 12, 79~115면.

1) '명사'(N)란 필자(2008b)에서와 마찬가지로 명사(단어 층위의 것. N), 명사소구(NSP), 명사중간구 (N'), 명사구(NP) 들을 통칭한다. 필요할 때에는 단어 층위의 명사를 '명사어'라고 할 것이다. 이 글의 명사연속구성은 'N1+의/ø/ㅅ+N2'로 이루어진 것을 가리킨다. 단 사이시옷은 표기에서 자유롭게 무시하기로 한다.
   이 글은 병렬구성의 명사연속구는 다루지 않는다.
2) '의!'는 생략될 수 없는 '의', '의;'는 주로 실현되지만 생략될 수도 있는 '의', 'ø!'는 '의'가 쓰일 수 없는 자리, 'ø;'는 주로 'ø'로 나타나지만 '의'로 대체될 수도 있는 자리를 나타내는 것으로 한

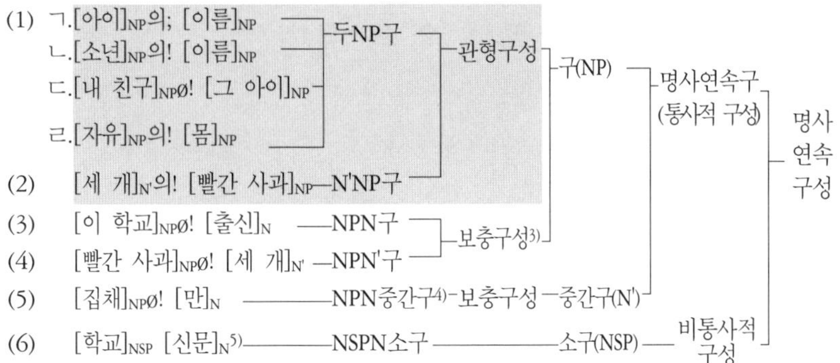

여기에서는 N2가 NP일 때의 명사연속 구성은 관형구성이고, N2가 N이거나 N'일 때의 명사연속 구성은 보충구성이라는 사실이 핵심이다. 필자(2008b)에서는 '의'가 이 관형구성의 명사연속구성에 출현할 수 있으며, 보충구성과 소구에는 원칙적으로 출현할 수 없다는 것을 밝혔다. 따라서 조사 '의'의 문법이라는 것은, 위에서 음영으로 부각한 관형구성에서 '의'의 출현을 지배하는 문법이 된다. '의'의 문법 기능과 의미 기능은 무엇인가? 어떤 '의'가 생략될 수 있으며 어떤 '의'가 생략될 수 없는가? 이러한 것이 이 글의 관심사이다. 특히 (1ㄷ)의 동격구성 '내 친구ø! 그 아이'는 관형구성인데도 '의'가 개재될 수 없다는 점에서 특별한 관심의 대상이 된다.6)

다. '의!' 型과 '의;' 型, 'ø;' 型이 '의' 形으로 실현될 수 있고, '의;' 型과 'ø!' 型, 'ø;' 型이 'ø' 形으로 실현될 수 있다.

3) 필자(2008b)에서 보충어는 NP가 못되는 N'나 N이 핵으로서 가지는 비핵이고, 보충구성이란 '보충어＋핵'이라고 규정하였다.

4) N'(명사중간구)는 그 자체로는 주어나 목적어가 될 수 없는 불완전한 구이다. 핵으로서의 N'는 보충어를 취하여 NP가 된다. 다른 핵이 N'를 보충어로 취하여 그 위 층위 구성이 되기도 한다(예를 들어 '하ᅳ'가 (5)의 '[[집채]NP [만]N]N''을 보충어로 취하여 '[[집채 만]N' [하]V]VP'가 된다).

5) 명사소구는 통사부 이전에는 NSP로 표시하고, 통사부에서는 N으로 표시하기로 한다. 이 글의 각주 50)을 참고할 것.

6) 동격구성이 NP를 핵으로 하면서도 '의' 없는 명사구를 관형어를 취하는 사실은 명사연속구 연구의 한 난관이다. 이것이 이 구성의 분석에 혼란을 가져온 경우가 있었다. 김기혁(1995, 제3장)에서 형태구조적 성격과 통사구조적 성격을 다 가진다는 중간범주를 설정한 바 있는데, 그 예의 대다수가 '주인 할머니' 같은 동격명사구이다. 거기에서는 '주인 할머니' 류를 'NP＋NP'의 NP가 아닌 'N＋N'의 N'로 설정하였고 '주인 [할머니와 할아버지]'와 같은 예는 본래의 구조가 아니라 재구조화된 구조로서의 'NP＋NP'로 보았다. 또, 김인균(2003)에서는 동격명사구는 의미론적으로는 관형구성이지만 구조적으로는 잠정적으로 병렬구성으로 파악한다고 하였다. 그러나 '[바로 전(前) 주

본고는 명사연속구의 형성과 '의'의 실현을 지배하는 문법이 문어와 구어에서 다르다는 것을 확인하고 '의'의 통시적 변화를 고려하는 새로운 시각에서 '의'의 문법을 탐구한다. 지금까지 조사 '의'에 대해 많은 연구가 이루어져 왔으나 이들에는 모두 문어와 구어에서 명사연속구 및 '의'의 문법이 다르다는 사실이 간과되는 문제가 있었다고 생각된다. 이 글의 제2장에서는 '의'의 용법을 통사 기능과 의미 기능에 따라 분류하여 기술하고, 제3장에서는 동일한 명사조합이 문어와 구어에서 다르게 실현되는 것을 본다. 제4장에서는 동격구성에 '의'의 개재가 불가한 이유를 설명해 본다.

2. '의'의 용법

본 장에서는 '의'의 용법들을 분류하여 보기로 한다. '의'가 쓰이는 용례를 다양하게 모아 분류하고자 할 때 기존 연구로서 편리하게 이용할 수 있는 것은 사전의 '의' 조항이다. 이 글에서는 『표준국어대사전』과 『연세한국어사전』의 '의'의 기술을 참고하는데, 그 중에서도 용법의 분류나 뜻풀이보다는 용례에 초점을 맞춘다.

논의의 출발을 위해 '의'의 용법을 아래 (7)과 같이 나누기로 한다.[7]

    (7) '의'의 용법

                  ┌ 관계의 중심 표시
    '의'의 용법 ┤
                  └ 속성 표시 ┬ 동격적 속성 표시
                                         └ 비(非)동격적 속성 표시

인] [할머니]'도 가능하고, '[새 주인] [그 할머니]'도 가능하므로 '주인 할머니'는 정규의 'NP+NP' 명사구이며, 의미적으로나 구조적으로나 병렬구성이 아니라 관형구성일 뿐이다.

7) 『표준』에서는 '의'의 용법을 한 층위에서 22가지 개별 용법으로 나누었고, 『연세』에서는 제1층위에서 5가지로, 제2층위에서 21가지로, 다시 제3층위에서 28가지 용법으로 나누었다. 다음에 『연세』의 제1층위 분류를 보인다(표의 오른쪽 칸에는 제3층위의 28가지 개별 용법에서 첫 번째 예들을 가져왔음).

본 장은 다양한 '의'의 예들이 위 (7)과 같은 분류로 잘 설명되는 것을 보임으로써 결과적으로 이 분류가 타당함을 보이는 작업이 된다.

2.1. 관계의 중심 표시

여기에 책과 그 주인 철수가 있는 상황을 '이 책', '철수', '주인'을 사용하여 다음의 (8ㄱ)과 (8ㄴ)으로 표현할 수 있다. 동일한 명사들을 사용한 오른쪽 괄호 안의 명사연속구들은 이와는 전혀 다른 상황을 표현한다.

   (8) ㄱ. 철수의 이 책(≠이 책의 철수)
       ㄴ. 이 책의 주인(≠주인의 이 책)

실제 세계의 '철수'와 '이 책'의 소유 관계는 (8ㄱ)의 '철수의 이 책'으로 표현된다. 어순이 바뀐 '이 책의 철수'로는 '이 책을 소유하는 철수'라는 뜻을 표현할 수 없다. 동일한 존재가 '철수' 대신 사물에 대한 위치가 개념화되어 '주인'으로 대상화되면[8] '주인'과 '이 책'의 관계는 (8ㄴ)처럼 '이 책의 주인'이라는 소재 관계로 표현된다('이 책에 주인이 있다'). 이것을 '주인의 이 책

[I] 그 뒤의 말과의 소유, 소속, 귀속, 인과 따위의 관계를 나타냄	나의 집, 이 사전의 임자, 각 간부의 이름, 이 나라의 국민, 나의 어머니, 지역 구민의 대표자, 이광수의 '흙', 강가의 모래, 인도의 시성(詩聖), 대구의 사과, 중동의 석유 전쟁, 사람들의 뜻, 정오의 뉴스
[II] 앞의 말과 뒤의 말이, 뜻에 있어 '주어, 술어'의 관계를 가짐을 나타냄	그 물품 가격의 변동, 예술의 아름다움, 하나님의 축복과 은총, 젊은이의 효도, 신라의 삼국 통일
[III] 행위의 '목표, 대상'을 나타내는 앞의 말과 행위를 나타내는 뒤의 말을 이음	학문의 연구, 컴퓨터 발명의 숨겨진 공로자
[IV] 앞의 말이 뒤의 말의 속성임을 나타냄	최악의 경우, 다섯 자루의 연필, 제2의 전성기, 강철의 의지, 큰 형벌의 하나, 서울의 찬가
[V] 그 외의 용법	백두의 성지, 나의 두 배

8) 이 글의 N1, N2는 'N1', 'N2'라는 언어형식이 가리키는 현실 세계의 존재가 아니라 N1, N2라는 언어형식에 담겨 개념화된 것 즉 대상을 가리킨다. 위에서 '철수'와 '주인'은 동일한 존재가 달리 대상화된 예이다(한편 '대상'에는 '현실의 행위나 작용이 가해지는 상대로서의 존재'라는 일반적인 의미도 있다).

이라고 하면 전혀 다른 상황을 표현하게 된다.[9] '의'로 표현되는 이러한 소유, 소재 등의 N1-N2 관계를 중심-결부물 관계라고 하고, N1을 '(관계의) 중심', N2를 '결부물(結付物)'이라고 할 수 있을 것이다.

이제 '의'로 표현되는 여러 가지 관계들을 보기로 한다. 한 가지 주의할 것은 위 (7)에 보인 대분류는 이 글에서 체계적인 분류로서 제안하는 것이지만, 이하에 보일 소유자-소유물, 소재처-소재물 등의 중분류와 다시 이들을 나눈, ㄱ, ㄴ, ㄷ 등의 소분류는 중복과 누락이 없는 체계적 분류라기보다는 대표적인 사례가 누락되지 않도록 유의한 편의적 분류라는 사실이다.[10] 대분류에 바탕을 둔 이 글의 주장들은 중분류나 소분류의 중복 분류에 영향을 받지 않는다.

다음 (9)는 소유자-소유물 관계를 표현하는 '의' 형 명사연속구들이다. 각 부류의 N1-N2 관계에 대한 화자의 관념을 그 오른쪽 칸에 보이기로 한다.

(9) 소유자-소유물 관계의 '의'형 명사연속구

예	N1-N2 관계에 대한 화자의 관념
ㄱ. 나의 옷[P1],[11] 그의 가방[P1], 어머니의 성경 책[P1], 철수의 사상, 이 개의 집, 우리의 학교[P1], 영이의 얼굴[P1], 이 개의 꼬리	존재는 소유물이 될 수 있는 대상이라면 그것을 가질 수 있다.
ㄴ. 다윈의 진화론[P3], 나의 작품[P3]	제작자는 제작물을 가질 수 있다.
ㄷ. 거문고의 가락[P3]	기원은 파생물을 가질 수 있다.
ㄹ. 금의 무게[P8], 물의 온도[P8], 국토의 면적[P8], 철수의 키, 건물의 위치, 운동의 강도, 진동의 강도, 행복의 정도	사물은 고유한 속성 차원들(무게, 온도 등)을 가질 수 있다.
ㅁ. 철수의 병(病), 꽃의 향기[P9], 예술의 아름다움[P9], 예술의 미(美), 생각의 깊이	존재는 속성을 가진다.
ㅂ. 건설의 역사[P20]	존재는 '역사'를 가질 수 있다.

---

9) '주인의 이 책'에서 '주인'은 '이 책'의 주인이 아니다.
10) 이러한 사정은 2.2의 소분류에서도 마찬가지이다.

예	N1-N2 관계에 대한 화자의 관념
ㅅ. 나의 살던 고향P22, 학생의 할 도리P22, 우리의 나아갈 바, 나의 사랑하는 말, 그의 태어난 해	주체는 자신이 참여하는 사건에 의해 규정되는 대상을 가질 수 있다.

(9ㄱ)의 '나의 옷'에서 인간인 '나'는 '옷'에 대해 사용권, 관리권, 처분권 등의 지배력을 가지고 있다는 점에서 가장 원형적인 소유자일 것이다. 소유에는 비원형적인 것들도 있는데 (9)의 예들은 대부분 비원형적 소유를 표현하고 있다. 전체—부분 관계의 '영이의 얼굴'이나, 소속원—소속처 관계의 '우리의 학교' 등은 원형에서 어느 정도씩 떨어져 있는 소유를 표현하고 있다고 할 수 있다. 이하의 (9ㄴ~ㅅ)의 예들도 모두 여러 가지 기준에서 원형에서는 떨어져 있지만 오른쪽 칸에 보인 것과 같은 근거에서 광의의 소유 표현에 넣어진다고 할 수 있다.

(9ㅅ)은 다른 예들과 성격이 크게 다르다. 이들은 N2의 관형절들이 의미상 N1을 주어로 한다는 제약 속에서 성립한다. (9ㄱ~ㅂ)의 다른 N2들은 그 자체만으로 특정 관계를 이루는 한 항으로서 안정되지만, (9ㅅ)의 예컨대 '살던 고향'은 그 자체로서는 관계의 한 항으로서 안정될 수 없다고 생각된다. '살던'은 주어로 해석될 개념이 보충되어야 의미상 온전한 구로서의 관형어가 되는 것으로 여겨진다.12) '살던'이 의미상 온전한 관형어가 되면 '살던 고향'은 소유 관계의 결부물로 해석될 수 있게 된다.13)

다음 (10)은 소재처—소재물 관계를 표현하는 '의' 형 명사연속구들이다.

---

11) 아래첨자 'P1'은 『표준』의 '의' 조항의 1번 개별의미의 예라는 뜻이다.

12) 이 글은 '나의 몰랐던 일'을 '나의, 내가 몰랐던 일'로 이해한 임홍빈(1981)의 해석을 따른다. 3.2의 예 (22)에 대한 설명을 참고할 것.

13) 이 이른바 주어적 속격 구성에서 N1+'의'와 N2의 관계가 다른 일반적인 관형어+명사구의 관계와 동일하다는 논증은 이상욱(2006)에서 이루어졌다.

(10) 소재처-소재물 관계의 '의' 형 명사연속구

예	N1-N2 관계에 대한 화자의 관념
ㄱ. 양복의 주머니[P1], 집의 지붕, 한강의 근원[P1], 국민의 대다수[P16], 가진 돈의 얼마[P16]	전체에는 부분이 있다.
ㄴ. 전화기의 고장(故障), 철수의 건강, 국민의 행복	존재에 속성이 있다.
ㄷ. 비행기의 위치, 철수의 경우, 지구의 미래, 교탁의 앞, 졸업의 전(前)	존재에는 그것이 놓인 구체적 및 추상적 시공간과 그 연장(延長)이 있다.
ㄹ. 투쟁의 열매[P20], 침식의 결과	행위·작용에는 결과('열매', '결과')가 있을 수 있다.
ㅁ. 선택의 여지(餘地), 정상참작의 여지, 개선의 여지	특정 행위에는 자유로운 결정이 가능한 부분('여지')이 있을 수 있다.
ㅂ. 눈물의 씨앗, 불행의 씨앗	결과에는 원인('씨앗')이 있다.
ㅅ. 승리의 길[P4], 성공의 길	결과에는 방법으로서의 과정('길')이 있다.
ㅇ. 몸의 병[P13], 시골의 인심[P13], 옷의 때[P13], 하늘의 별[P13], 제주의 말[P13], 시장의 경쟁, 도시의 번잡함, 풍요 속의 빈곤	장소에는 손재가 있을 수 있다.
ㅈ. 정오의 뉴스[P14], 여름의 바다[P14], 고대의 문화[P14], 올 여름의 아이들	때에는 존재가 있을 수 있다(시간 속에 존재가 있다).
ㅊ. ① 올림픽의 창시자[P7], 철수의 입원실, 철수의 치료비, 판매의 담당자, 책의 진열대, 지방 이주의 지원금 ② 서울의 찬가[P6], 한국의 지도[P6], 책의 저자[P7], 아파트의 주인[P7], 철수의 고향, 책의 부록, 건강의 적 ③ 나의 친구[P12], 선생님의 아들[P12] ④ 컴퓨터 발명의 숨겨진 공로자[YIII2], 경제 발전의 수혜자, 건강의 유지비	존재에는 자신과의 관련이 개념화된 다른 대상이 있을 수 있다.
ㅋ. 이 책의 담고 있는 내용, 이 책의 출판된 연도	주체에는 자신이 참여하는 사건에 의해 규정되는 대상이 있을 수 있다.

(10ㄱ)에서는 전체-부분 관계를 표현한다는 점에서는 위 (9ㄱ)의 '영이의 얼굴'과 같으나 전체가 사람이 아닌 사물이라는 점에서 '영이의 얼굴'과 다르다. 전체가 유정체언이면 그것은 거의 원형에 가까운 소유 관계에 들고, 사물이면 기본적으로 소재처-소재물 관계에 들 것이다. (10)의 모든 명사연속구 부류는 오른쪽의 화자의 관념에서 보는 바와 같이 소재처-소재물의 관계에 든다. 그중 (10ㄷ)의 '의 경우'는 '경우'의 앞에 '의'가 고정되어 있다는 점에서 일종의 관용표현인데,[14] 모든 존재에는 자신이 놓인 경우(형편이나 처지)가 결부되어 있으므로 '의 경우'도 소재 관계를 표현한다고 생각된다. (10ㅁ)의 '의 여지'도 '여지' 앞에 '의'가 고정되어 있으므로 마찬가지로 관용표현이다. (10ㅈ)의 '여름의 바다', '올 여름의 아이들'은 어떤 시기의 바다, 어떤 시기의 아이들이라는 뜻으로 해석된 것이다. 이 용법은 2.2에서 살펴볼 '여름의 아이'의 용법과 대조된다.[15]

(10ㅋ)은 소유 관계의 (9ㅅ)처럼 N2의 관형절들이 의미상 N1을 주어로 한다는 제약을 가진 것들이다. 이들의 N2들도 의미론적으로 N1을 주어로 보충받아서 관계의 한 항으로 안정된다.

다음 (11)은 참여자-사건 관계를 표현하는 '의' 형 명사연속구들이다.

(11) 참여자-사건 관계의 '의' 형 명사연속구

예	N1-N2 관계에 대한 화자의 관념
ㄱ. ① 철수의 건강 유지, 감독의 선수 선발 ② 우리의 각오P2, 너의 부탁P2, 국민의 단결P2, 학생들의 휴식, 회장의 처신(處身)	주체에는 자신의 행위가 주어질 수 있다.
ㄴ. 아이의 성장, 팔의 마비, 나라의 발전P2, 산맥의 발달, 해안의 침식, 강의 오염	주체에는 자신에게 일어나는 작용이 주어질 수 있다.

---

14) '나의 / 내 경우', '그 사람의 경우', 'A의 경우' ; '*나 경우', '*그 사람 경우', '*A 경우'. 그런데 '나의 경우'뿐만 아니라 '내 경우'도 성립하므로 이 때의 '내'는 '나+의'와 동가로 보아야 할 듯하다 (이 때의 '내'는 관형어이다. 참고로, 필자(2008b)에서는 보충어 '내'는 '나'와 동가라고 보았다).

15) '올 여름의 아이들'은 예컨대 '올 여름에 이곳을 다녀간 아이들'과 같은 뜻으로(소재처-소재물 관계로) 해석된 것이다. 관형사 '올'이 없는 '여름의 아이'는 이 소재처-소재물 관계의 해석 외에 2.2에서 볼 단순한 속성-대상관계로도 해석될 수 있다.

예	N1-N2 관계에 대한 화자의 관념
ㄷ. 도시의 파괴, 질서의 확립P5, 자연의 관찰P5, 인권의 존중P5, 학문의 연구P5, 건강의 유지	객체에는 자신에게 가해지는 행위가 주어질 수 있다.

(11)의 참여자-사건 관계도 참여자가 사건이 존재하게 한다는 의미에서 중심-결부물 관계로 파악할 수 있다. 이 글에서 사건이란 행위와 작용을 포괄한다. 행위 명사, 작용 명사란 '하다'나 '되다'와 결합하여 동사구로 쓰일 수 있는 명사들인데, 이들이 '하다'나 '되다'와 결합하지 않고 그냥 N2로서 명사연속구를 만들 때에는 사건 참여자를 나타내는 명사를 N1으로 가질 수 있다. (10ㄱ, ㄴ, ㄷ)은 사건 참여자를 주체와 객체로, 사건을 행위와 작용으로 나누어 분류한 결과이다.16) 국어에서는 이러한 사건을 위와 같이 주체-행위, 주체-작용, 객체-행위의 세 종류로 표현한다. 주체-객체-행위 관계라고 할 수 있는 '철수의 건강의 유지'는 '[철수의 [건강의 유지]]'와 같이 분석되므로 바깥 괄호의 큰 사건은 '주체-행위'에 포함되고, 안 괄호의 작은 사건은 객체-행위에 포함되게 된다.17)

(11ㄱ)의 ①은 반드시 객체가 표현되어야 하는 행위명사를 N2로 가진 경우이고, ②는 객체가 표현되지 않아도 되는 행위명사를 N2로 가진 경우이다. 행위명사들이 '하다'와 결합하여 동사로 쓰일 때, ①의 '유지', '선발'과 ②의 '각오', '부탁' 류는 타동사를 만들게 되고, '단결' 등 ②의 나머지는 자동사를 만들게 된다. 행위명사의 전이성(轉移性, transitivity)에 따른 구별이 '하다' 동사를 만들 때와 명사구를 만들 때에 달라진다고 할 수 있다. (11ㄴ)의 '오염'은 본래는 '철수가 강을 오염하다'와 같은 구성을 만들 수 있었으나 지금은 거의 '철수가 강을 오염시키다'로 쓰이는 것으로 보인다. 이런 경우에는 '강이 오염되다'를 기준으로 해서 '강'을 대상이 아니라 주체로 파악하였다.

---

16) 이 글에서는 사건 참여자 중 사건에 일차적으로 참여한 것을 주체라고 하고, 2차적으로 참여한 것을 객체라고 한다. 따라서 '객체'란 주체가 전제될 경우에만 존재한다.

17) 참고로 '철수의 건강 유지'의 '유지'는 그 자체로 존재로 인정되지 않고 '건강 유지'가 되어야 비로소 존재로 인정되는 것으로 본다.

(11ㄷ)들은 '도시를 파괴하다'(객체-행위)와 '도시가 파괴되다'(주체-작용)처럼 두 종류의 구성을 허용하는데, 이런 경우에는 '도시를 파괴하다'를 기준으로 하였다.

다음 (12)의 예들은 기준값-변환값의 관계로 해석되는 것들이다.

(12) 기준값-변환값 관계의 '의'형 명사연속구

예	N1-N2 관계에 대한 화자의 관념
생일의 3일 후, 이 행의 3행 아래 둘의 배, 2의 두 배, 열의 반 아들의 배, 아들의 두 배, 아들의 반	기준값에는 (그것을 일정한 관계에 따라 변환한) 변환값이 대응한다.

(12)의 기준값-변환값 관계도 기준값에 따라 변환값이 결정된다는 의미에서 중심-결부물 관계로 파악할 수 있다. 기준값이 변환 관계의 중심이 되고, 변환값이 결부물이 된다. '생일의 3일 후'에서 '3일 후'는 생일과 어느 날의 관계이자 그 '어느 날'이기도 하다. '3일 후'라는 변환 관계는 '생일'을 기준값으로 하고 '3일 후'의 한 환유 의미(=3일 후인 날)를 변환값으로 하고 있다. '둘의 배'에서는 '배'라는 변환 관계는 '둘'을 기준값으로 하고 '배'의 한 환유 의미(=배가 되는 양)를 변환값으로 하고 있다. '나는 떡을 아들의 두 배를 먹었다'에서 '아들'과 '두 배'는 환유적으로 각각 '아들이 먹은 떡의 양'과 '두 배가 되는 양'을 나타낸다. 따라서 이 문장의 '아들의 두 배'에서 '두 배'는 '아들(=아들이 먹은 양)'을 기준값으로 하고 '두 배(=두 배가 되는 양)'를 변환값으로 하고 있다.

지금까지 소유자-소유물, 소재처-소재물, 참여자-사건, 기준값-변환값 등에 드는 명사연속구의 부류들을 다시 하위분류하여 제시하고 그것들이 왜 그러한 관계의 예가 되는지 살펴보았다. 그리고 그것들이 모두 중심-결부물 관계에 포괄되므로 그들의 N1-N2 관계는 관계의 중심과 결부물로 해석될 수 있다는 것도 확인하였다. 그런데 이러한 관계의 분류 자체는 문법적으로는 별 의미가 없다는 사실에 주의해야 한다. 문법적으로 의미 있는 것은 어떤 구성이 소유자-소유물 관계에 속한다든가 참여자-사건 관계에 속한다는 것이 아니라 이들이 모두 중심−결부물 관계에 속한다는 사실이다.

2.2. 속성 표시

앞 절에서 본 중심−결부물의 관계들은 모두 두 개의 존재를 관계 항으로 하는 관계들이다. 관계 중에는 이와 달리 하나의 존재와 그 존재의 속성 간에 이루어지는 것도 있다. 예를 들어 '파란 눈의 소녀'에서 '파란 눈'도 존재이고 '소녀'도 존재이다. 그리고 이 두 존재 간에는 논리적으로 소유물−소유자 관계가 성립한다. 만일 '파란 눈의 소녀'라는 명사연속구가 이러한 논리적 관계를 표현하기 위해 만들어진 것이라면 이것 역시 지금까지 보아 온 것처럼 대립되는 두 존재가 피소유 관계(소유물−소유자 관계)를 나타내기 위해 '의'에 의해 결합된 것이라고 할 수 있을 것이다. 즉 '파란 눈'이 피소유 관계의 중심이 되고 '소녀'가 결부물이 되는 것이다. 그러나 국어에 존재하는 '파란 눈의 소녀'라는 구는 이러한 뜻을 표현하는 것이 아니다. 국어에 존재하는 '파란 눈의 소녀'는 모습−대상관계를 표현하는 것이다. 화자는 '소녀'라는 존재는 그대로 존재로 말했지만 '파란 눈'이라는 존재는 존재성을 무시하고 속성으로 말하였다고 할 수 있다. 이러한 속성−대상관계의 명사연속구에서 N1은 존재성이 있든 없든 상관이 없다. 여기에서는 N1+'의'가 속성을 나타내는, 속성−대상관계의 명사연속구들을 보기로 한다.

다음은 속성−대상관계를 나타내는 '의' 형 명사연속구의 종류들이다.

(13) 속성−대상관계의 '의'형 명사연속구

예
ㄱ. 축하의 잔치P10, 축하의 술, 축하의 인파, 독서의 계절P10, 안익태 작곡의 애국가, 질투의 감정P11
ㄴ. 철수와 순희의 두 학생, 교수의 직(職), 조국 통일의 염원YV1, 어떻게 사느냐의 문제, 10년의 세월P15, 열여덟의 어린 나이YV1
ㄷ. 100℃의 물P11, 45kg의 몸무게P11, 한 잔의 술P15, 10여 명의 사람P15, 세 개의 사과

예
ㄹ. 여름의 아이
ㅁ. 파란 눈의 소녀, 가죽잠바의 사나이, 일곱 아내의 사나이, 육백만 불(弗)의 사나이
ㅂ. 행운의 여신
ㅅ. 의리의 사나이, 자유의 몸, 죽을지도 모를 정도의 심한 부상YIV1
ㅇ. 불굴의 투쟁P17, 불후의 명작P17, 미연(未然)의 방지, 최악의 경우YIV1
ㅈ. 철의 여인P18, 바람의 파이터
ㅊ. 순금의 보석P19, 가장 좋은 가죽의 구두, 무쇠의 주먹P18, 철의 장막
ㅋ. 구속에서의 탈출P21, 저자와의 대화P21, 저자와의 우정

(13)의 '의'의 용법은 N1을 N2에 대립되는 존재로가 아니라 N2의 속성으로 표현한다. 그래서 존재가 아닌 (13ㄴ)의 '어떻게 사느냐'와 같은 명사화한 인용표현도 '문제'의 속성으로 표현할 수 있다. 명사중간구는 존재를 표현할 수 없는 것으로 여겨지는데,[18] (13ㄷ)의 단위명사구로서의 N1들은 서론에서 말한 바와 같이 명사구가 못되는 명사중간구이고, (13ㅇ)의 '불굴', '불후', '미연', '최악'은 사실상 명사구로 쓰이지 못하므로 역시 명사중간구이다. (13ㅋ)의 '구속에서', '저자와'는 다른 곳에서는 부사어로 쓰이는 것이므로 여기에서 명사구로 분석될 수 없는 것들이다.

'의'의 문법에 관한 한 필자에게는 (13)의 모든 N1+'의'들은 단순히 관형어라고 말함으로써 충분하다고 생각된다. (13ㄱ)의 '축하', '독서', '작곡', '질투' 등의 행위, (13ㄴ)의 명세(明細),[19] (13ㄷ)의 수량이 매겨진 속성 차원, (13ㄹ)의 시간, (13ㅁ)의 N2의 모습을 표현하기 위한 소유물, (13ㅂ)의 관장(管掌) 분야, (13ㅅ, ㅇ)의 성질이나 상태, 정도, 작용, (13ㅈ)의 고유명적(固有名的)인 명사구 속의 비유물(比喩物), (13ㅊ)의 성상(性狀)이 강조된 재료는 모두 중심-결부물 관계의 중심으로 해석될 수 없다. 따라서 이들이 '의'에 의해 관형화하면 청자는 이들이 단순히 N2의 속성을 표현한 것이라고 추론하게 된다. (13ㅋ)

---

18) 필자는 명사어나 명사중간구가 존재를 나타내는 경우는 없다고 본다.
19) 이 글에서는 이들을 동격 관계로 분석하지 않는다. 뒤의 각주 30) 참고.

의 N1+부사격 조사 구성도 '의'에 의해 관형화함으로써 부사적인 내용이 N2의 속성으로 이해되게 된다.

위의 사항들 중 몇 가지를 다시 설명해 보기로 한다. (13ㄹ) '여름의 아이'는 '여름이면 놀이활동이 부쩍 많아지는 아이', '여름이면 빠르게 자라는 아이'처럼 여름과 관련된 특징이 있는 아이라는 뜻으로 해석한 것이다. 형식이 동일한 '여름의 아이'일지라도 예컨대 '여름에 만난 아이'라든가 '여름에 이곳을 다녀간 아이', '여름에 여기에서 치료받은 아이' 등의 뜻으로 쓰였다면 그것은 2.1의 (10ㅈ)처럼 소재처−소재물 관계에 드는 것이 된다.

(13ㅁ)의 예들은 실세계에서는 앞 장의 (9)의 예들에서 본 소유 관계의 반대 방향인 피소유 관계를 가지지만, 언어적으로는 N1이 성상적 속성을 표현하여 관형 관계가 작용하고 있을 뿐이다. 그래서 그 속성이 특징적이어야 'N1의 N2'를 받아들일 수 있게 한다. '눈을 가진 소녀'라는 뜻의 '눈의 소녀'는 논리적으로 안 될 이유가 없지만 누구에게나 있는 눈 자체는 특징이 아니므로 수용될 수 없고, '파란 눈의 소녀'는 파란 눈이 특징으로 해석될 수 있으므로 수용될 수 있다. '잠바의 사나이'와 '가죽잠바의 사나이'를 비교하면 전자의 수용성이 나쁘다고 할 정도는 아니지만 그보다 후자의 수용성이 더 좋은데, 그것은 잠바보다는 가죽잠바가 더 특징적이기 때문이다.[20]

(13ㅂ)의 '행운의 여신'은 '행운을 관장하는 여신'으로 해석되므로 역시 '행운'과 '여신'은 중심−결부물 관계일 수 없고 단순한 속성−대상관계에 그친다.[21]

---

20) Downing(1977)에서는 영어의 합성명사에 대해 N1-N2 관계가 예측 가능하면 합성에 부적절하다고 하고 'horse-animal', 'family-father', 'arm-hand'와 같은 예를 말한 바 있다. 국어 명사연속구의 형성에 대해 말하자면, N1이 예측 불가능할 뿐만 아니라 性狀的 특징으로 여겨질 수 있는 정보를 가지고 있어야 한다고 말할 수 있을 것이다.
  1) ??한 아내의 사나이, ?양말의 사나이, ??피리의 사나이('피리를 가진 사나이'라는 뜻)
  2) 일곱 아내의 사나이, 빨간 양말의 사나이, 황금피리의 사나이
  위에서 1)은 N1이 예측 불가능한 의미를 담고 있지만 수용성이 약하고, 2)는 예측 불가능할 뿐만 아니라 특정적인 성상이 될 내용을 담고 있어서 수용성이 좋다.
21) 그러나 '바다의 신'과 같은 경우는 '바다를 관장하는 신'과 '바다에 있는 신'의 두 가지 해석이 가능하다. 전자로 해석할 때는 두 N의 관계는 단순한 속성−대상관계이고, 후자로 해석한다면 중심−결부물 관계(그 중에서 소재처−소재물 관계)이다. 그리스 신화의 '바다의 신'이라면 속성−대상관계를 띤 것이고, 일반적인 '바다의 신'이라면 중심−결부물 관계를 띤 것이다.

(13ㅅ)의 '의리의 사나이'는 '의리의 형님'이나 '의리의 호걸' 등이 극히 부자연스러우므로 자유 구성이라고 할 수 없다. 필자(2008b)에서 '자유의 몸'을 관용표현으로 분석한 바 있는데, '의리의 사나이'도 관용표현으로 볼 수 있을 것이다. '죽을지도 모를 정도의 심한 부상'은 자유 구성이다.

(13ㅇ)의 것들은 'N1＋의'를 관용표현으로 인정할 수 있을 듯하다.

(13ㅈ)의 '철의 여인'에 대해『표준』에서는 "앞 체언이 뒤 체언에 대하여 비유의 대상임을 나타내는 말"이라고 풀이하였으나, N1을 N2의 비유의 대상으로 인식하는 한 그 관계를 'N1의 N2'로 나타낼 수 없다.[22] '철의 여인'은 영국의 전 수상 마가렛 대처[23]의 별명 'Iron Lady'의 번역어이자 별명으로서의 고유명인데, 고유명으로 주어졌기 때문에 언중들에게 수용되었다고 생각된다.[24] '바람의 파이터'는 '바람 같은 파이터'로 해석되지만 자유 구성이 아니다. 가령 '바람의 파이터'와 동일한 방식으로 해석되도록 만든 '노도(怒濤)의 부대', '호랑이의 선생님', '토끼의 자식'이 모두 불가능하다.[25] '바람의 파이터'도 '철의 여인'처럼 고유명으로 만들어졌기 때문에 언중에게 수용되어[26] '바람 같은'의 비유적 의미를 인정받게 되었을 뿐이다. 따라서 (13ㅈ)은 명사연속구로는 예외적인 것으로 처리되어야 할 것이다.

(13ㅊ)의 '순금의 보석'에 대해『표준』에서는 "앞 체언이 뒤 체언의 재료임을 나타내는 말"이라고 풀이하였지만, 역시 화자가 N1과 N2 사이에서 '재

---

22) 필자(1996 : 27~28)에서는 '비유의 대상'을 '형상'이라고 하고, 형상 관계는 '의' 형 명사연속구로 표현될 수 없다고 한 바 있다. 예를 들어 '고추의 잠자리'('고추처럼 생긴 잠자리'), '폭탄의 선언'('폭탄같이 파괴력이 큰 선언')은 비문법적이다.

23) 마가렛 대처(Margaret Thatcher) 여사는 1979에서 1990년까지 영국의 수상을 지낸 정치인이다.

24) 고유명이 아니라면 '철과 같은 남자'라는 뜻으로 '철의 남자'도 불가능하고 '철과 같은 대통령'이라는 뜻으로 '철의 대통령'도 불가능하다. 이 글의 한 심사위원이 '철의 남자 X'(X는 인명)는 자유롭게 만들 수 있다는 의견을 제시하여 주었고 필자도 이에 동의한다. 그런데 이 문맥의 '철의 남자'는 일종의 별명처럼 쓰였다고 생각되므로, 역시 고유명의 성격을 다분히 가지는 것이라고 할 수 있다. '여기에는 철의 남자들만 있다'와 같은 문맥의 '철의 남자'는 별명처럼 쓰인 것이 아니어서 수용성도 훨씬 떨어지는 것으로 생각된다.

25) 그러나 소구형(小句型) 고유명 '노도 부대'가 가능하고, 소구형 보통명사 '호랑이 선생님'이 가능하다. '노도부대(怒濤部隊)'는 실제로 존재하는 부대명이다.

26) '바람의 파이터'는 2004년 8월에 개봉된 우리나라 영화의 제목이다. 또 '바람의 파이터'는 실존 인물인 무술인 최배달 씨를 가리키는 일종의 별명이기도 하기 때문에 이중으로 고유명적인 성격을 가진다. 고유명은 설사 비문법적일지라도 언중에게 수용할 것을 강요하는 측면이 있다.

료' 관계를 의식하는 한 그 관계는 'N1의 N2'라고 표현될 수 없다.[27] '순금으로 된 보석'이라는 뜻으로의 '순금의 보석'은 비문법적이다. 그러나 재료 관계의 명사연속구성이라 할지라도 N1의 의미가 성상적(性狀的) 속성으로 강조되면 '의' 형 명사연속구가 형성될 수 있는 것으로 생각된다. 예를 들어 '가죽으로 만든 구두'라는 뜻의 '가죽의 구두'는 불가능하나, '가장 좋은 가죽의 구두'와 같은 식의 문어체 구 속에서는 '가장 좋은 가죽'에서 부드럽고 질기다는 등의 어떤 성상적 속성이 연상되었을 때 성립할 수 있게 된다고 여겨진다.[28] '무쇠의 주먹'과 '철(鐵)의 장막(帳幕)' 역시 무쇠나 철의 재료적 속성보다 성상적 속성이 더 강조되었기 때문에 수용되었을 것이다.

(13ㅋ)은 N1＋부사격조사에 '의'가 결합하였다는 점에서 이 글에서 규정한 명사연속구성이 아니다. 이 글에서는 이 N1＋부사격조사의 성격에 대해서는 어떤 해석을 내놓지 못하고 단지 '의'가 결합함으로써 전체가 관형화하여 속성을 나타낸다는 점에서 (13)의 다른 예들과 동일하다는 사실만을 지적하고자 한다.[29]

다음 (14)는 필자(2008b)에서 말한 동격구성이다.[30] 동격구성 명사구 즉 동격명사구에는 일반적으로 '의'가 개재할 수 없으나 여기에는 예외적으로 '의'가 들어 있다는 사실이 흥미롭다.

---

27) 역시 필자(1996 : 27~28)에서는 재료 관계는 '의' 형 명사연속구로 표현될 수 없다고 한 바 있다. 예를 들어 '쌀로 지은 밥'이라는 뜻으로의 '쌀의 밥', '돌로 지은 집'이라는 뜻으로의 '돌의 집'은 불가능하다.

28) 필자에게는 '좋은 가죽의 구두'도 수용성이 충분치 못하다. '좋은 가죽의 구두'는 목정수(2007)의 예이다. 그 연구에서는 '가죽의 구두'는 불가능하나 '좋은 가죽의 구두'는 가능하다고 보고, 이에 대해 "<N1＋N2> 구성에서 선행명사의 수식어구가 길게 붙어 해당 선행명사가 외연적으로 한정을 받아 그 대상이 부각되면 될수록 조사 {의}가 붙을 가능성이 높아진다"고 설명하였다. 목정수(2007)에서는 N1이 재료로 인식되느냐 그렇지 않으냐에 상관없이 N1의 존재성이 부각될수록 '의' 개재의 가능성이 커진다고 보는 것이고, 이 글에서는 '재료' 관계에 대한 의식보다 성상적 속성으로서의 의식이 강화되면 '의'의 개재 가능성이 커진다고 보는 것이다.

29) 이 글의 심사위원 한 분이 '언어학에 있어서의 의의'라는 예를 제시하여 주었다. '에 있어서'는 부사격 조사에 상당하는 기능을 가지므로, 이 예도 (13ㅋ)에 추가할 수 있을 것이다.

30) 필자(2008b)에서는 흔히 동격구성이라고 불리는 것들 중에서 지시적으로 'N1＝N2'가 되는 것을 완전 동격구성, 그렇지 못한 것을 불완전 동격구성이라고 불렀다. '내 친구 그 아이'는 완전 동격구성에 속하고, '철수와 순희(의) 두 학생'은 N2가 한 단계 추상화된 부류로서의 개체들을 지시하므로 불완전 동격구성에 속한다고 하였다. 그러나 이 글에서는 완전 동격구성만을 동격구성에 넣고, 불완전 동격구성은 비동격 구성으로 분류한다.

(14) 동격 관계(속성-대상관계의 일종)의 '의'형 명사연속구

예
사람의 자식P1

『표준』에서는 "뒤 체언이 나타내는 대상이 앞 체언에 소유되거나 소속됨을 나타내는 격 조사"라는 '의'의 한 용법을 설정하고 '사람의 자식'을 예로 들었다. 물론 이 의미 즉 '사람이 낳은 자식'이라는 의미의 '사람의 자식'도 존재한다. 그러나 흔히 말해지는 '사람의 자식'은 '사람'과 '자식'이 동일인(同一人)인 동격구성의 예이다. 그런데 이러한 동격구성은 오늘날에는 'ø!' 형으로 쓰여야 한다. 예컨대 '내 친구인 아이'라는 뜻으로 '내 친구의 아이'라고는 할 수 없다. '사람의 자식'은 상당히 관용어적인 쓰임을 가지고 있다고 생각되며,31) 바로 그 관용어적인 성격 때문에 오늘날까지 예외적인 '의' 형 명사연속구로 사용되고 있다고 생각된다.32)

한 가지 덧붙여 지적해 둘 것은, '사람의 자식'에서 '사람'도 존재성을 가지지만 '사람'과 '자식'은 존재와 존재 간의 관계로서 말해진 것이 아니라 속성-대상이라는 관계로서 말해진 것이라는 사실이다. 이것은 앞에서 말한 '파란 눈의 소녀'가 속성-대상관계인 것과 동일하다.

2.3. '의'의 기능

'N1의 N2'에서 N1과 N2의 통사론적 관계와 의미론적 관계로 드러나는 부분은 '의'가 발휘하는 기능이라고 말할 수 있다. 그런데 중심-결부물 관계의 중심이라는 것도 크게는 결부물로서의 대상이 가지는 속성의 한 경우이므로 모든 N+'의'로 된 관형어는 똑같이 속성을 나타낸다고 말할 수 있다. 즉,

---

31) 흔한 예문은 '사람의 자식이 왜 그래?', '저도 사람의 자식이면 그럴 수 없지'와 같은 것들이다. 이때 '의'가 생략되기도 한다 : '사람 자식이 왜 그래?', '저도 사람 자식이면 그럴 수 없지.'

32) 『연세』에서는 "[앞과 뒤의 두 말이 같은 자격일 때 앞의 말에 붙어] '~라는'의 뜻을 나타냄."이라는 용법을 설정하고 '백두의 성지'를 예로 들었다. '백두(白頭)'를 어떤 성지(聖地)의 이름으로 제시한 것이다. 그러나 이런 뜻으로 오늘날의 국어에서 '백두의 성지'라고 할 수는 없다. 그것은 '서울'이라는 이름의 시를 '서울의 시'라고 할 수 없는 것과 똑 같다.

중심−결부물 관계는 속성−대상관계에 포함될 수 있는 것이며, 앞 절에서 속성−대상관계라고 했던 것은 속성−대상관계 중에서 중심−결부물 관계가 아닌 단순한 속성−대상관계였던 것이다. 그렇다면 앞 두 절에서 논한 내용은 다시 다음 (15)와 같이 정리될 수 있다.

(15) '의'의 기능

N1, N2의 존재성	N1, N2의 지시 관계	통사 기능	의미 기능 분류	'의'의 용법 분류	본고의 '의'의 기능 명명
N1, N2 모두 존재임	非동일 지시 (非同格的)	관형화	중심−결부물 관계의 관계 중심 표시	A	관계 중심 표시
N2만 존재임	(무관)		단순한 속성−대상관계의 속성 표시	B	단순 관형화
N1, N2 모두 존재임	非동일 지시 (非同格的)	관형화	단순한 속성−대상관계의 속성 표시	B	
	동일 지시 (同格的)	관형화	단순한 속성−대상관계의 속성 표시	C	

단, 동격명사구(위 표의 C의 경우임)의 '의'는 표면에서는 생략되어야 함.

위에서 음영을 넣어서 보인 관계 중심 표시란 'N1의 N2'에서 두 N이 존재로서 대립될 때의 '의'의 기능으로서 2.1절의 (9)~(12)의 용례를 가지는 것이고, 단순 관형화란 'N1의 N2'에서 N1이 존재이든 아니든 관계없이 N2만이 존재로 부각될 때의 '의'의 기능으로서 2.2의 (13), (14)의 용례를 가지는 것이다.

'의'의 기능을 (15)와 같이 양분할 수 있다는 것은 최현배(1975)의 '의'의 의미 분류에서도 암시를 받을 수 있다. 최현배(1975 : 619)에서는 '의'의 마지막 12번째 뜻으로 "그 임자씨가 내포하고 있는 그림씨스런 성질을 그대로 매김꼴처럼 만드는 단순한 매김자리 토"를 설정하고, 그 예로 '최대의(가장 큰) 경의', '평화의(평화스런) 세계'를 든 바 있다.33) 여기에서 '단순한'이라고 한

---

33) 본래 최현배(1937)에는 이 12번째 뜻이 설정되지 않고 11번째 뜻까지만이 설정되어 있었다(842~844). 최현배(1975)의 12가지 뜻풀이는 다음과 같다. 예는 첫 번 째의 것까지만 인용한다(본고의 A에는 (1), (2), (3), (4), (5), (7), (8), (10), (11)이 속하고, B에는 (6), (12)가 속하고, C에는 (9)가 속한다).

것은 설정된 다른 11가지 모두의 뜻과 이 12번째 뜻을 갈라놓는 성격인데, 이 글에서는 그것이 단순한 관형화 기능에 그치는 (15)의 B의 용법을 설명한 것으로 본다.

임홍빈(1981)에서는 '의'에 대해 그것은 N1이 나타내는 존재가 존재한다고 전제하는 의미 기능을 가지며, 그 N1과 '유기적인 관련'을 맺는 다른 존재가 N2에 올 것도 요구한다고 설명한 바 있다. 본고에서는 이 설명이 본고에서 (15A)로 파악한 '의'의 기능을 말한 것이라고 본다. 우선, 임홍빈(1981)에서처럼 이 글에서도 이 용법에는 두 존재가 있어야 한다고 보았다. 임홍빈(1981)의 '유기적인 관련'을 이 글에서는 소유자—소유물, 소재처—소재물, 참여자—사건, 기준값—변환값 등이라고 한 셈이다. 또, 임홍빈(1981)의 N1의 존재가 전제될 것이 요구된다는 말은 이 글의 N1이 관계의 중심이 된다는 말과 통한다고 여겨진다.[34] 임홍빈(1981)과 이 글의 차이는 임홍빈(1981)에서는 모든 명사연속구의 '의'에 대해 이러한 설명을 하고 있는데 이 글에서는 2.1의 '의', 즉 두 N이 존재로서 대립될 때의 '의'에 대해서만 이러한 이해를 하고 있다는 점에 있다.[35]

---

[1] "○○가 가진"(所有—가짐)의 뜻 : 나의 책, (2) "○○에 대한"(關係—걸림)의 뜻 : 나의 언니, (3) "○○에 있는"(所在—있는 데)의 뜻 : 동래(東萊)의 온천, (4) "○○에서 나는"(所産—나는 데)의 뜻 : 제주(濟州)의 말, (5) "○○에서 일어난"(所起—생긴 데)의 뜻 : 육지의 전(戰), (6) "○○와 같은"(比喩—비김)의 뜻 : 일장춘몽(一場春夢)의 인생, (7) "○○에 대하여 지은"(對象—마주것)의 뜻 : 가을의 노래, (8) "○○가 이룬"(所成—이룸)의 뜻 : 신라(新羅)의 통일, (9) "○○라 하는"(名稱—이름)의 뜻 : 백두(白頭)의 산, (10) "○○에 붙는"(所屬—딸림)의 뜻 : 한 강(漢江)의 근원(根源), (11) "○○가 지은"(所作—지음)의 뜻 : 충무공(忠武公)의 거북선, (12) 그 임자씨가 내포하고 있는(속가지고 있는) 그림씨스런 성질을 그대로 매김꼴처럼 만드는 단순한 매김자리 토 : 최대의(가장 큰) 경의.

34) 임홍빈(1981)의 '존재'는 정희정(2000 : 40~44)의 '지시대상이 있는 명사'로 이해할 수 있을 것이다. 정희정(2000)의 지시 대상이 있는 명사에는 실체나 행위를 뜻하는 명사가 포함된다고 한다. 정희정(2000)에서는 지시 대상이 있는 명사 외에 '지시대상의 속성을 뜻하는 명사'와 지시 의미가 약화되었다고 본 '문법소성 명사'가 설정되었다. '지시대상의 속성을 뜻하는 명사'의 예로는 '거짓 진술', '진짜 가방', '보통 여자' 등의 '거짓', '진짜', '보통'이 들어졌고, '문법소성 명사'의 예로는 여러 형식명사들이 들어졌다.

35) (15)의 A와 B를 구별하지 않았다는 점에서는 김광해(1981)도 임홍빈(1981)과 같다. 김광해(1981)에서는 '의'의 기능을 다음과 같이 제시했다.

① {—의}(또는 {ø})는, N2가 N1의 範圍(또는 領域) 속에서 어떤 關係下에 있음을 표시해 주는 意味 機能을 가진다.

한편, 이남순(1988 : 71~79)에서는 '어머니의 손길'과 '어머니ø 손길'의 의미가 다른 것으로 보고 있다. '의' 형인 전자에서는, '어머니'의 존재가 먼저 의식되어 그것이 '손길, 체취, 체온, …'의 패러다임 속에서 '손길'을 선택하여 한정하고('선택한정'), 'ø' 형인 후자에서는, '어머니'의 존재에 대한 의식 여부에 관계없이 '어머니, 아버지, 형, …'의 패러다임 속에서 '어머니'가 '손길'의 한 부분을 한정한다고('부분한정') 한다. 그리고 선택한정에서나 부분한정에서나 패러다임을 형성하는 자리에 프로미넌스가 놓일 수 있다고 한다. 그러나 이 글에서는 '의' 생략이 이러한 한정 관계에서의 의미 차이를 일으키는 것이 아니라고 본다. 필자에게는 설사 N1과 N2 사이에 '선택한정'이나 '부분한정'과 같은 관계가 있다고 하여도 그것은 '의'의 있고 없음에서 온 것이 아니라 어느 자리에 프로미넌스[36]가 놓이는가에서 오는 것이라고 본다. 따라서 '어머니의 손길'에서 '어머니'가 '손길'을 선택한정한다면 '어머니ø 손길'에서도 '어머니'는 '손길'을 선택한정할 수 있고, '어머니 손길'에서 '어머니'가 '손길'을 부분한정한다면 '어머니의 손길'에서도 '어머니'가 '손길'을 부분한정할 수 있다고 본다.[37]

지금까지의 논의로써 본 장 서두에서 (7)로 제시하였던 '의'의 용법 분류가 실제 자료에 의해 타당한 것으로 밝혀졌다고 생각된다. 이제 (18)의 '의'의 용법 분류를 다시 다음 (16)과 같이 제시해 본다. 표 속의 괄호 속 숫자는 지금까지 본 장에서 본 예의 번호이다.

---

② {－의}(또는 {ø})는, N1을 N2에 대해 從屬部(attribute)로 機能하게 하는 統辭裝置이다.

여기에서 ①은 이 글의 '관계 중심 표시'와 통하고 ②는 이 글의 '관형화'와 통할 것이다. 그러나 김광해(1981)은 역시 모든 '의'에 대해 위와 같이 보았다는 점에서 이 글과 차이가 있다. 나아가 임홍빈(1981)과 김광해(1981)에서는 '의'의 기능이 보충구성 명사연속구를 제외한 나머지 명사연속구, 즉 관형구성 명사연속구에 대해서만 설정되어야 한다는 인식도 아직 이루어지지 않았다.

36) 본고에서는 이(1988)의 '프로미넌스'를 발음상의 강조로 이해한다.
37) 이남순(1988)에서는 또, 선택한정은 N2가 패러다임을 형성하여 N1과 N2가 1 : 多의 관계를 보이고, 부분한정은 N1이 패러다임을 형성하여 N1과 N2가 多 : 1 의 관계를 보인다고 한다. 또, '행운의 여신', '좌절의 고통'과 같은 부류는 N1과 N2 어느 쪽도 패러다임을 형성하지 않아 N1과 N2가 1 : 1 의 관계를 보인다고 한다(不定限定). 이 글에서는 부정한정의 이 명사구들은 '행운을 관장하는 여신', '좌절하여서 느끼는 고통'의 뜻으로 해석하는 것이 일반적일 것이므로 이 글의 (13ㅂ)과 (13ㄱ)에 해당한다고 본다.

(16) '의'의 용법

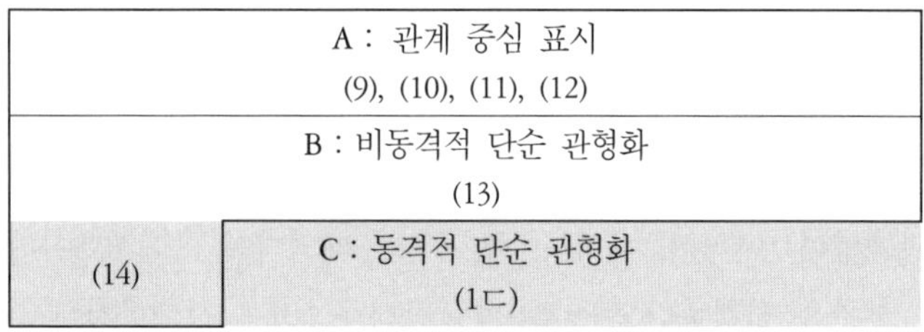

(16)에서 굵은 테를 두른 부분이 'N1의 N2'와 같이 '의'를 가진 용례들의
영역이다. 굵은 테두리 안에 있으면서도 음영이 있는 부분은 (14)에서 본 '의'
로서, 예외적으로 존재하는 '의;'형 동격명사구의 영역이다. 굵은 테두리 선
바깥에 있는 음영 부분 (1ㄷ)은 'ø!'형 동격명사구의 영역이다.[38] (14)의 예로
이 글에서 찾은 것은 '사람의 자식'이라는 관용성이 짙은 표현 하나인데 이
것은 명백한 예외이므로 이 부분을 무시하는 것이 오히려 합리적이다. 그러
면 (16)은 다음 (17)과 같이 다시 보일 수 있다.

(17) '의'의 용법

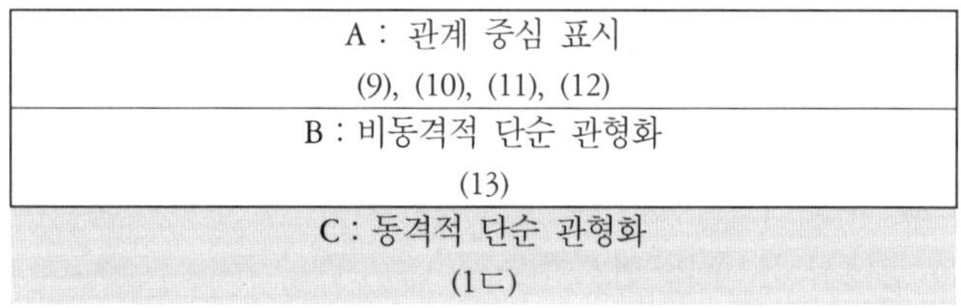

여기에서 한 가지 분명히 해 두어야 할 사항이 있다. 그것은 N1과 N2가
'관형어+핵'의 관계로 결합할 때, N1은 NP인 N2에 선행했다는 사실로써
관형어가 되는 것인가 아니면 '의'의 힘을 빌려서 관형어가 되는 것인가 하
는 문제이다. 이 글에서는 지금까지 N1은 '의'의 힘을 빌려서 관형어가 되는
것으로 말해 왔다. 그러나 위 (1ㄷ)과 같이 '의'가 없이도 관형화가 일어나며,
다음의 제3장에서 다루지만 (9)~(12)의 대부분의 '의'들은 의미 변화를 일으
키지 않고 생략될 수 있다. 그렇다면 지금까지 '의'의 기능으로 말해 온 것은

---

38) 1장에서 (1ㄷ)은 '내 친구ø 그 아이'로 제시되었다.

사실은 N1이 N2에 선행했다는 어순이 가진 기능으로 서술하고, '의'는 본래 어떤 종류의 관형구성 명사연속구에만 출현하는데 그 출현은 어떤 경우에는 필수적이고 어떤 경우에는 수의적이라고 설명할 수도 있다. 그러나 여기에서는 '의'가 관형화 기능과 관계 중심 표시의 기능을 가지는 것으로 본다. 그것은 이렇게 처리해야 국어에서 구와 구의 결합은 격조사나 어미의 매개에 의해 이루어진다는 일반론을 유지할 수 있기 때문이다.[39) 말하자면 위 (17)의 (1ㄷ)의 영역에서도 기저의 층위에는 '의'가 있으며, 그것이 반드시 생략되어야 한다는 제약이 있어서 '의'가 실현되지 않았을 뿐이라고 보는 것이다.

3. 명사연속구의 문어형과 구어형

본 장에서는 제2장에서 본 '의'의 용례들은 사실은 문어의 것이며, 그 가운데는 구어에 대응형이 존재하지 않는 것도 많다는 것을 확인할 것이다. 그럼으로써 적어도 표면에 실현되는 '의'에 있어서는 그 의미 기능이 구어와 문어에서 다르게 설정되는 것을 보일 것이다.

3.1. '의'의 문어체 성격

지금까지 조사 '에게'와 '과'는 문어체 형식이고 '한테'와 '하고' · '이랑'은 그들의 구어체 대당 형식이란 사실은 잘 인식되어 왔으나, '의'도 기본적으로 문어체 형식이라는 사실은 제대로 인식되어 오지 않았다. 그러나 통계적 방법으로 국어 텍스트의 유형과 문체를 분석한 강범모 · 김흥규 · 허명희(1998)에 의하면 '의'는 강한 문어체 지표이다.

강범모 등(1998)에서는 신문에서 대화에 이르는 36개 장르 37만 어절의 말

---

39) 필자는 중간구＋구의 구조에서 중간구에 격조사가 결합하는 것은 예외적이라고 본다. 달리는 중간구가 임시적으로 구로 분석된 것으로 처리하는 방법도 검토될 수 있을 것이다.

모음을 통계 방법으로 분석하여 텍스트 유형과 문체를 결정하는 6가지 차원
이 존재하는 것을 발견하였다. 그 가운데 화자와 청자의 관여성이 높게 반영
된 '비형식적 상호 교류 對 계획된 산출'이라고 하는 차원이 있는데, 본고에
서는 이 차원을 '구어성 對 문어성'의 차원으로 이해한다. 강범모 등(1998)에
서는 국어에서 82가지 언어 특성을 선정하여 그것이 위 6가지 차원의 각각에
기여하는 부하(負荷)를 측정하였다. 이들 특성이 '구어성 대 문어성 차원'에 기
여하는 부하는 다음과 같이 조사되었다(구어성에 기여하는 쪽을 +로 함).[40]

```
(18) 언어 특성                                   부하 값
     1. 이인칭 대명사 ························· 0.90519
     2. 현재 시제 ······························· 0.80647
     3. 의문 서법 ······························· 0.78158
     4. 짧은 부정 ······························· 0.71254
                    (…중략…)
     15. 비형식적 조사[41] ···················· 0.41867
                    (…중략…)
     75. 목적격 조사 ·························· -0.35093
                    (…중략…)
     79. 한자어 ······························· -0.44708
     80. 긴 단어[42] ························· -0.45920
     81. 관형격 조사 ························· -0.52517
     82. 긴 문장[43] ························· -0.61896
```

강범모 등(1998)에서는, 이인칭 대명사를 많이 쓰고, 현재적 관심사에 대해
말하며, 의문문, 짧은 부정형, '한테' 등 비형식적 조사를 많이 사용하는 상황
이 구어적 상황이고, 반면에 상대적으로 긴 단어와 긴 문장을 많이 사용하며,
관형격 조사를 많이 사용하는 상황이 문어적 상황이라고 설명한다. (18)에서
는 선정된 82가지 언어 특성 가운데 구어성의 확인에 가장 크게 기여하는 것

---

40) 순위 표시는 이 글에서 추가하였다. 5~14, 76~78 순위는 이 글에서 생략하였다.
41) '비형식적 조사'란 '하고', '한테', '한테서' 등을 뜻한다고 한다.
42) '긴 단어'란 실질어(명사류, 용언, 수식언)의 음절 수를 가리킨다고 한다.
43) '긴 문장'이란 한 문장 내의 어절 수를 가리킨다고 한다.

은 '이인칭 대명사'와 '현재 시제'이고, 문어성의 확인에 가장 크게 기여하는 것은 '긴 문장'과 '관형격 조사'라는 것을 알 수 있다. 문어성의 확인에 기여하는 정도에 있어서 '관형격 조사' 쪽이 '목적격 조사' 쪽보다 훨씬 크다는 것도 알 수 있다. 따라서 '의'는 강한 문어체 성격을 가진 요소라고 할 수 있을 것이다.

3.2. '의'의 생략

명사연속구의 재료가 되는 N1, N2의 순서쌍을 '명사조합'이라고 부르기로 하면, 예컨대 명사조합 <철수, 옷>은 일반적으로 문어에서는 '철수의 옷'으로, 구어에서는 '철수 옷'으로 나타난다고 진술할 수 있다. 또, 예를 들어 명사조합 <세 개, 사과>는 문어에서는 반드시 '세 개의 사과'로 나타나야 하고 구어에서는 아예 어떤 모습으로도 나타날 수 없다고 진술할 수 있다.[44] 여기에서는 여러 가지 명사조합들이 문어와 구어에 어떻게 나타나는지 보기로 한다.

먼저 중심-결부물 관계의 명사조합들을 보기로 한다.

명사조합 <철수, 옷>은 문어와 구어에서 모두 쓰일 수 있는 문어·구어 양용(兩用) 조합이다.

> (19) ㄱ. 철수의 옷
> ㄴ. 철수ø 옷

명사조합 <철수, 옷>은 문어에서는 보통 '의'형으로 쓰이지만 경우에 따라서 'ø'형으로 쓰일 수 있고, 구어에서는 보통 'ø'형으로 쓰이지만, 특별히 주의를 기울인 발화에서는 '의' 형으로 쓰일 수도 있다.

다음의 (20)~(22)는 문어의 예로서 (19ㄱ)과 마찬가지로 관계 중심 표시의 '의'를 가진 명사연속구들인데, 위 (19ㄴ)의 '철수의 옷'과는 다른 사정을 가지고 있다.

---

44) 구어에서는 다른 조합 <사과, 세 개>로부터 만들어진 '사과ø 세 개'가 사용된다.

(20) <u>소년</u>{의 / *ø} 이름	(20') 아이의; 이름
<u>그</u>{의 / *ø} 차	그 사람의; 차
<u>그녀</u>{의 / ??ø} 결심	그 여자의; 결심
장미{의 / ??ø} <u>아름다움</u>	장미의; 색깔
철수{의 / *ø} <u>건장함</u>	철수의; 건강
(21) 투쟁의! <u>열매</u>	(21') 투쟁의; 성과
갈등의! <u>씨앗</u>	갈등의; 원인
성공의! <u>길</u>	성공의; 방법
한국의! <u>아들</u>	한국의; 청년

(22) 나의! <u>살던 고향</u>, 철수의! <u>태어난 해</u>, 이 책의! <u>출판된 연도</u>

앞 (19)의 '철수의 옷'의 '의'는 문어에서도 생략될 수 있는데 비해 (20), (21), (22)의 '의'는 문어에서는 생략되기 어렵거나 생략이 불가능한 '의!'이다. 이들은 왜 이러한 성격을 가지게 되었는가? (20)의 밑줄 친 '소년'과 '그', '그녀', '아름다움', '건장함'은 문어에만 쓰이는 어휘이다.45) 이들과 동일한 의미 관계로 되어 있으면서 밑줄 친 단어들만 바꾼 (20')에서는 '의'가 생략될 수도 있는 '의;'이다. (21)의 밑줄 친 '열매', '씨앗', '길'은 은유적 의미로 사용되었고, '아들'은 환유적 의미로 사용되었다. 원관념으로는 각각의 (21')의 '성과', '원인', '방법', '(자랑스러운) 청년'이 될 수 있다. 비유적 의미의 사용 자체가 문어성을 가진다고 할 수는 없지만,46) (21)의 비유들은 비유 중에

---

45) '건장함'은 구어에서는 하나의 명사로 쓰이지 않는다. 나아가 문어의 'X하+ㅁ' 형 명사는 통시적으로 어휘부 등재를 거쳐 구어의 단어로도 쓰이게 될 수 있으나, 그것을 최초로 형성하는 문법은 문어에만 존재하는 것으로 생각된다.

46) 최현배(1937 : 843)에서는 '의'의 의미의 하나로 '비유'를 설정한 바 있다(이 글의 각주 33) 참고). 그러나 본고에서는 2.2의 (13ㅈ)에 대한 논의에서 '의'가 비유를 나타낼 수 없음을 보았다.
또 김광해 1981에서는 비유 관계로 구성된 'N1의 N2'에서는 '의'가 생략될 수 없다고 하였고 많은 연구들이 이 견해를 따르고 있다. 그러나 '의'의 생략 가능성은 비유와 직접적인 관계가 없다. 예를 들어 '이 단련된 주먹ø <u>맛</u>을 볼래?'(맛=감각), '지금부터 네가 우리 <u>참새 떼</u>ø 입이다'(참새 떼=수다스러운 무리, 입=대변인)에서 밑줄친 단어들은 비유로 쓰인 것들인데 'ø'가 쓰였다. '의'의 생략 가능성과 관련하여 중요한 것은 그 개별적인 비유 표현이 구어에 사용될 수 있느냐 없느냐 하는 것이다.
김명희(1987)에서는 '의'가 所有, 所在, 所産 등의 고유한 의미 기능을 가지는 외에 'N1의 N2'의 한 구성요소나 구성 전체가 일반화된 의미로 바뀌게 하는 기능을 가지고 있다고 하고, 다음과 같은 예를 들었다.
　(1) 우리의 차범근 (한국이 자랑하는 축구 선수)

서도 문어에서만 쓰이는 것들이라는 사실이 중요하다. (22)는 N2에 있는 관형형 서술어가 의미상 N1을 주어로 보충받아야 하는 구조인데, 문어에서는 그 주어로 보충될 개념이 N2가 핵이 되는 명사구 안에 있는 'N1의'로부터 보충될 수 있지만 구어에서는 그 명사구 밖에서부터 보충되어야 한다는 제약이 있는 것으로 생각된다. 따라서 (22)와 같은 명사연속구는 문어에만 존재할 수 있다. 여기에서는 위 (20)~(22)의 '의'들이 '의!'인 것은 이 명사연속구들이 문어에만 쓰이는 문어 전용 어휘나 문어 전용 비유, 문어 전용 구성법을 가짐으로써 문어적 성격을 가지게 된 데서 온 것이라고 본다. (20'), (21')의 '의' 형들은 문어에서도 구어에서도 쓰일 수 있는데, (19)의 '의'와 마찬가지로 그들의 '의'는 문어에서는 일반적으로 출현하고 구어에서는 일반적으로 생략된다.[47]

　지금까지 본 것은 중심－결부물 관계의 명사조합이다. 이제 본 절의 논의를 위해 이것이 속성－대상 관계를 포함한 모든 명사조합에서 마찬가지로 성립한다는 가설을 다음 (23)과 같이 제안해 보기로 한다.

> (23) 어떤 <N1, N2> 명사조합이 문어 전용이면 '의!'를 가지게 되고, 문어·구어 양용이면 문어에서는 일반적으로 '의'를, 구어에서는 일반적으로 'ø'를 가지게 된다.
> 　(따라서 일반적으로 'N1의 N2'는 문어형, 'N1ø N2'는 구어형이다.)

　단순한 속성－대상 관계의 명사조합에 대해서도 (23)이 성립할 것인가?

---

　(2) 우리의 어머니 ('우리의 어머니 신사임당'의 '우리의 어머니'임)

그 연구에서는 (1)은 '우리 차범근'과 뜻이 다르고, (2)는 '우리 어머니'와 뜻이 다른데, 그 다른 뜻을 '의'가 발생시켰다고 본다. 즉, (1)에서는 '차범근'이 특정인에서 '한국을 대표하는 축구 선수'로 일반화되었고, (2)에서는 구성 전체가 '민족의 어머니로서 추대받을 수 있는 대상'으로 일반화되었는데, 그 일반화는 '의'의 의미 기능이라는 것이다.

그러나 여기에서는 (1)과 (2)의 '우리'와 '어머니'는 '의'와 관계 없이 환유라는 의미 작용에 의해 '일반화'된 것으로 분석한다. 그리고 이 글의 논리로는 이 특정한 환유가 문어에서만 일어날 수 있는 것이기 때문에 (1), (2)는 문어성을 가지게 되고 그에 따라 '의'는 생략될 수 없는 '의!'가 되었다고 설명된다(이 환유는 구체적인 존재 개념을 추상화된 존재 개념으로 바꾸는 종류로서 (21)의 '한국의 아들'의 '아들'이 겪은 것과 같은 것이다).

47) 단, 2.1.에서 본 '의 경우'와 '의 여지'처럼 앞에 '의'가 고착되어 일종의 관용표현이 된 '의 N2'들이 있을 것이다.

(19)~(22)에서는 관계 중심을 표시하는 '의'를 보았으므로, 지금부터는 단순 관형화의 '의'를 가진 (13), (14)의 명사연속구들을 가져와서 그 '의'의 생략을 보기로 한다.

먼저 명사조합 <a, b>에서 a가 수량, b가 대상인 경우들을 보자.

(24) 세 개의 사과, 100도의 물, 45kg의 몸무게

(24)는 문어형이다. 이들의 'ø' 형은 (24')에서 보는 바와 같이 문어에 쓰이지 않는다. 또 (25)에서 보듯이 구어에서는 아예 이 명사조합이 명사연속구로 실현되지 않는다.

(24') (문어) *세 개ø 사과, *100도ø 물, *45kgø 몸무게
(25) ㄱ. (구어) 세 개{*의, *ø} 사과 주세요.[48]
　　　ㄴ. (구어) 그건 100도{*의, *ø} 물에서도 안 녹아.
　　　ㄷ. (구어) 나는 45kg{*의, *ø} 몸무게로 입대했어.

(24)의 바탕에 있는 명사조합이 문어 전용이며, 그로써 만들어진 문어형 명사연속구의 '의'는 '의!'라는 사실을 알 수 있다. 따라서 (24)는 가설 (23)을 지지한다.

그런데 수량+대상의 명사조합 중에는 아래 (26)과 같이 문어와 구어에 모두 'ø' 형으로 나타날 수 있는 것이 있어서 이 명사조합이 문어 전용이며 그것이 '의!' 형으로만 나타난다는 위의 기술에 반론이 제기될 수 있다.

(26) ㄱ. (문어 / 구어) 한 잔ø 술
　　　ㄴ. (문어 / 구어) 열 마디ø 말씀 / 말

그러나 이들은 일반적인 자유 구성이 아니라 '잔ø 술', '마디ø 말씀 / 말'과 같은 형식으로 결정되는 관용표현이다. 단위명사가 바뀌면 그 구성은 '의!' 형이 되어 문어에만 쓰인다.

---

48) 이들은 구어에서라면 예컨대 "사과 세 개 주세요", "물에 넣어도 100도에서도 안 녹아", "나는 몸무게 45kg으로 입대했어" 등과 같이 사용될 것이다.

(27) ㄱ. 한 컵의! 우유(*한 컵ø 우유)

ㄴ. 열 문장의! 말씀 / 말(*열 문장ø 말씀 / 말)

(26)의 관용표현은 과거에 있었던 특정 단위명사의 표현 방식이 남아 있음으로써 생긴 것이라고 짐작된다.[49] 이들은 관용성을 가진 것이므로 예외로 처리하고 여기에서는 더 논하지 않기로 한다.

다음의 명사연속구들도 생략되지 않는 '의!'를 가지는 것이다. 그런데 이들에 대해서는 동일한 명사조합으로 된 소구가 문어와 구어에 모두 존재한다는 점에서 위 수량＋대상관계의 명사조합과 다르다.

(28) ㄱ. (문어) 축하의 잔치

ㄴ. (문어) [축하와 격려]의 잔치, [열렬한 축하]의 잔치

ㄷ. (문어 / 구어) *[축하와 격려]ø 잔치, *[열렬한 축하]ø 잔치

ㄹ. (문어 / 구어) [축하ø 잔치]ₙ, [[축하, 격려]ø 잔치]ₙ, [[축하 겸 격려]ø 잔치]ₙ

(29) ㄱ. (문어) 여덟 시의 뉴스

ㄴ. (문어) [여덟 시와 아홉 시]의 뉴스

ㄷ. (문어 / 구어) *[여덟 시와 아홉 시]ø 뉴스

ㄹ. (문어 / 구어) [[여덟 시, 아홉 시]ø 뉴스]ₙ

(28ㄱ)의 '축하의 잔치'의 '의'는 '의;'인가 '의!'인가? '의'가 없는 '축하 잔치'가 있으므로 언뜻 생각하면 '축하의 잔치'의 '의'는 '의;'인 것 같다. 그러나 (28ㄴ, ㄷ)에서 보듯이, 'N1'을 확장한 '축하와 격려의 잔치'와 '뜨거운 축하의 잔치'의 '의'는 생략되지 않는 '의!'이므로 N1이 확장되지 않은 '축하의 잔치'의 '의'도 '의!'라는 것을 알 수 있다. 그렇다면 '축하ø 잔치'는 무엇인가? (28ㄹ)의 구성들이 보여주는 '축하 잔치'의 내부 확장 모습은 전형적인 소구에서 볼 수 있는 것이므로 이들은 모두 소구라고 판정된다.[50] '축하ø 잔

---

49) 蔡琬(1982)에서는 중세국어의 (Q-Cl)-N 형 수량사구에서 '네 가짓 受苦'처럼 사이시옷이 있는 유형이 일반적이고, '여든 頃 쌓'처럼 사이시옷이 없는 유형은 예외적이라고 한다. 현대국어의 '한 잔 술' 유형이 이 두 유형 모두에 이어지는 것인지 뒷 유형에만 이어지는 것인지 알 수 없지만 중세국어 시기에 이미 사이시옷이 없는 유형이 존재한 것은 분명하다.

50) 소구는 통사부의 구가 아니다. 소구(小句)에 대해서는 필자(2005, 2008b)를 참고. 통사부에서는 일반적으로 전체 소구가 하나의 단어로 운용되므로, 소구 '[[축하]명사소구 [잔치]명사어]명사소구'의 범

치'는 소구이지 구가 아니므로 구 '축하의 잔치'의 '의' 생략형으로 취급될 수 없다. 결국 '축하의 잔치'는 문어 전용의 명사조합이고 그 '의'는 '의!'라고 판정된다. 나아가 구어에 '[축하ø 잔치]NP'와 같은 '의' 생략형이 존재하지 않기 때문에 '축하의 잔치'의 '의'가 '의!'가 된 것이라고 설명할 수 있다. '여덟 시의 뉴스'에 대해서도 이와 동일한 논증이 (29)로써 이루어질 수 있다.[51] 따라서 (28), (29)는 가설 (23)을 지지한다고 말할 수 있다.

다음 (30)의 명사조합들과 명사+조사와 명사의 조합들도 구어형으로는 실현되지 않고 '의!' 형의 문어형으로만 실현된다.

> (30) <의리, 사나이>, <자유, 몸>, <죽을지도 모를 정도, 심한 부상>, <불굴, 투쟁>, <불후, 명작>, <미연(未然), 방지>, <최악, 경우>, <철, 여인>, <바람, 파이터>, <순금, 보석>, <가장 좋은 가죽, 구두>, <황금, 꽃>, <철, 장막>, <조국 통일, 염원>,[52] <구속, 탈출>, <긴 머리, 학생>, <검은 가죽잠바, 남자>, <철수와 순희, 두 학생>, <저자와, 대화>, <저자와, 우정>

위의 예들 가운데, <긴 머리, 학생>, <검은 가죽잠바, 남자>, <철수와 순희, 두 학생>에 대해서는 위 (28), (29)에서 <축하, 잔치> 연속과 <여덟 시, 뉴스> 연속에 대해 논한 것처럼 구어에 'ø' 형이 존재하지 않는다는 것을 보일 필요가 있다.

> (31) ㄱ. (문어) 긴 머리의 학생 / ㄱ'. (구어) 긴 머리ø 학생
> ㄴ. (문어) 제일 긴 머리의 학생 / ㄴ'. (구어) *제일 긴 머리ø 학생
> ㄷ. (문어) 긴 머리의 그 학생 / ㄷ'. (구어) *긴 머리ø 그 학생
> (32) ㄱ. (문어) 검은 가죽잠바의 남자 / ㄱ'. (구어) 검은 가죽잠바ø 남자
> ㄴ. (문어) 칠흑같이 검은 가죽잠바의 남자 / ㄴ'. (구어) ??칠흑같이 검은 가죽잠바ø 남자

주 표시를 '[[축하]NSP [잔치]N]N'와 같이 표시하기로 한다.

51) '여덟 시'는 명사구이지만 '여덟 시 뉴스' 속의 '여덟 시'는 소구로도 분석되므로 '여덟 시 뉴스'를 '[[N1]NSP [N2]N]N' 형 소구로 분석하는 데 어려움이 없다. '여덟 시 뉴스'의 '여덟 시'는 띄어 쓰고 있더라도 '두발제기', '세발자전거', '네눈박이', '다섯잎꽃'(五瓣花)의 '두발', '세발', '네눈', '다섯잎'과 마찬가지 자격을 가지고 있다.

52) 문어와 구어에서 '황금 꽃', '철 장막', '통일 염원'이 가능하지만, 이것들은 소구로 분석될 수 있다.

ㄷ. (문어) 검은 가죽잠바의 한 젊은 남자 / ㄷ'. (구어) *검은 가죽잠바ø
   한 젊은 남자

(31), (32)에서는 (ㄱ', ㄴ', ㄷ')의 각 구어형들 중에 (ㄱ')의 것들만이 성립한다는 사실에 유의해야 한다. 그런데 이 (ㄱ')의 구어형들이 진정한 구로서의 구어형이라면 N1 쪽을 변화시켜 본 (ㄴ')들과, N2 쪽을 변화시켜 본 (ㄷ')들이 왜 성립하지 않는지 설명할 수 없다. 이 글에서는 위에서 구어형으로 성립하는 것처럼 보이는 (ㄱ')들이 사실은 소구라고 본다. 이 글에서는 이 유형의 소구 형성을 충분히 논할 여유를 가지지 못하지만, 예컨대 '긴꼬리닭'이나 '붉은뺨멧새' 등의 동물명에서 보는 바와 같이 어미 '-ㄴ'은 소구형성에 참여할 수 있다고 보는 것이다. 이렇게 보면 이 상황은 (28), (29)에서 본 '축하의 잔치', '여덟시의 뉴스'와 똑같아진다. 즉 (31), (32)의 (ㄱ, ㄴ, ㄷ)들은 모두 '의!'를 가진 명사연속구성이 되는 것이다.[53)]

그러나 명사조합 <철수와 순희, 두 학생>은 사정이 다르다.

(33) ㄱ. (문어) 철수와 순희의 두 학생 / ㄱ'. (구어) 철수하고 순희ø 누 학생
   ㄴ. (문어) 어제 온 철수와 오늘 온 순희의 두 학생 / ㄴ'. (구어) 어제 온
      철수하고 오늘 온 순희ø 두 학생
   ㄷ. (문어) 철수와 순희의 착한 두 학생 / ㄷ'. (구어) 철수하고 순희ø 착
      한 두 학생
   ㄹ. (문어) ??철수의 한 학생 / ㄹ'. (구어) 철수ø 한 학생

(33)에서는 (ㄱ')가 성립하는 것은 물론이고, N1쪽을 변화시킨 (ㄴ', ㄷ')도 성립한다는 점에서 위 (31)~(32)의 경우와 다르다. 나아가 (33ㄹ)이 어색한 데 비해 오히려 (33ㄹ')이 자연스럽다는 점이 특기할 만하다. 필자(2008b)에서는 (33ㄹ, ㄹ')과 같은 예문에 대해 대상의 수효가 하나가 되면 동격구성으로 해석되기가 쉬워진다고 말한 바가 있는데, 수효가 둘인 (33ㄱ', ㄴ', ㄷ')가 'ø'

---

53) 그런데 '머리(의) 학생'은 수용성이 전혀 없고 '잠바(의) 남자'는 수용성이 부족한 편이다. '머리 학생'과 '잠바 남자'는 소구로도 성립되지 않는다. 이러한 것은 '의'의 문법 이전에 명사조합이 여러 가지 명사연속구성으로 실현되는 것을 다루는 문법에서 밝혀져야 할 사항이라고 생각된다. 2.2의 (13ㅁ)에 대한 논의와 각주 20) 참고.

형으로서 가능한 것도 이들이 동격구성으로 해석될 수 있기 때문이라고 볼 수 있을 것이다. 그렇다면 (33ㄱ, ㄴ, ㄷ, ㄹ)들은 비동격 구성, (ㄱ', ㄴ', ㄷ', ㄹ')들은 동격 구성의 것들이므로 서로 다른 구성인 것이지, 동일한 구성의 '의' 형과 'ø' 형의 관계에 있는 것이 아니다. 따라서 여기에서는 (33ㄱ, ㄴ, ㄷ, ㄹ)들을 '의!' 형 명사연속구로 처리한다.

이제 우리는 (30)의 기저에 있는 모든 명사조합들이 문어 전용이며, '의!' 형 명사연속구로 실현되므로 이들은 가설 (23)을 지지한다고 할 수 있다.

지금까지 (24), (28)~(30)으로 본, 중심-결부물 관계가 아닌 단순한 속성-대상관계의 명사조합들은 모두 문어 전용의 것이었다. 이들은 모두 '의!' 형 명사연속구가 되는데, 그것은 이들이 'ø' 형으로 나타날 구어형을 가지지 않기 때문이라고 할 수 있다. 이로써 이들 단순한 속성-대상관계의 문어 전용 명사조합은 가설 (23)을 지지한다고 할 수 있다.

다음의 (34)는 동격 명사조합으로 된 명사연속구이다.

(34) (문어 / 구어) 사람의; 자식

(34)는 단순한 속성-대상관계에 들며 문어·구어 양용이라는 점에서 위 (31)~(33)의 경우와 다르다. (34)는 주로 구어에 쓰이며 문어에도 쓰인다. 따라서 (23)의 가설과 관련해서는 맞지 않는 면이 있다고 할 수 있다. 그러나 이 경우에도 구어에 'ø' 형이 있어야 문어에도 'ø' 형이 있게 된다는 주장은 성립한다. 그런데 (34)는 '의' 형으로 존재하는 동격구성의 희귀한 예이므로 이것으로 한 유형을 세울 필요는 없을 것이다.

다음의 (35)는 일반적인 동격 관계 명사조합으로 된 구성인데, 역시 단순한 속성-대상관계를 나타낸다.

(35) (문어 / 구어) 내 친구ø! 그 아이

이 경우는 문어·구어 양용인데, 문어·구어 구별없이 오직 'ø'형으로만 쓰인다는 점에서 위 (23)의 가설에 위배된다.

따라서 (23)의 가설은 동격 명사조합을 제외하면 국어의 모든 관형구성 명사연속구에서 성립한다는 결론을 얻을 수 있다. 이상에서 본 것은 다음 (36)의 표로 정리된다. 명사조합의 유형에 보인 번호는 본 절에 든 예의 번호이다.

(36) '의'의 용법과 '의'의 생략

(18)의 본고의 '의'의 기능 명명	(20)의 '의'의 용법	명사조합의 유형 예	예	구어형의 영향
중심-결부물 관계의 중심 표시	A 양용	<철수, 옷> 형 (19)	(문어) 철수의; 옷	의;
			(구어) 철수ø; 옷	ø;
	A 문어 전용	<장미, 아름다움> 형 (20), (21)	(문어) 장미의! 아름다움	없음
			(구어) *장미ø; 아름다움	
	A 문어 전용	<나, 살던 고향> 형 (22)	(문어) 나의! 살던 고향	없음
			(구어) *나ø; 살던 고향	
단순 관형화	B 문어 전용	<개, 사과> 형 등 (24), (28)~(30)	(문어) 세 개의! 사과	없음
			(구어) *세 개ø; 사과	
	C 양용	<친구, 아이> 형 (36)	(문어) 내 친구ø! 그 아이	ø!
			(구어) 내 친구ø! 그 이이	ø!

(36)에서 '사람의 자식'을 제외하면 제2장에서 본 모든 '의' 형 명사연속구는 사실은 문어의 것이라고 말할 수 있다는 것을 알 수 있다. 내부의 굵은 테두리로 싸인 부분은 문어 전용 명사조합의 경우이다. 이 경우의 명사연속구에는 구어형이 존재하지 않는다. 따라서 어떤 문어 명사연속구의 '의'가 생략될 수 있다면 그것은 대당하는 구어 명사연속구가 'ø' 형으로 존재할 때 뿐이라는 것도 알 수 있으며, 이로부터 명사연속구성에서 '의'의 생략은 구어에서 주도하여 문어로 확산된 것이라는 사실도 추론할 수 있다.

(36)에서는 또, 구어형에서 표면에 '의'가 존재하는 것은 <철수, 옷> 형 명사조합에서 뿐이라는 것을 알 수 있다. 덧붙여 2장의 끝에 말한 바와 같이 본고에서는 두NP구의 기저에는 '의'가 개재한다고 본다. 따라서 동격 명사조합에도 기저에는 '의'가 있으며 그것이 표면에서는 반드시 생략된다는 제약이 있다고 말하게 된다. 구어의 이 두 가지 '의'의 기능은 2.3.의 (15)로 보인 문어에서의 '의'의 기능에 맞추어 다음 (37)과 같이 나타낼 수 있다.

(37) 구어에서의 '의'의 기능

'의'의 실현과 제약	N1, N2의 존재성	N1, N2의 지시 관계	통사 기능	의미 기능	본고의 '의'의 기능 명명
A의 '의₁'	N1, N2 모두 존재임	非동일 지시 (非同格的)	관형화	중심-결부물 관계의 관계 중심 표시	관계 중심 표시
C의 제약된 '의'	N1, N2 모두 존재임	동일 지시 (同格的)	관형화	단순한 속성-대상관계의 속성 표시	단순 관형화

(37)의 내용은 문어의 경우의 (15)의 A와 동일하다. 여기에서 우리는 문어의 '의'는 관계 중심 표시 외에 단순 관형화 기능도 가지는데 구어의 실현된 '의'는 관계 중심 표시 기능 한 가지만을 가진다는 사실을 알게 되었다. 동격명사조합이 (23)의 예외가 된 것에 대해서는 다음 장에서 그 이유를 찾아보기로 한다.

4. 동격명사구의 '의' 제약

동격명사구는 NP를 핵으로 하면서도 '의' 없는 명사구만을 관형어로 취한다는 점에서 다른 모든 관형명사구와 다르다. 우리는 제2장의 끝에서 동격명사구에도 기저에는 '의'가 존재한다고 말한 바 있다. 그렇다면 동격명사구의 '의'는 생략과는 차원을 달리하여 실현이 제약되는 것으로 이해해야 할 것이다. 본 장에서는 문어와 구어의 동격명사구에서 '의'가 제약되는 이유를 설명해 보기로 한다.

'사람의 자식'과 같은 관용성이 짙은 표현이 존재하는 것은 국어의 과거 어느 시기에 구어의 동격명사구에도 '의'가 사용된 시기가 있었다는 것을 의미한다. 다음의 (38)~(40)은 그러한 주장을 더욱 보강해 주는 증거들이다.

(38) ㄱ. 네 이 놈! (=너ø 이 놈!, *너의 이 놈!)

　　　ㄴ. 네 이 년! (=너ø 이 년!, *너의 이 년!)

　　　ㄷ. *네 이 자식 (너ø 이 자식!, *너의 이 자식!)

(39) 네놈, 네년

(40) ㄱ. 이 / 그 / 저 / 망할 / 무슨 / 나쁜 / 못된 놈의 자식

　　　ㄴ. 이 놈의 회사, 망할 놈의 세상, 무슨 놈의 것

(38ㄱ, ㄴ)은 앞에서 본 '사람의 자식'보다 더 관용성이 높은 표현이다. 이들의 관용성은 구조적으로 동일한 (38ㄷ)이 불가능한 것으로도 알 수 있다. 이들이 자유 구성으로 쓰이던 과거의 어느 시기에 '네'는 오늘날의 '너+의'와 동가이었을 것이다. (39)의 '네놈'과 '네년'은 오늘날에는 아주 하나의 이인칭 대명사로 어휘화하였는데, 역시 그 어휘화 이전에 이들의 '네'도 (38ㄱ, ㄴ)의 '네'처럼 오늘날의 '너+의'와 동가이었을 것이다.54) (40)에서는 '놈의'가 관용표현화한 것이다. 본래 (40ㄱ)과 같은 동격구성을 이루다가 지금은 '놈의'만으로 관용적인 관형어가 되어 (40ㄴ)과 같은 비동격 구성에도 쓰이는 것이라고 생각된다. '놈의'의 '의'도 이전에 구어의 동격명사구에 쓰이던 '의'가 화석화하여 오늘날까지 남은 것이라고 해석하여야 할 것이다.

　사실은 이전의 국어 구어의 모든 관형구성 명사연속구가 '의' 형을 일반형으로 하였던 것으로 생각된다. (38)~(40)의 화석화된 '의'는 동격 구성의 것이었다. 화석화된 중심－결부물 관계의 '의'를 가진 구어 자료로는 다음을 들수 있다.

(41) 달걀(<둘기앓), 닭의똥, 벌의집55)

(42) 집의! N2 (예 '집의 애들', '집의 논', '집의 사정')

　　　남의; N2 (예 '남의 자리', '남의 학교', '남의 사정')

(41)은 구로부터의 통시적인 단어화를 겪은 예들인데, 모두 '의 / 이'의 화

---

54) 필자는 현대국어의 관형어 '네'는 '너+의'로, 보충어 '네'는 '너'의 이형태로 본다. (38), (39)의 '네'는 '너+의'로 분석하고, 이때의 '의'는 과거 동격구성에 '의'가 개재하던 문법의 화석으로 본다.

55) '벌의집'은 '소의 양에 붙은 벌집같이 생긴 고기'를 뜻하는데, 오늘날에는 개신형 '벌집'으로도 쓰이고 있다.

석을 가지고 있다. (42)의 '집의'는 2인칭 대명사적으로 쓰이는 것인데 이 구성의 '의'는 구어에서도 생략되기 어려운 '의!'이다. '남의'의 '의'는 생략될 수 있지만 구어에서도 생략되지 않고 쓰이는 비율이 더 높다는 점에서 옛 모습을 지니고 있다고 하겠다. 역시 (41)과 같은 구의 통시적 단어화나 (42)와 같은 관용어화는 구어에서 일어나는 과정이므로 이들은 과거에 이 부류의 명사연속구들이 '의'를 가진 채로 구어로 쓰였다는 증거가 된다.

(38)~(42)는 과거에 구어에서 쓰인 단순 관형화(동격명사구 N1의)의 '의'와 관계 중심 표시의 '의'의 증거이다. 그런데 '의' 형인 이들이 어휘화 또는 관용어화하였다는 사실은 '의' 형이 구어에 쓰였다는 증거가 될 뿐만 아니라 구어의 일반형이기도 하였다는 증거도 된다. 또, 이들은 생략형이 아니므로 동시에 문어의 일반형이기도 했다고 추측할 수 있다. 즉 과거 그 시기에는 문어와 구어에서 모두 '의' 형이 일반형이었다고 보는 것이다.

한편, 단순 관형화의 '의'는 현대 화자의 직관으로는 외래 구문적인 느낌이 든다. 그러나 이들도, 적어도 문어에서는, 최소한 근대국어 시기까지 사용 연대가 올라간다.

(43) ㄱ. <u>다숫 여숫</u> 설에 <u>아히</u>어든 세 푼 네 푼만 머기라 (諺解痘瘡集要 下 30b)
　　ㄴ. 能(능)히 힘의 인는 바롤 조차 그 <u>정성에 모음</u>을 다 ᄒ야 (警民編 重 34b)
　　ㄷ. 이거시 나의 <u>지셩의</u> 말이라 (闡義昭鑑諺解 1 : 33b)
　　ㄹ. 이 션비 <u>원슈에</u> 사롬이 업스되 (種德新編諺解 下 64a)[56]
　　ㅁ. <u>柳綠빗치</u> 蟒龍을 織金ᄒ 羅 텰릭에 (朴通事諺解 上27b)
　　ㅂ. <u>柳綠빗체</u> 비단으로 부리 두론 훠으에 (朴通事諺解 上24b)
　　ㅅ. ᄀ장 큰 <u>금비최 鯉魚</u>롤 낫가 내니 (朴通事諺解 下51a)
(44) 집에 오신 손님을 박디ᄒ든지 히ᄒ든지 ᄒ는 거슨 <u>야만에</u> 일이요 (독닙 신문 뎨2호 논셜)

(43)은 근대국어에서, (44)는 개화기 국어에서 단순 관형화의 '의'가 문어

---

56) (44ㄱ, ㄴ, ㄷ)은 홍윤표(1994 : 432, 434, 463)에서 가져왔다.

에 쓰인 모습이다.

마지막으로 1930년대의 한 자료를 보기로 한다.

(45) "(10)『○○라 하는』의 뜻(名稱) : 白頭의 山, 藥山의 故鄕, 예루살넴의 聖
地, 金剛의 勝地." (최현배, 『우리말본』, 1937 : 844)

(45)의 '약산의 고향', '예루살넴의 성지'와 같은 예로써 우리는 1930년대
에 동격구성의 '의'가 아직 사용되고 있었다는 사실을 확인할 수 있다. 그런
데 (45)의 예들이 오늘날에는 쓰일 수 없기 때문에 1930년대 당시에도 실제
로는 쓰일 수 없었을 것이라고 의심할 수 있다. 그러나 본고에서는 동격명사
구의 '의'가 1930년대의 최현배 선생과 같은 언어 전문가의 문어에 존재했던
것으로 인정하기로 한다. 그것은 이 기술이 최현배 선생의 마지막 교정본
(1971년의 네 번째 고침판)까지 유지되었기 때문이다. 앞에서 본 '사람의 자식'
과 같은 예가 아직까지 존재한다는 사실도 이 글의 생각을 지지할 것이다.

우리는 이로써 이전 어느 시기에 동격의 단순한 속성－대상관계(<표 17>의
(C))와, 중심－결부불 관계(<표 17>의 (A))의 명사구가 문어와 구어 모두에 '의'
형을 일반형으로 하여 존재하고, 비동격의 단순한 속성－대상관계(<표 17>의
(B))의 명사구가 오늘날과 마찬가지로 문어에 '의' 형으로 존재하던 시기가 있
었다는 것을 알 수 있다. 비동격의 단순한 속성－대상관계의 명사구는 오늘
날 구어에 존재하지 않을뿐더러, 어떤 화석적 흔적도 보여주지 않는 것으로
보아 이전에도 구어에는 존재하지 않았던 것으로 여겨진다. 그렇다면 이 시
기로부터 현재까지 '의'의 용법의 변화는 2.3의 (17)의 표를 이용하여 다음
(46)과 같이 보일 수 있을 것이다.

(46) '의'의 용법의 변화

1단계

문어	N1-N2관계	구어
1A. 관계 중심 표시	(A) 속성－대상 관계 중 중심－결부물 관계	1A'. 관계 중심 표시
1B. 단순 관형화 (비동격)	(B) 단순한 속성－대상 관계 (비동격)	1B'. 단순 관형화 (비동격)
1C. 단순 관형화 (동격)	(C) 단순한 속성－대상 관계(동격)	1C'. 단순 관형화 (동격)

2단계

문어	N1-N2관계	구어
2A	(A)	2A'
2B	(B)	2B'
2C	(C)	2C'

3단계(현재)

문어	N1-N2관계	구어
3A	(A)	3A'
3B	(B)	3B'
3C	(C)	3C'

위 세 단계의 1B', 2B', 3B'는 명사연속구가 존재하지 않는 부분이다. 2C', 3C, 3C'의 음영 부분은 해당 명사연속구가 오직 'ø'형으로만 실현되어 '의'가 나타나지 않는 부분이다. 『우리말본』이 보여주는 1930년대의 '의'의 모습은 2단계의 마지막 모습일 것이다. 1단계와 2단계의 '의' 문법의 차이는 2.3의 (15)에 단서로 붙인 "동격명사구의 '의'는 생략되어야 함"이라는 제약이 2단계의 구어에 새로 생겼다는 것이고, 2단계와 3단계의 '의' 문법의 차이는 3단계에서는 그 제약이 문어에까지 확산되었다는 것이다. 이제 우리가 설명해야 하는 것은 1단계에서 2단계로의 첫 번째 변화와 2단계에서 3단계로의 두 번째 변화이다.

첫 번째 변화는 구어에서 발생한 '의' 생략이 구어 내에서 확산되는 것이다.[57] 여기에서는 왜 관계 중심 표시의 '의;'(1A'의 '의')는 유지되는데 단순 관형화의 '의;'(1C'의 '의')는 사라졌는가 하는 것이 설명되어야 한다. 본고의 설명은 이렇다. 1A'의 '의;'도 두 존재 간의 관계를 나타내고, 1C'의 '의;'도 두 존재간의 관계를 나타내므로, 그들의 'N1의 N2'에서 관계 중심 표시의 해석

---

57) 왜 구어에 '의' 생략이 발생했는가를 밝히는 것은 본고에서 다루는 범위 밖이다. 그러나 이것이 또 다른 관형격 조사 'ㅅ'의 소멸과 관련되어 있을 것임은 틀림없다고 하겠다.

과 단순 관형화의 해석(여기에서는 동격 해석)이 일종의 동음이의(同音異義) 충돌을 일으키게 된다. 1C'의 N1과 N2는 둘 다 지시 대상을 가지므로 관계 중심 표시의 해석을 받아들일 수 있는 가능성이 충분하다. 예를 들어 '내 친구의 아이'는 '내 친구가 낳은 아이'와 '내 친구인 아이'의 중의성을 가지게 되는 것이다. 이 동음이의 충돌은 1단계의 이전부터 늘 있어 온 것이지만, 마침 아마도 관형격 조사 'ㅅ'이 소멸한 데에 영향을 받아 구어 쪽에서 '의'의 생략이 활발해짐으로써 이 재래(在來)의 언어 병리가 해결될 기회를 맞게 되었다고 할 수 있다. 동음충돌을 피하기 위한 변화는 어느 한쪽의 '의;'를 'ø!'로 하는 것, 즉 '의'의 생략을 의무화하는 것으로 정해져 있는 셈이고, 문제는 그것이 1A' 쪽에서 일어나느냐 1C' 쪽에서 일어나느냐 하는 것이다. 그런데 두 가지 '의'는 공통적으로 관형화 기능을 가지고 1A' 쪽은 그에 더해 관계 중심 표시 기능을 가지는 것이므로 이들 간에는 1A' 쪽을 유표항, 1C' 쪽을 무표항으로 하는 일종의 유무 대립이 있는 셈이다. 그런데 이러한 유무 대립이 형식 차원에서도 이루어지도록 한다면 그것은 유표항인 1A'만 '의'를 가지게 함으로써, 바꾸어 말하면 1C'의 '의'를 언제나 생략시키는 것으로 가장 쉽게 이루어진다. 마침 사용 빈도의 면에서도 1A' 쪽의 '의'가 1C' 쪽의 '의'보다 압도적으로 많을 것이므로58) 의미와 형식의 면에서 유무 대립을 일치시키는 이 변화는 별 저항이 없이 실현되었을 것이다.

첫 번째 변화는 두 번째 2C에서 3C로의 변화를 촉발한다. 첫 번째 변화에서와 마찬가지로 2A의 'N1의 N2'와 2C의 'N1의 N2' 간에 동음이의 충돌이 발생하고 2C의 '의'가 의무적으로 생략되는 방향으로 압력을 받을 것이다. 그리고 이번에는 그에 더해 이미 'ø!'를 가지게 된 2C'에서 '의;'를 가지는 2C 쪽으로 일종의 평준화(leveling)를 위한 압력이 가해질 것이다. 결국 이 두 가지 요인에 의해 2C의 '의'도 생략이 의무화되는 변화를 입게 되었을 것이다.

그런데 이 두 번째 변화와 관련하여 또 다른 물음이 제기될 수 있다. 그것은 2A의 '의'와 2B의 '의' 간에도 동음이의 충돌 회피를 위한 힘이 작용할

---

58) 이것을 통계적으로 확인하지 못했지만, 관계 중심－결부물 관계가 동격의 단순한 속성－대상관계보다 훨씬 높은 빈도로 쓰인다는 것은 의심할 여지가 없다고 생각된다.

것 같은데, 왜 2B의 '의'는 건재하고 2C의 '의'는 사라지게 되었는가 하는 것이다. 그것은 이렇게 설명될 수 있다. (36)에서 본 것처럼 B에는 N1이 존재가 아닌 경우(예 : <개, 사과> 형)와 존재인 경우(예 : <머리, 학생> 형)가 있는데, 전자의 경우에는 N1이 존재가 아니므로 중심−결부물 관계로 해석될 수 없고, 후자의 경우는 N1이 존재이기는 하지만, 현실 세계에서 N1 쪽이 N2 쪽의 속성을 나타내는 것만 가능할 뿐 중심−결부물 관계를 나타내는 것은 불가능하다. 따라서 2B의 '의'에서는 사실상 동음이의 충돌이 발생하지 않기 때문에 동음이의 충돌을 회피하기 위해 2B의 '의'에 가해지는 힘도 없다. 또 구어형 2B'가 존재하지 않으므로 2B'로부터 2B에 가해지는 평준화를 위한 힘도 존재하지 않는다.

결국 우리는 오늘날의 문어와 구어에서 동격명사구에 '의'가 개재하지 못하는 이유를 기본적으로는 동음이의 충돌의 회피를 위한 언어 심리 때문이라고 본 셈이다. 그런데 구어와 문어의 동격명사구가 언제나 'ø' 형으로 실현되는 오늘날의 상황에서는 다시 새로운 동음이의 충돌이 생기게 된다. 즉 3A'에서 명사조합들은 일반적으로 'ø' 형으로 실현되면서도 중심−결부물 관계를 표현하기 때문에 3C'의 동격 관계를 표현하는 'ø' 형과 동음이의 충돌을 일으키게 되는 것이다. 그러나, 이번에는 3A'에서 주의를 기울여 말할 때는 중심−결부물 관계의 중심을 표시하는 '의'를 실현시킴으로써 부분적으로 동음이의 충돌을 피할 수 있으므로 이 동음이의 충돌은 앞의 두 변화를 일으킨 동음이의 충돌에 비하면 그 병리가 가벼운 것이다. 따라서 이 경우의 'ø' 형에서 발생하는 동음이의 충돌을 감수하고 앞에서 본 '의' 형에서 발생하는 동음이의 충돌을 회피하는 것이 더 안정된 체계라고 할 수 있을 것이다.

5. 결론

본고는 소구라는 범주를 설정하여 명사소구를 그 한 종류로 포함시킨 필자(2005)와, 명사구를 관형구성과 보충구성으로 나눈 필자(2007, 2008b)에 이어지는 국어 명사연속구성 연구의 한 부분이다. 관형격 조사 '의'는 원칙적으로 관형구성의 명사연속구에 개재한다. 따라서 '의'의 문법은 관형구성 명사연속구의 문법 안에서 '의'의 기능과 '의'의 실현 및 생략에 대해 설명하여야 한다.

이 글에서는 명사연속구 형성과 '의'의 문법이 문어와 구어 간에 다르다는 것을 고려하는 새로운 시각에서 '의'의 문법을 탐구하였다. 이를 요약하면 다음과 같다.

1. 명사조합 <N1, N2>가 실현된 국어 명사연속구성에서 N1-N2의 속성-대상 관계는 중심-결부물 관계와 비중심-결부물 관계로 나뉘고, 비중심-결부물 관계는 다시 동격 관계와 비동격 관계로 나뉜다. 그런데 구어에서는 비동격적인 비중심-결부물 관계가 명사연속구성 중 명사소구로는 표현될 수 있지만 명사연속구로는 표현되지 못한다.

2. '의'의 기능은 본래 통사론적으로 N1을 관형화하여 'N1＋의 N2'의 명사연속구를 형성하는 것이다. 이때 모든 관형화한 N1은 의미론적으로 대상인 N2의 속성을 나타내게 된다. 따라서 '의'의 용법은 (A) 관형화 및 중심-결부물 관계의 중심 표시, (B) 관형화 및 비동격적 속성 표시, (C) 관형화 및 동격적 속성 표시로 삼분된다. 그런데 문어에는 (A), (B), (C)의 세 가지 용법이 다 있고, 구어에는 (A)와 (C)의 용법만이 있다. 또, 의'는 문어에서는 일반적으로 실현되며 구어에서는 일반적으로 생략되되 단 동격명사구에서는 문어와 구어에서 모두 반드시 생략된다. 따라서 (C) 용법의 '의'는 문어와 구어의 양쪽에서 기저에만 존재하고 표면에는 실현되지 않는다.

3. 어떤 N1과 N2가 동격 관계에도 놓일 수 있고 중심-결부물 관계에도 놓일 수 있을 때, 명사연속구성 'N1의 N2'의 해석에는 '의'의 (A), (C) 두 용법 간에 일종의 동음이의 충돌이 발생한다. 이때 동격명사구에서의 '의'

를 'ø!'로 하게 되면 이 동음성의 많은 부분이 해소된다. 따라서 동격명사구에서의 '의'의 제약은 이 동음성을 해소함으로써 동음이의 충돌을 회피하려는 언어심리에서 발생한 것이라고 할 수 있다.

이 글에서는 과거에 관형격 조사 'ㅅ'이 위축되고 소멸하였던 것처럼 '의'도 통시적인 위축을 겪어 왔다고 주장하고, 그 위축의 몇 단편을 보였다. '의'의 위축은 'ㅅ'의 소멸 외에도 명사소구 사용의 확대, 보충구성 명사구 사용의 확대와 같은 현상들과 밀접하게 관련되어 있을 것으로 생각된다. '의'의 문법 기술 자체도 앞으로 계속 다듬어져야 하겠지만, 여러 가지 명사연속구성들의 통시적 발달 과정도 더 자세히 밝혀져야 할 것이다.

참고문헌

강범모·김흥규·허명희(1998), 「통계적 방법에 의한 한국어 텍스트 유형 및 문체 분석」,
　　　『언어학』 22, 한국언어학회, 3~57면.
金光海(1981), 『{의}의 意味』, 석사학위논문, 서울대학교 대학원(=김광해, 1984).
김광해(1984), 「{-의}의 의미」, 『문법연구』 5, 문법연구회, 161~228면.
김기혁(1995), 『국어 문법 연구』, 박이정출판사.
金明姬(1987), 「{의}의 意味 機能」, 『언어』 12.2, 248~260면.
김인균(2003), 「관형 명사구의 구조와 의미 관계」, 『國語學』 41, 198~223면.
김창섭(1994), 『국어의 단어형성과 단어구조』, 서울대학교 대학원 박사논문(=김창섭,
　　　1996).
＿＿＿(1996), 『국어의 단어형성과 단어구조 연구』, 國語學叢書(國語學會) 21, 태학사(김
　　　창섭 1994의 재간행).
＿＿＿(2005), 「소구(小句)의 설정을 위하여」, 『우리말 연구 서른아홉 마당』(임홍빈 외 38
　　　인 共著), 태학사, 109~127면(김창섭, 2008a에 재수록됨).
＿＿＿(2007), 「부접명사의 설정과 식별」, 『國語學』 50, 國語學會, 27~55면(김창섭,
　　　2008a에 재수록됨).
＿＿＿(2008a), 『한국어 형태론 연구』, 태학사.
＿＿＿(2008b), 「보충어의 설정과 명사연속구성의 분류」, 『李崇寧 現代國語學의 開拓者』
　　　(心岳 李崇寧 선생 탄신 100주년 기념논집), 서울대학교 대학원 국어연구
　　　회 엮음, 태학사, 1083~1116면.
목정수(2007), 「한국어 조사 {의}의 문법적 지위와 의미 기능에 대하여」, 『국어교육』
　　　123, 437~670면.
李南淳(1988), 『國語의 不定格과 格標識 省略』, 國語學叢書(國語學會) 14, 탑출판사.
이상욱(2006), 「主語的 屬格에 대한 再論」, 『형태론』 8.1, 박이정, 1~27면.
임홍빈(1981), 「존재 전제와 속격 표지 {의}」, 『언어와 언어학』 7, 한국외국어대학교 언
　　　어연구소, 61~78면(임홍빈, 1998에 재수록됨).
＿＿＿(1998), 『국어 문법의 심층 2』, 태학사.
정희정(2000), 『한국어 명사 연구』, 말뭉치 기반 국어 연구 총서 6, 한국문화사.
蔡　琬(1982), 「國語數量詞句의 通時的 考察」, 『震檀學報』 53·54 합병호, 震檀學會, 155~
　　　170면.

최현배(1937), 『우리 말본』(초판), 정음사.

______(1975), 『우리 말본』(네번째 고침 다섯번째 펴냄), 정음사.

홍윤표(1994), 『近代國語 研究 (I)』, 태학사.

Downing, Pamela(1977), "On the Creation and Use of English Compound Nouns", *Language* 55, 810~842.

국립국어연구원 편(1999), 『표준국어대사전』, (주)두산동아.

연세대학교 언어정보개발연구원 편(1998), 『연세한국어사전』, (주)두산.

불완전계열에 대한 형태론적 연구*

김영욱

1. 불완전계열

불완전계열(defective paradigm)이란 어형변화가 나타날 때에 접사(조사, 어미)를 두루 갖추지 못한 것들을 가리킨다. 활용체계와 관련하여 형태론은 크게 파생형태론과 굴절형태론으로 대별되는데 이것의 구분 근거 중 핵심적인 것은 접사의 생산성(productivity)이다.[1] 불완전계열에 속하는 형태(불완전형태)들은 생산성의 관점에서는 굴절형태론에 속한다고 하기 어려우며 어간에 후접(後接)하는 접사들이 굴절접사(=어미)임을 감안한다면 이것을 파생형태론에 속한다고 하기에도 문제가 있다.[2] 이러한 형태들은 보통의 체언, 용언들의 굴절양상과 이질적이므로 굴절형태론에서 다루기에는 이론상의 문제점이 야기될 수 있으며 계산적(computational)인 관점에서도 비경제적이다.[3] 따라서 활용론의

---

* 김영욱, 「불완전계열에 대한 형태론적 연구」, 『국어학』 24호, 국어학회, 1994, 87~109면.

1) 굴절접사(=어미)와 파생접사의 형태론적 차이점에 대해서는 김영석·이상억(1993 : 31)에 제시된 것을 참조.

2) Bybee(1985 : 85)에서는 'pants'와 같이 수(number)에 있어서 단수가 없고 항상 복수밖에 나타나지 않는, 혹은 그 반대의 'air'처럼 단수형만 나타나는 것들이 불완전계열의 예로 제시되었다. 여기에서는 불완전계열이 파생형태론이나 굴절형태론의 어느 한 곳에 포함되는 것에 대한 문제점을 지적하고 나아가서 모든 형태론적 범주들은 어휘부에서 굴절부 사이에 연속체(continuum)를 이루고 있는 것으로 파악하였다.

관점에서 예외적이라고 할 수 있는 불완전형태들에는 어떠한 것들이 있는지를 분류하고 그것들의 형태론적인 처리 방법을 탐색할 필요가 있다.

기존의 업적에서 불완전계열에 대한 인식은 최현배(1983 : 219~223, 348~349)에서 찾아볼 수 있다. 여기에서는 용언 중에서 모자란 움직씨("……그 끝바꿈의 모든 꼴이 갖추어 있지 아니하고, 다만 몇 가지의 꼴만이 쓰이는 움직씨를 특히 모자란 움직씨(不具動詞)……(최현배, 1983 : 348))를 설정하여 그 예로는 '달다(與), 닥다(接近), 더불다(與), 가로다(曰)' 등을 들고 있다. 이러한 '모자란 움직씨'들은 이 글에서 정의한 불완전계열에 속하는 형태들이다. 최현배(1983)에서 이러한 국어의 형태론적 양상에 대해 지적을 했다는 점에서는 흥미롭지만,4) 여기에서는 이것들을 활용체계에서 벗어난 예외적 존재라는 것 이상의 인식을 발견하기 어렵다. 불완전계열에 대한 체계적인 인식은 고영근(1987＝1989 : 35~41)에서 찾아볼 수 있다. 불완전계열의 범주가 최현배(1983)에서는 '용언류'에 머물렀음에 비해 여기에서는 '체언류'까지 확대되었을 뿐만 아니라 이것을 국어에 있어서 하나의 형태론적 현상으로 인식하고 여기에 대한 기술의 틀을 마련한 것이다. 고영근(1989 : 36)에서 제시된 불완전계열의 형태의 유형은 다음과 같다.

(1) 미증유+의 ; 지+가 ; 때문+에, 이다
(2) 대하+ㄴ, 어 ; 데리+고, 어 ; (가는가) 보+다, 구나

(1)은 체언의 경우고 (2)는 용언 어간의 경우다. 위의 예들은 보통의 체언이나 용언에 비하여 조사나 어미가 후접(後接)되는 것들이 지극히 제한되어 있다. 고영근(1989)에서 불완전계열에 대한 개념규정과 체계적 틀을 마련하여 '불완전계열 형태론'에 대한 기초를 세운 점에 대해서는 그 성과를 인정할 수 있으나, 국어의 불완전계열에는 어떠한 유형들이 있는지에 대한 광범위한 관찰을 수행하지 않았고 이것이 다른 형태론적인 현상과 어떠한 관련이 있는

---

3) 언어학에서의 형태론과 전산언어학에 있어서의 형태론에 대한 관점은 연구목표에 따라 차이가 있지만 전산언어학에서의 형태론도 궁극적으로는 자연언어에 대한 형태론적 연구를 바탕으로 한다 (김영택, 1994 : 56~61을 참조).

4) 최현배(1983 : 222~223)에 제시되었던 '안옹근 이름씨(不完全名詞)' 중에서 '터, 따름, 나름, 뿐, …' 등도 후접하는 조사가 지극히 제한됐다는 점에서 불완전계열에 속한다.

지에 대해서는 충분히 논의하지 않았다.

여기는 이러한 기존의 업적들을 바탕으로 불완전계열에 대한 연구를 좀 더 넓고 깊게 다루고자 한다. 2장에서는 불완전형태의 유형에 어떠한 것들이 있는지를 분류하여 이것들의 형태통사적 속성에 대해서 논의를 하고, 3장에서는 기존의 형태론에서 본격적으로 다루어진 일이 없었던 것으로 불완전계열에 속하는 '관형명사류'에 대해서 논의할 것이다. 4장에서는 불완전계열과 관련된 '파생조건'들이 어떤 속성을 지니고 있는지를 논의하면서 X'-형태론에서 설정하고 있는 단어형성규칙과 시정곤(1994)에서 제시된 단어형성 원리와 어떠한 점에서 차이가 있는지를 밝힐 것이다.

2. 불완전형태의 유형

불완전계열을 분류함에 있어서 가장 근본적인 문제는 어떠한 것들이 불완전계열에 속하는가 하는 것이다. 실제의 언어사용에 있어서 비록 불완전한 형태가 아니라고 하더라도 활용어간이 국어의 활용어미를 모두 갖춘 경우는 드물다. 당장에 국어의 형용사어간들은 대부분 명령형어미나 청유형어미가 후접(後接)될 수 없다. 그렇다고 해서 모든 형용사를 불완전계열에 속한다고는 할 수 없는 것이다. 이러한 활용어미들이 후접될 수 없는 것은 형용사어간이 지니고 있는 고유의 어휘자질에서 기인한 것으로 볼 수 있는데5) 대부분의 일반 형용사어간들은 상당한 활용형을 지니고 있다. 갈여, '예쁘-'의 경우, '예쁘다, 예쁘구나, 예쁜, 예쁘지, 예쁘면, 예뻐야, …' 등과 같이 다양한 활용형들이 실재(實在)하나, 이에 비해 '막다르-, 수없-, 뒤늦-'같은 경우는 '막다른, 수없는 / 수없이, 뒤늦은 / 뒤늦게 / ?뒤늦게서야' 정도로 실제로 사용되는 활용형이 불과 2~3개에 지나지 않으며 '끽하-, 난장맞-' 등은 '끽해야, 난

---

5) 현대국어 형용사어간의 어휘적 속성에 대해서는 정문수(1981)를 참조.

장맞을'과 같이 실제의 활용형이 1개밖에 없다. 이와 같이 실제로 사용되는 활용형이 불과 2~3개 이내에 지나지 않는 것을 우리는 불완전계열에 속하는 것으로 간주한다.

불완전계열에 속하는 형태들을 고영근(1987)에서와 같이 우선 용언류와 체언류로 대별할 수 있는데 용언류에 해당하는 불완전형태들은 용언류에서 나타나는 전형적인 문법자질인 [시제], [일치] 등이 결여되었다.6) 체언류에 해당하는 것들은 체언류의 분포상의 특징인 자립성(自立性)이 결여되었으며 격(格)에 있어서도 보통의 체언류에 비해 극도로 제약되어 있다. 불완전계열에 속하는 형태들이 지닌 이러한 공통적인 형태통사적 특성에 의해서도 완전계열에 속하는 형태들과 구별할 수 있는데, 불완전형태들이 지니고 있는 형태통사적인 특징에 따라 이것들을 하위분류하면 다음과 같다.

> (3) 불완전계열의 유형
>   ㄱ. 용언류 [N있 / 없-]형 : 뼈있는, 성역없는
>   [R하-]형 : 끽해야, 막론하고
>   [X은 / 을]형 : 막다른, 난장맞을
>   [X어 / 지 / 고]형 : 서슴지, 무턱대고
>   ㄴ. 체언류 [N이 / 을]형 : 거덜이, 박차를
>   [N의]형 : 소기의, 일고의
>   [N에]형 : 삽시에, 홧김에
>   [N(에)]형 : 극비리(에), 적시(에)

2.1. [N있 / 없-]형

명사 또는 명사어근 뒤에 '있 / 없-'이 후접(後接)하는 경우가 많은데, 이들은 '-이 / 게' 또는 '-은 / 는'과 같은 활용어미와 후접하여 불완전형태를 이루기도 한다.

---

6) 가령, 불완전형태인 '끽하-'의 경우, '*끽했어야, *끽하신' 등과 같이 시제형태인 '-었-'이나 주어일치형태인 '-시-'와 같은 선어말어미들과 결합하지 않는다. 이러한 특징은 모든 불완전용언류에 공통적이다.

(4) 뼈있− : 뼈있+는, 게 ; 애정있− : 애정있+는, 게 ; 특색있− : 특색있+
    는, 게 ; 활력있− : 활력있+는, 게
(4') 쓸모있− : 쓸모있+는, 게

위의 형태들은 대부분 통사적구성(주어+서술어)에 대응된다. '뼈있는'은 '뼈가 있는'에 대응되는데 전자가 관용적인 표현에 가까운 면이 있기는 하지만 의미상으로 후자와 큰 차이는 없다. 그러나 전자의 '−있−'과 후자의 '있−'은 형태통사적인 측면에서 매우 이질적이다. 후자의 경우는 '뼈가 있었던 말, 뼈가 있으신 말씀' 등과 같이 용언류에서 전형적으로 나타나는 [시제], [일치] 등과 같은 자질들을 가질 수 있으나, 전자에서는 '뼈있는 말/*뼈있었던 말, 뼈있는 말씀/*뼈있으신 말씀'[7] 등과 같이 시제소나 일치소를 가질 수 없으며 서술적인 기능은 없고 관형사처럼 후행하는 체언에 부가적인 기능만 수행할 따름이다. '뼈있게'의 경우도 '뼈있게 자란 탓인지/*뼈있었게 자란 탓인지'에서 알 수 있듯이 후행하는 용언에 대해 부가적인 기능만 지닌다. 이와 같이 두 개의 활용형만을 지닌 '뼈있−'을 '예쁘−'와 같이 완전한 활용어간과 활용상에 있어서 동일하게 처리하는 것은 비경제적이다.

'예쁘−'의 경우는 '−다, −구나, −어라, −지, −고, …' 등등 많은 활용어미를 지니고 있으므로 '예쁘다, 예쁘구나, …' 등과 같이 각각의 단어(활용형)들을 사전에 등재하기보다는 어간인 '예쁘−'만 사전에 등재하고 다양한 활용형은 활용규칙에 의해서 유도하는 것이 경제적이다. 그러나 단 두 개의 활용형만을 지닌 '뼈있−'을 '예쁘−'와 동일하게 처리할 경우에 실재의 언어 사용에서 나타나지 않는 '*뼈있다, *뼈있구나, *뼈있어라, …' 등과 같은 활용형들을 과잉생성(overgeneration)하게 된다.

그리고 '뼈있는 말씀'에서는 '뼈있는'이 부가적 기능만을 수행하지 서술성을 지니지 못한다.

---

7) 이러한 필자의 논의에 대해서 반론을 예상할 수 있다. '뼈 있으신 말씀'은 실제 사용상 가능하다. 이때는 조사의 탈락현상으로 보아야 할 것이다. 그러나 하나의 단어인 '뼈있−'의 경우에는 '*?뼈 있으신 말씀'보다는 '뼈있는 말씀'이 훨씬 자연스럽다. '뼈ø 있는'은 통사론의 문제이고 '뼈있는'은 형태론의 문제이다. 형태론적 현상에서는 사용될 가능성이 중요한 것이 아니라 사용되었느냐 아니냐를 문제삼아야 한다.

   (5) <u>뼈있는</u> 말씀 [참고 : <u>푸른</u> 하늘 → 하늘이 <u>푸르다</u>.]
       ㄱ. *말씀이 뼈있다.
       ㄴ. ?말씀이 뼈 있다.
       ㄷ. 말씀이 뼈가 있다.

'뼈있는 말씀'의 '뼈있는'이 서술적인 기능을 지닌다면, '푸른 하늘'의 '푸른'과 같이 '*말씀이 뼈있다'가 비문(非文)이 되어서는 안될 것이다.

이상과 같이 '뼈있-'의 활용형이 지극히 제한되어 있고 서술성을 지니지 못한다는 점을 고려할 때에 우리는 이것을 '예쁘-'와 같은 활용어간과 동일하게 처리해서는 안될 것이다. '뼈있는'과 '뼈있게'를 하나의 단위로 처리하여 사전에 저장하는 것이 훨씬 경제적일 뿐만 아니라 형태통사적인 관점에서도 타당하다. 이렇게 처리함으로써 형용사 '있다'의 어간인 '있-'과 '뼈있는'의 '있'과의 차이점도 분명히 할 수가 있다. 전자의 경우에는 다양한 활용어미와 결합할 수 있으며 서술적 기능도 수행할 수 있으나(참고 : 여기에 있는 사람 → 사람이 여기에 있다)후자의 경우는 '뼈있는'이라는 불완전형태의 일부분에 지나지 않으므로 더 이상 활용어간이 아니다.

위의 (4)에서 예시된 불완전형태들이 파생되는 조건을 제시하면 다음과 같다.

   (6) 'N있-' 파생조건[8] : i) N+[있[+활용성, +서술성]]$_{stem}$+[는]$_{af}$→[N있는
                     [−활용성, −서술성]]$_{adN}$
          ii) N+[있[+활용성, +서술성]]$_{stem}$+[게]$_{af}$→[N있게
                     [−활용성, −서술성]]$_{adv}$

'파생조건'은 굴절형태론이나 파생형태론에서 제시되는 단어형성규칙과는 매우 이질적이다. '파생조건'의 특성과 단어형성규칙과의 차이점에 대해서는 이 글의 4장에서 종합적으로 다룰 것이므로 여기에서는 (6)의 파생조건이 무엇을 의미하는지를 설명하는 데에 그친다. [+활용성]은 형태통사적 자질이고, [+서술성]은 통사의미적 자질이며 '[ ]$_{adN}$, [ ]$_{adv}$' 등은 불완전형태의 통사범주를 표시한 것으로 각각 '관형사, 부사'임을 뜻한다. (6)에 의하면 [+활

---

8) 위의 규칙은 자료의 관찰에 입각하여 현상을 기술한 것이며 설명력을 지니지 못한다. 왜 활용자질이 상실되는지 밝힐 때에 이것은 설명력을 지닐 것이다. 이에 대해서는 문제로 남긴다.

용성, +서술성]을 지닌 활용어간 '있−'이 'N+[있[+활용성, +서술성]]$_{stem}$+[는]$_{af}$'과 같은 파생조건에 부합될 때, '[N있는[−활용성, −서술성]]$_{adN}$'과 같은 불완전형태가 된다. 이러한 파생조건의 적용은 '우연적'이고 '일회적'이다.9) (6)의 조건에 적용된 불완전형태들은 이미 활용자질을 상실했으므로 이것을 굴절형태론에 포함시킬 이유가 없다. 이러한 형태들은 'N있는, N있게'의 두 가지 형태로만 실재(實在)하므로 이것을 하나의 단어로 사전에 등재해야 한다.10)

(4')의 '쓸모있−'은 (4)의 형태들과 내부구성에서 차이가 있기는 하지만 이것도 (4)의 경우에 준한다. 위의 'N있−' 형태들은 예외없이 이에 대응하는 'N없−'의 형태가 실재하는데 그 반대의 경우, 반드시 그렇지는 않다는 점이 흥미롭다. 다음의 예들을 검토해 보자.

(7) 수없− : 수없+는, 이 ; 무리없− : 무링벗+는, 이 ; 서슴없−서슴없+(는), 이 ;
성과없− : 성과없+는, 이 ;
성역없− : 성역없+는, 이 ; 센스없− : 센스없+는, 이 ; 소신없− : 소신없+는, 이 ;
애정없− : 애정없+는, 이 ;
중단없− : 중단없+는, 이 ; 특색없− : 특색없+는, 이 ; 활력없− : 활력없+는, 이 ;
쓸모없− : 쓸모없+는, 이
(7') 수많− : 수많+은 ; 열화같− : 열화같+은, 이

위의 형태들도 (4)의 경우와 마찬가지로 통사적구성(주어+서술어)에 대응되며 (4)의 형태들과 같은 형태통사적 속성을 공유한다. 그러나 'N있−'의 형태들은 예외없이 'N없−'과 대응이 되는 데 반해, 반대의 경우는 반드시 그런 것은 아니다. '수없는'에 대응하는 '*수있는'이 실재하지 않고 '서슴없−'의

---

9) '파생조건'의 '우연적'이고 '일회적'인 속성에 대해서는 이 글의 4장에서 논의할 것이다.

10) 이러한 처리는 우리의 언어직관에도 부합할 뿐 아니라 계산적(computational)인 관점에서도 경제적이다. 만일 위의 형태들을 굴절형태론에서 처리한다면 단 2가지밖에 실재하지 않는 'N있−'의 형태들을 위하여 수많은 활용형들이 붙을 수 있다고 가정해야 한다. 국어 문법형태소들의 총목록에 대해서는 김영석·이상억(1993 : 291~296)을 참고할 수 있는데, 여기에 제시된 활용어미만 해도 선어말어미가 24개, 어말어미가 650개에 달한다.

경우도 이에 대응되는 '*서슴있-'이 실재하지 않으며 '성역없-'의 경우도 마찬가지다. 'N없-'의 경우는 현대국어에서 '-게'보다는 생산성이 낮은 '-이'가 붙는다는 차이도 있다.[11] 이러한 차이를 제외하고는 (4)의 경우와 대부분의 형태론적 양상이 공통적이므로 이것들의 파생조건은 다음과 같다.

> (8) 'N없-' 파생조건 : i) N+[없[+활용성, +서술성]]$_{stem}$+[는]$_{af}$→[N없는 [−활용성, −서술성]]$_{adN}$
> ii) N+[없[+활용성, +서술성]]$_{stem}$+[이]$_{af}$→[N없이 [−활용성, −서술성]]$_{adv}$

(7')의 '수많은, 열화같은' 등은 (7)의 경우와 형태통사론적 속성을 공유한다. '수많은'은 '수없는'과 유의어라고 할 수 있는데 '수없는 / *수있는'과 마찬가지로 '수많은 / *수적은'도 비대칭적이다. 그런데 '수없는 / 수없이'와는 달리 '수많은'의 경우는 '*수많이'가 실재(實在)하지 않는다(참고 : 수없이 먹는다 / *수많이 먹는다(비교 : 많이 먹는다)). '열화같은'은 '열화같이'와 동일환경에서 대치되는 경우도 있다는 개별성을 지니고 있다는 점이 흥미롭다. '열화같은 성원을 보냈다 / 열화같이 성원을 보냈다.'

2.2. [R하-]형[12)]

[N있 / 없-]형의 경우는 부가적(관형적 / 부사적)으로만 사용되며 [−서술성]의 자질을 지니고 있는 반면에 [R하-]형(R : 어근)의 불완전형태들은 [+서술성]의 자질을 지닌 부류와 그렇지 않은 부류가 있다. [R하-]형에 속하는 불완전형태들은 이것에 선행하는 언어요소(단어, 구, 절)에 대해서 제약을 가하는

---

11) '-이'와 '-게'의 기능과 분포에 대한 비교는 박성현(1989)을 참조할 수 있다. 여기에서는 중세국어에서는 부사화소로 '-게'가 존재하지 않았고, '-이'가 쓰였는데 현대국어에서는 '-게'가 세력을 점점 더 확장하고 있다고 하였다.

12) 고영근·남기심(1985 : 129)에서는 '비롯하다, 위하다'를 불완전동사로 보았는데, 이것들은 '비롯하였다, 위하였다'와 같이 과거시제형태와 결합할 뿐만 아니라 다수의 활용형을 지니고 있으므로 비록 이것들을 완전동사로 보기에는 문제점이 있을 수도 있겠으나 이 글에서 규정하고 있는 불완전계열과는 다소 차이가 있으므로 이것들은 차후의 문제로 남긴다.

경우와 그렇지 않은 경우로 구분할 수 있는데 전자의 경우는 [+서술성]의 자질을 지니고 후자의 경우는 [−서술성]을 지닌다.

> (9) 관하− : 관하+ㄴ, 어, 어서 ; 대하− : 대하+ㄴ, 어, 어서 ; 막론하− : 막론하+고 ; 의하− : 의하+ㄴ, 어, 어서 ; 반하− : 반하+어 ; 비하− : 비하+어 ; 인하− : 인하+어, ㄴ, 어서 ; 즈음하− : 즈음하+ㄴ, 어, 어서 ; 불구하− : 불구하+고

현재로 이 글에서 조사한 자료에 의하면 불완전계열에 속할 수 있는 형태들은 활용형이 많아도 3개 이하인데, (9)의 예들은 대부분 3개를 지니고 있으며, 위의 형태들은 선행체언에 대해서 특정한 격을 지배하는 통사적 속성을 지니고 있다. '관하여, 대하여, 의하여, 반하여, 비하여, 인하여'는 '−에'를 지배하고, '막론하고'는 '−을/를'을, '불구하고'는 '−에도'를 지배하며 이것들과 선행체언 사이에 다른 언어요소가 개입되는 것을 허용하지 않는다(참고 : '형태에 관하여/*형태에 X(=언어요소) 관하여'). 이러한 통사적 속성은 'N없−'형이 선행요소에 대해서 아무런 통사적 제약이 없는 것과는 대조적이다. '말미암아'의 '말미암−'은 형태론적인 구성이 위의 경우와 차이가 있으나 부사격 조사인 '−로'만을 지배한다는 점에서 (9)의 경우와 동일하므로 이것에 준하여 처리할 수 있다.

> (10) 끽하− : 끽하+어야(끽해야) ; 여간하− : 여간하+ㄴ, 어서 ; 설마하− : 설마하+니, ㄴ들

위의 형태들은 (9)와는 달리, 선행체언의 격을 지배하지 않으며 부가적인 용법으로만 쓰인다. 특히 '끽하−'의 경우는 '끽해야'의 형태로만 실재하며 이것의 통사범주는 부사이다. '보다못하− : 보다못하+어, ㄴ'의 경우도 형태 내부의 구성면에 있어서는 (10)의 부류와 다르나 형태통사적 속성은 (10)과 동일하므로 이것에 준하여 처리하는 것이 좋다.

2.3. [X은 / 을]형

[X은 / 을]형은 (9)의 부류와는 달리, 활용형태가 1개만이 실재하며 그 기능도 부가적 용법에 국한된다. 이러한 부류의 형태는 통사범주가 모두 관형사이다.

> (11) 갖− : 갖+은 ; 괜하− : 괜하+ㄴ ; 무게싣− : 무게싣+리+ㄴ(무게실린) ; 크나크− : 크나크+ㄴ
> 난장맞− : 난장맞+을 ; 빌어먹− : 빌어먹+을

'갖−'은 현대국어에서 '<u>갖은</u> 고생, <u>갖은</u> 고초' 등 부가적으로 쓰이고 통사범주가 관형사인데 선행 명사구와 결합하여 구나 절을 형성할 수 없다. '갖은 소리(쓸데없는 소리)'와 같은 합성어에 쓰이기도 하는데 이것을 사전에서 '갖다'로 등재하기보다는 '갖은'으로 등재해야 하며 이와 동일한 부류에 속하는 나머지 형태들도 마찬가지이다.[13] 따라서, '<u>괜한</u> 소리, <u>무게실린</u> 발언' 등에 쓰이는 '괜하−, 무게싣−' 등도 '괜한, 무게실린' 등으로 사전에 등재해야 할 것이다. '<u>크나큰</u> 실수'에서의 '크나크−'는 유사첩어[14]에 속하는 것으로 '크디크−'와 대응을 이루는데 전자보다는 후자가 더 생산적인 것으로 보인다.

'난장맞−, 빌어먹−' 등도 '<u>난장맞을</u> 년, <u>빌어먹을</u> 놈' 등으로 쓰이며 1개의 활용형만 실재한다. 'N없는'의 형태와는 '−은, −을'의 차이가 있기는 하나 관형사라는 점에서 통사적인 기능이 동일하다.

그러나 이것들은 '난장맞을!, 빌어먹을!' 등으로 독립적으로 쓰이기도 하고 '난장을 맞을, 빌어 먹을' 등과 같은 통사적 구성에 대응된다는 점에서 '갖은'과 차이가 있다. '난장맞−, 빌어먹−' 등의 파생조건은 (6)에 준한다.

---

13) 고영근(1989 : 537)에서도 '갖은'을 관형사 파생어로 처리하고 있으며 '없는 사람('가난한 사람'의 뜻을 지닐 경우)'의 '없는'도 이와 같이 처리하였다.
14) 중첩현상에 대해서는 이상억·김영석(1993 : 157∼183), 시정곤(1994 : 411∼475)을 참조.

2.4. [X어 / 지 / 고]형

아래의 경우는 동사에서 유래된 불완전형태로 '불완전동사 / 불구동사 / 못 갖춘움직씨' 등으로 알려진 것들이다. 동사에서 유래된 불완전형태들은 대체로 특정한 격을 지배하는 경우가 많은데, 아래의 부류들도 이와 같은 통사적 속성을 지니기도 한다.

> (12) 더불− : 더불+어, 지 ; 데리− : 데리+어, 고 ; 가로−(가라사대, 가로되,
>   가론) ; 서슴− : 서슴+지 ; 아우르− : 아우르+어(아울러)

이것들은 특정한 격을 지배하는 점에서는 (9)의 형태들과 같은데 '더불−'의 경우는 '−와 / 과'를, '데리−'의 경우는 '−을 / 를'을 지배한다. '가라사대, 가로되, 가론' 등에 쓰이는 '가로−'도 이와 유사하기는 하나 선행 격표지가 생략되기도 하고 '−이 / 가 / 께서'는 물론, '−은 / 는'이 선행할 수도 있다는 점에서 차이가 있다. '가로−'는 현대국어에서 생산적으로 쓰이기보다는 역사적 잔존형태(화석형태)에 가깝다. '서슴−'은 '서슴지'와 같이 1개의 활용형만을 지니며 '서슴지 말고, 서슴지 않고' 등과 같이 부정 형태와 항상 공기(共起)한다. '아울러'의 경우도 불완전형태라고 할 수 있는데, '−와·과'를 지배하기도 하고 부사적으로 쓰이기도 한다(참고 : 철수와 아울러, 아울러 말씀을 드리는데).

2.5. [N이 / 을]형

불완전형태 중에서 체언에서 유래한 것들은 대부분 관형격조사 '−의'나 부사격조사 '−에'와 관련이 있으며 주격조사 '−이 / 가'나 목적격조사 '−을 / 를'과 같은 전형적인 격조사를 요구하는 경우는 매우 드물다. 아래의 부류들은 이러한 조사들이 후접(後接)된 형태인데 이러한 유형의 불완전형태들은 대부분 관용적인 표현에 사용된다는 점이 흥미롭다. 이러한 유형의 불완전형태들은 주격조사와 목적격조사를 둘다 허용하는 경우와 목적격조사만을 허용하는 경우가 있다.

(13) 거덜+이, 을 ; 억장+이, 을 ; 이골+이, 을 ; 판판+이, 을

'거덜'은 '<u>거덜</u>(이) 났다, <u>거덜</u>(을) 낸다.'와 같이 후행하는 동사가 '나-, 내-' 외에는 없으며 조사의 생략이 가능하다. '이골'도 '<u>이골이</u> 났다, <u>이골을</u> 낸다.'와 같이 '거덜'의 경우와 동일하지만 조사가 생략될 수 없다는 점에서 차이가 있다. '억장'의 경우도 '<u>억장이</u> 무너진다, <u>억장을</u> 무너뜨린다.' 등과 같이 쓰이는데 '거덜'과는 달리, 조사가 생략되지 않는다. '판판'은 '<u>판판이</u> 졌다, <u>판판을</u> 졌다'에서처럼 주격조사와 목적격조사가 대칭적으로 나타난다는 점이 매우 흥미롭다. 다음의 형태들은 목적격조사와 결합하는 경우다.

(14) 물고+를 ; 박차+를 ; 발버둥+을

위의 형태들도 (13)의 경우와 마찬가지로 '<u>물고를</u> 내겠다, <u>박차를</u> 가했다, <u>발버둥</u>(을) 쳤다'와 같이 후행하는 동사와 더불어 굳어진 표현(관용적 표현)에 해당되며 목적격조사 '-을/를'이 생략되지 않는다. 따라서 사전이 '실재(實在)하는 어휘의 저장소'라는 점을 전제로 할 때, 이러한 형태들은 사전에 등재할 때에 '물고를, 박차를' 등으로 해야 할 것이다.

2.6. [N의]형

다음은 불완전계열의 체언류 중에서 관형적으로만 사용되는 경우다. 이와 같은 불완전형태들은 고유어에서는 볼 수 없고 한자어에 국한된다.

(15) 소기+의 ; 소정+의 ; 일고+의 ; 일련+(의) ; 일말+의 ; 일종+의 ; 저간+의

위의 형태들은 모두 한자어 명사로 '<u>소기의</u> 목적, <u>소정의</u> 원고료, <u>일고의</u> 가치, <u>일종의</u> 사고, <u>일말의</u> 가치, <u>저간의</u> 사정' 등과 같이 항상 '-의'와 결합하여 실재하는데 '*소기/소정/일고/일말/일종/저간' 등이 독립해서 쓰이지는 않는다.15) 그러나 '일련'의 경우에는 나머지 형태들과는 달리, 조사 '-의'

---

15) 실제로 쓰이지 않는 한자어가 현행 국어사전에 등재되는 경우가 종종 있는데, 위의 '소기(所期)……' 등도 그것의 예이다. 이것들을 사전에는 '소기의'와 같이 등재하는 것이 옳다.

가 생략가능하며 '일련 번호'에서처럼 항상 관형적으로만 쓰인다. 이러한 유형의 형태들은 기능적인 면에서는 관형사와 같으나 형태적인 속성은 이와 다르다.16) 그렇다고 명사라고 하기에는 너무나 그 기능이 제한적이므로 이러한 부류들을 잠정적으로 '관형명사'로 부르기로 한다.17) 여기에 관해서는 앞으로 더 논의하겠거니와 불완전형태 중에서 후접하는 조사가 생략가능한 형태들은 예외없이 관형명사에 해당한다는 점과 이들 대부분이 한자어에 속한다는 점이 흥미롭다.

2.7. [N에 / (에)]형

[N의]형에 비해 [N에]형은 상대적으로 그 숫자가 많은 편인데 '에'와 항상 결합하여 실재하는 생략불가형태와 그렇지 않은 생략가능형태로 나뉜다.

> (16) 겁결+에 ; 내친김+에 ; 단김+에 ; 단방+에 ; 삽시+에 ;
>   성공리+에 ; 성황리+에 ; 소란통+에 ; 얼떨결+에 ; 잠결+에 ;
>   장마통+에 ; 엉겁결+에 ; 하눈+에 ; 홧김+에
>   때문+에, 으로 ; 미명하+에 ; 반면+에

위의 형태들은 조사 '−에'와 항상 결합하여 실재하는 것인데 '겁결에, 내친김에, 단방에, 삽시에, 성공리에, 성황리에, 소란통에, 얼떨결에, 잠결에, 장마통에, 엉겁결에, 한눈에, 홧김에' 등은 상황을 나타내는 부사어의 기능을 지니고 있다. '때문에, 미명하에'는 '사랑 <u>때문에</u>, 사랑이라는 <u>미명하에</u>' 등과 같이, 관형어를 필수적으로 요구하지만 '반면에'의 경우는 그렇지 않다(참고 : 사랑하는 <u>반면에</u>, <u>반면에</u> 그는……).

그 외에 '여비조로, 예부터, 지지리도' 등의 형태들도 위의 형태들에 준하

---

16) 관형사는 '−화(化), −적(的)'과 같은 접미사가 후접될 수 없는데 대해, '일련'의 경우는 '일련적, 일련화' 등의 파생이 가능하다.

17) 송기중(1992 : 72)에서는 "……'文敎−', '自動−', '飛行−' 등은 모두 명사수식(관형성) 기능만을 지니고 있는데……" 등으로 시작하여 모든 현행 국어사전들이 이러한 것의 품사를 모두 명사로 처리하는 데에 대한 비판을 하였다. 이러한 비판은 타당한 것일 뿐만 아니라 여기에서 제시된 명사수식의 기능을 지닌 것들이 이 글의 관형명사류와 관련된다는 점에서도 매우 흥미롭다.

여 처리할 수 있으며, '뉘라서'는 중세국어에서는 종종 사용되었으나 현대국어에서는 거의 사용되지 않는데 '<u>뉘라서</u> 겨울더러 춥다더냐.' 등의 예에서 그 흔적을 더듬을 수 있다. '뉘라서'는 비록 주격의 기능을 지니고 있으나 역사적 잔존형태에 해당하므로 '─ㅣ라서'를 현대국어에서 주격조사로 간주하기보다는 '뉘라서' 전체를 하나의 통사적 단위(단어)로 취급해야 한다.

(17) 가두+(에) ; 극비리+(에) ; 야반+(에) ; 적시+(에) ; 절찬리+(에) ; 진두+(에)

위의 형태들은 '─에'가 생략가능한 불완전형태로서 '─에'가 생략되었을 경우는 '<u>가두</u> 진출, <u>극비리</u> 도피, <u>야반</u> 도주, <u>적시</u> 안타, <u>절찬리</u> 상영, <u>진두</u> 지휘' 등과 같이 관형명사로만 쓰인다. 이러한 관형명사류는 앞의 '일련(의)'의 경우와 마찬가지로 조사의 생략에 의해 파생된 불완전형태로서, 고유어가 아닌, 한자어에 속한다는 공통점을 지니고 있다. '<u>무협의</u>(로)'의 경우도 조사가 생략가능한 불완전형태로서 '─로'가 생략된 경우에는 '무협의 고발 사건' 등과 같이 관형명사로만 쓰인다. 이러한 관형명사는 그것의 통사적 기능과 후접할 수 있는 조사가 지극히 제한되었다는 점에서 다른 일반 명사들과는 달리, 불완전계열에 속한다.

3. 관형명사류

국어의 한자어 명사[18] 중에서 관형적으로만 쓰임이 제한된 경우가 상당수 실재한다.[19] 가령, 앞에서 제시된 '야반'의 경우, '─에'와 같은 조사가 붙을 수 있다는 점에서는 관형사라고 할 수 없지만 '*야반이, *야반을, *야반이다' 등과 같이 주격, 목적격, 서술격 등과 같이 명사류의 전형적인 기능을 지닌 격조사와는 결합할 수 없다는 점에서 명사라고 하기도 어렵다. 실제의 언어

---

18) 한자어의 어휘의미속성과 분류에 대한 체계적인 연구로는 김광해(1989)를 참조.
19) 이러한 점에 대해서는 송기중(1992 : 72~73)에서도 지적한 바 있다.

사용에 있어서 이러한 부류들의 사용빈도가 잦으며 그 숫자에 있어서도 결코 만만치 않을뿐더러 공시적으로도 이러한 부류들이 계속 나타나고 있으므로 국어형태론의 기술에서 제외되거나 등한시해서는 안될 것이다. 여기에서는 관형명사류에는 어떠한 것들이 있는지에 대해 파생되는 방식에 따라 4가지로 구분하여 제시한다.

3.1. 어근분리형

관형명사류들은 그것이 어떤 구성에서 파생되었는지에 따라 몇 가지 부류로 분류할 수 있다. 앞에서 제시된 조사 생략이 가능한 불완전형태들도 하나의 부류를 형성하는데 '어근[+한자어]하ー' 구성에서 어근만 분리되어 관형명사로 파생된 것들을 제시하면 다음과 같다.

> (18) 가용(하ー) ; 거대(하ー) ; 과다(하ー) ; 과적(하ー) ; 극렬(하ー) ; 급성장(하ー) ;
> 급제동(히ー) ; 급추진(히ー) ; 긴급(하ー) ; 단명(하ー) ; 단일(하ー) ; 대등(하ー) ;
> 통원(하ー) ; 통속(하ー)

위의 형태들은 '하ー'의 생략에 의해서 파생된 관형명사들로 '<u>가용</u> 자원, <u>가중</u> 처벌, <u>거대</u> 자본, <u>과다</u> 적재, <u>과적</u> 차량, <u>극렬</u> 시위, <u>급성장</u> 산업, <u>급신장</u> 추세, <u>급제동</u> 차량, <u>급추진</u> 사업, <u>긴급</u> 사항, <u>단명</u> 내각, <u>단일</u> 종목, <u>대등</u> 관계, <u>통원</u> 치료, <u>통속</u> 소설' 등과 같이 관형어로만 사용되고 주어나 목적어, 서술어 등과 같은 기능은 지니지 않는다.[20] '현행, 후발' 등도 '*현행하다, *후발하다'가 실재하지는 않으나 관형적으로만 쓰이므로 위의 형태들에 준해서 처리할 수 있다.

> (19) 관형명사 파생 조건 : $[[+한자어]]R+[하]af \rightarrow [[+DEFECTIVE]]_{ADN}$

[+한자어]는 형태의 유래와 관련된 어원적 자질이다. 국어의 형태론을 전

---

20) 어근이 분리될 수 있다고 해서 모두 관형명사는 아니다. 예컨대 '공부하다'의 '공부'와는 그 구성은 동일하나 '공부'의 경우는 (18)의 경우처럼 관형적 기능에만 국한되어 사용되지 않으므로 관형명사에 속하지 않는다.

개함에 있어서 이와 같은 어원적 자질이 국어의 형태통사적 양상에 영향을 미치므로 설정하지 못할 이유가 없으며,[21] 이 글이 현재로 조사한 자료에 의하면, 모든 관형명사는 [+한자어]의 속성을 지니고 있으므로이러한 자질의 설정은 관형명사의 공통점을 포착하는 데에도 유용하다. [+DEFECTIVE]의 자질은 격의 기능이 지극히 제한되었음을 뜻하는 자질이다. [+DEFECTIVE]의 자질을 지닌 관형명사의 경우는 오로지 관형격만을 할당받을 수 있다. '[ ]$_{ADN}$'은 통사범주가 관형사임을 뜻한다. (19)의 파생조건은 '[R[+한자어]]+[하]$_{af}$'의 조건을 만족하는 형태들이 접사인 '-하-'가 생략되고 한자어 어근인 '[[+한자어]]$_R$'이 [+DEFECTIVE]의 자질을 가지게 되어 관형명사로 파생되는 과정을 표현한 것이다. 이러한 파생조건도 앞의 (6), (8)의 조건과 마찬가지로 우연적이며 일회적이다.

'어근+하-'의 형태론적 구성으로부터 분리된 어근 중에서 불완전형태로 사용되는 것만이 관형명사에 속한다. 따라서 '성공하다, 출세하다, …' 등의 '성공'이나 '출세'의 경우는 위의 조건에 부합되지 않으므로 관형명사라고 할 수 없다.[22]

3.2. 축약형

중세국어나 근대국어에 비해, 현대국어에서는 한자어 축약형태가 다양하게 사용되고 있다. 이러한 축약형 중에서 관형명사에 해당하는 것은 매우 풍부한데 실제의 언어사용에서 널리 쓰이는 몇 가지 예들을 제시하면 아래와 같다.

    (20) 가전 ; 농공 ; 상공 ; 농상 ; 농수산 ; 농축산

---

21) 송기중(1992)에서도 국어의 화자들의 머리 속에 한자어에 대한 직관이 존재하고, 한자어의 형태론적 양상이 고유어의 그것과 차이가 있음을 근거로 국어형태론을 전개할 때에 한자어와 비한자어의 경우를 구분할 필요가 있다고 주장하였다.

22) 어근분리현상과 관련된 논의로는 고영근(1989 : 539~540)을 참조할 수 있는데, 여기에서는 '자유롭다'의 '자유'와 '분명하다'의 '분명'을, 전자가 '무슨 사유'와 같이 관형사적 요소를 선행할 수 있으며 '자유가, 자유를, 자유이다'와 같은 격조사의 후접을 허용하는 점에 비해서 후자는 그러지 못한 점에 근거하여 전자를 '규칙적 어근', 후자를 '불규칙적 어근'으로 분류하였다.

‘가전’은 ‘가정용 전기’에서 축약된 것으로 보이는데, ‘*가전이, *가전을, *가전이다’ 등과 같이 주어, 목적어, 서술어 등으로 쓰이지 않으며 오로지 관형적으로만 쓰인다. ‘<u>가전</u> 제품, <u>농공</u> 단지, <u>상공</u> 정책, <u>농수산</u> 산업, <u>농축산</u> 가공품’ 등과 같이 (20)의 형태들은 2개 이상의 단어가 축약되어 파생된 것으로 관형명사에 속하며 이러한 관형명사들의 파생은 매우 생산적이다. ‘한독, 한일, 한러, 한미, 한일, 한불’ 등과 같이 국명이 축약된 형태도 관형적으로 사용된다.

3.3. 접두형

다음은 한자어계 접두사에 의해 형성된 관형명사류이다.

(21) 미전향 ; 미제출 ; 미집행 ; 미확인 ;
　　　반국가 ; 반독재 ; 반미 ; 반민족 ; 반정부 ; 반덤핑 ;
　　　범국민 ; 범도민 ; 범민족 ; 범민주 ; 범용 ; 범정부 ;
　　　비공개 ; 비규격 ; 비동맹 ; 비무장 ; 비보호 ; 비영리

‘미-’는 ‘N하-’의 형태론적 구성을 지닌 한자어에 전접(前接)함으로써 관형명사를 파생시킨다. ‘전향하다’에서 ‘전향’은 ‘<u>전향이</u> 어렵다, <u>전향을</u> 하게 되었다.’ 등과 같이 실재(實在)하여 불완전형태라고 할 수 없는데 ‘미-’가 전접(前接)될 경우는 ‘<u>미전향</u> 장기수’와 같이 관형적으로만 실재한다. ‘미제출, 미집행, 미확인’ 등도 ‘<u>미제출</u> 서류, <u>미집행</u> 사건, <u>미확인</u> 지뢰 지대’ 등과 같이 관형어로만 쓰인다. ‘반-’의 경우는 ‘미-’와는 달리 일반적으로 명사에 전접한다. ‘국가’는 불완전형태가 아니지만 여기에 ‘반-’이 전접(前接)된 ‘반국가’는 ‘*반국가를, 반국가이다’ 등으로 실재하지 않고 ‘<u>반국가</u> 투쟁 선언, <u>반국가</u> 단체’ 등과 같이 관형명사로만 실재한다. ‘반독재, 반미, 반민족, 반정부’ 등도 ‘<u>반독재</u> 운동, <u>반미</u> 국가, <u>반민족</u> 행위, <u>반정부</u> 인사’ 등으로 실재하는데 ‘반덤핑’의 경우는 ‘덤핑’이 한자어에 속하지 않는다는 점에서 앞의 형태들과 어원적인 차이를 보인다. ‘범국민, 범도민, 범민족, 범민주, 범용, 범정

부' 등의 경우도 '<u>범국민</u> 운동, <u>범도민</u> 질서 회복 운동, <u>범민족</u> 체육 대회, <u>범민주</u> 세력, <u>범용</u> 컴퓨터, <u>범정부</u> 차원' 등과 같이 관형명사로 실재하며, (21)에서 제시된 '비공개, 비규격, 비동맹, **비무장**, **비보호**, 비영리' 등도 '<u>비공개</u> 질문, <u>비규격</u> 제품, <u>비동맹</u> 국가, <u>비무장</u> 지대, **비보호** 좌회전, <u>비영리</u> 단체' 등으로 실재한다.[23]

> (21') 대물 ; 대미 ; 대민 ; 대남 ; 대북 ; 대서방 ; 대외 ; 대인 ; 대일
> 각국 ; 각급 ; 강성 ; 고가 / 저가
> 국무 ; 국산 ; 국선 ; 국영 ; 국정 ; 극동 ; 극한
> 요시찰 ; 요주의 ; 우범 ; 재독 ; 재일 ; 재러
> 저개발 ; 저공 ; 저공해 ; 저학력
> 친러 ; 친미 ; 친북한 ; 친일 ; 항독 ; 항일

위의 형태들도 관형명사에 속하는 불완전형태들로 '대-, 각-, 국-, 요-, 재-, 저-, 친-' 등이 접두사라고 하기에는 문제가 있으나 이러한 형태들에 의한 관형명사의 파생이 현대국어에서 생산적이고 형태통사적인 속성에 있어서 (21)의 형태들과 유사한 점이 많으므로 이에 준하여 처리하는 것이 좋다.

3.4. 접미형

다음은 앞의 유형과는 반대로 접미사적인 성격을 지닌 한자어에 의한 관형명사들의 예이다.

> (22) 공립 ; 국공립 ; 군립 ; 시립 ; 도립 ; 주립 ; 군별 ; 도별 ; 시별 ; 다국간 ; 다자간 ; 다년간

'-립, -별, -간' 등에 의한 관형명사의 파생도 현대국어에서 생산적인데 접두형이 접미형보다 더 생산적이며 접두형이 전형적인 관형명사임에 비해 접미형은 '<u>공립</u> 학교, 그 학교는 <u>공립입니다</u>.' 등의 예에서 알 수 있듯이 전

---

23) '비-'는 '불-, 무-' 등과 더불어 부정접두사에 속하는데 이에 대한 사전적 처리와 통사부와의 상관관계에 대해서는 박순함(1983)(고영근 · 남기심 · 이익섭 편(1983)에 수록)을 참고할 수 있다.

형적인 관형명사로 보기가 어려울 뿐만 아니라, 종류도 접두형이 다양하다는 점에서 접미사가 발달한 고유어와는 반대의 양상을 보인다. 그 외에 '관선, 군용, 남행, 북행, 차기, 차차기' 등도 관형명사에 속하는 것으로 접미형에 준하는 것으로 생각된다.

'간이(간이 휴게소), 강박(강박 관념), 거시(거시 경제), 공안(공안 통치), 관변(관변 단체), 괴기(괴기 소설), 괴뢰(괴뢰 정권), 길항(길항 작용), 냉혈(냉혈 인간), 문민(문민 정부), 미시(미시 경제), 윤락(윤락 행위), 의법(의법 조치), 임계(임계 온도), 임대차(임대차 보호법), 임산(임산 가공), 임상(임상 실험), 행려(행려 환자)' 등의 형태들도 관형명사에 속하는데 이들은 접두형이나 접미형 어디에도 해당되지 않는 중립적인 형태이다.[24]

4. 불완전계열과 파생조건

형태부는 전통적으로 파생형태부(단어형성부)와 굴절형태부로 대별되었는데, 이 글에서 제시된 불완전계열들은 형태론적인 성격상으로 이 두 가지의 어느 곳에도 속하지 않는다. 불완전계열의 형태들이 대부분 파생접사가 없다는 점에서 파생형태부에서 처리하기가 어렵고, 활용형이 지극히 제한되었다는 점에서 굴절형태부에서 다룬다는 것도 곤란하다. 설령, 굴절형태부에서 다룬다 하더라도 불완전형태들은 예외적으로 처리될 수밖에 없기 때문에 굴절부의 부담으로 남는다. 더구나 불완전형태들이 그 숫자에 있어서도 만만치 않으며 불완전계열에 속하는 부류들이 파생형태부나 굴절형태부의 작용과 매우 상이한 독자적인 성격을 지니고 있다.

---

24) 이것들과 유사한 것으로 '미시(missy)'가 있는데 이것은 일종의 신조어(新造語, 새말)로 한자어에서 유래되지 않은 점에서 '반딤핑'의 경우와 유사한데 '미시 패션, 미시 매니아, 미시 상품, …' 등과 같이 실재하며 어원적으로는 형용사에서 유래된 것이나[miss+y(형용사 파생접사)] 국어에서는 관형명사처럼 사용되는 것이 흥미롭다. 만일 '미시'도 관형명사의 범주 속에 포함이 된다면 관형명사는 반드시 '한자어'이어야 한다는 조건은 수정되어야 할 것이다.

불완전계열의 형태론에서 형태의 어원적인 자질인 [＋한자어]의 설정이 필요하다는 것을 관형명사류에 대한 논의에서 충분히 인식했으리라고 생각한다.[25] 이러한 어원적인 자질 이외에도 불완전계열의 형태들의 파생은 기본적으로 '우연적'이고 '일회적'이며 규칙지배적이라기보다는 '기억의존적'이다. 가령, 불완전형태인 '뼈있는'의 경우, '뼈, 있－, －는' 등 3개의 형태가 파생조건인 'N＋[있[＋활용성, ＋서술성]]$_{stem}$＋[는]$_{af}$→[N있는[－활용성, －서술성]]$_{adN}$'을 만족할 때 불완전형태가 되는 것이다. 그러나 이러한 파생조건은 단어형성규칙과 같이, 동일한 환경이면서 다른 제약이나 원리를 어기지 않는다면 무조건(혹은 필연적으로) 적용되는 것이 아니다. '뼈있는'이 불완전형태가 된 것에 대해서 언어학적인 관점에서 어떠한 필연적인 이유를 현재로서는 발견하기가 어렵다. 이것은 언중의 관습과 관련된 문제인 것이다.

위와 같은 파생조건에 우연히 적용된 '뼈있는'은 한번 파생이 된 후에는 더 이상의 단어형성규칙이나 파생조건에 적용을 받지 않는다는 점에서 일회적이다. 가령, '시집살이'의 경우는 '시집＋살－'과 같이 합성어로 형성되었다가 다시 '시집살＋이'로 파생이 된다(이익섭, 1965 참조) 그러나 '뼈있는'의 경우는 '뼈＋있－'의 결합에 의해 '뼈있－'이라는 불완전형태가 파생되고 다음에 '뼈있＋는'이 결합하여 또 다른 불완전형태가 파생되는 것이 아니다. 파생조건에 의해 불완전형태가 파생되고 이것이 하나의 굳어진 형태로 화자의 기억 속에 저장이 되는 것이다. 이러한 형태가 실제의 발화에서 쓰이느냐 아니냐는 개인적인 기억의 문제인 것이다. 불완전형태들의 실제 사용이 전적으로 기억에만 의존한다는 속성은 파생형태부나 굴절형태부의 그것과는 이질적이다. 가령, '사랑스럽다'라는 완전형태의 경우는 사전 속에 '사랑, －스럽－, －다'로 존재할 수도 있고, '사랑스럽－, －다' 혹은 '사랑스럽다'로 존재할 수 있다.[26] 다시 말해서 '사랑스럽－'을 통사부에 입력시킬 때에 사전 속에서

---

25) 국어형태론의 기술에 있어서 어원적인 자질인 [＋한자어]의 설정에 대한 중요성을 강조하고 나아가서 이러한 자질을 바탕으로 형태소를 분류한 것으로는 송기중(1992 : 48~51)을 참고할 수 있다.

26) 머리 속의 사전에 등재되는 등재소에 대한 위와 같은 관점은 구본관(1990 : 40)을 참조할 수 있는데, 여기에서는 약어휘론의 관점에서 사전을 설정했기 때문에 '－다'는 저장부로서의 사전 속

직접 꺼낼 수도 있고 단어형성규칙(사랑＋스럽→사랑스럽)을 적용하여 통사부에 입력되기도 한다. 그러나 불완전형태의 경우에는 단어형성규칙을 적용할 수 없으며 오로지 기억에 의존하여 사전에 저장된 불완전형태가 그대로 통사부에 입력되는 것이다.

　모든 불완전형태는 일단 파생조건의 적용을 받으면 '일회적 적용'이라는 속성 때문에 더 이상의 파생조건이 적용되지 않으며 이에 따라 파생된 불완전형태는 내부구조가 단일하다.[27] 불완전형태에 대한 단어형성규칙의 적용은 다음과 같은 점에서 적절하지 않다. 가령, '뼈있는'은 외견상으로 복합어인 것처럼 보이나 더 이상 분석이 불가능한 하나의 형태이다. 비록 '뼈있는'을 단어형성의 규칙이나 원리에 따라 파생[28]한다고 가정할지라도, 이것은 X'-형태론[29]에서의 단어형성규칙이나 시정곤(1994 : 91)에서의 단어형성원리(대상선정 원리, 어휘범주 삼투원리 (1), 어휘핵의 허가원리와 충족조건, 상위범주 생성원리, 어휘범주 삼투원리 (2), 대역기호여과원리, 검색원리) 등의 적용이 어렵다. 위의 두 이론은 세부사항과 연산방식에 있어서 차이를 보이고 있지만[30] 모두, 단어형성에 있어서 '핵(head)'의 설정과 단어의 형성이 '확장적'이라는 점에 기반을 두고 있다. 그러나 이 글에서 제시한 파생조건의 경우는 이러한 단어형성의 경우와는 매우 이질적이다.

　핵 삼투원리에 의하면 핵이 지니는 어휘범주와 상위범주의 통사범주가 일치해야 하는데 이러한 원리의 적용이 불완전형태들에 대해서는 불가능한 것으로 생각된다. 가령, '뼈있는'의 통사범주는 관형사다. 그러나 '뼈, 있－, －는'의 어떤 하위범주도 상위범주를 관형사로 투사시켜줄 핵(head)을 가정하기 어렵다. 위의 두 이론 체계 내에서의 단어형성 규칙은 확장적인 성격을 지니고 있다. 가령, '－이'가 '먹－'과 결합하여 '먹이'가 되는데 이것은 '－이'가 '먹이'로

　에는 포함시키지 않았다.

27) 불완전형태는 단어의 구조적인 관점에서는 단일어에 해당된다. 파생조건 (6), (8), (19)에서 왼편에 있는 '[ ]통사범주' 표시는 이것이 구조적으로는 단일하다는 것을 뜻한다.

28) 단어형성의 원리에 대한 체계적이고 이론적인 논의는 시정곤(1994 : 82~100)을 참조.

29) 엑스－바 형태론에 대해서는 김영석·이상억(1993 : 76~83), 시정곤(1994 : 81~89), 전상범 역(1987)의 3장 부분을 참고할 수 있다.

30) 이에 대한 자세한 논의는 시정곤(1994 : 82~100)을 참조.

확장된 것이다. 그러나, 앞 장에서 제시된 ‘관형명사’의 경우, 그것들의 파생조건 중의 하나인 (19)는 ‘[[한자어]]$_R$+[하]$_{af}$→[R[+DEFECTIVE]]$_{ADN}$’인데 이것은 확장적인 성격을 지니고 있지 않다. (19)에서는 오히려 ‘하－’가 생략되어서 관형명사가 파생될 뿐만 아니라 이 다양한 격자질을 제한하는 [+DEFECTIVE]와 같은 자질을 지니게 된다. 이러한 변화는 하위범주의 자질이 삼투되어 상위범주의 자질을 형성하는 단어형성 규칙과는 매우 이질적이다. 따라서 불완전계열의 파생조건은 파생형태부나 굴절형태부에서의 단어형성의 규칙이나 원리와는 성질이 매우 다르다는 것을 알 수 있다.

불완전계열의 형태들은 구조적으로 단일하고 형태적으로 활용하지 않는 불변화사에 속하며, 그것들의 파생과정이 우연적이고 일회적이며 기억의존적인 특성을 지니고 있다는 점에서 완전형태들과 이질적일 뿐만 아니라 불완전형태의 파생은 계속적으로 진행되고 있다. 현대국어에서 실재하는 ‘걸맞은, 딴은, 뒤늦은, 막다른’ 등은 용언으로서의 기능을 상실하고 거의 관형적으로만 쓰이고 있으며, ‘무턱대고, 불구하고’ 등도 굴절부에 포함된 활용형이라기보다는 불완전형태에 가까운 것이다. 또한 ‘아니나 다를까’와 같은 굳어진 표현들도 불완전형태부에서 다루어야 할 것이다. 따라서 이러한 불완전계열의 독자적인 속성과 형태부 내에서의 관련성을 밝히기 위한 ‘불완전형태부’를 설정하고 이것들을 기술하고 설명하는 ‘불완전형태론’의 전개가 필요한 것이다.

(23) 국어형태부의 구성

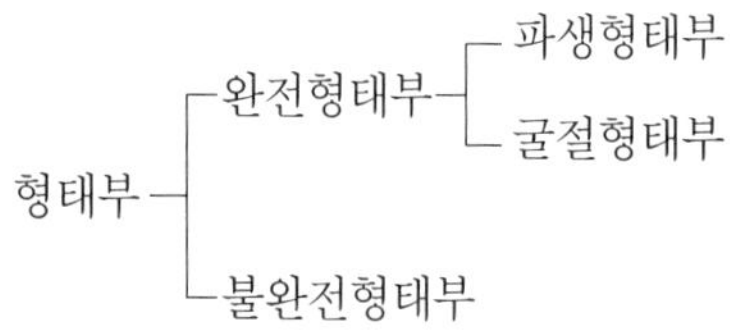

* 불완전 형태부의 구성
　ㄱ. 사건부
　ㄴ. 파생 조건부

‘불완전형태론’이란 불완전형태부의 내부구조를 기술하고 불완전형태들의 형태통사적 속성을 밝히는 형태론이다. 불완전형태부의 내부는 굴절형태부나 파생형태부에 비해 비교적 간단하게 크게 두 가지로 이루어진다. 불완전형태들은 그것의 형태통사적 속성에 따라 분류된 하위사전들로 이루어진 사전부에 저장된다. 사전부란 불완전형태들과 그것들이 지니고 있는 언어정보가 저장된 장소로 불완전계열의 파생조건에 부합될 때 불완전형태로 변화하는데 이에 따라 파생된 불완전형태도 사전부에 저장된다.[31]

불완전형태론을 정립하기 위해서는 첫째로 국어의 현실 속에서 실재하는 불완전계열의 형태들에 대한 자료조사가 보다 광범위하게 전개되어야 할 것이며, 둘째로 조사된 자료를 바탕으로 귀납적인 파생조건을 명세화해야 할 것이다. 이 글은 기존의 국어학계에서 거의 예외적으로 처리하거나 소외되었던 불완전계열의 형태론을 위한 문제제기의 수준에 그친다. 불완전형태론에 대한 연구가 진척됨에 따라 우리가 미처 인식하지 못했던 국어의 여러 가지 형태론적 양상이 밝혀지리라고 생각하며 이 글을 마친다.

---

31) 이와 같은 완전형태와 불완전형태와의 관련성에 대한 이해를 돕기 위하여 그림으로 표현하면 다음과 같다.

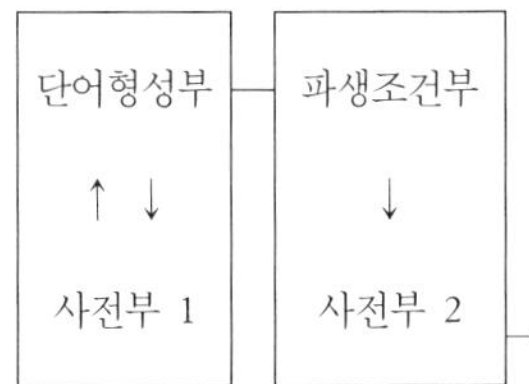

왼쪽의 사각형은 완전형태들이 저장되고 작용을 하는 곳인데 이것이 불완전형태부의 형성 조건에 우연히 부합되면, 새로운 사전에 저장이 되며 사전에 저장된 불완전형태는 단어형성규칙이나 단어형성의 원리의 적용을 받지 않는다.
* 실선은 형태의 흐름을 나타낸 것이머 ' >, < ' 등은 흐름의 방향을 표시한 것이다.

참고문헌

고영근(1989), 『國語形態論研究』, 서울대학교 출판부.
고영근·남기심(1985), 『표준 국어문법론』, 탑출판사.
고영근·남기심·이익섭 공편(1983), 『現代國語文法』, 계명대학교 출판부.
고영근·김민수·이승재·임홍빈 공편(1993), 『국어대사전』, 금성출판사.
구본관(1990), 「경주방언 피동형에 대한 연구」, 『國語研究』 100, 서울대학원 국어연구회.
김광해(1989), 「現代國語의 類意現想에 대한 研究」, 서울대학교 박사학위논문.
김영욱(1989), 「空形態의 설정과 非文法化」, 『관악어문연구』 14호.
______(1993), 「국어문법형태에 대한 역사적 연구」, 서울대학교 박사 논문.
김영석·이상억(1993), 『現代形態論』, 학연사.
김영택(1994), 『자연언어처리』, 교학사.
노명희(1990), 「漢字語의 語彙形態論的 特性에 관한 研究」, 『國語研究』 95, 서울대학원 국
        어연구회.
박성현(1989), 「국어의 부사화소 {−이}와 {−게}에 대한 사적 연구」, 『언어학연구』 3
        호, 서울대 언어학과.
송기중(1992), 「現代國語 漢字語의 構造」, 『한국어문』 1, 한국정신문화연구원.
시정곤(1994), 『국어의 단어형성 원리』, 국학자료원.
이익섭(1965), 「國語複合動詞의 IC 分析」, 『국어국문학』 30.
이태영(1988), 『국어동사의 문법화 연구』, 한신문화사.
정문수(1981), 「한국어 풀이씨의 상적 속성에 관한 연구」, 서울대 언어학과 석사학위 논문.
최현배(1983), 『우리말본』, 정음문화사.
Bybee, J.(1985), *Morphology*, John Benjamin publish company.
Joseph, B. D. & Jander, R. D.(1988), "The how and why of Diachronic Morphologization
        and Demorphologization", *Theoretical Morphology*, Academic Press Inc.
Scalise, S.(1984), *Generative Morphology*, Foris Publication(전상범 역(1987), 생성형태론,
        한신문화사).

'에게'와 유정성*

유현경

1. 언어적 부호화로서의 조사 '에게'

이 연구의 목적은 조사 '에게'의 문제를 [유정성(animacy)]의 자질과 관련지어 설명하려 하는 것이다. 지금까지 대부분의 논의에서 조사 '에게'는 조사 '에'의 이형태로 간주되어 왔다. 조사 앞에 오는 명사가 [유정성]의 의미자질을 가질 때 조사 '에'가 '에게'로 교체되는 것으로 보고 조사 '에게'의 의미나 통사적 지위 등은 조사 '에'에 준하여 유추 해석한다. 이런 이유로 조사 '에'에 대한 수많은 논의들이 있었음에도 불구하고 조사 '에게'만을 집중적으로 세밀히 연구한 논의들이 거의 없었다.[1) 그러나 조사 '에게'와 '에'는 조사 '이', '가'나 '을', '를'처럼 음운론적인 조건에 의한 이형태 관계가 아니기 때문에 이 두 조사를 하나의 형태소의 이형태 관계로 볼 것인지의 문제는 의문의 여지가 있다. '말하다', '주다' 등 동사에 따라 조사 '에게'가 '에'보다 더

---

* 이 논문은 『형태론』 9-2, 형태론 편집위원회, 257~275면에 실린 것임.

1) 송복승(1994), 김원경(1997) 등이 '에게'에 초점을 맞추어 연구한 논의인데, 송복승(1994)은 피동구문과 사동구문에 나타나는 '에게' 구성의 차이를 밝히는 데 논의를 집중하였고 김원경(1997)에서는 '에'와 '에게'를 '소재'라는 추상적 의미를 공유하는 이형태 관계로 보고 '에게'와 '에'의 격범주 설정과 필수성, 수의성 등의 문제를 다루었다. 기존의 논의는 '에게'가 '에'의 이형태라는 전제 하에 피상적으로 접근하거나, 별다른 논증 없이 '에게'를 여격조사로 보고 '에'와 별개의 형태소로 취급한 것이 대부분이다.

기본적인 격형태로 취급되기도 하는데 이는 조사 '에게'를 '에'와 분리하여 살펴볼 필요성을 제기하게 한다.

　박양규(1975 : 99)에서는 여격이란 단지 무정체언에 '에'가 연결되는 환경에서 유정체언에는 '에게'가 연결된다고 하는 사실 그 자체를 말하는 것에 지나지 않으며 '에'와 '에게'는 상보적 분포일 뿐 아니라 순수히 통사론적 견지에서 보더라도 이들이 표시하는 관계의미에 별다른 차이가 있는 것 같지는 않다고 하고 있다. 이러한 논지는 안명철(1982), 이익섭·임홍빈(1983 : 151~156), 김원경(1997), 최호철 외(1998), 이남순(1998), 성광수(1999) 등의 대부분의 논의에서 그대로 받아들여지고 있다. 이에 비해 김승곤(1989)에서는 '에게'를 상대자리토씨로 분류하여 '에'와 별개의 형태소로 보았다. 유현경(2003)에서는 '주다' 구문에 나타나는 조사 '에게'와 '에'에 대하여 살펴보았는데 '에게'와 '에'는 상보적 분포를 이루지도 않고 다른 조사와의 결합 양상에서도 다른 측면을 가지고 있으며 그 의미도 차이가 있기 때문에 별개의 형태소로 보아야 한다고 하였다. 고영근(2005 : 23)에서는 유정물에 붙는 '에게'와 무정물에 붙는 '에'를 문법론적으로 조건 지어진 이형태라 보는 일이 있으나 이는 옳지 않다고 지적하였다.

　이 글에서는 먼저 조사 '에게'와 '에'의 형태론적 관계에 대하여 살펴보려 한다. 조사 '에'와 '에게'가 교체되는 조건은 결합하는 명사가 [유정성]을 가지고 있느냐인데 이와 연관하여 이형태의 분포를 논할 때 음운론적이거나 형태론적인 조건 이외에 다른 조건을 추가할 수 있는가 하는 문제도 함께 논하게 될 것이다. 본론에서는 조사 '에게'의 결합에 영향을 미치는 의미자질인 [유정성]의 개념과 이와 관련된 여러 문법 현상에 대하여 살펴보기로 한다. [유정성]이라는 의미자질은 개별 언어의 문법 현상에 영향을 미치며 언어에 따라 다른 방식으로 부호화(coding)된다는 사실은 이미 잘 알려져 있다(콤리, 1989 ; 크로프트, 1990 ; 연재훈, 1995 ; 야마모토, 1999 ; 김은일, 2000 등). 이 연구에서는 주로 영어의 경우와 대조하여 한국어에서의 [유정성]의 문제를 고찰하게 될 것이다.

　이 연구에서 사용되는 언어 자료는 대부분 말뭉치에서 가져온 것들이다. 주로 사용한 말뭉치는 21세기 세종계획에서 구축한 현대국어 균형말뭉치이며 세종 균형말뭉치가 불충분하다고 판단될 때에는 구글(http://www.google.co.kr/)에서 검색한 용례도 참조하였다. 이 연구는 조사 ‘에게’의 결합 양상을 살핌으로써 한국어에서의 [유정성] 자질이 어떻게 드러나는가에 초점이 있기 때문에 ‘에게’가 어떤 용례에서 나타나는지가 매우 중요하다. 말뭉치에 나타난 용례 분석을 통하여 한국어에서 [유정성] 자질의 언어적 부호화(coding) 양상을 살펴볼 수 있을 것이다.

2. ‘에게’와 ‘에’의 형태론적 관계

조사 ‘에’와 ‘에게’는 다음과 같은 예로 쓰인다.

(1) ㄱ. 철수는 화분에 물을 주었다.
ㄴ. 나는 철수에게 물을 주었다.

앞서 기술한 바와 같이 (1)의 ‘에’와 ‘에게’는 환경에 따라 상보적 분포를 가지게 된 것으로 해석하고 ‘에게’를 처격조사의 일종으로 보는 것이 일반적이다. 그러나 ‘에’와 ‘에게’를 이형태 관계로 규정하기 위해서는 ‘에’와 ‘에게’의 의미가 동일해야 하고 상보적 분포를 이루어야 하는데 ‘에’와 ‘에게’의 경우 이 두 가지 조건이 충족되었다고 보기 어렵다.

조사의 의미는 기본의미를 중심으로 볼 수도 있고 개별 문장에서 쓰인 용법을 중심으로 세분화해서 볼 수도 있다. 개별 용법에서 드러난 조사의 의미는 결합되는 명사의 의미자질과 문장의 핵이 되는 서술어의 의미 구조에 기대는 관계적 의미이다. 기본의미를 기준으로 해서 본다면 ‘에게’뿐 아니라 ‘에서’나 ‘로’까지 ‘에’와 함께 ‘장소’의 의미를 가진 것으로 묶을 수 있을 것이다. 그러므로 조사나 어미와 같은 문법 형태의 이형태 관계는 의미보다 분포를 근거로 판단하는 것이 옳을 것이다(유현경, 2003).

> (2) ㄱ. 인질극을 벌인 10대 강도가 오늘 <u>경찰에</u> 붙잡혔습니다.
>   ㄴ. 지하철에 타고 있던 <u>경찰에게</u> 그 사람이 붙잡혀 위기를 모면했다.
> (3) ㄱ. 구호물자 수송 작전이 4일부터 재개돼 <u>난민들에</u> 전달되기 시작됐다.
>   ㄴ. 유엔의 수송 차량들이 도착, 원조 물자를 현지 <u>난민들에게</u> 전달했다.

(2), (3)은 조사가 결합된 명사와 서술어가 동일한 경우인데도 '에'와 '에게'가 함께 나타난 문장이다. 이는 '에'와 '에게'가 상보적 분포가 아니라는 결정적인 증거가 되거니와 '에'와 '에게'의 의미가 같지 않다는 것을 보여준다.

이익섭·임홍빈(1983 : 151~153)에서는 '에게'와 '에'가 같은 의미를 가지고 있으며 그 환경에 따라 상보적 분포를 가진다고 하면서, 몇 가지 예외를 인정하고 있다. 즉, 모든 유정물 다음에 반드시 '에게'가 쓰이는 것은 아닌데, 그 예를 들면 다음과 같다.

> (4) ㄱ. 키 큰 사람에 싱겁지 않은 사람이 없다.
>   ㄴ. 그 아버지에 그 아들이다.
>   ㄷ. 요즈음 사람에는 별 사람들이 다 있다.
> (5) ㄱ. 형에 비하여 형수가 더 너그럽다.
>   ㄴ. 그분에 대해서 우리는 아무것도 모른다.
>   ㄷ. 선생에 따라서 이야기가 조금씩 틀리더라.
>   ㄹ. 이 일이 결국 김군에 의해 이루어졌다.
>
> −이익섭·임홍빈, 1983 : 152의 예 재인용

이익섭·임홍빈(1983)에서 (4)의 예들은 주로 속담과 같은 특수 표현에 쓰인 것이며 또 사람을 개체보다는 한 부류로 다룰 때 쓰이는 것이고, (5)는 '비하여, 대하여, 의하여, 따라서' 등 몇몇 특수한 표현에 한정된다는 특징을 가진다고 하면서 이를 예외적인 용법으로 보아야 할지 어떤 조건에 따라 결정된 것으로 보아야 할지는 확언키 어렵다고 하고 있다.

그러나 기존의 연구에서 언급한 것처럼 조사 '에게'가 언제나 유정성 자질이 있는 명사와만 결합하는 것은 아니다. 다음의 예를 보자.

> (6) ㄱ. 은행이 그 돈을 맡아서 <u>기업에게</u> 빌려주는 거죠.
>   ㄴ. 그는 <u>팀에게</u> 기념비적인 우승을 안겨줬습니다.

ㄷ. 시작은 저희 <u>여성시대에게</u> 맡겨 주시기 바랍니다.

(6)에서 ‘기업’, ‘팀’, ‘여성시대’ 등은 [유정성]의 자질을 가진 유정물이 아닌데도 불구하고 ‘에게’와 결합하였다.[2] 이러한 예들은 ‘에’와 ‘에게’가 상보적 분포를 이루는 이형태 관계가 아니며 지금까지의 논의와는 달리 [유정성]만으로 ‘에게’의 분포를 설명할 수 없다는 것을 말해 준다.

‘에’와 ‘에게’를 명사의 유정성 여부에 따른 이형태 관계로 보는 관점은 그 전제에 있어 심각한 오류를 포함하고 있다. 고영근(2005)에서는 형태소의 교체에 대하여 논하면서 ‘에’와 ‘에게’를 문법론적으로 조건 지어진 이형태라고 보는 관점에 대하여 비판하고 있다. 이에 의하면 유정성은 문법범주가 아니라 명사에 내재해 있는 의미자질의 하나일 뿐이라고 하였다. 이렇게 본다면 높임의 주격조사 ‘께서’와 이른바 객체높임의 여격조사 ‘께’도 보편적인 주격조사 ‘이／가’와 부사격조사 ‘에게’의 문법론적으로 조건 지어진 이형태로 보아야 할 것이라고 덧붙이고 있다.[3] 즉 한국어 문법에서 이형태 교체의 조건은 음운론적 교체와 형태론적 교체의 두 가지만을 인정하고 소위 통사론적 이형태의 설정을 부정하고 있는 것이다.

남기심(1986／1996)에서는 하나의 형태소를 구성하는 이형태의 분포를 따질 때 언어 단위를 낱말 또는 형태론적 구성까지 잡느냐, 그 이상이 통사적 구성까지도 인정하느냐의 문제를 제기하면서 이형태 관계의 조건인 상보적 분포는 통사적 구성까지 확대될 수 없음을 논증하였다. 상보적 분포의 적용 범위에서 통사적 구성을 배제하는 것과 마찬가지로 의미자질도 이형태 관계의 전제가 될 수 없다. 앞의 예에서 보였듯이 의미란 주관적인 측면이 다분하여

---

2) 이를 의인화한 것으로 보면 [유정성] 자질을 줄 수도 것이라는 사실은 사적으로 고영근 선생님께서 지적하신 바 있다. 그러나 이때 조사 ‘에게’뿐 아니라 ‘에’의 결합도 가능하다는 점은 어떤 명사의 [유정성] 자질이 명사 자체의 고유의 내재 자질이 아니라 화자의 판단과 관련이 있음을 보여 준다.

3) ‘에’와 ‘에게’의 교체 관계를 어떤 조건에 의한 이형태 관계로 보아야 하는지도 사실상 불분명하다. 이 논의에서는 고영근(2005)에서 사용한 문법론적인 이형태라는 용어를 사용하였지만 이 교체가 의미자질에 의한 것이기 때문에 의미론적인 교체라고 해야 할지, 아니면 결합되는 어휘에 의한 교체로 보아 어휘론적 교체라 해야 할지 모호하다. 이러한 측면 역시 ‘에’와 ‘에게’가 이형태 관계가 아님을 시사하는 것으로 볼 수 있다.

경우에 따라 다른 결과를 가져올 수 있기 때문에 이형태 규정에 있어서 음운론적 조건이나 형태론적 조건과 더불어 객관적인 기준으로 삼을 수 없다.

또 한 가지는 '에게'와 '에'가 교체되는 조건인 '에게'가 결합하는 명사의 [유정성]의 고정성 문제이다. '에게' 결합 명사의 [유정성]은 명사 자체에 존재하는 고정 불변의 의미자질이라기보다 화자의 판단에 의한 [유정성]이라는 것이다. 이에 대해서는 4장에서 자세히 논의하기로 하겠다.

'에'와 '에게'가 이형태 관계가 아니라는 증거는 분포에서도 찾을 수 있다. 유하라(2005)는 현대국어 조사의 배열 양상에 대하여 논의한 연구인데 조사 '에'와 '에게'의 앞뒤에 결합되는 조사의 분포가 서로 다른 것을 알 수 있다.4) 유하라(2005 : 108)에서 '에게'는 '에'나 '에서'와는 달리 생략되면 비문이 되는 경우가 많다는 점을 지적하고 이는 '에게'에 통합되는 명사가 유정성을 띠고 있어서 생략될 경우 주어로 이해될 가능성이 높기 때문이라고 하였다.

---

4) 이러한 사실은 유현경(2003)에서 지적한 바 있다.

    (1) ㄱ. 영희가 철수에게 갔다.
       ㄴ. 영희가 철수에게로 갔다.
       ㄷ. *영희가 철수에게를 갔다.
    (2) ㄱ. 영희가 학교에 갔다.
       ㄴ. *영희가 학교에로 갔다.
       ㄷ. 영희가 학교에를 갔다.

유현경(2003)에서 (1)의 예는 '에게'가 조사 '로'와 결합하여 쓰일 수 있으나 조사 '를'과는 결합할 수 없음을 보여준다. 반면에, (2)에서는 조사 '에'가 '로'와는 결합하지 못하고 '를'과 결합하여 쓰이는 것을 볼 수 있다. 이러한 차이는 '에게'가 '에'의 이형태로서 같은 의미를 가지고 있다고 가정했을 때 설명할 수가 없다고 하였다. 그러므로 (1), (2)의 예로 보아 '에게'와 '에'는 이형태 관계가 아니라 별개의 형태소라는 것을 알 수 있다. 성광수(1999 : 189)에서는 조사 '에'를 대상성으로, '로'는 과정성으로 보고 '에게'의 '게'는 유정적인 자질로 규정짓고 있다. 다음과 같은 예에서,

    (3) ㄱ. 아내는 다시 남편에게로 돌아갔다.
       ㄴ. *아내는 강릉에로 돌아갔다.
       ㄷ. 아내는 다시 강릉{에, 로} 돌아갔다.

(3ㄱ) '남편에게로'는 대상성과 과정성이 공존되어 있는 데 반해, (3ㄴ)에서 대상성과 과정성의 공존이 용납되지 않는 현상을 지적하면서 그 이유를 현재로서는 구명할 수 없다고 하고 이는 언어 운용상의 우연한 틈(accident gap)으로 보는 입장을 취하고 있다. 김원경(1997 : 466)도 '에게'와 '에'를 이형태 관계로 보는 논의인데, 유정명사에 '에'가 결합되는 예를 들면서 특정 개인과 결부되지 않은 채 직위나 계급 등만을 언급하는 경우에는 이를 유정성 자질과 무관한 용법으로 파악할 수 있다고 하였다. 이러한 현상은 '에게'와 '에'를 별개의 형태소로 본다면 설명될 수 있다.

또한 문장의 주어가 나오지 않은 경우에도 '에게'가 생략되면 문장의 의미가 달라지는 경우가 있다는 사실을 지적하였다. 이는 '에'와 '에게'가 별개의 조사라는 것을 방증하는 것이다.

그러면 조사 '에게'는 어떻게 선택되는 것일까? '에'와 '에게'는 이형태 관계는 아닐지라도 하나의 구문에서 교체되어 쓰이기도 하고 그 의미적 유사성 때문에 혼동 가능성이 많은 문법 형태 중 하나이다. 다음에서는 이러한 문제를 구체적으로 논의하기 전에 [유정성]의 개념과 이와 관련된 여러 문법 현상에 대하여 살펴보겠다.

3. 유정성(animacy)의 개념과 범위

3.1. 유정성의 개념

유정성(animacy)이란 생명을 가진 생물과 생명이 없는 무생물을 통칭하는 용어로 사용된다(김은일, 2000 : 72). 여러 논의에서 유정성이란 자질이 유형론(typology)적인 관점에서 체계적으로 부호화된다는 사실이 지적되어 왔다(콤리, 1989 ; 크로프트, 1990 ; 연재훈, 1995 ; 야마모토, 1999 ; 김은일, 2000 등). 유정성 위계(animacy hierarchy)는 인칭 위계(person hierarchy), 명사구 유형 위계(NP-type hierarchy)와 함께 범언어적으로 나타나는 현상이다.

(7) ㄱ. 유정성 위계 : 인간 > 비인간 생물 > 무생물
    ㄴ. 인칭 위계 : 1인칭, 2인칭 > 3인칭
    ㄷ. 명사구 유형 위계 : 대명사 > 고유명사 > 보통명사

콤리(1989), 크로프트(1990), 야마모토(1999) 등에서는 [유정성]의 개념과 이에 관련된 언어 현상에 대하여 살펴보았다. 예컨대 흔히 유정성에 따라 수(數)의 구분이 이루어지는 언어에서는 유정성 위계가 높은 명사구는 수의 구분이

이루어지는 반면 위계가 낮은 명사구에서는 수의 구분이 없다. 김은일(2000)에서는 영어와 한국어의 비교를 통하여 유정성이 개별언어의 문법 전반에 걸쳐 그리고 언어유형론적으로 체계적인 부호화를 가져온다는 것을 밝히려고 하였다.[5] 김은일(2000)에서 영어의 동사는 한국어와 달리 [유정성]과 상관없이 사용된다는 점을 지적하고 무생물 주어 구문도 [유정성]의 문제로 해석하였다. 이에 따르면 영어는 타동성이 높은 동사도 무생물 주어를 허용하는 반면 한국어는 타동성이 높은 동사의 경우는 무생물이 주어가 될 수 없다. 예를 들어 'drink'는 주어의 [유정성] 여부와 상관없이 쓰일 수 있는 데 반해 '마시다'라는 동사는 주어가 반드시 유정물이어야 한다. 한국어에서는 목적어의 유정물 여부도 동사의 선택에 관여하는데 목적어가 사람이면 '데리다'나 '모시다'가 사용되고 목적어가 무정물인 경우는 '가지다'라는 동사가 사용된다. 한편 영어에서는 사람이나 사물을 가리지 않고 'bring'을 사용한다.

연재훈(1995 : 213~217)에서도 기능-유형 문법의 관점에서 유정성의 정도 차이라는 의미자질이 유형론적으로 여러 언어에서 중요한 형태-통사 상의 차이를 유발하는 경우가 발견된다고 하면서 한국어에서 유정성의 정도 차이가 피동문의 주어화 절차의 제약 조건으로 사용되기도 하고 어떤 명사구 논항이 주어 위치에 올 수 있느냐를 결정하는 데 중요한 요인으로 작용한다는 점을 지적하였다.

한국어의 '에게'는 결국 유정성이 문법적으로 부호화한 것으로 해석할 수 있는데 [유정성]의 내연과 외연은 언어에 따라 달라질 수 있다. 야마모토(1999 : 1)에서는 [유정성]이란 단순히 [±alive]이라는 의미자질의 문제만은 아니며 유정성의 언어학적 표명(manifestation)은 다소 복잡하다고 하였다. 영어에서 아메바나 물벼룩 같은 부류는 살아있지만 [유정성]을 가졌다고 보기 어려운 반면에 신, 부처, 천사, 영혼, 유령 등은 마치 살아있는 개체처럼 간주된다. 심지어 [유정성]을 가진 부류에 기계(컴퓨터, 자동차 등), 대학, 지리적 개체, 지역 사회(도시이름, 산, 강, 거리명 등) 등을 포함하기도 한다.[6] [유정성] 자질은 격

---

5) 김은일(2000)에서는 animacy를 '유생성'으로 번역하였으나 여기에서는 '유정성'이란 용어를 사용하기로 한다.

표시(case marking), 어순(word order), 주어 선택(subject selection), 주제화(topicality) 등의 문법 현상에 관여한다.

3.2. 유정물의 범위

[유정성]에 대한 개념과 언어적 부호화는 언어나 문화에 따라 달라질 수 있는데 한국어의 '에게'는 대표적인 [유정성] 표지로 인식되어 왔다. 그러나 [유정성]의 의미자질을 가진 명사에는 조사 '에게'가 결합된다는 단순화된 공식만이 존재할 뿐 한국어에서의 [유정성]의 의미에 대한 심도있는 논의가 이루어지지 않았다. 명사가 [유정성] 자질을 가진다고 해서 무조건 '에게'가 결합될 수 있는 것은 아니기 때문에 조사 '에게'의 결합 양상에 대한 세밀한 고찰이 필요하다. 이를 통하여 한국어에서 혹은 한국문화에서 어떤 부류들을 [유정성]이 있는 개체로 인식하는지도 알 수 있을 것이다.

한국어에서 화자와 청자, 3인칭 인물 등은 다른 언어와 마찬가지로 유정물의 전형적 부류이다. 동물 중에서 '개, 소, 돼지, 닭, 토끼, 말' 등의 가축은 유정물로 인식되기도 한다. 가축의 경우 문장에 따라 조사 '에'와 '에게' 출현이 수의적이다.

(8) ㄱ. 나는 풀을 뽑고 사육하는 <u>토끼에게</u> 먹이를 주는 일까지 해야 했다.
    ㄴ. 농가에서는 고사리, 콩나물, 싸라기 등을 삶아 <u>소에게</u> 주기도 한다.
    ㄷ. 오리와 <u>닭에게</u> 먹이주고 관찰하는 일이 재미있다.
    ㄴ. 파블로프는 <u>개에게</u> 먹이를 주면서 종소리를 되풀이해서 들려주었다.
(9) ㄱ. <u>토끼에</u> 물렸을 경우 야토병의 감염이 우려된다.
    ㄴ. 얼마나 <u>소에</u> 많이 뜯기었던지 산꼭대기가 붉은 황토를 드러냈다.
    ㄷ. 이 기생충은 칠면조나 <u>닭에</u> 먹혀서 발생한다.
    ㄹ. 가로등 보수를 하던 인부가 <u>개에</u> 물려 중상을 입었다.

---

6) 야마모토(1999 : 38)에서는 유정성과 관련한 표가 제시되어 있다. 가장 전형적으로 [유정성]을 가진 개체로서 화자 자신, 청자를 들 수 있고 제3자(3인칭), 국외자(局外者, bystander) 등도 이에 포함된다. 지역 사회, 기관 등도 유정성과 관련이 있으며 추상적 개체, 초자연적 존재, 인간과 유사한 기계, 의인화된 동물 등도 유정성을 가진 부류에 포함되어 있다.

(10) ㄱ. 몸은 북망의 여우와 <u>토끼에게</u> 맡길 것이어늘 오히려 황금에 팔려 눈
　　　 이 어둡구나.
　　ㄴ. <u>소에게</u> 풀을 뜯어 먹이러 들로 갔다.
　　ㄷ. <u>닭에게</u> 어떤 방법으로 쑥을 먹일 수가 있을까요?
　　ㄹ. 루트 선택을 <u>개에게</u> 맡기는 것이 안전하다.

(8)은 가축을 나타내는 명사에 조사 '에게'가 결합된 예이고 (9)에서는 동
일한 명사에 조사 '에'가 결합되었다. (8)에서 보듯이 동사 '주다'는 가축과
같은 동물이 나오면 '에'보다 '에게'가 선호되는 경향이 있다. (9)는 주로 피
동사가 서술어가 되는 경우로, 이때 조사 '에'는 '에게'로 교체가 가능하다.
(10)은 사동구문에 '에게'가 쓰인 예인데 '에'보다 '에게' 선택이 자연스럽다.
한국어에서는 가축 이외에도 '호랑이, 여우, 늑대' 등의 포유류에도 조사 '에
게'의 결합이 가능하다.

야마모토(1999)에 따르면 영어의 경우 '아메바', '물벼룩' 등의 미세한 동물
들은 [+alive]의 자질을 가지지만 유정물의 범위에 포함되지 않는다고 하였
다. 한국어에서는 어떠할까?

(11) ㄱ. 그렇다면 <u>아메바에게</u> 죽음이란 어떤 것일까?
　　ㄴ. 허족의 뻗침이 <u>아메바에게</u> 있어서 행위이듯이 동시에 그 행위는….
　　ㄷ. 만약 <u>물벼룩에게</u> 무슨 일이 발생한다면 물고기의 개체수에 영향이
　　　 미칠 것이다.
　　ㄹ. 해파리는 아닌 것 같은데 <u>물벼룩에게</u> 쏘이면 이런 증상이 있는지요

(11)에서 '아메바'와 '물벼룩'의 '에게'와의 결합 여부로 볼 때 한국어는 영
어에 비해 유정물에 포함되는 동물의 범위가 훨씬 더 넓은 것으로 판단된다.

(12) ㄱ. <u>벌레에</u> 먹히고 썩어서 없어지는 농산물의 손실을 방지할 수 있다.
　　ㄴ. 뜰에서 주워온 나뭇잎이 <u>벌레에</u> 파먹혀 있었다.
　　ㄷ. 나뭇잎에 과일즙을 발라 <u>벌레에게</u> 파먹게 하고….
　　ㄹ. 끝내는 그들 자신이 <u>벌레에게</u> 먹히고 말았다.

예문 (12)를 보면 벌레와 같은 곤충류도 한국어에서는 유정성이 있는 개체

로 간주하는 것을 알 수 있다. 유정성의 정도에 있어서는 포유류보다 낮지만[7] '모기, 파리, 벌' 등의 곤충류도 조사 '에게' 결합이 가능하다.

한국어에서는 '나무', '꽃', '풀' 등의 식물은 [+alive]의 자질을 가졌으나 유정물로 보기는 힘들다.

> (13) ㄱ. 제법 많은 날들을 꽃에게 말을 걸면서…
> ㄴ. 열매 맺는 꽃에게 길을 묻는다
> ㄷ. 그는 나무에게 이야기를 건넬 수 있다.
> ㄹ. 그녀는 매일 저녁 한 나무에게 가서 그날 겪은 기쁨을 이야기했다.

말뭉치에서 '꽃에게', '나무에게'를 사용한 용례가 발견되기는 하나 (13)의 예에서 보듯이 대부분 '꽃'과 '나무'를 의인화한 것들이다. 지금까지는 [+alive] 자질을 가진 동물과 식물들과 '에게' 결합 여부를 알아보았는데 한국어에서 [−alive] 자질을 가진 명사들에 대한 인식은 어떠한가?

'하나님, 부처, 천사, 악마, 귀신, 신' 등의 초자연적인 존재에 대한 인식은 한국어도 다른 언이와 비슷한 양상을 보인다.

> (14) ㄱ. 그 대상은 기자암이라고 불리는 바위였고 부처에게 빌 때는 기자불이라 했다.
> ㄴ. 네 이웃을 섬기고, 하나님에게 찬양드리는 모습이 중요하다.
> ㄷ. 세상의 질서는 천사에게 가혹한 요구를 한다.
> ㄹ. 윤애의 말은 악마에게 빌붙는 천사의 그것이었다.

(14)는 한국어에서도 다른 언어에서와 마찬가지로 초자연적 존재를 사람과 동등한 유정물로 간주함을 보여준다.

영어에서는 컴퓨터나 자동차와 같은 인간과 유사한 측면을 가진 기계류와 대학 등의 집합적 명사, 도시이름, 산, 강, 거리명 등에 대해서 유정물의 범주에 넣고 있는데 야마모토(1999 : 18~22)의 예를 보이면 다음과 같다.

> (15) ㄱ. Havard rejected me, but Columbia was generous enough to accept

---

7) 말뭉치 예문을 보면 '에'와 '에게'의 결합 빈도를 알 수 있는데 포유류의 경우는 '에'와 '에게' 결합이 모두 가능하지만 곤충류에 비해서 '에'보다 '에게'가 결합되는 비율이 높다.

   my research proposal.

ㄴ. Honda seems to be pretty annoyed with Rover's recent treaty with
   BMW.

ㄷ. Furious Moscow condemns 'ridiculous' Western action and demands
   Security Council meeting.

ㄹ. Greece was plunged into immediate mourning after hearing her.

ㅁ. Wall Street is in a panic.

한국어에서도 컴퓨터나 자동차와 같은 기계에 조사 '에' 대신 '에게'를 붙
이는 일이 있다.[8)]

(16) ㄱ. 이전의 프로그래밍이란 일방적으로 <u>컴퓨터에게</u> 편지를 보내는 것이
        었다고 한다.

     ㄴ. 여자 목소리를 내는 <u>컴퓨터에게</u> 오늘의 일정을 물어 본다.

     ㄷ. 경리 장부를 계산하는 일을 <u>컴퓨터에게</u> 시킨다고 합시다.

(17) ㄱ. 이를 활용해 반대방향에서 달려오는 <u>차에게</u> 이쪽 차의 존재를 알려
        줄 수 있다.

     ㄴ. 운전석은 무난한 편이며 국산 중형 <u>세단에게</u> '무난함'은 절체절명의
        지상과제다.

     ㄷ. 여전히 형제차인 '<u>쏘나타</u>'에게 밀리는 2인자일지어도, 오늘 만나볼
        차는 '로체'다.

한국어에서도 컴퓨터나 자동차 등은 [−alive] 자질을 가진 부류이지만
(16), (17)을 볼 때 유정물로 인정하는 것으로 보인다. 물론 컴퓨터, 자동차
등에는 조사 '에게'뿐 아니라 '에'도 결합이 가능하지만 의미에 있어 차이를
가진다.

(18) ㄱ. 홧김에 액셀을 밟는 바람에 남의 <u>차에</u> 부딪혔다.

---

8) 세종말뭉치에서는 '컴퓨터에게'가 쓰인 문장이 5개가 추출되었고 '자동차에게, 차에게' 등이 쓰인
   용례는 발견되지 않았다. (16ㄱ), (16ㄴ)은 세종말뭉치에서 가져온 것이고 (16ㄷ)과 (17)은 구글에
   서 검색한 용례이다. 구글에서는 이밖에도 '비행기에게', '기차에게' 등이 쓰인 용례도 검색되었으
   나 세종말뭉치에는 이러한 용례가 발견되지 않았다. 인터넷의 용례가 글말 중심의 세종말뭉치에
   비해 보다 다양한 종류를 보여 주었다. 그러나 (13)에서 제시한 식물류나 (20)의 지리적 개체의 경
   우 인터넷에서도 유정물로 확인할 수 있는 예는 거의 없었다는 사실을 두고 볼 때 인터넷 용례도
   어느 정도의 방향성을 가지고 있음을 보여주는 것으로 생각된다.

　　ㄴ. 주차장에서 주차 중에 남의 <u>차에게</u> 부딪힌 사고의 경우입니다.

　(18ㄱ)와 (18ㄴ)은 비슷한 문장에서 조사 '에'와 '에게'가 교체된 경우이다. (18ㄱ)의 '차에'는 물리적 개체로서의 의미가 강하고 처소의 의미를 부여할 수 있으나 (18ㄴ)의 '차에게'는 행위성이 더 부각되는 것으로 보인다. 즉 (18ㄱ)은 주어가 움직임이 있고 '차에'의 '차'는 정지된 경우로 해석되는 반면 (18ㄴ)은 '차에게'의 '차'가 움직여 주어가 행위를 당한 것으로 해석된다.

　대학 등 기관의 경우 '에게' 결합 양상은 어떠한가를 살펴보자.

　(19)　ㄱ. 짧은 시간에 여러 <u>기업들에게</u> 정보를 전달해 주는 것이 중요합니다.
　　　　ㄴ. 내가 능력이 있으면 마케팅 컨설팅 프로젝트를 우리 <u>회사에게</u> 줄 것이라고 생각했었다.
　　　　ㄷ. 통합하는 <u>대학에게</u> 일 년에 200억씩 600억 원을 지원하겠다고 약속하였다.
　　　　ㄹ. 수천 명의 지원자가 몰리는 <u>학교에게</u> 이것은 주요한 일이다
　　　　ㅁ. 공급부족이 초래하는 고통에 대한 책임도 분명히 <u>정부에게</u> 있다.

　(19)에서 보듯이 '기업, 회사, 대학, 학교, 정부' 등은 [−alive] 자질을 가지고 있지만 조사 '에게'와 결합이 가능하다. 이러한 명사들은 주어로 쓰일 때 조사 '에서'를 취하는 특징을 가지고 있다.

　한국어에서는 도시이름, 산, 강, 거리명 등의 지리적인 개체는 유정물의 범위 안에 들지 못하는 것으로 보인다.

　(20)　ㄱ. 이러한 찬스를 날린 <u>서울에게</u> 곧 바로 실점의 순간이 찾아왔다.
　　　　ㄴ. 시민의 발길을 붙잡는 재주 많은 <u>한강에게</u> '최고의 피서지'라는 이름이 딱 어울린다.
　　　　ㄷ. 3백 68개의 기생화산을 거느린 <u>한라산에게</u> 이제야 그 고백을 하게 되네요.

　예문 (20)에서 보듯이 도시이름이나 산, 강의 이름에 조사 '에게'가 붙을 수 있지만 대부분 의인화하거나 특정한 스포츠 팀을 대신하는 경우이며 이를 제외하고는 대부분 조사 '에'가 결합된다.

앞에서 논의한 바와 같이 한국어에도 [유정성] 자질은 언어보편적인 특성을 공유하면서 한국어만의 고유한 특성을 드러내기도 한다. 한국어는 영어와 비교할 때 [+alive] 자질을 더 폭넓게 받아들여 영어에서는 유정물에 포함하지 않는 작은 동물류도 한국어에서는 유정물의 범주 안에 들어간다. 신과 같은 초자연적인 존재나 컴퓨터, 자동차와 같은 기계류에 유정성을 부여하는 것, 대학, 정부 등의 명사류를 유정물로 보는 것은 영어와 한국어가 동일한데 한국어에서는 지리적 개체는 유정물에서 제외시킨다.

다음에서는 조사 '에게'가 어떠한 조건에 의하여 선택되어 쓰이는지 조사 '에'와의 비교를 통하여 논의하려 한다.

4. 조사 '에게'의 결합 조건

4.1. 통사적 조건

한국어에서 조사 '에게'는 주로 [유정성] 자질을 가지는 명사와 결합하고 '에'는 주로 무정물에 결합하지만 명사의 [유정성] 자질과 상관없이 조사 '에'만 출현하는 경우가 있다. 아래의 (21), (22)와 같이 특정한 구문에 쓰이는 경우이다.

> (21) ㄱ. 재판 관련 서류가 한 독립 유공자 <u>후손에</u> <u>의해서</u> 발견되었습니다.
> ㄴ. 그룹 <u>관계자에</u> <u>대해</u> 오늘 출국 금지조치를 내렸습니다.
> ㄷ. 저희 <u>어머님에</u> <u>관한</u> 얘기를 해드리고 싶었습니다.
> ㄹ. 이웃 <u>주민들에</u> <u>따르면</u> 갑자기 이 씨 집에서 불길이 치솟아 신고했다고 한다.
> ㅁ. 자신이 <u>남들에</u> <u>비해</u> 왜소하다는 생각도 하게 됩니다.
> (22) ㄱ. 사실 저는 회담 대표도 아니고 <u>실무자에</u> <u>불과했습니다.</u>
> ㄴ. 우리가 굉장히 온순한 순종적인 <u>국민에</u> <u>속하는</u> 거죠.
> ㄷ. 우리는 가난한 <u>문학 지망생에</u> <u>지나지 않았다.</u>

　　ㄹ. <u>자식에 관계된</u> 이미지 중에 부모들이 좋아하는 것은 독서하는 자녀
　　　　의 모습일 것이다.
　　ㅁ. 10월부터 카드를 사용할 수 있게 했지만 그나마 <u>외국인에 한해서만</u>
　　　　허용했다.

　(21)과 (22)의 밑줄 친 명사는 [유정성] 자질을 가진 것으로 판단되지만 조
사 ‘에게’가 아닌 ‘에’와만 결합이 가능하다. 이는 명사의 문제라기보다 뒤에
오는 서술어 때문인 것으로 보인다. 예문 (21)의 서술어로 쓰인 ‘의하다, 관하
다, 대하다, 따르다, 비하다’ 등은 ‘의한 / 의하여 / 의해서 / 의하면, 관한 / 관하
여 / 관해서, 대한 / 대하여 / 대해서, 비하여 / 비해서 / 비하면’ 등과 같이 서술형
이 아닌 특정한 몇몇 활용형으로만 쓰이는 동사들이다. (21)은 이익섭 · 임홍
빈(1983 : 152)에서 특수 표현이라고 지적한 예문 (4), (5)와 같은 부류이다.
(22)의 경우는 활용형의 제약은 없으나 [유정성] 자질을 가진 명사가 ‘에게’
가 아닌 ‘에’와 결합하는 예이다. 이러한 예들은 명사의 [유정성] 자질이 서
술어에 의해 제한되어 무정물과 동일한 대상으로 간주되기 때문에 ‘에’가 결
합되는 것으로 보인다. (21), (22)를 통하여 한국어에서 명사에 [유정성] 자질
이 있으면 무조건 조사 ‘에게’가 선택되는 것이 아니라 서술어의 종류나 화
자의 판단에 따라 조사 선택이 이루어짐을 알 수 있다. 이밖에도 서술어의
종류에 따라 명사의 [유정성] 자질이 드러나기도 하고 그렇지 않기도 한 경
우가 있다.

　(23) ㄱ. <u>반장에</u> 영희가 뽑혔다.
　　　　ㄴ. 차에서 내린 청년이 <u>반장에게</u> 다가서며 말했다.

　(23ㄱ)은 명사 ‘반장’의 [유정성] 자질이 문장의 서술어에 따라 통제된 예
문이고 (23ㄴ)은 ‘에게’가 결합되면서 ‘반장’의 [유정성] 자질이 외현된 경우
이다. 이 두 예는 수식 요소에서도 차이를 보인다.

　(24) ㄱ. *<u>두 명의 반장에</u> 영희가 뽑혔다.
　　　　ㄴ. *<u>반장들에</u> 영희가 뽑혔다.
　　　　ㄷ. *<u>서 있는 반장에</u> 영희가 뽑혔다.

     ㄹ. <u>키큰 반장에</u> 영희가 뽑혔다.
(25) ㄱ. 차에서 내린 청년이 <u>두 명의 반장에게</u> 다가서며 말했다.
     ㄴ. 차에서 내린 청년이 <u>반장들에게</u> 다가서며 말했다.
     ㄷ. 차에서 내린 청년이 <u>서 있는 반장에게</u> 다가서며 말했다.
     ㄹ. 차에서 내린 청년이 <u>키큰 반장에게</u> 다가서며 말했다.

(23ㄱ)은 서술어로 쓰인 동사 '뽑히다' 때문에 명사 '반장'에 조사 '에'가 결합된 예인데 (24ㄱ), (24ㄴ)에서 보듯이 수량사구의 수식을 받거나 복수의 접미사 '−들'이 결합되면 비문이 된다. (24ㄷ), (24ㄹ)은 관형절 구성의 수식을 받은 예인데 '서 있는, 아픈, 울고 있는' 등의 일시적 상태를 의미하는 관형절이 오면 비문이 되지만 같은 관형절 구성이라도 지속적 상태를 나타내는 '키가 큰, 예쁜, 훌륭한' 등은 수식이 가능한 것을 볼 수 있다.[9] (25)는 '에게'가 결합된 '반장'이 나타나는 예문으로 수량 표현 구성의 수식, 복수 접미사 '−들' 결합, 관형절 수식 등이 자유로운 것을 보여 준다. 이는 조사 '에게'의 결합에 의하여 명사의 [유정성] 자질이 외현되었기 때문으로 해석할 수 있다.

한국어에서 '말하다, 이야기하다' 등의 발화동사나 사동사, 피동사는 동사의 의미구조로 인하여 '에게'명사구가 빈번하게 출현한다. 그러나 이는 동사의 어휘자질에 의한 것이지 '에게'의 [유정성] 문제와는 직접적인 관련이 없는 것으로 보인다. '말하다'류는 발화 상대가 대부분 유정물이기 때문에 '에게'명사구를 기본 격틀에 포함하는 동사 부류이다. 그러나 다음과 같은 예가 발견된다.

(26) ㄱ. 치료를 받는 동안 <u>학교에</u> 말씀을 드리고 간호를 하고 있었습니다.
     ㄴ. 이를 <u>주최 측에</u> 말하러 갔다가 그들의 무성의한 태도에 실망했다.

'말씀을 드리다, 말하다'는 대표적인 발화동사인데 이러한 발화동사 구문에서는 대부분의 용례에서 여격에 유정물이 오기 때문에 '에게'가 나오는 빈도가 높다. 그러나 유정물 대신에 무정물이 나오면 (26)에서 보듯이 조사 '에'

---

9) (24ㄹ)은 '영희가 키큰 반장으로 선출되었다는 의미가 아니라 여러 반장 중 키가 큰 것으로 영희가 인정되었다는 의미로는 가능한 문장으로 보인다. 그러나 (24ㄷ)은 두 번째의 의미로도 해석이 불가능하므로 두 문장이 차이를 가진다는 점을 지적할 수 있겠다.

가 결합되는 것을 볼 수 있다.

(27) ㄱ. <u>수위에게</u> 잡힐 뻔하다가 아슬아슬하게 담을 넘어 달아났다.
    ㄴ. 범인은 도주하다가 추격하던 <u>형사대에</u> 의해 잡혔습니다.
    ㄷ. 임경업은 <u>청나라에</u> 잡혀 가서도 청나라 태종 황제를 호령하였다.
(28) ㄱ. <u>학교에서</u> 그것을 죽으로 쑤어 아이들에게 먹였다.
    ㄴ. 집 밖에 솥을 걸고 멀겋게 죽을 쑤어 주린 <u>사람들을</u> 먹이기도 했다.
    ㄷ. 호진이의 <u>머리에</u> 알밤을 먹였다.

(27)은 피동사 '잡히다'의 예인데 '에게'명사구, '~에 의해', '에'명사구가 고루 나온다. 사동사는 기본적으로 대상의 행위가 전제되기 때문에 대부분 '에게'명사구가 나오지만 (28ㄴ)에서처럼 목적격조사가 결합되기도 하고 (28ㄷ)에서처럼 조사 '에'가 결합되기도 한다.

이상에서 살펴본 바와 같이 발화동사, 피동사, 사동사는 조사 '에게'와 밀접한 관계를 갖기는 하지만 이는 동사의 어휘자질에 의한 것일 뿐, 명사의 [유정성] 자질과 관계없이 무조건 '에게'가 결합되는 것은 아니라는 것을 알 수 있었다.

한국어의 [유정성]은 조사 '에게'의 선택에 관여하는데 이는 주로 화자의 심리적 판단과 관련이 있다. 다음에서는 조사 '에'와 '에게'의 선택에 관여하는 화자의 심리적 태도 즉 양태적 조건에 대하여 살펴보기로 하겠다.

4.2. 양태적 조건

4.1.에서는 조사가 결합되는 명사에 [유정성] 자질이 있을 때에도 조사 '에게'가 아니라 '에'와 결합하는 예를 살펴보았다. 조사 '에게'가 출현하는 조건 중 가장 기본적인 것은 결합 대상 명사에 [유정성] 자질이 있느냐이다. 명사에 [유정성] 자질이 있을 때에도 모든 경우에 '에게'가 결합되는 것이 아니라 [유정성] 자질에 대한 화자의 판단에 따라 조사 '에게'의 결합 여부가 결정된다. 다음의 예를 보자.

(29) ㄱ. 지나간 목판을 들고 진압하는 <u>경찰에게</u> 물어내라고 항의하였다.
    ㄴ. 독립군 아저씨가 일본 <u>경찰에게</u> 쫓겨 집 뒷방에 숨었습니다.
    ㄷ. <u>경찰에게</u> 잡히면 한 사람당 200만원 벌금을 내야 한단다.
(30) ㄱ. 그는 남편의 친구를 폭행한 혐의로 같은 해 8월 <u>경찰에</u> 구속됐었다.
    ㄴ. 수상히 여긴 시민들에게 붙잡혀 <u>경찰에</u> 넘겨졌다.
    ㄷ. 창경원 앞에서 200여 명의 시위대가 <u>경찰에</u> 포위돼 동대문경찰서로
       끌려갔다.

(29)에서 '경찰'에는 조사 '에게'가 결합된 반면 (30)에서는 '에'가 결합되었다. 명사 '경찰'은 '국가 사회의 공공질서와 안녕을 보장하고 국민의 안전과 재산을 보호하는 일. 또는 그 일을 하는 조직'이라는 의미와 '경찰관'이라는 의미를 가지고 있다. 이 두 가지 의미 중에서 (29)는 두 번째의 의미로 쓰인 것이고 (30)은 주로 첫 번째 의미로 쓰인 것이다. '경찰'의 다의적 의미 중에서 [유정성]의 자질이 있을 때에는 '에게'가 선택된다는 것을 알 수 있다.

(31) ㄱ. 렉터 박사가 변기에서 일어나서 두 <u>경찰에게</u> 다가와 인사한다.
    ㄴ. 교통 위반을 한 흑인이 백인 <u>경찰에게</u> 뭇매를 맞은 사건이 일어난
       직후의 일이다.

명사가 [유정성]의 자질을 가지고 있는 경우 (31)과 같이 수관형사의 수식을 받거나 구체적인 인간적 속성을 나타내는 관형어와 함께 쓰일 수 있다.

(32) ㄱ. 방송이 어떻게 이용되고 있는지를 <u>국민에게</u> 알리는 활동 등이 필요
       하다.
    ㄴ. 물의를 빚어 <u>국민에게</u> 죄송스럽습니다.
(33) ㄱ. 의사 결정 구조가 너무 복잡해 <u>국민에</u> 호소하는 기회를 못 갖는 것
       은 아닌지요.
    ㄴ. 권좌에서 축출하는 문제는 이라크 <u>국민에</u> 달려 있다.
(34) 파행 <u>국민에</u> 사과… 12월 2일까진 예산 처리 전념 누가 옳고 그르고를
    따지기에 앞서 국민들께 죄송하다는 말씀을 먼저 드리고 싶습니다.

명사 '국민'은 '국가를 구성하는 사람. 또는 그 나라의 국적을 가진 사람'이라는 의미만을 가진 단의어로, '경찰'과 달리 항상 [유정성]의 자질을 가지

고 있으나 (33)과 같이 화자의 판단에 따라 조사 ‘에’가 결합할 뿐 아니라 (34)과 같이 한 문단 안에 ‘국민에’와 ‘국민들께’의 두 가지 형태가 동시에 나타나기도 한다. (32), (33)의 ‘국민에’는 ‘국민에게’로 바꾸어도 문장이 성립 하나 (34)에서는 조사 ‘에’와 ‘에게’가 교체되면 문장이 어색해진다.

　이상에서 조사 ‘에게’가 출현하는 조건을 통사적 조건과 양태적 조건으로 나누어 살펴보았다. 특정 구문에서는 조사 ‘에게’와 결합되는 명사에 [유정 성] 자질이 있을 경우에도 화자의 판단과 무관하게 항상 조사 ‘에’가 결합되 기 때문에 통사적 조건은 양태적 조건에 우선한다.[10] 그러나 조사 ‘에게’와 직접적인 관련이 있는 것은 양태적 조건인 [유정성] 자질에 대한 화자의 판 단이다.

5. 화자의 판단과 조사 ‘에게’

　지금까지 살펴본 바에 의하면 조사 ‘에게’는 조사 ‘에’의 이형태가 아니라 고유한 의미와 기능을 가지고 있었다. 한국어에서 유정성은 여러 가지 문법 현상으로 나타나는데 이 중 대표적인 것이 조사 ‘에게’의 출현이다. 조사 ‘에 게’는 결합되는 명사에 [유정성] 자질 있다고 해서 무조건 출현하는 것이 아 니라 서술어가 되는 동사의 종류에 따라 그 결합이 제약되기도 한다. 조사 ‘에게’는 명사의 [유정성] 의미자질을 활성화시켜 주는 기능을 가지고 있다. ‘에게’는 [유정성]의 자질을 가지고 있는 명사 부류와 주로 결합하지만 [유정 성]에 대한 판단은 화자에게 달려 있다. 즉 화자가 [유정성]의 정도성에 대하 여 어떠한 판단을 하느냐에 따라 조사 ‘에게’의 결합이 가능하기도 하고 불

---

10) 통사적 조건이라 함은 조사 ‘에’와 ‘에게’가 어떠한 구문에 쓰였는가 하는 것을 말한다. 즉 화자 의 [유정성]에 대한 판단에 앞서 ‘~에 대하여, ~에 관한, ~에 따르면, ~에 비해, ~에 불과하 다, ~에 속하다, ~에 지나지 않다, ~에 관계되다, ~에 한하다’ 등의 구문에서는 조사 ‘에게’가 나올 수 없다.

가능하기도 하다.

　[유정성]의 문제는 대부분의 언어에서 나타나는 범언어적 현상이다. 조사 ‘에게’의 결합 양상을 통해서 살펴본 한국어에서의 유정성은 다른 언어와 공통점을 가지고 있는 동시에 차이점을 드러낸다. 유정성(animacy)은 [+alive]와 관련이 있지만 살아있는 모든 것이 유정물은 아니며 무정물 중에서도 유정성을 가지고 있는 부류로 표현되는 예가 드물지 않다. 영어에 비해서 한국어는 유정물로 인식하는 명사의 범위가 넓으며 [유정성] 자질에 따라 나타나는 문법적 현상도 다양하다.

　조사 ‘에게’는 ‘결합하는 명사의 [유정성] 자질에 대한 화자의 판단을 나타내는 표지’로 볼 수 있다.11) 이는 지금까지 조사 ‘에게’는 [+animate] 자질을 가진 명사에 무조건적으로 결합한다고 본 기존의 논의와 차별된다. 말뭉치 예문에 나타난 조사 ‘에게’의 결합은 조사 ‘에게’의 문제가 명사의 의미가 아닌 화자의 판단에 의해 좌우됨을 보여준다.

　이 연구에서는 조사 ‘에게’와 관련된 유정성만을 살펴보았는데 한국어 전반에 나타나는 [유정성] 문제에 대한 보다 심도있는 논의가 필요하다. 목적어의 유정성 여부에 따라 동사의 종류가 달라지는 현상이나, 행위주(Agent) 등의 특정 의미역(theta-role)과 유정성의 관계, 무생물 주어와 유정성의 문제 등 한국어 전반에 걸쳐 폭넓게 나타나는 유정성과 관련된 여러 현상을 함께 살펴보아야 할 것이다. 이에 관해서는 후고를 기약한다.

---

11) 국어의 조사 중에서 화자의 판단을 나타내는 예로 ‘께서’나 ‘께’를 들 수 있는데 고영근(2005 : 23)에서 언급한 바와 같이 조사 ‘께서’와 ‘께’도 [존경]의 자질이 화자의 의도에 의하여 부여되는 자질로 볼 수 있을 것이다.

참고문헌

고영근(2005), 「형태소 교체와 형태론의 범위」, 『국어학』 46, 19~51면.

김승곤(1989), 『우리말 토씨 연구』, 건국대출판부.

김원경(1997), 「‘에게’와 격」, 『한국어의 이해와 전망』, 박이정, 463~475면.

김은일(2000), 「유생성의 문법」, 『현대문법연구』 20, 현대문법연구회, 71~96면.

남기심(1986 / 1996), 「‘이형태’의 상보적 분포와 통사적 구성」, 『한글』 193, 남기심 (1996)『국어문법의 탐구 I』, 태학사 재록, 495~503면.

______(1993), 『국어 조사의 용법-‘-에’와 ‘-로’를 중심으로』, 서광학술자료사.

박양규(1975), 「소유와 소재」, 『국어학』 3, 93~117면.

성광수(1999), 『격표현과 조사의 의미』, 월인.

송복승(1994), 「국어의 ‘에게’ 구성에 대하여」, 『서강어문』 10, 서강대학교 국어국문학과, 5~43면.

______(1995), 『국어의 논항구조 연구』, 보고사.

안명철(1982), 「처격 ‘에’의 의미」, 『관악어문연구』 7, 245~268면.

야먀모토(Mutsumi Yamamoto)(1999), “Animacy and Reference-A cognitive approach to corpus linguistics”, *Studied in Language Companion Series* 46, Amsterdam : John Benjamins Publishing Company.

연재훈(1995), 「기능-유형 문법에서의 분석과 설명」, 『언어학』 17, 한국언어학회, 203~230면.

______(1996), 「여격 주어 구문에 대한 범언어적 연구」, 『국어학』 28, 241~275면.

유하라(2005), 「현대국어 조사의 배열 양상」, 성균관대학교 박사학위논문.

유현경(2003), 「‘주다’ 구문에 나타나는 조사 ‘에게’와 ‘에’」, 『한국어학』 20, 155~174면.

이근용(2006), 「조사 ‘에게, 한테, 더러, 보고’의 통사적 특성」, 『어문학논총』 25, 국민대학교 어문학연구소, 125~138면.

이남순(1983), 「양식의 ‘에’와 소재의 ‘에서’」, 『관악어문연구』 8, 321~355면.

______(1998), 『격과 격표지』, 월인.

이익섭·임홍빈(1983), 『국어문법론』, 학연사.

최호철·홍종선·조일영·송향근·고창수(1998), 「기계 번역을 위한 한국어 논항 체계 연구」, 『한국어 의미학』 3, 한국어의미학회, 1~39면.

콤리(Bernard Comrie)(1981), *Language Universals and Linguistic Typology*, Blackwell.

크로프트(William Croft)(2003), *Typology and Universal*, 2nd edition, Cambridge University Press.
한국어학회(1999),『국어의 격과 조사』, 월인.

규칙은 과연 필요 없는가?*

시정곤

1. 문제제기

이 글의 목적은 최근 조어론에서 논란이 되고 있는 규칙과 유추의 타당성을 검토해보고, 이를 통해 두 개념이 단어형성에서 어떤 역할을 하는지를 밝혀보는 데 있다.

먼저 규칙론[1]과 유추론[2]의 기본입장을 '갈림길'이라는 예를 들어 설명해

---

* 시정곤(1999), 「규칙은 과연 필요 없는가?」, 『형태론』 1-2, 261~283면.

이 글을 작성하는 데에 많은 분의 도움을 받았다. 초고에 대해 진지한 논평을 해주신 익명의 논평자들께 감사드린다. 또한 초고를 읽고 좋은 의견을 주신 김창섭, 구본관, 채현식, 황화상, 송원용 교수와 자연언어학회의 회원들께 감사드린다. 그리고 필요한 자료를 제공하여 주신 남기춘 교수께도 감사를 드린다. 이들의 도움으로 이 글을 보다 객관적인 시각으로 다시 다듬을 수 있었다. 그러나 글의 모든 잘못은 필자에게 있음은 물론이다. 그리고 이 글은 1999년도 한국과학기술원 기본연구비에 의해 연구되었다.

1) 여기서 '규칙론'은 단어형성규칙을 설정한 논의를 말하는데, 채현식(1999 : 27)에서는 연재훈(1985), 고창수(1992), 송철의(1992), 시정곤(1993) 등을 들고 있다. 이들 논의가 서로 다르므로 과연 이들을 모두 '규칙론'으로 묶을 수 있느냐 하는 문제가 있지만, 여기에서는 채현식(1999)의 주장을 따라 논의를 전개한다. 그것이 양쪽의 견해를 객관적으로 비교·검토하는 데 도움이 된다고 생각하기 때문이다.

2) 여기서 '유추론'에 해당하는 논의는 구본관(1998), 채현식(1994, 1999), 송원용(1998) 등이다. 구본관(1998), 채현식(1994)에서는 유추가 단어형성에 중요한 역할을 하지만 어휘부에 단어형성부를 설정하고 유추를 통한 단어형성규칙을 인정했다는 점에서 '약한 유추론자'라고 부를 수 있으며, 채현식(1999), 송원용(1998)에서는 단어형성부와 형성규칙을 인정하지 않고 단어형성기제로 유추의 틀을 제시했다는 점에서 '강한 유추론자'라고 부를 수 있겠다. 한편, 김창섭(1996)은 유추를 규

보자. 규칙론의 접근방법은 '갈림길'이 어떻게 형성되었나를 형성규칙을 통해 설명하는 것이다. 예를 들어 [V+음]$_N$이라는 형성규칙으로 [갈림]$_N$이 형성되고 다시 [N+N]$_N$이라는 형성규칙이 적용되어([[갈림]$_N$[길]]$_N$) '갈림길'이 생성된다는 것이다. 반면에 유추론에서는 형성규칙보다는 유추라는 개념을 이용한 단어형성에 관심을 둔다. 예를 들어 송원용(1998 : 55~57)의 논의를 보면, 먼저 '산길, 들길, 시골길, 골목길' 등과 같이 유추의 기반이 되는 단어를 통해 유추의 틀([N-N])이 생기고, 이에 다시 유추하여 '갈림길'이라는 단어가 생긴다는 것이다.

규칙과 유추의 문제를 제대로 풀기 위해서는 문법체계 전반에 대한 면밀한 고찰과 함께, 언어학이론의 변천과정도 자세히 검토해야 하지만, 여기에서는 지면관계상 다음과 같은 몇 가지 문제를 중심으로 이들의 타당성을 검토하고자 한다.

    (1) ㄱ. 규칙설정에는 어떠한 문제가 있는가?
        ㄴ. 규칙의 비판은 설득력이 있는가?
        ㄷ. 유추의 문제점은 무엇인가?
        ㄹ. 규칙과 유추는 과연 단어형성에서 어떠한 역할을 하는가?
        ㅁ. 형태론의 연구대상은 무엇인가?

2. 기본 가정에 대한 오해들

2.1. 규칙을 거부하는 이유들

먼저 유추론자들이 주장하는 규칙의 문제점은 다음과 같이 정리할 수 있다 (채현식, 1994, 1999 ; 송원용, 1998).

칙 이외의 부차적 수단으로 간주했다는 점에서 유추론자라기보다는 '약한 규칙론자' 정도로 부를 수 있겠다. 이 글에서 '유추론자'라고 언급할 때는 주로 '강한 유추론자'를 지칭한다.

(2) ㄱ. 규칙이라는 말은 어떤 현상이 공시적 규칙성을 지녀야만 사용할 수
　　　　 있다.
　　 ㄴ. 규칙은 기호적 실체(symbolic reality)로 존재하지 않는다.
　　 ㄷ. 사서부(lexicon)에는[3] 실재하는 모든 단어가 저장되어야 하는데 규칙
　　　　 론에서는 꼭 필요한 요소만 저장되어 있다고 가정한다.
　　 ㄹ. 사서부에서 단어는 서로 관련을 맺고 저장되어야 하지만 규칙론에
　　　　 서는 그렇지 않다고 주장한다.
　　 ㅁ. 규칙론에서는 복합어를 매번 형성규칙에 의해 형성하는데, 유추론에
　　　　 서는 복합어를 곧바로 사서부에서 끄집어 내어 이용한다.
　　 ㅂ. 단어형성은 통시적 절차인데, 규칙론에서는 공시적인 절차로가정한다.

이제는 위의 내용에 대한 유추론의 지적이 얼마나 타당성이 있는지를 알아
보자.

2.2. 일반론과 개별론의 차이는 없는가?

먼저 지적해야 할 것은 위에서 제기한 유추론자들의 비판은 국어 조어론에
나타난 규칙의 문제라기보다는 언어일반론, 특히 생성형태론의 규칙에 대한
비판을 그대로 수용하고 있다는 점이다. 다음의 예를 보자.

(3) ㄱ. 어휘부는 특이하고 예측 불가능한 정보들의 저장소이다.
　　 ㄴ. 어휘부에 저장된 형태는 오직 형태소일 뿐이며, 단어형태는 존재하
　　　　 지 않는다.
　　 ㄷ. 규칙적인 형태는 모두 단어형성규칙을 통해서만 형성된다.

위의 가정은 유추론자인 데르윙(B. L. Derwing, 1990 : 251)에서 비판한 규칙
론의 어휘부 모습이다. 문제는 한국의 유추론자들이 이러한 가정을 전제로
한 채, 규칙론을 비판했다는 점이다. 여기서 위의 가정이 타당한지도 검토할
문제이지만, 더 중요한 문제는 과연 한국의 규칙론에서 위와 같이 어휘부를

---

3) 채현식(1999)에서 lexicon을 사서부라고 하였는데, 이 글에서는 시정곤(1993)을 따라 lexicon을 어휘
　 부로, dictionary를 사전으로 부르기로 한다. 이때 사전은 구본관(1998)의 ‘저장부’나 송원용(1998)
　 의 ‘활성어휘부’와 유사한 개념이다.

가정하고 있느냐 하는 점이다.

2.3. 근거는 있는가?

먼저 (2ㄱ)에 대해 유추론의 주장은 단어형성이란 불규칙하여 공시적 규칙성을 지니지 못하므로 형성규칙이라는 용어를 사용하는 것이 문제라는 것이다. 그러나 첫째, 공시적 규칙성의 범위가 어디까지인지가 먼저 명확히 언급되어야 한다. 둘째, 규칙론에서도 단어형성을 불규칙하다고 간주한다는 점이다.4) 따라서 이 문제는 규칙론만의 결함이라고 볼 수 없다.

한편, 유추론에서 지적한 (2ㄴ)의 기호적 실체 문제도 규칙론만이 안고 있는 문제점으로 보기는 어렵다. 왜냐하면 기호적 실체의 정체도 명확히 밝혀져 있지 않은 상태이고, 규칙은 기호적 실체가 아닌데, 유추는 그렇다는 구체적인 근거도 제시되지 않았기 때문이다.

2.4. 모든 단어형성은 항상 형성규칙을 거쳐야만 되는가?

여기서 검토할 문제는 형성규칙의 역할 문제이다. (2ㅁ)과 (3ㄷ)에서 알 수 있듯이, 유추론의 주장은 모든 복합단어는 사전에서 그냥 끄집어내어 이용하는 것인데, 규칙론에서는 이를 부정하고 매번 공시적인 규칙에 의해 단어를 형성하려 한다는 것이다.

그러나 첫째, 복합단어가 공시적으로 통사부에 입력될 때 형성규칙을 거치느냐, 아니면 사전에서 통째로 인출되어 입력되느냐의 문제는 언어학에서나 심리학에서나 아직 명쾌한 결론에 도달하지 못했다는 것이다(2.6. 참조). 둘째,

---

4) 유추론의 비판과는 달리 규칙론에서도 형태규칙과 통사규칙의 차이를 인정하고 있으며(송철의, 1989 / 1992 : 66 ; 시정곤, 1993 : 65~66), 단어형성규칙이 문장을 형성하는 통사규칙보다는 공시적인 규칙성이 떨어진다는 것을 인정하고 있다. 다만 '불규칙성'의 정도를 어떻게 바라보느냐에 차이가 있을 뿐이다. 규칙론에서는 통사규칙보다는 규칙적이지 못하지만 그래도 어느 정도 생산성이 있으니 규칙이라는 용어를 사용하자는 것이고, 유추론에서는 그 정도의 생산성을 가지고는 규칙이라는 용어를 사용할 수 없다는 입장이다. 이는 마치 수학에서 규칙이 예외를 인정하지 않는 것과 같다. 즉, 본질은 같은데 이를 바라보는 관점이 서로 다르다고 볼 수 있다.

유추론의 비판과는 달리 규칙론에서도 단어형성의 통시적 절차를 인정하는 것은 물론, 이미 존재하는 복합형태의 경우는 매번 형성규칙을 거칠 필요가 없다고 주장한다.

> (4) 단어형성부에서 새로운 단어가 형성되면 이 단어는 사전에 등재되어 이후에는 단어형으로 통사구조에 삽입된다. 즉 한 번 형성된 단어는 사전에 등재되며, 그 단어를 사용할 때마다 새로 형성할 필요가 없는 것이다 (시정곤, 1993 : 52).

위의 주장은 애로노프(M. Aronoff, 1976)에서 주장한 '한번만 규칙(once-only rule)'[5])과도 같은 개념이다. 따라서 유추론이 규칙론의 문제라고 지적한 (2ㅁ)과 (3ㄷ)의 지적은 설득력이 없다.

2.5. 사전에 등재되는 단어의 범위는 무엇인가?

위의 (2ㄷ)에서 유추론지들은 사전에 모든 실재 단어가 등재되어야 한다고 주장하면서 규칙론은 이를 인정하지 않기 때문에 문제라고 지적한다. 그러나 사전에 실재 단어가 등재되느냐 아니면 핵심적인 요소만 등재되느냐 하는 문제도 아직 결론이 나지 않은 상태이므로[6] 이론적으로 어느 쪽이 더 타당한가 하는 것은 뒤로 미룰 수밖에 없다.

다만 여기서 지적하고자 하는 것은 사전에 어떤 형태가 저장되느냐가 규칙론과 유추론을 구분하는 절대적 기준은 될 수 없다는 점이다. 규칙론자 가운

---

5) Aronoff(1976 : 40)에서는 'once~only rule'을 다음과 같이 설명하고 있다.

"I do not view these rules as applying every time the speaker of language speaks. They are rules for making up new words which may be added to the speaker's lexicon. We can think of them as once-only rules."

6) 도이치 외(Deutsh etc, 1998 : 1238)에 따르면 심리언어학에서도 어휘부의 저장 단위와 관련하여 세 가지 학설이 있다고 한다. 첫째, 모든 복합형태들은 그들의 기저형태(base form)와는 독립적으로 어휘부에 등재된다는 학설(B. Butterworth, 1983 ; L. Henderson & J. Wallis & K. Knight, 1984), 둘째, 이와는 반대로 복합형태는 형태소 단위로 저장되고, 이때 기저형태가 단어 인출에 중요한 역할을 한다는 학설(M. Taft, 1981 ; M. Taft & K. I. Forster, 1975), 그리고 세 번째로 중립적인 측면에서, 일부 복합형태는 분리된 채로 저장되고, 일부는 그렇지 않다는 학설(R. F. Stanners etc, 1979) 등이 있다.

데도 이미 실재하는 단어가 사전에 저장되어 있다고 보는 논의가 있기 때문
이다. 다음의 인용내용을 보자.

> (5) 파생어들은 문장과는 달리 일단 규칙에 의해 형성되면 어휘부에 저장된
> 다(송철의, 1989 : 66).
>
> (6) 사전은 단어형성부나 단어해석부에 입력되는 어휘항목의 집합이며, 그
> 단위로는 어근, 접사, 단어, 관용어 등을 들 수 있다. (…중략…) 이때 단
> 어는 단어형성원리에 의해 하나의 단어로 형성된 형을 말한다. (…중
> 략…) 이런 의미에서 사전은 저장소의 역할도 담당한다(시정곤, 1993 :
> 52).[7]

따라서 단어의 등재 여부 문제도 규칙론의 문제가 될 수 없다.

2.6. 단어는 어떻게 저장되어 있는가?

(2ㄹ)의 저장 문제는 단어의 저장단위와 단어형성규칙의 설정 유무와도 긴
밀한 관계를 맺고 있는 중요한 부분으로, 이를 다시 두 가지 측면으로 나누
어 살펴보자.

> (7) ㄱ. 단어가 어떤 형태로 저장되며, 이들이 서로 어떤 관련을 맺고 있는가?
> ㄴ. 사전에 등재되어 있는 단어가 내부구조를 갖는가?

먼저 첫 번째 문제를 검토해 보자. 유추론에서는 단어들이 사전에서 서로
관련을 맺고 있다고 주장한다. 그러나 문제는 이들이 어떠한 형태로, 어떻게
관련을 맺고 있는지는 언급하지 않았다는 점이다. 사실 이 문제 역시 심리언
어학에서도 다양한 논의가 진행 중에 있으며,[8] 특히 저장 단위와 관련하여

---

7) 이러한 관점은 구본관(1990)에서도 엿볼 수 있다. 그는 사전을 저장부라고 하면서 형태소, 단어,
어간 및 관용구와 속담까지 등재되어야 한다고 하였다. 한편 성광수(1993)에서도 어휘부를 동적인
개념으로 파악해야 한다고 하면서 사전에 형태소와 단어는 물론 새로운 단어도 추가될 수 있어야
한다고 주장한다.

8) 맥퀸 · 커틀러(J. M. Mcqueen & A. Cutler, 1998 : 425)에 따르면 유사 저장형태들의 관련성도 그
긴밀함의 정도에 따라 다양하게 나타나는데, 이를 위한 접근 방법으로 네트워크 모델(Network
model)과 분리공유항목 모델(decomposed shared-entry model)을 소개하고 있다. 전자는 각 단어형태
가 독립적으로 저장되고 인출되는 방법이며, 후자는 경제성을 고려한 것으로 복합형태가 핵심어

최근의 연구에서는 여러 가지 기준에 입각하여 다양한 저장형태의 유형이 제시되기도 하였다.9) 따라서 이 문제에 대한 본격적인 논의는 뒤로 미룰 수밖에 없다.

다만, 여기서 지적하고자 하는 것은 규칙론이 (7ㄱ)의 가정을 전적으로 부정하고 있는가 하는 점이다. 이 글의 입장은 규칙론에서도 비록 간접적이고 암묵적이긴 하지만 저장된 단어들이 서로 관련을 맺고 있다고 가정한다는 것이다. 기존의 규칙론에서 언급한 형성제약(특히 선택제약, 의미제약)이라는 것이 이를 잘 보여준다.10)

(7ㄴ)에 대해 유추론에서는 규칙론과는 달리 등재어가 내부구조를 갖고 있으며, 이러한 내부구조를 토대로 하여 유추의 틀이 생긴다고 주장한다. 여기에서 두 가지 사항을 검토해 보자. 하나는 등재어의 내부구조가 어떻게 만들어진 것인가 하는 점이고, 다른 하나는 과연 규칙론에서는 등재어의 내부구조를 인정하지 않는가 하는 점이다. 유추론에서는 등재어의 내부구조가 어떠한 과정을 거쳐 만들어졌는지에 대한 구체적 언급이 없다. 우리의 가정은 만약 등재어가 내부구조를 갖는다면 그것은 무엇인가의 형성과정을 거쳤기 때문일 것이라는 것이다. 물론 그 형성과정이 유추일 수도 있고 유추가 아닌

간과 나머지 요소로 분리되어 저장되는데, 이때 핵심어간은 공유되고, 분리된 두 요소는 긴밀한 연결관계를 갖는다고 한다.

9) 마슬렌―윌슨 외(W. Marslen-Wilson etc., 1994)에 따르면 복합형태라도 다음과 같은 세가지 기준, 즉 형태적 관련성(morphological relatedness), 음운적·의미적 투명성(phonological / semantic transparency) 등에 따라 저장 형태가 달라진다고 한다. 예를 들어 세 가지 기준을 모두 만족시키는 government와 같은 단어는 통째로 등재되는 것이 아니고 GOVERN이라는 인지적 형태소와 ment라는 접사로 분리되어 저장된다. 이들은 긴밀한 연결고리를 형성하게 되며 government라는 단어를 인출할 때는 이 연결고리를 통해 단어가 만들어져 나온다는 것이다. 그러나 apartment, submit과 같이 통시적 절차를 입어 의미적 투명성이 상실된 단어는 분리되지 않고 통째로 저장되고 인출된다. 그러나 아직까지는 이 기준과 저장 간의 관계가 분명하지가 않다. 예를 들어 결합시에 어간이 달라져 음운적 투명성이 적어지는 happily, happiness 등은 어떻게 처리해야 할지 여전히 문제로 남아 있기 때문이다.
그러나 여기서 중요한 것은 이러한 저장 단위와 저장형태는 언어에 따라 달라질 수 있다는 점이다. 이점에서 우리는 핸카머(J. Hankamer, 1989)의 논의에 주목할 필요가 있다. 그는 교착어인 터어키어의 경우 형태론적 분리의 가능성이 크다고 주장하였다. 따라서 국어의 경우 사전에 형태들이 어떤 단위로 어떻게 저장되어 있다고 보는 것이 가장 합리적인지는 앞으로 연구해야 할 과제라고 생각한다.

10) 제약이라는 것이 결국 형성될 수 있는 부류의 음운, 형태, 통사, 의미적 속성을 찾고 이 속성에서 벗어나지 못하게 하는 것이기 때문에, 사전에서 단어의 유형별 연관성을 가정한 셈이다.

형성규칙이나 단어화 등이 될 수도 있다. 따라서 등재어가 내부구조를 갖는다는 가정은, 역으로 규칙이 존재할 수도 있음을 간접적으로 인정하는 부분이라고 생각한다.

그리고 규칙론에서도 등재어의 내부구조를 가정하고 있음을 알 수 있다. 송철의(1989 : 66)에서는 파생어형성규칙을 새로운 파생어 형성기제로써뿐만 아니라 이미 존재하는 단어(파생어)를 분석하는 역할도 한다고 주장한다. 이는 그의 논의가 이미 존재하는 파생어의 내부구조를 가정하고 있으며, 파생어형성규칙이 이 내부구조를 보여준다는 것을 의미한다. 한편 시정곤(1993 : 54)에서는 이와 같은 단어의 내부구조 확인 기능을 단어해석부가 담당한다. 따라서 단어의 내부구조 문제는 유추론의 장점이기보다는 규칙론의 장점일 가능성이 더 많다.

2.7. 단어형성은 통시적 절차인가, 공시적 절차인가?

단어형성의 공시, 통시의 문제도 오해의 소지가 많은 부분이다. 유추론의 주장은 단어형성이 통시적인 절차인데, 규칙론에서는 이를 공시적인 절차로 가정하고 있기 때문에 문제라고 지적한다. 그러나 문제는 공시성과 통시성이 명시적으로 구분될 수 있는 성질이 아니라는 점과, 유추론의 비판도 그리 명쾌하지 못하다는 데 있다. 먼저 규칙론의 경우를 살펴보자. 문제는 규칙론에서 단어형성을 공시적 절차로만 간주하지 않는다는 데 있다. 송철의(1989)에서도 통시적인 어휘화를 단어형성기제로 인정하였고, 차이는 있지만 시정곤(1993)에서도 통시적 절차인 단어화를 인정하고 있다.11)

---

11) 여기에서 시정곤(1993)에서 주장한 통사부의 단어형성을 좀더 구체적으로 살펴보자. 우선 시정곤(1993)에서는 통사부에서 두 가지 종류의 단어를 가정한다. 하나는 사전에 저장될 필요가 없는 단어이고, 다른 하나는 사전에 저장되는 단어이다. 전자는 '철수가', '먹었다'와 같이 '어근+통사적 접사'의 형태를 띠며 접사들이 매우 생산적이어서 결합형이 사전에 저장될 필요없이 늘 통사부에서 공시적으로 형성될 수 있는 단어이다. 따라서 이때 결합형은 곧 단어가 되고, 결합형을 유도하는 핵이동은 공시적인 단어형성 원리가 된다. 이와는 달리 후자는 통시적 절차를 고려해야 하는 단어형성이다. 예를 들어 시정곤(1993 : 99)에서는 "핵이동을 통해 동사어근과 통사적 접사 '-음'이 결합된 '동사+음' 형이 명사로 굳어져 어휘부의 사전에 등재된다"고 하였다. 즉, 사전에 등재되어야 하는 단어의 경우, 통사부의 단어형성과정을 크게 3단계로 가정하고 있다. 1단

이번에는 유추론의 경우를 살펴보자. 유추론에서는 단어형성이 통시적 절차라고 하지만, 반드시 그런 것 같지는 않다. 물론 통시적 형성기제인 어휘화가 없는 것은 아니지만, 유추의 과정만을 보아도 어떤 부분에서는 통시적인 절차로, 다른 부분에서는 공시적 절차로 이해되기도 하기 때문이다. 또한 유추를 통해 얻어진 유추의 틀은 공시적인 형성기제로 간주되기도 하여 유추론에서도 단어형성을 통시적 절차로만 간주한다고 보기 어렵다(3장 참조). 따라서 공시와 통시의 문제도 규칙론만의 문제는 아니다.

이상에서 유추론에서 제기한 규칙의 문제점들을 개략적으로 살펴보았다. 물론 규칙의 문제점이 제대로 드러난 부분도 없지 않으나 문제라고 지적한 많은 부분이 실제로는 그리 설득력이 없음을 구체적으로 지적하였다. 아쉬운 점은 연관주의라는 일반론에 입각한 나머지 일반론의 입장을 여과없이 국어의 조어론 논의에 적용한 것이 아닌가 하는 점이다.

3. 유추의 문제점

이 절에서는 유추론자들이 주장하는 유추의 성격을 살펴보고 유추가 갖고 있는 문제점을 검토하며, 유추가 하나의 설득력 있는 이론이 되기 위해서 어떠한 문제가 보완되어야 하는지를 점검해 보기로 한다.

계는 공시적 과정으로 문장에서 핵들이 핵이동을 통해 하나의 결합형으로 완성된 단계로, 예비 단어 형성단계라고 할 수 있으며, 이때 결합형은 하나의 단어라고 볼 수 없다. 2단계는 통시적 절차와 언중들의 사용빈도를 통해 이 결합형이 단어로 굳어지는 단계로, 단어화단계라고 할 수 있다. 마지막으로 3단계는 단어화된 어형이 사전에 저장되는 단계로, 단어등재의 단계라고 할 수 있다. 따라서 통사부의 단어형성은 그 성질에 따라 공시적인 절차와 통시적인 절차 모두를 고려해야 한다.

3.1. 유추의 절차는 얼마나 체계적인가?

유추론에서 단어가 형성되는 절차는 '어휘부 안에 존재하는 관련된 단어들의 비교→공통점·연관성 파악→비례적 적용' 등과 같다. 그러나 이러한 절차나 여기에 등장하는 개념들은 너무 막연한 느낌을 준다. 그 이유 중 하나는 아마도 유추라는 개념이 사용되는 영역이 매우 넓기 때문일 것이다.[12] 따라서 유추론의 절차에서 생기는 비체계성의 일차적 책임은 유추 개념 자체에 있다고 보아야 할 것이다. 그렇기 때문에 더더욱 이런 유추의 절차를 보다 합리적으로 뒷받침할 만한 구체적 증거나 체계적인 검증작업이 뒤따르지 않는 한, 자칫 유추적 접근방법은 어휘부에 이러한 절차가 필요하다는, 그리고 있었으면 좋겠다는 소박한 희망사항으로 끝날 가능성이 있다. 즉, 비록 유추의 가정이 옳다고 하여도, 설득력 있는 이론이 되기에는 해결해야 할 문제들이 많다는 것이다. 예를 들어 좀 더 자세히 살펴보자.

> (8) 고기잡이－최초로 떠올림
>   '명태잡이, 고래잡이, 새우잡이'－유추의 기반이 되는 관련 단어들
>   [N－[잡이]]－유추의 틀
>   '갈치잡이, 바퀴잡이'－새로운 단어

채현식(1999 : 35)에 따르면 (8)에서 먼저 화자가 '고기잡이'를 떠올리면 동시에 이 단어와 관련을 맺고 있는 '명태잡이, 고래잡이, 새우잡이' 등의 단어들이 함께 활성화되고, 이들로부터 [N－[잡이]]와 같은 틀을 형성하게 되어 '갈치잡이, 바퀴잡이' 등의 새로운 단어를 만든다는 것이다. 그러나 이러한 유추적 절차가 체계성을 갖추기 위해서는 몇 가지 검토할 문제들이 있다.

3.1.1. 단어생성과 단어저장 문제

유추론의 기본절차는 '고기잡이'가 '명태잡이, 고래잡이, 새우잡이' 등과

---

12) 유추는 비단 언어학에만 국한되어 사용되는 개념이 아니라 인지체계 전반에 걸쳐 사용되는 보다 넓은 개념이기 때문에, 이를 언어학에 단순하게 적용했을 때 그 개념이 모호하고 막연해지는 것은 어찌 보면 당연한 일인지도 모른다.

관련을 맺고 있고 이들이 활성화되면 유추의 틀이 생긴다는 것인데, 이는 너무나 소박한 개념이다. 예를 들어 이들 단어들이 사전에 구체적으로 어떻게 배열되어 있고, 이때 어떠한 배열 원리와 규칙이 동원되며, 이들을 활성화하는 데에는 어떤 절차가 구체적으로 필요한가 등이 언급되지 않았다.[13] 유추론에서는 단어생성에 초점을 두었기 때문에 실제로 단어가 어떻게 저장되어 있는가는 고려하지 않았다고 하지만, 실제로 이 두 가지 문제는 별개로 생각할 수 있는 것이 아니다. 왜냐하면 유추론의 근간인 유추의 틀이라는 것은 결국 저장된 단어들의 관련 정보 속에서 추출되는 것이기 때문이다. 따라서 유추론이 설득력을 가지려면 유추 절차의 기저가 되는 단어저장의 과정과 배열관계에 대한 체계적인 연구가 선행되어야 할 것이다.[14]

3.1.2. 유추의 틀 문제

유추론의 주장은 위 (8)의 관련 단어들이 유추의 기반이 되고,[15] 이를 통해 [N-[잡이]]와 같은 유추의 틀이 만들어진다는 것인데, 이러한 틀이 생기는 절차도 너무나 피상적이다. 여기서의 문제는 유추의 틀로 [N-[잡이]]만 가능한가 하는 점이다. 왜 [[N-잡]-이]]와 같은 틀은 배제되어야 하는가에 대한 설명이 없다는 점이다. 그렇다면 왜 [N-[잡이]]만 가능하다고 하는가? 실제로 규칙론에서는 [N-[잡이]]의 구조를 설정했을 때 나타나는 여러 가지 문제점이 구체적으로 지적되기도 하였다.[16] 그러나 이에 대해 유추론에서는

---

13) 구본관(1998 : 34)에서도 저장된 어휘들의 배열을 밝히는 작업이 매우 어렵다는 점을 지적하면서, 어휘들이 음성, 의미, 형태 구조의 유사성에 의해 다양한 관계를 맺으며 거대한 다차원의 망을 이루고 있을 것이라고 말했을 뿐이다.

14) 이 점에서 우리는 핀커(S. Pinker, 1994)의 가정에 주목할 필요가 있다. 그는 문법의 규칙들이 뉴런의 연결망으로 연산이 가능하다고 주장하고, 어휘부에는 여러 뉴런집합(어간뉴런집합, 자질뉴런집합, 어미뉴런집합, 발음뉴런집합 등)과 이들의 연결을 담당하는 시냅스들이 있는데, 이들은 기본적인 논리관계(AND, OR, NOT)를 통해 정보를 연결하고 전달하여 복합형태를 생성한다고 한다.

15) 어디까지를 유추의 기반으로 볼 것인가에 대해 채현식(1999 : 37)에서는 바이비(J. L. Bybee, 1988)에 기대어 가족닮음(family resemblance)을 기준으로 제시하고 있지만 이 또한 애매모호한 개념이 아닐 수 없다.

16) 예를 들어 송철의(1989 : 95)에서는 'N+잡이'류의 단어에서 '잡이'가 동일한 외적분포를 가지고 있지만 이들의 의미가 서로 다르므로, '잡이'를 하나의 단위로(그것이 단어이든 접사이든) 보는

아무 설명도 제시하지 않은 채, [N-[잡이]]의 틀을 기정사실화 하면서 이의 정당성을 유지하려고만 한다.

이러한 정당성 유지의 흔적은 논항실현 부분에서도 잘 나타난다. '고기잡이'류를 [[N-잡]-이]] 구조로 가정하는 논의에서는 논항 N과 서술어 '잡'이 함께 묶여 자매관계를 이루므로 이들의 의미역 관계가 자연스럽게 포착되지만,17) 유추론에서처럼 [N-[잡이]]의 구조를 가정하면 논항과 서술어가 떨어져 있어 설명에 어려움이 있다. 채현식(1999 : 35~36)에서는 이를 위해 박진호(1994 : 104~106)에 기대어 논항구조의 전수라는 개념을 도입한다. [N-[V-이]] 구조에서도 V의 논항구조가 위로 올라갈 수 있다면 N과 V의 의미역관계가 설명될 수 있다는 것이다. 실제로 그럴 가능성도 있다. 그러나 여기서 중요한 것은 논항 전수는 본질적인 문제라기보다는 지엽적이고도 기술적인 문제라는 점이다. 더 중요한 것은 이렇게 [N-[잡이]]의 구조가 갖는 여러 문제점이 지적됨에도 불구하고 왜 유추론에서는 [N-[잡이]]의 틀을 고수하는가 하는 점이다. 따라서 이러한 문제에 대한 명확한 근거가 없다면 유추론에서 말하는 유추의 틀이란 그만큼 설득력이 작아질 수밖에 없다.

3.2. 유추는 1차적인 단어형성기제인가?

이 글의 가정은 유추는 1차적인 단어형성기제가 아니라는 것이다. 이에 대한 증거들은 모두 유추라는 개념 자체가 안고 있는 것들이다. 먼저 유추는 유추의 기반을 전제하여야 성립할 수 있으므로, 유추에 의한 단어형성을 논할 때는 자연히 두 부류의 단어군을 항상 염두에 두어야 한다. 한 부류는 유

것보다는 [[N-잡]-이]의 구조로 보아야 한다는 지적이 있었고, 시정곤(1993 : 280~282)에서는 이렇게 의미가 다른 현상은 [[N-잡]-이]의 구조를 가정할 때 오히려 설명이 가능하다고 하였다. 또한 [N-[잡이]]의 구조를 가정하면 왜 사잇소리현상이 일어나지 않는지를 설명하기가 어렵지만(고기잡이/*고기짭이), [[N-잡]-이]]의 구조를 가정하면 사잇소리 문제도 자연스럽게 해결되는 장점이 있다.

17) 시정곤(1993)에서는 '고기잡'의 논항관계는 통사부에서 실현된다고 가정한다. 즉, '고기를 잡'의 구조에서 핵이동을 통해 [N-V]의 구조를 갖게 되고 이때 논항은 자연스럽게 동사에 의해 실현된다고 본다.

추의 기반이 되는 이미 사전에 존재하는 단어들로, 예문 (8)에서 '명태잡이, 고래잡이, 새우잡이' 등이다. 다른 한 부류는 유추의 틀을 통해 새롭게 형성된 '갈치잡이, 바퀴잡이'와 같은 단어들이다. 편의상 전자를 1차적인 단어로, 후자를 2차적인 단어로 가정할 때, 유추는 2차적인 단어부류의 형성기제일 뿐, 유추의 기반이 되는 1차적인 단어부류에 대해서는 아무 언급도 하지 못한다. 따라서 유추는 1차적인 단어형성기제가 아니다.[18]

그렇다면 유추의 기반이 되는 단어들에서는 어떠한가? 이 글의 가정은 이들 단어들에서도 유추는 1차적인 단어형성기제가 될 수 없다는 것이다. 위의 (8)에서 '명태잡이, 고래잡이, 새우잡이'는 유추의 기반이 되는 1차적인 단어들이다. 우리의 관심사는 시정곤(1999)에서 이미 지적한 것처럼 유추의 기반이 되는 이들 단어들이 어떻게 형성되었는가 하는 점이다. 물론 이들을 위해서도 통시적으로 유추라는 기제를 사용할 수는 있겠지만, 그래도 유추가 모든 단어를 설명해 줄 수는 없기 때문이다. 즉 이론적으로 유추의 기반이 되는 단어들을 유추로 설명하려 해도 결국 마지막 최초의 단어는 남게 되며, 이 경우 유추는 더 이상 적용할 수 없기 때문이다.[19] 또한 사전에 등재되어 있는 수많은 단어들이 모두 유추의 기반이 될 수는 없다. 동일한 외적 분포가 없이 거의 유일한 형태로 존재하는 단어에는 이론적으로 유추를 적용할 수 없기 때문이다. 이렇게 되면 공시적으로나 통시적으로나 유추는 핵심적인 형성기제로 역할을 한다기보다는 부수적인 역할을 하고 있다고 보아야 할 것이다.

---

18) 물론 이때 유추론에서는 단어가 어떻게 형성되었나 하는 점보다는 어떻게 형성되는가에 초점을 맞추었기 때문에, 유추의 기반이 되는 1차적인 단어들에 대해서는 언급할 필요가 없다고 주장할 수도 있다. 공시적으로 보면 유추의 기반이 되는 단어들은 연구 대상에서 제외된다고 볼 수 있기 때문이다. 그러나 공시적으로 보더라도 유추를 1차적인 단어형성기제로 보기는 어렵다. 왜냐하면 공시적으로 모든 단어가 유추의 틀에 의해 형성된다고 보기 어렵기 때문이다. 만약 유추의 기반이 없는 새로운 단어를 만든다면, 이때는 이론적으로 유추를 이용할 수 없기 때문이다.
19) 그렇다고 이 단어에 어휘화라는 형성기제가 적용될 수 있는 것도 아니다.

3.3. 유추는 규칙적인 단어형성기제인가?

연관주의 이전에 유추는 주로 불규칙적인 단어형성을 설명하기 위한 통시적 절차로 간주되어 왔다.[20] 바우어(L. Bauer, 1983 : 95)에서도 언급한 것처럼 유추는 유사형태의 수가 극히 제한되어 있고(둘, 셋 정도), 생산성이 제한된 경우에 한해 적용된 것이었다. 그러나 연관주의에 입각한 최근의 논의에서는 유추의 틀을 공시적으로 규칙적이고도 생산적인 형성기제로 간주하고 있다. 그러나 이 가정은 최근의 논의에서도 유추는 여전히 불규칙한 통시적 절차라는 것이다. 이는 유추의 틀이 다름 아닌 재분석(또는 재구조화)의 기제로 이용되고 있다는 것이다. 예를 들어 위의 (8)에서 유추의 틀로 제시된 [N−[잡이]] 구조는 유추의 기반이 되는 단어의 내부구조를([[N−잡]이]) 새롭게 재분석한 결과이다. 이를 좀 더 구체적으로 살펴보기 위해 송원용(1998 : 58)에서 제시한 두 단계의 단어형성절차를 검토해보자.

> (9) ㄱ. 제1단계(통사원리 참고)
>
> [[[N]V]−음 / 기] : [[[고구매]−볶]−음], [[[감재]−볶]−음], [[[미역]−볶]−음],
>
> ㄴ. 제2단계(유추적 단어형성)
>
> 유추의 틀 : [N-C]
>
> (고구마−볶음, 감자−볶음, 미역−볶음) ; (돼지고기를 볶아만든 음식, X)
>
> 유추의 결과 : (돼지고기를 볶아만든 음식, 제육볶음)

위의 절차에서 알 수 있는 것은 유추의 틀의 기반이 되는 단어의 내부구조와 유추의 틀과는 차이가 난다는 점이다. 즉, 위에서 유추의 틀은 원래의 구조를 재분석하여 얻어진 것이다. 예를 들어 '고구마볶음, 감자볶음, 미역볶음'은 원래 [[[N]V]−음 / 기]라는 통사원리에 의해 형성되었으므로(그것이 규칙이든, 단어화든 관계없이), 그 내부구조는 [[[N]−볶]−음]일 것이고, 여기에서 '볶

---

20) 블룸필드(L. Bloomfield, 1933 : 273~275)에서는 어형을 규칙성(fox-foxes)과 불규칙성(ox-oxen)으로 나누고 후자에 대한 형성방법으로 유추를 가정했으며, 글리즌(H. Gleason, 1955 : 395)에서도 유추는 규칙적이 아니며, 통시적 절차로 간주하고 이를 유추변화라는 개념으로 사용하였다.

음'이 활성화되어 하나의 단위(단어나 접사)가 되면 [N−볶음]이라는 유추의 틀이 만들어진다는 것이다. 채현식(1999 : 38~39)에서도 이와 같은 재분석을 인정하고 있다. '시집살이, 감옥살이, 처가살이' 등은 원래 [N−V−이]의 구조를 갖는데, 이들이 재분석되어 [N[살이]]라는 유추의 틀이 된다고 한다.

여기서 유추가 한 역할은 본래의 구조를 새로운 구조로 바꾸어 주는 것이다. 여기에는 두 가지 전제가 들어 있다. 하나는 유추에 의해 만들어진 새로운 구조는 원래 규칙에 의해 형성될 수 없는 구조라는 점이다. 즉, 규칙의 입장에서 보면 규칙으로 만들어질 수 없는 불규칙한 구조라는 점이다. 따라서 유추는 불규칙한 구조를 만드는 데 기여했으므로, 유추의 전통적 개념에 부합하는 것이다. 또 다른 전제는 유추에 의해 새로운 구조가 만들어진 과정이 공시적이라기보다는 통시적 절차라는 점이다. 즉, 시간이 흐르면서 '잡이'나 '살이'가 하나의 단위로 인식되면서 새로운 틀로 형성될 수 있다는 점이다. 이 또한 유추의 전통적 개념에 부합한다.

3.4. 유추는 과연 새로운 단어를 만드는 공시적 절차인가?

유추론에서는 규칙론이 단어형성보다는 이미 만들어진 단어를 분석하는 데 주안점을 두었다고 지적하면서, 새로운 단어를 만드는 공시적 단어형성기제로 유추의 틀을 제시하였다. 이 글은 이 점에서 유추론이 지적한 규칙론의 문제점을 인정한다. 규칙론에서는 신조어에 대한 형성규칙을 설정한다고 내세우기는 했지만, 결과적으로 대부분의 연구는 이미 형성된 단어의 구조분석 수준을 넘지 못한 것이 사실이기 때문이다. 그러나 이 점은 규칙론만의 문제는 아니라는 것이 이 글의 입장이다. 예를 들어 좀 더 자세히 살펴보자.

> (10) 유추의 틀 :
> [N-N](심야방송, 아침방송, 정규방송…) ; (낮에 하는 방송−X)
> 유추의 결과 : (낮에 하는 방송−낮방송)

송원용(1998 : 28)에서는 위의 예에서 'N−방송'이라는 유추의 틀을 통해

‘낮방송’이라는 새로운 단어가 나왔음을 설명해 주고 있다. 그러나 엄밀히 말하면 이것은 ‘낮방송’이라는 단어가 어떻게 형성되었나를 고찰한 것이지 새로운 단어형성을 언급한 것이 아니다. 이것은 물론 단어가 통시적인 결과물이기 때문일 수도 있다. 다만 우리가 기대하는 것은 만약 유추의 틀이 새로운 단어형성을 위한 진정한 기제라면 새로운 단어에 대한 예측력을 가져야 한다는 것이다. 즉, 유추의 틀을 통해 ‘아침방송, 저녁방송’에 대응되는 새로운 단어를 만든다면 ‘낮방송’보다는 ‘점심방송’이 더 자연스럽다. 하지만 실제는 ‘낮방송’이 형성되었고, 왜 ‘점심방송’이 저지되었는지에 대한 설명이 없다.

앞의 (9)에 나타난 ‘제육볶음’의 경우도 마찬가지이다. ‘고구마볶음, 감자볶음, 미역볶음’ 등에서 유추하여 ‘돼지고기를 볶아만든 음식’이라는 새 단어를 만든다고 하면, 우리의 기대는 ‘돼지볶음’이나 ‘돼지고기볶음’ 정도가 될 것이다(‘소고기볶음밥’을 떠올리면 더욱 그렇다). 만약 실제로 둘 중의 하나가 단어로 형성되었다면 유추의 틀은 새로운 단어형성기제로서 충분한 자격을 획득할 수 있을 것이다. 그러나 결과는 ‘제육볶음’이 되었다. 왜 유추의 결과가 ‘돼지볶음’이나 ‘돼지고기볶음’이 아니고 ‘제육볶음’이어야 하는가? 이에 대한 설득력 있는 설명이 없다면 결국 우리는 유추를 새로운 단어형성의 기제라기보다는 이미 만들어진 단어를 분석하는 분석기제의 일환으로 볼 수밖에 없다. 유추가 한 일은 ‘낮방송’이 왜 ‘낮+방송’이 되었나, 그리고 ‘제육볶음’은 왜 ‘제육+볶음’이 되었나를 언급한 것뿐이기 때문이다.

4. 개념 정립과 남은 문제

4.1. 규칙과 유추의 개념

규칙이라고 할 때 논자들은 두 가지 측면의 규칙을 염두에 두는 듯하다.

하나는 귀납적 규칙이고 다른 하나는 선험적 규칙이다. 전자는 주어진 자료를 통해 얻어진 규칙을 말하고, 후자는 우리가 경험하지 못한 새로운 단어를 만들어낼 수 있는 인간의 선천적 능력으로서의 규칙을 말한다. 그러나 대부분의 조어론 논의에서 등장하는 규칙들은 후자보다는 전자의 성격이 짙다.

그렇다면 조어론에서 선험적 규칙은 과연 필요 없는가? 이 글에서는 그래도 선험적 규칙의 가능성을 열어 두어야 한다고 주장하고 싶다. 앞서 지적한 여러 가지 유추의 문제점도 간접적으로 이를 반영해 주고 있다. 즉, 새로운 단어형성기제로서 규칙을 완전히 제거할 수는 없기 때문이다. 그리고 실제로 심리언어학과 인지과학에서는 귀납적인 규칙 이외에 선험적인 규칙이 필요하고, 이를 만들어 내는 선천적 능력을 주장하는 논의도 있다.[21]

선험적인 규칙에 대한 논의에서 우리가 주목하고자 하는 개념은 바우어(L. Bauer, 1983 : 63)에서 제안한 생산성(Productivity)과 창조성(Creativity)의 개념이다.[22] 예를 들어 'headhunter'가 '사람의 머리를 베어 간직하는 야만인'이라는 의미를 위해 만들어진 단어라면 이는 생산성, 즉 고정된 규칙에 의해 생산된 단어이지만, 이 단어가 은유적으로 '대기업 간부를 뽑는 사람'으로 쓰인다면 이는 창조성과 관련된다는 것이다. 이 글은 생산성의 개념을 규칙과 관련시키고, 창조성의 개념을 유추적 능력과 관련시켜 유추의 성격을 '형성기제'가 아닌 '과정'의 개념으로 이해하고자 한다. 즉 유추 자체가 새로운 단어형성의 기제가 되는 것이 아니라 새로운 형성기제를 만들어내는 데에 결정적으로 기여한다는 것이다. 이를 규식으로 보이면 다음과 같다.

(11) 단어형성규칙 → 여러 단어형성(유추의 기반) → 유추의 과정 → 새로운

---

21) 핀커(S. Pinker, 1994 : 146~147)에서는 심리언어학자 고든(Gordon)의 실험을 인용하면서 아이들이 복합어를 만드는 규칙을 단지 부모로부터 후천적으로 학습하는 것이 아니며, 선천적 능력을 갖고 있다고 주장한다. 고든은 불규칙 복수형이 결합된 mice-eater(*rats-eater)와 같은 특이한 복합어를 아이들이 어떻게 만들 수 있을까를 연구했는데, 기대와는 달리 부모가 toothbrush와 같은 단수명사 복합어만을 말했는데도, 아이는 mice-eater와 같은 불규칙한 복수 복합어를 만들 수 있다는 사실을 알아내고, 단어형성에서도 선천적인 능력이 있다고 주장했다.

22) 바우어(L. Bauer, 1983 : 63)에 따르면 생산성은 "모국어화자가 이전에 전혀 경험해보지 못한 수많은 새로운 문장을 만들 수 있는 언어속성"이라 하고, 창조성은 "예상할 수 없는 방법으로(즉, 규칙에 지배되지 않는 방법으로) 언어체계를 확장할 수 있는 모국어화자의 능력"이라 한다.

규칙(유추의 틀) → 새로운 단어 형성

이제 (11)의 절차를 좀 더 구체적으로 살펴보자.[23] 먼저 단어형성규칙은 'X+Y → Z'과 같은 형식을 띠며, 이전에 경험하지 못한 새로운 단어를 만들어낸다는 점에서 '선험적 규칙' 또는 '원초적 규칙'의 성격을 갖는다. 이런 규칙을 통해 유추의 기반이 되는 기본적인 단어들이 만들어졌거나 만들어진다고 가정한다.

이렇게 만들어진 기본단어들에 유추의 개념이 적용되면 기존의 형성규칙과는 다른 새로운 형성규칙이 생기는데, 이것이 바로 유추의 틀이다. 새 규칙은 기존의 단어에서 유추를 통해 만들어졌다는 점에서 '귀납적 규칙'의 성격을 띤다. 이때 유추는 같은 부류에 속해 있는 여러 단어들을 통해 기존의 규칙을 재분석하게 되고, 그 결과 형성규칙이 달라지거나([[N−V]−이] → [[N−[V−이]]), 입력어 중 하나가 특정어휘로 결정되는 개별규칙화가 일어날 수 있다([N+N] → [N+방]).[24] 따라서 공시적으로 일정한 유형 속에서 새롭게 단어가 만들어진다면 '귀납적 규칙'에 의해 만들어질 가능성이 많다. 이제 이 글에서 가정하고 있는 (11)과 같은 형성과정이 실제로 어떻게 적용되는지 예를 통해 좀 더 구체적으로 살펴보자.

> (12) ㄱ. 방1 : 건물 내부의 벽으로 구획된 공간 :
>   머슴방, 손님방, 여관방, … (김창섭, 1996 : 36~38)
>   ㄴ. 방2 : <합성명사의 제2요소로 쓰여> 가게 :
>   구두방, 만화방, 안경방, …
>   ㄷ. 방3 : <합성명사의 제2요소로 쓰여> 새로운 형태의 영업소 :
>   아가방, 머리방, 노래방, …

---

23) 우리는 위의 형성절차가 단어형성기제의 전부라고 가정하지는 않는다. 통사부에서 형성되어 어휘화를 통해 사전에 등재되는 과정도 당연히 가정되어야 하기 때문이다.

24) 이 글의 '원초적 규칙'과 '귀납적 규칙'의 관계는 김창섭(1996)의 '단어형성규칙'과 단어형성전용요소에 의한 '개별단어형성규칙'의 관계와 일맥상통한다. 특히 귀납적 규칙과 개별단어형성규칙에서 입력어의 한쪽이 특정어로 채워진다는 점이 그렇다. 그러나 귀납적 규칙에는 재분석의 기능이 추가된다는 점과 입력되는 특정어가 꼭 단어형성전용요소일 필요가 없다는 점 등이 개별단어형성규칙과 다르다.

위의 예는 ‘방’과 관련된 여러 유형의 합성명사들을 보인 것으로 이때 유추의 개념은 크게 두 가지로 파악된다. 하나는 단계들 사이에서 일어나는 유추이고, 다른 하나는 각 단계 내에서 일어나는 유추이다. 첫 번째, 단계들 사이의 유추는 ‘방1 → 방2 → 방3’과 같이 의미파생에 적용되는 것이다. 두 번째, 각 단계 안에 적용되는 유추를 살펴보자. 먼저 ‘방1’의 경우 원래 단어형성규칙은 ‘N+N’이라는 형식을 취했겠지만 ‘머슴방, 손님방, 여관방, …’ 안에서 단어들 사이에 유추가 적용되어 ‘N+방1’이라는 새로운 형성규칙이 만들어진다.[25] 따라서 이때 최초로 등장하는 단어형성규칙 ‘N+N’은 원초적인 규칙으로 가정할 수 있으며, 유추에 의해 만들어진 ‘N+방1’은 귀납적인 규칙이라 부를 수 있겠다.

그러나 방2와 방3의 경우에도 선험적인 규칙과 귀납적인 규칙이 모두 존재한다고 보기는 어렵다. 예를 들어 방2 계열의 합성명사에서 최초로 등장하는 합성명사를 ‘구두방’이라고 가정할 때, ‘구두방’은 ‘N+N’의 규칙에 의해서라기보다는 ‘N+방1’이라는 규칙에 의해 형성되었을 가능성이 더 많다.[26] 따라서 이 글은 방2의 경우는 처음부터 ‘N+방1’이라는 귀납적 규칙에 의해 단어가 형성되었으며, 이렇게 형성된 단어를 토대로 이후 다시 ‘N+방2’라는 새 규칙이 만들어졌다고 가정한다.

방3의 경우는 방1, 방2와 또 다른 모습을 보인다. 방3의 예들은 방1, 방2의 경우와는 달리 사이시옷이 첨가되지 않는다는 점에서 어휘부에서 형성되었다기보다는 통사부에서 형성된 것으로 본다.[27] 이 글에서 주목하고자 하는 것은 방3의 경우도 ‘방1, 방2’와 서로 무관하지 않다는 점이다. 이것은 통사

---

25) 그러나 이 글과는 달리 김창섭(1996)에서는 ‘N+방1’이라는 개별형성규칙이 만들어질 수 없다. 그것은 개별형성규칙이 단어형성전용요소를 전제하기 때문이다. 즉, 어떤 어휘가 단어형성전용요소가 되어 독립적으로는 사용될 수 없을 때만 개별형성규칙에 특정어로 입력되기 때문이다.
26) 왜냐하면 방1 계열의 단어와 방2 계열의 단어가 동시에 형성된 것이 아니라 방1 계열이 먼저 활발히 진행된 다음 이를 기반으로 방2 계열이 새롭게 형성되었다고 보는 것이 더 합리적이기 때문이다.
27) 김창섭(1996 : 37)에서는 방3의 ‘아가방’은 [아가방]NP이라는 통사적 구가 단어화하여 만들어진 합성명사로 간주하고, 이를 유추하여 여러 단어들이 만들어지고 궁극적으로는 ‘방3’이 단어형성전용요소가 되어 ‘N+방3’이라는 개별형성규칙을 낳는다고 보았다.

적 구 [아가방]NP이 왜 '아가방'이라는 단어로 단어화되었는가에 대한 근본적인 해답을 제공할 수도 있다는 점에서 의미가 있다. 김창섭(1996)에서는 이에 대한 답을 찾을 수 없다. 우리의 가정은 [아가방]NP이라는 통사적 구가 방1, 방2 계열에서 추출된 개별규칙 '[N+방]N'의 영향을 받아 단어화되었다는 것이다. 즉, '아가방'이 그냥 단어로 굳어진 것이 아니라 'N+방'이라는 어휘부의 규칙이 '아가방'의 단어화를 유도했을 것이라는 가정이다. 그리고 이에 유추하여 어느 정도의 단어가 생기면, 다시 'N+방3'이라는 귀납적 규칙이 형성되고 이후부터는 이 규칙에 의해 새 단어가 형성되는 것이다.

4.2. 남은 문제 : 새로운 형태론 연구의 필요성

그렇다면 과연 앞으로의 형태론은 어떤 모습을 띠어야 하는가? 이제까지 형태론은 조어론을 중심으로 연구가 진행되었으나, 이제는 조어론의 기반이 되는 사전부문에 관심을 쏟을 때가 아닌가 한다. 앞으로는 사전에 단어들이 어떠한 과정을 거쳐 등재되며, 이들이 어떠한 구조를 갖고 어떠한 배열을 이루고 있는지에 대한 연구가 본격적으로 진행되어야 한다(여기에서는 이를 '사전론'이라 부르고자 한다). 그리고 조어론 및 사전론과 더불어 이 두 부문을 연결지어 주는 부문이 필요하다(이를 '연결론'이라 불러보자). 이렇게 보면 형태론의 하위분야는 조어론(굴절법 포함), 사전론, 연결론 등으로 나누어진다.

이러한 관점에서 좀 더 엄밀히 본다면 연관주의에 입각한 유추론은 사전론보다는 조어론과 연결론의 언저리에 있다고 볼 수 있다. 유추론이 사전의 정보를 전제하고 있기는 하지만 사전에 대한 본격적인 언급은 없기 때문이다. 이러한 측면에서 보면 유추론과 규칙론은 거의 조어론이라는 커다란 틀 속에서 서로 비슷한 이야기를 하고 있다고 보아야 한다. 물론 기본적인 가정이 다르다고는 하지만 이 글의 입장에서는 그 폭이 그리 크지는 않아 보인다.

따라서 이제는 규칙론인가 유추론인가의 문제보다는 그 기반을 제공하는 사전론에 관심을 기울이고, 이를 통해 조어론과 연결론의 체계를 바로 잡아야 한다. 그때서야 비로소 국어 어휘부의 제 모습이 드러날 수 있기 때문이다.

참고문헌

고영근(1993), 『우리말의 총체서술과 문법체계』, 일지사.

고창수(1992), 「국어의 통사적 어형성」, 『국어학』 22, 259~270면.

구본관(1990), 「경주방언 피동형에 대한 연구」, 『국어연구』 100.

______(1998), 『15세기 국어 파생법에 대한 연구』, 태학사.

김양진(1995), 「국어 동사의 단어구성 연구」, 고려대학교 석사학위논문.

김창섭(1996), 「국어의 단어형성과 단어구조」, 태학사.

박진호(1994), 「통사적 결합관계와 논항구조」, 『국어연구』 123.

성광수(1993), 「어휘부의 형태 / 통사론적 접근」, 『어문논집』 32, 127~154면.

송원용(1998), 「활용형의 단어형성 참여방식에 대한 연구」, 『국어연구』 153.

송철의(1989 / 1992), 『국어의 파생어형성 연구』, 태학사.

시정곤(1993), 「국어의 단어형성원리」, 고려대학교 박사학위논문.

______(1998), 「수정판 국어의 단어형성원리」, 한국문화사.

______(1999), 「'X+음'의 정체는 무엇인가?」, 『형태론』 1-1, 133~142면.

연재훈(1986), 「한국어 '동사성명사 합성어(Verbal Noun Compound)'의 조어법과 의미연
　　　구」, 서울대학교 석사학위논문.

채현식(1994), 「국어 어휘부의 등재소에 관한 연구」, 『국어연구』 120.

______(1999), 「조어론의 규칙과 표시」, 『형태론』 1-1, 25~42면.

홍종선(1989), 「국어 형태론 연구의 흐름」, 『국어학』 19, 353~374면.

황화상(1996), 「국어 체언서술어의 연구」, 고려대학교 석사학위논문.

A. Deutsch & R. Frost & K. Forster(1998), "Verbs and Nouns Are Organized and
　　　Accessed Differently in the Mental Lexicon : Evidence From Hebrew",
　　　Journal of Experimental Psychology : Learning, Memory, and Cognition 24.5,
　　　pp.1238~1255.

A. Spencer(1991), *Morphological Theory*, Cambridge : Cambridge University Press.

B. Butterworth(1983), *Lexical representation, in Language production* 2, San Diego, CA :
　　　Academic Press Inc., pp.257~294.

B. L. Derwing(1990), *Morphology and mental lexicon : pscycholinguistic evidence, Contemporary
　　　Morphology edited by W.U. Dressler etc.*, Berlin ; New York : Mouton de
　　　Gruyter, pp.249~266.

H. Gleason(1955), *An Introduction to Descriptive Linguistics*, New York : Holt, Rinehart and Winston.

J. Hankamer(1989), *Morphological parsing and the lexicon, in Lexical representation and process edited by Marslen-wilson*, Cambridge, MA : MIT Press, pp.392~408.

J. L. Bybee(1985), *Morphology*, Amsterdam : John Benjamins Publishing Company, 1985.

__________(1988), *Morphology as Lexical Organization, in Theoretical Morphology edited by Hammond & Noonan, San Diego*, CA : Academic Press Inc., 1988, pp.119~141.

J. M. Mcqueen & A. Cutler(1998), *Morphology in Word Recognition, in The Handbook of Morphology edited by A. Spencer & A. M. Zwicky*, MA : Blackwell Publishers Inc., pp.406~427.

L. Bauer(1983), *English Word-formation*, Cambridge : Cambridge University Press, 1983.

L. Bloomfield(1933), *Language*, New York : Henry Holt and Co.

L. Henderson & J. Wallis & K. Knight(1984), *Morphemic structure and lexical access, in Attention and performance X : Control of Language precesses edited by Bouma, H. & D. Bouwhuis, Hillsdale*, NJ : Erlbaum, pp.345~364.

M. Aronoff(1976), *Word Formation in Generative Grammar*, Cambridge : The MIT Press.

M. Taft(1981), "Prefixed stripping revisited", *Journal of Verbal Learning and Verbal Behavior* 20, pp.289~297.

M. Taft & K. I. Forster(1975), "Lexical storage and retrieval of prefixed words", *Journal of Verbal Learning and Verbal Behavior* 14, pp.638~647.

Marslen-Wilson etc.(1994), Morphology and Meaning in the English Mental Lexicon, Psychological Review 101.1, pp.3~33.

R. F. Stanners etc.(1979), "Memory representation for morphologically related words", *Journal of Verbal Learning and Verbal Behavior* 18, pp.399~412.

S. Pinker(1994), *The Language Instinct*, New York : William Morrow and Company, Inc.

W. Badecker & A. Caramazza(1998), *Morpholoy and Aphasia, in The Handbook of Morphology edited by A. Spencer & A. M. Zwicky*, MA : Blackwell Publishers Inc., pp.390~405.

형태론적 제약과 음운 현상*

김유범

1. 음운론과 음운 현상

음운 현상이 항상 특정한 음운론적 조건을 준수하며 예외 없이 일어난다면 음운론은 매우 정연하고 투명한 체계를 가진 언어학적 공간이 될 것이다. 그러나 실제로 음운론의 공간에서 다루어지는 많은 현상들은 다양한 배경과 원인을 가지고 있어 순수하게 음운론적으로만 그에 대한 해명이 이루어지지는 않는다.[1]

이 글에서는 이러한 음운 현상의 다양한 배경 및 원인과 관련해 국어의 역사 속에서 찾아볼 수 있는 음운 현상에 대한 여러 형태론적 제약들을 개관해 보고자 한다. 이것은 형태론과 음운론의 상호 협력 및 경쟁에서 나타나는 특성들에 대해 살펴볼 수 있도록 하는 기회를 제공할 것이다.

---

* 이 글은 2004년 2월 27일 새얼어문학회에서 발행한 『새얼語文論集』 제16집(265~282면)에 「국어 음운현상의 형태론적 제약」이란 제목으로 게재된 논문을 수정·보완한 것이다.
1) 일찍이 Kenstowicz&Kisseberth(1977)은 음운론적 교체에 있어서의 비음성적 요소에 대해 언급하였다. ① 축지(縮地, telescoping), ② 역행변화(inversion), ③ 어형변화계열의 규칙화(paradigm regularity), ④ 문법범주화(grammaticalization)가 그것인데, 이때의 교체는 공시적인 것이 아니라 역사적인 음운론적 교체를 이야기하는 것이다.

2. 국어 음운 현상에 관여하는 형태론적 제약

2.1. 활용과 곡용에서의 형태론적 제약

그동안 국어의 음운 현상에 대한 비음운론적 제약들에 대해 탐구가 계속되어 왔는데, 이러한 탐구의 결과 대표적으로 우리는 활용과 곡용이라는 형태론적 제약에 따라 음운 규칙이 서로 다르게 적용된다는 사실을 알게 되었다. 국어의 활용과 곡용에서 관찰되는 비음운론적 제약을 보여주는 구체적인 예들을 살펴보면 다음과 같다.[2]

> (1) ㄱ. '이'나 '오, 우'의 활음(glide)화
> 　　　예 지[負]−+−어→지어~져, 두[置]−+−어→두어~둬 <對> 비
> 　　　[雨]+−에→비에~*볘
> 　　ㄴ. 장모음의 단모음화
> 　　　예 갈ː[耕]−+−아→갈아, 안ː[抱]−+−아→안아 <對> 눈ː
> 　　　[雪]+−이→눈ː이
> 　　ㄷ. 'ㄴ, ㅁ' 다음에서의 경음화
> 　　　예 신−+−고→신꼬, 감[抱]−+−고→감꼬 <對> 신+−도→신
> 　　　도, 감+−도→감도
> 　　ㄹ. 체언 어간에서 비자동적 교체(소위 특수어간 교체)의 소멸
> 　　　예 나모~남ㄱ[木], ᄀᄅ~ᄀᆯㄹ[粉], 여ᅀ~엿ㅇ[狐]
> 　　ㅁ. 'ㅎ'종성체언에서 'ㅎ'의 소멸
> 　　　예 따ㅎ[地]−따히, 따흘, 따콰 cf. 따, 따마다
> 　　ㅂ. 체언 어간말의 자음군 단순화와 유기음의 평음화로의 재구조화
> 　　　예 값 > 갑(갑이, 갑을), 흙 > 흑(흑이, 흑을), 짚 > 집(집이, 집을), 부
> 　　　엌 > 부억(부억이, 부억을)
> 　　ㅅ. 처격 '−애/−에'와 속격 '−ᄋᆡ/−의' 앞에서 어간 말음 '이'가 수
> 　　　의적으로 탈락하던 현상의 소멸
> 　　　예 가지[枝]+애 → 가재, 아비[父]+ᄋᆡ → 아비, 어미[母]+의 → 어믜,
> 　　　톳기[兎]+ᄋᆡ → 톳긔 cf. 아비의

---

2) 이에 대해서는 김완진(1971, 1972), 이병근(1975), 송철의(1991) 등을 참조할 수 있다.

(1ㄱ, ㄴ, ㄷ)의 경우에는 활용상에서는 일어나지만 곡용상에서는 일어나지 않는 현상들이고, (1ㄹ, ㅁ, ㅂ, ㅅ)은 체언의 곡용에서만 관찰되는 현상들이다. 특히 (1ㄹ, ㅁ, ㅂ, ㅅ)을 통해 우리는 체언 어간들은 비자동적 교체를 지양으로 하는 방향으로 변화(재구조화)를 겪어 체언 어간을 단일화시키고 고정화시킴으로써 곡용의 패러다임을 규칙화하고 체언 어간이 가능한 한 교체를 실현하지 않도록 하는 방향으로 진행되어 왔다는 사실을 알 수 있다.[3]

형태론적 제약에 따라 음운 규칙이 서로 다르게 적용되는 것은 이러한 활용과 곡용의 경우 외에도 1) 형태론적 경계의 존재나, 2) 형태소 또는 단어의 개별성에 따라서도 나타나는 것을 볼 수 있다. 형태소 경계를 필요로 하는 'ㄷ'구개음화(/굳-+-이/→굳이[구지])의 경우나 단어 경계를 필요로 하는 두음법칙(로인→노인), 합성어에서의 음절말 평폐쇄음화(젖어미), 'ㄴ'삽입(봄여름[봄녀름]) 등이 1)의 경우라면, 앞 음절에 'ㄹ'말음을 가진 한자어에서의 경음화(갈등[갈뜽] cf. 결과[결과])나 사잇소리에 의한 경음화(가을비[가을삐] cf. 이슬비[이슬비]), 피·사동접미사에 의한 경음화의 차단(안기다) 등은 2)의 경우가 된다.[4]

이들은 모두 형태론적 제약에 의해 음운 현상이 지배되는 모습을 보이는 것으로 음운 규칙이 단지 음운론적 정보만을 참조하지 않는다는 사실을 이야기해 준다는 점에서 흥미로운 대상들이라고 할 수 있다.

2.2. 중세국어 모음조화의 형태론적 제약

다음으로 중세국어의 모음조화 현상을 살펴볼 수 있다. 먼저 형태소 사이의 경계가 존재하지 않는 단일 어휘형태소 안에서의 모음조화 현상을 해례본 『훈민정음』의 「용자례」에 나타나는 94개의 고유어 어휘들을 통해 검토해 보자. 이 어휘들은 모두 단음절어 또는 2음절어로 되어 있는데, 이 중 중성모음 'ㅣ'가 마지막 음절의 주음(主音)을 이루고 있는 '고티[繭]', '구리[銅]', '사병

[蝦]', '너싀[鴽]' 등과 같은 어휘들을 제외한 나머지 어휘들이 모음조화를 살펴볼 수 있는 적합한 예들이다.

우선 양성모음끼리의 조화를 살펴볼 수 있는 어휘들을 하나의 유형으로 묶어 볼 수 있다. 중세국어의 모음체계에서 'ㅗ, ㆍ, ㅏ' 세 모음들은 양성모음 계열을 이루었는데, 다음의 어휘들은 모두 양성모음들이 단일 형태소 안에서 조화를 이루고 있음을 보여준다.

(2) 양성모음 계열의 어휘들
노로[獐], 죠희[紙], ᄇ얌[蛇], 아ᄉ[弟], ᄀ래[楸], 호미[鉬], 사ᄉ[鹿], 고욤[梬], 삽됴[蒼朮茱], 남샹[龜], 다야[匜], 쟈감[蕎麥皮], 올창[蝌蚪], 반되[螢]

이 중 '죠희[紙], 호미[鉬], ᄀ래[楸], 반되[螢]'와 'ᄇ얌[蛇], 고욤[梬], 삽됴[蒼朮茱], 남샹[龜], 다야[匜], 쟈감[蕎麥皮]'은 활음 'j'가 음절 주음과 결합해 각각 하향이중모음(Vj)과 상향이중모음(jV)을 형성하고 있는 음절들을 하나씩 포함하고 있다. 모음의 양성가(陽性價)와 음성가(陰性價)는 음절의 주음에 의해 결정되므로 이중모음으로 이루어진 이들 어휘들의 음절들은 모두 양성모음에 해당함을 알 수 있다.

다음은 음성모음의 계열을 이루는 'ㅜ, ㅡ, ㅓ' 세 모음들이 단일 형태소 안에서 조화를 이루고 있음을 보여준다.

(3) 음성모음 계열의 어휘들
우케[未春稻], 러울[獺], 서에[流澌], 두텁[蟾蜍], 부헝[鵂鶹], 무뤼[雹], 어름[氷], 그력[鴈], 드레[汲器], 드븨[瓠], 누에[蚕], 브섭[竈], 버들[柳], 율믜[薏苡], 슈룹[雨繖], 쥬련[帨], 굼벙[蠐螬]

이와는 달리 다음의 예들은 모음조화를 준수하고 있지 않는 것으로 보인다.

(4) 모음조화의 예외로 보이는 어휘들
발측[跟], 벼로[硯]

'발측[跟]'의 경우에는 이것이 단일한 형태소가 아니고 '발'과 '측'이 결합한 복합어임을 알 수 있다.5) 이는 형태소 경계가 존재하지 않는 단일어와 경계가 존재하는 복합어 사이에 모음조화 적용의 차이가 존재함을 보여준다. '벼로'의 경우에는 그 이유를 분명히 찾기 힘든 것으로 생각되는데, 이에 대해 김완진(1971)에서는 '보션', '불서'와 함께 '벼로'가 공통적으로 'ㅕ'를 가지고 있다는 점에 주목해 이들의 전시대 어형들에 *jV(여기서 V는 'ㅏ'나 'ㆍ')를 전제하고 여기에 문증 되지 않는 음운변화가 작용했을 것이라는 약간은 추상적인 설명을 제시하였다.6) 이와 같이 '벼로'와 같은 예를 통시적인 변화의 기제가 작용한 것으로 파악한다면 15세기 공시적 입장에서 단일 어휘형태소 내부에서의 모음조화는 거의 완전하게 준수되었다고 할 수 있다.

다음으로 중세국어에서 어간과 어미7) 사이의 모음조화는 결합하는 어미가 어떠한 어미인가에 따라 모음조화의 준수 여부가 결정되는 것을 볼 수 있다.8) 먼저 문법형태소 중 보조사 '-ᄋᆞᆫ / -은 / -ᄂᆞᆫ / -는', 격조사 '-ᄋᆞᆯ / -을 / -ᄅᆞᆯ / -를', '-애 / -에', '-ᄋᆡ / -의'나 선어말어미 '-오- / -우-', 어말어미 '-아 / -어'의 경우는 결합하는 어간의 모음 유형에 따라 양성모음을 가진 형태와 음성모음을 가진 형태가 선택적으로 결합해 모음조화를 준수한다. 반면, 보조사 '-도', '-ᅀᅡ'나 선어말어미 '-ᄂᆞ-', '-더- / -러-', '-거- / -어-', '-ᄉᆞᆸ- / -ᄌᆞᆸ- / -ᄉᆞᆸ-', 어말어미 '-다 / -라', '-고 / -오', '-고져 / -오져', '-ᄃᆞ록', '-도다', '-가 / -아', '-게 / -에' 등의 경우는 한 유형의 형태가 모든 어간들과 결합함으로써 모음조화의 예외를 형성한다.9)

---

5) 다음과 같은 자료는 사이시옷의 존재를 통해 '발측(跟)'이 복합어임을 보여준다.
   어러 **밠츠기** **ᄧᅥ디어** 피 나고 알히ᄂᆞ닐 고툐ᄃᆡ[治寒凍足跟開裂血出疼痛](구급방언해 상 : 7a)

6) 김완진(1971)에서는 단일 형태소 내부에서 모음조화의 예외가 되는 예들로 이들보다는 '어마님', '부화', '마어마ᄒᆞ-' 등과 같은 경우가 더 심각하여 이들이 모음조화에 예외가 되는 것에 대한 존재조건을 규정하기 어렵다고 하였다.

7) 여기서 '어간'은 체언의 어간과 용언의 어간을, '어미'는 곡용어미(조사)와 활용어미를 모두 아울러 지칭하는 광범위한 개념의 용어로 사용한 것임을 말해둔다.

8) 김완진(1967)에서는 어간과 어미들 사이의 모음조화에 대한 제한조건을 다음과 같이 정리하였다.
   : 當該 接尾辭 形態素의 異形態 가운데 적어도 하나 이상이 母音으로 시작할 경우에만 母音調和가 許諾된다.

9) '-고져 / -오져'의 경우는 '-고 # 지-+-어'의 구성이 문법화 과정을 거쳐 형성된 것으로 추정되므로, 중세국어 공시적으로 단일한 형태소로 생각되는 '-고져 / -오져'의 내적 모음조화 문제는 이해될 수 있는 것이다.

어미의 경우에는 그것이 비록 모음조화를 준수하는 경우라 하더라도 모음 조화의 힘이 오직 어미의 머리에만 미칠 뿐 2음절 이하로는 미치지 못함을 볼 수 있다(김완진, 1971). '─으로/─으로'나 '─으나/─으나'와 같은 경우가 그러한 것으로 '─으로'에 대해 '*─으루', '─으나'에 대해 '*─으너'와 같은 형태가 존재하지 않고 첫 음절만이 조화에 참여하는 '─으로'와 '─으나'의 형태가 모음조화의 짝으로 나타난다.

한편, 파생접사의 경우에도 접사에 따라 어간과의 결합에서 모음조화를 준수하는 경우와 그렇지 않은 경우가 있음을 볼 수 있다.

(5) ㄱ. 골가마괴 vs. 골거믜, 들빼 vs. 들기름, 춤깨 vs. 춤기름
    ㄴ. ㉠ 노픠, 고븨 vs. 너븨, 구븨
       ㉡ 눌개(눌애), 돌애10) vs. 둡게, 부체, 둘에, 울에11)

---

10) 엄밀히 말해 접미사 '─개/─게'와 '─애/─에'는 서로 구별되는 존재라고 할 수 있다. '눌개', '둡게'와 같은 예들에서 접미사 '─개/─게'를 분명히 찾아볼 수 있지만, '부체'와 같은 경우는 동사 어간 '붗─'에 접미사 '─에'가 결합된 것임을 알 수 있다. 문제가 되는 것은 '눌애, 돌애, 둘에, 울에'의 예들이다. 이 예들은 '부체'와는 달리 첫 음절의 말음이 둘째 음절과 분리되어 있음을 볼 수 있다. 이러한 차이 때문에 이때 결합한 접미사들의 음가를 '─애[aj]/─에[əj]'가 아닌 '─애[ɦaj]/─에[ɦjej]'로 파악하기도 한다. 이것은 이른바 'ㄹ'뒤에서 'ㄱ'의 약화([g] > [ɣ] > [ɦ])가 접미사 '─개/─게'에도 적용되었다고 보는 것이다. 그런데 '돌애'와 '둘에'의 경우에는 각각 그 어간을 '도ᄅ─'와 '두르─'로 볼 수 있으므로 이들의 특수한 활용(도ᄅ─→돌ㅇ─, 두르─→둘ㅇ─)을 고려한다면 이들에도 접미사 '─애[aj]/─에[əj]'가 결합되었다고 볼 수 있다 (이현희 외, 1995). 이와 같이 접미사 '─개(─애)/─게(─에)'는 '눌개'와 '눌애'형의 공존 문제를 포함하여 'ㄱ'형과 'ㅇ'형의 관련성 문제가 간단하지 않다.

11) 접미사 '─개(─애)/─게(─에)'와 결합된 단어들은 성조의 측면에서도 복잡한 양상을 보인다.

    눌개(눌애)[HH/HL], 돌애[LR], 부체[LH], 둘에[LR], 울에[HH/HL]

    평성의 어간 '붗─'에서 파생된 '부체[LH]'를 참고하면 접미사 '─개(─애)/─게(─에)'의 성조가 거성이라고 할 수 있을 것이나 다른 단어들의 경우를 보면 문제가 간단하지마는 않다. '돌애 [LR]'와 '둘에[LR]'의 경우는 이들의 어간이 각각 '도ᄅ[LL]─'와 '두르[LL]─'인 것을 볼 때, 여기에 결합된 접미사의 성조는 거성으로 생각된다. 접미사를 거성으로 파악하려는 입장에서는 이들의 어간 성조가 '돌ㅇ─'과 '둘ㅇ─'에서도 그대로 유지되었다가 두 번째 평성이 거성을 가진 접미사와 결합하여 상성으로 바뀌었다고 생각해 볼 수 있을 것이다. 그러나 이것은 선행음절의 모음이 축약된 음절의 핵모음으로 유지될 때에만 '평성+거성→상성'의 성조 변화가 적용된다는 일반적인 성조 규칙에 위배될 뿐만 아니라, 'ㄹ/르'불규칙 활용을 하는 용언들의 활용에서는 보이는 양상을 고려할 때도 그다지 타당한 설명이 되지 못한다. 즉, '니르─, 다ᄅ─, 고ᄅ─, 그르─, 기르─, 오ᄅ─' 등은 모두 그 어간이 [LL]의 성조를 보이는데, 여기에 거성의 성조를 갖는 어미 '─아/─어'가 붙어 활용한 '닐어, 달아, 골아, 글어, 길어, 올아'는 모두 [LH]의 성조를 보인다. 이것은 모음 어미와 결합되는 활용시에 '평성+거성→상성'의 성조 변화가 일어나지 않음을 말한다. 한편, [HH] 또는 [HL]의 성조를 보이는 '눌개(눌애)'와 '울에'는 다른 예들과는 구별되는

ㄷ. 아롬답다, 곳답다 vs. 시름답다, 법답다
ㄹ. ㄱ 알프다, 골프다 vs. 슬프다, 저프다
　　ㄴ 앗갑다, 답쌉다 vs. 므겁다, 즐겁다, 붓그럽다, 므싀엽다

　(5ㄱ)은 각각 접두사 '굴-', '들-', '춤-'이 결합하여 새로운 명사를 파생시킨 예들로 이들 접두사가 모음조화와는 관계없이 양성모음형의 단어들인 '가마괴, 빼(쌔)'와 음성모음형의 단어들인 '거믜, 기름' 모두에 동일한 형태로 결합되어 있음을 볼 수 있다.12)

　반면, (5ㄱㄱ)은 형용사 어간에 명사파생접미사 '-익 / -의'가 결합한 것으로 어간의 모음형에 따라 양성모음을 가진 '높-, 곱-'에는 '-익'가, 음성모음을 가진 '넙-, 굽-'에는 '-의'가 선택적으로 결합되어 모음조화를 준수하고 있다. (5ㄴㄴ)은 동사 어간에 명사파생접사 '-개-(-애-) / -게-(-에-)'가 결합한 것으로 이 역시 어간의 모음형에 따라 양성모음형 접미사 '-개-(-애-)'와 음성모음형 접미사 '-게-(-에-)'가 구분되어 사용되었다. 한편, '벼개'와 같은 경우는 동사 어간 '볘-'와 형태적으로는 물론 성조적으로도 연결되지 않으면서 모음조화의 예외를 형성하고 있어 문제가 된다.13)

　(5ㄷ)은 어간의 모음형에 관계없이 명사 어간에 형용사파생접미사 '-답-'이 결합한 것이다. 그러므로 형용사파생접미사 '-답-'의 경우는 모음조화를 준수하지 않는 특징이 있음을 알 수 있다.

　(5ㄹㄱ)은 각각 동사 어간 '앓-', '곯-', '슳-', '젛-'에 형용사파생접미사 '-ㅂ- / -브-'가 결합한 예이다. 이 파생접미사는 결합하는 어간의 모음형에 따라 양성모음형인 '-ㅂ-'와 음성모음형인 '-브-'가 상보적으로 결합하여 모음조화를 준수하고 있다.

특징을 보인다. 이들이 각각 동사 '눌[L]-'과 '울[R]- / 우르[LL]-'에서 파생된 것으로 볼 때 '눌개(눌애)'와 '울에'의 첫 음절이 거성이 된 이유를 설명할 수 없다. 이 두 어휘는 '벼개[HH / HL]', 『월인석보』 권19에 유일하게 보이는 '즐에[HH / HL]'(월인석보 19 : 3a)와 함께 [HH] 또는 [HL]의 성조형을 추구하는 특별한 부류의 파생어로 취급되어야 할 것으로 생각된다.

12) 중세국어에서 접두사들은 모두 단일한 형태로만 사용된 것으로 보이는데, 이것은 접두사의 경우 모음조화를 전혀 고려하지 않는 강한 형태론적 제약에 지배를 받았던 것으로 이해된다.

13) '벼개'는 [HL] 또는 [HH]의 성조를 보이고 동사 어간 '볘-'는 [R]의 성조를 보인다.

(5ㄹㄴ) 역시 형용사파생접미사 '-압-/-업-'이 동사 어간에 결합된 것이다. 이때 동사 어간은 각각 '앗기-', '답꺼-', '므기-', '즐기-', '붓그리-', '므싀-'로 볼 수 있는데, '므싀-'를 제외한 나머지 어간들은 형용사파생접미사 '-압-/-업-'과 결합되며 어간의 마지막 모음 'ㅣ'를 탈락시키는 현상을 볼 수 있다. 이러한 현상은 (1ㅅ)에서 보았듯이 '가지[枝]+-애→가재', '아비[父]+-이→아비', '어미[母]+-의→어믜', '톳기[兎]+-이→톳기'에서처럼 중세국어 처격 '-애/-에'나 속격 '-이/-의' 앞에서 어간 말음 'ㅣ'가 수의적으로 탈락하던 현상과 유사성을 보이는 것으로 생각된다. 굴절과 파생이라는 서로 다른 패러다임에서 나타나는 현상이지만, 두 경우에 있어 'ㅣ'탈락은 아무런 음운론적 동인을 찾아볼 수 없는 형태론적 현상이라는 점에서 공통점이 있다. 현재로서 그 정확한 동인이 무엇인지는 말하기 어렵다.14)

이제까지 살펴본 바와 같이 중세국어의 모음조화는 단일 어휘형태소 안에서는 비교적 철저하게 지켜진 반면, 어간과 어미/접미사의 결합에서는 문법형태소 자체의 특성에 따라 모음조화가 준수되기도 하고 준수되지 않기도 하는 특성을 보인다. 이는 결국 음운 현상이 그것에 참여하는 형태소들의 형태론적 제약에 의해 지배된다는 사실을 보여주는 것이라고 할 수 있다.

2.3. 중세국어 주격조사와 계사 결합에서의 형태론적 제약

또 하나의 예로 중세국어에서 체언에 주격조사 '-이'나 계사 '(-)이-'가 연결되는 경우 체언의 어휘적 특성에 따라 상이한 음운 현상이 나타나는 것을 들 수 있다.

---

14) '가지[枝]', '아비[父]', '어미[母]', '톳기[兎]'는 본래 그 형태가 각각 '*갖', '*압', '*엄', '*톳ㄱ'이었던 것으로 생각해 볼 수 있다. 한 예로 향가의 '枝次(*갖)'와 같은 표기가 그러한 가능성을 암시해 주고 있다. 이렇게 본다면 '가재', '아비', '어믜', '톳긔'와 같은 경우는 처격조사나 속격조사 앞에서 'ㅣ'탈락이 일어났다고 보기보다는 각 어휘의 고형(古形)이 사용된 경우라고 생각해 볼 수 있을 것이다. 그러나 이에 대한 좀더 직접적이고 분명한 증거를 확보할 수 없음이 아쉽다. 이와 같은 견해를 '가재'에 대해 '가지예'를 대비시켜 설명한 민현식(1996 : 256)에서도 찾아볼 수 있다.

(6) ㄱ. 눉ᄌᆞᅀ+-ㅣ→눉ᄌᆞ싀   어느+-ㅣ→어늬[15]

  ㄴ. 양ᄌᆞ+ -ㅣ-+-라→양지라   젼ᄎᆞ+-ㅣ-+-라→젼치라

    그+-ㅣ-+-시-+-니-+-라→긔시니라

  ㄷ. ᄃᆞ+-ㅣ→디   ᄉᆞ+-ㅣ→시(씨)

  ㄹ. ᄃᆞ+-ㅣ-+-라→디라   ᄉᆞ+-ㅣ-+-라→시(씨)라

(6ㄱ)은 어말이 'ㆍ'와 'ㅡ'로 끝나는 '눉ᄌᆞᅀ'와 '어느'가 주격조사 '-이'와 통합될 때, '이' 모음의 활음화(滑音化)가 진행되어 '눈ᄌᆞ싀'와 '어늬'에서처럼 각각 하향이중모음 'ㆎ[ʌj]'와 'ㅢ[ɨj]'가 형성된 경우이다. (6ㄴ)은 주격조사가 아닌 계사 '(ㅡ)이ㅡ'가 통합된 것만 다를 뿐 (6ㄱ)와 동일한 양상을 보여준다.

반면, (6ㄷ)과 (6ㄹ)은 어말이 같은 'ㆍ'로 끝나지만 'ᄃᆞ', 'ᄉᆞ'와 같은 단어의 경우에는 주격조사 '-이'나 계사 '(ㅡ)이ㅡ'와 통합되면 활음화에 의한 하향이중모음이 형성되지 않고 'ㆍ'가 탈락된다.[16]

(6ㄱ, ㄴ)과 (6ㄷ, ㄹ)의 이러한 차이는 자립명사와 의존명사라는 명사의 형태론적 특성에서 기인하는 것으로 생각된다. 자립명사인 '양ᆞ(樣子)', '젼ᄎᆞ(故)', '그'의 경우는 하나의 개별적인 단어로서 그 정체성이 강조되어야 하므로 어간의 형태를 그대로 보존하려는 요구가 강하다고 할 수 있다. 그러므로 주격조사나 계사와의 결합에서 어간 말음을 탈락시키지 않고 '이'를 활음화시켜 이중모음을 형성함으로써 어간 형태를 보존하는 길을 택한 것이다.[17]

---

15) ᄯᅩ 어늬 이 브리며 어늬 지비며 어늬 왼 둘 아디몯고(亦復不知何者ㅣ 是火ㅣ며 何者ㅣ 爲舍ㅣ며 云何ㅣ 爲失인들코)(법화경언해 2 : 64b~65a)

16) 여기서 'ㆍ'가 탈락된 것은 'ㆍ'가 'ㅡ'와 함께 중세국어에서 무표모음(default vowel)으로 기능하였기 때문이다. 무표모음(無標母音)이란 삽입이나 탈락과 같이 다른 모음들이 보이는 것과는 다른 행동, 즉 비대칭적 행동을 보이는 모음을 말한다. 중세국어에서는 'ㆍ'와 'ㅡ' 두 모음이 이러한 비대칭적 행동을 보이는데, 특히 삽입의 행동에 주목해 이들을 이른바 '매개모음'이라 부르는 것도 바로 이러한 특성에서 기인한 것이다.

17) 한편, 'ᄠᅴ'[時]와 같은 명사는 주격조사나 계사와 통합될 때 활음화를 통해 'ᄢᅴ'와 같은 형태로 실현되지 않고 어간의 'ㅡ'가 떨어진 'ᄢᅵ' 형태로 실현되는 모습을 보여준다.
예 이 ᄢᅵ 부텻 나히 닐흔 둘히러시니(월인석보 11 : 11a)
  이 두 ᄠᅳ디 ᄒᆞᆫ ᄢᅵ언마론 닐오미 前後ㅣ 이실 ᄯᆞᄅᆞ미라(월인석보 11 : 73b)
이것을 절대적은 아니지만 'ᄠᅴ'가 보이는 의존성이라는 어휘적 특성과 관련시켜 이해할 수 있는 것인지 지금으로서는 알 수 없다.

한편, 의존명사인 '드'와 '스'의 경우는 자립명사와는 달리 그 형태가 일정하며 정체성도 확보되므로 어간 형태의 유지에 대한 요구가 자립명사에 비해 상대적으로 강하지 않다고 할 수 있다. 그러므로 주격조사나 계사와의 결합에서 무표모음 'ㆍ'를 탈락시키는 보다 일반적인 음운론적 처리를 따르게 된 것으로 보인다.18) 이것은 용언 어간에 부사파생접미사가 결합되어 부사를 형성한 '크-+ㅣ(부사파생접미사)→키'의 경우와 유사한 모습을 보여주는데, 이로부터 의존명사의 경우 음운론적으로는 형태의 고정성을 추구하는 체언 어간보다는 유동적인 모습을 보이는 용언 어간과 유사한 모습을 지닌다고 말할 수 있겠다.

2.4. 관형사형 어미 '-ㄹ' 뒤 경음화 현상의 형태론적 제약

결합되는 형태소의 유형에 따라 음운 현상들이 상이하게 나타나는 또 다른 예로 관형사형 어미 '-ㄹ' 뒤에 나타나는 경음화 현상을 들 수 있는데, 이 역시 형태론적 제약에 의해 음운 현상이 지배되는 모습을 보인다.

관형사형 어미 '-ㄹ'은 이와 유사한 형태를 가지고 어절 경계를 수반하며 함께 굴절의 기능을 수행한다는 측면에서 대격조사 '-ㄹ'과 비견될 수 있으나 경음화의 촉발이라는 음운론적 이행에서 이 둘이 구분된다(김유범, 1999). 이것은 경음화의 촉발이 순수하게 음운론적인 환경에 의해 발생하는 것이 아님은 물론, 그것이 관형사형 어미 '-ㄹ'의 경우라는 매우 강력한 형태론적 제약이 수반되는 것으로 해석된다.

> (7) ㄱ. 널 곳
>   ㄴ. 널 그리는 마음
>   ㄷ. 입을 것 > 먹을 시금치 > 묶을 갈대[蘆]

---

18) 모음충돌회피 현상에 관한 기존 연구에서는 보통 그 유형을 ① 모음탈락, ② 음절축약(활음화), ③ 자음 또는 반자음 삽입 정도의 세 가지 유형으로 분류하였다. 이때 ③보다는 ②가, ②보다는 ①이 발음의 노력을 줄인다는 측면에서 더 일반적인 유형이라고 언급된 바 있다(송나리, 1993). 여기서 (6ㄱ, ㄴ)과 (6ㄷ, ㄹ)은 ②보다 ①이 더 일반적이라는 사실을 지지해 주는 한 예가 될 수 있을 것으로 생각된다.

(7ㄱ)와 (7ㄴ)을 비교해 보면 동일하게 'ㄹ # ㄱ'이라는 분절음의 연쇄를 갖는다. 그럼에도 불구하고 (7ㄱ)에서는 후행요소 '곳'이 [꼳]으로 경음화되어 나타나고, (7ㄴ)에서는 후행요소 '그리는'이 그냥 [그리는]으로 나타남을 관찰할 수 있다. 이것은 'ㄹ # ㄱ'이라는 동일한 분절음 연쇄가 분절음 'ㄹ'이 갖는 형태론적 속성에 따라 그 형태론적 위상이 달라지게 된다는 것을 시사한다. 즉, (7ㄱ)의 '널'은 동사 어간 '널−'에 관형사형 어미 '−ㄹ'이 결합된 것이고, (7ㄴ)의 '널'은 인칭대명사 '너'에 대격조사 '−ㄹ'이 결합된 것으로 이 둘의 형태론적 위상은 분명히 다른 것이다.

(7ㄷ)은 국어의 관형사형 어미 '−ㄹ' 뒤에서의 경음화가 어떤 경우에나 적용되는 필수적·의무적 현상이 아니며 관형사형 어미 '−ㄹ'과 결합되어 형성된 구절에 따라 경음화 진행의 정도성에 차이가 존재함을 보여준다. '입을 것'의 경우는 예외 없이 경음화가 일어나고 '먹을 시금치'는 화자에 따라 경음화 발생에 차이를 보이는 것으로 생각된다. 반면, '묶을 갈대[蘆]'에서는 경음화가 발생하여 '갈대[蘆]'를 [깔때]로 발음할 가능성은 매우 낮은 것으로 보인다.

이와 같은 경음화 진행의 정도성의 차이는 후행 요소의 의존성과 자립성 여부, 그리고 사용 빈도와 관련된 언중들의 친밀성 정도에 의해 좌우되는 것으로 파악된다. 의존명사의 경우에는 거의 예외 없이 관형사형 어미 '−ㄹ' 뒤에서 경음화가 일어나는 것을 볼 때, 이들은 분명 자립명사에 비해 관형사형 어미 '−ㄹ'과 보다 더 강한 결속력을 갖는 것으로 보인다. 또한 같은 자립명사라도 특정한 용언의 '−ㄹ' 관형사형과 함께 반복적으로 자주 사용되면 그 역시 강한 결속력을 획득하는 것으로 생각된다. '먹을 복[福]', '믿을 사람', '쓸 돈' 등이 그러한 경우로 이들은 일상생활 속에서 매우 높은 사용 빈도를 보이며 언중들에게 친숙한 구절로 인식되어 있다. 이러한 강한 결속력이 음운론적으로 실현되어 경음화 현상으로 나타나는 것이다.

이렇듯 관형사형 어미 '−ㄹ' 뒤에서의 경음화가 비필수적·비의무적이면서 그 진행 양상에 있어 정도성에 의한 차이가 존재한다는 사실로부터 우리는 관형사형 어미 '−ㄹ' 뒤에서의 경음화 현상이 관형사형 어미 '−ㄹ' 자체의 본유적인 특성에 의한 것이 아님을 알게 된다. 즉, 관형사형 어미 '-ㄹ' 자체에 경음화를 유발시키는 기제(機制)가 내재해 있는 것이 아니라 형태소와 형태소가 결합하는 과정에서 경음화가 발생하는 것이다. 경음화의 유발이 관형사형 어미 '-ㄹ' 자체에 의한 것이라면 이때의 경음화는 필수적인 현상이 되어야 하기 때문이다.

이러한 관형사형 어미 '-ㄹ' 뒤에 나타나는 경음화 현상에 대해 생성음운론적 입장에서 관형사형 어미 '-ㄹ'의 기저형을 /-ㄹʔ/으로 상정한 논의들을 볼 수 있다.[19] 이것은 마지막 분절음인 후두폐쇄음 [ʔ]에 의해 경음화가 유발되는 것으로 설명하려는 태도이다. 이러한 태도는 관형사형 어미 '-ㄹ' 뒤의 경음화 현상을 일괄하여 음운론적인 방식으로 처리하려는 것으로, 중세국어 문헌들에 등장하는 관형사형 어미 '-ㅭ'의 표기를 그에 대한 근거로 삼고 있다.

관형사형 어미 '-ㄹ' 뒤에 나타나는 경음화 현상에 대한 이러한 음운론적 처리는 간소한 설명력을 갖추긴 했으나, 이 현상이 필수적 현상이 아니라는 사실에 대해 다시 구구한 해명을 필요로 한다는 점에서 정곡을 얻은 처리라 할 수는 없다. 기저형을 /-ㄹʔ/으로 상정한 음운론적 처리는 추상적 자음군의 설정이라는 문제와 더불어 관형사형 어미 '-ㄹ' 뒤에 나타나는 경음화 현상을 어느 경우에나 적용되는 필수적인 현상으로 만들어 버린다는 데에 문제의 심각성이 있다.

또한 중세국어 문헌들에 등장하는 관형사형 어미 '-ㅭ'의 표기는 '以影補來'라는 인위적이고 협정적인 한자음 표기법에 그 연원을 두고 있는 것으로, 이것을 관형사형 어미 '-ㄹ'의 기저형을 반영하는 표기로 이해해서는 안 된다. 관형사형 어미 '-ㅭ'의 표기는 그 본래의 형태인 'ㄹ'에 이것이 후행 요소와 결합되며 획득하게 되는 촉급하고 완전한 폐쇄를 'ㆆ'으로 포착해 준 것으로 이해할 수 있다. 그러므로 'ㅭ'의 'ㆆ'은 본유적인 요소가 아닌 사잇

---

19) 대표적으로 이러한 입장은 신지영(1990 : 76)에서 찾아볼 수 있다. 또한 Sohn(1987 : 247~248)에 서는 관형사형 어미 '-ㄹ'의 경음화 요소를 기저에 부유자질(浮遊資質) [+CG](CG : Constricted Glottis)로 표시하여 이와 유사한 처리를 하였다.

소리와 같이 결합 과정에서 나타나는 외래적인 요소라 생각된다.

관형사형 어미 '−ㄹ' 뒤에서의 경음화 현상이 관형사형 어미 '−ㄹ' 자체의 본유적인 특성에 의한 것이 아님을 보여주는 하나의 근거로 관형사형 어미 '−ㄹ'과 의존명사 '이'의 결합 형태에 대한 표기를 들 수 있다. 15세기 국어에서 관형사형 어미 '−ㄹ'과 의존명사 '이'는 '오리'20)와 같이 반드시 연철 표기로 나타난다. 이것은 관형사형 어미 '−ㄹ'의 경음화 요소, 즉 'ㆆ'이 관형사형 어미 자체의 본유적인 요소가 아님을 말하고 있다고 생각된다. 그것이 만약 본유적인 것이었다면 기저의 'ㆆ'에 의해 이 역시 '올이'와 같이 반드시 분철표기가 행해졌어야 했다.

이러한 양상은 고려시대 석독구결의 구결자에서도 관찰해 볼 수 있다. 고려시대 석독구결에서 관형사형 어미 '−ㄹ'과 의존명사 '이'가 결합된 형태가 '禾'나 '소'와 같이 하나의 구결자로 나타나고 있다는 사실이 그것이다.21) 만약 관형사형 어미 '−ㄹ'의 기저형이 /−ㅭ/으로 표시되는 것이라면 'ㆆ'의 존재로 인해 의존명사 '이'와의 결합형은 항상 '尸刂'와 같이 두 개의 구결자로 표시되어야 했을 것이다.

이와 같이 관형사형 어미 '−ㄹ' 뒤의 경음화 현상도 관형사형 어미 '−ㄹ'이라는 개별 형태소에 의해 경음화가 발생한다는 점에서 이 역시 형태론적 제약에 의해 음운 현상이 지배되는 전형적인 예가 된다.

3. 음운 현상에 관여하는 제약 탐구의 의의

이제까지 국어의 활용과 곡용, 중세국어의 모음조화, 중세국어에서 'ㆍ'나 'ㅡ'로 끝나는 체언에 주격조사 '−이'나 계사 '(−)이−'가 결합되는 경우에

---

20) 衆生이 내게 오리옷(오−+−ㄹ # 이+−옷) 잇거든(월인석보 11 : 4a)

21) 婆羅門彡 刹利彡 毗舍彡 首陁彡ノゝ 神我等ソ1 色心ㄴ 名氵 爲幻諦彡ノ禾刂ぐ(구역인왕경 14 : 1)
    復ソ1 彌勒彡 師子吼彡ソ尸 等ソニ1 十千人ゝ十 問ソニぐソニ1ㄴ 能矢 荅ソニ令ヒ 者 無ヒヒハ
    ニ丨(구역인왕경 3 : 3)

나타나는 모음충돌회피 현상, 그리고 관형사형 어미 '―ㄹ' 뒤의 경음화 현상
과 같은 예를 통해 음운 현상이 형태론적 제약에 의해 지배를 받는 모습들을
살펴보았다.

이밖에도 국어에서 형태론적 제약을 받는 음운 현상들은 많이 찾아볼 수
있다.[22] 국어의 음운 현상 중 비음화, 음절 말 중화, 폐쇄음 다음에서의 경음
화 현상 정도가 아무런 형태론적 제약을 받지 않고 예외 없이 필수적으로 적
용되는 순수한 음운 현상이다.[23]

이와 같이 실제 대부분의 음운 현상들은 순수하게 음운론적인 조건과 제약
에 의해서만 동기화되고 발생하는 것이 아니라, 그것이 문법적인 차원으로
실현되는 과정에서 형태론적·통사론적·의미론적 제약을 받게 된다. 그러므
로 이러한 시각에서의 음운 현상에 대한 탐구가 음운론의 실제적인 모습은
물론, 언어에 대한 진지한 접근을 가능케 하리라 생각한다.

---

22) 김무림(1993)에서는 <국어의 형태음운 현상 목록>이라는 이름으로 다음과 같이 형태론적 제약
   의 지배를 받는 음운 현상들을 13개 항목으로 정리한 바 있다.
    : (1) 미래관형형 어미(―ㄹ) 다음의 경음화, (2) 종속 복합어에서의 'ㄷ' 삽입, (3) 접사의 '―이'
   에 의한 움라우트, (4) 'ㄷ/ㅌ' 구개음화 : 접사나 조사의 '―이/히'에 의해서, (5) 어미의 경음화,
   (6) 복합어에 있어서의 장음의 단음화, (7) 어경계에서의 설측음화의 례외, (8) 'ㄴ' 삽입, (9) 유기
   음화의 예외성, (10) 형태론적 예외가 없는 활용에서의 'ㄹ' 탈락과 '으' 탈락, (11) 형태론적 예
   외가 있는 불규칙 활용, (12) 모음(또는 음절)의 축약, (13) 단어 경계 앞에서 일어나는 불파음화
23) 박창원(1987)에서는 이러한 음운 현상들을 표면음성제약에 의한 음운 현상이라고 이름 붙였다.

참고문헌

고영근(1997), 『표준 중세국어문법론』(개정판), 집문당.
구본관(1998), 『15세기 국어 파생법에 대한 연구』, 태학사.
김무림(1993), 「국어의 음운부와 어휘부」, 『어문논집』 32, 고려대학교 국어국문학연구회.
김완진(1967), 「한국어발달사 상(음운사)」, 『한국문화사대계 Ⅴ』(언어·문학사), 고려대학교 민족문화연구소.
______(1971), 「음운현상과 형태론적 제약」, 『학술원논문집』(인문·사회과학편) 10(『국어 음운체계의 연구』, 일조각, 1971에 재록).
______(1972), 「형태론적 현안의 음운론적 극복을 위하여-이른바 장모음의 경우」, 『동아문화』(서울대 동아문화연구소) 11(『음운과 문자』, 신구문화사, 1996에 재록).
김유범(1999), 「관형사형어미 '-ㄹ' 뒤의 경음화 현상에 대한 통시적 고찰」, 『한국어학』 10, 한국어학회.
______(2001), 「15세기 국어 문법형태소의 형태론과 음운론」, 고려대학교 박사학위논문.
______(2002), 「한국어 음운과정의 형태론화에 대한 연구」, 『한국어학』 17, 한국어학회.
______(2003), 「15세기 국어 문법형태소와 문법화」, 『어문논집』 48, 민족어문학회.
______(2007a), 「15세기 문헌자료의 특수 분철 표기에 대한 형태음운론적 연구」, 『한말연구』 20, 한말연구학회.
______(2007b), 「형태론적 과정에 나타나는 음운론적 현상에 대하여」, 『한국어학』 37, 한국어학회.
______(2007c), 『중세국어 문법형태소의 형태론과 음운론』, 월인.
______(2007d), 『국어 문법형태소의 역사적 이해』, 박이정.
______(2008a), 「이형태교체의 조건과 중세국어 이형태교체의 몇 문제」, 『국어국문학』 149, 국어국문학회.
______(2008b), 「'ㄱ'탈락 현상의 소멸에 관한 고찰-16세기 이후 변화 양상을 중심으로」, 『우리말연구』 23, 우리말학회.
민현식(1996), 「중세국어의 교체 현상 기술에 대한 재검토」, 『이기문교수정년퇴임기념논총』, 신구문화사.
박창원(1987), 「표면음성제약과 음운현상」, 『국어학』 16, 국어학회.
송나리(1993), 「중기국어 모음충돌회피 현상 연구-모음 형태소의 연결을 중심으로」, 고려대학교 석사학위논문.

송철의(1991), 「국어 음운론에 있어서 체언과 용언」, 『국어학의 새로운 인식과 전개』(김완 진선생 회갑기념논총) 민음사(『음운 Ⅰ』, 이병근·곽충구 편, 태학사, 1998 에 재록).

신지영(1990), 「국어 자음체계의 기저표시와 음운현상」, 고려대학교 석사학위논문.

이병근(1975), 「음운규칙과 비음운론적 제약」, 『국어학』 3, 국어학회(『음운현상에 있어서 의 제약』, 탑출판사, 1979에 재록).

이현희 외(1995), 두시언해 강독자료(권 10, 11, 12), 유인물.

허 웅(1975), 『우리 옛말본』, 샘 문화사.

Kenstowicz & Kisseberth(1977), *Topics in Phonological Theory*, New York : Academic Press.

Sohn, Hyang-Sook(1987), *Underspecification in Korean Phonology*, Seoul : Hanshin Publishing Co.

활용 양용 용언 연구*

남길임

1. 활용 형태와 활용 양용 용언

국어 품사 체계에서 동사와 형용사의 구분은 형태·통사적, 의미적 특성에 의해 비교적 명확한 기준을 통해 설명되어 왔다. 특히 전통 문법 내에서, 용언의 체계는 용언의 활용꼴을 통한 형태적 기준, 동사·형용사의 의미적 특성 등을 통해 구분되었다. 그럼에도 불구하고 동사와 형용사의 구분이 항상 명확한 것은 아니다.

의미적 기준인 '동작'과 '상태'는 그 정확한 한계를 짓기 어렵다는 문제가 있고, 전통 문법에서의 '존재사'의 설정 문제 등에서 언급되어 왔듯이, 동사와 형용사의 형태적 기준인 현재 서술형 어미 '-는다/-다'의 교체, 관형형 어미 '-는/-은'의 교체, '-어라' 등 명령형의 가능성 여부 역시 완벽하고 명확한 기준이 되지는 못하는 듯하다.[1] 또한 통사적 기준이 되는 용언의 하위 범주화 격틀은, 여러 선행 연구에서 논의된 바와 같이, 동사와 형용사 특

---

* 이 글은 『형태론』 제6권 제2호(2004년 가을호), 221~236면에 실린 것임.

[1] 최현배(1937 / 1971 : 185)에서는 움직씨와 그림씨를 가르는 의미, 형태, 통사적 기준을 제시하였다. 이에 따르면, 움직씨와 그림씨를 가르는 형태, 동사적 기준인 현새 서술형과 현재 관형형 형태가 주된 기준이며, 부가적으로 명령형, 청유형의 여부가 있다고 했는데, 이러한 구별법은 현행 학교 문법의 기준으로 이어지고 있다. 한편, 최현배(1937 / 1971)에서는 그러한 기준 중에서도 움직씨와 그림씨를 가르는 '기초적인 의의'는 '베풂꼴' 즉 현재 서술형에 있다고 하였다.

히 자동사와 형용사를 구분짓는 데 결정적인 역할을 하지 못한다.[2]

이 연구는 특히 형태적 측면에서 동사와 형용사 모두로 활용하는 부류를 임시적으로 '활용 양용 용언'이라고 하고, 말뭉치 용례의 계량적 분석과 형태·통사적 분석을 통하여, 이러한 용언들의 특이한 활용 양상을 분석하고 분류하여 활용 양용의 원인을 파악하는 데에 그 목적이 있다. 즉 이 연구의 대상은 아래와 같이 동사, 형용사를 구분짓는 기준이 되는, 형태적 기준 즉, 현재 서술형 어미 '-는다/다', 현재 관형형 어미 '-는/은', 명령형 어미 '-어라'의 결합에 있어서 동사, 형용사 양쪽 모두로 활용하며, 의미의 유연성을 가지는, 다음과 같은 부류이다.

> (1) ㄱ. 날씨가 좋아서 그런지, 꽃이 잘 <u>큰다</u>.
> ㄴ. 홀마크 사의 전시장은 세계에서 가장 규모가 <u>크다</u>.
> (2) ㄱ. 젊은 축들이 <u>재미나는</u> 듯 주위에 모여 저희들끼리 귓속말하며 낄낄댔다.
> ㄴ. 세상은 그대로 아름답고도 <u>재미난</u> 놀이터였다.
> (3) ㄱ. 요즘 선생님들이 담임 노릇하기가 얼마나 <u>힘드는지</u> 아세요?
> ㄴ. 이렇게 <u>힘든</u> 세상에 어떻게 남의 애까지 기르나요?
> (4) ㄱ. *조용한다. *침착한다, *건강한다, *행복한다
> ㄴ. 조용해라, 침착해라, 건강하십시오, 행복하세요[3]

(1)~(3)은 정도의 차이는 있지만 의미적 유사성을 가지는 같은 형태의 용언이 각각 동사와 형용사로 활용하는 경우이며, (4)는 형용사임에도 불구하고

---

2) 유현경(1998)에서는 활용형에 있어서 형용사와 동사의 경계에 있는 용언 부류들의 예를 제시하면서, 국어 형용사, 동사의 품사 분류 체계의 문제점을 지적한 바 있으며, 한송화(1997)에서는 국어 자동사의 특정 부류가 형용사와 활용형을 공유하고 있는 부분에 대해서 언급하였다. 이와 같은 국어 용언의 유형론적 특성 및 동사, 형용사 구분의 타당성과 관련한 논의는 본 연구의 주제에서 다소 벗어난 논의이므로 더 이상 깊이 논의하지 않는다. 형용사, 자동사, 타동사 등 국어 문법의 용언 분류 체계의 문제점에 대한 논의는 홍재성(1990), 정희정(1996), 유현경(1998), 한송화(1997) 참조.

3) 이 연구는 말뭉치에 나타난 용례를 중심으로 이루어진 것이며, 예문 역시 말뭉치 용례를 인용한 것이다. 단, 말뭉치의 예를 충실히 분석하되, 논거와 관련이 없는 범위에 한해서 문장 해석의 편의를 위해 일부 수정한 부분이 있다. 또한 부분적으로는 논거를 위해 필요하다고 판단될 경우에 한해서 직관에 의존하여 일부 작례를 사용하였음을 밝힌다. 위 (1)~(4)의 용례는 모두 말뭉치의 용례이며, 이후 작례에 대해서는 따로 각주에서 밝히기로 한다.

명령형 어미와 비교적 자연스럽게 결합하는 부류이다.

개별 용언의 '활용' 형태의 선택은 그 어휘를 사용하는 화자의 언어 의식을 반영한다. 따라서 이 연구에서는 실제 언어 사용 양상을 그대로 담은 말뭉치, 그 중에서도 교과서나 규범적인 텍스트가 아닌 소설 말뭉치를 연구 대상으로 한다.4) 이와 같이 연구의 기본 자료를 소설 말뭉치로 정한 이유는 화자들의 언어 직관이 용언 활용형 선택에 작용하는 것이 어떤 언어적 원리에 의한 것인지를 현상적, 기술적으로 살펴보기 위한 것이다. 교과서와 같이 작위적이거나 모범적인 문장, 또는 인위적으로 다듬은 규범적인 텍스트를 대상으로 해서는 일반 화자들의 활용형 선택에 대한 직관을 정확하게 분석하기 어렵다.

활용 양용 용언은 그 의미적, 통사적 특성에 따라 여러 유형으로 구분된다. '크다, 늦다, 밝다, …'처럼 동사와 형용사 양쪽으로 활용하면서 상적인 의미나 통사 현상으로도 구분되는 경우가 있는가 하면, '힘들다, 재미나다, 졸리다, …'와 같이 두 가지 형태로 활용하면서 의미, 통사적으로 거의 유사한 경우도 있다. 한편 이와 달리, '조용하다, 침착하다, …' 등의 형용사는 특정한 상황에서 유의적(有意的) 의미5)를 획득하여 동사처럼 명령형, 청유형으로 활용할 수 있다는 점에서 또 다른 특성이 있다. 이러한 활용 양용 현상은 국어 용언 중 특히 행위성 동사류를 제외한 용언류에서 두루 나타나는 현상인 듯하다. 이러한 양용 용언의 형태, 통사적, 의미적 특성을 밝히기 위해서 이 연구는 아래와 같이 구성된다.

2장에서는 이러한 양용 용언들에 대한 언중들의 언어 직관을 판단하는 근거로 말뭉치에 나타난 이들 용언의 실제 활용 형태의 빈도를 분석할 것이다. 국어 용언은 실제 사전에서 동사나 형용사 둘 중의 하나로 품사 분류되어 있는데, 이 연구에서는 각 품사의 전형적인 활용 형태에 빈칸을 보이거나, 유의적 의미를 가지고 동일한 형태의 용언이 동사, 형용사 양쪽의 활용형 모두를

---

4) 이 연구는 총 600만 어절로 구성된 소설류 말뭉치 "연세말뭉치 3"을 주요 연구 대상으로 하였다.
5) "유의적(有意的)"은 "시킴꼴과 꾀임꼴이 있음은 그 일함이 유의적(有意的)임을 나타내는 것이다"라고 한 최현배(1937 : 185)에서의 용어를 빌려 온 것이다.

가지는 용언, 100여 개를 우선적으로 분석하였고, 이들 중 대표적인 20여 개
에 대한 분석 결과를 제시하였다.[6]

3장에서는 2장의 분석 결과를 토대로 개별 용언의 어떠한 특성들이 이러
한 활용 현상을 야기하는지에 대해서 살펴볼 것이며, 활용 양용 용언들의 형
태·통사적 유형을 분류할 것이다. 궁극적으로 이 연구에서는 양용 용언의
활용 양상 분석을 통해, 활용 현상이 동사의 어떤 의미적 특성과 어떤 관련
을 가지고 있는지, 화자의 언어 직관이 활용 형태 선택에 어떻게 관여하는지
를 밝히고자 한다. 중요한 것은 어떤 특정 용언이 동사이냐 형용사이냐가 아
니라, 개별 용언들이 어떤 형태, 통사, 의미적 특성을 가지고 있느냐이며, 이
특성이, 화자가 동사와 형용사의 활용 형태 및 각 활용 형태를 선택하게 되
는 기준으로 작용하기 때문이다.[7]

2. 말뭉치에 나타난 활용 형태의 계량적 분석

2.1. 분석 기준

이 연구의 주요 대상은 의미가 유사하거나 동일한 하나의 형태가 동사와
형용사로 활용하거나 전형적인 동사, 형용사 활용형에 빈칸이 생기는 용언의
부류로, 기존 사전마다 제시된 품사가 서로 일치하지 않는 경우가 많다. 이
연구에서는 동사와 형용사를 구분짓는 전형적인 활용형, 더 정확하게 말해서
국어 화자가 특정 용언에 대한 직관에 따라 용언의 범주를 구분한 형태를 우

---

6) 이 연구에서는 다양한 양용 활용 용언의 양상을 보여주기 위해서, 우선적인 연구 대상인 20여 개
   용언의 선정을 전적으로 빈도에 의존하기보다는 활용 양상의 다양성을 고려하여 선별하였다.

7) 송철의(1995)에서는 Bybee, J. L.(1985)와 Bloomfield, L.(1933)의 '패러다임(paradigm)'의 개념을 통
   해 국어 불규칙 활용 및 곡용의 개념을 재정의하였는데, 본 논의에서의 빈칸을 보이거나 양용 활
   용 형태를 보이는 용언 역시 송철의(1995)의 불완전한 패러다임(defective paradigm)의 한 부분으로
   이해할 수 있다. 유현경·이상섭(2001)에서도 1,000여 가지 이상의 국어 어미 활용 양상 중에서
   특정 용언류의 활용 양상이 항상 규칙적이며 고른 분포를 보이는 것은 아니라는 것을 통계적으로
   제시한 바 있다.

선적으로 아래 기준을 중심으로 다루기로 한다. 이는 현행 규범 문법에 이르고 있는, 품사 체계의 기준을 최초로 명시적으로 제시한 최현배(1937 / 1971)에 따른 것이다.

<표 1> 양용 용언 활용꼴 분석 기준

	동 사	형용사
현재 서술형	-ㄴ다 / -는다	-다
현재 관형형	-는	-ㄴ / -은8)
명령형 여부	가능	불가능

2.2. 활용 양상의 계량적 분석

위 2.1.의 기준에 의해 활용 양용 용언들을 분석한 결과를 표로 보면 다음과 같다. 첫째 열 표제어에 대해 둘째 열은 전체 600만 어절에 대한 어휘 출현 횟수이며, 현재 서술형, 현재 관형형은 각각 동사, 형용사로 활용한 경우를 구분하여 실었다. 또한 '비고'란은 기존 사전에서의 품사 설정을 살펴보기 위해, 『표준국어대사전』(이하 『표준』), 『동아 새국어사전』(이하 『동아』)의 품사를 기록한 것이다.

<표 2> 양용 용언의 활용 양상 분석

	출현 빈도	현재 서술형		관형형		명령/ 청유형	비 고	
		-는다	-다	-는	-은		『표준』	『동아』
크다	6081	3	41	8	3572	0	동·형	동·형
밝다	713	0	10	9	276	0	동·형	동·형
굳다	462	4	0	2	105	0	동·형	동·형
늦다	956	0	4	0	207	0	동·형	형

---

8) '-ㄴ / -은'의 형태는 형용사의 경우 현재 관형형을, 동사의 경우 과거 관형형을 나타낸다. 그럼에도 불구하고 이 연구에서는 이러한 현재 관형형, 과거 관형형이라는 두 범주를 구분하여 조사하지는 않았다. 왜냐하면 이 연구는 어떤 용언이 규범적 판단에 의한 동사, 형용사의 구분에 근거하여 출발하는 연구가 아니기 때문이다. 우선 이 연구에서는 이러한 판단을 보류하고, 각 용언의 활용 형태가 형태적으로 어떠한 양상을 띠고 나타나며, 용언의 어떤 특성이 그러한 활용 양상을 유도하는지를 살펴보고자 한다.

	출현 빈도	현재 서술형		관형형		명령/ 청유형	비 고	
		-는다	-다	-는	-은		『표준』	『동아』
맞다	2380	28	46	247	249	0	동	형
틀리다	455	3	3	2	115	0	동	동
맛나다	19	0	1	0	1	0	형	형
재미나다	33	0	0	2	18	0	동	동
힘들다	592	2	25	18	170	0	형	동
졸리다	39	0	2	5	8	0	동	동
늙다	822	3	0	5	503	0	동	동
못나다	132	0	0	0	109	0	형	동
잘나다	100	0	0	0	65	0	형	동
못되다	228	0	0	0	97	0	형	동
헐벗다	54	0	0	0	30	0	동	동
침착하다	91	0	1	0	26	2	형	형
조용하다	427	0	13	0	161	7	형	형
값나가다	7	0	0	5	0	0	동	동
딸리다	108	0	0	2	77	0	동	동
결리다	28	3	1	5	0	0	동	동

위 표는 한국인 화자의 전체 활용 양상을 대변하는 균형 말뭉치가 아닌, 600만 어절 규모의 소설류만을 대상으로 한 것이므로 위 표의 결과를 전적으로 한국어 용언의 활용 양상으로 분석하기는 어렵다. 따라서 위 표의 빈칸들을 해석함에 있어서는 조사 대상 자료가 '문어'이며, '소설'이라는 단편적인 장르에 해당한다는 것을 고려하여야 하며, 절대적인 관점보다는 융통성 있는 해석이 필요하다.

위 표를 대략적으로 고찰해 보면, 우선, 실제로 현재 서술형이나 현재 관형형에서 동사 형용사 양쪽 모두의 형태로 활용하는 경우가 더러 있다는 점을 알 수 있고, 둘째, 현재 서술형에 빈칸을 보이는 부류가 매우 많다는 점,9) 형

---

9) 물론 이 경우 현재 서술형이 절대 불가능하다는 것은 아니며, 일반적인 양상이 대체로 그러하다는 것이다. 즉, 여기서 빈칸으로 나타난 경우라도 매우 제약적인 언어 상황에서 활용이 가능한 경우가 많다.

용사나 상태성 자동사의 경우 관형형으로 쓰이는 빈도가 매우 높다는 점, 등을 살펴볼 수 있다. 또한 이들 각 용언에 대한 품사 처리가 사전에 따라 다르다는 것도 알 수 있는데, 이는 사전 편찬의 지침이나 편찬자의 직관의 차이에 기인하는 것이라고 생각된다.

3. 활용 양용 용언의 유형과 통사, 의미적 특성

3.1. 활용 양용 용언 분류의 기준

위 2.2.에서 알 수 있듯이, 매우 다양한 의미 부류의 용언들이 동사, 형용사 양쪽으로 활용하며, 활용 양상도 각각 다르다. 여기서는 이들 용언들의 형태적 특성을 바탕으로 이와 관련된 통사, 의미적 특성을 살펴봄으로써 활용 양용 용언늘의 유형을 살펴보고자 한다. 이를 통해 각 용인들이 양쪽으로 활용하게 되는 경우에 나타나는 통사·의미적 특성들을 살펴볼 것이다.

위 용언들을 살펴보면, 정도의 차이는 있지만, 대부분 형용사로 활용하거나 동사로 활용하거나 기본 어휘 의미에 있어서 의미적 유사성을 가진다. 단, 이들이 동사·형용사 중 어떤 형태로 활용하느냐 하는 것은 기본 어휘 의미에 더하여 어떠한 상적인 의미 차이가 있느냐 또, 주체 또는 주어의 주관적 심리 상태에 대한 서술이냐 객관적 상태 서술이냐 등 여러 가지 요인이 작용하는 듯하다. 이 연구에서는 특정 언어 환경에서 동사형 / 형용사형으로의 교체가 불가능한 (5)의 부류와 대체로 교체가 가능한 (6)의 부류를 구분해서 활용의 양상을 분석해 볼 것이다.[10]

  (5) ㄱ. 날씨가 좋아서 그런지, 꽃이 잘 {큰다. / *크다}

---

[10] 이 연구는 말뭉치 용례 분석을 기초로 한 연구이며, 규범적 관점이 아닌 현상의 기술과 언어 현상을 설명하는 데에 목적이 있다. 따라서 표준형과 오용 등에 대해서는 가치중립적 관점에서, 일반 화자들의 언어 직관을 중심으로 현상을 분석하고자 한다.

      ㄴ. 홀마크 사의 전시장은 세계에서 가장 규모가 {<u>크다</u>. / *큰다}
(6) ㄱ. 요즘 선생님들이 담임 노릇하기가 얼마나 {<u>힘드는지</u> / <u>힘든지</u>} 아세
      요?
      ㄴ. 모두들 {<u>졸리는</u> / <u>졸린</u>} 눈을 부비고 있었다.

즉, (5)는 동사나 형용사로 활용하는 특정한 언어 환경에서 동사나 형용사형 양쪽으로 교체되어 쓰일 수 없는 경우이며, (6)은 같은 언어 환경에서 의미 차이가 거의 없이 동사형이나 형용사형으로 모두 쓰이는 경우이다. 전자의 경우는 양쪽의 활용 형태가 상보적인 분포를 이루며 같은 환경에서 교체되어 쓰일 수 없는 특성이 있는 반면, 후자는 양쪽의 활용 형태가 자유 변이와 같이 교체되어 쓰일 수 있다.

또한, 이 연구에서는 활용형 선택의 동인을 밝히기 위해, 위 (5), (6)의 유형과 더불어 용언 분류에 있어서 가장 명확한 기준인 현재 서술형, 현재 관형형에서 매우 제약적으로 활용하는 유형을 함께 분석해 보고자 한다.

3.2. 활용 양용 용언의 유형별 특성

3.2.1. 교체 불가능 양용 용언류

(5)에서 볼 수 있듯이, '크다, 밝다, 굳다, 늦다, …' 등11)은 각각 동사와 형용사로 쓰였을 때 기본 어휘 의미에서 의미적 유사성을 가지지만, 같은 언어 환경 내에서 동사 또는 형용사 활용형으로 서로 갈음되어 쓰일 수 없는 부류들이다. 이들이 이와 같이 교체되어 쓰일 수 없는 것은 이들이 동사형으로 쓰였을 때는, '과정'과 '상태 변화'의 상적인 의미를 가지고, 형용사형으로 쓰였을 경우는 '상태'의 의미를 가져, 각각 상적 의미가 다를 뿐 아니라 이러한 상적 의미에 의해 형태·통사적으로도 다른 특성을 지니기 때문이다.

우선, 이들은 동사로 활용할 경우 진행상 '-고 있-'이나 완료 지속상 '-어 있-'과의 결합, '점점', '서서히' 등 상태 변화의 부사어의 수식을 받을 수

---

11) 이와 같은 유형은 아래의 예와 같다.
   예 크다, 밝다, 굳다, 늦다, 갈급하다, 사치하다, 여물다, …

있는 반면, 형용사로 활용할 경우, 그렇지 못하다. 아래 (7)~(9)는 이들이 모두 동사로 활용하고 있는 경우의 예로, 각 (ㄱ)항은 상태 변화의 부사어 수식 가능성을 각 (ㄴ)항은 '-고 있-, -어 있-' 구성의 가능성을 보여 준다.

> (7) ㄱ. 점점 크고 있는 회사를 밀어주는 건 위험한 일은 아니다.
>   ㄴ. 우리 아이가 크고 있어요.
> (8) ㄱ. 포구의 서쪽 신월리 근처의 하늘이 점점 밝아 오고 있었다.
>   ㄴ. 어느덧 나독의 얼굴은 밝아 있었다.
> (9) ㄱ. 긴장한 탓인지 얼굴 근육이 서서히 굳는 듯했다.
>   ㄴ. 오후가 되자 콘크리트가 점점 굳고 있었다.

반면, 이들이 형용사로 활용하는 경우는 '-고 있-'과의 결합, 완료 지속상 '-어 있-'과의 결합, 상태 변화의 부사어 수식이 제약되는 반면, '매우 {크다 / 밝다 / 굳다, …}'와 같이 정도 부사의 수식이 자유롭다.

또한 이들은 각각 형용사와 동사로 쓰일 경우, 아래와 같이 의미, 통사적으로 대등한 성분을 접속하는, 대등접속어미의 대표적 부류인, 순접이나 이접의 접속 '-고', '-든지'와 결합하여 동사 접속 구성 또는 형용사 접속 구성을 이룬다.

> (10) ㄱ. 회사는 날이 갈수록 크고 번창했다.
>   ㄴ. 해가 뜨자 방안은 점점 밝고 환해졌다.
>   ㄷ. 그의 표정은 서서히 굳고 경직되어 갔다.
> (11) ㄱ. 그는 그도 모르는 사이에 크고 단단한 사내가 되어 있었다.
>   ㄴ. 그 웃음은 모처럼 밝고 흐뭇한 웃음이었다.
>   ㄷ. 애들 이모 문제를 꺼낼 때면 예외 없이 이처럼 표정이 굳고 차갑다.

위 (10), (11)에서 볼 수 있듯이 '크다, 밝다, 굳다'가 동사, 형용사와 함께 순접 구성을 이루어 각각 동사와 형용사로 달리 기능한다. 위와 같이 이 부류들은 통사, 의미적 특성이 뚜렷이 구분되고, 양쪽 활용형의 교체가 불가능하여, 형태적으로도 상호 독립적으로 활용한다. 이들은 주로 사전에서도 동사, 형용사의 동형어로 기술이 되어 있는 부류이다.

한편, 이러한 부류 중에는 동사로 쓰이느냐 형용사로 쓰이느냐에 따라 어휘 의미가 달라지는 아래와 같은 유형도 있다.

> (12) ㄱ. 어느덧 뜰의 열매가 다 <u>여물었다</u>.
>   ㄴ. 그는 속이 아주 <u>여문</u> 사람이다.
> (13) ㄱ. 그는 동정을 <u>갈급하는</u> 마음으로 사람들에게 말했다.
>   ㄴ. <u>갈급한</u> 영혼

(12), (13)의 각 (ㄱ)항은 동사형으로, (ㄴ)항은 형용사형으로 쓰인 경우로, 공시적으로 동사형과 형용사형이 다른 의미를 가지므로, 사전의 의미 기술에서도 각기 동형어적 처리를 고려해야 할 것으로 판단된다.

한편, 위 예들과 달리, 같은 용언이 동사나 형용사형 모두로 활용이 가능하면서 의미의 변화 없이 상호 교체되어 쓰일 수 있는 부류가 있다. 아래에서는 동사형, 형용사형으로 각기 상호 교체가 가능한 용언류들의 특성을 살펴보기로 한다.

3.2.2. 교체 가능 양용 용언류

'뜨끔하다, 맞다, 틀리다, 으쓱하다, 맛나다, 재미나다, …'의 부류는 같은 언어적 환경 내에서도 동사 형용사의 각 활용 형태로 교체되어 쓰일 수 있는 부류로, 위의 교체 가능한 부류에 비해서 의미나 통사적 측면에서 그 차이가 거의 없다.

> (14) ㄱ. 젊은 축들이 {<u>재미나는</u>/<u>재미난</u>} 듯 주위에 모여 저희들끼리 귓속
>   말하며 낄낄댔다.
>   ㄴ. 역시 선생님의 말이 {<u>맞는구나</u>/<u>맞구나</u>}.
>   ㄷ. 모두들 {<u>졸리는</u>/<u>졸린</u>} 눈을 부비고 있었다.

이들은 각각 현재 서술형, 현재 관형형에서 동사, 형용사 양쪽으로 활용하는데, 이러한 활용형을 선택하는 기준은 아래와 같이 분석해 볼 수 있다.

(가) 의미의 전이[주관성 → 객관성]

동사와 형용사 양쪽 모두로 활용하는 용언 부류들 중에는[12] 명사와 '되다,

나다, 들다'와 같은 비행위성 자동사가 결합하여 관용화된 의미를 가지면서 형용사적 특성을 지니게 된, 아래와 같은 것들이 있다.

(15) ㄱ. 젊은 축들이 <u>재미나는</u> 듯 주위에 모여 저희들끼리 귓속말하며 낄낄 댔다.
　　　ㄴ. 세상은 그대로 아름답고도 <u>재미난</u> 놀이터였다.
(16) ㄱ. 요즘 선생님들이 담임 노릇하기가 얼마나 <u>힘드는지</u> 아세요?
　　　ㄴ. 이렇게 <u>힘든</u> 세상에 어떻게 남의 애까지 기르나요?13)

위에서 볼 수 있듯이 이들은 각각 현재 서술형과 현재 관형형에서 동사와 형용사형 모두로 활용이 가능한데, 실제 용례를 분석해 보면, 대부분 주어 명사의 주관적 판단이나 느낌 등을 표현할 때는 동사형으로 활용하고, 객관적 상태를 기술하는 경우에는 형용사로 활용하는 경향이 있다. 즉, (15ㄱ)에서 '젊은 축들이 재미나는 듯…'에서는 주어인 '젊은 축들이' 느끼는 심리적인 주관성14)을, (15ㄴ)의 '재미난 놀이터'는 결국 일반적인 사실, '놀이터가 재미나다'로 분석되어, 피수식 대상인 놀이터의 속성을 객관적으로 서술한다. 이때, '재미나다'의 주어의 의미역은 (15ㄱ)의 경우 '젊은 축들이'로 경험주이며, (15ㄴ)의 경우 '놀이터'로, 대상으로 볼 수 있다.

(15') ㄱ. 젊은 축들이 재미나는 듯 → 젊은 축들이 (지금 상황, 모습 등이) 재미 나다.
　　　 ㄴ. 아름답고도 재미난 놀이터 → 놀이터가 재미나다.
(16') ㄱ. 선생님들이 담임 노릇하기가 힘든다.

---

12) 이와 같이 비행위성 자동사와 결합하여 형용사 동사 양쪽으로 활용하는 용언류로 '맛나다, 재미 나다, 힘들다, 기막히다, 눈부시다, 욕되다, 속상하다, …'따위가 있다.

13) 한편, 이때 동사 활용형인 각 (ㄱ)항은 형용사 활용형으로 교체되어도 비교적 자연스러운 반면, 형용사 활용형인 (ㄴ)항은 동사 활용형으로 교체되면 다소 어색한 듯하다.

　(15') ㄱ. 젊은 축들이 {재미나는 / 재미난} 듯 주위에 모여 저희들끼리 귓속말하며 낄낄댔다.
　　　　 ㄴ. 세상은 그대로 아름답고도 {재미난 / ??재미나는} 놀이터였다.

　(16') ㄱ. 요즘 선생님들이 담임 노릇하기가 얼마나 {힘드는지 / 힘든지} 아세요?
　　　　 ㄴ. 이렇게 {힘든 / *힘드는} 세상에 어떻게 남의 애까지 기르나요?

14) 한송화(1997)에서는 이와 같이 주어가 경험주이면서 주어의 주관적 심리 상태를 나타내는 자동 사류를 '심리자동사'라 하고 이들 중에서 다른 논항으로 대상역이 나타나는 부류를 '대상심리자 동사'로 분류하고 있다.

　　　　ㄴ. 힘든 세상→세상이 힘들다

‘재미나다, 힘들다’의 복합 용언류들은 본래 어원적으로 명사와 자동사로 구성된 것으로, 주어의 느낌이나 심리 상태를 기술하다가 점점 대상의 객관적 속성이나 상태를 기술하는 쪽으로 옮아간 경우이다.15) 이때 복합동사가 상태적 의미를 지녀 형용사로 활용하는 경우에도, 복합 형태 이전의 명사와 자동사의 본래 형태로 복원되었을 때는 동사로 활용하려는 경향이 있다.

　　(17) ㄱ. 세상은 그대로 아름답고도 재미가 {나는 / *난} 놀이터였다.
　　　　　ㄴ. 혼자 살기도 힘이 {드는 / *든} 세상에 어떻게 남의 애까지 기르나
　　　　　　요?16)

(나) 상적 의미의 변화 [순간성 : 상태성]

한편, ‘으쓱하다, 오싹하다, 뜨끔하다, 왁자하다, …’의 부류 역시 아래와 같이 같은 환경에서 동사, 형용사 양쪽으로 활용을 한다.

　　(18) ㄱ. 그를 보는 순간 영희는 가슴이 {뜨끔한다 / 뜨끔하다}.
　　　　　ㄴ. 아침에 일어나 지난밤의 일을 생각하니 등골이 {오싹하는 / 오싹한}
　　　　　　느낌이 들었다.
　　　　　ㄷ. 그는 {으쓱하는 / 으쓱한} 듯한 태도로 나에게 말했다.

이들이 각각 동사와 형용사로 활용하는 경우를 보면, 유사한 기본 의미에 더하여 상적 의미만 달라지는 듯하다. 즉, 동사로 활용할 경우 이들은 ‘순간성’을 나타내며, 형용사로 활용할 경우에는 ‘상태성’을 나타낸다. 이들은 동사로 활용할 경우, 주어의 순간적 심리적 상태 변화를 나타내는 반면, 형용사

---

15) 한송화(1997)에서는 활용에서 형용사적 특성을 보이는 몇몇 대상심리자동사류를 설명하면서 “화자의 판단이 강하게 작용하면 동사처럼 활용하며, 그렇지 않고 사실 자체에 중점을 두면 형용사로 활용하는 것”이라고 해석하였다. 이것은 본 연구와 유사한 지적이나, 본 연구에서는 ‘주관성’의 의미를 화자가 아닌 주어의 주관적 상태로 보고, ‘객관성’ 역시, 주어의 객관적 속성에 초점을 맞춘 것이므로 다른 것이다. 이 글에서는 한송화(1997)의 관점을 ‘화자의 의도’라고 설명했다.
16) 물론 복합 용언이 원래의 형태로 복구된 경우에도 ‘한창 재미가 {난 / 나는} 모양이다’에서와 같이 관형형 ‘-ㄴ’이나 ‘-는’ 모두로 활용하는 경우가 있다. 이러한 경우는 ‘명사+동사’의 본래 구성이 주어의 주관적 상태를 나타내는 의미에서 점점 객관적인 속성을 나타내는 복합용언 구성으로 가는 중간 단계의 형태로 추정된다.

로 활용할 경우 주어의 심리 상태 변화라기보다는 정태적 심리 상태를 표현하는 듯하다.

동사로 활용하든 형용사로 활용하든 이들은 위 3.2.1.과 달리 진행상 '−고 있−', 완료 지속상 '−어 있−'과의 결합이나 명령형 / 청유형 활용이 공통적으로 불가능하다. 이러한 현상은 이들 용언류의 순간성 자질과 상태성 자질에 기인하는 것이다.

> (18') ㄱ. *그를 보는 순간 영희는 가슴이 {<u>뜨끔하고 있다</u> / <u>뜨끔해 있다</u>}.
> ㄴ. *아침에 일어나 지난밤의 일을 생각하니 등골이 {<u>오싹하고 있다</u> / <u>오싹해 있다</u>}.
> ㄷ. *그는 {<u>으쓱하고 있는</u> / <u>으쓱해 있는</u>} 듯한 태도로 나에게 말했다.

(다) 화자의 판단 개입

'맞다, 틀리다, …' 등의 동사 역시 동일한 언어 환경에서 동사, 형용사 양쪽으로 활용하며, 이들 또한 용언의 순간성 자질과 상태성 자질에 기인하여 진행상 '−고 있−', 완료 지속상 '−어 있−'과의 결합이나 명령형 / 청유형 활용이 공통적으로 불가능하다.

> (19) ㄱ. 역시 선생님의 말이 {<u>맞는구나</u> / <u>맞구나</u>}.
> ㄴ. 그의 이야기는 무엇 하나 {<u>틀리는</u> / <u>틀린</u>} 것이 없었다.
> (20) ㄱ. *이젠 저런 데까지 호흡이 {<u>맞고 있구나</u> / <u>맞아 있구나</u>}.
> ㄴ. *그의 이야기는 무엇 하나 {<u>틀리고 있는</u> / <u>틀려 있는</u>} 것이 없었다.

이들은 동사와 형용사로 활용할 때 의미나 통사적 특성의 차이가 거의 없어 보인다. 단, 아래에서 볼 수 있듯이, 화자의 주관적인 판단이 개입될 때는 동사로 활용하는 것이 더 자연스럽다.

> (21) ㄱ. 나는 이 답이 {<u>맞는다</u> / <u>맞다</u>}.
> ㄴ. 이 답이 {<u>*맞는다</u> / <u>맞다</u>}.
> (22) ㄱ. 나는 네 답이 {<u>틀린다</u> / <u>틀리다</u>}.
> ㄴ. 네 답이 {<u>*틀린다</u> / <u>틀리다</u>}.[17]

3.2.3. 기타 특수한 활용 현상을 보이는 부류들

활용형 선택의 동인을 밝히기 위해, 위 3.2.1., 3.2.2.의 유형과 더불어 살펴보아야 할 부류로는, 현재서술형으로 활용하지 않는 부류, '늙다, 헐벗다, 못나다, 잘나다, 못되다, …' 등이 있다. 600만 어절 소설 말뭉치인 <연세 말뭉치 3> 내에서, 이들은 현재 서술형 중 동사, 형용사 어느 쪽으로도 쓰이지 않았으며, 항상 상태를 나타내는 관형형으로만 활용하거나 서술형으로 쓰일 때는 주로 '-었-'과 결합하면서 상태적인 의미를 지니고 있어서, 용언 활용에 있어서 매우 흥미로운 현상을 보여 준다.

이들은 형태적 활용 특성이 유사함에도 대부분 사전에서 각 어휘에 대한 품사가 일치하지 않고 있으며, 사전들 간에도 품사 설정이 다르다.

이들은 아마도 순간적인 '상태 변화'의 상적 특성을 가진 기본 의미에서 상태 변화 이후의 상태를 나타내는 것으로 더 자주 쓰이게 된 듯하다.

> (23) ㄱ. 그 사람은 {*잘나다 / *잘난다 / 잘났다}.
>   ㄴ. 그 사람은 {*못나다 / *못난다 / 못났다}.
>   ㄷ. 그 사람은 {*늙다 / *늙는다 / 늙었다}.
>   ㄹ. 그 사람은 {*헐벗다 / *헐벗는다 / 헐벗었다}.
> (24) {잘난 / 못난 / 늙은 / 헐벗은} 사람[18]

대부분의 사전에서 동사로 기술되고 있는 '헐벗다, 늙다'의 경우에도 이들이 관형형으로 활용할 때의 의미는, 완료의 의미보다는 상태의 의미로 해석된다. '늙다, 헐벗다'가 상태를 나타내는 것으로 해석되는 것은, 위와 같은 관형형 외에도, 형용사와 자연스러운 대등 접속의 관계를 형성하는 것을 통해서도 증명될 수 있다.

> (25) ㄱ. 그녀의 증조할아버지는 <u>늙고 가난한</u> 데다가 장님이었다.
>   ㄴ. 거울을 볼 때마다 <u>초라하고 늙은</u> 자신의 모습을 대하는 것이 고통스

---

17) 한송화(1997)를 수정한 예문임.
18) 이러한 용언류에는 아래와 같은 예들이 더 있다.
    예 졸리다, 두드러지다, 맞다, 틀리다, 뜨끔하다, 으쓱하다, 우선하다, 당황하다, 유의하다, 왁자하다, 속상하다, …

　　　러웠다.

　　ㄷ. 남자들이란 그저 <u>늙으나 젊으나</u> 똑같다니까.

(26) ㄱ. 그곳은 <u>메마르고 헐벗은</u> 듯한 곳이어서 인적이 닿을 것 같지 않았다.

　　ㄴ. 철들면서 줄곧 보아 온 것은 전후의 <u>헐벗고 황폐한</u> 도회의 뒷골목이
　　　었다.19)

이와 같은 쓰임은 이들 용언이 가진 의미의 상태성에 기인하는 것으로, 이들이 대부분 동사로 기술되어 있음에도 불구하고 특정한 상황을 제외하고는 동사의 현재 서술형 '—는다 / —ㄴ다'로 활용하지 않는 것과도 관련이 있다.

4. 결론

이러한 논의를 통해 볼 때, 몇몇 용언 부류가 동사와 형용사 양쪽으로 활용을 하거나 양쪽 모두로 활용이 불가능한 것을 하나의 일관된 원리로 설명하는 것은 어려운 듯하다. 그럼에도 불구하고 양용 용언류의 활용형 선택은 대부분 화자가 용언의 의미 그 중에서도 용언의 상적인 의미를 어떻게 파악하고 있는가와 관련을 가지며, 부가적으로 화자 및 주어의 사건에 대한 주, 객관적 판단이 관련이 있다고 할 수 있다. 즉, 화자가 과정—상태 변화의 완성성 자질과 상태 변화의 순간성 자질로 파악할 경우, 동사로 활용하는 경향

---

19) 한편 이러한 국어 용언 활용의 연구는 관용 표현의 활용형 제약 현상을 설명하는 데에도 적용될 수 있다. 관용 표현은 일반적으로 굳어져서 활용이나 그밖의 문법적 변형이 대체로 제약된 경우가 많다. 그럼에도 불구하고 '가슴이 찢어지다, 하늘이 무너지다, 머리에 까치집을 짓다, 가시방석에 앉다, 간이 붓다, …' 등 '명사+ 용언류'의 관용 표현류들을 살펴보면, 구성 성분의 의미 변화 정도와 관계없이 활용이 매우 자연스러운 부류와 그렇지 않은 부류, 고정된 활용꼴로만 쓰이는 부류 등 여러 부류가 있다.

　(1) ㄱ. 그는 머리에 까치집을 {지은 / *짓는} 상태로 앉아 있었다.
　　　ㄴ. 우리 둘은 가시 방석에 {앉아 있는 / 앉은 / *앉는} 기분으로 어머님의 말씀을 들었다.
　　　ㄷ. 너 완전히 간이 {부었구나 / *붓는다}.

'짓다, 앉다, 붓다'가 동사임에도 불구하고 '—는다, —는'류의 활용을 하지 않는 현상은 이들 관용 표현의 의미에서 비롯되는 것이다.

이 강하고, 정태적 상태로 파악할 경우 형용사로 활용한다. 또한 유사한 의미를 지녔더라도 어떤 사물, 사건에 대한 객관적이고 일반적인 속성을 나타낼 때는 형용사로 활용하며, 주어의 주관적 판단을 나타낼 때는 동사로 활용하는 듯하다. 또한 '재미나다, 힘들다, …'와 같이 이미 재구조화되어 쓰이고 있는 복합용언일지라도 본래 구성 용언의 의미 특성이 남아 있어 그것과 관련하여 활용의 양상이 달라지기도 한다.[20]

이 연구는 활용에 있어서 특수한 현상을 보이는 용언 전체를 대상으로 한 것은 아니다. 이 연구는 대부분 '불구동사'라는 용어로 언급되어 왔던, 활용에 제한된 용언들이나 용언 활용형의 굳은꼴에 대해서는 논의하지 않았다. 이 연구에서의 결과가 불구동사나 굳은꼴의 용언 분석과 함께 연구될 수 있다면 국어 용언 활용의 특성을 전체적으로 제시하는 데 도움이 될 것이다.

---

20) 이러한 맥락에서 '헐벗다'와 같은 용언들은 대부분의 사전에서 동사로 기술되어 있지만 실제 활용 및 의미가 오히려 형용사적이므로 형용사로 기술되어야 할 것이다. 특히 사전 기술이 공시대 화자들의 언어 직관을 그대로 담은 기술적 언어 사전을 지향할 경우 말뭉치를 토대로 한 활용형의 분석을 철저히 할 필요가 있다.

참고문헌

고영근(1987), 「보충법과 불완전계열의 문제」, 『어학연구』 23-3, 서울대학원 국어연구회.

김영욱(1994), 「불완전 계열에 대한 형태론적 연구」, 『국어학』 24, 국어학회.

송철의(1995), 「곡용과 활용의 불규칙에 대하여」, 『진단학보』, 진단학회.

유현경(1998), 『국어 형용사 연구』, 한국문화사.

유현경·이상섭(2001), 「말뭉치를 이용한 용언의 활용형에 관한 연구」, 『한국어정보학』 3, 국어정보학회.

정희정(1996), 「자동사 / 타동사 분류에 대한 비판적 고찰」, 『국어문법의 탐구』 3, 탑출판사.

최현배(1937 / 1971), 『우리말본』, 정음문화사.

한송화(1997), 「국어자동사연구」, 연세대학교 박사학위논문.

허 웅(1983), 『국어학』, 샘문화사.

홍재성(1990), 「한국어 자동사 / 타동사 구문의 구별과 사전」, 『사전편찬학』 3, 연세대학교 언어정보연구원.

Bloomfield, L.(1933), *Language*, University Of Chicago Press.

Bybee, J. L.(1985), *Morphology : A study of the relation between meaning and form*, John Benjamin publish company.

<사전류>

국립국어연구원 편(1999), 『표준국어대사전』, 두산동아.

연세대학교 언어정보연구원 편(1998), 『연세 한국어사전』, 두산동아.

이기문 감수(1994), 『동아 새국어사전』, 두산동아.

제 2 장

형태·의미 연구의 공시적 접근 (2)

의미론

중세·근대 국어
{하다}, {만ᄒ다}, {크다}의 유의 분석*

홍사만

1. 유의성의 검증

필자(2002)는 어휘 의미가 변화하는 원리를 생태론적 시각에서 구명한 바 있다. 이는 단어의 생태도 동식물과 같이 서로 경쟁하며 질서와 조화 속에서 공존한다는 내용으로 집약된다. 이러한 생태 역학적 원리는 자연의 보편적인 법칙에 근거를 두고 있다. 강하고 큰 것이 약하고 작은 것을 경쟁에서 이겨 개체를 보존하고, 물이 높은 곳에서 낮은 곳으로 흐르는 것과 같은 당연의 법칙에 의존된다는 것이다.

이어서 필자(2008)는 단어 사이의 의미 관계를 논하면서 소위 의미 경쟁과 어형 경쟁에 대한 생태론적 원리에 대해 논했다. 사적으로 유의 경쟁이나 동음 경쟁에서 이기고 지는 승패의 원리는 자연의 평범한 생태적 철리에 크게 의존하고 있다는 설명이다. 즉, 단어 간의 유의 경쟁에서 음절이 길거나 다른 동음어를 가진 쪽, 그리고 음감이 좋지 않거나 발음하기 어려운 쪽이 불리한 위치에 있다는 것은 사리로 따져보아 당연한 자연의 논리이다. 동음 경쟁에 서도 구체적인 의미를 가진 단어가 추상적인 것보다 경쟁에서 유리하고, 유

---

* 이 글은 『어문론총』 48호(한국문학언어학회, 61~95면, 2008. 6. 30)에 발표한 논문을 옮겨 실은 것임.

의어를 가지지 않은 것이 가진 것보다, 형태 구조상 안전도가 높은 것이 낮은 것을 이길 가능성이 높은 것도 마찬가지이다. 또한 기초 어휘처럼 언어 생활에 필수적인 단어들이 경쟁에서 우위에 선다는 것도 생태적으로 타당한 논리를 지니고 있다.

이 글은 중세·근대 국어에 실존했던 성상 형용사 {하다}, {만ᄒ다}, {크다}의 유의적 의미 관계를 분석하고 그 사적 변화를 생태적, 역학적 시각에서 검증하려는 것이다.

우선 이들 세 단어의 유의성은 다음 자료에서 입증된다.

(1) ㄱ. 功德이 **하녀 져그녀**(釋譜 19 : 4)
　　 ㄴ. 淫慾앳 이른 즐거부믄 **젹고** 受苦ㅣ **하ᄂ니**(月釋 7 : 18)
　　 ㄷ. 量온 **하며 져구믈** 되는 거시라(月釋 9 : 7)
　　 ㄹ. **하며 져곰**과 기프며 여톰 아로미(楞解 1 : 4)
　　 ㅁ. 튱기를 **젹게** ᄒ고 머기기를 **하게** ᄒ며(馬經下 : 25)
(2) ㄱ. **만ᄒ며 져그샤미** 겨시건뎡[有豊約](法華 3 : 189)
　　 ㄴ. 再煉홈애 니르러는 소곰이 **만ᄒ며** 염쇼ㅣ **젹고**(焰焇 : 13)
　　 ㄷ. 힘 쓰기는 **만ᄒ딕** 얻는 바는 **져그니**(焰焇 : 16)
　　 ㄹ. 졍긔는 **만ᄒ고** 혈긔는 **젹고**(馬經上 : 50)
(3) ㄱ. 훈 모미 **크락 져그락** ᄒ야(月釋 1 : 14)
　　 ㄴ. 各各 罪이 **져그며 쿠므로** 劫數를 디내ᄂ니(月釋 1 : 29)
　　 ㄷ. 根이 **크니 져그니** 업시[根無大小](圓覺下 1 : 55)
　　 ㄹ. **져굼과 쿰**과를 서르 드리샤[小大相容](楞解 4 : 38)
　　 ㅁ. **쿰과 져곰**괏 아래는[大小已下](楞解 8 : 110)
　　 ㅂ. 므리 **큰 믈 져근 믈** 보는 딕로 조차 나게 ᄒ라[令水從大小便出](救簡 1 : 66)
　　 ㅅ. 몬져 灰隔의 **크며 져그믈** 자혀 薄板 훈 ᄶᆞ글 밍글오딕(家禮 8 : 18)
　　 ㅇ. 흰 련곳치 **크며 져그미** 서르 섯기되(勸念 : 24)
　　 ㅈ. 더 **큰 저울 져근** 저울이 다 구의예서 밍근 이오(老解下 : 62)
　　 ㅊ. **젹은** 술위란 말고 그저 **큰** 술위예 시러 가쟈(朴通上 : 13)

(1)~(3)은 중세·근대 국어의 {하다}, {만ᄒ다}, {크다}가 한 문장 속에서 그 반의적 대립어인 {젹다}와 병렬을 이루는 예문들이다. 세 단어가 공통적

으로 {젹다}라는 반의어를 취하고 있다는 점에서 그 유의성을 찾을 수 있다.

당시의 {젹다}는 현대 국어의 수량 표현인 {적다}[少]와 크기 표현인 {작다}[小]를 겸유한 형용사이다. {젹다}와 {쟉다}의 공통성은 다음 예문에서 드러난다.

    (4) ㄱ. 財믈이 **하며 쟈그미** 이시매(女訓下 : 8)

       ㄴ. 졍히 열의 **하며 쟈고믈** 닐우미라(痘瘡下 : 14)

       ㄷ. 혹 **하며** 혹 **쟈그며**(胎産 : 1)

    (5) ㄱ. 다믄 모든 아ᄒᆡ드리 愚頑ᄒ니 **만코** 良善ᄒ니 **쟈그니**(女訓下 : 19)

       ㄴ. ᄉ지과 일신이 ᄀᆺ바 눕기 **만코** 닐기 **쟉고**(胎産 : 13)

    (6) ㄱ. 지븻 일 **크며 쟈그닐**[家事大小](二倫 : 13)

       ㄴ. **크나 쟈그나**[自大及小](二倫 : 29)

       ㄷ. 일이 **크며 쟈그미** 이시매(女訓下 : 8)

       ㄹ. **크니 쟈그니** 혼굴ᄀᆮ디 아니미 해롭디 하니ᄒ니(痘瘡上 : 45)

(4)~(6)은 {쟉다}로써 {하다}, {만ᄒ다}, {크다}와의 반의적 대비를 나타내는 예문이다. 특히 중세 국어 자료 속에 {쟈다}이 출현도가 {젹다}에 비해 매우 낮은 것은 {젹다}가 의미 기능상 양자를 아우르는 것이었음을 말해 준다. {쟉다}와 {젹다}는 모음 교체에 의해 중세 국어에서 이미 어형이 분화되었지만 그에 따른 의미 분화는 이루어지지 않았다.[1] 이들의 의미 분화는 근대 후기에 이루어졌는데, 현대 국어에서도 언중들은 양자를 구별하여 쓰는 데 부담을 느끼고 있다.

한편 {젹다}와 유의적인 어형에 {횩다}와 {혁다}가 있었다. 자료에 따르면 이들은 그 반의의 짝을 구별해서 쓴 흔적도 엿보인다.

    (7) ㄱ. 墳이며 碑며 石獸의 크며 **효그며** 하며 **젹그미**(家禮 8 : 18)

       ㄴ. 굴그면 六塵엣 業이오 **혀그면** 二乘法이라(釋譜 13 : 38)

(7ㄱ)에서 {크다}는 {횩다}와, {하다}는 {젹다}와 반의 대어의 짝을 이루었고, (7ㄴ)에서 {혁다}는 {굵다}와 짝을 맞춘 경우를 볼 수 있다.[2] 어쨌든

---

1) 『訓蒙字會』에는 '즈글 쇼(小)'(下 : 47)와 '져글 쇼(少)'(下 : 60)로 분화된 흔적이 있다.

2) {횩다}는 {젹다}와 교체되기도 했다(횩근 니피[小葉](杜初 7 : 5), 니피 젹고[葉小](杜初7 : 39)).

{하다}, {만ᄒ다}, {크다}의 유의 관계는 반의어로 {젹다}와 {쟉다}를 공유함으로써 입증된 셈이다.

$$\{젹다\}(쟉다) \leftrightarrow \left[\begin{array}{l} \{만ᄒ다\} \\ \{하다\} \\ \{크다\} \end{array} \right.$$

또 한편, {하다}, {만ᄒ다}, {크다} 사이의 유의 관계는 상호 교체되는 두 개의 예문에서도 드러난다.

(8) ㄱ. 千億 이리 이리 **하니**(釋譜 13 : 18)
    千億 이리 이ᄀ티 **만ᄒ니**[千億事如是衆多](法華 1 : 73)
 ㄴ. 활 쏘리 **하건므른**[射侯者多](龍歌 45)
    활 ᄡᅩ리 **만ᄒ니**[射弓的多有](飜朴上 : 59)
 ㄷ. 淫慾앳 이론 즐거보ᄆ 젹고 受苦ㅣ **하ᄂ니**(月釋 7 : 18)
    내 지븨 이싫저긔 受苦ㅣ **만타라**(月釋 10 : 23)
(9) ㄱ. 樊姬의 히메 **해** 잇ᄂ니[多在於樊姬之力](內訓序 : 3)
    獅子와 蚖蛇蝮헐이 **만히** 잇더니(月釋 21 : 117)
 ㄴ. ᄆᆞᅀᆞᆷ이 허ᄒ면 일 업시 셔 놀나 저허ᄒ기늘 **하** ᄒ고(馬經上 : 34)
    ᄆᆞᄎᆞ매 노ᄒᆞ샤ᄆᆞᆯ **만히** ᄒᆞ시ᄂᆞ니라[卒多有所降宥](內訓上 : 46)
 ㄷ. ᄒᆞ마 이스리 **해** 왯도다[已多露](杜解 9 : 14)
    눈 **만히** 오다[下大雪](譯語下 : 3)

예문 (8), (9)는 모두 동일 문헌에서 형성된 것은 아니지만, {하다}와 {만ᄒ다}, {해(하)}와 {만히}가 상호 교체된 예들이다. (8)은 {하다}와 {만ᄒ다}가 교체 사용된 것으로 주체어가 '일', '활쏘리', '受苦'로 동일한 환경에서 대치된 것이다. (9)는 {하다}와 {만ᄒ다}의 파생 부사 {해}와 {만히}가 교체된 예로, 이때에는 후행하는 피수식 용언이 동일한 '잇다', 'ᄒᆞ다', '오다'에 선행하는 어사 환경이다.

(10) ㄱ. ᄯᅩ 罪人ᄃᆞᆯ히 **한** 受苦ᄅᆞᆯ ᄀᆞ초 受ᄒᆞ야(月釋 21 : 43)
    惡趣예 ᄣᅥ러디여 **큰** 受苦ᄒᆞᆯ제(月釋 21 : 34)

    ㄴ. 功德이 그지 업스리니 ᄒᆞ몰며 한 일후미ᄯᆞ니잇가(月釋 21 : 136)

      큰 일훔 아래 오래 사로미 어려우니라 ᄒᆞ고(南明下 : 68)

    ㄷ. 半旬올 한 믈 어더 이쇼몰 아도다[半旬獲浩瀁](重杜 1 : 58)

      큰 믈 강 : 洚(訓會 : 35), 큰 믈 호 : 浩(類合下 : 20), 큰 믈 양 : 洋(類合下 : 38)

(11) ㄱ. 天龍도 해 모ᄃᆞ며(月曲上 : 10)

      大集은 키 모돌 씨니(釋譜 6 : 46)

    ㄴ. 遊衍은 그를 너비 해 아로몰 니라니라(杜解 16 : 1)

      수비 키 아로몰 得ᄒᆞ야[易得大悟](蒙法 : 7)

(10), (11)은 {하다}와 {크다}의 유의성을 어휘 교체로써 설명한 예인데, (10)은 관형사형 {한}과 {큰}의 교체 형태이고, (11)은 파생 부사 {해}와 {키}의 교체 형태이다. 역시 동일한 환경인 명사 '受苦', '일훔', '믈'을 관형적으로 수식하는 (10)과 피한정어 '몯다', '알다'를 부사적으로 한정하는 (11)을 대비시켰다.

이상 {하다}, {만ᄒ다}, {크다}가 한 문장 속에서 공통적으로 {젹다}와 반의 관계로 대비를 나타내는 사례와 어휘적으로 상호 교체하는 예를 늘어 그 유의성을 확인했다.

이 밖에도 예문의 대당 한문에 출현하는 한자의 대응으로도 그 유의성이 짐작된다.

그러나 삼자 사이의 유의성은 그 정도에서 차이가 감지된다.

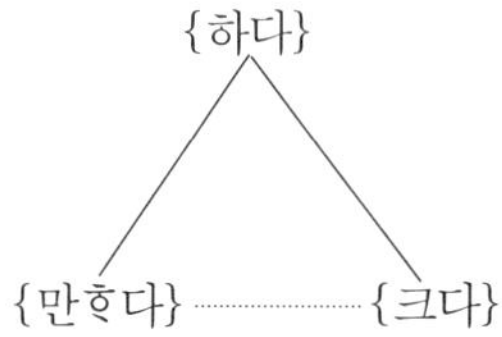

{하다}와 {만ᄒ다}는 "多"의 의미로 유의 관계를 가지고, {하다}와 {크다}는 "大"의 의미로 유의 관계를 가지지만, {만ᄒ다}와 {크다}는 "多"와 "大"가 가지는 추상적 공유점으로 부분적인 유의 관계가 예상되는 정도의 차이가 있다. 위의 자료 분석에서도 {만ᄒ다}와 {크다}가 상호 교체하는 사례

는 발견되지 않는다. 다만 한자 ‘殷’의 자석에서 양자의 유의성이 예측될 뿐이다.

> (12) ㄱ. 殷은 클 씨라(月釋 21 : 145)
> ㄴ. **만훌** 은 : 殷(類合下 : 29, 石千 : 5)

(12)의 한자 ‘殷’의 자석에서 “크다”와 “만ᄒ다”가 함께 나타남으로써 양의 사이의 유연적 관계가 예견된다. 따라서 {하다}와 {만ᄒ다}, {하다}와 {크다}의 유의 관계를 직접적이라고 한다면, {만ᄒ다}와 {크다}의 유의 관계는 간접적이라 할 수 있다.[3] 또한 다의성의 비중으로 따진다면 {하다}는 {크다}보다 {만ᄒ다}와 더 가까운 유의성을 가졌다고 볼 수 있다.

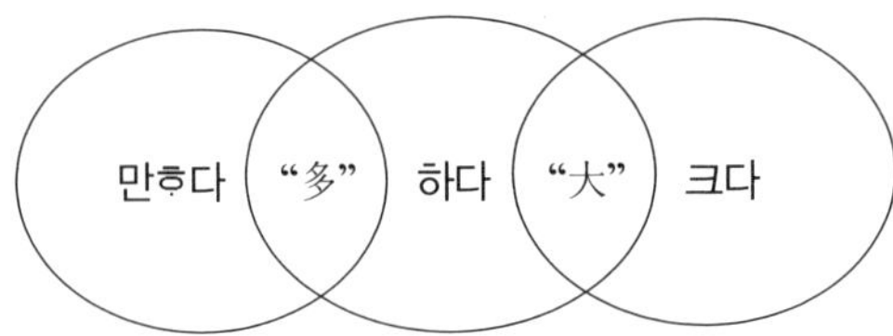

{하다}의 양의성과 {하다}와 {만ᄒ다}, {크다}와의 유의 관계에 대해서는 심재기(1982), 남성우(1985), 이광호(1993), 김태곤(2004) 등에서 단편적으로나마 논의된 바 있다.

2. {하다}와 {만ᄒ다}의 유의 관계

2.1. {하다}의 다의성과 {만ᄒ다}와의 유의성

중세 국어 {하다}가 “많다”[多]와 “크다”[大]의 양의를 가졌다는 것은 주지

---

3) 현대 국어에서도 {많다}와 {크다}는 간접적, 부분적, 일방적 유의 관계를 형성한다. {많다} →
  {크다}보다는 {크다} → {많다}의 적용 방향이 예상된다.

의 사실이다. 이 양의가 다의로 해석되는 것은 두 의미 사이에 유연성이 존립하기 때문이다. 현대 국어에서 {많다}는 수효와 분량을 나타내는 수량 개념이고 {크다}는 길이와 넓이, 부피 등의 수치 개념으로 구별되지만, 양자는 수량과 수치에서 정도의 높음을 나타내는 공유점을 가진다는 점에서 유연성이 인지된다. 따라서 {많다}와 {크다}는 때때로 {높다}와 부분적인 유의를 형성하기도 한다. 예컨대, "아기가 열이 많다."는 "열이 높다."는 것이고, "이 음식은 영양가가 많다."는 "영양가가 높다."는 말이다. "큰 아버지"는 삼촌의 서열상 "높은 아버지"를 가리킨다.

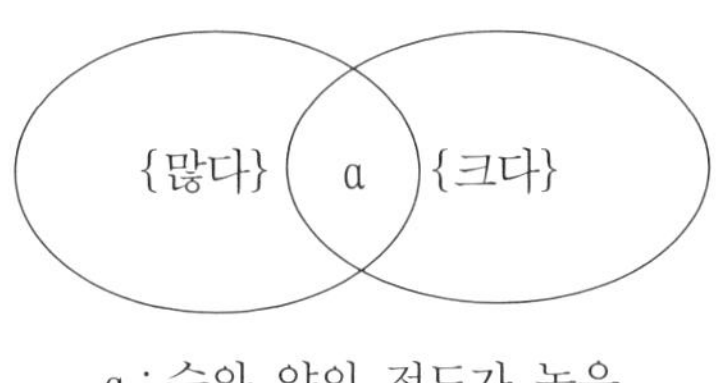

α : 수와 양의 정도가 높음

수는 셀 수 있는 개체이고, 양은 잴 수 있는 집합체인 점에서 서로 다르지만, 수가 많거나 양이 큰 것은 결국 수치가 높고 질량치가 높은 것으로 평행선을 이룬다. 따라서 '많은 돈'은 '큰 돈'이 되고, '날수가 많은 달'은 '큰 달'이 된다. 가족 호칭에서 '큰 아버지'[伯父], '큰 형'[伯兄]이라 부르는 것도 이와 상관된다. 접두사 「맏[伯-]」은 가장 위에 있는 가족 서열을 나타내는 것인데, 이는 바로 '큰'과 교체되기도 한다. '맏-아들'='큰 아들', '맏-딸'='큰 딸', '맏-사위'='큰 사위', '맏-며느리'='큰 며느리', '맏-조카'='큰 조카', '맏-상주'='큰 상주', '맏-손자'='큰 손자'가 그것이다. 이때의 {크다}는 외형적인 크기를 나타내는 것이 아니라 서열의 상위를 나타내는 위치 개념이다.

김태곤(2002 : 445)은 중세 국어에서 {하다}의 다의성을 분석하여 네 가지의 의미를 내놓았다. 이는 "많다", "크다", "심하다", "번거롭다(번잡하다)"로, 의미 영역이 큰 것부터 나열한 것 같다. 그러나 "심하다"와 "번거롭다"의 의미는 문맥에 의존되어 전의한 것으로, "많다"와 "크다"의 의미 영역 속에 포함될 수 있지 않을까 한다. "많다", "크다"의 의미 속에는 대상에 따라 "높다",

"풍부하다", "넓다", "굵다", "길다", "심하다" 등의 의미가 포용 관계를 형성하고 내재되어 있으며, 특히 이들이 정도 표현으로 전의될 때에는 마치 정도 부사와 같은 기능을 가진다. 현대 국어에서 {많이}가 본래 수량을 나타내는 상태 부사였지만, 때에 따라 정도 부사 '매우', '몹시', '퍽', '아주' 등의 기능을 나타내는 것은 이와 무관하지 않다. 특히 비유적 표현에서 그 적용의 범위는 확장될 수 있다.

따라서 김태곤의 "심하다", "번거롭다" 등의 의미는 "많다", "크다"의 의미로부터 파생된 확장 의미로 다룰 수 있다. 예시한 "한 어드루믈"[群昏](圓覺序 : 3)과 "치위 하도다"[寒多](杜初 10 : 3)에서 {한}을 "많은", "큰"으로 직역할 수 없으므로(*큰 어둠, *많은 어둠) "심한"으로 의역한 것이고, "치위 하도다"에서도 "추위가 <u>많도다</u>"나 "추위가 <u>크도다</u>"의 표현이 어색하므로 "심하다"로 풀이한 것이다. "하닐 덜오"[削繁]와 "너모 하면"[傷煩]에서는 {하다}를 "번거롭다", "번잡하다"로 풀이했는데, 크고 많은 것은 정도로 보면 심한 것이고, 상황에 따라서는 번거롭고, 번잡한 것이 될 수 있다. 이렇게 보면 {하다}의 의미는 문맥과 환경에 따라 더 많은 파생 의미로 확장될 것이다. 결국 이들의 하위 파생 의미는 상위에 있는 의미 "多"와 "大"에 종속됨으로써 {하다}의 다의는 양의로 두 가닥을 상정하는 것이 타당하게 여겨진다.

{하다}의 의미적 외연은 "多"가 "大"보다 더 큰 영역을 차지하고 있었던 것 같다. 이는 중세 국어 자료 중 "多"의 의미가 압도적으로 많고, "大"의 경우는 관형사형인 {한}에서 주로 찾아 볼 수 있기 때문이다. 그러나 {하다}의 본원적인 의미는 어디까지나 "大"였을 것으로 추정되며, 그로부터 파생된 "多"의 의미 때문에 중세 국어에서는 "大"의 의미가 위축되는 과정을 보여준 것이라 믿어진다. 이는 고대 국어의 지명 자료에 나타나는 한자 차용자 '大'가 대부분 '한'으로 석독되고 있다는 사실이 이를 뒷받침한다.

{하다}와 {만ᄒ다}의 유의성 대비에서 그 의미 차이를 기술하기 위해 주로 그 주체어의 양태를 살피거나, 관형사형 {한}과 {만흔}을 취할 때는 그 피수식어의 양태를 따지는 것이 일반적이었다.

남성우(1975 : 33~34)는 중세 국어에서 {하다}와 {만ᄒ다}의 주어와 피수식어의 양태를 자료를 통해 분석했다. 양자의 주어와 피수식어로는 구체어, 추상어 중 어느 것이든 올 수 있고, 특히 {하다}의 경우 구체어가 올 때에는 그것이 유정물, 무정물의 어느 것이라도 좋으며, 추상어가 올 때에는 대체로 의존명사나 불교 용어를 중심으로 한 일반 추상어가 된다고 했다.

이광호(1995 : 182)는 {만ᄒ다}의 주체어나 피수식어가 [＋구체물]일 때는 반드시 [＋사람]인 반면, {하다}는 [±사람]인 차이가 있다고 중세 국어 자료를 통해 밝힌 바 있다.

결국 양자를 구별하기 위해 사용된 어휘적 자질은 [±구체물], [±유정물], [±사람]이었다. 그러나 이러한 자질이 당시 양자를 변별하는 기제가 되었는가 하는 것은 의문이다. {하다}와 {만ᄒ다}의 분포는 문헌 자료를 통해 귀납할 수밖에 없는데, 앞에서 드러난 사실은 자료의 성격과 고문헌 자료의 한계성에 따라 그와 같은 경향이 드러나는 것이 아닌가 싶다.

{하다}와 {만ᄒ다}는 각각 다의와 단의라고 하는 어휘 구조상의 대립에서 {하다}의 다의 중 "多"의 의미소가 단의만인 {만ᄒ다}와 유의 관계를 형성할 뿐, 그 분포상의 차이는 그다지 드러나지 않는다.

또한 양자는 활용 체계에 있어서도 큰 차이점이 나타나지 않는다. 다만 자료에서 관형사형인 {한}의 분포가 {만흔}보다 훨씬 넓다는 사실이 드러날 뿐인데, 이는 {한}의 의미가 "多"보다 "大"에 치우쳐져 있기 때문이 아닌가 한다. 결국 {하다}가 {만ᄒ다}보다 분포가 넓은 것같이 보이는 것은 그것이 가진 다의성("多"와 "大")에 기인한다고 여겨진다.

유해서와 자석서에서 자석 풀이로 나타나는 한자는 {만ᄒ다}가 {하다}보다 훨씬 많다.

당시 {만ᄒ다}의 자석을 가진 한자로는 '殷'(類合下 : 29, 石千 : 5), '夥'(類合下 : 60), '稠'(類合下 : 52), '黎'(註千 : 5), '振'(註千 : 22), '皐'(註千 : 23), '多'(註千 : 24), '庶'(註千 : 29), '烝'(註千 : 37) 등이 있는데, 이들 한자의 의미를 현대 자석에서 찾아보면 대체로 다음과 같다.

(13) 殷 : <u>多也</u>, <u>衆也</u>, 大也, 盛貌, 雷發聲

夥 : <u>多也</u>, 朋友
稠 : 密也, <u>多也</u>, 濃也
黎 : <u>衆也</u>, 黑也
振 : 仁厚, 盛貌, 巨也, 奮也, 救也, 震也, 整也, 發也, 收也, 止也, 群飛貌
阜 : 大也, 肥也, <u>盛多</u>, 高厚
多 : <u>衆也</u>, 勝也, 適也, 廣也, 稱也, 過也
庶 : <u>衆也</u>, 冀也, 人民, 大也, 支子
烝 : 熏也, 炊也, 火氣上行, 君也, <u>衆也</u>, 厚也, 進也
煩 : 不簡, 干也, 勞也, 悶, 思惱

　　위의 한자들이 공유하는 자석은 "多也"와 "衆也"의 두 계열이다. "多也"의 자석을 가지고 있는 한자는 '殷', '夥', '稠', '阜', '多', '庶'이고, "衆也"를 가지고 있는 것은 '殷', '夥', '黎', '庶', '烝'이다. 이 밖에도 "廣也"에 '多', "大也"에 '殷'과 '阜', "厚也"에 '烝'과 '振', "盛也"에 '振'과 '阜' 등이 있어 상호 유의성을 짐작하게 한다. 이 중에서 '稠'는 중국의 『戰國策』에 '書策稠渴'이라는 대목이 나오고, '稠人廣衆'이란 숙어는 사람이 빽빽하게 많이 모인 것을 가리킨다. '庶'도 '庶士'는 '諸士', '庶事'는 '百事, 萬事', '庶績'은 '衆功'으로 많은 수를 가리키며, '庶品'은 온갖 것, '庶族'은 모든 씨족, '庶業'은 여러 가지의 종류를 가리킴으로써 "多也"의 의미를 나타낸다. '烝'에서도 '烝徒'가 많은 무리를 가리키며, '蒸民'이 온 백성을 가리킴으로써 같은 의미를 지시한다. 이 중에서 '煩'은 가장 이질적인데, 이도 소위 정도 강의 부사인 "몹시", "퍽"의 의미 기능을 가짐으로 유의성에 접근하고 있다. '煩苛'는 <u>몹시</u> 잘고 까다로운 것을 말하고, '煩劇'은 <u>몹시</u> 번거롭고 바쁜 상태를 나타낸다. 의미상의 추이성으로 보면 {많ᄒ다}는 "多也"를 기본 의미로 하여 "衆也", "大也", "廣也", "厚也", "盛也" 등의 파생 의미를 가진 것으로 해석된다. 이들 의미 사이에는 유연성을 가짐으로 많고 크고 넓고 성한 것은 어떤 정도의 높음을 공통으로 지시하는 의미 작용을 겸하고 있다. 특히 "多"와 "衆"의 유연성은 "衆"이 많은 사람이 모여 있는 수를 지시하는 기능을 가짐으로 형성된다. {많ᄒ다}와 {하다}에서 많은 사람들을 나타내는 경우는 자료에서 매우 흔하다.

(14) ㄱ. 말ᄊᆞᄆᆞᆯ 솗ᄫᆞ리 하ᄃᆡ[獻言雖衆](龍歌 : 13)
ㄴ. 놀애ᄅᆞᆯ 브르리 하ᄃᆡ[謳歌雖衆](龍歌 : 13)
ㄷ. 한 사ᄅᆞᄆᆡ ᄠᅳ들 順從ᄒᆞᄂᆞ다[順從衆多意](杜初 16 : 19)
ㄹ. 우리 吳中 권당이 ᄀᆞ장 만ᄒᆞ니[吾吳中宗族甚衆](小諺 5 : 80)

위의 예 (14)에서 한자 '衆'에 대응되는 것 모두가 사람을 지시하는 것으로 "많은 사람"을 가리킨다.

중세 국어 자료에서 {하다}가 "많다"의 의미를 나타낼 때 이에 대응하는 한자는 '多'와 '衆'이다. 이 밖에도 문례에서 해당 한자를 찾아보면 '足', '富', '稠', '繁' 등이 눈에 띈다.

(15) ㄱ. 제 ᄠᅳ들 시러 펴디 몯ᄒᆞᇙ 노미 하니라[不得伸其情者多矣](訓正序)
ㄴ. 놀애ᄅᆞᆯ 브르리 하ᄃᆡ[謳歌雖衆](龍歌 : 13)
ㄷ. 두 兄弟 ᄶᅬ 하건마ᄅᆞᆫ[兄弟謀多](龍歌 : 90)
ㄹ. 豊盛ᄒᆞᆫ 어미 ᄯᅩ ᄒᆞ마 하니[豊苗亦已稠](杜初 7 : 35)
ㅁ. ᄆᆞᆯᄀᆞᆫ 機謀ㅣ 하니[富淸機](杜初 8 : 3)
ㅂ. 버디 하고[足賓客](杜初 8 : 19)
ㅅ. ᄃᆞ톼 아ᅀᆞ미 하도다[爭奪繁](杜初 16 : 4)
(16) ㄱ. 衆은 한 사ᄅᆞ미니(釋譜 6 : 45)
ㄴ. 할 다[多](類合上 : 57, 石千 : 24)

'多'를 제외한 나머지 한자의 현대적 자석을 찾아보면 다음과 같다.

(17) 衆 : 多也, 衆人, 民心
足 : 趾也, 滿也, 止也, 無缺
富 : 豊也, 裕也, 滿足, 豊財
稠 : 稠也
繁 : 多也, 盛也, 雜也

위에서 '衆'과 '繁' 외에 직접적으로 "多也"에 대응되는 것은 없지만, "衆人", "滿也", "豊也", "裕也", "稠也" 등의 자석에서 많이 모인 사람, 가득 참, 풍족함, 넉넉함, 빽빽함 등으로 "多"의 의미를 유추할 수 있다. 이들은 비유적 표현에서 전의되어 나타나는 현상이다.

결국 의미소 "多"(많다)는 '大', '衆', '廣', '豊', '滿', '裕', '稠', '盛', '肥', '厚' 등의 유의적 한자와 관계를 맺으면서 전용 확장되고 있다.

{하다}와 {만ᄒ다}가 "多"의 의미소로 유의 관계를 맺고 있지만, 양자가 중세 국어에서 어떤 자질적인 변별 기제에 의해 엄격하게 구별된 흔적은 찾아볼 수 없다. 여기에 과도한 변별적 기제를 작동하여 부회하는 것은 바람직하지 않다. 그렇다고 해서 중세 국어에서 {하다}와 {만ᄒ다}가 온전한 유의 관계를 형성하여 모든 국면에서 상호 교체되는 것은 아니다. 유의어의 공존은 스스로 개별적인 표현 가치를 내장하고 있기 때문에 그 존립의 의의가 있는 것이다(홍사만, 2008 : 54).

필자가 조사한 바에 의하면 지금까지 언급해 온 구체물과 추상물, 유정물과 무정물, 사람과 비사람의 의미 자질은 {하다}와 {만ᄒ다}를 구별하는 요건이 되지 못한다.

중세 국어의 분포에서 {하다}와 {만ᄒ다}의 주체나 피수식어는 [±구체물]에 의해 준별되지 않는다. 이들 어례는 특별한 환경적 제약 조건에 따라 일방적인 경향성이 나타나지 않는다. 중세 국어 자료에 나타나는 구체물의 예에서, {만ᄒ다}가 사람을 표시하는 주체어와 어울리는 예가 많다는 것은 {하다}에서도 동일한 현상이므로 이를 일방적인 경향성으로 수용하기는 어렵다. 당시 문헌 자료의 성격과 내용에서 사람에 관계되는 것이 편중되어 나타난 것에 지나지 않을 것이다. [+구체물] 중 [±사람]으로 양자가 구별되었다고 보기에는 한계가 있다. 또한 [+구체물] 중 [±유정물]을 나누는 것도 자료에서는 변별적 요인으로 해석하기 어렵다. 대체로 이들을 계층적 자질로 따진다면 아래와 같이 [+구체물]의 하위에 나타나는 [±유정물]과 [±사람]은 [−구체물]과는 무관한 것이므로, 양자를 구별하는 잣대가 되지 못한다.

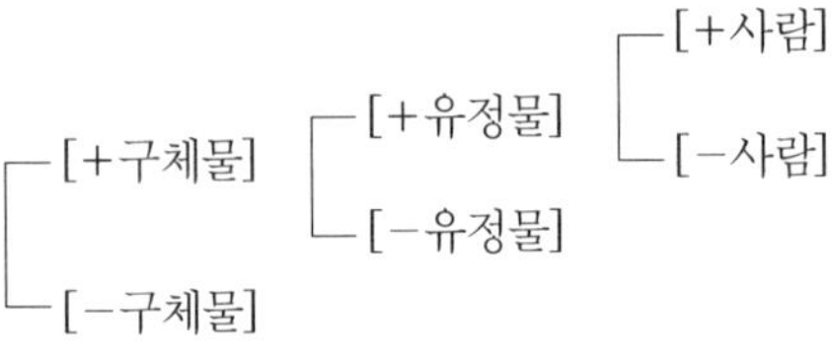

중세 국어 당시 {하다}와 {만ᄒ다}가 "多"의 의미로 유의성을 띠는 것은 현대 국어 {많다}와 비교할 때 분포상의 차이를 보여주는 어떤 제약 조건도 관측되지 않는다. 다만 전술한 대로 {하다}는 다의 중의 하나인 의미소 "多"가 {만ᄒ다}의 단의인 "多"와 유의 관계를 맺고 의미 경쟁을 벌였고, 그 결과 {하다}의 의미 "多"가 근대 국어에 와서 소멸하는 결과를 낳았을 뿐이다.

특히 {하다}의 활용형 중 관형사형인 {한}이 많이 나타나는데, {한}에서는 {하다}의 양의 중 "多"보다 "大"의 의미 기능이 중심적인 영역을 차지했다.

자료에서 보면 {만ᄒ}의 용례는 그다지 눈에 띄지 않지만, {한}과 비교하면 그 피수식어가 구체물, 추상물에 관계없이 분포되는 것을 보면 양자 사이에 특별한 변별의 장치는 없었던 것 같다. {한}은 근대 국어에 와서 {하다}의 소멸과 함께 없어지고 {많은}이 그 자리를 차지한다. {한}의 소멸은 {ᄒ[一]}>{한}과의 동음 경쟁에 따른 결과로 추정된다.

2.2. 부사 {해}와 {만히}

{하다}와 {만ᄒ다}의 파생 부사 형태인 {해}와 {만히}도 "多"의 의미로 유의성을 유지한다. {하다}의 관형사형인 {한}이 주로 "大"의 의미를 나타내는 것과는 달리 {해}는 대체로 "多"의 의미를 가진다. 이는 당시 "大"(크게)의 의미를 가진 부사 {키}가 존재했기 때문에 역할 분담한 것으로 해석된다.

따라서 부사 {해}와 {만히}는 더 밀착된 유의어로 존속할 수 있었다. 대응 한문에서도 {해}가 '多' 아닌 '大'로 나타나는 예문은 거의 발견되지 않았다.

(18) ㄱ. 方國이 해 모ᄃ니[方國多臻](龍歌 : 11)

　　 ㄴ. 해 드로ᄆᆞᆯ 속절업시 잘가냥ᄒᆞ야[虛驕多聞](楞解 1 : 3)

　　 ㄷ. 해 사ᄅᆞ미 이에 이셔[多有人在這裏](蒙法 432 : 1)

　　 ㄹ. 이제는 해 닐오디[近來多道](蒙法 : 57)

　　 ㅁ. 해 놀라 저푸믈 내나니[多生驚怖](金三 3 : 24)

　　 ㅂ. 樊姬의 히메 해 잇ᄂᆞ니[多在於樊姬之力](內訓序 : 3)

　　 ㅅ. ᄒᆞ마 이스리 해 왯도다[已多露](杜解 9 : 14)

ㅇ. 해 먹디 아니ᄒ더시다[不多食](小諺 3 : 26)

ㅈ. 너를 말 해 말라 경계ᄒ노니[戒爾勿多言](小諺 5 : 22)

ㅊ. 처엄 ᄠᅳᆮ과 해 어긔도다[意多違](重杜 5 : 17)

ㅋ. 해 겨지블 븓ᄂᆞ니[多自婦人](重內訓 2 : 14)

그런가 하면 부사 {만히}는 단의인 "多"로만 쓰였다.

(19) ㄱ. 中下ᄂᆞᆫ 만히 듣드록 어둑 信티 아니ᄒᄂᆞ니[中下多聞多不信](南明上 : 36)

ㄴ. ᄆᆞᄎᆞ매 노ᄒ샤몰 만히 ᄒ시니라[卒多有所降宥](內訓上 : 46)

ㄷ. 이제 士大夫의 집이 만히 이롤 므던이 너겨[今士大夫家多忽此](小諺 5 : 40)

ㄹ. 만히 아ᄒᆡ와 죵둘히[多童幼婢妾](小諺 5 : 117)

ㅁ. 그리도록 너므 만히 드려 므슴ᄒᆞ료[當那若多做甚麼](朴通 39 : 8)

ㅂ. 내 만히 ᄒ고져 ᄒ노라[我多要些](老解下 : 23)

ㅅ. 救護롤 만히 ᄒ며[救護多方](東新孝 8 : 63)

ㅇ. 만히 듀을 비반ᄒ고[多叛糾](十九 1 : 40)

{하다}와 {만ᄒ다}의 유의성은 그 전성 부사인 {해}와 {만히}에서는 "多" 하나로 더 긴밀한 유의적 결속을 볼 수 있다.

부사로 쓰인 {해}와 {만히}는 후행하는 서술어의 양태를 통사·의미론적으로 분석함으로써 그 특성을 추적할 수 있다. 수집한 중세 국어 자료에서 부사 {해}와 공기하는 서술어는 대부분이 동작 동사에 한정되었다.

(20) ㄱ. 天龍도 해 모ᄃᆞ며(月曲上 : 10)

ㄴ. 해 드로믈 ᄇᆞ려(釋譜 9 : 13)

ㄷ. 해 傳ᄒᆞᆯ ᄯᆞᄅᆞ미라(金剛序 : 14)

ㄹ. 해 놀라 저푸믈 내ᄂᆞ니[多生驚怖](金三 3 : 24)

ㅁ. 이제ᄂᆞᆫ 해 닐오ᄃᆡ[近來多道](蒙法 : 57)

ㅂ. ᄒᆞ마 이스리 해 왯도다[已多露](杜解 9 : 14)

ㅅ. 遊衍은 그를 너비 해 아로믈 니ᄅᆞ니라(杜解 16 : 1)

ㅇ. 맛난 사ᄅᆞ미 해 헐믜ᄂᆞ니(杜解 2 : 5)

ㅈ. 해 먹디 아니ᄒ더시다[不多食](小諺 3 : 26)

ㅊ. 처엄 ᄠᅳᆮ과 해 어긔도다[意多違](重杜解 5 : 17)

(20)에서 {해}의 피한정 서술어는 '몯다', '듣다', '傳ᄒ다', '놀라다', '니르다', '오다', '알다', '헐믜다', '먹다', '어긔다' 등의 동작 동사들이다. 이로써 당시 {해}는 문법적으로 동작 동사와 어울려 상태성을 나타내는 상태 부사의 기능을 가졌다고 할 수 있다. 이 밖에 (21)처럼 존재 형용사 '잇다'와 결합함으로써 역시 상태 부사로서의 기능을 나타내기도 했다.

(21) ㄱ. 樊姬의 히메 해 잇ᄂ니[多在於樊姬之力](內訓序 : 3)
　　　ㄴ. 해 사르미 이에 의셔[多有人在這裏](蒙法 432 : 1)

중세 국어에서 {해}는 현대 국어의 {많이}처럼 정도 부사로 전이되는 기능을 가지지는 못한 것 같다. 예컨대, 현대어의 "많이 예쁘다.", "많이 높다." 에서처럼 {많이}가 상태 동사(형용사)를 한정함으로써 '매우', '퍽'과 같은 정도 부사의 기능을 가지는 것을 말한다. 다만 심리 동사인 '슬허ᄒ다'와 어울림으로써 당시의 {해}가 정도 부사의 기능에 접근하는 인상을 준다.4)

(22) 내 늘구메 해 슬허ᄒ노라(杜解 26 : 1)

(22)를 현대어로 옮겨보면 "내가 늙으매 많이 슬퍼하노라"가 되는데, 이때 {많이}는 "많다"라고 하는 수적인 상태성에서 벗어나 '매우', '몹시'와 같은 정도성을 띠게 되는 것이다.

{하다}에서 파생된 부사로는 {해} 외에도 {하}가 있다.5) 이를 형태소 분석하면 {해}는 어간 {하-}에 파생 접미사 '-이'가 붙은 것이고, {하}는 어간이 영(零) 형태로 파생한 것으로 나뉜다. {해}는 동작 동사 앞에 오는 상태 부사이고, {하}는 상태 동사(형용사) 앞에 오는 정도 부사로 기능적 차이가 있다. 중세 국어에서 {하}의 분포는 대개가 상태 동사를 한정하는 통사성을 보인다.

---

4) 현대 국어 상태 부사 {많이}의 정도 부사에로의 추이에 관해서는 홍사민(2008 : 255~256), 정도 부사의 분포와 기능에 대해서는 홍사만(2008 : 233~257)을 참조할 것.
5) 유창돈(1971 : 12)은 부사 {하}를 형용사 어간이 그대로 부사로 전용된 것으로 보고, 이러한 부류의 부사로 {바ᄅ}, {곧}, {일[早]}, {닫}을 들었다.

(23) ㄱ. 하 갓가병면 乞食하디 어렵고(釋譜 6 : 23)
　　 ㄴ. 하 貴ᄒ야 비디 업스니라(釋譜 13 : 22)
　　 ㄷ. 내 모미 하 커(月釋 2 : 51)
　　 ㄹ. 獄이 하 重홀씨(月釋 3 : 69)
　　 ㅁ. 降伏히요미 하 너며[大過](楞解 9 : 69)

(23)의 {하} 피한정어는 모두 형용사('갓갑다', '貴ᄒ다', '크다', '重ᄒ다', '넘다')
이다. 이때 {하}의 기능은 '너무', '매우', '아주' 등의 정도 부사에 비견된다.
이와 같은 양태는 근대 국어 자료인 『捷解新語』에도 많이 나타난다.

(24) ㄱ. 하 <u>섭섭ᄒ오니</u> ᄯ오 ᄒᆞᆫ 차계 ᄒᆞᆸ새(捷語 2 : 6)
　　 ㄴ. 하 <u>극진히</u> 디졉ᄒᆞᆸ시니 술올 양도 업서이다(捷語 3 : 5)
　　 ㄷ. 大君 그르시면 우리 그름이 되올까 하 <u>민망ᄒ와</u>(捷語 8 : 2)
　　 ㄹ. 어제는 하 <u>심심ᄒ매</u> 草草ᄒᆞᆫ 振舞에 各各 죵용히 말ᄉᆞᆷ 달란ᄒ시니(捷
　　　　 語 9 : 6)

예문 (24)에서 형용사 '섭섭ᄒ다', '극진ᄒ다', '민망ᄒ다', '심심ᄒ다'를 한
정하는 부사 {하}는 상태 부사가 아닌 정도 부사이다. 즉, '많다'라고 하는
상태 의미에서 전의되어 '매우', '대단히' 등의 정도 의미 기능을 가진다. 이
런 경우는 그 반의적 표현에 부사 {져기}나 {젹게}가 올 수 없다. 부사 {하}
가 정도 부사로 기능할 때는 {져기}와 반의 관계에 있지 않은 특징이 있다.
　이와는 달리 부사 {만히}가 수식 한정하는 서술어는 동작 동사 일색이다.

(25) ㄱ. 글도 만히 알며 가ᅀ며러 布施도 만히 ᄒ더니(釋譜 6 : 12)
　　 ㄴ. 사ᄅᆞᆷ 만히 보내아(釋譜 23 : 23)
　　 ㄷ. 히 만히 도도물 니르니라(月釋 1 : 49)
　　 ㄹ. 百姓이 한 모딘 이를 만히 짓거늘(月釋 21 : 51)
　　 ㅁ. 삿기를 만히 머구디 붓그며 구버 졌곳 먹더니(月釋 21 : 54)
　　 ㅂ. 未來 無量劫中에 너추러 긋디 아니호물 만히 볼씨(月釋 21 : 64)
　　 ㅅ. 시록 地獄이 이쇼디 火槍올 만히 비븨며(月釋 21 : 80)
　　 ㅇ. ᄒᆞᆫ 知識이 큰 術을 만히 아라(月釋 21 : 118)
　　 ㅈ. 眷屬 만히 모도아 술고기 머그며(月釋 21 : 124)
　　 ㅊ. 神이 擁護ᄒ고 열한 聖因을 만히 맛나리니(月釋 21 : 150)

ㅋ. 시혹 녀나믄 머즌 일둘히 모매 **만히** 오며(月釋 21 : 169)

ㅌ. 貴ᄒᆫ 차반 우 업슨 됴ᄒᆫ 마술 **만히** 노ᄊᆞ고[廣設珍羞無上妙味](楞解
   1 : 31)

ㅍ. 栴檀沉水룰 비허 盛히 **만히** 섯드르니(法華 5 : 184)

ㅎ. 中下ᄂᆞᆫ **만히** 듣드록 어둑 信티 아니ᄒᆞᄂᆞ니[中下多聞多不信](南明上 : 36)

a. 그리도록 너므 **만히** 드려 므슴ᄒᆞ랴[當那若多做甚麼](朴通 39 : 8)

(25)의 예에서 {만히}의 피한정 용언은 '알다', 'ᄒ다', '보내다', '돋다',
'짓다', '먹다', '보다', '비븨다', '알다', '모도다', '맛나다', '오다', '놋다',
'섯드르다', '듣다', '들이다' 등으로 모두 동작성 동사이다. 이로써 {만히}는
상태 부사의 기능을 가지는데, 아래 (26)의 존재성 용언 '잇다'에서도 수량적
수식을 하는 상태 부사이다.

(26) 獅子와 蚖蛇蝮 할이 **만히** 잇더니(月釋 21 : 117)

{만히}에 반의적 대립어인 {져기(격게)}를 예상할 수 있는 경우는 {만히}
가 상태 부사일 때에 한한다. 정도 부사인 '매우', '아주', '대단히'의 의미 기
능을 가지는 경우는 반의어 {져기(격게)}로 대응할 수 없다.

(27) ㄱ. 네게도 **만히** 말고 우리게도 **젹게도** 말미 곳 올흐니라(朴通中 : 6)
     ㄴ. **만히도** 말고 **젹게도** 말아 맛치 됴케 ᄒ라(朴通下 : 44)

(27)의 {만히}와 {젹게}가 양립하는 문에서 {만히}는 상태 부사로 쓰인다.
이로써 추론할 수 있는 것은 현대 국어의 상태 부사 {많이}가 정도 부사의
기능을 가지게 된 것은 통시적으로 {만히}나 {해}에서 온 것이 아니라 {하}
로부터 왔다는 사실이다.

$$\left[\begin{array}{c} \{만히\} \\ \{해\} \end{array}\right] \rightarrow \{많이\}(상태 부사)$$

$$\{하\} \quad \rightarrow \{많이\}(정도 부사)$$

3. {하다}와 {크다}의 유의 관계

3.1. 양자의 유의 범위

중세·근대 국어에서 {크다}는 현대 국어처럼 사람이나 사물의 외형적인 길이, 넓이, 높이, 부피 등이 보통 정도를 상회하거나 추상적인 일의 규모, 범위, 정도, 힘 등이 대단한 것을 가리킨다. 때로는 사람의 생각이나 도량의 범위가 넓은 것을 지칭하기도 한다.

중세 국어 {크다}의 주체어도 이러한 범위 속에 내재하여 외형적인 크기를 나타내는 '몸', '혀', '根(뿌리)', '내', '키', '손' 등과 추상적인 크기로 '威嚴', '德', '罪', '뜻', '일' 등이 필자가 수집한 자료에 나온다.

자석서와 유해서에서 보면 {크다}의 자석을 가진 한자는 매우 많다.

> (28) 클 신 : 仁 / 클 의 : 義(訓會下 : 26)
> 　　 큰 덕 : 德(訓會下 : 31, 石千 : 9)
> 　　 클 홍 : 弘(類合下 : 3)
> 　　 큰 대 : 大(類合下 : 47, 倭語下 : 31)
> 　　 클 거 : 巨(類合下 : 48, 石千 : 3)
> 　　 클 홍 : 洪 / 클 석 : 碩(類合下 : 51)
> 　　 클 황 : 皇(類合下 : 53)
> 　　 클 혁 : 奕(類合下 : 55)
> 　　 클 굉 : 宏(類合下 : 62)
> 　　 클 인 : 仁(石千 : 3, 16)
> 　　 클 대 : 大(石千 : 7)
> 　　 큰 뜯 지 : 志(類合下 : 1)
> 　　 킈 크다(身子高)(同文上 : 18)
> 　　 손 크다(手闊)(同文上 : 22)
> 　　 큰 뫼 악 : 嶽(兒學上 : 3)
> 　　 큰 디 : 大(兒學下 : 8)
> 　　 크게 볼킬 천 : 闡(類合下 : 42)

이들 한자의 공통석은 어디까지나 "大也"이고('德', '弘', '大', '巨', '洪', '皇',

'奕', '宏', '碩'), 때로는 "長也"('大'), "廣也"('宏'), "巨也"('巨'), "甚也"('大') 등이 나오기도 한다. 이는 "大"—"長"—"廣"—"多"—"甚"의 의미가 측정 정도를 나타내는 계열어로서의 유연성을 가지기 때문이다. 다만 대응 한자인 '仁'과 '儼', '義'는 자석 속에 직접적으로 "大也"가 들어있지 않지만,[6] 사람의 인품 중 어질고 착하고 옳고 훌륭한 것이 '큰' 덕목으로 추상화하여 전의한 것으로 해석된다.

근대 국어 자료에서 살펴보면 {크다}는 관형사형 {큰}의 활용으로 많은 명사구를 만드는데, 이와 같이 명사구 전체가 한자의 자석으로 등재되는 예도 적지 않다.

(29) 큰 림금 빈 : 櫇(訓會上 : 12)

　　　 큰 믈 강 : 洚(訓會下 : 35)

　　　 큰 고을 쥬 : 州(類合上 : 19)

　　　 큰 기러기 홍 : 鴻(兒學上 : 7)

　　　 큰 나모 슈 : 樹(類合上 : 5)

　　　 근 닛 : 艾(物譜 : 耕農)

　　　 큰 ᄠᅳᆮ 지 : 志(類合下 : 1)

　　　 큰 씌 신 : 紳(類合上 : 31)

　　　 큰 믈 호 : 浩(類合下 : 20)

　　　 큰 믈 양 : 洋(類合下 : 38)

　　　 큰 뫼 악 : 嶽(類合下 : 32)

　　　 큰 벼슬 경 : 卿(類合上 : 17)

　　　 큰 믈을 막거늘[洪水](十九 1 : 8)

　　　 큰 물 져근 믈 : 大小便(救簡目錄 : 3)

　　　 큰 물 : 大便(譯語上 : 36)

　　　 큰 물 보신다 : 大見風, 큰 물 보라 가ᄂᆞ이다 : 出淨, 큰 물 보다 : 撒屎(譯

　　　　　　　 語上 : 39)

　　　 큰 보 : 臥單(同文上 : 58)

　　　 큰 사슴 미 : 麋(兒學上 : 7)

　　　 큰 챵자 : 大腸子(譯語上 : 35)

　　　 큰 탁즈 : 春橙(譯語補 : 43), 큰 탁즈 : 橙(物譜 : 几案)

---

6) 『訓蒙字會』에는 '義'의 俗釋으로 '클 의'를 표시해 두고 있다(下 : 25).

큰 ᄒᆞ르살이 : 蜉蝣(物譜 : 飛虫)

이에 반해 {하다}는 “大”의 의미보다는 “多”의 의미가 절대적으로 우세했다. 그로 인해 ‘한(할) 대 : 大’라는 자석을 붙인 자석서는 전무하다. {하다}가 “大”를 나타내는 자료는 대체로 관형사형인 {한}으로, 그 수식의 대상도 다소 한정적으로 나타난다.

(30) ㄱ. 梵王ㅅ 한 百姓 사는 하ᄂᆞᆯ히라(月釋 1 : 32)
ㄴ. 이 한 사ᄅᆞᆷ돌히 오란 劫브터 生死애 흘러ᄃᆞᆫ녀(月釋 21 : 31)
ㄷ. ᄯᅩ 罪人ᄃᆞᆯ히 한 受苦ᄅᆞᆯ ᄀᆞ초 受ᄒᆞ야(月釋 21 : 43)
ㄹ. 아니 한 ᄉᆞᅀᅵ예 여러가짓 毒ᄋᆞᆯ 맛냇거든(月釋 21 : 118)
ㅁ. 엇던 다ᄅᆞᆫ 術을 뒷관ᄃᆡ 능히 한 毒ᄋᆞᆯ 이긚다(月釋 21 : 118)
ㅂ. 功德이 그지 업스리니 ᄒᆞ믈며 한 일후미ᄯᆞ니잇가(月釋 21 : 136)
ㅅ. 香 퓌우며 깁과 幡盖ᄅᆞᆯ ᄃᆞᆯ며 난겻 모다 한 供養 ᄆᆡᇰᄀᆞ라(月釋 21 : 194)
ㅇ. ᄡᅬ 한 도ᄌᆞᄀᆞᆯ 모ᄅᆞ샤[靡知黠賊](龍歌 : 19)
ㅈ. 한 비ᄅᆞᆯ 아니 그치샤[不止霖雨](龍歌 : 68)
ㅊ. 싸호ᄂᆞᆫ 한 쇼ᄅᆞᆯ 두 소내 자ᄫᆞ시며[方鬪巨牛 兩手執之](龍歌 : 87)
ㅋ. 아니 한 ᄃᆡ 몯 다 ᄭᆞ랫거늘(釋譜 6 : 25)
ㅌ. 한 어드우믈 ᄣᅵ야[爍群昏而](圓覺序 : 3)
ㅍ. 한 行이 無常이라[諸行無常](圓覺序 : 71)
ㅎ. 한 믈디 턍 : 漲(訓會下 : 35) / 악대 한 쇼[犍牛](訓會下 : 7)
a. 한 感念이[萬感](杜初 8 : 59)
b. 한 브레 ᄉᆞ라 나 잘만 ᄒᆞ야[大火煆半日](救簡 1 : 112)
c. 한 부텨를 브즈러니 셤기ᅀᆞ오니[勤奉多佛](金剛 : 73)
d. 半旬ᄋᆞᆯ 한 믈 어더 이쇼ᄆᆞᆯ 아도다[半旬獲浩溔](重杜 1 : 58)
e. 한 새 관[鸛](訓會上 : 15)(類合上 : 11) / 한 새[老鸛](譯語下 : 26)(同文下 : 34)
f. 鸛 : 한 새(柳物一 : 羽虫) / 한 새[鸛](物譜 : 羽虫)
g. 大起 : 한 ᄉᆞ리(柳物五 : 水)

자료 속에 {한}의 피수식어로는 구상물(‘사ᄅᆞᆷ’ 등)이나 추상물(‘ᄠᅳᆮ’ 등)을 가리지 않지만, 특히 ‘비[雨]’, ‘쇼[牛]’, ‘블[火]’, ‘믈[水]’ 등이 많이 출현하는 데

눈이 간다. 이로부터 "多" > "大"의 전의를 예상케 한다. 즉, '많은 비'는 '큰 비'를 연상케 하고, '많은 물'은 '큰 물'로의 전화를 가능케 한다. 특히 형태론적 합성어 구성에서 '한 새'가 '황새'가 되고, '한 아비'가 '할아비'가 되는 것도 이에 상관된다.[7]

3.2. 부사 {해}와 {키}

{하다}의 부사 파생형 {해}와 {크다}의 {키}를 비교하는 것이 유효하다. {해(하)}에 대해서는 {만히}와의 비교에서 이미 다루었기에 재론하지 않겠다. 다만 {해}의 의미가 "大"보다는 "多"로 피수식어가 동작 동사인 점을 상기할 필요가 있다. 따라서 {해}는 동작 동사를 한정하는 상태 부사였다.

{키}와 {크게}는 형태론적으로 보면 전성 부사와 형용사의 부사형으로 그 범주를 달리하고 있지만 기능 면에서는 큰 차이가 없다.

(31) ㄱ. 키 주는 門 여러 마곰 업스니[大施門開無壅塞](南明下 : 18)
    ㄴ. 즈모 키 錯ᄒ니[何大錯](南明下 : 32)
    ㄷ. 수비 키 아로몰 得ᄒ야[易得大悟](蒙法 : 7)
    ㄹ. 키 疑心ᄒ면 곧 키 아로미 이시리니[大疑則有大悟](蒙法 : 14)
    ㅁ. 禮라 혼 거슨 人間世옛 키 쓰는 거시며[禮也者人間世之大用也](金三 2 : 17)
    ㅂ. 이 내익 키 아쳗는 배니[吾所大惡也](內訓 1 : 37)
    ㅅ. 이 生애 엇뎨 키 잇비 든니ᄂ니오[此生何太勞](杜初 8 : 61)
    ㅇ. 저리ᄡ며 키 울어 五白올 블로니[憑陵大叫呼五白](杜初 11 : 40)
    ㅈ. 犬戒이 키 퍼지니라[犬戒大充斥](杜初 24 : 11)
    ㅊ. 乙科롤 ᄒ마 키 펴니라[乙科已大闡](杜初 24 : 33)

위의 예문 (31)에서 {키}에 대응하는 한자로는 모두 "大" 하나에 집중되어

---

7) 심재기(1982 : 197)는 의미 융합으로 새 단어를 탄생하는 예로 한+아비 > 한아비 : 할아비=大+父 > 祖父, 한+쇼 > 한쇼 : 황소=大+牛 > 黃牛, 한+길 > 한길 : 행길=大+道 > 行路, 行道, 한+숨 > 한숨=大+氣息 > 歎息을 들었다. 이 외에도 현대 국어의 '한걱정', '한더위', '한시름'에서 {한}이 어휘화하여 현존하는 예를 볼 수 있다.

있다. 또한 그 피한정어도 모두 동작 동사 일색이어서 상태 부사의 성격을 짙게 해 준다. 의미상으로 "多"의 의미가 농후한 {해}와는 긴밀한 유의 관계가 형성되지 않는다. 물론 앞에서 본 대로 "大", "多"의 크고 많음은 외형적인 크기와 분량이 보통 정도를 상회하는 것으로 유연성을 배제할 수 없지만, 상호 교체가 가능할 만큼 직접적인 유의성이 감지되지 않는다. 결국 {하다}와 {크다} 사이에서 부분적으로 형성되는 유의 관계는 부사인 {해}와 {키}에서는 더욱 약화된다. 이는 {하다}와는 달리 {해}가 "多"와 "大"의 양의를 충실하게 가지지 못하기 때문이다.

{크다}로부터 파생된 전성 부사 {키}는 근대 국어 이후에 소멸하여 현대 국어에서는 사용되지 않는다. 결과적으로 그 기능은 분포상으로 보편성을 띠는 부사형 {크게}에 집중되고 있는데, 이로 보면 현대 국어에서 '길이' / '길게', '높이' / '높게', '멀리' / '멀게', '깊이' / '깊게', '가까이' / '가깝게', '빨리' / '빠르게' 등의 상관속에서 빈자리(lexical gap)를 만들고 있다. 이는 파생 접미사의 분포 제약성과도 관련되지만 {키}와 {크게} 사이의 미묘한 의미 차이를 변별할 만큼 기능이 분화되지 않았기 때문인 것으로 보인다. {크다}에 대한 파생 부사가 없는 것 같이 {넓다}도 파생형을 가지지 않는다(*{넓이}).8) 파생 부사와 용언의 부사형은 의미 기능상 미세한 차이가 있다. 이런 점에서 {키}와 {크게}의 기능은 서로 다르다.

4. 어휘 역학 관계와 추이

중세 국어 자료를 통해 본 {하다}, {만ᄒ다}, {크다}의 유의성은 {하다}의 다의성에 의해 부분적인 유의 관계를 형성하고 있다는 사실을 알았다. 즉, {하다}의 의미 중 "多"가 {만ᄒ다}의 단의와 유의 관계를 맺고, 한편으로는

---

8) 동일 어원인 {너르다}의 파생 부사 {널리}가 있으나 의미가 다르다.

"大"의 의미로 {크다}와 유의 관계를 맺고 있다.

근대 국어에 와서 {하다}는 소멸하게 되는데, 그 요인은 역시 {만ᄒ다} 및 {크다}와의 유의 경쟁에 의한 것이다. 그 원인은 두 가지로 추정된다.

첫째, 다의어인 {하다}의 의미 불안정성 때문이다. 양의를 가진 {하다}가 하나의 의미만을 가진 {만ᄒ다}, {크다}와 유의 경쟁을 벌일 경우 {하다}가 절대적으로 불리한 상황에 놓이게 된다. 이는 필자의 앞선 연구 {ᄉ랑ᄒ다}와 {싱각ᄒ다}, {빋}과 {값}, {어리다}와 {어리석다}와의 유의 충돌에서 이미 고증된 대목이다. 이를 간단히 설명하면, {ᄉ랑ᄒ다}의 양의["思", "愛"] 중 "思"는 단의인 {싱각ᄒ다}와의 경쟁에서 소멸되었고, {빋}의 양의["價", "債"] 중 "價"는 단의인 {값}과의 경쟁에서 사라졌으며, {어리다}의 양의["愚", "幼"] 중 "愚"는 단의인 {어리석다}와의 경쟁에서 소멸되었다는 사실이다.

중세 국어 {하다}의 양의 중 "多"는 단의인 {만ᄒ다}와의 경쟁에서 소멸되었고, "大"의 의미는 단의인 {크다}와의 경쟁에서 사라졌다. 결국 {하다}의 양의는 단의어인 {만ᄒ다}와 {크다}에게 빼앗기고 형태만 남은 단어가 된 것이다. 이는 어휘 생태적 보편성의 귀결이다.

둘째, 양의를 잃은 {하다}는 근대 국어에서 'ㆍ'의 소실로 {ᄒ다}[爲]가 {하다}가 된 어형과 동음 경쟁을 하게 된다. 그 결과는 의미를 가지지 못한 {하다}가 {하다}[爲]에게 어형까지 내어주고 사어화하게 된 것이다.

{하다}의 소멸 시기는 대체로 'ㆍ'가 1단계 소실된(제2음절) 16세기에서 2단계 소실(어두)된 18세기 중엽 사이로 볼 수 있다. {하다}는 17세기 초·중엽의 문헌인 『諺解胎産集要』(1608), 『東國新續三綱行實圖』(1617), 『女訓諺解』(17초), 『家禮諺解』(1632), 『勸念要錄』(1637), 『痘瘡經驗方』(1663), 『老乞大諺解』(1670), 『譯語類解』(1690), 『朴通事諺解』(1677), 『馬經抄集諺解』(1682) 등에 출현할 뿐, 그 이후의 자료에는 나타나지 않는다.

이에 앞서 {하다}의 관형사형인 {한}은 근대 국어에서도 그다지 보이지 않는데, 이도 {ᄒᆞᆫ[一]}의 'ㆍ' 소실로 인한 동음 충돌에 기인한 것이라 여겨진다. {한}은 문헌 자료상으로는 {하다}의 소멸보다 더 이른 시기에 이루어진 것으로 보인다.

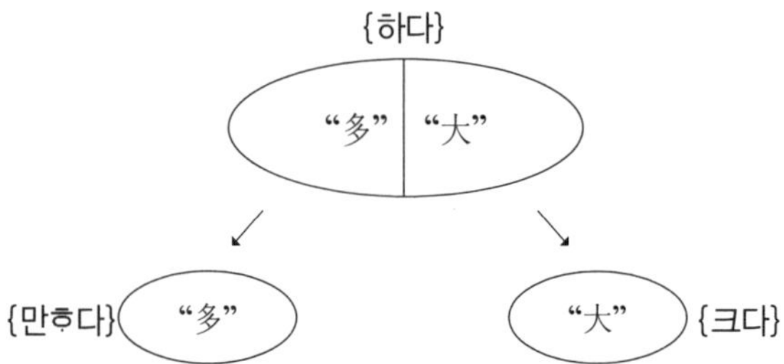

유의 경쟁에서 드러나는 어휘 생태적 역학 관계는 양의를 가진 {하다}의 소멸을 가져오게 했다. {하다}의 의미 "多"는 {만ᄒ다}에 포입되었고, 의미 "大"는 {크다}에 합류되었다. 결과적으로 {하다}는 사어화했고, {만ᄒ다}는 {많다}로 음절이 축약되어9) 현대 국어에 이르렀으며, {크다} 또한 어형을 그대로 유지하면서 오늘에 이르게 되었다.

{하다}의 소멸과 더불어 파생 부사인 {해}나 {하}도 자취를 감추었다. 현대 국어에서는 부사 '하도'와 관형사형 '하고한'(하고많은)이 간혹 구어에서 그 잔재를 보이고 있을 뿐이다.

5. 요약

어휘 생태의 역사적 추이는 자연의 보편적 원리에 의해 형성된다. 특히 유의어끼리의 의미 경쟁이나 동음어끼리의 어형 경쟁에서는 상호 역학 관계에 따라 생멸하여 그 질서와 평형을 유지한다.

이 글은 이와 같은 논조 위에서 중세·근대 국어의 형용사 {하다}와 {만ᄒ다}, {크다}의 유의 관계를 분석하고 그 사적 변천을 생태적 측면에서 기술한 것이다.

---

9) '만ᄒ다 > 많다'의 음절 축약은 '굳ᄒ다 > 같다'와 색채 형용사 '하야ᄒ다 > 하얗다', '거머ᄒ다 > 거멓다', '푸라ᄒ다 > 파랗다', '노라ᄒ다 > 노랗다', '벌거ᄒ다 > 벌겋다'와도 같은 맥락이다.

　먼저 삼자 간의 유의성은 공통적으로 {젹다} 또는 {쟉다}와 반의 관계를 형성함으로써 입증된다('하며'−'져구믈'('쟈그며')), '만ᄒ며'−'져그샤미'('쟈그니'), '크며'−'져그믈'('쟈그니')). 중세 국어에서 {젹다}는 {쟉다}와 어형 분화는 되었지만 의미 분화가 없었다. 또한 이들 세 형용사 사이의 유의성은 상호 교체와 대응 한자의 의미에서도 엿볼 수 있다.

　그러나 삼자 간의 유의 관계에서 {하다}와 {만ᄒ다}, {하다}와 {크다}와는 직접적인 유의성을 함축하고 있는 반면, {만ᄒ다}와 {크다}는 간접적인 양태를 띠고 있다.

　중세 국어 {하다}의 다의성은 주지된 대로 의미소 "多"와 "大"로 나타나지만, 당시 분포의 외연으로 보면 "多"의 의미가 "大"보다 훨씬 넓은 영역을 차지했다. 이는 {하다}의 원의인 "大"로부터 "多"가 파생되어 "大"가 위축되는 과정을 보여 준 것으로 추정된다.

　{하다}와 {만ᄒ다}, {하다}와 {크다}의 유의 관계에서 의미 차이를 어사 환경에서 찾을 수는 없다. 그 주체어와 피수식어가 [구체물], [유정물], [사람]의 대립적 어휘 자질을 나타냄으로써 이들의 용법이 변별되는 기제는 존재하지 않았다. 다만 {하다}의 다의성에 의해 양의의 하나가 {만ᄒ다}, {크다}의 단의와 경쟁 관계에 놓이는 데서 발생하는 분포상의 차이가 감지될 뿐이다. 특히 의미소 "多"와 "大"는 각각 수량과 크기를 표시하는 차이가 있지만, 많고 큰 것이 어떤 정도의 높음을 지시하는 의미 작용을 공유하고 있다는 데에서 유연 관계가 성립된다. 이러한 사실은 대응하는 한자의 자석에서 공통석이 출현함으로써 추량할 수 있다.

　삼자 간의 유의 관계를 기술하는 데는 그 보편적인 활용형인 {한}과 {만ᄒ}, {큰}과의 비교와 파생 부사형인 {해(하)}와 {만히}, {키}와의 대비에서도 유효하다. 중세 국어에서 {해}는 동작 동사와 공기함으로써 상태 부사의 기능을 가졌으나 {하}는 대체로 상태 동사(형용사)를 한정함으로써 '너무', '매우', '아주'와 같은 정도 부사의 기능을 가졌다. 따라서 현대 국어의 상태 부사 {많이}가 정도 부사의 기능을 가지는 것으로 추이되는 현상은 근원적으로 중세 국어에서 부사 {해}가 아닌 {하}의 계열과 맥락을 같이 한다고 할 수 있다. 이러한 기능으로 보면 현대 국어의 {많이}가 상태 부사로 쓰일 때는 {만히}나 {해}의 계열이고, 정도 부사로 쓰일 때는 {하}의 계열이라 추정할 수 있다.

{하다}에서 파생된 부사 {해}는 의미소 "多"와 "大"의 양의를 충실하게 가지지 못했다. 따라서 {크다}의 파생 부사 {키}와는 온전한 유의 관계를 형성했다고 할 수 없다. {키}는 근대 국어에 와서 소멸됨으로써 부사 활용형인 {크게}에 포입되었고, 양자가 갖추어진 모형(예 : 길이 / 길게, 멀리 / 멀게 등)에서 빈자리를 만들었다.

어휘사적으로 형용사 어휘소 {하다}는 "多"와 "大"의 양의를 가짐으로 단의로 존재했던 {만ᄒ다}와 {크다}와의 유의 경쟁에서 불리한 위치에 놓이게 되었다. 결과적으로 {하다}의 의미소 "多"는 {만ᄒ다}에 합류되고, 의미소 "大"는 {크다}에 통합됨으로써 그 의미가 소멸되었다. 또한 그 어형도 동사 {ᄒ다}[爲]의 "·" 소실로({ᄒ다} > {하다}) 동음 경쟁을 치르게 되어 사어화하고 말았다.

중세 국어 {하다}의 소멸은 {만ᄒ다}, {크다}와의 유의 경쟁과 {ᄒ다(하다)}와의 동음 경쟁의 결과적 산물이다. 여기에는 {하다}가 가진 다의성과 "·" 소실이라는 음운론적 현상이 크게 작용하였다. 이러한 다의성은 의미 경쟁에서 패배를 가져왔고, 의미의 공백으로 인해 동음 경쟁에서 폐어가 되는 결과를 초래한 것으로 해석된다.

참고문헌

김종택(1992), 『국어어휘론』, 탑출판사, 245~254면.
김태곤(2002), 『중세국어 다의어와 어휘 변천』, 박이정, 445면.
남성우(1985), 『국어의미론』, 영신문화사, 33~38면, 137~138면.
배도용(2001), 「우리말 신체어의 의미 확장 연구」, 부산대학교 박사학위논문, 19~35면.
심재기(1982), 『국어어휘론』, 집문당, 120~124면, 197면.
유창돈(1971), 『語彙史硏究』, 선명문화사, 168~172면, 365면.
______(1980), 『李朝國語史硏究』, 半島出版社, 377~378면.
이광호(1995), 『유의어 통시론』, 이회, 99면, 180~183면, 222~224면.
임지룡(1994), 『국어의미론』, 탑출판사, 135~147면.
전재호(1987), 『國語語彙史硏究』, 慶北大 出版部, 110~113면.
천시권・김종택(1971), 『국어의미론』, 형설출판사, 143~161면.
홍사만(1994), 『국어의미론 연구』, 형설출판사, 81~98면.
______(2003), 『국어 어휘의미의 사석 변천』, 한국문화사, 13~29면.
______(2008), 『국어 의미분석론』, 한국문화사, 54~65면, 113~125면, 233~257면.
홍윤표(1994), 『근대국어연구 (1)』, 태학사, 41~44면.
池上嘉彦(1975), 『意味論』, 大修館, 286~29면.
池上嘉諺(1985), 『意味論・文体論－言語から見た人間の心』, 伊紀国屋書店, 31~33면.
______(1991), 『意味の世界』, 日本放送出判協会, 44~51면.
大鹿薫久(1989), 「類義語・反意語」, 玉村文郎 外(編), 『講座日本語と日本語敎育 6－日本語の
　　　　　語彙・意味 (上)』, 明治書院, 243~256면.
国広哲弥(1987), 『意味論の方法』, 大修館, 173~175면.
______(1998), 『理想の国語辞典』, 大修館, 6~50면.
森田良行(1996), 『意味分析の方法－理論と実践』, ひつじ書房, 35~42면.
Collinson, W. E.(1939), "Comparative synonymics : Some principles and illustration",
　　　　　Transaction of the Philological Society.
Gruber, J. S.(1976), *Lexical Structure in Syntax and Semantics*, North-Holland Publishing Co.
Kats, J. & J. D. Fodor(1963), "The Structure of a Semantic Theory", *Language* 39.
Lyons, J.(1968), *Introduction to Theoretical Linguistics*, London : Cambridge Univ. Press.
Ullmann, S.(1957), *The Principles of Semantics*, Oxford Basil Blackwell.
______, S.(1962), *Semantics : An Introduction to Science of Meaning*, Oxford Basil Blackwell.

借用語에 의한 意味擴大*

成煥甲

1. 緒

　오늘날에 와서는 어떠한 言語도 完全한 孤立性의 維持가 불가능하다고 斷言할 수 있을 정도로 異國語와의 交涉이 불가피하며, 그 교섭의 과정에서 외국어의 영향을 다소간 받지 않을 수 없을 뿐만 아니라, 人類文化의 急速한 진전과 言語間의 잦은 접촉으로 인하여 날이 갈수록 言語의 借用現象은 深化될 것임이 분명하다. 이러한 상황에서 本稿는 國語史上 借用語의 代替定着에 의하여 그 이전의 固有語보다 意味領域이 확대된 경우를 實證的 方法으로 검토해 보고자 시도된 것이다. 이는 國語 語彙變化論이나, 固有語 소멸과 借用語 대체의 과정을 추적하는데, 또는 借用語의 전망을 鳥瞰함에는 물론, 오래 論議되어 온 借用語 功過論의 基礎로도 뜻있는 일이 될 것이다.

　그런데, 論議의 전개에 앞서 밝혀두어야 할 前提와 制約이 있다.

　그 첫째는 여기서 말하는 意味擴大가 意味 變化論의 의미 확대를 지칭하는 것이 아니라는 점이다. 주지하는 바와 같이, 言語는 형태와 의미 양면이 모두 계속 변화하는 것인데, 그 중 意味變化의 방향은 범위의 擴大와 縮小[1]·概念

---

* 이 글은 『月山任東權博士 頌壽紀念論文集』(1986, 集文堂, 159~176면)에 실린 논문을 일부 수정한 것임.

의 향상과 卑下 등 대조적인 모습으로 나타남이 일반적이다. 이때의 의미 변화란 동일 형태의 의미가 확대 혹은 축소되거나, 향상 또는 비하하는 것임은 再論의 여지가 없는 것이다. 그러나 本稿에서의 의미 확대란 固有語가 소멸하고 그에 대신하여 등장한 借用語가 原固有語보다 意味領域의 확대·抽象化를 초래한 경우를 가리킨다.

또 하나의 制約은 모든 借用語를 대상으로 論及하지 못하고, 漢字語만으로 借用語 전반을 窺知하는 수단으로 삼게 되는 점인데, 이에 대하여는 약간의 敷衍이 필요할 듯하다. 누구나 알다시피 한국어에 혼입되어 있는 차용어의 종류와 起源은 매우 다양하지만,2) 대체로 漢字語와 西歐系 外來語3)로 大別하는 것이 일반적이다. 같은 차용어인데도 漢字語를 굳이 西歐 外來語와 구분하는 까닭은 그 차용의 역사가 西歐語에 비하여 매우 길고 어휘수가 엄청나게 많다는 점이 그 첫째이다. 그리고 또 하나의 理由로는 서구로부터의 借用語가 原籍地의 곱을 遵用하는 경향인 데 반하여 漢字語는 中國곱이 아니라 韓國곱으로 발음하므로 歸化의 정도가 더 깊다는 사실, 그 외에 國內 造語4)의 한자말이 많다는 점 등도 지적될 수 있다. 이러한 論據에서 흔히 漢字語는 순수한 의미에서의 借用語라기보다 準國語로 인정해야 한다는 주장도 있다.5) 따라서 國語에 들어와 있는 많은 차용어 중 漢字語를 가장 典型的인 것으로 보고6) 本論이 출발한다.

---

1) 千時權·金宗澤(1981 : 260)에서는 "의미는 항상 확대의 과정만 있을 뿐 축소의 과정은 없다"고 斷言하나, 예컨대 '任務·稅金' 등의 뜻을 지니던 '구실'이 '任務'의 뜻에만 限定되는 경우, 또는 '내리다·항복시키다' 등의 未分化된 의미를 지니던 '느리다'가 '내리다'로 한정되는 경우는 의미 축소, 또는 分化라 말할 수밖에 없을 것이다. 이에 대해서는 金宗澤(1963), 成煥甲(1986) 參照.

2) 梵語·중국어·몽고어·만주어·일본어·라틴어·영미어·프랑스어·독일어·스페인어·포르투갈어·이탈리아어·페루어·네델란드어 等. 이 점에 대해서는 崔範勳(1976) 참조.

3) 「外來語·借用語·歸化語」 등의 용어를 구분해 쓰려는 견해가 있으나, 本稿에서는 이들을 구별하지 않고 同義로 사용한다. 金敏洙(1964 : 149), 沈在箕(1982 : 50), 千時權·金宗澤(1981 : 214), 崔範勳(1976), 成煥甲(1983a), 成煥甲(1986) 參照.

4) 南豊鉉(1972) 참조.

5) 南廣祐(1973 : 1~18) '한글專用과 漢字·漢文敎育' 참조.

6) 日本語나 西歐語로부터의 차용어는 그 量이나 歷史에 있어 漢字語와는 비교가 되지 않는 상황이며 아직 이들은 固有語와의 충돌이나 代替 과정을 논의할 단계에 이르지 못한 것으로 판단되기 때문이다.

2. 借用語에 의한 意味의 擴大

한 言語 內에서 語彙들은 아무 질서 없이 존재하는 것이 아니고, 서로 의미 상 혹은 형태상 有緣性을 지니고 막연하게나마 구조를 이루어 존재한다.7) 그 러므로 이 語彙體系 속에 각종 起源의 借用語가 유입되면 旣存語와 同義關係를 형성하는 경우가 자주 생기는데, 이 同義語의 선택과 구사에 言衆이 곤혹을 겪게 되어 마침내 兩 同義語는 意味衝突을 일으키고 전체 意味秩序의 변화를 초래한다. 그 충돌의 결과가 두 갈래의 모습을 나타냄에 대하여는 이미 보고 된 바 있다.8) 그 하나가 旣存語 ― 대체로 固有語 ― 의 萎縮 死滅과 借用語의 代替 정착 현상이라면, 다른 하나는 兩語의 意味分化에 의한 共存現象이라 할 것이다. 筆者는 이미 이런 문제들을 斷片的으로 論議하여, 固有語 소멸과 漢字 語 代替의 과정,9) 漢字語를 중심으로 한 借用語의 功過,10) 槪念領域의 分化에 의한 固有語와 借用語 調和11) 등에 대하여 보고한 바 있다.

本稿에서 論議하려는 것은 前述한 바와 같이 固有語가 漢字語로 바뀌면서 그 意味領域이 확대되는 語例들이다. 여기서 '의미확대'란 意味의 一般化란 말 로 바꿀 수도 있는 것으로, 意味場의 觀點에서 보면 의미의 확대이고, 意味濃 度의 측면에서 보면 의미의 추상화 현상이라 하겠다.12) 곧, 固有語가 지닌 의 미 내용이 지나치게 具體的・限定的이거나 直說的인 配語法의 語構造를 취하고 있어서, 복잡하고 추상적인 對象 事實13)에의 적용이 어려워짐으로써 固有語의 활용이 줄어들고, 보다 포괄적인 의미의 漢字語가 대신하게 된 경우가 우리의

---

7) 千時權・金宗澤(1981 : 89).

8) 이에 대해서는 金宗澤(1971) 참조.

9) 이에 대한 상세한 논의는 成煥甲(1983a), 成煥甲(1983b) 참조.

10) 成煥甲(1984) 참조.

11) 成煥甲(1986) 참조.

12) 이에 대하여는 이미 '의미의 확대와 추상화는 同一事象의 兩面에 불과하다'는 表現이 있다. 金宗澤(1970) 참조.

13) 여기 '대상사실'이란 言語活動에 있어서 Ogden & Richards(1923 : 11)의 'Thought or Reference', Stern(1931 : 8)의 'Meaning', Bloomfield(1933 : 139)의 'S(speaker's situation)', Ullmann(1962 : 72) 의 'Sense' 등과 같은 뜻으로 쓴 것이다.

關心인 것이다. 이는 指示物이나 思想·感情은 끊임없이 변화하는데 語形變化가 이에 따르지 못함으로써 야기되는 것이라 본다면 단순한 新語生成, 즉 形態變化로 처리되어야 할 것이요, 의미 내용의 변화만을 기초로 생각할 때에는 意味擴大로 처리되어, 意味分化와 대조적인 양상으로 이해되어야 할 것이다.

어떤 言語社會에서나 文化의 初期 段階에는 구사하는 語彙數가 적으므로 各 語의 의미는 廣漠·模糊할 수밖에 없는 한편, 초기의 語形成이 感覺的·具體的인 事物에 근거하는 경우가 많이 語義가 매우 한정적인 결함도 지닌다.14) 이에 따라 文化發展에 부응하는 語彙變貌도 몇 가지 다른 양상을 나타내게 된다. 곧, 동일한 事物을 指示·象徵(refer or symbolize)하면서도 더욱 세분의 필요를 느끼게 되는 데서 생기는 변화15)와, 思考의 범위가 넓어짐으로써 이를 수용할 수 있는 語彙 開發이라는 변화가 나타나는 것이다. 이때 後者의 경우는 다시 두 가지 유형으로 나누어 볼 수 있으니, 새로운 思想이나 事物을 접할 때마다 適切한 新語를 創案하는 방법과, 旣存語가 지닌 의미를 넓힘으로써 文化 發展에 부응하는 방법이 그것이다. 이 중 旣存語의 意味範圍를 확장시킴으로써 社會發展에 適應하려는 語義變化는 言語 歷史上 매우 생산적인 것으로서 意味變化의 중요한 요인이 된다.16) 그리고 新語의 造語 또한 文化의 進展이긴 하지만 文物의 발전이나 思考 領域의 擴大에 速度가 따르기 어려우므로, 쉽게 借用할 수 있는 外國語가 새로운 자원으로 이용되곤 하는 것이다. 이렇게 볼 때에 여기서 논의하고자 하는 바는 이 兩者의 動機가 結合되어 나타난 것이라 할 수 있겠다. 곧, 新語 대신에 借用語가 나타나서 旣存語의 意味領域을 넓히면서 동시에 語彙增大를 이룬 것이다.

---

14) ‘語義가 廣漠하고 限定的’이라는 두 가지 모습은 극히 對照的·排反的인 것이어서 그 표현에 상당한 批判이 예상된다. 그 중 ‘초기의 語義가 광막하다’는 것은 成煥甲(1986)에서 확인이 可能하다. 한편 ‘너무 구체적·한정적’임은 ‘불휘 > 뿌리’의 의미와 ‘根本·根性·根源·根治·男根·草根’등에 쓰이는 ‘根’의 의미를 대조하면 認定하게 될 것이나, 本稿의 進展에 따라 더 확실해질 것이다.

15) 지식 수준이 낮은 때의 언어생활에서는 ‘나무(木)’와 ‘쇠(鐵)’를 區分하는 것으로 足하나 차차 ‘나무’와 ‘풀(草)’, ‘소나무·대나무·사과나무, …’의 區分은 물론, 나무의 ‘뿌리·줄기·가지·잎·열매, …’의 분간이 필요함을 느끼게 됨을 그 한 例로 지적할 수 있다.

16) 多義語가 이런 과정에서 생기는 것이며, 「한 形態(signifiant)와 한 意味(signifie)의 연결」이라는 單義語의 存在는 理論上으로만 可能한 것일 뿐 實際로는 사용 頻度가 많으면 많을수록 意味의 변화폭이 커진다. 그리고 그 변화는 대체로 영역 축소보다는 확대인 경우가 더 많다.

이제 漢字語를 활용함으로써 그 前代의 固有語보다 意味가 확대 또는 추상화한 語例를 國語史 資料에서 찾아보기로 한다.[17)

(1) 가도혀ᄒ다 → 團束하다·檢束하다.
 스스로 ᄆᆞᅀᆞ몰 가도혀ᄒ면 나날 법다오매 나ᅀᅡ가ᄂ니라 : 自檢束則日就
 規矩(飜小學 8 : 6)

위 例文에 쓰인 '가도혀ᄒ다'는 '警戒하다·단속하다' 정도의 뜻이다. 이 말이 '가도다(←'갇다'의 使動詞)+혀다(引)'의 複合形에 다시 動詞化接辭 '-ᄒ다'가 붙은 것임은 한눈에 알 수 있는 것이거니와, 널리 활용되지 못하고 한두 예만 보이다가 死滅하고 漢字語로 代替된 까닭이 무엇일까? 筆者는 이미 固有語의 漢字語化 과정을 1) 형태상의 문제, 2) 의미상의 문제, 3) 활용상의 문제, 4) 社會·心理的 문제 등 네 가지 유형으로 나누고 그 속에 각각 몇 항목을 歸屬 整理하여 보고한 바 있다.[18) 그런데, 여기서 論議하는 語例들은 대체로[19) 그 2) 項 意味上의 制約으로 消滅하게 된 것이라 보이는 것이다. 곧 '가도다'의 意味가 '긷다·거두다·가두다' 등 매우 具象的이어서 '단속·경계하다'와 같은 抽象的 意味로의 擴大에 실패한 것이다. 그리고 이 失敗는 槪念的·理論的 뜻의 漢字語가 生活 가까이 浸透해 있었음에도 원인이 있었을 것이다.

(2) ᄀᆞᆺ브다 → 疲勞하다
 ㄱ. ᄆᆞᅀᆞ미 ᄒ다가 잇버 ᄀᆞᆺ브거든 : 心若疲倦(圓覺下一之一62)
 ㄴ. 甚히 슈고롭고 ᄀᆞᆺ브나 : 雖甚勞勸(內訓 1 : 39)

위에 나타난 'ᄀᆞᆺ브다'의 의미는 現代語 '가쁘다·숨가쁘다'보다 넓고 抽象的이어서 오늘날의 '피로하다·피곤하다'와 통하는 것이다. 그런데도 그 後期形 '가쁘다'가 '힘에 겹다' 정도의 뜻으로 限定되고 原意味는 한자어 '疲勞·疲困' 등이 대신하게 된 것[20) 역시 '가쁘다'가 '숨가쁘다' 等과 같이 너무 具體的 意

---

17) 이 자료는 筆者 恣意로 拔萃한 것이어서 얼마든지 더 늘어날 가능성이 있다.
18) 成煥甲(1983a) 및 成煥甲(1984) 참조.
19) 成煥甲(1983a : 79)에서 言及한 바와 같이 固有語 소멸과 漢字語 代替의 과정은 여러 要因이 複合的으로 작용하는 경우가 많고, 그 중 어느 것이 主因인지 밝힐 수 없는 것이 대부분이다. 그러므로 한 要因을 斷言的으로 指摘하지 못하고 '대체로'란 표현을 취한 것이다.

味를 보여주는 것인데서 연유한다.

(3) 것밧다 → 脫皮 하다
  ㄱ. 것바술만흔 조토 아츠미 먹디 몯ᄒ얏노라 : 脫粟朝未食(杜解 22 : 57)

위 예문에 보이는 '것밧다'는 現代의 綴字法으로는 '겉벗다'인데, 오늘날의 漢字語 '탈피하다'도 漢字의 原訓으로 보면 이와 다를 것이 없다. 곧 '것밧다 > 겉벗다'의 의미를 抽象化시켜 '脫皮하다'의 뜻으로 적용함이 불가능한 것은 아니나, '겉(皮)·벗다(脫)' 등이 너무 具象的인 事實의 표현에 자주 쓰여 限定的인 느낌을 벗어나기 어려우므로 漢字語의 정착을 초래한 것이다.

(4) 곳겨집 → 妾·情婦
  ㄱ. 곳겨지븨그에 자본 것 만히 보내더니 : 賂遣外妻甚厚(三綱, 烈女)
  ㄴ. 곳겨집 : 下妻(語錄 26)

위에서 볼 수 있는 '곳겨집'은 國語 複合語의 配意性[21]을 보여주는 대표적인 예라 할 정도로 直說的인 語構造를 취하고 있다. 그 語義나 語感에 있어 '妾·情婦·세컨드(second)'보다 못할 것이 없는데도 생명을 얻지 못한 것은 안타까운 일이다. 아마도 '本婦人' 외에 여러 '곳겨집'을 認定하던 社會構造가 변하면서 그 의미가 좀더 포괄적이고 공개를 꺼려하는 '첩·정부' 등이 등장하고, 다시 더욱 隱秘性을 띤 '세컨드'까지 나타난 것이 아닐까 한다. 또한 여기에는 生新한 外國語 選好趣向도 함께 작용하였을 것이다.

(5) 그윗글왈 → 公文書·公案
  ㄱ. 귀글월[22] : 公案(語錄 9)
  ㄴ. 公案ᄋᆞᆫ 그윗글와리니(蒙法 6)

---

20) 결과적으로 '가쁘다'와 '피로하다'는 意味領域이 分化된 것이다. 成煥甲(1986) 참조.
21) 國語의 語構造에 있어 基本語나 形態素가 原意味를 지닌 채 다른 요소와 결합하여 複合語나 派生語를 形成하는 配意性이 짙은 言語임에 대하여는 널리 알려져 있다. 千時權·金宗澤(1981 : 105~109) 참조.
22) '官'의 뜻으로 '그위·구위·구의·구이·귀' 등의 異樣表記가, '문'의 뜻으로 '글발·글왈·글월' 등의 異樣態가 時代 혹은 文獻에 따라 갈려 쓰였음은 周知하는 바이다. 다른 例에서도 여러 異樣表記態에 대하여는 論及하지 않기로 한다.

위 예 등에 쓰인 '그윗글왈・귀글월'도 '그위・귀・구의' 等이 '官'과 '民'이 뚜렷이 구분되던 時代의 '官'이란 뜻으로 너무 한정적이어서 漢字語 '公文・公簿' 등으로 바뀌면서 포괄적인 의미로 확대된 것이다.

    (6) 글월므로니 → 冊・卷・書籍
       ㄱ. 卷은 글월므로니라(月釋序 19)
       ㄴ. 軸은 글월므로니라(月釋序 23)

위 예문의 '글월므로니'는 '글월+몰온+이'로 분석되는 3單語 連結形으로, 活用性이 있는 말이 아니고 '冊・卷・軸' 따위를 우리말로 說明하려는 노력의 흔적이었다. 이 말이 생명을 얻지 못하고 漢字語로 굳어지는 과정에는 形態的인 要因으로 言語經濟와 安定性 追求 등의 욕구가 작용하지만,23) 한편으로 意味上의 要因도 있을 것으로 보인다. 즉, '글월므로니'의 의미가 지나치게 直說的이므로 오늘날의 '冊・卷・書籍' 등 漢字語에 의하여 意味擴大를 이룬 것이다.

    (7) 글흔므춤 → 篇
       글흔므춤편 : 篇(類合下 25)

위에서 보듯이 역시 널리 활용된 말은 아니고 '篇'을 풀이하는 방편으로 나타난 單語連結形일 뿐이다. 위의 '글월므로니'와 마찬가지로 形態上 經濟性도 없고 安定性도 모자라서 널리 쓰이지 못하였는데, 意味上 너무 直說的이고 한정적인 配語임도 함께 작용하여 漢字語에 밀려난 예이다.

    (8) 금치다 → 採點하다. 評價하다
       ㄱ. 금텨드리리잇가(癸丑, 41면)
       ㄴ. 出門 看含 笑相喜는 금못칠가 ᄒ노라(海東歌謠, 112면)

'금티다 > 금치다'의 의미를 '評價하다'로 확대시켜 활용함직하지만 '금'의 뜻이 '價・線'으로 너무 한정적이어서 漢字語로 바뀌면서 '精神的인 評價'의 의미까지 포괄하게 된 것이다.

---

23) 成煥甲(1983a), Ⅳ. 漢字語 代替의 原因 참조.

(9) 길알외다 → 案內하다·引導하다
    길알욀도 : 導(類合下 8)

위의 '길알외다'가 '안내하다·인도하다'로 바뀌어 쓰이는데, 現代語 '案內·引導'의 내용이 '길알림'에 국한되는 것이 아님은 再論의 여지가 없고, 屢言한 바와 같이 漢字語로 교체되면서 그 意味領域이 크게 확대되고 있음을 알수 있다.

(10) 길잡다 → 引導하다·案內하다
    ㄱ. 길잡숩거니 미조쯥거니 ᄒᆞ야(釋譜 11 : 13)
    ㄴ. 導ᄂᆞᆫ 길자볼씨니(月釋 9 : 12)
    ㄷ. 梵天이 길자바 無憂樹 미틔 가시니(月釋 2 : 36)

'길잡다'는 '앞장서다·안내하다·인도하다' 등의 뜻으로 비교적 널리 活用되던 말이다. 前項 '길알외다'와 동일한 구조로, '길'과 '잡다'의 의미가 너무 具體的·限定的인 느낌을 벗어나기 어려워 漢字語에 밀린 것으로 보인다. 現代語에도 '앞장서다 : 안내하다'와 같은 대립이 보이나, 固有語와 漢字語가 의미의 分化를 이룬 예라 하겠다.

(11) 나돌 → 歲月
    ㄱ. 다ᄅᆞᆫ ᄀᆞ올 와셔 나ᄃᆞ리 가물 놀라고 : 異縣驚虛往(杜解 3 : 20)
    ㄴ. 날ᄃᆞ래 籠ㅅ소갯새오 : 日月籠中鳥(杜解 8 : 15)

'나돌·날돌'은 語源上 '날[日]+돌[月]'의 複合態이지만 '날과 달'이 아니라 '세월, 긴 시간'의 뜻이다. 이처럼 活用된 예가 있는데도 '하루'와 '한달'이라는 '나돌'의 한정적인 原義 때문에 漢字語의 정착을 초래한 것이 아닌가 한다.

(12) 나라뜰 → 朝廷
    나라뜰 뎡 : 廷(類合下 23)
(13) 나랏쳔 → 國庫·公金
    나랏쳔 일버ᅀᅡ(月釋 1 : 2)

그 用例가 많지는 않으나 '나라뜰·나랏말ᄊᆞᆷ[國語]·나랏쳔' 등 固有語式 造

語의 시도로 값있는 예들이다. 그러나 이들이 오래 실용되지 못한 원인은 역시 '나라[國]·뜰[庭·廷]·천[錢, 金]' 등의 의미가 매우 구체적인 데에서 연유한 것으로 보인다. '國庫'나 '公金'이 '나라의 돈'만을 가리키는 것이 아님은 두말할 필요도 없는 일이다. 이들이 漢字語로 바뀌는 데에는 造語力의 生産性, 곧 漢字語 '國·語·金'이 固有語 '나라·말씀·천'보다 新語生成의 힘이 훨씬 크다는 점도 중요한 원인으로 작용했을 것이다.[24)]

   (14) 더러본아래 → 陰部
       더러본 아래 ᄀ린거시 업게 ᄃ외니(月印上 60)
   (15) 더러본 이슬 → 月經
       겨지비그에 브튼 더러본이스리 업스며(月釋 1 : 26)

   위 예에서 보게 되는 '더러본 아래·더러본이슬'은 漢字語 '陰部·月經'의 對譯語로 시도된 것인데, 言衆의 호응을 얻지 못하여 「瘡疹方撮要」[25)]에는 '겨지비 월경내와 : 婦人經候氣(論 63)'처럼 漢字語로 환원하였음을 보이고 있다. 이러한 對譯語 시도가 성공하지 못한 것에는 몇 가지 원인을 찾아볼 수 있으니, 그 형태에 安定性이 없는 점,[26)] 그 語形이 너무 길어 經濟的이지 못한 점, 卑俗語나 身體語를 의식적으로 꺼리어 生硬한 外國語로 바꾸어 쓰려는 婉曲表現[27)] 등이 그것이다. 그리고 의미상 '아래·이슬' 등이 너무 구체적이어서 적용에 한계가 있을 뿐 아니라, '더럽다'는 表現方法에도 문제가 있어 固有語化의 시도가 실패하고 만 것이다.

   (16) 듣봄 → 見聞
       善惡을 ᄀᆲ히디 몯ᄒᆞ야 귀예 듣보미 업거든(月釋 21 : 126)

   위 例文에 보이는 '듣봄'은 語源上으로는 '듣다(聞)+보다(見)'에서 유래한 것

---

24) 成煥甲(1983a) 6.3. 및 成煥甲(1984) 2의 (3) 참조.
25) 中宗 12(1517)年刊. 成煥甲(1981) II. 解題 참조.
26) 形態가 너무 길어 單語化하지 못하는 말은 대체로 安定性이 부족하게 마련인데, 한편 반대로 지나치게 짧은 말, 예컨대 具象性이 아닌 1音節語도 안정성이 부족하여 言語補强 현상이 자주 생긴다. 成煥甲(1985) 참조.
27) 成煥甲(1983a), 4.7. 心理的 原因, 4.11. 婉曲表現 참조.

이나, 의미에 있어서는 '듣고 본 것→知識'의 뜻으로까지 변모하고 있는 '見聞'으로 쓰인 것이다. 역시 固有語 始發點의 뜻보다 漢字語의 意味幅이 넓어지고 있음을 알 수 있다.

(17) ᄆᆞᅀᆞᆷ겹다→容恕하다
　　ㄱ. 브즈런ᄒᆞ며 검박ᄒᆞ며 온공ᄒᆞ며 내 ᄆᆞᅀᆞᆷ져버 ᄂᆞ믜 ᄆᆞᅀᆞᆷ 혜아림으로
　　　ᄒᆞ더라 : 勤儉恭恕(飜小學 9 : 95)
　　ㄴ. ᄆᆞᅀᆞᆷ져버볼셔 : 恕(訓蒙下 25)

위 예문의 'ᄆᆞᅀᆞᆷ겹다·ᄆᆞᅀᆞᆷ져버보다'가 漢字語 '용서하다'로 바뀌고 있다. 根源的 語義로 보면 '용서'란 자기의 억울하거나 화나는 마음을 '접어둠'에서 出發하는 것이니 '마음접다·분노를 덮어두다'와 다를 것이 없다. 그러나 '접다'가 '종이를 접다·베[布]를 접다'에서처럼 具象的인 표현으로 자주 쓰임으로써 추상적인 '마음을 접어두다→용서하다'로 意味擴大되기에는 한계를 드러내고 만 것이다.

(18) 믹받다→診察하다
　　ㄱ. 玄德의 거동을 믹바다(三譯解 10 : 13)
　　ㄴ. 月影이 上蘭干 믹바드라 왓ᄂᆞ니(靑丘 : 81)

위에 나타나는 '믹받다'는 물론 '脈+받다', 곧 漢字語 名詞에 固有語 接尾辭가 결합하여 動詞化한 말이니, 國語 用言에는 이러한 例가 무수히 많다. 現代語에도 '맥보다·맥짚다'가 있지마는 中·近世語 '믹받다' 보다는 그 뜻이 縮小·限定된 것으로 보인다. 즉, '맥을 살핌'이 患者診察의 유일한 방법이던 文化水準일 때의 '믹받다'는 오늘날의 '診察'과 거의 같은 뜻으로 쓰였으나, 진찰 방법이 매우 多樣해진 文化狀態에서는 그 의미가 구체적인 한 방법으로 한정될 수밖에 없고, 따라서 漢字語 '진찰하다'는 그 의미폭이 넓어진 것이라 하겠다.

(19) 모도흐르다→合流하다
　　므른 數百 출해셔 모도흐르놋다 : 水合數百源(杜解 6 : 49)

위에 나타나는 '모도흐르다'는 '모도다(몯다)+흐르다'의 복합으로서, '모도
디니다(모아가지다)·모도잡다(모아잡다·모아가지다)·모도혀다(總括하다)' 等 매우
생산적이던 複合態이다. '흐르다·혀다'가 '물이 흐르다·끌다'의 뜻으로 한
정적이어서 더 넓은 의미의 '合流하다·總括하다' 등 漢字語로 交替된 것이다.

(20) 몸닷기 → 修養·修身
　　가야미 사릴뵈오 몸닷길 勸ᄒᆞ야늘(月印上 62)

'몸닷기'는 '修道·修養'과 같은 包括的·抽象的인 뜻으로 쓰였는데도 이 語
形이 오래 활용되지 못한 까닭은 '몸'과 '닷기 > 닦기'가 모두 具象性인 데에
있다. 오늘날에는 몸의 물기나 땀을 닦는 '몸닦기'와 精神的인 修鍊을 뜻하는
'修身'이 意味 領域의 分化를 이루어 共存한다.[28]

(21) 몸알리 → 知己·親知
　　ㄱ. 훤히 몸알리ᄅᆞᆯ 맛ᄂᆞ니 : 洗然遇知己(杜解 8 : 6)
　　ㄴ. 몸알리ᄅᆞᆯ 貴히 너기ᄂᆞ니 : 貴知己(杜解 22 : 55)

위의 '몸알리'도 '몸닷기'의 경우와 마찬가지로 그 語源的 語義에 있어서는
'知己'와 다를 것이 없음에도 길게 생명을 유지하지 못한 것은 지나치게 구체
적인 配語構造 때문이다.

(22) 믈불휘 → 水源
　　믈불휘 : 源(類合下 50)

'믈불휘' 역시 주지하는 바와 같이 '불휘 > 뿌리'가 '나무뿌리·돌뿌리' 등
에서 너무 한정적인 뜻으로 굳어짐으로써 널리 활용되지 못하고 漢字語 '水
源·水源地'로 되돌아간 것으로 보인다.

(23) 믿겨집 → 本妻
　　믿겨집 女宗이 싀어미ᄅᆞᆯ 더욱 恭敬ᄒᆞ야 : 妻女宗養姑愈敬(三綱, 烈女)
(24) 믿곧 → 本鄕·本據地

---

28) 成煥甲(1986) 참조.

그저 믿고대 이시며 : 故在本處(法華 2 : 219)

(25) 믿글월 → 原文·本文·原簿

底又本也 底簿 믿글월(老朴集覽, 單子解)

(26) 믿나라 → 本國·故國·母國·祖國

믿나라해 마초아 向ᄒ니 : 遇向本國(法華 3 : 183)

믿나라해 도라와 : 還到本國(阿彌 9)

(27) 믿얼굴 → 本質

質은 ᄭᅮ뮴업슨 믿얼구리라(金三 2 : 61)

(28) 믿집 → 本家

사르미 믿지블 몰라(月釋 21 : 117)

(29) 밋ᄶᅡ → 原産地·本鄕·生産地

ㄱ. 밋ᄶᅡ해셔 난 됴ᄒᆞᆫ 흉븨라 : 道之的好胸背(飜朴上 73)

ㄴ. 밋ᄶᅡ히셔 언멋갑스로 사 : 就地頭多少價錢買來(老解上 12)

ㄷ. 밋ᄶᅡ썻 : 地頭的(譯語解上 99)

위 예문의 쓰임을 보면 '믿·밋[本·根·原·底] > 밑'은 다른 말과 결합하여 複合語를 生成하는 힘이 매우 강하였음을 알 수 있는데, 그 중 相當數는 지금도 활용되고 있다.29) 곧 그 造語法에 문제가 있는 것도 아니고 生産的인 造語力이나 형태상의 安定性 등에서 보더라도 활용 가능성이 큰 것이다. 그러나 오직 의미상의 문제로 인하여, 즉 '밑'의 뜻이 '底'로 한정됨으로써 '本妻·本鄕·原文·故國·本質·本家·原産地' 등 약간씩 變質·擴大된 의미에는 漢字語의 활용을 부르게 된 것이다. 그리고 각 漢字語間에는 다시 '原文 : 本文', '故國 : 本國 : 母國 : 祖國', '本鄕 : 本據地 : 故鄕' 등이 意味上 分化를 이루고 있다. 이 語例는 觀點을 달리하면 '믿 > 밑'의 의미가 대단히 廣漠하던 것이 漢字語를 借用하면서 '밑'은 '底'의 뜻으로 限定·縮小되고 '原·本' 등의 뜻은 漢字語로 대체되었다는 說明도 가능할 것이다.30)

---

29) "밑가지·밑각[一角]·밑감[原料]·밑갓·밑거름·밑거리·밑구멍·밑그림[原畵]·밑글·밑꼴·밑널·밑넓이·밑도두리·밑돌·밑동·밑둥치·밑말·밑머리·밑면[一面]·밑바닥·맡바탕·밑바탕·밑받침·밑변[一邊]·밑살·밑세장·밑술·밑씻개·밑알·밑자리·밑줄·밑줄기·밑지다·밑질기다·밑짝·밑창·밑천·밑층·밑판, …" 等이 辭典에 실려 있으나 이들 中에도 사실상 거의 쓰이지 않는 例가 많다.

30) 같은 現象에 대하여 觀點의 視角에 따라 '意味擴大'라는 설명과 '意味分化-縮小'라는 說明이 함께 可能하다는 것은 우리에게 대단히 어려운 문제를 提起한다. 곧 '믿글월·믿얼굴'이 '原文·本質'로

(30) ᄇᆞᄅᆞᆷ빗 → 風景

　　ᄇᆞᄅᆞᆷ빗 나조히 : 風景暮(杜解 7 : 6)

위에서 볼 수 있는 'ᄇᆞᄅᆞᆷ빗'도 '風景'의 對譯語로 시도된 것인 듯한데, 이 語形이 널리 활용되지 못한 것은 'ᄇᆞᄅᆞᆷ[風]'과 '빗[色]'의 뜻이 한정적인 데 연유한다.

(31) 밥뎜 → 食堂・飮食店

　　밥뎜에 밥먹으라 가쟈 : 食店裏喫些去來(朴解下 31)

'밥뎜'이 '밥＋店'으로 분석되는 것임은 다시 말할 필요도 없는데, '밥'이 음식의 한 종류인 '밥[飯]'에 자주 한정되어 쓰이기 때문에 여러 음식을 함께 취급하는 '食堂'의 뜻으로는 漢字語가 쓰이게 된 것이다.

(32) 밧쳔량 → 外貨・外財

　　ㄱ. 神力으로 밍ᄀᆞ라샨 거시 밧쳔량애 넘디 아니ᄒᆞ니(月釋 18 : 31)

　　ㄴ. 쳔량애 남디 몯ᄒᆞ니 : 不遇外財(法華 6 : 114)

'밧쳔량'은 '外貨・外財・남의 財物' 등의 뜻으로 쓰이던 말이다. 이 '밧 ＞ 밖'의 '外'로의 漢字語化도 '믿 ＞ 밑 → 本・原'의 변화와 마찬가지로 '意味擴大' : '意味分化'의 두 解釋이 可能하다.[31] 곧 '밧'이 '內'에 대응되는 '外'의 뜻으로 매우 限定的이어서 '精神에 대하여 物的인 것, 自에 대하여 他的인 것, 親族에 대립한 外族, 특정 범위에서 벗어난 것……' 등을 지칭하는 확대된 의미로는 漢字語가 쓰이게 된 것이라 본다면 이 경우는 의미영역이 넓어진 것이라 하겠다. 한편, '밧'이 원래 上述한 多樣한 意味領域의 未分化 狀態를 드러내는 말이었는데 後期로 오면서 細分・具體化되면서 '밖・바같・안팎 : 外部・內外・外國・外族, …' 등과 같이 갈려 쓰이게 되었다는 설명도 가능할 것이다. 이처럼 극히 대조적인 양론이 존재할 수 있음은 言語問題에 국한되는 것이

바뀌면서 그 意味領域이 넓어진 것인가, 좁아진 것인가는 一見 二律背反的이기까지 한 것으로, 어느 한쪽을 取捨할 수밖에 없는데도 그 斷言이 쉽지 않은 것이다. 여기서는 斷定的 表現을 피하고 兩論의 根據만 보임으로써 事實의 바른 觀察을 誘導함에 만족하려 한다.

31) 각주 30) 참조.

아니고, 人間現象 전반에 공통되는 것으로 보인다. '크다 : 작다'라는 단언이 絶對性이 아니라 相對性을 띠는 것임은 常識인데, 이 역시 觀察의 視角이나 기준의 문제이다. 다만 오래 길들여져 온 지나친 分析的 態度[32]로 인하여 위처럼 대조적인 兩論의 共存에 우리가 곤혹을 느낄뿐인 것이다.

    (33) 아믈다[33] → 完全하다
        ㄱ. 드나드로매 암믄 ᄀ외도 업스니라 : 出入無完裙(杜解 4 : 8)
        ㄴ. 農器는 오히려 아ᄆ라 구덧도다 : 農器尙穿固(杜解 1 : 49)

    '아믈다·암믈다'도 '아물다·여물다·完全하다' 등의 뜻을 지닌 말인데 語源上으로는 오늘날의 '아물다'의 原義인 '상처가 나아가다'에서 '傷處의 아믐'이 곧 原狀復舊를 의미하고 다시 '完全해짐'의 뜻으로 이해된 것이다. 그러나 문화의 향상과 함께 '傷處의 回復'이 '完治－完全함'을 뜻할 수 없음을 알게 되었을 뿐 아니라, '完全함'에는 疾病·傷處의 문제만이 아니라 온갖 精神의 領域도 포함됨을 알게 되자, 固有語 '아물다'와 '여물다'는 각각 分化·限定되고, 보다 폭넓은 漢字語 '완전하다'의 활용을 초래한 것이다.[34]

    (34) 잔갑 → 旅館費·宿泊料
        잔갑과 밥지은 갑 : 房錢小錢(老解上 20)

    위 예문에서 볼 수 있는 '잔갑'이 語構成上 '잠잔값'의 뜻인데 대하여, 오늘날의 '여관비·숙박료' 등 漢字語는 '宿'과 '食'을 포함하는 料金일 수도 있고, '宿'도 '食'도 없이 作業이나 會議를 위한 단순한 '貸室料'일 수도 있으니, 의미의 확대가 이루어진 것이다.

    (35) 져버보다 → 容恕하다
        ㄱ. 恕는 내 모ᄆ로 져버볼씨라(楞解 3 : 82)

---

32) 綜合이 두 事項의 同質性을 기반으로 함에 比하여 分析은 異質性을 기반으로 하는 것인데, 근대 이후 科學의 방법이 지나치게 分析的 態度에 치우쳐 왔으므로 매사가 대립 위주일 뿐 아니라 選擇的 斷定表現에 우리는 익숙해 있는 것이다.
33) 여기에도 '아믈다·암굴다·암글다·암믈다' 등의 여러 變異形態가 있다.
34) 成煥甲(1986) 및 本稿 '믿겨집, 밧쳔량'의 解說 참조.

ㄴ. ᄆ슴져버볼 셔 : 恕(訓蒙下 25)

ㄷ. 내 몸 졉어보ᄂ ᄆᄋᆷ으로뻐 사ᄅᆷ을 졉어보면 : 恕己之心恕人(內訓 1 : 28)

ㄹ. 졉을 셔 : 恕(倭解上 54)

위 '져버보다 · 졉어보다 · 졉다'는 위에서 이미 論及한 바 있는 'ᄆ슴졉다 · ᄆ슴져버보다'와 同義이므로 再論의 필요가 없다.

(36) ᄢ혜티다→解剖하다

그 ᄃᆰ을 ᄢ혜텨 가슴애 다텨둣다가 : 此鷄以揚心下(救簡 1 : 66)

'ᄢ혜티다 > 타혜치다'와 漢字語 '해부하다'는 그 意味 範圍에 차이가 있는 部分同義語이다.35) '해부하다'의 第1義는 '타혜치다'와 같아서 '生體를 解剖함'은 바로 '생체를 타혜침'의 뜻이나, '해부'에는 副義로 '사물의 조리를 자세히 나누어 연구함'의 뜻이 있어 '事件解剖'와 같은 쓰임이 있지만 固有語 '타혜침'은 지나치게 具象的이어서 이와 같은 意味의 擴張이 어려운 것이다.

(37) 텨뭇다→拷問하다

ㄱ. 텨뭇단 말이라 : 勘問(無寃錄 3)

ㄴ. 텨뭇단 말이라 : 拷訊(無寃錄 9)

위 예문에서 볼 수 있는 '텨뭇다'는 '티다 > 치다[打 · 擊]'와 '뭇다 · 묻다[問]'의 복합으로 구성된 말이어서 그 語義는 自明하다. 그러나 後期로 와서 혐의자를 고문하는 방법이 반드시 '때려가며 묻는 것'에 국한되지 않음은 물론, '拷問'의 의미는 이런 것으로부터 더욱 확장되어 '被告 · 嫌疑者에 대한 訊問'만이 아니라 '人間關係에서 태도 결정이 어려운 狀況'을 描寫하는 데에도 쓰이고 있다. 直說的인 '쳐묻다 · 치고 묻다 · 때리며 묻다' 등으로는 이러한 확장이 어려울 수밖에 없는 것이다.

---

35) 근본적으로는 한 언어 내부에서나 系統이 다른 두 言語間에서나, 두 語辭의 내포와 外延이 완전히 동등한 '完全同義語'의 存在는 不可能한 것이지만, 우리는 흔히 의미 범위가 같다고 보는 '완전동의어'와, 다르다고 보는 '부분동의어'를 區分하곤 한다. Bloomfield(1933 : 145), Katz(1972 : 47~55), Kempson(1977 : 40), Ullmann(1951 : 108) 등 참조.

3. 借用語 觀察의 視角

이상에서 筆者는 固有語가 漢字語로 교체된 典據가 뚜렷하면서 그 意味擴大의 과정에 대한 설명이 비교적 용이한 30여 語例를 대상으로 논의해 왔다. 따라서 借用語의 범위를 漢字語 이외의 것에까지 넓히거나,36) 國語 語彙 전체를 세밀히 조사하는 태도를 취한다면 이러한 예는 무수히 늘어날 것이다.

첫머리에서 언급한 바 있지만 현대에는 借用語의 混入이 전무한 言語의 존재는 상상할 수도 없게 되었다. 그런데, 이 借用語가 지니는 肯定的 價値만을 지나치게 내세우는 주장과, 國語發展에 미치는 沮害要因만을 강조하는 借用語 排斥論이 極端으로 대립함을 자주 보게 된다. 韓國語에서는 특히 漢字語에 대하여 功過의 兩論이 오랜 갈등을 계속하고 있거니와, 두 주장이 모두 지나친 微視的 分析에 의지하고 있고, 論旨에 背馳되는 사례에 대하여는 糊塗하는 자세를 취함으로써 사실의 올바른 이해를 더 어렵게 하고 있다. 이러한 상황에서 우리는 觀察者의 視角을 보다 넓혀야 할 필요성을 느끼게 된다.

結論부터 말하면, 借用語는 어느 言語에서나 價値와 弊害를 共有하고 있는 것이어서 排他的 論理의 展開나 그 論據 提示에 급급할 것이 아니라 양면에 대한 綜合的 觀察의 자세를 갖춤이 더 중요한 것으로 생각된다.

이러한 관찰의 자세로 인한 문제는 借用語論에 국한되는 것이 아니고 인간 역사 전반에 걸쳐 再考되어야 할 문제인 것으로 보이기도 한다. 前稿37)에서도 잠깐 언급한 바 있지만 사실을 관찰함에 있어서 너무 微視的·分析的 방법에만 의존해 온 近代科學 方法論의 盲點으로 인하여 전체적인 實相과는 거리가 먼 판단으로 오도하는 과정이 자주 생기기 때문이다. '크다 : 작다', '길다 : 짧다'38)와 같은 대립이 巨視的·綜合的 眼目에서 보면 絶對性이 아니라 相對性을 띠는 것인데도, 오랜 분석적 태도의 慣習으로 絶對值로 받아들이는 잘못을

---

36) 각주 6) 참조.

37) 成煥甲(1985) 國語史의 對照的 樣相, 1. 緖 부분 참조.

38) 空間的 概念으로 '길이·넓이·부피' 등을 나타내는 이런 말을 '次元 낱말'이라 표현하는 분도 있다. 양태식(1985) 참조.

자주 범하게 된다. 宇宙眞理에 陰과 陽, 理와 氣, 理想과 現實의 對立 乖離가 상존하고 있음도 역시 同軌의 것이다. 中國의 思想史[39]에서 자주 접하게 되는 바, 儒學과 道學, 儒家와 墨家, 또는 儒家 내부에서도 孟子의 理想主義와 荀子의 現實主義, 理學(朱子學)과 心學(陽明學), 혹은 우리 쪽에서 例를 찾자면 朝鮮中期 文班과 武班, 다시 文班 내부에서의 東人과 西人, 後期 西人의 老論과 少論 등등 온갖 대립과 비판이 모두 共通根據와 同質性을 중심으로 한 調和보다는 지나친 分析과 異質性을 强調하는 데서 유래한 것으로 생각된다. 현대에 와서도 끝없는 政爭은 말할 것도 없고, 人間의 救援을 기도하는 종교조차도 근본적인 취지보다는 과정에서 나타나는 약간의 示差性에 焦點을 맞춤으로써 基督敎·佛敎·回敎 등 서로의 갈등, 다시 天主敎와 改新敎, 또 그 내부 각파간의 대립이 첨예화하여 인류에게 더 많은 문제를 야기하고 있는 것이다. 환언하면 이와 같은 兩論의 대립이 眞理나 敎理 자체의 兩立에서 나온 것이 아니라, 眞實은 一樣인데 觀察者·解釋者의 主眼이 어디에 있는가에 따라서 理와 氣, 곱과 陽, 性卽理와 心卽理 등의 견해가 각각 분화된 것으로 보인다는 것이다.

　인류의 역사에서 보면, 極端으로 대립되는 思考나 集團 相互間에 類似性이 全無한 경우란 절대로 없고, 그 목표하는 바나 출발점 등이 90%의 同質性과 10%의 異質性을 共有할 때에 이 10%에 전체에 가치를 부여하여 분석함으로써 초래되는 葛藤·批判이었음을 무수히 확인할 수 있다. 곧, 兩者의 共通性을 論理의 基盤으로 하고 대립되는 양면을 巨視的으로 동시 관찰하여 서로 보완하기보다는, 더 크고 무거운 공통의 기반은 무시한 채 兩者擇一의 排他的 態度를 취함으로써 많은 오류를 범하여 왔다. 나아가 사실을 관찰함에 있어 無色無臭의 現象에 관찰자 나름의 색채를 가미한 잘못 또한 적지 않았던 것이다.

　이러한 우리의 論理는 國語變遷의 歷史를 살피는 데서도 그대로 적용될 것이다. 國語史에서도 語形[40]의 簡略化와 長形化, 곱[41]의 同化와 異化, 곱의 硬化

---

39) 馮友蘭(1946) 참조.
40) 여기서의 語形이란 單語形態만을 지칭하는 것이 아니고, 單語·句節·文章 등 온갖 言語形式(linguistic form) 전부가 그 대상이 될 수 있다.
41) 이때의 곱에는 곱聲과 곱韻의 兩面이 다 포함된다.

와 弱化,[42] 音韻의 脫落과 添加,[43] 意味 領域의 縮小와 擴大,[44] 의미내용의 향상과 卑下[45] 등 극히 대조적인 변화의 양상을 찾아볼 수 있다. 그런데 여기에서 그 一面의 强調 考究를 의도하여 다른 모습을 무시하거나 호도하는 자세는 사실의 바른 이해에 도움이 되기는커녕 도리어 방해가 될뿐인 것이다. 이러한 精神에서 筆者는 대조적인 모습을 보이는 國語史 資料를 종합하는 연구를 진행 중에 있는데, 그 1차 결과를 보고한 바 있다.[46]

導入過程이 너무 장황해졌으나, 이제 우리의 관심인 借用語 觀察의 視角을 分析的·微視的·一面的인 방법에서 綜合的·巨視的·多面的인 태도로 바꾸어 보기로 한다.

원래 分析이란 부분을 分化시켜 그 異質性·對立性을 찾는 태도이므로 이런 觀點에서 固有語와 借用語를 대하면 출발점에서부터 차용어는 國語의 발전을 가로막는 沮害要因일 뿐이다. 그러나 借用語도 固有語와 함께 國語의 한 부분이라는[47] 종합적인 자세로 보면, 借用語는 肯定的 價値와 否定的 弊害를 共有하는 것이 된다. 그 각각을 다시 1) 形態面, 2) 意味面, 3) 活用面, 4) 心理面 등으로 세분하여 논할 수도 있겠으나[48] 이는 本稿의 의도와 멀어지므로, 간단히 兩面을 함께 살펴보기로 한다.

借用語가 지니는 價値로는 語形의 安定性과 經濟性 賦與[49]·同音衝突의 解

---

42) 똑같은 音韻環境인데도 '사건(事件)·헌법(憲法)'의 경우는 제2音節의 첫 子音이 硬化하나 '사고(事故)·신발'의 경우는 弱化함을 例示할 수 있다. 이 경우는 대체로 共時論的인 音價의 문제여서 國語史와는 그 대상이 다른 것이지만, 대조적인 모습을 보이는 중요한 예이므로 함께 摘示하였다.

43) 같은 음운환경(脣音의 위)이지만 '알프다 > 아푸다(> 아프다), 앏 > 앞'의 변천에서는 ㄹ子音의 脫落을 볼 수 있고, '넙다 > 넓다, 읇다 > 읊다'에서는 ㄹ音의 添加를 보게 된다.

44) 의미영역 축소의 예는 각주 1) 참조. 의미 확대의 예는 '어머니'의 의미가 처음에는 '生母'의 뜻이었으나 차츰 '養母·고리끼의 소설 작품 이름'으로까지 변해감을 들 수 있는데, 모든 多義語가 이런 과정에서 이루어진다.

45) '배우(광대 → 스타)·장이(땜장이 → 멋장이)' 등이 의미 향상의 예라면, '놈·계집·선생·영감' 등은 의미 비하의 대표적인 예라 할 것이다.

46) 成煥甲(1985)

47) '借用語'는 외국어와는 다른 것이다. 原籍上은 外國語 要素이지만 國語에 流入되어 國語體系에 同化되고 그 使用이 社會的으로 承認된 것이 차용어이므로, 이것은 외국어가 아니라 국어이다. Hockett, A Course in Modern Linguistics(1958), p.408 ; Jesoersen, Language, It's Nature, Development and Origin(1922), 김선재 譯(1961), p.332.

48) 成煥甲(1984), 2의 (1), (2), (3), (4)項 참조.

49) 이 문제는 주로 漢字語의 차용을 중심으로 말할 수 있는 것일 뿐, 西歐語 차용의 경우에는 外形이

消·意味領域의 分化 또는 擴大·造語源의 確報 및 그 결과로 얻게 되는 語彙의 증대와 표현의 生動感 賦與 등을 지적할 수 있는데, 이들은 또한 文化發展에 부응하는 言語의 발전이라 인정하여도 좋을 것이다. 한편 차용어의 弊害側面에서는 外國語素에의 感染·固有語의 萎縮 死滅 招來·固有語式 新造語 機會의 剝奪·固有語 意味의 相對的 卑下[50]·外國語 選好趣向의 胚胎·階層間의 違和感 招來[51] 등을 찾을 수 있는데, 이들 中 특히 生新한 外國語를 즐겨 쓰는 의식의 형성은 이른바 威勢動機로 인한 외국어 借用[52]의 계기가 되고 國語混濁의 主犯이 되기도 하는 것이다.

요컨대, 우리는 借用語가 지니는 이러한 功過의 양면을 종합함으로써 차용어 流入이 늘어날 전망인 미래의 國語에 대비하여야 할 것이다. 곧 건전한 가치는 활용하되 固有語의 위축을 예방하는 방안을 모색해야 하는 것이다.

4. 結語

지금까지 論及된 내용을 요약하는 것으로 本稿의 結을 대신하기로 한다.

文化 發展에 副應하는 語彙 變貌에는 대체로 두 가지 유형이 있으니, 그 첫째는 초기의 廣漠하던 意味域이 보다 分化되면서 語彙가 늘어나는 모습이며, 다른 하나는 이와는 逆으로 지나치게 具象的·限定的이던 語義가 抽象化함으로써 語彙數의 변화는 없으나 槪念의 擴大를 이루는 모습이다. 그 어느 유형이거나 新語를 創造하여 所期의 意圖를 成就하는 경우가 많지만 新造語의 速度가 急速한 文化進展 또는 思考範圍 擴大의 속도를 따르기 어려우므로, 쉽게 빌

　　逆으로 길어져서 非經濟的인 표현이 된다. 따라서 短縮形의 차용을 자주 보게 된다.
50) '女人·婦人'에 대한 '계집', '빌딩(building) : 建物 : 집', '호텔(hotel) : 旅館' 등의 對照에서 고유어 의미의 상대적 비하를 확인할 수 있다.
51) 그 차용어를 사용하는 계층과 이해하지 못하는 계층 사이에 成層이 생길 수밖에 없고, 이는 더 나아가 不和의 요인으로 작용할 수도 있다. 柳穆相(1984 : 163~168) 참조.
52) 외국어 차용의 동기를 ① 必要動機(the need-filling motive)와 ② 威勢動機(the prestige motive)로 나누는 방법은 Hockett 以來 一般化한 것이다(Hockett(1958 : 404)).

어 쓸 수 있는 外國語가 새로운 資源으로 이용되곤 한다. 특히 위에서 例擧된 固有語와 代替 漢字語를 대조해 보면 語構造上으로는 兩語의 의미에 차이를 찾기 어려운 것인데도, 固有語의 構造가 너무 直說的·具象的이어서 意味域의 확대에 한계가 있고, 借用語인 漢字語를 활용함으로써 보다 포괄적인 의미에의 적용이 가능해진 것이다. 이는 결과적으로 國語 어휘의 增大를 이룬 것이어서 借用語를 통한 言語發展이라 보아도 좋을 것이다.

한편, 날이 갈수록 借用語의 流入이 늘어날 것이 분명한 言語現實에서 우리는 지나치게 微視的·分析的인 종래의 태도를 止揚하고 借用語가 지니는 功·過의 兩面을 종합적인 안목에서 관찰하고 固有語와 借用語의 調和를 꾀해야 할 것이다.

참고문헌

金敏洙(1964), 『新國語學』, 一潮閣.

金宗澤(1963), 「意味抽象化 과정에 관한 연구」, 경북대 대학원.

______(1970), 「語彙意味指導와 意味變化의 原理」, 『大邱敎大論文集』 5輯, 127～160면.

______(1971), 「意味衝突(meaning clash) 現象에 대하여」, 『국어국문학』 51輯, 23～39면.

南廣祐(1973), 「한글專用과 漢字·漢文敎育」, 『現代國語國字의 諸問題』, 一潮閣, 1～18면.

南豊鉉(1972), 「中世國語의 中國語 借用研究」, 『漢陽大論文集』 6輯, 59～84면.

成煥甲(1981), 「瘡疹方撮要의 漢字音研究」, 『中央大論文集』 25輯, 233～262면.

______(1983a), 「固有語의 漢字語 代替에 관한 研究」, 中央大 博士學位論文.

______(1983b), 「固有語 消滅과 漢字語 代替의 過程」, 『中央大 論文集』 27輯, 179～205면.

______(1984), 「우리文化와 漢字語」, 『語文研究』 41號, 韓國語文敎育研究會, 70～86면.

______(1985), 「國語史의 對照的 樣相 (Ⅰ)－語形의 縮小와 擴大－」, 『中央大論文集』 29輯, 2/1～293면.

______(1986), 「借用語와 固有語의 調和－意味領域의 分化－」, 『若泉 金敏洙교수 회갑기념 國語學新研究』, 塔出版社, 563～575면.

沈在箕(1982), 『國語語彙論』, 集文堂.

양태식(1985), 『국어 차원 낱말의 의미구조』, 태화출판사.

柳穆相(1984), 「국어에서의 成層現象과 그 止揚」, 『大學國語』, 中央大.

千時權·金宗澤(1981), 『國語意味論』, 螢雪出版社.

崔範勳(976), 「國語의 漢字系 歸化語에 대하여」, 『无涯 梁柱東博士 古稀紀念論文集』, 探求堂, 255～284면.

Bloomfield(1933), Language, New York : Henry Holt and Co.

Fung Yu-lan(1948), A Short History of Chinese Philosophy, New York : The Macmillan Company. / 鄭仁在 역(1982), 『中國哲學史』, 螢雪出版社.

Hockett(1958), A course in modern linguistics, New York : Macmillan.

Jespersen(1922), Language : Its Nature, Development, and Origin, London : Allen & Unwin. / 김선재 譯(1961), 『언어 : 본질, 발달, 기원』, 한국번역도서.

Katz(1972), Semantic Theory, New York : Harper and Row.

Kempson(1977), Semantic theory, Cambridge : Cambridge University Press.

Ogden & Richards(1923), The meaning of meaning, London : Kegan, Paul, Trench,

Trubner.

Stern(1931), Meaning and Change of Meaning, Göteborg : Wettergren & Kerbers Föörlag.

Ullmann(1951), The principles of semantics, Oxford : Blackwell.

______(1962), Semantics : An introduction to the science of meaning, Oxford : Blackwell.

환유 표현의 의미 특성[*]

임지룡

1. 들머리

환유적 현상은 일상 언어를 비롯하여 표현과 이해의 모든 층위에서 광범위하게 내재해 있다. 그럼에도 불구하고 우리 자신은 이러한 현상을 거의 인식하지 못하고 있거나 언어학적으로 설득력 있게 해명해 내지 못하고 있는 실정이다. 이와 관련하여, 종래 환유 표현에 대한 언어 학계의 인식은 다음 두 가지로 요약될 수 있다. 첫째, 전통적으로 환유는 은유와 함께 언어의 수사적 장식 표현으로서 문학·문체론·수사법의 고유한 영역일 뿐 언어 연구의 대상이 아니었다.[1] 둘째, 변형생성문법의 경우 (1)과 같은 환유 표현은 선택제약을 어긴 비문법적인 문장으로 간주되며,[2] (2)와 같은 환유 표현은 형식 논리상 이치에 어긋남으로써 수용될 수 없는 것으로 보았다.

---

* 이 글은 『인문논총』 55, 서울대학교 인문학연구원, 265~299면에 실린 것임.

1) 환유의 전통적 관점과 그 비판에 대해서는 Gibbs(1994 : 59~78), Ungerer & Schimid(1996 : 114), Taylor(1995 : 122), 김종도(2005 : 13~19) 참조.

2) 변형생성문법의 경우 적형의 문장은 의미자질로 구성된 단어들 간에 문법적으로 정확하고 의미적으로 수용 가능한 논리적 규칙, 즉 '선택제약(selectional restriction)'의 규제를 받는다. 따라서 "지하철이 파업했다."라는 표현은 '파업하다'의 주체가 [-유생적]이므로 선택제약에 어긋난 부적형의 문장으로 간주된다(Ungerer & Schmid, 1996 : xiv 참조).

(1) ㄱ. <u>지하철</u>이 파업을 결정했다.
    ㄴ. 그녀는 <u>돈</u>과 결혼했다.
(2) ㄱ. 유치원생이 <u>도시락</u>을 먹는다.
    ㄴ. 그 <u>친구</u>를 전화번호부 속에서 찾아냈다.

글자 그대로의 측면에서 볼 때 (1)은 현실적으로 불가능하며, (2)는 현실적으로 가능하다고 하더라도 매우 특별하고 기이한 사례가 아닐 수 없다. 그런데 일상 언어에는 (1)~(2)와 같은 표현이 수없이 많이 존재할 뿐 아니라, 언중들은 이러한 표현을 매우 자연스럽게 생산하며 이해한다.

본질적으로 환유 및 은유와 같은 비유는 우리가 이 세상의 다양한 상황에 적응해 나가기 위해서 새로운 언어적 범주를 만드는 대신에, 기존의 범주를 이용해서 그 의미를 확장하는 것이라 하겠다. 이러한 원리에 착안하여 인지언어학에서는 환유와 은유가 언어의 수사적 장식 표현이 아니라, 새롭고 추상적 범주를 개념화하는 인지적 기제로 파악하기에 이르렀다. 이와 관련하여 우리 학계에서도 비유 표현에 대한 연구가 활성화되고 있지만, 그 연구 성과는 대부분 은유의 문제에 집중되어 있을 뿐, 환유의 의미 특성에 대해서는 본격적인 논의가 이루어지지 못한 실정이라 하겠다.[3]

이에 이 글은 인지언어학의 방법론에 기초하여 일상 언어에 광범위하게 나타나는 환유 표현을 중심으로 기본 개념, 양상, 그리고 작용 원리를 통하여 그 의미 특성을 규명하는 데 목적이 있다. 첫째, 사고를 표현하고 이해하는 수단으로서 환유의 기본 개념을 설정하기로 한다. 둘째, 일상 언어에 광범위하게 내재된 환유 표현의 양상을 정밀하게 수집하고 이를 체계화하기로 한다. 셋째, 다양한 용법을 바탕으로 하여 환유 표현의 작용 원리를 설명의 단계에서 규명하기로 한다. 이 과정에서 환유 표현의 내재된 양식을 밝혀 낼 수 있을 것이다.

---

3) 우리 학계의 '환유'에 대한 논의로는 임지룡(1995c), 김기수(1998), 류웅달(1998), 정희자(1999), 이진옥(2000), 이종열(2002a), 김종도(2005) 등이 있다.

2. 환유의 기본 개념

2.1. 환유의 지위

환유에 대한 관점과 인식은 인지언어학의 출현을 기점으로 많은 변화가 일어났다. 먼저, 환유에 대한 전통적 관점과 인지적 관점의 차이점을 들면 다음과 같다(Kövecses & Radden, 1998 : 38~39 참조). 전통적 관점의 경우, 첫째, 환유는 단어의 비유적 표현으로서 언어 층위의 문제이다. 둘째, 환유적 과정은 지시점을 갖는 단어의 의미 전이를 포함한다. 셋째, 환유는 명칭 간의 대치 관계이다. 넷째, 환유는 '인접성' 또는 '근접성'에 의한 두 실체의 관계이다. 다섯째, 환유는 '비유적 언어(figurative language)'로서 '문자적 언어(literal language)'에 기생한다.

이에 비해 인지적 관점의 경우, 첫째, 환유는 개념 층위의 문제이다. 둘째, 환유의 지시점은 단어의 의미뿐만 아니라 문장, 담화를 포함한 개념 구조의 전이로 확장된다. 셋째, 환유는 언어적 대치의 문제가 아니라 하나의 정신적 실체가 다른 정신적 실체에 접근하는 인지적 과정이다. 넷째, 전통적 환유의 인접성 또는 근접성은 두 가지 인접해 있는 개념적 실체의 지식 구조, 즉 틀로 설명된다. 다섯째, 비유적 언어로서 환유의 사용은 문자적 언어 사용보다 더 적합하고 자연스럽다.

또한, 은유와 관련된 환유의 인식 변화를 보면 다음과 같다. 환유의 전통적 관점을 따른 Ullmann(1962 : 218)에서는 "환유는 새로운 관계를 나타내는 것이 아니라 이미 서로 관련된 단어들 사이에서 발생하므로, 본질적으로 은유에 비하여 흥미가 덜하다."라고 하였다. 이와는 대조적으로 인지적 관점의 경우, Taylor(1995 : 124)에서는 "환유는 은유보다 더 기본적인 것임이 입증될 수 있을 것이다."라고 하였고, Aitchison(2003 : 173)에서는 "환유는 은유보다 더 단순한 것처럼 보이지만, 자세히 조사해 보면 은유만큼이나 중요하고 복합적임이 드러난다."라고 하였으며, Evans & Green(2006 : 311)에서는 "환유는 개념의 조직화에서 은유보다 더 근본적이며, 은유 그 자체는 환유적 기초를 갖는다.”라고 하였다.

이러한 맥락에서 인지언어학적 관점에 따른 환유의 의의를 보면 다음과 같다. Gibbs(1994 : 319~320)에서는 “환유는 인간 개념 체계의 근본적인 부분으로서 다양한 환유 표현은 임의적인 현상이 아니라 체계적인 현상이다.”라고 하였고, Taylor(1995 : 124)에서는 “환유는 의미 확장의 가장 근본적인 과정의 하나이다.”라고 하였고, Ungerer & Schmid(1996 : 128)에서는 “환유는 감정 범주의 구조에 중요한 역할을 담당한다.”라고 하였다.

이상에서 볼 때 환유는 언어 층위를 망라한 개념 층위의 문제이며, 은유보다 더 기본적이고 체계적인 현상이며, 의미 확장의 근간이 됨으로써 환유가 갖는 지위는 매우 주목된다고 하겠다.

2.2. 환유의 정의

환유는 인간의 사고와 언어에 있어서 매우 중요한 개념적 기제이다(Evans & Green, 2006 : 310~311 참조). 본질적으로 환유는 개념이나 영상 차원의 문제로서 모든 표현과 이해의 영역에서 의미를 확장하고 추상적 범주를 개념화하는 가장 기본적이며 강력한 인지적 수단이다. 그런 점에서 전통적으로 수사학의 비유법 차원에서 논의되어 온 ‘환유’와 구별하여 인지언어학에서는 이를 ‘개념적 환유(conceptual metonymy)’라고 일컫는데, 이에 대한 대표적인 세 가지 견해를 살펴보면 다음과 같다.

첫째, Lakoff & Johnson(1980 : 35)에서는 “환유는 한 실체를 사용하여 관련된 다른 실체를 지시하는 것이다.”라고 하였다. 예를 들어, “The ham sandwich is waiting for his check(그 햄 샌드위치가 계산서를 기다리고 있다).”의 경우, ‘ham sandwich(햄 샌드위치)’는 ‘햄 샌드위치를 주문한 사람’을 지시하게 된다.

둘째, Kövecses & Radden(1998 : 39)에서는 “환유는 동일한 영역 안에서 한 개념적 실체, 즉 ‘매체(vehicle)’가 다른 개념적 실체, 즉 ‘목표(target)’에 정신적 접근을 제공하는 인지 과정이다.”라고 하였다. 이 경우 ‘매체’란 다른 실체에 주의를 유도하거나 정신적 접근을 제공하는 실체이며, ‘목표’는 매체에 의해 주의나 정신적 접근을 제공받는 실체를 뜻한다.

셋째, Taylor(2002 : 590)에서는 "환유는 기본적으로 실체 e를 지시하는 어떤 표현이 주어진 영역 안에서 e와 밀접하게 관련된 다른 실체에 대해 사용되는 과정이다."라고 하였다. 예를 들어, "나는 전화번호부에 들어 있다."의 경우, 실체 e인 '나'가 e와 밀접하게 관련된 실체인 '내 이름과 전화번호'에 대해 사용된다.

이상에서 볼 때, '개념적 환유'는 동일한 하나의 영역 안에서 두 개의 실체가 인접성4) 관계에 있는 경우, 한 실체 즉 '매체'가 또 하나의 실체 즉 '목표'에 정신적 접근을 환기하는 인지 과정이라고 하겠다. 이 경우, '부분으로써 전체에 정신적 접근을 환기함'이나 '전체로써 부분에 정신적 접근을 환기함'을 '개념적 환유 관계(conceptual metonymic relation)'5)라 하고, "영화계에 새 얼굴(→배우)이 나타났다."나 "주전자(→주전자의 물)가 끓는다."와 같은 언어적 사례를 '개념적 환유 표현(conceptual metonymic expression)', 또는 '환유 표현'이라고 한다.

2.3. 환유와 은유의 비교

환유와 은유의 공통점과 차이점을 살펴보면 다음과 같다(Lakoff & Turner, 1989 : 103 ; Ungerer & Schmid, 1996 : 128~130 ; Kövecses, 2002 : 146~149 참조).

먼저, 환유와 은유는 네 가지 측면에서 공통성을 갖는다. 첫째, 본질상으로 개념적인 것으로 간주된다. 둘째, 자동적이며, 무의식적이며, 노력이 요구되지 않으며, 일반적으로 사고의 모형으로 설정된다는 점에서 관습적인 것으로 간주된다. 셋째, 언어의 자원을 확장시키는 수단이다. 넷째, '사상 과정(mapping process)'으로 설명될 수 있다.

---

4) '인접성(contiguity)'의 개념은 환유의 정의에서 핵심 사항이다. 그런데 인접성의 관계를 환유에 대한 전통적인 접근에서는 실재 세계의 문제로 보는 반면, 인지언어학에서는 개념적 층위의 문제로 간주한다(Radden & Kövecses, 1999 : 19 참조).

5) 이와 관련하여 Radden(2005 : 15)에서는 어휘적 환유는 광범위한 개념적 관계를 이용하며, 그 유형은 100개 이상의 개념적 환유를 포함할 만큼 광범위하다고 하였다.

다음으로, 환유와 은유의 차이점은 다음 세 가지 측면에서 드러난다. 첫째, 영역 및 '사상(寫像, mapping)'의 측면에서, 환유는 한 영역 속의 사상인 반면, 은유는 다른 영역 간의 사상 관계이다. 둘째, 활성화 기제의 측면에서, 환유는 동일한 개념 영역 안에서 매체와 목표 간의 '인접성'에 의해 활성화되는 반면, 은유는 서로 다른 개념 영역에서 근원영역과 목표영역 간의 '유사성'에 의해 활성화된다. 셋째, 기능의 측면에서, 환유는 한 실체를 사용함으로써 다른 실체를 대신하기 때문에 지시의 기능을 갖는 반면, 은유는 한 실체를 다른 실체의 관점에서 생각하는 방식이기 때문에 이해의 기능을 갖는다.

그러면 앞에서 살펴본 과정을 (3)의 '두뇌'에 관한 두 가지 용법을 통해서 구체화해 보기로 한다.

(3) ㄱ. 한국에서는 최근 들어 해외로 두뇌 유출이 심각하다.
　　ㄴ. CPU는 컴퓨터의 두뇌이다.

(3)에서 '두뇌'는 글자 그대로의 의미와 달리 (3ㄱ)의 경우 '인재', 즉 '고급 인력'을 가리키며, (3ㄴ)의 경우 'CPU(컴퓨터의 중앙처리장치)'를 가리킨다. 이러한 개념적 전이나 의미의 확장이 가능한 까닭은 다음과 같다.

<그림 1> '두뇌'의 환유와 은유

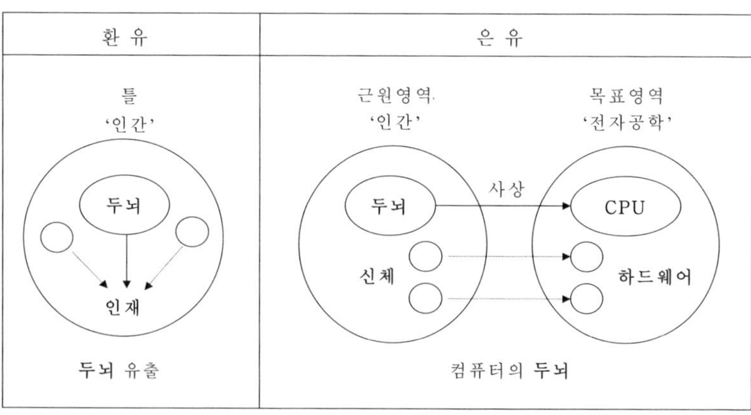

<그림 1>에서 보듯이 (3ㄱ)의 경우 '두뇌'는 '인간'이라는 하나의 '틀

(frame)' 속에 놓여 있는데, '인간'에 인접해 있는 '두뇌'의 부분에 의미적 현
저성을 부여함으로써 '두뇌'라는 매체를 통해 '인재'라는 목표에 정신적 접근
을 가능하게 해 준다. (3ㄴ)의 경우는 '인간'과 '컴퓨터'의 두 가지 개념 영역
에 대해 유사성을 부여함으로써 컴퓨터에서 CPU가 기능하는 방식을 인간의
경우 두뇌가 기능하는 방식의 관점으로 해석하게 된 것이다.

요컨대, (3ㄱ)의 개념적 환유와 (3ㄴ)의 개념적 은유가 성립되는 것은 전자
의 경우 하나의 영역 안에서, 후자의 경우 두 가지 영역 간에 관련된 항목의
의미 전이, 즉 '사상'이 일어난 것이라 하겠다.

3. 환유의 표현 양상

3.1. 확대지칭 양상

환유의 확대지칭 양상은 인접한 두 요소 가운데 부분이 매체가 되어 보다
더 큰 목표를 지칭하는 것을 말한다.6) 이 경우 부분은 특징적이고 현저함으
로써 전체에 대하여 정신적 접근을 수행하게 된다. 그 대표적인 사례를 보면
다음과 같다.

첫째, '신체의 한 부분'이 '사람'을 지칭한다. 사람의 신체는 여러 부위로
구성되는데, (4)에서 보듯이 특정한 신체 부위가 매체로 부각되어 그러한 신
체 부위를 가진 사람에 대해 정신적 접촉을 환기한다.

> (4) ㄱ. 세계를 놀라게 한 한국 젊은 두뇌들. (조선일보, 2005. 3. 15 : A31)
>   ㄴ. 영화계에 새 얼굴이 등장하였다. (국립국어원, 2003 : 1586, 『주요 어
>   휘용례집 : 명사 편』)
>   ㄷ. 이제 어느 곳에도 더 이상 두 사람을 지켜보는 눈은 없었다. (CETConc)

---

6) 전통적 수사학자들은 '부분'이 '전체'를 지칭하는 것을 '제유(synecdoche)'라고 하였는데, Lakoff &
   Johnson(1980 : 36)에서는 '제유'를 환유의 특별한 경우로 처리하고 있으며, 여기서도 '제유'를 개
   념적 환유의 일환으로 다룬다.

　　ㄹ. 朴대통령의 <u>일</u> 9년. (중앙일보, 2005. 3. 14. : 31)

　　ㅁ. <u>어깨</u>들이 물러갔다. (일간스포츠, 1996. 3. 5. : 31)

　　ㅂ. 미술계 <u>큰손</u> 연일 북적, 화랑마다 즐거운 비명. (중앙일보, 2005. 5. 24 : E1)

　　ㅅ. 남북 여성 <u>주먹</u> 평양서 첫 격돌. (동아일보, 2005. 5. 21 : A2)

　　ㅇ. 차세대 <u>건각</u> 허장규 떴다. (중앙일보, 2005. 5. 23 : 21)

　　ㅈ. 젊은 <u>피</u>가 오늘밤 터키 울린다. (문화일보, 2004. 6. 5 : 16)

　　(4)의 환유 표현에 따른 매체와 목표를 보면, '두뇌'는 '인재', '얼굴'은 '배우', '눈'은 '사람', '입'은 '대변인', '어깨'는 '조직폭력배나 건달', '큰손'은 '거대 고객', '주먹'은 '권투 선수', '건각'은 '마라톤 선수', '피'는 '(축구)선수'를 가리킨다.

　　둘째, '사물의 한 부분'이 '사물 전체'를 지칭한다. 이러한 사례는 범주의 원형 효과에 기반을 둔 것으로서, (5)에서 보듯이 범주의 전형적 구성원인 '원형'을 통하여 범주 전체를 대표하게 된다.

　　(5)　ㄱ. 군인·평양시민도 "<u>쌀</u>이 없다." (조선일보, 2005. 5. 22 : 6)

　　　　ㄴ. <u>대금</u>과 <u>피아노</u>의 만남. (매일신문, 2005. 5. 28 : 문화면)

　　　　ㄷ. 아아, 온갖 윤리, 도덕, 법률은 <u>칼</u>과 <u>황금</u>을 제사 지내는 연기인 줄을 알았습니다. (한용운, 1934 : 66, 「당신을 보았습니다」, 『님의 침묵』, 한성도서)

　　(5)의 환유 표현에 따른 매체와 목표를 보면, '쌀'은 '양식', '대금'은 '국악', '피아노'는 '양악', '칼'은 '무력', '황금'은 '재물'을 가리킨다.

　　셋째, '소유물'이 '소유자'를 지칭한다. 소유물은 소유자에 포섭된 요소로서, (6)~(7)에서 보듯이 개념적으로 현저한 소유물을 부각함으로써 이름을 모르거나 객체화된 소유자에 정신적 접촉을 가능하게 한다.

　　(6)　ㄱ. <u>선글라스</u>는 신이 났다. (중앙일보, 2004. 4. 16 : 27, 「구름의 역사」)

　　　　ㄴ. 투쟁의 <u>머리띠</u>는 삶의 <u>넥타이</u>로. (중앙일보, 2005. 5. 23 : 5)

　　　　ㄷ. 진수는 <u>노란 조끼</u>와 <u>흰 운동화</u>가 땀을 흘리며 장롱을 들어내는 동안 쪼리고 앉아 굴러다니는 백 원짜리 동전을 챙겼다. (김영하, 2004 :

147, 「이사」, 『오빠가 돌아왔다』, 창작과비평사)

(7) ㄱ. 별들은 말이 없지만… 전군 주요지휘관 회의 盧대통령 발언에 침묵.
 (동아일보, 2004. 12. 16 : A4)

ㄴ. 평준화 세대 금배지 진출. (매일신문, 2004. 4. 17 : 5)

ㄷ. "철가방이 총출동 한번 하는구나." (안도현, 2003 : 67, 『자장면』, 열
 림원)

(6)~(7)의 환유 표현에 따른 매체와 목표를 보면, (6)의 '선글라스'는 '선글
라스를 낀 사람', '머리띠'는 '머리띠를 두른 사람, 즉 투사', '넥타이'는 '넥
타이를 맨 사람, 즉 직장인', '노란 조끼'는 '노란 조끼를 입은 사람', '흰 운
동화'는 '흰 운동화를 신은 사람'을 가리킨다. 또한, (7)의 '별'은 '군 장성',
'금배지'는 '국회의원', '철가방'은 '중국음식 배달원'을 가리키는데, 이 보기
들은 관습화의 정도가 한층 더 고착화된 것이라 하겠다.

넷째, '시간의 한 부분'이 '시간 전체'를 지칭한다. 시간은 물이 흐르듯이
연속적인 현상이다. (8)에서 보듯이 연속적인 시간의 한 부분을 매체로 하여
그 시간대의 전체적인 개념에 정신적 접촉을 하게 된다.

(8) 이 책은 인류 문화의 어제와 오늘을 이해하고 내일을 내다볼 수 있는 길
 잡이의 몫을 한다. (국립국어연구원, 1999, 『표준국어대사전』)

(8)의 환유 표현에 따른 매체와 목표를 보면, '어제, 오늘, 내일'은 각각
'과거, 현재, 미래'의 더 큰 시간을 가리킨다.

다섯째, '사건의 한 부분'이 '사건 전체'를 지칭한다. 하나의 사건은 일련
의 하위 사건들로 구성되는데, (9)~(10)에서 보듯이 가장 현저한 하위 사건
을 매체로 하여 사건 전체를 환기한다.

(9) ㄱ. 과천청사 미화원 머리띠 묶다. (조선일보, 2005. 4. 27 : A10)

ㄴ. 마산중학에서 교편을 잡으셨을 때 교무실 탁자 위에 있던 그 '꽃'은
 이제 영영 늙지도, 시들지도 않는 우리들의 '시'가 되었다. (좋은생
 각, 2005년 2월호 : 30, 「가슴 가슴에 꽃 하나씩 안겨 주시고」)

ㄷ. 면사포 쓰다. (매일신문, 2005. 5. 20 : 27)

ㄹ. 대형 뮤지컬들의 막이 오른다. (리더스 다이제스트, 2005. 6 : 24)

ㅁ. 판교와 파주·아산 3개 신도시 조성사업이 다음 달 일제히 <u>첫 삽을</u>
<u>뜬다</u>. (경향신문, 2005. 5. 29 : 1)

(10) ㄱ. 내일 시험인데 해둔 공부가 없어도 저녁 <u>밥숟가락을 놓으면</u> 꾸벅거
렸다. (KCP)[7]

ㄴ. 지난 80년 그는 과감히 <u>글러브를 벗었다</u>. (스포츠투데이, 2004. 5. 19)

(9)~(10)의 환유 표현에 따른 매체와 목표를 보면, (9)의 '머리띠 묶다'는
'데모하다', '교편을 잡다'는 '교직 생활을 하다', '면사포 쓰다'는 '결혼식을
올리다', '막이 오르다'는 '공연이 시작되다', '첫 삽을 뜨다'는 '공사가 시작
되다'를 가리키며, (10)의 '밥숟가락을 놓다'는 '식사를 끝내다', '글러브를 벗
다'는 '야구선수 생활을 끝내다'를 가리킨다.

여섯째, '신체 부위의 한 반응'이 '그 반응에 관한 감정 전체'를 지칭한다.
감정이 동반될 때 우리 몸에는 여러 가지 신체 생리적 반응이 일어나는데,
(11)에서 보듯이 특정한 신체 생리적 반응은 곧 그 감정을 대표한다.[8]

(11) ㄱ. 이현상의 그 근엄한 <u>얼굴이 벌겋게 달아올랐다</u>. (이병주, 1985 : 75,
『지리산』 3, 기린원)

ㄴ. "나는 죽으면 죽었지 배는 안 째요." 하고 <u>얼골이 노랗게 되는 데</u>는
더 할 말이 없었다. (김유정, 1987 : 308, 「땡볕」, 『원본 김유정전집』,
한림대학출판부)

ㄷ. 나는 그녀에 대한 미움으로 <u>치를 떨었다</u>. (박완서, 1987 : 54, 『나목』,
작가정신)

ㄹ. 만도는 <u>코허리가 찡했다</u>. (하근찬, 1996 : 255~256, 「수난이대」, 『한
국현대대표소설선』 9, 창작과 비평사)

ㅁ. "성례시켜 달라지 뭘 어떻게…" 하고 되알지게 쏘아붙이고 <u>얼굴이</u>
<u>발개져서</u> 산으로 그저 도망질을 친다. (김유정, 1996 : 382, 「봄·봄」,
『한국현대대표소설선』 3, 창작과 비평사)

ㅂ. 순이의 <u>눈은 기쁨에 이글이글 빛났다</u>. (정비석, 1996 : 343, 「성황당」,
『한국현대대표소설선』 5, 창작과 비평사)

ㅅ. 이건 또 무슨 엉뚱한 서론일까, 영은의 <u>귀가 바짝 곤두섰다</u>. (김수

---

7) 'KCP'는 'KAIST Concordance Program'을 가리킨다.
8) 이것을 Ungerer & Schmid(1996 : 131~133)에서는 감정의 '생리적 환유(physiological metonymy)'라
고 한다.

현, 1997 : 191, 『겨울새』, 애플미디어)
  ㅇ. 옥비는 송가원의 옆에 살포시 자리잡고 앉았다. 송가원은 옥비 쪽의 <u>몸에 찌르르 전기가 통하는</u> 것을 느꼈다. (조정래, 1995 : 212, 『아리랑』 9, 해냄)

(11)의 환유 표현에 따른 매체와 목표를 보면, '얼굴이 달아오르다'는 '화', '얼굴이 노랗게 되다'는 '두려움', '치를 떨다'는 '미움', '코허리가 찡하다'는 '슬픔', '얼굴이 발개지다'는 '부끄러움', '눈이 이글이글 빛나다'는 '기쁨', '귀가 바짝 곤두서다'는 '긴장', '몸에 찌르르 전기가 통하다'는 '사랑'을 가리킨다.

3.2. 축소지칭 양상

환유의 축소지칭 양상은 인접한 두 요소 가운데 전체가 현저한 매체가 되어 부분인 목표를 지칭하는 것을 말한다. 전체는 부분의 여러 요소를 포섭하고 있는데, 우리는 상황이나 맥락에 따라 전체에 인접한 목표를 환기하는 정신적 접근을 수행하게 된다. 그 대표적인 사례를 보면 다음과 같다.

첫째, '사물이나 신체의 전체'가 '사물이나 신체의 한 부분'을 지칭한다. 사물이나 신체 또는 신체의 상위 부분은 여러 가지 하위 국면으로 구성되어 있는데, (12)~(13)에서 보듯이 그 특징적인 부분이 매체가 되어 전체를 환기한다.

(12) ㄱ. <u>연필</u>에 침을 묻혀가며 편지를 쓰고 있었다. (공지영, 2002 : 99, 『봉순이 언니』, 푸른숲)
  ㄴ. 그러다가 <u>시계</u>가 자정을 가리킬 무렵에야 마침내 한 점의 그림을 완성할 수 있었다. (안도현, 2003 : 598, 『자장면』, 열림원)
(13) ㄱ. 눈두덩이 뭉그러지고, <u>팔</u>이 부러질 때까지 두들겨 맞고 와서도 겨우 한숨이나 내쉬는 너 같은 년은 그러니까 맞아도 싸다고. (이명랑, 2002 : 26, 『삼오식당』, 시공사)
  ㄴ. 원피스는 단정해 보였지만 <u>가슴</u>을 지나치게 강조하고 있었다. (박완서, 1993 : 125, 『오만과 몽상』, 고려원)

(12)~(13)의 환유 표현에 따른 매체와 목표를 보면, (12)에서 '연필'은 '연필심', '시계'는 '시계 바늘'을 가리키며, (13)에서 '팔'은 '팔의 뼈', '가슴'은 '젖가슴'을 가리킨다.

둘째, '그릇'이 '내용물'을 지칭한다. '그릇'은 '내용물'을 포섭하고 있으며 지각적으로 현저한데, (14)에서 보듯이 인접성 관계에 있는 '그릇'이 '내용물'에 정신적 접촉을 환기한다.

> (14) ㄱ. 복도의 풍로 위에서 커다란 <u>주전자</u>가 끓고 있었다. (이범선, 1996 : 66, 「오발탄」, 『한국현대대표소설선』 9, 창작과 비평사)
> ㄴ. 진영은 벌떡 자리에서 일어나 <u>술병</u>을 들이켰다. (박경리, 1996 : 167, 「불신시대」, 『한국현대대표소설선』 8, 창작과 비평사)
> ㄷ. "<u>한 숟갈</u>만 더 먹어, 응?" (이명랑, 2002 : 61, 『삼오식당』, 시공사)

(14)의 환유 표현에 따른 매체와 목표를 보면, '주전자'는 '주전자의 물', '술병'은 '술병 속의 술', '한 숟갈'은 '밥 한 숟갈'을 가리킨다.

셋째, '국명 / 지명' 또는 '건물'이 '소장품, 사람, 대표자 / 정부'를 지칭한다. (15)~(19)에서 보듯이, 국명이나 지명 또는 건물은 현저한 매체로서 소장품, 사람, 대표자 및 정부에 정신적 접촉을 환기한다.

> (15) ㄱ. <u>고구려</u>가 서울 왔다. (동아일보, 2005. 4. 2 : A1)
> ㄴ. <u>발칸</u>이 몰려온다. (문화일보, 2005. 1. 3 : 26)
> (16) ㄱ. <u>대한민국</u>이 웃는 그날까지. (SBS <웃찾사>)
> ㄴ. <u>서울</u>이 놀란 그림보다 비싼 사진. (동아일보, 2005. 2. 1 : A18)
> ㄷ. 그날, <u>소록도</u>가 웃었다. (한겨레21, 2005. 5. 제561호 : 74)
> ㄹ. <u>수원 영통구</u>가 전국서 제일 젊다. (조선일보, 2004. 9. 26 : A1)
> (17) ㄱ. <u>북한</u>의 결단을 환영한다. (한겨레신문, 2005. 6. 17)
> ㄴ. <u>남·북</u>, 북핵 놓고 '밤샘 줄다리기.' (중앙일보, 2005. 5. 18)
> (18) <u>대영 박물관</u>을 서울서 보다니… 한국 전시회 어제 예술의 전당서 개막. (조선일보 2005. 4. 13 : A1)
> (19) ㄱ. "제가 <u>집</u>에 연락해 드리겠습니다." (정호승, 2004 : 184, 『너를 위해 나는 무엇이 될까』, 해냄)
> ㄴ. 한국 <u>교회</u> 통곡 기도회. (조선일보, 2004. 10. 30 : A2)

　ㄷ. "왕영용씨 작년에 유전사업 <u>청와대</u>에 보고". (동아닷컴, 2005. 5. 9.
　　09 : 57)

　(15)~(19)의 환유 표현에 따른 매체와 목표를 보면, (15)의 '고구려'는 '고구려 유물', '발칸'은 '구 유고연방 국가들의 현대미술품들', (16)의 '대한민국'은 '대한민국 국민', '서울'은 '서울 시민', '소록도'는 '소록도 주민', '수원 영통구'는 '수원 영통구 주민', (17)의 '북한'은 '북한 김정일 위원장', '남·북'은 '남측 대표·북측 대표'를 가리킨다. 또한, (18)의 '대영 박물관'은 '대영 박물관 소장품', (19)의 '집'은 '가족', '교회'는 '교인', '청와대'는 '청와대의 대통령'을 가리킨다.

　넷째, '기관이나 단체'가 '기관이나 단체의 사람'을 지칭한다. (20)~(22)에서 보듯이, 기관이나 단체는 현저한 매체로서 그에 속하는 사람에 대해 정신적 접촉을 환기한다.

　(20) ㄱ. 30·40대 43% … 젊어진 <u>국회</u>. (중앙일보, 2004. 4. 17 : 9)
　　　ㄴ. <u>국민은행</u> 먼저 웃었다. (동아일보, 2005. 3. 5 : A26)
　(21) ㄱ. <u>구미형일초교</u> 관악경연대회 금상. (매일신문, 2004. 9. 13 : 38)
　　　ㄴ. 서울대 <u>음대</u> 카네기 홀서 연주. (한겨레, 2005. 3. 15 : 21)
　(22) ㄱ. 예루살렘 행진 참석차 <u>개신교</u> 백 명 출국강행. (조선일보, 2004. 7.
　　　27 : A1)
　　　ㄴ. <u>한나라</u> 개혁성향 더 필요. (매일신문, 2004. 9. 30 : 1)

　(20)~(22)의 환유 표현에 따른 매체와 목표를 보면, (20)의 '국회'는 '국회의원', '국민은행'은 '국민은행 선수들', (21)의 '구미형일초교'는 '구미형일초등학교 관악부원', '음대'는 '음대생', (22)의 '개신교'는 '개신교 교인', '한나라'는 '한나라당 의원들'을 가리킨다.

　다섯째, '생산회사 / 생산지 / 생산자'가 '생산품'을 지칭한다. (23)~(25)에서 보듯이, 생산회사 / 생산지 / 생산자는 현저한 매체로서 인접성 관계에 있는 생산품에 정신적 접촉을 환기한다.

　(23) ㄱ. 그는 <u>현대</u>를 몰고 있다.

    ㄴ. "보루네오가 비싼지 알기는 아네. 왜? 얼만지 털어놓으면 뒤로 자빠

       질라구?" (이명랑, 2002 : 10, 『삼오식당』, 시공사)

(24) ㄱ. 순창 하나 주세요.

    ㄴ. 성주가 뜬다. (서울경제, 2005. 5. 26)

(25) ㄱ. 지구촌. '황우석' 충격. (매일신문, 2005. 5. 21 : 5)[9]

    ㄴ. 서울에 온 톨스토이. (동아일보, 2004. 12. 13 : A16)

(23)~(25)의 환유 표현에 따른 매체와 목표를 보면, (23)의 '현대'는 '현대산 자동차', '보루네오'는 '보루네오 회사의 가구', (24)의 '순창'은 '순창산 고추장', '성주'는 '성주 참외'를 가리키며, (25)의 '황우석'은 '황우석의 연구 성과', '톨스토이'는 '톨스토이의 육필원고'를 가리킨다.

여섯째, '차량'이 '운전자'를 지칭한다. (26)에서 보듯이, 지각적으로 '차량'은 '운전자'보다 크고 현저한 매체로서 인접성 관계에 있는 '운전자'에 정신적 접촉을 환기한다.

(26) ㄱ. 4大도시 지하철 "오늘 파업". (조선일보, 2004. 7. 21 : 1)

    ㄴ. 버스 파업은 시(市) 책임. (조선일보, 2005. 5. 29)

    ㄷ. 뒤에서 "인력거!" 하고 부르는 소리가 났다. 자기를 불러 멈춘 사람

       이 그 학교 학생인 줄 김첨지는 한번 보고 짐작할 수 있었다. (현진

       건, 1996 : 342, 「운수 좋은 날」,『한국현대대표소설선』 1, 창작과 비

       평사)

(26)의 환유 표현에 따른 매체와 목표를 보면, '지하철'은 '지하철 노조원', '버스'는 '버스 기사', '인력거'는 '인력거꾼'을 가리킨다.

일곱째, '계절'이 계절에 관련된 '산물'을 지칭한다. '계절'은 매우 포괄적인 개념으로서 (27)~(28)에서 보듯이 관련된 요소들에 정신적 접촉을 환기한다.

(27) ㄱ. 봄을 씹어요. (동아일보, 2004. 3. 22 : D3)

    ㄴ. 정성껏 만나는 그 간절한 사랑을 / 눈물거워하며 밤 한 톨을 깎아 / 가

---

9) 일반적으로 '생산자'가 '생산품'을 지칭하는데, 다음 표현에서는 '생산품'이 '생산자'를 지칭한다. 즉 "복제양과 복제송아지의 만남— '돌리' 만든 윌멋 박사, 황우석 교수팀에 '루게릭병 치료' 제안(조선일보 2004. 4. 7. : A1)."에서 '복제양'은 '복제양 돌리'를 만든 '윌멋 박사', '복제송아지'는 '복제송아지'를 만든 '황우석 교수'를 가리킨다.

을을 먹습니다. (이해인, 2002 : 151, 「가을에 밤(栗)을 받고」, 『작은 위로』, 열림원)

　ㄷ. 상주의 <u>겨울</u>은 달디 달다. (조선일보, 2006. 1. 12 : A9)

(28) 편안한 여유를 <u>겨울</u> 속에서 즐기자. (한국일보, 2004. 12. 2)

(27)~(28)의 환유 표현에 따른 매체와 목표를 보면, (27)의 '봄'은 '봄나물', '가을'은 '가을의 밤[栗]', '겨울'은 '겨울 곶감'을 가리키며, (28)의 '겨울'은 '온천'을 가리킨다.

여덟째, '시점, 명절'이 '시점의 식사, 명절 제상(祭床)'을 지칭한다. 시점이나 명절은 포괄적인 개념으로서 (29)~(30)에서 보듯이 관련된 요소들에 정신적 접촉을 환기한다.

(29) 봉순이 언니가 <u>저녁</u>을 먹으라고 나를 부르러 갔다. (공지영, 2002 : 53, 『봉순이 언니』, 푸른숲)

(30) 대추 밤을 돈사야 <u>추석</u>을 차렸다. (노천명, 1997 : 51, 「장날」, 『노천명전집 1(시)−사슴』, 솔)

(29)~(30)의 환유 표현에 따른 매체와 목표를 보면, '저녁'은 '저녁 식사', '추석'은 '추석상'을 가리킨다.

3.3. 상호전이 양상

환유의 상호전이 양상은 인접한 두 요소 가운데 매체와 목표가 상호 교체될 수 있는 것을 말한다. 곧 두 실체의 비중이 구조적으로 평형을 이룰 때, '매체−목표의 역전'이 가능하게 된다. 이 경우에도 '매체'로 선택된 실체는 지각적으로나 개념적으로 현저성을 띠는데, 그 대표적인 사례를 보면 다음과 같다.

첫째, '사건'이 '시간', '시간'이 '사건'을 지칭한다. '사건'과 '시간'은 일상적 경험에서 하나의 개념적 영역을 형성할 만큼 긴밀한 관계를 형성한다. (31)에서 보듯이 '사건'은 '시간'을 환기하며, (32)에서 보듯이 '시간'은 '사건'을 환기한다.

   (31) ㄱ. "지구촌 최대의 축제"인 제28회 <u>아테네 올림픽</u>이 다가오고 있다.
       (스포츠동아, 2004. 8. 8 : 1)
      ㄴ. <u>연주회</u>가 길어졌다. (국립국어연구원, 1999,『표준국어대사전』)
      ㄷ. <u>시험</u>이 가까워서인지 도서관에 자리가 꽉 찼다. (국립국어연구원,
       1999,『표준국어대사전』)
   (32) ㄱ. 김 노인에게는 <u>시간</u>이 얼마 남지 않았다. (국립국어연구원, 1999,『표
       준국어대사전』)
      ㄴ. 이 소설은 <u>조선 후기</u>를 배경으로 한 작품이다. (국립국어연구원,
       1999,『표준국어대사전』)
      ㄷ. <u>8 · 15</u> 대규모 일반사면 필요. (동아일보, 2005. 5. 19 : A1)

   (31)~(32)의 환유 표현에 따른 매체와 목표를 보면, (31)은 사건이 시간을 지칭한 것으로서, '아테네 올림픽'은 '아테네 올림픽 개막 시간', '연주회'는 '연주회 시간', '시험'은 '시험 기간'을 가리킨다. 역으로, (32)는 시간이 사건을 지칭한 것으로서, '시간이 얼마 남지 않았다'의 '시간'은 '여생(餘生)', '조선 후기'는 '조선 후기 사회', '8 · 15'는 '8 · 15 광복절'을 가리킨다.

   둘째, '거리'가 '시간'을 지칭하거나, '시간'이 '거리'를 지칭한다. 이동의 상황에서 '거리'와 '시간'은 개념적으로 긴밀한 관계를 맺는데, (33)에서 '거리'는 '이동 시간'을 나타내며, 역으로 (34)에서 '시간'은 '이동 거리'를 나타낸다.

   (33) 나는 친구가 운전하는 동안 <u>100킬로미터</u>를 자고 있었다.
   (34) ㄱ. 인천은 서울에서 <u>한 시간</u> 떨어져 있다.
      ㄴ. 대구에서 서울까지는 KTX로 <u>한 시간 오십 분</u>이다.

   (33)~(34)의 환유 표현에 따른 매체와 목표를 보면, (33)은 거리가 시간을 지칭한 것으로서, '100킬로미터'는 '100킬로미터의 이동 시간'을 가리킨다. 역으로 (34)는 시간이 거리를 지칭한 것으로서, '한 시간'은 '한 시간의 거리'를, '한 시간 오십 분'은 '한 시간 오십 분의 거리'를 가리킨다.

   셋째, '원인'이 '결과'를 지칭하거나, '결과'가 '원인'을 지칭한다. 원인과

결과는 개념적으로 긴밀한데, '한잔하다'가 원인이 되어 '취하다'라는 결과에 이르며, '옷을 벗다'라는 결과는 '퇴직하다'라는 원인에서 비롯된다. (35)에서 보듯이 원인은 결과에 인접해 있고, (36)에서 보듯이 결과 또한 원인에 인접해 있으므로 상호간에 매체가 되는 요소가 목표에 정신적 접촉을 환기하게 된다.

> (35) ㄱ. 셋은 전부다 <u>머리를 맞대고</u> 연신 심각한 표정으로 무언가를 얘기하고 있었다. (연세대학교 언어정보개발연구원 편, 1998,『연세한국어사전』)
> ㄴ. 과천청사 미화원 <u>머리띠를 묶다</u>. (조선일보, 2005. 4. 27 : A10)
> ㄷ. 나는 이 곳에서 다른 곳에서와는 달리 두 <u>팔을 걷어붙인</u> 채 실무에 종사하였다. (연세대학교 언어정보개발연구원 편, 1998,『연세한국어사전』)
> (36) ㄱ. 조그만 실수가 있어도 <u>눈을 흘겼다</u>. (계용묵, 1996 : 354,「백치 아다다」,『한국현대대표소설선』5, 창작과 비평사)
> ㄴ. '기술씨름의 달인', 황규연이 생애 처음으로 천하장사 <u>꽃가마를 탔다</u>. (문화일보, 2001. 12. 16 : 스포츠면)
> ㄷ. 이일현은 한국 배드민턴의 희망. 영등포초등학교 5학년 때 배드민턴과 인연을 맺었고 6년 뒤인 서울체고 2학년 때 <u>태극마크를 달았다</u>. (동아일보, 2006. 1. 23 : A28)

(35)～(36)의 환유 표현에 따른 매체와 목표를 보면, (35)의 '머리를 맞대다'는 해결책을 찾기 위하여 상의하는 것을 뜻하며, '머리띠를 묶다'는 농성이나 데모하는 것을 뜻하며, '팔을 걷어붙이다'는 어떤 일에 적극적으로 참여하기 위해서 나서는 것을 뜻한다. 곧 머리를 맞대고, 머리띠를 묶고, 팔을 걷어붙이는 것은 후속되는 결과의 원인을 가리킨다. 또한 (36)의 '눈을 흘기다'는 미워하는 것을 뜻하며, '꽃가마를 타다'는 씨름대회의 천하장사가 되는 것을 뜻하며, '태극마크를 달다'는 국가 대표 선수가 되는 것을 뜻한다. 곧 눈을 흘기고, 꽃가마를 타고, 태극마크를 단 것은 각각 미움, 천하장사 등극, 국가 대표 선수로 선발된 결과를 가리킨다.

4. 환유 표현의 작용 원리

4.1. ‘매체－목표’의 사상과 특성

환유가 가능한 까닭은 무엇인가? 이것은 매체와 목표 간의 사상 과정으로 설명될 수 있다. 앞에서 보았듯이, 환유는 하나의 인지 영역을 중심으로 인접해 있는 두 실체 간에 ‘매체’가 ‘목표’에 정신적 접근을 제공하는 인지 기제이다. 곧 환유는 매체가 목표에 정신적 접근을 제공하거나 활성화하는데, 이 과정을 ‘사상’이라고 한다.

그러면, 환유의 매체와 목표 간에 사상이 일어나는 까닭은 무엇인가? 이것은 근본적으로 매체와 목표가 인접성 관계에 놓여 있기 때문이라 하겠다. 경험적으로, 인접해 있는 두 실체는 개념적으로 쉽게 연상되거나 호환되기 마련이다. 예를 들어, ‘벤치’에 대한 다음 표현을 보기로 한다.

(37) ㄱ. 우리는 늦은 밤까지 학교 실기실에 남아 그림을 그리곤 했고, 가끔씩 어둠이 내려앉은 캠퍼스 <u>벤치</u>에 앉아 잡담을 즐기기도 했다. (CETConc)

ㄴ. 그러나 최용수(LG)에 가려 한달 내내 <u>벤치</u>를 지키는 설움을 감내해야 했던 그는 팀에 복귀하자마자 마치 시위라도 하듯 고비마다 알토란같은 골을 쑥쑥 뽑아내곤 하는 것이다. (CETConc)

ㄷ. “실력도 달렸지만 <u>벤치</u>와 선수들이 이성을 잃고 흥분돼 있었다.”고 질타하는 소리가 높다. (CETConc)

곧 ‘벤치’는 (37ㄱ)의 경우 ‘(공원이나 캠퍼스에 설치해 놓은) 긴 의자’, (37ㄴ)의 경우 ‘축구 경기장에서 선수가 대기하도록 설치해 놓은 긴 의자’, (37ㄷ)의 경우 ‘축구장에서 긴 의자를 설치한 곳에 있는 감독이나 코치’를 가리킨다. 따라서 인접성 관계에 있는 ‘긴 의자→축구장의 긴 의자→감독이나 코치’로 의미 전이가 일어나 (37ㄷ)의 ‘벤치’는 환유 표현이 된 것이다. 이 경우, 매체와 목표 간의 인접성에 대한 정신적 접근은 (38)에서 보듯이 구체적인 데서부터 추상적인 영역에까지 걸쳐 있다.

(38) ㄱ. 세계 최고령 올림픽 <u>금메달</u> 파키스탄 페로제 칸 사망. (조선일보, 2005. 4. 23 : A28)

ㄴ. 사람은 <u>빵</u>만으로는 살 수 없다. (국립국어원, 1999, 『표준국어대사전』)

ㄷ. 수많은 <u>눈</u>들과 한겨레의 <u>눈</u>이 일치하지 않는 경우가 생기는 것은 당연하지 않을까? (한겨레, 2005. 5. 9. 19 : 17)

ㄹ. 그대의 <u>입술</u>이 성공을 연다. (경향신문, 2005. 4. 30 : A12)

즉 (38ㄱ)의 '금메달 → 금메달리스트'는 매체와 목표가 구체적이며, (38ㄴ)의 '빵 → 양식 → 물질', (38ㄷ)의 '눈 → 독자 → 독자의 견해'는 구체적인 매체에서 구체적·추상적 목표로 전이되며, (38ㄹ)의 '입술 → 화술'은 구체적인 매체에서 추상적인 목표로 전이된다.

한편, Langacker(1993 : 6)에서는 지시점을 통한 목표의 조정 및 활성화 능력, 곧 환유적 능력이 인간의 기본적 인지능력 가운데 하나라고 한 바 있다. 이 경우 '지시점'은 덜 현저한 개념적 실체에 대한 정신적 접근을 제공하는 현저한 개념적 실체를 뜻한다. <그림 2>에서 보듯이, 지시점에 대한 활성화 능력은 2단계의 정신적 접촉으로 구성되어 있다. 제1단계에서 '개념화자(conceptualizer, C)'는 점선 화살표를 따라 실마리가 될 만한 접근하기 쉬운 대상인 '지시점(reference point, R)'과 정신적 접촉을 한다. 제2단계에서 이 지시점을 실마리로 점선 화살표를 따라 접근할 수 있는 대상의 집합체, 즉 '지배영역(domain, D)' 안에서 상대적으로 접근하기 어려운 대상인 '목표(target, T)'와 정신적인 접근을 시도하게 된다.

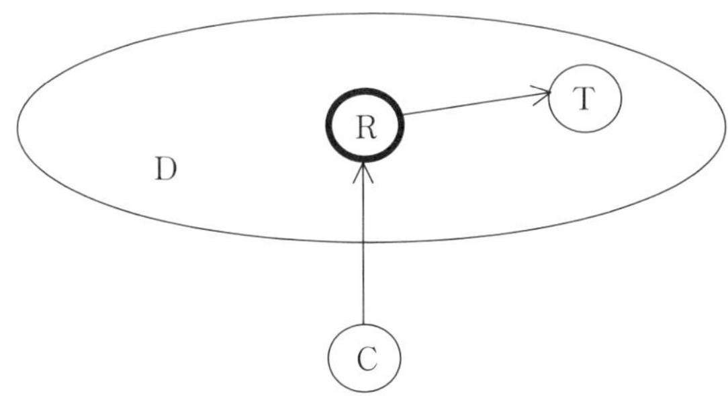

〈그림 2〉 지시점의 활성화 모형

요컨대, 우리는 환유의 '매체―목표' 사상 과정에서 일차적으로 현저한 지시점, 즉 '매체'에 정신적 접근을 하게 되며, 이차적으로 주의의 초점을 받는 환유적 '목표'에 정신적 접근을 시도함으로써 개념적 환유 과정을 수행하게 된다.

환유의 '매체―목표' 사상 과정에서 '매체'는 이해, 기억, 인식의 상황에서 특정한 목표에 이르는 길을 제공하고 점화하는 지시점이라는 점에서 특별한 의의를 갖는다. 그러면 '매체'의 어떤 특성이 특정한 '목표'에 정신적 접촉을 제공하게 되는 것인가? 곧 지시점으로서 매체는 의사소통적 요구에 의해 동기화되어 있다.10) 이른바, 환유의 매체 선택에 있어서 선호되는 상대적 현저성의 원리는 다양한 환유 표현에 하나 또는 둘 이상이 작용하기도 하며, 복합적 또는 경쟁적으로 작용한다는 점에서 상대적이며 상황 의존적 성격을 띤다고 하겠다. 그러면, 환유 표현에서 지시점으로서 매체가 목표에 정신적 접근을 환기하는 과정에 대해서 살펴보기로 한다.

첫째, (39)는 환유의 확대지칭에 관한 매체의 현저성이다.

> (39) ㄱ. 축구소년 김귀현 '태극마크를 꿈꾸며' (KBS, 2006. 1. 4. 23 : 35)
> ㄴ. "꿈에서도 내가 태극마크를 달게 될 줄 몰랐다."라고 밝힐 정도로 그간 대표팀과는 인연이 없던 그는 난생 처음 국가의 부름을 받은 뒤 2년 전 세상을 떠난 어머니를 떠올렸다고 한다. (조이뉴스24, 2005. 12. 27. 9 : 35)

(39)에서 '태극마크'는 '국가 대표 선수', '태극마크를 달다'는 '국가 대표 선수가 되다'를 뜻하는 확대지칭의 환유 표현이다. 이 경우 '태극마크'는 우

---

10) 이것을 Radden & Kövecses(1999 : 44~52)에서는 환유의 매체 선택을 지배하는 '상대적 현저성의 원리(principles of relative salience)'라 하고 다음 두 가지 하위 원리를 제시하였다. 첫째, 현저성의 인지적 원리 : ① 인간 경험에 있어서 '인간 > 비인간, 주관적 > 객관적, 구체적 > 추상적, 상호작용적 > 비상호작용적, 기능적 > 비기능적'이다. ② 지각적 선택에 있어서 '즉각적 > 비즉각적, 발생적 > 비발생적, 더 많은 > 더 적은, 지배적 > 덜 지배적, 좋은 게슈탈트 > 나쁜 게슈탈트, 경계 지어진 > 경계 지어지지 않은, 특정적 > 총칭적'이다. ③ 문화적 선호에 있어서 '판에 박힌 > 판에 박히지 않은, 이상적 > 비이상적, 전형적 > 비전형적, 중심적 > 주변적, 처음·마지막 > 중간, 기본적 > 비기본적, 중요한 > 덜 중요한, 흔한 > 덜 흔한, 드문 > 덜 드문'이다. 둘째, 현저성의 의사소통적 원리 : ① 명료성의 원리에서 '명확한 > 모호한'이다. ② 적절성 원리에서 '적절한 > 부적절한'이다. ③ 경쟁적 동기에서 '수사적 효과' 및 '사회―의사소통적 효과'이다.

리의 주의를 가장 많이 끄는 국가 대표 선수의 상징이다. 우리가 국가 대표 선수를 그리게 될 때 필수적으로 고려하는 부분이 태극마크일 만큼 태극마크는 국가 대표 선수의 변별적 자질이다. 따라서 태극마크는 국가 대표 선수의 유니폼을 입는 사람, 더 추상적으로는 국가 대표 선수의 관습화된 상징이다. 우리는 태극마크와 같이 개념적으로 현저한 실체로부터 국가 대표 선수와 같은 덜 현저한 실체에 대해 정신적인 길을 추적하게 된다. 따라서 부분으로서 '태극마크'는 '국가 대표 선수'라는 전체, 곧 목표에 정신적인 접근을 가능하게 하는 지시점, 곧 매체가 된다.

둘째, (40)은 환유의 축소지칭에 관한 매체의 현저성이다.

(40) ㄱ. <u>구미형일초교</u> 관악경연대회 금상 (매일신문 2004, 9. 13 : 38)
ㄴ. 1라운드 <u>국민은행</u>에 분패하며 4승 1패로 2위로 마감했던 <u>신한은행</u>은 2라운드 <u>우리은행</u>에 아쉽게 패하며 4승 1패를 기록하며 단독 선두에 나섰다. (iMBCsports, 2006. 1. 17. 15 : 56)

(40)에서 '구미형일초교'는 '구미형일초교 관악부 학생', '국민은행'은 '국민은행 농구단 선수'를 뜻하는 축소지칭의 환유 표현이다. 이 경우 '학교'나 '은행'과 같은 전체는 그 부분에 대한 접근에 있어서 지시점의 역할을 한다. 실제로 '학교'나 '은행'은 영구적인 기관이라는 점에서 개념적으로 현저한데, '건물, 기구 / 법인, 인적요소, 역할' 등의 다면적 측면으로 구성된다. 뿐만 아니라 '학교'나 '은행'은 구성원인 학생이나 선수들이 대회나 경쟁에서 우승함으로써 명성을 얻고 사람들의 주목을 받게 된다. 따라서 '학교'나 '은행'은 현저한 매체로서 상황에 따라 적절한 '목표'에 맞추어 조정되고 활성화된다.

셋째, 환유의 '상호전이 양상'에서 매체의 특성을 보기로 한다.

(41) ㄱ. 과천청사 미화원 <u>머리띠를 묶다</u>. (조선일보, 2005. 4. 27 : A10)
ㄴ. 황규연은 지난 2001년 10월 영암대회 이후 2년 6개월만이자 통산 4번째 <u>꽃가마를 탔다</u>. (스포츠투데이, 2004. 4. 8)

(41)에서 '머리띠 묶다'는 원인으로서 '투쟁하다'라는 결과를 환기하며, '꽃가마 타다'는 결과로서 '씨름판의 천하장사가 되다'라는 원인을 환기하는 환

유 표현이다. (39)와 (40)에서 본 확대지칭과 축소지칭에서는 매체와 목표가 비대칭적인데 비해, '원인'과 '결과'와 같은 상호지칭의 경우에는 개념적으로 관련된 두 가지 실체가 동등한 비중을 가짐으로써 '매체−목표'가 역전될 수 있다. 이것은 '루빈의 컵'에서 보듯이(Rubin, 1958 : 201 참조), 두 실체의 비중이 구조적으로 동등할 경우 '전경−배경'이 역전되는 현상과 유사하다. 물론 이 경우에도 '매체'로 선택된 실체는 개념화자에게 현저한 실체가 됨은 말할 것도 없다고 하겠다.

4.2. 환유 표현의 사용 효과

환유를 사용하는 까닭은 무엇인가?[11] 이것은 곧 글자 그대로의 표현에 비해 환유 표현이 갖는 다음과 같은 다섯 가지 효과에서 비롯된다.

첫째, 환유 표현은 경제성의 효과를 갖는다. 환유 표현은 글자 그대로의 표현에 비해 짧으므로 경제적이다. 이 점을 (42)~(43)의 환유 표현과 글자 그대로의 표현을 통해서 비교해 보기로 한다.

    (42) ㄱ. <u>자동차</u>에 기름을 칠했다.
         ㄴ. <u>자동차의 엔진</u>에 기름을 칠했다.
    (43) ㄱ. 갑 : 학회까지 어떻게 왔습니까?
           을 : <u>고속철(KTX)을 탔습니다.</u>
         ㄴ. 을 : 집을 나서서 5분간 걸었습니다. 택시를 타고 기차역에 도착했습니다. 서울행 기차표를 샀습니다. <u>고속철(KTX)을 탔습니다.</u> 기차역에서 버스 승강장까지 걸었습니다. 버스에 내려 학회장까지 걸어 왔습니다.

(42ㄱ)의 '자동차'는 (42ㄴ)의 '자동차의 엔진'을 가리키는 축소지칭의 환유 표현이다. 또한 (43ㄱ)의 '고속철을 타다'는 (43ㄴ)의 연속 사건 가운데 하나로서 확대지칭의 환유 표현이다. 이에 대해 언중들은 환유 표현의 의미를

---

11) 이와 관련하여 Cruse(2000a : 214)에서는 환유를 사용하는 동기를 '경제성, 지시물에 대한 접근의 용이성, 연상적 관계에 윤곽 부여하기' 가운데 하나이거나 그 이상이라고 한 바 있다.

글자 그대로의 표현과 마찬가지로 수용해 내게 된다. 어느 면에서 글자 그대로의 표현은 길고 지루하여 의사소통에 비효율적이다. 그런 점에서 환유 표현은 사물이나 사건의 특징적인 측면을 매체로 활용함으로써 경제성의 효과를 갖는다.

둘째, 환유 표현은 유연성의 효과를 갖는다. 환유 표현에서 유연성 효과는 주로 축소지칭 양상에서 확인된다. (44)의 네 가지 표현을 주목해 보자.

> (44) ㄱ. 아직 ○○일보가 오지 않았다.
> ㄴ. 그는 ○○일보에 들어갔다.
> ㄷ. ○○일보는 퍽 친절하다.
> ㄹ. 그는 ○○일보를 샀다.

(44)의 '○○일보'는 '신문, 신문사나 신문사의 건물, 신문사 사원, 신문이나 신문사 주식' 등의 여러 국면을 가리킨다. 그런데 의사소통 상황에서 '○○일보'가 매체가 되어 특정한 목표를 환기하게 되므로 환유 표현은 매우 유연하다. 이러한 유연성은 경제성의 효과와 밀접한 관계를 맺는다. 환유 표현의 유연성 효과는 다음 표현에서도 확인된다.

> (45) ㄱ. 학마을은 한껏 즐겁고 풍성하였다. (이범선, 1996 : 19, 「학마을 사람들」, 『한국현대대표소설선』 9, 창작과 비평사)
> ㄴ. 학마을 사람들은 한껏 즐겁고 학마을은 한껏 풍성하였다.
> ㄷ. [?]학마을 사람들은 한껏 즐겁고 풍성하였다.

(45ㄱ)의 '학마을'은 (45ㄴ)의 '학마을 사람들'과 '학마을'을 뜻하는데, 이 가운데서 '학마을'이 '학마을 사람들'을 지칭할 경우 환유 표현이 된다. 그러나 (45ㄷ)의 '학마을 사람들'은 '즐겁다'와 '풍성하다'라는 서술어를 동시에 통제할 수 없으므로 '액어법'[12]이 된다. 곧 (45ㄱ)의 환유 표현은 액어법을

---

12) '액어법(zeugma)'은 하나의 표현이 두 개의 의미적 수행을 함으로써 생기는 어색한 표현을 가리킨다. 예를 들어, "Arthur and his driving licence expired last Thursday."에서 'expire'는 '죽다'와 '만기되다'를 뜻하는 '액어법' 표현인데, "Arthur expired last Thursday ; his driving licence expired that day, too."라고 하여 'expire'를 분리함으로써 액어법의 이상함을 해소하게 된다(Cruse, 1986 : 21 ; Cruse, 2000a : 46 참조).

방지한다는 점에서 유연성의 효과를 갖는다.

한편, 환유 표현의 유연성은 탄도체와 지표에 대한 '활성지역'[13]의 불일치 현상으로도 설명될 수 있다.

> (46) ㄱ. 철수가 개에게 물렸다.
> ㄴ. 우주선이 달에 다가갔다.

(46)에서 '철수−개, 우주선−달'은 이동하는 '탄도체(trajactor)'와 고정된 '지표(landmark)'의 관계를 형성한다. 이 관계를 도식화 하면 <그림 3>과 같다. 그 중 (46ㄱ)의 '철수'는 '철수의 뒷다리', '개'는 '개의 이빨'을 가리키는 축소지칭의 환유 표현으로서 <그림 3(a)>에서 보듯이 '탄도체'와 '지표' 간에 '활성지역(active zone)'이 불일치한 것인데, 활성지역의 불일치 현상은 필요에 따라 정보의 양을 조정할 수 있기 때문에 유연성의 효과를 얻게 된다. 한편, <그림 3(b)>에서 보듯이 (46ㄴ)의 탄도체인 '우주선'과 지표인 '달' 간에는 활성지역이 일치하고 있는데, 이러한 사례는 현실적으로 매우 드물다.

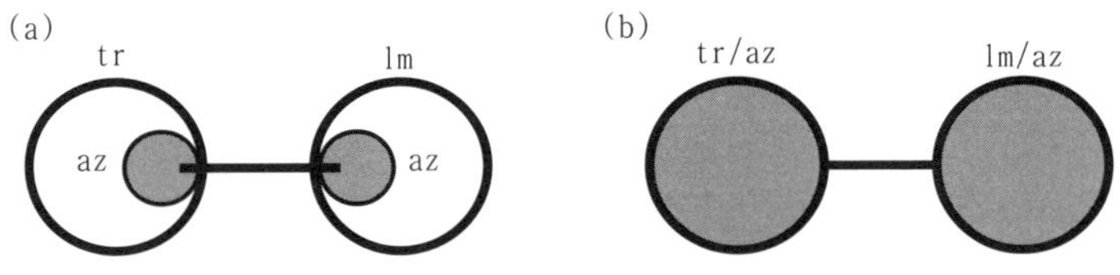

〈그림 3〉 '탄도체(tr) − 지표(lm)'의 활성지역(az)

셋째, 환유 표현은 사실성의 효과를 갖는다. 이 점을 다음의 신체 부위에 대한 확대 지칭 환유에서 살펴보기로 한다.

> (47) ㄱ. 일손을 구합니다. (매일신문, 1999. 3. 15 : 7)
> ㄴ. 사람을 구합니다. (중앙일보, 1999. 4. 9 : 19)
> (48) ㄱ. 등산화에 앞산이 무너진다. (매일신문, 2005. 5. 24 : 30)
> ㄴ. 등산객에 앞산이 무너진다.

---

13) '활성지역(active zone)'이란 특정한 관계에 대하여 가장 직접적이고도 중대하게 그 관계에 참여하는 실재물, 즉 탄도체나 지표의 부분을 뜻한다(Langacker, 1993 : 31 ; Taylor, 2002 : 109~112 참조).

　(47)~(48)에서 '일손'과 '등산화'는 각각 '일꾼'과 '등산객'을 지칭하는 환유 표현이다. 노동 현장에서는 일꾼이 필요한데 이를 단순히 '사람'이라고 하기보다는 일꾼에게 가장 중요한 '일손'을 부각함으로써 사실성의 효과를 낳으며, '등산객'에 의해 산이 파괴되는 것을 '등산객'이 신은 '등산화'를 선택함으로써 산의 파괴에 대해 직접적이고 사실적인 효과를 거둔다.

　한편, (11)의 감정에 대한 생리적 환유에서 보았듯이, 감정은 매우 추상적인 개념이므로 사전적인 정의로는 그 실체에 접근하기 어렵다. 그에 비해 일상 언어에는 '화내다'를 '얼굴이 벌겋게 달아오르다', '두렵다'를 '얼굴이 노랗게 되다', '밉다'를 '치를 떨다', '슬프다'를 '코허리가 찡하다', '부끄럽다'를 '얼굴이 발개지다', '기쁘다'를 '눈이 이글이글 빛나다', '사랑하다'를 '몸에 찌르르 전기가 통하다'고 함으로써 감정 상태의 생생한 현장감을 얻게 된다.

　넷째, 환유 표현은 참신성의 효과를 갖는다. 이러한 표현 효과는 (49)의 문학 작품에서뿐만 아니라, (50)의 일상 언어에서도 널리 확인된다.

(49) ㄱ. 그 후로 / 그를 꿈에서 만났다. / 턱이 긴 <u>얼굴</u>이 나를 돌아보고 / 형님! / 불렀다. / 오오냐. 나는 전신(全身)으로 대답했다. (박목월, 1959 : 17~18, 「하관」, 『난 기타』, 신구문화사)

　　ㄴ. 아버지가 왔다. 아니 <u>십구문반의 신발</u>이 왔다. (박목월, 1964 : 10, 「가정」, 『청담』, 일조각)

　　ㄷ. 대추 밤을 돈사야 <u>추석</u>을 차렸다. (노천명, 1997 : 51, 「장날」, 『노천명전집 1(시)−사슴』, 솔)

　　ㄹ. 어느 날 <u>혀</u>는 자신에 찬 목소리로 '개새끼!'라고 소리쳤다. 승객들이 가득한 전동차 안이었다. 놀란 <u>눈알</u>들은 일제히 그 말을 발음한 내 입과 입에 달린 얼굴을 쳐다보았다. (김기택, 2005 : 123, 「어느날, 혀는」, 『창작과 비평』, 창작과 비평사)

(50) ㄱ. 남북 여성 <u>주먹</u> 평양서 첫 격돌. (동아일보, 2005. 5. 21 : 2)

　　ㄴ. 새 <u>피</u> 수혈론. (조선일보, 1999. 1. 5 : 4)[14]

　　ㄷ. 매혹의 섬, <u>욕지도</u>를 낚다. (KTX, 2006년 1월호 : 44)

　　ㄹ. <u>봄</u>을 한 움큼 가져가세요. 주변 야산에서 손수 캔 냉이, 달래, 쑥들

---

14) 참고로 조선일보(1999. 1. 5. : 4)에서는 '새 피 수혈론'이라는 제목 아래 '새 <u>인물</u> 대거영입⋯제2창당'이라는 기사를 싣고 있다.

을 늘어놓고 봄을 팔면서 할머니들은 천 원짜리를 꼬깃꼬깃 접어
고의춤에 넣으며 싱그러운 웃음을 연신 터뜨립니다. (한겨레, 2005.
4. 21 : 16)

(49)에서 '턱이 긴 얼굴'은 '턱이 긴 얼굴의 동생', '십구문반의 신발'은
'십구문반의 신발을 신은 사람, 즉 아버지', '추석'은 '추석상', '혀'는 '혀로
말하는 사람', '눈알'은 '눈으로 보는 사람'을 가리키며, (50)의 '주먹'은 '권
투 선수', '새 피'는 '새 인물', '욕지도'는 '욕지도의 감성돔과 참돔', '봄'은
'봄나물'을 나타낸다.

이러한 사례들은 다음 두 가지 사항을 시사해 준다. 먼저, 글자 그대로의
표현이 따분하고 진부한 반면 환유 표현은 한층 더 신선한 뉘앙스를 풍긴다
는 점이며, 이것은 환유의 사실성 효과와도 연관된다. 예를 들어, (49ㄹ)에서
'혀'는 말을 하는 신체 기관이며, '눈'은 보는 신체 기관인데, 이러한 신체 기
관을 통해 그러한 신체 기관의 소유자를 지칭함으로써 말하고 보는 상황을
한층 더 생생하고 참신하게 표현하게 된다. 또한, 이러한 효과는 시나 소설의
환유 표현과 일상 언어의 환유 표현 간에 별다른 차이가 없다는 점이다.

다섯째, 환유 표현은 완곡 효과를 갖는다. 환유의 환곡 효과는 사실성 효과
와 대조적으로, 화자나 청자 간에 직설 표현이 갖는 생생함이나 충격을 누그
러뜨리는 효과를 갖는다. (51)~(53)을 통해 환유 표현의 완곡 효과를 보기로
한다.

(51) ㄱ. 그는 아직껏 딴 사내와 <u>관계</u>를 한다는 것을 생각하여 본 일도 없었
다. (김동인, 1999 : 47, 「감자」, 『현대소설 100년 한국대표단편 57
인 선집』, 프레스 21)
ㄴ. 물론 여자를 불러 같이 <u>잠도 한번 자보았다</u>. (정호승, 2004 : 243, 『너
를 위하여 나는 무엇이 될까』, 해냄)
ㄷ. 삶은 전성기를 향해 전력 질주하도록 본능적으로 프로그래밍 돼 있
다. 그리고 그 인생의 절정기를 지나면 마치 사정하고 난 뒤 고개
숙인 <u>남자</u>처럼 수그러진다. (정진홍, 2006. 10. 30 : 34, 「인생이 60
분이라면…」, 중앙일보)
(52) ㄱ. 그리고 어제 딱 <u>술 한 잔</u> 했습니다. (영화, 『홍반장 어디선가 누군가

에 무슨 일이 생기면 틀림없이 나타난다』)

ㄴ. 버릇이 없어서 <u>손 좀 봐준</u> 것도 죄가 됩니까? (KYCI 한국청소년상담원 공개상담실, 2005. 5. 19)

ㄷ. 그다지도 못 잊어하시던 딸의 얼굴을 끝끝내 보지 못하고 외로이 <u>숨을 거두는</u> 어머니의 임종을 눈앞에 그려보니 쌓이고 쌓였던 묵은 설움이 북받쳐 올랐다. (심훈, 2001 : 222, 『상록수』, 범우사)

(53) ㄱ. 한나라당은 철도공사의 러시아 유전투자 의혹사건과 관련해 천호선 청와대 국정상황실장이 사건 경위를 파악하고도 상부 보고를 누락한 것으로 드러난 데 대해 "<u>청와대</u>가 직접 사건 전모를 밝혀야 한다."고 주장했습니다. (미디어다음 아고라, 2005. 4. 25)

ㄴ. <u>북한</u>의 결단을 환영한다. (한겨레신문M, 2005. 6. 17)

(50)은 성에 관한 직설 표현 대신에 환유 표현을 사용함으로써 완곡 효과를 낳은 것인데, '관계'는 '성관계', '자다'는 '성행위를 하다', '남자'는 '남자 성기'를 가리킨다. 이러한 보기들은 "그녀는 가슴(→젖가슴)이 작다, 그는 하체(→하체의 성기)가 약하다, 강도가 여자를 폭행했다(→성폭행했다)." 등에서도 광범위하게 사용된다 (51)은 음주, 오락, 구타, 죽음 등에 대해 환유 표현을 통해 그 한 부분을 지칭함으로써 책임, 비난, 충격을 완화하는 전략인데, '술 한잔하다'는 '술을 마시다', '손 좀 봐 주다'는 '구타하다', '숨을 거두다'는 '죽다'를 가리킨다. 한편, (52)의 '청와대'는 '노무현 대통령', '북한'은 '북한의 김정일 위원장'을 가리키는데, 민감한 정치 현안이나 남북한 대치 상황에 있어서 대통령이나 특정한 지도자의 이름 대신에 환유 표현을 사용함으로써 완곡 효과를 낳게 된 것이다.

5. 마무리

이상에서 환유 표현을 중심으로 기본 개념, 양상, 작용 원리를 통하여 그 의미 특성을 논의하였다. 이제까지 기술한 바를 간추려서 이 글을 마무리하기로 한다.

첫째, 개념적 환유는 동일한 하나의 영역 안에서 두 개의 실체가 인접성 관계에 있는 경우, 한 실체 즉 '매체'가 또 하나의 실체 즉 '목표'에 정신적 접근을 환기하는 인지 과정이며, 일상 언어는 환유 표현의 보고(寶庫)이다.

둘째, 환유 표현의 양상은 매우 다양할 뿐 아니라 체계적인데, 부분으로써 전체를 나타내는 확대지칭 양상, 전체로써 부분을 지칭하는 축소지칭 양상, 그리고 매체와 목표의 상호전이 양상으로 대별된다.

셋째, 환유 표현이 가능한 것은 인접성 관계의 매체가 지시점이 되어 목표에 의미적 사상을 확보하는 과정으로 설명될 수 있다. 지시점으로서 매체는 의사소통적 요구에 의해 동기화되는데, 이 경우 매체 선택에 있어서 선호되는 현저성의 원리는 상대적이며 상황 의존적 성격을 띠게 된다.

넷째, 환유 표현은 최소의 비용으로 최대의 효과를 낳는 경제성, 효율성, 사실성, 참신성, 완곡 효과를 갖는 효율적인 인지 전략이다.

끝으로, 이 글에서 논의된 사항은 사전편찬, 언어 및 문학교육, 언어습득과 언어장애, 뇌 과학 등의 응용언어학적 관점으로 확장될 수 있으며, 개념의 표현과 이해에 관련된 여러 학문 영역 간의 학제적 연구를 통하여 환유의 본질을 해명하는 디딤돌이 될 수 있을 것이다.

참고문헌

김종도(2005), 『인지문법에서 본 환유의 세계』, 경진문화사.

김기수(1998), 「인지문법에서의 환유에 대한 분석」, 『영어영문학』 44-1, 한국영어영문학회, 229~246면.

류웅달(1998), 「환유적 표현의 인지적 특성과 영어 어휘교육」, 『영어교육연구』 9, 영남영어교육학회, 11~32면.

이종열(2002), 「국어 환유표현의 사상적 특징과 의미 작용」, 『어문학』 76, 한국어문학회, 65~93면.

이진욱(2000), 「영어 환유의 개념구조연구」, 『언어학』 8-1, 대한언어학회, 153~169면.

임지룡(1995), 「환유의 인지적 의미특성」, 『국어교육연구』 27, 국어교육연구회, 223~254면.

______(1997), 『인지 의미론』, 탑출판사.

______(1999), 「감정의 생리적 반응에 대한 언어화 양상」, 『담화와 인지』 6-2, 담화·인지언어학회, 89~117면.

______(1999), 「삶과 환유」, 『외대논총』 19-4, 부산외국어대학교, 241~267면.

______(2002), 「시간의 개념화 양상」, 『어문학』 77, 한국어문학회, 201~222면.

______(2004), 『담화와 비유어』, 한국문화사.

Aitchison, J.(2003), *Words in the Mind : An Introduction to the Mental Lexicon.* Oxford : Basil Blackwell.

Cruse, D. A.(1986), *Lexical Semantics*, Cambridge : Cambridge University Press(임지룡·윤희수 옮김(1989), 『어휘의미론』, 경북대학교출판부).

__________(2000), *Meaning in Language : An Introduction to Semantics and Pragmatics*, Oxford : Oxford University Press(임지룡·김동환 옮김(2002), 『언어의 의미 : 의미·화용론 개론』, 태학사).

Evans, V. & M. Green(2006), *Cognitive Linguistics : An Introduction*, Edinburgh : Edinburgh University Press(임지룡·김동환 옮김(2008), 『인지언어학 기초』, 한국문화사).

Gibbs, R. W.(1994), *The Poetics of Mind : Figurative Thought, Language, and Understanding*, Cambridge : Cambridge University Press(나익주 옮김(2003), 『마음의 시학 : 비유적 사고·언어·이해』, 한국문화사).

Kövecses, Z.(2002), *Metaphor : A Practical Introduction*, Oxford : Oxford University Press

(이정화·우수정·손수진·이진희 공역(2003), 『은유 : 실용입문서』, 한국문화사).

Kövecses, Z. & G. Radden(1998), "Metonymy : Developing a cognitive linguistic view," *Cognitive Linguistics* 9-1, pp.37~77.

Lakoff, G. & M. Johnson(1980), *Metaphors We Live By*, Chicago : The University of Chicago Press(노양진·나익주 옮김(1995), 『삶으로서의 은유』, 서광사.)

Lakoff, G. & M. Turner(1989), *More than Cool Reason : A Field Guide to Poetic Metaphor*, Chicago : University of Chicago Press.

Langacker, R. W.(1993), "Reference-point constructions," *Cognitive Linguistics* 4, 1-38.

Radden, G.(ms.), "The ubiquity of metonymy," pp.1~16.

Radden, G. & Z. Kövecses(1999), "Towards a theory of metonymy," In Panther, K.-U. & G. Radden(eds.), *Metonymy in Language and Thought*, Amsterdam and Philadelphia : John Benjamins Publishing Company, pp.17~59.

Rubin, E.(1958), "Figure and ground," In Beardslee, D. C. and M. Wertheimer(eds.), *Reading in Perception, Princeton, New Jersey*, Toronto, London, New York : D. Van Nostrand Company, Inc., pp.194~203.

Taylor, J. R.(1995), *Linguistic Categorization : Prototypes in Linguistic Theory*, Oxford : Clarendon Press(조명원·나익주 옮김(1997), 『인지언어학이란 무엇인가?』, 한국문화사).

__________(2002), *Cognitive Grammar*, Oxford : Oxford University Press(임지룡·김동환 옮김(2005), 『인지문법』, 한국문화사).

Ullmann, S.(1962), *Semantics : An Introduction to the Science of Meaning*, Oxford : Basil Blackwell.

Ungerer, F. & H. J. Schmid(1996), *An Introduction to Cognitive Linguistics*, London and New York : Longman(임지룡·김동환 옮김(1998), 『인지언어학 개론』, 태학사).

국어 어휘의 의미 분석*
-용언의 동음성과 다의성

최호철

　국어의 용언 '맞다'는 사전에 따라 다양하게 기술되어 있다(<참고 자료> 참조). 국립국어연구원의 『표준국어대사전』(1999)에서는 '맞다'를 '맞다1, 맞다2, 맞다3' 세 단어로 설정하고 '맞다1'은 넷으로 크게 구분한 다음에 각각에 대하여 그 의미를 3개, 2개, 2개, 2개로 분류하였으며, '맞다2'는 셋으로 크게 구분한 다음에 각각에 대하여 그 의미를 5개, 1개, 1개로 분류하였고, '맞다3'은 그 의미를 3개로 분류하였다. 연세대학교의 『연세한국어사전』(1998)에서는 '맞다'를 '맞다1, 맞다2, 맞다3' 세 단어로 설정하고 '맞다1'은 셋으로 크게 구분한 다음에 각각에 대하여 그 의미를 5개, 3개, 1개로 분류하였으며, '맞다2'는 둘로 크게 구분한 다음에 각각에 대하여 그 의미를 7개, 2개로 분류하였고, '맞다3'은 둘로 크게 구분한 다음에 각각에 대하여 그 의미를 5개, 2개로 분류하였다. 금성출판사의 『금성판 국어대사전』(1996)에서는 '맞다'를

---

* 이 글은 2005년 12월 30일에 발행된 이상억 편저『촘스키의 최소주의 이론 및 최적성이론의 한국어에의 적용(국제한국언어학회 창립 30주년 기념논문집)』(서울 : 박이정, 295~321면)에 실린 것으로서 2005년 10월 8일에 인도 뉴델리에서 열린 국제한국언어학회(ICKL) 국제학술대회에서 발표한 것이다.

한 단어로 설정하고 먼저 자동사와 타동사 둘로 나눈 다음에 각각에 대하여 그 의미를 8개, 9개로 분류하였다. 한글학회의 『우리말 큰사전』(1992)에서는 '맞다'를 '맞다1, 맞다2' 두 단어로 설정하고 '맞다1'은 자동사와 타동사 둘로 크게 구분한 다음에 각각에 대하여 그 의미를 6개, 5개로 분류하였으며, '맞다2'는 그 의미를 2개로 분류하였다. 북한의 『조선말대사전』(1992)에서는 '맞다'를 한 단어로 설정하고 먼저 자동사·타동사, 타동사, 자동사, 보조용언 넷으로 나눈 다음에 각각에 대하여 그 의미를 1개, 9개, 5개, 1개로 분류하였다. 이들을 정리하여 대비해 보이면 아래와 같다.

<표 1> '맞다'의 의미 기술

	표준국어대A사전	연세한국어사전	금성판 국어대사전	우리말 큰사전	조선말대사전
맞다	1동1①②③ 2①② 3①② 4①② 2동1①②③④ ⑤ 2 3 3동①②③	1동1①②③④ ⑤ 2①②③ 3 2동1①②③④ ⑤⑥⑦ 2①② 3동1①②③④ ⑤ 2①②	동1자①②③④ ⑤⑥⑦⑧ 2타①②③④ ⑤⑥⑦⑧ ⑨	1동1자①②③ ④⑤⑥ 2타①②③ ④⑤ 2동타①②	동1자·타 2타①②③④ ⑤⑥⑦⑧ ⑨ 3자①②③④ ⑤ 4보조
의미	19개	25개	17개	13개	16개

국어 용언의 동음성·다의성 구분과 관련하여 여기에서 문제가 되는 것은 우선 문법 범주가 다른 동사와 형용사의 관계, 본동사와 보조동사의 관계, 자동사와 타동사의 관계에서 찾을 수 있으며, 다음으로는 동일한 문법 범주에 드는 형태가 갖는 다른 의미들의 관계에서 찾을 수 있다. 전자와 관련해서는 홍재성(1988, 1998)과 이희자(2000)에서 논의된 바 있다. 홍재성(1988)은 자동사와 타동사의 동음성을 기술한 것이고, 홍재성(1998)은 동사와 형용사의 동음성을 기술한 것이며, 이희자(2000)는 본용언과 보조 용언, 동사와 형용사, 용언과 접사, 사동사와 피동사 등의 동음성과 격틀에 따른 동음성을 기술한 것

이다. 그런데 이들 논의는 문법적 특성에 중점을 둔 것으로서 동일한 문법 범주의 의미적 특성에 대한 동음성의 기술은 충분히 논의되지 않았다.

이 글에서는 동음성과 다의성의 구분 문제를 해결하기 위하여 음소 설정의 원리를 원용하여 살필 것인바, 문법적 특성에 따른 동음성과 다의성에 대해서는 최소 대립의 개념을 이용할 것이며, 의미적 특성에 따른 동음성과 다의성에 대해서는 배타적 분포의 개념을 이용할 것이다.

1. 동음성과 다의성

언어 분석에서 얻어낸 어떤 형태(形態, morph)가 의미적 동일성과 배타적 분포를 가지면 그 형태들은 한 어소(語素, morpheme)의 이형(異形, allomorph)으로 분류된다. 이와 같은 현상은 음성에서도 마찬가지로 나타나는데, 음성 분석에서 얻어낸 어떤 단음(單音, phone)이 음성적 유사성과 배타적 분포를 가지면 그 단음들은 한 음소(音素, phoneme)의 이음(異音, allophone)으로 분류된다.

이는 의미에도 적용될 수 있는데, 의미 분석에서 얻어낸 어떤 단의(單義, seme)가 의미적 유연성과 배타적 분포를 가지면 그 단의들은 한 의소(義素, sememe)의 이의(異義, alloseme)로 분류된다. 여기에서 의미적 유연성과 배타적 분포를 갖는 단의들은 다의성(多義性, polysemy)으로 기술되며, 의미적 유연성과 배타적 분포를 갖지 않는 단의들은 동음성(同音性, homonymy)으로 기술된다.

> 발음과 철자를 기준으로 의미가 다른 둘 이상의 어소에서 발음만 같으면 異綴同音性(homophony), 철자만 같으면 異音同綴性(homography), 발음과 철자가 모두 같으면 同綴同音性(homonymy)으로 구분한다.

그런데 문제는 한 언어 형태가 여러 의미를 가지고 있을 때 그 형태를 다의성으로 간주하여 여러 의미를 가지고 있는 하나의 어소로 볼 것인지 아니면 동음성으로 간주하여 같은 형태를 갖춘 다른 어소로 볼 것인지 결정하는 것이 분명하지 못하다는 것이다. 이들을 구별하는 전통적인 기준으로 제기된 것이 통시적인 어원상의 기준이다(최호철, 1993 : 25~27).

현대 국어에서 '말[斗] / 말[馬]'과 '치다[打] / 치다[養]' 및 '쓰다[用] / 쓰다[書]' 등은 중세 국어에서 각각 '말[斗] / 몰[馬]'과 '티다[打] / 치다[養]' 및 '쓰다[用] / 쓰다[書]' 등이었으므로 이들은 각각 어원적 기준에 의해 동음어로 처리된다. 그런데 이와 같은 어원상의 기준이 절대적으로 적용되는 것은 아니다.

우선 대부분의 사람들이 많은 단어에 대하여 그 역사적 변천을 잘 모른다는 것이며, 다음으로는 역사적으로 그 기원이 다른 말임에도 불구하고 동일한 어원을 가지는 것으로 인식하여 하나의 단어로 처리하는 것이 있는가 하면 동일한 어원을 가지는 것인데도 불구하고 의미적인 관련을 쉽게 찾을 수 없어 다른 단어로 처리하는 것도 있기 때문이다.

아래의 (1)은 어원이 다르므로 동음성으로 기술되고 (2)는 어원이 같으므로 다의성으로 기술되어야 하지만, (1)은 다의성으로, (2)는 동음성으로 인식되고 있다(Ullmann, 1962 : 178 ; Leech, 1981 : 228).

(1) ㄱ. ear(eare. organ of hearing)   ㄴ. weed(weod. wild useless plant)
      ear(ear. head of corn)   weeds(wœd. mourning garments
                                           worn by widow)
(2) ㄱ. long<그리워하다>   ㄴ. rake<갈퀴로 긁다>
      long<길다>   rake<방탕아>
   ㄷ. sole<혀넙치>   ㄹ. still<조용한>
      sole<구두창>   still<아직도>

이에 대해 다른 기준으로 제기된 것이 모국어 화자들의 심리적 느낌이다. 이것은 화자들의 직관에 의지하는 공시적인 고찰로서 어원적 정보를 필요로 하는 통시적인 고찰과는 대조가 된다. 여기에서 비교되는 의미는 이론적으로 기술된 것이 아니고 발화상의 맥락에서 구별된 것이다. 이것이 안고 있는 문제는 직관에 따른 유연성(有緣性)의 정도에 있다.

다의성과 동음성을 구별하는 어원적 기준과 의미적 유연성이 갖는 문제점으로 인하여 이들의 구별은 결국 모호하고 임의적인 구별이 될 수밖에 없다고 주장한 Lyons(1977 : 550)에서는 이들의 구별을 위하여 동음성에 대한 조건을 엄밀히 하였다. 그것은 형태적 동일성과 통사적 등치성의 조건으로서 이 두 가지 조건을 동시에 충족시켜야 한다는 것이다.

일반적으로 동음성은 발음만 같은 경우로 인정하기 때문에 여기에는 철자의 같고 다름은 고려되지 않으나 엄밀한 의미의 동음성은 발음과 철자가 다 같은 경우만으로 정의된다. 그런데 라이온즈(Lyons, 1977 : 550)는 이보다도 더 엄밀한 정의로서 통사적인 동일 조건을 추가하였다. 이의 관계를 보이면 다음과 같다(+는 같음, -는 다름을 나타냄).

<표 2> 동음성의 범위

	발 음	철 자	기 능	의 미
넓은 의미의 동음성	+	±	±	−
좁은 의미의 동음성	+	+	±	−
라이온즈의 동음성	+	+	+	−

따라서 그의 견해를 따르면 위의 두 가지 동일 조건을 충족시키는 경우만을 동음성으로 한정하고, 통사적 등치성의 조건을 어긴 경우는 별개의 어휘로 보았다. 그러면 그의 기준은 동음성을 제한한 반면 다의성을 최대한 허용하게 된다. 이는 다의성에 대한 조건을 엄밀히 하여 대개의 경우를 동음성으로 설명한 Kempson(1977 : 79)과 대조를 이룬다.

캠슨은 어휘 항목이 가지는 여러 의미에 대한 처리로서 단어의 의미는 일정하지 않으나 모든 맥락에 따라 변화한다고 말하는 것과 어휘 항목이 가지는 의미는 일정하나 맥락에 따른 상이한 어휘 항목을 포함한다고 말하는 것 중에서 맥락과 어휘 항목간의 상호 작용을 체계적인 방법으로 명세할 수 있어야 하는 이유를 들어 후자의 경우를 취했다.

따라서 그는 하나의 어휘 항목에 두 가지 이상의 해석을 줄 수 있는 하나의 환경에서 이 해석들이 동시에 가능한 상황에서만 그 어휘 항목의 다의성을 인정했다. 그렇지 않은 경우에는 모두 동음성의 경우로 처리할 것을 제안하였다. 그러므로 그의 어휘적 의미의 특성화는 일반적으로 각각의 어휘 항목에 대한 단일 의미 표현으로 이루어진다.

다음은 켐슨이 든 보기인데(1~6), 여기에 사용된 run은 통사적으로 동일하다고 볼 수 없다. 라이온즈의 분석에 따르면 run은 다의성으로 볼 수 없고 별개의 어휘로 보아야 한다. 그런데 통사적 등치성의 조건을 배제하고 (2)의 run이 (1)의 run과 같은 해석만 생각하면, run은 다섯 가지(1=2, 3, 4, 5, 6)의 의미 특성을 지니는 다의어가 된다. 그렇지만 켐슨의 분석에 따르면 여섯 가지의 동음어가 된다. 그것은 이들이 환경에 따라서 달리 해석되기 때문이며, 문장 (2)가 <경기의 경쟁자, 경기의 운영자>로서 중의적인데 이것이 동시에 해석되지 않으므로, (1)의 run과 다른 어휘 항목을 인정해야 한다는 것이다 (Kempson, 1977 : 81). 그는 (7)에 있는 book(지시 대상의 물리적 특성이나 내용)처럼 동시에 해석될 수 있는 경우에서만 다의어를 인정한다.

(1) He ran onto the field.
(2) He ran the race for Hampshir.
(3) The ball ran onto the field.
(4) The car is running well.
(5) The road runs from Manchester to Birmingham.
(6) He ran the motorshow.
(7) My book is three hundred pages long and is quite incomprehensible.

한편 Palmer(1981 : 105)는 동음성과 다의성의 구별 기준으로 네 가지를 들면서 각각에 대한 비판으로 그치고 이에 대한 뚜렷한 기준을 제시하지는 않았다. 그가 예시한 기준은 어원의 파악, 의미 차이의 규칙화, 중심 의미 파악, 중의성 실험 등인데, 중의성 실험에 대한 비판은 직접적으로 켐슨에 해당되는 것으로서 간접적으로는 라이온즈에도 해당된다.

켐슨은 중의성을 갖고 있는(경기의 경쟁자인 그와 경기의 운영자인 그) 문장 He ran the race for Hampshire에서 run은 두 가지 뜻으로(경기의 경쟁자이면서 운영자인 그) 동시에 해석될 수 없으므로 동음성으로 파악하였고, 라이온즈는 통사적 특성(자동사와 타동사, 주동사와 사동사 등)이 다르므로 별개의 어휘로 파악하게 된다. 이러한 견해에 대해 팔머는 run의 두 가지 의미가 사역성(causativity)

의 측면에서 관련되어 두 용법으로 쓰이는데 이것을 동음성이나 어휘적 개별
성으로 취급한다는 것은 쓸모없는 일이라고 하였다.

전명길(1987)은 다의성과 동음성을 구별하는 기준으로 파생 의미의 유무,
공통 의미의 유무, 비유적 의미의 유무, 기원 한자의 동일성 여부를 제시하였
는데, 이런 몇 가지 내용에서 연관성이 있다면 그것을 다의성으로 처리하고
그런 연관성을 역사적으로나 현실적으로 찾아 볼 수 없다면 그것을 동음성으
로 처리하는 것이 합당하다고 기술하였다.

1. 본 단어의 기본 뜻에 기초해서 파생적 뜻이 있는가 없는가?
2. 형태, 기능, 모양, 성질, 위치, 소리 등에서 공통적이고 중심적인 의미가
   있는가 없는가?
3. 비유적인 뜻이 있는가 없는가?
4. 한자 기원이 같은가 다른가(한자 기원이 다른 것은 마땅히 동음이의어로
   처리해야 한다)?

2. 국어 용언의 동음성과 다의성

앞에서 동음성과 다의성의 구분 문제를 해결하기 위하여 음소 설정의 원리
를 원용하여 살필 것인바, 문법적 특성에 따른 동음성과 다의성에 대해서는
최소 대립의 개념을 이용할 것이며, 의미적 특성에 따른 동음성과 다의성에
대해서는 배타적 분포의 개념을 이용할 것이라고 하였다.

(1) ㄱ. 아침마다 그녀를 보ㄴ다.
    ㄴ. 아침마다 그녀를 기다려 보ㄴ다.
(2) ㄱ. 크는 아이가 밥을 많이 먹는다.
    ㄴ. 크ㄴ 아이가 밥을 많이 먹는다.
(3) ㄱ. 시계가 멈추ㄴ다.
    ㄴ. 시계를 멈추ㄴ다.

　　최소 대립은 음운론에서 음소 설정의 원리로 이용되는 것이다. 이는 '물, 불'에서 ㅁ과 ㅂ의 차이로 두 단어가 구분되므로 ㅁ과 ㅂ은 별개의 음소로 인정된다. 마찬가지로 의미론에서도 최소 대립의 개념으로 의소를 설정할 수 있다. 위 문장의 짝들은 '보다, 크다, 멈추다'가 갖는 의미의 대립으로 서로 구분되므로 짝을 이루는 두 문장에 있는 '보다, 크다, 멈추다'의 의미는 각각 별개의 의소로 구분하여 두 단어로 인정해야 할 것이다.

> (4) ㄱ. 음식을 먹는다.
> 　　ㄴ. 나이를 먹는다.
> 　　ㄷ. 더위를 먹는다.

　　배타적 분포 역시 음운론에서 상보적 분포로써 음소 설정의 원리로 이용되는 것이다. 이는 ㄱ 소리가 '가을'에서는 무성음 [k]로, '아가'에서는 유성음 [g]로, '남북'에서는 불파음 [k˺]으로 난다. 이 경우에 ㄱ의 세 소리는 환경을 달리하여 날 수 없으므로 하나의 음소로 통합된다. 마찬가지로 의미론에서도 배타적 분포의 개념으로 의소를 설정할 수 있다. 위 세 문장에서 '먹다'가 갖는 의미는 특정한 환경을(음식을__, 나이를__, 더위를__) 달리하여 실현될 수 없으므로 세 문장에 있는 '먹다'의 의미는 하나의 의소로 통합하여 한 단어로 인정해야 할 것이다.

　　동음성과 다의성의 기술
　　① 자립·의존, 자동·타동, 동작·상태 의미는 최소 대립에 의하여 동음성으로 기술한다.
　　② 동일 개념 안에서 배타적 분포를 이루는 의미는 한 단어의 다의성으로 기술한다.

2.1. 최소 대립과 의소(義素)

　　용언의 동음성과 다의성의 구분에 대한 국립국어연구원(2000 : 12, 14)의 「『표준국어대사전』 편찬 지침 1」의 내용은 아래와 같다.

10) 품사가 다르면 동음이의어로 처리하여 분할 배열함을 원칙으로 하되 의
    미의 연관성이 있는 경우 다의어로 처리한다.
  라) 동사
    (1) 동사와 형용사는 동음이의어로 처리하여 분할 배열 함을 원칙으
       로 하되 의미의 연관성이 있는 경우 다의어로 처리한다.
       크다01#5 [커, 크니] 1형①사람이나 사물의 외형적 길이, 넓이,
              높이, 부피 따위가 보통 정도를 넘다. ¶키가 크다 / 눈
              이 크다 / 발이 크다 / 집이 크다 / 가구가 커서 방에 들
              어가지 않는다. / 글씨를 크게 적어서 뒤에서도 잘 보
              인다. / 그는 덩치만 크지 겁이 많아서 덩칫값도 못한
              다고 놀림을 받는다. § … 2동①동식물이 몸의 길이가
              자라다. ¶키가 몰라보게 컸구나. / 날씨가 건조하면 나
              무가 크지 못한다. §②사람이 자라서 어른이 되다. ¶
              너 커서 무엇이 되고 싶니? / 착하고 바르게 커 주어
              서 고맙구나.
    (2) 동사와 보조용언은 다의어로 처리한다.
       주다01#5 [주어(줘), 주니] 1동① 【…에 / 에게 …을】 1물건 따
              위를 남에게 건네어 가지거나 누리게 하다. ¶개에게
              먹이를 {주다} / 아이에게 용돈을 {주다} / 왜 고기만
              {주니}, 털도 {주고} 가죽도 {주지}. ≪오정희, 중국
              인 거리≫ § … 2동보((동사 뒤에서 '- 어 주다' 구성으
              로 쓰여)) 다른 사람을 위하여 어떤 행동을 함을 나타
              내는 말. ¶밥을 대신 먹어 {주다} / 친구의 자동차를
              수리해 {주다} …
  마) 형용사
  바) 보조용언(보조동사 → 보조형용사)

  위의 10)에서 품사가 다른 것은 동음이의어로 처리한다는 원칙 아래에 (1)
은 동음성으로, (2)는 다의성으로 구분한 것으로 보아 동사와 형용사는 다른
품사로 보고, 동사와 보조 용언은 같은 품사로 보고 있음을 알 수 있다. 그런
데 (1)에서 '의미의 연관성'을 들어 다의성으로 기술할 수도 있다는 데에는
문제의 여지를 남기고 있다. 왜냐하면 그것은 '의미의 연관성'에 대한 판단이
명시적이지 못하기 때문이다. 따라서 품사가 다른 것은 동음이의어로 설정하

는 원칙에 따라 일관성 있게 기술하여야 할 것이다. 이희자(2000)에서 지적한 바와 같이 『표준국어대사전』에는 '설다'와 '익다' 및 '길다'의 처리에서 일관성을 결여하고 있다.

> 『표준국어대사전』
> 　설다 1동①열매, 밥, 술 따위가 제대로 익지 아니하다.
> 　　　 2형1익숙하지 못하다.
> 　익다1 동1①열매나 씨가 여물다.
> 　익다2 형①자주 경험하여 조금도 서투르지 않다.
> 　길다1 동머리카락, 수염 따위가 자라다.
> 　길다2 형①물체의 두 끝이 서로 멀다.
> 『연세한국어사전』
> 　설다1 동음식 따위가 덜 익다.
> 　설다2 형①처음 보든가 처음하는 일이어서 서투르다.

　동사와 형용사는 그 의미적 특성에서 [동작성]과 [상태성]으로 확연히 구분되므로 이들은 다의성으로 기술하는 것보다는 동음성으로 기술하는 것이 더 낫다고 하겠다. 이와 같은 맥락에서 본용언과 보조 용언 역시 그 문법적 특성에서 서로 다르므로 이들도 다의성으로 기술하는 것보다는 동음성으로 기술하는 것이 더 나을 것이다. 본용언은 개체와(철이가 밥을 먹었다) 관련되지만 보조 용언은 명제와(아내가 패물을 몽땅 팔아 먹었다) 관련되기 때문이다.

> 『표준국어대사전』
> 　먹다 1동1①음식 따위를 입을 통하여 배 속에 들여보내다.
> 　　　 2동보앞말이 뜻하는 행동을 강조하는 말.
> 『연세한국어사전』
> 　먹다1 동1①음식물을 입을 통하여 넘기다.
> 　먹다2 동조앞의 동사가 나타내는 행위를 낮추든가 얕잡는 뜻을 담아서 강
> 　　　 조함.

　자동사와 타동사는 목적어의 유무에 따라서 구분된다. 목적어는 동작의 힘을 받는 것뿐만 아니라 동작의 작용이나 영향을 받는 요소로서 주어의 상대가 되는 것이다. 타동사는 목적어에 동작의 힘이나 작용 또는 영향을 준다는

측면에서 그렇지 못하는 자동사와 구분되므로 자동사와 타동사는 다의성보다
는 동음성으로 기술하는 것이 더 낫다고 하겠다. 그런데 『표준국어대사전』에
서는 자동성과 타동성을 다의성으로 기술하였고, 『연세한국어사전』은 목적어
이외의 성분 유무에 따라서도 동음성으로 기술하였는바, 이들은 극단의 기술
이라는 점에서 문제를 안고 있다.

> 『표준국어대사전』
> 　가시다 [동]①어떤 상태가 없어지거나 달라지다. ②물 따위로 깨끗이 씻다.
> 　근사하다 [형]①거의 같다. ②그럴 듯하게 괜찮다.
> 　걸리다 [동]1①매달리다. ②…⑩. [2]①. … ⑪시간이 들다.
> 『연세한국어사전』
> 　가시다1 [동]<1이 가시다> (어떤 상태나 기운이) 없어지거나 사라지다.
> 　가시다2 [동]<1이 2를 가시다> 무엇을 물 같은 액체로 깨끗이 씻어 내다.
> 　근사하다1 [형]<1이 2와 근사하다> 어떤 수치나 상태가 기준에 가깝거나
> 　　　　　아주 비슷하다.
> 　근사하다2 [형]<1이 근사하다> 아주 그럴 듯하고 좋다.
> 　걸리다1 [동][1]<1이 2에 걸리다> ①매달리다. ②…⑥. [2]<(1에) 2가 걸리
> 　　　　　다>. [3]<1이 걸리다>. [4]<1이 2에게 걸리다>.
> 　걸리다2 [동]<1이 걸리다> 시간이 소요되다. 시간이 들다.

　동작의 힘이나 작용 또는 영향을 받는 목적어를 갖는 타동사와 그렇지 못
한 자동사 사이에서는 의미적인 차이를 인정할 수 있지만, 목적어 이외의 다
른 성분을 갖는 자동사나 타동사는 의미적인 측면에서 그 차이를 인정할 수
없으므로 동사는 목적어의 유무에 의한 구분으로 한정해야 할 것이다. 그렇
지만 아래 '놀다'와 같은 '곱사춤을, 판굿을, 잡희를, 윷을, 주사위를, 방해를,
훼방을' 등은 동작의 힘이나 작용 또는 영향을 받는 것이 아니므로 『연세한
국어사전』과 같이 동음성으로 기술하는 것보다는 『표준국어대사전』과 같이
다의성으로 기술해야 할 것이다.

> 『표준국어대사전』
> 　놀다 [동]1①놀이나 재미있는 일을 하며 즐겁게 지내다. ②…⑬. [2]. [3]. [4]
> 　　　　①어떤 구경거리가 되는 재주를 부리다. ②어떤 놀이를 하여 이기고

　　　　짐을 겨루다. ③(방해와 관련된 명사와 함께 쓰여) 작용이나 역할을
　　　　하다.
　　『연세한국어사전』
　　　　놀다1 동1①일을 하는 것이 아니고 재미있고 즐겁게 시간을 보내다.
　　　　놀다2 동①(극이나 놀이 등에서) 연기를 하다. ②(윷이나 화투 따위를 가지
　　　　고) 놀이를 하다. ③(훼방하는 짓을) 함부로 하다.

현대 국어에서 용언 범주의 하위 구분은 그 어휘 의미적 기준에 따라 성질
이나 상태를 나타내는 형용사와 동작을 나타내는 동사로 나눈 것이다. 전자
는 시간의 경과에 따라 전개되는 것이며, 후자는 시간과 관계없이 한 현상만
을 지시하는 것이다(최호철, 1993).

일반적으로 어떤 단어가 동사인가 형용사인가는 활용 방식에 따라 판정하
지만, 활용 방식의 차이는 본질적으로 그 단어의 어휘 의미적 특성에서 말미암
은 것이라 할 수 있다. 다시 말해서 동사에는 어미 '는다'가 연결될 수 있지만
형용사에는 그렇지 못하다는 것은 의미적인 측면에서 어간과 어미의 의미적
특성이 서로 맞지 않기 때문이라고 할 수 있다. 즉, [+동작성] 어미는 [+동작
성] 어간과만 어울리고 [−동작성] 어간과는 어울리지 않는다는 것이다.

Langacker(1987 : 214)는 하나의 어소가 갖는 의미극을 술어(predicate)라 하여
이를 다음과 같이 구분하고 있다. 여기에서 비시간 관계는 복합적 비시간 관
계와 상태로 구분되어 있으나 이 글에서의 동작은 과정의 개념으로 사용되
고, 상태는 복합적 비시간 관계와 상태를 포함한 개념으로 사용된다.

```
개체(entity) ┬ 물체(thing)
             │
             └ 관계(relation) ┬ 과정(process)
                              │
                              └ 비시간(atemporal) ┬ 복합적 비시간
                                                  │ (complex atemporal)
                                                  └ 상태(stative)
```

다음으로 동작을 나타내는 동사는 그 문장의 의미가 중심 되는 주어만으로
성립되는가 아니면 상대되는 목적어와 더불어 성립되는가에 따라서 다시 구

분된다. 주어는 서술의 직접적인 대상이 되는 것이지만 목적어는 동작의 힘을 받는 것뿐만 아니라 동작의 작용이나 영향을 받는 요소로서 주어의 상대가 되는 것이다(김일웅, 1987).

자동사와 타동사는 동작의 힘이 미치는 범위에 따라 구분된 것이므로 '영화를 보다'에서 '영화'는 '보다'의 목적어로 인정되지만, '극장을 가다'에서 '극장'은 '가다'의 목표에 대한 정보를 제공할 뿐이지 '가다'의 목적어가 될 수는 없다.

그런데 현재의 범주 구분에서 어휘 의미적 기준은 통사 의미적 기준 다음에 적용하고 있기 때문에 용언을 어휘 의미적 기준에 따라 형용사와 동사로 가르기 전에 우선 통사 의미적 기준에 따라 갈라야 할 것이다(최호철, 2000). 여기에 적용할 수 있는 통사 의미적 기준으로는 목적어의 선택 여부이다. 다시 말해서 용언은 목적어를 가질 수 있는 용언과 목적어를 가질 수 없는 용언으로 먼저 가른 다음에 어휘 의미적 기준에 따라 다시 갈라야 할 것이다.

그래서 용언은 독자적으로 서술성을 가지고 있으므로 이를 서술사(敍述詞)라 한다면 목적어를 갖는 용언은 타술사(他術詞)로, 목적어를 갖지 못하는 용언은 자술사(自術詞)로 구분할 수 있다. 그리고 자술사(自術詞)는 어휘 의미적 기준에 따라 성질이나 상태를 나타내는 성상(性狀) 자술사와 동작을 나타내는 동작(動作) 자술사로 더 나눌 수 있을 것이다. 이것을 현재의 용언 분류와 비교해 보면 아래와 같다. 참고로 영어의 분류를 사이에 같이 보인다.

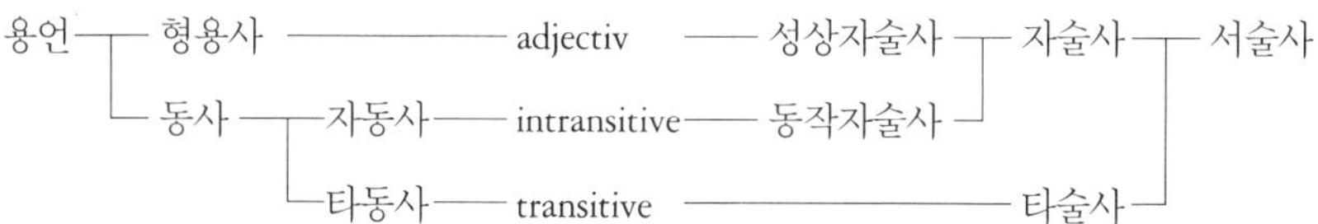

국어 용언의 분류는 영어의 분류를 따른 것으로 국어의 특성을 제대로 드러내지 못하고 있다. 영어에서는 형용사와 동사가 하나의 상위 범주로 묶일 수 없다. 왜냐하면 영어의 형용사는 동사보다는 오히려 명사에 더 가깝기 때문이다. 굳이 상위 범주로 묶는다면 형용사는 명사와 함께 묶일 수 있다.

영어에서는 서술성을 갖는 자동사가 그렇지 못한 형용사에 대해 독립적이므로 형용사와 자동사를 상위 범주로 묶을 수 없지만, 국어에서는 서술성을 공통으로 갖는 용언 구문에서 형용사 구문이 타동사 구문보다 자동사 구문에 더 가깝기 때문에 국어의 문법적인 설명을 효과적으로 하기 위해서는 형용사와 자동사를 다의성으로 기술할 수도 있다.

그렇지만 동사와 형용사는 그 의미적 특성에서 [동작성]과 [상태성]으로 확연히 구분되므로 이들은 다의성으로 기술하는 것보다는 동음성으로 기술하는 것이 더 낫다고 하겠다. 이러한 맥락에서 동사와 형용사의 거리보다 더 먼 자동사와 타동사는 물론 본용언과 보조 용언도 자연히 동음성으로 기술되어야 할 것이다.

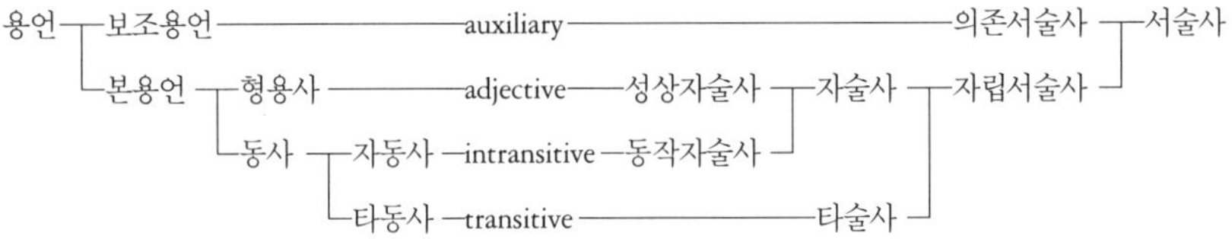

여기에서 의존/자립 서술사, 성상/동작 서술사, 자술사/타술사는 의미적인 면에서 유연성을 가지고 있으므로 하나의 단어로 취급될 수 있으나, 의존 서술사와 자립 서술사는 문법적 특성에서 다르고, 자술사와 타술사는 목적어에 미치는 동작의 힘이나 영향에서 차이가 있고, 성상 서술사와 동작 서술사는 완결과 과정으로써 구분되므로, 이들 세 경우는 각각 동음성으로 기술되어야 할 것이다.

2.2. 배타적 분포와 이의(異義)

『표준국어대사전』, 『우리말 큰사전』, 『금성판 국어대사전』, 『조선말대사전』을 바탕으로 국어 동사 '먹다'의 의미를 정리하면 아래와 같다(최호철, 2005 참조).

{먹다1}의 의미

01~03 <u><(귀나 코를) 제대로 이용하지 못하다></u>

24 <(어떤 물질이 다른 물체 속에) 배어들거나 묻다>

25, 15 <(벌레, 균 따위가) 파 들어가다>

26 <(돈이나 노력 따위가) 들거나 쓰이다>

04 <(음식물을) 입을 통하여 배의 속으로 들여보내다>

05~06 <(연기나 가스 따위를) 들이마시다>

07 <(어떤 생각이나 감정을) 마음속에 가지다>

08 <(나이를) 가지게 되다>

09 <(괴로운 말을) 듣다>

10~13, 22 <(재물을) 차지하여 가지다>

14, 16 <(물체가 어떤 물질을) 안에 담은 상태가 되게 하다>

17 <(시합·경쟁 등에서 어떤 등급을) 이루어 차지하다>

18 <(주먹 따위를) 맞는 상태가 되다>

19 <(구기 시합에서 상대에게 몇 골의 점수를) 내주다>

20 <(남자가 여자를) 성적 대상으로 삼아 정조를 빼앗다>

21 <(더위를) 떠안게 되다>

23 <(맘을) 더듬다>

27 <(날이 있는 도구가 물건을) 깎거나 자르거나 하다>

{먹다2}의 의미

29~33 <앞 말이 뜻하는 행동을 강조하여 속되게 나타내는 말>

{먹다1}의 이의(異義) 실현 환경은 '먹는' 행위를 하는 주체와 그 행위를 입는 객체로 이루어진다. {먹다1}의 주체 및 객체의 배타적 분포에 따라 이의를 정리하면 아래와 같다.

<표 3> {먹다1}의 이의 분류

주 체			객 체	이 의
생물	동물	동물	자신의 '귀 / 코'	01~03
			음식물	04
			연기 / 가스	05~06
			나이	08
			주먹	18
			'더위'	21

주 체			객 체	이 의
생물	동물	사람	생각	07
			괴로운 말	09
			사람	20
			'말'	23
			등급	17
			재물	10~13, 22
			점수	19
		벌레 / 균	과일 / 얼굴 / 옷	25
	식물		액체	00
무생물	칠감		빨래 / 구두 / 피부	24
	날 연장		나무 / 고기	27
	솜 / 종이		액체	14, 16
	공사 / 수리		비용 / 재료	26

　위의 표에서 보듯이 주체와 객체의 배타적 분포에 의해서 실현되는 {먹다 1}의 모든 의미는 한 단어의 다의성으로 기술되었다. 최호철(1993)에서는 01~03 <(귀나 코를) 제대로 이용하지 못하다>를 자동의 <막히다>로 분석하고 타동의 용법은 '(음식을) 먹다'의 용법에 이끌린 것으로 보았다. 여기에서는 분포의 배타성으로 다의로 분석한 것이다. 이에 대하여 『우리말 큰사전』에서는 다른 사전에서 '먹다'의 동음성으로 정리한 내용을 별도의 표제 단어 '귀먹다'를 설정하여 <듣는기관의 장애로 부분적으로나 또는 완전히 소리를 듣지 못하게 되다>로 기술하고 있다.

3. 국어 용언 '맞다'의 동음성과 다의성

　국어 용언 '맞다'는 앞에서 정리했듯이 각 사전에서 각기 다르게 기술하고 있다. 이를 다시 보이면 아래와 같다.

	표준국어대사전	연세한국어사전	금성판 국어대사전	우리말 큰사전	조선말대사전
맞다	1동1①②③ 2①② 3①② 4①② 2동1①②③④⑤ 2 3 3동①②③	1동1①②③④⑤ 2①②③ 3 2동1①②③④⑤ ⑥⑦ 2①② 3동1①②③④⑤ 2①②	동1자①②③④ ⑤⑥⑦⑧ 2타①②③④ ⑤⑥⑦⑧ ⑨	1동1자①②③④ ⑤⑥ 2타①②③④ ⑤ 2동타①②	동1자·타 2타①②③④ ⑤⑥⑦⑧ ⑨ 3자①②③④ ⑤ 4보조
의미	19개	25개	17개	13개	16개

위의 표에서 보듯이 ‘맞다’에 대하여 『표준국어대사전』은 문법적 특성을 우선하여 자동의 용법을 하나로 독립하고(1동), 타동의 용법을 둘로 각립하여 (2동, 3동) 3개의 동음이의어로 구분하였으며, 『연세한국어사전』은 의미적 특성을 우선하여 일치성(답이 맞다. 크기가 맞다. 1동), 접촉성(매를 맞다. 화살이 맞다. 2동), 수용성(그를 맞다. 호황을 맞다. 3동) 3개의 동음이의어로 구분하였으며, 『금성판 국어대사전』과 『조선말대사전』은 의미적 특성을 우선하되 일치성, 집촉성, 수용성을 모두 합하여 동음성을 인정하지 않았으며, 『우리말 큰사전』은 의미적 특성을 우선하되 수용성만을 독립하여(2동) 2개의 동음이의어로 구분하였다(일치성, 수용성에 대해서는 남경완, 2000 참조).

그러면 이하에서는 앞에서 언급한 최소 대립과 배타적 분포의 개념을 이용하여 ‘맞다’의 의미를 분석해 보기로 한다. 용언의 의미 분석에서 동음성과 다의성의 기술은 먼저 통사적 특성은 최소 대립의 개념으로 기술하고, 다음으로 의미적 특성은 배타적 분포의 개념에 따라 기술하게 된다. ‘맞다’ 의미 분석의 자료는 가장 세부적으로 의미를 나눈 「연세한국어사전을」 대상으로 한다. 『연세한국어사전』에 기술된 의미는 아래와 같다.

맞다1[맏따]동

1 ① 틀리지 않다. ¶봐라. 아빠 얘기가 맞지? / 그렇다고 네가 맞고 선생님이 틀렸다고 하면 선생님이 권위가 뭐가 되겠니?

　② 정해진 것과 잘 일치하다. ¶남편 복이 없으면 자식 복도 없다는 옛말이

그렇게 맞을 수가 없다는 생각이 든다. / 꿈이 신통하게 맞네요. / 두고 보셔, 내 육감이 맞나 안 맞나.

③ 더하거나 덜하지 않고 적당하다. ¶꽁보리밥은 정말 못 먹겠구나! 밥은 화기가 나구 찬이라곤 간도 맞지 않구. / 습도가 맞지 않으면 잎이 비틀어지거나 짧아진다고 한다.

④ 틀림이 없다. ¶현주소가 서울 관악구 봉천4동이, 맞습니까? / 아이구, 찬돌이가 맞구먼. / 이것이 선생님 선글라스가 맞습니까?

⑤ (문장의 맨앞에 쓰이어)(앞사람의 말에 동의하여) 그렇다. 옳다. ¶맞아, 그가 그러는 데에는 무슨 이유가 있어. / 맞다, 너의 말처럼 잘될 거야.

2 ① (크기나 규격이) 합치하다. ¶물건을 골랐는데 내게 맞는 칫수가 없다. / 그 반지는 내 손가락에 끼어 보니 꼭 맞았어요.

② ㉠ 한 쪽이 다른 쪽에 알맞게 어울리다. ¶이 일은 제가 보기엔 특히 여자들에게 맞는 것 같아요. / 회사도 기우는 판국인데 내 분수에 맞는 집을 사는 수밖에 없지. ㉡ (감정, 마음, 입맛 등에) 들다. ¶이 목걸이는 착용하는 사람의 취향에 맞게 줄였다 늘였다 할 수 있다. / 생선 비린내가 비위에 맞지 않아서 먹을 수가 없었다.

③ 잘 어울리거나 조화를 이루다. ¶아무리 생각해 보아도 민주 엄마는 내게 맞는 여자는 아닌 것 같아. / 내 참, 그러니 당신하고 나하고는 서로 맞지 않는다는 거예요.

3 서로 어긋나지 않고 일치하다. ¶단체마다 얘기가 맞지 않아서 말이야. / 이해 관계가 맞으면 낯선 사람이라 할지라도 서로 화목하게 살 것이다. / 앞뒤가 맞는 말을 해야지. / 시위대는 오합지졸로 구호 제창도 잘 맞지 않았다.

맞다2[맏따]동

1 ① 때림을 당하다. ¶아마 자기 아들이 경찰에게 그렇게 맞았다면 고소하고 농성하고 난리가 났을걸? / 나 자신도 각목으로 맞아 전신이 시퍼렇게 멍들었다구. / 그는 오른쪽 눈을 정통으로 맞은 모양이었다.

② 공중으로 떨어지거나 날아 온 것을 몸에 받다. ¶전쟁터에서 총알을 수십 개 맞고도 산 사람이 있대더라. / 선생님 매는 달게 맞아야 하고 부모님처럼 모셔야 훌륭한 제자가 되는 것이다. / 그런 살벌한 상황에서 청원 경찰 한 사람이 돌에 맞아 사망하는 우발적 사건이 일어났다.

③ (어떤 일을) 당하다. ¶그는 핑계를 둘러대고 춘천으로 가려고 했다가 아버지한테 야단만 냅다 맞았었다. / 한때는 부도를 맞아서 회사가 날아가 버릴 뻔했었어. / 지난주에는 처음으로 맞선을 본 상대자에게 딱지를 맞았다.

④ (비나 눈 따위를) 몸에 당하다. ¶그들은 눈을 흠뻑 맞으며 걸었다. / 나
간 김에 벼락이나 맞아 죽어 버려라. / 그는 부슬부슬 내리는 비를 그냥
맞으며 가고 있다.

⑤ (주사나 침 따위의 놓음을) 몸에 당하다. ¶아이는 한참을 뻗대며 주사를
맞지 않으려 운다. / 삔 데는 침을 맞아야 해요.

⑥ (어떠한 점수를) 받다. ¶이걸 점수라고 맞았니? / 옆집 순석이는 90점을
맞았더라.

⑦ (도장을) 받다. ¶다음 날 학교에 가서 강사를 만난 뒤 경초는 도장을 맞
아야겠다고 생각했다.

2 ① 무엇이 몸에 닿다. ¶빗방울이 더러 손등에 맞을 때가 있었는데 우박에
맞는 것처럼 따끔한 것을 느꼈다. / 주먹만한 돌멩이 하나가 정통으로
이마에 맞았다.

② 겨눈 것이 목표에 똑바로 닿다. ¶화살을 쏜다고 모두 과녁에 맞는 걸
기대할 수 없듯이 사업이나 인생도 시행착오가 있겠지.

맞다3[맏따]동

1 ① ㉠ (오는 사람을) 예를 갖추어 받아들이다. ¶나비넥타이 차림의 용모 반
듯한 청년이 그들을 반갑게 맞았다. ㉡ 어떤 사실을 받아들이다. ¶각
서클에서는 축제를 어떻게 맞을 것이냐 하고 준비가 부산하다. / 열심히
싸우다가 최후를 맞겠다.

② (오는 때를) 대하다. ¶90년대를 맞아 우리의 이웃 관계는 보다 차원 높
은 인격적 만남에로 도약해야 한다.

③ 어떠한 상황을 만나다. ¶예상치 못했던 새로운 소비로 의식주 기초 산
업은 때 아닌 호황을 맞았다. / 이 문제를 제대로 해결하지 못하자, 조선
사회는 여러 가지 어려움을 맞게 되었다.

④ (식구를) 새로 들이다. ¶그는 안정된 직장을 가지고, 착하고 예쁜 아내
를 맞아서 가정을 갖고 싶었다.

⑤ <주로 '맞아'의 꼴로 쓰이어> 누구를 상대로 하다. ¶저런 오합지졸을
데리고 어찌 적을 맞아 싸울 수 있으랴.

2 ① 누구를 어떠한 자격으로 받아들이다. ¶좌우간 손님으로 온 이는 손님으
로 맞고, 장삿속으로 온 이는 장삿속으로 맞아라. / 일본 수상 각하를 국
빈으로 맞겠다고 했습니다.

② 식구로 받아들이다. ¶그는 이처럼 아름다운 여자를 아내로 맞은 자신은
참 행복한 남자라고 생각했다.

용언의 의미 분석에서 첫 번째로 기술할 것은 의존적 용법의 유무이다. 용언에 의존적 용법이 있다면 그것은 별개의 단어로 구분된다. 위에는 기술되어 있지 않지만, 『조선말대사전』에 기술된 보조적 용법을 인정한다면 이것이 자립적 용법의 의미와 가장 먼저 동음성으로 기술되어 구분되어야 할 것이다.

두 번째로 기술할 것은 자동과 타동의 용법이다. 위에서 '맞다1'과 '맞다2의 2'가 자동 용법이고, 나머지는 타동 용법이다. 따라서 위의 자립 용언은 자동의 '맞다1, 맞다2의 2'와 타동의 '맞다2의 1, 맞다3'으로 구분된다.

세 번째로 기술할 것은 자동의 동작과 상태 용법이다. '맞다1, 맞다2의 2'에서 '맞다1'은 상태 용법이고 나머지는 동작 용법이다. 따라서 위의 자동 용언은 상태의 '맞다1'과 동작의 '맞다2의 2'로 구분된다. 『연세한국어사전』에서는 '맞다1의 1'이 형용사적으로 쓰인다고 하면서 자동으로 기술하였다.

이상의 내용을 종합하면 '맞다'는 {맞다1}, {맞다2}, {맞다3}, {맞다4}로 구분되며, 이를 정리하면 아래와 같다.

> '맞다' [자립][자동][상태] 맞1동1①②③④⑤2①②③3 {맞다1}
>   [동작] 맞2동2①② {맞다2}
>   [타동] 맞2동1①②③④⑤⑥⑦, {맞다3}
> 맞3동1①②③④⑤2①②
>   [의존] 맞Ⅳ {맞다4}

다음은 네 개로 구분된 각각의 '맞다'에 대하여 배타적 분포에 따라 의미를 분류한다.

{맞다1}

1 ① 틀리지 않다. ¶봐라. 아빠 얘기가 맞지? / 그렇다고 네가 맞고 선생님이 틀렸다고 하면 선생님이 권위가 뭐가 되겠니?

 ② 정해진 것과 잘 일치하다. ¶남편 복이 없으면 자식 복도 없다는 옛말이 그렇게 맞을 수가 없다는 생각이 든다. / 꿈이 신통하게 맞네요. / 두고 보셔, 내 육감이 맞나 안 맞나.

 ③ 더하거나 덜하지 않고 적당하다. ¶꽁보리밥은 정말 못 먹겠구나! 밥은 화기가 나구 찬이라곤 간도 맞지 않구. / 습도가 맞지 않으면 잎이 비틀

어지거나 짧아진다고 한다.

④ 틀림이 없다. ¶현주소가 서울 관악구 봉천4동이, 맞습니까? / 아이구, 찬
   돌이가 맞구먼. / 이것이 선생님 선글라스가 맞습니까?

⑤ (문장의 맨앞에 쓰이어)(앞사람의 말에 동의하여) 그렇다. 옳다. ¶맞아,
   그가 그러는 데에는 무슨 이유가 있어. / 맞다, 너의 말처럼 잘될 거야.

2 ① (크기나 규격이) 합치하다. ¶물건을 골랐는데 내게 맞는 칫수가 없다. /
   그 반지는 내 손가락에 끼어 보니 꼭 맞았어요.

② ㉠ 한 쪽이 다른 쪽에 알맞게 어울리다. ¶이 일은 제가 보기엔 특히 여
   자들에게 맞는 것 같아요. / 회사도 기우는 판국인데 내 분수에 맞는 집
   을 사는 수밖에 없지. ㉡ (감정, 마음, 입맛 등에) 들다. ¶이 목걸이는
   착용하는 사람의 취향에 맞게 줄였다 늘였다 할 수 있다. / 생선 비린내
   가 비위에 맞지 않아서 먹을 수가 없었다.

③ 잘 어울리거나 조화를 이루다. ¶아무리 생각해 보아도 민주 엄마는 내
   게 맞는 여자는 아닌 것 같아. / 내 참, 그러니 당신하고 나하고는 서로
   맞지 않는다는 거예요.

3 서로 어긋나지 않고 일치하다. ¶단체마다 얘기가 맞지 않아서 말이야. / 이
   해 관계가 맞으면 낯선 사람이라 할지라도 서로 화목하게 살 것이다. / 앞뒤
   가 맞는 말을 해야지. / 시위대는 오합지졸로 구호 제창도 잘 맞지 않았다.

위에서 '맞다'의 주체는 '1 ① 말, ② 말, 느낌, ③ 간, 습도, ④ 번호, ⑤
말. 2 ① 물건, ② 일, 물건, 냄새, ③ 사람, 3 말, 관계'와 같이 나타나는데,
이를 배타적 분포에 따라 정리하면 그 주체는 '① 말, 느낌, 관계, 번호, ②
간, 습도, 냄새, 일, ③ 물건, ④ 사람'으로 나타난다. 이에 따라 {맞다1}의 의
미를 재정리하면 아래와 같다.

{맞다1}형
① 일치하여 틀리지 않다. ¶봐라. 아빠 얘기가 맞지? / 그렇다고 네가 맞고 선
   생님이 틀렸다고 하면 선생님이 권위가 뭐가 되겠니? / 남편 복이 없으면
   자식 복도 없다는 옛말이 그렇게 맞을 수가 없다는 생각이 든다. / 꿈이 신
   통하게 맞네요. / 두고 보셔, 내 육감이 맞나 안 맞나. / 단체마다 얘기가 맞
   지 않아서 말이야. / 이해 관계가 맞으면 낯선 사람이라 할지라도 서로 화
   목하게 살 것이다. / 앞뒤가 맞는 말을 해야지. / 시위대는 오합지졸로 구호
   제창도 잘 맞지 않았다. / 맞아, 그가 그러는 데에는 무슨 이유가 있어. / 맞

다, 너의 말처럼 잘될 거야. / 현주소가 서울 관악구 봉천4동이, 맞습니까?

② 더하거나 덜하지 않다. ¶꽁보리밥은 정말 못 먹겠구나! 밥은 화기가 나구 찬이라곤 간도 맞지 않구. / 습도가 맞지 않으면 잎이 비틀어지거나 짧아진다고 한다. / 생선 비린내가 비위에 맞지 않아서 먹을 수가 없었다. / 이 일은 제가 보기엔 특히 여자들에게 맞는 것 같아요.

③ 어긋나지 않아 합치하다. ¶물건을 골랐는데 내게 맞는 칫수가 없다. / 그 반지는 내 손가락에 끼어 보니 꼭 맞았어요. / 이 목걸이는 착용하는 사람의 취향에 맞게 줄였다 늘였다 할 수 있다. / 회사도 기우는 판국인데 내 분수에 맞는 집을 사는 수밖에 없지. / 아이구, 찬돌이가 맞구먼. / 이것이 선생님 선글라스가 맞습니까?

④ 조화를 이루어 잘 어울리다. ¶아무리 생각해 보아도 민주 엄마는 내게 맞는 여자는 아닌 것 같아. / 내 참, 그러니 당신하고 나하고는 서로 맞지 않는다는 거예요.

{맞다2}에 속하는 아래의 의미는 그 주체가 '2 ① 빗방울, 돌멩이, ② 화살'로서 배타적 분포에 따라 정리된 것이라 하겠다.

{맞다2}자동

① 무엇이 몸에 닿다. ¶빗방울이 더러 손등에 맞을 때가 있었는데 우박에 맞는 것처럼 따끔한 것을 느꼈다. / 주먹만한 돌멩이 하나가 정통으로 이마에 맞았다.

② 겨눈 것이 목표에 똑바로 닿다. ¶화살을 쏜다고 모두 과녁에 맞는 걸 기대할 수 없듯이 사업이나 인생도 시행착오가 있겠지.

맞다2[맏따]동

1 ① 때림을 당하다. ¶아마 자기 아들이 경찰에게 그렇게 맞았다면 고소하고 농성하고 난리가 났을걸? / 나 자신도 각목으로 맞아 전신이 시퍼렇게 멍들었다구. / 그는 오른쪽 눈을 정통으로 맞은 모양이었다.

② 공중으로 떨어지거나 날아 온 것을 몸에 받다. ¶전쟁터에서 총알을 수십 개 맞고도 산 사람이 있대더라. / 선생님 매는 달게 맞아야 하고 부모님처럼 모셔야 훌륭한 제자가 되는 것이다. / 그런 살벌한 상황에서 청원 경찰 한 사람이 돌에 맞아 사망하는 우발적 사건이 일어났다.

③ (어떤 일을) 당하다. ¶그는 핑계를 둘러대고 춘천으로 가려고 했다가 아버지한테 야단만 냅다 맞았었다. / 한때는 부도를 맞아서 회사가 날아가 버릴 뻔했었어. / 지난주에는 처음으로 맞선을 본 상대자에게 딱지를 맞

았다.

④ (비나 눈 따위를) 몸에 당하다. ¶그들은 눈을 흠뻑 맞으며 걸었다. / 나간 김에 벼락이나 맞아 죽어 버려라. / 그는 부슬부슬 내리는 비를 그냥 맞으며 가고 있다.

⑤ (주사나 침 따위의 놓음을) 몸에 당하다. ¶아이는 한참을 뻣대며 주사를 맞지 않으려 운다. / 삔 데는 침을 맞아야 해요.

⑥ (어떠한 점수를) 받다. ¶이걸 점수라고 맞았니? / 옆집 순석이는 90점을 맞았더라.

⑦ (도장을) 받다. ¶다음 날 학교에 가서 강사를 만난 뒤 경초는 도장을 맞아야겠다고 생각했다.

맞다3[맏따]동

1 ① ㉠(오는 사람을) 예를 갖추어 받아들이다. ¶나비넥타이 차림의 용모 반듯한 청년이 그들을 반갑게 맞았다. ㉡어떤 사실을 받아들이다. ¶각 서클에서는 축제를 어떻게 맞을 것이냐 하고 준비가 부산하다. / 열심히 싸우다가 최후를 맞겠다.

② (오는 때를) 대하다. ¶90년대를 맞아 우리의 이웃 관계는 보다 차원 높은 인격적 만남에로 도약해야 한다.

③ 어떠한 상황을 만나다. ¶예상치 못했던 새로운 소비로 의식주 기초 산업은 때 아닌 호황을 맞았다. / 이 문제를 제대로 해결하지 못하자, 조선 사회는 여러 가지 어려움을 맞게 되었다.

④ (식구를) 새로 들이다. ¶그는 안정된 직장을 가지고, 착하고 예쁜 아내를 맞아서 가정을 갖고 싶었다.

⑤ <주로 '맞아'의 꼴로 쓰이어> 누구를 상대로 하다. ¶저런 오합지졸을 데리고 어찌 적을 맞아 싸울 수 있으랴.

2 ① 누구를 어떠한 자격으로 받아들이다. ¶좌우간 손님으로 온 이는 손님으로 맞고, 장삿속으로 온 이는 장삿속으로 맞아라. / 일본 수상 각하를 국빈으로 맞겠다고 했습니다.

② 식구로 받아들이다. ¶그는 이처럼 아름다운 여자를 아내로 맞은 자신은 참 행복한 남자라고 생각했다.

위에서 '맞다2'의 객체는 '1 ① 신체, ② 총알, 매, 돌, ③ 야단, 부도, 딱지, ④ 눈, 벼락, 비, ⑤ 주사, 침, ⑥ 점수, ⑦ 도장'과 같이 나타나고, '맞다3'의 객체는 '1 ① 사람, 사실, ② 시기, ③ 호황, 어려움, ④ 사람, ⑤ 사람, 2 ①

사람, ② 사람'과 같이 나타나는데, 이를 배타적 분포에 따라 정리하면 그 객체는 '① 신체, ② 총알, 매, 돌, ③ 야단, 부도, 딱지, ④ 눈, 벼락, 비, ⑤ 주사, 침, ⑥ 점수, ⑦ 도장. ⑧ 시기, ⑨ 호황, 어려움, 사실, ⑩ 사람'으로 나타난다. 이에 따라 {맞다3}의 의미를 재정리하면 아래와 같다.

{맞다3}타동

① 때림을 당하다. ¶아마 자기 아들이 경찰에게 그렇게 맞았다면 고소하고 농성하고 난리가 났을걸? / 나 자신도 각목으로 맞아 전신이 시퍼렇게 멍들었다구. / 그는 오른쪽 눈을 정통으로 맞은 모양이었다.

② 공중으로 떨어지거나 날아 온 것을 몸에 받다. ¶전쟁터에서 총알을 수십 개 맞고도 산 사람이 있대더라. / 선생님 매는 달게 맞아야 하고 부모님처럼 모셔야 훌륭한 제자가 되는 것이다. / 그런 살벌한 상황에서 청원 경찰 한 사람이 돌에 맞아 사망하는 우발적 사건이 일어났다.

③ (어떤 일을) 당하다. ¶그는 핑계를 둘러대고 춘천으로 가려고 했다가 아버지한테 야단만 냅다 맞았었다. / 한때는 부도를 맞아서 회사가 날아가 버릴 뻔했었어. / 지난주에는 처음으로 맞선을 본 상대자에게 딱지를 맞았다.

④ (비나 눈 따위를) 몸에 당하다. ¶그들은 눈을 흠뻑 맞으며 걸었다. / 나간 김에 벼락이나 맞아 죽어 버려라. / 그는 부슬부슬 내리는 비를 그냥 맞으며 가고 있다.

⑤ (주사나 침 따위의 놓음을) 몸에 당하다. ¶아이는 한참을 뻗대며 주사를 맞지 않으려 운다. / 삔 데는 침을 맞아야 해요.

⑥ (어떠한 점수를) 받다. ¶이걸 점수라고 맞았니? / 옆집 순석이는 90점을 맞았더라.

⑦ (도장을) 받다. ¶다음 날 학교에 가서 강사를 만난 뒤 경초는 도장을 맞아야겠다고 생각했다.

⑧ (오는 때를) 대하다. ¶90년대를 맞아 우리의 이웃 관계는 보다 차원 높은 인격적 만남에로 도약해야 한다.

⑨ 어떠한 상황을 만나다. ¶예상치 못했던 새로운 소비로 의식주 기초 산업은 때 아닌 호황을 맞았다. / 이 문제를 제대로 해결하지 못하자, 조선 사회는 여러 가지 어려움을 맞게 되었다. / 각 서클에서는 축제를 어떻게 맞을 것이냐 하고 준비가 부산하다. / 열심히 싸우다가 최후를 맞겠다.

⑩ (사람을) 받아들이다. ¶나비넥타이 차림의 용모 반듯한 청년이 그들을 반갑게 맞았다. / 그는 안정된 직장을 가지고, 착하고 예쁜 아내를 맞아서 가

정을 갖고 싶었다. / 저런 오합지졸을 데리고 어찌 적을 맞아 싸울 수 있으랴. / 좌우간 손님으로 온 이는 손님으로 맞고, 장삿속으로 온 이는 장삿속으로 맞아라. / 일본 수상 각하를 국빈으로 맞겠다고 했습니다. / 그는 이처럼 아름다운 여자를 아내로 맞은 자신은 참 행복한 남자라고 생각했다.

{맞다4}는 의존 용법으로서 아래와 같이 정리된다.

{맞다4}의존
(일부 형용사의 '－아, －어, －여'형 아래에서 보조적으로 쓰여) 그 형용사가 나타내는 뜻을 강조한다. ∥급해 ∼. 나빠 ∼.

국어 용언의 동음성・다의성 구분과 관련하여 문제가 되는 것은 우선 문법 범주가 다른 동사와 형용사의 관계, 본동사와 보조동사의 관계, 자동사와 타동사의 관계에서 찾을 수 있으며, 다음으로는 동일한 문법 범주에 드는 형태가 갖는 다른 의미들의 관계에서 찾을 수 있다.

이 글에서는 동음성과 다의성의 구분 문제를 해결하기 위하여 음소 설정의 원리인 최소 대립과 배타적 분포의 개념을 이용하여 자립・의존, 자동・타동, 동작・상태 의미는 최소 대립에 의하여 동음성으로 기술하고, 동일 개념 안에서 배타적 분포를 이루는 의미는 한 단어의 다의성으로 기술하였다.

이에 따라 용언의 의미 분석에서 첫 번째로 기술할 것은 의존적 용법의 유무이고, 두 번째로 기술할 것은 자동과 타동의 용법이며, 세 번째로 기술할 것은 자동의 동작과 상태 용법이고, 마지막으로 기술할 것은 배타적 분포에 따른 의미의 분류이다. 그 분석의 보기로 '맞다'의 동음성과 다의성을 기술하였다.

참고문헌

국립국어연구원(1999), 『표준국어대사전』, 서울 : 두산동아.

＿＿＿＿＿＿(2000), 『『표준국어대사전』 편찬 지침 1』, 서울 : 국립국어연구원.

김일웅(1987), 「월의 분류와 특징 : 생성 과정과 관련하여」, 『한글』 198면.

남경완(2000), 「다의 분석을 통한 국어 어휘의 의미 관계 연구」, 고려대학교 석사학위논문.

＿＿＿(2005), 「국어 용언의 의미 분석 연구」, 고려대학교 박사학위논문.

사회과학원 언어학연구소(1992), 『조선말대사전』, 평양 : 사회과학출판사.

운평어문연구소 편(1996), 『금성판 국어대사전』(2판1쇄), 서울 : 금성출판사.

이희자(2000), 「용언의 동음이의어의 설정 기준에 대하여 : 『표준국어대사전』과 『연세한
　　　국어사전』을 중심으로」, 『새국어생활』 10-1.

전명길(1987), 「사전편찬에서 제기되는 다의어와 동음이의어의 처리문제에 대하여」, 『조
　　　선어연구』 1(延邊社會科學院語言研究所編, 黑龍江 : 朝鮮民族出版社).

최태경(1998), 『연세한국어사전』, 서울 : 두산.

최호철(1993), 「현대 국어 서술어의 의미 연구 : 의소 설정을 중심으로」, 고려대학교 박
　　　사학위논문.

＿＿＿(2000), 「국어의 형태론과 어휘론」, 『국어학』(국어학회) 35.

＿＿＿(2005), 「국어의 다의 분석과 사전 기술」, 이원직 외, 『국어 연구와 의미 정보』, 서
　　　울 : 월인.

한글학회(1992), 『우리말 큰사전』, 서울 : 어문각.

홍재성(1988), 「현대 한국어사전과 자동사 / 타동사 용법의 구분」, 『사전 편찬학 연구』 1.

＿＿＿(1998), 「동사 · 형용사의 사전적 처리」, 『새국어생활』 8-1.

Kempson(1977), *Semantic Theory*, Cambridge : Cambridge University Press(허광일 외 역
　　　(1980), 『意味論』, 서울 : 翰信文化社).

Langacker(1987), *Foundations of Cognitive Grammar (1) : Theoretical Prerequisites*, Standfor
　　　d : Standford University Press.

Leech(1981), *Semantics : The Study of Meaning*, Harmondsworth, Middlesex : Penguin
　　　Books.

Palmer(1981), *Semantics*(2nd), Cambridge : Cambridge University Press(현대언어학연구회
　　　역(1984), 『의미론』, 서울 : 한신문화사).

참고자료
'맞다'의 사전 풀이

『표준국어대사전』(1999)

맞다1 [맏따] 〔맞아, 맞으니, 맞는[만─]〕 동1①문제에 대한 답이 틀리지 아니하다. ¶네 답이 맞다. / 과연 그 답이 맞는지는 더 생각해 보기로 하자. ②말, 육감 따위가 틀림이 없다. ¶네 말이 맞다. / 옛날 속담이 맞는 경우가 아직도 꽤 많다. / 내 육감은 잘 맞는 편이다. ③(앞 사람의 말에 동의하는 데 쓰여) '그렇다' 또는 '옳다'의 뜻을 나타내는 말. ¶다시 생각해 보니 네 말이 맞다. / 맞아, 나도 그렇게 할 거야. ② 【…이】 ①어떤 대상이 누구의 소유임이 틀림이 없다. ¶이것도 네 것이 맞니? / 이 안경이 바로 아까 그 학생 것이 맞을 것이다. ②어떤 대상의 내용, 정체 따위의 무엇임이 틀림이 없다. ¶우리 집 전화번호가 방금 말씀하신 번호가 맞습니다. / 내가 너에게 준 돈이 액수가 맞는지 확인해 보아라. / 네가 바로 그 학생 맞지? ③ 【…에 / 에게】 ①어떤 대상의 맛, 온도, 습도 따위가 적당하다. ¶음식 맛이 내 입에 맞는다. / 실내 온도가 화초의 특성에 맞지 않으면 화초가 잘 자라지 않는다. / 이 정도 습도이면 아이들에게 딱 맞을 것이다. ②크기, 규격 따위가 다른 것에 합치하다. ¶반지가 손가락에 맞다 / 디자인은 마음에 드는데 치수가 내 몸에 맞는 것이 없어서 사지 못했다. ④ 【…과】 (…과 가 나타나지 않을 때는 여럿임을 뜻하는 말이 주어로 온다) ①어떤 행동, 의견, 상황 따위가 다른 것과 서로 어긋나지 아니하고 일치하다. ¶만일 내 동작이 다른 사람들과 맞지 않으면 관중이 웃을 것이다. / 나의 의견이 그의 생각과 맞을 것이라고 확신한다. // 그 두 나라는 이해관계가 잘 맞는 분야에 한해서 협력하기로 했다. / 모든 부부가 생활 방식이 꼭 맞을 것이라고 생각해서는 안 된다. ② 【…에 / 에게】 모습, 분위기, 취향 따위가 다른 것에 잘 어울리다. ¶그것은 나의 분위기와는 절대로 맞지 않는다. // 외모로 보나 성격으로 보나 아무래도 그 두 사람이 가장 잘 맞아 보인다. // 그녀는 아무리 보아도 네게 잘 맞는 것 같다. / 거기는 내 적성에 맞지 않는 곳인 것 같다. [맞다<석상>]

맞다2 [맏따] 〔맞아, 맞으니, 맞는[만─]〕 동1 【…을】 ①오는 사람이나 물건을 예의로 받아들이다. ¶현관에서 방문객을 맞다 / 내 집에 오는 손님을 박절하게 맞을 수야 없지. / 그들은 우리를 반갑게 맞아 주었다. / 세상 모두가 쑥대밭이 되어도 친정만은 그 풍파를 벗어나 온전히 자신을 맞아 줄 줄 알았다.≪이문열, 영웅 시대≫ ②적이나 어떤 세력에 대항하여 맞서다. ¶귀리에 머물러 중화를 먹던 남학당은 졸지에 뒤쫓아 온 토벌대를 맞아 변변히 싸워 보지도 못하고 패주했다.≪현기영, 변방에 우짖는 새≫ ③시간이 흐름에 따라 오는 어떤 때를 대하다. ¶새해를 맞다 / 추석을 맞다 / 해방을 맞다 / 인생의 황혼기를 맞다 / 내일로 60회 생일을 맞는다. / 그 신문은 창간 일곱 돌을 맞아 푸짐한 사은품을 준비했다. / 나는 인간이 부재하는 정글 속에서 내 짧고 불행한 생애의 마지막을 맞고 싶지 않았다. ≪안정효, 하얀 전쟁≫ ④자연현상에 따라 내리는 눈, 비 따위의 닿음을 받다. ¶눈을 맞다 / 비를 맞다 / 서리를 맞다 / 갑자기 쏟아진 우박을 맞아 배추들이 모조리 주저앉아 있었다. ⑤점수를 받다. ¶만점을 맞다 / 에이 학점을 맞다 / 100점을 맞다. ② 【…에게 …을】 어떤 좋지 아니한 일을 당하다. ¶선생님께 야단을 맞다 / 그녀는 시집간 지 석 달 만에 남편에게 소박을 맞았다. ③ 【…을 …으로】 가족의 일원으로 예를 갖추어 데려오다. ¶그는 친구의 여동생을 아내로 맞았다. [맞다 <용가>]

맞다3 [맏따] 〔맞아, 맞으니, 맞는[만-]〕 〖동〗① 【…에게 …을】 외부로부터 어떤 힘이 가해져 몸에 해를 입다. ¶회초리로 선생님께 손바닥을 맞았다. / 어머니께 매를 맞았다. ② 【…에 …을】 침, 주사 따위로 치료를 받다. ¶팔에 예방 주사를 맞다 / 엉덩이에 침을 맞았다. ③ 【(…을) …에】 쏘거나 던지거나 한 물체가 어떤 물체에 닿다. 또는 그런 물체에 닿음을 입다. ¶화살이 과녁에 정확하게 맞았다. // 눈덩이를 얼굴에 맞다 / 화살을 어깨에 맞았다. [맞다<석상>]

『연세한국어사전』(1998)

맞다1 [맏따]〖동〗1①틀리지 않다. ¶봐라. 아빠 얘기가 맞지? / 그렇다고 네가 맞고 선생님이 틀렸다고 하면 선생님이 권위가 뭐가 되겠니? ②정해진 것과 잘 일치하다. ¶남편 복이 없으면 자식 복도 없다는 옛말이 그렇게 맞을 수가 없다는 생각이 든다. / 꿈이 신통하게 맞네요 / 두고 보셔, 내 육감이 맞나 안 맞나. ③더하거나 덜하지 않고 적당하다. ¶꽁보리밥은 정말 못 먹겠구나! 밥은 화기가 나구 찬이라곤 간도 맞지 않구. / 습도가 맞지 않으면 잎이 비틀어지거나 짧아진다고 한다. ④틀림이 없다. ¶현주소가 서울 관악구 봉천4동이, 맞습니까? / 아이구, 찬돌이가 맞구먼. / 이것이 선생님 선글라스가 맞습니까? ⑤(문장의 맨앞에 쓰이어)(앞사람의 말에 동의하여) 그렇다. 옳다. ¶맞아, 그가 그러는 데에는 무슨 이유가 있어. / 맞다, 너의 말처럼 잘될 거야. 2①(크기나 규격이) 합치하다. ¶물건을 골랐는데 내게 맞는 칫수가 없다. / 그 반지는 내 손가락에 끼어 보니 꼭 맞았어요. ②㉠한 쪽이 다른 쪽에 알맞게 어울리다. ¶이 일은 제가 보기엔 특히 여자들에게 맞는 것 같아요. / 회사도 기우는 판국인데 내 분수에 맞는 집을 사는 수밖에 없지. ㉡(감정, 마음, 입맛 등에) 들다. ¶이 목걸이는 착용하는 사람의 취향에 맞게 줄였다 늘였다 할 수 있다. / 생선 비린내가 비위에 맞지 않아서 먹을 수가 없었다. ③잘 어울리거나 조화를 이루다. ¶아무리 생각해 보아도 민주 엄마는 내게 맞는 여자는 아닌 것 같아. / 내 참, 그러니 당신하고 나하고는 서로 맞지 않는다는 거예요. 3서로 어긋나지 않고 일치하다. ¶단체마다 얘기가 맞지 않아서 말이야. / 이해 관계가 맞으면 낯선 사람이라 할지라도 서로 화목하게 살 것이다. / 앞뒤가 맞는 말을 해야지. / 시위대는 오합지졸로 구호 제창도 잘 맞지 않았다.

맞다2 [맏따]㉰1①때림을 당하다. ¶아마 자기 아들이 경찰에게 그렇게 맞았다면 고소하고 농성하고 난리가 났을걸? / 나 자신도 각목으로 맞아 전신이 시퍼렇게 멍들었다구. / 그는 오른쪽 눈을 정통으로 맞은 모양이었다. ②공중으로 떨어지거나 날아 온 것을 몸에 받다. ¶전쟁터에서 총알을 수십 개 맞고도 산 사람이 있대더라. / 선생님 매는 달게 맞아야 하고 부모님처럼 모셔야 훌륭한 제자가 되는 것이다. / 그런 살벌한 상황에서 청원 경찰 한 사람이 돌에 맞아 사망하는 우발적 사건이 일어났다. ③(어떤 일을) 당하다. ¶그는 핑계를 둘러대고 춘천으로 가려고 했다가 아버지한테 야단만 냅다 맞았었다. / 한때는 부도를 맞아서 회사가 날아가 버릴 뻔했었어. / 지난주에는 처음으로 맞선을 본 상대자에게 딱지를 맞았다. ④(비나 눈 따위를) 몸에 당하다. ¶그들은 눈을 흠뻑 맞으며 걸었다. / 나간 김에 벼락이나 맞아 죽어 버려라. / 그는 부슬부슬 내리는 비를 그냥 맞으며 가고 있다. ⑤(주사나 침 따위의 놓음을) 몸에 당하다. ¶아이는 한참을 뻗대며 주사를 맞지 않으려 운다. / 삔 데는 침을 맞아야 해요. ⑥(어떠한 점수를) 받다. ¶이걸 점수라고 맞았니? / 옆집 순석이는 90점을 맞았더라. ⑦(도장을) 받다. ¶다음 날 학교에 가서 강사를 만난 뒤 경초는 도장을 맞아야겠다고 생각했다. 2①무엇이 몸에 닿다. ¶빗방울이 더러 손등에 맞을 때가 있었는데 우박에 맞는 것처럼 따끔한 것을 느꼈다. / 주먹만 한 돌멩이 하나가 정통으로 이마에 맞았다.」 ②겨눈 것이 목표에 똑바로 닿다. ¶화살을 쏜다고 모두 과녁에 맞는 걸 기대할 수 없듯이 사업이나 인생도 시행착오가 있겠지.

맞다3 [맏따]㉰1①㉠(오는 사람을) 예를 갖추어 받아들이다. ¶나비넥타이 차림의 용모 반듯한 청년이 그들을 반갑게 맞았다. ㉡어떤 사실을 받아들이다. ¶각 서클에서는 축제를 어떻게 맞을 것이냐 하고 준비가 부산하다. / 열심히 싸우다가 최후를 맞겠다. ②(오는 때를) 대하다. ¶90년대를 맞아 우리의 이웃 관계는 보다 차원 높은 인격적 만남에로 도약해야 한다. ③어떠한 상황을 만나다. ¶예상치 못했던 새로운 소비로 의식주 기초 산업은 때 아닌 호황을 맞았다. / 이 문제를 제대로 해결하지 못하자, 조선 사회는 여러 가지 어려움을 맞게 되었다. ④(식구를) 새로 들이다. ¶그는 안정된 직장을 가지고, 착하고 예쁜 아내를 맞아서 가정을 갖고 싶었다. ⑤《주로 '맞아'의 꼴로 쓰이어》 누구를 상대로 하다. ¶저런 오합지졸을 데리고 어찌 적을 맞아 싸울 수 있으랴. 2①누구를 어떠한 자격으로 받아들이다. ¶좌우간 손님으로 온 이는 손님으로 맞고, 장삿속으로 온 이는 장삿속으로 맞아라. / 일본 수상 각하를 국빈으로 맞겠다고 했습니다. ②식구로 받아들이다. ¶그는 이처럼 아름다운 여자를 아내로 맞은 자신은 참 행복한 남자라고 생각했다.

『국어대사전』(1996)

맞다2 [맏따]동1(자) ① (물건과 물건이) 틈이 없이 서로 닿다. 또는, 규격에 합치하다. ‖ 뚜껑이 그릇에 딱~ / 옷이 커서 몸에 잘 맞지 않는다. ② (이것과 저것이) 서로 어울리거나 조화를 이루다. ‖ 양복에 잘 맞는 넥타이 / 행진시 발이 잘~ / 성격이 잘 맞지 않는 부부. ③ 어긋나거나 틀리지 않다. ‖답이~ / 시계가~ / 일기 예보가 딱~. ④ (마음이나 입맛에) 흡족히 들다. ‖ 간이 맞는 음식 / 마음에 맞는 여자. ⑤ (겨눈 것이) 목표에 똑바로 닿다. ‖ 화살이 과녁에~. 2(타) ① (쏘거나 던지거나 떨어지는 것을) 몸에 닿음을 당하다. ‖ 총을~ / 투수가 던진 공을 어깨에~ / 비를~. ② 때림을 당하다. ‖ 매를~. ③ (오는 이를) 받아들이다. ‖ 손님을~. ④ (남편・아내・사위・며느리 등을) 얻다. ‖ 사위를~. ⑤ (오는 때를) 대하다. ‖ 묵은해를 보내고 새해를~ / 식을 올리고 첫날밤을~. ⑥ (어떤 일을) 당하다. ‖ 퇴짜를~ / 야단을~. ⑦ (주사나 침 등을) 놓음을 당하다. ‖ 삔 데에 침을~ / 엉덩이에 주사를~. ⑧ (도장을) 찍어 받다. ‖ 검인을~. ⑨ (어떤 점수를) 받다. ‖ 영점을~ / 만점을~.

『우리말 큰사전』(1992)

맞다1 (움제) ①서로 어긋나거나 틀림이 없게 되다. ¶답이 ~. 시간이 잘 ~. 줄이 잘 맞는다. 내 짐작이 꼭 맞았다. ㉠생각이 같아서 서로 통하거나 하나가 되다. ¶뜻이 ~. 성미가 ~. 두 사람 말이 서로 맞는다. ②빈틈이 없이 서로 닿다. ¶널빤지가 빈틈 없이 잘 맞는다. 문이 문틀에 잘 맞는다. ③정도가 알맞게 되다. ¶옷이 몸에 ~. 구두가 발에 ~. 음식의 간이 ~. ㉠알맞게 잘 어울리다. ¶말과 행동이 맞지 않는다. 분수에 맞는 생활. 얼굴에 맞는 머리 맵시. ④마음, 느낌, 입맛 따위에 들다. ¶입에 ~. 마음에 맞지 않았다. 비위에 ~. ㉠어떤 표준, 조건 따위에 들다. ¶규격에 ~. 조건에 ~. 사리에 ~. ⑤겨눈 것이 목표에 바로 닿다. ¶화살이 과녁에 ~. 꿈이 맞았다. ㉠비나 눈 따위가 내리어 어디에 닿다. ¶비 맞지 않게 거둬들이다. ⑥멈추다. __ (남) ①좋지 않은 일을 당하다. ¶도둑을 ~. 야단을 ~. 퇴짜를 ~. ②때림을 당하다. ¶매를 ~. 종아리를 ~. 뺨을 ~. ③주사 따위의 놓음을 당하다. ¶주사를 ~. 침을 맞으러 가다. ④인정의 표로 검인 따위를 받다. ¶검인을 ~. 결재를 ~. ㉠점수 따위를 받다. ¶만점을 ~. ⑤겨누거나 내리는 것들의 닿음을 당하다. ¶비를 ~. 소나기를 ~. 총알을 ~.

맞다2 (움남) ①오는 이를 예의로 받아들이다. ¶손님을 반가이 ~. ㉠어떤 때가 오는 것을 대하다. ¶설을 ~. 가을을 ~. 환갑을 맞아 잔치를 벌이었다. ②예를 갖추어 받아들이다. ¶며느리를 ~. 아내를 ~. 새 교장을 ~.

『조선말대사전』(1992)

맞다5 동 I (자.타)(쏘거나 던지거나 우에서 떨어지는것 등이) 어떤것에 가닿거나 그런것의 닿음을 받다. ∥비를 ~. 비에 ~. 이슬을 ~. 바람을 ~. 총알에 ~. Ⅱ(타)①때림을 당하다. ∥매를 ~. ②(주사나 침 같은것을) 놓음을 당하다. ∥침을 ~. 예방주사를 ~. ③(도장 같은것을) 찍어받다. ∥도장을 ~. ④(어떤 성적의 점수를)받다. |학년말시험에서 모두 5점을 맞았다. ⑤(일부 명사들과 함께 쓰이여) 당하다. ∥합격을 ~. 핀잔을 ~. ⑥(찾아오는 사람을) 례로 받아들이다. ∥손님을 반갑게 ~. 외국의 벗들을 ~. ⑦자기에게 절하는 사람에게 얼마간 허리를 굽혀 답례하다. |이 사람아 절을 먼저 하지는 않더라도 맞기는 해야지.《장편소설 "림꺽정"1》 ⑧명절이나 철이 다가오는 것을 대하다. ∥해방을 ~. 봄을 ~. 첫번째로 맞는 방학. |민족최대의 경사스러운 명절인 위대한 수령님의 탄생 기념일을 맞는 온 나라 근로자들은 끝없는 영광과 환회로 들끓었다. ⑨(남편, 안해, 사위, 며느리 등을) 례식을 갖추어 얻다. ∥안해를 ~. 사위를 ~. 며느리를 ~. Ⅲ(자) ①빈틈이 없이 서로 닿다. |약병의 뚜껑이 꼭 맞는다. / 나사가 꼭 맞는다. ②서로 어긋나거나 틀림이 없이 일치하다. ∥수학문제의 답이 ~. 그의 말이 꼭 ~. 수자가 ~. ③(사상, 견해, 감정이) 같아서 서로 통하거나 일치하다. ∥견해가 ~. 감정이 ~. |그들은 언어와 피부색은 서로 달라도 주체사상을 신봉하는 점에서 서로 사상과 견해가 맞는다. ▷(마음, 취미, 구미, 비위 등에)들다. ∥구색이 ~. 취미에 맞는 옷차림. 조선사람의 비위와 구미에 맞는 음식. |그는 소년시절부터 봉건가정의 질곡이 마음에 맞지 않았다. ④(크기나 정도가) 알맞다. ∥구두가 발에 ~. 옷이 몸에 ~. ⑤(원리, 리론, 특성, 리익 등에) 부합하거나 적응하다. ∥우리나라의 실정에 ~. 기후풍토에 ~. 주체철학의 원리에 ~. |우리는 우리 혁명을 우리나라의 력사적특성과 우리 인민의 리익에 맞게 해가가고 있다. Ⅳ(일부 형용사의 "－아, －어, －여"형 아래에서 보조적으로 쓰이여)그 형용사가 나타내는 뜻을 강조한다. ∥급해 ~. 나빠 ~.

의미 형성의 기반이 되는
유연성 원리로서의 배의성*

이찬규

1. 서론

1.1. 연구 목적

이 글은 의미 형성[1]의 일반 원리인 유연성(motivation)이 인지적 활동의 결과임을 밝히고, 배의성이 2차 유연성 원리의 한 방식임을 구명하는데 있다. 의미 확대 과정에서 나타나는 유연성은 단지 음운적인 측면이나 어휘적인 측면에 머물지 않고, 문법적 측면, 화용적 측면에 이르기까지 광범위하게 적용되는 언어 운용의 일반 원리라고 할 수 있다. 이것은 기존의 정보를 통해 새로운 정보를 이해하는 인간의 보편적인 인지 활동의 일환이며, 언어가 지닌 소수의 음운과 형태소를 활용하여 무한의 정신 세계를 표출하는 언어 운용의 한 방식이라고 할 수 있다. 유연성의 실현 방식 중 하나인 배의성은 새로운 말을 만들거나 어떤 대상을 규정할 때, 기존에 잘 알려진 언어적 형태를 조합하여 그것을 설명하는 특성을 말한다. 즉, '눈물'이라는 단어를 만들고자

* 이 논문은 <한국어학> 38, 한국어학회, 269~306면에 실린 내용을 토대로 수정, 보완한 것으로 2007년도 중앙대학교 학술연구비(일반연구비) 지원에 의한 것임.

1) 여기에서 '의미 형성'이란, 의미를 표현하는 단어나 어절이 유연성이나 배의성에 기반하여 형성된다는 뜻으로 사용하였다.

할 때 기존에 존재하는 '눈'과 '물'을 이용해 단어를 만드는 방식을 지칭한다. 반면에 영어는 tear, 중국어는 누(淚)처럼 기존의 요소들을 사용하지 않는다 하여 한국어는 영어나 중국어에 비해 '배의성'이 강한 언어로 다루어지고 있다(천시권·김종택, 1988). 영어나 중국어는 개념을 어휘화할 때 새로운 어근을 창출해 내지만 한국어의 경우는 기존의 형태소를 재결합하거나 형태를 약간 바꾸는 방식으로 단어를 생성하는 것이 일반적이라는 것이다.

Ullmann(1962)의 용어인 'motivation'을 우리나라에서 유연성(有緣性) 또는 배의성(配意性)이라고 대역해 왔는데, 이숭녕(1960), 천시권·김종택(1988)에서 이것을 배의성이라 대역한 이후로 한국어는 배의성이 강한 언어라는 통념이 확산되어 오늘에 이르고 있다. 그러나 'motivation'은 의미 형성의 가장 기본적인 원리 중 하나로 기존의 언어적 요소를 활용하여 새로운 언어를 생산한다는 의미이기 때문에 '유연성'으로 대역해야 하고, 배의성은 그 하위 범주로서 새로운 의미를 형성할 때, 기존의 언어적 요소들을 배합한다는 제한된 의미로 사용해야 한다.[2] 따라서 여기에서는 유연성(motivation)을 상위 개념으로 배의성(motivative compound)을 그 하위 개념으로 처리하여 다루고자 한다.

언어는 전체적으로 자의적인 속성을 가지고 있기는 하지만 일부 도상성(圖像性)을 가지고 생성되는 단어나 언어 형식들도 있다. 여기에서는 이것을 '1차 유연성 원리'에 의해 형성된 단어로 규정하고, 기존의 언어적 단위를 활용하여 다시 단어나 표현을 만들어 내는 것을 '2차 유연성 원리'[3]라고 구분하여 다루고자 한다. 따라서 여기에서는 유연성을 의미 형성의 기본 원리 중 하나로 보고 새로운 의미가 형성될 때, 기존의 의미적 요소를 바탕으로 새로운

---

2) 영어 용어로는 motivative compound가 더 적절할 것으로 본다.

3) '2차 유연성 원리'에도 두 유형이 있지만 지금까지 2차 유연성에 대한 논의는 단일어가 파생어나 복합어가 되는 성질에 대한 논의, 즉 어형성으로서의 단어 형태 확장에 대한 논의에만 한정되어 왔다. 또 다른 의미 확장의 예인 형태 변화가 없는 의미 확장은 유연성의 논의에서 배제되어 왔다. 물론 의미라는 것이 형태를 근간으로 형성되는 것이지만 이 두 가지 관점은 차이가 있다. 예를 들어 눈물, 꽃병, 풋사과 등은 새로운 의미를 생성할 때 기존의 형태를 활용한다는 것과 관련되지만 '손'이라는 단어의 다의 확장과 같은 예는 단지 기존의 의미를 새로운 의미와 결합한다는 측면에서 앞의 예와는 다르다. 앞의 예를 형태적 배의, 뒤의 예를 의미적 배의로 구분하여 다루어야 한다.

의미를 형성하는 방식을 통칭하는 것으로 정의하고자 한다. 또한 배의성은 2차 유연성 원리가 적용된 결과로 나타나며, 새로운 의미를 형성하고자 할 때,4) 이미 존재하는 언어적 요소들을 배합하여 단어를 만드는 특성으로 한정하고자 한다.

유연성과 배의성은 인간이 뇌에서 의미망을 구축하고, 산출하는 인지적 작용의 결과로 나타나는 것이라고 볼 때, 국어를 배의성이 강한 언어라고 단순히 규정하기보다는 이에 대한 좀 더 정밀한 분석이 이루어져야 한다는 것이 이 글의 논지이다.

1.2. 연구 방법과 대상

그토록 복잡한 구조를 이루고 있는 언어를 사람들이 비교적 큰 힘을 들이지 않고 사용할 수 있는 것은 언어가 일정한 원리 속에서 구조화되어 있기 때문이다. 특히 언어에서 의미는 실체를 파악하기 힘든 대상이지만 어느 정도 소통이 이루어지고 있는 것5) 역시 일정한 원리 속에서 그 의미가 파악되기 때문이다. 이 글에서는 어휘적 차원에서 의미를 형성하는 것에는 크게 세 가지 원리가 작용한다고 본다.6)

---

4) 두 가지 방식이 나타나는데 한 가지는 형태의 확장을 통한 의미 형성이며, 다른 한 가지는 형태의 변화가 없는 의미 확장이다.

5) 물론 의미가 정확히 전달되고, 이해되는 것은 아니지만 소통이 가능한 수준에서는 의미의 공유가 이루어지고 있다고 볼 수 있다.

6) 필자는 지금까지 언어 단위의 개별적 의미 파악보다는 의미의 형성 원리 구명을 위해 주로 뇌 활동에 의한 인지적 작용이 실제 의미 형성에 어떠한 작용을 하는지에 관심을 가져 왔다. 이찬규(1997, 2002a, 2004). 의미 형성이 무엇을 근간으로 하는 있는지를 파악하는 것은 많은 의미적 현상을 설명하는데 유용할 것이므로 연역적 방식을 적용하여 원리를 먼저 설정하고 이를 증명해 나가는 방식을 택하겠다는 의도로 의미 형성의 일반 원리를 제시해 보고자 한다.

〈표 1〉 어휘적 차원의 의미 형성 원리

구 분	원리의 유형	원리 형성의 기제	원리 적용의 결과
어휘적 차원의 의미 형성 원리	인지적 작용의 원리	지각, 기억 등	원형 범주, 경제성, 유연성 등
	사회적 영향의 원리	계층성, 사회 변동 등	의미의 성층화, 의미적 선호도 형성 등
	언어 내적 원리	구조의 균형 유지 등	의미 관계 구조화 등

이러한 전체 원리 속에서 유연성을 인지적 작용의 결과로 판단하고 이를 증명해 나가는 방식으로 논의를 전개해 나가고자 한다. 이것을 바탕으로 지금까지 통념이 되다시피한 배의성이 강한 언어와 그렇지 않은 언어라는 구분을 단순히 단어 구조의 특성에만 의거해 단정하지 않고, 인지적 작용과 사회적 원인, 언어의 내적 특성 등이 상호 작용하여 나타나는 결과로 파악하고자 한다. 즉, 유연성을 인간의 일반적인 사고 작용 방식이 반영된 결과로 나타나는 보편적인 언어 현상 중 하나로 다루고, 이를 바탕으로 단일어 형성과 그것들의 결합을 설명하고자 하는 것이다. 이것을 밝혀내기 위하여 다음과 같은 의문을 해결해 나가는 방식으로 결론에 도달해 보고자 한다.

① 유연적 방식이 인지적이라는 증거는 무엇인가?
② 의미의 형성에서 유연성 원리는 어떻게 작용하는가?
③ 유연성의 원리와 배의성은 어떤 관련이 있는가?
④ 한국어에서 단일어가 적다면 그 원인은 무엇인가?

언어 사용이 전반적으로 인지 활동의 결과라고 한다면 유연성과 같은 언어의 운용도 인지적 작용에 영향을 받을 것이라는 가설을 상정하고 이의 기제를 검토해 갈 것이며, 유연성에 기반한 어구성이 인지적 작용과 관련성이 있는지를 구체적으로 확인하기 위해 원형이론, 범주화, 은유와 환유 등의 관점에서 이를 점검해 보고자 한다.

또한 통시적인 관점에서 단일어의 생성이 중단된 시기를 추정하여, 왜 일정 시기가 지니면 단일어의 생성이 중단되고, 복합어만이 생성되는지를 추론해 볼 것이다. 다음으로는 복합어나 다의어 등에서 의미 확장이 어떻게 일어나는지를 배의성과 관련지어 그 원리를 도출해 내며, 마지막으로 한국어에서 단일어가 적은 이유를 언어 유형적 특성과 문명의 발달, 단일어 생성의 상관성, 그리고 외래어의 간섭이라는 측면에서 정리해 보고자 한다.

연구 대상은 고유어로 한정[7]하되, 유연성의 일반 원리가 적용된다고 보는 국어의 여러 양상을 함께 다루어 이 글의 논지를 점검해 보고자 한다.

1.3. 선행 연구 검토

유연성(motivation)은 본래 F. D. Saussure의 용어인 motivé에서 나온 것으로 절대적 자의성(absolute arbitrariness)과 관계적 자의성(relative arbitrariness)에 대한 상대적인 개념으로 사용되었다. 이후 S. Ullmann(1962)은 이 개념을 적극 활용하여 유연관계가 있는 것을 투명어(transparent word), 유연관계가 없는 것을 불투명어(opaque word)라고 불렀다. 이것은 언어 유형을 결정하는 기준으로도 쓰여 유연성이 강한 언어를 문법적 언어(grammatical language) 자의적·관습적인 언어를 어휘적 언어(lexical language)로 구분하기도 한다. 국어학에서도 이런 이론을 수용하여 국어를 유연성이 강한 언어로 분류되어 왔다(이숭녕, 1988 : 266~267). 천시권·김종택(1988)에서도 한국어를 배의성이 강한 언어라고 규정하고, '눈물 류(類), 불그스름하다 류(類), 소-암소-송아지 류(類)'를 예로 들고 있다. 여기에서는 '어(語)의 발달 단계로 보아 대체로 배의성은 상실되는 방향으로 기울고 있다.'[8]고 보았으나 현재 신조어가 만들어 지는 추세로 보아 그 동안 배의성이 약한 언어로 분류되었던 영어나 불어 등도 모두 배의성이 강한 어휘를 생산해 내고 있다는 것에 유의할 필요가 있다. 즉 한 단어의 입장에서 보면 그 단어가 생성되는 시점에는 배의성이 강하지만 그 이후에는 점점 유연성이 약해지는 반면, 전체적인 어휘 구조적 측면에서는 단일어의

---

7) 연구 대상을 고유어로 한정한 것은 고유어와 한자어를 모두 대상으로 했을 경우 논의의 초점이 흐려질 수 있기 때문이다.

8) '무덤, 부터, 끄트머리, 달걀, 올케' 등의 예를 들었다. 한 단어의 입장에서 보면 의미적 투명성이 약화되어 가지만 전체 언어적 관점에서 보면 배의적 방식에 의한 언어 확대의 비중은 더 높아진다고 할 수 있다. 이 두 관점을 분리해서 설명해야 할 것이다.

생성보다는 유연성이 강한 복합어의 생성이 더 일반적인 추세로 나타나고 있다는 점이다. 이는 유연성에 관한 문제가 더 정치하게 다루어져야 함을 말해 준다.

일반적으로 '유연성'은 지금까지 세 부분에서 논의가 이루어졌다. 첫 번째는 음운론적 관점의 유연성이며, 두 번째는 어휘론적 관점의 유연성, 세 번째가 문법론적 관점의 유연성이다. 음운론적 관점의 유연성으로는 무성음과 상관 관계에 있는 유성음이나,9) '노랗- / 노르스름하- / 노리끼리하-'와 같이 음성적 대체를 통한 변화를 통해 확인할 수 있고, 문법적으로도 복합조사와 같은 것을 통해 볼 수 있듯이 기존의 요소를 바탕으로 새로운 문법 형식을 만들어 내는 경우가 많다.

이 중 어휘론적 관점에서는 주로 합성어만이 관심의 대상이었다. 지금까지 한국어 단어형성법에 관한 논의는 대부분 단어 형성의 기준을 어기(語基)로 잡고, 어기가 하나인 단일어, 어기에 접사가 결합된 파생어, 어기와 어기가 결합한 합성어로 구분하고 있다. 새로운 단어를 만들 때, 합성 방식으로 단어를 만드는 경향이 높다는 것으로 설명하고 있다. 그러나 의미 확장의 일반 원리의 관점에서 본다면 합성어만이 문제가 되는 것이 아니라 파생어도 함께 고려의 대상으로 삼아야 한다. 접두사나 접미사에 의한 의미 확장을 고려한다면 배의성이 영어보다 한국어에서 강하게 나타난다는 주장은 당연히 수정되어야 함을 알 수 있다.

유연성에 기반하여 의미를 확장해 나가는 또 다른 유형은 다의어에서도 나타난다. 이와 관련하여 임지룡(1998)에서는 인지모형의 작용 원리를 통해 다의어의 의미 확장을 설명하고 있다. 언어 기호의 한정 때문에 다의 현상은 필연적이라고 하고, 다의 확장이 일어날 때 영상도식이나 인접성에 의한 환유, 유사성에 의한 은유, 문법화에 의한 의미 확장과 같은 인지적 작용이 일

---

9) 음운론적 자연성(自然性, naturalness)을 말할 때, 유성음이 있는 언어에는 그것과 상관관계에 있는 무성음이 존재하지만 무성음이 있다고 해서 상관관계가 있는 유성음이 존재하는 것은 아니기 때문에 무성음이 유성음보다 더 자연적이라고 할 수 있다. 이러한 점에서 유성음은 무성음으로부터 유연하였다고 할 수 있을 것이다.

어난다고 보았다. 원형적 의미에 이러한 원리들이 적용되어 의미 확장이 일어난다는 것이 인지의미론의 기본 개념이다. 이렇게 본다면 다의어란 '원형 의미+α'로 형성되는 것이고, 적용상의 전이는 유연성에 의한 의미 확장의 전형적인 방식이다. 최경봉(1999)에서는 다의어의 의미 확장이 문맥 조정과정에서 발생하는 것이라고 보고 문맥적 의의의 인지적 불균등성을 밝혀 인지적 관점과는 대비되는 결과를 보였는데, 이 역시 문맥 관계의 확장이라는 점에서 기본 의미 관계를 토대로 한 유연적 확장임은 다르지 않다.

마지막으로 유연성과 관련한 연구는 의미의 투명성에 관한 것이다. 이 부문에 관한 연구는 주로 파생어나 복합어에서 언중들이 해당 단어의 의미를 얼마나 정확히 이해하느냐와 관련이 있다. Ullmann은 복합어에서 복합을 이루는 요소가 의미상 파악이 쉬우면 투명어, 유연관계가 없는 단어나 표현은 불투명어로 다루었다. 소쉬르는 이것을 자의성의 관점에서 다루었는데, 관습적 자의성에 의존도가 높으면 투명도가 낮아진다고 보았다. 국어학 분야에서는 동의 중복과 관련된 연구(이익섭, 1983 ; 임지룡, 1983 ; 류구상, 1987 ; 채완, 1993 ; 이재인, 1999 ; 최재희, 2000 ; 조항범, 2006 ; 노명희, 2006)와 단어의 형성과 관련한 연구(최규일, 1989 ; 김광해, 1995 ; 최상진, 1997 ; 김정남, 2007), 한자 훈 관련 연구(민현식·이찬규·김왕규·이준석 외, 2003)를 통해 의미의 투명성이 논의되었다. 의미 중복과 관련된 논의에서는 '枯木나무'처럼 단어의 구성요소 중 일부의 의미 투명도가 낮거나, 두 형태소가 단일어처럼 엉겨 있어서 쉽게 분리가 인지되지 않으면 이를 보충하기 위해 그 형태소와 유의관계를 이루는 것 중 의미 투명도가 높은 단어를 중복시킨다는 관점의 논의가 투명성과 관련되며, 한자 훈 관련해서는 한자어와 그것을 구성하는 한자의 기본 훈이 어느 정도 유연성을 형성하고 있는지에 따라 투명, 불투명으로 구분하였다. 예컨대, '敎室(가르칠 / 집)'의 훈은 투명도가 높은 반면, '結果(맺을 / 실과)'는 투명도 면에서 그 중간 정도에 해당하고, '注意(물댈 / 뜻)'에서의 훈은 투명도가 매우 낮다. 이처럼 투명도는 복합어에서 단어의 의미를 이해하는 중요한 척도가 된다. 의미론적 관점에서 투명도에 대한 논의는 어휘 차원에만 국한되지 않고, 문장, 화용의 층위에 이르기까지 의미 소통의 중요한 척도이다.

기존에 논의되어 온 유연성과 관련된 논의는 주로 다의어·동음어에서 많이 다루어졌는데, 동일 형태 단어들 사이에 유연성이 있으면 다의어, 유연성이 없으면 동음어라는 구분은 거의 정론화되어 있다시피 하다. 그러나 유의 관계를 형성하는 단어들간에 유연성이 존재하느냐에 대해서는 구분이 쉽지 않다. 다음과 같은 단어 관계를 살펴 보자.

> (1) 즐겁다－기쁘다, 메아리－산울림, 계란－달걀, 염화나트륨－소금
> (2) 달→(個)月,10) 간호부→간호원→간호사, 미국인→양키
> (3) 노트－공책, 텔레폰－전화기, 컴퓨터 게임－오락11)

위의 예를 보면 (1)은 어떤 한 쪽이 다른 한 쪽의 의미를 바탕으로 성립되었다고 보기 어렵거나, 또는 그런 근거를 찾을 수 없는 유형들이고, (2)의 예들은 오른쪽 단어와 왼쪽 단어가 상호 유연성을 가지고 있다고 볼 수 있는 것들이며, (3)은 외래어(외국어)를 대역하면서 의미관계가 형성되어 둘 사이에 유연성을 지니고 있는 것들이다. 이처럼 단어 상호간에 유연성이 있는지의 여부는 유의어의 형성과 의미충돌, 동의 충돌의 결과 등에 상당한 영향을 미칠 것으로 예상된다.

2. 인간의 인지적 특성과 유연성

소쉬르가 밝혔듯이 유연성이란 시대에 따라 그 적용의 정도가 달리 나타날 수 있기 때문에 어휘소 형성의 시기에 유연성을 반영하는 언어 문화적 환경이 조성되어 있으면 단일어 어휘소가 많이 생겨날 가능성이 높고, 그렇지 않

---

10) '달－月'이나 '하늘－天'의 관계를 보면 각 고유어가 기초어휘에 해당하는 것이므로 '달, 하늘'의 의미를 기반으로 '月, 天'이 성립되었을 것으로 추정해 볼 수 있다. 그렇기 때문에 고유어가 존재하는 일음절 한자어는 비자립적이며, 이 경우 고유어와 한자어 사이에 의미적 유연성이 있다고 할 수 있다.

11) '컴퓨터 게임'을 '오락 게임'으로 부르다가 점차 '오락'으로 부르는데, 이는 '오락'이 예전부터 지니고 있던 의미에 '컴퓨터 게임'의 의미가 덧붙여진 것이라고 할 수 있다.

다면 우리말처럼 배의에 의한 어휘 형성이 주를 이루었을 가능성이 높은 것이다. 현대에 들어와서는 새로운 단어를 만들 필요가 있을 때 영어나 중국어12)나 한국어나 대부분 유연성에 기반하여 어휘를 만든다는 것은 주목할 만한 일이다.

2000년 이후 생성된 신어를 보면 영어(옥스포드나 웹스터 사전에 등재된 신조어)나, 중국어,13) 한국어의 경우나 대부분이 '유연성이 강한' 방식으로 새로운 단어를 만들어 냄을 알 수 있다. 2006년에 메리엄-웹스터 영어사전에 등재된 100여 단어를 보면 단일어는 'google'과 같이 고유명사로부터 온 것이나 중국어에서 온 'gigong(氣功)', 일본 만화인 'manga'와 같은 것들이다. 고유명사나 외국어가 자국어의 어근을 바탕으로 형성된 복합어가 아니라 하더라도 이는 유연성에 따라 형성된 단어가 아니라고 할 수 없다. 이것이 단지 그 이전 영어의 기반 위에서 형성된 것이라 할지라도 '무엇'을 근간으로 하여 생성된 단어이기 때문이다. 사람들이 언어를 운용할 때 끊임없이 새로운 어근을 가진 단일어를 만들어 내는 것보다는 기존의 요소를 배합하여 새로운 단어를 만들어 내는 것이 이해도 쉬우며, 전파도 매우 빠르다. 이것은 단지 언어적인 측면에만 타나나는 현상이 아니라 인간의 인지가 갖는 고유한 특성 중의 하나인 것이다.

따라서 배의성에 대한 지금까지의 통념대로 단지 어휘소의 구성 방식에 따라 한국어나 독일어가 배의성이 강하다고 말하는 것은 재고할 필요가 있다. 배의성은 인간 인지 활동의 결과로 나타나는 의미 확장의 기본 원리이며, 배의성이 '강하고, 약하고'의 문제는 다른 관점에서 접근해야 하는 것이다.

---

12) 중국어 신조어의 경우도 백화문이 정착된 이후 1자형 단어보다는 2자 이상의 한자로 구성된 단어가 훨씬 더 많으며, 1자형도 점차 2자 이상의 단어로 변해 간다고 한다.

13) 중국어는 '붉다-불그스름하다-불그데데하다 등'과 같은 우리말과 달리 '赤, 紅, 朱, 紫'와 같은 고립적인 단어 형태가 존재하기 때문에 흔히 배의성이 적은 언어로 분류되고 있으나(천시권·김종택, 1988 : 105~106), 사실 한자는 발생적인 측면에서부터 상형 문자로 출발하였기 때문에 자연적 도상성이 강하고, 한자 자체가 부수를 바탕으로 형성되어 있으며, 조어법의 관점에서 보면 중국 한자수가 87,019자(中華字海, 1994)인데 상용한자인 3500字의 사용빈도가 99.4%에 이르고 있어 역시 복합어로 된 단어가 대부분을 이루고 있음을 추정해 볼 수 있다. 최영애(1998) 참조.

2.1. 유연성 형성의 인지적 기제

인지적인 관점에서 인간이 언어를 운용하는 방식은 유연성과 깊은 관련이 있다. 인간은 감각 활동, 기억, 추론에 의거해 언어를 운용한다. 감각 활동은 감각기관을 통해 외부로부터 끊임없이 받아들이는 일련의 작용이며, 기억은 그것을 저장하고, 재생해내는 방식과 관련되며, 추론은 자신이 저장하고 있는 정보를 활용하여 새로운 자극을 해석하고 규칙화하는 일련의 작용이라고 할 수 있다.[14] 흔히 '머릿속 사전'이라고 일컫는 뇌 의미망이 연상 규칙을 통해 형성되어 있다(이찬규, 2002b)는 점은, 인간이 어떻게 그토록 복잡하고 많은 언어 단위를 큰 어려움 없이 기억하고 창출해 내는지에 대한 설명의 단초를 제공해 준다.[15] 제한된 수의 음소를 가지고 무한의 의미를 형성해 나가는 것도, 제한된 형태소로 수많은 단어를 만들어 나가는 방식도 모두 이러한 '연상의 규칙성'을 통해 가능한 것이다. 연상 규칙의 형성은 인식 대상에 대한 경험의 결과로 이루어지는데, 유사한 경험이 반복되면 뇌에서는 이것을 하나의 규칙으로 형성하고, 규칙이 형성되고 난 뒤 이루어지는 유사한 경험은 모두 이 규칙에 의해 자동적으로 연상망을 형성하게 되는 것이다. 이것은 뇌 작용의 특성 중 하나인 '민감화'와 '습관화'(또는 둔감화)를 통해 이미 밝혀진 바 있다(김기석, 1993 : 254~256).

새로운 의미를 형성할 때마다 새로운 음소와 새로운 형태소가 등장한다면 언어 생활 자체가 불가능해 질 것이다. '눈물'의 의미를 형성할 때, 기존에 존재하는 '눈'과 '물'을 합하면 쉽게 새로운 의미를 형성할 수 있을 뿐만 아니라 연상을 통한 의미망 구축에도 유리하다.[16] 표의문자인 한자가 표음문자

---

14) 전화번호 234-5678을 478-9472보다 암기하기가 쉬운 이유는 규칙화에 더 용이하기 때문이다. 수많은 개별적 단위들을 아무런 규칙 없이 암기하는 것보다 일정한 규칙을 통해 암기하면 훨씬 쉽다. 이찬규(1997) 참조.

15) 이런 점에서 수학의 공식들은 시사하는 바가 크다. 우리가 '4+7'이 '11'이라는 것을 아는 것은 '4+7=11'을 암기해서가 아니라 덧셈 규칙을 알고 있기 때문이며, 구구단을 쉽게 암기할 수 있는 것도 일정한 규칙이 존재하기 때문이다.

16) 그렇다면 여기에서 왜 한국어에서는 연상에 유리한 '눈물'과 같은 방식으로 단어를 만들고, 왜 영어에서는 'tear'처럼 'eye'나 'water'와 전혀 별개의 단어를 갖게 되었는지에 대한 설명이 필요할 것이다. 이 점에 대해서는 더 논의할 것이지만, 언어 발달에서 1차 유연성 적용의 시기에 의해 형

인 한글보다 조어력 면에서 훨씬 더 유리하다는 것과도 맥락을 같이한다. 누군가 단어를 새로 만들 때, 다른 사람들이 이를 쉽게 받아들일 수 있도록 하기 위해서는 이전에 존재하는 단어 형성 규칙에 따라 단어를 만드는 것이 효과적이라고 판단할 가능성이 높다. 그렇기 때문에 새로이 형성될 의미와 연상 가능한 것들을 기존의 구성 요소에서 찾아 단어를 형성하는 것이다. 의미의 다의화도 같은 원리가 적용된다고 할 수 있는데, 예를 들어 '그 사람은 형광등이야'라고 했을 때, '형광등'이 지니고 있는 의미 자질 중 어떤 것을 유사한 속성을 보이는 사람에게 적용하는 방식으로 의미가 확대되어 간다. 이미 존재하는 어떤 의미를 다른 대상에 전이함으로써 의미 전달과 수용의 효용성을 높이는 것이다.

새로운 의미를 형성하는 방식이 연상 규칙과 관련된 인지적 활동의 결과라면, 인지언어학에서 논의되어 온 범주화, 원형의미, 은유·환유 등과도 관련이 있을 것으로 보고 이에 대해서도 검토해 보기로 한다.

2.2. 범주화와 유연성

범주화는 모든 고등 인지활동의 근본이 되는 것으로 다양성 속에서 유사성을 파악하는 능력이다(Taylor, 1989 ; 임지룡, 1997 : 90에서 재인용). 범주화란 인간이 인지하는 모든 개별적인 외부 세계의 대상을 무리지어 이해하는 방식이다. 개별적인 대상들의 공통점을 발견해 내고 그것에 기초하여 차별성을 인식하는 방식으로 대상들의 관계를 설정한다. 물론 이 공통점과 차이점을 명시적으로 구분해서 기억하는 것은 아니지만(이찬규, 2002a), 이미지 형성 방식으로 각각의 범주들을 만들고, 그 각각의 범주들은 더 큰 범주 속의 부분이 되는 방식으로 범주화가 이루어진다. 물론 이 때도 한 범주 안의 구성요소들 사이에는 명확한 경계가 없으며(이찬규, 2004), 이 경계의 모호함으로 인하여 사실은 신어의 생성이 자유롭다고 할 수 있다. 하나의 범주는 계층을 이루고

성된 단일어 형성기가 지나면 배의적 방식이 새로운 의미 형성에서 더 일반적 원리로 작용된다.

있으며, 그 중 인지적으로 가장 현저한 층위를 보통 기본 층위라고 하는데
이 기본 층위는 가장 이른 시기에 배우고, 명칭이 가장 짧으며, 빈번히 사용
되는 층위라고 한다.

    (4) 집참새-참새-새-동물
    (5) 부사, (빨간사과, 영주사과)-사과-과일-식물
    (6) 바지, 치마-겉옷-옷
    (7) 강아지풀, 개망초, 질경이-풀-식물- 생물
    (8) 야구-구기-운동(경기)

이상을 살펴보면 기본 층위와 유연성(배의성)이 상호 매우 밀접한 관련이
있음을 알 수 있다. 기본층위에 해당하는 용어가 복합어 생성시 '새'의 요소
로 가장 생산적이라는 사실이다. '새'라는 형태소를 포함하지 않는 조류의 명
칭들도 많지만,[17] '참새, 딱새, 박새, 물총새, 크낙새, 종달새' 등과 같이 'χ+
새'형이 조류의 명칭 중 가장 생산적이라는 점이다. (5)도 역시 '사과'가 하위
복합어 생성에서 가장 생산적이기 때문에 기본층위가 될 가능성이 높다. (6)
의 '옷'과 같이 범주화하기가 어려운 명칭의 경우도 의류의 명칭에서 'χ+옷'
이 가장 생산적이라는 점을 고려한다면 역시 '옷'이 기본 층위일 가능성이
매우 높은 것이다. (7) '풀'의 경우는 'χ+풀', 'χ+초(草)', 'χ'형이 모두 고루
나타나는데 'χ+초' 형태는 한자어의 명칭에, 'χ'형은 식물 명칭 순화 작업의
일환으로 나타난 것들이며, 'χ+풀'의 형태가 가장 자연 발생적이며, 여전히
가장 생산적인 것으로 보아 '풀'이 기본 층위일 가능성이 가장 높은 것이다.
(8)의 '운동'도 범주화하기가 어려운 속성을 가지고 있는데, 임지룡(1993)의
실험결과를 보면, 야구 이미지 그림을 보여 주고 이것을 무엇이라고 부르는
지를 답하라고 한 결과에 84%가 '야구'라고 표시한 것으로 보아 이것이 기본
층위라는 것이다. 야구의 하위어가 마땅치 않은 상태에서 이것을 기본 층위로
잡는 것이 부담스러운 일이기는 하지만 유연성과 관련지어 생각해 본다면 '야
구, 축구, 탁구, 농구' 등에 배의적으로 참여하는 '球'가 독립성이 없어 '球技'

---

17) 'χ+새'형이 아닌 것들은 대부분 소리나 형상을 본뜬 것(비둘기 류), 외국어에서 온 것들(타조 류)
    이나 'χ+이/리/귀'형(독수리, 황초롱이, 딱따구리, 직박구리, 오리, 개똥지빠귀)이 대부분이다.

가 그 역할을 하게 되는데, '구기'는 복합어 형성시 생산성이 낮으므로 결국 자연스럽게 범주의 맨 하위요소가 기본 층위 역할을 하게 되는 것으로 본다.

색채어의 범주화에서도 이것은 극명하게 드러나는데, 색채어에도 중심과 주변이 있다고 보는 것이 인지주의적 입장인데, 국어에서도 음운론적 유연성18)이 두드러지는 범주가 바로 '중심 색채어'인 '하양-, 빨강-(붉-), 검-, 노랑-, 푸르-'이다. 이렇게 본다면 범주화는 기본(중심) 층위를 중심으로 유연적 어휘 확장이 일어난다고 할 수 있을 것이다.

2.3. 원형성과 유연성

원형은 그 범주를 대표할만한 가장 전형적이고, 적절하며, 중심적이고, 이상적인 보기를 말한다. 앞에서도 언급했듯이 하나의 범주에는 중심적인 것과 주변적인 것이 있는데, 인지적으로 추론이 일어날 때 전형적인(중심적인) 것으로부터 예외적인(주변적인) 것을 이끌어 내는 것이 그 역으로 하는 것보다는 훨씬 용이하고 효율적이 된다. 여기에는 물론 경험의 양, 경험의 선후 관계, 또 논리적 인과 관계 등이 영향을 미칠 것이다. 원형성을 유연성과 관련지어 본다면, '불그스름하-'보다는 '붉-'이 더 원형적이라고 할 수 있으며, '컵받침'보다는 '컵'이 더 원형적인 속성을 가지고 있는 것이다. '컵받침'이 없어도 '컵'의 전형성은 유지되지만 '컵'이 없다면 '컵받침'은 아무 의미가 없기 때문이다. 따라서 비원형적인 것들은 원형적인 것들을 기준으로 하여 인식되는 것이 일반적이라고 보면 배의는 언어 확장의 자연스러운 현상으로 간주할 수 있는 것이다. 원형이론은 단어가 유연성을 통해 어형을 확장해 간다는 이론적 배경을 제공해 줄 뿐만 아니라 특히 유연성에 의한 단어(언어 표현) 생성의 한 방식을 이루기도 한다. 원형성과 관련되어 형성된 유연 방식은 중심부로부터 주변부로, 전체로부터 부분으로, 확장되는 방식으로 어형이 형성된다. 예를 들어 '손가락, 발톱, 눈동자, 열쇠고리, 눈물, 술병'19) 등은 '소나무, 참

---

18) 이전의 연구들에서 '붉-'이 '불그스름하-, 불그데데하-' 등으로 변하는 것을 음운론적 유연성으로 다루고 있다.

새, 색연필'류의 복합어와는 다른 구성 원리를 가진다.

2.4. 은유·환유 모형과 유연성

최근의 언어관련 인지이론 분야에서 높은 관심을 갖고 있는 분야 중 하나가 은유와 환유인데, 이것이 인간이 언어를 운용하는 방식을 가장 잘 설명해 주기 때문일 것이다. 주지하다시피 은유는 속성들 간의 유사성에 기초하고 있는 반면, 환유는 인접성에 기초하고 있다. 인접성과 유사성은 비단 정신 공간 속에서 전이가 가능한 개념상의 연결일 뿐만 아니라 더 원초적으로는 새로운 개념을 이전의 개념과 연결지어, 언어적 의미와 형식을 확장시켜 나가는 노력의 일환인 것이다.

(9) 승진하더니 얼굴에 꽃이 피었네.
(10) 손이 모자란다. 주전자가 끓는다.
(11) 2002년 한반도가 뜨겁게 달아올랐다.

(9)의 개념 은유는 '기쁨은 얼굴에 피는 꽃이다'로 상정할 수 있다. '기쁨'이라는 근원 영역이 '활짝 핀 꽃'이라는 목표 영역으로 투사된 것이다. 이것을 유연성의 관점에서 보자면 은유를 통해 '기쁨'이라는 의미에 '활짝 핀 꽃'이라는 의미가 배의된 것이다. 즉, 목표 영역이 지닌 구상적(具象的)·현상적 속성이 추상적 속성인 근원 영역에 투사됨으로써 의미가 더욱 선명해지는 효과가 생기는 것이다. 나익주(2006 : 115~116)는 이를 은유의 도상성 원리로 설명하고 있다.[20] 이는 은유를 통한 의미 확장이 무작위로 이루어지는 것이 아니라 기존에 존재하는 의미적 요소를 활용하는 인지적 활동, 즉 '유연'의 원리를 통해 이루어진다는 것을 보여준다.[21]

---

19) '눈물'이나 '술병'은 단순히 통어적 구성관계로 보면 '물'이나 '병'이 주개념이라고 할 수 있지만, 인지적인 관점에서 보면 '물'이라는 것은 눈의 활동으로 인해 나타나는 부속물이며, 뒤의 '병'도 단지 '술'을 마시기 위한 도구이므로 보다 초점을 부여할 수 있는 것은 '술'이지 '병'이라고 할 수 없다.

20) 우리말 '정'에 관한 연결어는 많은 반면, '한'의 연결어가 적은 이유를 '개념의 양이 많으면 형태의 양도 많고, 개념의 양이 적으면 형태의 양도 적어진다'는 도상성의 원리로 설명하고 있다.

(10)에 나타나는 환유의 예도 마찬가지이다. '손'과 '주전자'는 각각 '노동력'과 '주전자의 물'을 나타낸다. 이 개념들은 서로 인접해 있기 때문에 인간의 추론적 인지 능력(그릇 도식)으로 충분히 이해가 가능한 문장이다. 머리[←머리 카락], 눈[← 시선], 읽-[← 파악하-] 등과 같은 적용상의 전이가 쉽게 일어나는 이유는 이들의 활동이 인접해 있기 때문이며, 더 근원적으로는 보다 소수의 형태로 많은 의미를 표현해 내고자 하는 인지적 활동의 결과이다.22) 실제 대화에서도 이러한 현상은 많이 나타난다.

> (12) 갑 : 하루 종일 뭐 했어?
> 을 : 컴퓨터하면서 놀았어.

위의 대화에 나타나는 문장의 의미는 매우 모호하다. '하루 조일'이라는 시간의 범위, '했어?'의 지칭 범위, '컴퓨터'를 통해서 한 일의 내용, '놀았어'의 의미와 시간의 양 등 적확하게 의미를 파악하려고 한다면 위의 대화는 매우 모호한 표현이다. 그러나 모든 것을 적확하게 표현하기 위해 많은 언어적 요소를 사용하는 것은 언어의 경제성에 위배되며, 더 근본적으로 인간의 인지 활동 방식에서 벗어난다. 의미를 생성하고 이해하는 퍼지(fuzzy)적 인지 방식은 경계의 모호성에 기초하고 있으며, 이로 인해 인간은 보다 창조적이고 생산적인 언어활동이 가능해 진다고 할 수 있다. 모호하다는 특성이 오히려 언어활동을 풍부하게 해 주는 원천인 것이다. 언어 의미의 모호함으로 인해 인간은 끊임없이 새로운 개념과 형식을 창출해 내며 언어의 확대가 이루어 나갈 수밖에 없는데, 은유와 환유의 예처럼 새로운 의미는 기존의 의미로부터 확대 재생산되어 가는 것이다.

---

21) 언어와 대상이 어떤 관계를 가져서 새로운 단일어가 생성되었는지를 밝히는 것이 언어학의 큰 숙제 중 하나인데, 인간의 인지적 활동의 범주에서 설명한다면 특정한 환경 속에서 존재하는 인간은 어떤 개념이 특정한 현상이나 구상물과 관계가 있다고 여겼을 것이고, 이것이 특정한 청각 영상과 어우러져 특정화된 행태(소)를 형성했을 것으로 가정해 볼 수 있다.

22) 유연성(2차 유연성)이 기존의 언어 형식을 활용하여 새로운 언어형식을 만들어 내는 방식이라면 기존의 언어형식을 활용하는 과정에서 '기억'이라는 인지 활동을 하게 된다. 인간이 기억을 하는 양은 제한이 있기 때문에 장기 기억에는 일정한 규칙이 적용되며, 기억의 생성에도 일정한 패턴이 존재한다. 그래서 어떤 것을 기억해야 할 때는 기존의 규칙이나 언어적 표상을 활용하고자 한다. 전화번호 '123-4567'이 '937-8625'보다 더 잘 외워지는 이유가 그것이다.

3. 언어의 형성과 관련된 자의성, 유연성

앞에서 제기한 바와 같이 왜 어떤 언어에서는 단일어로 되어 있는 단어가 다른 언어에서는 배의적으로 구성되어 있는지를 설명해야만 유연성이 인지 활동의 결과라는 주장의 타당성을 논증할 수 있을 것이다. 그러나 이것을 증명해내는 일은 언어의 기원을 밝히는 일과 같이 어렵다.[23] 왜 우리는 '손가락'이라고 배의적 방식으로 단어를 만드는데 반해 영어에서는 'finger'라는 단일어가 만들어졌는지에 대해서는 통시적인 측면에서 검토가 필요하다.

결론부터 말하자면 어떤 언어든지 '자의성에 의한 언어 형성기'가 끝나면 그 뒤부터는 자의성 단일어가 거의 나타나지 않는다는 점이다. 이 논의를 정밀하게 검토하기 위해서는 각 언어에서 단일어(또는 어근) 생성이 거의 종료되는 시점이 언제인지를 확인할 필요가 있으나 그것은 너무 방대한 작업이므로 차후에 연구해 보기로 하고, 국어의 경우에 기초 어휘를 통해 단일어 형성시기를 추정해 보고자 한다. 김종학(1995)에서는 우리말 기초어휘(basic vocabulary)를 선정하는 연구에서 '기초어휘 선정의 기준 시기를 15세기로 잡되, 기초어휘를 고대 한국어부터 오늘날까지 계속 사용되고 있는 순수한 고유어[24]이면서 단일어'[25]로 규정하고, 총 349어의 기초 어휘를 제시하였다.[26] 물론 중세 국어 시기 이후에도 '자의성 단일어(恣意性 單一語)'[27]가 생성되었을 가능성은

---

23) '[꽃]'을 왜 한국어에서는 '꽃'이라 했고, 영어에서는 'flower'라고 했을까 하는 것을 현재로서는 증명할 방법이 없다.

24) 우리가 통상적으로 고유어로 알고 있는 것도 차용어라고 주장한 연구 결과도 있다. 예를 들어 서재극(1986 : 86 ; 김종학, 1995 : 39에서 재인용)에서는 'ᄇᆞᄅᆞᆷ'[風]도 중국어 상고음 [pli̯əm]에서 차용한 것으로 보았다.

25) 이것은 물론 어원적으로 연구하면 여기에서 선정한 단일어들이 이미 파생이나 합성을 거친 것이라는 주장을 할 수도 있지만 그것은 여기에서의 논의 대상은 아니기 때문에 그에 대한 논의는 보류해 두기로 한다.

26) M. Swadesh는 영어 기초어휘 215항목을 선정하였고, 服部四郎은 일본어 기초어휘 457항목을 선정하였다. 김종학(1995 : 96) 참조.

27) 이 글의 뒷부분에서 자세히 논의하겠지만 여기에서는 단일어를 '자의성 단일어'와 '유연성 단일어'로 구분하고자 한다. '오라비겨집'으로부터 형성된 '올케'는 현재 국어사전에서 모두 '단일어'로 다루어지고 있는데, 이처럼 단어 형성의 근거가 분명한 단일어를 '유연성 단일어'로 다루고자 한다.

있지만 그 예가 미미할 것으로 생각되기 때문에 결국 한국어에서 자의성 단일어의 생성은 중세 국어 시기 이전에 이미 종료되었다고 가정해 볼 수 있는 것이다.[28] 영어의 경우도 배의성이 약하다고 하여 단일어가 계속 늘어나는 것이 아니고, 일정 시기가 지나면 배의적인 방식으로 단어를 만드는 것이 지배적이 된다. 2000년 이후 영어 옥스퍼드 사전에서 매년 등재되는 신어 중 '자의성 단일어'는 발견되지 않았다. 어떤 언어든지 자의성 단일어가 형성되는 일정 시기가 지나면 그 때부터는 배의를 통해 어휘를 형성해 가는 것이 일반적인 방식이라고 할 수 있다.

현재를 기준으로 하여 언어의 형성과 발전을 유연성의 관점에서 세 단계로 구분하여 보면, '언어 형성기-언어 변화기-현대 언어 정착기'[29]로 나눌 수 있는데, 한 언어에서 자연성이나 문화적 속성과 유연하여 생성된 기초 어휘들은 대부분 '언어 형성기'에 생겨났을 것이고(이것을 편의상 '자의성에 의한 단어 형성'으로 부르기로 한다),[30] 언어 변화기부터 기초 어휘들을 활용한 배의가 일어났을 것이다.[31]

이처럼 시기 구분을 하는 이유는, '배의성이 강하다 / 약하다'라는 개념의 관점이 '자의성에 의한 언어 형성 시기에 생성된 단일어의 수가 많거나 자의성에 의한 언어 형성기가 길거나'에 따른 문제이지, 그 뒤 이어지는 '언어 변화기-현대 언어 정착기'에는 적용할 수 없다고 보기 때문이다. 언어 변화기

---

28) 고대국어에 대한 자료가 풍부하면 아마 이에 대한 비교적 명확한 형성 시기를 밝힐 수 있겠지만 현재로서는 그것이 불가능해 보인다.

29) 앞으로도 계속 언어는 변화 발전해 나가겠지만 현재의 관점에서 보면 과거의 변화를 거쳐 현재로 정착되었다고 임의적으로 재단해 볼 수 있을 것이다. 그렇지만 여기에서 말하는 언어 형성기는 자의성에 의해 어휘가 형성되는 시점을 말하는 것으로 기간을 명시적으로 정할 수 있는 것은 아니다.

30) 모든 언어가 자의적으로 형성되는 것은 아니며, 대상과 유연성을 형성하고 있는 것들도 있다. 예를 들면 흰색은 대부분의 언어에서 순결이나 깨끗함을 상징한다든가, 야콥슨의 주장대로 동사의 단수형들이 복수형보다 훨씬 짧다는 점, 질문은 상승 억양을 가지고 있다는 점, 중요한 것이 덜 중요한 것보다 문장의 앞에 나온다는 점 등을 들 수 있다. 언어적 도상성(iconicity)에 대해서는 Haiman, J.(1983) 참조.

31) 이러한 관점에서 본다면 '언어가 자의적'이라는 정의도 수정되어야 한다. 언어를 자의성과 유연성의 측면에서만 본다면 자의성에 의한 의미 형성보다는 유연성에 의한 의미형성 비율이 절대적으로 높기 때문이다.

부터는 단일어라고 하더라도 앞에서 제기한 바와 같이 대부분 기존 언어 형식을 바탕으로 한 '유연성 단일어'이기 때문이다.

또한 이것은 한 언어권에서 특정 분야의 어휘가 풍부하다면 그 분야에는 단일어가 많다는 사실을 통해 설명이 가능하다. 가령 에스키모인들의 언어에서 '눈[雪]'의 종류에 관련된 단어는 20여 가지[32]나 되는데, 정작 그 상위어인 '눈'을 지칭하는 말은 없다고 한다. 이 모두가 단일어로 되어 있는 반면 영어는 눈의 종류에 해당하는 단일어가 'snow' 하나뿐이며, 나머지는 모두 유연성에 의해 형성된 단어들이다. 우리말에서도 농경 사회가 오랫동안 지속되어 오면서 '쌀'에 관한 명칭이 발달되었다. 예를 들어 우리는 '모―벼―쌀'과 같은 성장 단계별 단일어 의미 체계를 가지고 있지만 영어는 이 모든 것을 지칭하는 단어로 'rice'만이 있을 뿐이다. 이것으로 보아 지금까지 우리가 상식적으로 알고 있는 '한국어는 영어나 중국어에 비해 배의성이 강한 언어'라는 도식은 재고되어야 하는 것이다.

국어에서 단일어의 숫자가 적은 것은 일찍부터 한자와 한자어의 간섭을 받았기 때문이며, 다른 언어가 우리말에 들어와 단일어 어근으로서 우리 고유어의 체계에 영향을 미친 정도가 미미하기 때문이 아닌가 한다. 반면에 영어는 영어 어기를 기반으로 새로운 단어를 만들기 보다는 몇 백년 동안 많은 외래어가 유입되어 어휘가 구축되었기 때문에 자연히 단일어의 비중이 우리말보다는 클 수밖에 없는 것이다.[33]

따라서 배의성을 언어의 유형적 특성과 관련지어 분류하는 것은 무리가 있

---

32) qanik(내리고 있는 눈), aniu(음료수용 눈), aput(쌓여 있는 눈), pukak(고운 눈), piirtuq(눈보라), quviq(이글루를 만드는 잘라낸 눈의 덩어리), quna, piqsirpoq(바람에 밀려 가고 있는 눈), qimuqsuq(바람에 밀려 쌓여 있는 눈) 등

33) 인구어는 굴절어이기 때문에 굴절어의 특성을 반영하여 일물일어설(一物―語說)이 일찍부터 자리 잡았을 것으로 추측할 수 있다. '보봐리 부인'을 쓴 프랑스의 소설가 플로베르(Gustave Flaubert, 1821~1880)는 '하나의 사물을 나타내는 데는 단 하나의 단어밖에 없다'는 일물일어설을 주장하였다. 이는 단어 선택의 중요성을 강조하기 위한 말이지만 인구어에서는 단어에 '남성 / 여성'과 같은 性을 부여하여 하는 것으로 보아 한 단어에 인격을 부여하였는데, 이는 언어의 고유성을 중시하는 헬레니즘 문화의 영향이라고 본다. 한글을 창제할 때 자음과 모음 기본자를 만들고 가획의 원리에 의해 문자를 확장시켜 나간 것은 유연성을 강조한 우리의 언어관에 영향을 받은 것이 아닌가 한다. 문화에 따라 특정한 언어관이 반영된다는 것을 염두에 둔 것이다.

으며, 이는 통시적인 관점에서 한 언어권의 사회 문화적 속성에 기인하는 것으로 평가해야 할 것이라고 본다. 즉, 한국어가 배의성이 강한 언어가 아니라 통시적으로 볼 때 한국의 사회·문화적 환경34)으로 인해 일찍부터 유연성을 활용해 왔다고 보는 것이 더 타당한 해석이라고 본다.

4. 의미 형성에 적용되는 유연성·배의성 양상

4.1. 신어의 형성을 통해 본 유연성·배의성 실현 양상

유연성과 관련지어 볼 때, 국어에서 단일어의 형성은 대략 세 가지 경로를 통해서 이루어지는 것으로 추정할 수 있다. 한 가지는 언어 형성기에 도상성에 의해서 형성된 것이고, 두 번째는 언어의 변화기에 어휘적 변화에 의해 생성되는 경우, 세 번째는 외래적 요소에 의한 것이다. 대개의 경우 2차 유연성 원리가 적용되는 시기에는 자의성 단일어가 거의 생성되지 않으며, 어휘적 변화에 의해 생성되는 단일어의 용례도 많지 않다.35) 이를 제외하면 나머지는 모두 외래적인 요인에 의해 형성된 것으로 자의성 단일어를 제외하고는 모두 유연성을 통해 단어가 생성됨을 알 수 있다. 새로운 단어의 생성 기반이 고유어의 일반어화든지, 파생어의 단일어화든지, 외래어의 영향이든지 간에 모두 이전의 언어 형식에 기반을 두고 만들어진 것들이다. 신어가 만들어지는 단어형성의 원리에 대하여 Carroll, J. M. & Tanenhaus, M. K.(1975 : 51)에서는 두 가지 원리를 제시하고 있다.

① 의미적 차이가설(Semantic Gap Hypothesis) : 기존의 특정 단어로는 묘사할 수 없는 잘 형성된 개념(a well-formed concept)이 존재하면 거기에는

---

34) 사회·문화적 환경이란 해당 문화권이 지니고 있는 언어관 등이 반영된 것을 말한다.
35) 고유명사로 쓰이던 것들이 일반어화하거나 파생어가 접사를 떼고 단일어가 되는 경우('깨끗하-'가 '깨끗'으로 쓰이는 예 등이 있다.

이전의 단어들과는 의미적 차이가 존재한다. 그 의미 차이가 잠재적으로 어휘적 신어를 창조하는 잠재성을 가진다(The existence of a semantic gap creates a potential lexical neologism).[36)

② 최소최대 원리(MiniMax Principle) : 화자는 발화시 표층적 복잡성을 최소화하고 최대의 정보를 제공하려고 노력한다.

신어 창조의 원인과 방법이 비단 (1)과 (2)에 있는 것만은 아니지만 이는 유연성을 설명하는데 매우 용이하다. 왜 신어를 창조할 때 유연성이 적용되는 것이 일반적인가를 보여 주고 있기 때문이다. 일정한 개념이 형성되면 잠재적으로 새로운 단어를 생성하기 위한 분위기가 팽배해지고, 화자는 이 개념을 명명하는 방식으로 기존의 언어적 자료나 규칙들을 최대한 활용하는 것이다. 따라서 신어 창조에 적용되는 유연성 원리는 비단 한국어에만 적용된다기보다는 언어 일반에 적용되는 보편적 원리라는 점이다. 제한된 언어 자료를 가지고 무한의 대상 세계를 표현해야 하고, 더군다나 그것이 경제성을 갖기 위해서는 유연성의 활용이 필수적이라고 할 수 있다. 국어에서도 신어 형성시 다양한 방식으로 배의가 이루어지는데, 그 예를 들어 보면 다음과 같다.[37)

(가) 구정보+신정보

이미 존재하는 의미를 바탕으로 새로운 정보를 생성해 내는 방식이다. 새로운 개념이 필요하면 구정보에 신정보를 보태 새로운 개념을 창출해 내는 방식이다. 도식하면 '구정보(a)+신정보(b)=신정보(ab 또는 c)'와 같은 형태로

---

36) 네올로지즘(Neologisms)은 언어 사용자에게 생소함이나 새로운 느낌을 받게 하는 신조어(新造語) 또는 표현을 말한다. 이것은 한 언어권의 기존 단어로부터 새로 만들어진 단어나 외국에서 차용한 단어로서 한 언어권에서 널리 받아들여진 신조어를 말한다. 그러나 일단 이 단어들이 한 언어에 완전히 동화되어 버리면 네올로지즘으로서의 의미를 상실하는데, 그 예로 '유토피아(16세기 토머스 모어의 저술)·로봇(20세기 K. 차페크가 지은 말) 등을 들 수 있다. 네올로지즘은 신조어로서 형태상으로는 이미 존재하는 기존단어들과 유사하다.

37) Siegel(1978 : 201)에서는 'The task of the word formation rule is to create new words from core words.'라고 하였는데, 여기에서 말하는 단어 형성은 주로 복합어와 파생어를 만드는 것으로, 이 글의 '배의성'에 의한 어형성과는 관점이 약간 다르며, 여기에서는 배의성과 관련하여 어형성의 유형을 나눈 것이다.

나타난다. 이 때 구정보나 신정보는 선택적으로 드러나지 않을 수도 있으며, 신정보가 형태적으로 드러나지 않을 경우 '신정보(b)'는 '[+구정보의 확대 적용 필요]'의 속성을 지니며, 구정보가 드러나지 않는 경우에 '구정보(a)'는 [+외래성]을 갖는다.

이 유형은 단일어나 영파생의 형태로 나타나는 것이 일반적인데, 보통 다음과 같이 일곱 가지가 나타난다.

① 구정보의 재사용+신정보
1) 다의화(도토리, 곰, 손, 다리 등)
2) 고유명사의 일반명사화(도루묵, 벽창우-벽창호 등)

② 구정보의 형태적 재구+신정보
3) 음상 대립에 의한 신어 생성(설-살, 맛-멋, 늙다-낡다, 남다-넘다 등)38)
4) 합성성의 상실로 인한 단일어화
(건달파-건달, 朔月貰-사글세, 내흉-내숭,39) 긷웅-기둥, 지붕-지붕, 오라비겨집-올케, 왕따-따, 味元40) 등)
5) 사어(死語)의 새사용(동아리, 도시락, 모꼬지 등)
6) 영변화(零變化, zero modification)에 의한 파생
(신(履)-신다, 띠(帶)-띠다, 안-안다, 품-품다, 자(尺)-자이다 > 재다)41)

③ 구정보(외래성)+신정보
7) 외래어의 요인(고오꼬오이모-고구마, 담바구-담배,42) 노 터치-노다지 등)

---

38) 이 글에서 어떤 어형이 먼저인지에 대해서는 논외로 하기로 한다. 김정은(1995 : 24)에서는 이를 내적 변화 파생법으로 다루었다. 이 경우는 어떤 형식을 배경으로 다른 형식이 등장했는지 파악하기가 어렵기 때문에 파생으로 보기 어렵다.
39) 한자어의 고유어화에 대해서는 조남호(1994) 참조.
40) 상표명인 미원은 조어시에는 복합성을 가졌지만 화학 조미료라는 일반적인 의미를 갖게 되면서는 복합성을 상실하게 되었다.
41) 영변화(zero modification)에 의한 파생에 대해서는 김규철(2005 : 34) 참조. 굴절(국어의 경우는 어미 첨가)은 단어 형성 방법에서 제외하고 있음.
42) 장유(張維)의 「계곡만필」(谿谷漫筆)에 담배 피우는 법은 본디 일본에서 온 것이니, 일본 사람은 이를 '담박괴(淡泊塊)라 한다'라고 써 있다. 그 이후, 민요에 '담바구타령' 같은 것도 보이는데, '토바코(포르투갈어) > 다바코(일본) > 담바구 > 담배'로 된 것이라 볼 수 있다.

‘구정보＋신정보’로 새롭게 형성된 의미는, 투명성의 정도 차이는 있지만 모두 구정보와 의미적 연관성을 가지고 있음을 알 수 있다. 위의 유형은 모두 영어나 일본어, 중국어 등 어떤 언어의 경우에도 나타나는 일반적인 현상들이다.

(나) 구정보＋구정보

위의 경우와는 달리 ‘구정보’와 ‘구정보’가 만나 신정보를 형성하는 유형이 있다. 단어 형성시의 파생법이나 합성법의 대부분이 여기에 해당된다. 국어에서 비통사적 복합어의 예들이 많이 등장하는 것으로 보아 어근이 복합할 때, 기존 어기들을 연결하여 일정한 복합이 이루어지고, 이것이 점차적으로 생산성을 획득하게 되면 하나의 규칙으로 굳어져 복합법이라는 규칙으로 작동하게 되는 과정을 거치는 것으로 추론해 볼 수 있다.

파생법은 주지하다시피 특정 접사가 생산성을 갖게 되면, 그 뒤로는 그것과 접합 가능한 단일어나 복합어에 폭발적으로 연결된다. 파생어는 배의성에 의한 의미결합의 예가 생산적임을 나타내 주는 가장 좋은 예들이다. 이것도 6가지 유형으로 구분해 볼 수 있다.

④ 자립적 구정보＋자립적 구정보
　　8) 통사적 복합어－눈물, 집집, 개돼지, 손발, 귀머거리, 줄넘기 등

⑤ 비자립적 구정보＋자립적 구정보(또는 자립적 구정보＋비자립적 구정보)
　　9) 비통사적 복합어－늦벼, 뾰족탑, 넓적다리, 살아생전,[43] 감발, 신발[44]
　　10) 의미적 파생 : 맨－, 올－, 풋－, －쟁이
　　11) 문법적 파생 : －음, －기, －이, －히, －스럽 등

⑦ 비자립적 구정보＋비자립적 구정보
　　12) 접사＋접사[45] 형－올챙이, 핫퉁이, 막둥이

---

43) 여기에서의 ‘살아’는 ‘살아오다, 살아가다’의 ‘살아’와는 달리 ‘사는 동안’의 의미를 지니고 있으며, ‘살아－평생, 살아－생이별’에서처럼 제한적으로 나타난다.

44) ‘감발’이나 ‘신발’은 특이한 구조를 보이는 복합어로 ‘발에 감는 것’, ‘발에 신는 것’의 의미를 가지고 있다. 이러한 방식의 복합어는 ‘계집’ 등에서도 나타나는 것으로 보아 특정 시기에 사용된 복합법의 일종으로 보인다.

45) 여기에 대해서는 논란의 여지가 있을 수 있으나 현재 결합형들이 사전에서 접사로 처리되고 있

13) 혼성 결합으로 인한 자립성 상실 — 아점(아침 점심), 열공,[46] 얼짱(얼굴
    ＋짱)[47]

이들을 배의성의 관점에서 살펴보면, 단어 형성의 원리가 형태론적 규칙에
따른다기보다는 의미론적 결합에 의존하고 있다는 것을 알 수 있다. 특히 문
장 안에서 인접해서 쓰이는 표현들이 단어화 하는 경향이 두드러지는 것으로
보아 역시 배의성이 인지적 활동의 결과[48]로 나타난다는 것을 재확인 할 수
있다. 이처럼 새로운 단어의 생성은 그것이 설사 단일어라고 하더라도 기존
의 언어 형식을 기반으로 한 배의를 통해서 이루어짐을 알 수 있다. 전명
미·최동주(2005)에서는 2002~2004년 나타난 신어를 분석하면서 문금현
(1999)를 보강하여 신어가 기존의 언어 형식과 얼마나 관련이 있는지를 표로
정리하였다.

〈표 2〉 신어 생성시 유연성의 적용 여부에 따른 구분

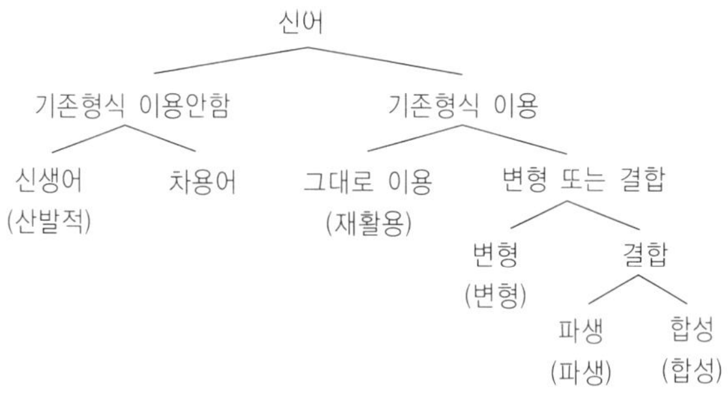

어 그것을 반영하였다.

46) '열공'처럼 명사형으로 쓰이기도 하지만 대부분 '열공하다'형으로 쓰이는데, 본래 의미는 '열심
    히 공부하다'이다. 명사형으로 쓰이는 예는 '열심히＋공부'로 쓰여 비통사적 복합형에 해당한다.

47) 언어의 축약화·혼성화 현상은 2000년대 들어 급속하게 확대되어 가고 있는데, 그 이전에는 원래
    복합어가 사용되다가 축약형이 사용되는 것이 일반적이었으나(노동조합—노조, 야간자율학습—야
    자), 2000년 이후 들어서는 원래 형태가 쓰이지 않고 절단형만 사용되는 예(택배(←주택배달), 전
    철(← 전기 철도), 명퇴(← 명예 퇴직))들이 보인다.

48) 같은 표현들이 인접해서 나타나는 빈도가 높으면 화자들은 이를 더 간단하게 표현하고자 하는
    욕구가 생긴다.

기존 형식을 이용하지 않은 것으로 '아햏햏, 로플로플, 아자'를 들었으나, '아햏햏, 로플로플'은 이미 사용되지 않는 일시적 유행어이고, '아자'는 감탄사에 해당하는 것이므로, 신어와 차용어는 기존의 언어 요소를 이용하지 않았다고 할 수 없다.[49] 이렇게 보면 랑그로서 굳어지는 신어는 어떤 형태이든지 기존 언어적 요소의 바탕 위에서 생성되는 것임을 알 수 있다. 결국 언어 변화기에 나타나는 대부분의 어휘 생성은 기존의 언어적 요소를 근간으로 하여 새로운 언어가 생성된다는 배의 방식을 따르는 것이다. 이러한 방식은 한국어에만 국한되어 있지 않고 유형은 조금씩 다르지만 영어를 비롯한 외국어에도 예외가 아니다.[50]

4.2. 제 언어 현상에 적용되는 유연성 · 배의성 양상

유연성 원리를 적용하여 언어를 재생산해내는 것은 단지 합성어나 파생어를 만드는 차원에서 끝나지 않고, 다양한 언어 현상에도 적용된다. '동의중복', '한자 훈음', '고유명사(지명 · 인명 표기)', '과대 적용', '단형과 장형'[51] 등 많은 언어적 현상의 기저에 유연성 원리가 적용되고 있음을 확인하고자 한다.

4.2.1. 의미 명료화를 위한 적용

(가) 동의 중복

동의 중복에 대해서는 그 동안 많은 논의가 있었으나, '역전(前)앞', '처가(家)집'과 같이 나타나는 현상에 대하여 '잘못 쓰이는 예', '잉여적 언어 형상' 등으로 다루는 경향이 높았으며, 노명희(2006)에서는 이러한 어형이 쓰이는

---

49) '아햏햏, 로플로플'이 일시적으로 광범위하게 사용되다가 사용되지 않는 것은 의미의 모호성때문이기도 하지만 기존의 언어형식과 유리되어 언중들이 그것을 생산적으로 상요하기 어렵기 때문이기도 하다.

50) 정인교 · 양용석(2000)에서는 영어 단어의 신어가 지닌 생산성에 대해 분석하면서 '이 새로운 단어들은 이질적인 것으로서 이전의 텍스트에서는 볼 수 없었던 것이지만 이들이 이전에 생성된 유형의 단어들과 전혀 관계없이 형성되지는 않으며, 완전히 새로운 유형의 신조어는 있을 수 없다'고 하여 영어 신조어의 경우도 결국 배의에 형성됨을 설명해 주고 있다.

51) 이것에 대해서는 김규철(2005 : 267~294) 참조.

원인을 '한자어에 대한 인식의 변화'에서 찾고 있다. 그러나 이것을 좀 더 인지적으로 접근해 보면 유연(배의)성의 측면에서 설명해야 한다. 복합어라고 하더라도 언중들이 그것에 대한 복합 의식이 없거나 오랜 사용으로 복합어라는 인식을 하지 못하게 되면 의미를 보다 분명하게 전달하기 위해 보다 확실한 의미를 배합하는 것이다. 신어에 관련된 논의에서 외래어는 대부분 원어의 조어 방식에 상관없이 단일어로 인식된다는 경향에 대해서 언급하였는데, 한자어를 단일어로 인식하게 되면 자연히 유연(배의)성에 의해 어형 확대가 일어난다. 문제는 왜 단일어로 인식되는 단어의 한 요소를 의미 중복해서 사용하는가 하는 것인데, 이것은 의미를 보다 분명하게 전달하려는 욕구에서 비롯된 것이다. 구정보를 통해 신정보를 명료화하려는 것은 언어 운용에서 광범위하게 적용된다. 유연(배의)성에 의한 어형 확대는 비단 의미 확대에서 뿐만 아니라 의미의 명료화에도 적용되는 것을 확인해 주는 증거이다.

(나) 한자 훈음(訓音) 학습에서 나타나는 유연성 원리

중국에서 유입된 한자를 익히기 위해 의미와 음을 한꺼번에 익히는 '천자문'식 학습법은 우리 조상들의 뛰어난 언어 인식을 보여 주는 것이다. 유연성 원리를 적용하여 언어를 습득하는 방식을 택한 것이다. 외국어의 음과 의미를 습득하기 위해 이미 존재하는 의미를 활용하는 것이다. 대표 훈을 정해 한자를 익히는 것은 이미 존재하는 언어를 통해 새로운 언어를 익히도록 하는 연상 방식을 활용한 것이다.

이것은 훈에 대한 인식 변화에서도 뚜렷해진다. 예를 들어 '꽃부리 英'에서 '꽃부리'라는 단어가 거의 쓰이지 않아 의미가 불명확해지면 이를 '뛰어날 英'로 익힌다든지, '계집 女'에서 '계집'이라는 의미가 비하되자 이를 '여자 女'로 쓰는 경향이 나타나는 것이다. '여자 女', '창고 庫'와 같이 한자어를 훈으로 쓰는 것에 대해 비판이 있지만 유연성 원리에 따르면 이는 자연스러운 현상이 된다. '창고'나 '여자'는 이미 확고한 의미 영역을 확보하고 있기 때문에 이것의 한자 표기 '女子', '倉庫'를 모르더라도 상관이 없는 것이다. 동일한 원리로 '정성 誠', '성품 性', '강할 強'에서도, 앞에 쓰인 훈에 이미 동일 의미의 한자가 쓰이고 있지만, 훈으로 쓰이는 '강할'은 이미 알려진 구정 보이고, '强'은 신정보이기 때문에 이 둘을 합해 하나의 의미 연상망으로 형성하면 언어 운용이 훨씬 쉬어지는 것이다.

4.2.2. 적용상의 전이 현상과 관련된 유연성

(가) 고유 명사의 생성

단어가 생성되어 활성화[52]되면 그 단어는 조어원으로서 자격을 갖게 된다. 활성화된 언어는 사람들의 의식 속에서 마치 자연적 도상성에 의해 형성된 언어 요소처럼, 또한 존재와 대상 간에 필연적인 속성이 있는 것처럼 의식하게 되는데, 여기에서는 이것을 '2차 유연성 원리'에 의한 작용으로 설명하였다. 사람 이름을 지을 때 기존에 존재하는 어떤 글자나 단어가 필연적으로 그 의미를 갖고 있다고 생각하여 이름이라는 언어적 형식에 유연성을 부과하는 것과 같은 원리이다. 동양에서 사주를 반영하여 이름을 짓는다든지, 동양이나 서양에서 자신들이 살고 있는 지형이나 직업적 특성을 반영하여 이름을 짓는 것 등도 2차 유연성을 반영한 결과이다. 지명의 특성도 역시 마찬가지인데, 지형적 특성을 반영하는 어휘를 지명에 반영한다든지, 그 지역의 특산물이 지명에 반영되는 것도 모두 유사나 인접의 원리가 적용되는 2차 유연성 원리에 의해 생성되는 것이다.

(나) 과대 적용

과대 적용이란 하나의 언어 규칙을 그 규칙이 적용되지 않는 다른 언어 현상에도 적용하는 것을 말한다. 민간어원이나 오유추(誤類推) 같은 현상이나 언어 습득 시 나타나는 문법의 과대 적용 등이 이에 해당한다. 그러나 이러한 현상이 나타나는 기저에는 역시 유연성 원리가 자리하고 있다. 예를 들어 접미사 '－的'이 활성화되자 의미 결합 관계상 결합이 어려운 '공무원적 사고,

---

52) 국립국어원(2002) 빈도조사에 따르면 문법형태소를 제외한 순위 300위까지의 단어가 모두 3음절 이하(어미 '－다' 제외)의 단어들이다. 이것은 음절수가 많으면 조어원으로 작용하기 어렵기 때문이 아닌가 한다.

문제적 인간'과 같은 표현이 등장하게 되며, '먹었습니다'에서 문법소 '-습-'에 해당하는 문법 규칙을 획득하고 나면 이것과 유사한 '먹었음'을 '먹었슴'처럼 사용하는 경향이 나타나는 것도 이러한 것에 기인한다. 민간어원설로 설명되는 '양지ᄒᆞ다53) > 양치(養齒)하다'의 경우도 행위와 대상이 인접해 있어서 변화가 일어난 경우이다. 구정보인 '齒'가 행위에 적용되어 의미를 강화하는 경우이다.

5. 의미 형성에서의 유연성·배의성 원리

이상의 내용을 정리하여 한국어에서 나타나는 유연성·배의성 원리를 설정해 보기로 한다. 언어는 자의적인 속성과 유연적 속성을 가지고 생성된다. 대부분이 자의적 속성을 가지지만 언어에는 자연적 도상성(iconicity)54)도 분명히 존재한다. 그래서 이처럼 언어 생성시 적용되는 두 원리, 즉 자의성에 의해 생성되는 단일어를 '자의성 단일어'라고 하고, 자연적 도상성을 지니는 단일어를 '유연성 단일어'55)로 분류하고자 한다. 그리고 이 유연성 단일어 형성에 적용되는 원리를 '1차 유연성 원리'라고 하고, 1차 유연성 원리는 '유사(類似)' 조건에 의해 형성된다고 보았다.

'자의성'과 '1차 유연성 원리'에 의해 형성된 단일어나 각각의 형태소는 오래 쓰이다 보면 사람들의 의식 속에서 '의미적 도상성'으로 자리 잡게 된다. 일정한 표현을 반복해서 오래 쓰다 보면 그 형태와 의미 사이에 어떤 필

---

53) 조선시대에 '이'를 청소하는 것을 '양지질'이라고 했었는데, 이에 대한 어원 의식이 점차로 희박해져가면서 19세기에 와서 이것을 '이'의 한자인 '치'에 연결시켜서 '양치'로 해석하게 되어 '양치질'로 변하였다. '박통사언해(1677, 하 : 2)'에도 '져기 믈 가져오라 내 양지질ᄒᆞ쟈'가 나온다.

54) 자연적 도상성이란 언어의 생성시 자연의 유사한 속성을 모방했다면 그것을 '자연적 도상성'으로 취급하고자 한다. 국어에 나타나는 도상성에 대해서는 임지룡(2004) 참조.

55) 예를 들어 국어에서 '엄마, 어머니', '아빠, 아버지'의 경우는 많은 언어에서 발견되는 모친계 : /m/ 음, 부친계 : /p, b/ 음이 발견된다. 이것이 무엇을 근거로 형성되었는지 알 수는 없지만 유연성을 가진 것으로 간주할 수 있다. 의성어, 의태어 등에서 현저하게 나타난다.

연적인 속성이 있는 것처럼 간주되어 어감이라는 것이 생기고, 단어에 대한 선호도가 형성된다. 한글 이름에 '아람, 아름' 등이 가장 많이 쓰이는 것이나, 지명이나 회사명, 상품명 등에서도 의미 선호도가 높은 단어를 사용하는 현상을 통해서도 이를 확인할 수 있다. 이렇게 하여 기존의 단일어나 형태소가 결합되게 되는데 이것을 배의성(motivative compound)이라고 한다. 그러므로 배의성은 2차 유연성 원리의 적용을 받아 나타나는 특성이며, 1차 유연성 원리가 적용되는 시기가 지나면 어떤 언어에나 나타나는 현상이다. 배의성은 형태적 배의와 의미적 배의로 구분할 수 있는데, 형태적 배의는 파생어나 합성어, 등으로 나타나며, 의미적 배의는 다의(多義)나 음상 변화의 형태로 나타난다. 형태적 배의는 구정보와 신정보를 배합하는 방식으로 의미를 구축하여 사람들이 구정보를 통해 의미 추론이 가능하도록 하는 것이다. 이것을 정리해 보면, 유연성의 원리는 언어 의미를 형성하는 여러 원리 중 필연적으로 나타나는 원리이며, 배의성은 유연성의 적용 과정 중 한 부류에 해당하는 것으로 이도 역시 언어 운용의 필연적 방식이다. 이것을 표로 정리하면 다음과 같다.

<표 3> 유연성·배의성 원리 적용 과정

<table>
<tr><td rowspan="3">대상물
(외부
세계)</td><td>1차 유연성 원리 적용
(자연적 도상성)</td><td>유연성 단일어
생성</td><td rowspan="3">2차 유연성
원리 적용
(의미적 도상성)</td><td rowspan="2">형태적
배의</td><td>신정보+구정보의
배합</td></tr>
<tr><td rowspan="2">자의성에 따라 단어
형성</td><td rowspan="2">자의성 단일어
생성</td><td>구정보+구정보의
배합</td></tr>
<tr><td>의미적
배의</td><td></td></tr>
</table>

위의 도표를 기반으로 해서 설명하면 결국 유연성(또는 배의성)이 더 강한지의 여부는 언어 내적 특성과 언어 외적 특성으로 구별하여 생각해 볼 수 있다. 먼저 언어적 특성으로는 우리 언어가 교착어라는 사실이 단어 형성에서 일찍부터 배의적 방식을 택하는데 기여했을 것이다. 교착어는 실질 형태소에 문법 형태소를 부착하여 문법적 속성을 나타내는 것이므로 이것을 단어에도

자연스럽게 적용했을 것이다. 다음으로 언어 외적 요인으로는 두 가지 가능성을 제시해 볼 수 있다. 한 가지는 1차 유연성·자의성에 의한 언어 형성의 시기가 길게 나타났을 가능성이다. 이것은 문명의 발생, 발전 유지 시기와 관련이 많다고 보이는데, 언어 형성의 시기에 풍부한 문명이 형성되었다면 1차 유연성이나 자의성에 의한 단일어가 많아졌을 것이다. 두 번째는 외래어의 유입 정도가 단일어를 풍부하게 하는 요인이 된다. 외래어는 대부분 원어의 단어형성 방식을 고려하지 않고 단일어로 취급되는 경향이 강하기 때문에 단일어를 풍부하게 하는 요인으로 작용한다. 이상의 내용을 종합해 보면 한국어가 배의성이 강한 언어라고 보는 것은 지나치게 광막한 단정이라고 할 수 있다. 유연성·배의성이 인지적 언어 운용의 결과라고 한다면 한국어에서 배의성과 관련된 2차 유연성 원리가 일찍 적용되기 시작하였다는 것이 보다 타당한 지적이라고 본다.

지면상 문장 층위나 화용 층위의 유연성에 대해서는 다루지 않았으나 변화무쌍한 문장도 결국 일정한 구조나 방식에 의존하고 있으며, 한 언어권 내에서 일정한 분체나 수사적 표현 방식을 가지고 있다는 것도 결국 모든 언어 사용의 기저에 유연성의 원리가 자리 잡고 있음 보여주는 증거이다. 이에 대해서는 차후에 논의해 보기로 한다.

참고문헌

국립국어연구원(2002), 『현대 국어 사용 빈도 조사』, 국립국어연구원.

김광해(1995), 『어휘 연구의 실제와 운용』, 서울 : 집문당.

김규철(2005), 『단어 형성과 도상성에 관한 연구』, 서울 : 박이정.

김기석 역(1993), 『뇌』, 서울 : 성원사, 254~256면.

김정남(2007), 「의미 투명성과 관련한 국어의 제 현상에 대하여」, 『한국어 의미학』 22, 한국어 의미학회, 1~23면.

김정은(1995), 『국어 단어 형성법 연구』, 서울 : 박이정.

김종학(1995), 「한국어의 기초 어휘 연구」, 중앙대학교 박사학위논문.

김현권·목정수 역(1992), 『소쉬르의 일반언어학 강의』, 한불문화출판.

나익주(2006), 「'정'과 '한'의 은유적 개념화」, 『한국어 의미학』 20, 한국어 의미학회, 91~120면.

노명희(2006), 「국어 한자어와 고유어의 동의 중복 현상」, 『국어학』 48, 국어학회, 259~288면.

류구상(1987), 「동의 중첩어의 구성 차례」, 『한남어문학』 13, 한남대학교, 699~719면.

문금현(1999), 「현대국어 신어의 유형 분류 및 생성원리」, 『국어학』 33, 국어학회, 295~325면.

민현식·이찬규·김왕규·이준석 외(2003), 『초등학교 교과서 한자어 및 한자 분석 연구』, 국립국어원, 148~157면.

안민수(1989), 「복합명사의 통사의미론적 연구」, 이화여자대학교 석사학위논문.

유목상(2007), 『한국어의 문법 구조』, 서울 : 한국문화사.

이숭녕(1960), 「국어의 의미론적 반성」, 『예술원보』 V, 예술원.

______(1988), 「국어의 어휘 구조의 특징」, 『한국문화사 대계』 V, 언어 문학편, 고려대학교 민족문화연구소, 266~267면.

이익섭(1983), 「현대 국어 반복 복합어의 구조」, 『국어학연구 백영 정병욱 선생 환갑 기념 논총 I』, 서울 : 신구문화사, 42~68면.

이재인(1999), 「동의중복어의 구조」, 『배달말』 25, 배달말학회, 27~37면.

이찬규(1997), 「腦의 언어처리 모델을 기반으로 한 문장 의미 분석 모형」, 『어문연구』 25-3, 한국어문교육연구회.

______(2002a), 「언어 인지적 관점에서 본 이미지 통합 현상에 관한 연구」, 『어문논집』

　　30, 중앙어문학회.

이찬규(2002b), 「단어 연상에 관한 조사 연구 (Ⅰ)」, 『어문연구』 30-2(통권114호), 한국어
　　문교육연구회.

______(2004), 「발화 의미 분석의 시스템적 접근」, 『한국어 의미학』 15, 한국어의미학회,
　　27～50면.

임지룡(1983), 「의미 중복에 대하여」, 『배달말』 8, 배달말학회, 35～60면.

______(1993), 「의미범주의 원형탐색에 관한 연구」, 『국어교육연구』 25, 국어교육연구회.

______(1997), 『인지의미론』, 서울 : 탑출판사.

______(1998), 「다의어의 비대칭 양상 연구」, 『언어과학연구』 15, 언어과학회.

______(2004), 「국어에 내재한 도상성의 특성과 의미양상」, 『한글』 266, 한글학회,
　　169～203면.

전명미·최동주(2005), 「신어의 단어 형성법 연구」, 『한민족어문학』 50, 한민족어문학회,
　　44면.

정인교·양용석(2000), 「신조어의 생산성 분석에 관한 연구」, 『현대문법연구』 19, 현대문
　　법학회, 109～138면.

조남호(1994), 「한자어의 고유어화」, 『국어사 자료와 국어학의 연구』, 서울 : 문학과 지성
　　사, 842～860면.

조항범(2006), 「地名의 同義 重複 현상에 대하여」, 『한국어의미학』 21, 한국어의미학회.

조현용(1996), 「동의 중첩에 의한 단어형성 연구」, 『어문연구』 92, 한국어문교육연구회,
　　125～138면.

천시권·김종택(1988), 『국어의미론』, 서울 : 형설출판사, 105면.

채　완(1993), 「국어 반복어의 구성 방식」, 『형태』. 서울 : 태학사, 305～327면.

채현식(2000), 「유추에 의한 복합명사 형성 연구」, 서울대학교 박사학위논문.

최경봉(1999), 「단어 의미의 구성과 의미 확장의 원리」, 『한국어학』 9, 한국어학회,
　　307～331면.

최규일(1989), 「국어의 어휘 형성에 관한 연구」, 성균관대학교 박사학위논문.

최상진(1997), 「합성어 의미형성의 유기체적 관계론에 대하여」, 『한국어의미학』 1, 한국
　　어의미학회.

최영애(1998), 『중국어란 무엇인가』, 서울 : 통나무.

최재희(2000), 「국어 중복 표현의 유형과 의미 구조의 특성」, 『국어학』 36, 국어학회
　　401～426면.

Carroll. J. M. & Tanenhaus. M. K.(1975), Prolegomena to a functional theory of word
　　formation, In R. Grossman. J. San & T. Vance(Eds.), Papers from the
　　Parasession on, Functionalism, pp.47～62, Chicago : Chicago Linguistic
　　Society.

Haiman. J.(1983), Iconic and economic motivation, Language 59, pp.781~819.

Siegel. D.(1978), The Adjacency Condition and the Theory of Morphology, NELS VIII, pp.189~197.

S. Ullmann(1962), Semantics : An Introduction to the Science of Meaning, Oxford : Basil Blackwell.

이항·다항 유의어의 분포와 생태적 특성*

이광호

1. 이항·다항 유의어의 과제

이항·다항 유의어는 동일한 의미를 가진 단어가 이항·다항으로 이루어진 단어관계이다. 일반적으로 유의어는 이항으로 이루어진다. 이항의 유의어는 생멸이라는 일반적 생태적 속성에 따라 변화한다. 약육강식의 생태적 논리는 언어 현상에서도 마찬가지로 작용한다. 생태학이란 단어는 1866년 Haeckel의 일반 형태학이라는 책에서 최초로 사용되었다. 생태학은 일정한 환경 내에서의 생물군 또는 생물군 집단의 상관성을 연구하는 학문이다.[1] 자연계란 모든 식물과 동물, 그리고 그 주변의 환경이 서로 연관관계를 가지면서 질서 정연하게 조절되는 체제이다. 따라서 언어학도 자연계의 생멸과 같은 유기적 개체로 파악할 수 있기 때문에 생태학의 이론적 근거는 언어의 변화를 설명하는 데 많은 도움을 줄 수 있을 것으로 기대한다. 생태학은 식생지대나 동물 집단에서 나타나는 어떠한 패턴을 중시한다. 이러한 패턴은 어휘 집단에서도 마찬가지로 나타난다. 언어는 일종의 군집(어휘장)을 이룬다.

---

* 이 논문은 『국어학』 53, 국어학회, 229~256면에 실린 것임.

[1] 노태호 외 공역(2000 : 352~353)을 참조할 것. 생태학, 특히 군집 생태학에 대한 자세한 논의는 『인간과 자연 생태학(군집생태학)』, 아카데미서적을 참조할 것.

이러한 군집을 통하여 언어를 판단하고 그 변화를 예측한다. 군집이라는 용어는 생태학에서 1) 종의 집단으로서 군집, 2) 구체적 군집과 추상적 군집, 3) 개체군의 집합으로서 군집, 4) 주기적인 공간 점유를 통한 상호 작용으로서의 군집을 통하여 정의한다. 이러한 면에서 어휘의 군집도 동일한 방법으로 논의가 될 수 있다. 어휘에 있어서의 어종, 구체성·추상성에 따른 의미, 어휘 관계, 유의어·대립어 등은 개체군의 집합으로서의 군집으로 규정할 수 있기 때문이다.2) 언어는 생명체의 생멸 과정에서 나타나는 경쟁, 간섭, 쟁취라는 생태계에서의 속성과 동일한 면을 보인다. 언어를 생태학의 관점에서 접근하는 것은 언어의 유기적 규칙을 발견하는 데 많은 도움을 줄 것이다.

이 글은 이항과 다항 유의어에서 나타나는 생태적 변화가 서로 상이하다는 점을 중시하여 이들의 변화과정을 추적하고자 한다. 공시론적 상태에서 유의어는 항상 표현의미 차이, 통사론적 변별기제, 다의적 의미라는 체계 하에 유지된다. 이들은 통시적으로 통합, 분화, 지속이라는 현상으로 나아간다.3) 통합, 분화, 지속으로의 변화는 일정한 패턴을 가진다. 공시적 현상과 통시적 변화 사이에서 규칙적인 생태성을 동반한다. 그런데 이항·다항의 관계는 동일한 언어 현상인 유의관계를 형성하면서도 동일한 생태적 변화를 동반하진 않는다.

시스템이란 여러 개의 부분들이 모여 일련의 과정을 통하여 상호작용하는 집단이다. 이에 전체론(holism)이란 개념은 상호작용하는 각 부분들이 결합하여 새로운 성질을 갖게 되는 것을 말한다. 다시 말하면 전체란 부분들의 합 이상을 나타낸다. 이처럼 부분들이 합하여 새로운 성질을 보여주는 전체를 시스템이라고 부른다. 어떤 경우에는 시스템의 전체성이 강조되고, 또 어떤 경우에는 구성요소간의 상호 작용이 강조되기도 한다. 시스템의 크기와는 관계없이 시스템 내에는 시스템을 구성하는 부분들이 존재하기 마련이다. 화학

---

2) 이광호(2008 : 1~26)에서 유의어의 변화를 개체군의 집합으로서의 군집으로 설정하여 그 생태적 특성과 관련하여 논의한 바 있다.

3) 자세한 것은 이광호(2003 : 169~188)에서 논의한 유의어의 공시적 현상과 통시적 현상과의 연관성에 대한 카이제곱 검정 결과를 참조할 것.

시스템을 구성하는 화학물질이 있고, 생물시스템을 구성하는 세포와 기관이 있고, 생태계를 구성하는 생물과 이를 둘러싼 물리적 환경이 있으며, 환경 시스템을 구성하는 인간과 자연 사이의 수많은 작용들이 있다.[4] 이러한 시스템 이론에 따라 언어도 마찬가지의 시스템을 구성한다. 이 글에서는 시스템의 개념을 이항과 다항 유의어에 적용해 보고자 한다. 왜냐하면 이항은 최소 요건의 유의관계이지만 다항은 이항이 부분으로 작용하기 때문이다. 즉 부분적인 요소와 전체적인 요소의 관계를 통해 살펴볼 근거가 있을 가능성이 있기 때문이다. 물론 이항은 그 자체로 완전한 유의관계이다. 하지만 복합적인 유의관계 속에서는 부분을 형성한다. 이러한 경우 부분의 합에 의한 새로운 시스템을 형성할 가능성을 가지기 때문이다. 또한 상호 작용을 찾을 수 있는 구성 요소간의 관계도 분명히 할 수 있을 것으로 보이기 때문이다.

홍사만(2003 : 13~29)에서도 언어의 생태적 변화를 논한 바 있다. 언어의 변화를 고민하면 이러한 생태성에 대한 관련성은 충분히 감지된다. 과거의 언어 사실에 대한 생태적 규명은 언어의 변화와 관련하여 중요한 작업이다. 언어에 있어 생태학석 접근이 가능한 것은 언어 자체가 환경 의존적인 존재라는 것과, 언어의 내부에도 역학적인 힘의 논리가 엄존하여 이에 따른 생멸과 조화와 균형을 이루는 질서가 발견되기 때문이다. 언어 현상에서 존재하는 생멸과 조화와 균형의 원칙은 생태계에서 존재하는 원리와 동일하게 작용한다. 이를 위하여 언어는 기존의 논리에서 나타나는 환경 속에서의 동일성, 혹은 이를 깨뜨리려는 욕구, 약육강식과 적자생존이라는 힘의 논리 등을 적용하고 있다. 이러한 힘의 논리는 유기체로서의 특성을 가진 대상이라면 어떤 것이라도 이런 논리성을 내포하고 있다고 봐도 좋을 것이다.

이 글은 이항·다항 유의관계를 통하여 어휘의 양상에서 설명할 수 있는 생멸의 논리를 두 가지 면에서 살펴보고자 한다. 우선, 생성과 소멸의 단계에서 나타나는 단순한 생태성이 어떻게 존재하는지 그 현상을 분석할 것이다. 이는 주로 이항 유의어에서 이루어진다. 그리고 이러한 이항 유의어의 양상

---

4) 박석순 외 옮김(2000), 『시스템 생태학』, 도서출판 아르케, 36~37면에서 인용하였음.

이 다항 유의어라는 새로운 시스템을 형성하는지를 규명할 것이다. 그렇지 않으면 다항 유의어라는 시스템이 이항 유의어와 어떤 연관성을 이루는지를 살펴볼 것이다. 부분이 전체에 어떤 영향을 미치는지 혹은 전체가 부분의 변화에 얼마나 동참하는지가 점검의 대상이 될 것이다.

2. 이항·다항 유의어의 분포적 특성

이항 유어어는 대립항이 두개의 단어 항으로 분화되어 있는 이항 분화 유의어를 말한다. 이항 유의어는 대체로 자기 역할이 뚜렷한 유의어항이다. 생태성은 변화를 전제한다. 변화의 결과를 통해 그 변화의 이유를 분명히 찾아낸다. 따라서 이 글은 연구의 대상을 중세어 항목에서 출발한다. 연구 대상이 되는 이항 유의어는 다음과 같다. 편의상 공시적 현상과 통시적 현상의 관련 속에서 이들을 살펴보고자 한다.[5]

2.1. 공시적 현상

공시적 현상에서 나타나는 유의어군은 다의적 용법과 표현의미의 적용, 통사론적 변별기제로 작용한다. 공시적 현상에서 나타나는 다의적 용법은 어떤 단어가 가진 다의성 중에서 다른 단어와 동일 의미 영역을 형성하는 경우가 발생할 때이다. 표현의미의 적용은 미세한 의미 차이를 가지지만 동일한 의미 영역을 형성하는 동의성을 가지는 단어쌍을 말한다. 그리고 통사론적 변별기제는 통사론적 기제에 따른 구분을 가지지만 그 의미 영역은 일치하는 단어쌍을 말한다. 동의성 영역은 통사론적 기제의 모호성으로 인해 나타난다. 엄격성은 시간이 지남에 따라 변한다. 이러한 현상을 가지는 단어쌍을 분류

---

5) 공시적 현상과 통시적 현상에 대한 자세한 것은 이광호(2003 : 169~188)에서 논의한 바를 참조할 것.

하면 다음과 같다.

   (1) 다의적 용법
      이항 : ᄀ초다–갋다, 값–빈, 글–글월, 나모–즘게, 밑–아래, 받다–바
            티다, 부체–잎, 붉–뼈, 소리–소릭, 놈–사룸, 간대로–훈보로(11
            개)
      다항 : 곫–겹–볼–번, 듯다–ᄉ랑ᄒ다–싱각ᄒ다, 굿블다–업데다–업
            더리다–굽슬다, 궂다–멎다–사오납다, 쁴–쪠니–쩨–적, 그(구)
            위–구위(구의)실–마슐, 버텅–서흐레–섬, 쟉다–젹다–혹다–
            혁다(8개)
   (2) 표현의미의 적용
      이항 : 가다–녀다, ᄀ장–못, 갓–것, 갔다–무지다, 갖–겇, 쩗다–어렵
            다, 곧–즉자히, 곱–기름, 굵다–크다, ᄂ못–자락, 놈–녀느, 놀
            다–드믈다, 니를다–다듣다, 다대–되, 댱ᄉ–훙졍, 덮다–둪다,
            도렷ᄒ다–두럽다, 도치–돗긔, 돏다–일다, 두텁다–둗겁다, 드
            르ᄒ–미ᄒ, 드틀–듣글, 듣다–디다, 디위–번, 바회–뼈, 바다–
            바롤, 아비–어비, 어미–어ᄉ, 마리–머리, 말–말씀, 부러–짐즛,
            쓰리다–빛다, ᄉᄉ–서리, 빗다–쁘리다, 손ᅀᅩ–몸ᅀᅩ, 숨–속, 오
            히려–ᄉ지, 터리–터럭, ᄒ마1–볼쎠, ᄒ마2–쟝츠, ᄒ오ᅀᅡ–ᄒ올
            로, 혀다–혀다, 현–몟, 골오다–굴이다, 엄–엄니, 덛–슷(46개)
      다항 : 각시–갓–겨집, 계다–남다–넘다–디나다, 곧–짜ᄒ –디, 두립
            다–므싀다–젛다, 모더–모로매–반ᄃ기, 양ᄌ–즛–얼굴(6개)
   (3) 통사론적 변별기제
      이항 : 그스다–잇그다, 곱다–굽다, 쑤미다–비스다, 므니다–믄지다,
            만ᄒ다–하다, 만히–해, 모도다–뫼호다, 이어다–후늘다, 뮈다–
            움즈기다, 바히다–버히다, 밧다–벗다, 슬ᄒ다–아쳗다, 잇다–
            시다, 칙칙ᄒ다–특특ᄒ다, ᄂ외–다시(15개)
      다항 : 밍ᄀᆯ다–이르다–짓다, 매–엇뎨–어느, 샀–엄– 움, 므슥–므슴–
            므슷(4개)

2.2. 통시적 현상

유의어는 통시적 변화의 결과 통합과 분화, 지속이라는 결과로 나타난다.

통합은 음성적 차원이나 의미적 차원에서 불리하게 작용하는 요소가 있다면 한 단어가 사어가 되면서 형성된다. 반면에 분화는 동일한 의미 영역을 가지는 것에서 자기의 의미 역할을 뚜렷이 하면서 나타난다. 지속은 중세어에서부터 의미의 변화가 뚜렷이 존재하지 않고 동일한 의미 영역이 시간이 지나면서도 그 역할이 그대로 지속되는 경우이다. 이들의 분류는 다음과 같다.

(4) 통합
　이항 : 도련ᄒ다-두렵다, 드틀-듣글, 부체-잎, 가다-녀다, 갓-것, 곧-즉자히, 곱-기름, 곱다-굽다, 글-글월, ᄀ초다-갊다, 나모-즘게, 놀다-드믈다, ᄂ외-다시, 덛-슷, 덮다-둪다, 동다-읻다, 드르ᄒ-미ᄒ, 디위-번, 만히-해, 만ᄒ다-하다, 뮈다-움즈기다, 엄-엄니, 므니다-믄지다, 바다-바롤, 바히다-버히다, 칙칙ᄒ다-특특ᄒ다, 밧다-벗다, 붉-삐, 바회-뻐, 빟다-쓰리다, 소리-소리, 솝-속, 슬ᄒ다-아쳗다, 쇠-서리, 아비-어비, 어렵다-썹다, 어미-어시, 오히려-순지, 혀다-혀다, 현-몃, ᄒ마2-쟝ᄎ, ᄂ못-자릭, 잇다-시다, 간대로-ᄒ보로, 다대-되, 도치-돗귀, 모도다-뫼ᄒ다, 이어다-후늘다(48개)
　다항 : 그(구)위-구위(구의)실-마술, 버텅-서흐레-셤, 매-엇데-어느 (3개)

(5) 분화
　이항 : 값-빋, 갗-겆, 굵다-크다, ᄀ장-믓, 놈-사룸, 댱ᄉ-흥졍, 듣다-디다, 마리-머리, 두텁다-둗겁다, 말-말씀, 잤다-무지다, 비스다-꾸미다, 눕-녀느, 받다-바티다(14개)
　다항 : 둧다-ᄉ랑ᄒ다-싱각ᄒ다, 젹다-쟉다-횩다-혁다, 므슥-므슴-므슷, 곫-겹-볼-번, 삐-뻐니-때-젹, 궂다-멎다-모딜다-사오납다, 계다-남다-넘다-디나다, 양ᄌ-즛-얼굴, 곧-짜ᄒ-딕, 굿블다-업데다-업더리다-굽슬다, 각시-갓-겨집(11개)

(6) 지속
　이항 : 골오다-가리다, 밑-아래, 부러-짐즛, 손소-몸소, 밧다-쁘리다, 터리-터럭, ᄒ마1-볼쎠, ᄒ오사-ᄒ올로, 그스다-잇그다, 니를다-다듣다(10개)
　다항 : 밍골다-이르다-짓다, 모딕-모로매-반ᄃ기, 두립다-므싀(엽)다-젛다, 엄-움-삯(4개)

공시적 현상과 통시적 현상에 대한 분석은 이항과 다항에 따른 결과가 서로 다를 것이라는 가정 하에서이다. 이에 대한 결과를 추출하기 위해 공시적·통시적 현상에 대한 교차표를 제시한다. 이항과 다항을 분석하기 위해 이들은 별개로 작성하였다. 이에 따른 분포를 명확하게 보이기 위해 그래프도 함께 제시한다. 이는 이항과 다항이 서로 다른 결과를 보이고 있다는 것을 확연하게 구분할 수 있게 한다.

<표 1> 공시적 현상·통시적 현상의 교차표(이항)

			통시적 현상			전 체
			통 합	분 화	지 속	
공시적 현상	다의적	빈도	7	3	1	11
		공시적의%	63.6%	27.3%	9.1%	100.0%
		통시적의%	14.6%	21.4%	10%	15.3%
		전체	9.7%	4.2%	1.4%	15.3%
	표현의미	빈도	28	10	8	46
		공시적의%	60.9%	21.7%	17.4	100.0%
		통시적의%	58.3%	71.4%	80%	63.9%
		전체	38.9%	13.9%	11.1%	63.9%
	통사론적	빈도	13	1	1	15
		공시적의%	86.7%	6.7%	6.7%	100.0%
		통시적의%	27.1%	7.1%	10%	20.8%
		전체	18.1%	1.4%	1.4%	20.8%
전 체		빈도	48	14	10	72
		공시적의%	66.7%	19.4%	13.9%	100.0%
		통시적의%	100.0%	100.0%	100.0%	100.0%
		전체	66.7%	19.4%	13.9%	100.0%

위의 표는 이항 유의어의 공시적 현상과 통시적 현상에 대한 교차표이다. 이들의 분포는 공시적 현상에서의 다의적 용법, 표현의미차이, 통사론적 변별 기제에 의한 구분과 통시적 현상에서의 통합과 분화, 지속이라는 결과를 나타낸 것이다. 통시적 현상에 나타나는 통합이라는 현상은 동일한 다의적 용법 내에서는 63.6%를 차지한다. 다시 말하면 공시적 현상에서의 다의적 용

법은 변화의 결과 통합으로 나아갈 확률이 가장 높다는 것을 뜻한다. 마찬가지로 표현의미차이나 통사론적 변별기제에 의한 공시적 현상도 통합으로 나아갈 확률이 60.9%, 86.7%로 높게 나타난다. 이는 통시적 결과만을 통해서볼 때도 통합이 전체의 66.7%로 가장 높게 나타난다. 이는 다항 유의어가 포함된 결과와는 상이하다. 이항과 다항으로 분리하지 않고 91개로 처리한 이광호(2003 : 179)의 논의에서는 공시적 현상에서 다의적 용법이 분화로 나아갈확률이 52.6%로 가장 높고, 표현의미 차이나 통사론적 변별기제에 의한 것은 통합으로 나아갈 확률이 각각 55.8%, 70.0%로 나타난다. 통시적 결과만을 봤을 때도 통합이 56.0%로 가장 높다.[6]

  이항 유의어에 대한 분포를 그래프로 나타내면 다음과 같다. 이는 공시적현상과 통시적 현상에 대한 분포를 분명히 보여준다. 그래프의 가로축의 순서는 공시적 현상의 다의적 용법, 표현의미 차이, 통사적 변별기제의 순이다.이를 통하여 볼 때, 공시적 현상에서 표현의미 차이에 의한 것은 통시적으로통합 현상으로 나아갈 확률이 가장 높다는 것이 분명히 나타난다.

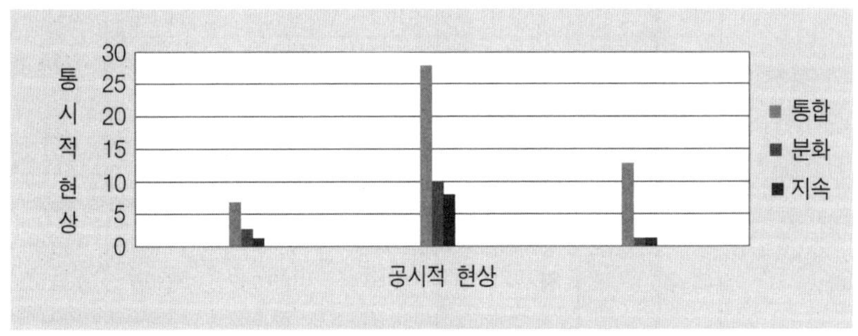

  다항 유의어의 경우에는 보다 보편적으로 유의관계를 형성하는 이항 유의어보다는 그 빈도가 적다. 하지만 이항과 다항을 포함한 전체의 비율이나, 이항 유의어의 비율을 고려할 때 상이한 결과가 나온다는 것은 주목할 만한 사

---

6) 이광호(2003)에서는 '므슥—므슴—므슷'의 관계를 '므슥—므슴', '므슴—므슷'으로 분리하였기 때문에 총항이 91개로 나타난다. 하지만 이 글에서는 이들을 다항의 관계에 두고 세 개의 항으로처리하여 총합은 90개로 처리한다. 이는 물론 이항과 다항을 합친 총합의 수이다.

실이다. 이것은 중세국어에서 나타나는 현상과 변화의 결과가 도출된 현대어와의 관계에서 상정된 것이다. 즉 공시적 현상과 통시적 현상으로 나타나는 연관성의 문제에서 검토된 것이다. 공시적 현상과 통시적 현상의 연관성에 대해서는 이미 그 연관성이 검증된 바가 있어 그 과정은 생략한다.[7] 통시적 결과로 나타나는 변화를 중심으로 이들을 살펴보기 위하여 다항 유의어의 교차표를 제시한다.

<표 2> 공시적 현상·통시적 현상의 교차표(다항)

공시적 현상			통시적 현상			전 체
			통 합	분 화	지 속	
공시적 현상	다의적	빈도	2	6	0	8
		공시적의%	25.0%	75.0%	0.0%	100.0%
		통시적의%	66.7%	54.5%	0.0%	44.4%
		전체	11.1%	33.3%	0.0%	44.4%
	표현의미	빈도	0	4	2	6
		공시적의%	0.0%	66.7%	33.3%	100.0%
		통시적의%	0.0%	36.4%	50.0%	33.3%
		전체	0.0%	22.2%	11.1%	33.3%
	통사론적	빈도	1	1	2	4
		공시적의%	25.0%	25.0%	50.0%	100.0%
		통시적의%	33.3%	9.1%	10.0%	22.2%
		전체	5.6%	5.6%	11.1%	22.2%
전 체		빈도	3	11	4	18
		공시적의%	16.7%	61.1%	22.2%	100.0%
		통시적의%	100.0%	100.0%	100.0%	100.0%
		전체	16.7%	61.1%	22.2%	100.0%

다항 유의어의 교차표를 보면 공시적 현상에서 나타나는 다의적 용법은 변

---

7) 이광호(2003 : 177~181)에서 공시적 현상과 통시적 변화에 대한 교차분석 결과 카이제곱 값이 8.493, 유의확률 0.075로 아주 높은 유의미한 관계임을 증명한 바 있다. 일반적으로 카이제곱 검정을 통해 얻어지는 카이제곱 값이 5이상이면 이들의 연관성은 유의미한 집단으로 인정한다. 그리고 점근 유의확률수치는 0에 근접할수록 그 연관성이 높은 것으로 판단한다.

화의 결과 분화로 나아가는 확률이 75.0%로 가장 높다. 그리고 표현의미 차
이도 분화로 나아가는 확률이 66.7%로 가장 높게 형성된다. 다만 통사론적
변별기제에 의한 것은 현대어에서도 그 유의관계가 지속되는 것이 50.0%로
가장 높게 나타난다. 그러나 통시적 결과만을 토대로 했을 때는 분화가 나타
날 확률이 61.1%로 가장 높다. 이는 전체를 대상으로 했을 때의 결과나, 이
항 유의어를 대상으로 했을 때의 결과와는 판이하다. 전체의 경우나 이항 유
의어의 경우에는 통시적 결과 통합으로의 변화가 각각 66.7%와 56.0%로 가
장 높게 나타난 것에 비해 다항 유의어의 경우에는 분화로의 변화가 61.1%
로 가장 높다. 이를 통하여 볼 때, 이항 유의어의 경우는 통합으로 나아가는
확률이 가장 높은 반면에 다항 유의어는 분화로 나아갈 확률이 가장 높다는
것을 의미한다. 다음의 그래프는 공시적 현상과 통시적 현상의 관계를 더욱
명확하게 확인하게 한다. 공시적 현상에 대한 그래프의 순서는 마찬가지로
다의적 용법, 표현의미 차이, 통사론적 변별기제의 순이다. 이는 가로축에 나
타난다. 여기서 볼 때, 다의적 용법과 표현의미 차이에 의한 것은 통시적으로
분화로 나아갈 확률이 높고, 공시적 현상이 통사론적 변별기제에 의해 형성
되는 것은 그대로 지속될 가능성이 높다.

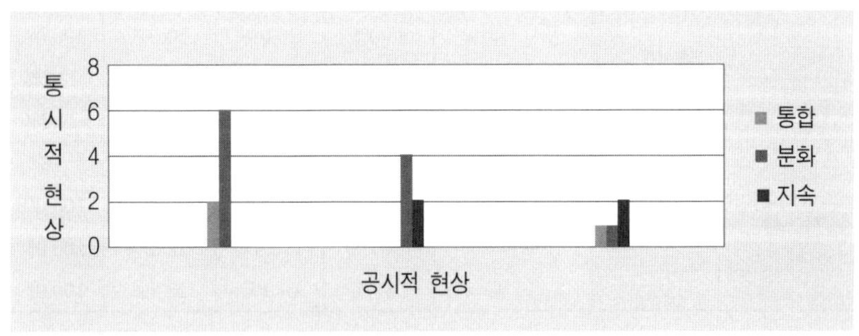

3. 다항 유의어의 통시성

유의어는 공시적 현상과 통시적 현상 사이에 뚜렷한 연관성이 있음은 분명하다. 그런데 이들의 현상 사이에서 이항 유의어와 다항 유의어가 구분되고 있음은 간과하였다. 이들은 일반적 유의어들과는 다른 변화를 동반한다. 생태적인 변화의 특성상 세 개 이상의 군집을 이루고 있는 것과 두 개의 요소가 공존하는 것은 차이가 있기 때문이다. 두 개의 요소가 공존하는 경우는 대체로 그 결과가 분명하다. 하지만 세 개 이상의 군집을 이루는 경우에는 이항 관계보다 복잡한 과정을 밟게 된다. 앞의 <표 1>과 <표 2>는 특정의 시기를 중심으로 비교해 본 것이다. 이는 그 과정을 배제한 것이기 때문에 변화의 이전과 이후를 비교하는 데 필요하다. 이항 유의어인 경우에는 그 과정의 변화를 추적하지 않아도 그 결과에 별 다른 차이가 나타나지 않는다. 하지만 다항인 경우에는 중간 과정이 존재할 가능성이 높다. 세 개나 네 개의 항이 중간 과정의 변화 없이 바로 어떤 결과를 나타내지는 않을 것이기 때문이다. 따라서 다항 유의어는 중간 단계를 점검해 볼 필요성이 있다.

일반적으로 이항 유의어는 생태적 특성에 따른 일반적 결과를 나타낸다. 음성적, 의미적 특성에 따라 그 힘의 균형이 유지되기 때문이다. 힘을 가지는 경우에는 살아남고 그렇지 않은 경우에는 사멸한다.[8] 다항 유의어도 마찬가지이다. 이러한 힘의 균형은 당연히 존재한다. 하지만 다항의 경우 그 힘의 관계는 복합적으로 관계할 가능성이 있다. 경쟁이 되는 다른 단어항이 문제가 아니라 자신이 아닌 다른 모든 항이 경쟁의 대상이 되기 때문이다. 결국 다항 유의어의 경우에는 궁극적으로 이항 유의어로 나아갈 가능성이 높다. 이는 시대적으로 각 항을 비교하면 그 과정이 분명히 나타날 것이다. 이를 위하여 다항의 일반적 변화 양상을 추적할 필요가 있다. 이 글의 대상으로 삼은 다항 유의어는 다음과 같다. 이들의 변화 과정을 시기적으로 추적하면

---

8) 언어변화와 관련한 생태적 힘의 논리를 이광호(2002 : 79~99)에서는 의미적 원인에서의 자기 역할 문제를, 음성적 원인에서의 음절 경제성, 동음회피, 발음의 난이도 문제를 통해 점검한 바 있다.

다항 유의어의 생태적 특성들이 드러날 것으로 기대한다. 이들의 변화 결과를 중심으로 그 과정을 살펴보기 위해서 통시적 결과에 따른 분류를 토대로 한다.

3.1. 통합

다항 유의어 중 변화의 결과 통합으로 나타나는 것은 '그(구)위-구위(구의)실-마술, 버텅-서흐레-섬, 매-엇뎨-어느'로 형성된 유의어군이다. 통합 이전의 상태에서 분화를 전제로 한다. 분화된 요소의 통합이 어떤 과정을 밟는지 각 시대별 문헌을 통해 점검하고자 한다.

(7) 그위形-그위실形-마술

'그위'형은 '그위, 구의, 구위' 등으로 나타난다. 그위예 닐어 머리 내티더라[則言之官府屛之遠方焉](이륜 30b), 공안은 그윗 글와리니(몽 321 : 7), 셔력 잇는 사름은 그위예 가 고ᄒᆞ야 자보디[有力者爲告之官司](여 68), 혹 그위예 알외며[或聞干官](여 69), 내 힘이 가히 그위예 가 닐엄직ᄒᆞ거든[自伸者勢可以聞於官府](여 70)에서는 '그위'로, 구의 죵 어려운 일 잇거든[有官司災難](박통 50 : 3), 내해 다 실ᄀᆞᆫ 구의나깃 시푼 은이니[我的都是細絲官銀](박통 65 : 1), ᄌᆞ디 쳿 구의나깃 뮏 비단 ᄒᆞ자쾌[紫官素段子一尺](박통 94 : 8)와 구의 주검을 검시ᄒᆞ고[官司檢了時](노 50 : 5), 이제 구의 ᄀᆞ장 嚴謹ᄒᆞ야[如今官司好生嚴謹](노 88 : 9), 구윗 졍ᄉᆞ를 맛다ᄒᆞ고[服官政](소학 1 : 6b4) 등에서는 '구의'로 나타난다. '구위'는 구윗 威嚴에[公家威](두초 15 : 5), 다ᄉᆞ림을 可히 구위에 옴기ᄂᆞ니(소언 2 : 70)에서 보인다. 이들은 의미상 관청이나 관리의 의미로 쓰였음은 알려진 바이다. 비록 형태상 다른 부분이 있지만 동일한 의미를 가진 동일 어형으로 보인다. '마술'은 마을과 관청의 의미로 쓰였는데, 관청의 의미일 때 이들과 동의적인 부분이 있다. 마ᄉᆞ래 거ᄒᆞ야셔 그 직싐을 잘 힝ᄒᆞ미오[居官擧職](여씨향약 8), 다ᄅᆞᆫ 딋 마술이 ᄯᅩ 그 도적을 자바[別處官司却捉住那賊](노상 25), 마ᅀᆞᆳ관원둘흘 오눌 다 쳥ᄒᆞ야(박초상 65)에서 그 예가 나타난다. '그위실'형도 '그위실, 구위실, 구의실'로 나타난다. <u>그위실</u> ᄒᆞ리[仕宦者](내삼 29), 구위실 마로미[罷官](두초 10 : 29), 내이 <u>구</u>
<u>의실</u> ᄒᆞ더(두중 6 : 6)로 나타난다. 이는 관리의 의미로 쓰인다. 이들의 의미적
특징은 대체로 '그위'형이 '그위실'형과 '마술'의 의미를 통합하고 있는 것으
로 보인다. '그위'형이 가진 다의성이 '그위실'형과 '마술'을 동일한 유의어쌍으
로 설정할 수 있게 한다. '그위'형은 이륜행실도(30b), 몽산화상법어약어(321 : 7),
여씨향약(68, 69, 70), 박통사(50 : 3, 65 : 1, 94 : 8), 노걸대(50 : 5, 88 : 9), 소학(1 :
6b4, 5 : 46a3) 등에서 다양하게 나타나는데 여전히 관청과 관리의 의미이다.
'마술'도 여씨향약8 '마ᅀᆞ래 거ᄒᆞ야셔 그 직싐을 잘 힝호미오(居官擧職)'에서
관청의 의미로 쓰인다. '그위실'형은 구실[公務](한청 65a), 구실에 참예티 아니
홈이라(소언 6 : 53)으로 보아 '구실'로 형을 유지하다가 의미적 변화를 거치면
서 현대어 '구실'로 이어진 듯하다. 이들은 통합과 분화, 전이 등 여러 과정
을 밟으면서 현대어로 연결된다. 하지만 현대어로 연결된 것은 '마술'과 '구
의실'이다. 물론 이들의 기존 의미는 상실하였다.

   (8) 섬－서흐레－버텅

  '섬, 서흐레, 버텅'은 한자 <階>에 대응하는 어형들이다. 현대어에서는 階
의 자석어로 '섬돌'이 쓰인다. '섬'은 섬아래 가 절ᄒᆞ고[拜於階下](소학 6 : 26b5),
섬을 디나 올라가[歷階升](십구 2 : 58a2)등에서 나타난다. '버텅'은 陛下ᄂᆞᆫ 버텅
아랫니(월 2 : 65), 버텅을 쓰러도(금삼 4 : 16)에서 나타난다. '서흐레'는 陛ᄂᆞᆫ 서
흐레라(법화 2 : 104)에서 이들이 동의성을 가진 것을 확인할 수 있다. 그런데
等級은 서흐레 層이라 ᄒᆞ듯ᄒᆞᆫ 마리라(금삼 3 : 63), 섬 서흐레[階級](역상 19)의 예
에서 보는 것처럼 등급과 관계된 단어임을 짐작하게 한다. 이것은 역사적으
로 층계에 서는 위치가 품계를 나타내는 것과 무관하지 않을 것이다. 이들의
의미적인 관련성을 토대로 살피면 적어도 '서흐레'는 어느 정도 그 의미가
분화된 것으로 짐작이 된다. 결과적으로 이들의 의미가 통합이 되었다고 하
더라도 분화의 의미 역할이 있었다. '서흐레'는 층계의 의미에서 추상화되어
단계, 등급의 뜻으로 보편적으로 쓰였다.

(9) 매-엇뎨-어느

‘매, 엇뎨, 어느’는 賢弟를 매 니즈시리(용 74), 엇뎨 라후라롤 앗기ᄂᆞᆫ다(석 6 : 9), 공덕을 劫劫에 어느 다 술ᄫᅵ리오(월 1 : 1)와 같이 쓰인다. 이들은 현대어 ‘어찌’라는 형태로 해석이 되지만 그 의미적 특징은 어느 정도 분화가 되어있다. 통사적인 차이를 보이기 때문이다. 결과적으로 보면 이들의 의미적인 역할은 현대어 ‘어찌’가 다 가진다. 형태적인 면에서 생각한다면 ‘엇뎨’로 통합이 된 것이다. ‘엇뎨’는 ‘엇디’로도 나타난다. ‘엇뎨 햐[何](유합 下26)’, ‘엇디 긔[豈](유합 上26)’, ‘엇디 긔[豈](석천 7 : 25)’, ‘엇디 햐[何](석천 7 : 25)’에서 이들의 관련성을 짐작할 수 있다.

그런데 이들의 변화를 변화의 결과와 직접 비교하면 통합으로 가지만 중간단계에서는 유의를 형성하는 그 분화의 상태가 상당 기간 지속되는 것을 볼 수 있다. 부분적으로 다항 유의어의 경우 분화의 상태는 이원화된다. ‘그위-그위실-마ᄉᆞᆯ’은 관리와 관청이라는 의미로 이원화 되고, ‘섬-서흐레-버텅’은 구체성과 추상성으로의 이원화, ‘매-엇뎨-어느’는 반어적 의문과 의문형 어미와 공기하는 의문법으로 이원화된다. 결국 이들의 변화는 현대어로의 변화로 직접 연결되는 것이 아니라 이항 유의어와 동일한 현상으로 나아가는 이원적 분화가 중간단계에 존재한다. 결국 이원화라는 것은 어떤 특정 의미를 공유하면서 한 어휘와의 통합과 분화라는 과정을 밟는 것이다. 따라서 공생과 분화라는 생태적 속성이 그대로 어휘에도 반영된다.

3.2. 분화

변화의 결과 분화로 나아간다는 것은 통합의 요소가 결과적으로 나누어진다는 것을 뜻한다. 유의어가 동질적 의미 영역을 보존하면서 독자적 의미 영역을 가진다는 것은 분명한 사실이다. 사실 유의어는 어느 정도 분화가 내재되어 있다. 하지만 이들은 뚜렷한 의미 역할로 완전하게 분화하지 않은 상태에서 출발한다. 처음에는 공유의 의미 영역을 넓게 형성하고 있다가 점차 공유 의미 영역이 줄어들면서 분화로 나아간다. 이러한 예로는 '겹-겹-볼-번, 쁴-쪠니-쎄-적, 궂다-멏다-모딜다-사오납다, 계다-남다-넘다-디나다, 둣다-ᄉ랑ᄒ다-ᄉ각ᄒ다, 젹다-쟉다-혹다-혁다, 므슥-므슴-므슷, 양ᄌ-즛-얼굴, 곧-짜ᄒ-ᄃ, 굿블다-업데다-굽슬다, 각시-갓-겨집'들이 있다. 이들이 보다 뚜렷한 분화로 나아가는 과정을 각 시대별 문헌을 통해 점검한다.

(10) 겹-겹-볼-번

'겹'과 '겹'은 다숫 굴볼 볼겨[五重以顯](원상 1 : 1 : 78), 겹 쥼[重](왜어下36)에서 보듯이 '重'의 뜻으로 의미가 중첩된다. '볼'도 몃 볼오[幾重](두중 9 : 25)에서 이들과 의미가 중첩된다. 물론 이들의 공시적 상황에서는 유의어로 공존하는 각각의 역할은 있다. '볼'의 경우에는 孝經 ᄒ 볼 닑고ᄉ(삼강효 27)에서는 '回'의 뜻으로도 쓰인다. '볼'은 다의적이다. 결국 이들의 의미 역할은 '겹, 겹, 볼'이 가진 '重'의 의미, '볼'과 '번'이 가진 '回'의 의미가 복합적으로 작용한다. 의미상으로 보면 이들은 '겹, 겹, 볼'의 통합적 의미와 '볼, 번'의 통합적 의미에서 유의적 현상을 보인다. 결국 통합과 분화라는 이중의 기제가 작용하면서 완전한 분화로 나아간다. 의미상의 이원화는 '重'과 '回'로 실현된다.

(11) 쁴-쪠니-쎄-적

'쁴, 쪠니, 쎄, 적'은 '時'의 뜻으로 고르게 출현한다. 이들은 15세기에서만 아니라 16세기 이후의 문헌에서도 마찬가지이다. 미양 명일 쁵어든[每歲時](이륜 31a), 도죽ᄒ야 더브러 갈 저긔[偸將去的時節](박통 70 : 8), 우리 정히 渴ᄒ 쌔예[我正飢渴時](노 78 : 3). 다만 부분적으로 '쯰, 쌔' 혹은 '쎄'의 형태로 존속한다. '쪠니'도 時의 뜻으로 쓰이는 것은 쪠니 시[時](자회 상2)에서 확인된다. 현재 존속하는 어형으로 보면, 쁴 > 끼, 쪠니 > 끼니, 쎄 > 때, 적으로 그대로 연결된다. 부분적으로 시간의 의미는 유지하지만 끼, 끼니는 식사와 관련이 있다. 역시 '씨'와 '쎄니', '쎄, 적'의 의미적 통합이 우선 실현되었다. 역시 이들은 의미상, 이원화로 진행된다.

(12) 궂다-멎다-모딜다-사오납다

'궂다, 멎다, 모딜다, 사오납다'는 '善, 好'의 의미와 대립한다. 됴ᄒ며 <u>구즌</u>[善惡](법화 1 : 69), <u>머즌</u> 일 지순 因緣으로 後生애 머즌 몸 ᄃᆞ외야(월 2 : 16), 머 굴거시 <u>사오나오니</u>[庖廚薄](두초 16 : 72), <u>모딜</u> 악(유합 하2)에서 보듯이 이들의 의미적 공통성은 분명하다. 하지만 이들은 다의적 의미로 각자의 역할을 가진다. 의미적 역할로 보면 이들은 분명히 통합상을 공유한다. 하지만 '멎다, 사오납다, 모딜다'에 대응하는 용례에서 이질적 의미도 발견된다. 災禍는 머 즐씨라(월 1 : 49), <u>머즌</u> 그르슬[凶器](삼강 孝12)優는 더을씨오 劣은 <u>사오나ᄫᆞᆯ씨라</u> (월 17 : 57), <u>모딜</u> 포[暴](자회 하26)에서 확인하는 것처럼 각각 다의적 의미를 유지한다. 이러한 다의적 의미 속성은 시간에 따라 자신의 역할을 강화하는 분화의 특성을 보인다. 현대어에서는 '궂다, 모딜다 > 모질다, 사오납다 > 사납다'가 유지된다. 이들은 의미상 무생물과 생물이라는 공기상의 이원성을 형성한다.

(13) 계다-디나다-남다-넘다

'계다, 디나다, 남다, 넘다'는 낫 <u>계어든</u>(석 9 : 18), ᄒᆞᆫ 劫이 남거나(석 9 : 29), 多劫을 <u>디나게</u>(원상 3 : 1 : 39), 過에는 <u>너믈</u> 씨라(석보 序3)에서 이들의 의미적 공통성은 드러난다. 의미적 공통성은 '過'로 한정된다. 대체로 시간의 경과를 뜻하는 경우에 서로 의미 동질성을 취한다. 하지만 이들은 각기 다의적 용법으로의 역할은 존재한다. '남다', '넘다', '디나다'는 상당히 오랜 기간 유의어 군을 형성하고 있었다. 17세기까지는 한자 '餘'의 뜻으로 쓰인 '남다'와 '過'의 뜻으로 쓰인 '남다'가 동음어로 쓰였지만 '過'의 뜻으로 쓰인 '남다'는 18세기경에 사어가 된 것으로 보인다. 이들은 '디나다 > 지나다', '넘다'가 가진 시간적 의미에서의 동질성을 '남다'가 잃어버리면서 이원화가 이루어진다.

(14) 양ᄌ-즛-얼굴

‘양ᄌ, 즛, 얼굴’은 게으른 <u>양진</u> 업스며[無惰容](번소 10 : 23), 녜도 <u>얼골롤</u> 베프시고[設禮容](십구 1 : 91b4), 완슌ᄒᆞᆫ <u>즛시</u> 잇ᄂᆞ니[有婉容](소학2 : 9b3)에서 ‘容’의 의미로 공통된다. 물론 이들의 의미는 각기 다른 의미적 영역에서 유의어로 공존하였다. 공통된 의미 영역이 존재했다 하더라도 현대어에서는 또 다른 통합과 분화가 이어진다. ‘양ᄌ’가 거의 사어화되었고, ‘즛’은 의미적 역할에서 ‘얼굴’과는 분화된다. 역시 이원성으로 유지된다.

(15) 곧-ᄯᅡㅎ -디

處는 <u>고디라</u>(석 13 : 12), 四空處는 네 뷘 <u>ᄯᅡ히라</u>(월 1 : 35), 넷잿 형은 ᄒᆞᆫ <u>디</u> 모도고져 ᄒᆞᄂᆞ니[四哥待要一處](박통 78 : 5)에서 ‘곧, ᄯᅡㅎ, 디’는 ‘處’의 의미로 의미적 공통성을 가진다. 물론 ‘디’는 의미적 공통성은 있지만 의존형으로 쓰인다. ‘곧’도 의존성이 강하지만 너비 비화 곧 업시ᄒᆞ며[博學無方](소학 1 : 6a4)에서 독립성을 보인다. 따라서 ‘곧’과 ‘ᄯᅡㅎ’가 의존형으로 공존하는 곳에서 이들의 동의성은 확인된다. 현대어에서도 이들은 공존한다. ‘곳’은 ‘공간의 어느 일정한 점이나 부분(자리나 지역)’으로 설명되고, ‘ᄯᅡㅎ > 땅’은 다의성을 가지지만 주된 의미는 ‘강, 바다, 호수 등을 제외한 흙과 돌로 된 지구의 겉면’이란 뜻으로 쓰인다. ‘디 > 데’는 ‘곳이나 장소를 나타내는 말’로 쓰이는데 의존명사이다. 현대어에서도 이들은 통사적으로 이원화된다. ‘곳’도 의존성이 강하지만 ‘곳에 따라 기후가 다르다’에서처럼 독립성이 확인된다.

(16) 굿블다-업데다-업더리다-굽슬다

즘싱이 <u>굿브렛ᄂᆞ니</u>[獸伏](두초 8 : 59), 石閣애 <u>굽스러슈라</u>[伏石閣](두초 9 : 1), 머리를 좃고 업더여서 먹어[俯伏](소언 6 : 78), 벼개예 <u>업더렷논</u> ᄢᅦ로다[伏枕辰](두초 20 : 41)에서 보는 것처럼 이들은 ‘伏’의 의미로 쓰인다. ‘굿블다’라는 어형이 잠을 <u>굿브려</u> 말며[寢毋伏](소학 3 : 9b10)에 나오는 것으로 봐서 이 어형이 18세기까지는 존속한 것으로 보인다. 두중에서는 ‘굽스리다’의 어형이 두초에서와 동일하게 石閣애 <u>굽스려슈라</u>(두중 9 : 1)로 나타난다. 십구사략언해에서는 '업드리다'가 드리 아래 <u>업드렷더니</u>[伏橋下](십구 2 : 44a1)로 쓰인다. 이들 유의 어군은 현대어에서 대표적인 어형으로 '엎드리다'가 쓰이고, 어형 '굿블다'와 '굽슬다'는 '구푸리다'와 '굽슬거리다'에 그 형태가 남아 있다. '업데다', '업더리다', '굿블다', '굽슬다'가 동일한 한자 '伏'에 대응되었다고는 하나 의미 상으로는 '업데다', '업더리다'와 '굿블다', '굽슬다'의 의미적 차이는 드러난 다. '업데다', '업더리다'는 지면과의 접촉성이 두드러진다. 사원과 대한한사 전에 설명된 伏의 다의성이 참조된다. 伏 身體前傾, 面向下, 隱匿, 屈伏.

(17) 각시-갓-겨집

아기아돌이 <u>각시</u>룰 求호더니(월곡 148), 妻는 <u>가시</u>라(월 1 : 12), 나룰 <u>겨집</u> 사 무시니(석 6 : 4), 겨집 쳐[妻](자회 상31)에서 보듯이 이들은 '女'에 대한 보편적 의미가 있지만 '妻'의 의미로도 통합된다. 삼역총해와 동문유해에서는 '겨집' 이 '계집' 남진<u>계집</u>되어 사자(삼역 1 : 18b4), <u>계집</u>[女人](동문 上13a)으로 나타난 다. '각시'와 '겨집'은 現語에서도 공존하고 있고, '갓'은 '가시'로 현어에서 '가시버시'라는 잔영이 남아있다. 의미적 특성상으로는 '각시'와 '겨집, 가시' 로의 이원성이 존재한다.

(18) 둣다-스랑호다-싱각호다

도리룰 <u>둣다</u> 호미니(愛道)(법화 1 : 34), <u>스랑호욘</u> 힝이[愛日](두초 15 : 15), 더운 南州룰 <u>스랑호노라</u>[思南州](두시 14a6), 녯 도리를 <u>싱각디</u> 아니호야[莫思古道](소학 5 : 17b4)에서 보듯이 '둣다'와 '스랑하다', '싱각호다'는 '스랑호다'가 가진 '愛, 思'의 다의성에 의해 공존하는 유의어였다. '둣다'는 드술 애[愛](자회 하 32)이후 17세기경 문헌에서는 발견되지 않는다. 이는 '스랑호다'에 통합된다. 이는 '스랑호다'가 '思'의 의미를 잃어버린 시기와 비슷하다.9) '싱각호다'는

---

9) 전재호(1987 : 28~29)에서도 어휘사적으로 보면 '스랑호다'의 양의는 15세기 이후 오랫동안 지속 되다가 17세기초 동국신속삼강행실도 등에 와서 '愛'의 뜻 하나만으로 변화하여 현대국어에 이른 것으로 보인다고 하고 있다. 이광호(1995 : 256)에서도 17세기에 어형 '스랑호다'는 '思'의 뜻을 잃 어버렸는데 이전 시기에서 존재했던 어형 '싱각호다'가 어형 '스랑호다'가 지닌 의미 역할을 떠맡

'스랑ᄒᆞ다'가 가진 다의적 의미에서 '思'의 의미를 가져와 의미를 강화하며 '스랑ᄒᆞ다'와 분화된다. 결국 '둧다'와 '사랑ᄒᆞ다'의 통합, '싱각ᄒᆞ다'의 분화로 이어진다.

(19) 젹다―쟉다―횩다―혁다

쟈굴 쇼[小](유합 하47), 小ᄂᆞᆫ 져글씨라(월 1 : 6), 효근 니피 뺏고[浮小葉](두초 7 : 5), 혀근 선비ᄅᆞᆯ 보시고[見小儒](용 82)에서 나타나듯이 이들은 '小'의 뜻으로 교체가 가능한 유의어이다. 이들은 고지 쟈근 ᄯᅳᆯ헤 블거시니[花紅小院](백 2b), 비록 젹은 공 짓다ᄒᆞ여(삼역 200 : 3a5), 효근 일[小事](동문 上50b), 혀근 아희돌쾌[小娃娃們](박통 101 : 7), 효근 벼슬ᄒᆞ연는디라[爲小吏](소학 6 : 77a8)의 예로 보아 대체로 18세기경까지는 유의관계를 유지한 것으로 보인다. 그러나 이후 이들은 부분적 통합을 거쳐 '횩다'와 '혁다'는 의미적으로 '쟉다'와 통합되었다가 사어화된다. 그러나 '젹다'와 '쟉다'는 그 의미가 분화되었지만 의미가 혼용되어 부분적 유의관계는 존재한다.

(20) 므슥―므슴―므슷

므스기라 일훔ᄒᆞ리잇고[名何等](능 1 : 85), 므슴호려 ᄒᆞ시ᄂᆞ니(월 1 : 10), 므슴 ᄠᅳ드로[何意](두초 7 : 3), 네게 므슷 이ᄅᆞᆯ 츠기 ᄒᆞ관ᄃᆡ[何負於汝](삼강 忠13)는 한자 '何'로 의미적 공통성을 가진다. 그러나 이를 우리말로 옮길 때는 '무엇'과 '무슨'으로 구분된다. 이렇게 구분하면 이들은 '므슴'이 지닌 두 의미로 '므슥'과 '므슷'의 역할이 분화되어 있다. '므슥'과 '므슴', '므슷'은 '므슴'의 다의성에 의해 공존하는 유의어였다. 어형 '므슴'은 '므스', '므슴', '무스', '무슴'으로도 나타나지만 현어에서는 '무슨'에 대응이 되고, '므슥'은 현어 '무엇'에 의미적인 대응이 된다. 통합과 분화의 과정을 밟은 것이다.

변화의 결과 분화로 나아가는 다항 유의어는 중간단계에서 의미상 이원화된다. 이러한 이원화 현상이 결국 변화의 결과로까지 이어진다. 현재 변화의

게 되었다고 설명한다.

결과 분화의 관계를 형성하는 '굷-겹-볼-번'은 重과 回로, '쁴-쩨니-쌔-적'은 한정된 의미로, '궂다-멎다-모딜다-사오납다'는 생물과 무생물과의 공기관계로, '계다-남다-넘다-디나다'는 시간적 경과의 의미에서, '둧다-ᄉ랑ᄒ다-싱각ᄒ다'는 愛와 思로, '젹다-쟉다-횩다-혁다'는 少와 小로, '므슥-므슴-므슷'은 의문형의 차이로, '양ᄌ-즛-얼굴'은 가치성의 문제로, '곧-짜ᄒ -터'는 통사적 특성으로, '궂블다-업데다-굽슬다'는 지면접촉 의미로, '각시-갓-겨집'은 한정성의 의미로 각각 이원성을 유지하다가 현대 어로 연결된다.

3.3. 지속

의미 변화의 결과 중세어의 어형이 유지되고, 의미적인 역할이 분화되어 각기 역할을 견지하면서 형태가 지속되는 경우이다. 현재의 상태로 봐서 유의관계가 지속된다는 것뿐이지 그 과정상으로 보면 일련의 변화가 나타난다. 이들은 통합된 의미 역할을 가지고 유의관계가 지속되었으나 분화의 의미도 부분적으로 가지고 있었다. 이에 해당하는 예로는 '밍글다-이르다-짓다, 모디-모로매-반드기, 두립다-므싀(엽)다-젛다, 엄-움-삯' 등이 있다. 이들의 의미적 변화 과정을 의미적 통합의 기점에서부터 시대별로 점검하고자 한다.

(21) 밍글다-이르다-짓다

낙술 <u>밍ᄀᄂ다</u>[作釣鉤](두초 7 : 4), 精舍 <u>이르ᅀᆞᆲ</u> 쩨도(석 6 : 36), 精舍 <u>지ᅀᅮ려 커늘</u>(월곡 152), 이 解룰 <u>지ᅀᅳ면</u>[作是解](목 11)에서 보는 것처럼 이들은 대체로 '作'의 의미로 의미적 공통성을 가진다. 그러나 이들은 중세어에서부터 자신의 의미역할이 비교적 분명하였다. 구체물과 추상물 그리고 크기와 관련한 대응 등은 부분적으로 넘나드는 부분이 있다고 하더라도, 자신의 역할을 충실히 지키면서 분화의 가치를 극대화하였다. 현대어에서도 이들의 관계는 비슷하게 유지된다. '밍글다 > 만들다', '이르다 > 이루다', '짓다'로 각각 존재한다. 하지만 '만들다'는 '힘이나 기술 등을 들여서 목적하는 사물을 이루다'

로 쓰이고, '이루다'는 '어떤 결과나 상태로 되게 하다'로 풀이되어 있다. 그리고 '짓다'는 '일정한 재료를 들여 집, 옷, 밥 따위를 만들다'로 설명된다. 구체성에 의해 '만들다'와 '짓다'가 의미적 공통성을 유지하고, 그 크기에 의해 부분적으로 구분을 짓기도 한다.

(22) 모디-모로매-반드기

굿븐 쾨을 <u>모디</u> 놀이시니[伏之雉必令驚飛](용가 88), 必ᄋᆫ <u>모로매</u> ᄒᆞᄂᆞᆫ 뜨디라 (훈언註), 그듸 <u>반드기</u> 剖析호ᄆᆞᆯ 삼가나라[君必愼剖析](두초 7 : 27)는 한자 '必'의 뜻으로 의미적 공통성을 가진다. '모로매'는 소학에서 '모롬이'(5 : 2b7), '모로미'(5 : 76b3), '모롬애'(5 : 8a3)로 나타나고, 현어에서는 '모름지기'로 연결된다. '반드기'는 15세기 후반부터 교체가 시작되어 16세기 이후는 '반드시'로 나타난다. 이는 현어에서 '반드시'로 그 어형이 유지된다. 그러나 '모디'는 한자 '必'의 뜻으로 그 어형을 잇지 못하고 현어 '모두'가 부분적으로 그 의미는 유지하지만 '모로매, 반드기'와 동일한 의미 역할을 가지지는 못한다.

(23) 두립다-ᄆ싀(엽)다-젛다

가히 <u>두리우니라</u>ᄒᆞ고[爲可畏耳](소학 5 : 116), 믌겨른 족히 <u>므싀엽디</u> 아니ᄒᆞ니 [波濤未足畏](두시 40b2), 빅셩이 <u>져코</u>[使民畏](동국 24上12)에서 '畏'의 뜻으로 통합된 의미를 가진다. 이들은 '두립다 > 두렵다', '므싀엽다 > 무섭다', '젛다 > 저어하다'로 그 어형이 현재도 존속한다. 이들의 의미는 '두렵다'는 '무섭거나 꺼리는 마음으로 불안하다', '무섭다'는 '기를 펼 수 없게 마음이 불안하다', '저어하다'는 '두려워하다'로 풀이가 되어 있다. 풀이상으로는 '두렵다'와 '저어하다'의 관련성이 언급된다. 따라서 이들은 의미 분화가 완전한 것은 아니고 각기 공존하는 유의성을 지닌다. '두렵다'는 정신적인 畏敬이나 어느 정도 객관화 시킨 감정을 나타내며, '무섭다'는 구체적, 표면적, 순간적, 직접적인 두려움을 표시하고, '저어하다'는 두려움의 정도가 약하고 단지 싫어하다 정도의 의미를 지닌다.

(24) 엄-움-삯

神足은 <u>엄</u> 나미 곧고[如抽芽](법화 7 : 129), <u>움</u>[芽](동문 下1b), <u>삯</u>과 <u>삯</u>괘 삐롤 브터 나고[芽芽從種生](원상 1 : 2 : 14)에서 보듯이 이들은 '芽'의 뜻으로 의미적 공통성이 나타난다. '엄'은 17세기 이후의 자료에는 보이지 않는다. '움'과 '삯'은 현어에까지 유의어로 존속한다. 이들의 사전적 의미를 보면, '움'은 1) 초목 따위의 새로 돋아 나온 어린 싹, 2) 이상이나 사상 등의 새로 일어나는 싹으로 설명되어 있고, '삯 > 싹'은 1) 씨나 줄기에서 나오는 어린 잎과 줄기, 2) 어떤 현상이 움트기 시작하는 시초의 비유로 설명되어 있어 둘의 의미상의 차이를 짐작하기 싶지 않다. 그러나 '움'은 풀이나 나무의 눈에서 나는 어린 싹을 뜻하기도 하여 부분적으로 변별성은 있다.

현대어에서 그 어형이 유지되는 '밍골다-이르다-짓다, 모디-모로매-반드기, 두립다-므싀(엽)다-젛다, 엄-움-삯' 등도 각각 이원화의 변화를 겪거나 그 이원적 구분이 드러난다. 이들은 대체로 표현의미의 변화라는 측면에서 진행된다.

4. 생태적 특성

다항 유의어 중 현대어에서도 존속하는 어형은 이원화가 우선 진행된다. 형태상의 이원화나 의미상 이원화되는 현상을 보인다. 이항 분화 유의어는 의미적 동질성을 확보하고 있다가, 변화의 결과 자신의 역할을 강화한다. 이들은 크게 두 가지 형태로 공존한다. 첫째, 하나의 단어가 외연이 넓은 단어와 유의관계를 유지하는 것이다(다의성). 둘째, 외연상 분화된 단어이지만 의미소가 동질성을 가지는 경우이다(표현의미, 통사론적 변별). 이들은 의미상 동질성이 확고하지만 역할에 있어서는 차이가 난다. 그렇지만 부분적으로 그 경계가 무너진다. 그래서 유의어로 자리한다. 이들은 당시에도 의미적 분화가 비교적 확연한 것으로 보인다. 결국 이항분화 유의어는 표현의미 차이나 통사론적 변별기제에 의한 것은 그 역할의 강화로 분화가 구축된다. 하지만 다의성에 의한 것은 한 단어의 다의성이 유의어로 공존하게 하다가, 다의성을 가진 단어의 의미 축소, 혹은 의미의 정밀화로 인해 분화가 이루어지는 경로를 보인다. 다의어의 단의화로 이루어지는 구도이다. 이는 개체의 특성상 경쟁의 우위를 확보하기 위한 '몸집 줄임 현상'이다. 다의성을 가지는 요소는 다음과 같은 구도 도식이 가능하다. 다의성을 가지는 요소(A)는 B와 유의어쌍을 형성한다. 그런데 실질적으로는 하위의 개념인 A'의 존재를 가정할 수 있다. 결국 A'와 B의 의미를 동시에 가지고 있어 다의성을 형성한다. A는 결국 몸집 줄이기를 통해 B와 대등한 관계를 가지는 유의어로 분화된다. 결과적으로는 이미 A가 가진 의미 역할 중 하나인 A'의 역할로 B와 대응하는 새로운 유의관계를 형성한다.

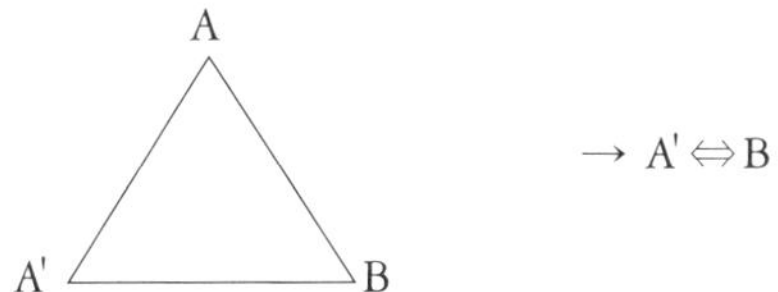

이에 해당하는 이항 유의어는 빋(A)−값(B), 굵다(A)−크다(B), 놈(A)−사룸(B), 홍정(A)−댱ᄉ(B), 디다(A)−듣다(B), 머리(A)−마리(B), 두텁다(A)−둗겁다(B), 말쏨(A)−말(B), 잢다(A)−무지다(B), 꾸미다(A)−비스다(B), 녀느(A)−눔(B), 바티다(A)−받다(B) 등이다. 이들의 관계는 상위의 단어에 의한 하위의 유표적 단어쌍들로 생각해 볼 수도 있다. 결국 하위의 단어로 이항 유의어를 형성하는 것은 상위어인 A단어의 다의성을 상정할 수 있다. 이들의 관계를 완전하게 형성하지 못하는 '갖−겿'과 'ᄀ장−뭇'은 이러한 논리로 이전의 A를 추정해 볼 수 있다. 이들은 변화의 결과만 생각한다면 A'와 B의 유의어쌍만 확인할 수 있다.

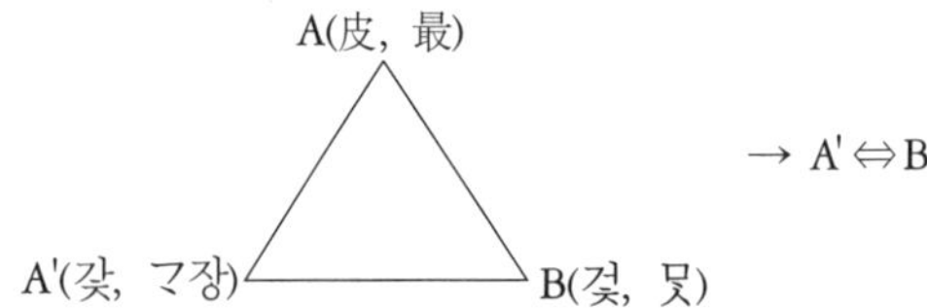

결국 다항 유의어는 이원화가 우선 진행이 되고, 이 이원성을 토대로 이항 분화 유의어가 형성된다. 다항 유의어가 이원성으로 분화된 것 중 표현의미 차이나 통사론적 변별기제로 또 다른 유의관계를 형성하는 것은 통합과 분화, 지속이라는 통시적 변화의 결과로 나아간다. 다의성 관계를 형성하면서 또 다른 유의관계를 구성하는 것은 앞의 도식 구도와 마찬가지의 결과로 추출된다. 대체로 몸집을 줄여 경쟁의 우위를 확보하려는 생태적 특성을 반영한 것이다.10)

이러한 과정을 통하여 이들은 하위의 유의어쌍으로 상위의 의미를 부분적으로 공유하면서 분화한다. 이들은 결국 A=A'+B라는 구조를 가진다. A에서 A'나 B를 제거하면 이는 각각 B나 A'가 되는 것이다. 이들이 분화가 된다는 것은 결국 상위의 개념인 A가 없어지는 것이다. 결국 이는 A에서 B라는 의미가 제거되면서 분화가 이루어진다. 이는 의미 축소 혹은 의미의 정밀화라고 할 수 있지만 생태적 특성을 감안한다면 몸집 줄이기에 의한 다의의 단의화로도 설명할 수 있다.

5. 이항·다항 유의어의 분포와 생태적 특성-요지

이 글은 이항과 다항 유의어의 생태적 변화가 서로 상이하다는 점을 중시하여 이들의 변화과정을 추적하였다. 유의어는 공시론적 상태에서 표현의미

---

10) 홍사만(2003 : 196)에서도 유의경쟁에서 다의를 가진 단어가 단의의 단어보다 불리하다는 것은 다의어가 가진 기능 부담 때문임을 지적한 바 있다.

차이, 통사론적 변별기제, 다의적 의미라는 체계 하에 유지된다. 이들은 통시적으로 통합, 분화, 지속이라는 현상으로 나아간다. 통합, 분화, 지속으로의 변화는 일정한 패턴을 가진다. 공시적 현상과 통시적 변화 사이에서는 규칙적인 생태성을 동반한다. 그런데 이항·다항의 관계는 동일한 언어 현상인 유의관계를 형성하면서도 동일한 생태적 변화를 동반하지 않는다.

① 이항 유의어의 분포적 특성으로 볼 때, 통시적 현상에 나타나는 통합이라는 현상은 동일한 다의적 용법 내에서는 63.6%를 차지한다. 마찬가지로 표현의미차이나 통사론적 변별기제에 의한 공시적 현상도 통합으로 나아갈 확률이 60.9%, 86.7%로 높게 나타난다. 이는 통시적 결과만을 통해서 볼 때 통합이 전체의 66.7%로 가장 높게 나타난다.

② 다항 유의어의 교차표를 보면 공시적 현상에서 나타나는 다의적 용법은 변화의 결과 분화로 나아가는 확률이 75.0%로 가장 높다. 그리고 표현의미 차이도 분화로 나아가는 확률이 66.7%로 가장 높게 형성된다. 다만 통사론적 변별기제에 의한 것은 현대어에서도 그 유의관계가 지속되는 것이 50.0%로 가장 높게 나타난다. 그러나 통시적 결과만을 토대로 했을 때는 분화가 나타날 확률이 61.1%로 가장 높다.

③ 이항분화 유의어에서 표현의미 차이나 통사론적 변별기제에 의한 것은 그 역할의 강화로 분화가 구축된다. 하지만 다의성에 의한 것은 한 단어의 다의성이 유의어로 공존하게 하다가, 다의성을 가진 단어의 의미 축소, 혹은 의미의 정밀화로 인해 분화가 이루어지는 경로를 보인다.

④ 다항 유의어는 변화의 과정에서 이원성을 동반한다. 형태상이나 의미적인 이원성이 우선된다. 이러한 이원성은 유의어의 일반적 통시성을 확보한다. 하지만 다의성의 확보로 나타나는 이원성은 상위의 개념에서 단의화하는 과정을 밟는다. 몸집 줄이기에 의한 생존 경쟁력을 확보하고자 하는 방법이다. 이러한 논의는 다의성에 의한 유의어의 상위 개념 단어를 추정할 수 있는 근거 마련도 가능하게 한다.

참고문헌

노태호 외 공역(2000), 『인간과 자연 생태학(군집생태학)』, 아카데미서적.

박석순 외 옮김(2000), 『시스템 생태학』, 도서출판 아르케.

이광호(1995), 『유의어 통시론』, 이회.

_____(2002), 「유의 경쟁의 통시성 고찰」, 『어문학』 77, 79~99면.

_____(2003), 「국어 유의어의 연관성 분석」, 『언어과학』 26, 169~188면.

_____(2008), 「유의어 변화의 기술적 방안」, 『어문학』 99, 1~26면.

전재호(1987), 『국어어휘사연구』, 경북대출판부.

홍사만(1985), 『국어어휘의미연구』, 학문사.

_____(1994), 『국어의미론연구』, 형설출판사.

_____(2003), 『국어어휘의미의 사적변천』, 한국문화사.

商務印書館(1987), 『辭源』.

德川宗賢·宮島達夫(1972), 『類義語 辭典』, 東京出版社.

諸橋轍次(1984), 『大漢和辭典』, 大修館書店.

池上嘉彦(1975), 『意味論』, 大修館.

大野晉·柴田武(編, 1977), 『語彙と意味』, 岩波講座日本語, 岩波書店.

前田富祺(1977), 『語彙の變遷』, 岩波講座日本語 9：語彙と意味, 岩波書店.

村木正武·齊藤與雄(1978), 『意味論』, 現代の英文法 2, 研究社.

제**3**장

형태·의미 연구의 통시적 접근

개화기 어휘*

김형철

1. 머리말

개화기(開化期)는 대략 1870년대 개항 시기부터 1910년 국권상실 전후 시기까지를 가리키며, 역사의 시대구분에서 고대·중세·근대·현대와 대등한 것이 아니라 단지 근대 말기에 대한 특별한 명칭으로 사용된다. 개화기는 '개화'라는 용어가 암시하듯이 서구사상과 문물이 대량으로 수입되고 봉건적 사회질서가 깨어지는 시기로 규정지어질 수 있다. 이러한 사회 변화에 필연적으로 수반되는 것이 언어의 변화인데, 그 중에서도 특히 어휘부문은 민감한 반응을 일으키게 된다.

서구사상과 문물을 수입한 구체적인 업적은 성경의 번역, 자전의 편찬, 신문의 발간, 교과서의 편찬 등으로 집약될 수 있다. 서구사상과 문물의 수입은 그것에 해당되는 언어의 수입도 수반하게 마련이다. 서양어를 받아들이는 데 있어 그 당시 국제적인 여건으로 말미암아 우리나라는 서양에서 직접 받아들이지 못하고 중국을 통하거나 일본을 통해서 받아들였는데 이러한 차용경로의 차이는 어휘의 형태뿐만 아니라 의미에도 영향을 미치게 되었다. 그러나

---

* 이 논문은 『국어의 시대별 변천 연구』 4(1999), 국립국어연구원, 115~162면에 수록된 것임

중국이나 일본이 다같이 한자를 공동의 표기수단으로 가진데다가, 차용 경로의 복잡성(서구→중국→한구, 서구→일본→한국, 서구→중국→일본→한국) 때문에 어떤 어휘의 차용경로를 밝힌다는 것은 어려운 작업이다. 대체로 성경이나 자전은 중국어계 어휘를 많이 수용했고 신문이나 교과서는 초기에는 중국어계 어휘의 영향을 다소 받았으나 뒤로 올수록 일본어계 어휘의 영향일 절대적이었다.

여기서는 개화기 문헌에 나타나는 어휘들을 새로 생긴 어휘, 바뀐 어휘, 없어진 어휘로 나누어 살펴보기로 한다.

2. 새로 생긴 어휘

개화기의 문헌들에는 기존에 사용되지 않는 새로운 어휘들이 많이 등장하는데, 이것들은 주로 서구 사상 및 문물과 함께 차용한 것들이다. 이러한 어휘들은 차용 방법과 차용 경로에 따라 몇 가지로 구분할 수 있다.

먼저, 차용방법에 따라서 음역(音譯)어와 의역(意譯)어로 구분된다.

음역어는 새로운 사물이나 개념과 함께 언어단위까지 빌어오는 것인데 반해, 의역어는 새로운 사물이나 개념만 빌어오고 거기에 해당되는 언어단위는 자국어에서 새로 만들어 쓰기 때문에 '신조어' 또는 '신어휘'라 부르기도 한다.

다음에는 차용경로에 따라 직접차용어와 간접차용어로 나누어 볼 수 있다.

직접차용어는 서구어를 국어에 바로 차용하는 것이고, 간접차용어는 서구어를 중국이나 일본에서 차용한 것을 다시 국어에 차용하여 쓰는 경우이다.

결국, 차용어는 차용방법과 차용경로에 따라 "직접음역어, 간접음역어, 직접의역어, 간접의역어" 등 네 가지로 나누어 볼 수 있다.

① **직접음역어** : 서구어를 직접 한국어로 음역한 것으로 한글로 표기된다.
    인그리스(←English)   삽포(←chapeau)

흐란스(←France)　　　　　　　브레드(←bread)

② **간접음역어** : 서구어를 중국이나 일본에서 한자어로 음역한 것을 다시 우리나라 한자음으로 읽어 차용한 것으로 한글로 표기된다. 한자로 표기된 어휘도 간접음역어에 포함된다.

포도아(←葡萄芽←Portugal)　　아미리견(←亞美利堅←American)
아편(←雅片←opium)

③ **직접의역어** : 서구어를 직접 국어로 의역한 것이다. 여기에는 새로 낱말을 만드는 경우와 기존의 낱말을 새로운 개념에 결부시켜 사용하는 경우가 다 포함된다.

몸제자(使徒, apostle)　　십자틀(十字架, cross)　　양등(洋燈, lamp)

④ **간접의역어** : 서구어를 중국이나 일본에서 의역한 것을 다시 국어에 빌어 쓰는 것이다.

백부장(百夫長, centurion)
천국(天國, the kingdom of heaven)　　] 중국어계 어휘
서적고(書籍庫, library)
격물학(格物學, physics)　　] 일본어계 어휘

음역어의 경우는 직접음역어와 간접음역어가 비교적 분명하게 구별되나, 의역어의 경우는 그 구별이 매우 어렵다. 따라서 그 근거가 분명한 것들만 대상으로 삼을 수밖에 없다. 간접의역어는 한자어에 국한되는데, 성경류나 『한불자전』에는 주로 중국어계 어휘가 사용되었고, 신문류나 교과서류, 자전류, 특히 『서유견문』에는 일본어계 어휘가 많이 사용되었다. 의역된 한자어 가운데는 '양등'(洋燈), '원어기'(遠語機) 같은 직접의역어도 있으나 소수에 지나지 않는다. 이 가운데서 음역어를 좁은 의미의 차용어(외래어)로, 의역어를 신어휘로 부르기로 한다.

2.1. 차용어

2.1.1. 고유명사

<표 1>에서와 같이 개화기에 국명, 지명, 인명 등 고유명사는 주로 음역어의 형태로 사용되었다.

〈표 1〉

원 어	직접음역	간접음역		음역+의역	간접의역	비 고
		중 국	일 본			
English	인쓰리스		英吉利	英國		영국
England	인쓰란쓰	英格蘭/英倫				영국
America	아메리카	亞美利加	亞米利加	美國		미국(美國)
Deutsch	쏘이즈	德意志/德逸	獨逸	德國		독일
France	프란쓰	法蘭西	佛蘭西	法國		프랑스 / 불란서
Italy	이틸리	意太利	伊太利	意國		이탈리아
Greece	쓰뤼쓰					그리이스
/ Hellas		希臘	希臘			/ 희랍
Netherland		尼德蘭				네덜란드
/ Holland	호르란쓰	荷蘭	和蘭			화란
Europe	유롭프	歐羅巴	歐羅巴			유럽 / 구라파
Iceland					氷洲/氷島	아이슬란드
Los Angles		勞斯安極立		羅城	天使城	로스앤젤레스
Jesus	예수	斯耶蘇				예수
Columbus	콜놈버스	哥倫布				콜롬버스
Napoleon	나버레온	拿破崙				나폴레옹

영국(英國)의 경우 '영'(英)의 중국음은 [ying]이므로 이것은 'English'의 앞부분 'En[iŋ]'의 음역이고, '국'(國)은 원어와 관계 없이 국가를 뜻하는 의미로 사용된 것이다. 이와 같이 고유명사의 첫부분은 음역하고 거기에 원어에 없는 보통명사 '국(國), 성(城), 주(洲), 항(港)' 등을 첨가하여 사용한 경우, '외래요소+중국요소'의 형식이며, 간결하다는 장점을 지니고 있기 때문에 강한 생성력을 지니고 있다. 이러한 방법으로 생성된 고유명사에는 "의국(意國, Italy), 나성(羅城, Los Angeles), 법국(法國, France), 오주(澳洲, Australia), 향홍(香港, Hong kong)" 등이 있다.

'Deutsch'가 "쏘이즈, 덕의지(德意志), 덕일(德逸), 덕국(德國), 독일(獨逸)"과 같이 나타나는 현상은 차용어의 경우 차용방법과 차용경로, 구체적인 번역방법의 차이에 따라 어형이 얼마나 다양하게 나타날 수 있는가를 단적으로 보여주고 있다.

한자음이 나라마다 다르기 때문에 음역어가 여럿 생긴 경우로는 '구라파'

(歐羅巴)를 들 수 있겠는데, '구라파'(歐羅巴)의 경우 그것의 중국어 발음은 [oulopa]로 원어 'Europe'의 발음에 가깝지만, 국어한자음은 [kurapha]로 원어의 발음과는 동떨어지게 되었다. 따라서 우리나라에서는 중국을 통한 간접음역어 '구라파'(歐羅巴)와 직접음역어 '유로부'가 함께 쓰이면서 별개의 단어처럼 인식된다.

'Greece'를 '끄뤼쓰' 또는 '희랍'(希臘 ←Hellas)이라고 하는 것은 'Greece'의 옛이름이 'Hellas'이기 때문이며, 'Netherland'를 '니덕란(尼德蘭), 호르란쏘, 하란(荷蘭←Holland)'이라 하는 것은 'Netherland'의 딴이름이 'Holland'이기 때문이었다. 즉 '끄뤼쓰'와 '희랍', '니덕란'과 '호르란쏘, 하란'의 차이는 음역대상어가 달랐기 때문에 생긴 결과이다.

이렇게 생성과정과 차용경로가 달라 다양한 어형으로 혼란스럽게 사용되던 서구 고유명사가 오늘날은 일정한 어형으로 주로 사용되고 있다. 직접음역어의 형태로 사용되는 것에는 '프랑스, 그리이스, 유럽, 콜롬버스, 나폴레옹' 등이 있으며, 간접음역어의 형태로 사용되는 어휘 가운데 중국어계로는 '영국, 미국' 등이 대표적이며, 일본어계로는 '독일, 불란서, 이태리' 등이 있다.

서구 인명의 경우 간접음역어의 한글표기는 거의 나타나지 않는다. 이러한 사실은 지명의 경우 한글표기 간접음역어가 보편적으로 사용된 점에 비추어 보면 인명의 가장 큰 특징이라 할 수 있다. 즉 지명의 경우에는 '스뻬인, 서반아, 西班牙' 세 가지가 모두 사용되었음에 반해, 인명의 경우에는 '콜놈버스, 哥倫布'로만 사용되고 '가륜포'는 거의 사용되지 않았다. 다만 종교관계 인명 가운데는 'Jesus'의 음역어로 '예수, 야소, 耶蘇'가 사용되기도 하나, 보편적인 현상은 아니다. 이때 '예수'(←Jesus)는 직접음역어이고, '야소'(←耶蘇←Jesus)는 간접음역어다.

2.1.2. 보통명사

차용어(좁은 의미의)라 함은 대개 보통명사의 음역어를 가리키는데, 차용의 초기단계에는 중국, 일본을 거친 간접음역어가 주로 사용되다가, 시간이 흐를수록 직접음역어가 많아졌다. 특히 직접음역어의 지나친 사용은 오늘날 국어

생활에 많은 문제를 일으키고 있는 실정이다.

개화기에 보통명사의 차용은 의역을 하는 것이 원칙이었다. 그러나 새로운 문물이 한꺼번에 너무 많이 밀려왔기 때문에 때로는 음역도 되었다.

개화기 각 문헌에 나타나는 음역어들을 열거하면 다음과 같다.

〈직접음역어〉
한성주보 : 새짜아(cider), 베리(beer), 코코아 / 코코(cocoa),
독립신문 : 삽포(chapeau), 대나마이트(dynamite), 빅테리아(bacteria), 브레드 (bread)
한영자전 : 고피차(coffee), 담비(tabacco), 람포(a hanging lamp)
성경 : 랍비(rabbi), 만나(manna), 사탄(satan), 아멘(amen), 할렐루아(hallelujah), 알파(alpha), 오메가(omega), 호산나(hosanna), 밥팀례(Baptisma＋禮), 사밧일 (Sabbatum＋日)
서유견문 : 솔져(soldier)

〈간접음역어〉
한성순보 : 복이탈(卜爾脫, port), 유사길(惟斯吉, whisky), 상백윤(上伯允, champagne), 복란덕(撲蘭德, brandy), 영몽수(檸檬水, lemon), 조달수(曹達水, soda), 아편(雅 片, opium)
한성주보 : 가배(珈琲, coffee), 호열자(虎列刺, cholera)
독립신문 : 삼판쥬(三判酒, champagne), 아편연(雅片烟)
국민소학독본 : 와사(瓦斯, gas)
한영자전 : 미살(彌撒, mass, 라틴어, missa), 야화화(耶華和, Jehovah), 야소교 (耶蘇教, Jesus), 다력만(多力曼, dynamite)
서유견문 : 파력문(巴力門, Parliament), 무디소(無大小, medias)

'coffee'는 간접음역어 '가배'(珈琲), '가비'(茄菲)로 주로 사용되었는데 직접음역어는 『한영자전』에 처음으로 나타나는 셈이다. 'lamp'는 직접음역어 '람포'와 직접의역어 '양등'(洋燈)이 함께 사용되었다. 'dynamite'는 직접음역어 '대나마이트'와, 간접음역어 '다력만'으로 나타난다. 그런데, '다력'(多力)은 음역어이지만 의역의 요소를 첨가하였다고 할 수 있다. 이렇게 음역을 하면서도 의미를 덧붙일 수 있는 것은 한자가 뜻글자이기 때문에 가능하다. '파력문'(巴力門)

은 'Parlia-ment'의 간접음역어이며 '국회의사원'(國會議事院)으로 의역되기도 했다. 그리고, 무더소(樹膠)는 오늘날 '메리야스'로 음역되어 쓰이는 'medias(스페인), meias'(포르투칼)의 한자 음역어인 '막대소(莫大小), 무대소(無大小)'를 다시 한글 음역한 것이다. '밥팀례'(Baptisma＋禮)와 '사밧일'(Sabbatum＋日)은 서구어의 음역어와 국어가 합쳐 만들어진 어휘로 '밥팀례'는 '세례', '사밧일'은 '안식일'의 뜻이다.

2.2. 신어휘

신어휘란 직접의역어와 간접의역어를 통틀어 가리키는데, 이들 어휘를 '종교, 교육, 교통·통신, 의료, 정치·경제, 기타'로 나누어 각 분야에서의 사용 양상을 살펴보기로 한다. 개화기 한국에서의 서구 문물의 수입은 거의가 중국이나 일본을 통해서 이루어졌으므로, 어휘의 경우도 중국이나 일본에서 서구어를 의역해서 만든 한자어를 그대로 빌어쓰는, 간접의역어가 대부분이었다. 『서유견문』에 나타나는 다음의 예들은 그것들이 직접의역어인지, 간접의역어인지는 분명하지 않지만 개화기의 신어휘 양상을 가장 잘 보여주는 것이라 할 수 있다.

> 파초실(芭蕉實, 바나나), 조과다(造果茶, 쥬우스), 우유유(牛乳油, 버터), 우락(牛酪, 버터), 건락(乾酪, 치이즈), 맥죽(麥粥, 수우프), 차자(叉子, 포오크), 주의(周衣, 코우트), 항회(項廻, 넥타이), 유장(帷帳, 커어텐), 복건(幅巾, 베일), 객점(客店, 호텔), 고족상(高足床, 테이블), 변등(拚凳, 소파), 점용(店傭, 보이), 빙혜(氷鞋, 스케이트), 탄가(炭氣, 가스), 유채(油彩, 페인트), 유회·유탄(油灰·油炭, 아스팔트), 병지(瓶枳, 코르크).

2.2.1. 종교 관련 어휘

개화기의 한글성경들은 한문성경을 대본으로 하고 영어성경을 참고해서 번역한 것들이다. 따라서 한글성경의 어휘들은 '쥬(主), 천국(天國), 복음(福音)'과 같이 한문성경의 어휘를 그대로 차용한 것과 '하나님(←上帝), 집사(←操會

者), 뎨자(←門徒)'와 같이 국어로 번역하여 차용한 것으로 나누어 볼 수 있다.

성경의 어휘들은 신·구교에 따라 다르게 사용되는 경우가 있는데, 개화기 신·구교 어휘를 현대의 신·구교 어휘와 비교해 사용되는 양상을 네 가지로 구분해 볼 수 있다('/' 표시 앞부분은 신교, 뒷부분은 구교 관련 어휘임).

① 신·구교의 어휘가 각각 보편성을 획득한 경우
하나님 / 천주, 세례 / 영세, 교회 / 성당, 예배 / 미사, 천사 / 천신

② 신교의 어휘가 보편성을 획득한 경우
제자 / 문도·종도, 시험 / 유감, 교회 / 성교회, 율법 / 성경, 박사 / 마시, 집사 / ᄀ음아ᄂ 쟈

③ 구교의 어휘가 보편성을 획득한 경우
다시닐다 / 부활, 경계 / 계명, 파총 / 백부장, 판죄 / 심판

④ 신·구교 어휘가 다른 어휘로 대체된 경우
성령(← 령 / 성신), 제사장 / 사제(← 제사 / 사교자), 천사(←사자 / 천신), 예언자(← 선지 / 선지자)

『한불자전』과 『한영자전』에 종교관계 어휘가 많이 실려 있는데, 그것들은 나름대로의 특징을 지니고 있다.

① 두 자전에 공통으로 실려 있는 어휘
계명(誡命), 디옥(地獄), 령세(靈洗), 령혼(靈魂), 마귀, 복음, 부활, 심방, 십계, 십일조, 십ᄌ가, 예슈(耶蘇), 텬국, 텬당, 텬상(天上), 텬신(天神), 텬쥬, 텬쥬학, 션지(先知), 삼위일테(三位一體), 신부(神父), 쥬교(主教), 구세쥬(救世主), 성경, 성교(聖教 : 천주교), 성당, 셩모, 셩부, 셩ᄌ, 셩신, 셩뎐(聖殿), 셩회(聖會)

② 『한영자전』에만 실려 있는 어휘
하ᄂ님, 셰례, 교회, 텬ᄉ(天使), 레비(禮拜), 레비날, 레비당, 구약, 신약, 신약젼셔, 구약젼셔, 예수교, 텬주교, 십계명, 셩찬, 셩령

③ 『한불자전』에만 실려 있는 어휘
령셩체(靈聖體), 션지자(先知者), 마사, 셩셔(聖書), 고슈원(苦 院), 슈녀(修女)

『한영자전』에만 실려 있는 어휘는 대부분 신교관계 어휘인데, '세례, 교회, 레비, 셩찬'(聖饌은 聖餐의 잘못임) 등은 오늘날도 신교에만 사용된다. 비슷한 뜻

의 어휘 '성령'(聖靈)과 '성신'(聖神), '성경'(聖經)과 '성셔'(聖書) 가운데서 '성신'과 '성경'은 두 자전에 다 나타나는데, '성령'은 『한영자전』에 '성셔'는 『한불자전』에만 나타나는 것이 특이하다.

『한불자전』에는 '성'(聖)자가 붙은 어휘가 93개나 나오는데, 자전에 기독교 관계 용어(Mot chrét 혹은 M. chr.)로 표기되어 있거나 비교적 구체적 의미로 사용되어 필자의 생각에 분명히 종교관계 용어라 생각되는 것을 적어 보면 다음과 같다.

> 성가(聖歌), 성가(聖架 : 십자가), 성던(聖殿), 성모(聖母), 성경(聖經), 성교(聖敎), 성모경(聖母經), 성물(聖物), 성녀(聖女), 성당(聖堂), 성부(聖父), 성보(聖褓 : 면사포), 성수(聖史), 성수(聖事), 성주(聖子), 성총(聖寵), 성수(聖士), 성삼(聖三), 성촉(聖燭), 성탄(聖誕), 성석(聖石), 성셔(聖書), 성톄(聖體), 성판(聖板), 성슈(聖水), 성시(聖屍), 성포(聖布), 성품(聖品), 성신(聖神), 성영(聖詠 : 구약 시편), 성혈(聖血), 성호(聖號), 성우(聖佑), 성영(聖嬰 : 어린 예수), 성희(聖骸), 성회(聖會 : 성교회), 성유(聖油), 성의(聖依)

한편 『독립신문』에는 "예수교, 야쇼교, 교회, 교당, 례비당, 구세쥬, 예수크리스도, 하느님(99), 션교스, 교우, 천주당, 신부, 쥬교" 등이 나오는데, 주로 신교에 관계되는 어휘들이다. 『독립신문』이 주창하는 기본사상이 기독교 사상이며 신문제작에 관계하는 사람들 가운데 기독교 관계자가 많았다는 사실을 생각하면 당연한 결과라 할 수 있다.

2.2.2. 교육 관련 어휘

오늘날의 '학교, 학생, 선생'의 뜻을 가진 어휘로 『한불자전』 시기에는 '학당(學堂), 학동(學童), 선생(先生)'이 사용되었는데, 『한성주보』에서부터 일본어 계통 어휘인 '학교, 학도, 생도, 교사, 교원' 등이 들어와 세력을 갖고 쓰이다가 오늘날은 '학교, 학생, 선생, 교사'로 정리되었다. 한편, '교육'(敎育)이란 어휘는 『한불자전』, 신문류, 교과서류에 두루 사용되는 보편적인 어휘인데도, 『한영자전』에는 '교훈'만 나오고 '교육'이 실려 있지 않은데, 『한영자전』 개정판(1911)에는 교육이 실려 있는 점으로 보아, 누락된 것 같다. 『독립신문』에는

'교흌'으로만 표기되어 있는 것이 특이하다.

　개화기는 신학문이 전래되는 시기이므로 각 문헌에 신학문의 종류를 나타내는 어휘들이 대거 등장한다. 이들을 오늘날 사용되는 어휘와 사용되지 않는 어휘로 나누어 열거해 보면 다음과 같다.

　　① 오늘날 그대로 사용되는 어휘
　　　경제학(經濟學), 공학(工學), 문학(文學), 교육학(敎育學), 신학(神學), 심리학(心理學), 생물학(生物學), 언어학(言語學), 논리학(論理學), 사회학(社會學), 농학(農學)

　　② 오늘날 사용되지 않는 어휘
　　　격물학(格物學), 인신학(人身學), 전학(電學), 천주학(天主學), 항해학(航海學), 미술학(美術學), 박물학(博物學), 법정학(法政學), 병학(兵學), 산학(算學), 세태학(世態學), 수신학(修身學), 제조학(製造學), 농리학(農理學)

2.2.3. 교통·통신 관련 어휘

교통에 관계되는 어휘로는 기차, 배에 관한 것들이 대부분이었다.

〈기차〉	〈배〉
화륜거(火輪車)	화륜선(火輪船)
화차(火車)	화션(火船)
륜거, 륜차(輪車)	륜선(輪船)
긔차(汽車)	긔션(汽船)
증기차(蒸汽車)	증기션(蒸汽船)

　'화륜선'과 '화륜거'는 개화기의 모든 문헌에 높은 빈도수로 나타나는 점으로 보아, 가장 보편적으로 사용되던 어휘인 것 같다. 『한영자전』에는 '화륜거', '화륜차' 두 가지 형태가 다 나타난다. '화선, 화차'는 『한성순보』에, '증기선, 증기차'는 『서유견문』에만 사용되었다. 『독립신문』에는 '륜선'은 물론이고 '륜거, 륜차'도 나타난다.

　『한불자전』에는 풀이 앞부분에 의미자질을 표시해 두었다. 이것은 명칭과 밀접한 관계가 있어 보인다.

> 화륜선 : feu(火), roue(輪), bateau(船)
> 화륜거 : feu(火), roue(輪), char(車)

그 당시, 배와 기차의 명칭은 그것들을 움직이는 동력, 혹은 동력을 만드는 방법과 밀접하게 관련되어 있다고 할 수 있다. 즉, 배와 기차를 의미자질로 풀이하면 다음과 같이 된다.

"불로 증기를 만들어 그 힘으로 터어빈(바퀴)를 돌려 움직이는 것"
　　ㄱ　　　ㄴ　　　　　　　　　　　ㄷ

여기서 '화차, 화션'은 ㄱ을, '증기차, 증기션, 긔차, 긔션'는 ㄴ을, '륜거, 륜션'은 ㄷ을, '화륜거, 화륜션'은 ㄱ, ㄷ을 요소로 하여 만들어진 어휘임을 알 수 있다.

신문류에 '배'와 '기차'에 관한 다양한 명칭이 등장되는데, 이러한 사실에서 그 당시 교통 수단이 주로 '배'와 '기차'였음을 알 수 있다.

> 배 : 공기선(空氣船), 군선(軍船), 병선(兵船), 상선(商船), 수뢰선(水雷船), 수뢰
> 　　화선(水雷火船), 순행선(巡行船), 우편선(郵便船), 운송선(運送船), 의병선
> 　　(義兵船), 전선(戰船), 진선(津船), 척후선(斥候船), 철갑선(鐵甲船), 포경선
> 　　(捕鯨船), 풍범선(風帆船)
> 기차 : 기관차(機關車), 기차(汽車), 열차(列車), 륜차(輪車), 철차(鐵車), 철도열
> 　　　차(鐵道列車), 특별열차(特別列車), 화차(貨車), 객차(客車)
> 전차 : 전기차(電氣車), 전차(電車)
> 자동차 : 자동차(自動車)
> 자전거 : 자전거(自轉車), 자행거(自行車) cf. bicycle
> 비행기 : 비행거(飛行車) cf. 인력거(人力車)

배와 기차의 명칭이 다양할 뿐만 아니라 오늘날의 교통 수단의 명칭이 그 당시 거의 통용되었다는 사실이 놀랍다. 특이한 조어(造語)로는 '自行車', '飛行車'가 있는데, 앞의 것은 'ᄌ힝거'로 읽히었는데 뒤의 것은 그 당시 '비행거' 혹은 '비행차' 어느 것으로 읽히었는지 궁금하다.

통신관계 어휘는 '우편, 젼신, 젼보'로 요약되며, 이 세 어휘는 개화기에

벌써 보편적으로 사용되었다고 할 수 있다. 『독립신문』에는 '우편, 전신, 전보, 전화' 등 통신관계 어휘가 오늘날과 차이가 없을 정도로 많이 사용되고 있다. 『한성주보』의 '전음'(電音)은 오늘날의 '통신'을 나타낸다 (路透電音 ← 로이터 통신).

『서유견문』에 '원어기'(遠語機)는 "電氣의 流通ᄒᆞᆫ 力을 藉ᄒᆞ야 遠方에 言語를 相通ᄒᆞᆫ 鐵線을 謂홈이니"로 풀이되어 있어, 오늘날 '전화기'(電話機)에 해당되는 어휘임을 알 수 있다. 또 '전화선(電話線), 전화통(電話筒)'에 해당되는 '전어선(傳語線), 전어통(傳語筒)'이 사용되었다. '전화기, 전화선, 전화통'에서의 '전화(電話)'가 기계를 작동하는 힘에 기준을 둔 조어라 한다면, '원어기, 전어선, 전어통'의 '원어(遠語), 전어(傳語)'는 기계의 기능에 초점을 맞춘 조어라 할 수 있다. 여기서 '원어(遠語), 전어(傳語)' 계통의 어휘는 유길준 직접 만들어 쓴 것으로 직접의역어에 해당된다. 『서유견문』에는 이외에 직접의역어로 용토수(龍吐水 ← pump), 전신기(電信機 ← a tele-graph), 명함지(名啣紙, 중국 : 名片·일본 : 名刺), 기차로(汽車路, 중국 : 鐵路·일본 : 鐵道) 등이 있다.

2.2.4. 의료 관련 어휘

의료 관련 어휘 가운데 중심되는 것은 '병원, 의사, 환자, 간호원, 약, 치료' 등이다. '병원'은 여러 문헌에 자주 쓰인 점으로 보아 이 시대에 보편적인 어휘인 것 같으며, '의가'(醫家)도 병원의 의미를 지니고 있으나 자전류에만 나타난다. '의사(醫師), 의원(醫院)'도 그 당시에 보편적으로 사용되던 어휘인데, '의사'의 경우 『한불자전』에 실려 있지 않은 점으로 보아 일본어 계통의 어휘인 것 같다. '의사'와 '의원'은 오늘날 병원의 '의사'(양의사)와 한약방의 '의원'으로 변별되어 사용되기도 하지만, 그 당시는 두루 사용되었던 것 같다. '환자'(患者)의 뜻으로는 '병인(病人), 병긱(病客), 병자(病者)'가 쓰였고, '치료'의 뜻으로는 '치병(治病), 치료(治療)'가 '간호'의 뜻으로는 '간병(看病), 간증(看症)'이 주로 쓰였다. '치료'는 '치병'과 같은 의미를 지닌 어휘인데, 『한불자전』에 실리지 않은 점으로 보아 일본어 계통의 어휘인 것 같다. '간호'는 자전류에만 나타나 사용에 제한이 있었음을 알 수 있는데, 『한영자전』 개정판에 '간호부, 간호원'이 등장하는 점으로 보아 20세기 초에는 벌써 '간병, 간증'보다 '간호'의 세력이 세어져, 오늘날까지 계속되고 있음을 알 수 있다.

『한성주보』에 나오는 '유원병객(留院病客), 자비료(自費料), 약물(藥物), 약료(藥料)'는 일본어 계통의 어휘인 것 같으며, 오늘날의 '입원환자, 입원비, 약, 약값'에 해당된다.

2.2.5. 정치·경제 관련 어휘

개화기에는 정치·경제 관계의 새로운 어휘가 많이 등장한다. 정치에 관한 어휘들은 숫자가 많을 뿐만 아니라, '대통령'과 '군쥬', '정부'와 '죠졍', '군슈'와 '원'이 함께 쓰이는 등 신·구 어휘가 복잡하게 사용되어 새로운 어휘를 구별하는 일이 쉽지 않다. 정치관계 어휘 가운데 가장 자주 쓰인 것은 '대통령'과 '경찰', '정부'이다. 『국민소학독본』에 나오는 '부통령'이 『독립신문』에는 '쇼통령'으로 나온다. 『한영자전』에 '경찰관, 경찰서'가 나올 정도로 '경찰'이란 어휘는 세력을 가지고 있었다. '대통령, 경찰, 정부'를 비롯한 대부분의 정치관계 어휘들이 『한불자전』에는 거의 실려 있지 않다. 이러한 사실은 정치관계 어휘들이 대부분 일본어 계통의 어휘인 점과 밀접한 관련이 있을 것이다.

경제관계 어휘의 대량 등장도 이 시대 어휘 특징 중에 하나라 할 수 있다.

개화기에 '상인'(商人)과 '상점'(商店)의 사용례가 나타나나 보편적인 사용은 아니었다. '상인'의 뜻으로는 '샹고'(商賈)가 주로 사용되었으며, 이것은 모든 문헌에 높은 빈도수로 나타나 가장 보편적인 어휘였음을 알 수 있다. '샹점'의 뜻으로는 '샹뎐(商廛), 기화샹, 샹회(商會)' 등이 주로 사용되었다. 『독립신문』에는 '공쟝, 회샤, 샹회, 기화샹, 샹고, 샹업, 공업, 쟈본, 회계, 슈출, 슈입, 은힝, 은힝쇼, 어음, 수표, 어음표, 환표, 전당표, 빙표, 영수표' 등 오늘날 쓰이고 있는 경제관계 어휘가 거의 망라되어 있다. 이러한 사실은 『독립신문』이 서구문화 수입의 선봉장이었음을 확인해 주는 증거가 된다. 경제 관계 어휘의 실상을 잘 나타내 주는 어소(語素) '상(商)-'과 '-업(業)'에 들어있는 어휘들을 더 열거하면 다음과 같다.

〈'상-'(商)이 들어 있는 어휘〉
상공(商工), 상공업(商工業), 상권(商權), 상민(商民), 상법(商法), 상사(商社), 상선(商船), 상선회사(商船會社), 상업경쟁(商業競爭), 상업계(商業界), 상업광고(商業廣告), 상업권(商業權), 상업상(商業上), 상업회의소(商業會議所), 상표(商票, 商標), 상호(商號), 상품진열소(商品陳列所), 상회관(商會館), 상회소(商會所)

〈'-업'(業)이 들어 있는 어휘〉
기업(企業), 산업(産業), 건축업(建築業), 광산업(鑛産業), 기계공업(機械工業), 농업(農業), 무역업(貿易業), 상공업(商工業), 수산업(水産業), 제철업(製鐵業), 제조업(製造業), 사업(事業), 공공사업(公共事業), 교육사업(敎育事業), 사회사업(社會事業), 수도사업(水道事業), 자선사업(慈善事業), 항해사업(航海事業)

2.2.6. 기타

여기서는 개화기에 새로 등장한 어휘 가운데서 앞에서 언급한 분야 이외의 것을 다루는데, 그 어휘들의 특징을 가장 잘 나타내는 어소(語素)별로 정리해 보기로 한다.

(가) 사람 관련 어휘

오늘날 '일반국민'을 나타내는 어휘로는 '인민'(人民)이 가장 보편적으로 사용되었고, '민인'(民人), '민간'(民間)도 나타난다. 사람을 뜻하는 어소(語素)로는 '-인(人), -자(者), -민(民)'이 주로 사용되었는데, 『서유견문』에 나타나는 용례와 그것들 중에서 오늘날 보편성을 획득한 것들을 들어 보면 <표 2>와 같다.

〈표 2〉

서유견문			오늘날	
病人	病者	病民	病者	患者
商人	商者	商民	商人	
貧人	貧者	貧民	貧民	
×	農者	農民	農民	農夫
×	富者	富民	富者	
老人	老者	×	老人	
私人	×	私民	私人	個人

서유견문			오늘날
國人	×	國民	國民
平人	×	平民	平民
遊人	(遊者)	遊民	

한자의 뜻에 충실하게 해석하면 '−인'(人)과 '−자'(者)가 붙은 어휘는 개인을 지칭하고, '−民'이 붙은 어휘는 '집단'을 가리킨다고 할 수 있으나, 『서유견문』에서는 의미상으로 거의 변별이 되지 않는다. 오늘날 '부유한 사람'의 뜻으로는 '부자'(富者)만 사용되고, '가난한 사람'의 뜻으로는 '빈민'(貧民)이 주로 쓰인다. '부자'(富者)의 상대적인 어휘로 '빈자'(貧者)가 가정되지만 실제로는 '빈민'(貧民)이 더 많이 사용된다. '농민'(農民)과 '농부'(農夫)의 경우도 낱글자의 뜻에 충실하면 전자가 '집단'을 나타내고, 후자가 '개인'을 나타낸다고 할 수 있으나, 실제 사용에 있어서는 같은 어휘로 취급된다. 이렇게 볼 때 서유견문에서 다양한 형태로 조어되던 어휘들이, 오늘날에 와서는 일정한 형태로 주로 사용되게 되었음을 알 수 있다. 이러한 변화에 일정한 유형의 경향성이 있어 보이지는 않는다.

개화기의 다른 문헌에 사용된 '−인(人), −자(者), −민(民)'을 가진 어휘들을 더 열거해 보면 다음과 같다.

인(人) : 관광인(觀光人), 관리인(管理人), 대언인(代言人), 발기인(發起人), 발신인(發信人), 방청인(傍聽人), 병인(病人), 상속인(相續人), 상인(商人), 소개인(紹介人), 시가인(市街人), 영수인(領受人), 외국인(外國人), 지배인(支配人), 차인(差人), 출래인(出來人), 취인(醉人), 해로인도인(海路引導人)

자(者) : 관광자(觀光者), 관람자(觀覽者), 기탁자(寄託者), 박학자(博學者), 선각자(先覺者), 신문기자(新聞記者), 신앙자(信仰者), 실업자(失業者), 생물학자(生物學者), 여행자(旅行者), 연설자(演說者), 유렵자(遊獵者), 유권자(有權者), 입학지원자(入學志願者), 전공자(專攻者), 지원자(志願者), 채권자(債權者), 통치자(統治者), 항해자(航海者), 화학자(化學者), 후보자(候補者)

민(民) : 거민(居民), 국민(國民), 시민(市民), 인민(人民), 일반국민(一般國民)

(나) 시계 관련 어휘

시계 관련 어휘에는 "시계(時計), 시표(時標 / 時鏢 / 時票 / 時表), 시진표(時辰表), 시진의(時辰儀), 자명종(自鳴鐘), 자명종표(自鳴鐘表), 시진종(時辰鐘), 종표(鐘表), 괘종(卦鐘)" 등이 있는데, 이들 가운데서 '시계'(時計)와 '자명종'(自鳴鐘)이 가장 보편적으로 사용되었으며, 오늘날에는 이 두 어휘만 살아 남았다. 그리고, '자명종, 자명종표, 종표, 시진종'처럼 '종(鐘)'자를 포함한 어휘는 'clock'를 번역한 것이며, '시표, 시계' 등은 'watch'를 번역한 것 같다(스코트.Scott의 『영한자전』에는 'clock'는 '종, ᄌ명종'으로, 'watch'는 '시계, 시표'로 번역해 놓았다). 이러한 사실은 새로운 물건이 들어왔을 때 그 물건의 구조, 모양, 쓰임새 가운데 어디에 증점을 두느냐에 따라 많은 명칭이 붙여질 수 있음을 보여주는 단적인 예가 된다.

(다) ['-경'(鏡)이 붙은 어휘]

'-경'(鏡)이 붙은 어휘 가운데서 '거울'을 뜻하는 것에는 석경(石鏡), 면경(面鏡), 체경(體鏡), 유리경(琉璃鏡) 등이 있고, '안경'을 뜻하는 것에는 안경(眼鏡), 양목경(養目鏡), 학슬경(鶴膝鏡) 등이 있고, '자세히 보는 거울'을 뜻하는 어휘에는 근시경(近視鏡), 현미경(顯微鏡) 등이 있다. 그리고 '멀리 보는 거울'이라는 뜻을 지닌 어휘에는 만리경(萬里鏡), 망원경(望遠鏡), 시원경(視遠鏡), 원경(遠鏡), 원시경(遠視鏡), 원조경(遠照鏡), 천리경(千里鏡) 등이 있는데, 이것들을 자질로 분석하면 "멀리(萬里 / 千里 / 遠)＋보는(望 / 視 / 照)＋거울(鏡)"과 같다.

(라) '양-'(洋)이 붙은 어휘

'양목'(洋木)이나 '양서'(洋書)에서 '양-'(洋)은 '서양의'(western), '외국의'(foreign)와 같은 의미를 지녔는데, 이것은 ① 새로운 물건, ② 우리나라에도 있으나 수입된 물건에 주로 붙여졌다. 한꺼번에 많은 종류의 물건이 수입되면서 개별적으로 명명할 여유를 가지지 못한 상황에서 원래 있었던 것과 구별하기 위해서 보편적으로 붙여진 명칭이다.

이들은 몇 가지로 분류해 볼 수 있다.

① 오늘날도 생명력을 갖고 쓰이는 것
　　양단(洋緞), 양목(洋木), 양서(洋書), 양의(洋醫), 양주(洋酒), 양초(洋燭), 양철(洋鐵)

② 비슷한 다른 말로 바뀌어 계속 쓰이는 것

양국(洋國) → 서양	양초(洋草) → 양담배
양뎐(洋氈) → 양탄자	양칠(洋漆) → 페인트
양료리(洋料理) → 양식(洋食)	양약(洋藥) → 신약
양물(洋物) → 양품	양관(洋館) → 양옥(洋屋), 공사관
양어(洋語) → 서양어(서양말)	양등(洋燈) → 남포등
양인(洋人) → 서양사람	양표(洋表) → 외국상표
양제(洋製) → 미제, 영국제	

③ 생명력이 약화되거나 사어(死語)가 된 것
　　양달령(洋-), 양대포(洋大布), 양도(洋刀), 양보라(洋紺), 양사(洋紗), 양수(洋絲), 양산(洋算), 양션(洋船), 양상(洋商), 양행(洋行), 양종(洋種), 양창(洋鎗), 양청(洋)靑, 양충(洋銃), 양칠간죽(洋漆竿竹, 양침(洋針), 양포(洋布), 양학(洋學), 양항라(洋亢羅), 양홍(洋紅), 양화포(洋花布)

　개화기 문헌에 나타나지 않으나 오늘날 생명력을 갖고 쓰이는 어휘에는 '양과자, 양궁, 양파, 양배추, 양말, 양장(洋裝), 양재(洋裁), 양옥(洋屋), 양동이, 양재기(洋瓷器), 양잿물, 양회(시멘트), 양화(서양화), 양화(洋靴)점, 양악(서양음악)' 등이 있다. 원래 '양'(洋)자가 붙은 말은 '재래의 것'이 아닌 '외래의 것, 서양에서 온 것'의 의미로 사용되었는데, 이런 말들이 세력을 확대하여 보편적으로 쓰이게 되자 이제는 재래의 것을 구별하는 어휘가 새로 생기게 되었다. '양'(洋)에 대조되는 의미로 '국(國), 한(漢, 韓), 토종(土種)' 등을 접두시켜 사용한다.

양궁 ↔ 국궁	양장 ↔ 한복(여자용)
양악 ↔ 국악	양재 ↔ 한재(韓裁)
양복 ↔ 한복(남자용)	양옥 ↔ 한옥
양식(洋食) ↔ 한식(韓食)	(양)약국 ↔ 한약국
양의(洋醫) ↔ 한의(漢.韓醫)	토종닭, 토종돼지, 토종벌, 토종개

의료에 관계되는 용어 즉, '병원, 의사, 약사, 약국, 약방, 약' 등은 그냥 그 대로 쓰면 '양'(洋)이 붙은 의미가 되고 이것과 구별되는 개념으로 '한'(漢, 韓)자를 앞에 붙여 '한방병원, 한의사, 한약사, 한약국, 한약방, 한약' 등으로 쓰고 있는 실정이다. '약'(藥)의 경우 신약과 한약으로 구분하여 사용한다.

이외에 '양놈, 양년, 양이(洋夷), 양요(洋擾)'같은 어휘들에서는 다분히 배타적인 의미를 느낄 수 있으며, '양순대(소시지), 양숟가락(스푼)'은 외래어의 범람 가운데서 국어순화의 가능성을 엿볼 수 있는 것이기도 하다.

(마) '화-'(火)가 붙은 어휘

화경(火鏡. 볼록렌즈, 돋보기), 화력(火力), 화륜거(火輪車), 화륜선(火輪船), 화승(火繩, 휴즈, feu+corde), 화식(火食, 익힌 음식, feu+mets), 화약(火藥), 화약고(火藥庫), 화장(火掌, 요리사), 화주(火酒, 소주), 화포(火炮, 대포, cannon)

(바) '개화-'(開化)가 붙은 어휘

기화포(開化砲), 기화국(開化國), 기화당(開化黨), 기화스(開化史), 기화인(開化人), '기화상(開化商)', '기화잔(開化盞)

(사) '원'(院)이 붙은 어휘

개화기에 '-원'(院)이 붙은 어휘가 많이 나타나는데, '원'(院)은 시설(施設)을 의미한다. 대개 교육시설 혹은 수용시설이며 『한성주보』, 『서유견문』, 『대한 미일신보』에 주로 나타난다.

고수원(苦修院, 수녀원, 수도원), 고아원(孤兒院, 고아원), 광인원(狂人院, 광인 수용시설, 정신병원), 교도원(敎導院, 교도소), 구빈원(救貧院, 빈민구제시설), 기 아원(棄兒院, 기아(棄兒) 수용시설), 노인원(老人院, 양로원), 맹인원(盲人院, 맹인 교육시설), 병원(病院), 빈원(貧院 : 老人院+幼兒院+孤兒院+棄兒院), 아인원(啞人 院, 벙어리 교육시설), 양노원(養老院), 양빈원(養貧院), 유아원(幼兒院, 신체장애 자 수용시설), 유치원(幼稚園), 의원(醫院), 제병원(濟病院, 병원), 조악원(調樂院, 음악훈련원), 치아원(痴兒院, 정신박약아 교육시설), 휼아원(恤幼院, 유치원), 박 물원(博物院, 박물관), cf 『서유견문』에는 박물관(博物館), 박물원(博物園, 동·식 물원)이 사용되었으며, 박문원(博文院, 신문, 서적, 잡지 등을 보관하는 관청)도 나타남.

(아) '-회'(會)가 붙은 어휘

개화기에는 사회분회기가 개방적으로 변화하였기 때문에 다양한 성격의 모임이 많이 생겨났다.

가회(歌會, 오락회), 다과회(茶菓會), 다회(茶會, 다도회), 만찬회(晩餐會), 무회(舞會, 무도회), 박람회(博覽會), 습무회(習舞會), 야회(野會, 야유회), 야회무도회(夜會舞蹈會), 오찬회(午餐會), 운동회(運動會), 원유회(園遊會), 유치회(幼稚會, 빈민 자녀 구제회), 일기회(一器會, 야유회), 제소회(諸小會, 기타 작은 모임), 토론회(討論會), 향연회(饗宴會)

(자) '-물'(物)이 붙은 어휘

'-물'(物)이 붙은 어휘에는 오늘날 그대로 통용되는 어휘와 다른 어형으로 바뀌어 사용되는 어휘가 있는데, '-물'(物) 대신에 '-품'(品)이 붙어, 일본어계 한자어로 바뀐 경우도 있다.

① 오늘날 통용되는 어휘
곡물(穀物), 광물(鑛物), 매장물(埋藏物), 모물(毛物), 목물(木物), 문물(文物), 식물(食物), 약물(藥物), 유실물(遺失物), 인물(人物), 인조물(人造物), 인화물(引火物), 재물(財物), 철물(鐵物), 폭발물(爆發物), 피물(皮物)

② 다른 어휘로 바뀐 것
수물(繡物) / 자수품(刺繡品), 상물(商物) / 상품(商品), 신조물(新造物) / 신제품(新製品), 식료물(食料物) / 식료품(食料品), 식수물(食需物) / 식료품(食料品), 과물(果物) / 과실(果實), 천생물(天生物) / 천연물(天然物), 축물(畜物) / 가축(家畜)

(차) '-장'(場)이나 '-소'(所)가 붙은 어휘

장소를 나타내는 어소로는 '-장'(場)과 '-소'(所)가 사용되었는데, '-장'(場)의 빈도수가 훨씬 더 높다. 『서유견문』에 '-장'(場)과 '-소'(所) 둘 다와 결합되는 어휘들이 나타나는데, 이것들은 의미상으로 변별되지 않는다. 어형이 바뀐 경우 '-장'(場)과 '-소'(所)로 바뀐 것이 다수 있다.

   ① 오늘날 통용되는 어휘

     제작장(製作場), 방적장(紡績場), 제조장(製造場), 공작장(工作場), 무역시장(貿易市)場, 매매장(賣買場), 방적소(紡績所), 방직소(紡織所), 제조소(製造所), 적금소(積金所), 재판소(裁判所)

   ② 다른 어휘로 바뀐 것

     유게장(遊憩場) / 휴게소(休憩所), 제선장(造船場) / 조선소(造船所), 연철장(鍊鐵場) / 제철소(製鐵所)

    cf. 정거소(停車所) / 정거장(停車場), 박물장(博物場) / 박물관(博物館), 접빈소(接賓所) / 응접실(應接室)

이외에 개화기 어휘들을 조어법의 차원에서 살펴보면, 다음의 몇가지로 나눌 수가 있다.

   ① 동력에 따라 만들어진 어휘

     증기선(蒸氣船), 증기차(蒸氣車), 기선(汽船), 기차(汽車) ; 전차(電車), 전기신(電氣信), 전기등(電氣燈) ; 탄기등(炭氣燈) ; 수차(水車) ; 풍차(風車)

   ② 용도에 따라 만들어진 어휘

     원어기(遠語機), 용토수(龍吐水), 전어선(傳語線), 전어통(傳語筒), 시계(時計), 시표(時票)

   ③ 재료에 따라 만들어진 어휘

     망원경(望遠鏡), 천리경(千里鏡), 화경(火鏡), 석경(石鏡) ; 신문지(新聞紙), 명함지(名啣紙), 지전(紙錢), 지폐(紙幣) ; 유과(油菓), 유채(油彩), 유촉(油燭), 유탄(油炭), 유회(油灰), 유칠(油漆)

3. 바뀐 어휘

여기서 바뀐 어휘란 개화기에 사용되던 어휘가 오늘날에 어형(語形)이나 의미(意味)가 바뀌어 사용되는 경우를 말한다('／' 표시 앞부분은 개화기 어형을 뒷부분은 현대국어 어형을 나타냄).

3.1. 어형이 바뀐 어휘

어형 변화는 바뀌는 범위에 따라 전체 변화와 부분 변화로 나눌 수 있으며, 바뀌는 양상에 따라 대체, 첨가, 생략, 어순 변화 등으로 나누어 볼 수 있다. 여기서는 개화기 어형 '공담'(公談), '가칭'(假稱)이 현대 어형 '여론'(與論), '사칭'(詐稱)으로 바뀌면서 '공담'이 '여론'으로, '가'(假)가 '사'(詐)로 대체되었다고 본다. 따라서, 전체변화와 부분변화에 속하는 어휘들은 전체나 부분이 대체되었다고 할 수 있다. 한편, 어형 변화는 바뀌는 과정에 따라 경쟁변화와 독립변화로 나누어 볼 수도 있다.

3.1.1. 변화 범위와 양상에 따른 분류

(가) 전체 변화

전체변화에는 '병인(病人) / 환자(患者), 분전(分傳) / 배달(配達)' 처럼 어형 전체가 바뀐 경우는 물론이고, '도화책(圖畵冊) / 미술책(美術冊)'과 같이 바뀌지 않는 부분이 있으나, 바뀐 부분이(圖畵, 美術) 바뀌지 않는 부분(冊)에 비해 상대적으로 중심의미를 지녔다고 생각되는 경우도 포함한다.

여기에 해당되는 어휘들을 들면 다음과 같다.

결총(結總) / 결산(決算), 경언회(競言會) / 웅변대회(雄辯大會), 고원(雇員) / 사무원(事務員), 공담(公談) / 여론(與論), 공소원(公訴員) / 검찰(檢察), 공일(空日) / 일요일(日曜日), 공토(公土) / 국유지(國有地), 과목밭(果木밧) / 과수원(果樹園), 교의(交椅) /의자(倚子), 교회교사(敎會敎師) / 선교사(宣敎師), 교회책(敎會冊) / 성경책(聖經冊), 구류간(拘留間) / 구치소(拘置所), 국중명일(國中名日) / 국경일(國慶日), 긴용물품(緊用物品) / 생필품(生必品), 낙송(落訟) / 패소(敗訴), 내두(來頭) / 미래(未來), 노인원(老人院) / 양로원(養老院), 도합(都合) / 총계(總計), 만국회의(萬國會議) / 국제회의(國際會議), 문초(問招) / 심문(審問), 문표(門標) / 입장권(入場券), 방송(放送) / 석방(釋放), 방직이(房直이) / 교도관(矯導官), 병세(兵勢) / 군사력(軍事力), 병학(兵學) /군사학(軍事學), 보고원(報告員) / 특파원(特派員), 복몰(覆沒) / 전복(顚覆), 부초(腐草) / 퇴비(堆肥), 사진(仕進) / 출근(出勤), 상학(上學) / 등교(登校), 생도(生徒) / 학생(學生), 서찰(書札) / 편지(片紙), 서수(書手) / 대리인(代理人), 석유배(石油빅) / 유조선(油槽船), 석탄고(石炭庫) / 저탄장(貯炭場), 수세사(收稅使) / 세무공무원(稅

務公務員), 수로금(酬勞金) / 노임(勞賃).임금(賃金), 수병(水兵) / 해군(海軍), 수부(水夫) / 선원(船員), 시가인(市街人) / 도시인(都市人), 신원(新元) / 원단(元旦), 와상(臥床) / 침대(寢臺), 운동가(運動歌) / 응원가(應援歌), 원포(園圃) / 과수원(果樹園), 유희(遊戲) / 무용(舞踊), 추렴전(抽斂錢) / 출연금(出捐金), 육전(陸戰) / 지상전(地上戰), 의회원(議會院) / 국회(國會), 인도(引導) / 안내(案內), 자리심(自利心) / 이기심(利己心), 고재물(庫在物) / 재고품(在庫品), 전기(田器) / 농기구(農器具), 전선(戰船) / 군함(軍艦), 절화(絶和) / 단교(斷交), 주장(酒場) / 양조장(釀造場), 중변(重邊) / 고리(高利), 지산세(地産稅) / 농지세(農地稅), 채색사진(彩色寫眞) / 칼라사진(칼라寫眞), 철구(鐵球) / 투포환(投砲丸), 체강(體强) / 건강(健康), 출부인(出付人) / 발송인(發送人), 출행出行 / 외출(外出), 토민(土民) / 원주민(原住民), 포방(砲放) / 발포(發砲), 하관(下官) / 부하(部下), 해로인도인(海路引導人) / 항해사(航海士)

교번소(交番所)·순검막(巡檢幕) / 파출소(派出所) ; 엽부(獵夫)·수렵자(遊獵者) / 사냥꾼·수렵군(狩獵軍) ; 책사(冊肆)·책전(冊廛) / 서점(書店) ; 책고(冊庫)·서적관(書籍館) / 도서관(圖書館) ; 체전부(遞傳夫) / 우체부(郵遞夫)·배달부(配達夫)·집배원(集配員) ; 원부(園夫)·원정(園丁) / 정원사(庭園師) ; 월사금(月謝金) / 공납금(公納金)·납입금(納入金)·등록금(登錄金) ; 참회표(參會票) / 초대장(招待狀)·초청장(招請狀) ; 천금속(賤金屬) / 고철물(古鐵物)·폐철물(廢鐵物)

(나) 부분변화

부분변화에는 '각침(刻針) / 분침(分針), 거민(居民) / 주민(住民)'과 같이 선행 어소(語素)가 바뀌는 경우와 '교장(敎場) / 교실(敎室), 교번(交番) / 교대(交代)' 후행 어소(語素)가 바뀌는 경우로 나누어 생각해 볼 수 있다. 그런데, '맹약서(盟約書) / 서약서(誓約書), 개로식(開路式) / 개통식(開通式), 남학당(男學堂) / 남학교(男學校)'의 경우 맹약(盟約)과 서약(誓約), 개로(開路)와 개통(開通), 학당(學堂)과 학교(學校)를 각각 비교의 대상으로 삼아 '맹약서(盟約書) / 서약서(誓約書)'는 선행 어소(語素)가 바뀌는 것으로 나누었다. 그리고 '남학당(男學堂) / 남학교(男學校)'는 물론 '개로식(開路式) / 개통식(開通式)'도 후행 어소(語素)가 바뀌는 것으로 나누었다.

〈선행 어소(語素)가 바뀐 경우〉
가리(街里) / 거리, 가주인(家主人) / 집주인(집主人), 가칭(假稱) / 사칭(詐稱), 각침(刻針) / 분침(分針), 거민(居民) / 주민(住民), 경복(傾覆) / 전복(顚覆), 접계(接界) /

경계(境界), 고병(雇兵) / 용병(傭兵), 관병식(觀兵式) / 열병식(閱兵式), 광언(狂言) / 망언(妄言), 규목(規目) / 과목(科目), 근력(筋力) / 기력(氣力), 난편(難便) / 불편(不便), 내착(來着) / 도착(到着), 단총(短銃) / 권총(拳銃), 단침(短針) / 시침(時針), 달초(달初) / 월초(月初), 동등국(同等國) / 평등국(平等國), 동등권(同等權) / 평등권(平等權), 동병(動兵) / 징병(徵兵), 득달(得達) / 도달(到達), 만도(晚到) / 지각(遲到), 미생충(微生蟲) / 기생충(寄生蟲), 방포(放砲) / 발포(發砲), 백방(白放) / 석방(釋放), 벌봉(罰俸) / 감봉(減俸), 별사(別使) / 특사(特使), 별의회(別議會) / 임시회의(臨時會議), 병대(兵隊) / 군대(軍隊), 병비(兵費) / 군비(軍費), 병함(兵艦) / 군함(軍艦), 복검(覆檢) / 부검(剖檢), 부비(浮費) / 경비(經費), 도임(到任) / 부임(赴任), 분서(分署) / 지서(支署), 사문(查問) / 검문(檢問), 서실(閪失) / 분실(紛失), 성개(盛開) / 만개(滿開), 세말(歲末) / 년말(年末), 세초(歲初) / 연초(年初), 소통령(小統領) / 부통령(副統領), 수군(水軍) / 해군(海軍), 수목일(樹木日) / 식목일(植木日), 수적(水賊) / 해적(海賊), 수전(水戰) / 해전(海戰), 술세(술稅) / 주세(酒稅), 신소(申訴) / 기소(起訴), 실로(失路) / 미로(迷路), 실심(失心) / 상심(喪心), 안력(眼力) / 시력(視力), 어성(語聲) / 언성(言聲), 억매(抑賣) / 강매(强賣), 옥수(獄囚) / 죄수(罪囚), 요족(饒足) / 풍족(豊足), 용정(春精) / 도정(搗精), 용철소(熔鐵所) / 제철소(製鐵所), 원야(原野) / 평야(平野), 월옥(越獄) / 탈옥(脫獄), 유락(遊樂) / 오락(娛樂), 윤선(輪船) / 기선(汽船), 윤차(輪車) / 기차(汽車), 이업(移業) / 전업(轉業), 임치(任置) / 예치(豫置), 자원병(自願兵) / 지원병(志願兵), 장침(長針) / 분침(分針), 전교(傳敎) / 선교(宣敎), 전교사(傳敎師) / 선교사(宣敎師), 전포(塵圃) / 점포(店鋪), 정급(正急) / 성급(性急), 차객(車客) / 승객(乘客), 저명(著名) / 서명(書名), 전별회(餞別會) / 송별회(送別會), 천연력(天然力) / 자연력(自然力), 천장부(賤丈夫) / 졸장부(拙丈夫), 치행(治行) / 여행(旅行), 타국(他國) / 외국(外國), 타국인(他國人) / 외국인(外國人), 타의(他議) / 상의(相議), 풍설(風說) / 낭설(浪說), 한만(閑漫) / 태만(怠慢), 한방(寒房) / 냉방(冷房), 합력(合力) / 협력(協力), 합맹(合盟) / 동맹(同盟), 해관(海關) / 세관(稅關), 허급(許給) / 지급(支給), 화륜선(火輪船) / 기선(汽船), 환가(還家) / 귀가(歸家), 환국(還國) / 귀국(歸國), 휴학(休學) / 방학(放學)

군기(軍器)・병기(兵器) / 무기(武器) ; 박학자(博學者)・박학가(博學家) / 현학자(衒學者) ; 부교사(副敎師)・부교원(副敎員) / 준교사(準敎師) ; 조상(弔喪) / 조문(弔問)・문상(問喪) ; 철환(鐵丸) / 포탄(砲彈)・탄환(彈丸)

〈후행 어소(語素)가 바뀐 경우〉

각색(各色) / 각종(各種), 감등(減等) / 감형(減刑), 감벌(減罰) / 감형(減刑), 경절

(慶節) / 경축일(慶祝日), 공당(公堂) / 공관(公館), 공뢰(公賴) / 공신력(公信力), 공전(公錢) / 공금(公金), 관광객(觀光者) / 관광객(觀光客), 교번(交番) / 교대(交代), 교장(敎場) / 교실(敎室), 구람(購覽) / 구독(購讀), 국세(國勢) / 국력(國力), 국재(國財) / 국고(國庫), 근저(根底) / 근거(根據), 금점(金店) / 금광(金鑛), 급신(急信) / 급보(急報), 기사원(記寫員) / 기록원(記錄員), 나인장(拿引狀) / 구인장(拘引狀), 남학당(男學堂) / 남학교(男學校), 남학도(男學徒) / 남학생(男學生), 내치(內治) / 내과(內科), 노방(路傍) / 노변(路邊), 농식물(農植物) / 농작물(農作物), 단석판사(單席判事) / 단독판사(單獨判事), 대객실(待客室) / 대합실(待合室), 대심원(大審院) / 대법원(大法院), 도서원(圖書院) / 도서관(圖書館), 동혈관(動血管) / 동맥(動脈), 등서(謄書) / 등사(謄寫), 등탑(燈塔) / 등대(燈臺), 모물(毛物) / 모피(毛皮), 목물(木物) / 목재(木材), 몰입(沒入) / 몰수(沒收), 방수(防守) / 방위(防衛), 번화장(繁華場) / 번화가(繁華街), 병몰(病沒) / 병사(病死), 병인(病人) / 병자(病者), 병정(兵丁) / 병사(兵士), 보방(保放) / 보석(保釋), 복색(服色) / 복장(服裝), 상민(商民) / 상인(商人), 상반년(上半年) / 상반기(上半期), 상비병(常備兵) / 상비군(常備軍), 상예금(賞譽金) / 상여금(賞與金), 서력(西曆) / 서기(西紀), 선척(船隻) / 선박(船舶), 성수(成數) / 성원(成員), 세전(稅錢) / 세금(稅金), 속발포(速發砲) / 속사포(速射砲), 속방(屬邦) / 속국(屬國), 수난(水難) / 수재(水災), 수반판사(首班判事) / 수석판사(首席判事), 수부(首府) / 수도(首都), 수용자(需用者) / 수요자(需要者), 수험(搜驗) / 수색(搜索), 시표(時表) / 시계(時計), 식비금(食費金) / 식대(食代), 신앙자(信仰者) / 신앙인(信仰人), 실화(失話) / 실언(失言), 악공(樂工) / 악사(樂士), 언권(言權) / 언론(言論), 여병(女兵) / 여군(女軍), 여학도(女學徒) / 여학생(女學生), 역부(驛夫) / 역무원(驛務員), 연합병(聯合兵) / 연합군(聯合軍), 연금가(煉金家) / 연금사(鍊金士), 연방총(連放銃) / 연발총(連發銃), 연설자(演說者) / 연사(演士), 연종(年終) / 연말(年末), 연치(年齒) / 연세(年歲), 영수표(領收票) /영수증(領收證), 예비금(豫備金) / 예비비(豫備費), 외치(外治) / 외과(外科), 요전(料錢) / 요금(料金), 우체료(郵遞料) / 우편료(郵便料), 우체물(郵遞物) / 우편물(郵便物), 월봉(月俸) / 월급(月給), 월종(月終) / 월말(月末), 의관(議官) / 의원(議員), 의륜선(醫輪船) / 의료선(醫療船), 의식가(衣食家) / 의식주(衣食住), 이거(移去) / 이주(移住), 이설(移設) / 이전(移轉), 인리(人理) / 인륜(人倫), 인조물(人造物) / 인조품(人造品), 인종학(人種學) / 인류학(人類學), 인찰물(印札物) / 인쇄물(印刷物), 인찰소(印札所) / 인쇄소(印刷所), 일비(日費) / 일당(日當), 일용지물(日用之物) / 일용품(日用品), 자본전(資本錢) / 자본금(資本金), 자행거(自行車) / 자전거(自轉車), 장공(匠工) /장인(匠人), 재가(再嫁) / 재혼(再婚), 적병(敵兵) / 적군(敵軍), 전당국(典當局) / 전당포(典當鋪), 전신줄(電信줄) / 전선(電線), 절승(絶勝) / 절경(絶景), 절용(節用) / 절약(節約), 정혈관(靜血管) / 정맥(靜脈), 조집(組集) / 조각(組閣), 주식가(主食價) / 주식

비(主食費), 준성(竣成) / 준공(竣工), 진수예(進水禮) / 진수식(進水式), 차채(借債) / 차관(借款), 천조물(天造物) / 천연물(天然物), 철병(撤兵) / 철군(撤軍), 취인(醉人) / 취객(醉客), 태공(太空) / 태양(太陽), 파상(破傷) / 파손(破損), 파송(派送) / 파견(派遣), 판결서(判決書) / 판결문(判決文), 폐학(廢學) / 폐교(廢校), 학당(學堂) / 학교(學校), 학원(學員) / 학생(學生), 항행(航行) / 항해(航海), 행매(行賣) / 행상(行商), 허시(許施) / 허가(許可), 화사(畵師) / 화가(畵家) 화장소(火葬所) / 화장터(火葬터), 회규(會規) / 회칙(會則), 후려(後慮) / 후환(後患)

가액(價額) · 가전(價錢) / 가격(價格) ; 공장(工匠) / 기능공(技能工) · 공원(工員) ; 농시(農時) / 농번기(農繁期) · 농사철(農事철) ; 상매(商賣) · 상전(商廛) / 상점(商店) ; 인간(印刊) · 인출(印出) · 인판(印板) / 인쇄(印刷) ; 일화(日貨) · 일임(日賃) / 일당(日當) ; 전선목(電線木) / 전신주(電信柱) · 전주(電柱)

(다) 첨가

개화기 문헌에 나오는 '교서'(敎書)는 오늘날 '교과서'(敎科書)에 해당하는 어휘이다. 이와 같이 한 어소(語素)가 첨가되어 현대 국어에 보편적으로 사용되는 어휘들에는 다음과 같은 것들이 있다.

〈앞에 첨가〉
　농법(農法) / 영농법(營農法), 내환자(來患者) / 외래환자(外來患者), 산액(産額) / 생산액(生産額), 식물(食物) / 음식물(飮食物), 양인(洋人) / 서양인(西洋人), 원경(遠鏡) / 망원경(望遠鏡), 필가(筆家) / 문필가(文筆家), 행객(行客) / 여행객(旅行客)

〈중간에 첨가〉
　군물(軍物) / 군수물(軍需物), 내부(內部) / 내무부(內務部), 도변(道邊) / 도로변(道路邊), 미상(米商) / 미곡상(米穀商), 민송(民訟) / 민사소송(民事訴訟), 법부(法部) / 법무부(法務部), 수원(隨員) / 수행원(隨行員), 승장(乘場) / 승차장(乘車場), 식주인(食主人) / 식당주인(食堂主人), 여객(旅客) / 여행객(旅行客), 외부(外部) / 외무부(外務部), 의서(醫書) / 의학서(醫學書), 재권(財權) / 재정권(財政權), 중세(重稅) / 중과세(重課稅), 토품(土品) / 토산품(土産品), 판원(販員) / 판매원(販賣員), 해권(海權) / 해상권(海上權)

〈뒤에 첨가〉
　군의(軍醫) / 군의관(軍醫官), 품(品) / 품질(品質), 유원(遊園) / 유원지(遊園地),

학자(學資) / 학자금(學資金)

(라) 생략

개화기에는 '간증인'(干證人) 으로 사용되다가 오늘날은 '증인'(證人)으로 사용된다. 이와 같이 한 어소(語素)가 생략된 형태로 오늘날 보편성을 획득한 어휘에는 다음 것들이 있다.

〈앞부분 생략〉

　경례포(敬禮砲) / 예포(禮砲), 부모국(父母國) / 모국(母國), 석탄광(石炭鑛) / 탄광(炭鑛), 학교기(學校旗) / 교기(校旗), 해관세(海關稅) / 관세(關稅)

〈중간부분 생략〉

　개천기원절(開天紀元節) / 개천절(開天節), 개회예식(開會禮式) / 개회식(開會式), 개교례식(開校禮式) / 개교식(開校式), 군사경비(軍事經費) / 군사비(軍事費), 농사업(農事業) / 농업(農業), 도금은법(鍍金銀法) / 도금법(鍍金法), 방학예식(放學禮式) / 방학식(放學式), 상매인(商賈人) / 상인(商人), 상업품(商業品) / 상품(商品), 여숙관(旅宿館) / 여관(旅館), 오예지물(汚穢之物) / 오물(汚物), 오예물(汚穢物) / 오물(汚物), 입학예식(入學禮式) / 입학식(入學式), 장사예식(葬事禮式) / 장례식(葬禮式), 전기등(電氣燈) / 전등(電燈), 정치당(政治黨) / 정당(政黨), 제조사업(製造事業) / 제조업(製造業), 추수곡(秋收穀) / 추곡(秋穀), 태극국기(太極國旗) / 태극기(太極旗), 토산지물(土産之物) / 토산물(土産物), 해랑적(海娘賊) / 해적(海賊), 일용물품(日用物品) / 일용품(日用品)

〈뒷부분 생략〉

　간사인(幹事人) / 간사(幹事), 명함지(名銜紙) / 명함(名銜), 신문지(新聞紙) / 신문(新聞), 은행옥(銀行屋) / 은행(銀行), 정가금(定價金) / 정가(定價), 학비전(學費錢) / 학비(學費)

〈축약〉

　학교규칙(學校規則) / 교칙(校則)

(마) 어순변화

어형변화의 독특한 양상으로 어순변화를 들 수 있다. 여기에는 '상호간(互相

間) → 호상간(互相間)'과 같이 개화기 어형이 오늘날 어순이 바뀐 형태로 사용되는 것들을 모아 두었다.

한자(漢字)는 한 글자가 원칙적으로 한 단어에 대응하기 때문에 두 자(字) 이상이 모여 복합어를 이룰 때도 국어의 경우처럼 결합성이 강하지 않은 특성이 있다. 따라서 어순이 매우 유동적이다. 즉, 어순 변화에 의한 의미 변화가 잘 일어나지 않는다. 이러한 어휘들을 열거하면 다음과 같다.

경순(警巡) / 순경(巡警), 계관(係關) / 관계(關係), 구고(究考) / 고구(考究), 급봉(給俸) / 봉급(俸給), 기사(欺詐) / 사기(詐欺), 논변(論辯) / 변론(辯論), 담부(擔負) / 부담(負擔), 당조(糖糟) / 조당(糟糖), 둔주(屯駐) / 주둔(駐屯), 마련(磨鍊) / 연마(鍊磨), 명고(名高) / 고명(高名), 명운(命運) / 운명(運命), 문견(聞見) / 견문(聞見), 문창(門窓) / 창문(窓門), 물산(物産) / 산물(産物), 빙결(氷結) / 결빙(結氷), 생살(生殺) / 살생(殺生), 성명(聲名) / 명성(名聲), 성음(聲音) / 음성(音聲), 세납(稅納) / 납세(納稅), 수개(修改) / 개수(改修), 수다(數多) / 다수(多數), 수보(修補) / 보수(補修), 시고(試考) / 고시(考試), 식양(式樣) / 양식(樣式), 실사(實事) / 사실(事實), 악죄(惡罪) / 죄악(罪惡), 약조(約條) / 조약(條約), 역능(力能) / 능력(能力), 온평(穩平) / 평온(平穩), 요중(要重) / 중요(重要), 우두회(牛鬪會) / 투우(鬪牛), 위권(威權) / / 권위(權威), 장저(藏貯) / 저장(貯藏), 재목회사(材木會社) / 목재회사(木材會社), 접응(接應) / 응접(應接), 죄범(罪犯) / 범죄(犯罪), 천계(川溪) / 계천(溪川), 충보(充補) / 보충(補充), 현출(現出) / 출현(出現), 호부(豪富) / 부호(富豪), 확적(確的) / 적확(的確)

어순 변화가 의미 변화를 수반하는 경우를 『서유견문』의 어휘와 오늘날의 어휘를 비교해 살펴보면 다음과 같다.

① 『서유견문』에서부터 두 어형의 의미가 변별되는 경우
民國(나라) : 國民(백성), 物貨(물건과 재화) : 貨物(짐), 生民(백성) : 民生(백성의 생활), 人世(세상) : 世人(사람), 票號(번지) : 號票(문패), 住居(머물러 삶) : 居住(주소)

② 두 어형의 의미가 『서유견문』에서는 같았는데, 오늘날은 변별되는 경우
均平(균일함) : 平均(평균값), 民人(백성, 개인) : 人民(프롤레타리아), 安保(평안히 보존) : 保安(사회의 안녕질서 유지), 論評(평가) : 評論(문학의 한 쟝르)

③ 『서유견문』의 어형이 오늘날 어형으로 어순이 바뀌면서 의미도 바뀐 경우

壞土(강토, 땅) / 土壤(흙), 生出(만들어짐) / 出生(태어남), 論辯(말하여 사리를 밝힘) / 辯論(법정에서의 주장과 진술), 學科 : 科學

3.1.2. 변화과정에 따른 분류

두 어형이 공존하다가 경쟁을 거쳐 어느 한 어형이 소멸되고 한 어형으로 통합되는 형태를 취하게 되는 경우를 '경쟁변화'라 하고, 공존하는 과정이 없이 단순하게 한 어형에서 다른 어형으로 바뀌는 경우를 '독립변화'라 한다. 여기서는 『서유견문』을 중심으로 경쟁변화와 독립변화에 속하는 어휘들을 살펴보기로 한다.

(바) 경쟁 변화

『서유견문』에는 '금수학'(禽獸學), '동물학'(動物學)의 두 어형이 사용되다가 오늘날은 '동물학'만 사용되며, '궁민'(窮民), '빈민'(貧民)의 두 어형이 사용되다가 오늘날은 '빈민'만 사용된다. 이렇게 같은 뜻을 지닌 두 어형이 공존하다가 한 어형만 생존하는 과정을 거치는 변화를 경쟁변화라 하는데, 여기에 속하는 어휘들을 열거하면 다음과 같다.

국회의사원(國會議事院)·국회의사당(國會議事堂) / 국회의사당(國會議事堂) ; 궁리학(窮理學)·철학(哲學) / 철학(哲學) ; 도회(都會)·도시(都市) / 도시(都市) ; 도회처(都會處)·도회지(都會地) / 도회지(都會地) ; 등고(登告)·광고(廣告) / 광고(廣告) ; 등판(登板)·인쇄(印刷) / 인쇄(印刷) ; 무육(撫育)·양육(養育) / 양육(養育) ; 물산학(物産學)·경제학(經濟學) / 경제학(經濟學) ; 박물원(博物院)·박물관(博物館) / 박물관(博物館) ; 배포(排鋪)·가설(架設) / 가설(架設) ; 본초학(本草學)·식물학(植物學) / 식물학(植物學) ; 수운(輸運)·수송(輸送) / 수송(輸送) ; 식실(食室)·식당(食堂) / 식당(食堂) ; 연미의(鷰尾衣)·연미복(燕尾服) / 연미복(鷰尾服) ; 의가(醫家)·병원(病院) / 병원(病院) ; 인민(人民)·국민(國民) / 국민(國民) ; 인호(人戶)·인구(人口) / 인구(人口) ; 증식(增殖)·증가(增加) / 증가(增加) ; 축물(畜物)·가축(家畜) / 가축(家畜)

(사) 독립변화

『서유견문』에 사용되던 '희인'(戲人), '귀의인'(歸依人)은 오늘날 '배우'(俳優),

'귀화인'(歸化人)으로 바뀌어 사용된다. 이렇게 『서유견문』에 공존하는 어형이 없어 완전이 새로운 어형으로 바뀌는 변화를 독립변화라 하는데, 여기에 속하는 어휘들을 열거하면 다음과 같다.

격물학(格物學) / 물리학(物理學), 곡조표(曲操標) / 악보(樂譜), 관허세(官許稅) / 인허가세(認許可稅), 교도원(敎導院) / 교도소(矯導所), 교정(敎正) / 신부(神父), 낙송자(落訟者) / 패소자(敗訴者), 내치의(內治醫) / 내과(內科), 노인원(老人院) / 양로원(養老院), 대징(代徵) / 간접세(間接稅), 도덕학(道德學) / 윤리학(倫理學), 두증(痘症) / 천연구(天然痘), 득송자(得訟者) / 승소자(勝訴者), 변대(辯貸) / 대부(貸付), 병인(病人) / 환자(患者), 부인의(婦人醫) / 산부인과(産婦人科), 비참희(悲慘戲) / 비극(悲劇), 생사관(生死關) / 구명대(救命帶), 서적고(書籍庫) / 도서관(圖書館), 소화국(消火局) / 소방서(消防署), 수신학(修身學) / 윤리학(倫理學), 순찰청(巡察廳) / 경찰서(警察署), 신조물(新造物) / 신제품(新製品), 안의(眼醫) / 안과(眼科), 원어기(遠語機) / 전화기(電話機), 음식차(飮食車) / 식당차(食堂車), 인인쇄(印稅) / 전어선(傳語線) / 전화선(電話線), 정발(停發) / 발착(發着), 제물자(製物者) / 기술자(技術者), 조련법(組練法) / 훈련법(訓練法), 증인세(證印稅) / 인지세(印紙稅), 직세(直徵) / 직접세(直接稅), 차인(差人) / 점원(店員), 초패(招牌) / 간판(看板), 치아의(齒牙醫) / 치과(齒科), 태서(泰西) / 서양(西洋), 판구(販購) / 매매(賣買), 허청표(許聽票) / 입장권(入場券), 화계(火鷄) / 타조(駝鳥), 화문(火門) / 총구(銃口), 회유(會遊) / 축제(祝祭), 회장인(會葬人) / 장례위원(葬禮委員) (전체변화에 해당되는 어휘임)

과물(果物) / 과실(果實), 구견(購見) / 구독(購讀), 급발(急發) / 연발(連發), 기공패(紀功碑) / 기념패(紀念碑), 다회(茶會) / 다과회(茶菓會), 대심원(大審院) / 대법원(大法阮), 무비(武費) / 군비(軍費), 무사학교(武事學校) / 군사학교(軍事學校), 물산세(物産稅) / 물품세(物品稅), 물화(物貨) / 화물(物資), 박고학(博古學) / 고고학(考古學), 방송(放送) / 방면(放勉), 배상은(賠償銀) / 배상금(賠償金), 법아(法衙) / 법원(法院), 벽판(壁板) / 흑판(黑板), 봉금(俸金) / 봉급(俸給), 분수관(噴水管) / 분수대(噴水臺), 사축(飼畜) / 사육(飼育), 상물(商物) / 상품(商品), 세전(稅錢) / 세금(稅金), 수병(受病) / 발병(發病), 신문국(新聞局) / 신문사(新聞社), 심신학(心神學) / 심리학(心理學), 십자패(十字牌) / 십자가(十字架), 야회(野會) / 야유회(野遊會), 양기실(養氣室) / 양호실(養護室), 연수(延受) / 접수(接受), 연철장(鍊鐵場) / 제철소(製鐵所), 우정국(郵征局) / 우체국(郵遞局), 유게장(遊憩場) / 휴게소(休憩所), 유연장(遊衍場) / 유흥장(遊興場), 유락(遊樂) / 오락(娛樂), 음식실(飮食室) / 음식점(飮食店), 의용병(義勇兵) / 의용군(義勇軍), 이승(利剩) / 이익(利益)·이윤(利潤), 이식(利植) / 이자(利子),

인신학(人身學) / 인체학(人體學), 저서인(著書人) / 저자(著者), 정거소(停車所) / 정거장(停車場), 조선장(造船場) / 조선소(造船所), 천생물(天生物) / 천연물(天然物), 천신(天神) / 천사(天使), 철환(鐵丸) / 탄환(彈丸), 치병원(治病院) / 치료원(治療院), 판죽(販鬻) / 판매(販賣) (부분변화에 해당되는 어휘임)

3.2. 의미가 바뀐 어휘

여기서는 개화기 이전부터 사용되었던 어휘가 어형은 그대로 유지한 채 이 시기를 전후하여 의미가 바뀐 경우나, 개화기에 처음 사용된 어휘 가운데서 오늘날 다른 의미를 지니게 되는 경우 두 가지 다를 다루기로 한다.

3.2.1. 구실

'구실'은 원래 '벼슬'(官職) 혹은 '세금'의 의미를 지니고 있었는데, 오늘날은 주로 '기능, 역할, 임무'의 의미로 사용되고 있다.

> (1) ㄱ. 죠흔 <u>구실</u> 흔 자리를 뎜지ᄒ다(독립신문 6권)
>   ㄴ. 셰납의 의무라 ᄒᄂ는거슨 <u>구실</u> 밧치는 거시니(대한매일신보)
>   ㄷ. 일본보다 <u>구실</u>이 적고 살기가 됴토(대한매일신보)

개화기 신문에는 '벼슬'(1ㄱ)과 세금(1 ㄴ, ㄷ)의 뜻으로 사용된 예가 나타나나, 이 시기의 자전에는 '벼슬', '세금', '임무' 등 세 가지 의미가 공존하고 있다. 즉, 『한불자전』에는 '구실'이 '세'(稅, impôt), '소임'(所任, emploi, fonction), '관속'(官屬, porter les armes)으로 풀이되어 있고, 『한영자전』에는 '구실'이 '세'(稅, taxes), '소임'(所任, a public situation, employment in yamen)으로 풀이되어 있다.

3.2.2. 발명(發明)

'발명'은 원래 '변명하다'의 의미를 지니고 있었는데, 오늘날은 "지금까지 없던 것을 새로 만들어내다(invention)"의 의미로 사용되고 있다. 그런데 개화기에는 『국민소학독본』에 두 가지 의미의 용례가 다 나타난다.

(2) ㄱ. 그 잘못 안흔 증거를 내보여야 <u>발명</u>이 되지(독립신문 1권31호)
    ㄴ. ᄆᆞ옴에 미우 억울ᄒᆞ다고 누누히 <u>발명</u>ᄒᆞ기로(제국신문 5호)
    ㄷ. 갈릴례오라 ᄒᆞ는 ᄉᆞ름이 搖錘롤 <u>發明</u>흔 以來로(국민소학독본 12)
    ㄹ. 醫學과 器械學의 大綱을 <u>發明</u>ᄒᆞ니(서유견문 329)

(2ㄱ~ㄴ)에서는 '발명'이 '변명'(辨明)의 의미로 사용되었고, (2ㄷ~ㄹ)에서
는 '발명'(invention)의 의미로 사용되었다.

3.2.3. 출판(出板 : 版)

'출판'은 오늘날 '원고, 문서를 인쇄하여 세상에 내보냄'의 의미로 사용되
고 있으나, 개화기에는 이런 의미로 사용된 예가 처음 나타나기도 하나, 주로
다른 의미로 사용되었다.

(3) ㄱ. 우리가 독닙신문을 오늘 처음으로 <u>츌판</u>ᄒᆞ는ᄃᆡ(독립 1)
    ㄴ. 셔야 췩을 국문으로 번역ᄒᆞ야 <u>츌판</u>ᄒᆞ거드면(독립 25)
    ㄷ. 당오젼 만냥을 <u>츌판</u>ᄒᆞ야 주면 너도 벼슬을 식혀 주겠고(독립 73)
    ㄹ. 돈 일백 이십냥을 간신히 <u>츌판</u>ᄒᆞ야 주니(독립 58)
    ㅁ. 出版 : 파산(paire une saisie de biens)(한불 614), 파산(to be ruinde)
       (한영 828)
    ㅂ. 出判 : to prepare : to arrange : to raise : to print(한영 828}
    ㅅ. 出版 : publishing, printing(한영 개정판 958)
       cf.『한영자전』 개정판의 '出版, 出判'의 풀이는 개정판의 그것과 동일함.

(3ㄱ, ㄴ)에서는 '출판'이 오늘날의 의미로 사용되었는데, (3ㄷ, ㄹ)에서는
'비용을 대다'의 의미로 사용되고 있다.

한편, (3ㅁ~ㅅ)에서와 같이 자전류에는 '출판'(出版)이 '파산'(破産)의 의미로
만 사용되다가, 『한영자전』 개정판(1911)에 와서 '출판'이 오늘날의 의미로도
풀이되어 있다. 오늘날은 '出板, 出版'이 동일한 의미로 사용되고 '出判'이 '파
산'의 의미로 사용된다.

3.2.4. 운젼(運轉)

(4) ㄱ. 다른 물건으로 그마치 갑지게 만들면 <u>운젼</u>ㅎ기에 대단히 편리치 못
　　　홀 줄이(제국신문 10호)
　　ㄴ. 무게가 몃짐이나 몃바리식 될터이니 엇지 이로 <u>운젼</u>인들 홀 슈잇스
　　　리오(제국신문 10호)
　　ㄷ. 機械롤 <u>運轉</u>ㅎ야(초등소학)
　　ㄹ. 황쟝산에셔 작벌ㅎ야 량쳔 강두로 운젼ㅎ라고(독립신문 5권)

(4ㄱ~ㄹ)과 같이 개화기에 '운젼'은 '운반'(運搬), '운송'(運送)의 의미로 사용
되었는데, 오늘날은 '① 자동차 따위를 움직이어 부리다, ② 사업이나 사람
등을 다루어 움직이다'의 의미로 사용된다.

3.2.5. 통힝(通行)

(5) ㄱ. 격빅동젼이 국즁에 <u>통힝</u>ㅎ는 스실을(제국신문 3호)
　　ㄴ. 돈이라 ㅎ는 거슨 셰상에 <u>통힝</u>ㅎ야(제국신문 10호)
　　ㄷ. (보죠화)가 오히려 무거워 <u>힝용</u>ㅎ기에 덜 편리홀 염녀가 잇는고로
　　　(제국신문 10호)
　　ㄹ. 우리나라에셔 일본 화폐롤 <u>통용</u>ㅎ기난(제국신문 10호)

예문에서 보는 바와 같이 '화폐가 돌아서 유통되다'의 의미로 이 시기에는
'통힝'(通行), '힝용'(行用), '통용'(通用) 세 어휘가 사용되었다. 이 가운데서 '행
용'은 오늘날 거의 사용되지 않으며, '통행'은 '일정한 공간을 통하여 다님'의
의미로만 사용되고 있어, '통힝'의 경우 의미가 바뀌었다고 할 수 있다.

3.2.6. 휴학(休學)

(6) ㄱ. 새희가 멀지 안흔 고로 <u>휴학</u>ㅎ엿다가(독립신문 1권116호)
　　ㄴ. 十四일ᄭ지 <u>휴학</u>ㅎ다더라(독립신문 5권)
　　ㄷ. 今日은 週日인고로 <u>休學</u>ㅎ고 왔ᄂ이다(신찬초등소학)
　　ㄹ. 겨울<u>휴학</u>은 十二월 二十六일노(독립신문 6권)
　　ㅁ. <u>放學</u> 後에 곳 回歸ㅎ겟ᄂ이다(신찬초등소학)

(6ㄱ~ㄷ)에서 '휴학'은 '단순히 학교를 쉬는 것'의 의미로 사용되었으며,

(6ㄹ)에서는 방학의 의미로 해석할 수 있으나, 그 시기에 '방학'이라는 어휘도 함께 사용되고 있음을 확인할 수 있다(6ㅁ). 오늘날은 '휴학'이 '학교에 가지 않고 쉬다'라는 일반적인 의미로는 거의 사용되지 않고 '질병이나 그 밖의 원인으로, 재적한 채 일정기간 등교하지 않는 일'과 같이 구체적인 의미로 주로 사용된다.

위에서 살펴본 어휘들 가운데서 3.2.1.~3.2.3.은 개화기 이전부터 사용되던 것들이고, 3.2.4.~3.2.6.은 개화기에 처음 사용된 것들이다. 처음 사용된 시기에 관계없이 개화기의 의미와 오늘날의 의미가 다른 어휘들을 더 열거하기로 한다.

(7) 경영(經營) : 미래 계획(計劃) → 현재 운영(運營)

　　교양(敎養) : 가르쳐 기름(敎育) → 사회생활에서 이루어지는 품행

　　교제(交際) : 국가간의 공적인 사귐 → 개인간의 사귐

　　귀화(歸化) : 복종, 항복 → 다른 나라 국적을 얻어 그 나라 백성이 됨

　　방송(放送) : 석방(釋放) → 일반인이 직접 수신할 수 있도록 한 무선통신

　　　　　　　　　(broadcast)

　　보람 : 표(標,表) → 좋은 결과

　　생애(生涯) : 생계(生計) → 살아있는 동안 한 평생

　　선세(船稅) : 배삯 → 선박세

　　식당(食堂) : 음식을 먹는 곳(食室) → 식사하는 방, 음식점

　　애매(曖昧) : 억울하다 → 사물의 이치가 희미하고 분명하지 못하다

　　여객(旅客) : 손님 → 교통기관의 손님

　　유객(遊客) : 여행객 → 주색을 좋아하는 사람

　　인간(人間) : 세상(世上) → 사람

　　인민(人民) : 일반사람·백성 → 프롤레타리아에 딸린 사람

　　창업(創業) : 나라를 세우다 → 사업을 처음 시작함

4. 없어진 어휘

이 글에서의 없어진 어휘란 엄격히 말하면 개화기 이전부터 사용되다가 이 시기에 와서 없어졌으며, 그것도 형태와 의미가 모두 '없어진' 경우에 국한된다. 어떤 어휘가 개화기에 없어졌다는 사실을 알기 위해서는 개화기 직전·직후 시기에 대한 정밀한 조사가 전제되어야 하나, 아직은 그런 조사가 부족한 편이라 할 수 있으며, 또 어떤 어휘가 개화기에 와서 없어졌다는 것은 그 어휘가 개화기 문헌에 사용되었다는 사실도 말도 포괄하게 된다. 한편, 바뀐 어휘와 없어진 어휘를 구분하는 기준도 상대적일 수밖에 없다. 따라서, 여기서는 없어진 어휘의 개념을 '처음 사용된 시기에 관계없이 개화기 문헌에 나타나는 어휘 가운데서, 그 동안 없어졌거나 다른 어휘로 바뀌었거나 간에 오늘날에는 사용되지 않는 어휘'로 좀 넓게 잡기로 한다. "학당(學堂) / 학교(學校), 서국(西國) / 서양(西洋), 총교사(總敎師) / 교장(校長), 부교사(副校師) / 준교사(準敎師), 산학(算學) / 수학(數學)" 등 바뀐 어휘로 다루었던 것들도 없어진 어휘에 포함된다. 고유어 가운데서 없어진 어휘들을 살펴보고, 한자어는 숫자가 너무 많기 때문에 이 시기에 유의어군을 형성하고 있는 어휘를 중심으로 하여 없어진 어휘를 살펴보기로 한다.

4.1. 고유어

개화기에 처음 나타난 어휘나 그 이전부터 사용된 어휘를 대상으로 하고, 고유어뿐만 아니라, 고유어와 한자어나 서구어와의 합성어도 포함하여 제시하기로 한다.

갓옷(가죽옷), 고자등걸(썩은 나무 밑둥), 골질(신경질), 구실(관청), 구실돈(공금), 넘는절(유월절, 逾越節), 돈표(수표), 둑간(화장실), 드듸다(이어받다), 몸밧다(대신하다), 물고개(파도), 바람증(중풍), 발긔(장부, 帳簿), 발막(신), 밥팀례(세례), 벼름(분배), 복노방(주막집의 가장 큰 방), 본밋(본밑천), 비웃(청어, 鯖魚),

사밧일(안식일), 새로에(커녕), 술막(주막), 십자틀(십자가), 얼골사진(인물사진),
쥬름(중매인), 질방(멜빵), 혈마(설마)

4.2. 한자어

개화기 어휘의 큰 특징인 다양성의 측면을 보기 위하여 이 시기에 유의어
군을 형성하고 있던 어휘들을 중심으로 그들 가운데서 어떤 어휘들이 살아남
고 어떤 어휘들이 없어졌는가를 살펴보기로 한다. 외국의 문화를 받아들일
때는 언어도 필연적으로 따라 들어오게 되는데, 언어들은 차용방법과 차용경
로에 따라 다른 모습(어형은 물론이고 때로는 개념까지 달라진다)을 지니게도 된다.
그런데 차용어가 일본계 어휘이든 중국계 어휘이든 또는 한국계 어휘이든 그
것들의 대부분이 한자어라는 사실은 유의어가 양산될 수밖에 없는 원인이 된
다. 그리고 전통적인 요소와 새로운 요소의 공존 양상도 유의어를 양산하는
원인이 된다. 실제로 『서유견문』에는 서구 도시의 '아름다움'(美)을 표현하는
데, "굉미(宏美), 전미(全美), 선미(善美), 정미(精美), 정미(淨美), 준미(遵美), 화미(華
美), 완미(完美), 최미(最美)" 등 다양한 어형을 사용하였다.

4.2.1. 구매(購買)

> (8) ㄱ. 十金으로 <u>購取</u>하는 物品이(서유견문 217)
> ㄴ. 其勢가 穀食을 販賣하야 各物을 <u>購求</u>할 디니(서유견문 362)
> ㄷ. 其處에 移한 後애 <u>購買</u>한다 한데(서유견문 371)
> ㄹ. 各種器械를 <u>購入</u>ᄒ야(만세보 1907. 5. 12)
> ㅁ. 此會場의 披示ᄒ는 物品은 <u>買得</u>ᄒ기 不可ᄒ나 其產造ᄒᄂ 本地를 從
> ᄒ야 定價로 <u>買取</u>ᄒ기ᄂ 不難ᄒ고(서유견문 452)
> ㅂ. 此票紙를 <u>買寘</u>ᄒ 者에게 會社가(서유견문 483)

(8ㄱ~ㄷ)의 "구취(購取), 구구(購求), 구매(購買), 구입(購入)" 등은 '물건을 사
다'의 뜻을 지닌 유의어들이다. 또 『서유견문』에는 같은 뜻을 지닌 어휘로
'매득(買得), 매취(買取), 매치(買寘)' 등이 사용되었는데(8ㅁ~ㅂ), 이들은 모두 한
국어계 어휘인데 오늘날은 모두 생명력을 잃어버렸고, 대신에 일본어계 어휘

인 '구매(購買), 구입(購入)' 등이 주로 사용되고 있다.

4.2.2. 급여(給與)

> (9) ㄱ. 每人에 同等給料를 附與하는 事로(서유견문 160)
> ㄴ. 官吏의 祿俸과 工匠의 雇賃은(서유견문 259)
> ㄷ. 各學校의 敎師 俸祿을 他官人의 祿俸 給與ᄒᆞᆫ 法과 同ᄒᆞ게 ᄒᆞ고(서유견문 210)
> ㄹ. 一法을 設하야 俸金을 給하고 …… 此ᄂᆞᆫ 泰西의 給俸ᄒᆞᄂᆞᆫ 兵卒의 始初라 (서유견문 334)
> ㅁ. 此探報ᄒᆞᄂᆞᆫ 諸人은 新聞局의 月俸을 受ᄒᆞ야(서유견문 461)
> ㅂ. 이 사름들 월급(月給)은 나는 상관 안ᄒᆞᆫ다더라(독립신문 1권12호)
> ㅅ. 此輩人은 本來 自己의 願으로 看病ᄒᆞᄂᆞᆫ 職을 自擔ᄒᆞᆫ 故로 俵金을 不收ᄒᆞ고(서유견문 443)
> ㅇ. 每日 服勤한 賃金은 其半을 留貯하야(서유견문 519)
> ㅈ. 幾里의 道와 幾卜의 重에 賃錢 惑 駄價의 幾何롤 受ᄒᆞ라(서유견문 177)
> ㅊ. 格外의 賃價롤 貪ᄒᆞᄂᆞᆫ 者가(서유견문 178)
> ㅋ. 政府가 威令으로 民間의 雇錢과 工價를 酌定ᄒᆞᆫ 즉 服役ᄒᆞᄂᆞᆫ 者가 勞苦ᄂᆞᆫ 少ᄒᆞ고 一日 工雇의 價錢을 受ᄒᆞ기만 希要ᄒᆞ고 任役ᄒᆞᄂᆞᆫ 者ᄂᆞᆫ 一日의 價賃을 授ᄒᆞᆫ즉(서유견문 160)
> ㅌ. 下等 匠人의 半日 工錢에 不及ᄒᆞ야(서유견문 160)

오늘날의 '급여'(給與) 혹은 '품삯'에 해당되는 어휘로는 "급료(給料), 녹봉(祿俸), 봉록(俸祿), 봉금(俸金), 월봉(月俸), 월급(月給), 표금(俵金), 임금(賃金), 임전(賃錢), 임가(賃價), 가임(價賃), 가전(價錢), 고임(雇賃), 고전(雇錢), 공전(公錢), 공가(工價), 태가(駄價)" 등 아주 다양한 어휘들이 등장하고 있다. (9ㄴ)의 '녹봉'(祿俸)과 '고임'(雇賃)'에서 알 수 있듯이 '녹'(祿)이나 '봉'(俸)과 결합된 어휘들은 대개 '관리들의 급여'에 사용되는 어휘들이고, '고'(雇), '임'(賃), '공'(工)이 결합된 어휘들은 '노동자의 품삯'에 사용되는 어휘들이다. 여기에 속하지 않는 예문 ㅅ의 '표금'(俵金)은 전자에 속하고, (9ㅋ)의 '가전'(價錢)은 후자에 속한다. 그리고, '급료'2는 원래 관리들에게 주는 '녹'(祿)의 일종이었으나 오늘날은

'給與'와 함께 공무원과 근로자 모두에게 사용할 수 있는 즉 중화된 의미로 사용되고 있다. 이 시기에는 오늘날 사용되는 "일급(日給, 日當), 주급(週給), 월급(月給), 연봉(年俸)"과 같이 급여의 주기에 따라 구분되어 사용되지는 않은 듯하다. 예외적으로 (9ㅁ~ㅂ)에 '월급'(月給), '월봉'(月俸)이 나타나나 보편적언 쓰임은 아닌 것 같다. 오늘날은 '월급'(月給)이 급여의 주기에 구애받지 않고, '봉급'(俸給)'과 함께 '급료'(給料)를 대신해 자주 쓰인다.

'급여'에 관한 어휘들 가운데서 고유 한자어에 속하는 것에는 "봉료(俸料), 녹봉(祿俸) ; 임금(賃金), 임전(賃錢), 임직(賃直), 고가(雇價), 고은(雇銀), 고임(雇賃), 고임전(雇賃錢)"(한국한자어 사전 수록 어휘임) 등이 있다. 이렇게 볼 때 서유견문에 사용된 '급여' 관련 어휘들은 대부분 고유한자어에 속하는 것임을 알 수 있다.

오늘날 공무원이나 근로자에 구분없이 중화된 의미로 가장 빈번하게 사용되고 있는 "급여, 급료, 월급, 봉급" 등은 일본어계 어휘이거나 일본어의 영향을 받은 어휘라 할 수 있다. 특히, '급여'(給與)는 (9ㄷ~ㄹ)의 "급여(給與)ᄒ는, 급봉(給俸)ᄒ는"에서 처럼 " 물건이나 돈을 주다"의 의미로 동사처럼 사용되다가 뒤에 와서 '봉급'의 의미로 사용되게 되었다.

4.2.3. 도서관(圖書館)

(10) ㄱ. 書籍庫는 政府의 設施ᄒ 者도 有ᄒ고 …… 經書와 史記와 各學의 書籍과 古今의 名書及小說과 各國의 新聞紙의 種類에 至하야 不備한 者가 無하니 (서유견문 455)

　　　ㄴ. 政府의 書籍館은 白大理石으로 建築ᄒ니(국민소학독본 28)

　　　ㄷ. 且 考試室 博物場 禮拜所 養氣室及 藏書庫와(서유견문 522)

　　　ㄹ. 其東에 藏書館이 亦華美ᄒ더라(서유견문 543)

　　　ㅁ. 且 博物館 及 藏書室은 皆宏大ᄒ 排鋪로(서유견문 506)

　　　ㅂ. 밍아원이론다던지 도서원(圖書院)이론다던지(독립신문 2권)

　　　ㅅ. 大韓 圖書館을 設立ᄒ야(대한매일신보 1906. 2. 10)

　　　ㅇ. 且書室及書庫을 寘ᄒ야 囚徒의 暇時閱覽을 許ᄒ고(서유견문 532)

　　　ㅈ. 獄舍中에 宏美ᄒ 書室을 別寘ᄒ야 間逸ᄒ는 暇에 古人의 善書를 誦讀ᄒ야(서유견문 549)

(10ㄱ)의 '서적고'(書籍庫)는 그 설명한 내용으로 보아 오늘날의 '도서관'에 해당되는 어휘임을 알 수 있다. 또 '도서관'의 유의어로는 "서적과(書籍館), 장서고(藏書庫), 장서관(藏書館), 장서실(藏書室), 도서원(圖書院)" 등이 나타나고, 예문 ㅅ에는 직접 '도서관'(圖書館)이라는 어형이 나타난다. (10ㅇ~ㅈ)의 '서고'(書庫)와 '서실'(書室)도 '도서관'의 의미로 사용되었다. '국립도서관'이란 뜻을 지닌 어휘로 고려시대에 '서적소'(書籍所)', 조선시대에 '서적원'(書籍院)이 사용되었다.

4.2.4. 온도계(溫度計)

> (11) ㄱ. 지남석과 <u>호란계</u>와 리슈젹은 셕판과(독립신문 6권)
>   ㄴ. 酷熱ᄒ야 <u>寒暖計</u>가 九十一度(대한매일신보 1906. 4. 18)
>   ㄷ. 칩고 더운 것은 <u>한란표</u>로 측량ᄒᄂ 것 ᄀᆺ치(독립신문 3권)
>   ㄹ. (문) 칩고 더운거슬 엇던 긔계로 헤아려 보ᄂ뇨.
>   (답) <u>한셔침</u>(寒暑針)(그리스도신문 1901. 9. 5)
>   ㅁ. 더위에 <u>한셔표</u>를 어름 덩어리 우헤 노으면(대한매일신보 1907. 10. 27)
>   ㅂ. 午後ᄂ 陸地가 <u>溫度</u>를 受흠이 만흔 故로(국민소학독본 22)

오늘날의 '온도계'(溫度計)에 해당되는 어휘로는 "한란계(寒暖計), 한란표(寒暖表), 한서침(寒暑針), 한서표(寒暑表)" 등이 나타난다. 개화기에는 '온도'(溫度)라는 어휘는 나타나나 아직 '溫度計'는 사용되지 않았다. 그러나 오늘날은 '온도계'만 보편적으로 사용되고, 개화기에 사용되던 명칭들은 모두 사라져버렸다.

개화기에 유의어군을 형성하고 있던 어휘들을 더 열거해 보면 다음과 같다 (' // ' 표시 앞부분이 없어진 어휘이고, 뒷부분이 살아남은 어휘임).

- 감옥서(監獄署), 교도원(教導院), 수실(囚室), 수옥(囚獄), 옥사(獄舍) // 감옥(監獄), 감옥소(監獄所), 감방(監房)
- 가구(街衢), 가시(街市), 구가(衢街) // 가로(街路), 시가(市街)
- 경연회(慶宴會), 경축회(慶祝會), 경회(慶會), 명연회(明宴會)
  cf. 오늘날은 경축연(慶祝宴)이 사용됨.
- 공해(公廨), 관가(官家), 과부(官府), 관사(官司), 관서(官署), 관아(官衙), 관해(官廨), 아부(衙府), 아해(衙廨), 해아(廨衙) // 관청(官廳)
- 유게장(遊憩場), 유보장(遊步場), 유연장(遊衍場), 유원(遊園), 유정(遊亭)

cf. 오늘날은 유원지(遊園地)가 사용됨.

- 교수(敎授), 교양(敎養), 교훈(敎訓), 교회(敎誨) // 교육(敎育)
- 도화(圖畵), 화도(畵圖) // 회화(繪畵)
- 연조금(捐助金), 원연금(援捐金), 원조금(援助金), 의조금(依助金) // 보조금(補助金), 부조금(扶助金)

  cf. 오늘날은 기부금(寄附金), 후원금(後援金)이 사용됨.

- 기관거(機關車), 륜거(輪車), 열차(列車), 증기차(蒸氣車), 철차(鐵車), 화륜거(火輪車), 화차(火車) ; 기차로(滊車路), 철로선(鐵路線) // 기관차(機關車), 기차(汽車) ; 철도(鐵道), 철로(鐵路)
- 복물(卜物), 전수전(傳受錢), 청전(請錢) // 뇌물(賂物)
- 도중(徒衆), 여중(與衆), 인중(人衆), 중인(衆人) // 공중(公衆), 대중(大衆)
- 도성(都城), 도회(都會), 도회처(都會處), 성도(城都), 성시(城市) // 도시(都市), 도회지(都會地)
- 만리경(萬里鏡), 원경(遠鏡,) 시원경(遠視鏡), 원조경(遠照鏡), 천리경(千里鏡) // 망원경(望遠鏡)
- 박물장(博物場), 박물서(博物署), 박물원(博物院) ; 박물원(博物園) // 박물관(博物館)
- 륜선(輪船), 승기선(蒸氣船), 화륜선(火輪船), 화선(火船) // 기선(汽船)
- 병막(病幕), 의가(醫家) // 병원(病院), 의원(醫院)
- 상고(商賈), 상민(商民), 상자(商者) // 상인(商人)
- 개화상(開化商), 사점(肆店), 상루(商樓), 상전(商廛), 시점(市店), 점사(店肆), 점사(店舍) // 상점(商店), 상회(商會), 점포(店鋪)
- 인간(人間), 인세(人世) // 사회(社會)
- 시진종(時辰鐘), 시진표(時辰表), 시표(時標), 자명종표(自鳴鐘表), 종표(鐘表) // 시계(時計), 자명종(自鳴鐘)
- 시사(市肆), 장시(場市), 전시(廛市) // 시장(市場)
- 본초원(本草園), 초목원(草木園) // 식물원(植物園)
- 유객(遊客), 유인(遊人), 유자(遊子) // 여행자(旅行者)
- 우체관(郵遞官), 우체사령(郵遞司令), 우편사령(郵便司令), 체전부(遞傳夫) // 우체부(郵遞夫)
- 은행국(銀行局), 은행소(銀行所), 은행옥(銀行屋) // 은행(銀行)
- 의사(醫士), 의인(醫人) // 의사(醫師), 의원(醫員)
- 의시(依施), 의주(＝依準) // 의원(依願)
- 등판(登板), 인간(印刊), 인출(印出), 판출(板出) // 인쇄(印刷)

- 원어기(遠語機), 전어기(傳語機), 전어통(傳語筒) // 전화기(電話機), 전화통(電話筒), 전화(電話)
- 정거소(停車所) // 정거장(停車場)
- 고려(辜戾), 구려(咎戾), 범상(犯狀), 죄고(罪辜), 죄과(罪過), 죄려(罪戾), 죄범(罪犯), 죄안(罪案) // 범죄(犯罪)
- 가사(家舍), 가실(家室), 실가(室家), 옥사(屋舍) // 가옥(家屋)
- 매하(賣下), 수매(售賣), 죽판(鬻販), 판죽(販鬻) // 판매(販賣)
- 학도(學徒), 학동(學童), 학원(學員) // 생도(生徒), 학생(學生)
- 병객(病客), 병민(病民), 병인(病人) // 병자(病者)
  cf. 오늘날은 환자(患者)가 사용됨.

5. 맺음말

지금까지 개화기 어휘들을 새로 생긴 어휘, 바뀐 어휘, 없어진 어휘로 나누어 살펴보았는데, 그 구체적인 내용은 다음과 같다.

첫째, 새로 생긴 어휘들은 대부분 서구 문물과 함께 수입된 어휘들인데, 이들은 차용경로와 차용방법에 따라 '직접음역어, 간접음역어, 직접의역어, 간접의역어' 등으로 나누어 볼 수 있다. 이 중에서 중국이나 일본을 거쳐 간접으로 차용된 어휘들이 주류를 이루고 있다.

① 직접음역어 : 인그리스(←English), 삽포(←chapeau)
② 간접음역어 : 아미리견(←亞美利堅←American), 아편(←雅片←opium)
③ 직접의역어 : 몸제자(使徒, apostle), 십자틀(十字架, cross), 양등(洋燈, lamp)
④ 간접의역어 : 중국어계 어휘－백부장(百夫長, centurion)
   일본어계 어휘 서적고(書籍庫, library), 격물학(格物學, physics)

생성과정과 차용경로가 달라 다양한 어형으로 혼란스럽게 사용되던 서구 고유명사가 오늘날은 일정한 어형으로 주로 사용되고 있다. 직접음역어의 형태로 사용되는 것에는 '프랑스, 그리이스, 유럽, 콜롬버스, 나폴레옹' 등이 있으며, 간접음역어의 형태로 사용되는 어휘 가운데 중국어계로는 '영국, 미국' 등이 대표적이며, 일본어계로는 '독일, 불란서, 이태리' 등이 있다.

둘째, 바뀐 어휘에는 어형이 바뀐 어휘와 의미가 바뀐 어휘가 있다.

1) 어형이 바뀐 어휘는 '전체변화, 부분변화, 첨가, 생략, 어순변화' 등 다양한 양상으로 나타난다.
   ① 전체변화 : 병인(病人) / 환자(患者), 분전(分傳) / 배달(配達)
   ② 부분변화 : <선행어소 변화> 각침(刻針) / 분침(分針), 거민(居民) / 주민(住民)
        <후행어소 변화> 교장(敎場) / 교실(敎室), 교번(交番) / 교대(交代)
   ③ 첨가 : <앞에 첨가> 식물(食物) / 음식물(飮食物), <중간에 첨가> 승장(乘場) / 승차장(乘車場), <뒤에 첨가> 유원(遊園) / 유원지(遊園地)
   ④ 생략 : <앞부분 생략>석탄광(石炭鑛) / 탄광(炭鑛), <중간부분 생략>농사업(農事業) / 농업(農業), <뒷부분 생략> 신문지(新聞紙) / 신문(新聞)
   ⑤ 어순변화－경순(警巡) / 순경(巡警), 급봉(給俸) / 봉급(俸給)
2) 의미 변화는 크게 두 가지로 나누어 볼 수 있다.
   ① 개화기 이전부터 사용되었던 어휘가 어형은 그대로 유지한 채 이 시기를 전후하여 의미가 바뀐 경우가 있다.
        <구실> : 벼슬, 세금 → 기능, 역활, 임무
        <방송(放送)> : 석방(釋放) → 방송(broadcast)
        <보람> : 표(標,表) → 좋은 결과
   ② 개화기에 새로 만들어진 어휘 가운데서 오늘날 다른 의미를 지니게 되는 경우가 있다.
        <운전(運轉)> : 운반(運搬) → 차를 몰다(drive)
        <통행(通行)> : 통용(通用) → 지나 다님
        <휴학(休學)> : 방학(放學) → 구체적 이유로 학교를 쉼

셋째, 없어진 어휘는 고유어와 한자어로 나누었는데, 한자어의 경우 유의어군을 형성하고 있는 어휘들을 중심으로 살펴보았다.

1) 없어진 고유어에는 "골질(신경질), 구실(관청), 구실돈(공금), 넘는절(유월절, 逾越節), 돈표(수표), 둑간(화장실)" 등이 있다.
2) 없어진 한자어 유의어군 가운데 몇가지를 예시하면 다음과 같다.
   <망원경(望遠鏡)> : 만리경(萬里鏡), 원경(遠鏡), 시원경(遠視鏡), 원조경(遠

照鏡), 천리경(千里鏡)
<은행(銀行)> : 은행국(銀行局), 은행소(銀行所), 은행옥(銀行屋)

한·중·일 3국은 한자를 공동의 표기 수단으로 지니고 있으므로, 간접차용어(신어휘)의 증가는 결국 한자어의 증가로 귀결되는데, 한자어의 증가로 국어 어휘체계에 일어난 변화는 두 가지 양상으로 구별될 수 있다. 첫째는 양적인 변화로서 과거에는 존재하지 않았던 새로 생긴 어휘들이 대량으로 유입된 것이고, 둘째는 질적인 변화로서 동일한 형태의 한자어들의 의미에 변화가 일어난 것이다. 한편, 이 시기에 사용되는 고유어의 경우 근대국어의 기층(基層)을 그대로 지니고 있는데, 현대국어에서는 사용되지 않는 어휘가 많다. 개화기의 국어는 어휘체계의 혼란이라는 부정적 측면과 다양성이라는 긍정적 측면을 동시에 지닌 것인데, 이 과정을 겪음으로써 국어는 비로소 현대적인 모습을 드러내게 된 것이다.

참고문헌

<기본자료 및 사전류>
『제국신문』 : 한국학문헌연구소편, 아세아문화사 영인(1986).
『독립신문』 : 갑을출판사, 영인본 6권(1986).
『서유견문』 : 유길준(1895), 동경교순사, 경인문화사 영인(1969).

<기타 교과서류 및 신소설류>
김우열 편저(1989), 『일본어 한자 읽기 사전』, 시사일본어사.
단국대 동양학연구소(1996), 『한국한자어사전』, 단국대학교 출판부.
문세영(1936), 『조선어 사전 상·하』, 조선어사전 간행회, 대제각 영인본(1982).
신기철·신용철(1975 / 1981), 『새우리말 큰 사전』, 삼성출판사.
이용묵 편(1982), 『신중국어사전』, 민중서림.
이희승(1961 / 1982 / 1994), 『국어대사전』, 민중서림.
한글학회(1957 / 1992), 『우리말 큰사전』, 어문각.
諸橋轍次(1985), 『大漢和辭典』, 大修館書店.

<논저>
국립국어연구원(1993), 『신소설의 언어사용 실태조사』.
김형철(1990), 「개화기 문헌의 어휘 연구―서유견문을 중심으로」, 『경남어문』 23, 경남대.
______(1997), 『개화기 국어 연구』, 경남대학교 출판부.
______(1998), 「개화기 유의어 연구」, 『청암김영태박사화갑기념논문집』, 태학사.
남성우(1986), 『15세기 동의어 연구』, 탑출판사.
민현식(1986ㄱ), 「개화기 국어의 어휘에 대하여―사라진 고유어·한자어를 중심으로」, 『국
　　　　　어생활 4』, 국립국어연구원.
______(1986ㄴ), 「개화기 국어의 어휘 (1)」, 『약천김민수교수 화갑기념논총』.
______(1986ㄷ), 「개화기 국어의 어휘 (2)」, 『국어교육』 53·54.
박영섭(1994ㄱ), 『개화기 국어 어휘자료집 (1) : 독립신문편』, 서광학술자료사.
______(1994ㄴ), 『개화기 국어 어휘자료집 (2) : 증보 신소설편』, 서광학술자료사.
______(1996), 『개화기 국어 어휘자료집 (3) : 교과서·신문편』, 박이정.
______(1997ㄱ), 『개화기 국어 어휘자료집 (4) : 잡지편』, 박이정.

박영섭(1997ㄴ), 『개화기 국어 어휘자료집 (5) : 외래어편』, 박이정.
송 민(1989), 「개화기 신문명 어휘의 성립 과정」, 『어문학논총』 8, 국민대학교.
_____(1990), 「어휘변화의 양상과 그 배경」, 『국어생활』 22, 국립국어연구원.
_____(1992), 「개화기의 언어 개신에 대하여」, 『어문학논총』 11, 국민대학교.
_____(1994), 「갑오경장기의 어휘」, 『새국어생활』 4-4, 국립국어연구원.
이광호(1993), 「국어 유의어의 통시적 연구」, 경북대 박사학위논문.
이한섭(1987), 「『서유견문』에 받아들여진 일본의 한자어에 대하여」, 『일본학』 6, 동국대
        학교 일본학연구소.

영남 문헌어에 반영된 방언적 문법형태에 대하여*

백두현

1. 방언형태사 연구의 필요성

"그런 말은 慶尙道 사롬의 鄕瘡이지 셔울 사롬ᄒᄂᆞᆫ 말은 아니오니 비홀지라도 셔울 사롬의게 비호게 ᄒᆞᆸ소"(6, 20a)라는 기록을 『인어대방』(隣語大方, 1790, 규장각본)에서 볼 수 있다. 이 글에서 우리는 당시의 화자들이 국어의 방언적 차이를 분명히 인식하였음을 알 수 있다. 과거의 방언적 차이나 방언의 역사를 연구하는 작업은 현실적으로 여러 가지의 어려움을 안고 있지만, 그렇다고 이러한 방면의 연구를 포기하거나 방치해 두어서는 안될 것이다.

필자는 졸고(1989b)에서 16세기 초부터 20세기 전기에 이르는 기간 동안 영남 지역에서 간행된 한글 문헌을 조사·분석하여, 이 문헌들에 반영된 음운변화들을 통시적으로 기술하고, 음운변화들의 발생 원인을 체계적으로 설명한 바 있다. 음운변화에 관한 조사를 하면서 형태 및 어휘상의 흥미 있는 여러 특징들이 발견되어, 이들을 별도로 검토해야 할 필요가 있음을 알게 되었다. 이 글에서는 어휘에 대한 것은 제외하고, 영남 문헌어에 나타난 문법형

---

* 이 글은 『어문론총』 24집(1990년)에 수록했던 「영남 문헌어에 반영된 방언적 문법형태에 대하여」를 깁고 고친 것이다. 당시에 필자가 이 글의 교정을 못하여 오자가 더러 있었고, 잘못 판단하여 기술한 내용도 있어서 이를 수정 혹은 삭제하였다.

태인 조사와 용언 어미가 보여주는 여러 현상 중에서, 경상방언과 관련될 수 있는 사항들을 중점적으로 다룰 것이다. 경상방언의 요소가 다른 방언에서도 존재할 수 있으므로, 어떤 형태는 경상방언만 가진 특징이 아니라, 다른 방언과 공통적인 것도 있을 것이다.

이러한 목적으로 작성된 글이기 때문에, 이 글은 특정 문법형태에 대한 전반적이고도 체계적인 기술을 시도하는 것이 아니라, 방언적 성격을 보여 주는 자료에 국한하여 논의할 것이다. 그리고 필요한 경우 다른 지역에서 간행된 문헌자료 혹은 간행지가 불분명한 자료도 비교를 위해 이용할 것이다. 이 글에서 제시되는 자료들은 아직까지 국어학자들이 별로 관심을 기울이지 못한 '방언형태사'에 대한 연구를 촉진하는 데 하나의 자극이 될 수 있을 것이다. '방언형태사'라는 술어를 썼지만 이에 관한 연구는 결국 국어사 연구로 귀결되는 것이며, 진정한 의미의 국어사 연구는 방언음운사, 방언형태사, 방언어휘사 등에 대한 연구를 기반으로 해여 더욱 충실한 토대를 얻을 수 있으리라 믿는다.

2. 조사

문법형태소 중 체언의 곡용에 쓰이는 격조사로서 특이한 것들을 먼저 살펴보기로 한다.

2.1. 주격

주격조사 중 관심을 끄는 예는 다음과 같다.[1]

---

1) 이 글의 연구 대상이 된 문헌과 그 약칭 및 간행 연대는 다음과 같다. <서명 / 약칭 / 간행연도>
<二倫行實圖 玉山書院本 / 二倫 / 1518>, <呂氏鄕約諺解 / 呂約 / 1518>, <正俗諺解 / 正俗초 / 1518>, <七大萬法 / 七大 / 1569>, <警民編 / 警民 / 1579>, <恩重經諺解기방사판 / 恩重 其方 / 1592>, <經書釋義 / 經書 /

   (1) ㄱ. 길고 가는 덩굴이가 이리저리 엉킨 속에(時文 51b)

      ㄴ. 새 하나이 집 우에 깃드려(五倫 10b)

         나라이 드르시고(五倫 10b)

         나라이 망하기 되어시미(嶺三 13, 4a)

         이러지 안이한 바이 없더라(嶺三 20,1b)

         하나이 픠흐면 하나이 산다 하니(一敗則一生)(嶺三 20, 6a)

         파이 눈속에 나고(葱生雪中)(嶺三 5, 9a)

          cf. 나라이 강하면(日本語學 70) 나라이 강하게 됩니다(日本語學 70)

             나라이 강한즉(日本語學)

   (1ㄱ)은 '-이가'가 주격으로 쓰인 예인데 이 형태는 전라도, 강원도, 함경도 지역에 걸쳐 나타나며, 경상도의 여러 지역에 광범위하게 분포된 것으로 밝혀졌다(이상규, 1983 : 128). (1ㄱ)의 '-이가'는 '덩굴'에 결합한 주격 '-이'가 주격의 기능을 상실하고, 여기에 다시 '-가'가 결합하여 이루어진 것으로 '-이가'의 세 유형 중 어간말음화한 주격 '-이'와 주격표지 '-가'가 결합한 유형(이상규, 1983 : 142)에 해당한다. 이 유형은 주격 형태의 통시적 변화 과정에서 생겨난 복합형태라 할 수 있다.[2)]

   (1ㄴ)은 모음으로 끝난 명사 뒤에 주격 '-이'가 결합한 것이다. 이들은 주

1609L>, <杜詩諺解중간본 / 杜重 / 1632>, <語錄解 / 語錄 / 1657>, <閨壺是義方 / 규곤 / 1598~1680>, <恩重經諺解원적사판 / 恩重 圓寂 / 1668>, <恩重經諺解천룡사판 / 恩重 天龍 / 1686>, <正俗諺解 / 正俗중 >, <類合남해판 / 類合 남해 / 1700>, <千字文 / 千字 / 1700>, <彌陀懺略抄 / 彌陀 / 1704>, <痘瘡經驗方 / 痘瘡 / 1711>, <警民編상산판 / 警民 商山 / 1730>, <二倫行實圖영영판 / 二倫 嶺營 / 1730>, <兵學指南우영판 / 兵學 右營 / 1737>, <兵學指南상산판 / 兵學 商山 / >, <臨終正念訣수도사판 / 臨終 / 1741>, <臨終淨念訣대원사판 / 臨終 大院 / 1748>, <王郎返魂傳 / 王郎 / 1753>, <新增類合해인사판 / 新合 海印 / 1758(?)>, <念佛普勸文동화사판 / 念桐 / 1764>, <十九史略諺解 / 十九 / 1772>, <念佛普勸文해인사판 / 念海 / 1776>, <念佛普勸文 / 念海가 / 1776>, <念佛普勸文 / 念海나 / 1776> <念佛普勸文 / 念海다 / 1776>, <念佛普勸文 / 念海라 / 1776>, <新編普勸文 / 新普 / 1776(?)>, <增修無冤錄諺解영영판 / 無冤 / 1797>, <正蒙類語 / 正蒙 / 1884>, <信徒日用要集 / 信徒 / 19세기말>, <佛說阿彌陀經 / 阿彌 / 1898>, <三經合部 / / 1898>, <女士須知 / 女士 / 1907>, <勸往文 / 勸往 / 1908>, <歷代千字文 / 歷代 / 1910>, <通學徑編초간본 / 通學初 / 1916>, <通學徑編중간본 / 通學重 / 1921>, <速修漢文訓蒙 / 漢蒙 / 1922>, <朝漢四禮 / 朝漢 / 1925>, <漢日鮮時文新讀本 / 時文 / 1927>, <養正編 / 養正 / 1929>, <地藏經 / 地藏 / 1929>, <蒙語類訓 / 蒙語 / 1935>, <五倫行錄 / 五倫 / 1936>, <嶺南三綱錄 / 嶺三 / 1939>

각 문헌에 대한 보다 자세한 해설은 졸고(1989b)의 제2장을 참조 바람.

2) 어말에 접사 '-이'가 첨가된 어형 변화의 몇 예를 첨가해 둔다.

   모든 병신이의게 큰 자비심 발함을(地藏 45b). 칠기[藤](朝漢 24b).

   빗에 걸인 털이를(朝漢 8a)—터리에(杜重 17, 28b). cf. 구민터리(杜重 13, 41a).

격 '-가'가 성립된 이후에도 주격 '-이'가 사용되어 온 오랜 전통으로 인해 모음 뒤에서도 '-이'가 드물게 쓰였음을 보여 주며, 또한 복합격으로서의 '-이가'가 형성된 배경이 되었다. (1ㄴ)의 '하나이'는 오늘날의 이 방언에서 '하내가'로 쓰이기도 하는데, 후자는 모음축약으로 '-이'가 격기능을 상실한 후 다시 '-가'가 결합한 것이다.

2.2. 대격

대격으로 쓰인 것 중의 흥미로운 예는 다음과 같다.

> (2) ㄱ. 낫과 밤이 길며 쟐으기로 아지 못ᄒ고(念海 다 49a)
>   cf. 낫과 밤니 질며 쟐으기을 다 아지 못ᄒ고(念海 가 51a)
>   ㄴ. 과연 아쇠로 시겨 쇼 자브미 젹실ᄒ거니와(念桐 23b)
>   경복한 이로 시겨(朝漢 17b)
>   cf. 집사로 시겨(朝漢 18b) 다른 사롬 시기지 아니하고(嶺三 6, 18a)
>   입에 져로 물리며 발을 거두와(朝漢 7b)
>   藻은 슈즁(水中)에 취해 내여 식용하는 모든 풀노 總稱하는 일홈이
>   올시다(時文 51a)
>   목퇴로 쑤사셔(嶺三 19, 15a)
>   손까락 피로 입에 될와(嶺三 3, 13a) cf.피를 듸뢰(嶺三 3, 5b)
>   ㄷ. 항것슨 쓸 거스로 죵을 쥐주ᄂ니(正俗 초 16a)
>   사롬을 주며 권ᄒ시소(念海 나 34a)
>   ㄹ. 셔방을붓터 와셔(彌陀 32a)
>   ㅁ. 불법 희방한 두 가지 죄로(地藏 18b)

(2ㄱ)과 (2ㄴ)의 예는 대격조사로 '-로'가 사용된 예이다. '-로'의 이런 쓰임은 지금의 경남방언에서 널리 발견된다. 대격으로서의 '-로'가 일찍부터 문헌에 나타난 사실을 통해 우리는 이 형태의 역사성을 확인할 수 있다. 대격 '-로'가 쓰인 가장 오래된 영남 문헌은 현재로서는 18세기 후기를 거슬러 올라가지 못한다.

대격 '-로'는 모음으로 끝나거나 ㄹ이 받침인 어간 뒤에서만 통합되는 분

포상의 제약을 갖는다. 이 환경에서 '-로'는 '-를'과 교체되어 쓰일 수 있다. 그런데 (2ㄱ)과 (2ㄴ)에 쓰인 '-로'가 통사론적으로 완전히 동일한 것은 아니다. 즉 (2ㄴ)에 사용된 '-로'는 대격과 함께 도구격 기능을 부분적으로 수행하고 있음을 볼 수 있다. 문맥상으로 볼 때 (2ㄴ)의 '-로'를 '-를'로 바꾸어도 아무런 의미 차이가 없다. '-로'의 주요 기능은 대격으로 파악되지만 도구격의 의미도 (2ㄴ)에서 완전히 배제할 수 없다.[3]

(2ㄷ)은 여격 '-의게'가 통합될 환경에 '-을'이 쓰인 예로서 이것은 한문의 번역 과정과 연관되어 있다. 이 언해문에 해당하는 한문은 "主則以財用以資幹"이다. '資幹'('幹'은 '幹僕'과 같음)의 '幹'은 동사 '資'의 목적어 역할을 한다. 한문 문장의 문법구조가 언해문에 반영되어 '죵을'과 같은 대격이 사용된 것이다. 이러한 사실을 고려한다 하더라도 '-를'이 '-의게'가 쓰일 환경에 출현하는 것은 '-을'이 부차적으로 여격 기능을 갖고 있음을 의미한다.[4]

(2ㄹ)은 출발 위치를 나타내는 '-으로'가 쓰일 자리에 '-을'이 쓰인 것으로 현대국어 문법으로 볼 때 어색한 것이다. (2ㅁ)은 대격이 생략된 예이다.

2.3. 처격

처격 형태 중 다음과 같은 예들이 주목된다.

> (3) ㄱ. 그훼 허뮈 아슴들 모도고 울며 닐우디(二倫 玉山 4a)
>   츈니 온 훼싀 홈끠 먹더라(二倫 玉山 15b)
>   남진 겨집비 이신 훼싀 어버이 즈식기 이시리니(正俗 초 5b)
>   앗의 도애도 올혼 훼싀 나랏 사른몰 フ른칠 거시라(正俗 초 4b)
>   왕밀리 훼 죽거눌(二倫 玉山 12b) 즈식기 일 다혼 훼싀(正俗 초 8b)
>   cf. 지블 업게 혼 후에싀 말며(正俗 초 8b)
>   ㄴ. 물게 올라(十九 2, 61b) 쳔리말게 붓터시면(勸往 41a) 말기 나려(五倫 21a)

---

3) 대격으로서의 '-로'는 도구격 기능이 확대된 것으로 볼 수 있다. 이러한 기능 확대는 '-로'가 대격 기원형인 '-ㄹ'에서 비롯되었을 가능성을 암시한다.
4) 현대 국어에서 '이 책은 영수를 주어라'와 같은 문장의 '-를'도 동일한 의미기능을 가진 것이다.

cf. 몰게 ᄂᆞ려(五行 2, 23a) 가히며 몰게 니르러도(翻小 7, 43a)

여호를 말게 태인 것 갓흔 말(日本語學 534)

동편게 가 방이 짓고 서편에 가 쌀니하며(嶺三 12, 16a)

ㄷ. 여게 져게 무슈ᄒᆞ니(勸往 38a)

ㄹ. 블체님이 발내국 가셔(念海 나 47a) 딘궁이 강쥐 사더니(二倫 玉山 28a)

바로 셔방 극낙 셰계 가오리다(念海 나 35a)

(3ㄱ)은 명사 '후'(後)와 처격 '－에'가 한 음절로 축약된 것으로서, 이와 동일한 축약이 '후'를 제외한 다른 명사에서 일어난 예는 찾기 어렵다. 안병희(1978 : 5)는 '후＋에'가 '훼'로 축약되는 것은 경상방언형일 것이라고 추정하였다. 이 예는 다른 지방에서 간행된 문헌에 잘 나타나지 않는다. 오늘날의 경상방언에는 타 방언과 비교할 때 극심한 축약을 보이는 예들이 매우 많다(정철, 1980). 이러한 축약현상의 단초(端初)를 (3ㄱ)에서 찾을 수 있다.[5]

(3ㄴ)은 처격형으로 '－게'가 쓰인 것이다. 유창돈(1964 : 236)은 '몰게 ᄂᆞ리니'(三譯 1, 1)와 같은 '－게'를 시출격(始出格)이라고 하였다. '몰게'의 '－게'는 '나＋의게'가 '내게'로 바뀌는 현상과 유사하게 ㄹ뒤에서 '의'가 탈락한 것이라고 볼 수도 있다. 이렇게 본다면 이 '－게'는 문맥상으로 처격이라 하기 어렵고 '－의게'가 지닌 부차적 의미기능을 실현한 격이라 해석된다. '몰게 ᄂᆞ려'의 '－게'는 의미상으로 시출격이라 부를 수도 있으나, '천리말게 붓터시면', '가히며 몰게 니르러도'와 같은 예의 '－게'에서 '始出'의 의미를 찾기는 어렵다. 오히려 '－의게'가 지닌 원래의 의미에 더 가까운 것이다. (3ㄴ)의 마지막 예 '동편게'의 '－게'는 '몰게'의 '－게'나 (3ㄷ)에서 보이는 '여게 져게'의 '－게'에 유추되어 잘못 쓰여진 것이라고 여겨진다.[6] (3ㄷ)의 '－게'는 (3

---

5) '축약(縮約)이라는 술어는 음운론적 층위에서 두 개의 음운이 하나로 실현되는 것을 의미한다(편지 > 펜지, 놓고→노코 등). 경상방언에 흔히 나타나는 '칸다', '얼라', '드가다', '널짜라'등의 예들은 대부분이 음운 혹은 형태소의 탈락에 의해 어형이 짧아지는 것이다. 그러므로 이러한 예들을 음운론적 축약과 구별하여 '단축'이라고 부르는 것이 보다 적절할 것이다. 앞으로 필자는 '널짜라' 등과 같은 예들에 나타나는 현상을 단축이라고 부를 것이다.

6) 지금의 경상방언에서 처격으로서의 '－게'가 '가을' 뒤에서 쓰이기도 한다.
   예 가을게 가서 갚았다.
   그런데 '가을'은 과거에 ㅎ종성체언이었기 때문에 '가을해'의 ㅎ이 ㄱ으로 변한 것이라고 볼 수도

ㄴ)과 성격을 달리 하는 것으로 '여기+에'에서 ㅣ모음이 탈락하여 '여게'로
바뀐 단축형이다. (3ㄹ)은 (2ㅁ)과 같이 격조사의 생략을 보인 예이다.

2.4. 여격

여격으로서 특이한 존재는 다음에 보이는 '—흔티'이다.

> (4) 내흔티 오는 이는 나을 위호야 염블호고(臨終 4a)
>   본관이 상사흔티 보하야(嶺三 2, 22a)
>   쳐자흔티 일너 가라디(嶺三 10, 7a)

현대 국어의 경우 여격조사 '—에게'는 문어적 표현에 주로 사용되고, 구어
에서는 '—한테'가 쓰이는 것이 일반적이다. (4)는 비록 소수의 예이기는 하
나 '—한테'가 18세기 후기부터 이미 여격으로 쓰였음을 증명한다. 문헌어가
가진 강력한 문어성 혹은 보수성을 뚫고 문헌에 등재된 구어 자료가 (4)의 예
들이라고 생각된다. 이상규(1982b)에서 논의된 경상방언의 여격 조사 '—자
테', '—인테', '—대고' 등과 같은 형태들은 문헌에 나타나지 않는다.
  한편 20세기 초 서울에서 간행된 『일본어학 음·어편』(日本語學音·語編, 1912)
에 다음과 같은 '—한테'가 발견된다.

> (5) ㄱ. 아바님쎄(에게)(한테)엇엇습니다(74)
>   친구에게(더러)(한테) 부택하얏습니다(74)
>   ㄴ. 나는 어제밤에 여우안테 홀려서(257)
>   나도 인천 친구안테 녀러 가지 거게 대한 쥬의를 밧엇거니와(532)

(5ㄱ)의 끝 예의 '—한테'는 문장의 의미상 '始出'을 표현하고 있다. (5ㄴ)의
'—안테'는 ㅎ이 약화, 탈락된 것이다. 위의 예들에서 '—한테'가 서울말에서
도 사용되었다는 사실을 알 수 있으나, 가장 빠른 예가 나타나는 곳은 영남
의 문헌인 『임종정념결』(臨終淨念訣)이다. '—흔티'는 '흔[一]+더[處]'로 재분석

있다. h > k 변화에 대한 것은 최명옥(1982 : 76~80)을 참조.

될 수 있으며, '-한디'가 격음화되어 '-혼틴'로 변했다고 판단된다. 『오륜행실도』를 신활자로 재간한 『오륜행록』(五倫行錄)에서 그 증거를 찾을 수 있다. 다음 예는 같은 문장을 『오륜행실도』와 『오륜행록』에서 서로 다르게 표기한 것이다.

> (6) 오륜행실도 : 남녀 빅귀 쉬복지친까지 혼듸 밥 지어 먹고(4, 28a)
>   오륜행록 : 남녀 벽귀 쉬복시친까지 한태 밥 지어 먹고(58b)

이 예는 '-한테'의 기원을 잘 보여 주는 것이다. 그러므로 '-한테'의 기원적 의미는 '같은 곳'이 된다.[7)]

2.5. 공동격

공동격이 중세국어의 경우와 같이 쓰인 예들이 18세기 문헌에 나타난다.

> (7) ㄱ. 종과 물과 쇼와 된다(念海 나 22b)
>   ㄴ. 쇼와 둙과 만히 잡고(念海 나 21b)
>   물과 쇼와 자바 먹더니(念海 나 19b)

『염불보권문』 계통의 여러 이본에 (7)과 같은 예가 발견되지만 일사본(一簑本)의 예만 제시하였다. 주지하다시피 공동격 조사가 여러 명사에 걸쳐 연결될 때 마지막 명사의 공동격이 탈락하는 변화가 근대국어에 존재하였는데도 (7)의 예들은 중세국어에서처럼 최종 명사 뒤에 공동격 조사가 쓰였다. 그러나 (7ㄱ)에서 주격 조사가 생략되었고, (7ㄴ)에서 대격 조사가 생략된 것은 중세국어의 경우와 다르다.

---

7) '-한테'가 본래의 의미대로 쓰인예는 『여사수지』(女士須知)의 다음 예에서 찾을수 있다
   〔예〕 일곱 살 먹거든 남녀ㅣ 한 자리 안쩨 아니호며 한틴 먹지 말 것이니라(1b).
   이 예의 '-한틴'는 같은 문장 선행절의 '한 자리'에 대응되고 있다.

2.6. 비교격

비교격으로 사용된 예 중에서 관심을 끄는 것은 다음과 같다.

(8) ㄱ. (염불을) 아니ᄒᆞᄂᆞ 사롬과는 실로 낫다 ᄒᆞ시니(彌陀 31a)
  ㄴ. 부모보담 먼저 일어서(養正 17b) 신쥬 기리보담 길개 하고(朝漢 20a)
    비유보담 만커든(地藏 6a)8)
  ㄷ. 풋낫마곰 싸ᄒᆞ라(閨壺 15a) 약과 낫마곰 싸ᄒᆞ라 쓰라(규곤 4a) 주먹
    마곰 뭉그라(閨壺 15a) 강정낫마곰 싸ᄒᆞ라(閨壺 7a)
  ㄹ. 한 틧끌만치나 모래만치나(地藏 12b) 털 끗만치라도(地藏 보정 중 2b)
    터럭맛치라도(地藏 보정 하 4a) 싹시 한 ᄌᆞ만치 자라거든(蠶桑 7)
     cf. 너만치 내의 자산을 올케 쓸 사람은 다시 업다(日本語學 508)
  ㅁ. 토쟝체로 ᄒᆞ라(閨壺 8b)

(8ㄱ)은 '−과'와 '−는'이 결합하여 비교의 기능을 수행한 것이고, (8ㄴ)은
'−보다'가 조사화되었음을 보여 준다. 위의 '−보담'은 '−보다'에 ㅁ이 첨가
된 것인데, 이것은 20세기 문헌에 가서야 비로소 나타난다. '−과 / −와'는
대등의 비교격으로(유창돈, 1964 : 238~239) 쓰였는데, (8ㄱ)에서는 여기에 다시
'−는'이 결합되어 차등의 비교로 전용되었다.

(8ㄷ)의 '−마곰'은 『구급간이방』의 '환 뭉ᄀᆞ로디 머귀여름마곰 ᄒᆞ야'(1, 9)
에 나타난 것인데, '−맛감'과 함께 훗날 '−만큼'으로 대치되었다.9)

(8ㄹ)은 '−만치'는 현재의 이 방언에서 널리 쓰이는 비교격 형태이며, 예
시에서 보듯이 타 지방의 문헌에서도 더러 나타난다.10)

(8ㅁ)의 '−체로'는 '−톄로'의 구개음화형인데 후대에 '−처럼'으로 변하

---

8) 필사본인 『명륜만행록』(明倫萬行錄)(1907)에 한 변이형으로 '−버듬' '−벼듬'이 나타나고, 『일본어
  학음·어편』에 '−보담'이 쓰인 예를 찾을 수 있다.
   예 베살버듬 더 조흔 거시 업도다(明倫 25a). 공명버듬 더 조흔 거시 무어시오(明倫 25a). 내몸버듬
   나흔 스람을(明倫 7a) 다른 사람보담 지납니다(日本語學 74). 슐보담도 맥쥬를 먹는 편이 속이
   시원합니다(日本語學 234).
9) 연대가 뚜렷하지 않은 필사본인 『구급신방』(救急新方)에 '−망콤'이 나타난다.
   예 사향 굴는 혼듸 녹도망콤 환지어(37a). 죠희를 돈망콤 세홀 믄드라(30b).
10) '−만치'의 최초 예는 『구급간이방』(救急簡易方)(1489)에 여러 예가 나온다.
   예 둘기알만치와 섯거(1489 구급간 7, 55b).

였다. '-체로'의 '-로'는 '새로' 등의 '-로'와 같이 '-으로'의 '-로'가 파
생접사화한 것일 가능성이 있다.

(8ㄱ, ㄴ)은 정도의 차이를 가질 수 있는 대상을 비교한 차등의 비교이고,
(8ㄷ, ㄹ, ㅁ)은 동등한 사물을 비교한 대등의 비교라 할 수 있다.

2.7. 특수조사

특수조사에 해당하는 것 중에서 일부를 제시한다.

> (9) ㄱ. 새배마동 넘불 열번을 ᄒᆞ면(彌陀 3b) 날마동 굿틸 제 업고(彌陀 5a)
>   사룸마동 제 ᄆᆞ음미 실로 부톄로디(彌陀 29b) 사름마동 ᄀᆞ자신돌(彌
>   陀 39b)
>   ㄴ. 날마당 죠석으로(念海 가 53a) 사룸마당 다 셔방 극낙 세계예 돌라
>   가 나올리라(念海 가 52b)
>   ㄷ. 새배마다 넘불 열번을 ᄒᆞ면(念海 가 4b) 날마다 굿틸 제 업고(念海
>   가 6a) 사룸마다 ᄀᆞ자신들(新普 15b) 사름마다(念桐 27a) 사름마다
>   반드시 왕ᄉᆞᄒᆞ미 의심 업으미이라(臨終 4b) 스룸마다 눈 잇ᄯ 흐리
>   로디(念桐 27a)

(9ㄷ)의 '-마다'가 가장 널리 쓰이는 것이고, (9ㄱ, ㄴ)의 '-마동'과 '-마
당'은 경상방언의 성격이 짙은 것이다. 그런데 '-마당'(혹은 '-마닥')이 20세
기초 서울에서 간행된 『일본어학음·어편』에 다음과 같이 나타난다.

> (10) 그 일을 생각할 째마당 눈물이 납니다(228) 날마당 먹는 쌀을(233)
>   해마닥 피이는 꼿입니다(183) 바람 불 째마닥 쩌러집니다(182)[11]

'-마다'는 '-마당, -마동, -마닥'과 같은 여러 변이형태를 갖고 있었던
것이다. '-마동'이 다른 지방의 문헌에 쓰인 용례는 아직 발견하지 못하였
다. 짐작컨대 경상방언이 가진 독특한 형태일 듯하다.

---

11) 19세기 자료로 판단되는 필사본 『견성첩경』(見性捷徑)에서 '-마닥'의 예를 많이 찾아 볼 수 있다.
   ㉃ 스람이 비록 날마닥(8b). 날마닥 날마닥 시아려 보아도(13b).
    밤마닥 밤마닥 부쳐를 안쬬(20a). 아침마닥 아침마닥 도리혀 한 가지 이러나도(20a).

현대어의 '−부터'는 영남의 문헌에서 '−브텀, −부텨, −붓텨, −붓터'로 나타나는데 이 중에서 '−브텀'의 예만 제시한다.

   (11) 날브텀 몬져 자바다가(念桐 20a)
        죄브텀 몬져 슈케 ᄒ미로쇠다(念桐 24b)

'−브텀'은 '−브텨'의 어말에 ㅁ이 첨가된 것이다. 오늘날의 이 방언에 쓰이는 '−부텅'은 문헌상에 나타나지는 않는다.12) 여기서 한 가지 지적해 둘 만한 자음첨가 현상이 있다. 앞에서 거론하였던 몇 예들과 함께 어말에 첨가되는 자음이 비음이라는 점이다. '−쳐로 > −처럼', '−보다 > −보담', '−마다 > −마동(−마당)', '−브텨 > −브텀(−부텅)' 등에서 비자음 ㅁ 혹은 ㅇ이 공통적으로 어말에 첨가되고 있다. '−마닥'을 제외한다면 이 현상은 뚜렷한 공통성을 가진 변화이다. 어말의 비음 첨가는 의문법의 '−나 > −남'(밥 먹었나 → 밥 먹었남), '−고 > −공'(누가 갔는고 → 누가 갔는공), '−가 > −강'(집에 갔는가 → 집에 갔는강)과 같은 예들에서도 나타난다. 국어의 문장종결어미는 거의 모두 개음절 구조를 가진다. '−남', '−공', '−강' 등은 폐음절 구조를 가지기는 하나 말자음이 모두 비음이라는 점이 같다. 이 자음첨가는 조사에 나타난 자음첨가와 같은 성격을 띠고 있다. 비음이 첨가되는 이유를 분명히 밝히기는 어렵다. 국어의 어미가 대부분 개음절 구조를 갖는 일정한 경향성을 위배하지 않기 위해 자음 중 어말에서 폐쇄성이 가장 약한 비자음이 첨가되었다고 추정해 본다.

---

12) 그밖에 특수조사 '−도'가 용언 어간에 직접 통합된 예도 발견된다.
   [예] 불법을 니르도 말고 권토 말고(彌陀 30a).
   '−까지'가 현재의 이 방언에 '−꺼지, −꺼정'으로 쓰이는데 이 형태들이 문헌에 나타난 예를 찾지 못하였다.

3. 용언의 어미

이 절에서는 용언 어간과 결합하는 문법형태소들 중 특이한 것들을 대상으로 문법범주를 구별하여 기술하기로 한다. 개별 형태들의 통시적 형성 과정을 가능한 범위까지 밝혀 보고자하며, 경상방언에 나타나는 형태들을 타 방언과 비교 검토하는 방법도 병용될 것이다.

3.1. 사동법

먼저 사동법을 구성하는 형태들을 유형별로 제시하고 논의를 진행하고자 한다.

> (12) ㄱ. 주기시고……사로시니(念桐 42b)
>   일만번을 사로시니(念海 나 32b)
>   살울 활 活(正蒙 25a)
>   ㄴ. 술위에 실겨(七大 13b) 알기시며(七大 15a)
>   ㄷ. 몸을 발우고(養正 24b) 신을 바루지 안이하고(嶺三 3, 24b)
>   감히 상우지 못홀식(嶺三 9, 6b) 醬은 모든 飮食의 맛을 고루는 것이
>   오(時文 47b)
>   고룰 조調(歷代 21b)
>   ㄹ. 몽동철환 삐피시고(彌陀 42b) 끌는 쇠물을 마시키며(地藏 15b)
>   엇지 날을 더러일다(五倫 50b)

동사 '살-'은 현대국어에서 '살리다', '살게 하다'와 같이 형태론적 사동과 통어론적 사동을 형성하는 것인데, (12ㄱ)은 '-오-'의 삽입으로 형태론적 사동을 이룬 특이한 예이다. '살울 활 活'은 '오 > 우'를 경험한 것이다.

(12ㄴ)의 '실기-'와 '알기-'는 『칠대만법』에서만 찾아 볼 수 있는 매우 특이한 예이다. 이 문헌에 반영된 뚜렷한 방언적 성격을 감안할 때(오종갑 1982), '실기-'와 '알기-'는 16세기 경상방언을 반영한 것임이 분명하다.

(12ㄷ)의 '발우고'는 '바르+우+고'의 결합으로 생성된 것이다. 이 어형은

‘바르-’의 타동형이며, ‘바르게 하다’로 풀이될 수 있으므로 사동법으로 다룰 수 있다. (12ㄷ)의 ‘상우지’는 ‘상(傷)하게 하지’의 뜻인데 한자어 ‘傷’을 동사화 시켜 ‘-우-’를 결합한 형태이다. (12ㄷ)의 ‘고루는’은 ‘고르+우+는’의 결합으로 ‘고르게 하는’과 같은 통어론적 사동에 대응하는 형태론적 사동 구성이 가능했음을 보여준다.

(12ㄹ)의 어휘들은 ‘-게 하다’에 의한 통어론적 사동을 형성하는 것이 보통인데, 위의 예들에서는 형태론적 사동 구성을 실현하였다. ‘마시키며’와 같은 구성은 현대의 경상방언에 쓰이고 있다.

사동의 선어말 어미 ‘-오/우-’는 자동사의 어간에 연결되어 타동사를 형성하거나 타동사 어간에 결합하기도 하는데 이러한 것 중에서 이 방언의 특징으로 생각되는 예들을 살펴보기로 한다.

(13) ㄱ. 쵸슌을 넌구지 말며(朝漢 25b) 그 싯을 남가 두면(朝漢 14a)

　　　ㄴ. 션쵸약을 널쑤거날(嶺三 11, 6b) 옥찰을 널와(嶺三 13, 8b) 손을 네루며(養正 5a) 네루되(養正 4b)

　　　ㄷ. 비와 볏흘 가루기 위하야(時文 35a) 일광을 가루는 것이오(時文 69b) 脣은 니를 가룬 피육(皮肉)이오(時文 26b) 눈물을 가루고(嶺三 11, 16a) 가룰 차遮(養正 1a) 눈물을 가루더라(嶺三 5, 18a) 낫을 갈우며 (女士 12b) 갈우지 아니ᄒ라(女士 22b)

　　　ㄹ. 쌔주지 말며(養正 29b)

　　　ㅁ. 길우며 엮글우며(七大 14a)

　　　ㅂ. 쓸 가운디 썰우거날(嶺三 3, 20b) 감지를 일직이 쩌루지 아니ᄒ고(嶺三 8, 8b) 쩌루지 안한다(嶺三 6, 4b)

(13ㄱ)의 ‘넌구-’는 ‘넘구-’의 오기이고, 또한 ‘남가-’에서 ‘남구-’를 분석해 낼 수 있다. 이 형태들은 현대 표준어의 ‘넘기-’와 ‘남기-’에 해당하는 것으로 접사 ‘-구-’가 ‘-기-’에 대응한다. 그런데 ‘-구-’는 어간말 자음이 ㅅ이나 ㄷ일 때 통합되는 것으로 알려져 있으나(예 : 솟구다, 돋구다), ‘달구다’, ‘떨구다’, ‘일구다’, ‘얼구다’와 같이 ㄹ뒤에서도 ‘-구-’가 쓰인다.13) 어간말 자음 ㅁ뒤에서 ‘-구-’가 쓰인 예를 표준어에서 찾기 어려우므

로 (13ㄱ)의 '넌구-'와 '남구-'는 경상방언 특유의 현상이라 할 수 있다. 이 상규(1981 : 21)에서 이 방언에 쓰이는 특징적인 사동형들이 소개된 바 있다. 그 중에는 '녹이-', '삭이-'에 대응하는 방언형 '노쿠-', '사쿠-'등 독특한 예들이 포함되어 있다.

'녹이-', '삭이-'에 대응하는 방언형 '노쿠-', '사쿠-'에 포함된 '-쿠-' 의 형성은 다음과 같이 설명될 수 있다. 타동사화한 '녹히-', '삭히-'에 사 동접사 '-우-'가 연결되고, 제2음절의 ㅣ가 탈락된 어형에 자음축약이 적용 되어, '노쿠-', '사쿠-'가 성립된 것이다(녹히+우- > 녹후- > 노쿠-). 이와 동일하게 '-쿠-'가 이루어진 과정은 '익히다', '식히다'의 방언형 '이쿠다', '시쿠다'에서도 확인된다. 즉 '익히우-', '식히우-'에서 ㅣ탈락과 자음축약 으로 '이쿠-', '시쿠-'가 형성된 것이다.

그러나 '줄쿠-', '숭쿠-'와 같은 예에는 이런 설명 방법을 적용할 수 없 다. 이런 예외적인 존재에 대한 설명을 베풀기가 쉽지 않다. 현재로서는 사동 접사로 널리 쓰이게 된 '-쿠-'에 유추되어 그 통합 대상이 확대된 것이라 고 보는 방법이 있다. 이미 '줄구-'가 쓰이고 있고, 다른 어형에서 '-쿠-' 가 사동접사로서 널리 기능하고 있는 상태에서 '줄쿠-'와 같은 어형이 생성 되는 것은 충분히 있음직하기 때문이다. 공시적인 견지에서는 이 방언의 문 법에 사동접사 '-쿠-'를 설정할 수 있으나, 통시적으로 볼 때 '-쿠-'의 생성 과정은 위와 같은 방법으로 설명할 수 있다.

서정욱(1984)에서 논의 되었듯이 현재의 이 방언에는 '-웅-'과 같은 사동 접사가 매우 생산적으로 쓰이는데, 위에서 든 여러 예들의 접사 '-우-'나 '-구-'는 수의적으로 '-웅-', '-궁-'가 교체될 수 있다. '시쿠-, 노쿠' 등을 제외하고, 이유 없이 '-구-'의 ㄱ이 유기음화 되거나, '-우-', '-구 -'의 말음에 ㅎ이 첨가되는 현상은 음운론적으로 설명되지 않는다.

이상규(1981 : 21)에 제시된 '알리다'의 방언형 '알구다'는 앞의 (12ㄴ)에서

---

13) '-구-'가 통합된 이 네 단어들은 각각 '달다', '떨다', '얼다'에 접사의 결합으로 이루어진 것이 다. 이 방언에 나타나는 '담구다'는 '-구-'가 직접 어간에 결합된 것이 아니라 '담그+우-'에 서 모음 ㅡ가 탈락함으로써 '담구-'가 형성된 것으로 판단된다.

보았던 『칠대만법』의 예 '알기-'로부터 그 형성 과정을 알 수 있다. 즉 '알구-'는 '알기-'에 '-우-'가 통합된 '알기우-'에서 제2음절의 ㅣ가 탈락된 것이다. 통시적인 문증(文證)이 없어서 확인하기 어렵지만, 이 방언에 쓰이는 '(콩을 물에) 불군다'의 '불구-'도 과거에는 존재하였던 '불기-'로부터 비롯된 것으로 추정된다.

문헌에 나타나지 않지만 이 방언에 '찡구다'(끼우다)가 쓰이는데 이 단어는 ㅇ뒤에서 '-구-'가 결합된 것이고, 그 피동형은 '찡기-'이다. '찡구-'는 피동형 '찡기-'로부터 이루어진 타동형이다. 이 점은 '널쭈-'가 피동형 '널찌-'에 '-우-'가 통합되어 이루어진 것과 그 성격이 같다. '달구다', '떨구다', '일구다'는 다른 방언에서도 쓰이지만 '넘구-', '남구-', '찡구-'는 그렇지 않다.

이 세 단어를 형태론적으로 처리하기 위해 두 가지 방안을 고려해 볼 수 있다. 하나는 경상방언의 경우 '-구-'가 어간말 자음 ㅁ, ㅇ 뒤에서 결합될 수 있다고 보는 것이다. 다른 하나는 '남구-'를 '남기+우-'로 재분석하여 '남기우-'의 세 2음절이 탈락하여 '남구-'가 이루어졌다고 보는 것이나. 동일한 방법으로 '넘구-'는 '넘기+우-', '찡구-'는 '찡기+우-'의 결과라 할 수 있다. '남구-', '넘구-'는 사동형 '남기-'와 '넘기-'에 사동접사 '-우-'가 중복된 것이다. '찡구-'는 피동접사가 통합된 '찡기-'뒤에 사동접사가 통합된 것이라는 점에서 차이가 있다. 사동접사의 중복은 '낫을 낫츄우고'(女土, 14ㄴ)과 같은 예에서 찾아 볼 수 있다.

국어 전체의 일반성을 중시하고 전체 속에서 부분을 설명하기에는 후자의 방안이 보다 적절한 것으로 생각된다. 경상방언의 독특한 특징이라고 처리하는 것보다 국어 전체를 고려한 설명 방법을 찾는 것이 바람직하기 때문이다. 후자를 취할 때 (13ㄱ)의 '남가'는 '남기+우+아 → 남구아(ㅣ탈락) → 남과(활음형성) → 남가(활음탈락)'를 겪은 것이 된다. 문헌에서도 ㅁ뒤에 '-고/구-'가 결합된 예를 찾아 볼 수 없는 사실(최태영, 1987 : 35)로 볼 때도 후자의 설명이 적절한 것이라고 여겨진다.

(13ㄴ)의 '널쭈거날'의 '널쭈-'는 다음과 같이 설명된다. 이 어형은 '느리-'

[降]에 '♀ > 어' 변화가 적용되어 '너리-'로 변하고, 여기에 접사 '지-'가 연결된 후 다시 사동접사 '-우-'가 통합된 것으로부터 결과된 것이다. 즉 '너리+지+우-'에서 어형의 단축으로 2개의 ㅣ가 탈락하여 '널주-'가 되고, 이것이 경음화한 것이 '널쭈-'이다.

'ᄂ리-'에 '♀ > 어' 변화가 적용된 증거는 '널와' '널쭈거날'의 어두 모음 ㅓ에서 확인된다. 오늘날의 이 방언에서 '널짜라'(떨어뜨려라), '널쭌는다'(떨어뜨린다)와 같은 방언형은 흔히 들어 볼 수 있는 것이다. (13ㄴ)의 '네루-'는 'ᄂ리+우-'가 '너리우-'('♀ > 어'의 적용)로 변한 뒤 ㅣ역행동화의 적용으로 '네리우-'로 바뀌고 다시 제2음절의 ㅣ가 탈락한 결과이다(ᄂ리우- > 너리우- > 네리우- > 네루-). 오늘날의 이 방언에서 '네루-'에 다시 e > i가 적용되어 '니루-'로 쓰이는 것이 보통이다.

(13ㄷ)의 '가루-' 혹은 '갈우-'는 '가리+우-'의 결합에서 ㅣ모음이 탈락하여 형성된 것이고, (13ㄹ)의 '쌔주-'도 '쌔지+우-'에서 같은 변화를 경험한 것이다. '쌔주-'와 같은 변화를 겪은 예로 이 방언에 쓰이는 '(풍선을) 터주다', '(불을) 꺼주다', '(밥을) 퍼주다'와 같은 것들을 들 수 있다. 이 예들은 '지-'가 붙은 수동형 '터지-, 꺼지-, 퍼지-'에 사동접사 '-우-'의 통합으로 형성된 것이다.

(13ㄴ, ㄷ, ㄹ)의 예들은, 현대의 이 방언에서, 사동접사 '-우-'의 모음이 어두의 음장보다 짧기는 하지만 음장을 지니고 실현된다. 이 방언에서 i계 사동접사는 단음(短音)으로 실현되지만 u계 사동접사는 장음(長音)으로 실현되는 것이 보통이다. 특히 (13ㄱ, ㄴ, ㄷ, ㄹ)과 (12ㄷ)의 사동접사의 모음 ㅜ는 그 음장이 매우 뚜렷하게 감지된다. 이 예들은 그 형성 과정에서 모음탈락을 겪은 것인데, 이 모음탈락이 접사의 모음 '-우-'가 장음으로 실현되는 사실과 어떤 연관성을 가진 듯하다. 이 장음은 탈락된 모음 ㅣ가 그 흔적을 남긴 보상적 장음화라고 볼 수도 있다. 자립분절음운론의 이론을 적용한다면 분절음(segment)은 탈락하여도 거기에 실린 운율적 요소는, 남아 있는 다른 분절음과 연결(association)됨으로써, 여전히 존속하게 된 결과라고 해석할 수 있다.

이와 같은 해석은 i계 사동접사가 단음으로 실현되는데 비하여 u계 사동접사가 장음으로 실현되는 차이점을 중시하여, 어떤 설명을 찾기 위한 것이다. 굳이 이런 해석을 추구하지 않고, u계 접사는 음장을 지닌 것으로 단순히 기술하는 방법도 있다.

통어론적 사동 이른바 장형사동(長型使動)을 구성하는 것은 '−게 하−'이다. 이것과 관련된 것으로서 문헌에 나타난 특이한 예는 다음과 같다.

  (14) 방벤문이 수 없는고로 식의 맛게로 일으로다(念海 다 49b)

'−게−'가 동사 '호−'와 통합되지는 않았지만, '맛게로'의 '−게로'가 현대의 이 방언에 널리 쓰이는 '−그로'(−구로, −거로)와 무관한 것일 수 없다. 위 예문의 '−게로'는 문맥상 '−도록'에 대응하는 것이기는 하나 '−그로 하−'에 쓰인 '−그로'의 통시적 형성에 대한 정보를 알려 준다. 영남 문헌이 아닌 경기도 양주 보정사판 『지장경언해』(1879)에서도 다음과 같은 예가 나타난다.14)

  (15) ㄱ. 호야금 어더 듯고 알게로 호야(중 9b)
        슈승 묘략호게로 호시니(하 24a)
        남도 못호게로 훼철호는 즉(하 27a)
      ㄴ. 이 과보를 알거로 호쇼셔(중 1a)

(15ㄴ)에 쓰인 '−거로'는 '−게로'의 모음 '−에'가 하향이중모음일 때 내림 j15)가 탈락한 형태로서, 이 방언에 쓰이는 '−그로' 혹은 '−거로'와 유사한 형태이다. '−구로'의 ㅜ는 ㄱ뒤에서 ㅡ가 원순모음화된 것이다.16)

(13), (15)의 '−게로'나 방언형 '−그로' 등의 형태론적 구성을 재분석하면 '−게'와 '−로'로 나눌 수 있다. 이러한 재분석에서 설명하기 쉽지 않은 것은 '−로'의 정체에 대한 문제이다. '−로'의 정체를 밝히기 위해 몇 가지 가능성을 검토해 보기로 한다.

---

14) 이 문헌에는 '−거'(−게) 뒤에 '−게'가 연결된 특이 예가 발견된다.
    cf. 슉세 일을 알거케 호거든(중 25b).
15) '내림 j'는 off-guide j를 번역한 술어이다. on-glide j는 '오름 j'라 부르면 적절할 것이다.
16) 제주방언의 ·가 ㄱ뒤에서 원순성이 더욱 강해진다는 사실은(현평효 1985), ㄱ의 음성 특질이 원순화와 관련되어 있음을 의미한다.

첫째, '-게로'의 '-로'를 조사 '-(으)로'(방향, 자격, 도구를 표시하는 격조사)라고 보는 것이다. 즉 조사 '-로'가 '-게' 뒤에 통합되어 '-게로'가 형성되었다고 보는 것인데 이런 추정은 이상규(1981 : 20)에서 제시된 바 있다. 이 추정은 사동문에서 피사역자를 어떤 행위의 도구로 삼는다는 의미론적 측면에서 볼 때 이 견해는 타당하다. 이 견해의 문제점은 격조사가 용언 어미 뒤에 통합된다는 것이다. 이러한 통합이 국어에서 일반적인 현상은 아니다.[17]

대격 '-를'이 '-지' 뒤에 결합하는 경우가 있으나[18] 이 '-를'에 대한 처리는 학자에 따라 의견이 분분한 문제점 중의 하나이다.

둘째 '-게로'의 '-로'를 부사 형성의 접사 '-로'로 보는 방법이 있다. 즉 '새로', '날로', '실로' 등에 통합된 '-로'와 같이 '-게로'의 '로'는 부사형 '-게'에 통합되었다고 보는 것이다. 다만 '새로', '날로', '실로' 등은 선행 요소가 독립된 어간이라는 점에서 '-게로'와 다르다. 그러나 '글려흔 사룸이 즐려로 죽거서'(念海 나 47a)와 같은 예의 '즐려로'는 사동법과 무관하게 부사형 '-어' 뒤에 '-로'가 통합될 수 있음을 보여 준다.[19] 부사형 어미가 중복된다는 것은 부사형 어미가 시현하는 양태성의 강화라고 볼 수 있다.

이러한 두 가지 설명 방법 중 어느 것이 보다 타당한 것인지 현재의 필자로서 판단을 내리기 어렵다. 좀 더 깊이 있는 통찰을 요구하는 문제로 남겨 둔다.[20]

---

17) '-로'의 문제를 유동석 교수와 상의하는 과정에서 유 교수는 조사와 활용어미를 구별하는 기준을 새롭게 설정할 필요가 있다는 견해를 필자에게 알려 주셨다. 즉 선행하는 성분이 체언이나 용언이냐에 따라 조사와 어미를 구별할 것이 아니라 자립형식이냐 의존형식이냐에 따라 구별해야 한다는 것이다. 조사는 선행 성분이 자립형식이고 어미는 선행 성분이 의존형식이 되는 것이다. 이 견해는 여러 가지 측면의 유용성을 가진다. 예컨대, "과연 내일 떠날 수 있을까가 문제이다.", "누가 갔는지는 알 수 없다." 등의 '-가'와 '-를'을 쉽게 설명해 낼 수 있다. 또 이런 견해에서 본다면 '-게로'의 '-로'는 격조사이지만 자립형식 '맞게', '흐게'에 결합되었기 때문에 별다른 문제가 되지 않을 수도 있다. 그러나 두 예문에 쓰인 '-가'와 '-를'은 격기능을 갖고 있지만 '-게로'의 '-로'는 격기능이 뚜렷하지 못한 점이 있어서 양자를 동일한 성격의 것으로 처리하는 것은 문제가 된다.

18) cf. 먹지를 못한다.

19) 부사형 어미 '-게' 뒤에 다른 형태가 통합되어 형성된 어미로 '-게끔', '-게시리'와 같은 예가 있다. '-게시리'의 '-시리'는 '실-'[得]의 파생부사 '실이'가 접사화된 것이다.

20) 피동형으로서 특별히 주목되는 형태소는 없으나 피동접사가 중복된 예들이 발견된다. 타 지역 간행의 문헌에서도 이런 예가 나타나는데 그 몇 예를 들면 다음과 같다.

3.2. 대우법

대우법 중에서 청자 대우법을 중심으로 살펴보기로 한다. 현재의 경상방언에는 '가소', '가이소'와 같은 특유의 청자대우법이 존재하는데 이런 대우법이 역사적으로 어떻게 나타나는가를 검토하고자 한다.

먼저 선어말어미 '-(으)이-'가 통합된 형태들을 다음 (16), (17)에 제시한다.

> (16) ㄱ. 시러곰 듣디 못ᄒ얏ᄯᅡ이다(經書 論語 4b) 이 줌의 죄복을 샹고ᄒ싱
>   니다(念桐 25b)
>   ㄴ. 엇디 원왕치 아니ᄒ리닛ᄶᅡ(念桐 24a)
>   엇디 그러 ᄒ릿가(念桐 24a) 즐려 죽습ᄂ닛고(念海 나 49a)
>   의약을 구ᄒ야 ᄡᅳ미 엇더 ᄒ닛고(念海 나 38b)

중세국어에서 '-이-'가 줄어져 '-ᅌ-'만으로 청자에 대한 공손함을 나타내는 '그리아닝다'(석보 6, 18)와 같은 예가 있었는데, 이것은 '-이-'보다 약간 낮추는 표현방법인 듯하다(허웅, 1975 : 661). (16ㄱ)의 예는 중세국어와 약간 다르게 '-이-'가 줄은 '-ᅌ-' 뒤에 '이'가 표기되어 있디('샹고ᄒ싱니다'의 '니'는 '이'의 오기).[21] 이런 '-ᅌ-' 뒤의 '이'는 발음의 자연스러움을 위해 '-이-'와 유사한 음을 다시 통합시킨 것으로 판단된다. 표기 차원에서 본다면 ᅌ을 음절초에 표기하지 않으려는, 혹은 ᅌ이 음절초에서 발음되지

눌리이고 막히어(증수무원록 1, 5a). 내조치이니(두초 21, 41) ᄇᆞᄅᆞ매 잇기이니(두초 11, 21). 죄예 걸리이는ᄯᅩ다(경민 序). 사름의게 잡히이다(삼역 6, 4).

현대의 이 방언에 피동접사 '-이-'는 높고 길게 발음되어 일종의 고저조(高低調, HL)라고 할 수 있다(졸고, 1983 : 196). 이 고저조와 위의 예들이 무관하지는 않을 것이다. 허웅(1975 : 178)은 "입음의 '-이-'기 꽤 강화되어 발음되었을 것"이기 때문에 위와 같은 예가 나타남을 지적하고, "화자의 피동표현을 보다 강하게 하려는 욕구의 반영, 즉 피동성을 강조"하려는 데에서 중복표기가 이루어진 것이라고 해석하였다. 필자는 졸고(1983 : 196)에서 김차균(1980 : 46)의 견해(피동의 의미가 동사의 동작성을 약화시키고 상대적으로 과정성을 강화시키는 것)가 이 현상의 해석에 도움이 될 수 있으리라 본 바 있다. 이 생각을 좀더 전개시킨다면 '과정성'을 강화하기 위해서는 모음의 길이를 길게 발음하는 것이 가장 효과적이기 때문에 피동접사의 '-이-'가 강화된 결과 i의 중복으로 실현되었다고 볼 수 있다.

21) 이와 같은 예는 성균관대본『삼강행실도』에 다음과 같이 다수 나타난다.

죽거징이다(효자 25a). ᄎᆞ마 ᄒ농이다(효자 23b). 벗기시ᄂ닝잇고(효자 23b). 자밧는 다싱이다(충신 7a). 드르시링잇고(충신 7a). 도즉 자블 ᄡᅳ디 업숭이다(충신 17a). 주그려 ᄒ녕이다(열녀 27a). 정케 ᄒ야징이다(충신 7a).

않는 제약을 피하기 위하여 ㆁ을 종성에 올려 ‘－ㆁ이－’와 같이 표기했다고 볼 수 있다.

(16ㄴ)의 예들에 들어 있는 ‘－잇가’, ‘－잇고’는 ‘－ㆁ－’마저 줄어진 형태로서, 이들은 ‘－으니잇가’→‘*－으닝까’→‘－으닛가’를 거친 것이다(허웅, 1975 : 666).

다음 예들은 ‘－이－’가 음운변화를 겪어 ‘－이－’로 표기된 것이다.

(17) ㄱ. 스스로 쥐기며 아니이다(念桐 23b)

　　　　스스로 쥐기며 올ᄒ니이다(念桐 24a)

　　ㄴ. 위ᄒ야 보니노이다(念桐 22a) 극락셰계 가게 권ᄒ뇌다(念桐 3a) 극권ᄒ니다(念海 나 35b) 나는 쇼 주긴 니리 업ᄂ니다(念桐 23b) 헌말슴을 ᄒ야니다(念桐 18b) 곤치시나니다(朝漢 22a)

　　ㄷ. 지셩으로 넘블ᄒ더이다(念桐 21b)

　　ㄹ. 너허 주옵새다 ᄒ대(彌陀 21b) 태평가를 부르새다(新普 19a)

　　　　극락셰계로 가옵새다(念海 35b)

　　　cf. 념불 가져 안양 가새(念海 나 44a) 불국으로 어셔 가새(念桐 53a)(念海 나 43a) 뎌 진락에 어셔 가새(念桐 54a)(念海 나 44a) 염불ᄒ시(勸往 38b)

　　ㅁ. 맛당ᄒ리로쇠다(念桐 22a) 너모 원왕케 ᄒ미로쇠다(念桐 24a)

　　　cf. 사라신 지 알리로쇠(念桐 54b) 지옥은 갓갑도쇠(念海 나 30a) ᄒᄂ니 넘불일쇠(念海 나 30b)

‘－이－’에 선행하는 어미에 따라 예를 구별하여 제시했다. (17ㄱ)은 ‘－니－’, (17ㄴ)은 ‘－ᄂ－’(‘－노－’는 ‘－ᄂ－’와 ‘－오－’로 재분석된다), (17ㄷ)은 ‘－더－’, d는 ‘－사－’, e는 ‘－로소－’가 각각 ‘－이－’에 선행하고 있다. (15ㄴ)은 끝 예 ‘곤치시나니다’에는 ‘－니－’뒤에 ‘－이－’가 포함되어 있을 것이다.

(17ㄹ)은 소망형의 선행 어미 ‘－사－’(유창돈, 1964 : 295) 뒤에 ‘－이－’가 통합된 것으로 소망 혹은 청원의 존대형이라 할 수 있다. (17ㄹ)의 cf.에 속한 예들은 문말어미 ‘－다’가 절단되고, ‘－사이－’가 축약된 ‘－새－’가 문말어미로 쓰이게 된 것이다. 문말어미화한 ‘－새－’는 원래의 ‘－사이－’가 가졌던 존대의 뜻이 유지되지 못하고 약화되는 양상을 보여 주며, 이것은 현대어

에 쓰이는 '−세'(가세, 먹세 등)로 계승된다. 경상방언에 e＞i변화가 활발하게 적용되는 지역어가 많지만 '하세', '가세' 등에 이 변화가 적용되지 않는 이유는 이 '−세'의 모음이 역사적으로 /ɛ/였기 때문일 것이다.

(17ㅁ)은 '−이−' 앞에 '−사−'가 아닌 '−소−'가 통합되었다는 점이 (17ㄹ)의 예와 다르나, 문말어미 '−다'의 절단과 '−소이−'가 '−쇠−'로 축약되는 점은 일치한다.

> (18) ㄱ. 이 보소 어로신네(彌陀 40a) 이 보소 어루신네(彌陀 41a) 부디 슬퍼
>   마소(念桐 45b)(念海 나 35b) 넘블 훈 번 가져 두소(念桐 28a) 이내
>   말슴 드러보소(彌陀 41a) 목슴을 혀여 보소(念海 나 31a)
>   ㄴ. 이 보시소 어로신네(念桐 40a) 죵졔션근 시무시소(彌陀 40a) 어렵다
>   니르디 마시소(彌陀 29b) 셔방 가기 어렵다 니르지 마시소(念桐 30b)
>   넘블 동참 ᄒᆞᆸ시소(彌陀 43a)(念桐 43a) 젹다 마시소(彌陀 43b) 권ᄒᆞ
>   시소(彌陀 43b) 싱각ᄒᆞ야 보시소(念海 나 9a) 말슴을 신ᄒᆞ야 드르시
>   소(念海 나 10a) 눔을 보와 씻티시소(念海 나 44a) 닛지 말고 넘ᄒᆞ시
>   소(念海 나 33b) 셜워 마시소(念海 나 35a) 곡셩을 ᄒᆞ시소(念桐 45b)

(18ㄱ)은 청자존대의 '−소'만 결합된 것이고, (18ㄴ)은 주체존대의 '−시−'와 '−소'가 겹쳐져 사용된 것이다. '−소'는 '−오'의 교체형으로서 근대국어 시기에 이미 존재한 것이다(서정목, 1988 : 144). '−소'는 예사높임의 명령법이며, '−시소'는 주체존대를 가미함으로써 존대의 정도를 더 높인 것이다.

오늘날의 이 방언에서는 '−이−'에서 변한 (17)의 '−이−'와 '−소'가 결합한 '−이소'(예 : 보이소), (18ㄴ)과 같이 '−시−'와 '−소'가 결합한 '−시소'(예 : 보시소), '−시−'와 '−이−'와 '−소'가 순서대로 결합한 '−시이소'(예 : 보시이소)가 명령을 표현하는 존대법으로 쓰이고 있다.22) 존대의 등급은 '보소＞보이소＝보시소＞보시이소'로 등급화할 수 있는데, '−이소'(보이소)체와 '−시소'(보시소)체는 같은 등급의 존대를 나타낸다.

---

22) 서정목(1988 : 147)에서 밝혀진 바와 같이 중앙어의 '−(으)ㅂ쇼'와 경상방언의 '−(으)이소'간의 차이는, 중앙어가 화자 겸양의 '−습 / 읍−'을 선택하여 화자가 겸손하게 말하는 것으로서 청자를 높임에 비하여, 경상방언은 원래의 청자대우 요소 '−(으)이−'를 선택하여 청자를 직접 높인 것이다.

그런데 '-시소'체와 '-시이소'체는 같은 ㅣ모음이 중복되어 귀로 들을 때 얼른 구별되지 않는 점이 있다. 이런 까닭에 '-시이소'체로 오인된 '-시소'체가 '-이소'보다 존대의 등급이 높은 것처럼 느껴질 경우도 있다. (18ㄴ)의 '-시소'에도 표기상으로 나타나지 않았지만 '-이-'가 포함된 '-시이소'체일 가능성도 있다.

다음은 '-쇼셔'가 쓰인 예이다.

(19) ㄱ. 졔도 ᄒᆞ옵쇼셔(念桐 21a) 젹다 예기지 마로쇼셔(彌陀 29a) 위티 아니나 해티 마로쇼셔(念海 나 9a) 의심 마ᄅᆞ쇼셔(念桐 15b) 침윤디고을 벗써ᄒᆞ쇼셔(臨終 3b) 미타셩호 외오쇼셔(念海 나 45a) 발기 살피쇼셔(嶺三 17, 6b)

ㄴ. 어셔 오쇼(勸往 11a) 이 ᄇᆡ를 어셔 타쇼(勸往 11a) 더옥 정신 가다듬쇼(勸往 10a)

(19ㄴ)은 '-쇼셔'에서 '-셔'가 절단된 형태이다. '-쇼셔'는 명령법의 청자존대로서 가장 높이는 방법이었지만 지금은 이 방언의 구어에 쓰이지 않는다. '-쇼셔'체가 사라지게 된 이유는 이것의 절단형 '-쇼'가 (18)의 '-소'와 음성적으로 잘 구별되지 않게 된 음운론적 요인도 작용하였을 것이고, 주체존대소 '-시-'를 겹친 '-시소' 혹은 주체존대소와 청자존대소를 동시에 겹친 '-시이소'로도 청자에 대한 예우를 충분히 표현할 수 있었다는 체계적 이유도 작용하였을 것이다. 그 결과 '-쇼셔'는 그 기능적 효용성이 감소되어 잉여적인 존재로 필요 없게 되었을 것이다.[23]

3.3. 의문법

의문법을 표현하는 어미들을 그 형태별로 나누어 제시하면 다음과 같다.

---

(23) 겸양법을 표시하는 형태는 서울에서 간행된 문헌과 차이가 없다. 그 몇 예를 첨가해 둔다.

(1) 지극 정셩으로 술ᄉᆞᆸ니다(念桐 27a). 그ᄃᆡ 자브러 와ᄉᆞᆸ써니(念桐 20b). 년화 픠여 부텨를 보ᄉᆞ 올 ᄣᆡ니라(念海 나 40b). 병이 만하 즐려 죽ᄉᆞᆷᄂᆞᆫ닛고(念海 나 47a). etc.

(2) 우리등이 공슌ᄒᆞ옵써니와(念桐 21a). 념녀 마ᄋᆞᆸ고 가ᄉᆡ니다(念桐 21a). 졔도ᄒᆞ옵쇼셔(念桐 21a). ᄩᅩ체 엇더ᄒᆞ옵신닛가(念桐 22b). etc.

(20) ㄱ. 엇졔……발원을 아니ᄒᆞᄂᆞᆫ고(彌陀 5b) 엇던 사름이 붓톄의 뎨지 아일
　　　고(彌陀 13a) 의약을 구ᄒᆞ야 ᄡᅳ미 엇더ᄒᆞ닛고(念海 나 38b) 아므려
　　　갈고젼들 어너 쇼로 갈로손고(蘆溪歌辭 陋巷詞) 얼매 오래 살ᄭᅩ(念桐
　　　17b) 얼매 오랜고(念桐 28b) 디신 가리 그 뉘런고(勸往 33b) cf. 너의
　　　죄 아니고 무엇고(念桐 24a) 셜샹가샹 무슴 일고(勸往 35a)

　ㄴ. 엇쪄ᄒᆞᆫ 죄로 자바 갈라 ᄒᆞ더뇨(念桐 20a) 그 죄를 엇디ᄒᆞ야 멸ᄒᆞᆯ너
　　　뇨(念桐 20a) 엇디 원왕타 ᄒᆞᄂᆞ뇨(念桐 24a) 죄의 ᄌᆞ셩 어듸 잇노(勸
　　　往 16b) 지극 효심 어듸 잇노(勸往 21b) 어이 엿티 아니 ᄻᅵ노(勸往
　　　30a) 멧 빅년 샤라 ᄒᆞ노(勸往 31b)

　ㄷ. 엇디 넘블이 엄쳡다 아니ᄒᆞ리요(念桐 26b) 엇디 국시라 ᄒᆞ리요(念桐
　　　23b) 엇디 공각의 죄리요(念桐 23b) 홀령을 어늬 고듸 부쳐 보니리
　　　요(念桐 22a) 엇디 ᄒᆞ리요(念桐 21a) 장차 뉘기를 의탁하리요(嶺三
　　　20, 17a) 누기를 위하야 살리요(嶺三 17, 9b) 이졔 으듸로 도라 가리
　　　오(嶺三 13, 18a)

(21) ㄱ. 동동ᄒᆞ면 다 굿인가(新普 18a) 국왕대신 뎌 아닌가(念海 나 43b) 우
　　　마샤신 뎌 안닌가(念海 나 43b) 雪山苦行 져리 홀가(新普 18a) 또쳬
　　　엇쪄 ᄒᆞ옵신닛가(念桐 22b) 공각이 ᄀᆞ로듸 엇디 그러ᄒᆞ릿가(念桐
　　　24a) 엇니 원왕지 아니ᄒᆞ리닛까(念桐 24b) 좃ᄃᆞᄒᆞ고 믹어 ᄂᆞᆯ까(勸往
　　　32b) 명조를 졍ᄒᆞᆯ손가(勸往 31a) cf. 놀기를 조와 녁김은 남자도 오
　　　히려 가치 아니ᄒᆞᆫ듸 ᄒᆞᄆᆞᆯ며 부인가(女士 27b)

　ㄴ. 참회ᄒᆞ고 출가ᄒᆞ고 님삼ᄒᆞ나(‘님삼’은 ‘入山’의 오기)(念海 가 49b)
　　　내 말을 신ᄒᆞ야 들을라(念海 다 51a) 그디도록 썰덕이ᄂᆞ(勸往 32a)
　　　도라 갈 줄 외 모로나(勸往 26a) 시난 ᄌᆞ최 어듸 잇ᄂᆞ(勸往 17a) 거
　　　져 두어 쓸 ᄶᅵ 잇ᄂᆞ(勸往 26a) 제불만덕 어듸 잇ᄂᆞ(勸往 26a)

　ㄷ. 엇디 긔록ᄒᆞ야 올리지 아니ᄒᆞᄂᆞᆫ다(念桐 24b) 엇디 져의 복을 블러
　　　뵈지 아니ᄒᆞ연다(念桐 24b) 엇지 원왕ᄒᆞᆫ 스름을 다 자바 왓ᄂᆞᆫ다(念桐
　　　26a) 엇디 오리 두 마리는 쥐견ᄂᆞᆫ다(念桐 23b) 엇디 달긔알 녀슷 늣
　　　츤 쥐견ᄂᆞᆫ다(念桐 24a) 네 므슴 연고로 쇼 두 바리를 주긴다(念桐
　　　23a) 져리 사모라온 놈을 엇디 믹지 아니코 그저 자바 왓ᄂᆞᆫ다(念桐
　　　21a) 너는 어이 모로ᄂᆞᆫ다(勸往 32b)

　ㄹ. 엇지 날을 더러일다(五倫 50)

　　(20)의 예는 모두 의문어미에 모음 ㅗ가 들어 있는 것이고, (21)의 예들은
의문어미에 ㅏ가 들어간 것이다. 흔히 이 두 유형을 ‘－고 의문법’ 및 ‘－가

의문법'이라고 부르는 경우가 있다. (20), (21)전체를 고려하여 '-오 의문법'
및 '-아 의문법'이라고 부르면 의문법 전체를 포괄해서 두 가지 유형으로
나눌 수 있다.

　일반적으로 (20ㄱ)은 의문사를 동반하는 의문법이고, (21ㄱ)은 의문사를 동
반하지 않는 의문법으로 이해되고 있지만, (21ㄱ)의 예에서 보듯이 의문어미
'-가'도 의문사를 동반하고 있는 예외들이 있다. 허웅(1975 : 503~504)에서
이런 예외적 존재가 있음이 이미 지적된 바 있다.

　(20ㄱ), (21ㄴ)의 cf.에 속한 예들은 체언 뒤에 '-고'와 '-가'가 결합된 것
인데 허웅(1975 : 367)은 이들을 '물음토씨'라고 하였다. 체언 뒤에 직접 '-고'
또는 '-가'가 연결되는 현상은 지금의 이 방언에서도 존재하는 것이다(예 : 니
가 누고? 자 : 가 영수가?). 체언 뒤의 '-고', '-가'를 '물음토씨'로 처리하고,
용언 뒤의 '-고', '-가'를 물음법의 맺음씨끝으로 처리하게 되면, 형태도 같
고 의미기능도 같은 형태소를 각각 다른 문법범주에 소속시키는 결과를 초래
하는 문제점이 있다.

　(20ㄴ)과 (21ㄷ)은 표준어의 '-뇨'와 '-냐'에 대응하는 예들인데, 뒤의 j
가 탈락하여 '-노'와 '-나'로 변한 것이다. 그런데 (20ㄴ)의 예들이 보여 주
듯이 18세기 후기에는 '-뇨'의 j가 탈락하지 않았음을 알 수 있다. '-노'는
의문사를 동반하지만 '-나'는 의문사를 취하지 않을 수도 있다. 오늘날의 이
방언에서 '-노'와 '-나'는 이른바 설명의문문과 판정의문문을 구별시켜 주
는 형태로서 다른 방언에 나타나지 않는 이 방언의 특징이기도 하다.

　(20ㄷ)는 다른 방언에서도 일반적으로 쓰이는 것이다. (21ㄷ)는 의문어미
'-(ㄴ)다'의 예로서 중세국어 이래 사용되어 온 것이다. (21ㄹ)는 미래에 일
에 대한 의문으로서 현대 의성방언에서 아직도 쓰이고 있다.[24]

---

24) 이 방언에 쓰이고 있는 '-꺼/-껴', '-능교', 'ㄹ래' 등의 의문어미는 문헌에 나타나지 않는다.
'-꺼/-껴'는 '-까'의 변이형일 것이고, '-능교'는 '-는+거+이+오'와 같은 결합으로 이루어
진 것이며, 이곳의 '거'는 의존명사이다. 즉 '-는거이오 > -는게오 > -는기오 > -는교 > -능
교'라는 과정에서 모음축약, 에 > 이, 활음형성, 자음동화를 겪은 것이다.
'-ㄹ래'는 미래의 일에 대해 묻는 '-ㄹ나'((21ㄴ)의 '님삼홀나'의 '-ㄹ나')에 유음화((21ㄴ)의
'들을라'의 '-ㄹ라)와 어말의 ｉ 첨가가 적용된 결과일 것이다. 그런데 최명옥(1976 : 157)은 '-
ㄹ래'의 기저형을 /-ㄹ+이+아/로 설정하였다.

3.4. 의도법

의도법 어미로 쓰인 예 중의 일부를 제시한다.

    (22) ㄱ. 엇쩌훈 죄로 자바 갈나 ᄒ더뇨(念桐 20a)

             그디를 마조 자바 갈나 ᄒ더라(念桐 20a)

       ㄴ. 그디 자브러 와습쩌니(念桐 20b) 자브러 올 쩌시니(念桐 20b)

       ㄷ. 아미타부리……대왕과 대비을 드려 가랴 홀 째예(彌陀 15b)

             아미타부리 드려 가랴 ᄒ니(彌陀 28b)

             아미타부리…… 나를 드려 가랴 ᄒ신다 ᄒ고(彌陀 32a)

       ㄹ. 아미타부리 드리려 와신이(彌陀 28b)

       ㅁ. 브듸 속가의 자로 가지 말라(念桐 26b) 영약을 어더 가지고 셩친하

           로 올시(嶺三 9, 14b) 산에 밧틀 믜로 갓더니(嶺三 1, 18b) 미랑하로

           제자에 갈식(嶺三 5, 14b)

(22ㄱ)은 중세국어부터 존재하였던 의도법 '–(으)라'이며, 지금의 이 방언에서는 'ㄹ' 뒤에 결합되어 쓰인다(예 : 갈라 칸다, 볼라 칸다). (22ㄴ)은 (22ㄱ)과 모음조화에 따라 교체된 형태이다.

(22ㄷ)의 '–(으)랴'는 모음조화의 지배를 받는 변이형 '–(으)려'와 교체 관계를 가지며, 후대에 '–(으)려'로 통일되어 모음조화에 따른 교체가 소멸되었다.

(22ㅁ)의 예가 가장 특징적인 것인데 '–(으)로' 현재의 이 방언에서 의도를 표현하는 어미로 널리 쓰이고 있다. 이 형태는 '–(으)라'의 한 변이형으로 생각되며, 이 방언에서 '볼라 칸다'와 같은 인용형의 경우는 '–(으)라'가 쓰이고, 다른 경우에는 '–(으)로'가 쓰여 각각의 문법적 특징을 가진다. 다음 몇 예들은 이런 차이를 잘 보여 준다.

    (23) ㄱ. '–(으)ㄹ라' : 구경할라고 갔다.

                 책 읽을라고 한다(책 읽을라 칸다).

                 다른 데 살라꼬 갔다.

                 밥 무울라 칸다(밥 먹으려고 한다).

       ㄴ. '–(으)로' : 구경하로 갔다.

책 읽으로 왔다.

다른 데 살로 갔다.

밥 무우로 갔다.

(22ㅁ)에 있는 동화사본 『염불보권문』의 예는, 의도법 어미로 사용되는 '−(으)로'와 같은 방언적 형태가 18세기 후기에 나타났음을 보여 줌으로써, 이 형태의 역사성을 알려 준다.

3.5. 부정법(否定法)의 '−들'

다음은 그 뒤에 반드시 부정사(否定辭)를 취하는 어미 '−들'의 용례이다.

> (24) 감히 잇들 못ᄒ겠노라(女士 28a) 정성을 다함이 업쓸 아이하니(嶺三 4, 4b) 하종할 듯을 발비들 못하얏더니(嶺三 11, 10b) 사람을 딕하야 웃덜 아니하고(嶺三 17, 28a) 어륙을 갓가이 하들 아니하고(嶺三 17, 14b) 눈이 어두워 능히 보들 못함에(嶺三 5, 25b) 집이 어려워 자급하들 못함에(嶺三 6, 19a) 한 번도 집에 오들 아니하니(嶺三 6, 24a) 건질을 벗들 안이하며(嶺三 9, 17a)

(24)에 쓰인 '−들'은 이른바 부정사 어미로 기능하였던 '−디'와 대격의 '−을'이 결합하여 이루어진 형태이다. '−디'의 모음 ㅣ가 탈락하여 '−들'로 변한 것이다. 표준어의 '−지를'(하지를 않는다)에 대응하는 형태가 '−들'인데, 이 형태는 경상방언뿐 아니라 전라방언, 중부방언에서도 나타나는 것으로 알고 있다.

3.6. 시제(미래 표현)

미래를 표현하는 어미 몇 가지를 보기로 한다.

> (25) ㄱ. 법화경에 닐오샤디 ᄒ 번 나무불 ᄒᄂ 쟈ᄂ 다 불도을 닐울라 ᄒ시니라(彌陀 9b) 내사 고기을 먹지 아니홀라 ᄒ시고(彌陀 19b)

져 극낙세계로 갈라 ㅎ고 주그니……극낙세계 간노라 ㅎ니(彌陀
19b)

십뉵관경에 닐오샤디 아모 사롬이라도……새배마동 넘불 열 번을 ㅎ
면 서방의 갈라 ㅎ시고(彌陀 3b)

　　cf. 관음보살리 와서 극낙세계로 ᄃ려 가리라 ㅎ시니라(彌陀 4a) 극
낙세계예 가리라 닐러실식(彌陀 29a)

냑간 넘불ㅎ야도 다 가리라 ㅎ시고(彌陀 29b)

ㄴ. 가장 병이 혹 나윽가 한디(嶺三 20, 6a)

(25ㄱ)은 미래의 선어말어미 '-리-'가 '-ㄹ-'로 단축된 예로서 모음 ㅣ
가 탈락된 결과이다. cf.의 예들은 원래의 형태대로 사용된 것이지만 '닐울
라', '아니ㅎ라' 등에는 단축형이 포함되어 있다. 이 형태는 현재의 이 방언에
는 나타나지 않는다.

(25ㄴ)은 '-ㄹ까'의 ㄹ이 탈락한 것이다. '나윽가'는 '나으까'를 표기한 것
으로 ㄹ이 탈락한 이런 형태는 이 방언에서 일반화된 것이다(예 : 이것 주까. 같
이 가까).

다음은 미래의 '-ㄹ-'이 서술법과 감탄법의 문말어미와 결합한 예이다.

(26) 부톄님이 닐오샤디 아미타불 공덕과 극낙세계 죠ㅎᄆᆫ 다 니르지 못ㅎ다
ㅎ시니(彌陀 5b)

서방의 간다 ㅎᄂᆫ 마을 고디 듯디 못ㅎ로다 ㅎ시니(彌陀 13b)

(26)의 '못ㅎ다'는 '못하겠다'의 뜻으로 '-ㄹ-'이 종결어미 '-다'와 결합
되었음을 보여 주며, 이 형태는 경북의 일부 방언에서 쓰이고 있는 것이다.
'못ㅎ로다'는 '-ㄹ-'이 감탄어미 '-로다'와 결합된 것으로 '-ㄹ-'의 통합
범위가 특정 어미에 국한된 것이 아니었음을 알려 준다.

3.7. '-어 가-'

다음은 자립형식인 동사 '가지다'[持]가 의존형식으로 바뀐 특이한 예이다.

(27) 즈금연티를 가지시고 그티를 마자가 오면(念桐 22b)
　　　cf. 즈금연티를 가지시고 그티를 마자셔 오면(念海 나 8a)

경상방언에서 널리 쓰이는 '—어(가아)'에 대한 통사 의미론적 검토가 이상규(1982a)에서 이루어진 바 있다. (27)의 예는 자립형식인 '가지-'가 의존형식인 문법요소로 바뀐 시기가 18세기 후기였음을 증명하는 소중한 예이다. 해인사본『염불보권문』은 동일한 문구를 지금의 표준어와 같은 '—셔'(> —서)로 적어 '—가'의 문법적 기능이 '—서'와 같음을 드러내고 있다. 위의 예에 쓰인 '마자가 오면'은 동사 '맞-'과 '오-'의 동작이 연결되는 상황을 표현하고 있다.

3.8. 어형 단축

현재의 이 방언에는 어형의 단축 현상이 매우 심하게 일어난다는 사실을 앞에서 언급하였다. 문헌에 반영된 몇몇 예들을 제시한다.

(28) ㄱ. 큰 위신력을 일카라 들래여 찬탄하심을 들으시고(地藏 61b)
　　　　　다리를 들늬고(女士 22b) 이를 들늬지 안하니(嶺三 5, 6a)
　　　ㄴ. 택일로 시작하아(朝漢 19b) 우흐로 갓과 건으로붓터 알로 신에 밋츠
　　　　　기까지(養正 3a) 우러러 셤기고 알노 기루기를(嶺三 20, 11a)
　　　ㄷ. 여게 졔게 무슈ᄒ니(勸往 38a)
　　　ㄹ. 년곳붕이예 드어 닛짜가(彌陀 6b) 디옥게 드어 고상을 슈ᄒ고(彌陀
　　　　　12b) 산애 드가 정셩긋 비러(嶺三 2, 18a) 산에 더가 방황하니(嶺三
　　　　　10, 19b) 산곡에 드가(嶺三 1, 6a) 산에 드가 울고(嶺三 6, 18b)
　　　　　 cf. 방에 더러가(嶺三 19, 18a) 방으로 드러 오난지라(嶺三 4, 18b)

(28ㄱ)의 '들내여', '들내지'는 '드러내어', '드러내지'에 해당하는 단축형으로 '들+어'의 모음 '어'가 탈락하여 이루어진 것이다.

(28ㄴ)의 '알'[下]은 '아래'의 모음 ㅐ가 탈락한 것이 '알'이 아니라 오히려 '알'이 '아래'보다 더 오래된 형태일 수도 있으므로 속단하기 어렵다.

(28ㄷ)은 처격을 다루는 자리에서 언급된 바와 같이 '여기+에'의 모음 ㅣ

가 탈락한 단축형이다.

(28ㄹ)의 '드어'는 '들-'[入]의 ㄹ이 탈락한 것이고, '드가'는 '들어 가'의 ㄹ과 모음 ㅓ가 탈락한 단축형이다. 앞에서 기술한 '널쭈-', '널찌-'도 단축형의 하나이다.

이 방언에 존재하는 많은 단축형 중 문헌에 등재된 것은 그리 많지 않다. 이것은 문헌어가 지닌 규범성에 그 이유가 있을 것이다. 이러한 단축형 속에 내재된 형태론적, 음운론적 변화는 앞으로 세밀하게 검토되어야 할 것이다.

4. 앞으로의 과제

이 글에서 필자는 영남의 문헌어에 반영된 문법 형태 중 이 방언의 주요 특징과 연관되는 예들을 중점적으로 다루었다. 더욱 체계적인 연구가 되기 위해서는 본론에서 기술된 여러 문법 형태들을 기능상 유사한 다른 형태들과 비교하여 그 분포 및 의미기능상의 특성을 구명해야 될 것이다. 아울러 그들의 통시적 변화 과정도 밝혀져야 할 것이다.

지금까지 옛 문헌에 반영된 지역 방언을 형태·통사론적 관점에서 연구한 것은 거의 없는 실정이라 해도 과언이 아니다. 이 글은 이러한 상황에서 쓰여진 만큼 기술상의 어려움이 적지 않았다. 특히 영남 지방에서 간행된 문헌에 반영된 형태론적 사실 중 특징적인 현상만을 다루었기 때문에 제반 현상을 전체적, 체계적으로 기술하지 못하였다. 앞으로 보다 체계적인 방언형태사 연구가 되기 위해서는 개별 방언의 특징적 현상뿐 아니라 공통적 현상도 포함하여 그 전모를 연구해야 할 것이다. 이러한 연구는 앞으로의 과제가 될 것이다.

참고문헌

곽충구(1980), 「십팔세기 국어의 음운론적 연구」, 『국어연구』 43.

김차균(1980), 「국어의 수동과 사역의 의미」, 『한글』 168, 한글학회, 5~49면.

백두현(1983), 「국어성조의 문법적 변별기능」, 『언어연구』 3, 대구언어학회, 187~204면.

______(1989a), 『두시언해』 초간본과 중간본의 통시음운론적 비교」, 『어문학』 50, 한국어
　　　　문학회, 47~67면.

______(1989b), 「영남 문헌어의 통시적 음운 연구」, 경북대학교 박사학위논문.

서정목(1988), 「한국어 청자 대우 등급의 형태론적 해석 (1)」, 『국어학』 17, 국어학회,
　　　　97~151면.

서정욱(1984), 「대구방언의 {－웋다}係 동사에 대하여」, 『계명어문학』(계명대) 1, 5~19
　　　　면.

오종갑(1982), 「칠대만법에 나타난 경상도 방언적 요소」, 『긍포조규설교수화갑기념국어
　　　　학논총』.

이기백(1958), 「주격조사 '이'에 대한 연구」, 『어문학』 2, 한국어문학회, 94~124면.

이상규(1981), 「동남방언의 사동법」, 『문학과 언어』 2, 문학과 언어 연구회.

______(1982a), 「동남방언의 '－어(가아)'－영천지역어를 중심으로」, 『긍포조규설교수화
　　　　갑기념국어학논총』.

______(1982b), 「동남방언의 여격표식 연구 (Ⅰ) '－한테, －인데, －자테, －더러, －손
　　　　에, －대고, －보고'」, 『한국방언학』 2, 한국방언학회.

______(1983), 「경북지역어의 주격 '－이가'」, 『어문총론』 17, 경북대, 125~143면.

전재호(1967), 「대구방언 연구 4」, 『어문학』 16, 한국어문학회, 157~180면.

______(1987), 『국어 어휘사 연구』, 경북대학교 출판부.

정　철(1980), 「경북지방의 언어축략현상」, 『어문론총』 13, 14 합집, 경북대, 31~51면.

최명옥(1976), 「현대국어의 의문법 연구－서부경남방언을 중심으로」, 『학술원논문집』 15.

______(1982), 『월성지역어의 음운론』, 영남대학교 출판부.

최태영(1987), 「사동・피동접사의 음운론적 연구」, 『숭실어문』 4, 숭실대학교.

한재영(1984), 「중세국어 피동구문의 특성에 대한 연구」, 『국어연구』 61.

허　웅(1975), 『우리 옛말본－형태론』, 샘문화사.

현평효(1985), 『제주도방언연구 논고편』, 이우출판사.

홍사만(1983), 『국어 특수조사론』, 학문사.

홍윤표(1975), 「주격어미 '가'에 대하여」, 『국어학』 3, 65~91면.
_____(1981), 「근대국어의 {-로}와 도구격」, 『국문학론집』 10, 단국대학교.
_____(1983), 「근대국어의 '-로드려'와 '-로더브러'에 대하여」, 『백영정병욱선생 환갑
          기념논총』.

"-고 싶다"의 의미 정립 과정*

손세모돌

1. "-고 싶다"의 의미 기능

이 글의 목적은 "-고 싶다"가 '희망'이라는 의미 기능을 얻게 된 이유를 통시적인 고찰을 통해 살피는 것이다. "-고 싶다"는 현대어에서 '희망'을 표시하는 대표적인 형식으로 취급되지만 "-고"와 "싶다"를 분리하면 그 각각은 '희망'이라는 의미를 드러내지 못한다. 이처럼 '희망'과 관련이 없어 보이는 두 성분이 결합하여 '희망'이라는 의미를 가지게 된 까닭을 통시적인 고찰로 밝혀 보고자 하는 것이다.

"-고 싶다"가 '희망'이라는 의미 기능을 가지게 된 것은 중세의 "-고져 식브다"와의 관련성 때문이다. 이들의 관련성을 밝히기 위해 중세 자료로부터 신소설 자료에 이르기까지 '희망'이나 '의도'를 의미 기능으로 하던 형식들 가운데 "-고져 ᄒ다", "-고져 식브다"와 "-고 십다"를 중심으로 살피려 한다.[1] 2장에서는 중세 국어의 희망 표현이 어미에 의한 것임을 살핀다.

---

* 이 논문은 『국어학』 26(1995, 12), 국어학회, 147~169면에 실린 것임.

1) 중세 자료에서 "식브다"는 "싣브다" 형태로 나타나기도 한다. 이 글에서 표기의 차이는 논의에 영향을 주지 않으므로 "식브다"로 대표해 표시하기로 한다. 근대 자료에서는 "십다", "싶다" 등이 혼용되어 나타난다. 현대 국어의 "싶다"와 구별하기 위하여 근대국어의 경우 "십다"를 기본 형태로 표시하기로 한다.

각 형식이 지녔던 의미와 그 의미들의 통시적인 변화, 그리고 사용 분포의 변화, 한자와의 대응 관계, 문맥에서 추정되는 의미 등을 알아본다. 3장에서는 근대 자료에서 "-고 십다"가 희망의 의미를 가지게 되는 까닭을 중세의 "-고져 식브다"와 관련하여 살피고, 그 등장 시기에 대해서도 알아보기로 한다.

이 글에 참고한 자료와 참고자료를 인용할 때의 약호는 다음과 같다.

1. 월인천강지곡 상(1443) <천강상>
2. 석보상절 권 6, 9, 19, 24(1447) <석보>
3. 내훈 중간본(1573) <내훈>
4. 분류두공부시언해 초간본 권 10, 11, 15, 16 (1481) <두시초>
5. 구급방(1489) <구급방>
6. 육조법보단경언해(1496) <법보>
7. 번역 노걸대(1518) <번노>
8. 번역 박통사(1518) <번박>
9. 번역소학 권 8, 9(1518) <번소>
10. 소학언해 권 1-4(1587) <소학>
11. 동국신속삼강행실도(1617) <동국신속>
12. 첩해신어 초간본(1676) <첩해초>
13. 오륜전비언해(1721) <오륜전>
14. 청어노걸대(1765) <청노>
15. 명의록언해首 上下(1778) <명의록首>
16. 속명의록언해(1778) <속명의>
17. 셩경직회 권1,3(1897) <셩경>
18. 독닙신문 권3 1-7(1898) <독닙>
19. 신소설 : <혈의루>,<셜즁미>, <츄월식>, <마상루>,<완월루>, <죽셔루>,<동각한매>, <금슈회의록>

2. 어미에 의한 ‘희망’ 표현

이 장에서는 중세 자료에서 ‘희망’의 의미를 보이던 형식들 가운데 “−고 져”와 함께 쓰인 구성체들의 의미가 뒤에 쓰인 용언들의 의미가 아니라 선행 어미 “−고져”에 의한 것임을 밝혀 보고자 한다. ‘희망’을 나타내는 형식은 중세와 현대에 차이가 있어서 현대에는 보조용언 “싶다”를 통한 방법이 주를 이루는데 반해 중세에는 어미를 통한 표현이 주를 이룬다. 중세에 ‘희망’을 의미 기능으로 하던 어미는 “−고져”이다.[2]

중세 자료에서 “−고져”가 사용되어 ‘희망’을 표시하던 대표적인 형식은 “−고져 ᄒ다”이다. 아주 드물게 “−고져 식브다”도 보인다.[3] “−고져 식브 다”가 “−고져 ᄒ다”와 마찬가지로 ‘희망’을 표현한다는 것은 문맥과 한문 원문 대응자에서 입증된다. “−고져 식브다”와 “−고져 ᄒ다”의 실제 사용례 를 통해 이들이 표현하는 의미가 무엇이며, 그것이 어미에서 비롯된다는 것 을 검토해 보기로 한다.

---

2) 이숭녕(1978 : 248, 250)에서는 “−고져”를 의욕법(意慾法)으로 분류한 바 있다. 강조, 욕망, 의욕 표시 등 다각적인 화자의 의도가 표시된다는 것이다. 특히“−오져”를 강한 원망(願望)법으로 본다. “ᄒᆞᆳ딘댄”과 어울린 “−고져 ᄒᆞᆳ딘댄”의 구조는 화자의 판단, 의도가 나타나는 의도법이라고 지적 하기도 한다. 고영근(1988 : 322)에서도 “−고져”를 “−려” 등과 함께 ‘희망’, ‘의도’, ‘목적’을 보 이는 것으로 분류한 바 있다.

3) 그밖에 “−려 ᄒ다”도 ‘의도’나 ‘희망’ 표현으로 사용되었다. ‘희망’과 관련된 표현에 용언 “지다” 가 사용된 경우도 있다. “−어 지다”의 형식으로 쓰여 주어의 희망 사항을 표현한다. “지다”가 ‘희망’이나 ‘의도’와 관련된 의미를 갖는다는 것은 문맥에서 드러나지만, 그밖에도 선행 어미 “− 어”가 ‘희망’과 관련된 어떤 의미도 가지지 않는다는 점과 대부분 현대어 “−겠”이나 “−고 싶다” 로 번역된다는 데서 뒷받침된다.

  (1) ㄱ. 내 나그내라니 오놀 졈그러 네 지븨 잘 ᄃᆡ 어더지이다 우리 지비 조바 브릴ᄃᆡ 업세라
        <번노 47ㄱ>　*余店子裏 尋箇宿處
    ㄴ. 음식 ᄑᆞᄂᆞᆫ 덧 사ᄅᆞᆷ마 몬져 ᄒ 사발만 ᄃᆞ손 믈 가져오라 내 ᄂᆞᆺ 시서지라<번노 61ㄱ>
      *我洗面
    ㄷ. 이 탕이 슴겁다 소곰 쟝 잇거든 져기 가져오라 내 손조 섯거 머겨지라<번노 61ㄴ>
      *我自調和喫

(1ㄱ, ㄴ)은 각기 “잘 곳을 얻고 싶다”, “얼굴을 씻고 싶다” 등으로 해석되고, (1ㄷ)은 “손수 섞어 먹겠다” 정도로 해석된다. “지다”는 어말어미 연결 관계에서 명령법 어미 “−라”나 존칭의 종지 법어미 “−이다”와만 결합하는 제약을 보인다.

2.1. "-고져 ᄒ다"

중세의 "-고져 ᄒ다"는 '희망'을 주된 의미 기능으로 한다.[4] 다음은 중세 자료에 "-고져 ᄒ다"가 쓰여 '희망'의 뜻을 드러내는 경우이다. "-고져 ᄒ다"가 '희망'을 표시한다는 것은 문맥에서 잘 추정된다.

(1) ㄱ. 부텨끠 술ᄫᆞ샤ᄃᆡ … 우리도 이런 眞實ㅅ 조ᄒᆞᆫ 큰 法을 得고져 ᄒᆞ야
　　　　바다 디녀 닐그며 외오며 사겨 니르며 쓰며 ᄒᆞ야<석보 19 : 37ㄴ>

ㄴ. 王이 그 새 소리를 <u>듣고져</u> ᄒᆞ야 ᄒᆞ나ᄒᆞᆯ 어더다 가두니 열흐리로ᄃᆡ
　　우루믈 아니울씨<석보 24 : 20ㄱ>

ㄷ. 王이 니르샤ᄃᆡ 제 어미ᄃᆞ려 무르라. / 제 <u>주기고져 ᄒᆞ며 사르고져</u> ᄒᆞ
　　몰 드르라 그 어미 울오 對答ᄒᆞ되 져므닐 주기쇼셔 ᄯᅩ 무로ᄃᆡ<내훈
　　3 : 20ㄱb> *聽其所欲殺活者ᄒᆞ라 其母ㅣ 泣而對日ᄒᆞ되 殺少者ᄒᆞ쇼셔
　　又問ᄒᆞ되

ㄹ. <u>자시고져 ᄒᆞ시ᄂᆞᆫ</u> 바롤 묻자와 공경ᄒᆞ야 드리오ᄃᆡ… 父母ㅣ며 싀부뫼
　　반ᄃᆞ시 맛보신 후에 믈러날디니라<소학 2 : 3ㄴ-4ㄱ> *問所欲而敬
　　進之ᄒᆞ되

ㅁ. 내 <u>ᄒᆞ고져 아니ᄒᆞᄂᆞᆫ</u> 바롤 사름의게 베프디 말올디니라<소학 3 : 4
　　ㄴ> *己所不欲을 勿施於人이니라

(1ㄱ)은 '법을 얻고 싶어서' 경(經)을 받아 지니고 읽고 외운다는 뜻이고, (1ㄴ)

---

4) "-고져 ᄒ다"는 문맥에서 '희망', '의도', '상황 변화' 등의 의미로 해석되지만, 이것의 주된 의미 기능은 '희망'이라고 생각된다. 그 이유는 첫째, "-고져 ᄒ다"가 '의도'로 해석되는 경우에도 '희망'의 의미를 완전히 배제하기 힘들기 때문이다. 둘째, '의도'를 표시하던 형식으로 "-려 ᄒ다"가 따로 존재하고 있지만 '희망'을 표시하던 다른 형식은 뚜렷이 보이지 않는다. '희망'의 뜻을 갖던 용언으로 "지다"가 있으나 "-고져 ᄒ다"와 비교할 때 사용량에 큰 차이를 보인다. 사용량의 현격한 차이는 "-고져 ᄒ다"가 중세자료에서 '희망' 표시의 대표적인 형태임을 뒷받침한다.
(1ㄱ)은 "-고져 ᄒ다"가 '의도'의 뜻으로 해석되는 경우이고, (1ㄴ)은 앞으로 주체에 일어날 일에 대한 상황 변화를 표시한 경우이다.

(1) ㄱ. 사르미 밧긧 거소로 내 몸 위ᄒᆞ매 일일마다 됴히 ᄒᆞ고져 ᄒᆞ되 다믄 내 ᄒᆞ낫 몸과 ᄆᆞᅀᆞ
　　　므란 도로혀 됴히 ᄒᆞ고져 아니ᄒᆞᄂᆞ니 진실로 밧긧 것 됴ᄒᆞ믈 득홀져기면<번소 8 : 7
　　　ㄱ> *要好… 不要好
ㄴ. 黎明은 븕고져 ᄒᆞ되 몯 다 불근 ᄢᅢ라<법보 2ㄱ>

(1ㄱ)에서 "-고져 ᄒ다"는 '희망'보다는 '의도'로 해석된다. 문맥으로 보아 현대어로 바꿀 때 "-려 (고) 하다"는 자연스럽지만 "-고 싶다"는 어색하기 때문이다. (1ㄴ)의 주체는 "여명"이므로 희망이나 의도 등을 가질 개연성이 없다.

은 '새소리를 듣고 싶어서'의 뜻이다. (1ㄹ)은 부모나 시부모가 잡숫고 싶어 하는 것을 물어서 공경한다는 뜻이다. (1ㅁ)은 자기가 하고 싶지 않은 것을 다른 사람에게 하지 말라는 뜻이다. 특히 (1ㄷ)의 현대문 해석은 “-고져 ᄒ다”가 희망을 표시한다는 것을 잘 보여 준다.[5]

> (2) 그 어미에게 물어 보럄 능히 자식의 어질고 모짐을 알 것이니, 그 죽이
> 고 살리고 싶은 바를 들어 보라.

또 (1ㄱ~ㅁ)에서 “-고져 ᄒ다”는 현대어 “원하다”나 “바라다”처럼 '희망'을 직접 표현하는 말로 바꾸어도 의미에 큰 차이가 없다.

“-고져 ᄒ다”가 '희망'의 의미를 가진다는 것은 대응되는 원문 한자에서 도 드러난다. 중세 자료에서 “-고져 ᄒ다”는 대부분 욕(欲)에 대응되어 나타 난다.[6] (1ㄷ~ㅁ)은 '희망'의 뜻으로 해석되는 경우로 욕(欲)에 대응되어 있는 예이다. 이 점은 다음처럼 원(願)에 대응된 경우에서 보다 직접적으로 살필 수 있다.

> (3) 高允이 닐오ᄃᆡ… 내 ᄆᆞᅀᆞᆷ과 달이ᄒᆞ야 죄ᄫᆞᆯ 안즉 면호ᄆᆞᆫ 내 ᄒᆞ고져 호미
> 아니이다<번소9 : 48ㄱㄴ> *違心苟免은 非臣所願也ㅣ니이다

원(願)은 “원하다”나 “바라다”로 해석될 수 있는 한자로 희망의 뜻을 직접 드 러낸다. 이는 “ᄒᆞ고져 ᄒ다”가 “원하다”나 “바라다”와 같은 의미로 쓰임을 보여 주는 것이다. 실제로 (3)의 현대어 해석은 “내가 원하는 바가” 또는 “내 가 하고 싶은 바가”가 될 것이다.[7] 비슷한 의미를 표시하는 다른 형식이 몇 몇 책에서 몇 번의 사용례를 보이는 것에 비하면 “-고져 ᄒ다”는 대부분의 자료에 고루 사용되고 있다. “-고져 ᄒ다”는 참고한 중세 자료 모두에 골고

---

5) 정양완 역주(1989 : 94) 참조.
6) 욕(欲)은 '희망', '욕구' 등을 표시하는 것으로 '하고자 할'이란 훈을 갖는다. <내훈> 권3에는 “-고 져 ᄒ다”가 12번 사용되었는데 모두 欲에 대응된 것으로 '희망'으로 해석이 가능하다. <소학언해> 권 2에서 권 4까지도 19번 사용 모두 欲에 대응되어 있다. <번역소학> 권 8에는 8번 중 6번이 欲 에 대응되어 있다. “-고져 ᄒ다”는 要 등에 대응되기도 하지만 주로 欲에 대응되어 나타난다.
7) “-고져 ᄒ다”가 원(願)과 같이 소망을 표현하는 한자에 직접 대응된 경우는 예가 매우 적지만 희 망을 표시한다는 사실을 나타내는 데는 충분하다고 본다.

루 나타난다.

근대 자료에서도 "-고져 ᄒ다"의 사용은 매우 일반적이다.[8] 그러나 근대 후기 이후 20세기 초 자료에서의 "-고져 ᄒ다"는 중세 자료의 것과 비교할 때 의미에 차이를 보인다. '희망'의 뜻으로 해석될 수 있는 경우가 매우 적어진다는 것이다. 이에 반해 상대적으로 '의도'로 해석될 수 있는 예들이 많아진다. 신소설 자료에 쓰인 "-고져 ᄒ다"의 사용례 가운데는 다음처럼 '의도'의 뜻으로 해석될 수 있는 경우가 더 흔하다.[9]

> (4) ㄱ. 신사상도 잇다는 이가 이런 힝실을 <u>힝코자 ᄒ면</u> 엇지 ᄒ자는 말숨이오<츈월싴 8>
>
>   ㄴ. 할일업시 그리고 <u>가고져 ᄒ야</u> 니러셔니 두 다리는 벌벌 썰니고 빅가 족은 등에부터 갈 수가 업것만은<마샹루 8>
>
>   ㄷ. 여러 사룸을 향ᄒ야 머리를 굽혀 례ᄒ고 바야흐로 입을 여러 <u>말ᄒ고 져 ᄒᆞᆯ 시</u> 홀연히 … 소리를 놉혀 갈ᄋᆞ디<셜즁미 9>

(4)에서 "-고져 ᄒ다"는 '의도'를 표현하는 "-려고 하다"와는 교체되지만 "바라다"와는 교체되지 않는다. 신소설에 사용된 "-고져 ᄒ다"는 대부분 (4)처럼 '의도'로 해석된다.[10] 신소설 자료에서는 '희망' 표현에 "-고져 ᄒ다"가 사용된 비율이 이전 자료에 비해 적어졌다.[11]

---

8) "-고져 ᄒ다"의 의미 기능 변화에 대한 것은 3.1.에서 다시 다루기로 한다.

9) "-고 십다"의 사용이 확대되면서 두 형식의 의미 기능 부담량 변화가 일어났기 때문이다. 이에 대한 자세한 것은 3.1.에서 다시 다룬다.

10) 신소설에서 "-고져 ᄒ다"가 명백하게 '희망'을 표현한다고 볼 수 있는 예에는 다음과 같은 것들이 있다.

> (1) ㄱ. 엿ᄌᆞ올 말숨이 잇스오나 황숑ᄒ여 알외지 못ᄒ나이다 유싱이 무슴말인지 <u>듯고져ᄒ노라</u> ᄒ니 공ᄌᆞㅣ 공손이 디답ᄒ야 ᄀᆞᆯᄋᆞ디<완월루 16>
>
>   ㄴ. 한림이 …장츠 치힝ᄒᆞᆯ시 명경이 고ᄒ야 ᄀᆞᆯᄋᆞ디 쇼ᄌᆞ도 ᄀᆞᆺ치 <u>가고져 ᄒᆞ이다</u> 하는지라<완월루 95>
>
>   ㄷ. 아람다온 사위를 엇어 아달과 갓치 <u>다리고 잇고져 ᄒᆞ나</u><셜즁미 3>

(1ㄱ~ㄷ)은 "-고져 ᄒ다"가 의도보다는 '희망'으로 해석되는 예들이다. (1ㄱ)은 공자가 할 말이 있다는 말을 듣고 유생이 '무슨 말인지 듣고 싶다'는 내용이다. (1ㄴ)은 한림의 아들 명경이 함께 가기를 청하는 장면이므로 소망으로 해석된다. (1ㄷ) 역시 사위를 얻어서 함께 있고 싶어한다는 내용이다.

11) 비슷한 의미 기능을 보이는 "-고 십다", "-려(고) (ᄒ다)" 등과 비교해 볼 때 중세나 근대 자료에서보다 사용 비율이 줄었다는 것이다. 이에 반해 "-고 십다"의 사용은 확대되었다.

신소설 자료에서 “–고져 ᄒ다”는 형태상으로 “–고자 ᄒ다”와 혼용되어 나타난다. “–고져 ᄒ다”의 표기형과 관련하여 이들 자료에 흥미있는 구분이 나타난다. 표기상 보수적인 “–고져 ᄒ다”를 쓴 쪽에서는 “–고져 ᄒ다”의 사용이 다른 형식에 비해 월등히 많을 뿐만 아니라 그 의미에 있어서도 ‘희망’으로 해석될 수 있는 경우가 많다는 것이다. 예를 들어 <완월루>에는 “–고져 ᄒ다”가 32번이나 사용되었다. 이에 비해 “–고 십다”는 6번, ‘의도’의 “–려(고) (ᄒ다)”는 겨우 4번 사용되었을 뿐이다. ‘희망’이나 ‘의도’를 표시하는데 “–고 십다”나 “–려 ᄒ다”보다 “–고져 ᄒ다”를 훨씬 많이 사용하고 있다.

이런 경향이 문자의 보수성에서 기인한 것이라는 사실은 소망을 표시하는데 “지다”가 쓰였다는 점에서 뒷받침된다.

(5) ㄱ. 한림이 크게 분로ᄒ여 부친끠 알외되 이는 가녀의 변이오니 져져이 츄문ᄒ여 유아의 원슈를 <u>갑하지이다</u> 혼즉 쟝공 부붓긔셔 급히 츄문ᄒ라 ᄒ신디<완월루 44~45>

　　ㄴ. 쇼부인이 이 밀을 듯고 졍신이 황홀ᄒ여 슯히 울며 무러 ᄀᆞᆯ으디 그 필젹이 그져 잇ᄂᆞ잇가 잠간 <u>보아지이다</u> 어시 닐ᄋᆞ디 우리 싱젼에야 엇지 업셰리오 ᄒ며<완월루 73>

　　ㄷ. 션힝이 바로 토셜ᄒ야 ᄀᆞᆯ으디… 후쥬가 소비로 ᄒ야곰… ᄒ옵기로 홀일 업ᄉ와 그디로 시힝혼 일이오니 잔명을 <u>보죤ᄒ여지이다</u> ᄒ거늘<완월루 81>

(5ㄱ~ㄷ)에서 보듯이 소망을 표현하는 데에 용언 “지다”를 쓰고 있다. “지다”는 다른 신소설 자료에는 거의 나타나지 않는다. 16세기 자료에서 “지다”가 쓰였던 부분이 명령형 어미나 청유형 어미, 사동형으로 바뀐 예들이 이미 17, 18세기 자료에 나온다.[12] 또 의미에 있어서도 “–고져 ᄒ다”가 ‘희망’으

---

12) 16세기 자료에서 “지다”가 쓰였던 부분이 17, 18세기에 명령형 어미나 청유형 어미, 사동형으로 바뀐 예들에 다음과 같은 것들이 있다.

　(1) ㄱ. 네 ᄂᆞ일 날 드려가 은젼 메워 셥화 끽 ᄒ나 <u>밍ᄀᆞᆯ여지라</u> 내 알와라 너 드려가마<번박 19ㄴ>

　　ㄴ. 음식 ᄑᆞᄂᆞᆫ 딋 사름마 몬져 혼 사발만 ᄃᆞᆫ손 믈 가져오라 내 눗 <u>시셔지라</u><번노 61ㄱ>

로 해석될 수 있는 경우가 10번이나 된다.

이런 점에서 볼 때 신소설 자료 가운데 <완월루>처럼 "-고져 ㅎ다"의 쓰임이 많고 또 그 의미가 '희망'으로 해석될 수 있는 것들은 표기의 보수성에 기인하는 것으로 추론할 수 있을 것이다.

2.2. "-고져 식브다"

중세 자료에서 어미 "-고져"와 어울려 '희망'을 표시하던 또 하나의 용언은 "식브다"이다. '희망'이 거의 대부분 "-고져 ㅎ다"로 표현되었지만 "-고져 식브다"가 사용되기도 하였다. "-고져 식브다"가 '희망'의 의미를 나타낸다는 것은 우선 문맥에서 드러난다.

> (6) ㄱ. <u>나고져 식브녀</u> 阿難일 브리신대 오샤ᄯ 내 나리이다 엇데 오시리오
>   阿難이 對答ᄒᆞᆫ대 아니 오시면 내 이쇼리라<천강 상 기 132>
>
>   ㄴ. 씌룰 씌요니 미츄미 나 ᄀᆞ장 <u>우르고져 식브니</u> 簿書ᄂᆞᆫ 엇데 썔리 오몰
>   서르 지즈ᄂᆞ뇨<두시초 10 : 28ㄴ> *束帶發狂欲大叫簿書何急來相仍
>
>   ㄷ. 孫思邈이 닐오티…디혜ᄂᆞᆫ 두려워 거틸 디 업고져코 힝뎍은 모나 프
>   러 디디 <u>말오져 싣븐</u> 거시라<번소 8 : 1ㄴ> *智欲圓而行欲方이니라

문맥에서 볼 때 (6ㄱ~ㄷ)의 "-고져 식브다"는 "-고 싶다"로 대체될 수 있다. (6ㄱ)은 "나고 싶으냐"로, (6ㄴ)은 "크게 울고 싶으니"로, (6ㄷ)은 "풀어지지 않았으면 싶다" 즉 '풀어지지 않기를 원한다'의 뜻으로 해석된다. (6ㄱ~ㄷ)에서 "-고져 식브다"는 모두 말할이의 '희망' 표시와 관련되어 있다.[13]

"-고져 식브다"가 "-고져 ㅎ다"와 마찬가지로 '희망'을 표현한다는 것은

> (2) ㄱ. 네 너일 날을 ᄃᆞ려가 호올이 銀젼 메온 섭 사긴 씌룰 <u>믿돌게 ᄒᆞ라</u><박언 19ㄱ>
>   ㄴ. 몬져 혼 사발 더운 믈 보내여라 내 눗 <u>씻쟈</u><청노 4 : 13ㄴ>

(1ㄱ, ㄴ)은 16세기 <번역박통사>와 <번역노걸대>의 예이고, (2ㄱ, ㄴ)은 17세기 <박통사언해>와 18세기의 <청어노걸대>의 예이다.

13) (13ㄱ~ㄷ)에서 "-고져 식브다 / 싣브다"는 '의도'나 주체의 상황 변화 등으로는 해석되지 않는다. 사용례가 매우 적어 확언할 수 없지만, (13ㄱ~ㄷ)으로 미루어 "-고져 식브다 / 싣브다"가 "-고져 ㅎ다"와 달리 '희망' 이외의 의미로 해석되지 않았을 가능성이 있다.

한문 원문의 대응자에서도 입증된다. (6ㄴ, ㄷ)에서 모두 욕(欲)에 대응되어 있다. 또한 “식브다”의 위치에 올 수 있는 동사가 “원하다”, “바라다”, “생각하다” 등으로 한정된다는 점도 이들의 의미가 ‘희망’임을 뒷받침한다.

“−고져 식브다”가 ‘희망’이라는 의미로 해석되는 까닭에 대해 두 가지의 가능성을 가정해 볼 수 있다. 그 하나는 ‘희망’이란 의미가 “−고져”에 의해 표시되는 경우이다. 즉 “식브다”가 “−고져 ᄒᆞ다”에서 “ᄒᆞ다”처럼 특정한 어휘 의미를 갖지 않는 용언일 가능성이다. 다른 하나는 “식브다”가 특정 어휘 의미를 가지는 경우이다. 이 경우는 다시 두 가지로 구분할 수 있다. “식브다”가 ‘원하다’류의 용언일 가능성과 ‘생각하다’류의 용언일 가능성이다.14) “식브다”가 ‘원하다’류의 용언일 경우는 ‘희망’의 의미가 이중으로 나타나는 경우이다. 어느 경우나 “−고져”가 ‘희망’의 의미에 관여하고 있다는 점에서는 변함이 없다.

다음과 같은 17세기 초의 자료는 “식브다”의 의미가 ‘생각하다’류일 가능성을 보여 준다.

> (7) ㄱ. 김씨 닐오디 슬퍼 아니 먹논 디 아니라 <u>먹고져 십브디</u> 아니ᄒᆞ니 당당이 병이로소이다 ᄒᆞ고<동국신속 속부 열녀 : 6> *非哀而不食 自不思食耳
>   ㄴ. 길헤 더윗 病ᄒᆞ야 누른 梅花ㅅ 時節ㅅ 비로 <u>저지고져 ᄉᆞ랑ᄒᆞ노니</u> 宮闕ㅅ 恩惠로주시논 玉井엣 어르믈 敢히 ᄇᆞ라리아<두시초 10 : 24 ㄱ> *思霑道(月＋曷)黃梅雨敢望宮恩玉井氷

(7ㄱ, ㄴ)에는 “−고져 십브다”와 “−고져 ᄉᆞ랑ᄒᆞ다”가 모두 사(思)에 대응되어 있다. 참고한 자료에서 (7ㄱ)을 제외하고는 “−고져 식브다”가 욕(欲) 이외의 다른 한자에 대당되어 있는 예를 발견하지 못하였다. 따라서 (7ㄱ)과 같은 예는 그 사용례가 적음에도 불구하고 “식브다”가 “ᄉᆞ랑ᄒᆞ다(思)”와 연관이 있는 의미를 갖는 용언이라고 추론할 가능성을 보인다. 즉 ‘생각하다’류의 용언이라는 것이다.

---

14) “식브다”가 실제적인 어휘 의미를 갖는 용언일 경우 이때 어휘 의미는 매우 제한된다. ‘희망’을 표시하는 “−고져” 뒤에 쓰일 수 있는 용언의 의미 범주가 한정되기 때문이다.

(7ㄱ)은 18세기 <오륜행실도>에서는 다음과 같이 해석되고 있다.

> (8) 김시 굴오디 셜워 먹디 아니미 아니라 스스로 <u>밥 싱각이 업스니</u> 응당
> 병인가 ᄒᆞᄂᆞ이다<오륜 열녀 72ㄴ>

(7ㄱ)과 (8)의 "먹고져 십브디 아니ᄒᆞ니"와 "밥 싱각이 업스니"에 해당하는
부분은 현대어 해석에서는 (9)와 같이 "-고 싶다"를 사용하여 해석하고 있
다.15)

> (9) 슬퍼서 먹지 않는 것이 아니라 저절로 <u>먹고 싶지 않으니</u>, 아마도 병인가
> 봅니다<현대역 127>

뒤에 언급하겠지만, 중세 자료에서 원문의 한자가 구체적인 어휘 의미를 가
질 경우 "-고져" 뒤에 그에 알맞은 용언이 사용되었던 경향으로 본다면 (7
ㄱ)은 "식브다"의 어휘 의미가 '생각하다'의 범주일 가능성을 보여 주는 것이
라 할 것이다.16)

"-고져 식브다"는 중세 자료에 사용례가 매우 적다. 비슷한 의미 기능을
가진 "-고져 ᄒᆞ다"가 대다수의 자료에 광범위한 사용례를 보이는 것과 달리
"-고져 식브다" 형은 몇몇 책에만 나타난다. (6ㄱ~ㄷ)이 참고한 자료에서
찾은 예의 전부이다.

중세 자료에서 용언 "식브다"는 그 자체의 사용이 매우 제한되어 있다. 참
고한 자료 가운데 몇몇 자료에만 쓰였을 뿐 아니라 아주 제한된 통사 구조에
만 나타난다. 앞서 살핀 "-고져"와 결합되는 경우가 그 하나이고, 그밖에
"ㄴ가/ㄹ가"와 결합된 구조에 사용된 예들이 있다.17)

---

15) 세종대왕기념사업회에서 1982년에 간행한 『삼강행실도』의 현대역을 참고한 것이다.
16) 현대국어의 사용례에서도 "싶다"를 "생각하다"류의 용언으로 볼 수 있는 근거가 있다.

> (1) ㄱ. 이거다 <u>싶으면</u> 그렇게 하세요
>   ㄴ. 같이 갔으면 <u>싶으면</u> 말해

(1ㄱ, ㄴ)에서 "싶다"가 "생각하다"로 교체될 수 있다는 사실은 "싶다"의 의미가 '생각하다'와
상통되는 범주에 있음을 뒷받침한다.
17) "식브다/싣브다" 형태가 쓰인 자료는 <월인천강지곡>, <두시언해> 권10, 16, <구급방>, <번
역소학> 권8 정도이다.

> (10) ㄱ. 졈졈 念珠를 더 미러 모기 다둗게 ᄒᆞ야 낫 미욘더 <u>니튼가 식브거늘</u>
>   아래로 ᄒᆞᆫ번 미니<구급방 상 48ㄴ>
>   ㄴ. 軒(감)에셔 양ᄌᆞ를 어루 <u>브를가 식브도다</u><두시초 16 : 46>

참고한 많은 중세 자료에서 "식브다"는 두 가지 통사 구조 이외에는 나타나지 않으며 그나마 그 사용례가 매우 적다. 현대어에는 "싶다"가 의존 명사 "듯", "성" 등과 결합되거나 어말어미 "-나"와 결합되어 쓰이는 경우가 있는데, 이들은 근대 이후의 자료에서나 찾을 수 있다.[18) 이로 보아 "싶다"의 통사적 결합 구조가 다양화되면서 "싶다"의 사용이 늘어나는 것은 근대 이후라고 할 것이다.

"-고져 식브다"는 "-고져 ᄒᆞ다"와 달리 근대에까지 그 쓰임이 이어지지 않는다. 참고한 근대 자료에서 "-고져 식브다"는 사용례를 발견하지 못하였다. 다만 (7ㄱ)에서 본 바와 같이 <동국신속 상감행실도>에 "-고져 십브다"의 사용례가 발견될 뿐이다. 근대 자료에 "-고져 식브다"가 쓰이지 않은 것은 근대 이후의 자료들에 보이는 "-고 십다 / 싶다"와 깊은 관련이 있다. 17세기 후반의 자료인 <첩해신어> 초간본에서는 "-고 십다" 형태로 나타난다. 이에 대해서는 3장에서 자세히 다루기로 한다.

2.3. "-고져"의 의미 기능

지금까지 중세 자료에 쓰인 "-고져 ᄒᆞ다"와 "-고져 식브다"가 '희망'의 뜻을 가지는 것에 대해 고찰하였다. 두 형식이 '희망'의 의미를 공유하게 되는 이유는 무엇인가. 두 형식에서 실제적인 의미를 가지는 부분은 "-고져"이다. "-고져 ᄒᆞ다"와 "-고져 식브다"에서 나타나는 '희망'의 뜻이 "-고져"에 의한 것이라는 사실은 다음과 같은 몇 가지 근거에서 뒷받침된다.

첫째, 형태적인 구성면에서 볼 때 공통되는 것은 "-고져"뿐이라는 점이다.

---

18) 18세기 <청어노걸대>에는 다음처럼 "듯 십다" 형태가 사용된 예가 있다.

  (1) 그 집을 직희논 사ᄅᆞᆷ 잇ᄂᆞ냐 ᄒᆞᆫ 졈은이 잇더니 이제 여긔 업스니 <u>나간둣 시부다</u><청노
    5 : 5ㄴ>

일반적으로 비슷한 구조에 공통적인 의미가 있을 때 그것이 공통된 형태에서 비롯된다고 보는 것이 타당할 것이다. 중세국어의 "-고져"는 앞선 연구에서 '희망', '의도', '목적' 따위를 드러내는 어미로 지적되고 있다. 이로 보아 "-고져 ᄒ다"가 표시하는 '희망'의 의미가 "-고져"에서 비롯된다는 점은 의심의 여지가 없다.

둘째, "-고져 ᄒ다"에서 "ᄒ다"는 개념적 의미를 가지지 않는 대동사라는 점이다. "ᄒ다"가 없어도 "-고져"만으로 '희망'의 뜻을 드러낼 수 있다. 이는 비슷한 구조의 "-고져 식브다"에서 "식브다"의 의미가 무엇이든지간에 '희망'의 의미에 "-고져"가 크게 관여하고 있음을 추측하게 한다. "-고져 식브다"에서도 "-고져 ᄒ다"에서와 마찬가지로 "식브다"가 없어도 '희망'이란 의미 추출이 가능하다.[19]

셋째, 후행 용언이 개념적인 의미를 가지는 용언인 경우에 원문의 한자 대응자가 다르다는 점에서도 뒷받침된다. "-고져 ᄒ다"나 "-고져 식브다"는 주로 욕(欲)에 대응되어 나타나는데 "-고져" 뒤에 실질 어휘 의미를 가진 용언이 쓰인 경우는 원문의 한자 대응자가 달리 나타난다. 원문의 한자가 보다 구체적인 의미를 가질 경우 우리말 해석에 그에 알맞은 낱말이 사용되었다는 것이다.

> (11) ㄱ. 춘 ᄆ렛 玉이 ᄃ외오져 빌며 서늘ᄒ ᄀᆞᆳ 菰蒲ㅣ ᄃ외오져 <u>願ᄒ노라</u>
> <두시초 10 : 22ㄴ> *乞爲寒水玉願作冷秋菰
>
> ㄴ. 길혜 더윗 病ᄒ야 누른 梅花ㅅ 時節ㅅ 비로 <u>저지고져 ᄉᆞ랑ᄒ노니</u> 宮闕ㅅ 恩惠로 주시논 玉井엣 어르믈 敢히 ᄇ라리아<두시초 10 : 24ㄱ> *思霑道(腸)黃梅雨敢望宮恩玉井氷
>
> ㄷ. 그듸는 劉穀의 從來로 뵈옷 <u>닙고져 願ᄒ던</u> 이룰 웃디 말라 지븨(憺)石이 업서도 百萬곰 던기더니라<두시초 11 : 40ㄱㄴ> *君莫笑劉穀從來布衣願家無(憺)石輪百萬

---

19) "식브다"가 실제적인 어휘 의미를 갖는 용언일 경우 이때 어휘 의미는 매우 제한된다. '희망'을 표시하는 "-고져" 뒤에 쓰일 수 있는 용언의 의미 범주가 제한되기 때문이다. "식브다"의 의미에 대해서는 뒤에 다시 다루기로 한다.

(11ㄱ~ㄷ)에는 "-고져 / 오져" 뒤에 "빌다", "원ᄒ다", "ᄉ랑ᄒ다" 등이 쓰였는데 이에 대응되는 한자는 걸(乞), 원(願), 사(思) 등이다.

이런 점에서 본다면 욕(欲)이 "-고져 ᄒ다"나 "-고져 식브다"로 표현된 것은 "ᄒ다"나 "식브다"가 "빌다", "원하다"처럼 개념적인 의미를 뚜렷이 가지지 않는 용언이었기 때문이라고 생각할 수 있다. "-고져 ᄒ다"에서 욕(欲)이 전체에 대응되기는 하지만, 실제적인 의미가 어미 "-고져"에 있었다는 점에 비추어 볼 때 "-고져 식브다"에서 '희망'의 의미도 "-고져"에서 비롯된다고 볼 수 있을 것이다.

넷째, 후행 용언과 관계없이 "-고져"만으로 문맥 내에 '희망'의 뜻이 드러난다.

> (12) ㄱ. 兜率天子ㅣ ᄃ외야 世尊 뵈ᅀᆞᆸ고져 너겨 즉자히 ᄂ려와 世尊ᄭᅴ 뵈ᅀᆞᆸ아 머리 조ᅀᆞᆸ고<석보 6 : 45ㄱ>
> ㄴ. 길헤 더윗 病ᄒ야 누른 梅花ㅅ 時節ㅅ 비로 저지고져 ᄉ랑ᄒ노니 宮闕ㅅ 恩惠로 주시ᄂ 玉井엣 어르믈 敢히 ᄇ라리아<두시초 10 : 24 ㄱ> *思霑道(膅)黃梅雨敢望宮恩玉井水

(12ㄱ, ㄴ)에서는 "-고져" 뒤에 동사 "너기다", "ᄉ랑ᄒ다"가 쓰였다. (12ㄱ, ㄴ)의 문맥은 말하는 이의 소망을 표현하고 있다. (12ㄱ)은 현대어로 "뵙고 싶다고 생각해서" 정도로 해석되고, (12ㄴ)은 "비로 적시기를 바라니"가 될 것이다. 여기서 동사 "너기다", "ᄉ랑ᄒ다"의 실질적인 내용인 소망은 앞의 "-고져"에 의해 표현되고 있다. (12ㄱ, ㄴ)은 어미 "-고져"가 '희망'을 표시한다는 사실을 잘 보여 준다.

3. "-고 십다"에 의한 '희망' 표현

3장에서는 "-고 십다"가 '희망'의 의미를 드러내게 된 원인을 분석하기로 한다.[20] 앞서 중세의 "-고져 ᄒ다 / 식브다"의 표현 형식이 근대 이후 "-고 십다”로 변모하는 과정을 살핀 바 있다. 이를 바탕으로 “－고 십다”가 왜 ‘희망’이란 의미를 지니게 되었는지를 검토하려는 것이다. 이를 밝히기 위해서는 “－고져 ᄒ다/식브다”와 “－고 십다”의 차이점이 무엇인지 살펴야 한다.

“－고 십다”의 사용은 19세기말 자료에서 더욱 확대된 모습을 보이며, 현대어에서는 “－고 싶다”가 ‘희망’을 표현하는 대표적인 형식으로 굳어졌다. 이 장에서는 근대 자료에서의 “－고 십다”의 실제 사용례를 살펴보고, 중세 “－고져 식브다”와의 관련성, 그리고 “－고 십다”에서 “십다”를 “－고져 식브다”의 “식브다”와 달리 보조용언으로 볼 수 있는 근거, “－고 십다”의 정립 시기 등을 추정해 보기로 한다.

3.1. “－고 십다”의 의미 기능과 등장 시기

근대 자료에서부터 ‘희망’을 표시하는데 “－고져 식브다”가 아닌 “－고 십다”가 문헌에 나타나기 시작한다. 18세기말까지도 이들의 사용례는 매우 적지만 “－고져 십다”가 아닌 “－고 십다”라는 점에서 주목할 만하다. ‘희망’이라는 의미가 어미에 의해 표현되는 것이 아니기 때문이다. “－고”는 “－고져”와 달리 ‘희망’이란 의미를 가지지 못하므로 “－고 십다”가 표시하는‘희망’이라는 의미는 적어도 선행 어미에 의해 드러나는 것이 아니다.

“－고 십다”의 사용례들은 17, 18세기 자료에서부터 나타난다. 참고한 자료 가운데 17세기 자료인 <첩해신어> 초간본에서 한 번의 사용례를 발견했다.

> (13) 볼긔예도 이시려니와 아직 수이 <u>알고 시브오니</u> 셔울은 어ᄂᆡ끽 쩌나셔
> 　　여긔는 어ᄂᆡ끽 브트시리라 니ᄅᆞᆸᄂᆞᆫ고<첩해 초 5 : 11ㄱㄴ>

(13)은 ‘언제 떠나 언제 도착하는지 우선 먼저 알고 싶다’는 내용이다. (13)의 문맥에서 “－고 십다”는 현대어“－고 싶다”와 같이 말할이의 ‘희망’을 표시

---

20) 근대 자료와 신소설에서 “십다”는 “싶다”, “십프다” 등의 형태로 표기되기도 하였다. 이 글은 표기 형태를 따지는 것이 아니므로 여기에서는 현대국어의 “싶다”와 구분하기 위하여 편의상 “십다”로 통일해서 쓰기로 한다.

하고 있다.

18세기 자료에서는 <명의록언해 首 상>과 <속명의록 언해>에서 각각 한 번씩의 사용례를 찾았다.

> (14) ㄱ. 내 드러가 본즉 닌한이 내 나간 틈을 타 알외고 시븐 일을 알외고져
> ᄒ되<명의록 首 上 34ㄴ>
> ㄴ. 샹이 … / 하교ᄒ야 글ᄋ샤ᄃ.. 뎌간의 계시난ᄃ 이믜 희가 ᄃ나되 나라 법을 중히 ᄒ는 도리에 가히 명ᄒ야 그치라 ᄒ도 못ᄒ고 쏘ᄒ 경샹을 보고 시부ᄃ 아니ᄒ야 이제ᄭ지 허티 아니ᄒ엿더니<속명의 록 2 : 23>

(14ㄱ, ㄴ)에서 “십다”는 “알외다”, “보다” 등의 동사를 선행 용언으로 한다. 그 의미가 ‘희망’이라는 것은 낱말 교체 방법에서 알 수 있다. “원하다”나 “바라다”처럼 직접 희망을 표현하는 동사를 사용하여 “알외기를 원하는”이나 “보기를 원하는”과 같이 바꾸어도 의미에 큰 변화가 없다. 근대어에서 “−고 십다”의 의미가 ‘희망’이라는 것은 분명하다.

특히 (14ㄱ)은 근대에 ‘희망’이란 의미 기능을 표현하는 데 있어 “−고 십다”가 “−고져 ᄒ다”보다 뚜렷한 기능을 분담하게 되어 가는 모습을 보여 주는 예라 할 수 있다. “−고져 ᄒ다”와 “−고 십다”가 한 문장 안에 사용되어 둘의 의미 기능이 분화되었음을 암시하고 있기 때문이다. 문맥으로 볼 때 “−고져 ᄒ다”가 ‘의도’를 나타내고 “−고 십다”는‘희망’을 표현한다. “−고 십다”와 “−고져 ᄒ다”가 한 문장 안에 공존함으로써 각 형식이 ‘희망’과 ‘의도’의 의미 기능을 분담하는 모습을 보여 준다. (14ㄱ)에서 ‘희망’과 ‘의도’가 다른 형식으로 표현되는 이유는 두 형태에 선행하는 용언이 “알외다”로 동일하기 때문이다. “알외고져 ᄒ는 일을 알외고져 ᄒ되”와 같이 앞의 “알외다”에 “−고져 ᄒ다”가 결합되면 똑같은 말의 되풀이가 되어 말이 뜻하는 바를 충분히 나타낼 수 없게 된다는 것이다. “−고져 ᄒ다”가 ‘희망’과 ‘의도’의 두 가지 기능을 가지는데도 한 문장 안에서 동일한 선행 용언을 대상으로 두 의미가 함께 표현되어야 하는 경우에 “−고 십다”를 ‘희망’ 표현에 사용한 것은 이것이 더 명확한 ‘희망’ 표현으로 어느 정도 정립되었음을 뜻한다.

근대 국어 전반에 걸쳐 "-고 십다"의 사용례는 매우 적지만, 책 표기의 보수성을 감안한다면 18세기에 "-고 십다"가 "-고져 ᄒ다"보다 '희망'의 뜻을 더 명확하게 표시하던 형태였다고 추론할 수 있다. 이 시기에 두 형식의 의미 경쟁에서 "-고 십다"가 우세한 지위를 얻기 시작했다는 것이다. 근대 자료에서도 희망 표현과 의도 표현에 주로 사용된 것은 여전히 "-고져 ᄒ다"이다. '희망' 표현에 "-고 십다"가 사용되거나 '의도' 표현에 "-려 ᄒ다"가 사용되기도 하였으나 "-고져 ᄒ다"에 비하면 사용량이 적은 편이다. 특히 "-고 십다"의 사용은 몇몇 책에서 겨우 몇 번의 예를 보이는데 그칠 뿐이다. 그러나 사용량의 열세에도 불구하고 (14ㄱ)과 같은 예는 근대에 "-고져 ᄒ다"보다 "-고 십다"가 '희망'의 의미를 더욱 뚜렷이 한다는 반증이기 때문이다.

이는 근본적으로는 근대에 "-고져 ᄒ다"의 의미 기능이 변모되었음을 보여 준다. 중세의 '희망'의 의미가 약화되었다는 것이다. 만약 근대에도 "-고져 ᄒ다"가 여전히 '희망'을 표시하는 대표적인 형식이었다면 (14ㄱ)은 다음과 같이 표현되었을 가능성이 크다.

(15) 내 드러가 본즉 닌한이 내 나간 틈을 타 <u>알외고져 ᄒ는</u> 일을 <u>알외려 ᄒ되</u>

'희망'을 표시하는 앞쪽의 "알외다"에 "-고져 ᄒ다"를 결합시키고 '의도'를 나타내는 뒤쪽의 "알외다"에 "-려 ᄒ다"를 결합시킨 모습으로 나타났을 것이다. 근대에도 "-고져 ᄒ다"가 "-고 십다"보다 '희망'의 의미를 분명하게 드러낼 수 있는 표현 형식이었다면, 그리고 "-고져 ᄒ다"가 '의도'의 의미로 쉽게 파악될 수 없는 형식이었다면 보다 분명한 표현 형식을 사용했을 것이라는 것이다. 이런 점에서 (14ㄱ)의 예는 근대에 "-고 십다"가 "-고져 ᄒ다"보다 '희망'의 의미를 분명하게 표현하던 형식임을 뒷받침하는 한 증거라 할 수 있다.

이런 추측은 한 문장 안에서 선행하는 용언이 다른 경우에 (4)와 같이 "-고져 ᄒ다"가 '희망'과 그 이외의 기능을 함께 담당하는 예에서 더욱 뒷받침된다.

(16) 學을 홈이 비록 이 글 닑기로 本을 삼으나 그러나 쏘흔 가히 字롤 아디
아니티 못홀찌니 字롤 <u>알고져 홀 찐대</u> 몬져 소리롤 <u>분변코져 홀찌라</u>
<오륜전 24ㄱ> *然亦不可不識字 欲要識字 先要辨聲

앞의 "-고져 ᄒ다"는 '희망'이나 '의도'로 해석되고, 뒤의 것은 '당위'나 '의
도'로 해석된다. 중세 국어에서 매우 큰 의미 기능 부담량을 담당했던 "-고
져 ᄒ다"는 18세기에는 이미 그 기능 부담량이 어느 정도 축소되었다고 할
것이다.21)

"-고 십다"의 사용례가 조금 활발하게 나타나는 것은 19세기말의 자료인
<독닙신문>이다. 권3에는 "-고져 ᄒ다"가 9번 사용된 곳에 "-고 십다"가
8번 사용되었다. 18세기까지 '희망'이든 '의도'이든 형태의 사용량이 현격한
차이를 보이던 것과 비교하면 19세기말 자료에서 "-고 십다"의 사용은 현저
히 증가되고 보편화된 것이라고 할 것이다.22) "-고 십다"는 20세기초의 신
소설에 이르면 거의 모든 작품에 나타날 정도로 일반화된 모습을 보인다.23)

근대 후기 "-고져 ᄒ다"가 '희망'의 의미를 "-고 십다"에 넘겨주고 의미
의 변화를 겪게 되었다는 것은 현대어에서 "-고자 하다"가 '의도'쪽에 가까
운 의미를 표현한다는 데서도 뒷받침된다. 더욱이 "-고자 하다"는 일상 회
화에서는 거의 사용되지 않고 문어에서만 명맥을 유지하는 형식이다. 현대어

---

21) 이런 변화는 표현의 명료성을 추구하는 데서 비롯되었다고 생각된다. "-고져 ᄒ다"는 두 가지
의 의미 기능을 가지기 때문에 단일한 의미 기능을 가지는 "-고 십다"보다 표현의 명료성이 떨
어진다는 것이다.
22) 19세기 자료이지만, 그 이전의 언어 현실을 반영한 것으로 보이는 <성경직회>에는 권1에는 "-고
십다"의 사용이 보이지 않고 권3에 한 번의 사용례가 보인다. 19세기 일반적인 자료들에 비해
"-고 십다"의 사용이 적게 나타나는 특징을 보인다. 이런 자료는 18세기에는 "-고 십다"의 사
용이 기존의 형식인 "-고져 ᄒ다"와 경쟁하다가 19세기 이후에 이르러 완전히 정립되었음을 보
이는 한 증거라 할 것이다.
   (1) 또흔 물고기롤 가져 젼ᄎ치 ᄒ샤 눈호더 각 사롬의 ᄒ고 시븐대로 주시니 사롬이 임의 비
      부르매<성경 3 : 81b>
23) 신소설에 "-고 십다"가 나타난 예에 다음과 같은 것들이 있다.
   (1) ㄱ. 부인이 눈물을 머금으며 … 나도 <u>죽고 십지는</u> 아니ᄒ나 텬명을 엇지ᄒ리오<셜중민 2>
      ㄴ. 옥년의 마음에는 … 부인을 <u>ᄯ라가고 시프느</u> 부인이 다리고 가지 아니홀 말을 ᄒ니
         <혈의루 47>
      ㄷ. 우리 아바지 어마니가 나를 <u>보고 십어ᄒ실</u> 싱각을 ᄒ면 써러져 잇슬 수 업고ᄂ<츄월
         식 17>

에서 '희망' 표현은 "-고 싶다"로 대표되고 '의도' 표현 형식은 "-려(고) 하다"가 일반적이다. 그러나 "-고자 하다"가 문맥에 따라 "-고 싶다", "-려(고) 하다" 두 형식과 모두 교체될 수 있다는 사실을 볼 때 "-고자 하다"의 의미에는 '희망'이라는 의미 자질이 일부 남아 있다고 할 것이다.24)

　"-고 싶다", "-려(고) 하다", "-고자 하다" 세 형식의 의미를 비교해 볼 때 "-고자 하다"는 중세의 "-고져 ᄒᆞ다"에 비해 그 사용 빈도나 의미 기능 부담량이 현저하게 줄어들었음을 알 수 있다. 이는 근대 이후 "-고져 ᄒᆞ다"가 '희망' 표현에 있어서는 "-고 싶다"에 밀리고, '의도' 표현에 있어서는 중세에서부터 사용되었던 "-려(고) ᄒᆞ다"에 밀려났음을 추측하게 한다. 결국 "-고져 ᄒᆞ다"는 중세어에서는 '희망'을 주된 의미 기능으로 하면서 '의도'와 '상황 변화'라는 복합적인 의미를 표현하던 형식이지만, 새로운 형식인 "-고 싶다"에 '희망'의 의미 기능을 빼앗김으로써 그 의미 기능이 매우 축소되었다고 볼 수 있다.

3.2 "-고져 식브다"와 "-고 싶다"의 관계

　중세 국어 "-고져 ᄒᆞ다 / 식브다"와 이후의 "-고 싶다 / 싶다" 형식의 차이점은 그 의미를 드러내는 성분이 어떤 것인가 하는 점이다. 결론부터 말하자면, "-고져 ᄒᆞ다 / 식브다"의 표현 형식이 희망의 뜻을 드러내는 것은 어미 "-고져"에 의한 것인 반면에 "-고 싶다 / 싶다"의 경우는 두 성분이 융합되어야만 '희망'의 의미를 지닐 수 있다. 앞서도 지적한 것처럼 "-고 싶다"의 의미 기능인 '희망'은 어미 "-고"에 의한 것이 아니다. "-고"가 '희망'이라는 의미 기능을 가진다는 증거는 전혀 없기 때문이다.25) "싶다 / 싶다" 역시

---

24) "-고져 하다"가 표현하는 '의도'는 "-려 하다"가 표현하는 의도나 "-고 싶다"가 표현하는 '희망'보다 완곡한 표현으로 인식된다. 이러한 어감의 차이는 통시적인 면에서 보는 것처럼 "-고져 하다"가 두 가지의 의미를 동시에 가지고 있었던 데서 기인한다고 생각된다.

25) "-고"가 의미를 가지는가는 논란이 있다. 서정수(1990 : 497~500)에 따르면 "-고"는 실제적으로 어떠한 의미도 가지지 않는다. 단지 앞뒤 절을 접속하는 문법적인 기능만을 가진다는 것이다. "-고"에 의해 표현되는 여러가지 의미들은 모두 문맥적인 의미로 보는 것이다. "-고"가 의미를 가진다고 보는 경우에도 그 자체가 '희망'이나 '의도'의 의미를 가진다고 보는 견해는 없다.

“-고”와 분리된 상태에서는 ‘희망’을 표현한다는 확실한 증거를 찾을 수 없다.26) 오직 “-고 싶다 / 싶다” 전체로서만 ‘희망’의 뜻을 표시할 수 있다.27)

구성 성분 중의 어느 것도 전체 구성체의 의미를 가지지 못한다면 “-고 싶다 / 싶다”가 ‘희망’이란 의미를 가지게 된 이유는 무엇인가. 각 성분들이 ‘희망’의 의미와 무관한데 융합 형식이 ‘희망’이라는 의미를 지니게 된 이유는 무엇인가. 이를 해결하기 위해서는 “-고 싶다”와 근대 자료의 “-고 십다”, 중세 자료에 쓰인 “-고져 식브다”와의 연관성을 상정할 필요가 있다. 선행 어미는 “-고져”와 “-고”로 각기 다르게 나타나지만, 용언의 형태와 통사적 구성체의 의미면에서 공통점을 갖기 때문이다.

이런 추측은 17세기 자료인 <동국신속 속부 열녀 : 6>에 쓰인 “-고져 십브다”에서 뒷받침된다. 참고한 자료에서 “-고져 십브다”는 그 예가 하나뿐이지만 중세 자료에서 보이는 “-고져 식브다”와 근대 자료에 쓰인 “-고 십다”의 중간 형태라는 점에서 매우 중요한 의미를 갖는다. 선행 어미는 “-고져”이면서 후행 용언은 “십(브)다”의 형태로 나타나 근대 자료에 보이는 “-고 십다”가 중세 자료에 사용된 “-고 식브다”의 변형일 가능성을 보인다.28)

근대의 “-고 십다”가 중세 자료에 쓰인 “-고져 식브다”의 변형이라면 ‘희망’이라는 의미가 어디에서 비롯된 것인지는 자명하다. “-고 십다”가 ‘희망’을 표현할 수 있는 것은 전신인 “-고져 식브다”의 의미 기능 때문이다. “-고”는 연결 기능 이상의 어떤 의미 기능을 가지지 못하지만 “-고져”의 의미 기능이 화석화되어 남아 있다는 것이다.29) “-고 싶다”의 선행 어미

---

26) 앞서 2.2.에서 “싶다”의 의미가 “ᄒᆞ다”처럼 실질 어휘 의미가 없는 용언이거나 ‘생각하다’류의 용언일 가능성을 제시한 바 있다.

27) “-고 싶다”는 구성 성분의 의미 합으로 이해되지 않고, 다른 성분을 첨가하거나 대치할 수 없다는 점에서 관용구적인 성격을 갖는다.

28) 중세 자료에 “식브다”와 “싣브다”가 혼용된 것과 17세기 초 자료인 <동국신속상감행실도>에 “십브다” 형태가 쓰인 것은 이것의 형태가 엄격하게 고정되어 있지 않았다는 반증이라 할 것이다. 중세 자료의 형태 혼용과 <동국신속삼강행실도>의 “십브다” 형태는 “식브다 / 싣브다”가 근대에 “십다 / 싶다”로 변이될 가능성을 보여 준다.

29) “-고져 식브다”의 의미 기능인 ‘희망’의 의미가 “-고 십다”에 남아 있는 것은 “-고져”와 “식브다”가 인접해서 사용되는 과정에서 ‘희망’이란 의미가 “십다”에 전이되어 “십다” 본래의 의미와 전혀 다르게 실현되었다고 볼 수도 있다. 이런 의미 변화가 “-고져”가 “-고”로 대치된 뒤에도 여전히 “-고 십다”가 ‘희망’의 의미를 보존하도록 한 이유라는 것이다. 이는 의미 변화의 유

"-고"는 단순한 접속이라는 문법적인 기능만을 가질 뿐 어떠한 의미도 가지지 않는다. "-고"가 '희망'의 의미를 가지지 않으므로 "-고져 식브다"와 달리 "-고 십다"는 단순한 통사 구조가 아니라 관용적인 구조이다. "-고 십다"가 지니는 '희망'이란 의미는 관용적인 구조에서 표현된다는 것이다. 이때 한 가지 문제는 근대에 들어 "-고져"가 "-고"로 바뀌는 이유를 설명하기 어렵다는 것이다.[30]

여기서 한 가지 집고 넘어가야 할 것은 중세의 "식브다"와 근대의 "십다"를 현대어의 "싶다"처럼 보조용언으로 볼 수 있는가 하는 문제이다. 결론부터 말하면 "식브다"는 보조용언이 아니지만 "십다"는 보조용언의 조건을 갖추었다. 국어 보조용언들은 모두 특정한 관용적 구조에서 의미를 드러내는데, 선행 어미와 후행 용언을 쪼갰을 때 선행 어미에는 보조용언 구문이 나타내는 의미가 드러나지 않는다. 선행 요소만으로도 그 구조의 의미를 파악할 수 있는 경우는 후행 용언을 보조용언으로 보지 않는다. 그 의미가 용언의 의미라고 하기 어렵기 때문이다. 이런 기준에서 볼 때 "-고져"에 의해 '희망'이라는 의미가 결정되는 "-고져 식브다"의 "식브다"는 보조용언이라고 할 수 없다.[31] 이에 반해 "-고 십다"의 '희망'이라는 의미는 그 구조에서만 드러나며 선행 어미는 '희망'이라는 의미를 갖고 있지 않다. 어미 "-고"는 단순한 접속이라는 문법적인 기능만을 가질 뿐 어떠한 어휘 의미도 가지지 않는다.

형 가운데 "전염"과 유사하다는 것을 보조용언의 의미 형성 과정을 다루는 중에 언급한 바 있다.

30) 이 글에서는 "-고 십다"의 "-고"를 "-고져"의 변이형으로 보지 않고 보통의 연결어미 "-고"가 대치된 것으로 본다. "-고"를 "-고져"의 변이형으로 보지 않는 것은 "-고져"가 어떤 이유에서 "-고"로 대치되었다고 보는 것이 "-고"를 "-고져"의 변이형으로 처리하는 것보다 간결하기 때문이다. "-고 십다" 구조 이외에는 "-고져"와 "-고"의 교체를 확인할 수 있는 다른 자료들이 없다는 점에서 그러하다. 여기에서는 "-고 십다"와 "-고져 ᄒᆞ다"의 연관성에 관심이 있으므로 "-고"와 "-고져"의 교체에 대해서는 자세히 다루지 않는다. 다만 변화의 원인으로 추론할 수 있는 것은 근대 국어에 들어 두 개의 용언이 "-고"를 사이에 두고 결합하는 경우가 증가하고 있다는 점이다. "-고 말다", "-고 보다" 등의 일련의 구조에서 유추된 변이일 가능성도 있다. 또 20세기 초 신소설 자료에 보면 '의도'를 표시하는 "-려 ᄒᆞ다"에도 "-고"가 결합되어 "-려고"의 형태로 나타난다. 후대로 올수록 어떤 이유에서인지 "-고"의 쓰임이 확산되고 있는 것은 사실이다.

31) 이는 "-고져"에 다른 용언들이 결합된 경우에도 '희망'이나 욕구를 표현하고 있다는 점에서 뒷받침된다.

“-고”가 ‘희망’의 의미를 가지지 않으므로 “-고져 식브다”가 단순한 통사
구조인데 반해 “-고 십다”는 관용적인 구조이다. ‘희망’은 “-고 십다”라는
관용적인 구조에서 “십다”에 의해 표현되는 것으로 보아야 한다. 따라서 “십
다”를 보조용언으로 설정할 수 있다. 중세 국어 “-고져 식브다”의 “식브다”
는 형태상으로는 “십다”의 전신이지만 의미 기능에는 차이가 있다. 이런 점
에서 보조용언에 의한 희망 표현의 정립은 근대 국어에서부터라고 보아야 할
것이다.

4. “-고 싶다”의 ‘희망’ 의미 정립

　지금까지 ‘희망’을 표시하는데 쓰였던 표현 형식들을 통시적으로 검토하였
다. 논의에서 밝혀진 바를 정리하면 크게 두 가지로 나눌 수 있다. 첫째는 현
대어의 “-고 싶다”가 ‘희망’이란 의미를 얻은 이유와 그 시기에 대한 것이다.
“-고 싶다”의 전신은 근대어의 “-고 십다”이며 이는 중세어의 “-고져 싣브
다/식브다”와 연관되어 있다. “-고져 싣브다/식브다”는 ‘희망’을 의미 기능
으로 하는데, 이 기능은 어미 “-고져”에서 비롯된 것이다. 현대어 “-고 싶
다”가 구성 성분과는 무관한 ‘희망’의 의미를 가지게 된 것은 중세어 “-고져
싣브다/식브다”의 변형이기 때문이다. 근대 이후로 오면서 어미 형태가 “-고
져”에서 “-고”로 변화했으나 관용적인 구성체로 굳어져 ‘희망’이라는 의미
는 그대로 유지되고 있다는 것이다. “-고져”라는 어미에 의존하던 ‘희망’이
란 의미가 통사적 구성체 전체의 의미로 정착된 시기는 대략 18세기말에서
19세기 초로 추론된다.
　둘째는 새로운 형태와 기존 형태의 의미 기능 교체에 대한 것이다. 비슷한
의미 기능을 가지는 형태들의 통시적 고찰은 새로운 형태와 기존 형태가 의
미 기능을 나누어 가지는 모습을 보여 준다. 비슷한 의미를 가지는 형태들
가운데 새로운 형태가 세력을 얻기까지는 기존의 형태와 상당한 공존 기간을

필요로 하며 단일한 의미 기능을 가진 형식이 우세하다는 것이다.

"-고져 ᄒ다"는 '희망'을 주된 의미 기능으로 하던 형식이지만 새로운 형태 "-고 십다"가 '희망'의 의미 기능을 떠맡게 되자 의미 기능 부담량이 적어지면서 쓰임이 약화되었다고 할 것이다. 현대어에서 '희망'은 "-고 싶다"가, '의도'는 "-려(고) 하다"가 분리해서 담당하게 되었다. 이는 언어 표현의 세분화, 의미의 명료성 추구와 관련이 있다고 생각된다. 현대어에서 "-고 싶다"와 "-려(고) 하다"가 쓰인 곳에 "-고자 하다"가 대체될 수 있다는 사실은 이것이 여전히 '희망'과 '의도'라는 두 의미를 함께 가지고 있음을 보여 준다. 그러나 기능 부담량의 약화가 후대로 오면서 더욱 두드러져 현대어에서는 문어에만 사용하게 되었다는 것이다. 현대어에서 "-고자 하다"는 겨우 문어에서만 '의도'쪽에 가까운 의미 기능을 보일 뿐이다.

'희망'관련 표현들의 고찰은 보조용언의 설정에도 시사하는 바가 있다. 보조용언 여부로 논란이 되고 있는 것들 가운데 "-고"를 선행 어미로 하는 일련의 용언들과 "-고 싶다"가 같은 구성체가 아니라는 것을 보여 준다. "-고져"와 "-고"의 교체가 이루어진 이유가 밝혀진다면 현대 국어의 보조용언 연구에 많은 도움이 될 것이라고 생각된다. 비슷한 의미 기능을 가지는 형식들의 통시적 고찰은 새로운 형태와 기존 형태가 의미 기능을 나누어 가지는 모습을 보여 준다.

참고문헌

고영근(1988), 『표준중세국어문법』, 서울 : 탑출판사.

김문웅(1987), 「근대국어의 형태와 통사―『노걸대 언해』와 『중간노걸대 언해』의 비교를 통하여」, 『이병선 회갑 기념 논문집』.

김진수(1989), 『국어 접속조사와 어미 연구』, 재판 ; 서울 : 탑출판사.

김흥수(1986), 「'싶다'의 통사, 의미 특성」, 『관악어문연구』 8, 재판 ; 서울 : 탑출판사.

서정수(1990), 『국어문법론』, 유인물.

엄정호(1990), 「종결어미와 보조동사의 통합구문에 대한 연구」, 성균관대학교 박사학위논문.

윤평현(1989), 「국어의 접속어미에 대한 연구 : 의미론적 기능을 중심으로」, 전남대학교 박사학위논문.

이숭녕(1961), 『중세국어문법』, 서울 : 을유문화사.

차현실(1984), 「'싶다'의 의미와 통시 구조」, 『언어』, 9 2.

최재희(1988), 「국어 접속문의 구성에 관한 연구」, 성균관대학교 박사학위논문.

세종대왕기념사업회(1982), 『삼강행실도』, 「열녀」편.

'얼'의 語源과 意味*

조항범

1. 1960년대 후반에 초등학교를 다닌 필자는 '얼'이라는 단어를 많이 듣고 쓰며 성장한 세대이다. 주변에서 자주 듣던 '얼빠진 놈'이라는 말, 그리고 처음부터 끝까지 외워야 했던 <국민교육헌장>(1968) 속의 '조상의 빛나는 얼'이라는 표현 등을 통해 '얼'이라는 단어에 일찍부터 익숙해졌다.

그 후 '민족의 얼'이니, '겨레의 얼'이니, '시대의 얼'이니, '조상의 얼'이니 하는 등의 표현을 자주 접하게 되면서 '얼'이 얼마나 숭고한 의미를 담고 있는 고급 가치의 우리말인지 실감할 수 있었다. '얼'이라는 단어에 대한 경외감은 국어학을 전공한 후에도 한동안 크게 변함이 없었다. 그러다가 얼마 전 '얼'의 어원을 다룬 梁柱東(1959)을 읽고 '얼'에 대해 조금은 다른 생각을 하게 되었다.

梁柱東(1959)은 '얼'의 어원에 대한 최초의 논의이자 심도 있는 논의라는 점에서 주목된다. 여기서는 '얼'을 우리 古語와 무관하게 만들어진 '그릇된 조어'로 보고 있다. 곧 '얼빠지다'라는 단어를 '넋 빠지다'와 우연히 대비함에 따라 '迷, 痴, 狂'의 의미를 갖던 '얼'이 '魂'의 의미를 띠게 되면서 본격적으로 쓰이기 시작한 것으로 설명한다. 그것도 이 글이 쓰인 시기에는 일반 대

---

* 조항범, 「'얼'의 語源과 意味」, 『한국어학』, 39호, 한국어학회, 2008, 113~130면.

중들이 '그릇 조어'된 '얼'을 잘 모르고 있었고, 일부 인사들만 '민족의 얼'이니, '시대의 얼'이니 하며 '얼'을 제한적으로 쓰고 있었다고 지적한다.

그리고 '얼빠지다'의 '얼'을 중세국어 '어리-[愚]'가 줄어든 어형으로 보고, '얼빠지다' 자체를 '迷陷'의 뜻으로 해석하고 있다. 이런 관점에서 '민족의 얼', '시대의 얼'은 '民族의 昏迷', '時代의 狂亂'으로 해석된다고 보고 '얼'의 '그릇된 조어'를 비판하고 있다.

梁柱東(1959) 이후 '얼'의 어원에 대한 논의는 활발하지 못한 편이다. 1960년대에 이탁(1967), 김선기(1968)가 보이는데, 이탁(1967)은 '얼'이 한자 '魂'에서, 김선기(1968)는 '얼'이 '가슴'을 뜻하는 몽고어 'ore'에서 온 것으로 보고 있다. 이들은 梁柱東(1959)과 전혀 색다른 주장이기는 하나 논의가 충분하지 못하다는 한계를 보인다. 김선기(1968)의 몽고어 기원설은 조영언(2004 : 348)에서 다시 보인다. 다만 여기서는 '얼'이 '정신, 영혼, 넋'을 지시하는 문어몽골어 'ori'에서 왔다고 보고 있다.

1970년대에는 劉昌惇(1971 : 42)이 보이는데 梁柱東(1959)의 주장과 큰 차이를 보이지 않는다. 아울러 김민수 편(1997 : 735), 국립국어연구원(1999) 등도 마찬가지이다.[1] 참고로 관련 부분을 그대로 옮겨 본다.

(1) 지금 말의 '얼'은 '魂精'을 가리키는 말로 쓰이고 있으나, 그러나 이조어를 참고해 보면 이 '얼'은 그 반대적인 '迷, 惑, 蒙'의 어원적 어근이었던 것이다. 곧, '어리다[愚], 어리빠지다[迷耽], 어리미치다[惑狂]' 등의 '어리'가 그것인바, 아마도 '얼빠지다'의 '얼'이 '迷'의 뜻인 줄 모르고 '魂빠지다'로 錯認한 데서 '얼=魂'이란 착인 사용을 하게 된 것이라 생각한다(劉昌惇, 1971 : 213).

(2) 현대어에서는 '얼'을 '넋[魂]'의 뜻으로 쓰고 있으나 중세어에서는 '얼'이란 명사가 '넋'의 뜻으로 쓰인 일이 없다. 이것은 아마도 '얼빠지다'를 '넋이 빠지다'로 잘못 해석한 데서 연유한 것이 아닌가 한다. '얼'을 '정신, 혼'으로 해석하고 '얼빠지다'를 '정신이 없어지다'로 해석한 최초의

---

1) '얼'에 대한 어원설로 고구려어 '泉'을 뜻하는 '於乙' 또는 '乙'에서 왔다는 설(백문식, 1998 : 298 ; 렴종율, 2001 : 193), '卵'을 뜻하는 '알'에서 왔다는 설(박갑천, 1995 : 241~242 ; 金正鎬, 2005) 등도 있다. 이들도 논의가 충분하지 못하다는 한계를 보이며, 또 그 주장도 신뢰도가 떨어진다.

사전은 문세영(文世榮)의 『朝鮮語辭典』(1938)이 아닌가 하는데, 그러나 '얼빠지다'를 '혼발(魂拔)'로 해석한 것은 잘못이요, 이는 '미함(迷陷)'으로 해석해야 정곡을 맞춘 것이 된다. 이 경우에 '빠지다'는 '발(拔), 무(無)'가 아닌 '침(沈), 몰(沒), 함(陷)'의 뜻이요 '얼빠지다'는 '미혹(迷惑) 속에 잠겨 있다'가 될 것이다(김민수 편, 1997 : 735).

(3) 오늘날 '얼'을 '넋'이나 '정신의 줏대'라는 뜻으로 명사로 쓰고 있으나 중세국어에서는 '얼'이 단독으로 쓰인 적이 없다. '얼'은 의미상으로 중세국어의 '어리석다[愚]'라는 뜻의 '어리-'와 관련이 있어 보인다. 현대국어의 '다부지지 못하고 어리숙해 보이다'라는 뜻의 '얼뜨다'나 '사람됨이 좀 모자라다'라는 뜻의 북한어 '얼되다'도 현대국어의 '얼'이 중세국어의 '어리-'와 관련이 있었음을 보여준다(이 밖에도 '얼겁, 얼김에, 얼결에' 등을 그 예로 더 들 수 있다). 이렇게 중세국어에서 '愚, 迷, 痴'의 의미를 가지던 '*어리(>얼)'가 현대국어에서 '넋'이나 '정신의 줏대'란 의미로 바뀌게 된 것은 아마도 '얼빠지다'를 '넋 빠지다'에 유추하여 잘못 해석한 데 연유하는 것이 아닌가 한다. 이러한 해석은 문세영의 『朝鮮語辭典』(1938)에 처음 보인다. 요컨대 '얼'은 단독으로 쓰이지 못하고 '얼빠지다'와 같은 한정된 문맥에 쓰이면서 '얼'의 의미를 '넋'으로 잘못 추출하여 오늘에 이른 것이다(국립국어연구원, 1999).

(1), (2), (3)의 공통점은 다음과 같이 요약된다.

(1) '얼'은 본래 중세국어 '어리-[愚]'에서 온 것이다.
(2) '얼빠지다'의 '얼'도 '어리-'에서 온 것이어서 '迷'의 뜻이다.
(3) '얼'이 '魂'의 뜻으로 이해된 것은 '얼빠지다'를 '넋 빠지다'와 연계해서 생각한 결과이다.

위의 내용은 기실 梁柱東(1959)의 핵심 내용과 다름이 없다. '얼'을 '어리-[愚]'와 관련시켜 설명한 것은 물론이거니와, '얼'이 '정신'의 뜻을 띠게 된 것이 '넋 빠지다'와 대비된 결과라는 설명은 梁柱東(1959)의 것과 똑같다. 문제는 잘못된 내용을 그대로 답습한 것이다.

'얼빠지다'의 '얼'이 '迷, 痴'를 뜻하다가 유추에 의해 '魂'으로 의미가 변했다는 주장은 아무런 근거가 없는 추정에 불과하며, 또 '얼빠지다'의 '얼', 더 나아가 명사 '얼'이 중세국어 '어리-[愚]'에서 온 것이라는 주장은 '얼빠지다'의 의미를 잘못 파악한 데서 빚어진 결과이다.

'얼빠지다'가 '열빠지다'로 소급한다는 사실을 알았다면 '얼'을 쉽게 중세 국어 '어리-[愚]'나 주변 언어와 성급히 연계시키지는 않았을 것이며, '열빠지다'에 쓰인 '열'의 의미를 고려했다면 '얼'이 '迷, 痴'에서 '魂'의 의미로 변한 단어로 설명하지는 않았을 것이다.

이 글에서는 '열'의 정체를 파악하는 것으로부터 '얼'의 어원과 의미를 밝혀 보고자 한다. 특히 '열'과의 관련성을 통해 '얼'이 본래 어떤 형태로 존재했으며 또 어떤 의미를 갖고 있었는지, 그리고 의미나 형태에 변화가 있었다면 어떤 과정을 거쳐 변했는지 등을 문헌 예를 통해 실증적으로 밝혀보고자 한다. 이들 내용을 하나하나 밝혀 가면 '얼'에 대한 기왕의 논의에 문제가 있었음이 자연스레 드러날 것이다.

2. '얼'이라는 단어는 20세기 초 문헌에 '얼빠지다'라는 복합어 속에서 처음 보인다.

> (4) 숙쥬는 얼빠진 사란과 갓치 멀건니 섯다가 세조의 말대로『萬古義烈申叔
>   舟夫人傳 25』(19xx)

20세기 초 사전인 『朝鮮語辭典』(1920)에도 '얼빠지다'로 나온다. 그리고 『朝鮮語辭典』(1938)에는 '얼빠지다'로 올라와 있다. 주목되는 것은 두 사전에서 '얼빠지다'와 '열빠지다', 그리고 '얼빠지다'와 '열빠지다'를 같은 단어로 기술하고 있는 점이다. 『朝鮮語辭典』(1920)에서는 '열빠지다'를, 『朝鮮語辭典』(1938)에서는 '얼빠지다'를 주표제어로 삼고 있다. 『朝鮮語辭典』(1920)의 '열빠지다'는 18세기 문헌인 『漢淸文鑑』에서도 확인된다.

> (5) 열빠지다 : 迷透了(『漢淸文鑑』8, 30)
> (6) ㄱ. 얼빠지다 : '열빠지다'に同じ(『朝鮮語辭典 595』, 1920)
>   ㄴ. 열빠지다 : 情神混亂(『朝鮮語辭典 606』, 1920)
> (7) ㄱ. 얼빠지다 : 정신이 없어지다, 정신이 혼란하다, 열빠지다, 횡하다(『朝
>   鮮語辭典 976』, 1938).

ㄴ. 열빠지다 : ‘얼빠지다’와 같음(『朝鮮語辭典 1004』, 1938)

위의 문헌 예를 통해 보면, 18세기까지도 ‘열빠지다’로 쓰이다가 이것이 ‘얼빠지다’로 변한 뒤에, 얼마간 ‘열빠지다’와 ‘얼빠지다’가 함께 쓰인 것으로 이해할 수 있다. 『朝鮮語辭典』(1920)과 『朝鮮語辭典』(1938)에 두 단어가 모두 표제어로 올라와 있는 것을 보면 적어도 1930년대까지는 이들이 함께 쓰였을 가능성이 높다. 『朝鮮語辭典』(1938)에는 ‘얼빠지다’가 주표제어로 나오고, 『큰사전』(1957)에는 아예 ‘열빠지다’는 제외되고 ‘얼빠지다’만 실려 있다. 그리고 신소설을 제외한 20세기 전반기 소설 작품을 보면 ‘열빠지다’나 ‘열이 빠지다’는 보이지 않고, ‘얼빠지다’나 ‘얼이 빠지다’가 주류를 이루고 있다. 이로 보면 20세기 이후는 ‘얼빠지다’가 강세를 보이다가 점차 이것으로 통일된 시기임을 알 수 있다.

(8) ㄱ. 그만 여기에 기운이 탁 꺾이어 나는 얼빠진 등신이 되고 말았다(『봄봄 49』, 1935).
ㄴ. 떡을 찌다가 얼이 빠저서 멍허니 앉엇는 남편이 밉쌀스럽다(『金따는 콩밭 55』, 1935).

예문 (4) 이후에 소개된 ‘얼빠지다’의 의미를 고려하면, 여기에 쓰인 ‘얼’은 분명 우리가 주목하고 있는 ‘정신’을 뜻하는 그것이다. 그런데 梁柱東(1959)은 물론이고 그 이후의 여러 논의에서 ‘얼빠지다(>얼빠지다)’의 ‘얼’을 ‘迷, 痴’ 등의 의미로 본 것은 참으로 이해하기 어렵다.

‘얼빠지다’의 先代形이 ‘열빠지다’라면 ‘얼’은 ‘열’에서 온 것이 되며, ‘열’ 또한 그와 같은 의미를 갖는 것이 된다. 이러한 사실은 『朝鮮語辭典』(1920) 및 『朝鮮語辭典』(1938)의 ‘얼’과 ‘열’에 대한 의미 기술을 통해서도 확인할 수 있다.

(9) 열 : 精神, 靈(『朝鮮語辭典 606』, 1920)
(10) ㄱ. 얼 : 정신, 혼, 열(『朝鮮語辭典 974』, 1938)
ㄴ. 열 : ‘얼’과 같음(『朝鮮語辭典 1003』, 1938)
ㄷ. 열 : ‘쓸개’의 사투리(『朝鮮語辭典 1003』, 1938)

『朝鮮語辭典』(1920)에서는 '열'만 표제어로 싣고 이를 '精神', '靈'의 의미로 해석하고 있다. '열'만 제시되어 있지만 그 의미를 보면 이것이 '얼'과 같은 것임을 어렵지 않게 추정할 수 있다. 『朝鮮語辭典』(1938)에서는 '얼'과 '열'을 함께 싣고 두 단어가 같은 것임을 말하고 있다. 『朝鮮語辭典』(1938)은 '얼'을 내세운 최초의 사전이라는 점은 물론이거니와, '얼'과 '열'이 같은 단어임을 언급한 사전이라는 점에서 무엇보다 주목된다. 이와 같은 사전의 기술은 '얼'과 '열'의 관련성을 뒷받침하기에 충분하다.

그렇다면 '얼'의 先代形인 '열'이 과연 무엇이냐 하는 것이다. 우리는 '열'이 六腑의 하나인 '쓸개[膽]'를 지시하는 단어로 본다. '열'이 『朝鮮語辭典』(1938), 『큰사전』(1957) 등에 '쓸개'의 사투리로 기술되어 있으며, 지금도 강원·황해·평안·충청 지역에서 쓰이고 있다.

'쓸개'를 뜻하는 '열'이 중세국어 문헌에서 확인된다. 다만 문헌상의 출현 빈도가 높지 않다.

> (11) ㄱ. 고미열 콩낫만 ᄒᆞ니롤 ᄀᆞᄂᆞ리 가라[熊膽如大豆許細研](『救急簡易方 2, 38』, 1489)
>   ㄴ. 고미열와 사향과롤 ᄀᆞᆮ게 ᄂᆞᆫ화 ᄒᆞᆫ딩 가라[(熊膽麝香同研)](『救急簡易方 3, 39』, 1489)

'고미열'은 '곰[熊]＋익(속격)＋열'로 분석되며, '熊膽'에 대응된다. 이로써 '열'이 '膽'의 뜻임이 분명히 드러난다. 그런데 15세기에서는 '膽'의 뜻으로 '열'뿐만 아니라 한자어 '膽'(『楞嚴經諺解 1, 60』), 그리고 고유어 '애'(『金剛經三家解 5, 32』)[2]와 '쓸게'가 쓰였다. 곧 15세기에는 적어도 '膽'을 뜻하는 네 개의 유의어가 존재했다.

'열'이 쓰인 『救急簡易方』에는 '도틱 쓸게'(『救急簡易方 3, 90』), '수툵의 쓸게'(『救急簡易方 3, 111』) 등에서 보듯 '쓸게'라는 단어도 함께 보인다. 아울러 16세기의 한자 학습서인 『訓蒙字會, 上, 14』와 『新增類合, 上, 22』에는 '膽'에 대한 訓으로 '쓸게'가 선택되어 있다. 한자 '膽'에 대한 訓으로 '쓸게'가 선택된 것

---

2) '애'는 중세국어에서 '膽'의 뜻으로도 쓰였지만 '腸(창자)'의 뜻으로 더 많이 쓰였다.

은, 당시에 네 개의 유의어 가운데 이것이 ‘膽’을 뜻하는 대표적인 단어였기 때문일 것이다.

그런데 ‘열’은 15세기 초의 重刊本『鄕藥救急方』에 ‘与老’로 借字 表記되어 나온다.

(12) ㄱ. 牛膽 与老(『鄕藥救急方, 中, 23』, 1417)
　　 ㄴ. 猪膽 与老(『鄕藥救急方, 鄕, 10』, 1417)
　　 ㄷ. 熊膽 与老(『鄕藥救急方, 中, 19』, 1417)

‘与老’가 ‘牛膽, 猪膽, 熊膽’에 공통으로 대응되어 있는 것을 보면, 이것이 ‘牛膽, 猪膽, 熊膽’이 공유하는 ‘膽’에 대한 鄕名임을 알 수 있다(南豊鉉, 1981 : 59). ‘与老’는 ‘*여로’로 재구된다. ‘*여로’에서 語末母音 ‘오’가 탈락한 뒤 축약된 어형이 바로 ‘열’이다. 그런데 ‘*여로’에서 ‘열’로 변한 시기는 분명하지 않다. 重刊本『鄕藥救急方』(1417)의 ‘*여로’가 15세기 말 문헌에 ‘열’로 나오는 것을 토대로 ‘*여로 > 열’의 변화가 15세기 동안에 일어난 것으로 추정할 수도 있으나, 重刊本『鄕藥救急方』이 初刊本(13세기 중엽)의 그것을 그대로 인쇄 간행한 것이라는 점에서 보면 이와 같은 추정은 무의미해진다.

15세기 초 문헌에는 ‘膽’에 ‘*여로’가 대응되다가 16세기 문헌에는 그것에 ‘쁠게’가 대응되는 것을 보면 ‘*여로’, 곧 ‘열’이 ‘쁠게’보다 먼저 등장한 단어임을 추정할 수 있다. 15세기의 ‘쁠게’에 대해 김민수 편(1997 : 673)에서는 ‘쁘-[苦]＋ㄹ[어미]＋개[접사]’로 분석하고 있다. 그리고 심재기(1995)에서는 현대국어 ‘쓸개’를 들어 ‘쓰＋ㄹ＋개’로 분석한 뒤 ‘쓰-’는 형용사 ‘쓰다[苦]’의 어간, ‘-ㄹ’은 관형형 어미, ‘-개’는 명사형 접미사로 설명하고 있다. 분석 대상 단어의 어형만 다르지 심재기(1995)와 김민수 편(1997 : 673)의 분석 관점은 같다. ‘쁠’을 ‘쁘-[苦]’와 ‘-ㄹ’로 분석한 것은 쓸개에 들어 있는 담즙이 매우 쓰다는 점을 고려하였기 때문이다.

그러나 과연 ‘쁠게’를 이와 같이 분석할 수 있는지는 의심이 간다. ‘쁘-’라는 형용사가 관형형 어미 ‘-ㄹ’을 취하는 것도 이상하거니와, ‘쁠’이 관형형이라면 그 뒤에 명사성 어근(기)이 와야 하는데 후행하는 ‘게’를 접미사로 설명한 것은 아무래도 이상하다.

접미사 '-게'는 '덥게, 둠게, 지게, 집게' 등에서 보듯 음성 모음인 동사 어간에 직접 연결되는 특성을 갖는다는 점에서, 만약 '쁠게'의 '게'를 접미사로 본다면 '쁠'은 동사 어간이 되어야 한다. 곧 접미사 '-게'의 결합 조건을 고려하면 '쁠'은 동사 어간이 되어야 한다는 것이다. 그러나 그렇게 보더라도 'ㄹ'로 끝나는 동사 어간 뒤에서 'ㄱ'이 'ㅇ'으로 교체되어 '*쁠에'로 나타나지 않고 '쁠게'로 나타난 이유를 설명하기란 쉽지 않다.3) 그리고 '-게'가 '도구'를 지시하는 접미사라는 점에서 이것이 과연 장기의 하나인 '쓸개'를 지시하는 단어를 만드는 데 참여할 수 있었는지도 의문이다.

이렇게 보면 '쁠게'의 조어론은 아직 미완성이다. 다만 '쓸개'의 즙이 쓰다는 점, 그리고 형용사 '쁘-[苦]'와 '쁠게'의 '쁠'의 聲調가 去聲으로 같다는 점이 '쁘-'와의 관련성을 섣불리 부정할 수 없게 만든다.

'쁠게'라는 단어의 독특함은 다른 신체 부위 명칭들과 조어 유형이 다르다는 점에서도 찾아볼 수 있다. 사람의 신체 부위 관련 고유어들은 '눈, 코, 입, 볼, 뺨, 배꼽, 목젖, 눈동자' 등에서 보듯 단음절어가 아니면 명사와 명사가 결합된 복합어가 대부분인데4) '쁠게'는 파생어일 가능성이 있기 때문이다.

15세기의 '쁠게'는 18세기 문헌까지도 보인다. 물론 17세기 문헌에는 제2음절의 모음이 달라진 '쁠개'(『譯語類解 上, 35』)도 보인다. '쁠게 > 쁠개'는 'ㅔ > ㅐ'에 따른 것인데, '덥게 > 덥개, 무지게 > 무지개, 반데불 > 반대불, 번게 > 번개, 오무레미 > 오무래미' 등에서 보듯 이와 같은 변화는 광범위하게 발견된다. 17세기의 '쁠개'가 지금의 '쓸개'로 이어진 것이다.

다시 '열'로 돌아가 설명해 보기로 하자. '열'은 근대국어에서도 문헌에 아

---

3) 그런데 '쓰래(경북 안동), 쓰레(전남 나주·광주, 강원 영월), 씨래(경북 예천·문경·상주·김천·청송, 충북 청주·충주·단양), 씨레(충북 충주·제천)' 등의 방언형을 보면 지역에 따라서는 이와 같은 변화가 일어났음을 알 수 있다. '쁠게'가 '*쁠에'를 거쳐 '쓰레'가 되고, '쓰레'가 '쓰래'로 변한 뒤에 이들이 각기 '씨레'와 '씨래'로 변한 것이다.

4) 김종택(1992 : 219~220)에서는 이목구비를 비롯한 중요 기관은 말할 것도 없이 신체 내부의 장기에 이르기까지 신체어에는 단음절어가 많다고 지적하고 있다. 그리고 이차적인 합성 형태의 신체어는 고유한 신체어의 명명이 아니라 후대로 내려오면서 필요에 의해 주어진 이디엄적 합성으로 보고 있다.

주 소극적으로 나온다.

> (13) ㄱ. 기듕의 열 큰 재 드라드다가 운댱의게 버힌 배 되니[數內有膽大者就
>   欲向前皆被關公砍之](『삼국지통쇽연의 9, 104』)
>   ㄴ. 그 사룸의 나히 이십일 셰오 신댱이 팔 척이오 힘 세고 열 크더라
>   [其人年二十一歲身八尺膽大力雄](『삼국지통쇽연의 13, 33』)
>   ㄷ. 네 ᄀ장 열이 크다 황개ᄂᆞᆫ 고육계를 뻐 감퇵을 사항셔롤 드리고 너ᄂᆞᆫ
>   ᄯᅩ 와 년환계랄 드려 브디 가 틱오려 ᄒᆞᄂᆞᆫ듸[你好大膽黃盖用苦肉計闞
>   澤不詐降書你又來獻連環計只恐燒不盡絶](『삼국지통쇽연의 15, 124』)
>   ㄹ. 쟝군의 이번 단여오미 족히 노젹의 간담을 써러 ᄇᆞ리려니와 괴경을
>   헐히 너겨 보닌 줄을 아니라 경의 열이 크믈 보고져 ᄒᆞ미러니라[將軍
>   此去足以驚駭老賊也非孤相舍正欲觀卿膽耳](『삼국지통쇽연의 22, 44』)

동일 문헌에 ‘열’이 다수 나오는 것은 물론이고, 모두 ‘크다’와 어울려 나오는 것이 주목된다. ‘열(이) 크다’는 단순히 ‘쓸개가 물리적으로 크다’라는 구상적 의미로 해석되지 않고, ‘담력이 크다’라는 비유적 의미로 해석된다. 이는 ‘열(이) 크다’가 관용구로서 갖는 의미이다. ‘열’은 ‘크다’뿐만 아니라 ‘빠지다, 없다’ 등과도 어울려 관용구를 형성했던 것으로 추정된다.

> (14) ㄱ. 열업시 숨긴 烏賊魚 둥겨ᄂᆞᆫ고나(『海東歌謠』)
>   ㄴ. 열업시 안ㅅ다 獸坐(『漢淸文鑑 7, 26』)

예문 (5)의 ‘열빠지다’나 (14)의 ‘열없다’는 한 단어로 굳어진 것이지만, 본래 이들은 ‘열(이) 빠지다’, ‘열(이) 없다’와 같은 句 構造에서 어휘화한 것으로 보인다. ‘열(이) 빠지다’의 표면적 의미는 ‘臟器의 하나인 쓸개가 빠지다’지만 관용구로서의 의미는 ‘정신이 나가다’이고, ‘열(이) 없다’의 표면적 의미는 ‘장기의 하나인 쓸개가 없다’이지만 관용구로서의 의미는 ‘용기가 없다’이다.

‘열(이) 크다’가 ‘담력이 크다’로, ‘열(이) 빠지다’가 ‘정신이 나가다’로, ‘열(이) 없다’가 ‘용기가 없다’로 해석될 수 있는 것은, 六腑의 하나인 ‘쓸개’가 동양 철학이나 의학에서 ‘정신, 주체, 용기’ 등을 상징하여 왔기 때문으로 이해된다.[5] 제 정신을 차리지 못하고 줏대 없이 나대는 사람을 ‘쓸개 빠진 사람’이라 하고, 담력이 커서 겁이 없는 사람을 ‘쓸개 자루가 크다’라고 하는

것만 보아도 '쓸개'가 정신, 줏대, 용기 등을 상징하는 장기 명칭임을 어렵지 않게 알 수 있다.

'쓸개'를 뜻하던 '열'이 '용기, 담력, 정신, 줏대' 등의 비유적 의미를 갖게 된 것은, 이것이 '크다, 빠지다, 없다' 등과 어울려 관용구로서의 의미를 갖게 되면서부터이다. 관용구에서 획득된 '정신, 줏대' 등의 의미가 관용구 외에서도 발휘되어 세력을 잡은 것으로 본다. 그리하여 '열'은 한때 그 기본 의미인 '膽'과 파생 의미인 '정신, 줏대' 등의 의미를 아울러 갖고 있었던 것으로 볼 수 있다.

그런데 중세국어에서는 파생 의미로 쓰인 '열'의 용례가 확인되지 않으며, 근대국어에서는 기본 의미로 쓰인 '열'의 용례가 확인되지 않는다. 아울러 근대국어에서는 파생 의미로 쓰인 독자적 용례도 확인되지 않는다.

그러나 『朝鮮語辭典』(1920)에 실려 있는 '열ㅅ긔'라는 복합어는 '열'이 '정신'이라는 독자적인 의미 기능을 수행하였음을 짐작하게 한다. '열'은 '精神'의 뜻이고, '긔'는 한자 '氣'여서 '열ㅅ긔'는 '정신의 기력'으로 해석되는데, 실제 사전에서도 이와 같이 해석하고 있다.6) '열'에 '정신'이라는 의미가 있었기에 1920년대 초이지만 『朝鮮語辭典』(1920)에 '열'을 별도로 실어 '精神, 靈'으로 해석한 것이다. 다만 중세국어 '열'의 聲調가 平聲인데, 20세기 초 '열'의 音長이 장음이라는 점이 '膽'을 뜻한 '열'과 '정신'을 뜻한 '열' 사이의 관계를 의심하게 만들지 모른다. 그러나 聲調에 따라 반드시 音長이 결정되는 것은 아니어서 이는 그렇게 문제가 되지 않는다.

앞서 우리는 '열'이 관용구로서의 의미를 통해 '정신'의 의미를 획득한 뒤 '膽'과 '정신'이라는 두 가지 의미를 갖는 多義語였을 것으로 추정한 바 있다.

그런데 20세기 초의 사전에서 '열'을 '정신'의 의미만으로 기술하고, '쓸개'를 뜻하는 '열'을 별도로 내세워 사투리라 설명한 것을 보면, '열'이 20세기 이전의 어느 시점에서 그 본래의 의미인 '膽'의 의미를 잃고 '精神'이라는

---

5) 한의학에서는 '쓸개'를 '中正之官'이라 부른다. '아주 냉철하고 이성적인 판단으로 어느 쪽에도 치우침 없이 중도와 바름을 지키는 장부'라는 의미를 담고 있다.
6) '쓸개'를 뜻하는 '열기'라는 단어가 지금 삼척 지역에서 쓰인다.

의미만 갖고 있었던 것으로 파악된다. 20세기 초는 중앙어의 ‘열’에서 ‘膽’의 의미가 완전히 빠져나가 ‘열’과 ‘膽’과의 관계를 인식하지 못하고 있던 시기이다.

‘열’에서 ‘膽’의 의미가 사라진 이유는, 그 유의어인 ‘담(膽)’과 ‘쓸개’와의 유의 경쟁의 결과로 설명할 수 있다. 신체를 지시하는 短音節 단어로서 언어 경제라는 측면에서 유리한 처지에 있던 ‘열’이 ‘담’, ‘쓸개’와의 유의 경쟁에서 불리하였던 데에는 그 만한 이유가 있었을 것이다. 그 하나는 한자어 ‘熱’과의 同音性으로 추정된다. ‘熱’과 동음 관계에 놓임으로써 그것이 부담이 되어 유의 경쟁에서 불리했던 것으로 본다. 同意性과 同音性을 함께 유지하는 단어는 동음성이 유의 경쟁의 불리한 요인으로 작용하여 유의 경쟁력이 떨어진다. 현재 한자어 ‘담’의 세력이 ‘쓸개’에 미치지 못하는 것도, 이것이 ‘담[牆]’, ‘痰’ 등과 동음 관계에 있기 때문으로 파악된다. 한편 ‘열’이 ‘膽’과 ‘魂’의 의미를 지니는 다의어로서 意味 負擔量이 컸던 것도 유의 경쟁력을 떨어뜨린 요인으로 이해된다. 의미 부담량이 큰 다의어는 여러 의미를 분담함으로써 결국 특정 의미에서 지시 기능이 떨어질 수 있다. ‘魂’의 의미로 기울어진 ‘열’이 ‘膽’의 의미를 놓고 벌이는 유의 경쟁에서 유리할 수는 없었을 것이다.

‘열’이 ‘膽’의 의미를 잃은 데에는 ‘열’ 자체의 경쟁력 약화는 물론이고 그 상대어인 ‘쓸게(＞쓸개)’의 경쟁력 강화 요인도 작용하였을 것이다. ‘쓸게’가 유의 경쟁에서 유리할 수 있었던 것은, ‘－게’ 파생어들과 형태적 계열어로 인식되어 형태 안정성을 누릴 수 있었고, 또 ‘쓸’을 ‘쓰다[苦]’와 연계하여 의미론적 유연성을 확보할 수 있었기 때문으로 이해된다.

위의 여러 요인이 복합적으로 작용하여 ‘열’에서 ‘膽’의 의미가 빠져나감으로써, ‘열’은 방언으로만 제한적으로 쓰이게 된 것이다. 그리고 ‘精神’을 뜻하는 ‘열’조차도 ‘얼’로 형태가 변하여 ‘열’은 ‘열뜨다(마음이 안정되지 못하여 주변 일에 우왕좌왕하다), 열쩍다(‘열없다’의 방언), 열없다(담이 작고 겁이 많다), 열없쟁이(열없는 사람을 낮잡아 이르는 말), 열치다(‘미치다’의 속된 말)’ 등과 같은 합성 형태 속에서나 만날 수 있게 되었다.

이렇게 해서 ‘얼’이 ‘열’로 소급하며, ‘열’은 본래 ‘膽’의 뜻이었는데 ‘精神’

의 뜻을 갖게 되었다는 것, 그러다가 ‘膽’의 뜻은 ‘담’과 ‘쓸게’에 넘겨주고 의미가 축소되었다는 것, ‘精神’이라는 의미로서의 ‘열’이 ‘얼’로 변하였다는 것 등이 밝혀진 셈이다.

다음으로 밝혀야 할 것은, ‘열’이 어떤 이유로, 또 어떤 과정을 거쳐 ‘얼’로 변하였느냐 하는 점이다.

음운론적인 관점에서 보면, ‘열’이 ‘얼’로 변하는 것은 쉽지 않다. 만약 이러한 변화가 가능한 것이라면 ‘yə’의 ‘y’가 탈락한 것이 된다. ‘굴며기’(『杜詩諺解 7, 3』)’가 ‘갈머기’(『物名攷 1, 3』)로, ‘벼개’(『法華經諺解 2, 73』)가 ‘버개’(『諺解胎産集要 49』)로, ‘지령이’(『漢字用法 75』)가 ‘지렁이’로 나오기도 하는 것을 보면 이와 같은 변화가 아주 불가능한 것은 아니지만 일반화하여 말하기는 곤란할 듯하다.

‘열’의 경우는 음운론적인 동기가 아니라 다른 동기에 의해 ‘얼’로 변한 것으로 추정된다. 우선 ‘열빠지다’가 ‘얼빠지다’로 변한 예가 떠오른다. 이는 복합 형태 속의 ‘열’로부터 변화가 일어났을 가능성을 암시한다. ‘열없다’에 대한 ‘얼없다’(『젊은이의 시절 36』, 1922), ‘열적다’에 대한 ‘얼적다’(『뉘치려 할 때 31』, 1940), ‘열뜨다’에 대한 ‘얼뜨다’(『소낙비 34』, 1935)가 있어 그 가능성이 높아진다. 물론 ‘얼’을 포함하는 단어가 ‘열’이 ‘얼’로 변한 뒤에 나타난 것으로 볼 수도 있으나, 일련의 복합어들에 두 가지 어형이 모두 존재한다는 점에서 어형 변화에 대한 가능성을 짐작하게 한다.

아마도 ‘열빠지다, 열없다, 열적다, 열뜨다’와 같은 ‘열’과 용언이 결합된 복합어들이, 이 ‘열’과 성격이 다른 ‘얼’과 용언이 결합된 ‘얼더듬다, 얼버무리다, 얼보이다, 얼비치다’ 등과 같은 단어들에 이끌려 어형을 달리한 것이 아닌가 한다. 곧 접두사 ‘얼–’을 포함하는 합성 동사에 유추되어 ‘열’을 포함하는 복합어 속의 ‘열’이 ‘얼’로 변했다는 것이다. ‘열’에 대한 유연성이 희박해지면서 유추 작용이 거부감 없이 이루어진 것으로 판단된다.

특히 복합어 가운데 빈도가 높던 ‘열빠지다’가 일찍이 ‘얼빠지다’로 변함으로써 ‘열’이 더욱 빠르게 ‘얼’로 정착했을 것이다. 『朝鮮語辭典』(1920)에는 실리지 않은 ‘얼’이 『朝鮮語辭典』(1938)에 당당히, 그것도 주표제어로 실려 있는 것을 보면 1930년대 이후에는 ‘얼’이 부각되어 있던 시기임에 틀림이 없다. 1940년 무렵 전개된 ‘3ㄹ 운동’에서 ‘말, 글’과 함께 ‘얼’을 내세워 광복 운동을 펼친 것을 보면 당시 ‘얼’이 자못 널리 알려진 단어였음을 짐작할 수 있다.

다만 ‘얼’이 처음부터 ‘~의 얼’과 같은 표현 방식으로 적극적으로 쓰인 것은 아닌 듯하다. 20세기 전반기의 소설류를 찾아보면 ‘민족의 한, 민족의 대원, 민족의 리상(이상), 민족의 심판, 민족의 뿌리’, ‘시대의 요구, 시대의 환경, 시대의 질리(진리), 시대의 생각’ 등과 같은 표현은 나와도 ‘민족의 얼’이니 ‘시대의 얼’이니 하는 등의 표현은 좀처럼 나오지 않는다.

梁柱東(1959)에서 당시의 대중들이 ‘얼’을 잘 모른다고 한 것이나, 동아일보에 실린 鄭寅普 선생의 「조선민족 五千年의 얼」이라는 글로부터 그릇 조어된 ‘얼’이 쓰인 것으로 설명하고 있는 점을 보면 ‘~의 얼’과 같은 표현은 1950년대에는 익숙하지 않았던 듯하다.

그러나 당시에 일부 인사는 물론이고 대중들도 ‘얼’ 자체는 알고 있었으며, 그래서 이것이 사전에까지 실린 것으로 보인다. 그리고 鄭寅普 선생은 ‘얼’을 활용하여 새로운 표현 방식을 실험한 것이지 잘못 만든 ‘얼’을 의도적으로 쓴 것은 아니라고 본다.

梁柱東(1959)에서 주장한 ‘얼’의 어원에 대한 핵심 내용은 ‘얼’에 대한 역사적 정보가 부족하거나 부정확하여 誤導된 실수로 볼 수 있다. 그 후에 이 실수를 아무런 비판과 고민 없이 받아들여 똑같은 우를 범한 것은 지적하지 않을 수 없다.

3. ‘얼’은 비교적 일찍이 그 어원 문제가 거론된 단어이며, 또 그것이 지속적인 관심을 받아온 단어이다. 그러나 ‘얼’의 어원에 대한 심도 있는 논의는 梁柱東(1959) 한 편에 불과하다는 아쉬움이 있다. 아울러 梁柱東(1959)의 논의를 더 이상 발전시키지 못했다는 아쉬움도 있다.

앞서도 언급하였듯이 梁柱東(1959)의 오류는 ‘얼빠지다’의 ‘얼’을 잘못 해석한 데서 비롯된다. ‘얼’이 특정인에 의해 당시에 잘못 조어된 新造語라고 보았지만, '얼'은 '膽'을 지시하는 15세기의 '열'로까지 소급한다.

'열'과의 관계를 고려하여 밝힌, '얼'의 정체는 다음과 같이 정리된다.

① '열'은 '*여로'에서 말음절의 모음이 탈락한 어형이다. '*여로'의 어원은 더 이상 추적하기 어렵다. '열'은 중세국어에서 '담(膽), 애, 쓸게' 등과 유의 관계를 맺고 있었다. '열'은 '빠지다, 크다, 없다' 등과 어울려 관용구를 형성하면서 그 관용구로서의 의미를 근거로 '용기, 정신' 등의 비유적 의미를 얻는다. 그리하여 한때 기본 의미인 '膽'과 파생 의미인 '精神'을 아우르는 다의어로 기능을 하였을 것으로 판단된다.

② '열'은 '膽'이라는 의미를 놓고 한자어 '담', 그리고 고유어 '쓸게'와 유의 경쟁을 하게 된다. 이때 동음성과 다의성이 유의 경쟁의 불리한 요인으로 작용하여 '膽'의 의미를 잃게 된다. '열'이 '膽'의 의미를 잃은 시기가 언제인지는 정확히 알 수 없으나 20세기 초에 간행된 사전의 기술 내용을 토대로 해 보면 20세기 이전인 것만은 분명하다. 20세기 초의 '열'에 '膽'의 의미는 없었던 것으로 보인다.

③ '열'은 '膽'의 의미를 잃는 의미 변화를 겪으면서 또 한편으로 '얼'로 바뀌는 형태 변화도 겪는다. 20세기 초 사전의 기술 내용과 그 시기의 실제 사용 예를 통해 보면 20세기 이후는 '열'이 쇠퇴하고 '얼'이 세력을 잡는 시기임을 알 수 있다. '혼, 정신'의 의미를 갖는 '열'이 '얼'로 변하여 '얼'이 본격적으로 그 의미 기능을 대신하게 된 것이다. 이로 보면 '얼'은 그 역사가 장구한 정통성 있는 단어임에 틀림이 없다.

④ '열 > 얼'의 변화는 먼저 '열빠지다, 열없다, 열뜨다' 등과 같은 복합어에서 시작된 것으로 추정된다. 이들이 '얼'을 포함하는 다른 단어들에 유추되어 이들 속의 '열'이 '얼'로 변하면서 형태 변화가 고착화된 것으로 판단된다.

⑤ '열'이 '얼'로 변한 뒤에 '얼'은 주로 '빠지다, 뜨다' 등과 어울려 '얼이 빠지다', '얼빠지다', '얼뜨다' 등과 같은 표현 속에서 쓰였던 것으로 추정된다. '얼'이 세력을 얻어 '~의 얼'과 같은 특정 표현에 활용되기 시작한 것은 1950년대 이후의 일로 추정된다.

참고문헌

국립국어연구원(1999), 「어원 이야기」, 『새국어소식』 제6호.

김민수 편(1997), 『우리말 語源辭典』, 서울 : 태학사.

김선기(1968), 「한·일·몽 단어의 비교 : 계통론의 긷돌」, 『한글』 142.

金正鎬(2005), 「'우리·알·얼'의 어원과 어의변천 연구」, 『語文研究』 48.

김종택(1992), 『국어 어휘론』, 서울 : (주)탑출판사.

南豊鉉(1981), 『借字表記法研究』, 서울 : 檀大出版部.

렴종율(2001), 『조선말단어의유래』, 평양 : 금성청년종합출판사.

박갑천(1995), 『재미있는 어원 이야기』, 서울 : 을유문화사.

백문식(1998), 『우리말의 뿌리를 찾아서』, 서울 : 三光出版社.

심재기(1995), 「쓸개(어원)」, 『韓國文化상징사전』 2.

梁柱東(1959), 「續 古語研究 抄 : '얼'이란 말에 대하여(訂誤와 存疑)」, 『동아일보』 1959.
        3. 27.

劉昌惇(1971), 『語彙史研究』, 서울 : 宣明文化社.

이 탁(1967), 「국어 어원 풀이의 일단」, 『한글』 140.

조영언(2004), 『한국어 어원사전』, 부산 : 다솜출판사.

崔鶴根(1978), 『韓國方言辭典』, 서울 : 玄文社.

관용 표현의 생성과 소멸*

문금현

1. 통시적 고찰의 필요성

지금까지 국어 관용 표현에 대한 연구는 현대 국어만을 대상으로 한 공시적인 연구가 대부분이었다. 그렇기 때문에 구체적인 예를 통해서 관용 표현의 생성 요인이나 변천 과정에 대한 통시적인 고찰은 거의 이루어지지 못했다고 할 수 있다.

국어 관용 표현의 자료로는 한글 창제 이전부터 전해 내려온 한자 고사성어 자료나 한글 창제 후의 구어 자료인 16세기 언간 자료, 17·18세기의 일기, 기행문, 가사 자료, 17세기부터 19세기까지의 조선 시대 소설, 특히 판소리계 소설 자료, 민요 자료, 그리고 20세기 초 개화기 시대의 신소설 자료, 속담 및 국어학 관계 자료집, 20세기 중반의 소설, 20세기 후반의 소설, TV 드라마 대본, 일상 대화, 신문, 사전 등을 들 수 있다. 관용 표현의 전체 체계를 역사적인 관점에서 살펴보려면, 이들 자료를 통시적으로 살피고, 공시적으로는 구어와 문어의 자료를 골고루 갖추어 살펴보아야 할 것이다. 이 글에서는 각 시기별 문헌 자료를 대상으로 한 통시적 연구를 바탕으로 하여 관용

---

* 『국어학』 28, 국어학회, 301~333면에 실린 것임.

표현이 왜 쓰이게 되었고, 언제 어떻게 생성되었으며, 어떤 과정을 통해 변하고 소멸하는지에 대한 통시적 고찰을 하고자 한다.

가장 오래된 국어 관용 표현은 『삼국유사』 권5(郁面婢念佛西昇 ; 욱면비념불서승)의 욱면이라는 계집종에 대한 설화에 나오는 '己事之忙 大家之春促'(기사지망 대가지용촉 : 내 일 바빠 한 댁 방아)라고 알고 있으나, 고대 국어와 전기 중세 국어는 문헌의 결핍으로 그 상한선을 정확하게 그을 수가 없는 실정이다. 가장 최근에 생성된 관용 표현은 신문이나 TV 드라마 대본, 우리의 일상 대화 등에서 쉽게 접할 수 있다. 국어 관용 표현 체계도 국어 어휘 체계와 마찬가지로 끊임없이 생성과 소멸의 과정을 겪고 있다.

그러면 국어 관용 표현의 생성과 소멸에 대하여 생성 원인과 유래, 생성 및 변천 과정, 신생과 소멸, 국어 관용 표현 체계의 역사의 순서로 논의하고자 한다.

2. 관용 표현의 생성

2.1. 생성 원인

먼저 국어 관용 표현이 생성되는 원인[1]은 크게 언어 외적인 원인과 언어 내적인 원인으로 나누어 볼 수가 있으며 다시 다음과 같이 세분된다.

2.1.1. 언어 외적인 생성 원인

첫째, 국어 관용 표현이 생성되는 언어 외적인 생성 원인으로는 심리적 원

---

1) 기존의 연구에서 관용 표현의 생성 원인에 대한 견해는 다음과 같다.
   • 노수련(1936)-언어 경제설 / 표현 효과설
   • 김문창(1974 / 1980)-적확한 표현 / 표현 효과 / 언어 경제 : 김문창(1990)-의미 변화 추가
   • A Dictionary of American Idioms(1984 : iv)-새로운 개념을 표현하는 데에 새로운 단어를 만들지 않고 기존 단어들을 사용하여 거기에 새로운 의미를 함께 집어넣어서 만들어진다.

인을 들 수 있다. 언중들은 자신의 의도를 효과적으로 전달해 주지 못하는 진부한 표현을 대신하여 자신의 언어 심리를 충족시킬 수 있는 비유의 방법을 사용하게 되었다. 이렇게 감정 표출을 효과적으로 하기 위하여 새로운 관용 표현들이 필요하게 되었던 것이다. 언중들이 심리적으로 원하는 표현 효과로는 대체적으로 강조적인 표현 효과나(1), 완곡한 표현 효과(2), 신선한 표현 효과가 있다. 그 밖에 금기시한 것을 달리 표현하고자 한다거나 친근성을 표시하기 위하여 생성된 것도 있다.

    (1) 간장을 녹이다 / 애가 타다 / 등골 빠진다
    (2) 뒤를 보다 / 눈을 감다

둘째, 역사적인 원인을 들 수 있다. 이른 시기에 생성된 우리 고유의 관용 표현은 역사적 사건이나 고담(古談), 고기록, 민담 등이 배경이 되어 생겨났다. 그리고 역사적으로 새로운 물질 문명의 유입이나 기술 혁신에 의해 지시물에 여러 가지 변화가 생김으로써 새로운 단어가 생기고 이와 관련된 관용 표현이 생성되기도 한다(3). 또 다른 나라와의 교류에 의해 한자 고시성어니 일본의 관용 표현, 서구 외래어 관용 표현을 차용함으로써 생겨나기도 한다(2.2.1.에 예시됨).

    (3) 깡통을 차다 / 비행기를 태우다

셋째, 언어가 그 나라의 문화와 사회적인 배경을 반영하고 있듯이 관용 표현도 사회, 문화적인 배경에 의해서 생겨난다(4). 언어가 지칭하는 사물이나 현상은 사라졌지만, 생성 당시의 사회·문화적 배경을 드러낸 채 아직도 사용되고 있는 것들이 있다.

    (4) 감투를 쓰다 / 산통을 깨다

그 밖에도 그 당시에 사회적으로 관심사가 되는 사건이나 주제와 관련되어 생긴 관용 표현들이 있다. 주로 정치적인 사건이나 사회적인 사건들이 대상이 되는데 일시적으로 쓰이다가 유행어처럼 사라져 버린 것들도 있으나, 그 중에는 오랫동안 살아 남아 관용 표현의 자리를 차지하게 된 것도 있다. 스포츠 중에서 프로 야구가 우리나라에 처음 생겨 사회적으로 야구에 대한 관심이 고조되면서 '히트를 치다, 홈런을 치다' 등을 일상적인 표현에 비유하여 쓰게 된 것을 그 예로 들 수 있다.

2.1.2. 언어 내적인 생성 원인

언어 내적인 생성 원인으로는 다음과 같은 것들을 들 수 있다. 첫째, 의미가 비교적 쉽게 연상(聯想)되는 은유적 표현에 의해서 관용 표현이 생기게 된 것을 대표적으로 들 수 있다. 여기에는 유사한 상황을 비유적으로 표현함으로써 생성된 것들이 있고(5), 인간의 어떤 구체적인 행위를 비유적으로 표현함으로써 생성된 것들이 있으며(6), 상징적으로 표현함으로써 생성된 것들도 있다(7).

    (5) 우물 안 개구리 / 개밥에 도토리 / 그림의 떡 / 소 귀에 경 읽기
    (6) 손을 잡다 / 발을 빼다 / 눈감아 주다
    (7) 손을 벌리다

둘째, 의미의 유추에 의해 축자적 의미와 관용적 의미를 연결시킴으로써 생성되기도 한다(8).

    (8) 비행기를 태우다 / 바가지를 긁다

셋째, 어떤 구체적인 사건에 대해서 처음에는 일반적인 표현을 쓰다가 이와 유사한 상황에서 자꾸 반복해서 쓰다 보면 점차 추상화됨으로써 관용 표현이 되는 경우가 있다. 주로 사회, 문화적 배경을 가진 것들이 여기에 해당된다. 처음에는 사회, 문화적인 배경 속에서 생성되었지만 현재 그러한 사회 현상이 사라졌거나 사라져가고 있는 것들은 관용 의미가 불투명하게 느껴지게 되고(9), 아직 사라지지 않은 것들은 관용 의미가 비교적 투명하게 느껴지게 되는 것이다(10).

    (9) 시치미를 떼다 / 오리발을 내밀다

(10) 국수를 먹다 / 시집을 가다 / 장가를 가다

요컨대, 국어 관용 표현은 언어 외적으로는 언중들이 심리적으로 원하는 표현 효과를 전달하기 위해서나 역사적, 문화적, 사회적 배경에 의해서 생성되고, 언어 내적으로는 유사한 상황이나 행위에 대한 비유적 표현이나 상징적인 표현을 하고자 할 때 생성되거나 어떤 구체적인 사건에 대해 일반적인 표현을 쓰다가 점차 추상화되면서 생성된다고 할 수 있다.

2.2. 생성 유래

관용 표현의 생성은 처음에 글자 그대로의 축자적 의미가 그것을 비유적으로 나타낼 수 있는 상황과 근접 또는 유사한 경우에 부딪쳤을 때, 그 축자적 의미를 가진 표현을 가져다 쓰는 데서 출발하기도 하고, 또 처음에는 개인적이고 특수한 상황에서 쓰이던 표현이 차츰 반복 사용되어 사회적으로 대중성과 일반성을 가지게 되면서 관용 표현으로 굳어지기도 한다. 그리하여 오랜 시간이 흐르게 되면 언중들은 처음에 그 표현이 생기게 된 유래는 모른 채 그 표현만을 가져다 쓰게 되는 것이다. 배경 설화를 기억하고 있는 경우는 유연적인 해석이 가능하지만, 현상이나 사물의 일부 및 명칭이 소멸되어 의미 변화가 일어나게 된 것들은 언중들에게 의미가 생소하게 느껴지게 되면서 추상적인 의미를 가지게 되는 것이다. 여기에서는 관용 표현의 생성 유래[2]를 다시 외적인 경우와 내적인 경우로 나누어 살펴보기로 한다.

---

2) 관용 표현의 생성 유래에 대해서는 다음과 같은 연구가 있었다.
 • 永野賢－故事來歷 / 고어가 남은 것 / 장기, 바둑, 스포츠 등 특수 세계의 용어에서 유래한 것 / 비유적인 것, 기분을 끄는 표현 / 의미를 강하게 하는 것 / 어로(語路)를 정리하여 부드럽게 하는 것 [『國語學辭典』(1977)에서 인용]
 • 김규선(1978 : 107~111)－중국 고사성어의 차용 / 중국 고사성어의 국역 / 중국 고사성어의 변개 / 기타 외국어의 차용 번역 / 한국 자성의 관용 어구 등
 • 황희영(1978)－옛말과 속담 / 은어 / 놀이 / 말줄임 / 호칭 / 조어법 / 표현 기교 등
 • 『국어국문학 사전』(1989)－고사성구(故事成句)가 일반적으로 관용된 것 / 비유적 표현이 당초의 신선한 표현을 잃고 사은유로 이행되는 과정과 유사한 상투 어구

2.2.1. 언어 외적인 생성 유래

국어 관용 표현은 매우 다양한 생성 유래를 가진다. 먼저 언어 외적으로는 첫째, 근원 설화나 민담 등 기타 고기록에서 유래된 경우를 들 수 있다. 이들을 세분해 보면 역사적 사건 및 고사를 연원으로 하여 생긴 관용 표현(11)이 있고, 고기록이나 설화에서 유래되어 생긴 관용 표현(12)이 있다.[3]

> (11) 고려공사삼일(高麗公事三日) / 십년 공부 나무아미타불
> (12) ·내 코가 석 자나 빠졌다 : 당(唐)의 은성식(殷成式)의 『유양잡조(酉陽雜
>   俎)』의 "방이설화(旁㐌說話)" / 『동사강목(東史綱目)』부권(附卷) 중 "유
>   설변증(惟說辨證)"
>   ·도로아미타불 / 오쟁이 졌다 : 부묵자(副墨子) 찬(撰) 『파수록(罷(破)睡錄)』
>   ·업어 온 중 / 움 안에 떡 받았다 : 성여학(成汝學) 찬 『속어면순(續禦眠楯)』
>   ·큰 코 다치다 : 『교수잡사(攪睡襍史)』 / 사숙제(私淑齊) 강희맹 찬 "촌담
>   해이(村淡解頤)"
>   ·학질(을) 떼다 : 성여학 찬 『어면순(禦眠楯)』 / 장한종(張漢宗) 찬 『어면
>   신화(禦眠新話)』

여기에 인용된 고기록들은 옛날 민간에 널리 전파되어 감명깊게 읽힌 책들이다. 중국의 유명한 문학 작품이 우리 글방의 교재로도 쓰였기에 이들 책 속에 등장하는 구절이나 인명 등이 자연스럽게 설화에도 스며들어 왔을 것으로 짐작된다. 또 특수한 기록이 남아 있는 역사적인 사건은 아니더라도 지역 사회에서 있었던 범상하지 않은 사건에 연원하여 생겨난 것도 있고(13), 배후 민담에서 유래한 것(14), 민간 어원에서 유래한 것(15), 민간 신앙에서 유래한 것(16)도 있다. 그 밖에 성경에 나오는 구절을 따온 것(17)도 있다.

> (13) 고경립의 바지 같다 / 남산 골 샌님 / 강원도 안 가도 삼척
> (14) 강원도 참사다 / 시치미를 떼다 / 얌생이 친다[4]

---

3) 이하 설화에 근원을 둔 관용구의 연원은 이훈종(1961 : 30~36) 참조.

4) '시치미 떼다'는 시치미가 매의 주인이 자신의 주소를 적어 매의 꽁지 위 털 속에 매어 둔 네모진 뿔이었는데, 어떤 사람이 시치미를 떼고 매를 훔쳐가고 모른 척 했다. 그 후 매사냥의 풍속이 사라지고 차츰 시간이 흐르면서 언중들은 그 유래를 모른 채 관용구로 쓰게 되었다.
  '얌생이 친다'는 미군 부대 옆에서 염소를 치는 영감이 창고 밖에는 풀이 적고 창고 안에는 풀이 많아서, 보초의 허락을 받아 안으로 들어가 염소에게 풀을 먹이면서 창고 안의 기계 부속들을 몰

(15) 바가지를 긁다5)
(16) 호랑이도 제 말하면 온다 / 귀신 듣는 덴 떡 소리도 못한다
(17) 눈에는 눈, 이에는 이[유대인들의 전통인 탈리오의 원칙(lex talionis)인
　　동태 복수법의 전통] / 새 술은 새 부대에(Mattew 9 : 17 ; Neither do
　　men put new wine in old bottles : else the wine runneth out and the
　　bottles perish.)

　둘째, 축자적 의미를 가지고 쓰이던 일반 구절이 사회·문화적 배경의 변화에 의해서 관용 구절이 된 경우가 있다. 예를 들면, 예전에 결혼식을 남의 집 마당을 빌려서 하던 시대에는 '마당을 빌리다'가 일반구로 쓰였고, 하객들에게 국수를 대접한다고 하여 '국수를 먹이다'도 일반구로 쓰였다. 20세기 이후 촛불을 밝히고 결혼식을 하게 되면서는 '화촉을 밝히다'가 일반구로 쓰였는데, 그 후 이것들이 일반구로 점차 쓰이지 않게 되면서 [결혼하다]라는 의미의 관용구가 되었다. '머리를 얹다'의 경우도 예전에는 여자가 결혼을 하면 처녀 때 풀었던 머리를 쪽을 쪄서 올렸기 때문에 일반구로 쓰이다가 관용구가 된 것이다.

　또 옛날에 거지들이 바가지(쪽박)를 차고 다니면서 구걸을 할 때는 '바가지를 차다'나 '쪽박을 차다'가 일반구로 쓰였으나, 깡통 제품이 우리나라에 들어오고 일본의 화란어계 차용어인 'KAN(罐 ; 관)'을 개화기 이후에 우리가 차용하여 '깡통'을 사용하게 된 후에는 '깡통을 차다'로 바꾸어 썼고, 지금은 깡통을 들고 다니면서 구걸하는 거지를 거의 볼 수가 없게 되었으므로 [거지 신세가 되다]라는 의미의 관용구로만 쓰이게 되었다.

　셋째, 외래어의 영향에 의해서도 관용 표현이 생성된다. 먼저 가장 많은 것으로 중국 고사성어에서 유래한 것들을 들 수 있다. 이는 다시 중국의 고사성어를 그대로 차용해다 쓴 경우, 우리나라에서 변개해서 쓴 경우, 우리나라에서 만든 경우, 우리 말로 국역한 경우로 나누어 볼 수 있다. 각 예들과 출전을 함께 제시해 보기로 한다.

래 훔치는 일을 되풀이하다가 꼬리가 길어 잡혔다는 이야기에서 유래했다고 한다.
5) 콜레라를 퇴치하기 위해 온 동네를 시끄럽게 바가지를 긁으며 돌아다녔다는 데서 유래했다고 한다.

(18) 중국의 고사성어를 그대로 쓰는 경우
- 각주구검(刻舟求劍) : 여씨춘추 찰금편(呂氏春秋 察今篇)
- 금상첨화(錦上添花) : 왕안석의 즉사시(王安石 卽事詩)
- 금지옥엽(金枝玉葉) : 고금주(古今注) / 육첩(六帖)
- 난형난제(難兄難弟) : 세설 덕행편(世說 德行篇)
- 남가일몽(南柯一夢) : 당리공좌(唐李公佐) / 남가지몽(南柯之夢) : 이문집(異聞集)
- 단도직입(單刀直入) : 전등록(傳燈錄)
- 마이동풍(馬耳東風) : 이백(李白)의 답왕거일시(答王去一詩) / 육유(陸游)의 시
- 부창부수(夫倡婦隨) : 관윤자 삼극편(關尹子 三極篇)
- 분골쇄신(粉骨碎身) : 증도가(證道歌)
- 새옹마(塞翁馬) / 새옹실마(塞翁失馬) / 새옹지마(塞翁之馬) : 회남자 인간훈(淮南子 人間訓)
- 오리무중(五里霧中) : 후한서 장해전(後漢書 張楷傳)
- 오십보소백보(五十步笑百步) / 오십보백보(五十步百步) : 맹자 양혜왕상편(孟子 梁惠王上篇)
- 용두사미(龍頭蛇尾) : 오등회원(五燈會元)
- 일장춘몽(一場春夢) : 후청록(侯鯖錄)
- 타산지석(他山之石) : 시경 소아 학명편(詩經 小雅 鶴鳴篇)
- 환골탈태(換骨奪胎) : 열선전(列仙傳) / 냉제야화(冷齊夜話) / 시림양재(詩林良材)에 나오는 이백의 시

(19) 우리나라에서 변개해서 쓴 경우
- 상전벽해(桑田碧海) ← 창상변(滄桑變)
- 어부지리(漁父之利) ← 어리(漁利)·방휼지쟁(蚌鷸之爭)·휼방지쟁(鷸蚌之爭)·휼방상쟁(鷸蚌相爭)

(20) 우리나라에서 만든 경우
- 독불장군(獨不將軍)
- 함흥차사(咸興差使)

(21) 우리말로 국역한 경우
- 계란으로 바위 치기 : 이란투석(以卵投石) : 묵자 귀의편(墨子 貴義篇)
- 고목에 꽃이 피다 : 고목발영(枯木發榮) : 조식(曹植)의 칠계(七啓)
- 귀신이 곡할 노릇 : 경신읍귀(驚神泣鬼) : 두보(杜甫) 시
- 그림의 떡 : 화병충기(畫餅充飢) / 화병(畫餅) : 삼국지 위지 노전(盧傳)

- 꼬리를 치다(유혹하다 ← 동정을 받으려는 가련한 모양) : 요미걸련(搖尾乞憐)
- 눈 깜박할 사이 : 순식지간(瞬息之間) : 우파새계경(優婆塞戒經)
- 들은 풍월 : 구이지학(口耳之學) : 순자 권학편(荀子 勸學篇)
- 무릎을 꿇다 : 굴슬(屈膝) : 호전(胡銓)의 상고종봉사(上高宗封事) / 굴슬구화(屈膝求和) : 사기(史記) 사마상여전(司馬相如傳) / 촉슬(促膝) : 위서 이건전(魏書 李騫傳) / 촉슬담심(促膝談心) : 유림외사(儒林外史) 제10회
- 산에 가서 고기를 구한다 : 연목구어(緣木求魚) : 맹자 양혜왕 상편(梁惠王上篇)
- 용을 잡는 재주 : 도룡지기(屠龍之技) : 장자 설검편(莊子 說劍篇)
- 입에서 아직 젖내가 난다 : 구상유취(口尙乳臭) : 사기 고조기(史記 高祖紀)
- 입에 풀칠하다 : 호구(餬口)[6] : 좌전(左傳)
- 치를 떨다 : 절치(切齒) : 전국연책(戰國燕策)
- 창자가 끊어지다 : 단장(斷腸) : 포조(鮑照)의 시 / 위문제(魏文帝)의 시 : 단장소혼(斷腸消魂) : 화월침(花月寢) 제39회
- 티끌 모아 태산 : 적소성다(積少成多) / 적토성산(積土成山) / 진합태산(塵合泰山) : 동중서(董仲舒)의 대책 설원(對策 說苑) : 적수성연(積水成淵) : 순자 권학편(荀子 勸學篇)

다음으로는 일본 관용 표현의 영향에 의해서 생성된 것을 들 수 있다. 일본의 관용 표현은 우리의 관용 표현과 일치하는 경우가 꽤 많다.[7] 여기에는 우리가 일제 치하에 있을 때 일본의 관용 표현을 차용해 온 것도 있지만, 반드시 우리가 차용했다고 확증할 수 없는 것들도 있다. 어느 나라를 막론하고 언어의 보편성에 기초한 공통적인 표현들이 있을 수 있기 때문이다. 차용의 방향을 정확히 알 수는 없으나, 일본 관용 표현과 어느 정도 일치를 보이는 것들을 제시해 보면 다음과 같다.

---

6) '호구(餬口)'는 중국의 한자성어 '호구(糊口)'를 우리식 한자로 바꾼 것이다.
7) 손낙범(1978)과 송민(1979)에서도 일본의 관용 표현과 국어 관용 표현을 비교해 놓은 예들이 있다. 손낙범(1978)은 국어와 일본어의 대역 사전으로 관용어의 범위를 넓게 잡고 있으며, 일본어 관용 표현과 비교해 놓은 것과 같이 우리 관용어를 일본어로 번역해 놓은 것이 섞여 있다. 송민(1979)는 관용 표현이 아닌 예들이 섞여 있고, 엄격한 기준으로 보면 의미가 같지 않은 예들이 비교의 짝을 이루고 있기도 한다.

(22) ・구멍이 뚫리다 : 穴があく

・선수를 치다 : 先手を打つ

・귀가 아프다 : 耳が痛い

・속이 보인다 : 底が見える

・귀에 못이 박히다 : 耳にたこができる

・손에 땀을 쥐다 : 手に汗をにぎる

・금이 가다 : ひびが入る

・손을 들다 : 手を上げる

・꼬리를 끌다 : 尾を引く

・손을 잡다 : 手を握る

・낯가죽이 두껍다 : 面の皮が厚い

・앓던 이가 빠진 것 같다 : 蟲齒が抜けたようだ

・놓친 고기가 커 보인다 : 逃がした魚は大きい

・어깨가 가벼워지다 : 肩が輕くなる

・눈을 감다 : 目をつぶる

・어깨가 무겁다 : 肩が重い

・눈이 부시다 : 目が眩む

・어깨를 나란히하다 : 肩を並べる

・(욕심에) 눈이 어두워지다 : 欲に目がくらむ

・얼굴에 먹칠을 하다 : 顔にどろを塗る

・등을 지다 : 背にする

・엉덩이가 가볍다 : 尻が 輕い

・머리를 짜다 : 頭を絞る

・엉덩이가 무겁다 : 尻が 重い

・목을 자르다 : 首を切る

・이가 갈다 : はぎしりする

・못을 박다 : 釘を打つ

・입에 오르다 : 口に上がる

・무릎을 치다 : ひざを打つ

・입을 모으다 : 口をそろえる

・배가 터지도록 먹다 : 飽きるほど食べる

・입이 가볍다 : 口が輕い

・벼락이 떨어지다 : 雷が落ちる

・입이 무겁다 : 口が重い

　·벽에 부딪히다 : 壁に突き當たる
　·종지부를 찍다 : 終止符を 打つ
　·불을 붙이다 : 火を付ける
　·콧대가 높다 : 鼻が高い
　·붓을 꺾다 : 筆を絶つ
　·콧대가 세다 : 鼻柱が强い
　·뿌리를 내리다 : 根を下ろす
　·콧대를 꺾다 : 鼻をひしぐ

　이상의 예들은 직역을 했을 때에 완전 일치를 보이는 예들이라면, 다음에 제시할 예들은 부분 일치를 보이는 예들이다.

(23)　·귀를 기울이다 : 耳を傾ける
　　　·그물에 걸리다 : 網に掛かる
　　　·꼴 좋게 됐다 : 様を見ろ
　　　·눈알이 튀어 나온다 : 目が飛び出る
　　　·도토리 키 재기 : どんぐりの背 くらべ
　　　·손에 넣다 : 手に入れる
　　　·손을 대다 : 手をつける
　　　·엎드러지면 코 닿을 데 : 目と鼻の間
　　　·젓가락질에도 잔소리를 한다 : 箸の上げ下げにも小言をいう
　　　·혀를 내두르다 : 舌を卷く

　다음은 어느 정도 변개를 겪은 것으로 보이는 것들이다(밑줄 친 부분이 변개를 겪은 부분임). 이러한 경우도 차용의 방향이 확실하지 않은 것들이 많다.

(24)　·<u>가갸 뒷다리도</u> 모른다 : イロハのイの字も知らない(<u>イロハの イ字</u>도 모르다)
　　　·꽃을 <u>피우다</u> : 花を咲かす(꽃이 <u>웃는다</u>)
　　　·귀가 <u>어둡다</u> : 耳が遠い (귀가 <u>멀다</u>)
　　　·눈엣 <u>가시</u> : 目の上の瘤(눈에 <u>혹</u>)
　　　·<u>발목을</u> 잡히다 : あしを ひっぱられる(<u>발을</u> 잡히다)
　　　·썩어도 <u>준치</u> : 腐ってもたい(썩어도 <u>도미</u>)
　　　·한 <u>턱</u> 내다 : 一杯おごる(한 <u>잔</u> 내다)

　그 밖에 중국 고사성어와 우리의 관용 표현, 일본의 관용 표현이 셋 다 일치한 경우도 있다. 이는 중국 고사성어에서 유래한 것으로 보인다.

(25) ・緣木求魚 → 緣木求魚・산에 가서 나무를 구한다 : 木によりて魚を求む
  ・切齒 → 치가 떨리다 : 憤怒のために齒ががくがくする
  ・糊口 → 餬口・입에 풀칠하다 : 口にのりする

다음은 고사성어는 아니지만 『번역노걸대(飜譯老乞大)』를 보면, 『노걸대』의 "咱們聊且喫一盃酒"를 "우리 잠깐 혼 잔 먹져(下 : 6a)"로 번역한 것을 볼 수 있는데, '한 잔 하다'의 초기 모습으로 보이는 '한 잔 먹다[喫一盃酒]'가 일본어 '一杯飲む'와 일치한다. 또 "你淨手去 我不要淨手"를 "네 뒤보라 가라 나는 뒤보기 마다(방점 생략)(上 : 37b)"로 번역해 놓은 것을 볼 수 있는데, 여기에서 '뒤보라', '뒤보기'는 '정수(淨手)'를 번역한 것으로 현재에는 거의 쓰이지 않으나, 20세기 중반 소설에는 보인다. 재미있는 것은 현재 '뒤를 보다'는 거의 사용하지 않지만 '淨手'를 그대로 풀이한 '손을 씻다'의 경우는 점잖게 화장실을 찾을 때에, "손 씻는 곳이 어디예요?"라고 완곡하게 묻는 말에 남아 있다는 것이다.

그리고 최근에는 다음과 같이 서구 외래어의 영향을 받은 것들도 있다.[8]

(26) ・뜨거운 감자 ← hot potato
  ・(급)피치를 올리다 ← pitch
  ・홈런을 치다 ← home run
  ・히트를 치다 ← hit

넷째, 문학 작품의 내용이나 등장 인물에서 유래하여 관용 표현이 생성된 경우가 있다.

(27) 우리의 구비문학 작품인 판소리계 소설
  ・억지 춘향 : 『춘향전』
  ・놀부 심사 : 『흥부전』
  ・뺑덕 어미 같다 : 『심청전』
(28) 중국의 문학 작품

---

8) 이들 예는 영어와 고유어가 동의 중복되어 이루어진 구성이 많다.

  • 장비는 만나면 쌈이라 / 범강 장달이 같다 :『삼국지』
  • 비단옷 입고 밤길 가기 :『초한전』
(29) 서양의 문학 작품
  • 판도라(Pandora)의 상자 : 희랍 신화
  • 황금알을 낳는 거위 : 이솝 우화

다섯째, 특수 용어에서 유래하여 생성된 것이 있다.

(30) 오락
  • 화투 놀이−땡(을) 잡다 · 땡 떴다 / 피를 보다 / 피박을 맞다 / 못 먹어
    도 고(go)다
  • 장기 놀이−장군 멍군(일진일퇴하다)
  • 바둑−머리를 들다 / 포석을 한다 / 한 수 위다
(31) 운동
  • 권투−수건(타월)을 던지다
  • 야구−히트(hit)를 치다 / 홈런(home run)을 치다 / 안타(安打)를 치다
  • 배구 / 축구−옐로우 카드(yellow card)를 보이다
(32) 운전
  • 브레이크(brake)를 걸다 / 시동을 걸다 / 핸들(handle)을 잡다
(33) 기타
  • 전파를 타다 / 빨간 불(적신호)이 켜지다

그 밖에도 많은 신생 관용 표현들이 여기에 해당된다.

여섯째, 신문이나 방송 등의 대중 매체에 의해서 만들어진 경우가 있다. 근
래에 신문이나 잡지, 방송 등의 대중 매체들을 접해 보면, 각 분야에 대해서
시사성을 띠고 만들어진 관용 표현을 어렵지 않게 만날 수 있다. 특히 신문에
서 만들어지는 경우는 사회적 현실을 잘 반영하고 있고, 전파력도 강하여 한
번 쓰이게 되면 반복적으로 계속 쓰이는 경우가 많아 관용 표현으로 쉽게 굳
어지는 경향이 있다. 이런 부류들을 면밀히 검토해 보면, 앞으로 생겨날 관용
표현의 경향도 짐작할 수 있다. 각 분야별로 대표적인 예들을 몇 개 제시한다.

(34) • 정치 : 검은 돈 세탁 / 뜨거운 감자 / 눈도장 찍기 / 물밑 움직임
      • 경제 : 물 타기(주식) / (기업들의)제 살 깎아 먹기

> •사회 : 적과의 동침
> •문화 : 메가폰을 잡다

이상에서 살펴본 여러 가지 생성 유래는 하나의 관용 구절에 하나씩 대당되는 것이 아니라, 복합적으로 해당되기도 한다.

2.2.2. 언어 내적인 생성 유래

다음으로는 국어 관용 표현의 언어 내적인 생성 유래를 살펴보기로 한다. 언어 내적인 생성 유래로는 첫째, 속담이 생략되어 생성된 것을 들 수가 있다.[9]

> (35) •고래 싸움에 새우등 터진다→새우등 터진다
> •다 된 밥에 재를 뿌리다→재를 뿌리다
> •믿는 도끼에 발등 찍히다→발등을 찍히다
> •함정에 빠진 범이요 우물 안 물고기라→우물 안 고기

둘째, 처음에는 일반 구절로 쓰이다가 구성 단어가 의미 변화를 겪었다든가, 전체 구절의 의미가 확대 또는 축소되는 변화를 겪으면서 관용 구절로 굳어진 것들이 있는데, 언어 외적으로는 사회·문화적 배경의 변화에 의해 생긴 관용 구절들이 여기에 해당된다. 또 축자 의미를 가지고 쓰이던 일반 구절이 유추 해석되어 관용 구절이 된 경우도 있다.

예를 들면, '산통이 깨지다'는 옛날 점쟁이들이 산통을 가지고 점을 치다가 산통이 깨져 버리면 점을 못치게 되므로 일을 망치게 되었다고 한 데서 유추 확대되어 일상적인 다른 일에도 사용하게 되면서 관용절이 된 경우이다. '시집을 가다'나 '장가를 가다'도 예전에는 결혼식 의례가 여자는 시집으로 가고, 남자는 처가에 가는 것이었기에 여기에서 유추 확대되어 [결혼하다]의 의미를 가진 관용구가 되었다.

그 밖에 언어적 변화를 겪게 되어 관용 구절이 된 것이 있다. 일반 구절에서 구성 요소가 생략되어 관용 구절이 된 것이 있고(29), 구성 요소들의 다의화로 인하여 관용 구절이 된 것이 있으며(30), 의미가 변화되어 관용구가 된 것도 있

---

9) 이 글은 문금현(1996 : 21)에서와 같이 속담문은 순수 관용 표현에서 제외하고 있다.

다(31). 가장 일반적인 경향은 의미 전용이 일어난 경우가 아닌가 한다(32).

> (36) 학질(을) 떼다 → 학을 떼다 / 술 한 잔을 먹다 → 한 잔 하다
> (37) 다리를 놓다 / 목을 자르다 / 발을 빼다 / 손을 내밀다
> (38) 판을 치다
> (39) 꼬리를 치다 / 날 새다 / 등을 돌리다 / 머리를 깎다 / 바가지를 씌우다 / 보
>   따리를 싸다 / 손가락을 걸다 / 옷을 벗다 / 이를 갈다 / 펜대를 돌리다

셋째, 기존의 단어에 수사적 기교를 가하여 관용 표현이 생성된 것들이 있다. 수사법은 관용 표현의 중요한 생성 유래의 하나로 이에 의해 의미의 전이가 일어나는데, 비유법이 가장 기본이 된다.

이상에서 살펴본 관용 표현의 생성 유래는 크게 우리나라에서 자생적으로 생성된 것과 외국어의 영향에 의해 생성된 것으로 나눌 수가 있으며, 이들은 다시 생성 방법에 따라서 세분된다. 이들 생성 유래들은 상호 배타적인 것이 아니고 복합적으로 해당되기도 한다.

3. 관용 표현의 생성 및 변천 과정

관용 표현이 생성되는 과정10)을 통시적으로 살펴보면 일정한 방향성이 있음을 알 수 있다. 관용 표현은 기본적으로 비유 표현, 그 중에서도 특히 은유 표현에서 시작된다. 본래 지니던 글자 그대로의 축자적 의미가 나타내는 상황과 비유적으로 나타내고자 하는 상황이 근접 또는 유사한 데서 출발하는 것이다. 이러한 표현이 처음에는 임시적으로 쓰이지만 반복되어 쓰이면서 차

---

10) 기존의 논의 중에서 관용 표현의 생성 과정에 대한 대표적인 견해는 다음과 같다.
　　• Hockett(1958 : 304~305) : 새로운 표현 → 임시어 → 관용어
　　• Searl(1979) : 은유 → 사은유 → 이디엄
　　• 황희영(1978) : 표현 변화의 욕망 → 임시말의 유행 → 임시말의 문맥 성립 → 익힘 말본의 정착
　　• 박영순(1985) : 　　　　관용화　　　　　화석화　　　　　관용성 상실
　　　　　　　　임시어 ─────> 준관용어 ─────> 관용어(─────> 사어)

츰 관용성을 가지게 된다. 또 처음에는 개인적이고 특수한 상황에서 생성된 표현들이 이와 유사한 상황에서 반복 사용되면서 사회적으로 대중성과 일반성을 얻게 되어 차츰 관용 표현으로 굳어지게 된다. 그리하여 개인적이고 특수한 상황에서 가졌던 구체적인 의미가 차츰 추상적인 의미를 가지게 되고 오랜 시간이 흐르면서 처음 그 표현이 생기게 되었던 상황은 모른 채 그 표현만을 가져다 쓰게 되는 것이다. 그리하여 관용 표현의 생성 과정은 대체로 '행위, 상황, 사물의 비유(은유적 표현) → 반복 사용 → 사은유(유연성 상실) → 관용성 획득'의 과정을 거친다고 하겠다.

관용 구절이 역사적으로 변천해 가는 과정(신생→성장→소멸)의 모습은 일반적인 언어 현상과 같다. 문헌 자료가 존재하는 가장 이른 시기까지 소급해 올라가 보면, 드물긴 하지만 관용 표현의 초기 모습이 존재하고 있음을 확인할 수 있다. 현대에서 고대 쪽으로 최대한 소급하여 자료들을 검토해 본 결과, 관용 표현들의 부침이 각 시대별로 다양하게 나타났으나 일반적인 흐름은 관용성의 정도(약/중/강)나 형식 단위에 따라서 처음 생성시를 기준으로 다음과 같은 방향성을 보여 주었다.

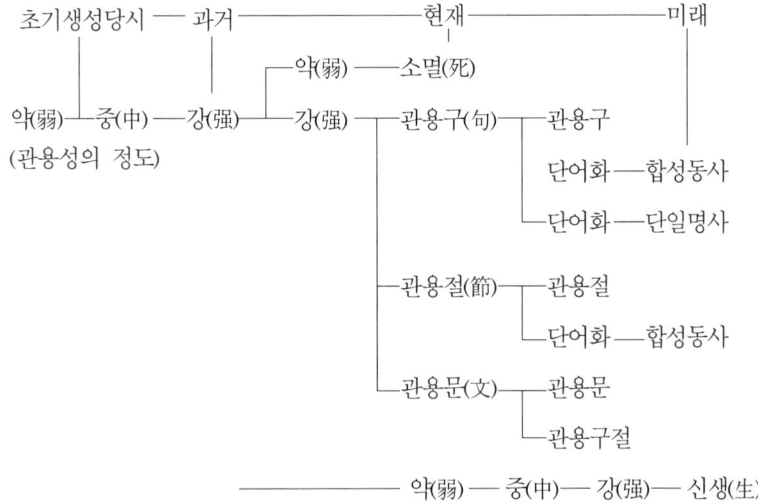

관용 표현이 생성되는 과정에서 나타난 음운상의 변화는 음절 탈락이 가장 특징적이고, 형태상에 나타난 변천 양상은 관용구나 절이 조사의 생략으로 인하여 합성동사화하는 것이 가장 일반적이다. 이러한 현상을 통해서 알 수 있는 것은 관용 구절에 나타난 조사 결합형과 조사 탈락형의 두 유형 중에서 이른 시기에는 전자만 쓰이다가 후대로 오면서 두 유형이 공존하게 되고, 점차 후자의 형태를 더 선호하게 되어 현재는 후자가 우세하다는 것이다.[11]

그런데 16세기 초의 <훈몽자회>(上 : 33)에 나오는 '애둘다'나 16세기 말 언간 자료에 많이 나오는 '애쓰다, 애트다', 그리고 그 후의 판소리 자료인 <횡부가(橫負歌)>에 나오는 '긔막키다'를 보면, 조사 탈락형이 이른 시기부터 쓰였음을 확인할 수 있다. 그렇다면 애초부터 조사 결합형과 조사 탈락형이 공존했다고 생각할 수도 있고, 자료를 확인할 수 없는 15세기 이전의 더 이른 시기에는 조사 결합형만이 쓰였다고 추정할 수도 있다. 현재의 입장으로는 관용 표현이 구어체의 성격이 강하기 때문에, 상황에 따라서 두 유형을 자유롭게 선택해서 썼던 것으로 볼 수밖에 없다.

그러나 통시적으로 보면 조사 탈락형이 현대로 올수록 우세한 것은 사실이다. 즉, '바가지(를) 긁다 < 바가지긁다, 눈(이) 빠지게 < 눈빠지게, 애(가) 타다 < 애타다, 기(가) 막히다 < 기막히다' 류의 변화를 말한다. 그러나 아직은 이 두 어형이 후자의 형태로 고정된 것이 아니라 서로 경계를 자유롭게 넘나들고 있으며, 점차적으로 후자가 많이 사용되고 있는 듯하지만 반드시 그렇다고 할 수는 없다. 그러므로 공시적으로는 조사 '이/가'를 문장 성분상의 분포와 화맥에 따른 화자의 주관적 판단에 의하여 수의적으로 출현하게 되는 통사의미론적인 기제로 이해해야 한다.

다음으로는 드물긴 하지만 대구를 이루던 속담의 한 구절이 줄어들어 하나의 구로 되거나, 관용문이나 관용 구절이 변형을 겪어 해체되는 경우를 들 수 있다(40). 그리고 관용 구절에서 구성 요소 중 명사만 대표적으로 남고, 나

---

11) Lyons(1977 : 534~550)은 합성어를 구의 화석화라 하고 어휘화 과정 속에서 의미적 특수화를 갖는다고 인식했고, 심재기(1986 : 40)도 처음의 생성 과정에 있어서는 이들 구성이 분명히 통사적 결합의 어구였다가 조사가 탈락되면서 서서히 합성명사화하는 것으로 보았다.

머지는 생략되어 단일 명사화되는 경우를 들 수 있다(41).

> (40) 닭 잡아 먹고 오리발 내민다→오리발 내밀다
> 떡 줄 사람은 생각도 안하는데 김치국부터 마신다→김치국부터 마신다
> 초록은 동색이요, 가재는 게 편이라→가재는 게 편이라
> (41) 미역국을 먹다→미역국 ; 이번에도 미역국이면 안되는데.
> 바가지를 긁다→바가지 ; 아침부터 웬 바가지야, 바가지가.
> 오리발을 내밀다→오리발 ; 또 오리발이냐 ?

이와 같이 국어 관용 표현이 생성되는 과정에서 나타난 형태상의 전반적인 경향은 탈락으로 인한 축소 현상이라고 할 수 있다. 그 밖에 구성 어휘나 의미가 변화하는 경우도 있으나, 전체에서 그리 많은 양을 차지하는 것은 아니다.

4. 관용 표현의 신생과 소멸

4.1. 신생

국어의 관용 표현 중에서도 통시적인 자료에는 나오지 않고 근래의 자료에서만 발견되는 관용 표현들은 신생 관용 표현이라고 할 수 있다. 이들을 문어 자료와 구어 자료로 나누어 살펴보면, 문어 자료 중에서는 신문 자료에서 주로 발견되는데, 전문 분야에서 자주 쓰이는 것들(42)이나, 서구 외래어에서 차용해 온 것들(43)이 대부분이다.

> 〈신문 자료에 나오는 신생 관용 구절〉
> (42) 정치 : 미국에서 검은 돈의 세탁을 막고 이를 단속하는(중앙일보, 1995. 11. 2)
> 경제 : 최근 자동차 업체들은 제 살 깎아먹기식 무이자 할부 판매를(중앙일보, 1995. 10. 17)
> 영화 : 메가폰을 잡다(중앙일보, 1995. 10. 4)
> (43) 뜨거운 감자가 되고 있는 정치 자금 지원 내용(중앙일보, 1995. 11. 14)

> 안기부 예산의 (…중략…) 다 합쳐 봐야 <u>코끼리 비스킷</u> 격(중앙일보,
> 1995. 8. 10)
> 이원조 의원도 과연 대선 자금이라는 <u>판도라의 상자</u>(중앙일보, 1995.
> 11. 21)
> 백화점의 아이스크림 코너는 <u>황금 알을 낳는 거위</u>(중앙일보, 1995. 11. 21)

구어 자료에 나오는 것들은 오락, 운동, 운전 등의 특수 용어에서 유래하여 생성된 것들도 있으나, 주로 속어적인 특성을 가진 감정 표현에 관계되는 것들이 많다. 후자는 자신의 감정을 과장 및 강조해서 자신의 의도를 제대로 전달하고자 하는 표현 효과를 노려서 생겨난 것들이다. 주로 TV 드라마 대본이나 젊은 세대들의 일상적인 대화 자료에서 많이 발견된다.

〈TV 드라마 대본에 나오는 신생 관용 구절〉

(44) • 부레이크 잘 걸었어. (당신이 그리워질 때)

　• (보석함 내밀며)12) <u>물방울두 한 물 갔어</u>. (이젠 아무도 사랑하지 않는다)

　• <u>눈 뜨고 있어두 코가 아니라 간 빼먹는</u> 경쟁 시대에 /(얼른 <u>머리 굴리다가</u>) / <u>열 받지</u> 말라구. / 아우우 <u>열 불나</u>. / 아우우 답답해. <u>불 난다, 불</u>…. (댁의 남편은 어떠십니까!)

　• 내가 <u>열 불 나서</u> 사온 게 아니냐? / <u>닭살 올라서</u> /(탁 본다, <u>벙찐</u> 표정으로) (목소리를 낮춰요)

　• 동상은 <u>옷 벗을 때까지 바늘 도둑놈 하나도 못 잡을</u>테니께. / <u>무게 그만 잡구</u>! (MBC 베스트 극장)

　• 어머머, 기막혀, 뭐라구요? <u>천불 나네</u>. (드라마 게임)

〈일상적인 대화 자료에 나오는 신생 관용 구절〉

(45) • <u>골 때리다 / 골 비다 / 열 받다 / 용 됐다 / 간덩이가 붓다 / 엿 먹어라 / 피를 보다 / 간이 크다</u>

　• <u>(전화통에) 불이 나다 / 카드를 긁다 / 통밥을 굴리다 / 못 먹어도 고다 / 히트를 치다</u>

관용 표현의 구성 요소인 단어는 어휘 체계와 부침을 같이 한다. 관용 표현에 신어가 나오게 되면, 그 신어들은 어휘 체계에 이미 새로운 단어로 출

---

12) (　)는 TV 대본에서 지문으로 표시된 것임.

현한 것들이다. 그리하여 신어가 포함된 관용 표현은 그 생성 시기를 어렵지 않게 알 수 있다.

예를 들면, '제 눈에 안경'이라는 관용구의 경우 안경이라는 물건과 '안경'이라는 단어가 우리나라에 들어온 이후에 형성될 수 있었고, '깡통을 차다'도 깡통이라는 물건과 '깡통'이라는 단어가 우리나라에 들어온 후에 형성될 수 있었다. 또 최근에 생긴 '카드를 긁다'도 카드가 우리나라에 들어 온 후에 생성된 관용구이다.13) 이렇게 구성 요소로 사용된 단어들을 통해서 관용 표현의 생성 시기를 짐작할 수 있다.

관용 표현의 역사에 있어서 양적인 팽창이 있었던 시기는 근대국어 초와 20세기 초 개화기 시대, 그리고 최근을 들 수 있다. 새로 생긴 관용 표현의 구성 요소로 신문명 어휘나 사회·문화적 배경을 가진 어휘가 포함된 경우는 그 연원을 거슬러 올라가 생성 시기의 상한선을 긋기가 쉽지만, 일상 어휘나 신체 관련 어휘를 구성 요소로 하는 경우는 그 생성 시기를 파악하기가 어렵다.

최근에 새로 생긴 관용 표현들을 통해 관용 표현이 새롭게 만들어지는 이유를 살펴보면, 어떤 사건이나 행위, 심리 상태 등을 다른 대상에 빗대어서 표현하거나 과장해서 표현함으로써 단순한 표현보다 좀 더 구체적이고 강조적으로 자신의 의도를 전달하고자 하는 표현 효과를 노린 것을 알 수 있다.

4.2. 소멸

다음은 관용 표현이 소멸하게 되는 원인을 살펴보도록 하겠다. 관용 표현이 소멸하게 되는 원인도 언어 외적인 경우와 언어 내적인 경우로 나누어 볼 수 있다.

언어 외적인 소멸 원인으로는 첫째, 여러 가지 사회·문화적 배경의 변화

---

13) '카드를 긁다'는 카드를 처음 사용할 때, 먹지를 위에 대고 카드의 번호판을 손톱으로 긁어서 사용하던 행위를 비유함으로써 생성된 것으로 보인다. 그런데 예전에 외상으로 거래할 때 "오늘 술값은 긋고 마실께요 / 오늘 물건 값은 그어 놓으세요"라고 했던 '긋다'와 '긁다'가 발음상 유사한 것에도 어떤 연관성이 있지 않을까 하는 생각이 든다.

로 인한 경우를 들 수 있다. 이러한 변화에 부합되어 새로운 관용 표현들이
생기면서 기존의 관용 표현들이 점차 소멸되는 경우가 있다(바가지(쪽박)를 차
다→깡통을 차다).

둘째로는 언중들의 공감대를 얻지 못하여 소멸된 경우가 있다. 이것들은
생성 당시에는 그 시대의 정서에 부합되는 표현이었는데, 시대가 변천하면서
현재에는 오래된 고전에서나 찾아볼 수 있는 표현이 되어 언중들이 사용을
기피함으로써 자연스럽게 소멸의 길을 걷게 된 것들이다(39).[14]

    (46) 각전 시정 통비단 감듯 한다 / 난장박살 탕국에 어혈밥 말아 먹기 / 태백
        산 백액호가 송풍나월 다루듯 / 흰떡 집에 산병 맞추듯 한다

언어 내적인 소멸 원인으로는 첫째, 유의 경쟁에서 패배한 경우를 들 수
있다. 예를 들어 16세기 언간 자료를 보면, 현재는 사용되지 않는 고유어 관
용구 '몸 브리다'가 여러 번 나온다. 이것이 17세기 이후의 자료에는 전혀 나
오지 않고 대신 '몸 풀다'와 '해산하다'가 나온다. '몸 브리다'가 언제 사어화
(死語化)되었는지 정확한 시기는 모르지만, '해산(解産)하다'라는 한자어와의 유
의 경쟁에서 졌기 때문에 소멸한 것으로 보인다.

그 밖에 '휘갑을 치다'는 '종지부를 찍다'와, '떼어 놓은 당상'은 '받아 놓
은 밥상'과 유의 경쟁 중인데, 현재로는 후자에 해당하는 것들이 유의 경쟁에
서 더 우세하다. 전자에 해당하는 것들은 앞으로 점차 소멸할 것으로 보인다.

둘째로는 관용 표현의 구성 요소로 사어나 폐어, 고어 또는 거의 사용되지
않는 단어가 포함된 경우를 들 수 있다. 이러한 관용 표현들에 대해서는 언
중들이 축자적 의미와 관용적 의미 사이에서 유연성을 발견하지 못하여 의미
를 이해하지 못하게 되므로 점차 사용을 하지 않게 된다. 특히 젊은 세대들
이 거의 사용을 하지 않는다. 그리하여 이것들이 현재는 구세대들에 의해서
명맥을 유지하고 있다고 하더라도, 어느 정도의 시간이 흐르면 다른 것들보
다 상대적으로 일찍 소멸되기가 쉽다(47).

---

14) 이 예들은 정옥주(1985 : 78)에서 인용한 것이다.

> (47) 변죽을 울리다 / 얌생이 치다 / 오지랖이 넓다 / 용 빼는 재주 / 황천객이
>   되다

이러한 사실은 설문 조사 결과에 의해서 확인해 볼 수 있었다.[15] 통시적 자료에서 사용 빈도수가 높았던 항목이라 하더라도 고어적 표현인 것들(48)은 지금은 거의 쓰이지 않은 항목에 속했다. 구성 요소로 고어나 잘 쓰이지 않는 단어를 가진 항목의 경우도 현재 거의 사용되지 않거나(49), 다른 단어로 대치되어 사용되었다(50). 그 밖에 한자 고사성어 중에서 고어적 표현인 것도 (51) 사용이 줄어들어 점차 소멸의 길을 걷고 있다고 하겠다.

> (48) 간담이 썩다 / 애가 끊어지다 / 간장이 끊어지다
> (49) 휘갑을 치다
> (50) 눈에 <u>청개가</u> 씌다 → 눈에 <u>콩깍지가</u> 씌다
> (51) 남가일몽 / 일장춘몽

이 외에도 설문 조사 결과에서 과거에는 빈번하게 사용되었던 것 중에서 현대 국어 화자들이 사용하지 않을 뿐만 아니라 의미조차도 모르는 항목들(⑤번으로 선택된 항목)을 모아 놓은 <통계표 4 ⑤>를 살펴보면, 소멸의 길을 걷고 있는 항목들이 어떤 것인지를 알 수 있다(졸고, 1996의 부록을 참조).

5. 국어 관용 표현 체계의 역사

국어 관용 표현 체계의 역사는 다음과 같이 대략 5기로 나눌 수 있다. 시기 구분과 함께 각 시기별 특징을 살펴보도록 하겠다.

제1기는 가장 이른 시기로 고대 이전에 순수한 고유 관용 표현만이 구어로

---

15) 졸고(1996)에서는 문헌 자료들을 통시적으로 조사한 결과, 사용 빈도수가 높은 항목 100여 개를 가지고 현대 국어 화자들을 대상으로 설문 조사를 하였다. 이 조사는 현대 국어 화자들이 세대 별로 선호하는 항목들이 무엇이고, 통시적인 자료와는 어떤 차이를 보이는지 알아 보기 위한 작업이었다. 자세한 설문 결과는 졸고(1996)의 부록을 참고하기 바란다.

쓰였던 시기이다. 그리하여 관용 표현 체계가 일원 체계였다.

제2기는 고대 이후 중국과의 교섭에 의해 중국의 경전들이 우리나라에 유입되면서 적은 양의 한자 고사성어들이 문어로 받아들여져 관용 표현 체계도 이원 체계가 되었으리라 여겨지는 시기이다.

제3기는 한글이 창제된 이후로 우리 고유의 관용 표현이 문어에서도 쓰이기 시작한 시기로 다시 전반부와 후반부로 나눌 수 있다. 전반부는 드물지만 우리 언문 자료에 관용 표현의 초기 모습들이 나타난 후기 중세 국어 시기이다. 이 시기에는 이른 시기부터 쓰여 온 우리 고유의 관용 표현이 여전히 구어로 쓰이고 있고, 중국의 경전들도 계속해서 우리나라에 유입되어 한자 고사성어들의 수도 증가되었으리라 여겨진다. 한글이 창제되기는 했지만 우리 언문 자료의 양이 많지가 않고 일기나 기행문, 편지, 가사라는 제한된 영역의 자료에서 발견된 관용 표현의 양도 적었다. 실제로 이 시기에 사용되었던 관용 표현의 양도 그리 많지는 않았으리라 추정된다. 다만 역사적으로 가장 강하고 끈질기게 명맥을 유지해온 신체 내부의 어휘로 구성된 감정 표현의 관용 표현이 두드러지게 나타나는 특징을 보였다.

후반부는 17세기 이후부터 19세기까지의 구비 문학이 정착된 시기로, 이 시기에는 비교적 많은 양의 관용 표현이 발견되었다. 구전되어 오던 판소리계 소설과 기타 조선 시대 소설류에서 주로 많이 발견이 되었고, 민요에서는 일단 한 번 대중성을 얻은 것이면 매우 빈번하게 반복되어 쓰이는 특징을 보였다. 특히 이 시기의 후반부에는 갑오경장에 의한 개방으로 사회 전반적인 변화가 생기면서 이전 시기에 비해 관용 표현 체계에 다소 양적인 팽창이 있었다고 하겠다.

제4기는 20세기 초 일제 치하에서 일본어의 영향을 받아 관용 표현 체계가 삼원 체계가 된 이후부터 광복 이전까지의 시기로 다시 전반부와 후반부로 나눌 수 있다. 전반부는 20세기 초 개화기 시대로 관용 표현 생성의 전성기라고 할 수 있는 시기이다. 역사·사회적으로 여러 가지 변화를 맞이하면서 새로운 표현에 대한 욕구가 강해진 것은 당연했을 것이며, 사회의 변동이 사회 생활의 표현 양식인 언어의 변동을 불가피하게 했으리라 여겨진다. 따라서 수사적인 비유의 의식에 있어서도 재래의 관습 형태가 많이 해체되면서 새로운 형태를 취하게 되었다(이재선, 1979 : 198). 그리하여 조선 시대 소설과 개화기 소설이 수사 표현에 있어서 비유 대상에 다양한 차이를 보이고 있다.

후반부는 광복되기 이전의 현대 국어 시기로 당시에 출판된 자료집이나 현대 소설들에 많은 양의 관용 구절들이 보인다. 개화기 소설은 그 표현의 비유화에 있어서 전래의 속담에 많이 의존했는데, 그렇게 현저하고 지속적으로 나타나던 수사(修辭) 현상으로의 속담이 많이 줄어들게 되었다. 1917년 이광수의 『무정』 이후를 현대 소설의 기점으로 삼아, 이 시점을 전후로 자료들에서 보이는 수사 기법의 차이와 함께 관용 표현 또한 차이를 보인 시기라고 하겠다. 이 시기는 관용 표현의 양적인 팽창과 함께 질적인 향상을 보인 것이 특징이다. 그리고 빼놓을 수 없는 사실은 일제 치하의 오랜 기간 동안 우리말을 쓰지 못하고 일본어를 강제로 쓰면서 일본어의 영향을 받은 점이다. 국어 어휘 체계의 역사와 마찬가지로 관용 표현 체계에 있어서도 일본 관용 표현의 영향을 받아서 관용 표현의 체계가 삼원 체계가 된 것이다.

제5기는 광복 이후부터 현재에 이르는 시기이다. 이 시기에는 일본의 지배에서 벗어나 정치적, 사회적으로 새로운 국면을 맞이하게 되었다. 어휘 체계와 맥을 같이하여 서구 외래어 관용 표현들을 직접 차용하거나 외래어를 구성 요소로 한 관용 표현들이 국어의 관용 표현 체계에서 점차 많은 비중을 차지하게 되어 다원 체계를 이루게 되었다. 다양하고 새로운 표현에 대한 욕구에 의해서 새로 생성된 관용 표현들은 역사적인 사건이나 민담 등의 유래를 거치지 않고, 기타 다른 경로로 생성된 것들이 대부분이다. 한편 언어 내·외적인 원인들에 의해서 현대적인 정서에 어울리지 않는 관용 표현들은 차츰 소멸의 길을 걷기도 했다.

이상에서 살펴본 국어 관용 표현 체계의 역사는 다음 <표 1>과 같이 정리할 수 있다.16)

---

16) 훈민정음 창제를 제1기와 2기의 경계로 삼은 것은 문자 체계로서의 훈민정음의 창제에 의의를 두는 것이 아니라 훈민정음 창제 이전의 한자 고사성어 자료와 창제 후의 언문에 의한 구어 자료에 나타난 차이 때문이다.

<표 1> 국어 관용 표현 체계의 역사

체계	시기 구분	해당 연도	어 원					역사적 상황
			고유어	한자성어	일본어	서구 외래어		
1원 체계	제1기	고대 이전	구어					교류 이전
2원 체계	제2기	고대~훈민정음창제(1446) 이전	구어	문어				중국과의 교류
	제3기	훈민정음 창제 이후~ 19세기 말엽	구어 문어	구어 문어				훈민정음 창제 임진왜란 / 구비문학 정착 갑오경장
3원 체계	제4기	20세기 초엽~광복 이전	구어 문어	구어 문어	구어 문어			일제 치하 / 이광수의 『무정』(1917) 이후
다원 체계	제5기	광복 이후의 현대국어 시기	구어 문어	구어 문어	구어 문어	구어 문어		8·15 광복 6·25 사변 서구와의 개방

6. 요약

　국어 관용 표현의 생성과 소멸에 대한 통시적인 고찰을 하면서 주로 관심의 대상으로 삼은 것은 관용 표현의 생성 원인과 유래, 생성 및 변천 과정, 그리고 신생과 소멸에 관한 것이었다.

　먼저 국어 관용 표현은 심리적으로 표현의 효과적인 전달을 위해서나 역사적, 문화적, 사회적 배경 등에 의해서 생성되고, 유사한 상황이나 행위에 대한 비유적 표현 및 상징적인 표현을 하고자 할 때, 그리고 어떤 구체적인 사건에 대해 추상적인 표현을 하고자 할 때 생성된다고 하겠다.

관용 표현의 생성 유래는 크게 우리나라에서 자생적으로 생성된 경우와 외국어의 영향에 의해 생성된 경우로 나눌 수가 있으며, 생성 방법에 따라서 다시 다양하게 세분된다.

관용 표현이 생성되는 과정에는 일정한 방향성이 있어 대체로 '행위, 상황, 사물의 비유(은유적 표현) → 반복 사용 → 사은유(유연성 상실) → 관용성 획득'의 과정을 거친다. 관용 표현이 역사적으로 변천해 가는 과정(신생 → 성장 → 소멸)의 모습은 일반적인 언어 현상과 같다.

최근에 새로 생긴 관용 표현들은 어떤 사건이나 행위, 심리 상태 등을 다른 대상에 빗대어서 표현하거나 과장해서 표현함으로써 단순한 표현보다 좀 더 구체적으로, 그리고 강조하여 자신의 의도를 전달하고자 하는 표현 효과를 노린 것이 많다.

관용 표현이 소멸되는 원인으로는 여러 가지 사회·문화적 배경의 변화에 부합하여 새로운 관용 표현들이 생기면서 기존의 관용 표현들이 점차 소멸된 경우나 언중들의 공감대를 얻지 못하여 소멸된 경우가 있다. 또한 유의 경쟁에서 패배한 경우나 구성 요소로 거의 사용되지 않는 단어가 포함된 경우도 있다.

국어 관용 표현 체계의 역사는 5기로 나누었다. 제1기는 고대 이전에 고유 관용 표현만이 쓰였던 일원 체계의 시기이고, 제2기는 고대 이후 중국과의 교섭으로 한자 고사성어들이 받아들여진 이원 체계의 시기이며, 제3기는 한글 창제 이후부터 19세기까지를 말한다. 제4기는 20세기 초 일제 치하에서 일본어의 영향을 받아 삼원 체계가 된 이후부터 광복 이전까지의 시기이며, 제5기는 광복 이후부터 현재에 이르는 시기를 말한다.

참고문헌

강위규(1990), 「우리말 관용 표현 연구」, 부산대학교 박사학위논문.
김규선(1978), 「국어 관용어구(idiom)의 연구」, 『논문집』 14, 대구교육대학교.
김문창(1974), 「국어 관용어의 연구」, 『국어연구』 30, 서울대학교 석사학위논문.
______(1980), 「숙어론-'눈 : 目'의 의미장」, 『논문집』 14, 강원대학교.
______(1990), 「관용어」, 『국어연구 어디까지 왔나』, 동아출판사.
김옥분(1994), 「한국어 관용어 연구 동향에 대한 고찰」, 인하대학교 석사학위논문.
김종택(1971), 「이디엄 연구」, 『어문학』 25, 한국어문학회.
노수련(1936), 「언어 기구에 대하여 : 관용구와 어법에 대한 고찰」, 『정음』 16, 조선어학
      연구회.
문금현(1996), 「국어의 관용 표현 연구」, 서울대학교 박사학위논문.
______(1999), 『국어의 관용 표현 연구』, 태학사.
박영순(1985), 「관용어에 대하여」, 『선암 이을환 교수 화갑기념논문집』, 한국국어교육연
      구회.
송 민(1979), 「언어의 접촉과 간섭 유형에 대하여 : 현대 한국어와 일본어의 경우」, 『논
      문집』 10, 성심여자대학교.
신창순(1966), 「新採俗談」, 『국어국문학』 32, 국어국문학회.
심재기(1986), 「한국어 관용 표현의 화용론적 연구」, 『관악어문연구』 11, 서울대 국문과.
______(1994), 「국어 어휘의미론」, 『현대 언어학 지금 어디로(장석진 교수 정년기념논총)』,
      한신문화사.
이기문(1975a), 「속담 : ① 의의와 유래」, 『서울평론』 79호.
______(1975b), 「속담 : ② 전승과 생멸」, 『서울평론』 80호.
이재선(1979), 『한국 현대 소설사』, 홍성사.
이훈종(1961), 「관용구와 그 배후 민담」, 『국어국문학』 24, 국어국문학회.
정옥주(1985), 「한국어 관용어 연구」, 고려대학교 석사학위논문.
황희영(1977), 「한국 익힌말의 생성과 유형고」, 『인문학연구』 4·5합집, 중앙대 인문학연
      구소.
______(1978), 「한국 관용어 연구」, 『성곡논총』 9, 성곡 학술문화 재단(국어학 자료집 제
      2집(대제각, 1981), 재수록).
國語學會(1977), 『國語學辭典』, 東京 : 東京堂出版局.

Cutler, A.(1982), "Idioms : The Colder the Older", *Linguistic Inquiry* 13-2.

Fernando, C. and R. Flavell(1981), "On Idiom", *Exeter Linguistics Studies*, Vol. 5, Univ. of Exeter.

Fowler, H. W. & F. G. Fowler(1964), *The Concise Oxford Dictionary of Current English*, Oxford University Press.

Fraser, B.(1970), "Idioms within a Transformational Grammer", *Foundation of Language*, Vol. 6.

Hockett, C. F.(1958), *A Course in Modern Linguistics*, New York : Macmillan.

Lyons, J.(1977), *Semantics* Ⅰ, Ⅱ, Cambridge University Press.

Nunberg, G., Ivan A. Sag & T. Wasow(1994), "Idioms", *Language*, Vol. 70, No 3, Stanford University.

Searl, J. R.(1979), "Metaphor", in A. Ortony(ed), *Metaphor and Thought*, Cambridge University Press.

Yang, Dong-whee(1977), "On Degree of Idiomaticity", 『언어』 2-2, 한국 언어학회.

<문헌 자료 및 약호>*

16세기 자료

<訓蒙字會> :『訓蒙字會』(叡山文庫本) 崔世珍(1527) / 단국대 부설 동양학연구소(1971), 동양학 총서 제1집.

<飜老> : <飜譯 老乞大> ; 崔世珍(中宗) / 국어사자료연구회(1995),『譯註 飜譯老乞大』, 태학사.

18세기 자료

<춘향전> : <春香傳 / 춘향전>(京板 : 17장본) / <열녀춘향슈절가라>(完板 : 33장본)

<심청전> : <沈靑傳 / 심쳥젼>(完板 乙巳本) / 최운식(1984), 국문학총서 2, 시인사.

<흥부전> : <朴興甫傳>(筆寫本 : 임형택 소장본) ; 한국어문학회 편(1969),『한국어문학회교재 총서(1) 古典小說選』, 형설출판사.

19세기 자료

판소리 대본

<春香歌 / 沈晴歌 / 赤壁歌 / 橫負歌(변강전 / 루지기) / 治産歌 / 烏蟾歌 / 兎鱉歌 / 虛頭歌 / 成造歌 / 湖南歌 / 葛處士十步歌 / 秋風感別曲 / 桃李花歌 / 박타령 / 漁父詞 / 廣大歌 / 短雜歌 / 방익打鈴 / 勸遊歌 / 明堂祝願> : (筆寫本), 신재효 저,『申五衛將本集』.

---

* 지면 관계상 이 글에 직접 인용된 문헌들만을 소개하기로 한다.

20세기 자료

TV 방송 드라마 대본

<당신이 그리워질 때> : 제139회(1994, KBS)

<이젠 아무도 사랑하지 않는다> : 제37 / 38 / 39회(1993, MBC)

<댁의 남편은 어떠십니까!> : 제17 / 18회(1993, SBS)

<목소리를 낮춰요> : 제62화 "결혼 전야제" / 제63화 "어느새 봄인가"(1993, SBS)

<MBC 베스트 극장> : 제94화 "쥐색 바지를 입은 남자"(1993, MBC)

<드라마 게임> : "어데 갔다 인제 왔노"(1993, KBS)

신문 자료

<중앙> : <中央日報> ; 1995년 9월 ~ 1996년 1월분

사전류(초판 간행 연도순)

관용표현사전

Henderson, B. L. K & G.O.E.(1966 / 1975 / 1984), *A Dictionary of American Idioms :
        Colloquial phrases*, Blackwood, London.

Makkai, A et al.(1966 / 1979 / 1984), *A Dictionary of American Idioms*, Barron's Educational
        Series Inc, New York.

손낙범(1978), 『(日韓·韓日) 慣用語 辭典』, 국제대 인문사회과학연구소.

고사성어사전

한국학문헌연구소 편(1975), 『成語大辭典』, 한국학고사전총서, 아세아문화사.

고사성어사전간행회(1989), 『故事成語辭典』, 명문당.

속담 사전

방종현·김사엽(1958), 『俗談辭典』, 문성사.

이기문(1962 / 1989(개정판)), 『俗談辭典』, 일조각.

일반 국어사전

서울대 동아문화연구소(1973 / 1989), 『국어국문학사전』.

國語 動詞史의 諸問題*

장윤희

1. 동사사 기술의 관점

'동사의 어휘사'는 동사를 일정한 기준에 의거하여 분류하고 그 각각의 부류에 속하는 동사들의 통시적인 변화를 기술하는 일일 것이다. 그런데 동사의 분류는 전통적인 '자동사'와 '타동사'의 분류 방식으로부터 의미를 기준으로 '심리동사, 화법동사, 이동동사, 상호동사, 대칭동사, 전환동사, 수혜동사, …' 등등으로 분류하는 방식에 이르기까지 그 기준과 관점에 따라 매우 다양하게 이루어지고 있는 것이 사실이다. 따라서 이러한 다양한 관점과 기준을 모두 만족시키는 '동사의 어휘사'를 기술하는 일은 지극히 어려운 일이며, 다양한 동사 모두를 포괄하여 어휘사를 기술하는 일 역시 극히 어려운 일로 생각된다. 더욱이 동사를 분류할 만한 엄밀한 기준이나 관점을 지니지 못한 필자로서는 이렇게 엄밀한 의미의 동사 어휘사를 기술하기란 쉽지 않은 일이다.

* 이 글은 『한국어 의미학』 10집(2002년)97~141면에 같은 제목으로 실렸던 논문을 약간 손질한 것이다. 원 논문의 1, 4장의 제목을 단행본의 성격에 맞도록 수정하고 미처 바로잡지 못한 오자를 바로잡았다.
이 글은 한국어 의미학회 제9차 전국 학술대회(2001년 8월 17일, 중앙대학교)에서 '국어 동사의 통시적 변화'라는 제목으로 발표했던 글을 약간 다듬은 것이다. 당시 토론에 참가하여 좋은 가르침을 주셨던 분들께 감사드린다.

이에 여기서는 넓은 의미의 '어휘사' 가운데 주로 '語法史'와 '語詞史'의 관점(민현식, 1995), 곧 문법사적인 관점에서 動詞史의 제반 문제들을 살펴보고자 한다. 이를 위해 여기에서는 국어 동사 어간의 형태 변화와 동사의 용법상의 변화로 나누어 고찰하기로 한다. 동사 어간의 변화에 대해서는 모든 동사에서 두루 발견되는 변화 양상을 몇 가지로 일반화하여 제시할 것이다. 동사 용법의 변화를 살펴보기 위해서 우리는 동사를 자동사와 타동사로 구분하는 전통적인 분류 방식을 따르기로 한다. 또한 이러한 분류를 따를 때 그 경계를 넘나드는 동사 부류, 곧 자타 양용동사[1])의 변화도 함께 다루기로 한다. 물론 구분이 지나치게 포괄적인 것이어서 세밀한 각 부류 동사의 변화를 다루기 어려운 것이 사실이기는 하지만, 간략하게나마 '어법사'나 '어사사'적 관점에서 언급할 만한 내용을 소개하는 일도 무의미한 일은 아닐 것이다.

이 글은 본격적인 國語 動詞史를 구축하는 것이라기보다는 앞으로 이를 위해 관심을 가지고 해결해야 할 문제를 소개하는 성격이 강하다. 따라서 동사의 통시적 변화에서 보이는 특정 사실에 대한 치밀한 논증이나 필자의 견해를 내세우기보다는 필자의 관점에서 파악한 동사 변화의 특징적인 사실들을 제시하는 데 중점을 두고 있음을 밝히고자 한다. 결국 이 글은 본격적인 동사사 연구라기보다는 그 기초적 연구의 성격이 강하다고 말할 수 있는 것이다.

2. 동사 어간형의 변화

동사 어간 역시 일반적인 언어 변화에서 예외일 수는 없다. 국어사에서, 이미 중세국어에서부터 나타나 18세기말에 완성된 것으로 보이는 'ㆍ'의 소멸, 16세기말부터 보이는 'ㅿ'의 소멸, 17세기부터 발견되는 구개음화, 17세기말의 원순모음화, 19세기부터 보이는 전설모음화 등등의 현상이 있었음은 주지

---

1) 이는 기존에 '능격동사, 중립동사, 자타동사' 등으로 불려 왔던 것으로서 자동사적 용법과 타동사적 용법을 모두 지닌 동사를 가리킨다.

의 사실이다. 따라서 이러한 음운 변화가 적용될 환경을 갖춘 동사 어간은 음운 변화에 의한 변화를 겪게 된다. 이러한 동사 어간형의 변화는 음운사를 통해서 충분히 예견될 수 있는 사실이므로 이 자리에서는 논의의 대상에서 제외하기로 한다. 또한 국어 동사는 물론 국어 어휘사 전반에 있어서 후대로 넘어올수록 한자어로 대치되었음(여희— > 이별(離別)하—, 할— > 비방(誹謗)하—) 역시 널리 알려진 사실이다. 따라서 이러한 원인으로 인한 동사 어간형의 변화에 대해서는 이 자리에서 다루지 않기로 한다.

2.1. 쌍형어간의 단일화

중세국어에는 이른바 '쌍형어간' 또는 '쌍생어간'이 존재했다. 이러한 쌍형어간들이 근대국어 시기에 들어서 하나의 어간으로 통일된다.

(1) ㄱ. 이 命終훈 사른미 殊孽에 <u>버므러</u> 對ᄒᆞ야(월인석보 21 : 105b)
    ㄴ. 이어긔 貪욜 니른와다 <u>범그러</u> 그추미 어려볼씨(월인석보 11 : 124b)
(2) ㄱ. 히 <u>져믈어늘</u> 긴 대롤 지여 샛도다(두시언해 초간본 8 : 66b)
    ㄴ. 하늘히 칩고 히 <u>졈글어늘</u> 믌겻 가온디 잇도다(두시언해 초간본 17 : 19a)
(3) ㄱ. 곳 ᄃ외리로 프며 여름 ᄃ외리로 <u>여믈에</u> ᄒᆞ야(법화경언해 3 : 12b)
    ㄴ. 곳 프리도 프며 여름 열리도 <u>염글에</u> ᄒᆞ야(월인석보 13 : 47a)
(4) ㄱ. 增上慢홇 사른미 <u>구지즈며</u> 티거든(석보상절 13 : 22a)
    ㄴ. ᄒᆞ다가 모딘 이브로 <u>구지드며</u> 비우스면(월인석보 17 : 78ab)

(1)의 '버믈—'[累]과 '범글—', (2)의 '져믈—'[暮]과 '졈글—', (3)의 '여믈—'[實]과 '염글—', (4)의 '구짖—'[罵]과 '구짇—'은 각각 동일한 환경에서 출현한다. 따라서 이들은 이형태가 아닌 쌍형어로 처리될 수밖에 없는 것들이다.[2] 이 가운데 (1)의 '버믈—, 범글—' 가운데 '범글—'은 근대국어 시기에 매우 드물게 나타나다가 사라져 '버믈 / 버물—'로 통일되어 현대국어로 이어졌다. 그러

---

2) 이 가운데 (1)~(3)에서 보이는 쌍형어간이 나타난 이유에 대하여 김성규(1998 : 199~201)에서는 '버믈—, 져믈—, 여믈—'이라는 방언형이 중앙어에 유입되어 나타난 현상으로 파악한 바 있다.

나 현대국어에서 이 동사는 '버무리−, 버물리−' 등의 파생어의 어기로만 그 흔적을 남기고 있을 뿐이다. (2)의 '져믈−, 졈글−' 가운데에서도 '졈글−'이 근대국어 시기에도 발견되지만 18세기말 이후에는 사라지고 '져믈/져물−'로 통일되었다. 이 동사는 현대국어에까지 이어지고 있다. (3)의 '여믈−, 염글−'의 경우는 앞의 두 경우와 사정이 다른데, '여믈−'은 중세국어 자료 가운데 『법화경언해』에서만 발견되고, 근대국어 시기에도 그 용례가 매우 드물어 『유합』(1700)에서 '實 여믈 실'과 같은 예만이 발견될 뿐이고 '염글−'형이 오히려 우세하게 사용되었다. 그러던 것이 현대국어에서는 이 각각의 변화형인 '여물−'과 '영글−'이 모두 사용되고 있다. (4)의 '구짖−, 구짇−' 가운데 '구짇−'은 이미 16세기부터 찾아보기 어렵다. 매우 이른 시기에 '구짖−'으로 통일되었다고 할 것이다.3) 이 '구짖−'이 '쑤짖−'을 거쳐 현대의 '꾸짖−'으로 이어진 것이다. 다만 파생명사는 '구짇−'에서 파생된 '구지람, 구지럼'의 변화형인 '쑤지럼, 쑤지람'을 거쳐 '꾸지람'으로 남게 되었다.4) 따라서 현대국어에서는 '꾸짖−'과 그와 관련된 명사 '꾸지람' 사이의 형태상 괴리가 생기게 된 것이다. 이상의 예를 통해 중세국어 쌍형어간의 변화가 모두 동일한 양상으로 나타나는 것은 아니라는 사실을 확인할 수 있다.

이러한 변화와는 또 다른 양상을 보이는 쌍형어간도 발견된다.

   (5) ㄱ. 아래로 阿鼻地獄애 <u>니르며</u> 우흐로 有頂에 니르리 보며(석보상절 19 : 13b)
     ㄴ. 一月 四月에 <u>니를며</u> 一歲예 니르리니(법화경언해 6 : 63a)

(5)는 중세국어의 쌍형어간 '니르−'[죄]와 '니를−'의 예이다.5) 이 가운데

---

3) 17세기 초의 자료인 『동국신속삼강행실도』에 나타나는 '소리롤 노피 히여 도적을 구짇고 칼히 업데여 죽다(열녀도 8 : 33b)'의 '구짇고'는 외형상 '구짇−'이 사용된 예처럼 보이지만 그렇지 않다. 이 문헌은 독특하게 음절말 'ㅅ'을 'ㄷ'으로 표기하는 경향을 보인 문헌이기 때문이다. 특히 다른 곳에서는 이 단어가 '구짓−'으로 표기되기도 했으며(도적 구짓기롤 더옥 모이 호니(열녀도 8 : 41b)), 당시의 문헌들 사이에서 '구짇−'의 용례를 찾아보기 어렵다는 사실을 고려할 때, 여기 '구짇고'의 '구짇−'은 '구짖−'의 표기로 보아야 할 것이다.

4) 중세국어에서 '구짖−, 구짇−'의 명사형으로는 '구지돔'과 '구지좀'이 모두 확인되는 데 비해, 이와 관련된 명사로는 '구짇−'과 관련된 것으로 보이는 '구지람/구지럼'만이 보일 뿐 '구짖−'과 관련된 명사는 보이지 않는다.

‘니를-’은 이미 15세기말부터 대부분의 활용형에서 나타나지 않아, ‘니르-’로 통일되었다고 말할 수 있을 것이다. 그러나 연결어미 ‘아 / 어’를 지닌 연결어미와 통합한 활용형에서만은 근대국어는 물론 현대국어에 이르기까지 ‘니를-’의 흔적을 남겨, 근대국어 시기 이후 자음으로 시작하는 어미와의 통합체에서는 ‘니르-’(> ‘이르-’)가, 순수 모음으로 시작하는 어미와의 통합체에서는 ‘니를-’(> ‘이를-’)의 흔적이 남아 있게 되었다.6) 이렇게 활용의 일부 환경에서 쌍형어간의 흔적이 여전히 남아 이형태화했다는 점에서 (1)~(4)에서 살펴본 쌍형어간의 변화와는 차이가 있다.

동사는 아니지만 지금까지 살펴본 쌍형어간의 단일화와 유사하면서도 성격이 약간 다른 어간형의 통일을 볼 수 있는 예를 언급할 필요가 있을 듯하다. 이는 기원적인 형태와 그 축약형이 공존하다가 축약형으로 단일화하는 경우이다.

> (6) ㄱ. 粥 좌신 後에 양지 네 <u>굳ᄒ거시ᄂᆞᆯ</u>(석보상절 3 : 41a)
> ㄱ'. 둘희 히미 <u>굳거늘</u> 太子ㅣ 둘흘 자바(석보상절 3 : 13a)
> ㄴ. 내 네 아비 <u>굳ᄒ니</u> ᄂᆞ외야 시름 말라(월인석보 13 : 23b)
> ㄴ'. 君字 처섬 펴아 나는 소리 <u>ᄀᆞᇀ니</u>(훈민정음언해 7b)

(6)에서 보듯이 이미 중세국어 시기부터 ‘굳ᄒ-’는 ‘ᄀᆞᇀ-’으로 축약되어 나타나기도 하였다. 이미 15세기에도 자음 어미 ‘-거늘, -거니, 거든, -게, -고, -습-’ 등과 통합할 경우에는 주로 ‘굳ᄒ-’보다 ‘ᄀᆞᇀ-’으로 나타나는 일이 더 많았다(ᄀᆞᇀ거늘, ᄀᆞᇀ거니, ᄀᆞᇀ거든, ᄀᆞᇀ게, ᄀᆞᇀ고, ᄀᆞᇀ줍-). 이를 수의적인 ‘ᄒ’ 탈락이 아니라 의미 있는 현상이라고 할 수 있다면, 이러한 현상은 ‘굳ᄒ-’

---

5) 이 단어가 사동사를 형성할 때에는 ‘닐위-’[致](← 닐+위)와 같이 나타난다. 이때의 사동 접미사 ‘-위-’는 ‘알외-’(← 알+외)에서도 발견되는 접미사이다. 따라서 이 파생형에서는 활용형에서 발견되지 않는 또 다른 어간 ‘닐-’도 나타난다고 할 수 있다.

6) 중세국어에서 ‘니르- / 니를-’과 유사한 쌍형어간을 지닌 단어로는 색채 형용사 ‘프르 / 프를-, 푸르 /*푸를-, 누르 / 누를-’ 등을 들 수 있다. 이 가운데 ‘프를-, 누를-’형은 ‘프르러, 프르럿고, 프르렛ᄂᆞ니’와 같이 주로 ‘어’와 통합한 활용형에서 주로 나타나지만, ‘누르-’은 ‘누르로몰(금강경삼가해 3 : 11b), 누르루미(금강경삼가해 4 : 43a)’와 같은 명사형에서도 보이고, ‘프를-’의 경우에는 후대형이기는 하지만 ‘靑山은 엇졔ᄒᆞ여 萬古에 프르르며(청구영언 도산십이곡)’에서와 같은 활용형도 보인다.

가 축약형 ‘곹-’으로 통일되는 단초라고 말할 수 있을 것이다. 그러나 19세기에 이르기까지 표기상 ‘ㄱᆺㅎ며, ㄱᆺㅎ시니, ㄱᆺㅎ믈, ㄱᆺ흔, 갓히’가 ‘ㄱᇀ며, ㄱᇀ시니, ㄱᆮ믈, ㄱᆮ튼, 갓치’ 등과 함께 나타날 뿐만 아니라, 어미 ‘-아’와의 통합형이 18세기말까지도 ‘*ㄱ타’가 아닌 ‘ㄱᆺㅎ야/ ㄱᆺㅎ여’와 같이 나타난다. 이러한 표기가 당시 언어 사실을 그대로 반영한 것이라고 한다면 ‘곹ㅎ- > 곹-’의 재구조화는 18세기말, 또는 19세기에 들어서서 이루어졌다고 보아야 할 것이다.[7]

2.2. 어간 이형태의 단일화

상보적으로 분포를 보이던 어간의 이형태들이 하나의 어간형으로 통일되는 현상도 발견된다.

(7) ㄱ. 내 일후믈 드르면 다 智慧 잇고 諸根이 ㄱ자(석보상절 9 : 7a)
　　ㄴ. 비록 根이 無量이 이시나 다 利益ᄒ야(월인석보 13 : 51b)
　　ㄷ. 일로브터 天上애 나리도 이시리니(석보상절 9 : 19a)
(7') ㄱ. 슈실이 본릭 인망이 잇고(오륜행실도 충신도 2 : 37b)
　　ㄴ. 비록 단원호 즐거오미 이스나(경신록언해 : 12b)
　　ㄷ. 다딜니고 문타인 흔적이 이스리니라(증수무원록언해 2 : 21a)

(7)은 중세국어의 ‘잇-, 이시-’의 용례로서 이를 통해 자음 어미 앞에서는 어간 ‘잇-’이, 모음 앞에서는 어간 ‘이시-’가 통합했음을 알 수 있다. 그러던 것이 (7')에서와 같이 18세기말에 이르러서는 후행하는 환경과 무관하게 모두 ‘잇-’이 통합해 있어 이 당시부터 ‘잇-’으로 통일되어 가고 있었음을 알 수 있다. 그러나 (7')은 ‘잇-’으로의 통일의 단초에 해당하는 것으로 이 시기에도 ‘이시나’와 같은 활용형이 발견된다. ‘잇-’으로의 통일은 19세기에 이르러 완성된 것으로 보인다.

---

7) 현대국어의 방언형 ‘같애, 같애도’ 등에 ‘곹ㅎ-’의 흔적이 여전히 발견되기도 한다.

2.3. 어간의 재구조화

중세국어 이후 동사의 어간형은 후대에 그 모습이 여러 가지 이유로 다른 모습으로 변화한다. 이렇게 후대에 어간형이 전시기와는 다른 모습으로 변화하는 현상을 '재구조화'라 부르기로 한다. 이러한 어간 재구조화는 여러 가지 다양한 원인에 의해 이루어진다.

> (8) ㄱ. 鸚鵡ㅣ 그 穀食을 <u>주ᅀᅥ</u> 어ᅴ롤 머기거늘(월인석보 2 : 12b)
> ㄴ. 힛나조히 흘러둔니는 반되롤 <u>줏놋다</u>[日暮拾流螢](두시언해 초간본 19 : 35b)
> ㄷ. 집이 가난ᄒᆞ야 도토리늘 <u>주어</u> ᄡᅥ 됴셕을 치더니(동국신속삼강행실도 효자도 4 : 23b)
> (8') ㄱ. 뎌 하날로 말무암아 ᄶᅥ올 <u>주워</u> 먹엇다(예수성교전서 6 : 31)(황문환 2001 : 29 재인용)
> ㄴ. 길희 ᄇᆞ린 거슬 <u>줍디</u> 아니ᄒᆞ고(사략언해 2 : 106b)

(8)에서는 "줍다[拾]"의 의미를 지닌 중세국어의 동사 '줏-'을 확인할 수 있다. 그런데 이 동사는 (8')에서 보듯이 근대국어 시기, 정확히 말하면 『사략언해』가 간행된 1772년에 이미 '줍-'으로 그 어간형이 변화했음을 알 수 있다. 이 어간 재구조화는 'ᅀ'의 소멸과 'w'에 의한 음운 현상의 결과로 보인다. (8)의 '줏-'이 연결어미 '-어'와 통합한 활용형은 (8ㄷ)에서 보듯이 '주어'와 같이 나타났다. 그런데 국어사에서 'ᄫ'이 소멸한 이후부터 근대국어 시기에 이르기까지 '굽-[炙], 눕-[臥]'의 활용형 '구워, 누워' 등이 선행음절의 원순성에 의해 후행음절의 'w'가 탈락한 '구어, 누어' 등으로 나타나는 현상이 발견되는가 하면, 이와는 반대로 '주-[與], 보-[見]' 등의 활용형 '주어, 보아' 등이 선행음절의 원순성이 후행음절에 영향을 미쳐 'w'가 삽입된 '주워, 보와' 등으로 나타나는 현상도 나타난다.8) 따라서 (8ㄷ)과 같은 활용형은 '주워'로도 실현되었을 가능성이 충분하다. 바로 이러한 활용형은 'ㅂ' 말음 용언에서 나타나는 활용형이므로, 이 활용형의 어간을 '줍-'으로 재분석함으

---

8) 국어사에 있어서의 'w 탈락, w 삽입' 현상에 대해서는 김현(1999)에서 자세히 다루고 있다.

로써 어간형이 '줍-'으로 재구조화되었을 가능성이 높다.9)

한편 '줏- > 줍-'과는 정반대 방향으로 어간이 재구조화한 경우도 발견된다.

> (9) ㄱ. 슈라 즈로 권ᄒᆞ야 <u>잡숩게</u> ᄒᆞ고(계축일기 하 : 18a)
>   ㄴ. 잡숩다, <u>잡수어</u>, 잡순『한불자전』10)
>   ㄷ. <u>잡숫다</u> 尊者食之(국한회어)

(9)에서는, (9ㄱ)의 '잡숩-'이 (9ㄷ)의 '잡숫-'으로 어간이 재구조화했음을 알 수 있다. 이러한 어간 재구조화에서 매개가 되는 것이 바로 (9ㄴ)의 '잡수어'이다. '잡숩+어'의 활용형 '잡수워'에서 앞서 언급한 바 있는 'w' 탈락 현상에 의해 '잡수어'로 나타난 것인데, 이러한 활용형은 'ㅅ'말음 용언의 활용형이므로 이때의 어간을 '잡숫-'으로 재분석한 결과 어간이 재구조화한 것이다.11) 이상의 사실을 통해서 'w' 탈락과 'w' 삽입이라는 음운 현상에 의해 전자는 'ㅂ'말음 용언 어간을 'ㅅ'말음 용언 어간으로, 후자는 'ㅅ'말음 용언 어간을 'ㅂ'말음 용언 어간으로 재분석함으로써 어간이 재구조화될 수 있음을 살펴보았다.

이와 유사하게 기존의 활용형을 재분석하여 새로운 어간형이 만들어지기도 한다.

> (10) ㄱ. 사ᄅᆞ미 유무와 신믈을 맛더든 可히 ᄲᅦ여 보며 머믈오디 아닐 거시며
>   (소학언해 5 : 101a)

---

9) 이러한 주장은 이미 이현희 외(1997 : 170)에서 베풀어져 있다. 이렇게 볼 때 문제는 '주워'형의 표기가, 이미 '줏- > 줍-'의 변화가 완료된 한참 뒤인 19세기말의 자료들에서 나타날 뿐 그 이전에는 찾아 볼 수 없다는 점이다(이러한 인식은 황문환(2001)에서 '의심젓- > 의심접-'의 변화를 '의심저워'와 같은 활용형에서 재분석된 것으로 볼 수 없다는 주장에서 빌려온 것이다). 또한 '줏-'(< '줗-')과 매우 유사한 외형을 가진 '웃-'(笑·< '웋-')은 *'웁-'으로 재구조화하지 않았다는 사실은 '줏- > 줍-'의 변화를 과연 음운 현상에 의한 변화로 설명할 수 있을지 의심스럽게 만들기도 한다. 그러나 현재로서는 이보다 더 타당한 설명을 찾기 어려우므로 이를 가장 가능성이 높은 설명으로 남겨 두기로 한다.
10) 이는 『한불자전』에서 로마자로 적은 어형을 한글로 표기한 것이다.
11) 이에 대해서는 유필재(2000)에서 자세히 다룬 바 있는데, 이러한 현상이 현대국어의 '여쭙-'에서도 나타난다는 사실(여쭈어, 여쭌)을 지적하면서 현재 '여쭙-'이 '여쭛-'으로 가기 직전 상황에 있는 것으로 보기도 하였다.

ㄴ. 말올 올히 너기샤 터리 <u>쪠혀</u> 주시고 손토볼 쏘 주시니(월인천강지곡
　　상 : 기90)

ㄴ'. 알폰 디 브텨 ᄀᆞ장 덥거든 <u>쪠혀</u> 더디면 알포미 그츠리라(구급간이
　　방언해 2 : 45a)

ㄷ. 샹이 명ᄒᆞ오샤 피봉을 <u>쩌히니</u> 곳 심뎡연이라(천의소감언해 4 : 47b)

(10ㄱ)은 중세국어의 '쪠-'[分, 開]의 용례이다. (10ㄴ)은 여기에 이른바 강세의 접미사 '-혀-'가 통합한 '쪠혀-'가 존재했음을 보인 것인데, 이는 각자병서 폐지 이후 (10ㄴ')과 같이 '쪠혀-'로 나타났다.12) 이 '쪠혀-'가 변화한 형태인 '쪠혀-'의 활용형을 재분석하여 새로이 나타난 어간형이 (10ㄷ)의 '쩌히-'로 보인다. '쪠혀-'는 '쪠혀-'로 변화하고 여기에 '-어'가 통합한 활용형 '쪠혀'를 '쪠히+어'로 재분석한 결과가 '쪠히-'이며,13) '쪠히-'의 제2음절 '이'에 의해 제1음절의 'y'가 탈락한 것이 '쩌히-'라고 할 수 있는 것이다. 요컨대 기존에 존재하던 동사의 활용형을 재분석함으로써 이전에는 존재하지 않았던 새로운 어간형이 나타난 것이다.14)

　재분석에 의해 어간이 새로이 형성되는 또 다른 예가 있다.

(11) ㄱ. ᄀᆞ 나라해 보내샤 人心올 <u>뫼호게</u> ᄒᆞ쇼셔(석보상절 24 : 49b)
　　ㄴ. ᄉᆞ달이 종족을 <u>모호고</u> 울며(오륜행실도 형제도 4 : 43b)
　　ㄷ. 여러 사름을 <u>모호면</u> 됴흐리라(천의소감언해 4 : 21b)
　　ㄹ. 샹검의 집의 ᄒᆞᆫ가디로 <u>모히기논</u> ᄒᆞᆫ 번이오(천의소감언해 2 : 50a)

(11ㄱ)은 "集"의 의미를 지닌 타동사 '뫼호-'를 보인 것인데, (11ㄴ, ㄷ)에서 보듯이 18세기말에는 '모호-, 모흐-'로 어간이 재구조화하였다. '모호-'의 제1음절의 원순성의 영향으로 후행음절의 원순성이 탈락한 것이 '모흐-'라고 할 수 있다. 그런데 (11ㄹ)에서 보듯이 18세기 자료에 그 이전에는 존재하지 않았던 새로운 동사 '모히-'가 나타난다. 이전에는 "集"을 의미하던 자동

---

12) 이와 유사한 구조와 의미를 지닌 '쪠티-'도 존재했다.
13) '쪠히-'의 용례는 개화기의 성경에서 문증된다.
14) '-혀-'(< '-혀-')가 통합한 모든 파생동사에서 이러한 현상이 나타나는 것은 아니므로, 이러한 재분석에 의한 재구조화는 동일한 환경의 모든 단어에 적용된다고 할 수는 없다. 단어 개별적인 현상이라고 할 것이다.

사로는 ‘몯’만이 사용되었을 뿐이다. 이는 우선 의미상으로 ‘뫼호/모호/모흐-’
와 관련된 것임이 분명하고, 그 외형상 ‘*몽-’[15]에 피동 접미사 ‘-이-’가 통
합하여 만들어진 단어라고 할 수 있다. 이렇게 보면 이전에는 존재하지 않았
던 새로운 동사 어간 ‘*몽--’의 존재를 상정하지 않을 수 없게 된다. 이는
(11ㄷ)과 같은 ‘모흐-’(< ‘뫼호-’)와 매개모음을 지닌 어미의 활용형 ‘모흐면,
모흐려’ 등에서 그 어간형을 ‘*몽-’으로 재분석하여 나타난 어간형이라고
할 수 있다. ‘모히-’는 어중의 ‘ㅎ’이 탈락하는 음운 현상을 경험하여 현대
의 ‘모이-’로 이어졌다.

　지금까지 살펴본 어간의 재구조화는 그 원인을 설명할 수 있는 것임에 비
해, 원인을 설명하기 어려운 재구조화의 예도 보인다.

> (12) ㄱ. 내 어미 죽건 디 아니 <u>오라니</u>(월인석보 21 : 27a)
> 　　　ㄴ. 글 비호션 디 <u>오래니</u>(계축일기 상 : 9a)
> (13) ㄱ. 춤 <u>슴낄</u> 툰(신증유합 하 : 6b)
> 　　　ㄴ. <u>슴킬</u> 툰 춤(왜어유해 상 : 49a)
> (14) ㄱ. 庫藏 여루려 홇 저긔 藏 <u>맛돈</u> 臣下ㅣ 다룬 디 나(월인석보 22 : 29b)
> 　　　ㄴ. 므춤내 <u>맛툰</u> 짜히 떠나디 아니ᄒᆞ고(동국신속삼강행실도 충신도 1 :
> 　　　　 48b)
> 　　　ㄷ. 엄이 집읫 이룰 다 <u>맛티니</u>(이륜행실도 중간본(영조판) 18a)
> (15) ㄱ. 時時예 브즈러니 <u>스저</u> 듣글 묻게 마롤디니(육조단경언해 상 : 15b)
> 　　　ㄴ. 抹 <u>스슬</u> 말(훈몽자회 하 : 9a), 揩 <u>쓰슬</u> 기(훈몽자회 하 : 10b)
> 　　　ㄷ. 소음으로써 뼈 우희 다텨 <u>쓰스라</u>(증수무원록언해 1 : 51a)

　중세국어에서부터 근대국어 시기까지 보이는 (12ㄱ)의 ‘오라-’[久]는 (12
ㄴ)에서 보듯이 이미 17세기에 ‘오래-’로 재구조화되었다.[16] 물론 이 재구조
화가 완성된 것은 아니어서 간헐적이기는 하지만 18세기는 물론 19세기말의
자료에서도 ‘오라-’가 발견된다. 중세국어에서 (13ㄱ)에서와 같이 ‘삼끼-’

---

15) ‘*모코’ 등의 활용형이 발견되면 ‘*몽-’의 존재를 확인할 수 있겠으나 이를 찾기 어렵다. 혹 ‘天
　　下 比首劍을 혼 듸 <u>모하</u> 뷔를 민아(청구영언 376)’의 ‘모하’를 ‘몽+아’의 활용형으로 파악할 가능
　　성도 있으나 이는 이 당시에 발견되는 ‘모흐-’(< ‘모호-’)에 ‘-아’가 통합한 것으로 보아야 할
　　것이다.
16) 이러한 어간 재구조화는 ‘놀라-[驚] > 놀래-, 눌나-[利] > 눌내-’ 등에서도 발견된다.

[츕]였던 단어가 18세기에는 (13ㄴ)에서와 같이 '삼키-'로 재구조화하였다. 특히 이러한 재구조화와 관련하여 18세기말의 자료인『方言集釋』에서는 '츕下 솜쎄다(슐부 : 2a)'와 같이 독특한 어간형 '삼쎄-'도 발견된다. (14ㄱ, ㄴ)에서는 중세국어에서는 '맜-'[職, 主, 掌, 任]이었던 동사 어간이 이미 17세기초에 '맡-'으로 재구조화되었음을 알 수 있다. (14ㄷ)은 이렇게 재구조화한 '맡-'이 다시 파생의 어기가 되어 사동사 '마티 / 맛티-'가 만들어졌음을 보인 것이다. 이 이전의 사동사는 '맛디'(←맜+이)로서 18세기 말에는 관련된 사동사로 '맛디-, 맛지-(< '맛디-'), 맛기-,[17] 마티- / 맛티-'가 공존하다가 현대어의 '맡기-'로 변화했음을 알 수 있다.[18] (15)는 '슺-'[拭, 抹]이 근대국어 단계에 '뿟-'으로 재구조화했음을 보인 것이다. 그런데 '슺-'은 이미 중세국어 시기에 '슷-'으로 재구조화하였는데, 이를 보인 것이 (15ㄴ)이다. 따라서 이 동사는 '슺- > 슷- > 뿟-'으로 재구조화했음을 알 수 있다.[19] 이때 '뿟-'의 각자병서는 당시의 된소리 표기의 혼란상이 반영된 것으로서 이 당시에 '쓰-'으로 표기되기도 하였다. 이러한 어간의 재구조화는 그 원인을 밝히기가 쉽지 않다.

지금까지 살펴본 경우와는 다소 다르게 기존의 형태론적 구성이 하나의 용언 어간으로 새롭게 재구조화하는 경우도 발견된다.

    (16) ㄱ. 淸淨이오 和와 和 아니왜 <u>아니롤</u> 닐오딕(능엄경언해 3 : 72b)
        ㄴ. 부텨옷 몯 드외면 <u>아니</u> 니러나리라(석보상절 3 : 38a)
    (17) ㄱ. 나그내둘히 넌 딕 브리디 <u>아녀</u> 다 딕 가 브리느니(번역노걸대 상 :
          11b)

---

17) 구본관(1998 : 283)에서는 '맛기-'도 '맡-'으로의 재구조화가 이루어진 이후에 새로이 나타난 사동형으로 보았다.

18) '맜- > 맡-'의 변화에 대하여 이진호(1997 : 60~61)에서 그 가능성을 제시한 바 있다.『훈몽자회』의 '任 맛똘 심(하 : 13b)'이 있으므로 '맜- > 마뜨-'으로 변화했음을 알 수 있는데, 용언 어간말의 'ㄸ'이 존재하지 않아 형태소 구조 조건을 만족시키기 위해 '맡-'으로 변화했을 가능성이 있다는 것이다. 이에 대해서는 더 깊이 있는 연구가 요망된다.

19) 이와 유사한 변화가 중세어 '싯-'[洗]에서도 발견된다. '싯-'은 근대국어에서 '씻-'으로 변화하였다. 이 두 동사는 현대어적인 직관으로는 그 의미가 크게 다르지 않은 것으로 보이지만 근대국어 시기에도 이 둘은 그 의미가 구별되어 사용되었다. (主人이) 교倚며 卓ㅈ롤 <u>시서 쓰서</u> 힘써 흐야곰 조케 흐고(1632, 家禮 10 ; 5b).

ㄱ' 내 일후믈 드러 닛디 <u>아니ᄒ야</u> 디니면(석보상절 9 : 9b)

ㄴ. 子弟 公服 <u>아녓거든</u> 보디 아니ᄒ야(소학언해 6 : 88a)

ㄴ'. 麒麟이 뮈디 <u>아니ᄒ얏거든</u> 香爐앳 ᄂᆡ 오ᄅ고(두시언해 초간본 11 : 35b)

(18) ㄱ. 相이 곧 相 <u>아니라ᅀᅡ</u> 眞이 ᄃᆞ외ᄂᆞ니(금강경삼가해 3 : 12a)

ㄴ. 涉疑ᄒᆞᆫ 사ᄅᆞᆷ을 가져 法 <u>아니로</u> 鍛鍊ᄒ야(증수무원록언해 1 : 3b)

(16)에서 보듯이 중세국어의 '아니'는 명사나 부사로 사용되었다. 그런데 (17ㄱ, ㄴ)은 외형상 동사 '아니-'가 존재했던 것처럼 보인다. 만일 이들을 용언 '아니-'의 활용형으로 볼 수 있다면 '아니-'라는 용언이 이미 중세국어 시기에 등장했다고 말할 수 있는 것이다.[20] 그러나 (17ㄱ, ㄴ)과 동일한 환경에서 '아니ᄒ-'가 사용된 (17ㄱ', ㄴ')을 볼 때 동사 '아니-'가 존재했다고 말하기는 어렵다. 이들에 대해서는 오히려 중세어에서 '아니ᄒ-'는, 'ㄱ, ㄷ' 등의 무성자음으로 시작하는 어미 앞에서 'ᄒ'가 'ㅎ'으로 수의적으로 교체되고(아니ᄒ고~아니코), 매개모음을 포함한 모음어미 앞에서는 수의적으로 ø로 교체될 수 있었다고(아니ᄒᆞᆫ~아닌) 보는 편이 합리적이다. 이러한 현상으로 인해 '아니ᄒ야'가 '아녀'로 나타날 수 있었음은 물론 '아니ᄒ며'도 '아니며'와 같이 나타날 수 있었다고 설명할 수 있다. 그런데 (18ㄱ)은 분명히 '아니-'가 존재했음을 보여주는 예이다. 이를 '아니ᄒ-'에 어미구조체 '-어ᅀᅡ'[21]가 통합한 것이라고 본다면 이는 '*아녀ᅀᅡ' 정도의 활용형이 기대되기 때문이다. 또한 어미 '-어ᅀᅡ'가 '-라ᅀᅡ'로 실현된 사실로 미루어 용언 '아니-'는 기원적으로 명사 '아니'에 계사 '(-)이-'가 통합하여 형성된 것임을 알 수 있다. 문제는 그렇다면 과연 (18ㄱ)의 '아니-'를 하나의 용언으로 볼 수 있는가 하는 점이다. 여기에서 (16ㄱ)과 같이 당시는 '아니'의 명사적 용법이 매우 활발했던 시기였으며, 이러한 '아니'의 용법이 (18ㄴ)에서 보듯이 18세기말까지

---

[20] 여기에서는 '아녀'가 동사의 활용형인 경우만을 예로 든 것이다. 형용사로 사용된 '아녀'는 이미 15세기에도 발견된다. 돌아보내디 몯ᄒᆞᆯ 거슨 너 <u>아녀</u> 뉘류(능엄경언해 2 : 30b).

[21] 중세국어의 '-어ᅀᅡ'는 연결어미 '-어'와 보조사 또는 첨사 '-ᅀᅡ'가 통합한 통합체라는 점에서 '어미구조체'라는 말로 표현했다. 이 구조체는 근대국어 시기에 '-어야, -어아, -어사' 등으로 나타나는데 이 시기에 하나의 어미로 재구조화하는 것으로 보인다.

이어진다는 점을 고려할 필요가 있다. 이렇게 보면 (18ㄱ)은 하나의 용언 '아니-'라기보다는 명사 '아니'와 계사 '(-)이-'의 통합체로 파악해야 할 것이다. 결국 이 통합체가 하나의 용언 '아니-'로 재구조화한 시기는 19세기의 일이라고 할 것이다.22)

또 다른 어간 재구조화의 경우로 피·사동사와 관련된 사실을 더 언급할 수 있다.

> (19) ㄱ. 굴이-[磨], 걸이-[掛], 눌이₁-[飛], 들이₁-[聞], 들이₂-[擧], 몰이-[驅], 밀이-[推], 불이-[吹], 븥들이-[捉], 술이-[消], 질이-[鋪], 열이-[開], 풀이-[賣], 헐이-[破]
>
> ㄴ. 굴리-, 걸리-, 눌리-, 들리₁-, 들리₂-, 몰리-, 밀리-, 불리-, 븥들리-, 술리-, 질리-, 열리-, 풀리-, 헐리-
>
> (20) ㄱ. 길이-[汲], 눌이₂-[飛], 놀이-[遊], 돌이-[回],23) 들이₃-[聞], 둘이-[走], 빌이-[借], 살이-[生], 울이-[泣]
>
> ㄴ. 길리-, 눌리-, 놀리-, 돌리-, 들리₃-, 둘리-, 빌리-, 살리-, 울리-
>
> (20') 달오-[煎] > 다로-, 알외-[告, 喩] > 알뢰-

(19ㄱ)은 15세기의 'ㄹ' 말음을 지닌 동사와 'ㄷ' 불규칙 동사의 어간에 피동접미사 '-이(ɦi)-'가 통합한 피동사들이고, (20ㄱ)은 15세기의 'ㄹ' 말음 동사와 'ㄷ' 불규칙 동사에 사동접미사 '-이(ɦi)-'가 통합한 사동사이다. 그러던 것이 16세기부터 국어에서 /ɦ/ 이 소멸하면서 새로이 나타난 피동사가 (19ㄴ)이고, 새로 나타난 사동사24)가 (20ㄴ)이다. 국어에서 /ɦ/ 이 소멸함으로

---

22) '아니ㅎ-'의 경우에는 이후 '아넣/아닐-, 않-' 등의 축약형으로 나타나기는 했는데(이현희, 1994ㄴ), 후자로 재구조화한 것이 아니어서 현대국어에서도 원래의 형태와 축약형이 공존하고 있다.

23) '돌이-'는 16세기 초에서부터 발견된다. 이전에는 또 다른 사동사 '도루-'가 나타날 뿐이다. 이 시기는 이미 /ɦ/ 이 소멸되어 가던 시기이므로 '돌이-'를 '돌+이(ɦi)'로 볼 수 있을지 문제가 될 수 있다. '돌+이'의 구조를 가진 *도리-'의 분철 표기로 볼 가능성이 있기 때문이다(구본관, 1998 : 279). 그러나 15세기에 '살-'의 사동사 '사루-'와 '살이-' 등이 의미 차이를 가진 것이었음을 고려할 때 문증되지는 않지만 '도루-'와 대응되는 또 다른 사동사 '돌이-'가 존재했을 가능성이 높다.

24) '흘리-'[流]와 같은 경우는 '흐르+리'가 아니라 '흜+이(ɦi)'의 구조로 보아야 한다(구본관, 1998 : 271). 한편 이들과 동일한 구조를 지닌 15세기의 사동사가 모두 동일한 변화를 보이는 것은 아니다.

써 새로운 접미사 '-리-'가 나타나게 되었고, 이전에 접미사 '-이(ɦi)-'를 지녔던 피·사동사들이 '-리-'를 지닌 피·사동사로 재구조화하였다. 한편 (20')은 /ɦ/ 의 소멸로 인한 어간 재구조화의 또 다른 예이다.

2.4. 공형태 통합형으로의 변화

접미사 가운데에는 특이하게 어기의 통사범주와 의미에 아무런 영향을 미치지 않는 접미사, 곧 '공형태(empty morph)'가 존재한다(졸고, 1999). 특히 동사와 관련된 이러한 접미사 중 대표적인 것으로는 '-이-, -을-' 등을 들 수 있다(이현희, 1987 ; 구본관, 1997 ; 졸고, 1999). 통시적 관점에서 이들 공형태 접미사가 통합한 어간형이 후대로 이어지고, 이 어간형의 어기가 되는 이전의 어간형은 소멸한다. 이런 통시적 변화를 보이는 단어들을 보이면 다음과 같다.

(21) 거리츠- > 거리치-[濟] 궂- > 그치-[止]   기들- > 기드리-[待]
　　 긷- > 기티-[棲]   깇- > 기치-[嗽]   돈- > 둘이-[走]
　　 벟- > 버히-[割, 斷]
(22) 베프- > 베플-[宣]   잇- > 잇글-[牽, 引] 욱- > 우글-[矗](현대
　　　　　　　　　　　　　　　　　　　　　　　　 어 : 우그러지-)

(21)은 동사 어간에 공형태 접미사 '-이-'가 통합한 어간형이 후대에 남게 됨을 보인 예이고,[25] (22)는 공형태 접미사 '-을-'이 통합한 어간형이 후대에 남게 됨을 보인 것이다. 여기에서 볼 수 있듯이 이러한 접미사는 그 어기로 자동사(긷-, 깇-, 돈-), 타동사(거리츠-, 기들-, 벟-, 베프-, 잇-)는 물론 자타 양용동사(궂-)에도 통합하고 있음을 알 수 있다. 원래의 어간형이 공형태 접미형으로 대체되는 시기는 각 단어마다 정도의 차이가 있다. 위의 예 가운데 '기들-'은 이미 15세기에도 독립된 동사의 활용형으로는 보이지 않고 '기둘우 / 기둘오-'와 같은 파생어의 어기에서만 발견되는가 하면 '거리츠-,

---

'굿블이-, 들이4-'[지는 '굿브리, 드리-'로, '웆이-'는 '웃기-' 등으로 변화하기도 하였다.
[25] 이러한 변화를 보이는 또 다른 예로 '뷔- > 뷔기-'[橫]를 들 수 있다. 그러나 '뷔-'의 품사가 동사인지 형용사인지 판단하기 어려워 예에서는 제외하였다.

긷-'은 16세기부터도 보이지 않으며, '긏, 잃-'은 17세기 중엽, '깊-'은 17
세기말, '붛-'은 18세기말, '베프-'는 19세기말까지 발견된다.

이 밖에도 또 다른 공형태 접미형 어간이 발견되기도 한다.

    (23) ㄱ. 所知는 正혼 知見을 <u>ᄀ리오고</u> 煩惱는 生死를 니서(능엄경언해 1 :
        95a)
      ㄴ'. 사ᄅ미게론 더러본 서근 내를 <u>ᄀ리ᄫ며</u> 가야미 머구믈 免ᄒ야(월인
        석보 18 : 39b)
      ㄴ. 智勝佛이 塵墨劫을 <u>ᄀ리옛고</u>(월인석보 14 : 10a)
    (24) ㄱ. 境界를브터 ᄆᅀᅩ매 <u>ᄃᇰ오며</u> 아니 ᄃᇰ옴 ᄀᆯ히요믈 니ᄅ와둘 씨라(능엄
        경언해 4 : 16a)
      ㄴ. 慈는 衆生을 <u>ᄃᇰᅀᅡ</u> 念ᄒ야 便安코 즐거(월인석보 9 : 41b)
    (24') 楚ㅅ 겨지븨 허리와 四支는 ᄯᅩ 可히 <u>ᄃᇰ오도다</u>(두시언해 초간본 11 :
        13b)

(23ㄱ)에서는 타동사 'ᄀ리오-'를 확인할 수 있는데, (23ㄷ)을 고려할 때
이는 'ᄀ리-'에 '-오-'가 통합한 것임을 알 수 있다. 이에 대해서는 허웅
(1975 : 164), 구본관(1998 : 293)에서 'ᄀ리-'에 사동접미사 '-오-'가 통합한
사동사로 파악한 바 있지만 이때의 '-오-'를 사동접미사로 보기는 어렵다.
우선 (23ㄱ')을 고려할 때 이는 기원적으로 'ᄀ리-'에 접미사 '-ᄫ-'가 통
합한 것임을 알 수 있는데, 사동접미사로서 '-ᄫ-'는 달리 찾아보기 어렵
다. 또한 사동접미사가 통합한 'ᄀ리오-'(< 'ᄀ리ᄫ-')가 전형적인 사동사로
사용된 경우를 찾아보기 어렵다. 설령 이때의 '-ᄫ-, -오-'를 사동접미사
로 볼 수 있다고 하더라도 문제가 남는다. 사동접미사가 통합한 사동사가 진
정한 사동사가 아닌 타동사로 사용되는 경우가 존재하므로(후술 참고), 이때의
'-ᄫ-, -오-'도 사동접미사인데 이것이 통합한 'ᄀ리ᄫ-, ᄀ리오-'가 사
동사로보다는 타동사로 사용되는 일이 더 많은 경우로 설명할 수도 있을 듯하
다. 그러나 (23ㄴ)에서 보듯이 이 동사의 어기인 'ᄀ리-' 역시 타동사로 사용
되던 것인 만큼 이러한 설명은 성립하기 어렵다. 사실 'ᄀ리-'와 'ᄀ리오-'는
그 의미나 용법에 있어서 큰 차이를 보이지 않는다. 따라서 'ᄀ리오-'(< 'ᄀ리
ᄫ-')의 '-오-'(< '-ᄫ-') 역시 공형태 접미사의 하나로 볼 수 있다. 다만

‘ᄀ리-, ᄀ리오-’는 통시적으로 앞서 살펴본 공형태 접미형의 변화와는 달리 원래의 어기와 공형태 접미형 어간이 현대국어에까지 계속 이어지고 있다.26)

(24)에서는 ‘듛-’에서 파생된 ‘듛오-’를 확인할 수 있다. (24ㄱ)와 (24ㄴ)을 비교해 보면 이 역시 원래의 어기와 파생형 사이의 의미나 용법의 차이가 없는 경우임을 알 수 있다. 따라서 타동사 ‘듛오-’의 ‘-오-’는 공형태 접미사라고 할 수 있는 것이다. 그런데 (24')에서는 같은 시기에, 타동사 ‘듛오-’와 외형이 동일한 형용사 ‘듛오-’도 존재했음을 알 수 있다. 구본관(1998 : 236)에서도 언급되었듯이 이 둘은 조어 과정이 다른 것으로 보아야 한다. 타동사 ‘듛오-’는 ‘듛-’에 공형태 접미사 ‘-오-’를 통합하여 형성된 것인데 비해, 형용사 ‘듛오-’는 ‘듛-’에 형용사 파생 접미사 ‘-오-’(< ‘-ᄫ-’)가 통합한 것으로 파악할 수 있다. 이들은 ‘듛-’이 15세기말에 소멸하면서 관련된 동사들이 모두 사라졌다.

그런데 공형태 접미사의 통합 여부를 판단하기 어려운 경우도 발견된다.

> (25) ㄱ. (내) 혼 귀밋빗기롤 줄 쩌시니 가져가 쓰고 **뼈ᄅ티디** 말라(박통사언해 하 : 28b)
> ㄴ'. 소리롤 듯눈 재 눈믈을 **쩌릐티디** 아니리 업스니(천의소감언해 2 : 37a)
> ㄴ. 머릴 **뻘튜니** 사뫼 기울오(두시언해 초간본 10 : 31b)

(25)에서는, 중세국어에서 ‘뻘티-’[拂]로 나타나던 동사 (25ㄴ)이 근대국어에서는 ‘뼈ᄅ티-’로 나타났음(25ㄱ)을 알 수 있다. (25ㄱ')은 ‘쩌르티-’에서 제3음절의 ‘이’의 영향으로 제2음절에 ‘y’가 첨가된 어형이다. 외형상으로만 본다면 ‘뻘티- > 뼈ᄅ티-’는 원래의 어기 ‘뻘-’에 공형태 접미사 ‘-ᄋ-’가 통합한 것으로 보이기도 한다. 그러나 (25ㄱ)의 ‘뼈ᄅ티-’는 공형태 접미사 통합형으로 보기는 어려워 보인다. 우선 이는 다른 공형태 접미형들과는 달리 공형태 접미형 어간이 독립된 동사로 사용된 경우를 보이지 않는다. 다

---

26) 현대국어에서는 ‘가리우-’를 ‘가리-’의 잘못으로 처리하고 있는데(『표준국어대사전』참고), 이는 달리 말하면 현대국어에도 이 양형이 여전히 존재하고 있음을 입증하는 것이라 할 수 있다.

만 단어 내부에서의 변화인 것이다. 여기에서 우리는 이러한 변화의 원인을
그 단어 내부에서 찾아볼 수 있지 않을까 한다. 중세국어 이후 강세 접미사
'-티-'는 'ㄹ'을 말음으로 가진 동사('밀-'[推], '열-'[開], '뻘-'[拂] 등)를 제
외하면 일반적으로 모음으로 끝난 어기와 통합하는 경향을 보인다. 이러한
경향으로 인하여 'ㄹ'을 말음으로 가진 '쁠-'[掃], '울-'[鳴, 叫] 등에 '-티-'
가 통합할 때에도 '*쁠티-, *울티-'로 통합하지 않고 어기에 '-이-'를 더
한 '쓰리티-, 우리티-'로 나타나기도 하였다.[27] 이러한 '-티-'의 통합 경
향성이 의미 있는 것이라면, '뻐르티-', '쓰리티-', 우리티-'의 '-으-',
'-이-'를 공형태로는 보기 어려울 듯하다. 이때 더해진 '-으-, -이-'는
모두 음운론적인 동기에 의해 통합한 요소가 되는데, 음운론적인 요인에 의
해 첨가된 요소를 공형태로 보는 일은 형태론의 일반적인 견해와는 거리가
있기 때문이다(졸고, 1999 : 228의 각주 1) 참고).

2.5. 조어 방식의 변화

중세국어 이후 동사는 물론 모든 용언의 조어 방식상 가장 큰 변화는 이른
바 비통사적 합성법의 약화라 할 수 있다. 중세국어 전까지는 매우 생산적이
었던 동사 어간끼리 통합하여 합성동사를 이루는 비통사적 합성법이 이미 중
세국어 시기에서부터 비생산적인 조어 방식이 되었다. 이로 인하여 이미 중
세국어 시기부터 비통사적 합성어 대신 통사적 합성어가 사용되었다.

(27) 빌먹-[乞食] : 비러먹-   찌들-[扱] : 뻐들-
     사르잡-[生捕] : 살아잡-   셜먹-[哂] : 쌀라먹-
     뻐디-[墜] : 뻐러디-   솟나-[湧] : 소사나-
     얽미-[縲, 累] : 얽어미-   엿보-[窺] : 여어보-

(27)은 이미 중세국어 시기에 비통사적 합성동사와 통사적 합성어가 함께

---

27) '밀-'의 경우에는 이른바 강세접미사가 통합한 '밀티-, 밀완-'이 모두 보이는데, 일반적인 '-티-'
    의 통합 경향을 따른다면 '*미리티-'가 존재할 것으로 예상되지만 문증되지 않는다. 다만 이러한
    경향성을 따르지 않는 '-완-'(< '받')이 통합한 '미리완-'은 발견되어 특이한 대조를 이룬다.

사용되었음을 보인 것이다. 이 가운데 '사ᄅ잡-, 엿보-' 등을 제외한 나머지 동사들은 근대국어 시기 이후 통사적 합성동사로 대체되는 등 그 세력이 매우 위축된다. 특히 비통사적 합성동사 중 제1어간과 제2어간이 대등한 자격으로 통합한 '듣보-[見聞], 빌ᄯᅮ-[假], 이우시들-[憔悴], 죽살-[生死], 미무-[結束]' 등의 합성동사는 근대국어에서 'V-고 V'형의 통사적 합성동사로 대체되었다. 또한 국어의 다른 단어들과 마찬가지로 이러한 비통사적 합성동사들도 한자어로 대치되어 '죽배-, 므르들-, ᄉᄆᆞᆺ알-, 묻져주-' 등은 각각 '敗亡하-, 逃亡하/逃亡치-, 通達하-, 拷問하/訊問하-' 등으로 대치되었다. 그 결과 근대국어 이후에 비통사적 합성동사는 국어 어휘부에서 소수의 특이한 존재로 남게 된 것이다.[28]

　조어 방식의 변화와 관련하여 국어 용언이 보이는 또 다른 특징적 사실로는 이전의 용언 어간에 후대에 다시 '-ᄒᆞ-'를 통합시킨 어간형으로 변화하는 현상을 들 수 있다.

　　(28) ㄱ. 내 히미 故鄕ㅅ 뫼해 <u>그르추믈</u> 다시곰 슬허ᄒᆞ노라(두시언해 초간본
　　　　　　10 : 46b)
　　　　ㄴ. 기ᄅ마 어치 벗기믈 <u>그릇ᄒᆞ야</u> 열이 위예 싸혀(마경초집언해 하 :
　　　　　　14b)
　　(29) ㄱ. 늘근 한아비는 <u>삼가나</u> 져믄 사ᄅᆞ믈 怪異히 너기디 마롤 디니(두시언
　　　　　　해 초간본 25 : 54b)
　　　　ㄴ. 반ᄃᆞ시 디답홈ᄋᆞᆯ <u>삼가홀</u> 디니라(소학언해 3 : 11b)
　　(30) ㄱ. 춤ᄢᅢ롤 <u>고스게</u> 봇가 ᄒᆞᆫ디 디허(구급간이방언해 2 : 42b)
　　　　ㄴ. <u>고소하다</u> 眞油臭苦燒(국한회어 26)

　(28)에서는 중세국어에서는 '그릇-'[訛, 乖]으로만 나타나던 동사가 근대국어에서는 '그릇ᄒᆞ-'로도 나타남을, (29)에서는 중세국어 초기에는 '삼가-' [謹]로만 나타나던 동사가 이미 중세국어 말인 16세기부터 '삼가ᄒᆞ-'로도 나

---

28) 이러한 사실은 이선영(1992), 박정순(1999)에서 자세히 다룬 바 있다. 이들 연구에서는 비통사적 합성동사가 위축된 또 다른 이유로 비통사적 합성동사의 제1어간과 제2어간이 어휘적 의미를 잃고 문법화하는 현상도 지적하고 있다. 비통사적 합성동사의 제2어간이 문법화하는 현상에 대해서는 후술할 3.4.에서 다루기로 한다.

타남을 보인 것이다. 이는 이전의 단일어에 '−ᄒ−'를 통합하여 파생어로 만든 경우로서 매우 독특한 현상이다.29) 이러한 변화는 '비릇−[始] > 비롯하−'에서도 발견할 수 있는 현상인데, 그 중간 단계로 '*비릇ᄒ− / *비롯ᄒ−'가 기대되지만 아쉽게도 문증되지는 않는다. (30)은 이러한 변화가 동사뿐만 아니라 형용사에서도 있었음을 보인 것으로서, '고ᄉ−[香] > 고소− > 고소ᄒ−'의 변화를 보이고 있다. 이러한 변화는 또 다른 형용사 'ᄃᄉ−'[溫]에서도 발견되는바, 'ᄃᄉ− > *ᄃᄉᄒ− / *ᄯᄉᄒ− / *ᄯ스ᄒ− > 따스하−'의 변화를 거친 것으로 보이는데, 중간 어형은 문증되지 않는다. 이러한 변화는 몇 가지 방향으로 해석할 수 있을 듯하다. 우선 이러한 변화를 보이는 예들 가운데 어간형 부사로 활발히 사용된 '그릇−, 비릇−'이 포함된 사실을 중시하여, 이들 어간이 용언임을 분명히 드러내기 위해 '−ᄒ−'를 첨가했다고 볼 수 있을 것이다. 둘째는 국어 용언에 점차 '−ᄒ−'의 통합형이 많아지면서 이러한 '−ᄒ−'(> '−하−') 통합형 어간형에 유추된 결과로 볼 수도 있을 것이다. 첫째 해석은 어간형 부사의 용법을 지니지 않은 나머지 단어들의 변화에 대해서는 설득력이 떨어지고 더구나 어간형 부사의 용법이 활발했던 '비릇'에 '−ᄒ−'가 통합한 어간형이 일찍이 나타나지 않는다는 점에서 문제가 제기될 수 있다. 둘째 해석은 모든 단어의 변화를 설명해 줄 수 있는 장점이 있는 반면, 이를 입증할 만한 결정적 증거를 찾기는 어렵다는 점이 문제로 남는다. 따라서 현재로서는 이러한 가능성을 모두 열어 놓기로 한다.30)

국어의 동사들 가운데에는 형태 변화나 어휘 변화로 말미암아 이전에는 동일한 조어 방식으로 이루어진 단어가 후대에는 다른 구조의 단어로 인식되는 경우가 있다.

---

29) '삼가ᄒ−'는 '삼가−'에 일종의 강조 표현 '−아 / 어 ᄒ−'가 통합한 것일 가능성도 있다. 그렇다면 '삼가ᄒ−'는 '그릇ᄒ−'의 재구조화와는 성격이 다른 것으로 다루어야 할 것이다.

30) 첫째 견해를 따른다면 이때의 'Xᄒ−' 역시 앞서 살펴본 공형태 접미형 어간으로 처리할 수 있을 듯하다. 그러나 용언 어간 'X−'가 'Xᄒ−'로 변화하는 현상은 공시적 현상이 아니라 통시적 현상이므로 이때의 '−ᄒ−'를 공형태로 볼 수는 없다. 공형태는 순수히 공시적인 어형의 설명을 위한 것이다(졸고, 1999).

    (31) ㄱ. 브드텟눈(두시언해 초간본 10 : 8b), 브듸티면(벽온신방 9a), 부듸티
        면(무원록언해 1 : 42a), 브드치니(오륜행실도 효자도 1 : 21b)

      ㄴ. 브드잇즈오시고(계축일기 상 : 24a), 부듸잇단(증수무원록언해 2 :
        21a)

      ㄷ. 고티(←곧+히) > 고치-, 내-(←나+이) > 내-, 밀우- / 밀위- > 미
        루-, 알외- > 아뢰-, 일우- > 이루-, 디내-(디나+이) > 지내-

    (31ㄱ)은 '브드티-'의 통시적 변화를 보인 것이다. 이 '브드티-'를 (31ㄴ)의 '브드잇-'(실제로는 '*브드잊-')과 함께 고려해 보면, 이들은 강세의 접미사 '-티-, -잇-'을 가지고 있는 파생어였음을 알 수 있다. 그런데 '브드티-'는 중세국어 이후 근대어에 이르기까지 '브드티- > 브듸티-, 브드티- > 부듸티-, 브드티- > *부듸치-, 브드치-'의 변화를 경험하고, 이 가운데 '*부듸치-'는 '*부디치 / *부딧치-'로 변화하여 현대어의 '부딪치-'로 이어졌다고 할 수 있다. 한편 (31ㄴ)의 '브드잇(←*브드잊-)'은 '브드잇- > *브듸잇-(문증 안 됨) > 부듸잇-'의 변화를 경험했음을 알 수 있는데, 이 '부듸잇-'이 현대국어의 '부딪-'으로 변화했다. 더욱이 현대어에서는 이들 동사의 어기인 '브드-'를 찾아 볼 수 없게 되어, 현대어에서는 '부딪치-'를 '부딪-'에 '-치-'가 더 통합시킨 강조형으로 둘을 달리 다루기에 이른 것이다. (31ㄷ)은 기원적으로는 중세어에서 파생에 의해 만들어진 사동사들이 현대국어에서는 단일어로 인식되는 동사들이다. 단일어화한 동사들이라 할 것이다.[31] 이러한 단일어화의 시기는 단어별로 모두 차이를 보인다. '디내-'는 '굴허에 ᄆᆞᆯ 디내샤 도즈기 다 도라가니(용비어천가 제48장)'과 같은 경우에만 사동사로 사용되었다고 할 수 있을 뿐, 이미 15세기에도 타동사로 사용되는 경우가 대부분이었다. 반면에 '고티-'는 근대국어 말인 19세기까지도 "癒"의 의미를 지닌 타동사로 사용되기보다는 "使直"의 의미를 지닌 사동사로 사용되기도 했다.

---

31) 이 현상에 대해서 김형배1997 : 238)에서는 '어휘화'로 지칭했으나 '단일어화'가 정확한 명칭일 것이다.

3. 동사 용법의 변화

3.1. 자동사

국어 자동사의 변화 가운데 주목되는 현상은 심리동사와 관련된 것이다. 현대국어에서와는 달리 중세국어에서는 "喜, 悲, 厭"의 심리를 표시하는 심리동사가 존재했다. '깄-, 슳-, 슬ㅎ-' 등이 그것이다. 따라서 현대국어에서는 심리형용사에 '-어 하-'를 통합시켜서만 가능한 심리구문이 중세국어에서는 심리동사 단독으로도 이루어질 수 있었다. 다음이 그것이다.

> (32) ㄱ. 能히 그 무슨매 드러 다 <u>깃거</u> 즐기긔 ㅎ며(석보상절 19 : 20b)
> ㄴ. 다시 저숩고 몯내 <u>슬허</u> 목노하 우더니(석보상절 23 : 43b)
> ㄷ. 樂想온 苦롤 <u>슬ㅎ야</u> 樂올 想홀 씨라(법화경언해 3 : 127b)
> (33) ㄱ. 내 모믈 드려다가 維那롤 사모려 ㅎ실씩 듣줍고 <u>깃거 ㅎ가니와</u>(월인석보 8 : 93a)
> ㄴ. 時卋롤 <u>슬허</u> 호모 王粲이 아니가(두시언해 초간본 14 : 20b)
> ㄷ. 사르미 受苦롤 맛나아 老病死롤 <u>슬ㅎ야 ㅎ거든</u>(석보상절 13 : 18ab)
> (34) ㄱ. 챡호 거슬 드르미 <u>깃버 홀</u> 쥴을 알다가(삼성훈경 : 23a, 1880)
> ㄴ. 지아비 죽거놀 <u>슬퍼 ㅎ기놀</u> 너모 ㅎ여(동국신속삼강행실도 열녀도 5 : 51b)

(32)에서는 심리동사만으로도 심리구문이 이루어질 수 있었음을 알 수 있다. 이러한 심리동사 구문의 강조 표현이 심리동사 어간에 '-어 ㅎ-'를 통합시킨 (33)이다. 특히 중세국어에서는 (33)과 같은 심리구문에 심리형용사가 온 '깃버 ㅎ-, 슬퍼 ㅎ-' 등이 오는 일이 없어,[32] 현대국어에서와는 차이를 보인다. 현대국어에서와 같이 이러한 심리구문에 심리형용사가 온 구문은 (34)에서 보듯이 근대국어 시기부터 나타나기 시작한다. 이들 심리동사는 근대국어와 현대국어 시기에 모두 사어화하는데, '깄-'은 20세기초, '슳-'은

---

32) 이는 이현희(1994ㄱ : 190~191)에서 언급한 바 있다. 이현희(1994ㄱ)에서는 15세기에 '궂바ㅎ-, 이워ㅎ-' 등은 발견되는데, 이들이 바로 '심리형용사+어 ㅎ-'의 시초적인 모습이라고 보았다.

17세기말, '슬흐-'는 18세기 중엽 이후부터 문헌에서 나타나지 않는다. 다만 '-어 흐-'가 통합한 구문은 단독형보다 오랫동안 유지되어 '깃버 흐-, 슬허 흐-'는 19세기말까지, '슬흐야/슬흐여 흐-' 역시 18세기 중엽까지 유지되었다.

현대국어에서는 자동사 가운데 주어가 행위주인 일부 자동사는 마치 타동사처럼 사용되어 앞의 논항으로 'NP를'이 오는 경우가 있다(한송화, 2000 : 60~64). 이러한 자동사 구문은, 중세국어 시기는 물론 근대국어 시기에 매우 드물게 발견된다.

(35) ㄱ. 내 외로윈 <u>무더믈</u> 가 울오져 ᄉ랑칸마론(두시언해 초간본 24 : 17b)
　　ㄱ'. 엇뎨 뼈곰 <u>王城을</u> <u>가</u> 守禦ᄒ리오(두시언해 중간본 4 : 5a)
　　ㄴ. 엇지 … 져 <u>극낙셰계를</u> <u>가고져</u> 발원을 아니ᄒᄂ고(염불보권문 해인사판(경북대소장) : 4b)
(35') ㄱ. ᄯᅩ 알ᄑᆞ로 ᄒᆞᆫ <u>닐웨롤</u> <u>가니</u> ᄆ리 모기 티거늘(월인석보 22 : 39b)
　　ㄴ. 내ᄠᅩ친 나그내 비록 다 <u>萬里롤</u> <u>가나</u>(두시언해 초간본 21 : 33a)
　　ㄷ. (왕밀이) 아ᄋ 쥰과 아돌 원직으로 더브러 <u>길을</u> <u>가다가</u>(오륜행실도 형제도 4 : 21b)

(35)는 자동사 '가-'의 지향점 논항이 'NP롤'로 나타난 경우로서, (35ㄱ)은 중세국어, (35ㄴ)은 근대국어의 예이다. 자동사 '가-'의 지향점 논항은 '珍寶ㅅ 고대 가고져 ᄒ거든(월인석보 14 : 75b), 셔울 가(번역노걸대 상 : 14b), 三峽으로 가고져 ᄒ노니(두시언해 초간본 10 : 36b)'에서와 같이 'NP(에), NP로'로 나타나는 일이 일반적이지만 여기에서는 'NP롤'로 나타나고 있다. 이러한 현상은 이때의 '가-'가 타동사이기 때문이라기보다는 기본적으로 자동사인 '가-'의 주어로 '동작주'가 올 수 있기 때문에 나타난 현상으로 보아야 할 것이다.33) 다만 이렇게 기본적으로 자동사의 논항이 타동사문과 같이 'NP롤'로 나타나는 경우는 중세국어 이후 19세기말까지도 매우 드물었다.34) (35ㄱ')

---

33) 한송화(2000)에서는 현대국어의 자동사중 'NP롤'을 논항으로 취한 '가-, 나서-, 나오-, 내리-' 등에 대하여 이러한 방식으로 설명한 바 있다.
34) '가-'가 'NP롤'을 논항으로 취한 경우는 여기의 예가 거의 전부라고 할 수 있을 정도이다. '거상을 가(내훈 1 : 59a), 벼술을 가ᄂᆡ(종덕신편언해 상 : 17a), 고을을 가ᄂ(종덕신편언해 하 : 8a)' 등

은 일견 (35ㄱ)과 같은 구문으로 보이지만, 이 구조는 대략 [[王城을 가] 守禦
ᄒ리오]이 아닌 [[王城을] [가 守禦ᄒ리오]]의 구조로 분석된다. 따라서 이때
의 '王城을'은 '가—'의 논항이 아니라 '守禦ᄒ—'의 논항이므로 여기의 논의
대상이 될 수 없다. (35′)는 그 외형은 (35ㄱ)과 유사하지만 이때의 'NP를'은
'가—'의 필수 논항이 아니므로 (35ㄱ)과 같은 구문일 수 없다.35) 특히 (35′ㄱ,
ㄴ)은 같은 예는 중세국어 이후 (35ㄱ)에 비해 많이 나타난다.

이와 유사해 보이지만 성격은 다른 경우가 있다.

(36) ㄱ. 香風이 와 이운 <u>고줄</u> <u>부러</u> ᄇ리고(월인석보 14 : 12b)
　　　ㄴ. 회로리ᄇᄅ미 외로윈 <u>남굴</u> <u>부ᄂ니</u>(두시언해 초간본 22 : 33b)
　　　ㄷ. 싸히 水火風이 <u>屍首를</u> <u>부러</u> 脹滿홈을 因ᄒ야(증수무원록언해 2 : 4a)

(36′) ㄱ. 소랫 ᄇᄅ미 부니 <u>ᄂ치</u> <u>부러</u> 蕭蕭ᄒ야 다올 ᄢ 업도다(남명집언해
　　　　　상 : 67a)
　　　ㄴ. ᄇᄅ미 <u>므레</u> <u>부니</u>(백련초해 15a)
　　　ㄷ. 朔風은 <u>나모 긋틱</u> <u>불고</u> 明月은 눈 속에 춘딕(청구영언 013(김종직
　　　　　시조))

(36)은 중세국어 및 근대국어에서 동사 '불—'[吹]이 대상 논항으로 'NP를'
을 취하고 있는 경우이다.36) 반면에 (36′)에서는 같은 시기에 '불—'이 대상
논항으로 현대국어에서처럼 'NP에'를 취하고 있다. 이는 앞의 (35)의 예들과
유사한 경우로 보이지만 그 논항 구조가 다른 문장이다.37) (35)의 주어는 동

도 발견되지만 이때의 'NP를'은 '가—'의 논항이 아니다. 이들은 '거상가—, 벼슬가—, 고을가—'
등의 합성어에서 어기가 분리된 것일 가능성이 높다. 한편 현대국어를 고려할 때 이러한 현상을
보일 것으로 기대되는 '오—, 나오—, 나ᄊ가—' 등과 같은 동사의 경우 지향점 논항이 'NP를'로
나타나는 일은 찾기 어렵다. 뿐만 아니라 현대국어에서는 주어로 동작주가 올 수 있는 자동사
가운데 이동동사의 '기점' 논항도 'NP를'로 나타나는 일이 있으나(집을 나오다, 차를 내리다, 자
리를 떠나다), 중세국어는 물론 근대국어에서도 이러한 형식의 자동사 구문은 찾아보기 어렵다.
35) '닐굽 쇠줄로 비를 미여 닐웨롤 <u>머믈오</u>(월인석보 22 : 37a)'와 같은 문장도 (35′)과 같은 성격의
　　것이라고 할 수 있다.
36) 이를 상기시켜 준 박진호 선생께 감사드린다.
37) 중세 및 근대국어에서 많이 보이는 '피리를 부는 돗ᄒ도다(두시언해 초간본 14 : 16a), 고해 불며
　　두 귀를 부러(구급방언해 상 : 78a)' 등의 '불—'은 (36)의 '불—'과는 성격이 다른 동사이다. 이들
　　문장은 'NP₁이 NP₂를 불—'의 형식을 갖는데, 이때 주어 'NP₁'은 동작주이고 목적어 'NP₂를'은
　　대상으로서 여기의 '불—'은 전형적인 타동사이다.

작주임에 비해 (36)의 주어는 '바람'이므로 여기의 '불-'에서는 주어의 동작성을 찾기 어렵다. 따라서 (35)에서의 설명 방식으로는 (36)의 현상을 설명하기 어려운 것이다. 그렇다면 이를 자동사와 타동사로 두루 사용되는 자타 양용동사로 볼 수 있을까? 그러나 중세국어에서는 (36)과 같은 형식의 문장이 (36')과 같은 형식의 문장보다 빈도가 압도적으로 높다. 더욱이 근대국어 시기에 보이는 이러한 '불-'의 용례는 (36ㄱ)이 거의 유일하다고 할 수 있다.38) 이러한 사정을 고려할 때, (36)의 '불-'을 자타 양용동사로 보기보다는 '블-'의 논항 실현 양상이 (36)에서 (36')과 같은 방식으로 변화한 것으로 보아야 할 것이다.

한편 이미 중세국어 시기부터 자동사와 형용사의 경계를 넘나드는 용언들이 발견된다.

> (37) ㄱ. 사르미 살면 주그미 이실씨 모로매 <u>늙느니라</u>(석보상절 11 : 36b)
>
>   ㄴ. 옰 ᄀ식는 陶潛의 菊花ㅣ <u>늘겟느니</u> 맛냇노라(두시언해 초간본 10 : 39b)
>
>   ㄷ. ᄇ롬과 드틄 ᄀ싀 뵈앗비 돈뇨니 어그르처 騏驎馬ㅣ <u>늘것도다</u>(두시언해 초간본 19 : 33b)
>
> (38) ㄱ. 모샛 고기는 믌 ᄀ싀 <u>여위놋다</u>(두시언해 초간본 10 : 19a)
>
>   ㄴ. 긇字는 <u>여위오</u> 세요미 貴ᄒ야 보야ᄒ로 神妙호매 通ᄒ느니라(두시언해 초간본 16 : 15b)
>
> (39) ㄱ. 그 믈이 절로 스라 <u>므르느니</u>(언해두창집요 상 : 32a)
>
>   ㄴ. 셴 머리는 <u>몰라</u> 모기 드렛고(두시언해 초간본 20 : 46b)

(37ㄱ), (38ㄱ), (39ㄱ)에서 '늙-, 여위-, 므르-'가 선어말어미 '-ᄂ-'와 통합하고 있으므로 이들이 동사임을 알 수 있다.39) 그러나 (37ㄴ, ㄷ), (38ㄴ),

---

38) 이 예가 나타난 문헌인 『증수무원록언해』는 검시 지침서로서 당시의 다른 문헌들에 비해 매우 문장 구조나 단어형이 매우 의고적이다. 이에 대해서는 졸고(2001)에서 다룬 바 있는데, 이러한 의고성은 실무 계층에 대한 지속적인 교육과 학습의 결과일 것으로 보았다. 그렇다면 이 책에는 당시의 국어는 물론 이전의 국어가 반영되었을 가능성이 높다.

39) 이 가운데 '므르-'는 일찍부터 형용사적으로 인식되었던 듯, '-ᄂ-'와의 통합형을 중세국어 자료에서 찾아보기 어렵다. 근대국어 초기인 1608년에 간행된 『언해두창집요』의 예를 보인 것은 바로 이 때문이다.

(39ㄴ)에서는 이들이 현재 상태를 표시하는 형용사인 것처럼 보인다. 따라서 이들을 어떻게 처리해야 할지 문제가 되는데, 여기에는 세 가지 방법이 있을 수 있다. 첫째는 이들을 기본적으로 형용사로 보고 (37ㄱ), (38ㄱ), (39ㄱ)을 동사로 전용된 것으로 파악하는 방법이다. 둘째는 이들을 기본적으로 자동사로 보고 (37ㄴ, ㄷ), (38ㄴ), (39ㄴ)을 자동사의 특별한 경우로 보는 방법이고, 셋째는 이들에 대해 자동사인 것과 형용사인 것이 있다고 파악하는 방법이다. 이 가운데 첫째 방법은 전통 문법적 처리 방식이며, 둘째 방법은 최근 현대국어를 대상으로 한 연구에서 제시된 방법이다.[40]

이 문제를 해결하기 위해서는 다음의 예도 함께 고려해야 한다.

> (40) ㄱ. 혼 念이 굿 닐면 性空이 <u>어듭ᄂᆞ니</u>(금강경삼가해 5 : 16b)
> ㄴ. 조개 氣分을 吐ᄒᆞ야돈 ᄇᆞ라디 잣 곧다가 히 노프면 <u>업ᄂᆞ니라</u>(능엄경 언해 8 : 55b)
> ㄷ. 위안햇 柚子ㅣ ᄌᆞ랄 ᄢᅦ 기릐 세 寸 만ᄒᆞ야 비치 黃金 <u>곧ᄂᆞ니라</u>(두시언해 초간본 15 : 3a)
> ㄷ'. 져믄 젯 나해 ᄇᆞᄅᆞ미 서늘커든 舞雩애셔 나몰 엇데 <u>곧ᄒᆞ려뇨</u>(두시언해 초간본 10 : 22b)
> ㄹ. ᄒᆞ마 기장 콩이 <u>노파</u> 가몰 깃노라(두시언해 12 : 11b)
> (40') ㄱ. 諸佛이 各各 便安호몰 좃고 多寶佛塔도 도로 녜 <u>곧ᄒᆞ쇼셔</u>(법화경언해 6 : 126a)
> ㄴ. 모든 들ᄌᆞ오리로 一心으로 <u>괴외ᄒᆞ라</u>(금강경언해 상 : 12a)

(40)은 일반적으로는 형용사로 사용되던 용언이 자동사로 사용된 경우이다. (40ㄱ~ㄷ)에서 '어듭-, 없-' 등이 '-ᄂᆞ-'와 통합해 있는가 하면, (40ㄹ)에서는 보조동사 '가-' 앞의 본동사로 '높-'이 통합되어 있다. '-ᄂᆞ-'는 동사 어간에만 통합하는 요소이며, 보조동사 '가-' 앞에는 동사가 와야 한다. 더욱이 (40ㄷ')에서는 '곧ᄒᆞ-'가 타동사로 사용되고 있기도 하다.[41] 또한

---

40) 최근 한송화(2000 : 54~57)에서는 현대국어의 '늙-'류 용언을 대상으로 셋째 방법으로 설명하고 있다. 이들은 기본적으로 자동사인데 이렇게 주어의 행위성이 없는 경우에는 형용사와 일부 특성을 공유한다는 것이다.

41) 후술될 바와 같이 자동사 '곧ᄒᆞ-'를 설정할 수 있다면 '곧ᄒᆞ-'의 타동사적 용법은 앞의 'NP를 가-'에 대한 설명과 마찬가지로 설명할 수 있다. 곧 (40ㄷ')의 주어는 대상이 아닌 동작주로서

(40')은 일반적으로 형용사로 사용되는 '곧ㅎ-, 괴외ㅎ-'가 명령문에 나타나 있는데, 원칙적으로 형용사는 명령문에 올 수 없는 것으로 알려져 있다. 따라서 이때의 용언들은 모두 동사라고 할 수 있는데, 형용사로 사용되는 일이 일반적인 용언이 자동사로 사용되는 이러한 현상은 현대국어에서는 찾아보기 어려운 일이다.[42] 결국 (40)의 예들을 고려할 때 위의 둘째 설명 방법은 중세국어 사실을 설명하기는 어렵게 된다. 나머지 두 방법의 설명적 타당성을 평가하기는 쉽지 않다. 다만 국어 동사 가운데 중세국어 시기에 동일한 어간의 용언이 타동사와 형용사로 넘나들면서 사용된 경우가 있음을 고려하면(후술 3.2. 참고), 셋째 방법이 합리적일 것으로 보인다. 형용사와 타동사를 서로 '전용'될 수 있다고 할 수 있는지 의심스러우며, 형용사와 타동사를 서로 '전용'될 수 있다고 본다면 과연 '전용'의 개념이 무엇인지 모호한 것이 되기 때문이다.

(40)의 예 가운데 (40ㄴ)의 '업ᄂ니라'와 관련해서는 존재동사의 독특한 활용 방식이 주목된다.

> (41) ㄱ. 심ᄒ면 니ᄅ디 아니홀 배 <u>업ᄂ니라</u>(소학언해 2 : 43b)
>
>   ㄴ. 녀나ᄆ 乘이 둘히며 세히 <u>업스니라</u>(석보상절 13 : 49b)
>
> (41') ㄱ. 幽明은 有形 無形ᄒ 象이라 ᄒ니 이시며 <u>업논</u> 數ㅣ라(선종영가집언해 서 : 14a)
>
>   ㄴ. ᄠᅵ <u>업슨</u> 무슴과 嗔心 <u>업슨</u> 무ᅀᅳ몰 내야(석보상절 9 : 23a)
>
> (42) ㄱ. 이제 彌勒菩薩이 <u>겨시니라</u>(석보상절 21 : 58b)
>
>   ㄴ. 六趣에 기리 <u>겨시ᄂ니</u>(선종영가집언해 하 : 49a)
>
> (42') ㄱ. 모매 <u>겨신</u> 터럭 구무마다 샹네(법화경언해 2 : 18a)
>
>   ㄴ. 西方애 <u>겨시ᄂ</u> 阿彌陁如來와 度一切世間苦惱如來시니(월인석보 14 : 5a)

(41)은 형용사적인 '없-'의 활용형으로서, (41ㄱ)에서는 형용사적인 '없-'

"같게 하는" 동작성이 강하게 파악되므로 대상 논항이 타동 구성과 같이 'NP롤'로 나타날 수 있다고 설명할 수 있는 것이다.

42) 유현경(1998 : 316)에서는 의미가 비슷함에도 '-ㄴ다'와의 통합 여부로 동사와 형용사로 달리 구분된 부류가 생각보다 훨씬 많다는 사실을 지적한 바 있는데, 이러한 현대국어의 용언 부류가 기본적으로 자동사적인 것이라면(한송화, 2000), 중세국어의 '없-, 어듭-, 곧ㅎ-' 등은 기본적으로 형용사적인 것이라는 점에서 차이를 보인다.

의 종결형임에도 '업ᄂ니라'와 같이 동사적 활용을 보인 종결형이 존재했음을 알 수 있다. 중세국어에서는 이러한 종결형으로서 동사적인 활용형 '업ᄂ니라'가 형용사적 활용의 '업스니라'보다 오히려 더 활발히 나타난다. (41')에서는 형용사적 '없-'의 관형사형에도 동사적 활용의 '업논'과 형용사적 활용의 '업슨'이 모두 존재했음을 보인 것인데, '-니라' 종결형과는 반대로 형용사적 활용의 '업슨'이 중세국어에서 더 우세하게 나타난다. 그러던 것이 동사적 활용형 '업논'의 쓰임이 더 활발해져 근대국어 시기에는 '업슨'과 '업논'이 거의 대등하게 나타나다가 현대국어에서는 동사적 활용의 '없는'으로 쓰이고 있다. (42)는 '잇 / 이시-'의 존칭 어간인 '겨시-'의 '-니라' 종결형, (42')은 관형사형이다. '겨시-'의 '-니라' 종결형은 물론 관형사형에서도 동사적 활용인 '*겨시ᄂ니라, 겨시논'보다는 오히려 형용사적 활용의 '겨시니라, 겨신'으로 사용되었다.43) '잇 / 이시-'가 동사적 활용을 보이는 현상과 비교하여 매우 독특한 현상이다.

한편 현대국어에서 자동사에는 피동적인 '-어 디-'가 통합할 수 없고 자동사와 통합할 경우에는(가지다, 누어지다, 살아지다, …) 동작주의 의지와는 무관한 "어떤 상태가 되다" 정도의 의미, 곧 "상태 변화"의 의미를 표시한다. 그런데 중세 및 근대국어에서는 자동사에 '-어 디-'가 통합하여 현대국어에서와는 다른 의미를 표시하는 경우가 발견된다.

    (43) ㄱ. 楊子ㅣ 閤애셔 <u>ᄂ려 뎌</u> 머믈오(두시언해 초간본 20 : 34b)
        ㄴ. (쳔일이) 스스로 바회 아래 <u>ᄂ려 뎌</u> 주그니라(동국신속삼강행실도
           충신도 1 : 38b)

(43)의 'ᄂ려 디-'는 "어떤 상태가 되다"의 의미를 파악하기는 어렵다. 더욱이 이들 모두 스스로 몸을 던지는 문맥이어서 동작주의 의지가 강하게 파악되는 문맥이다. 이들은 외형적으로 내포문 'ᄂ리-'의 주어 논항이 상위문

---

43) 현대국어에서도 일부 자동사는 관형사형으로 항상 형용사적인 활용을 보이는 경우가 있다. '지치-(지친 /*지치는 얼굴), 찌들-(찌든 /*찌드는 때), 얼빠지-(얼빠진 /*얼빠지는 얼굴)' 등이 그 예이다. 유현경(1998 : 314~324)에서는 이러한 사실 등을 들어 국어에서 동사와 형용사의 구분이 직관적이고 비논리적인 근거에 의해 구분되었다고 주장하기도 하였다.

‘디-’의 주어 논항에 ‘합류’되어 있어(박진호(1994ㄱ)의 용어) 현대국어에서 자동사, 형용사에 ‘-어지-’가 통합한 경우와 동일한 논항 구조를 보이고 있지만, 의미상으로는 ‘느리-’의 목적어 논항으로 모두 ‘제 모물’ 정도를 상정할 수 있어44) 현대국어에서 타동사에 ‘-어지-’가 통합한 경우의 논항 구조와 유사하게 파악되는 것이다.45)

국어 자동사의 변화와 관련하여 마지막으로 언급할 만한 것으로는 사동사 어간이 다시 피동사의 어기가 되는 현상을 들 수 있다.

> (44) 我國 屍帳이 두루마리롤 민드라 紙面이 마조 <u>맛초인</u> 곳에 字號롤 글써
> 메우고(증수무원록언해 1 : 58b)

(44)의 ‘맛초이-’는 피동사임이 틀림없는데, 이는 ‘맞-’의 사동사 ‘마초/맛초-’(←맞+호)에 피동의 ‘-이-’가 통합하여 이루어진 피동사라 할 것이다. 따라서 이 단어는 사동사 파생의 결과인 ‘마초/맛초-’가 다시 피동사 파생의 어기로 온 경우이다. 일반적으로 피·사동 접미사 ‘-이-’의 어기로 복합 형식이 오지 않는다고 알려져 있음을 볼 때, 여기의 ‘맛초이-’와 같은 단어는 매우 독특한 것이라 할 수 있다.

---

44) ‘느리-’의 논항이 ‘NP롤’(믈을 느려(동국신속삼강행실도 충신도 1 : 44b))로도 나타남을 들어 이 때의 ‘느리-’를 타동사로 보는 견해가 있을 듯하다. 그러나 이때의 ‘NP롤’은 ‘느리-’의 기점 논항으로서 일반적으로 (43ㄱ)에서와 같이 ‘NP에셔’로 나타나며 ‘NP에게’(ㅅ, 홀로 됴복으로 몰게 느려(오륜행실도 충신도 2 : 23a))로 나타나기도 한다. 따라서 ‘NP롤 느리-’형은 ‘느리-’가 주어의 동작성이 강하게 파악되는 자동사이기 때문에 타동구문과 같은 형식으로 논항이 실현된 것으로 해석할 수 있을 것이다. 이 밖에 필수 논항이 아닌 ‘NP롤’이 앞에 오는 경우도 있다(층을 느려(가례언해 3 : 9b)).

45) (43)의 ‘디-’에서는 “落”의 의미가 강하게 파악되는데, 여기에서 우리는 현대국어 ‘-어지-’의 ‘지-’가 바로 중세의 동사 ‘디-’에서 온 것임을 알 수 있다. 현대국어에서 ‘-어지-’를 하나의 접사처럼 처리하고 있으나 여기에서 보듯이 논항 구조 등에 대한 설명을 위해서는 ‘지-’를 보조동사 정도로 보는 편이 효율적이다. 중세 및 근대국어에서 더더욱 ‘-어 디-’는 하나의 단위가 아니라 ‘연결어미＋보조동사 어간’의 통합체인 것으로 보인다. ‘傷티 아닌 디는 變動ᄒ야 프르고 검어 디ᄂ니라(증수무원록언해 1 : 35a)’과 같은 예에서 ‘프르고 검어 디ᄂ니’는 ‘프르고 검-’이라는 동사구에 ‘-어 디-’가 통합하고 있음을 알 수 있는데, 만일 ‘-어 디-’를 하나의 단위로 파악한다면 이를 또 하나의 ‘통사적 파생’의 경우로 다뤄야 하는 일도 생긴다.

3.2. 타동사

국어 타동사의 변화에서 가장 눈에 뜨이는 사실은 중세국어 시기에 타동사
적 용법과 형용사적 용법으로 사용되던 동사가 존재했다는 점이다.

> (45) ㄱ. 내 겨지비라 가져 가디 어려볼쌘(월인석보 1 : 13a)
>   ㄱ'. 貢公이 깃거 호몰 그스기 效則ᄒ고져 컨마론 原憲의 가난호몰 둘히
>   너규몰 어려웨라(두시언해 초간본 19 : 3a)
>   ㄴ. 숪가락 자ᄇ며 箸 두미 ᄀ장 슬ᄒ니라(월인석보 서 : 22b)
>   ㄴ'. 十方 天仙이 그 내 더러우믈 슬ᄒ야 다 머리 여희며(능엄경언해 8 : 5b)
>   ㄷ. 치우미 ᄀ장 셜워 갓과 쎠왜 서르 니스니(선종영가집언해 상 : 44a)
>   ㄷ'. (巴州ㅅ 사르미) 둗거운 짜히 더우믈 셜워 우놋다(두시언해 초간본
>   12 : 10b)

(45)는 특히 중세국어의 심리구문의 예로서, 여기의 '어렵 / 어렵-, 슬ᄒ-,
셟 / 셟-' 등은 일반적으로 (45ㄱ, ㄴ, ㄷ)과 같은 심리 형용사로 사용되었다.
그러나 (45ㄱ', ㄴ', ㄷ')에서 보듯이 이들이 'NP롤'을 논항으로 취한 타동사로
사용된 경우가 존재한다(이현희, 1994). 이러한 현상이 비단 심리구문에서만 나
타나는 것은 아니다.

> (46) ㄱ. 功을 議論컨댄 五丁의게 넘도다(두시언해 초간본 6 : 17a)
>   ㄱ'. 성인니 혼갓 법제롤 넘도 아니ᄒ며(정속언해 17a)
>   ㄴ. 이 세히 바ᄅ디 아니ᄒ며 빗디 아니ᄒ며(원각경언해 상 1-2 : 117b)
>   ㄴ'. 계오 기오리고 다시 바ᄅᄂ니ᄂ 넌 니페 비 뒤티미오[纔欹復正荷翻
>   雨](백련초해 17b)

(46)의 '넘-[過, 越], 바ᄅ-[直]'는 (46ㄱ, ㄴ)에서는 형용사적 용법을, (46ㄱ',
ㄴ')에서는 타동사적 용법을 보이고 있다. 이렇게 동일한 용언 어간이 형용사
와 타동사로 모두 사용되는 현상을 매우 독특한 현상으로서 이를 설명하기
위해서는 '어렵-, 슬ᄒ-, 셟-, 넘-, 바ᄅ-' 등이 타동사인 것과 형용사인
것 모두 존재했다고 보아야 할 것임은 앞서 언급한 바 있다.

앞서 우리는 자동사의 변화를 살펴보는 가운데 중세국어 시기에는 현대국

어에서 '기뻐하-'와 같이 심리형용사 어간에 '-어 하-'가 통합하여 표시되는 심리구문이 심리동사 '젓-'으로 표시되는 현상이 존재했음을 살펴보았는데, 이러한 심리구문을 이루는 타동사도 발견된다.

(47) ㄱ. 文章이 命의 通達호믈 <u>믜ᄂᆞ니</u>(두시언해 초간본 21 : 44a)
　　 ㄴ. 揚雄이 오래 사로몰 <u>브디</u> 아니ᄒᆞ며(법화경언해 6 : 145a)
(47') ㄱ. 병과 울어디 몯ᄒᆞᄂᆞᆫ 병을 <u>믜여 ᄒᆞᄂᆞ니라</u>(번역소학 6 : 25b)
　　 ㄴ. 가비야온 옷과 술진 ᄆᆞᆯ <u>브러 호ᄆᆞ란</u> 즐기디 아니ᄒᆞ노라(두시언해 초간본 15 : 5a)

(47)에서는 현대국어에서는 '미워하-, 부러워하-'로 나타날 용언이 '블-[羨], 믜-[憎]'로 나타났다. 이러한 타동사에 '-어 ᄒᆞ-'를 통합하여 동작성을 강조한 강화 표현이 (47')이다. 현대국어와 같이 심리 형용사 어간에 '-어 ᄒᆞ-'가 통합한 예는 중세국어에서 발견되지 않고, 근대국어 후반부터 나타나기 시작한다. '어미 그 지아비 글 못ᄒᆞᄆᆞᆯ 믜워ᄒᆞ고(경신록언해 17a)'에서 보듯이 '미워ᄒᆞ-'는 18세기말부터, '부러워ᄒᆞᄂᆞᆫ 마음이(삼성훈경 21b)'이 에서 보듯이 '부러워ᄒᆞ-'는 19세기말부터 발견된다.

국어 타동사 가운데에는 통시적으로 논항의 실현 양상이 변화한 경우를 보인다. 그 대표적인 경우를 보이면 다음과 같다.

(48) ㄱ. 虛妄혼 念으로 제 <u>ᄆᆞᅀᆞᄆᆞᆯ</u> <u>사마</u>(월인석보 9 : 21a)
　　 ㄴ. 혼갓 警戒 디뉴므로 <u>道理</u> <u>사마</u> 가질 씨라(월인석보 7 : 46a)
　　 ㄷ. <u>龍ᄋᆞᆯ</u> 밥 <u>사마</u> 자바먹ᄂᆞ니라(월인석보 1 : 15a)
　　 ㄹ. 靜을 取ᄒᆞ야 <u>行ᄋᆞᆯ</u> <u>사마</u>(원각경언해 하2-1 : 16a)
(49) ㄱ. <u>아ᄃᆞᆯ로</u> <u>아ᄉᆞᆯ</u> <u>밧고니</u>(이륜행실도 12a)
　　 ㄴ. <u>(내)</u> 털릭과 네 다홍비쳇 금으로 흉븨 ᄯᅳᆫ <u>털릭과</u> <u>밧고져</u>(번역박통사 상 : 72a)
　　 ㄷ. 骨ᄋᆞᆯ 化ᄒᆞ며 <u>形을</u> <u>밧고며</u>(능엄경언해 8 : 131a)
(50) ㄱ. 둘헤 <u>나게</u> 버히고(구급간이방언해 2 : 66b)
　　 ㄴ. 둘에 <u>내단</u> 말이라(증수무원록언해 2 : 12a)

(48)은 '삼-', (49)는 '밧고-'가 사용된 구문이다. '삼-'의 논항이 (48ㄱ)

에서는 'NP(도구 : A)로 NP(대상 : B)룰 삼-', (48ㄴ)에서는 'NP(A)로 NP(B)ø 삼-', (48ㄷ)에서는 'NP(A)룰 NP(B)ø 삼-', (48ㄹ)에서는 'NP(B)ø 삼-' 형식으로 나타난다. 도구 명사구를 A로, 대상 명사구를 B로 표시하면 이는 '{A로 B룰, A로 Bø, A룰 Bø, Bø} 삼-' 정도로 표시된다. 곧 중세국어에서는 대상 명사구 B에는 결코 '-로'가 오는 일이 없으며, 근대국어의 자료에서도 이러한 예는 현재까지 발견되지 않는다. 그러던 것이 현대국어에서는 대상 명사구(B)에 '-로'가 통합하는 방식으로 변화하여 'A를 B로 삼-'으로 나타난다(철수를 본보기로 삼았다). 한편 '밧고-'의 논항은, (49ㄱ)에서는 'NP(A : 도구, 매개)로 NP(B : 대상)룰 밧고-', (49ㄴ)에서는 'NP(A)와 NP(B)와 밧고-', (49ㄷ)에서는 'NP(B)룰 밧고-'의 형식으로 나타난다. 이를 정리하면 '{A로 B룰, A와 B와, B룰} 밧고-'로 정리할 수 있다. 곧 도구 또는 매개 명사구 A에는 '-룰'이 통합할 수 없었다. 반면 현대의 '바꾸-' 구문에서는 A에 '-를'이 통합할 수 있어서, 'A를 B로 / B와 바꾸-'(달러를 원화로 바꾸었다. 헌책을 새책과 바꾸었다.)의 형식이 가능해졌다. 현대국어와 같이 'A를 B로 바꾸-'와 같은 구조 역시 근대국어에서도 찾아보기 어렵다. (50)은 현대국어에서는 찾아보기 어려운 '내-' 구문이다.46) 이때의 '둘'은 도달점으로서 현대국어에서는 'NP로'로 표시될 논항이다.

현대국어에서는 '-아/어 있-'은 자동사와 통합할 뿐 타동사와의 통합은 어렵다(*먹어 있다/앉아 있다, *잡아 있다/잡혀 있다, *놓아 있다/놓여 있다). 그러나 중세국어에서는 타동사에 '-아/어 잇-'이 통합한 경우가 매우 많이 보인다. 이렇게 타동사와 '-아/어 잇-'이 통합한 경우에는 두 가지의 다른 부류가 있다.

 (51) ㄱ. 내 이제 사르미 모물 得ᄒ고 부텨를 <u>맛나</u> 잇ᄂ니(석보상절 6 : 11a)
   ㄴ. 初禪三天은 小千世界룰 <u>두퍼</u> 잇고(월인석보 1 : 34b)
 (52) ㄱ. 禪定은 아래 <u>사겨</u> 잇ᄂ니라(월인석보 1 : 52b)

---

46) (50ㄱ)은 '나게 ᄒ-' 구문으로서 '내-' 구문은 아니지만 '나-'의 모두 사동 표현이라는 점에서 같이 다룰 수 있다. 한편 '내-' 앞의 명사구가 'NP에'로 나타나는 경우는, '神主룰 座의 내고(가례언해 9 : 7a)'와 같이 장소의 명사구가 오는 일이 일반적이다.

    ㄴ. 恒沙等에 너믄 妄染이 <u>ㄱ초 잇논</u> 쁘데 니르니(원각경언해 상2-2 :
      120ㄴ)

(51)의 '-아 / 어 잇-' 구문은 상위문 '잇-'의 주어 논항과 하위문 타동
사 '맛나-(51ㄱ), 듧-(51ㄴ)'의 주어 논항이 동일한 경우로서, 이때에는 자동
사에 통합했을 때와 마찬가지로 '-아 / 어 잇-'이 "지속"의 의미를 표시하는
것으로 해석된다. 그런데 (52)의 '-아 잇-, -오 잇-'[47]의 경우는 사정이
다르다. 여기의 상위문 주어 '禪定'(52ㄱ)과 '妄染'(52ㄴ)은 상위문 '잇-'의 주
어이면서, 하위문 타동사 '사기-(52ㄱ), ㄱ초-(52ㄴ)'의 목적어 논항이 된다.
이러한 논항 관계는 현대국어의 '일이 이루어지다, 여건이 갖추어지다'와 같
은 '-어지-'에서 보이는 논항 관계와 동일한데, 그 의미 역시 현대국어의
'-어지-'와 마찬가지로 피동적인 의미로 해석된다. 이른바 피동적 '-어 잇-'
구문인 것이다(이상 박진호(1994) 참고). 이러한 피동적 '-어 잇-' 구문은 물론
타동사 어간에 '-어 잇-'이 통합하는 현상은 근대국어 시기에는 매우 드물
게 나타나다가 현대국어에서는 찾아보기 어려워진다.

    이제 사동접미사가 통합하여 이루어진 사동사의 변화에서 주목되는 현상
들을 살펴보기로 한다.

    (53) 기ㄹ / 기르-(←길+ㅇ / 으), 니ㄹ-(← 닐(起)+ㅇ), 도ㄹ-(←돌+ㅇ), 사
      ㄹ-(←살+ㅇ), 이ㄹ / 이르-(←일+ㅇ)
    (54) 마르- : 말오- > 말외-, 傷ㅎ- : 傷ㅎ이- > 傷히오 / 샹히오-
    (55) 人形이 일윗거나 惑 <u>일우디</u> 못훔을 定ㅎ야(증수무원록언해 2 : 3a)

(53)은 중세국어에 존재했던 사동접미사 '-ㅇ / 으-'에 의해 파생된 사동사
들이다. 이러한 사동사 가운데 '도ㄹ-'의 모음을 교체하여 만들어진 '두르-'
도 나타나는 등 15세기에는 이러한 사동사의 용법이 매우 활발하였다. 16세기
이후 이 사동접미사는 소멸하게 되는데, 이로 인해 국어 사동사 가운데 'ㅅ /
ㅡ'말음을 가진 사동사가 사라지게 되었다. (54)는 이른바 이중 사동형의 예
인데, 일반적인 사동형이 먼저 존재하다가 후대에 이중 사동형이 나타난 경

---

47) '-오'의 어미적 성격에 대해서는 이현희(1994ㄱ : 75~79)에서 충분히 설명한 바 있다.

우이다. 이는 이중 사동형의 출현 원인과 관련하여 주목되는 예이다. 이들 예에 국한시킨다면, 류성기(1993)의 주장과 같이 '사동 표현의 강화'를 위해 사동사 어간 '말오-, 傷ᄒᆞ이/傷히-'에 다시 사동접미사 '-ㅣ-, -오-'를 통합시켰다고 말할 수도 있을 것이다. 특히 '傷ᄒᆞ이오-'는 18세기 중엽 이후부터 발견되는데, 당시에는 '사슴이 심근 솔을 상ᄒᆞ이거늘(오륜행실도 효자도 1 : 27b), 受了傷 상ᄒᆞ이다(한청문감 3 : 5)'에서 보듯이 사동사와 피동사의 형태가 모두 '상ᄒᆞ이-'로 동일했다. 따라서 피동사와 사동사를 구분하기 위해서 '-오-'를 더 첨가한 것이라는 설명도 가능할 수 있는 것이다. (55)는 중세국어에서 사동접미사가 통합하여 만들어진 사동사가 근대국어 시기에는 자동사로 사용되는 경우가 있음을 보인 것이다.

3.3. 자타 양용동사

현대국어에서도 자동사와 타동사로 모두 사용되는 동사가 존재하는데, 중세국어 시기에는 이러한 동사의 수효가 더 많았다. 현재까지 필자가 파악한 중세국어의 자타 양용동사의 목록은 다음과 같다.

(56) 중세국어의 자타 양용동사
가싀-[變], 갇/걷-[收, 斂, 捲], 갊-[藏], 걸-[掛], 겄-[折], 그르-[解], 긏-[斷], ᄀᆞ리-[蔽], ᄀᆞ리씨-[蔽], ᄀᆞᆯ-[替], 나ᇫ/낫-[進], 놀라-[驚], 니ᇫ/닛-[連], ᄂᆞ호-[分], 다잊-[拂, 擊], 다티-[觸], 다ᄋᆞ-[盡], 덜-[除], 데-[爛], 드위티-[飜], 디나-[過], ᄃᆞᆷ-[沈], ᄃᆞᄆᆞ/ᄃᆞᆷㄱ-[沈], 막-[障], 맞-[中], 므르-[退], 및-[及], ᄆᆞᆾ-[終], ᄆᆡᆽ-[結], 박-[印], 밧고-[煥], 배-[亡, 覆], 버믈-/범글-[累,], ᄇᆞᆾ-[飄], 븥-[附], 비릇-[始], 비취-[照], ᄢᅦ-[貫], ᄡᅳ-[滅], 섥-[雜], ᄉᆞᆯ/슬-[消], ᄲᅢᅘᅧ/ᄲᅢ혀-[拔], 앓-[痛], 어긔-[違], 얽-[維, 纏], 얽ᄆᆡ-[縷], 열-[開], 옮-[移], 움즈기-[動], 움즉ᄒᆞ-[動], 이어-[搖], 일우-[成], 젖-[霑], ᄌᆞᄆᆞ-/ᄌᆞᆷ-[浸], 좀-[浸], 펴-[展, 披], 헐-[弊, 破], 헡-[亂], 흐늘/후늘-[搖, 掉, 撼],48) 흗-[散], 흩-[散]

---

48) '흐늘/후늘-'은 자타 양용동사라고 보기 어려울 정도로 타동사로의 용법이 압도적이다. 그러나

　이들 동사 어간의 변화형이 현대국어에서도 여전히 자타 양용동사로 사용되고 있는 것은, '가시-'의 변화형인 '가시-'(통증이 가시다 : 입안을 가시다),49) 'ᄀ리-'의 변화형인 '가리-'(산이 구름에 가리다 : 건물을 가리다), '다ᄋ-'의 변화형인 '다하-'(운이 다하다 : 힘을 다하다), '데-'(얼굴이 데다 : 손을 데다), '디나-'의 변화형 '지나-'(두 시간이 지나다 : 집 앞을 지나다), '움즈기-'의 변화형 '움직이-'(문이 바람에 움직이다 : 몸을 움직이다), '긏-'의 변화형 '그치-'(비가 그치다 : 울음을 그치다), '맞-'(화살이 과녁에 맞다 : 화살을 맞다), '헐-'(옷이 헐다 : 벽을 헐다)50) 등이 전부이다. '및-'의 경우에는 여기에 접미사 '-이-'가 통합한 '미치-'가 자타 양용동사로 사용된다 (영향이 미치다 : 영향을 미치다).

　(56)에 제시된 중세국어 어간에 직접 소급될 수 있는 변화형은 타동사로 사용되는 일이 가장 많다. 여기에서 (56)에 제시된 동사 어간의 변화형이 자동사로 사용되는 경우와 타동사로 사용되는 경우를 정리하면 다음과 같다. 각각의 경우 대응되는 자, 타동사를 괄호 안에 함께 보이기로 한다.

　　(57) ㄱ. 놀라-(타 : 놀래-), 붙-(타 : 붙이-), 옮-(타 : 옮기-), 젖-(타 : 적
　　　　　 시-)
　　　　ㄴ. 사라지-(타 : ×)
　　(58) ㄱ. 걷-(자 : 걷히-), 걸-(자 : 걸리-), 꺽-(자 : 꺾이-), 끄르-(자 : ×, 끌
　　　　　 러지다), 갈-(자 : 갈리-), 잇-(자 : ×, 이어지-), 나누-(자 : 나뉘-),
　　　　　 덜-(자 : ×), 담그-(자 : 담기-), 막-(자 : 막히-), 맺-(자 : 맺히-),
　　　　　 박-(자 : 박히-), 바꾸-(자 : 바뀌-), 꿰-(자 : 꿰이-), 섞-(자 : 섞
　　　　　 이-), 앓-(자 : ×), 어기-(자 : ×), 얽-(자 : 얽히-), 얽매-(자 : 얽매
　　　　　 이-), 열-(자 : 열리-), 이루-(자 : ×, 이루어지-), 잠그-(자 : 잠기
　　　　　 -), 펴-(자 : ×, 펴지-), 흩-(자 : ×, 흩어지-)
　　　　ㄴ. 물리-(자 : ×), 마치--(자 : ×), 부치-(자 : ×), 비롯하-(자 : 비롯되-)

　　드물기는 하지만 자동사적 용법이 존재하는 이상 이 부류에 포함시키기로 한다.
49) 현대국어에서 '통증이 가시다, 입안을 가시다'의 '가시-'는 모두 '가시-'의 변화형임에는 틀림
　　이 없으나 의미 차이가 있다. 이를 중시하면 현대국어의 '가시-'를 자타 양용동사에서 제외할
　　수도 있을 것이다.
50) 이때의 두 '헐-' 사이에도 큰 의미 차이가 발견된다. 이를 중시하면 이 또한 현대국어의 자타
　　양용동사에서 제외될 수 있다.

(59) 비취- > 비치-(자), 비추-(타)

(57)은 현재 자동사로, (58)은 현재 타동사로 사용되는 현대국어의 동사들이다. (57ㄴ), (58ㄴ)은 중세국어 어간에 다른 요소를 더한 형태가 각각 자동사와 타동사로 사용되는 경우를 제시한 것이다. (59)의 경우에는 중세국어 어간의 변화형은 더 이상 보이지 않고 자동사와 타동사가 모두 원래의 어간에 다른 요소를 첨가한 형태로 표시되는 경우이다. 특히 중세국어의 어간형을 유지한 어간형이 현대국어에서 주로 타동사로 사용되는 경향이 있음을 확인할 수 있다. 결국 이러한 사실을 통해서 중세국어에서는 동일한 형태로 자동사와 타동사를 모두 표시하던 자타 양용동사가 현대국어에서는 자동사와 타동사를 구별하여 표시하는 방향으로 변화했다고 말할 수 있다. 이때 중세국어의 어간형을 유지한 어간이 자동사로 사용되면 이에 대응되는 타동사로는 그 동사의 사동사를, 타동사로 사용되면 이에 대응되는 자동사로 피동사를 이용하여 구별하는 일이 일반적이다. 이상에서 동일한 형태의 어간형이 표시했던 자동사적 용법과 타동사적 용법을 후대에 각각 다른 형태의 어간형이 표시하는 방향으로 변화했음을 알 수 있다.[51]

3.4. 문법화

국어 동사의 용법 가운데 주목되는 또 다른 사실은 이전의 어휘적 의미와 용법을 지닌 동사가 이후 어휘적 용법과 의미를 잃고 문법적 의미만을 지닌 요소로 변화한 이른바 문법화 현상이다. 이러한 문법화를 경험한 요소를 보이면 다음과 같다.

---

[51] 이러한 변화는 하나의 어간형이 자동사 용법과 타동사 용법을 모두 지닌 일이 언중들에게 부담이 되기 때문에 나타난 변화일 수도 있다. 그러나 근대국어 시기까지는 잘 발견되지 않다가 현대국어에서 생산적으로 나타나는 '-거리다, -대다, -이다'형의 동사(반짝거리다 / 반짝대다 / 반짝이다, 더듬거리다 / 더듬대다, …) 등의 경우에는(권도경, 1993 참고), 이렇게 설명하기 어려워 보인다. 이들을 포함한 자타 양용동사의 변화와 원인에 대한 보다 깊이 있는 연구가 요망된다.

(58) ㄱ. -셔(<(이)시+어), -가져(<가지+어), -다가(<닥 / 다그+아), -더
브러(<'더블+어), -드려(<드리+) -조차(<좇+아), -ㅎ고(<ㅎ+
고)

ㄴ. -습-(<숩-[白]), -았 / 었-(<'-아 / 어 잇-'), -겠-(<'-게 ㅎ
엿 / ㅎ여시-')

ㄷ. -디르-, -쓰리-, -완--, -즈르-, -짜-, -티-, -힐후-,
-혀 / 혀-

(58ㄱ)은 동사의 활용형이 조사(또는 후치사, 첨사)로 변화한 경우를 보인 것
이다. '-셔'는 주로 처격조사와 함께 통합해 나타나고, '-가져, -다가, -
드려'는 목적격조사, '-더브러, -조차'는 도구격조사나 목적격조사와 함께
통합해 나타난다. '-ㅎ고'는 이미 중세국어에서부터 '-와'에 해당하는 요소
로 사용되었다. (58ㄴ)은 동사의 어간이 하나의 선어말어미로 문법화하거나,
연결어미와 동사의 통합체가 선어말어미로 문법화한 경우이다.[52] (58ㄷ)은
동사 어간형이 접미사로 문법화한 경우인데, 이러한 문법화를 보이는 원래의
동사들은 대부분 격렬성을 띤 동작을 표시하는 것들로서 문법화한 후의 접미
사도 동작의 격렬성을 강조하는 역할을 한다(이현희, 1997). 위의 접미사들은
위에 제시된 순서대로 각각 '디르-[刺], 쓰리-[灑], 받-[拍], 즈르-[絞], 짜-
[壓], 티-[打], 힐후-[論難], 혀 / 혀-[引]' 등의 동사가 문법화한 것이다. 이러
한 문법화는 중세국어 이전까지 생산적이었던 비통사적 합성동사의 제2어간
이 원래의 어휘적 의미를 잃음으로써 나타난 현상이다.

---

52) 이 가운데 '-겠-'의 문법화에 대해서는 그 기원형을 '-게 ㅎ엿 / ㅎ여시-'가 아닌 '-게 잇-'
으로 보는 견해, '-게 두외얏-'으로 보는 견해, '-게 횟-'으로 보는 견해 등도 제시되어 있다.
그러나 '-겠-'의 문법화 과정을 설명하는 현재까지 제시된 견해 중 문법화 과정 전체를 무리
없이 설명해 줄 수 있는 견해는 존재하지 않는다. 이러한 문제점에 대해서는 이병기(1997 :
64~77)에서 자세히 다룬 바 있다. 여기에서 '-겠-'의 기원형으로 '-게 ㅎ엿 / ㅎ여시-'를 택
한 것은 다른 견해들에 비해 그 문제가 가장 적다고 판단했기 때문이다.

4. 국어 동사사의 특징적 사실과 남은 문제

지금까지 우리는 다소 장황하게 국어 동사의 통시적 변화를 동사 어간형의 변화와 동사의 용법의 변화 두 측면으로 나누어 살펴보았다. 그 내용을 요약해 보면 다음과 같다.

국어 동사 어간형 가운데 중세국어에서 쌍형어간으로 동사(버믈- : 범글-, 져믈- : 졈글-, 여믈- : 염글-, 구짖- : 구짇-)들이 이후에는 하나의 어간형으로 단일화하는가 하면, 동사 어간의 이형태가(잇 / 이시-) 하나의 형태로 단일화하는 변화를 보이기도 한다. 또한 어간형이 후대에 다른 모습으로 재구조화하기도 하는데, 이러한 어간 재구조화 가운데에는 음운 현상에 의한 것[쥼 / 줏- > 줍-, 잡습- > 잡숫- ; 굴이- > 굴리-(피동), 돌이- > 돌리-(사동)]과 동사 활용형에 대한 재분석에 의한 것(쩨혀 / 쩨혀- : 쩌히-, 모흐- : 모히-), 형태론적 구성이 하나의 동사로 굳어지는 것(아니+이- > 아니-) 등이 있으며, 현재로서는 설명하기 어려운 방향으로 재구조화한 것(오라- > 오래-, 숨끼- > 숨키-, 맗- > 맗-, 슻- > 슷-)도 보인다. 또한 이전의 어간형에 아무런 의미를 지니지 않은 공형태가 통합한 어간형으로 재구조화하기도 하고(기들- > 기드리-, 베프- > 베플-), 조어 방식의 변화에 의해 어간형이 변화한 것(빌먹- > 비러먹-, 삼가- > 삼가ㅎ-) 등이 있다.

자동사의 변화 중 가장 주목되는 것은 중세국어에서는 심리구문을 이루던 심리동사가 사라지고, 그 자리를 '심리형용사+어 하' 구성이 담당하게 된 사실이다. 또한 자동사와 타동사를 넘나들면서 사용되는 듯한 자동사들이 중세국어에서도 간혹 발견되는데, 현대국어에서와는 달리 주로 형용사로 사용되는 용언이 자동사로 사용되는 경우가 많은 사실도 주목된다. 또한 중세국어에서 '-어 디-'가 자동사 어간과 통합하여 동작주의 의도를 표시하고 피동적 의미를 표시하기도 했는가 하면 '겨시-'는 '잇-'과 달리 형용사적 활용을 보이는 등 현대국어와는 다른 모습을 보이는 일이 발견된다. 타동사의 변화와 관련하여 특징적인 사실로는, 중세국어에서 하나의 용언 어간이 타동사적 용법과 형용사적 용법을 모두 표시하는 발견된다는 점을 들 수 있다. 또한 논항의 실현 양상이 중세국어와 현대국어에서 차이를 보이는 타동사도 눈에 뜨이며, 타동사 어간에 '-아/어 잇-'이 통합하여 피동적 의미를 표시하는 구문의 존재도 현대국어적 직관에서는 매우 독특하다. 한편 중세국어에는 현대국어에서보다 많은 자타 양용동사가 존재했는데, 이들은 현대국어로 오면서 자동사와 타동사를 형태상으로 구별하는 방향으로 변화하였다.

이상의 사실을 다루면서 특징적 사실들을 해결하기보다는 동사의 변화와 관련된 특징적 사실을 제시하는 데 머문 곳이 많다. 특히 동사 용법의 변화에 대해서는 사적인 연속성보다는 차별성을 위주로 개별적인 특징적 사실들만을 나열하는 데 그친 느낌이다. 이러한 차이가 언제, 어떻게 사라졌는지를 밝히는 일이 앞으로의 어휘사나 문법사 연구의 과제가 될 것이다. 많은 분들의 관심이 기울여지기를 기대한다. 특히 '동사의 어휘사'나 '동사의 문법사'의 체계적 기술을 위해서는 글머리에서 언급했듯이 일정한 기준에 의해 동사를 분류한 후, 각 부류별로 그 안에 드는 동사들의 변화를 고찰하는 일이 반드시 필요할 것으로 생각된다.

참고문헌

고영근(1986), 「능격성과 국어의 통사 구조」, 『한글』 129호.
구본관(1997), 「의미와 통사범주를 바꾸지 않는 접미사류에 대하여」, 『국어학』 29.
______(1998), 『15세기 국어 파생법에 대한 연구(국어학총서 30)』, 태학사.
권도경(1993), 「현대국어 자·타동사 공용 현상에 대한 연구」, 『국어연구』 116.
김성규(1998), 「중세국어의 쌍형어에 대한 연구」, 『전농어문연구』 10집, 서울시립대학교
        국어국문과.
김창섭(1996), 『국어의 단어형성과 단어구조 연구(국어학총서 21)』, 태학사.
김 현(1999), 「모음간 w 탈락과 w 삽입의 역사적 고찰」, 『애산학보』 23.
김형배(1997), 『국어의 사동사 연구』, 박이정.
류성기(1993), 『국어 사동사에 관한 통시적 연구』, 전주대학교 박사학위논문.
민현식(1995), 「국어 어휘사의 시대 구분에 대하여」, 『국어학』 25.
박양규(1987), 「'보내오다'류의 유표적 복합동사들」, 『국어학』 16.
박정순(1999), 「국어 비통사적 복합동사에 대한 어휘사적 연구 서설」, 한국정신문화연구
        원 석사학위논문.
박진호(1994ㄱ), 「통사적 결합 관계와 논항구조」, 『국어연구』 123.
______(1994ㄴ), 「중세국어의 피동적 '-어 잇-' 구문」, 『주시경학보』 10.
박홍길(1998), 『어휘 변화의 원인별 연구』, 한국문화사.
배희임(1988), 『국어 피동 연구』(민족문화총서 36), 고려대학교 민족문화연구소.
안병희(1959 / 1978), 『15세기 국어의 활용어간에 대한 형태론적 연구』, 탑출판사.
______(1967), 「문법사(한국어발달사 중)」, 『한국문화사대계』 V, 고려대학교 민족문화연
        구소.
우인혜(1997), 『우리말 피동 연구』, 한국문화사.
우형식(1996), 『국어 타동구문 연구』, 박이정.
유창돈(1978), 『어휘사연구』(3판), 이우출판사.
유필재(2000), 「'잡습다'류 동사의 사전 기술,」, 『서울말연구』 1, 박이정.
유현경(1998), 『국어 형용사 연구』, 한국문화사.
이기문(1972), 『국어 음운사 연구』, 탑출판사.
______(1991), 『국어 어휘사 연구』, 동아출판사.
이병기(1997), 「미래 시제 형태의 통시적 연구」, 『국어연구』 146.

이선영(1992), 「15세기 국어 복합동사 연구」, 『국어연구』 110.
이숭녕(1987), 「용언 어간의 조어론적 고찰」, 『진단학보』 63.
이승욱(1974 / 1997), 「동사 어간형태소의 발달에 대하여」, 『국어 형태사 연구』, 태학사.
이익섭(1978), 「피동성 형용사문의 통사 구조」, 『국어학』 6.
이진호(1997), 「국어 어간말 자음군과 관련 현상에 대한 통시음운론」, 『국어연구』 147.
이현희(1986), 「중세국어의 용언 어간말 'ㅎ-'의 성격에 대하여」, 『국어학신연구』 I, 탑출판사.
______(1987), 「중세국어 '둗겁-'의 형태론」, 『진단학보』 63.
______(1994ㄱ), 『중세국어구문연구』, 신구문화사.
______(1994ㄴ), 「19세기 국어의 문법사적 고찰」, 『한국문화』 15.
______(1996), 「중세국어 부사 '도로'와 '너무'의 내적 구조」, 『이기문교수 정년퇴임기념 논총』.
______(1997), 「중세국어 강세접미사에 대한 일고찰」, 『한국어문학논고』, 태학사.
이현희 외(1997), 『두시와 두시언해』 6·7, 신구문화사.
장윤희(1999), 「공형태 분석의 타당성 검토」, 『형태론』 2-1.
______(2001), 「근대어 자료로서의 『증수무원록언해』」, 『한국문화』 27.
정희정(1996), 「자동사 / 타동사 분류에 대한 비판적 고찰」, 『국어 문법의 탐구 III』, 태학사.
한송화(2000), 『현대국어 자동사 연구』, 한국문화사.
한재영(1996), 『16세기 국어 구문의 연구』, 신구문화사.
홍재성(1986), 『현대 한국어 동사구문의 연구』, 탑출판사.
허 웅(1975), 『우리옛말본』, 샘문화사.
황문환(2001), 「'의심젓다'와 '의심접다'」, 『형태론』 3-1.

제4장

형태·의미 연구의 응용적 접근

어휘 지도의 관점과 원리*

양태식

1. 들머리

이 글은 국어과 수업에서 가장 활발하게 진행되고 있는 교수 활동 가운데 하나인 어휘 지도에 관련된 것이다. 어휘 지도는 그 범위, 이념, 의의, 원리 등에 관해 많은 논란이 있을 수 있는데, 이 글은 국어과 수업에서의 어휘 지도의 관점과 원리를 이론적으로 밝혀 보고자 하는 데 목적이 있다.

'학습을 맥락, 정보, 의미를 형성하거나 재형성하는 사회적 상호 작용'(Gredler M. E., 2001 : 73)이라는 관점에서 보면, 국어과 수업에서의 어휘 지도는 학습자의 머릿속에서 이루어지는 의미 형성 과정에서의 실마리를 엮어 가는 데 필수적 자료인 어휘 관련 요소에 대한 처리 절차를 가르쳐 주기 때문에 매우 의미 있는 학습 활동이라 할 수 있다. 무언가를 학습한다는 것은 맥락, 정보, 의미를 형성하거나 재형성하는 과정에서의 의미적 그물(semantic net)을 엮는 활동이며, 무언가를 가르친다는 것은 이와 같은 의미적 그물 엮기 과정에서 그물눈(mesh)을 찾도록 도와 주는 활동이 될 수 있다. 이런 점에서 보면, 국어과 학습이란 언어 기호 전반(언어 기호, 준언어 기호, 비언어 기호)에

---

* 이 글은 양태식(2001), 「어휘 지도의 관점과 원리」(『한국어 교육』 제16호, 한국 어문 교육 학회, 51 ~74면), 양태식(2008), 『어휘 교육의 이론』(서울교대 국어교육과)의 내용을 손질하고 조금 더한 것임.

관련된 맥락, 정보, 의미를 형성하거나 재형성하는 사회적 상호 작용이라 할 수 있다. 그러므로 어휘 관련 학습은 이와 같은 학습 활동 과정에서의 발견 활동을 북돋아 주고, 그 발견 절차를 깨쳐 가는 데 실마리가 될 뿐 아니라, 언어 사용 기능을 배우는 과정에서의 매우 중요한 기본 활동이 될 수 있다고 하겠다.

이 글은 이와 같은 이론적 기반에 서서, 국어 수업에서의 어휘 지도의 관점과 원리를 어떻게 잡을 것인가를 밝혀 보려고 하는 것이다. 이를 위해서는 먼저, 어휘와 언어 활동이 어떤 관련이 있는지를 살펴보고 나서, 어휘 지도의 관점과 원리에 대해 접근해 보고자 한다. 어휘와 언어 활동은 먼저 어휘의 개념과 어휘력의 실체를 밝혀 보고, 어휘력이 언어 활동에서 어떤 역할을 하는지 알아보고자 한다. 어휘 지도의 관점과 원리는 먼저 어휘 지도의 관점에 관해 확인해 본 후, 어휘 지도의 원리, 어휘 지도의 방향 차례로 논의해 보고자 한다.

2. 어휘와 언어 활동

2.1. 어휘와 어휘력

2.1.1. 낱말과 어휘소

일정한 소리에 일정한 뜻이 결부되어 있는 언어 형태 가운데 대체로 그 자체로서 자립성을 지니면서 다른 언어 형태와 분리 가능성이 비교적 분명한 말을 우리나라에서는 낱말(word)이라 한다. 하지만, 우리가 낱말이라 부르는 술어는 실제 언어 생활에서 다양한 쓰임새로 쓰이고 있기 때문에 이따금 혼란을 불러일으키기도 한다. 낱말이 지닌 이런 모호성을 해결하기 위해서는 우리가 낱말이라고 부르는 술어를 보다 엄밀히 규정해 볼 필요가 있다.

낱말은 그것이 지닌 속성 가운데 어떤 특정한 점에 초점을 맞추는가에 따

라 표기법적 낱말, 음운론적 낱말, 문법론적 낱말, 의미론적 낱말로 구별할
수 있다.

표기법적 낱말이란 표기법에서의 형태가 똑같은 낱말은 일단 같은 낱말이
라 생각하려고 한다. 표기법적 형태의 드러남을 낱말 설정의 가장 뚜렷한 기
준으로 파악하려고 하는 경우이다.[1]

> (1) ㄱ. 사령관은 <u>열병</u>을 마치고, 연단에서 내려왔다.
>   ㄴ. 그는 며칠 동안 얼마나 심한 <u>열병</u>에 시달렸는지 얼굴이 핼쓱해져 있
>   었다.

(1ㄱ)의 '열병(閱兵)'은 [군대를 정렬시켜 놓고 검열함.]이라는 뜻이고, (1ㄴ)
의 '열병(熱病)'은 [열이 몹시 오르고 심하게 앓는 병.]의 뜻으로 전혀 다른 말
이다. 하지만, 표기법에서 보았을 때 똑같은 형태를 취하고 있어서 표기법적
으로만 보았을 때 같은 낱말이라 할 수밖에 없다. 표기법적으로 똑같은 형태
를 취한 낱말들의 경우, 동일한 낱말인지 아닌지 문제가 될 수 있으며, 실제
발음으로 실현될 때 똑같은 음운론적 형태를 취하는가 아닌가가 문제가 될
수도 있다.

음운론적 낱말은 그 낱말을 발음할 때 어떤 음운론적 형태를 취하는가 하
는 경우이다. 발음할 때 실현되는 음운론적 실현형이라는 점에 기준을 두고
낱말을 규정하는 경우이다.[2]

> (2) ㄱ. 그는 옷장 속의 <u>옷걸이</u>에 옷을 하나하나 걸기 시작하였다.
>   ㄴ. 그는 본래 <u>옷거리</u>가 멋지잖아?

(2ㄱ)의 '옷걸이' [옷을 걸어 두는 도구.]와 (2ㄴ)의 '옷거리'[옷을 입은 맵
시.]는 표기법적으로는 분명히 다른 낱말이다. 하지만, 둘 다 발음으로 실현
될 때는 /온꺼리/로 나타나 음운론적으로 같은 낱말이다.

문법론적 낱말은 낱말의 표기나 음운론적 형태가 문제가 아니라, 어떤 낱

---

1) 같은 철자 형태를 취하고 있다고 하여 흔히 '동철어(homographs)'라고 부른다.
2) 같은 음운 형태를 취하고 있다고 하여 흔히 '동음어(homophones)'라고 부른다.

말이 어떤 문법적 기능이나 정보를 가지고 있는가를 문제 삼는 경우이다. 낱말을 형태 및 의미 중심으로 파악하는 것이 아니라 문법론적 실현형이 무엇인가에 기준을 두고 파악하려고 하는 경우이다.

   (3) ㄱ. 네가 키가 더 <u>크지</u> 않니?
      ㄴ. 엄마는 아이가 잘 <u>크지</u> 않는다고 속상해하신다.

(3ㄱ)의 '크지'와 (3ㄴ)의 '크지'는 표기법적 형태, 음운론적 형태 등이 똑같지만, 두 낱말이 지니고 있는 문법적 기능이나 정보는 같지 않다. 전자는 그림씨인 '크다'의 줄기 '크-'에 지움의 뜻을 지닌 이음씨끝 '-지'가 결합한 형태이고, 후자는 움직씨인 '크다'의 줄기 '크-'에 지움의 뜻을 지닌 이음씨끝 '-지'가 결합한 형태이다.

의미론적 낱말은 표기법적 형태, 음운론적 형태, 문법론적 정보가 어떠하든 간에 동일한 어휘적 기반에 서 있어서 동일한 의미의 실현으로 기억되어 있는 낱말을 말한다. 동일한 어휘적 기반에 선 동일한 의미의 실현형으로 낱말을 규정하려고 하는 경우이다.

   (4) ㄱ. '먹어라', '먹는다', '먹자'는 같은 <u>낱말</u>이다.
      ㄴ. "크지 않는다, 큰다"에서 '크지'와 '큰다'는 같은 <u>낱말</u>이다.

(4)의 보기월에서 말하고 있는 것은 의미론적 낱말을 예시한 것이다. (4ㄱ, ㄴ)은 움직씨 줄기 '먹-'이나 '크-'에 어떠한 씨끝이 결합되어 있다고 하더라도 우리 머릿속에서는 동일한 어휘적 기반이고 동일한 의미 바탕들의 묶음으로 간주되고 있으면 같은 낱말(앞것은 <먹다>, 뒷것은 <크다>)이라는 것이다.

한편, 낱말은 부려 쓰인 말에서의 낱말과 갈무리된 말에서의 낱말로 나누어 생각하는 일이 있다. 특정한 상황, 특정한 텍스트 속에서 쓰임으로서 실현된 낱말은 우리가 그냥 '낱말'이라 부르고, 반면에 특정한 상황이나 텍스트에 매여 있지 않은, 기억된 낱말은 따로 '어휘소(lexeme)'라 부르는 일이 있다.[3]

---

3) '어휘소'란 말을 글자 그대로 해석하면 '어휘적 기반을 가진 비교적 독립적인 말의 가장 작은 단위'라고 할 수 있다. 어휘의 원소, 어휘 마당의 원소 등의 뜻이 함의되어 있다고 하겠다.

문맥 혹은 화맥 의존적인 성격을 지니고 있는 낱말은 그냥 '낱말'이라 부르고, 문맥 혹은 화맥 독립적인 성격을 지니고 있는 낱말은 '어휘소'라 하여 구별하여 부르기도 한다.

(5) ㄱ. 하얀 눈 위에 구두 <u>발자국</u>.
    ㄱ'. 멀리서 웅성거리는 소리와 함께 <u>발자국</u> 소리가 들렸다.
    ㄴ. <u>발자국</u>

(5ㄱ)과 (5ㄱ')에서의 '발자국'은 특정한 텍스트 속에 쓰이고 있기 때문에, 그 형태는 같다고 하더라도 맥락에 따른 의미의 실현은 다소 다른 모습을 보이고 있다. 곧, 전자는 [발로 밟은 곳에 남아 있는 발의 자국.]이라는 시각적 이미지가 살아나는 반면에, 후자는 [발이 자국을 남길 때 들리는 (소리).]이라는 청각적 이미지가 살아나고 있다.

낱말과 어휘소는 표기법적 형태, 음운론적 형태, 문법론적 정보, 의미론적 정보 등에서 상당한 차이를 지니고 있다. 낱말은 머릿속에 갈무리되어 있는 어휘적 기본 형태가 같다고 하더라도, 실제 특정 상황 속에 쓰인 텍스트에서는 표기, 음운, 문법적인 정보가 조금씩 달라질 수 있으며 특히 의미로서의 실현 모습이 상당히 달라질 수 있다. 이에 비해, 어휘소는 특정한 상황, 특정한 텍스트를 전제로 하지 않고 머릿속에 갈무리되어 있는 어휘적 형태이기 때문에, 가장 표준적인 표기 및 음운론적인 형태, 가장 전범에 가까운 문법론적 정보 및 의미론적 정보를 가지는 것이라 예상할 수 있다.[4]

2.1.2. 어휘와 어휘 마당

낱말은 일상의 언어 생활에서 따로 독립해서 쓰일 수 있지마는, 그런 경우는 극히 드물고, 반드시 어떤 텍스트 속에서 실현되는 일이 많다. 뿐만 아니라, 낱말이 머릿속에 갈무리되어 있을 때에는 일정한 모임[집합]의 일부가 되어 있는 것이 대부분이다.[5] 낱말의 모임은 그 모임의 공통적인 요소가 무엇

---

4) 이때, 상황 및 텍스트 독립적으로 특정 어휘소에 고유한 일정한 의미가 있다고 해서, 그 의미를 꼭 한 가지로만 기술할 수 있는 것은 아니다.
5) 마인드맵에서 특정 낱말을 중심으로 자유 연상되는 낱말의 떼도 낱말의 모임이라 할 수 있다. 이

인가에 따라 그 모임의 크기가 커질 수도 있고, 작아질 수도 있다. 낱말의 모임 가운데 특정한 방언권, 특정한 언어, 혹은 특정한 개인의 머릿속에 모여 있는 낱말의 모임으로, 특정한 공통성을 지닌 채 뭉쳐 있는 낱말의 모임을 보통 '어휘'라고 한다.

어휘가 성립되려면 크게 보아 두 가지 성격을 가진다고 할 수 있다. 하나는 '집합성'이고, 다른 하나는 '공통성'이다. 어휘는 낱말의 모임을 가리키는 말인데,6) 이런 점에서 어휘는 집합성을 가지고 있다고 하겠다. '집합성'이란 어휘가 낱말의 모임으로서 인식되는 직접적 계기가 바로 두 낱말 이상의 집합에 있다는 것이다. 어휘는 특정한 시기, 특정한 지역, 특정하면서도 고정된 공통성을 지니고, 동시에 둘 이상의 집합을 형성하고 있다. 18세기 국어라든가, 함양 지역어의 어휘라든가, 16세기 등불 관련 어휘 등의 말을 쓸 수 있는데, 이런 경우에 쓰인 어휘는 적어도 둘 이상의 집합을 이루고 있는 낱말의 모임임을 확인할 수 있다.

'공통성'이란 낱말의 모임으로 어휘를 인식되는 것은 일정한 준거, 분야, 영역 혹은 공통적 특징으로 묶일 수 있는 것이란 의미이다. 어휘가 어휘로서 성립하기 위해서는 의미적인 공통성을 띠는 일이 빈번하지마는, 음성적인 특징, 형태적인 특징이나 통사적인 특징, 혹은 화용론적인 특징을 띤 낱말의 묶음도 생각할 수 있기 때문이다. 예컨대, [성인], [미혼]을 공통 특징으로 하는 현대 국어 어휘, 15세기 목공 관련 어휘, 끝소리가 '−대'로 끝난 어휘, 뒷가지 '−아지'를 붙일 수 있는 어휘, 주관적 그림씨의 주체로 쓰일 수 있는 어휘라는 말도 쓸 수 있기 때문이다.

때에는 공통된 바탕을 축으로 하여 낱말들이 모여 있는 것이 아니고, 특정한 낱말을 실마리로 하여 연상되는 낱말들의 집합이기 때문에, 머릿속에 갈무리되어 있는 낱말의 모임만큼 결속력이 강하지는 않을 것이다.

6) 어휘라는 말이 집합성을 가리키지 않고, '어떤 개념이나 사물을 나타내는 말'의 뜻으로 쓰이는 일이 있는데, 이때의 어휘란 어휘소의 의미이다. 예컨대, "다음에 알맞은 어휘를 찾으세요."와 같은 말을 쓰는 일이 있는데, 이때는 분명 어휘소의 뜻으로 쓰이고 있다. 그렇지만, 집합성이 잠재적으로 있다고 가정하는 것이 합당할 것이다. 곧, 알맞은 어휘를 찾으라는 뜻은 특정한 어휘소를 찾으라는 것이고, 이것은 관련되는 다른 많은 어휘와의 관련을 생각한 후 특정한 어휘소를 찾으라고 한 것으로 보는 것이 좋을 것이다.

‘어휘’라 불릴 수 있는 ‘낱말의 모임’ 가운데, 특정 언어에 속하는 낱말의 전체 모임을 ‘어휘부(lexicon)’라고 하는 일이 있으며, 이와는 달리 특정한 방언권, 특정한 개인의 머릿속, 혹은 특정 텍스트나 특정한 작품에 있는 낱말의 전체 모임은 그냥 ‘어휘(vocabulary)’라 하는 일이 있다.

우리가 어휘라는 말을 쓸 때는 ‘낱말 모임의 전체’라는 뜻으로 받아들여지는 일이 많다. 하지만, 특정 개인이나 특정 텍스트의 ‘어휘’ 안에는 무언가의 관계 그물에 의해 다시 나뉠 수 있는, 조금 작은 모임이 얼마든지 있을 수 있다. 어휘의 부분 집합인 이들 작은 모임은 그 모임을 이루고 있는 원소(어휘소) 사이에 규칙적이건 아니건 간에 일정한 관계가 형성되어 있는 일이 많다.

이들 가운데 그 어휘에 속한 낱말들 사이에 무언가 형태적으로나 의미적으로 관계를 맺을 수 있는 낱말들의 모임은 ‘어휘 마당(lexical field)’이라고 하며7), ‘어휘 마당’보다 더 긴밀하고 균질적인 관계를 세울 수 있는 낱말들의 모임은 ‘어휘 체계(lexical system)’라 하여 구별하는 일이 있다. 하지만, 우리가 흔히 말하는 어휘는, 생각처럼 그렇게 균질적이고 긴밀하게 의미론적(semantic)으로나 형태론적(morphological)으로 관계 그물(the network of relation)를 이루고 있지는 못하기 때문에, ‘어휘 체계’라는 말보다는 ‘어휘 마당’이라는 술어를 쓰는 것이 더 일반화되어 있다고 하겠다.

2.2. 어휘력과 언어 활동

2.2.1. 언어 능력과 어휘력

사람은 언어 기호와 관련된 텍스트를 수용하고 산출할 수 있는 능력이 있는데, 이것을 언어 능력이라 할 수 있다. 언어 능력은 정태적인 성격의 것과 역동적인 성격의 것으로 파악할 수 있는데, 전자는 발신자−수신자의 머릿속에 갈무리되어 있는 체계적인 언어 관련 지식인 반면에, 후자는 언어 사용의 구체적인 맥락에서 텍스트를 이해하고 산출할 수 있는 능력을 말한다.8)

---

7) ‘어휘 마당’은 사람에 따라, ‘낱말밭’, ‘어장(語場)’, ‘어휘장(語彙場)’이라 부르는 이도 있다.
8) 언어학자들은 전자와 후자를 구별하려고 한다. 촘스키는 전자를 언어 능력(linguistic competence),

국어 교육에서는 언어 능력을 전자보다는 후자로 이해하는 경향이 높기 때문에, 언어 사용 능력이란 말을 쓰기도 한다. 언어 사용 능력이란 간단히 말하면 텍스트를 처리할 수 있는 능력이라 할 수 있는데, 이는 특정한 맥락에서 텍스트를 이해하고 산출할 수 있는 능력인 것이다. 텍스트를 이해하고 산출할 수 있는 능력이 갖추어지기 위해서는 먼저, 텍스트를 구성하고 있는 하위 단위―곧, 문장이나 낱말에 대한 능력이 얼추 갖추어져 있어야 하는데, 이런 점 때문에, 지금까지의 언어학에서는 낱말 중심의 언어 능력이나 문장 중심의 언어 능력이 논의되어 왔던 것이다.9)

언어 능력을, 텍스트를 수용하거나 산출할 수 있는 능력으로 파악할 경우 언어 능력을 구성하고 있는 요소는 텍스트 형성 능력, 텍스트 해석 능력, 텍스트 발음 능력 등으로 하위 구분할 수 있다. 텍스트 형성 능력이란 언어 능력의 핵심적 요소라 할 수 있는데, 텍스트를 구성하고 있는 문장 혹은 발화(utterance)가 어떻게 이어져서 텍스트다운 텍스트를 형성하는가에 관한 판단 능력이다. 이들은 텍스트 자체의 하위 성분들의 관계에 관한 규칙의 집합이라 할 수 있다. 반면에, 텍스트 해석 능력이나, 텍스트 발음 능력이란 텍스트의 하위 요소들이 자연스럽게 이어져서 의미를 형성하거나, 텍스트의 하위 요소들인 문장이나 실제 언어 생활에서 실현될 때 적용되는 규칙의 집합인 셈이다.

언어 능력 가운데 텍스트 해석 능력은 어휘와 관련된 언어 사용자의 능력이 제대로 갖추어져야 실현될 수 있다. 이 때, 텍스트를 형성하거나 해석할 때 어휘와 관련된 언어 사용자의 능력을 '어휘 능력(lexical competence)'이라 할 수 있는데, 이는 줄여서 보통 '어휘력'이라 부른다. 담화 속에서 일정한 어휘를 이해하거나 구사할 수 있는 언어 사용자의 능력인 것이다. 담화 속에서 일정한 어휘를 이해하거나 구사할 수 있는 능력이란, 그 어휘에 관한 지시적

후자를 언어 운용(linguistic performance)이라 불렀다.
9) 소쉬르의 언어 능력이란 낱말 중심의 언어 능력이라 할 수 있고, 촘스키의 언어 능력은 문장 중심의 언어 능력이라 할 수 있다. 이런 점에서 보면 국어 교육에서의 언어 능력이란 텍스트 중심의 언어 능력이라 할 만하다.

의미와 맥락적 의미를 알고 사용하는 것이며, 또한 어휘를 둘러싸고 있는 어휘 마당의 관계 그물을 그릴 수 있고, 나아가서는 그 어휘의 연어적, 문법적, 화용적 정보를 알고 구사할 수 있는 것이라 볼 수 있다.

이런 점을 감안하면, 어휘 능력은 대개 다음과 같은 능력이 있는 것으로 해석되어야 할 것이다.

① 어휘의 지시적 의미를 알고 사용할 수 있다.
② 어휘의 맥락적 의미를 알고 사용할 수 있다.
③ 어휘를 둘러싸고 있는 어휘 마당의 관계 그물을 그릴 수 있다.
④ 어휘에 관한 연어적(連語的) 정보를 알고 그에 맞게 사용할 수 있다.
⑤ 어휘에 관한 문법적 정보를 알고 그에 맞게 사용할 수 있다.
⑥ 어휘에 관한 화용적 정보를 알고 그에 맞게 사용할 수 있다.

어휘력은 그 쓰임새에 따라 크게 나누면 수용적 어휘력과 산출적 어휘력으로 구분하는 일도 있다. 수용적 어휘력(receptive lexical competence)은 담화 속에서 쓰인 어휘들에 대해 발화 참여자가 이해하고 수용할 수 있는 능력을 말하고, 산출적 어휘력(productive lexical competence)은 발화 참여자가 담화를 구성할 때 다른 이의 도움을 받지 않고 스스로 특정 어휘를 구사하고 산출할 수 있는 능력을 말한다.[10]

2.2.2. 언어 활동 과정에서의 어휘 능력

어휘력은 효과적이고 원활한 언어 활동을 영위하게 하기 위해 빼놓을 수 없는 요소이다. 초등학교 시기부터 교사가 아이들에게 낱말의 뜻을 찾아오게 하고, 입문기 문자 지도가 끝나기가 무섭게 교사가 어휘력을 신장시키기 위해 다양한 방법을 동원하고 있는 것만 보아도 알 수 있다.

앞에서, 어휘와 관련된 언어 사용자의 능력을 '어휘 능력', 이를 줄여서 '어휘력'이라 불렀다. 여기서는 이와 같은 어휘력이 어떤 성격의 것인가 생각해 보기로 하겠다. 어휘력은 일차적으로 보면 어휘에 관련된 지식이고, 이차

---

10) 수용적 어휘력에 속한 어휘를 흔히 이해 어휘라 부르고, 산출적 어휘력에 속한 어휘를 흔히 사용 어휘 혹은 표현 어휘라 부른다.

적으로 보면 어휘 사용 능력이라 할 수 있다. 곧, 일차적으로는 어휘 관련 요소의 의미를 알고 있는 것이며, 이차적으로는 이들을 적절하고 효과적으로 사용할 수 있는 능력이라고 할 수 있다.

어휘 관련 요소의 의미를 안다는 것은 그 어휘의 관련 구조를 아는 것이라 하겠다. 어휘의 관련 구조를 아는 것은 그 어휘가 어떤 공통성, 의미적 특징, 혹은 형태적 특징에 따라 어떤 모양새를 이루고 있는지를 아는 것이다. 따라서, 관련 구조를 알게 되면, 그 어휘의 구성 요소인 어휘소들이 이루고 있는 어휘 마당을 구조적으로 그려 낼 수 있게 된다. 어휘 지도의 일차적 목표는 특정 어휘소의 의미를 아는 것이지마는, 그 의미를 제대로 알게 되면 그 어휘소가 속한 어휘 마당의 모양새를 알게 되고, 이들 마당을 엮고 있는 그물눈이 무엇인지 알게 될 것이기 때문이다.

어휘 사용 능력은 텍스트를 형성하거나 재형성할 때, 어휘를 적절하고 효과적으로 사용하는 능력이다. 어휘를 적절하고 효과적으로 사용하는 것은 언어 맥락에 알맞은 사용, 사용 맥락에 적합한 간결한 사용 등을 함의한다. 물론 이와 같은 어휘 사용은 음성 언어, 문자 언어, 때로는 긴밀하고 압축된 문학 언어의 사용 등을 다 포함하게 된다.

어휘 지도에서의 일차적 목표는 당연히 어휘력의 신장에 있다. 어휘력의 신장은 문장 형성 능력을 지닌 사람의 경우 의미 형성 능력의 신장으로 이어질 수 있고, 의미 형성 능력의 신장은 바로 텍스트를 형성하고 해석할 수 있는 능력으로 이어진다. 이런 점에서 국어 학습뿐 아니라, 내용 이해 학습을 필요로 하는 모든 학습 활동 과정에 어휘 지도를 하게 됨은 당연하다고 하겠다.

어휘력은 언어 사용자들의 언어 활동에 직접적인 영향을 미친다고 할 수 있다. 어휘력과 언어 활동의 관련성 사이에는 다음과 같은 세 가지 점이 발견될 수 있다.

첫째, 어휘력은 원활한 언어 활동을 위한 기초 자료라고 할 수 있다. 어휘력이 높으면 높을수록 텍스트를 이해하거나 표현하기 위한 배경 지식을 활성화하는 데 큰 도움을 받을 것이다. 이렇게 생각할 경우 언어 학습 상황에서 어휘에 대한 직접적인 지도를 강조하게 됨은 당연하다고 하겠다.

둘째, 어휘력은 언어 표현의 배경이 되어 있는 사회-문화적 접근 과정에 기반이 될 수 있다. 원활한 언어 활동을 위해서는 어휘력뿐 아니라, 세상사에 대한 지식도 크게 작용함은 숨길 수 없는 일이다. 세상사에 대한 지식은 그 세상사와 관련된 사회 문화적 지식과 관련되는 면이 크므로 사람들은 어휘 자체에 대한 지식보다 세상사에 대한 지식을 더 중요하게 생각하는 이들도 많다.

셋째, 어휘력은 언어 사용자에게 개념의 세계와 인식의 세계를 넓히는 데 기여할 수 있다. 이렇게 생각할 경우, 어휘에 대한 직접적인 지도도 중요하지마는, 어휘를 포함한 텍스트가 개념을 형성하고 인식의 세계를 구축하는 데 확실한 절차적 단계가 됨을 확인할 수 있을 것이다.[11]

3. 어휘 지도의 관점

3.1. 어휘 지도의 이념

어휘에 관해 공부한다는 것은 발신자와 수신자가 의사를 소통하는 가운데 '의미 형성'이라는 상호 작용을 하는 동안에 만나게 되는 어휘 요소를 기반으로 의미 중심의 발견 절차를 깨쳐 가는 과정이다. 따라서, 어휘를 지도한다는 것은 발신자이면서 수신자이기도 한 학습자가 비언어 기호, 준언어 기호, 언어 기호를 써서 언어 활동을 하는 전체 과정에서 의미를 수용하거나, 산출하기 위해 어휘 관련 요소를 제대로 사용하는 방법을 알도록 도와 주는 의도적 활동이다.[12]

학습자들은 이들 어휘 요소를 기반으로 제대로 된 텍스트를 만들기 위해

---

11) 이렇게 생각한다고 하더라도, 세상사에 대한 지식의 수용과 산출은 주로 어휘 관련 요소로 관념의 세계를 형성하게 되므로, 어휘 학습의 필요성은 줄어들지 않을 것이다.

12) 의미를 수용하거나 산출하기 위해 어휘 요소를 제대로 사용하는 방법을 아는 가장 기초적인 단계는 특정 텍스트 속에 쓰인 어휘의 정확한 문맥적 의미를 아는 일이다.

여러 언어 표현들의 관계 그물을 익혀 가게 된다. 교사들은 어휘 지도를 제대로 하기 위해서 학습자들이 어휘 요소로 이루어진 관계 그물의 매듭이 되고 있는 의미 특징에 관해 공통점, 차이점을 깨쳐 가는 발견 활동을 하도록 이끌고, 적절하고 효율적인 의미 형성 활동을 수행하도록 도와 주고 안내해 주는 것이 중요하다.13)

3.2. 어휘 지도의 목표

어휘에 관해 학습한다는 것을, 어휘 능력을 구사하는 과정에 텍스트성의 그물눈에 대한 절차적 지식을 깨쳐 가는 활동으로 볼 경우, 어휘 지도의 목표는 다음과 같은 것이 가장 중심적인 것이 될 수 있다.

> 가. 학습자의 수용적 어휘 능력을 높이고, 산출적 어휘 능력을 신장하도록 한다.
> 나. 학습자가 의사소통 과정에 접하게 되는 어휘 관련 요소의 정확하고 적절한 의미를 스스로 깨쳐 가는 절차를 알도록 한다.
> 다. 학습자가 의미 형성 과정에 만나게 되는 어휘 관련 요소가, 텍스트성을 확보하기 위한 거멀쇠로의 역할을 효율적으로 할 수 있도록 한다.

3.3. 어휘 지도의 내용

어휘 지도의 내용은 크게 보면 발화 의미의 관련 구조 살피기, 낱말 사이의 관계 그물 탐색하기, 어휘 요소의 학습 방법 깨치기, 어휘 학습을 통한 바람직한 태도와 가치 깨닫기 등으로 나누어 생각할 수 있다.

---

13) 예컨대, <소년> : <소녀>와 <아저씨> : <아주머니>라는 어휘소 무리의 관계 그물을 이해시키기 위해서는 <소년> : <소녀>의 공통점([연소]), 차이점([+, −남]), <아저씨> : <아주머니>의 공통점([성인]), 차이점([+, −남])을 상호 대비함으로써 무언가 의미적으로 관련이 있는 낱말들은 공통점, 차이점의 관계 그물로 짜여 있음을 깨닫게 하면 된다.

3.3.1. 발화 의미의 관련 구조 살피기

제대로 된 텍스트를 형성하기 위해서는 어휘 관련 요소들을 잘 결합해서 텍스트성을 지닌 의미 구조물을 만드는 데 있다. 뿐만 아니라, 텍스트의 의미를 파악하기 위해서는 그 텍스트를 이루고 있는 어휘 관련 요소들이 당해 텍스트에서 어떤 의미로 실현되고 있는가를 제대로 파악하는 일이 중요하다고 하겠다. 이럴 경우, 실현되는 의미는 발화 의미인데, 텍스트의 형성과 독해를 위해서는 발화 의미를 제대로 파악하고 적용하는 것이 매우 중요하다.

발화 의미와 관련된 의미 지도의 과제는 두 가지로 나눌 수 있는데, 하나는 발화 의미의 내부 구조를 밝히는 일이고, 다른 하나는 발화 의미로 실현된 낱말의 외부 구조를 밝히는 일이다.

발화 의미의 내부 구조를 밝히는 일은 당해 텍스트에서 실현되는 의미와 그 의미의 의미 바탕을 밝히는 일이 먼저이고, 그 발화 의미와 의의 관계로 맺어진 뜻마당을 살피는 것이 그 다음이다.

(6) ㄱ. 어제는 유난히 쌀쌀하고, <u>바람</u>마저 세차게 불었습니다.
ㄴ. 옛날 어느 두메 산골 외딴집에 가난한 부부가 두 <u>오누이</u>를 데리고 살았습니다. <u>누나</u> 개나리는 여덟 살이었고, <u>동생</u> 영춘이는 여섯 살이었습니다.

(6ㄱ)에서 '바람'은 {바람}①[① 살갗에 느낄 수 있을 만큼 움직이는 공기의 흐름]의 의미로 실현된 이름씨이기 때문에, {마파람}, {된바람}, {높새바람} 등과 상하 관계를 지닌 말이라 할 수 있으며, {비}, {눈} 등과 맞붙음 관계로 맺어질 수 있는 말이다.[14] 이처럼 발화 의미의 내부 구조란 실현된 의미의 의미 바탕을 아는 것이고, 이 발화 의미와 의미 관계로 맺어질 수 있는 어휘들이 어떤 것들인지 밝히는 일이다. 반면에, 발화 의미의 외부 구조는 이 어휘와 동음 관계로 맺어질 수 있는 말이 무엇인지 아는 일이고, 이 발화 의미와 나란히 설 수 있는 다른 의미소, 곧 다의 관계를 찾는 일이다. 전자에

14) 여기서 제시된 사전적 의미는 연세대 언어 정보 개발 연구원(2002)의 『연세 초등 국어 사전』의 내용을 참고한 것이다.

해당되는 것은 {바람}②[바라는 것. 희망], {바람}③[①('바람에'의 꼴로만 써서) 어떤 일이 일어남으로 해서] 등이 있을 수 있고, 후자의 예로는 [②공이나 풍선 따위에 들어 있는 공기], [③마음에 들어 있는 헛된 생각이나 들뜬 생각] 등이 있을 수 있다. (6ㄴ)에서 '오누이'는 [오라비와 누이]라는 의미로 실현되고 있으며, '남매'라는 말과 유의 관계를 이룰 수 있다. 또한 '오누이'는 바로 뒤에 있는 문장 속에서 공하위어인 '누나' 및 '동생'을 만남으로써 두 문장이 한 텍스트를 이룰 수 있도록 해 주고 있다.

3.3.2. 낱말 사이의 관계 그물 탐색하기

어휘 지도의 한 영역으로서 낱말 사이의 관계를 탐색하는 것은 한 문장 안에서의 탐색과 문장과 문장 사이의 탐색으로 나눌 수 있다.

한 문장 안에서의 탐색은 가로 관계와 세로 관계로 나눌 수 있는데, 여기서 가로 관계와 세로 관계는 고정적이고 항존적인 의의 관계로서의 의미 구조가 아니라, 당해 문장 안에서 실현되고 있는 낱말들이 이루고 있는 의미 실현 양상으로서의 의미 현상을 말한다. 의미 관계를 통해 기르고자 하는 언어 능력은 크게 두 가지이다. 가로 관계는 가장 대표적인 것이 낱말 사이의 말이음 가능성(連語 可能性, collocability)에 대한 판단 능력이고, 세로 관계는 문장 속에 실현된 낱말들이 이룰 수 있는 의미 현상으로서의 반의 관계, 유의 관계, 상하 관계, 연합 관계 등에 대한 판단 능력을 말한다.

> (7) ㄱ. 일찍 <u>부모를 여읜</u> 세 손녀를 데리고 사는 할머니가 있었습니다.
>   ㄴ. 할머니는 가난했지만 손녀들만은 잘 키우겠다고 <u>열심히 일했습니다.</u>
>   <u>삯빨래, 삯바느질</u>은 말할 것도 없고, <u>씨뿌리기, 김매기, 나무하기</u>까지 닥치는 대로 했습니다(김종상, 1998 ; 28).

(7ㄱ)에서 '부모를 여읜'은 말이음의 예이다. 그런 반면, (7ㄴ)의 앞 문장에 있는 '열심히 일했습니다.'의 하위 관계에 있는 요소들은 뒤에 오는 문장의 '삯빨래, 삯바느질, 씨뿌리기, 김매기, 나무하기'이다.

다음에는 문장과 문장 사이의 관계 그물을 밝히는 일이다. 동일 텍스트 안에 서로 이어져 있는 문장과 문장은 어떤 형태로건 의미적으로 관계 그물을 만들고 있다.15) 그런데, 이때 관계 그물을 이루는 문장과 문장 사이의 낱말 혹은 언어 표현 사이에 거멀못 역할을 하는 어휘 관련 요소들이 있기 마련인데, 이들의 의미 바탕을 찾는 것이 매우 중요하다고 하겠다.

> (8) ㄱ. 깨비골이라는 마을이 있었습니다. 도깨비들이 많이 살고 있다고 해
>   서 부르는 이름입니다.
>   ㄴ. 깨비골 동구 밖에는 나이테가 500개가 넘은 은행나무가 있었습니다.
>   ㄷ. 오랜 세월 동안에 은행나무는 여러 번 벼락을 맞았습니다. (이상배,
>   2002 ; 8)

위의 보기 문장 (8)에서 (8ㄱ)의 첫 문장에 있는 '깨비골'과 둘째 문장의 '도깨비'가 두 문장을 잇는 거멀못 역할을 하고 있으며, (8ㄱ)과 (8ㄴ)을 잇는 거멀못 역할을 하는 어휘는 '깨비골'이고, (8ㄴ)과 (8ㄷ)을 잇는 거멀못 역할을 하는 어휘는 '은행나무'이다.

3.3.3. 어휘 요소의 학습 방법 깨치기

새 어휘를 도입하고 강화하기 위한 방법들은 여러 가지가 있다(T. G. Gunning, 2005 ; 235~251 참조). 이들 가운데 대표적인 것으로는 다음에 든 몇 가지가 있다.

> 가. 도상 조직자(의미 지도, 그림 지도와 그물, 의미 바탕 분석, 벤다이어그램—
>   주된 도상 조직자는 무엇인가? 이 조직자들 각각이 어휘 개발을 촉진하
>   기 위해 어떤 특정한 성격을 가지고 있는가?)
> 나. 드라마화하기(단순한 촌극 맥락에 낱말 넣기는 흥미와 실감을 더해 준다)
> 다. 어원 탐색하기(어원을 아는 것은 학생들을 세 가지 방법으로 도와 준다 ; 그
>   것은 의미에 빛을 던져 준다 ; 학생들에게 더 잘, 더 오래 기억하게 도와
>   준다 ; 부가적 맥락을 제공함으로써 기억 장치로서 기능할 수 있다)
> 라. 낱말 놀이(십자말풀이, 수수께끼)
> 마. 긴 낱말 찾기(긴 낱말들은 변별적이기 때문에 짧은 낱말에 비해 종종 기

---

15) 만일, 같은 텍스트 안에서 바로 이어져 있는 문장과 문장이 의미적으로 긴밀하게 이어지지 않는
    다면, 이 문장들을 텍스트성을 제대로 이룰 수 없을 것이다.

억하기 쉽다)

바. 그 날의 낱말 공부(그 날을 시작하는 좋은 방법은 새 낱말과 함께 하는 것이다)

사. 명칭 붙이기(명칭 붙이기는 학생들이 낱말들을 시각화하도록 돕는다. 정보는 낱말이나 이미지로 코드화될 수 있는데, 만일 양자로 코드화된다면 기억이 증진된다)

아. 특징 비교하기(새로 학습한 두 낱말을 포함하는 질문을 통해 학생들은 주된 의미를 비교할 수 있다)

자. 낱말 만들기 참고 자료 이용하기(학생들이 직접 그것을 가리키거나 어려운 낱말을 명료화하기 위해 독립적으로 적절한 참고 자료를 참고하도록 백과사전의 이용을 권한다)

차. 어휘 예상하기(새 어휘를 읽게 될 작품과 관련짓는 방법은 두 가지인데, 하나는 픽션 작품에만 적용되는 예상도 그리기이고, 다른 하나는 정보적 텍스트에 가장 잘 적용되는 가능한 문장이다)

카. 낱말 종류 분류하기(낱말 분류하기는 학생들에게 각 낱말에 관해 생각하게 하고 낱말 간의 유사점과 차이점을 발견하게 한다)

타. 어휘 자가 선택 전략(학생들에게 그들의 학습을 개성화하도록 도와 주는 장치는 어휘 자가 전략이다)

파. 폭넓은 독서(어휘 형성의 가장 생산적인 방법인 폭넓은 독서는 특별한 계획이나 가외의 노력을 요하지 않는다)

하. 학생들에게 읽어 주기(큰 소리로 읽어 주기는 묵독으로 읽는 책에서보다 저학년 학생들을 위한 새 낱말의 더 좋은 원천이다. 신중히 선택된 낭독은 낱말 지식 형성에 효과적이 될 수 있다)

거. 말하기와 쓰기(어휘 개발의 궁극적 목적은 학생들이 말하기와 쓰기 과정에 새 낱말을 사용하도록 하는 데 있다)

너. 분류 어휘집 이용하기(분류 어휘집은 학생들이 유의어 찾기와 사용하기를 통해 폭넓은 어휘를 사용하도록 도와 주는 훌륭한 도구이다)

더. 새 낱말 소개하기(적어도, 새 낱말 소개는 그 낱말의 정의, 문장이나 이야기 맥락에서의 그 낱말의 사용, 그 낱말과 도입되는 다른 낱말들과의 관련 맺는 활동, 그 낱말을 학생의 배경 지식과 관련 맺는 활동을 포함해야 할 것이다)

러. 국어 학습자에게 어휘 개발하기(국어 학습자를 위한 핵심 과제는 일상 생활에서 그들이 가지는 개념을 위한 명칭을 배우는 것이다)

3.3.4. 어휘 학습을 통해 바람직한 태도와 가치 깨닫기

학생들이 학습에 임할 때, 그 학습을 통해 개인적 삶의 의미를 발견하는 것은 매우 중요하다고 할 수 있다. 그런 의미는 의식적 생각, 곧 인지 작용뿐 아니라, 느낌, 정서, 태도 그리고 새 학습에 접할 때 우리가 느끼는 직감을 통해서도 얻어진다(T. G. Gunning, 2005 ; 409). 학습에서 보이는 개인의 정서적 반응은 여러 종류가 있다.16) 느낌, 정서, 태도, 자아 개념, 가치, 자기 존중감, 그리고 통제 흔적과 같은 정의적 요소들은 학생의 학습 능력에 영향을 끼친다.

어휘 학습을 통한 정의적 영역의 지도는 크게 보면 두 방향으로 잡을 수 있다. 하나는 어휘 학습을 통한 태도의 형성이고 다른 하나는 어휘 학습을 통한 가치 깨닫기라고 할 수 있다. 정의적 영역의 가장 외부적 실현은 타인에 대해 개인이 보이는 정신적 성향인 태도라고 할 수 있다. 오랜 동안 교육자들은 학생 태도가 어휘 학습에서 결정적 요인임을 지적하고 있었다.

어휘 학습에 대한 정서적 반응은 대부분의 어휘 학습자가 열심히 어휘에 관해 공부하는 주된 이유이고, 대부분의 어휘 빈곤자가 어휘에 관해 열심히 공부하지 않는 주된 이유일 것이다. 어휘 학습에 대한 태도는 아마도 어린이 시기부터 성인 시기까지 거의 항상 고정돼 있다고 할 수 있다. 어휘 학습에 대한 좋은 태도(혹은 나쁜 태도)는 초등학교 시절 초기에 형성되어 일생 동안 거의 고정돼 있다는 것이 사실일 것이다. 많은 학자들은 교사들이 학생들에게 그들 자신 및 타인들을 명예롭고, 존경스럽고, 가치롭게 하는 어휘 학습 태도 및 성향을 설득하고 고무시킬 수 있다고 믿고 있다. 이와 함께 많은 국어 교육 학자들이 말하기, 쓰기 등 언어 기능 교수를 위한 교실에서의 인지적 학습을 하는 동안 새로운 기술이나 전략을 사용함에 있어서 정의적 영역과 함께 마음의 힘이라 부를 수 있는 것을 무시하지 않도록 배려하는 것이 중요할 것이다.

국어 시간을 비롯한 다른 내용 교과 시간 동안의 어휘 학습에서 특히 관심을 가질 수 있는 정의적 영역은 자연스런 한국어를 통해 우리말을 사랑하고

---

16) 그러한 환기된 느낌, 정서가 학습의 정의적 영역(affective domain)의 일부라고 한다.

우리말을 소중하게 생각하는 태도를 갖도록 함으로써 모국어 의식을 높이는 일과, 한국어를 통해 한국 사람으로서의 생각하는 힘, 한국 사람으로서의 가리사니를 키우는 일이 중심이 되어야 할 것이다.

4. 어휘 지도의 원리와 방향

4.1. 어휘 지도의 원리

어휘 지도의 원리는 텍스트의 성격, 학습 영역, 단원 또는 차시의 목표와 상관없이 거의 모든 텍스트 및 학습 영역, 혹은 학습 목표에 적용될 수 있는 것이 주요 원리라 할 수 있고, 특정 텍스트나 특정 영역의 학습에 적용될 수 있는 것은 그 밖의 원리라 할 수 있다.

4.1.1. 어휘 지도의 주요 원리

(가) 유연성의 원리

어휘 지도는 기본적으로 교육적으로 유익하고 재미있는 일련의 활동이어야 한다. 교사들은 학생들의 요구 분석에 따라 이들 활동을 부과하고, 잘라내거나 보충할 수 있어야 한다. 교사들은 학습 목표, 학습 자료로서의 텍스트, 학습 과제, 지도 방법, 평가 방법 등에서 유연성을 가질 수 있어야 한다. 학습 목표에 따른 어휘 지도 방법의 유연성, 텍스트 자료에 따른 어휘 지도 내용의 다양성, 학습 과제에 따른 학습 활동의 반복성 삭제 여부, 지도 방법에 따른 지도 대상 어휘 요소 선정의 적절성, 평가 방법에 따른 평가 대상 요소의 선정 및 부과 등으로 실현될 수 있다. 이를 위한 기반 여건으로서 교과서 이외에 학습자를 위한 심화 교재 혹은 보충 교재와 교사를 위한 지도 자료를 제공하는 것이 유익할 것이다.

(나) 자연스런 언어 활동의 원리

어휘 지도의 자료는 글말 텍스트와 입말 텍스트가 있을 수 있다. 이 가운데 입말 텍스트는 가능한 한 실제적인 것이 유익하고, (배우가 아닌) 보통 사람들이 실제 행한 언어 활동의 녹음 자료가 좋을 것이다. 학생들에게 동기를 유발하고 그들이 학습 안정기로 이행하도록 도와 주는 것은 의도적으로 편집되지 않은, 자연스럽고 현실성 높은 언어에 접하게 하는 것이 이 단계에서 매우 중요하다. 이미 배워서 잘 아는 언어 활동은 능숙한 화자들이 자연스럽게 의사 소통하는 가운데 나올 수 있는데, 이는 새롭고 자연스런 언어 활동의 중간 단계에서 포함될 수 있다. 학습자들은 다른 사람의 자연스런 언어 활동을 통해 어휘 관련 요소들이 얼마나 적절하게 혹은 조금 이상하게 실현되는지의 여부를 관찰하고 판단함으로써 어휘에 대한 직, 간접적인 학습 경험을 하게 될 것이다.

(다) 텍스트 기반의 원리

학생들에게 제공되는 텍스트는 대개 중간 수준의 눈높이에 맞추어지고 있다. 그러나 교재 구성은 기본적으로 그 언어의 다양한 상황의 예문을 많이 담고 있는 실제적 텍스트를 중심으로 이루어져야 할 것이다. 학습 대상의 주된 자료에 대한 이와 같은 생각은 '언어에 대한 전체론적 접근법'이라 할 수 있으며, 그런 텍스트로 언어 활동을 배워 가길 기대할 수 있을 것이다.

(라) 분석적 접근의 원리

언어 현상에 대한 다양한 접근법을 바라지마는, 실제 학생들이 스스로 언어 현상을 탐색하는 활동(분석적 접근법)에 가장 중요성을 두게 하는 게 좋을 것이다. 우리의 대상 학생은 우리나라 학생이며, 습득 장치뿐 아니라 언어 학습에서 수행할 역할에 대해 의식적인 마음을 가지도록 해야 할 것이다. 이것은 학생에게 친숙하지마는 더 공부할 필요가 있는 언어 현상이나 문학 현상에 대한 직관력과 탐구력을 키우는 데 유용할 것이다.

(마) 통합적 기능 신장의 원리

네 가지 기능(듣기, 말하기, 읽기, 쓰기)이 철저하게 통합되어야 하고, 읽기와 듣기와 같은 '수용적 기능'이 언어 활동 뒤에 첨가되어서는 안 됨을 알아야 할 것이다. 언어 사용은 각 기능이 다른 기능에 의존하는 결합된 기능—적어도 우리는 말하고 듣기를 함께 하고, 읽고 쓰기를 함께 한다—이다.

테니스 치는 것과 같이, 언어를 통한 의사 소통은 연습을 통해서만 증진될 수 있는 무언가이다. 언어에 관해 아는 것은 그것의 사용을 배우는 사람에게 도움이 될 수 있지마는, 국어 지식이나 문학 지식에 대해 알기를 지나지게 강조하는 것은 전통적인 시험에서는 유익할지 몰라도 실제 의사 소통 상황에서는 그다지 도움이 되지 않는다.

언어 활동과 산출적 기능은 둘 다 듣기와 읽기 텍스트에 대한 활동에서 얻어질 것이다. 내용에 초점을 맞추는 동안에 학생들의 수준보다 조금 높은 텍스트가 중요하며, 언어 사용 능력의 신장 가능성이 중요할 것이다.

4.1.2. 어휘 지도의 부차적 원리

(가) 내용성 고려의 원리

학생들이 관심을 가질 만한 한국 고유의 사회 문화적 상황에 관련된 텍스트를 제공하는 것이 바람직하고, 이를 통해 다른 나라 및 다른 민족의 문화와 비교하거나 이들에 대한 학생 개개인의 비교를 자극하는 내용이 좋을 것이다.

이들 텍스트는 학생들이 개인적으로 이용할 수 있도록 제공되어 있어야 하고, 동시에 그것들은 말하기와 쓰기를 위한 기반과 언어를 위한 원자료로 이용되도록 하여야 할 것이다. 실제, 학생들이 쉬 접하는 읽을거리나, 들을 거리 가운데 몇몇은 다소 지나칠 정도로 작위적인 성격이 느껴지는 일이 많아서 이들을 대한 학생들이 과연 진지해질 수 있을까 여겨지는 경우도 더러 있었으리라 여겨진다. 환경에 관한 텍스트가 너무 많았기 때문에, 채식주의자와 종족 관계는 나타나지 않았을 것이다.

(나) 되풀이의 원리

어휘 학습의 과정에도 동일하거나 비슷한 학습 대상 자료를 어느 정도 되풀이함으로써 학습 효과를 신장하는 것이 좋을 것이다. 저학년 단계에는 너무 많은 새 어휘 요소를 제시하기보다 해당 학년의 어느 능력 수준에 알맞은 대상 자료를 되풀이하는 것이 효과적일 것이다. 중학년 단계에는 어휘량의 단순하고 기계적인 확장을 위한 언어 활동의 경험을 통한 유창성 신장과 함께 언어 표현 하나하나에 대한 보다 정확하고 정교한 이해 및 표현 활동을 위한 정확성에 대한 고려가 필요할 것이다. 고학년에는 텍스트의 의미 형성, 텍스트 자체의 짜임새에 대한 이해로 시야를 넓혀가야 할 것이다.

(다) 연습 기회 제공의 원리

짝 활동 혹은 소집단 활동을 통해 학생 개개인이 개별적 연습의 기회를 많이 갖도록 유도하면 좋을 것이다.

(라) 균형성의 원리

말하기와 쓰기에서 유창성 활동과 정확성 활동이 균형을 이루면 좋을 것이고, 아울러 통제된 연습과 창의적 표현 활동 둘 다를 위한 기회를 학생들에게 골고루 제공해 주어야 할 것이다.

(마) 능력성 개발의 원리

어휘 학습은 기본적으로 학습자의 국어 학력을 높이는 것의 일부가 되어야 하지, 단순한 훈련이나 연습을 위한 숙제 부과에 그쳐서는 안 될 것이다.

(바) 전문적 관점의 원리

어휘 요소 지도를 위한 전문적 관점을 개발하는 데 도움이 될 만한 학습으로 이끌어야 할 것이다. 곧, 의미적 그물을 이루고 있는 낱말들 사이에 그물눈이 될 만한 요소를 발견하도록 뚜렷이 대비되거나 대조되는 낱말 사이의 차이점이 부각되도록 구체적 예문을 들 수 있는 전문적 식견을 갖추어야 하리라는 것이다.

4.2. 어휘 지도의 방향

4.2.1. 어휘 지도의 기본 방향[17)]

가. 학생들로 하여금 학습 대상 어휘가 들어 있는 텍스트를 많이 접하게 한다.[18)] 텍스트를 제시할 때는 학습 대상 어휘가 그 텍스트 안에서 의미 있는 역할을 하는 경우를 중심으로 하여야 하지마는, 학습 대상 어휘가 직접 들어 있지 않은 경우라도 그 어휘와 의미 관계로 맺어진 어휘들이 그 텍스트 안에서 의미 있는 역할을 하는 경우여도 상관없을 것이다.

나. 어휘의 문맥적 의미에 대해 추측하기를 먼저 시도해 본 후, 사전적 의미를 찾아보게 한다. 추측하기를 시도할 때는 맥락 실마리(당해 문장, 혹은 앞뒤 문장에서의 언어 맥락, 텍스트를 둘러싼 상황 맥락, 텍스트가 놓인 사회－문화적 맥락)를 중심으로 당해 어휘소의 의미소 파악에 도움이 될 만한 요소를 유의 깊게 관찰하게 한다.

다. 사전적 의미를 찾을 때에는 텍스트에 쓰인 맥락적 의미와의 관련성을 중심으로 관찰하게 한다. 사전적 의미를 찾을 때에는 국어사전에 제시된 여러 개의 의미소 가운데 맥락에서 실현된 의미소가 무엇인지 찾도록 하는 것이 좋을 것이다.

라. 학습 대상 어휘와 관련되는 어휘소 무리가 이루고 있는 어휘의 관련 구조를 찾아보게 한다. 관련 구조를 찾을 때에는 어휘소 사이의 같은 점, 다른 점을 발견하는 절차를 깨닫도록 한다. 같은 점, 다른 점은 낱

---

17) 어휘 학습의 기본 절차는 ① 텍스트에 많이 접하기, ② 문맥적 의미 짐작하기, ③ 국어 사전의 의미 찾아보기, ④ 어휘 마당의 관계 그물 생각하기, ⑤ 실제 써 보기 등의 차례이다.

18) 외국어 교육에서는 어휘 학습의 필수적인 다섯 단계를 ① 새 낱말과 접하기, ② 낱말 형태 알기, ③ 낱말 의미 알기, ④ 기억 속에서 낱말 형태와 의미를 굳히기, ⑤ 낱말 사용하기 등으로 잡고 있다(Hatch E. & C. Brown, 1995 : 372~392).

말 형태를 먼저, 의미 바탕을 나중에 찾도록 한다.

마. 학습 대상 어휘를 실제 사용해 보는 언어 활동을 해 보게 한다. 그것은 빈칸 메우기, 관련 어휘 짝짓기, 짧은글 짓기 등의 활동 경험을 통해 어휘 사용 능력을 키우게 한다.

4.2.2. 어휘 지도의 절차

어휘 지도의 절차는 텍스트의 의미 현상을 파악하기 위해 텍스트를 구성하고 있는 하위 요소들 간의 의미 관계에 대한 면밀한 검토와 어휘 관련 구조의 전체적인 모양새를 알도록 하는 것이 중심이 되어야 할 것이다. 어휘 관련 요소들의 의미를 파악하기 위해서는 기본적으로 의미 관계에 초점을 맞추고 지도하는 것이 효과적일 것이다.

가. 기본적으로 국어 지식 교육의 교수−학습 절차를 따라야 한다. 국어 지식 교육의 교수−학습 절차는 학습 대상 요소가 들어 있는 텍스트 제시하기, 텍스트 안에 실현되고 있는 학습 대상 요소 분석하기, 자기가 분석한 학습 대상 요소에 대하여 짝꿍이나 소집단 구성원들에게 설명하기, 자기가 파악한 학습 대상 요소를 다른 예문이나 텍스트에 적용해서 사용해 보는 연습하기의 절차를 따르면 좋을 것이다(양태식, 2000 : 128~130).

나. 의미 관계 가운데 지시 관계를 먼저 알게 하고, 의의 관계를 나중에 학습하게 한다. 한글 입문기나 초등학교 저학년의 경우 의의 관계보다는 지시 관계에 초점을 맞춘 지도를 하는 것이 먼저 필요할 것이다.

다. 낱말과 낱말의 의미 관계에서는 어떤 낱말에 대한 자유 연상을 먼저 생각해 보고, 제한 연상을 나중에 생각하게 한다. 창의적인 사고력을 키우기 위해 흔히 사용하는 마인드맵, 글쓰기 과정에서의 생각 꺼내기 단계에서 사용하는 브레인스토밍 등은 전형적인 자유 연상 활동이다. 이에 비해, 특정한 맥락을 주고, 빈칸 안에 특정 낱말을 채우게 하는 것이나, 특정한 영역이나 분야로 한정해서 생각하게 하는 수수께끼, 십자말풀이 등은 제한 연상의 좋은 사례이다.

라. 제한 연상에 대한 학습이 이루어진 뒤에야 비로소 낱말들 간의 체계적인 관계 그물(거미줄)을 학습하게 한다. 체계적인 관계 그물에 대한 학습에 이르기 전에 뜻 구별에 관련된 학습을 먼저 하는 것이 긴요하다. 예컨대, 동음어 및 비슷한 동음어에 관해 충분히 학습해야 하고, 그런 뒤 한 어휘소 안에 묶일 수 있는 의미소 사이의 다의 관계에 관해 학습하는 것이 합리적이다. 동음 관계는 낱말과 낱말 사이의 의미 관계는 아니지마는, 학생들이 낱말에 관해 체계적인 연상을 하는 데 가장 먼저 떠오르고, 가장 즐겨 한다는 점에서 말놀이(word game) 형태로 진행하면 좋을 것이다. 이에 비해, 다의 관계는 실제 사람들이 말을 사용할 때 스스로 느끼건 느끼지 않건 간에 한 어휘소가 다양한 의미소로 실현되는 사례를 쉬 경험할 수 있다는 점에서 학습의 기회를 제공하는 것이 좋을 것이다.

마. 체계적인 관계 그물은 통합 관계와 연합 관계를 구분해서 학습하게 한다. 다만, 통합 관계와 연합 관계를 구분해서 학습하게 하되, 자연스럽게 서로 관련을 맺게 해야 할 것이다.

바. 서로 통합 관계(가로 관계)에 놓인 말을 먼저, 연합 관계(세로 관계)에 놓인 말을 나중에 제시한다(보기 "밤은 어둡다.", "어두운 밤"을 먼저 제시하고, "밤"의 반대말, 비슷한 말 등을 나중에 제시한다).

사. 연합 관계에 있는 말 가운데는 처음에는 자유 연상으로 답할 수 있는 말을 먼저 제시하고, 나중에 의의 관계(반의 관계, 유의 관계, 상하 관계 등)로 묶여질 수 있는 말을 나중에 제시한다.

아. 의의 관계에 놓인 말들은 반의 관계(반대말) 먼저, 유의 관계(비슷한 말) 다음, 상하 관계(뜻이 넓은 말, 뜻이 좁은 말) 나중의 차례가 되어야 한다. 낱말과 낱말의 의의 관계는 이들 관계만 있는 것이 아니라, 비양립 관계도 있다.[19]

---

19) 비양립 관계란 의미적으로 공통성을 지닌 채 묶일 수 있는 일련의 어휘소 무리 가운데 특정한 한 어휘소를 선택하는 것이 다른 어휘소를 부인하는 결과를 초래하는 경우를 말한다. 곧, [오늘]을 기준으로 날짜 단위로 하루하루를 이르는 말에 '그끄제, 그제, 어제, 오늘, 내일, 모레, 글피, 그

자. 반의 관계는 상보적 반의 관계(남자 : 여자, 출석 : 결석) 먼저, 상관적 반의
관계(사다 : 팔다, 때리다 : 맞다, 남편 : 아내) 다음, 극단적 반의 관계(길다 : 짧
다, 멀다 : 가깝다 등) 나중의 차례가 되어야 할 것이다.

차. 맞붙음 관계(반의 관계, 유의 관계, 상하 관계 등이 복합적으로 엮어져 한 무리의
공통된 특징을 가진 말들의 관계)를 이루고 있는 말들이 4학년 말이나 5학
년 초에 제시하는 것이 좋을 듯하다.

5. 마무리

국어과 수업에서의 어휘 지도의 관점과 원리를 이론적으로 밝혀 본 내용
가운데 주요한 것을 간추려 보면 다음과 같다.

(1) 낱말은 그것이 지닌 속성 가운데 어떤 특정한 점에 초점을 맞추는가에
따라 표기법적 낱말, 음운론적 낱말, 문법론적 낱말, 의미론적 낱말로 구
별할 수 있을 것이다.

(2) 특정한 상황, 특정한 텍스트 속에서 쓰인 실현된 낱말을 우리가 그냥 '낱
말'이라 부르고, 반면에 특정한 상황이나 텍스트에 매여 있지 않은, 기억
된 낱말을 따로 '어휘소(lexeme)'라 부르는 일이 있다.

(3) 낱말의 모임 가운데 특정한 방언권, 특정한 언어, 혹은 특정한 개인의 머
릿속에 모여 있는 낱말의 모임으로 특정한 공통성을 지닌 채 뭉쳐 있는
낱말의 모임을 보통 '어휘'라고 한다. 어휘의 성격은 두 가지인데, 하나
는 '집합성'이고, 다른 하나는 '공통성'이다.

(4) 특정 어휘에 속한 낱말들 사이에 무언가 형태적으로나 의미적으로 관계
를 맺을 수 있는 낱말들의 모임을 '어휘 마당(lexical field)'이라고 한다.

(5) 텍스트를 형성하거나 해석할 때 어휘와 관련된 언어 사용자의 능력을

글피' 등이 있을 수 있는데, "어제 나는 철수를 만났다."고 하면, 이 문장에서는 "그끄제 / 그제 /
오늘 / 내일 / 모레 / 글피 / 그글피 나는 철수를 만났다."는 것을 부정하게 된다는 뜻이다. 곧, "어
제"를 선택하는 것과 "그끄제 / 그제 / 오늘 / 내일 / 모레 / 글피 / 그글피"를 선택하는 것이 양립할
수 없다는 것이다.

‘어휘 능력’이라 할 수 있는데, 이는 줄여서 보통 ‘어휘력’이라 부른다. 어휘력은 크게 나누면 수용적 어휘력과 산출적 어휘력으로 구분할 수 있을 것이다.

(6) 어휘력과 언어 활동의 관련성 사이에는 세 가지 점이 발견될 수 있다. 첫째, 어휘력은 원활한 언어 활동을 위한 기초 자료라고 할 수 있다. 둘째, 어휘력은 언어 표현의 배경이 되어 있는 사회−문화적 접근 과정에 기반이 될 수 있다. 셋째, 어휘력은 언어 사용자의 개념의 세계와 인식의 세계를 넓히는 데 기여할 수 있다.

(7) 어휘를 지도한다는 것은 발신자이면서 수신자이기도 한 학습자가 비언어 기호, 준언어 기호, 언어 기호를 써서 언어 활동을 하는 전체 과정에서 의미를 수용하거나, 산출하기 위해 어휘 요소를 제대로 사용하는 방법을 알도록 도와주는 것이다.

(8) 어휘 지도의 주요 원리는 유연성의 원리, 자연스런 언어 활동의 원리, 텍스트 기반의 원리, 분석적 접근의 원리, 통합적 기능 신장의 원리 등이며, 그 밖에 내용성 고려의 원리, 되풀이의 원리, 연습 기회 제공의 원리, 균형성의 원리, 능력성 개발의 원리, 전문적 관점의 원리 등이 있다.

(9) 어휘 지도의 기본 방향은 대상 어휘가 들어 있는 텍스트 많이 접하기, 문맥적 의미에 대해 추측하기, 사전적 의미 찾을 때 맥락적 의미와의 관련성 관찰하기, 어휘의 관련 구조를 찾아보기, 학습 대상 어휘를 실제 사용해 보기 등이다.

(10) 어휘 지도의 절차는 텍스트의 의미 현상을 파악하기 위해 텍스트를 구성하고 있는 하위 요소들 간의 의미 관계에 대한 면밀한 검토와 어휘 관련 구조의 전체적인 모양새를 알도록 하는 것이 중심이 되어야 할 것이다.

참고문헌

김종상(1998), 『가얏고에 실은 조국의 노래』, 한국 도서 지도회.

양태식(1984), 『국어 구조 의미론』, 태화 출판사.

______(1997), 「의미 교육의 방향과 바탕」, 『한국 초등 교육』, 제9권 제1호, 서울 교육
　　　　대학교 초등 국어 교육 연구소, 51~87면.

______(2000), 「국어 지식 영역의 교수 학습」, 방인태 외, 『초등 국어과 교육』, 박이정.

______(2001), 「어휘 지도의 관점과 원리」, 『한국어 교육』, 한국 어문 교육 학회.

______(2008), 『어휘 교육의 이론』, 서울교대 국어교육과.

이상배(2002), 『도깨비 삼시랑』, 국민 서관.

이재승(1997), 『국어 교육의 원리와 방법』, 박이정.

한철우 외(2001), 『과정 중심 독서 지도』, 교학사.

Brumfit. C.(1984), The 'Content' of language teaching : language and meaning, *Communicative
　　　　Methodology in Language Teaching*, Cambridge Language Teaching Library.

Gredler M. E.(2001), Learning and Instruction, Prentice Hall.

Gunning. T. G.(2005), Creating Literacy Instruction for all Students, Allyn & Bacon.

Haycraft, J.(1978), Teaching Vocabulary, *An Introduction to English Language Teaching*,
　　　　Longman.

Mayor. M & A. K. Pugh(1987), Teaching and Learning as the Creation of Meanings,
　　　　Language, Communication & Education, Croom Helm

Nunan, D.(1991), Teaching Vocabulary, Language Teaching Methodology, PHOENIX
　　　　ELT.

Schmitt N. & M. McCarthy(1997), *Vocabulary*, Cambridge Univ. Press.

Hatch E. & C. Brown(1995), *Vocabulary, Semantics, and Language Education*.

경남 방언사전 편찬 방법론에 대하여*

김정대

1. 사전과 방언사전

사전은 일정한 언어학 항목을 올림말로 하여, 그에 대한 언어학적 정보(음운·형태·통사·의미 정보 등) 및 필요한 보충 정보를 체계적으로 제시하는 텍스트이다. 사전은 올림말의 성격이나 수록 범위에 따라, 배열순서나 취급 언어의 수 등에 따라 여러 가지로 나누어진다.

이 글은, 특수 사전의 하나인 방언사전을 어떻게 편찬하는 것이 바람직한가에 대한 견해를 밝히기 위해 작성된 것이다. 요즘 들어 국어사전 편찬에 대한 많은 연구들이 이루어지고 있음은 퍽 고무적인 일이라고 할 수 있지만, 방언사전 편찬 방법론에 대한 논의가 거의 이루어지지 않고 있음은 아쉬운 일이라고 하지 않을 수 없다.

방언사전은 '사전'이라는 점에서는 일반 사전 편찬 방법론을 좇으면서도, 그 대상이 '방언'이라는 점에서 편찬에 대한 특수한 방법론이 추가적으로 요구되는 사전이다. 말하자면, 방언사전은 일반 사전 편찬 방법론을 기저로 하고 거기에 특수한 몇 가지 편찬 방법론을 더하여 만들어내는 사전인 것이다.

---

* 이 글은 김영태·김형철·김정대(1994), 「방언사전 편찬 방법론」, 『인문논총』 12(경남대 인문과학연구소)의 제4장을 수정한 것이다.

따라서 우리의 논의도 이러한 기본적인 자세로부터 출발할 것이다. 이 글에서 우리는 이상적인 방언사전의 편찬을 위해서는, 그 방언에 드는 각 지역어 사전이 먼저 편찬되어야 한다는 입장을 취하게 되는데, 그런 생각까지 반영하여 이 글은 다음과 같이 전개된다.

먼저, 제2장에서는 방언사전 편찬이 필요한 까닭을 말하고, 제3장에서는 이상적인 지역어 사전 편찬 방법론에 대해서 길게 언급하며, 제4장에서는 우리가 생각하는 방언사전 편찬 방법론에 대해 논의할 것이다.

방언사전은 얼핏, 한 방언의 어형들을 일정한 순서에 따라 체계적으로 정리한 사전일 것으로 생각하기 쉽지만, 막상 그것의 편찬 작업에 들어가면 부딪히게 되는 숱한 문제들이 있다. 먼저, 한 방언은 각 지역어(소방언)로 이루어져 있기 때문에 방언의 어형 체계(음운 체계, 문법 체계, 어휘 체계 등)라는 말에서부터 어려움과 직면하게 된다. 우리는 그 해결을 위해 '대표형'이라는 개념을 도입할 필요가 있으며, 대표형들의 집합은 그 방언의 '핵어형'이 되는데, 이 핵어형의 체계가 그 방언의 어형 체계가 된다는 논의를 하게 될 것이다.

시론적인 이 논의가 보다 합리적인 방언사전 편찬 방법론으로 승화되기를 기대해 본다.

2. 방언사전 편찬의 필요성

최근 우리말 사전 편찬에 대한 연구가 활발하게 이루어지고 있다. 우리말 사전 편찬의 필요성이 무엇이냐고 묻는 것은, 얼핏 우문인 것처럼 들린다. 모든 이가 잘 아는, 너무나 당연한 질문을 던졌다고 생각하기 때문이다. 그러나 이는 그렇게 쉽게 대답할 수 있는 성격의 것이 아니다. 요즘 들어 우리말 사전 편찬 방법론이 활발하게 거론되고 있다는 점이, 사전 편찬 작업이 결코 만만한 것이 아님을 웅변해 주는 것이라고 하겠다. 여기에는 시대적 상황과 기존 우리말 사전들에 대한 검토, 사회 변화와 현 한국 사회의 언어 문제, 나아가 남북한 언어 통일 문제 등 실로 복잡하고도 다양한 문제들이 얽혀 있음을 우리는 인식해야 할 것이다.

그런데 바람직한 우리말 사전 편찬을 위한 그 기초 작업의 하나는 방언을 어떻게 처리할 것인가 하는 점인데, 그렇다면 방언사전 편찬이 얼마나 중요한 작업인가 하는 점은 다시 거론할 필요가 없을 것이다. 우리는 이를 다음과 같은 몇 가지로 나누어서 간단하게 우리의 견해를 밝혀 보고자 한다.

첫째, 방언사전의 편찬 작업은 각 지역 방언 어휘의 수집과 그 연구 결과를 집대성하는 것이기 때문에, 이는 우리말 어휘를 다양하게 하고 폭넓게 하는 데 이바지한다. 일찍이 小倉進平은 그의 유저『조선어 방언의 연구 (하)』(1944)에서, 방언 연구가 필요한 까닭의 하나는 "새로이 얻어진 자료에 의하여 종래의 어휘의 부족을 보충하는 데 있는 것"(6면)이라고 한 바 있는데, 이는 지금도 변할 수 없는 진리인 것이다. 현재 북한은 1966년부터 본격화된 문화어 쓰기 운동에 익숙해져 있는 것으로 보이는데, 그 문화어는 평양말을 중심으로 한 것이지만, 평양말에는 없고 북한의 다른 지역에 있는 좋은 말들을 거기에 상당히 포함시켰다는 점은 기억해야 할 것이다.

둘째, 방언사전의 편찬은 방언의 연구를 전제로 한 것이기 때문에, 이는 국어사 연구에 많은 도움을 준다. 국어사에 관심을 갖는 많은 학자들은 예외 없이, 문헌 자료가 만족스럽지 못한 우리의 실정에서 볼 때 방언의 연구가 국어사를 더 생생한 것으로 되게 한다는 견해를 피력하고 있다. 특히, 문헌 자료에 의존할 수 없는 고대국어의 재구성이나 공통 조어를 찾기 위한 기초 작업 등에는 방언 자료가 큰 역할을 할 수밖에 없다는 점은 다시 강조할 필요가 없을 것이다. 위에서 소개한 小倉進平의 글에는, 이어서 "더 중요한 사명은 산 언어의 연구로 인해서, 언어학 내지 방언학의 발달에 어떠한 공헌을 하려고 하는 점에 있는 것이다."라는 언급이 보이는데, 이는 궁극적으로 우리의 이러한 시각과 통하는 것이라고 하겠다. 또한 한국정신문화연구원에서 펴낸『한국 방언 자료집』의 간행사에는, "방언 자료는 국어의 특성 구명은 물론, 국어사의 재구성에 필요한 기초적 자료가 되며"라는 언급이 있는데, 이것도 바로 이 점을 지적한 것이다.

셋째, 각 방언사전이 편찬되면, 그 비교를 통하여 방언 간의 차이를 명확히 인식하게 되고, 그런 인식은 국어 정책 수립에 지대한 공헌을 하게 된다. 상기 『한국 방언 자료집』의 간행사는 "나아가서 언어 사용의 지역 간 차이를 명확히 파악하여 궁극적으로 사회 통합과 결속을 다지는 데에도 큰 중요성을 지닌다."라고 말을 잇고 있는데, 이것도 같은 맥락에서 이해가 되는 것이다.

넷째, 문화유산의 보존이라는 측면에서 볼 때도 방언사전의 편찬은 매우 소중한 작업이다. 이는 위의 둘째에서 언급한, 방언사전 편찬(방언 연구)이 국어사 연구에 도움을 준다는 점과도 연관되는 것이지만, 굳이 국어사 연구라는 시점을 떠나더라도 방언사전 편찬은 그 자체로 겨레의 문화유산을 보존하는 가치 있는 작업인 것이다.

마지막으로, 방언사전의 편찬은 실용적인 목적에서도 필요한 것이다. 우리는 문학 작품이나 영화·연극 등에서 필요한 경우, 방언으로 된 대사를 어렵잖게 접하게 되는데, 그 작품들의 배경이 지방일 때 방언의 사용은 작품의 생동감을 한층 더해주는 것이라는 점은 두말할 필요가 없을 것이다. 오늘날처럼 방언이 급속도로 사라져 가는 추세라면, 앞으로 얼마 가지 않아서 방언은 방언사전 속에서나 구경할 날이 올지도 모른다. 그런 경우를 대비해서라도 방언사전의 편찬은 더 이상 미룰 수 없는 작업이라 하겠다.

이상에서 우리는 방언사전 편찬의 필요성을 다섯 가지로 나누어서 살펴보았거니와, 이 장을 마무리하기에 앞서 이와 관련된 세 가지 사실을 덧붙여(혹은 강조해) 둔다.

첫째, 방언 자료의 수집은 시급함을 요하는 문제이다. 이 시점에서 볼 때 벌써 늦은 감이 없지도 않지만, 지금부터라도 문제의 중요성과 심각성을 인식하고 자료의 수집에 많은 힘을 쏟아야 할 것이다. 방언의 소멸 속도가 이렇게 빨라진 것은 교통의 발달과 문화 수준의 향상 및 대중 매체의 발달 때문이다. 교통의 발달은 지역 간의 방언 차이를 없애고, 대중 매체의 발달은 방언의 존재를 잊게 한다. 얼핏, 국어 정책적인 면에서는 바람직한 현상이라고 할지 모르지만, 아직 빈약하다고밖에 할 수 없는 표준어 어휘를 생각하면, 이는 국어 정책적인 면에서도 우려할 만한 일이라고 하는 것이 더 정확한 표현일 것이다.

둘째, 표준어 사정에서 더 많은 방언 어휘를 표준어로 책정하여야 하고, 국어사전의 편찬에는 반드시 방언 어휘가 올림말로 들어가도록 해야 한다. 현재 우리의 표준어는 서울말이 중심이 된 것이다. 어느 지역이 표준이 되어야 하느냐 하는 점에 대해서 우리는 달리 이의를 제기하고 싶지 않다. 다만, 어떤 지역이 표준어의 중심 지역이 되든지 간에, 그 지역에는 없는 다양한 국어 어휘를 과감하게 표준어로 사정하는 작업은 꼭 필요하다는 점만큼은 다시 한 번 강조해 둘 필요가 있는 것이다. 특히, 동식물이나 특수한 자연 환경과 생활 방식에서 오는 많은 어휘는 현재의 '서울말'이 도저히 감당할 수 없는 것들이다. 지금 기존의 국어사전들에, 우리가 말한 그러한 특수 어휘가 얼마나 많이 빠져 있는가 하는 점은 상상을 초월하는 것이다. 국어사전에다 방언 올림말을 설정하는 일에는 여러 가지 기술적인 문제가 따르겠지만, 이 점을 극복하고 풍부한 우리말을 싣는 사전이야말로 진정한 국어사전이 아니겠는가.

셋째, '방언 자료집, 방언사전, 방언 연구서' 등의 이름으로 이미 간행된 방언 자료집을 서로 대비·보완해 가면서, 국어적 특성을 보일 수 있는 사전을 만드는 것이 방언사전을 편찬하는 한 중요한 필요성이라는 점도 강조해 두고자 한다.

3. 지역어 사전 편찬 방법론

논의를 진행하기에 앞서, 한 가지 사실을 먼저 확인해 둘 필요가 있다. 이 글에서 우리는 '경남 방언'이라는 말과 '○○ 지역어'(이를테면, '창원 지역어, 진주 지역어, 양산 지역어')라는 말을 구별하여 쓰게 되는데, 이는 경남 지역 각 지역어의 총합이 경남 방언이라는 인식을 바탕에 깔고 한 것이다. 이 점을 미리 강조하는 까닭은, 이것이 경남 방언사전 편찬과 관련하여 중요한 의미를 지닌다고 믿기 때문이다.[1]

이론적으로 말하면, 경남 방언사전은 경남 지역 각 지역어 모두를 담고 있는 사전이다. 그런데 각 지역어를 서로 대조해 보면, 같은 뜻이 같은 형식으로 나타나는 경우도 있지만 그렇지 않은 경우도 있고, 같은 형식이 지역에 따라 다른 뜻으로 쓰이는 경우도 있다. 그리고 어떤 지역어에는 존재하는 어형이 다른 지역어에는 존재하지 않기도 하는 등, 경남 방언 내의 각 지역어는 얼마만큼 체계상의 차이를 보여 준다.

따라서 이 모든 '언어재'를 방언사전에 올리는 일은, 이론적으로는 가능하지만 실제로는 매우 어려운 일이다. 그 모든 언어재를 샅샅이 조사하고, 그것을 어떤 기준에 따라 사전에 올린다는 것은 '현실적으로' 거의 불가능한 일이기 때문이다. 이런 점에서 우리는 방언사전 편찬을 지역어 사전 편찬과 구별하는 것이 유용하다고 믿는다. 그리고 방언사전 편찬에 앞서, 각 지역어 사전 편찬이 필요하다고 믿고 있는데, 그 가장 큰 까닭은 다음과 같이 정리된다.

앞에서 강조한 바와 같이, 방언사전은 그 방언의 총체적 정보를 담고 있는, 말 그대로 '사전'이어야 한다. 한정된 자료가 각 지역어별로 어떻게 실현되는가를 알기 위한 '어휘 대조집'은 방언사전이 아니기 때문이다. 그러나 한 방언권에 드는 모든 지역어의 '언어재' 하나하나를 한 사람, 또는 몇몇 사람의 손으로 빠짐없이 수집한다는 것은 불가능에 가까운 일이다.

따라서 자료 수집의 가장 이상적인 방법은, 언어학적 소양을 쌓은 사람이 한 지역에 '오랫동안' 머물면서 자연스럽게 그 자료를 모으는 일이다. 다른 지역 출신자들도 이 작업을 수행할 수 있겠지만, 가장 바람직한 것은 그 지역에서 태어나 그 곳에서 생업을 영위하는 언어학도가 꾸준히 자료를 수집하는 것이라 할 수 있다.[2] 이렇게 수집한 자료는, 일정한 기간 동안 한정된 자료를 의도적으로 수집하는 것과는 질적으로 다르다.

---

1) 이것이 경남 방언에만 한정되는 것이 아님은 두말할 필요가 없다.
2) 이런 경우, 그 자료의 상당 부분은 수집자 자신의 것일 수 있음은 부인하기 어렵다. 그러나 수집자는 상대적인 연장자들과의 자연스러운 발화에서 자신도 모르는 자료를 수집할 수 있게 된다. '천재일우' 격으로 만나게 되는 자료도 이런 과정을 통해서 얻을 수 있다.

3.1. 거시 구조

한 지역어 사전도 일반 언어 사전과 마찬가지로, 올림말 전체 구조를 일컫는 말인 거시 구조(macrostructure)와 각 올림말을 중심으로 하여 이루어지는 구조를 일컫는 말인 미시 구조(microstructure)로 이루어지는 텍스트이다. 여기에서는 특히, 지역어 사전 편찬과 관련하여 거시 구조에서 문제가 되는 '올림말의 성격'과 '올림말의 범위'에 대해서 언급하기로 한다.

3.1.1. 올림말의 성격

지역어(방언) 사전 편찬의 문제와 관련하여 첫 번째로 부딪치는 문제는 올림말의 선정이라고 할 수 있다. 독자(사전 이용자)의 입장에서 보면, 찾고자 하는 항목이 바로 올림말이기 때문에, 올림말을 무엇으로 잡을 것인가 하는 문제는 방언사전 편찬의 일차적인 과제가 되는 것은 당연한 일이다. 이 점과 관련해서 우리는 두 가지 가능성을 말할 수 있는데, 하나는 표준어 어형으로써 올림말을 잡는 것이고, 다른 하나는 지역어(방언) 어형으로써 올림말을 선정하는 것이다. 전자와 같이, 표준어 어형이 올림말이 되는 경우는, 일반적인 독자를 염두에 두면 매우 필요한 작업이다. 경남 방언 중 창원 지역어의 사전 편찬을 염두에 두고 이 문제에 간단히 접근해 보기로 하자.

앞에서 우리는 '일반적인 독자'라는 표현을 썼는데, 여기에는 물론 창원 지역어 화자들도 들어간다. 그러나 우리나라에는 창원 지역어 화자보다는 비(非) 창원 지역어 화자들이 훨씬 많기 때문에, 표준어 어형 A가 창원 지역어에서는 어떻게 실현되는가를 알고 싶다고 할 경우를 예상해 보면, 표준어 어휘가 올림말로 선정되는 일이 바람직한 것이다. 이것은 철저히 독자 중심적인 발상이다. 그러나 우리는 다음과 같은 몇 가지 이유로 말미암아, 방언사전의 올림말은 표준어 어형이 중심이 되는 것이 아니라, 그 해당 지역어(방언)의 어형이 중심이 되어야 한다고 믿는다.

첫째, 표준어 어형을 올림말로 하고, 방언 어형을 설명항에 배치하는 작업은 엄밀한 의미에서 방언사전일 수가 없다. 우리는 음운·형태·통사·의미 정보가 다 들어가는 것을 사전이라고 믿고 있는데, 위와 같은 작업은 이런 모든 것을 담을 수가 없기 때문이다. 이는 일종의 어휘 대역집의 성격을 지니는 것일 뿐이다.

둘째, 설혹 표준어 어형을 중심으로 하는 작업의 결과를 사전이라고 한다 해도 여전히 문제는 남는다. 한 어형의 표준어에서의 의미와 그에 대응하는 방언에서의 의미가 언제나 같다는 보장이 없기 때문이다. 창원 지역어에는 '요₁독'3)이라는 낱말이 있는데, 이 말은 "다소 무리를 해 가며 쓰는 힘이나 정성"이라는 뜻을 갖는다. 이를 표준어와 대응시키면 '안간힘'쯤 될 것이지만, 둘 사이의 의미가 일치하지 않음은 물론이다. '요₁독'은 힘쓴 결과를 대체로 긍정적인 것으로 평가할 때 쓰는 표현이지만, '안간힘'은 그 반대일 때 쓰는 표현이기 때문이다.

셋째, 표준어적인 어형으로써 대체할 수 없는 어형이 많다는 점도 방언 어형으로써 올림말을 삼아야 한다는 이론적 근거가 된다. 이를테면, "께루³ : 다(=단추를 풀다), 나₁래(=반복적인 연습이나 훈련을 통한 숙달), 모³름(=일을 처리하는 데 있어서의 힘든 고비)" 등의 창원 지역어 어휘는 표준어 어휘로써 대체하기가 매우 어려운 것들이다.

넷째, 궁극적으로는 위의 첫째·둘째·셋째와 관련되는 것이지만, 한국어가 공시적으로는 각 지역 언어(즉, 방언)들의 집합으로 된 것이라고 할 때(이익섭, 1984 : 12 참조), 어휘의 경우라면 우리는 각 방언들의 '어휘 체계'라는 말을 쓸 수 있어야 하는데, 이 말은 방언 어휘를 올림말로 잡을 때에만 가능한 것이다. 이 넷째의 경우는, 그 지역 토박이 화자가 자신의 입장에서 사전을 만든 것이라는 말과 관련된다.

우리는 이와 같은 문제 때문에, 방언사전의 올림말은 당연히 지역어(방언) 어형이 중심이 되어야 한다는 점을 다시 한 번 강조해 둔다. 그러나 여기에도 문제가 전연 없는 것은 아니다. 그것은 모든 사전은 독자 위주의 것이 되어야 한다는 점과 관련되는 것이다. 이 점에 대해서는 여기에서 길게 다룰

---

3) 글자의 오른쪽에 표시된 숫자는 성조를 나타내는 것이다. 위 첨자 ³은 고조를, 아래 첨자 ₁은 저조를, 아무 숫자가 없는 것은 중조를 나타낸 것이다(3.2.2. '나' 참조).

여유가 없기 때문에, 그 핵심적인 점만 밝혀두기로 한다. 우리는, 사전의 뒷부분에 '찾아보기' 형식의 표준어 대역 난을 마련하는 것이 그 해결책이라고 생각하는데, 이 경우의 주제 항목은 표준어가 중심이 된다는 점은 두말할 필요가 없다.

3.1.2. 올림말의 범위

앞에서 우리는 방언사전에는 그 방언의 전 언어재가 올림말이 된다고 여러 번 말한 바 있다. 따라서 올림말의 범위를 새삼스레 거론하는 자체가 멋쩍은 일인 것처럼 보인다. 그러나 이 점과 관련해서는 분명히 짚고 넘어가야 할 문제가 있다. '이론적으로' 모든 언어재가 올림말이라고 말하기는 쉬우나, '실제로' 모든 언어재의 범위를 어떻게 잡을 것인가 하는 점은 매우 어려운 문제이기 때문이다. 이것은 언어재 수집 방법과도 관련되는 것이다. 그리고 관용어를 포함하여 구 같은 낱말, 합성어, 파생어, 조사, 어미 처리 등도 결코 만만한 문제가 아닌데, 이에 대한 우리의 생각은 다음과 같이 정리된다.

첫째, 큰 원칙은 한 지역어의 모든 언어재를 빠짐없이 올린다는 것이다. 이와 같은 목적을 달성하기 위해서는 언어재 수집의 방법에도 신경을 써야 하는데, 다음의 두 가지 방법을 적절히 활용하는 것이 좋으리라 생각된다. 1) 해당 지역에 오랫동안 살면서, 화자들로부터 발화되는 언어재를 하나하나 수집하며 정리해 두는 일이다. 이 방법은 한정된 항목을 한정된 시일 안에 조사하는 일시적인 조사 방법과는 근본적으로 그 성질을 달리한다. 오랫동안 그 지역에 거주하지 않고서는 천재일우 격으로 발화되는 언어재를 수집하기란 어려운 것이고, 또 그 정확한 뜻이나 사용법도 파악하기 어렵기 때문이다. 따라서 이 문제는 그 지역에서 태어나 그 지역에서 오랫동안 살고 있는, 언어학을 이해하는 사람이 조사자가 되는 것이 가장 이상적인 것이라는 점을 다시 한 번 강조해 둔다.

2) 그러나 위 1)의 방법에는 어떤 한계가 있다. 토박이 화자들은 일상생활에서 쓰는 언어재가 어느 정도 한정되어 있기 때문에, 실제로 발화되지는 않고 머릿속에 갈무리된 언어재를 접하기가 어려울 수 있기 때문이다. 이를 극

복하는 방법은 의도적인 조사표(질문지)를 만들어 활용하는 일이다. 우리말 큰 사전 등을 활용하여 가나다순으로 하나하나 확인하는 것도 그 방법이 될 것이고, 언어재를 어떤 분류 기준에 따라 질문지를 만드는 것도 한 방법이 될 것인데, 우리는 특히 후자와 같은 조사 방법이 매우 필요하다고 생각하고 있다.

이를테면, 어휘의 경우, 용기류, 동물, 식물, 농기구, 색깔, 친족어 등 전통적인 우리 생활과 밀접한 낱말들을 단어장별로 조사하여 올림말로 올릴 뿐만 아니라, 사전의 뒷부분에 부록으로 첨부해 두면 매우 유용한 일이 될 것이다. 요컨대 바람직스러운 자료 수집의 방법은 한편으로는 한 지역에서 토박이 화자들과 오랫동안 함께 생활하면서 자연스레 청취되는 언어재를 수집하고, 다른 한편으로는 조사표를 만들어 의도적으로 자료를 수집하는 것이라고 하겠다.

둘째, 합성어, 관용어, 준말 등도 당연히 올림말로 올린다는 것이다. 창원 지역어로써 몇 예를 들어 보기로 한다.

> (1) ㄱ. 욕^{3}보^{3}다 : 수고하다.
>   ㉔ 큰일 친다고 욕봤제? (=큰일 치른다고 수고했지?)
>   ㄴ. 우째^{3}하다 : 값이 얼마다. (의문문으로만 쓰임)
>   ㉔ 이거 우째합니꺼? (=이거 값이 얼맙니까?)
>   ㄷ. 자^{3}리오^{3}다 : 어서 오다. (인삿말로, 명령형으로만 쓰임)
>   ㉔ 자리오이소. (=어서 오십시오)
> (2) ㄱ. 멀^3 : 카^{3}다 : 뭐라고 말하다. 꾸중하다.
>   ㉔ 세이가 디 : 기 멀 : 카더라. (=형이 되게 꾸중하더라)
>   ㄴ. 니^{3}기^{3}미 ~ 니^3 : ^{3}미 : 너의 어미. (욕설에서만 쓰임)
>   ㉔ 니기미 ×. (→심한 욕설. 본뜻은 "너의 어미의 ×")

(1)은 순서대로 "욕을 보다, 우째(=어떻게) 하다, 자리에 오다"에서 온 표현들이기 때문에 구 같은 낱말 혹은 합성어라고 할 수 있다. 그런데 이들은 그 의미가 구성소들의 의미의 합성으로 된 것이 아니기 때문에 관용어(혹은 융합 합성어)의 범주에 든다. 따라서 이러한 표현들은 일반적인 낱말과 마찬가지로 당연히 올림말로 올려야 하는 것이다. (2)는 준말의 일종인데, (2ㄱ)은 "뭐라고 한다"에서 온 것이고, (2ㄴ)은 "너의 어미"와 관련되는 것인데 축약된 형

태로 쓰일 뿐만 아니라, 그 의미로 특수한 쪽으로 굳어진 것이기 때문에 역시 올림말로 등재해야 하는 것이다.

셋째, 파생어의 경우는, 생산적인 접두사나 접미사의 어형을 그대로 실어 주고, 파생된 말은 또 그대로 올림말로 실어 주는 것이 바람직한데, 이는 일반 국어사전 편찬 방법과 다름이 없는 것이기 때문에 여기에서는 더 이상 거론하지 않기로 한다.[4]

넷째, 조사나 어미와 같은 문법적인 요소도 당연히 올림말로 올려야 하지만, 이 역시 국어사전 편찬 방법과 같은 것이기 때문에 관련 문제는 생략하기로 한다.[5]

3.2. 미시 구조

올림말을 중심으로 하여 이루어지는 사전의 미시 구조에서는 올림말에 대한 필요하고도 충분한 정보가 제공되어야 한다. 여기에서 말하는 '필요하고도 충분한 정보'란 음운·형태·통사·의미상의 정보는 물론, 거기에 보완적인 사항인 통사·의미상의 제약, 예문, 관련 어휘 등을 포함하는 것이다. 지역어(방언) 사전도 사전의 한 종류이기 때문에, 이 점에 대해서는 원론적으로 같은 말을 할 수 있다. 그러나 설명되어야 하는 세부 정보에서는 상당한 차이점이나 문제점이 있기 때문에, 이곳에서는 이를 하나하나 검토한다.

3.2.1. 전사

일반적으로 예상할 수 있는 전사는 한글식 전사나 IPA식 전사이다. 한국어사전이 한글로 편찬되는 것이 당연하기 때문에 방언사전의 전사도 한글식이 여러 모로 독자들에게 편리할 것이란 점은 두말할 필요가 없을 것이다. 그러

---

4) 국어사전에서 접두사를 처리하는 방법은 김창섭(1998)을, 접미사를 처리하는 방법은 구본관(1998)을 참조하기 바란다.
5) 국어사전에서 조사를 처리하는 방법은 유동석(1998)을, 어미를 처리하는 방법은 임동훈(1998)을 참조하기 바란다.

나 여기에는 두어 가지 문제가 따른다. 이를 창원 지역어 사전 편찬의 경우를 예로 들어 설명하기로 한다. 창원 지역어의 전사 문제와 관련해서 제기되는 문제는 크게 두 가지이다.

첫째, 이 지역어에서는 '에 / 애'의 구별, '어 / 으'의 구별이 현실적으로 어렵기 때문에(김영태, 1985 참조), 이에 대한 전사를 한글로 어떻게 하느냐는 것이다. 이에 대한 해결 방법은 다음 두 가지 중 어느 하나가 될 것이다.

1) 표준어의 '에 / 애'는 이 지역어에서 '에' 또는 '애'로만, '어 / 으'는 '어' 또는 '으'로만 적겠다고 명시하는 방법이다. 그러면 이와 관련된, 창원 지역어 올림말이나 예문에서 쓰일 어형은 다음과 같이 전사될 것이다(괄호 안은 대당 표준어이다).

(3) 고³개(고개), 대파³묵³다(데워먹다)
(4) 끄실³다(그을다), 홍₁급대³기(헝겊)

(3)은 '에 / 애'와 관련된 말이 한결같이 '애'로만 나타난 보기이고, (4)는 '어 / 으'와 관련된 것이 언제나 '으'로만 전사된 예이다. 물론, 표준어와 대당 짝을 발견할 수 없는 어형도 있을 것인데, 어떤 경우든 그 관련 어형은 '애' 와 '으'로 적으면 될 것이다.

2) 표준어 '에 / 애'와 '어 / 으'의 각 짝이 창원 지역어에서 두 음소로서의 자격을 갖지 못하는 것이 사실이라고 해도, 표준어 어형을 참조하여 거기에 대응하는 표기법을 선택하는 방법이다. 이 방법으로써 (3), (4)를 전사하면 각 각 다음과 같이 된다.

(5) 고³개(고개), 데파³묵³다(데워먹다)
(6) 끄실³다(그을다), 헝₁겁대³기(헝겊)

(5), (6)은 표준어와 관련 있는 창원 지역어 어형은 모두 표준어와 관련된 표기로 전사한 것이다. 우리는 궁극적으로 이 전사 방법을 선호하는데, 그 까닭은 시각을 통해 우리에게 언어 사실을 전달하는 것이 문자이기 때문에, 한 문자권에 든 언어에 대한 표기는 가능하다면 표준적인 쪽과 연관시키는 것이

좋다는 점 때문이다. 예를 들면, <형겊>6)에 대해서 '흥급(대기)'보다는 '형겁(대기)'이 시각적으로 우리에게 언어 정보를 재빨리 전달해 준다는 것이다. 물론, 이 경우 자칫하면 언어 사실을 왜곡할 우려가 있다는 점은 주의해야 한다.

창원 지역어에서 '에'와 '애', 그리고 '어'와 '으'의 구별이 되지 않는 것이 사실이라고 가정해 보자. 그런데도 '에, 애' '어, 으'를 모두 표기에 반영해 놓으면 사전 이용자들은 이 지역어에는 이런 네 발음이 다 음소로 존재하구나 하는 잘못된 인식을 가질 수 있다는 것이다. 이런 오해를 없애기 위해서는 반드시 '일러두기' 등을 통해 그 정보를 분명하게 밝혀 두어야 할 것이다.

둘째, 비모음화 혹은 초성 'ㅇ'의 쓰임 등으로 불려 왔던, 'ㅇ, ㄴ'의 약화 현상과 관련한 표기를 어떻게 하느냐는 것이다. 창원 지역어(경남 방언)에는 이 발음이 대단히 생산적으로 쓰이지만, 그것을 표기하기는 대단히 어려운 문제이다. 지금까지 학계에서 써온 방식은 다음과 같은 두 가지 중 하나이다. ('장(=시장)+에'의 실현을 예로 든다) 1) 자³아, 2) 자아. 우리는 후자의 방법을 선택하기로 하는데, 그 이유의 상당 부분은 글자살이의 기계화와 관련이 있다. 그런데 후자와 같은 전사법을 취한다 해도 해결해야 할 두 가지 문제가 있음에 주목해야 한다. 하나는, 흔히 옛이응이라고 말하는 'ㆁ'을 선택한 데서 오는 오해와 관련된 것이다. 우리가 'ㆁ'으로 표기하기로 한 이런 소리는 'ㆁ' 소리에만 한정되는 것이 아니고 'ㄴ' 소리와도 연관된다. 이를테면, 창원 지역어(경남 방언)에서는 <처녀>, <논이>가 비모음화된 것으로 발음되기 때문에, 이를 각각 우리 식으로 전사하면 '처₁이, 노³이³'로 되는 것이다.

따라서 이 경우는 'ㄴ'이 'ㆁ'으로 발음이 바뀐 것인가 하는 오해를 불러일으킬 수 있다는 것이다. 이러한 문제는 'ㆁ'이나 'ㄴ'의 발음이 약화된 것과 관련이 있는 것인데, 이런 점을 <일러두기>에서 분명히 밝혀 둔 다음 'ㆁ'을 전사에 이용하면 오해는 사라질 것이다.

다른 한 문제는, 우리가 앞서 형태음소적인 표기법을 선택한다고 해 놓고도, 여기에서 비어두 음절에 초성 'ㆁ'을 씀으로써 형태음소적인 표기법에 대

---

6) 표준어 어형은 < >으로써 나타내기로 한다.

한 예외를 두었다는 점이다. 그러나 이는 '이유 있는 예외'라고 할 것이다. 왜냐하면, 'ㅇ, ㄴ'의 약화된 소리는 표준 발음법에서 인정되지 않는 소리인 까닭에, 부득이 창원 지역어(경남 방언) 현실에 비추어 이를 적지 않을 수 없기 때문이다. 다시 말하면, 비경남 방언권 화자들에게는 이런 현상이 예측되기 어렵기 때문에 현실적인 발음대로 표기할 수밖에 없다는 것이다.

문제가 '어휘 형태소+문법 형태소'('장+에, 논+이' 등)에만 국한된다면, "장에[자³아], 논이[노³이³]"와 같은 전사법이 유용할지 모른다(이렇게 하면, 형태음소적으로 적는다는 우리의 가정에 위배되지 않는다). 그러나 'ㅇ, ㄴ'의 약화와 관련된 문제가 형태소 내부에서도 일어나고('도³오(=동이)' 참조), '어휘 형태소+어휘 형태소'에서도 일어나기('궁자³아(=뱀장어), 처₁이(=처녀)' 등 참조) 때문에, 그럴 경우 그 기저를 무엇으로 잡을까는 문제가 될 수밖에 없다. 이를테면, '도³오'를 '동³오'로, '처₁이'를 '처₁니'로 잡아야 할 것인가에 대해서는 문제가 도사리고 있기 때문에, 이 점에 대해서는 '이유 있는 예외'를 인정하는 것이 바람직하다는 것이다.

3.2.2. 음운 정보

지역어 사전의 올림말에 대해서 음운적으로 설명해야 할 것은 크게 다음과 같은 두 가지 사항이다 : 첫째, 발음에 관한 사항. 둘째, 운소에 관한 사항.

(가) 발음 표시

우리는, 실용적인 목적을 위해서 올림말을 형태음소론적인 한글식 전사를 지향했기 때문에, 올림말과 그 발음 사이에 다소의 거리가 생기는 것은 당연한 일이다. 그리하여, 요즘 나오는 각종 우리말 사전은 거의 모두가 발음의 문제를 다루고 있는데, 이것이 '표준 발음법'에 따른 것임은 물론이다. 그런데 방언 어휘의 발음은, 대체로는 표준어적인 것과 같은 발음의 원칙을 갖지만 부분적인 차이점도 갖기 때문에, 이를 반드시 기재해 두어야 한다. 다음에서 창원 지역어 사전을 만든다는 점을 전제로 하여 이 문제에 접근하고자 한다.

① 동화 현상

동화의 대표적인 것으로는 비음화, 설측음화, 움라우트, 구개음화 등을 들 수 있는데, 창원 지역어에서는 비음화와 움라우트의 경우가 표준어의 그것보다 적용의 범위가 넓다.[7] 이를테면, 표준어에서는 이른바 수의적인 동화라고 말하는 "{ㄴ,ㅁ}→ㅇ/__{ㄱ,ㄲ,ㅋ}"(신고→[싱고], 감기→[강기] 등), "{ㄷ,ㅂ}→ㄱ/__{ㄱ,ㄲ,ㅋ}"(찾+기→[착끼], 밥그륵→[박끄륵] 등), "ㄴ→ㅁ/__{ㅁ,ㅂ,ㅃ,ㅍ}"(건물→[검물], 신문→[심문] 등) 등과 같은 비음화는 이 지역어에서는 필수적인 것인데, 이런 경우 이들의 발음은 반드시 등재되어야 한다. 다음 (7)은 그러한 한 보기이다.

> (7) ㄱ. 감₁기[강₁기]
> ㄴ. 밥그³륵[박끄³륵][8]
> ㄷ. 신₁문[심₁문]

(7)은 창원 지역어에서의 한 낱말의 형태에 대한 정보와 발음에 대한 정보를 함께 제공하는 방식임을 잘 보여준다. 이를테면, <감기>에 대한 이 지역어에서의 발음은 [강₁기]이지만, '감기'로써 올림말을 삼은 것은, 이것이 본래 한자어 '感氣'에서 온 말이고, <밥그릇>에 대한 이 지역어에서의 발음은 [박끄³륵]이지만, '밥그³륵'으로 올림말을 삼은 것은 이 표현은 기저적으로 '밥+그륵'으로 되어 있다는 사실을 토박이 화자들이 알고 있기 때문이다.

여기에서 문제를 삼을 수 있는 것은, 표준어에서와 마찬가지로 필수적인 동화에 대해서도 발음을 명기해야 하는가 하는 점이다. 독자의 편의를 위한 것이라면, 물론 그럴 수도 있을 것이지만, 우리는 이에 대해서는 부정적인 태도를 갖고 있다. 모든 한국인이 알고 있는 이러한 발음까지를 굳이 명기할 필요를 느끼지 않기 때문이다. 이러한 것은 사전의 앞머리에 오는 <일러두기>에서 총체적으로 한번 언급하여 잉여적인 것으로 처리할 수 있을 것이다. 다음에서 다룰 된소리 발음도, '구조적으로' 예측할 수 있는 것은 이와 같이

---

7) 이에 대한 자세한 논의는 김영태(1985 : 90~97) 및 김영태(1994) 참조.
8) 표준어 '그릇'은 창원 지역어에서 '그륵'으로 실현된다.

굳이 발음 표시를 하지 않아도 좋을 것이다. 한편, 움라우트의 경우도(움라우트뿐만 아니라, 설측음화나 구개음화 등 다른 동화 현상도 표준어와 차이가 난다면 마찬가지이지만) 비음화에서의 처리 방법과 같은 식으로 처리하면 될 것이다. 요컨대, 동화 현상에 대한 방언사전에서의 발음 표시는, 표준어와는 다른 발음, 즉 방언 특유의 발음은 사전에 반드시 그 발음을 올리되, 표준어와 같은 발음에 대해서는 굳이 그것을 올릴 필요가 없다는 것이다.

② **된소리**

우리말에서의 된소리 현상은 당연한 것과 당연하지 않은 것으로 나누어진다. 전자는, 내파음 다음에 오는 예삿소리는 내파음에서 오는 후두의 긴장으로 말미암아 된소리로 발음되는 '구조적인' 것이어서 달리 설명할 필요도 없고, 방언사전에서도 그 발음을 굳이 올릴 필요가 없다. 그러나 후자는 된소리 발음이 되는 환경도 일정하지 않을 뿐만 아니라, 같은 환경인 데도 어떤 경우(어형)는 된소리로 발음되고 어떤 경우는 된소리로 발음되지 않는 등 불규칙한 것이기 때문에, 이 경우는 그 발음을 당연히 사전에 올려야 할 것이다.

(8) ㄱ. 논바^{3}닥[놈빠^{3}닥]
　　ㄴ. 논^{3}밭^3[놈^{3}받^3]

(8)은, 유성자음 /ㄴ, ㄹ, ㅁ, ㅇ/이나 모음 다음에 /ㄱ, ㄷ, ㅂ, ㅅ, ㅈ/가 올 경우에는 된소리 현상이 일어나기도 하고((8ㄱ) 참조) 일어나지 않기도 하는((8ㄴ) 참조) 경우의 한 예를 보인 것인데, 요점은 비구조적인 경우에서 된소리가 되는 어휘는 사전에 그 발음을 올려야 한다는 것이다.

된소리 표기와 관련해서 한 가지 덧붙여 둘 것이 있는데, 그것은 표준어와 비교해 볼 때 음소의 인접과 상관없이 생기는 된소리가 창원 지역어에는 상당히 많이 있다는 점이다. 이를테면, <귀뚜라미, 고소하다>는 창원 지역어에서 각각 '끼$_1$뚜래^{3}미~꼬$_1$뚜래^{3}미, 꼬시^{3}다~꼬$_1$소곰하^{3}다'와 같이 된소리로 발음되는데, 이런 된소리는 당연히 올림말 표기에 반영해야 할 것이다.

③ 겹받침

우리말의 실사에는 몇 종류의 겹받침이 기저적으로 올 수 있기 때문에, 단독형으로 실현될 때(즉, 올림말로 오를 때)는 그 발음에 대한 정보도 당연히 주어져야 한다. 창원 지역어에서 특히 문제가 되는 것은 'ㄹ'계 겹받침에 대한 발음인데, 그것은 이 발음이 표준어에서의 그것과 달리 발음되는 경우가 많기 때문이다. 그 한 보기를 (9)와 같이 나타내기로 한다.

> (9) ㄱ. 달₁
> ㄱ'. 닥₁
> ㄴ. 밟₁다[볼₁따]

<닭>의 표준 발음은 [닥]이지만, (9ㄱ)에서 보는 바와 같이 창원 지역어에서는 [달₁]이 보편적인 발음이고 경우에 따라 [닥₁]으로 발음되기도 한다. 후자는 표준어의 영향이거나 이웃 지역어의 영향일 것이다.9) <밟다>의 창원 지역어 어형은 '밟₁다'인데, 이는 표준 발음과는 달리 받침이 'ㄹ'로 발음된다. 따라서 이러한 발음들은 반드시 사전에 등재되어야 할 것이다.

창원 지역어에서 흥미를 끄는 또 다른 겹받침 발음은 <없->과 관련된 것인데, 어미가 모음으로 시작되면 겹받침이 'ㅄ'로 발음되지만(없으모[업쓰모]=없으면, 없어서[업써서] 등), 그것이 자음으로 시작되면 겹받침은 'ㅁ'으로 발음되는 것이다(없다[엄따], 없고[엄꼬] 등). 따라서 그 정보는 다음과 같이 나타낼 수 있다.

> (10) 없다[없+V, 엄+C]

지금까지 우리는 방언에 기재될 음운 정보 중 발음과 관련되는 부분에 대해 우리의 견해를 밝혀 보았다. 이를 요약하면 다음과 같다 : 표준어와 같은 양상으로 발음되는 어형의 발음은 방언사전에 올리지 않아도 좋지만, 그것과 다른 양상으로 발음되는 것은 반드시 방언사전에 발음에 대한 정보를 수록해

---

9) 따라서 <닭>의 창원 지역어 어형은 '달'이거나 '닥'이다. 이는 재구조화에 속하는 문제인데, 표준어 어형이 'ㄺ' 받침 쪽이어서 여기에서 다룬 것이다.

야 한다. 창원 지역어의 경우, 일부 동화 현상 · 된소리 · 겹받침에서의 발음이 표준어의 그것과 차이가 난다는 점을 지적하고 이들을 (8)~(10)에서와 같이 나타내 보았다.

(나) 운소 표시

한 지역어의 음소에 얹혀 의미를 가름하는 데 관여하는 운소는 당연히 방언사전에 그 정보가 주어져야 한다. 창원 지역어의 경우, 성조(tone)가 운소의 자격을 얻기 때문에 이를 어떻게 나타내느냐 하는 점이 여기에서의 주된 논의 대상이다. 그런데 창원 지역어에는, 비록 의미 변별에는 관여하지 않지만 길이(length)라는 운소적 요소도 있기 때문에 이 점에 대해서도 간략히 설명하기로 한다.

① 성조

경남 방언(뿐만 아니라 경북 방언과 일부 강원도 방언 등도)이 성조어라는 사실은 일찍부터 주목되어 왔다. 그러나 성조소가 몇 개며, 높낮이가 이단이냐 삼단이냐 하는 점 등에 대해서는 쉽게 합의가 이루어지지 않았는데, 이 점에 대해서는 앞으로 더 많은 논의가 필요할 것이다. 이러한 문제에 대한 견해의 차이는, 관찰적인 측면을 중시하거나 기술적인 측면을 중시하거나 한 결과에서 기인한 듯한 면이 없지 않은데, 우리는 관찰적인 입장에서 볼 때 창원 지역어의 성조는 고 · 중 · 저라는 세 개의 성조소에 의한 삼단 구성이라고 믿고 있다. 따라서 이를 방언사전에 어떻게 나타낼 것인가 하는 점을 생각하기로 한다.

3단의 성조를 나타내는 방법은 여러 가지가 있을 수 있겠으나, 우리는 첨자 표기를 활용하기로 한다. 즉, 고조는 위 첨자 ^{3}으로 나타내고, 저조는 아래 첨자 $_1$로 나타냄으로써 시각적인 변별력을 극대화하고자 한다. 중조는 아무런 표시를 하지 않는다. 그 몇 예를 들면 다음과 같다.

(11) ㄱ. 말$_1$ ——— [믈]
　　　ㄴ. 말 ——— [馬]
　　　ㄷ. 말^3 ——— [斗]

(12) ㄱ. 나₁머지³기 ── 나머지
     ㄴ. 논³고³동[농³꼬³동] ─ 논우렁이

여기에서 한 가지 고려할 사항이 있다. 그것은 음소의 음운 현상에 비견할 수 있는 성조의 변동 현상을 어떻게 처리하느냐와 관련되는 것이다. 이를테면, '보리'는 창원 지역어에서 '보₁리'와 같이 '저중'으로 발음되지만, '보리쌀'과 같은 합성어에서는 '보리³쌀'처럼 '중고'로 발음되는, 성조 변동 현상을 보인다. 지역어(방언) 사전은 이와 같은 정보도 담고 있어야 함은 물론이다.

우리는 형태음소론적인 올림말 전사에 동화 현상 등의 발음 표시를 해 주는 방법과 동일한 차원에서 이를 해결하고자 한다. 즉, 올림말에는 기저 성조 표시를 해 주고, 발음 표시란에는 변동된 표면 성조 표시를 할 수 있다는 것이다. 기저 성조 표시는 동일하지만 표면 음조에는 차이가 있음을 보여주는 대목이다. 성조 변동과 관련된 일반적인 사항은 '일러두기'에서 일률적으로 처리해 두고, 필요한 경우에는 '참고란'에서 이를 다시 한 번 확인해 두면 될 것이다. 다음은 성조 변동과 관련된 정보를 올림말에서 처리한 한 보기이다.

(13) ㄱ. 보₁리[보₁리]
     ㄴ. 보₁리³쌀[보리³쌀]

② 길이

창원 지역어(나아가 경남 방언)에는 의미 변별에는 관여하지 않지만, 장음이 실현되는 예가 있다. 이 장음은 거의 대부분 소리의 축약이나 생략 과정에서 일어나는 것인데, 그런 만큼 이는 보상적 장음이라 불릴 수 있는 것이다. 따라서 올림말에 이런 장음이 있으면 장음 표시(:)를 해 주어야 하는 것은 당연한 일로 생각된다. 이 점과 결부해서 한 가지 덧붙일 사항은, 장음도 성조를 가지기 때문에 거기에도 성조 표시를 해 두어야 한다는 점이다. 다음을 참조하기 바란다.

(14) ㄱ. 씨³: ³미 ─── '시어미'를 낮춰 부르는 말.
     ㄴ. 여남³: 이 ─── 여남은 사람.

(14ㄱ)은 '시어미'에서 음운 변화한 것인데 장음에 고조가 얹힘을 보인 것이고, (14ㄴ)은 '여남은 이'에서 온 구 같은 낱말(혹은 합성어)인데 장음에 중조가 얹힘을 보인 것이다.

3.2.3. 형태 정보

지역어 사전에 올릴 형태 정보의 내용은 일반 사전에 올릴 형태 정보의 내용과 근본적으로 다를 것이 없다. 즉, 형태소의 기저형을 밝히거나 그것을 염두에 두어 올림말로 삼는다든지, 불규칙 어간의 교체형을 보인다든지, 접사를 생산적인 것과 생산적이지 않은 것과로 나눈다든지 하는 작업은 일반 국어사전에서 수행하는 그것과 차이가 나지 않는 것이다. 그러나 형태 정보를 방언 사전에 기재할 때 염두에 두어야 할 세부적인 사실이 없는 것은 아니다. 그 중 핵심적인 것은 형태소 분석과 관련한 것인데, 우리는 이를 다음과 같은 두 항목으로 나누어 정리하고자 한다.

첫째, 올림말의 형태소를 올바로 파악하는 것과 관련한 문제이다. 우리말 방언에 대한 본격적인 연구는 일제시대 일본인 학자들의 손으로 이루어져 왔음은 두루 알려진 사실이다. 그런데 그들은 특히 명사를 다양한 조사와의 통합 여부를 살피지 않고 어간 단독형으로 기저형으로 잡는 바람에, 상당한 언어 왜곡 현상을 초래케 했다. 이를 흔히 일본인 학자들에 의한 악습(惡習)이라고 하거니와, 이 풍조는 해방 이후 우리 학자들에 의해서도 상당 부분 그대로 이어져 왔다. 이러한 사실에 대한 문제 제기와 반성은 1970년대 이후에 본격화되었는데, 지역어(방언) 사전에 올릴 올림말 선정은 이 점에 특히 유의해야 할 것이다. <낫>의 창원 지역어로써 이 문제에 접근해 보기로 하자. <낫>의 창원 지역어도 단독형으로 발음될 때는 [낟^3]이기 때문에, 이는 표준어의 그것과 다름이 없다. 그러나 그 뒤에 모음으로 시작되는 조사가 오면, 이 말은,

    (15) X+을 → 나^{3}틀^3
           X+으로 → 나^{3}트^{3}로

$$X + 이 \rightarrow 나^3치^3$$

로 발음되기 때문에, 결국 X는 '낱³'이 되는 것이다.

둘째, 녹아 붙은 형태소를 복원하여 어원적인 문제를 제기하는 것이다. 형태소 하나로 단어가 되는 경우나, 여러 형태소로 이루어져 있어도 그 형태소가 그대로 드러나는 경우는 올림말로 올릴 때 문제가 될 것이 없다. 그런데, 본래의 형태소가 심한 음운 변화 등을 겪어 외형적으로 그것을 알아보기 힘든 올림말이 있을 수 있다. 그럴 경우에는 형태소 분석과 관련한 작업을 방언사전에 수록해야 하는데, 이런 작업을 위한 '<참고>란'을 두는 것이 편리하다.

그 한 예를 '삐까³리~뻬까³리'라는 단어로 들어 보기로 하자. 이 말은 창원 지역어에서 "나락 삐 / 뻬까리"라는 구 형식으로나 "천지 삐 / 뻬까리다(→ '아주 많다'는 뜻)"와 같은 관용구 형식으로 많이 쓰인다. '삐 / 뻬까리'는 본래 '볏가리'에서 온 말인데, 그 변화 과정은 다음과 같이 잡을 수 있다.

(16) ①볏가리 > ②벳가리 > ③뻿가리[뻬까리] > ④삣가리[삐까리]

①>②의 과정은 'ㅕ>ㅔ'라는 음운변화로 말미암은 것이다. 경남 방언은 자음 뒤의 'ㅕ'가 'ㅔ'로 바뀐 다음 고모음화하여 'ㅣ'로 발음되는 것(③>④)을 한 특징으로 하는 언어인데, 말하자면, '뻬³까리'는 최종 단계 직전의 모습이고, '삐³까리'는 최종 단계의 모습인 것이다(②>③에서 어두 경음화를 설정해 보았다). 그 동안 경남 방언에는 '벼'가 없고 '나락'만이 있는 것으로 알려졌으나, 경남 방언에도 실제로는 '벼'가 있었음이 이런 분석을 통해 분명해진다. 따라서 '나락 삐 / 뻬까리'는 '벼 볏가리'라는 일종의 중복 형태인데, 이는 '삐 / 뻬까리'에 '벼'가 들어 있다는 인식을 언중들이 하지 못한 데서 말미암은 것이라고 하겠다.

3.2.4. 통사 정보

방언사전에 올릴 통사 정보의 내용도 일반 사전에 올릴 그것과 근본적으로는 큰 차이가 나지 않는다고 할 수 있다. 품사 표시를 하거나 용언의 경우 하위 범주화 정보를 주거나 하는 것이 일반적인 통사 정보의 내용인데, 이 밖에 일정한 형식 속에서만 쓰이는 표현들은 그 형식에 대해 언급할 필요가 있다는 한 가지 사항만을 창원 지역어를 예로 들어 설명하고자 한다. 창원 지역어에서는 '애(쓰다)'와 비슷한 뜻으로 '애$_1$도'라는 어형이 있는데, 이 표현은 거의 "애도로 씨ㅡ"(=애를 쓰ㅡ)라는 형식으로만 쓰인다. 그러니까 이 표현은 '씨ㅡ'의 목적어로만 기능하는 셈인데, 이런 예들은 반드시 언급해야 할 것이다.

다른 한 예로 '노$_1$라'를 들 수 있다. 그 의미는 '놀아라'와 같은 명령형이지만, 이 말은 언제나 내포문(인용문)에서만 쓰인다는 특징을 갖는다. 다음 예가 참조된다.

> (17) 오올은 천 : 상 할매 노라 카는 날이다.[10)]
> (=오늘은 도리 없이 할매 놀아라고 하는 날이다.)

이와 같이 폐쇄적인 환경에서만 쓰이는 예들은 모든 품사에 걸쳐 있을 수 있는데, 이러한 정보도 '<참고>란'에 기재해 두는 것이 유익할 것이다. 통사와 관련된 정보는 풍부한 예문을 통해서 확인될 수 있는데, 이 점은 '의미 정보' 부분에서 다시 거론하기로 하겠다.

3.2.5. 의미 정보

지금까지 살펴본 음운 · 형태 · 통사 정보나 이제부터 다룰 의미 정보 중 어느 하나 사전 편찬에 중요하지 않은 것은 없지만, 사전에 올릴 언어학적 정보 중 가장 중요한 하나만을 고르라고 하면, 우리는 주저 없이 의미 정보라고 말할 것이다. 그것은, 사전은 한마디로 "뜻풀이 책"이라는 기능을 갖는다고 우리가 인식하고 있는 데서 비롯하는 것인데, 사전에서의 의미 정보는 그

---

10) 이 예문이 발화되는 환경과 의미는 다음과 같다 : 비가 오거나 집안에 경사가 있으면 일을 할 수가 없기 때문에, 평소 일밖에 모르던 할머니(화자 자신일 수도 있고, 제삼의 인물일 수도 있다)가 도리 없이 놀아야 한다는 뜻이다.

만큼 중요한 것이다. 특히, 방언사전과 같은 특수 사전을 편찬할 경우는 의미 정보에 대한 기술이 더욱 중요할 수밖에 없는데, 그 까닭은 방언 어휘의 미세한 뜻풀이를 성공적으로 해 내느냐 해 내지 못하느냐가 방언사전 존재의 열쇠가 된다고 할 수 있기 때문이다.

여기에서는, 일반 국어사전에서도 지켜야 하는 의미 정보의 기술 문제는 빼고 방언사전에서 더 추가되어야 할 사실을 중심으로 하여 우리의 생각을 개진해 나가기로 한다.

첫째, 낱말의 뜻풀이는 가능하다면, 표준어와 연관지어 하는 것이 이롭다는 점을 지적할 수 있다. 이는 방언이 표준어의 영향권 아래에 있다는 것을 뜻하는 것이 아니라, 방언과 표준어와의 상관성을 지적하는 것이 여러모로 독자들에게 유익하다는 것을 뜻하는 것이다. 한 예를 창원 지역어로써 들기로 한다.

> (18) 까₁시래^{3}기 <명> 거스러미. 나무의 결 같은 것이 얇게 터져 일어난, 가시처럼 된 부분.

(18)은 창원 지역어에는 '까₁시래^{3}기'라는 낱말이 있고, 이는 표준어의 '거스러미'에 해당하는 것임을 보여준다. 그런데, '거스러미'나 '까₁시래^{3}기'를 잘 모르는 독자를 위해 이를 다시 풀이해 놓은 것이 '거스러미' 뒤에 있는 설명인 것이다.

둘째, 동의어·대립어 등 올림말과 의미 관계를 갖는 말도 기재해야 할 뿐만 아니라, 특히 동의어 관계에 서는 말들은 그 미세한 의미나 용법 차이를 밝혀주어야 한다는 것이다. 동의어 사이의 의미·용법 차이에 대한 설명은 <참고>란을 이용하는 것이 바람직하다고 믿는데, 그 한 보기를 '따^{3}지^{3}다'와 '타^{3}지^{3}다'로써 다음과 같이 제시하기로 한다.[11]

> (19) 따^{3}지^{3}다 <동> 꿰맨 데가 터지다. @ 얼매나 난분시리 놀았는지, 시상에 옷이 다 따졌다. (=얼마나 심하게 놀았는지, 세상에 옷이 다 따

---

11) 우리가 알기로는, 이러한 미세한 뜻 차이가 등재된 첫 사전은 임홍빈(1992)이다.

졌다.)

\# <‘따³지³다’와 ‘타³지³다’>

꿰맨 데가 터지는 것은 ‘따지다’이고, 꿰매지 않은 피륙의 한 부분이 터지는 것은 ‘타지다’이다. 다음은 이 둘의 의미차를 적나라하게 보여주는 예문이다. @ 따진 것가, 타진 것가? 따진 기모 새로 꺼러매 입으모 대는데, 타진 기모 꺼러매 입기가 곤란하다. (=따진 것이니, 타진 것이니? 따진 것이면 새로 꿰매 입으면 되는데, 타진 것이면 꿰매 입기가 곤란하다.) 표준어에서는 꿰맨 데가 터지는 것을 ‘타지다’라고 한다.

셋째, 이것은 가장 중요한 문제라고 생각하는데, 올림말에 대한 풍부한 용례를 실어야 한다는 점이다. 용례의 문제는, 특히 명사·동사 등 주요 품사에 대해서는 다음과 같은 정도의 예문은 실어 주어야 할 것이다. 명사의 경우, 그것이 각 성분(주어, 목적어, 서술어 등)으로 쓰이는 예를 들고, 그것이 어느 특정한 성분으로만 쓰인다는 점이 발견되면 그 정보를 기재해야 한다(3.2.4. 참조). 동사의 경우, 그것이 종결법·연결법·전성법 어미와 통합하는 다양한 예문을 들고, 만약 그것이 어떤 특수한 환경에서만 쓰인다면, 역시 그 정보를 실어야 할 것이다. 예문에도 성조 표시나 음조 표시를 하는 것이 언어학적으로 많은 도움을 주지만, 그 방법이 쉽지 않다는 것이 문제이다. 이는 앞으로의 연구 과제라 하겠다.[12]

다음으로 넘어가지 전에 한 가지 더 지적해 둘 것이 있다. 3.1.2.에서 언급한 것처럼, 한 지역어의 모든 언어재를 올림말로 잡고 그에 따르는 자세한 설명을 가한다면, 한 지역어 사전의 분량은 우리말 큰사전과 같은 분량이 될 것임은 쉽게 상상할 수 있는 문제다. 사전의 분량과 결부하여 우리가 생각해야 하는 것은, 지역어 어형 중 표준어와 관련 있는 어형들에 대해서도 세밀한 풀이를 해야 하는가 하는 점이다. ‘표준어와 관련 있는 어형’이란 1) 형식과 의미가 같은 어형, 2) 형식은 (조금) 다르나 의미가 같은 어형, 3) 형식은 같으나 의미가 다른 어형 등을 가리키는 것인데, 이런 어형을 지역어 사전에

---

12) 방언 담화에서의 문장 성조 분석과 관련된 논의로는 김차균 외(2000), 정원수(2000) 등을 들 수 있다.

서 어떻게 처리하는 것이 바람직할까. 이에 대한 우리의 생각은 다음과 같이 정리된다.

위 1)과 같은 어형으로는 '사람, 집, 나, 가다, 오다, …' 등 상당히 많을 것인데, 이들은 올림말로는 올라가되, 다음과 같은 처리 방법이 효과적일 것이다.

(20) 사₁람 몡 <표> 사람

창원지역어의 '사₁람'은 표준어 '사람'과 같은 어형, 같은 의미를 지닌다는 것을 (20)은 보여준다. 다만, 경남방언은 성조어이기 때문에 올림말에 성조 표시를 해 둔 것이 특이하다면 특이할 뿐이다. 이러한 발상은, 지역어(방언)사전은 다른 지역어에는 없고 그 지역어에만 있는 어형을 실어 풀이한 것이 아니라, 그 방언의 모든 어형을 실어 놓고 풀이한 것이라는 우리의 생각에서 비롯한 것이다.

2)와 같은 경우도 그 처리 방법은 (20)과 비슷하게 할 수 있다. 그 한 예를 (21)과 같이 들기로 한다.

(21) ㄱ. 밀₁가리[밀₁까리] 몡 <표> 밀가루.
    ㄴ. 달₁구가³래 몡 <표> 어리. [병아리 같은 것을 가두어 기르기 위하
       여] 싸리 따위로 채를 엮어서 둥글게 만든 것.

(21ㄱ)은 지역어의 어형이 표준어와 거의 비슷하고 의미도 같은 경우의 예이고, (21ㄴ)은 그 어형은 이질적이나 의미가 같은 경우의 예이다. (21ㄴ)에 '어리' 뒤에 뜻풀이가 들어간 것은, 요즘 사람들은 '어리'의 뜻을 잘 모를 것이라는 점을 염두에 두고 뜻풀이를 덧붙인 것이다. 다소 생소한 낱말이라고 느껴지면, 이러한 뜻풀이는 (21ㄱ)이나 (20)과 같은 경우에도 그대로 적용된다. 독자들이 표준어 올림말의 의미도 잘 모른다고 판단될 때에는 이와 같이 뜻풀이를 곁들여 주는 것이 방언사전 이용자들에게 편리하기 때문이다.

한편, 위 3)과 같은 경우는 (20), (21)과 같은 방식으로 처리할 수가 없다. 왜냐하면, 의미가 완전히 같지는 않기 때문이다. 이런 경우는 방언적인 뜻풀이를 해 주고, 이것이 표준어의 그것과 어떻게 다른가를 설명해 주는 작업이

필요하다. (22)는 이와 같은 방법을 나타내는 하나의 보기인데, <참고>란[13] 인 # 표시가 된 부분에서 이러한 차이점에 대한 설명이 보인다.

(22) 구^{3}덥다 혱 안심해도 좋다. 안심이다. 염려없다. @1 우리집 딸아 : 가 밤 늦기 온다 캐서 걱정했는데, 너거가 마중을 나가모 구덥지. (=우리집 딸아이가 밤 늦게 온다고 해서 걱정했는데, 너희가 마중을 나가면 안심이지.) @2 감나무 가지는 새꾸로 매 : 낳아야 태풍이 불어도 구덥다. (=감나무 가지는 새끼로 매어 놓아야 태풍이 불어도 염려없다.)

1. 사전에서는 '구덥다'를 "(마음이 흔들리지 않게) 굳건하고 확실하다"로 뜻풀이를 해 놓았으나, 이 방언에서의 의미는 이와는 좀 다르다. 이 말은, 어떤 신경이 쓰이는 사물에 대해 안심해도 좋다고 화자가 확신할 수 있는 조치를 누군가가 취했을 때 화자가 쓰는 표현이기 때문이다.

2. 어간은 '굳(固)-+-업-'으로 구성된 것이라 할 수 있는데, 형용사 어간에 다시 (흔히 형용사화 접미사라는) '-업-'이 결합하여 형용사가 된 점이 특이하다.

요컨대, 지역어 사전은 그 지역어의 모든 어형을 올림말로 올린 사전이지만, 뜻풀이는 지역어 특유의 것만을 중심으로 하는 것이 바람직하다고 말할 수 있을 것이다.

3.2.6. <참고>란의 설치

앞에서 우리는 여러번 <참고>란에 대한 이야기를 한 바 있다. 여기에서는 <참고>란은 설치해야 할 필요성에 대한 우리의 견해를 먼저 밝히고, 다음에는 앞서 한 이야기와 거기에서 하지 못한 이야기를 모아 <참고>란에 들어가야 할 정보의 내용에 대해 간단히 언급하기로 하겠다.

<참고>란은, 방언사전에 기본적으로 올라야 할 음운·형태·통사·의미 정보를 보충 설명하기 위한 것이다. 한 올림말에 대해 언어학적으로 설명해야 할 사항이 많다고 가정해 보자. 그러나 매우 정제된 형식을 요구하는 것

---

13) <참고>란에 대해서는 3.2.6.에서 다룬다.

이 사전이기 때문에, 본문격인 음운·형태·통사·의미 정보를 압축해서 싣는 부분에 이런 많은 정보를 다 실을 수 없는 일이다. 그리하여 이들을 다소 덜 정제된 형식으로 기술할 수 있는 난이 필요하게 되는바, 그 요구에 부응하는 것이 바로 <참고>란인 것이다. <참고>란은 말하자면, 올림말 설명항의 '부록'인 셈이다. 그러나 그 존재의 의미는 결코 부록적인 것만은 아니라는 것이 우리의 생각이다. 그러면 <참고>란에는 어떤 정보가 실리는가. 이제부터는 이 점에 대해 몇 가지를 언급하고자 한다.

첫째, 앞서 언급한 대로, 음운·형태·통사·의미 정보 중에서 추가해서 설명할 부분은 이 난에서 다룬다. 추가적인 형태 정보 내용의 한 보기는 (16)에서, 통사 정보에 대한 것은 (17)에서 이미 든 바 있고, 의미 정보에 대한 한 보기는 (19)에서 언급한 바 있기 때문에 여기에서는 추가적인 음운 정보에 대한 보기만 간략히 들기로 한다. 창원 지역어 '쪼깬하³다'는 "작다"라는 뜻의 형용사인데, 그 관형형은 '쪼깬³한³'이다. 그러나 이 '쪼깬³한³'은 [쪼깨³는³]으로 발음되는 경우가 많은데(이는 '하'의 삭제와 관련된다), 이런 설명은 <참고>란에서 할 수밖에 없다.

둘째, 어원이나 차용과 관련한 정보도 <참고>란에서 다룬다. 이를테면, 창원 지역어에는 "한 가지 일에만 정신을 골똘하게 쓰다"는 뜻으로 '잠³차지다'(표준어의 '참척하다'와 관련됨)가 있고, 이 말은 중세국어의 '춤탁하다'와 관련이 있어 보이는데, 이런 관련성에 대한 설명은 <참고>란을 이용할 수가 있는 것이다.

셋째, 어휘 수집 과정에서 한 낱말의 뜻과 관련하여 토박이 화자들이 들려주는 주변적인 이야기도, 필요하면 <참고>란에 싣는다. 이런 이야기는 십중팔구 민간어원적인 것일 가능성이 있지만, 의외로 다른 사람들에게 도움이 되는 정보일 수도 있기 때문이다. 창원 지역어에는 '골³비³나'라는 어형이 있는데, 이는 전래하는 노래의 한 구절 속에서 발견된다. 즉, "울따리 담 넘에 골비나 총각, 언제나 커서로 내 낭군 데꼬."(=울타리 담 너머 '골비나' 총각, 언제 커서 내 낭군 될까.)에 나오는 것이 그것인데, 자료 제보자는 이를 "키가 작고 나이 어린"과 같은 뜻이라고 일러 주었다. 우리에겐 이것이 아무래도 "꼴(을)

베는”이라는 뜻으로 받아들여졌기 때문에 이런 뜻이 아니냐고 되물었으나, 자료 제보자는 이 뜻이 아니고, 앞서의 뜻이라고 말했다. 이럴 경우는 이와 같은 사실을 그대로 적어 독자들이 참조할 수 있게 하는 것이 바람직하다는 것이다.

<참고>란에는 이 밖에도, 그야말로 참고가 될 수 있는 정보를 풍부하게 실어줌으로써 독자들에게 여러모로 유익한 사전이 될 수 있도록 배려해야 할 것이다. 지금까지 언급한 그런 방법으로 된, 올림말 및 그 설명의 몇 보기를 창원지역으로써 들면서 이 절을 마무리하고자 한다.14)

(23) 곡³(:) 몡 고개(峴).—‘고개①’ @ 소목고개 겉은 곡(:)을 넘어가는데, 호래이 한 바리가 ‘어흥!’ 하고 나타난 기라. (=소목고개와 같은 고개를 넘어가는데, 호랑이 한 마리가 ‘어흥!’하고 나타난 거야.)
　# 1. ‘고개’에서 ‘ㅐ’가 탈락한 어형인데, 보상 장음화 현상이 나타나 ‘곡 : ’으로 실현되기도 하고 그냥 ‘곡’으로 실현되기도 한다. 위 예문에 있는 ‘곡(:)을’의 경우는, “고³ : 글” 또는 “고³글”로 발음되는 것이다.
　　2. 창원 지역어에는 ‘고개’라는 어형도 물론 존재한다.
　　3. 신체 어휘인 ‘고개’의 경우, 단독형일 때는 결코 ‘곡’으로 축약되지 않으나, ‘목고개’와 같은 합성어인 경우에는 ‘목곡’과 같은 축약이 일어나는 것으로 관찰된다.
(24) 내³다 혱 내(연기)가 눈이나 목구멍을 자극하여 쓰라린 느낌이 있다. 냅다. @ 머 : 로 땠길레 연기가 이리 내노? (=뭘 땠기에 연기가 이리 냅니?) 아따, 내다. (=아따, 냅다.)
　# 1. 표준어에서 ‘내다’는 자동사로서, “연기나 불길이 아궁이로 되돌아 나오다”의 의미이고, ‘냅다’가 형용사로서 경남 방언의 ‘내다’와 같은 의미이다.
　　2. 이 말이 명사 ‘내’(연기)에서 온 것인지의 여부는 분명하지 않다.
　　3. ‘내³다³’는 ‘나(我)이다’라는 뜻이고, ‘내₁다’는 ‘나(出)게 하다’라는 뜻이다.
(25) 바시³다 됭 가. (빛이 눈에) 부시다. @ 불 쫌 꺼라. 누이 바신다. (=불

---

14) 성조 변동이나, 특별한 발음 문제가 제기되지 않는 올림말에는 발음 정보를 싣지 않는다.

좀 꺼라. 눈이 부신다.) 나. 눈치가 보이다. 속이 드러나 보이다. 주위의 시선이 의식되다. @1 사람들이 보는 데서 우리꺼정 밥을 무울라 칸께네[캉께네] 누이 바신다. (=사람들이 보는 데서 우리끼리 밥을 먹으려고 하니까 눈이 바신다.) @2 오새 겔혼식에 돈 만 원을 부조할라 칸께네 얼굴 바시더라. (=요새 결혼식에 돈 만 원을 부조하려고 하니까 얼굴 바시더라.)
<'바시다'와 '부시다'>
'가'와 같은 의미로 '부시다'가 쓰이기도 한다. 그러나 '나'와 같은 뜻으로는 결코 '부시다'가 쓰일 수 없다.
(26) 한것[3]이 [항거[3]시] 🈂 많이. @ 사램이 항것이 모있다.(=사람이 많이 모였다.) 여 : 자갈이 항것이 있다.(=여기에 자갈이 많이 있다.)

> # 1. 명사 '항것'에 주격 조사로 보이는 '이'가 결합되어 부사로 굳어진 표현으로 믿어진다. '항것'은 어원적으로 '하(多)+ㄴ(관형형 어미)+것(의존 명사)'으로 구성된 것이다. 'ㄴ'이 'ㅇ'으로 바뀐 것은 이 지역어의 필수 동화 현상의 하나인 비음화에 따른 것이나.
>
> 2. 대부분의 경우, '마이(=많이)'라는 말과 교체되나, [+처소]의 의미를 지닐 때가 그 전형적인 환경인 듯하다. 즉, "어디어디에 무엇이 많이 있다."와 같은 의미로 쓰인 '많이'가 곧 '항것이'일 가능성이 높다는 것이다. 만약 그런 상황이 아니면, 이는 다음에서 보듯, '많이'와 교체되기 어려운 듯이 보인다. (보기) : 밥을 마이/[?] 항것이 무웄다.

4. 방언사전 편찬 방법론

3장에서 우리는 지역어 사전 편찬 방법론에 대해서 알아보았다. 이제는 지역어들의 총합인 '방언'을 사전에 올릴 수 있는 방법을 경남 방언을 예로 들어 살펴보기로 한다.

4.1. 거시 구조

4.1.1. '대표형' 설정의 필요성

일반적으로 방언사전이라고 하면 될 것을, 우리가 굳이 지역어 사전과 방언사전으로 나누는 것에 대한 설명은 이미 앞에서 한 바 있는데, 문제의 핵심은 다음과 같은 데 있다. 오늘날 우리가 '국어' 사전이라고 했을 때, 거기에 실리는 올림말의 절대 다수는 '표준어'이다. 만약에 국가 기관이나 믿을 수 있는 민간단체 등에서 표준어라는 것을 사정하지 않았다면, 사전 편찬자들은 같은 의미를 지니는 다양한 방언 중 어느 것을 '대표'로 할 것인가 하는 점을 두고 고민하지 않을 수 없었을 것이다. 말하자면, 표준어는 그와 같은 고민을 덜어 준 '대표형'이었다고 할 수 있다.

그러나 경남 방언에서는(어느 방언에서나 마찬가지이겠지만) 어느 지역어의 말, 혹은 어떤 어형을 '표준 경남 방언'으로 삼겠다는 식의 조치가 없기 때문에, 방언사전에서 올림말을 올릴 때는 별도의 고민이 따를 수밖에 없게 된다. 여기에서 올림말의 '대표형'이라는 개념이 대두되는 것이다. 경남 방언은 몇 개의 하위 방언 구획이 가능하고, 군(郡) 단위로 이를 나누면 18 소방언권으로 다시 나누어지는바, 그 모든 어형을 올림말로 올린다는 것은 적잖은 문제를 제기하기 때문이다.

이를테면, 표준어 <잠자리>에 해당하는 경남 방언은 '잠자리'(거제, 거창(북상), 김해, 남해, 산청, 의령, 하동, 함양, 합천(묘산)), '털기'(김해, 창원(웅남)), '철기'(양산, 창녕, 창원, 함안), '잘래비'(고성, 산청, 진양, 합천, 통영), '철뱅이'(울주(언양)) 등인데(김영태, 1975 : 206~207 참조),[15) 이들을 올림말로 올려서 어떻게 설명할 것인가가 문제라는 것이다. 이들 어형이 가지는 의미가 <잠자리>가 갖는 의

---

15) 김영태(1975 : 206~207)에는 이 밖에도 '짤래비, 앵오리, 자암자리, 안진뱅이, 수뱅이, 철비, 짬자리, 공, 곰돌이, 곰부리, 필랑개비, 잠자루' 등이 더 보고되어 있다.

미와 같다면, '잠자리' 항에서도 설명을 하고, '털기, 철기, 잘래비, 철뱅이' 등의 항에서도 또 같은 설명을 하는 것은 바람직한 것이 되지 못한다. 우리는 이 가운데 어느 하나를 대표로 잡아 그 곳에서만 설명을 베풀고, 나머지 낱말들은 참조 표시만 하면 될 것이라는 생각을 갖는다. 이렇게 선택된 대표 형식의 낱말을 '대표 낱말'이라고 이름 붙이기로 하자.

'철기'를 대표 낱말로 잡았다고 가정하면, <잠자리>를 경남 방언사전에서 처리하는 방법은 다음과 같을 것이다.

(27) 잘래³비 → 철₁기(고성, 산청, 합천)
　　 잠자³리 → 철₁기(거제, 김해, 남해, 산청, 의령, 산청, 하동)
　　 철₁기 몡 뜻풀이, 기타 설명 사항
　　　　　　 → 잘래³비, 잠자³리, 철뱅³이, 털기(양산, 창녕, 창원, 함안)
　　 철뱅³이 → 철₁기(울주)
　　 털₁기　 → 철₁기(김해, 창원)

(27)의 맨 왼쪽 부분은 모두 올림말이지만, '철기' 항에서만 풀이가 되어 있고, 나머지 항에서는 설명란에 '→ 철₁기'로만 되어 있다('철₁기' 항에 ›표시가 되어 있는 것은, '철₁기'와 같은 뜻을 갖는 다른 경남 방언으로는 '잘래³비, 잠자³리, 철뱅³이, 털₁기' 들이 더 있음을 나타내는 것이다). 물론, 올림말의 음운 정보와 올림말 어형이 실현되는 군 단위(같은 군 안에서도 어형의 차이가 있으면 면 단위까지)는 당연히 표시되어야 할 것이다. ( )는 그런 어형이 실현되는 군 단위를 나타낸 것이다.

4.1.2. '대표형' 선정의 방법

위에서 우리는 대표형 선정의 필요성에 대해서 살펴보았다. 이제 물어야 할 사항은, 그러면 어떻게 그것을 선정할 것인가 하는 점이다. 이 점과 관련해서는 세 가지 가능성을 생각할 수 있다. 하나는, 방언도 한국어의 한 변종이기 때문에 표준어 어형이 있으면 그것을, 그것이 없으면 그것에 가까운 어형을 대표 낱말로 잡는 방법이다. (27)로써 예를 들면, '잠자리'를 대표형으로 할 수 있는데, 이는 한국어 보편성을 염두에 둔 발상이라 하겠다.

다른 하나는, 한 어형에 대해 경남 각 지역에서 가장 많이 쓰이는 어형을 대표형으로 잡는 방법이다. 상대적으로 많은 지역에서 쓰이는 어형이 그렇게 쓰이지 못한 어형보다 더 대표자로서의 자격을 가질 수 있을 것이란 점에는 별반 이의가 있을 것 같지가 않다. 이 방법은 언어(방언) 현실을 바탕으로 한 발상인데, (27)로써 예를 들면, 이 경우도 '잠자리'가 대표형의 자격을 갖는다.

대표형을 선정하는 마지막 한 방법은, "가장 방언적인" 것이라고 믿어지는 한 어형을 그것으로 잡는 것이다. "가장 방언적인"이라는 표현은 매우 추상적이고 검증하기가 쉽지 않은 표현이지만, 그 어형을 찾아내는 일이 전혀 불가능하지는 않은 듯이 보인다.

경남 방언으로써 예를 들어 보기로 하자. 경남의 서남 지역인 함양, 하동, 남해 등은 전라도 방언과 영향을 주고받는 곳으로 알려져 있고, 북동 지역인 거창, 합천, 창녕, 밀양, 울주 등은 경북 방언과 영향을 주고받는 곳으로 보고되어 있다. 반면에, 중부 지역인 창원, 김해, 함안, 의령 등은 다른 방언의 영향을 상대적으로 덜 받은 곳이라고 할 수 있는데, 이 중부 지역에 공통적으로 쓰이는 어휘를 대표 낱말로 잡을 수 있다는 것이다. <잠자리>에 대한 (27)과 같은 우리의 처리는 이러한 시각을 반영한 것인데, 이는 방언 개별성을 염두에 둔 발상이라고 하겠다. 그러나 앞서 언급한 바 있듯이, "가장 경남적인" 방언이 반드시 중부 지역이라고 주장할 근거가 아주 분명한 것은 아니기 때문에, 세 번째의 처리 방법은 잠정적인 것이라고 할 수 있다.

이런 몇 가지 점을 고려하여, 뒤에서 우리는 둘째와 같은 방법을 중심으로 하고 첫째와 셋째의 방법을 보조로 하여 대표형을 선정하는 법이 필요하다는 점을 제안하게 될 것이다.

4.1.3. '핵어형' 체계의 수립

위에서와 같이 한 어형에 대한 방언의 대표형이 결정되면, 그 대표형의 집합은 '핵어형'이라는 이름으로 불릴 수 있을 것이다. 핵어형에서의 '핵'이라는 표현은, 핵문법(core grammar)에서 쓰이는 '핵'의 개념을 원용한 것인데, 다음에서 핵어형이라는 용어가 왜 필요한가 하는 점과 핵어형 체계를 어떻게 수립할 것인가 하는 점을 생각해 보기로 한다.

어떤 언어의 한 방언은 그 언어의 변종으로서 독자적인 체계를 갖기 마련인데,16) 그렇기 때문에 방언의 어휘 체계가 존재함은 당연한 일이다. 그런데 한 방언은 다시 다수의 지역어(소방언)로 이루어져 있어, 한 어형에 대한 모든 지역어 어형을 어휘 체계에 포함시킬 수는 없는 일이다. 그 중 대표적인 어형 하나를 올림말로 잡아야만 어휘 체계란 개념이 성립하기 때문에, 대표형들의 총합인 핵어형이라는 용어가 필요한 것이다.

이러한 발상은, 형태소와 변이형태, 혹은 음소와 변이음과의 관계를 생각나게 하는데, 대표어형은 형태소나 음소와 관련지을 수 있는 것이고, 같은 의미소의 다른 어형('변이어형'이라고 불릴 수 있는)들은 변이형태나 변이음과 관련지을 수 있는 것이기 때문이다.

위에서 우리는 핵어형이란 무엇이고, 그것이 왜 필요한가에 대해서 알아보았다. 대표형들의 집합이 한 방언의 핵어형이기 때문에, 이제 한 방언의 어형 체계는 곧 그 방언의 핵어형 체계라는 등식이 성립한다고 할 것이다. 그리고 4.1.2.에서 대표형을 선정하는 방법을 설명했기 때문에, 이 방법에 따라 우리가 한 방언의 어형 체계를 세우는 일이 분명해진 것처럼 보인다. 그러나 실제의 작업에 있어 핵어형 체계(곧, 한 방언의 어형 체계)를 세우는 일은 결코 간단하지가 않다.

이론적으로 말하면, 핵어휘 체계를 세우는 데는 군 단위의 모든 방언권의 어형을 수집·분류·설명하는 작업이 필수적이다. 그러나 이 작업은 실제로 추진하기가 매우 힘든 것이다. 어느 지역의 한 낱말의 정확한 쓰임새를 아는 일은, 그 지역에서 오랫동안 생활하지 않고는 불가능한 것인데, 한 방언권 ─ 이를테면, 경남 방언권 ─ 의 모든 군 단위에 어느 개인(조사자)이 오랫동안 생활하기란 거의 불가능하기 때문이다. 이런 점을 감안하여, 우리는 어떤 방언권의 한

---

16) 이러한 독자적인 체계를 방언끼리 비교하여 보면, 공통되거나 비슷한 부분이 많기 마련인데 이런 요소들이 그 언어의 핵 문법을 이루거나, 적어도 핵문법(보편적인 요소)에 가까울 것이라는 점은 재언을 요치 않는다. 반면에, 그런 비교를 통해 공통성이 적은 부분도 있음을 확인할 수 있을 것인데, 이는 그 방언의 개별적인 요소가 될 것이다.

군 단위의 어형 체계부터 세우는 작업이 필요하다고 강조했던 것이다.

이와 같이, 한 지역어의 어형 체계가 수립되고 그 어형들에 대해 적절한 설명이 가해진 다음―즉, 한 지역어 사전이 만들어진 다음―이를 바탕으로 하여 그 방언의 다른 지역어 사전들이 만들어졌다면, 이제 우리는 이 사전들을 비교하여 대표형을 뽑는 작업에 들어갈 수 있을 것이다. 대표형을 가리는 방법에 대해서는, 이미 앞에서 언급한 바가 있는데, 상대적으로 많은 지역어에 쓰이면서 표준어와의 관련성, 또 가장 방언답고 예상되는 지역어에서의 어형 등을 고려하여 그것을 선정할 수 있을 것이다. 이런 절차를 거쳐 확립된 어형들은, 그 방언의 '핵어형'이라고 부를 수 있고 이 체계가 곧 그 방언의 어형 체계라고 불러 잘못이 없을 것이다.

그러나 한 방언 내의 모든 어형이 다 핵어형에 관여하는 것은 아니기 때문에, 핵어형에 대립되는 개념으로 '특수 어형'이라는 개념의 도입도 필요하게 되는데, 이에 대해서 항을 바꾸어 논의하기로 한다.

4.1.4. '특수 어형'에 대한 처리 문제

앞에서 우리는, 방언사전은 핵어형을 중심으로 편찬해야 하고, 핵어형의 선정을 위해서는 각 지역어 사전을 먼저 편찬해서 그 비교 작업이 이루어져야 하며, 각 지역어 사전은 어떤 한 지역어 사전을 먼저 편찬한 다음 그를 바탕으로 하여 유기적으로 펴내는 것이 바람직하다는 점에 대해서 논의해 왔다. 그런데 각 지역어 사전을 대조하다 보면, 대부분의 지역어에는 나타나지 않고 한두 지역어에서는 쓰이는 특이한 어형이 있을 수 있을 것이다. 이러한 어형을 우리는 '특수 어형'이라고 부르고자 한다.

경남 방언에서 그 한 예를 <아그배> 관련 낱말에서 찾을 수 있다. <아그배>는 능금나무과에 딸린 갈잎 큰키나무인데, 경남 각 지역어에서는 '아거[3]배(함양, 산청, 거창(북상)), 아구[3]배(거창), 아그[3]배(남해), 아가[3]위(창녕)'로 실현된다(김영태, 1975 : 176 참조). 이 어형들도 경남 방언사전에 등재되어야 함은 물론이지만, 경남도내에서 다섯 지역어에서만 발견되기 때문에 핵어형 체계에 등록시키기는 어렵고, 특수 어형으로 등록시켜야 할 것이다. 만약에, 특수 어형

에 드는 것이 하나뿐이라면(예컨대, <아그배>의 경남 방언형이 '아거³배' 하나라면)
이는 다음과 같이 처리할 수 있을 것이다.

(28) *아거³배 몡 뜻풀이, 기타 설명(사용 지역)

(28)은 올림말에 별표(*)를 덧붙인 것인데, 이는 이 낱말이 핵어형이 아닌
'특수 어형'임을 나타낸 것이다. 음운·형태·통사·의미 정보가 실리고 사용
지역이 명기되는 것은 다른 낱말을 설명할 경우와 조금도 다름이 없다.

그런데 <아그배>의 경우, 특수 어형의 그것이 실제로는 하나가 아니고 둘
이상이기 때문에, 핵어형을 가리는 방법을 원용하여 "특수 어형 내에서의 대
표형과 그 변이형"이라는 개념을 활용할 수 있을 것이다. 이에 대한 우리의
처리 방법은 다음과 같다.

(29) *아가³위 → 아거배(창녕)
　　 *아거³배 몡 각종 풀이 → *아가³위, *아구³배, *아그³배(함양, 산청, 거창
　　　　　(북상))
　　 *아구³배 → 아기³배(기창)
　　 *아그³배 → 아거³배(남해)

각 올림말에 별표가 붙은 것을 빼고는, 나머지 서술 방법은 여느 핵어형에
서 한 것과 조금도 다름이 없음을 (29)는 잘 보여준다.

4.2. 미시 구조

미시 구조와 관련해서는, 지역어 사전 편찬 방법론을 말할 때 언급한 내용
이 원칙적으로 적용될 수 있을 것이다. 그러나 부분적인 차이점도 없지 않을
텐데, 그것은 각 지역어의 어형이나 발음 등이 언제나 동일한 것이 아니기
때문이다. 그 가운데서도 가장 문제가 되는 것은, 경남 지역의 각 지역어들
사이에 존재하는 단모음 체계의 차이이다.

흔히 경남 방언은 '에 / 애'의 구별과 '으 / 어'의 구별이 없는 것으로 알려
져 있으나, 고성·함양 지역어 등에서는 8단모음 체계이고, 진주 지역어 등에

서는 7단모음 체계인 것으로 보고되어 있다.[17] '아, 오, 우, 이' 단모음이 있고, '외, 위' 단모음이 없다는 점에서는 경남의 모든 지역어는 일치하지만, 앞서 언급한 '에 / 애'와 '어 / 으'에 이르러서는 문제가 복잡해진다. 7단모음 체계라는 진주 지역어는 '에 / 애'는 구별되지만, '어 / 으'가 구별되지 않고, 고성 · 함양 지역어는 전자는 물론이고 후자도 구별된다는 점에서 8모음체계라는 것이다.

이와 같이, 모음체계가 일치하지 않은 상황에서 경남 방언사전을 펴낸다는 일은 신중을 기하지 않을 수 없는 문제이다. 이 문제에 대해 우리는, 이미 앞에서 밝힌 바 있는 태도를 원용할 수 있다. 6단모음 체계라는 창원 지역어 사전을 편찬한다고 할 때에도, 전사는 8단모음 체계인 것처럼 할 수 있다는 지적이 그것이다. 단, 이러한 사실은 <일러두기>를 통해 분명하게 언급해 두어야 한다는 점은 거듭 강조되어야 할 것이다. 이를테면, '애 / 에'가 어떤 지역어에서는 음소의 자격을 가지기 때문에 당연히 음소 '애'와 '에'로 적은 것이고, 어떤 지역어에서는 실제로 음소는 '애' 하나뿐이고 '에'는 변이음인데 편의상 표기는 둘 다로 한 것이라는 등의 정보를 밝혀 두어야 한다는 것이다.[18]

5. 제대로 된 방언사전을 기대하며

방언사전은 그 방언에 속하는 모든 지역어를 망라하는 사전이어야 한다. 따라서 경남 방언사전은 경남 지역에 속하는 모든 시 · 군 지역어에 대한 정보를 제공하는 텍스트여야 한다. 그러나 모든 지역어를 아무런 기준 없이 실을 수는 없기 때문에, 여기에 (경남) 방언사전 편찬 방법론이 필요한 것이다.

---

17) 고성지역어의 모음체계에 대해서는 최중호(1984)를, 진주지역어의 음운체계에 대해서는 김형춘(1993)을 참조하기 바란다.
18) 'ㅆ' 자음이 없는 지역어에 대해서는 없는 대로 적으면 되기 때문에, 문제가 되지 않는다.

　경남 방언사전 편찬을 위해서는 각 지역어에 있는 모든 어형들의 '대표형' 선정이 불가피하다. 그러나 대표형 선정은 각 지역어 사전이 갖춰졌을 때 이상적으로 이뤄질 수 있기 때문에, 각 지역어 사전의 편찬이 우선적으로 요구된다 하겠다. 각 지역어 사전도 어떤 '체계'에 따라 편찬되는 것이 바람직하기 때문에, 어느 한 지역어 사전이 '시범적으로' 편찬될 필요가 있다. 그것을 기본으로 하여 다른 지역어 사전이 편찬될 수 있기 때문이다. 우리는 그 지역어를 창원 지역어로 한정하여 지역어 사전 편찬 방법을 제3장에서 길게 논의했다.

　제4장에서는 이러한 지역어 사전을 바탕으로 하여, (경남) 방언사전을 편찬할 때 예상되는 문제점을 주로 거시 구조 쪽에 초점을 맞춰 논의했다. 거기에서 가장 중요한 문제는 '국어' 사전에 올림말로 오르는 말이 '표준어'라는 점을 상기하여, 그 표준어에 해당할 수 있는 방언의 '대표형' 설정이 불가피하며 그것을 선정하는 방법이 무엇인지에 대해 피력했다. 그리하여 대표형들의 집합을 '핵어형'이라는 말로 나타내 보았다.

참고문헌

구본관(1998), 「접미사의 사전적 처리」, 『새국어생활』 8-1.

김광해(1987), 「국어 유의어 사전 편찬을 위한 기초적 연구」, 『국어교육』 61·62.

______(1992), 「국어사전의 뜻풀이와 유의어」, 『새국어생활』 2-1.

김기종(1992), 「중국 조선어 규범 사전에서의 표제어 수록 원칙과 표제어의 성격」, 『새국어생활』 2-4.

김민수(1986), 「국어사전 : 그 표제어의 선정과 배열 문제」, 『국어생활』 7.

김영송(1974), 「경남방언」, 『국어방언학』, 형설출판사.

김영태(1975), 『경상남도 방언 연구 (1)』, 진명문화사.

______(1985), 『창원지역어 연구』, 경남대학교 출판부.

______(1994), 「방언」, 『창원군지』.

김중일(1986), 「국어사전의 표제어에 대하여」, 『출판문화』 252.

김차균(1993), 「창원 방언과 대구 방언 성조의 비교 분석」, 『충남대 인문과학연구소 논문집』 22-2.

______(1998), 『음운론 강의』, 태학사.

김차균·고광모·김주원·정원수(2000), 「영남 방언과 호남 방언의 운율 비교」, 『어문연구』 34, 어문연구학회.

김창섭(1992), 「파생접사의 뜻풀이」, 『새국어생활』 2-1.

______(1998), 「접두사의 사전적 처리」, 『새국어생활』 8-1.

김형춘(1980), 「국어 경음화 연구」, 『경남어문』 1, 경남어문학회(경남대).

______(1993), 『진주방언의 음운 연구』, 건국대학교 박사학위논문.

남기심(1987), 「국어사전의 현황과 그 편찬방식에 대하여」, 『성곡논총』 18.

______(1992), 「표제어의 풀이와 올림말 설정의 문제」, 『새국어생활』 2-1.

마성식(1974), 「한국어사전 어휘 연구―차용과 조어를 중심으로」, 『숭전어문학』 3.

성광수(1992), 「문법형태소의 뜻풀이」, 『새국어생활』 2-1.

심재기(1987), 「국어사전에서의 뜻풀이」, 『어학연구』 23-1, 서울대학교 어학연구소.

______(1989), 「좋은 우리말 사전을 만들기 위한 예비적 고찰」, 『애산학보』 7.

유동석(1998), 「조사의 사전적 처리」, 『새국어생활』 8-1.

이기갑(1990), 「방언어휘론」, 『방언학의 자료와 이론』, 지식산업사.

이기문(1992), 「국어사전의 어원 표시에 대하여」, 『새국어생활』 2-4.

이병근(1986a), 「국어사전 편찬의 역사」, 『국어생활』 7.

______(1986b), 「국어사전과 파생어」, 『어학연구』 22-3.

______(1990), 「사전 및 사전학」, 『국어연구 어디까지 왔나』, 동아출판사.

______(1992), 「사전 정의의 유형과 원칙」, 『새국어생활』 2-1, 국립국어연구원.

______(2000), 『한국어사전의 역사와 방향』, 태학사.

이상섭(1988), 「『옥스퍼드 영어사전』의 편찬 원칙과 형성 과정」, 『말과 글』 35.

______(1988), 「뭉치언어학으로 본 사전 편찬의 실제문제」, 『사전편찬학연구』 2.

______(1990a), 「현대 사전편찬학의 이론과 실제」, 『사전편찬학연구』 3.

______(1990c), 「뭉치언어학 : 사전편찬의 필수적 개념」, 『사전편찬학연구』 3.

이용주(1987), 「사전 주석에 대하여」, 『국어생활』 7.

이익섭(1984), 『방언학』, 민음사.

______(1986), 「방언조사의 필요성과 그 방법」, 『국어생활』 5.

이익환(1992), 「국어사전 뜻풀이와 용례」, 『새국어생활』 2-1.

임동훈(1998), 「어미의 사전적 처리」, 『새국어생활』 8-1.

임홍빈(1993), 『뉘앙스 풀이를 겸한 우리말 사전』, 아카데미하우스.

정동환(1987), 「우리말 사전 처리에서 본 앞가지 뜻의 정리」, 『건국어문학』 11 · 12.

정찬섭 외(1990), 「우리 낱말 빈도조사 표본 선정 기준」, 『사전편찬학』 3.

조재수(1984), 『국어사전 편찬론』, 과학사.

지준모(1969), 「사전론 — 의미와 발음과 품사를 중심으로」, 『어문학』 20.

최명옥(1990), 「동남방언의 성조형과 그 분포」, 『제18회 국제학술대회 논문집』, 학술원.

______(1994), 「경상도의 방언구획 시론」, 『우리말의 연구』, 우골탑.

______(1998), 「진양지역어와 김해지역어의 대조 연구」, 『방언학과 국어학』, 태학사.

최중호(1984), 「고성지역어의 음운론적 고찰」, 『경남어문』 13, 경남어문학회(경남대).

한영균(1986), 「방언의 언어지리학적 연구와 언어지도에 대하여」, 『국어생활』 5.

홍윤표(1986), 「최초의 국어사전 「국한회어」에 대하여」, 『백민 전재호 박사 화갑기념국
        어학논총』.

______(1992), 「고어의 풀이말」, 『새국어생활』 2-1.

홍재성(1986), 「한국어사전편찬과 문법 문제」, 『국어생활』 7.

______(1987), 「한국어사전 편찬과 문법 정보」, 『어학연구』 23-1.

______(1987), 「한국어사전에서의 다의어 처리와 동형어 처리의 선택 : 찾아가다 / 찾아오
        다의 경우」, 『동방학지』 54.

한·중·일의 외래어 수용 정책*

이상규

1. 차용어의 정의와 유형

1.1. 차용어의 정의

21세기 지구화 시대로 접어들면서 새로운 지식 정보량이 대량으로 확산되면서 국가 간의 경계를 뛰어넘어 개별 국가의 국어로서는 소통이 불가능한 상황으로 치닫고 있다. 이러한 상황에서 인구어 차용어에 대한 한·중·일 간의 수용 방식과 그 정책을 고찰해 볼 필요가 있다. 특히 한·중·일 각국의 인구어 차용어의 표기 정책은 동아시아의 문자체계의 전복을 가져올 수 있는 매우 주요한 국가 언어 정책의 한 단면이기도 하다.

정치·경제·문화적인 영향으로 다른 나라의 언어가 들어와 세월이 흐르면서 토착화되어 국어와 마찬가지로 통용되는 일은 어느 나라에서나 볼 수 있는 현상이다. 다만, 이것이 정치적인 이유 때문에 강압적으로 들어왔을 경우와 자연적인 흐름에 따라 우호적으로 들어왔을 경우와는 국민에게 주는 인상이 판이하다. 민족의식을 내세워 배격해야 할 외래어와 흔쾌히 받아들일

---

* 이 글은 일본 북해도대학교에서 개최한 <동아시아 언어·문화의 비교 국제학술 심포지엄>에서 발표한 논문임(2009. 2, 13~17면).

수 있는 외래어가 생기는 이유가 바로 여기에 있다. 한국의 경우, 일본어에서 들어온 간접차용어(indirect loanword)를 철저하게 배격하려는 정책을 펼치면서 이율배반적으로 영어·프랑스어·독일어 등에서 들어온 차용어를 별다른 저항 없이 수용하는 정책의 모순을 경험하고 있다.[1]

"외국어를 자국어의 일부로 수용하여 사용하는 어휘"(Lyons, 1968)를 '차용어(a loanword)'라고 한다. 이론적으로 차용어와 외래어의 차이란 개별 국가가 공인의 결과이거나 사회적 허용의 유무로 결정된다. 차용어 가운데 언어 정책적인 관리 대상이 되는 경우는 '외래어'(a bor rowed word, a word of foreign origin)라 하고 그렇지 않은 경우를 '외국어 음차표기어'로 구분할 수 있다. 특히 외래어는 '고유어'에 대립되는 용어로 언어 정책 관리 대상이 된다. 따라서 '외래어'라는 용어는 다분히 국가주의의 이념 — 곧 자국어 보호주의의 관념이 수반된 용어이다.[2] 언중들은 국가 언어 정책과 관계없이 임의로 외국어를 차용어로 받아드리기 때문에 국가가 공인한 외래어나 공인하지 않은 외국어 음차표기어를 포괄적으로 차용어라고 명명하고자 한다.

외래어의 공인 문제는 한·중·일 사이에서는 개별 국가의 언어 정책에 따라 서로 다른 방식으로 결정해 왔다. 한·중·일 3국에서는 서구로부터 들어온 인구어 차용어에 대해서는 외국어라는 의식이 농후하지만 한국이나 일본에서 한자어는 인구어와는 달리 차용어라는 인식이 희박하기 때문에 실제로 차용어로서의 외래어와 외국어 음차표기어의 구분은 그다지 명확하지 않다. 차용어의 수용 방식은 개별 국가의 역사와 문화 전통에 따라 언어 정책의 기반 위에서 판정되기 보다는 언중들의 감정이나 느낌에 따라 판정되는 경우가 많았다. 그러나 각국의 언어 정책의 실현은 외래어 표기법으로 강제적 방식으로 구현되었다.

---

1) 김한배, 『우리말을 좀 먹는 우리말 속의 일본어』, 동언미디어, 2006.
　　황대권, 『오라이 빠꾸』, 2008.
2) '외래어'와 '차용어'를 구분하자는 견해도 있다(김민수, 1973 ; 최은경, 1994 ; 정희원, 2004).

1.2. 차용어의 유형

차용어의 유형은 앞에서 언급한 바와 같이 언어학적 관점과 비언어학적 관점에 따라 구분될 수 있는 매우 자의적인 성격을 띠고 있다.

1.2.1. 언어학적 관점

첫째, 차용어는 개별 국가의 언중들이 수용하여 사용하는 실태 정도에 따라 '귀화어', '외국어 음차표기어', '외래어'로 구분한다. 귀화어는 네델란드어의 '고무(gomu)', 중국어의 '붓(筆)', 일본어의 '구두(クツ)'와 같이 차용된 뒤 오랫동안 쓰이면서 완전히 고유어로 동화되어 고유어의 일부로 굳어진 것을 말한다. 외국어 음차표기어는 프랑스어의 '즈봉(jupon)', 영어의 '타이어(tyre)' 독일어의 '아르바이트(Arbeit)', 포르투갈어의 '카스텔라(castella)', 이탈리아어의 '템포(tempo)'처럼 아직도 외국어와 다름없이 생소한 어휘로 인식되는 것을 말한다. 외래어는 국가 언어 정책의 판단에 의해 결정된다. 한국이나 일본의 경우 국어심의회와 같은 국가기관에서 심의를 거친 어휘만 국어의 일부로 인정하는 것이다.[3] 한국에서 외래어는 국가가 만든 외래어표기법에 따라 표기를 하고 표준 사전에 올림말로 등재된 것으로 공인을 받게 된다.

둘째, 차용어의 차용 시기에 따라 고대, 중세, 근세, 근대, 현대 차용어로 구분하기도 한다. 한국의 경우 고대로부터 현재까지 중국어의 차용어의 유입과 더불어 중세 시대의 몽골어와 여진어가 대량으로 유입되었으며, 일본제국의 강점기를 통해 일본어 차용어와 간접차용된 인구어가 대량으로 밀려들어 왔으며, 현대어에서는 영어를 비롯한 인구어가 대량으로 유입되고 있다.

셋째, 차용어의 차용된 국가 별로 구분하는 방식이 있다. 한국의 경우 중국어 차용어(투슈(도서→도장)), 몽골어 차용어(송골매(Songgor : 해청)), 범어 차용어(열반(nirvāṇa : 열반)), 포르투갈 차용어(빵(pāo)) 영어 차용어(남포(lamp)), 일본어 차용어(냄비(ナベ)) 등과 같이 여러 가지로 분류할 수 있다.

---

3) Pae(1967)는 '차용어가 자국어로의 동화된 정도'라는 잣대로 '순수외국어(pure foreign words)', 협의의 '차용어(loan words in the narrow sense)', '차용어(borrowed words)', '귀화어(naturalized words)'로 구분하기도 한다.

넷째, 차용어의 조어 방식에 따라 '순수외국어(pure foreign word)'형과 '차용번역(loan translation)'형, '혼종(hybrid word)'형으로 구분된다. 순수외국어형은 원어를 그대로 인용하되 인용부호로 나타내는 방식이다. 주로 전문용어나 학술용어가 주류를 이루는데 학술논문이나 저술에서 사용된다. 차용번역은 국가 언어 정책의 일부로 소위 순화어라고 할 수 있는데 'mini-skirt(미니스커트)'를 "명 옷자락이 무릎 윗부분까지만 내려오는 아주 짧은 길이의 서양식 치마. '깡동치마', '한 뼘 치마', '짧은 치마'로 순화."와 같이 자국 고유어로 순화한 어휘를 말한다. 중국의 경우 외국어 차용은 거의 대부분 음차 또는 의역 방식으로 만든 번역어형을 사용하고 있으나 최근 'photo shop(포토샵)'과 같은 순수외국어형이 차츰 증가되는 추세를 보이고 있다. 혼종어는 최근 신조어의 대부분을 차지하는 조어 방식인데 '섹티즌(sex+netizen)', '소개팅(소개+meeting)', '사이버깡(cyber+パリカンヲキヲ)'처럼 영어와 한자, 일본어가 뒤섞이거나 어휘의 일부를 결합한 혼종형인 조어법이다. 바로 혼종어란 차용 해당 국가에서조차도 이해하지 못할 변종(variations)인 것이다.

다섯째, 차용이 중간 언어를 매개로 하지 않은 경우 '직접차용(direct loanword)'이라 할 수 있고, 중간 언어를 매개로 한 경우 '간접차용(indirect loanword)'이라고 한다. '양동이'를 영어의 '버킷(bucket)'을 일본어를 통해 들어온 '바께쯔'라고 하는 경우가 간접차용형이다.

1.2.2. 비언어학적 관점

차용어는 언어학적 잣대에 따른 범주화를 하는 일는 명확하지는 않다. 그리고 자국민에게 동화된 정도를 측정한다는 일도 그리 간단한 일이 아니다. 예를 들면 일본 국립국어연구소에서는 '외래어'의 동화 정도를 측정하기 위해 '사용률', '이해율', '인지율'이라는 세 가지 기준으로 실태조사한 결과를 공개하고 있다.4) 외국어 차용어가 자국어에 동화된 정도를 실측하기 위해서 Umegaki(1963)는 8가지의 기준을 제시하고 있다. 곧 1) 발음이나 의미의 사

---

4) 國立國語研究所 外來語委員會 編, 『分かりやすく傳える外來語言い換え手引き』, 2006.

용자의 변수, 2) 신구형 유무, 3) 사용 빈도, 4) 일반, 전문용어 유무, 5) 자국어로의 차용번역, 6) 가타카나, 히라카나 표기, 7) 일 어 영어 병용표기, 8) 인용 부호 사용 유무 등의 기준을 제시하고 있다.

아무리 정교한 잣대가 마련되더라도 사용자들의 교육 정도, 경험, 직업, 역사 인식 정도의 차이와 같은 비언어학적 요건에 따라 좌우된다. 그리고 국가의 언어 정책의 태도에 따라 차용어의 수용 양상은 매우 달라 질 수 있다. 다음은 비언어학적 관점에서 특히 차용어의 유형을 어떻게 분류할 수 있을지 검토해 보기로 한다.

첫째, 차용어에 대한 사용자의 태도 가운데 국가 교류 역사적 관계에 따라 친근성(familiarity)이나 비친근성(friendliness)의 문제가 개입한다. 곧 동아시아 3국은 특히 역사적 관점에서 매우 미묘한 국민적 의식과 태도에 차이가 있다. 한 · 중 · 일 간의 역사와 문화적 교류 역사는 매우 전통 깊은 우의의 관계에 놓여 있음에도 불구하고 눈에 보이지 않는 국가적 경쟁과 견제의 단면을 차용어의 수용 태도의 차이에서 찾아볼 수 있다. 특히 한국의 '한자차용 > 한문 > 국한문혼용 > 한글전용 > 외래어의 대량 수용'이라는 문자체계의 전복의 역사가 바로 이러한 현실을 대변하고 있다. 그런데 일본 제국의 지배 과정에서 일본을 경유하여 대량으로 유입된 간접차용어들에 대한 배척운동이 한국에서는 지금도 지속되고 있다. 신해혁명 이후 중국은 특히 영어 차용어를 철저하게 자국어형으로 전환한 번역표기법으로 고수하고 있는 상황도 마찬가지이다. 또한 일본 역시 외래어를 가다카나로 표기하거나 사용 실태조사의 끈을 놓지 않는 이유도 한 · 중 · 일 간의 내부의 인력관계뿐만 아니라 미국과의 인력관계가 차용어 수용 방식에서 반영된 증거이다.

둘째, 다음으로는 언어 수용자의 태도라는 측면에서 근대화 과정을 거치면서 주로 한 · 일 양국의 엘리트 계층에서 인구어 차용어를 현학적 차용어(Pedantic loans)로 대량 사용함으로서 인구어 차용어의 대량 확산이 진행되고 있다. 인구어 차용어가 일방적으로 현재와 같은 양상으로 확산된다면 인구어 차용어가 자국어를 완전 포식하는 상황도 예측할 수도 있다. 엘리트층은 외국어 어휘를 몇 마디쯤 사용하는 것이 멋져 보이고 유식해 보인다는 인상을 언중들에게 강하게 심어주고 있다.

셋째, 외국문화의 영향에 따른 외국어의 수용 방식에 따라 대중적차용어 (popular loanword)와 학습차용어(learned loanword)로 구분한다(Pyles, 1971). 음악, 영상 등의 문화 영역에서 대중 계층에서 사용하던 외국어가 학습 효과에 따라 차츰 대중 속으로 확산되면서 일반 차용어로 정착된다.

넷째, 차용어의 유입시기에 따라 특수 영역의 차용어가 결정되기도 한다. 한국의 경우 인구어 계열의 차용어는 개화기 이후 일본을 거쳐서 근대 일상생활과 관계되는 어휘가 많이 나타난다. 포르투갈어·네덜란드어에서는 무역용어, 프랑스어에서는 예능·복식·요리용어, 독일어에서는 의학·철학 등의 학술용어, 영어에서는 특히 8·15광복 이후 많은 학술·운동·생활용어 등을 광범위하게 차용되고 있는데 이것은 세계적으로 공통된 현상이라 할 수 있다.

2. 한국의 차용어와 표기법

그 어느 때보다 오늘날처럼 언어의 횡단(lingual-trand)이 파고가 격심한 적이 없다. 생태주의 언어학자들은 금세기 이후 이 지구상의 50% 이상의 언어가 절멸할 것이라고 예고하고 있다.[5] 언어 상호주의의 방식이 아닌 일방적인 자본지배 언어가 출현할 기미를 보이고 있는 위기의 상황에서 한·중·일 간의 인구어 차용어의 표기 방식에 대한 언어 정책적 방향에 대해 관심을 갖지 안 된다.

외국어는 자국어의 음운체계와 일치하지 않기 때문에 자국의 소통언어로 정착시키기 위해서는 자국어 음운체계에 맞게 표기하려는 외래어 표기법(외국어 음차표기법)을 주로 활용하고 있다. 차용어의 수용 방식은 국가마다 상당한 차이를 보여주고 있다. 설명의 편의를 위해 한국어에서의 차용어의 규범 관

---

5) 프란츠 M. 지음, 두행숙 옮김, 『멸종, 종과 민족 그리고 언어』, 들녘, 2005.

리 실태를 살펴보면서 중·일과 비교해 보자.

　<표 1>의 전문용어 관리는 어떻게 진행되고 있는지 살펴보자. 과학기술과 정보통신의 발달과 함께 및 여러 분야의 전문용어가 대량으로 밀려들어오고 있다. 전문용어(technical terms)나 학술용어(learning terminology)는 실태조사나 국어심의회의 심의 절차를 거치지 않고 학술단체연합회나 정부부처별로 정리하여 특수사전 형식으로 보급되고 있다. 2005년부터 발효된 <국어기본법>에서는 정부부처별로 '전문용어표준화협의회'를 두고 전문용어를 심의한 뒤 '국어심의회'의 심의를 거쳐 고시하도록 규정하고 있으나 아직 시행하지 않고 있다.

〈표 1〉 한국에서 차용어의 관리실태

Dictionary	orthography	a deliberate council(judgment)	research on the actual condition	Shape of the loanword
Special Dictionary	original form	×	○	• technical terms • learning terminology
Korean Language Dictionary	rephrasing form pseudo-lonwords	○	×	• the rules of Korean spelling orthography • the name of a place & Names
New word Dictionary	vernaculars form	×	○	• konglish • hybrid word
Korean Language Dictionary	refinement form	○	○	• a native tongue

　<표 1>에서 표준사전에 실린 외래어의 관리는 어떻게 되고 있는지 살펴보자. 일반 차용어는 '외래어'와 '외국어 음차표기형', '전문용어'로 구분되는데 <한국어 어문규정>에 따르면 '외래어'는 반드시 외래어 심의 절차를 거치도록 규정하고 있으나 심의 절차를 단 한 번도 거친 적이 없다. 다만 '외래어표기법'을 별도로 규정하여 국가별 외래어표기법을 제정하여 이 규정에 따라 한글로 표기하고 있다. '외래어표기법'은 원음주의로 표기한다는 원칙과는

달리 한국어의 음운, 형태표기 원리에 따른 한국어식 표음 형태(rephrasing form)로 표기하고 있어서 실재로는 원음주의와는 상당한 거리가 있다. 뿐만 아니라 된소리 표기와 같은 국가별 표기 원칙이 차이가 있다. 다량의 차용어를 외래어표기법에 따라 표기한 자료를 국립국어원에서는 『외래어 표기 용례집』으로 매년 발간하고 있다.

　최근 국제적 교류가 활발해지고 월드컵이나 올림픽과 같은 국제경기가 늘어나면서 외국인들의 인명이나 지명 표기 또한 큰 문젯거리로 등장하였다. 언론보도의 신속성 때문에 이들의 표기방식의 통일을 위해 '정부언론공동외래어심의회'를 상설 운영하고 있지만 일부 혼선이 생겨나기도 한다. 특히 외국 인명·지명의 경우 철저하게 원음주의로 표기하는 것이 합리적이긴 하지만 '외래어표기법'이 전세계 언어의 음소체계를 커버해 줄 수는 결코 없는 일이다. 특히 일반차용어 가운데 일본어의 차용어나 일본을 거쳐 들어온 차용어는 철저하게 고유어로 순화하고 있는 반면에 인구어 계열의 차용어에 대한 순화 작업은 매우 관대하여 정책 기조의 일관성을 잃고 있다.

　<표 1>에서처럼 차용어를 규범에 따른 국가 표준 사전인 『표준국어대사전』에서 어떻게 담고 있는가라는 문제가 매우 중요하다. 현재의 상황에서는 '외래어표기법'에 따라 표기된 어휘를 무분별하게 싣고 있어 일부 출판사들은 국가 표기 원칙을 따르지 않는 경우도 있다.

　<표 1>에서처럼 신조어 관리는 어떻게 되고 있는지 살펴보자. 국내에 들어온 차용어를 일종의 콩글리쉬(konglish)로 조어형을 만든 혼종어(hybrid word)는 주로 정치, 유행, 청년문화와 관련이 깊은데 고유한 조어양식도 아니고 차용어의 조어양식과도 전혀 다른 모습으로 매년 대량으로 생산되고 있어 외래어 관리 대상에서 벗어나 있다. 언론이나 인터넷, 포털사이트, 불로그 등 다양한 매체를 통해 생산되는 혼종어는 <신조어사전>의 형식으로 보급하면서 부분적으로 순화작업을 하지만 그 실효성은 매우 떨어지는 편이다.

　외래어 순화작업은 어떻게 진행되고 있는가 살펴보자. 대량으로 쏟아져 들어오는 혼종어를 국립국어원에서는 <말터> 사이트를 통해 언중들과 함께 고유어 형식으로 전환한 순화어(a native tongue)를 공급하고 있으나 언중들에

게 깊은 영향력을 미치지 못하고 있다. 한국에서는 이러한 느슨한 틈을 타서 영어의 구를 외래어표기법에 따라 전환한 외국어 음차표기가 대량으로 늘어나고 있다. '프라자 타운(plazatowen), 비즈니스 프랜드리(business friendly), 글로벌 킬러 콘텐츠(global killer contents), 글로벌 거버넌스(global governance)'와 같은 외국어 음차 표기가 상업적 또는 정부 정책의 표어로 대량으로 유입되면서 외래어 언어 정책이 매우 혼란한 상황이다.

차용어의 표기방식 문제는 한·중·일 3개 국가가 안고 있는 공동의 현안 문제라고 할 수 있다.

3. 한·일 간 차용어의 형태론적 구조

외국어의 차용 유형은 본질적인 차용 동기와 사회적 차용 동기에 따라 구분되는데 전자는 불가피한 차용을 후자는 사회·문화적 요인 때문에 생겨나는 차용을 말한다. 본질적 동기에 의한 외국어 차용은 주로 새로운 학문의 발달로 생겨나는 전문용어(학술용어)가 주로 차지한다. 후자는 외래문화와 문명의 영향, 국제적 관계, 교역의 확대, 인터넷 소통으로 인한 사회적 복잡성 등의 요인으로 생겨난다. '마이너스, 보이, 컨닝'과 같은 사회적 동기에 의한 외국어 차용은 외국어가 유입되면서 새로운 의미변화를 겪게 되거나 외국어와 자국어가 혼종형으로 구성되는 형태론적 변화를 겪게 된다. 따라서 사회적 동기에 의한 차용어는 유사차용(pseudo-loanwords) 형태로 콩글리쉬(Konglish), 자플리쉬(Japlish), 차잉글리쉬(Chinglish)로 형성된다

특히 한국과 일본이 중국보다 더 많은 유사차용어가 사용되고 있으며, 한국이 일본보다 훨씬 더 많은 유사차용어를 사용하고 있다. 영어를 비롯한 서구어가 한·중·일 사이에서 어떻게 수용되고 있는지 살펴보자.

〈표 2〉 韓中日 類似借用語의 實態

한국	일본	중국	원어
크리닝(cleaning)	クリーニング (크리-닝그)	干洗(깐시)	dry cleaning
클립(clip)	クリップ(크립푸)	曲別針(취비에진)	paper clip
클럽(club)	クラブ(크라브)	俱樂部(쥐러부)	nightclub, and so on
그라운드(ground)	グラウンド (그라운도)	運動場(윈동창)	earth, playground
모델(model)	モデル(모데루)	模特(모터)	fashion or for painters
마후라(muffler)	マフラー(마후라-)	圍巾(웨이진)	scarf or for car
리어카(real car)	リアカー(리아카-)	手推車(셔우투이처)	two-wheeled trailer / Japanese invention
서비스(service)	サービス(사-비스)	服務(푸우)	something done or given for free
스탬프(stamp)	スタンプ(스탐프)	戳記(취지)	postage, official mark, seal
트럼프(trump)	トランプ(토람프)	扑克牌(儿)(푸커팔)	card playing

　　<표 2> 한·중·일 유사차용어의 실태를 살펴보면 한국과 일본의 경우 개별 언어의 음소 제약의 범위 안에서 원음에 가깝도록 표기하는 점에서는 매우 비슷하다. 또한 한국에서는 폐음절로 표기하고 일본에서는 개음절 표기를 하는 것이 특징이다. 위에서 든 예들은 모두 원어의 본래의 의미와는 달리 의미가 확장된 예들이다. 'club'의 경우 한·중·일 모두 '구락부'라는 일본 차용어로 사용하지만 최근에 일본과 한국에서는 원음에 가까운 표기형으로 바뀌었으나 중국에서는 '구악부(쥐러부)'를 그대로 사용하고 있다.

　　1960년대부터 한국에서는 특히 일본을 통해 들어온 간접차용어를 청산하는 운동이 대대적으로 전개되었다. '빠꾸(Back)—バック(박크), 꼬뿌(Cup)—コップ(콥푸), 나일롱(nylon)—ナイロン(나이론), 구리무((skin) cream)—クリーム(크리-무), 샤츠(shirt)—シャツ(샤츠), 다꾸시(taxi)—タクシー(타쿠시-), 그라스(glass)—グラス(그라스), 사부링—サボタージュ(사보타-쥬), 마후라(mahura < muffler)—マフラー(마후라-), 아이롱(an iron, flation)—アイロン(아이롱), 오바이트(vomiting)—オーバイト(오-바이토)'와 같은 예들은 대부분 일본을 거쳐 한국으로 들어온

차용어들이다. 이들 현실음은 '백'이 '빠구', '컵'이 '꼬뿌', '나일론'이 '나일
롱', '크림'이 '구리무', '샤츠'가 '사츠', '택시'가 '다꾸시', '그래스'가 '그라
스', '사보타지'가 '사부링', '머플러'가 '마후라', '다리미'가 '아이롱', '보미
트'가 '오바이트' 등으로 사용되는데 순화운동을 거치면서 <표 3>과 같이
순화하거나 대체순화어로 전환시켰다.

<표 3> 韓國에서 日本 經遊 間接借用語의 醇化

韓國 現實音	日本音	韓國 醇化語
빠구(Back)	バック(박크)	백
꼬뿌(Cup)	コップ(콥푸)	컵
나일롱(nylon)	ナイロン(나이론)	나일론
구리무((skin) cream)	クリーム(크리―무)	크림
사츠(shirt)	シャツ(샤츠)	셔츠
다꾸시(taxi)	タクシー(타쿠시―)	택시
그라스(glass)	グラス(그라스)	유리(琉璃)
사부링	サボタージュ(사보타―쥬)	태업(怠業)
마후라(mahura<muffler)	マフラー(마후라―)	머플러, 목도리
아이롱(an iron, flation)	アイロン(아이롱)	아이론, 다리미
오바이트(vomiting)	オーバイト(오―바이토)	구토(嘔吐)

한국에서의 차용어 표기는 주로 국립국어원 국어심의회에서 이미 정착된
어휘를 골라 국어의 일부인 '외래어'로 인정하는 절차가 있으나 아직까지 단
한 차례도 외래어를 심의한 성과가 없다. 다만 '정부언론공동외래어심의회'라
는 임의적인 기구를 만들어서 외국어를 외래어표기법에 맞게 전환하여 받아
드림으로서 차용어가 급팽창하고 있어서 고유어의 생태가 매우 위태로운 실
정이다.

차용어는 의미적으로 원래의 의미를 유지하고 있는지, 음운론적 또는 형태
론적으로 어떤 변형을 거쳤는지에 따라 그 하위 유형을 구분할 수 있다. 차
용어의 유형은 혼종어를 중심으로 곡용이나 활용체계와 달리 결합한 조어형,
신조어(coinage), 두문자 약어형(acronym), 생략형(clipping), 혼태형(blend), 혼종어

(hybrid word) 등으로 구분할 수 있다.

3.1. 곡용이나 활용체계와 달리 결합한 조어형

<표 4>처럼 원어의 곡용이나 활용체계와 달리 결합한 조어형으로는 '가레라이스(curried rice)'는 영어의 활용어미 '-ed'가 생략된 'curri(ed)+rice'의 결합형이다. 또한 '프라이팬(fly pan)'은 'frying pan'에서 '-ing'가 생략된 결합형이다. '하이힐(hight heels)'은 'hight heels'에서 '-s'가 '싱어송라이터(singer-song-writer)'에서 '-er'이 각각 생략된 결합형이다.

〈표 4〉 曲用이나 活用體系와 달리 結合한 造語型

韓國語	日本語	原音
카레라이스(curry rice)	カーレース(카ー레ー스)	curried rice
샐러리맨(salary man)	サラリーマン(사라리ー만)	salaried man
아이스커피(ice coffee)	アイスコーヒー(아이스코ー히ー)	iced coffee
프라이팬(fry pan)	フライファン(후라이환)	frying pan
포볼(four ball)	フォーボール(호ー보ー루)	four balls
블루진(blue jean)	ブルージーン(부루ー지ーㄴ)	blue jeans
하이힐(high heel)	ハイヒール(하이히ー루)	high heels
슬리퍼(slipper)	スリッパ(스릿파)	slippers
멘트(ment)	メント(멘토)	announcement
미스(mis)	ミス(미스)	mistake

'멘트(ment)'나 '미스(mis)'처럼 영어의 합성구조의 일부만을 떼어 온 형식도 있다. 한편 '에로틱하다(erotic+하다) / エロチック(에로칰크), 그로테스크하다(grotesque(프)+하다) / グロデスク(그로데스크)'에서처럼 한국어에서는 원어의 형용사에 '-하다', '-되다'를 덧붙이는 경향이 있다. 원어의 곡용이나 활용체계와 달리 결합한 조어형의 실태는 한국과 일본이 유사한 모습을 보이고 있다.

3.2. 신조어(coinage)

사전의 올림말로 실리지 않은 새롭게 만들어진 말을 신조어라고 한다. 이 가운데 임의적으로 외국어를 조합하여 새로운 의미를 부여한 신조어(coinage)가 있다. 최근 인터넷이나 언론 매체를 통해 이러한 신조어가 급격하게 늘어나는 추세를 보이고 있다. 엄격하게 말하면 이러한 신조어는 '콩글리쉬'에 속한다고도 말할 수 있다. 한·일간에 매년 신조어 자료집을 출간하고 있는데 신조어는 그 생명력이 매우 짧으며, 풍자적이거나 언어유희적 경향을 보여주고 있다.

〈표 5〉 新造語(coinage)

韓國語 新造語	日本語 新造語	原語
모닝서비스(morning service)	モーニングサービス (모ー닝그사ー비스)	Breakfast menu at restaurants
플레이가이드(play－guide)	プレーガイド(프레ー가이도)	A ticket center
나이터(nighter)	ノイタ (니이타ー)	A night baseball game

<표 5>에서처럼 '모닝서비스', '플레이가이드', '나이터'와 같은 신조어들이 모두 원어의 조어법을 무시한 조어형이다. 이와 같이 정확한 외국어도 아니고 자국어의 조어 형식에도 맞지 않은 신조어들이 넘쳐나게 되면 결국 자국어가 절멸의 상황으로 치닫게 된다는 사실을 알려 주는 좋은 사례이다. 최근 한국어에서는 외국어를 원음 그대로 한글로 전사하여 사용하는 것을 허용함으로써 세월이 지나면 고유어를 밀쳐낸 빈자리에 한글로 표음된 외국어가 가득 찰 수밖에 없을 것이다.6)

한국어의 전통적인 조어 형식은 고유어나 한자어와 결합하는 합성법이나 파생법이 주류를 이룬다. 그러나 최근에 와서는 이러한 전통적인 고유어의 조어 형식이 무너지고 있어 한국어의 생태가 매우 위태로운 상황이다. <표 5>의 예문에서 보듯이 한자어와 영어, 영어와 영어의 결합으로 이루어지는

---

6) 이상규, 『둥지 밖의 언어』, 생각과 나무, 2009.

조어형이 절대 다수를 차지하고 있으며, 그 조어 형식도 전통적인 조어법이 아니라 어두 문자의 혼태형(blending)이 주종을 이루고 있으니 완전히 엉터리 영어가 생성되어 고유어의 빈자리를 차지하고 있다는 말이다. 앞으로 한국어의 어휘부에는 다량의 외국어와 혼태형인 절름발이 외국어가 물밀듯이 밀려들어 올 것이다. 바로 이러한 현상이야말로 모국어의 생태 환경이 변화되고 또 국어의 어휘 기반이 무너져 가는 뚜렷한 증거라 할 수 있다.

고유어의 절멸이 다중들이 인위적인 방식으로 맡겨놓는 것은 매우 위험한 일이 아닐 수 없다. 어휘들이 생명력을 잃어버리고 절멸되는 것이 있는가 하면 끊임없이 마르지 않는 냇물처럼 새로운 어휘들이 생성되어 언어의 생태 질서를 유지해 주어야 하는데, 심각한 문제는 새롭게 생성되는 어휘들이 전통적인 조어 형식을 깨뜨리고 그 어휘의 기반이 고유어가 아닌 외국어나 엉터리 콩글리쉬로 이루어지고 있다는 점이다.

3.3. 두문자 약어(acronym)

최근 전문용어들이 늘어나면서 이들의 두문자를 결합한 약어 형태가 엄청나게 늘어나고 있다. 각종 정부 프로젝트 명칭에서나 KT, SK와 같은 관공기업체 명칭, 경제용어, IT관련 용어, 정보통신 기술용어 등에서 두문자 약어가 급증하고 있다. 이러한 현상은 비단 한 국가 내부의 문제일 뿐만 아니라 세계적으로도 UNESCO, WTO, FTA, KEDO, KDI 등과 같은 용어들이 대량으로 쏟아지고 있다.

〈표 6〉 頭文字 略語(acronym)

韓國의 頭文字 略語	日本의 頭文字 略語	原語
에이즈(AIDS)	エイズ(에이즈)	Acquired Immune Deficiency Syndrome
와이엠시에이(YMCA)	ワイエムシーエー (와이에무시－에－)	Young Men's Christian Association

韓國의 頭文字 略語	日本의 頭文字 略語	原語
유네스코(UNESCO)	ユネスコ(유네스코)	United Nation Educational, Scientific, and Cultual Organization' give
브이아이피(VIP)	ブイーアイーピー (브이－아이－피－)	Very Important Person

<표 6>의 두문자 약어(acronym)가 금융, 정보통신 기술과 관련되는 전문용어로 사용되고 있다. 개인뿐만 아니라 국가 간의 원활한 소통을 위해서도 웹 기반 데이터베이스화 작업을 서둘러야 할 것이다.

3.4. 생략형(clipping)

외국어 차용 과정에서 외국어의 원어를 그대로 음차 표기하지 않고 원어형의 일부만을 생략해서 표기한 것을 생략형 차용어리고 한다. <표 7>에서처럼 '마이크(mike)'는 'microphone'에서 '포르노(porn)'는 'pornography'에서 원어의 일부만 차용 표기한 예들이다. 앞에서 언급한 곡용이나 활용체계가 다르고 또 그 변화가 다르게 결합한 조어형의 생략형과 상통한다.

〈표 7〉 省略型(clipping)

韓國 借用語	日本 借用語	中國 借用語	原語型
에어로빅(aerobic)	エアロビック (에아로빅크)	有氧舞蹈 (여우양우다오)	aerobic dance
카세트(cassette)	カセット(카셋토)	磁帶(츠다이)	cassette tape recorder
클래식(classic)	クラシック (크라식크)	古典音樂 (구이엔인위에)	classical music
코디(coordi)	コーディ(코ー디)	協調者(시에티아오저)	coordinator
콜드(cold)	コルド(코루도)	冷霜(렁슈앙)	cold cream
카운터(counter)	カウンター(카운타ー)	柜台(꾸이타이)	check out counter
해프닝(happening)	ハプニング(하프닝그)	事件(스지엔)	false happening

韓國 借用語	日本 借用語	中國 借用語	原語型
매스콤(mass com)	マスコミ(마스코미)	大衆轉播(따중추안뽀)	mass communication
마이크(mike)	マイク(마이크)	麥克風(마이커펑)	microphone
포토샵(photo shop)	ポートショップ (포－토숍푸)	photo shop(포토샵)	photography shop
테레비(televi)	テレビ(테레비)	電視(띠엔스)	television
화이트(white)	ファイト(화이토)	修正液(시우정이에)	white out

　　한·일 간의 생략형 차용어의 실태를 보면 조어 방식상 유사성이 매우 많다. 그러나 중국의 경우 번역어로 만든 조어형을 사용하고 있어 큰 차이를 보인다. 그러나 최근 중국에서도 '맥극풍(마이커펑)'과 같이 원어의 부분적인 음차표기나 'photo shop(포토샵)'과 같은 원어 음차표기가 차츰 늘어나는 추세를 보이고 있다.

　　문제는 생략형 차용어가 한·일 간에는 소통될 수 있지만 원어국과는 전혀 소통이 이루어질 수 없다. 영어 세계화의 큰 장벽이 될 수 있으며, 또한 자국어 내부의 언어 생태의 안정성이 점차로 붕괴되고 있다는 점에서 아시아권에서 공동으로 외국어 차용어 표기 문제를 연구하는 방안을 강구해야할 시점이다.

3.5. 혼태형(blend)

　　혼태형이란 두 어휘의 일부를 결합하여 새로운 어휘를 만드는 방식이다. <표 8>에서 처럼 '렌터카(ren car)' / 'レンタカー(렌타카－)'는 원어 'rental car'에서 'rent(al)＋car'와 같이 두 어휘 가운데 한 어휘에서만 일부를 생략하는 경우이고 '컴퓨토피아(computopia)' / 'コンピュトピア(콤퓨－토피아)'는 'compu (ter)＋(u)topia'의 두 어휘에서 일부를 생략하여 결합한 'computopia'라는 혼태형이 만들어졌다.

　　2002년에서 2008년까지 한국의 국립국어원에서 조사한 신어를 대상으로 형태론적 조어 형식을 분석해 보면 혼태형이 가장 많이 나타나고 있다.

〈표 8〉混態型(blend)

韓國 借用語	日本 借用語	中國 借用語	原語
컴퓨토피아 (computopia)	コンピュトピア (콤퓨-토피아)	計算机烏托邦(지쑤안 지우퉈방)	computer+utopia
홈토피아(hometopia)	ホームトピア (호-무토피아)	家烏托邦(지아우퉈방)	home+utopia
코롱(Kolon)	コーロン(코-론)	科龍(커롱)	Korean+nylon
코메리칸(Komerican)	コメリカン (코메리칸)	在美韓國人(짜이메이 한궈런)	Korean+American
레포츠(leports)	レポーツ(레포-츠)	休閑運動(시우시엔윈동)	leisure+sports
라이거(liger)	ライガー(라이가-)	獅虎(스후)	lion+tiger
무크(mbook)	ムック(묵크)	雜志型圖書(자즈싱투수)	magazine+book
오피스텔(offistel)	オピステル (오피스테루)	寫字樓(시에쯔로우)	office+hotel
오무라이스(omerice)	オムライス (오무라이스)	蛋包飯(딴빠오판)	omelet+rice
폰팅(phoneting)	フォンティング (혼팅ㅗ)	없음	phone+meeting
렌터카(ren car)	レンタカー(렌타카-)	租車(주처)	rental+car
선팅(sunting)	サンティング(산팅ㄱ)	貼防晒隔熱膜 (티에팡샤이거르어모)	sun+tinting
테크노피아(technopia)	テクノピア (테크노피아)	技術烏托邦 (지슈우퉈방)	technology+utopia

한국의 경우 외국어 차용어의 혼태형이 급격하게 늘어남으로서 전통적인 조어 형식이 무너질 위기에 처해 있어 고유어의 생태 균형에 치명적인 문제를 야기기하고 있다.

3.6. 혼종어(hybrid word)

한·일 간에는 혼종어가 엄청나게 많이 있다. 혼종어란 고유 한국어나 일본어와 한자어 또는 외국어 차용어가 두 가지 이상 결합해서 만들어진 어휘이다.

혼종어는 고유어나 한자어와 외국어 차용어가 합성된 형태로 한·일 모두
혼종어의 생산이 매우 활발하다. 최근에 들어서는 미국 토박이들이 전혀 알
아듣지 못하는 유사영어 차용어(pseudo-English loanwords)인 혼종어가 대량으로
생산되고 있다.

<표 9> 混種語(hybrid word)

韓國 混種語	日本 混種語
도시가스(都市－gas)	都市ガス(토시가스)
독가스(毒－gas)	毒ガス(도쿠가스)
디지털시계(digital－時計)	デジタル時計(데지타루도케이)
때밀이타올(때밀이－towel)	垢すりタオル(아카스리타오루)
레슨비(lesson－費)	レッスン費(렛슨히)
레이다망(rader－網)	レイダー網(레이다모－)
레이저광선(laser－光線)	レーザー光線(레－자－코－센)
레져산업(leisure－産業)	レジャー産業(레쟈－산교)
렉카차(tractor－車) wrecker(파괴하다)	レッカー車(렉카샤)
리필제품(top－up－製品)	詰め替え製品(츠메카에세－힝)
릴레이경주(relay－競走)	リレー競爭리레－쿄－소)
마을버스(마을－bus)	循環バス(쥰칸바스)
만능엔터테이너(萬能－entertainer)	万能エンターテイナー(반노－엔타·테이나－)
머리핀(머리－(hair)pin)	ヘアピン(헤아핀)
먹이피라미드(먹이－pyramid)	餌ピラミッド(에사피라밋도)
메모지(memo－紙)	メモ用紙(메모요－시)
메모판(memo－板)	メモ版(메모반)
무인경보시스템(無人警報－system)	無人セキュリティシステム (무징세큐리티시스테무)
물컵(물－cup)	コップ(콧푸)
미시족(miss－族)	ミシー族(미시－조쿠)
반코트(半－coat)	ハーフコート(하－후코－토)
백퍼센트(百－percent)	百パーセント(햐쿠파－센토)
버스표(buss－標)	バスチケット(바스치켓토)

韓國 混種語	日本 混種語
벤처산업(venture－産業)	ベンチャー(産業벤챠－산교－)
보도블럭(步道－block)	步道ブロック(호도－브록크)
브라운관(broun－管)	ブラウン管(브라운간)
비디오방(video－房)	ビデオルーム(비데오루－무)
사내벤처(社內－venture)	社內ベンチャー(샤나이벤챠－)
생일케익(生日－cake)	誕生ケーキ(탄죠케－키)
샤워실(shower－室)	シャワールーム(샤와－루－무)
서비스산업(service－産業)	サービス産業사－(비스산교)
선물세트(膳物－set)	プレゼントセット(프레젠토셋토)
선불카드(先拂－card)	前拂いカード(마에바라이카－도)
성호르몬(性－hormone)	性ホルモン(세－호루몬)
쇠파이프(쇠－pipe)	鐵パイプ(테츠파이프)
수상스키(水上－ski)	水上スキー(스이죠－스키－)
수성페인트(水性－paint)	水性ペイント(스이세－페인토)
수중발레(水中－ballet(프))	水中バレー(수이츄－바레－)
스키복(ski－服)	スキー服(스키－후쿠)
스티커사진(sticker－寫眞)	プリクラ(프리쿠라)
스파르타식학원(spartan－式－學院)	スパルタ式學院(스파르타시키가쿠인)
스포츠화(sport－靴)	スポーツ靴(스포－츠구츠)
신용카드(信用－card)	クレジットカード(크레짓토카－도)
실버산업(silver－産業) a town for the aged	シルバー産業(시루바산교－)
십자드라이버(十字－driver)	十字ドライバー(쥬－지도라이바－)
싱크대(sink－臺)	シンク台(싱크다이)
아노미현상(anomic－現象)	アノミ現象(아노미겐쇼－)
안전벨트(安全－belt)	安全ベルト(안젠베루토)
알콜중독(alcohol－中毒)	アルコール中毒(아루코루츄－도쿠)
암달러(暗－dollar)	闇ドル(야미도루)
양면테이프(兩面－tape)	兩面テープ(료－멘테－프)
에너지원(energy－源)	エネルギー源(에네루기겐)
엑스선(X(ray)－線)	エックス線(엑크스센)
엠보싱가공(emboss－加工)	エンボス加工(엠보스카코－)
영양크림(榮養－cream)	榮養クリーム(에이요－크리무)

韓國 混種語	日本 混種語
오디오기기(audio－機器)	オーディオ機器(오－디오키키)
오렌지족(orange－族)	オレンジ族(오렌지조쿠)
오존층(ozone－層)	オゾン層(오존소－)
옷핀(옷－pin)	服ピン(후쿠핀)
운동에너지(運動－energy)	運動エネルギー(운도－에네루기)
원두커피(원두－coffee)	豆コーヒー(마메코－히－)
유명메이커(有名－maker)	有名メイカー(유－메－메이카－)
인기스타(人氣－star)	人氣スター(닝키스타－)
접착식테이프(接着－tape)	接着式テープ(셋챠쿠시키테－프)
정비센터(整備－center)	整備センター(세이비센타－)
종이컵(종이－cup)	紙コップ(카미콧푸)
채팅방(chat－房)	チャットルーム(챳토루－무)
총알택시(총알－taxy)	タクシー(타쿠시－)
캔맥주(can－麥酒)	缶ビール(칸비－루)
커트칼(cutter－칼)	カットナイフ(캇토나이후)
커피잔(coffee－盞)	コーヒーコップ(코－히－콧푸)
테마소설(theme－小說)	テーマ小說(테－마쇼－세츠)
피라미드판매(pyramid－販賣)	ピラミッド販賣(피라밋도한바이)
피자배달서비스(pizza－配達－service)	ピザー配達サービス(피자하이타츠사－비스)
하드보드지(hardboard－紙)	ハードボード紙(하－도보－도시)
히트상품(hit－商品)	ヒット商品(힛토쇼－힝)

<표 9>에서 한·일 간에 조어 차이를 보이는 예들은 76항목 가운데 10항목 정도이다. 여기서 한·일 간의 혼종어의 조어 형식이 매우 유사하다는 점을 확인할 수 있다.

한국의 '렉카차(wrecker－차)'는 일본어의 'レッカー車(렉카샤)'에서 들어온 말인데 원래 영어에서는 'tractor－car'이다. 농사를 짓는데 사용하는 '트렉타'와 구분하여 'wrecker(파괴하다)'와 결합한 '레카차'라는 '콩글리쉬'가 만들어진 것이다. 또한 '샤워실(shower－실) / シャワールーム(샤와－루－무), 비디오방(video－방) / ビデオルーム(비데오루－무), 버스표(buss－표) / バスチケット(바스치켓토)'와

같이 '고유어＋차용어'의 결합이 '차용어＋차용어'로 대응되거나 혹은 한·일 간의 한자어가 달리 대응되는 합성 형식으로 '암달러(암－dollar) / 암ドル(야미도루), 릴레이경주(relay－경주) / リレー競爭(리레－쿄－소)'가 있다. '때밀이타올(때밀이－towel) / 구すりタオル(아카스리타오루), 리필제품(top－up－제품) / 힐め체え(제품츠메카에세－힝), 쇠파이프(쇠－pipe) / 철パイプ(테츠파이프), 스티커사진(sticker－사진) / プリクラ(프리쿠라), 머리핀(머리－(hair)pin) / ヘアピン(헤아핀)'과 같은 예들을 제외하면 한·일 간의 혼종어 생산 방식이 대단히 유사하다고 말할 수 있다.

최근 인터넷이나 방송 매체를 통한 문화 교류가 활발해지고 과학기술의 발달로 인해 새로운 어휘가 급격하게 증가하고 있다. 인터넷을 포함한 신문이나 방송 매체를 통해 유사영어 차용어나 혹은 일반 언중이 전혀 알아듣지 못하는 속어사용(slang usage)도 늘어나고 있다. '데드볼(dead ball)', '백미러(back mirror)', '파인쥬스(pine juice)', '노이로제(neurpses)'와 같은 콩글리쉬 어휘가 늘어나고 있어 영어의 국제화나 세계 공용화에 어두운 그림자를 드리우고 있다.

4. 한국의 차용어 수용 정책의 현황과 문제점

4.1. 정책의 흐름

한·일 간의 차용어의 수용 정책의 기조는 비슷하다. 한국에서는 국립국어원의 국어심의회를 통해 외래어표기와 외래어를 사정하여 국어의 일부로 편입시킨다. 그리고 언론 보도상 표기의 통일을 신속하게 하기 위해 주로 외국 인명이나 지명 표기를 협의하는 기구로 '정부언론외래어심의공동위원회'를 상설운영하고 있다.

일본의 경우 문화청 문화심의회 국어분과회를 통해 외래어 정책의 기조를 마련하고 국립국어연구소에서는 외래어위원회를 두고 외래어에 대한 실태조사를 거쳐 외래어 표기 통일을 하고 있다.

"한·일 간 차용어의 형태론적 구조"의 비교를 통해 살펴본 바와 같이 외래어 관리 영역 밖에 놓여 있는 다량의 차용어의 수용과 정착의 문제는 매우 중요한 국가 언어 정책의 과제이다.

2006년 일본 국립국어연구소 외래어위원회에서 편찬한『分かりやすく傳える外來語言い換え手引き』에서는 '이해하기 어려운 외래어'의 실태 조사를 위해 무작위로 뽑은 일본인 2,000~3,000명을 대상으로 면접 조사한 "외래어 정착도 조사"(cf. 213면)에서 '인지율(그 외래어를 읽거나 들은 적이 있는 사람의 비율)', '이해율(그 외래어의 뜻을 아는 사람의 비율)', '사용율(그 외래어를 쓴 적이 있는 사람의 비율)'이라는 세 가 지 기준으로 정착 정도를 판단하는 지표로 삼았다.

한국에서는 1946년 3월 학무국 '언어과학총위원회'를 구성하여 21개 학술 분야에서 사용하는 일본어를 우리말로 바꾸는 작업에 착수하였다. 동년 11월 에는 '언어과학총위원회'를 '학술용어제정위원회'로 개편하여 교과서에 나오 는 일본 용어의 잔재를 청산하는데 주력하였다. 1946년 6월 유억겸 미군정청 문교부장관 지시로 학무국 편수국에서는 128명으로 구성되는 '국어정화위원 회'(1947년 1월에 설치)를 설치하여 우리말 도로 찾기 운동 "왜정에 더럽힌 자 취를 말끔히 씻어버리고 우리 겨레의 특색을 살리자."라는 운동을 대대적으 로 전개하였다. 1986년 이전까지는 일본으로부터 유입된 외래어에 대한 순화 작업을 강화하는 정책이 주류를 이루었다.

1968년 〈외래어표기법〉 안이 마련된 이후 갑자기 외래어와 외국어 음차표 기의 경계가 무너져 내리면서 이른바 영어 차용어가 물밀듯이 밀려들게 되었 다. 현행 한국의 외래어표기법이 안고 있는 문제는 다음과 같다.

첫째, 대상 국가별 표기법이 차이가 있다. 곧 동남아 3개국의 표기법에서 는 된소리 표기를 인정하고 있으면서 그 외의 국가에 대해서는 된소리를 인 정하지 않고 있다는 점에서 표기법이 매우 어렵고 혼란스럽다.

둘째, 임홍빈(2008)은 "외국어를 자국어의 표기법으로 표기한 차용어를 모두 외래어로 인정해야 한다"는 주장을 하고 있는데 일본을 경유해서 유입된 간접 차용어는 철저하게 순화를 해야 한다는 주장과 영어로부터 차용된 외래어는 외래어표기법으로 전환하면 모두 받아들이자는 주장은 매우 모순적이다.[7]

셋째, 외래어 관리에 문제가 많다. 88올림픽 경기 개최와 함께 외국 선수들의 성명과 외국 국가 명칭 및 각종 지명을 한글로 표기할 목적으로 '정부언론 외래어심의공동위원회'가 결성되면서 차용어는 봇물이 터진 것처럼 밀려들게 되었다. 특히 언론 보도를 통해 외국어와 외래어를 구분하지 않고 '외래어표기법'에 따라 표기함으로서 외국어 음차어가 함께 대량으로 유입되고 있다.

넷째, 이와 함께 정부에서 이들 국적 불명의 음차어를 한국어 어문규범에 따라 철저한 심의과정을 거쳐 외래어와 외국어 음차표기를 엄격하게 선별해 주어야 함에도 단 한 번도 이러한 절차를 거치지 않았다는 사실은 충격적이지 않을 수 없다. 그리고 그것을 『표준국어대사전』에 상당수 싣게 됨으로써, 외래어와 외국어 음차어의 경계를 무너뜨리는 결정적인 요인이 되었다. 일반 언중들이 가세함으로써 외국어를 외래어표기법에 따라 표기하면 모두 외래어가 된다고 인지하는 상황이 되었다. 국립국어원의 국어정책 책임자 가운데 한 사람인 박용찬(2007 : 16)은 "외래어는 따로 사정하여 '외래어표기법'에 따라 적도록 한 것이다. 그러나 아직까지 외래어를 사정하는 특별한 절차나 규정이 마련돼 있지 않다. 다만, 외래어의 어형을 통일하기 위한 '외래어표기법'이 마련되어 있을 뿐이다"[8]라고 하고 있다. 곧 외래어 관리에 대해서는 규범이 정한 바대로 절차적 과정을 제대로 밟지 않았다는 말이다.

첫째, 원음에 대응되도록 한글로 표기한 어휘를 외래어라고 말할 수 있는가? 현재 언론 매체나 학술서적 및 각종 출판물, 영상 매체에 외국어가 그대로 쓰인 경우가 많지만 가독률을 고려하여 원어로 기록하는 것은 피하려는 경향이 있다. 우리말로 굳어지기 이전 상태에서 외국어를 어떻게 한글로 표기할 것인가에 대한 규정은 없는 상황이다. 다시 말하자면 차용어 표기를 위한 규정이 없는 상황에서 곧바로 외래어표기법을 만들어 놓고, 모든 차용어가 이 외래어표기법에 따라 표기하면 외래어로 인정하는 관행이 유지되고 있다. <한글 맞춤법> 제1장 총칙 제3항에 "외래어는 '외래어표기법'에 따라 적는다."라고 규정하여 '외래어표기법'으로 표기된 것은 일단 외래어로 인정

---

7) 임홍빈, 「외래어의 개념과 범위의 문제」, 『새국어생활』 제18권 제4호, 29면, 2008.
8) 박용찬, 『외래어』, 국립국어원, 2007.

하지만, <표준어사정 원칙> 제1장 총칙 제2항에 "외래어는 따로 사정한다"라고 규정되어 있기 때문에 외래어표기법으로 표기했더라도 반드시 사정된 것만 외래어로 규정할 수 있다.

둘째, 차용어에 대해 어디까지 언어 정책 관리 대상으로 할 것인지 그 범위가 명확하지 않다. '외래어'와 '전문용어'는 언어 정책 관리 대상으로 한정되어 있지만 '외국어 음차표기', '혼종어'에 대해서는 수수방관하고 있는 상태이다.

셋째, 외래어표기법의 표기 기본원칙이 혼선을 빚고 있다. 제1장 표기의 기본원칙 제1항은 "외래어는 국어의 현용 24자모만으로 적는다."라고 규정해 두고서는 제4장 인명, 지명 표기의 원칙 제2항에서는 "제3장에 포함되어 있지 않은 언어권의 인명, 지명은 원지음을 따르는 것을 원칙으로 한다"라고 하여 외래어표기법의 기본원칙이 흔들려 있다.

넷째, 한국어 규범 제2장 표기 일람표의 <표 1> 국제음성기호와 한글 대조표는 국제음성기호(IPA)에 대응되는 발음전사(pronunciation transcription) 방식인데 <표 2>부터 <표 13>까지는 자모전사(alphabet transcription) 방식을 채택하고 있다. 발음전사와 알파벳전사는 얼마나 큰 차이를 보이는지 부연 설명이 필요하지 않다.

다섯째, 제3장 표기 세칙에 인용되어 있는 사례들을 살펴보자. 제13절 스웨덴 어의 '스납트, 획스트, 옥토베르, 웁살라, 봇쉬르카, 캄파, 엘리' 와 같은 용례9)들이 과연 한국어의 일부로 굳어진 것인가? 외국어와 외래어는 분명하게 구분해야 함에도 외래어표기법은 전혀 그런 문제는 고려하지 않고 있다. 규범집의 용례로 든 외래어조차 『표준국어대사전』에서는 올림말로 처리하지 않은 것이 무려 150여 개나 된다.

여섯째, 어느 나라를 기준으로 한 외래어냐에 따라 표기법이 매우 유동적이다. '게놈(Genom)'은 독일에서 들어온 직접차용어인데 '낱낱의 생물체가 가진 한 쌍의 염색체'로 뜻풀이를 하고 있다. 그런데 '게놈'은 미국식으로는 간

---

9) 국립국어연구원, 『외래어 표기 용례집』, 국립국어연구원, 1988.

접차용어로서는 '지놈(Genom[ʤi : noum])'이다. '게놈(개놈, 구)으로 할 것인지 지놈(쥐놈, 서)을 할 것인'문제가 된다.

일곱째, 특히 외래어 표기에 관해서는 마치 한글로 세계 모든 언어를 다 표기할 수 있다는 착각에 빠져 영어를 정확하게 한글로 표기하기 위해 'f, v, th'에 대응되는 문자를 만들자고 제안하는 이도 있다. 여기에서 한 걸음 더 나아가 이렇게 하면 영어 발음을 정확하게 배워 영어를 잘할 수 있다는 주장을 하는 이들도 있다.

여덟째, 엉터리 외국어 음차표기가 늘어나고 있다. 단 한 번도 국어심의회의 사정 절차를 거치지 않은 엉터리 혼종어이 대량으로 올림말로 수록되어 있어서 국어사전을 활용하는 국민들을 혼란스럽게 하고 있다.[10]

2004년 12월 문화관광부에서는 <국어기본법>을 제정하였다. <국어기본법>은 "한국어의 공용어가 한국어임을 명시하고 한국어의 보전과 발전을 위한 제도적 장치"로 마련되었다는 의미를 갖고 있다. 특히 기본법에서는 전문용어의 표준화와 관리 절차를 법적으로 명시화하였다는데 큰 의미가 있다.

한국에서 일어 학습이 상제석이었나던 넝어는 새로운 사회, 문화 조건에서 맹목적이 동기에서든지 사회적 상승 욕구에서건 자발적인 필요에 따라 수용되고 있다. 민족주의적 도덕성과 언어적 자유, 정치적 분노와 문화적 향유 사이를 자유롭게 넘나들며 '콩글리시'를 만들어 내고 있다. 이러한 영어 차용어 확장 문제는 한국뿐만 아니라 일본도 비슷한 상황이라고 판단된다. 이 점은 자국 언어의 보호라는 관점에서 분명한 위기이며, 이 문제에 대한 동아시아의 공동 대응 방안을 논의할 시점이다.

---

10) 안정효,『가짜 영어사전』, 현암사, 2000.
　　가제09 (&독Gaze) 몡=거즈(gauze).
　　간데라 (←&일kandera) 몡『건』'촉', '촉광'으로 순화. [<&네kandelaar]
　　개런티 (guarantee) 몡출연할 때에 계약에 따라 받는 금액. '출연료'로 순화. ¶개런티가 높은 배우/ 그 여자 연기자는 최고의 개런티를 받고 광고에 출연했다.§
　　갤러리 (gallery) 몡미술품을 진열·전시하고 판매하는 장소. '그림 방', '화랑(畵廊)'으로 순화.
　　갱04 (gang) 몡범죄를 목적으로 조직적으로 움직이는 무리. ¶갱 두목.§
　　게놈 (&독Genom) 몡『생』낱낱의 생물체가 가진 한 쌍의 염색체. 생물이 생존하는 것을 가능하게 하는 최소한의 염색체이다.
　　게라02 (&일gera) 몡『출』'교정쇄', '활자판 상자'로 순화. [<galley]

5. 결론

최근 외국과의 지적 소통과 물적 교류가 늘어나고 또 인터넷 등 다양한 매체를 통한 언어 소통이 다양해지면서 차용어가 급격하게 늘어나는 추세이다. 한·중·일 3개 국가는 오랜 옛날부터 중국으로부터의 어휘를 활발하게 차용해 왔다. 국가마다 차이는 있지만 한국의 경우 고려시대에는 몽골어, 조선에는 여진어, 만주어의 영향을 받아왔으며, 한말 일본제국의 강점기를 거치면서 일본어의 차용어가 대량으로 유입되었다. 이후 영어를 비롯한 인구어의 차용어들과 각종 전문용어 등 물밀듯이 밀려들고 있다.

한·중·일 3국의 외래어의 관리 방식은 약간의 차이가 있다. 한·일 양국은 차용어의 음차표기를 자국의 표기법에 따라 대응하지만 일반 언중들이 차용어를 받아드리는 속도와 량에 국가 언어 정책이 따라가지 못하고 있다. 곧 자국어에서 언중들이 고유어를 생산하는 양이 보다 국가가 공인하는 차용어 숫자를 훨씬 추월하고 있는 현실이다. 따라서 자국어의 생태 환경이 급속도로 변질되고 있다. 이러한 상황이 그대로 지속되면 자국어의 언어는 절멸로 이어질 가능성이 점점 커지고 있다.

서구와 동양의 자생 학문과 문화 발전에 기인하는 어휘들은 서구로의 진입이 매우 어려운 상황임은 『옥스포드 영어사전』에 실린 올림말의 숫자를 통해서도 확인된다. 특히 한·일 양국의 학계나 언론 및 일반국민들이 외국어를 자국어의 외래어표기법으로 표기한 차용어를 모두 외래어로 인정하는 경우 자국어의 생태지수가 불균형으로 치달을 가능성이 매우 높다.

한·중·일 모두 외래어 관리 문제는 매우 중요한 안건이다. 미시적인 방안으로 외래어 심의 절차를 강화하고 외국어 음차표기와 외래어를 엄격하게 구분하여야 한다. 또한 국가 별 표준사전에 이를 충실하게 반영하여 관리해야 할 것이다. 차용어 가운데 '외래어'는 자국어의 일부로 굳어진 것이며, 그렇지 않은 것은 전부 외국어이고 비록 자국어의 표기 방식으로 전사되었더라도 외국어의 음차표기에 지나지 않는다.

한·중·일 사이에서는 새로운 서구 지식의 유입으로 인해 외국어 차용이 지속적으로 늘어나고 있다. 그 역으로 한·중·일에서 생산되는 지식 용어나 일상용어가 서구로 유입되는 량이나 속도는 매우 늦다. 이러한 역조현상에 대해서도 한·중·일 3개 국가는 긴밀한 대응책을 강구해야 한다. 아시아 3국에 유입되는 서구 차용어 관리에 대한 대응책 마련과 더불어 학술용어나 문화 관련용어을 서구 지역으로 확산시키기 위한 공동 대책을 마련해야 할 것이다. 따라서 한·중·일은 자국 언어의 생태 균형을 지키기 위해서라도 지속적으로 차용어 관리에 대한 새로운 비전을 찾기 위한 학술회의를 비롯한 대책회의를 정례화하기를 제안한다.

참고문헌

국립국어원(1988), 『외래어 표기 용례집』, 국립국어연구원.

________(2006), 『전문용어 연구』, 태학사.

김진해(2006), 「新語와 言語 '밖'」, 『새국어생활』 제16권 제4호.

김한배(2006), 『우리말을 좀 먹는 우리말 속의 일본어』, 동언미디어.

배은한(2008), 「중국어 한글표기법 개선안 재고」, 『제79회 중국어문학연구회 정기 학술 발표대회 논문집』.

안정효(2000), 『가짜 영어사전』, 현암사.

이상규(2008), 『둥지밖의 언어』, 생각과 나무.

임홍빈(2008), 「외래어의 개념과 범위의 문제」, 『새국어생활』 제18권 제4호.

최기선(2007), 「專門 用語의 標準化」, 『새국어생활』 제17권 제1호.

홍성호(2008), 『진짜 경쟁력은 국어 실력이다』, 예담.

황대권(2008), 『오라이 빠꾸』.

프란츠 M.(2005), 두행숙 역, 『멸종, 종과 민족 그리고 언어』, 들녘, 2005.

일본 국립국어연구소 외래어위원회 편(2006), 『分かりやすく傳える外來語言い換え手引き』.

Lyons, J.(1968), *Introduction to theoretical Linguistics*, Cambridge Univ. Press.

Pae, Y. S., Engilsh loanwords in Korean, Univ. of Texas at Austin Dr. dissertation.

Pyles, T.(1971), "The origins and development of the English language", Hacourt Brace Jovanovich, Inc.

Seung Mi Cheon(2008), *Loanwords in Korea*, 한국학술정보주.

Umrgaku, M.(1963), 『일본어의 외래어 연구』, 대만, 청년통신사출판부.

한국어와 베트남어의 다의어 대조 연구*
─ 몇몇 신체어를 대상으로 하여**

박종갑

1. 신체어의 다의적 특성

다의어는 하나의 단어가 서로 관련되는 둘 이상의 의미를 가진 경우이다.[1] 하나의 형태가 하나의 의미를 갖는 것이 이상적이셨시만, 우리의 삼라만성을 그린 식으로 담아낸다면 단어의 수는 무한히 불어나게 될 것이다. 역으로 단어의 수를 늘이지 않기 위해 별다른 관련성이 없는 의미들까지 하나의 단어에 모으게 되면 그것 또한 기억에 큰 부담이 될 것이다. 다의어는 유연성(有緣性)을 가진 의미들을 하나의 범주로 묶어서 나타낼 수 있게 하여, 단어의 수를 무한히 늘이지 않으면서 다양한 표현력을 가지고자 하는 욕구의 결과적 산물이라 할 수 있다.

이 글에서는, 박종갑(2006)에 이어, 한국어와 베트남어의 신체어 중의 일부를 대상으로 삼아 그 다의적 특성을 대조·고찰한다. 다의어는 중심의미와 그것으로부터 파생된 주변의미가 하나의 단어에 공존하고 있는 것이다. 사람

---

* 이 글은 『어문학』 제96집(한국어문학회, 2007. 6. 30)에서 옮겨 실은 것이다.
** '頭部·顔面部·眼部·耳部·鼻部·口部' 관련 단어들이다. 이들 용어는 해당 단어가 가리키는 지시 대상 그 자체를 일컫는 것이다. 그리고 한국어와 베트남어 단어를 구분하지 않고 한꺼번에 가리킬 때도 이 용어를 쓴다. 예를 들어 한국어 '머리'에 대응되는 베트남어는 'Đầu'인데, 이들을 한꺼번에 가리킬 때는 '頭部'라는 용어를 쓴다.

1) 다의어의 정의는 그리 간단하지 않다. 자세한 것은 배도용(2001 : 9~12)을 참고하라.

은 자기중심적 사고방식에 의해, 자신의 몸을 외부세계를 인식하는 데 보조적 수단으로 이용하는 경우가 많으므로, 신체어 단어들에는 여러 가지의 다양한 주변의미들이 만들어져 있을 것으로 예상된다. 따라서 특정한 두 개별 언어를 대조해 보는 관점에서, 이들 신체어의 주변의미들이 어떠한 것들인지, 또 언어에 따라 어느 정도의 공통점과 차이점이 있는지를 고찰해 보는 작업은 매우 흥미롭고 의미 있는 과제가 된다고 본다. 베트남은 최근 우리와 여러 방면에서 급속도로 깊고 넓게 국가적인 교류가 진행되고 있는 나라다. 베트남어는 우리의 관심이 고조되고 있으며 중요한 연구 대상의 하나로 부각되고 있다. 이 글은 신체어를 중심으로 한 어휘 의미적 고찰을 통해, 이러한 시대적 관심에 접근해 보려는 것이다.

다의어가 가진, 서로 관련되는 둘 이상의 의미 하나하나를 가리킬 때 '단의'라는 용어를 쓴다면,[2] 다의어는 둘 이상의 단의로 구성된 것이다. 단의들은 동질적 지위에 있지 않다. 논란의 여지가 많지만, 단의들 가운데 가장 기본적이고 핵심적인 의미를 중심의미라고 하고, 그것을 제외한 다른 의미들을 주변의미라고 본다.[3] 주변의미는 하나의 중심의미에서 파생된 것이다. 중심의미와 주변의미의 구분이 늘 분명한 것은 아니다. 중심의미는 주변의미에 비해, 문맥적·문법적 제약이 덜하다는 특징이 있다(배도용, 2001 : 14~15). 그리고 주변의미는 그것을 나타낼 수 있는 다른 단어가 있지만, 중심의미는 그렇지 않다는 특징도 있다.[4]

다의어는 하나의 중심의미에서 여러 주변의미들이 파생되어 나가는 의미 확장의 과정을 거친 것이므로, 각 주변의미들의 의미는 해당 중심의미의 의미 특성과 밀접한 관련을 가지게 된다. 특히 신체어의 경우, 주변의미들은 중심의미의 지시대상이 되는 특정한 신체 부위들의 여러 특징들을 바탕으로 삼아 의미 확장이 이뤄짐이 쉽게 확인된다. 예를 들어 '머리[頭部]'의 경우, '둥

---

2) 남경완(2005) 참고.
3) '중심의미'와 '주변의미'의 개념과 관련된 자세한 논의는 이정식(2003, 19~38, 67~92)을 보라.
4) 예를 들어, '머리'의 경우, [頭部]의 의미는 '머리'라는 단어 이외의 단어는 없다. 그러나 '머리 깎는다'와 같은 용례에서처럼 [頭髮]의 의미일 때에는 '머리털, 머리카락' 등의 단어가 있고, '머리 좋다'에서의 의미일 때는 '지능'이란 단어가 대신 쓰일 수 있다.

글게 생긴 머리'라는 '형태적 특징', '뼈·가죽·머리털 등으로 이뤄진 것'이라는 '구성적 특징', '생각하는 힘을 수행하는 것'이라는 '기능적 특징', 그리고 '신체의 앞과 윗부분에 위치하는 것'이라는 '공간적 특징' 등을 이용하여 의미 확장이 이뤄진다. 따라서 여기에서는 다의어를 이루는 각 단의들을, 다음과 같은 6개의 의미영역으로 나누어 고찰한다.5) '대상'은 대상이 되는 신체 부위(기관) 그 자체를 가리키는 것이다.

    (1) (A) [대상]
        (B) [대상의 형태]
        (C) [대상의 구성]
        (D) [대상의 기능]
        (E) [대상의 위치]
        (F) [기타]

    각 다의어의 구체적인 의미 기술은 사전마다 조금씩 다른 경우가 있다. 이 글의 한국어 자료는 『표준국어대사전』(국립국어원 편, 2001)의 것이고, 베트남어 자료는 <Đại từ điển tiếng Việt(베트남어대사전)>(베트남교육부 베트남어와 베트남 문화 연구소편, 1991)의 내용을 주로 하고, <Từ điển tiếng Việt(베트남어사전)>(베트남 언어학연구원 편, 2003)의 내용을 참고하여 얻은 것이다. 『표준국어대사전』의 경우 북한말의 의미라고 되어 있는 것은 제외하였다.

2. 한·월 신체어 다의어 대조

2.1. '머리'와 'Đầu'

국어사전에는 '머리'의 의미를 다음과 같이 총 11개의 단의로 제시하고 있다.

---

5) 이 글의 이와 같은 방법론은 배도용(2001)을 참고한 것이다. 배도용(2001 : 21)에서는 "'손'의 국면 구조"라 하여, '형태, 구성, 기능' 등의 세 가지로 나누어 기술하고 있다.

(2) 《머리》

① 사람이나 동물의 목 위의 부분. 눈, 코, 입 따위가 있는 얼굴을 포함하며 머리털이 있는 부분을 이른다. 뇌와 중추 신경 따위가 들어 있다.

② 생각하고 판단하는 능력

③ =머리털

④ 한자에서 글자의 윗부분에 있는 부수

⑤ 단체의 우두머리

⑥ 사물의 앞이나 위를 비유적으로 이르는 말

⑦ 일의 시작이나 처음을 비유적으로 이르는 말

⑧ 『음』음표의 희거나 검고 둥근 부분

⑨ 어떤 때가 시작될 무렵을 비유적으로 이르는 말

⑩ 한쪽 옆이나 가장자리

⑪ 일의 한 차례나 한 판을 비유적으로 이르는 말

한국어 '머리'에 대응되는 베트남어 단어는 Đầu[6]이다. Đầu의 단의는 다음과 같은 총 7개이다.

(3) 《Đầu》

㉠ 사람이나 동물의 목 위의 부분. 뇌와 중추 신경 따위가 들어 있다. 예 Đầu gà(닭의 머리), Đầu to khó chui(머리가 크면 기어들어가기가 어렵다)

㉡ 사람의 생각하고 판단하는 정신적 표징. 지혜, 사상 예 Cái đầu thông minh(총명한 머리), Vấn đề đau đầu(머리가 아픈 문제).

㉢ 머리털, 머리카락[7] 예 Gội đầu(머리를 감다)

㉣ 여러 사물의 윗부분이나 앞부분 예 Trên đầu tủ áo(옷장 위에), Đầu máy bay(비행기의 앞부분)

㉤ 사물의 맨 끝부분, 끝 예 Đầu dây(줄 / 선의 끝), Đầu đường(길의 끝), Hai đầu bàn(테이블의 양쪽의 끝부분)

㉥ 시초, 맨 처음, 제일 앞의 지점, 시작점, 어떤 일을 시작하는 맨 먼저의 시점이나 지점 예 Ghế đầu(맨 앞의 자리), Học lại từ đầu(처음부터 다시 공부하다), Đầu dòng(행(줄)의 첫 글자), Đầu mùa(계절 초기의), Đầu năm(연초(年初)의), Từ đầu tàu đến cuối tàu(배의 앞부분부

---

6) 한자어 '頭'에서 온 말이다.

7) '머리털'을 가리키는 것으로 'Tóc'이란 단어가 있는데, 그 용법은 조금 다르다.

터 배의 뒤 부분까지)

ⓢ 사람이나 동물의 단위 예 Tính theo đầu người(인원 수에 따라 계산하다)

'머리'와 'Đầu'의 단의들을 살펴보면, ①과 ㉠이 (A)[대상]의 의미영역에 속함을 알 수 있다. 이 둘은 '두부(頭部)'라는, 인간 신체의 일 부위로서의 대상 그 자체를 가리키는 것이며, 중심의미에 해당된다.

(B)[대상의 형태]에 해당되는 것은 한국어 자료 ⑧이다. 해당되는 베트남어 자료는 없다. ⑧은 악보의 음표에서 흔히 '콩나물 대가리'라고 하는 것이다. 이것은 [공간적 위치]의 영역으로 볼 수는 없다. 음표에서 이것은 아랫부분을 차지하고 있고, 아랫부분을 '머리'로 일컫는 경우는 없기 때문이다. 둥글고 새까만 것이 사람의 머리 형태와 유사하다고 인식한 결과로 보는 것이 자연스러우므로, 은유의 방식에 의한 의미 확장임을 알 수 있다.

(C)[대상의 구성]에 속하는 것은 한국어 자료 ③과 베트남어 자료 ㉢, ㉦이다. ③, ㉢은 그 의미특성이 동일하다. 중심의미 [頭部]에서 [頭髮(두발)]의 의미로 확장이 이뤄진 것이므로 환유에 해당된다(전체→부분). 베트남어 사료의 ㉦은 한국어 자료에는 없지만 한국어 화자들이 그 쓰임을 쉽게 짐작할 수 있는 내용이다. "두당 얼마씩 내면 된다."라든지, "머리 수에 따라 계산한다."와 같은 말을 쓰기도 한다(그러나 그와 같은 용법이 사전에 등재되어 있지는 않다). 이 경우도 환유에 해당되는데, '부분'으로써 '전체'를 나타내는 방식이다.

(D)[대상의 기능]에 속하는 것은 ②, ⑤, ㉡ 등이다. ②, ㉡은, '머리 좋은 학생', 'Cái đầu thông minh(총명한 머리)' 등의 용례에서 알 수 있듯이, 의미특성이 매우 유사하다. 두 단의는 동일한 의미영역에 속하지만, 구체적인 용례에서 약간의 차이가 있는 경우이다. 베트남어 자료 ㉡에는 '지혜, 사상' 등의 의미도 들어 있어, ㉡이 ②보다 의미 확장의 적용 범위가 더 넓다. '대상' 그 자체([頭部])가 대상의 '기능([사고력])'을 가리키는 방향으로 의미 확장이 이뤄진 것이므로, 환유에 해당된다.

⑤는 환유와 은유가 복합적으로 작용한 의미 확장의 예다. 첫째, ②, ㉡의 경우와 같이, 대상 그 자체인 '머리'가 그것의 기능인 '사고력'을 가리키게

되는 것이다(환유). 둘째, 그러한 사고력을 가진 머리가 신체의 여러 부위들 중에서 중심적 역할을 하는 것으로 인식되는데, 조직의 장(長)을 그것과 유사한 것으로 생각하게 된 것이다(은유). 이러한 점은 "그는 우리 모임의 머리 노릇을 하고 있다."와 같은 용례에서 확인된다. 베트남어 자료에서는 이 단의가 없지만, "Bắt gọn toán cướp và đầu sỏ của chúng(강도단과 그 두목을 완전히 잡았다.)"8)와 같은 용례에서 보듯이, 'Đầu sỏ'와 같은 구(명사구) 층위에서 표현된다.

②, ㉡과 ⑤는 동일하게 [대상의 기능] 영역에 속하지만, 전자에서의 '머리/Đầu'는 인간의 머리가 가지는 본래적 기능을 가리키는 것이고, 후자에서의 '머리'는 위계적 조직에서의 기능(역할)을 가리키는 것이다. 전자는 [자체적 기능]이란 하위 영역으로, 후자는 [대외적 기능]이란 하위 영역으로 특화할 수 있다.

(E)[대상의 위치]에 해당되는 단의는 많다. [공간적 위치]와 [시간적 위치]로 나누어 보면, 공간적 위치에 속하는 것은 ④, ⑥, ⑩, ㉣, ㉤ 등이고, 시간적 위치에 속하는 것은 ⑦, ⑨, ㉥ 등이다.

우선 공간적 위치와 관련되는 것을 보면, ⑥, ㉣이 눈에 띄는데, 이들은 의미특성이 매우 유사하다. 문제의 대상들 사이에 '공간적 위치'로서의 유사점이 있는 것으로 인식된 결과다(은유). 사람의 머리는 사람의 신체에서 위 또는 앞에 위치하고 있는 것으로 인식되는데, 이를 이용하여 이와 유사한 위치를 점하고 있다고 생각되는 다른 대상을 가리키는 것으로 쓰인 것이다. 이들도 구체적인 용례를 보면 부분적인 차이가 있다. 'Trên đầu tủ áo'를 축어적으로 번역하면 '옷장 머리 위에'란 뜻이 되는데,9) 한국어에서는 그냥 '옷장 위에'라고 하지 이러한 표현을 쓰지 않는다.

⑩과 ㉤은 동일한 의미영역에 속하지만 구체적인 자료를 보면 상당히 이질적이다. 일단 둘 다 [공간적 위치]의 영역에 속하는 것으로 처리하는 것이 온

---

8) [bắt(잡다), gọn(완전히), toán cướp(강도단), và(과, 와), đầu sỏ(두목), của(의), chúng(그들)] Đầu sỏ 외에도 Đầu đàn, Đầu đáng 등의 표현도 있다.

9) [trên(위), đầu(머리), tủ áo(옷장)]

당해 보인다. 한국어 자료의 ⑩은 "한 머리에서는 장구를 치고 또 한 머리에서는 징을 두드려 대고 있었다."와 같은 용례에서 보듯이, [독립적인 주변부]와 같은 하위 영역으로 그 의미특성을 지적할 수 있다. 그런데 베트남어에서는 사물의 끝부분, 예를 들면, '가위의 끝부분, 줄의 끝부분, 길의 끝부분, 탁자의 양쪽 끝부분' 등을 'Đầu'의 개념으로 인식하는 것 같아, [종단부]와 같은 하위 영역을 상정할 수 있다.10) 적용된 비유법은 은유다.

한국어 자료 ④는 한자(漢字)의 부수글자 중에 윗부분에 위치하는 것을 가리키는 것이어서 [공간적 위치]에 해당한다. [도형적 上部]라는 하위 영역으로 나머지 것들과 구분된다. 사람의 신체 중에서 머리가 차지하는 위치와 이러한 부수글자의 도형적 위치를 유사한 것으로 인식한 결과다(은유).

[시간적 위치]에 해당되는 것 중, ⑦과 ⑭도 은유에 의한 것이다. ⑦은 [시간적 위치]의 의미 외에 [공간적 위치]의 의미도 아울러 갖고 있는 것이어서, ⑭이 ⑦을 포함하는 관계다. 그리고 동일한 [시간적 위치]라는 영역만 보더라도, 이 둘 사이에는 구체적인 용례에 차이가 있다. '연초(年初)'라는 의미의 'Đầu năm'를 축어적으로 번역하면 '해 머리'11)가 되는데, 한국어에서는 쓰이지 않는 표현이다.

한국어 자료 ⑨는 [시간적 위치]의 영역이다. 그런데 "남은 길을 재촉하여 컴컴할 머리에 겨우 증심사에 당도하였다."와 같은 용례를 보면, '하루라는 시간적 범위 전체'에서의 시초가 아니고, 하루 중에서도 '해가 져 컴컴해지는 과정의 시간적 범위'에서의 시초임을 알 수 있다. 앞에서 언급한 ⑦, ⑭도 동일하게 [시간적 위치]의 영역인데, 이때의 '머리/Đầu'는 어떤 사태나 일을 하나의 전체로 보고 그 속에서의 시초라는 의미여서, [전체적 시초]라는 하위 영역이 드러난다. 이에 대비해 생각해 보면, ⑨의 의미특성은 [부분적 시초]라는 하위 영역을 세워, ⑦, ⑭의 그것과 구분할 수 있다.

끝으로, 한국어 자료 중 ⑪은 좀 독특하다. "한 머리 태풍이 지나고 햇빛이 비쳤다."와 같은 용례를 고려해 보면 [사건의 발생 단위]와 같은 내용의 영역

---

10) 이 경우는 [공간적 위치]라는 의미영역은 동일하지만, 하위 영역이 서로 다른 예이다.
11) [đầu(머리), năm(연(年))]

을 설정할 수 있다. 지금까지 설정된 의미영역은 모두 '대상 그 자체'이거나 '대상의 형태·구성·기능·역할·위치' 등과 같은 대상의 속성과 관련된 것이었다. 그런데 ⑪은 사건 그 자체나 사건의 속성과 관련된 것이 아니고, '사건의 발생이 이뤄졌다'는 문맥에서 그 발생이 '완결된 성격의 한 차례 또는 한 판이 이뤄진 것'이라는 의미다. 단순화하여 말하면, 사건 발생의 빈도를 표현할 때 이용되는 단위명과 같은 것이다. 물론 '한 머리'와 같은 표현은 관용어적인 성격이어서 이때의 '머리'가 온전한 단위명과 같지는 않다. 이 경우도 환유와 은유가 복합적으로 적용되어 형성된 것으로 볼 수 있을 것 같다. 첫째, 대상 그 자체인 '머리'가 그것의 기능인 '사고력'을 가리키게 되는 것이다(환유). 둘째, 그러한 사고력을 가진 머리가 신체의 여러 부위들 중에서 중심적이고 독립적인 역할을 하는 하나의 완결체로 인식되는데, 그것이 사건의 발생이 '한 차례 또는 한 판 이뤄진 것'과 같은 '독립적 완결체'와 유사하게 인식된 결과다(은유). 하여간 ⑪의 단의는 중심의미 ①과의 유연성의 정도가 가장 약한 것이라 하겠다.

지금까지의 논의 내용을 정리하여 표로 만들어 제시하면 다음과 같다.

<표 1> '머리'와 'Đầu'의 의미확장과 비유법

[의미영역]		한국어	베트남어	비유법
(A) 대상		① (頭部)	㉠ (頭部)	
(B) 대상의 형태		⑧ (음표의 머리)		은유
(C) 대상의 구성		③ (두발)	㉢ (두발)	환유(전체 → 부분)
		(漢)[12]	㉦ (頭當)	환유(부분 → 전체)
(D) 대상의 기능	자체적 기능	② (사고력)	㉡ (사고력)	환유(실체 → 기능)
	대외적 기능	⑤ (두목)	(구)[13]	환유(실체 → 기능) 은유

---

12) 실제로는 "저런 식당은 두당 3만원 정도씩 든다."와 같은 표현에서처럼 한자어 '頭'가 동일한 의미로 쓰이지만, 사전에 그런 의미가 기술되어 있지는 않은 경우이다.

13) (명사)구의 층위에서 이러한 의미가 표현되고 있음을 뜻한다.

[의미영역]		한국어	베트남어	비유법
(E) 대상의 위치	공간적 위치	④ (도형적 上部)		은유
		⑥ (前部 / 上部)	ㄹ (前部 / 上部), *14)ㅂ	은유
		⑩ (독립적 주변부)		은유
			ㅁ (종단부)	은유
	시간적 위치	⑦ (전체적 시초)	*ㅂ (전체적 시초)	은유
		⑨ (부분적 시초)		은유
(F) 기타		⑪(단위)		환유(실체 → 기능) 은유

　이상의 정리 내용을 보면, 일단, 한국어 '머리'와 베트남어 'Đầu'의 의미 특성에 공통점이 많음을 지적할 수 있다. 두 언어의 해당 단의들 중에는, 의미특성이 동일한 경우, 의미영역이 동일하지만 구체적인 용례에 차이가 있는 경우, 그리고 상위의 의미영역은 동일하지만 구체적인 하위 영역을 다르게 설정할 수 있을 정도의 차이가 있는 경우 등이 있다. 또 소수지만, 대조될 만한 단의가 한쪽 언어에 없는 경우도 있다. 이 때 특정한 의미가 해당 단어 자체로는 표현되지 않지만, 의미가 같은 다른 단어로 표현되거나 그러한 단어가 포함된 (명사)구의 층위에서 표현되고 있는 경우도 있다.

　두 언어 모두 (E)[대상의 위치] 영역에 속한 단의들이 상대적으로 많다. '頭部'는 인간의 신체 중에서 '前部' 또는 '上部'에 위치한다. 이와 같은 위치적 특성이 은유 또는 환유의 근원영역이 되어, 의미 확장의 바탕이 되었다. 이것은 언중들이 그러한 위치적 특성을 '頭部'의 가장 두드러진 특성으로 인식한다는 뜻이다.

　비유법을 보면, (B)[대상의 형태]와 (E)[대상의 위치]에 속한 경우는 은유와 관련되고, (B)[대상의 구성]과 (D)[대상의 기능]에 속한 경우는 환유와 관련된다. 환유와 은유가 다 적용된 경우도 있다.

---

14) 별표(*)는 두 가지 영역 이상의 영역에 모두 포함되는 경우를 가리키는 것이다.

2.2. '얼굴'과 'Mặt'

국어사전에는 '얼굴'의 의미를 다음과 같이 총 6개의 단의로 제시하고 있다.

> (4) ≪얼굴≫
> ① 눈, 코, 입이 있는 머리의 앞면.
> ② 머리 앞면의 전체적 윤곽이나 생김새.
> ③ 주위에 잘 알려져서 얻은 평판이나 명예. 또는 체면.
> ④ 어떤 심리 상태가 나타난 형색(形色).
> ⑤ 어떤 분야에 활동하는 사람.
> ⑥ 어떤 사물의 진면목을 단적으로 보여 주는 대표적 표상.

한국어 '얼굴'에 대응되는 베트남어 단어는 Mặt이다. Mặt의 단의는 다음과 같은 총 6개이다.

> (5) ≪Mặt≫
> ㉠ =Gương mặt : 사람이나 짐승의 앞부분, 이마부터 턱까지의 부분. 얼굴 예 Gương mặt xinh xắn(얼굴이 아름답다). Rửa mặt sạch sẽ(얼굴을 깨끗이 씻다).
> ㉡ 사람의 얼굴, 품행이나 명예의 상징. 체면 예 Ngượng mặt(부끄럽다).
> ㉢ 어떤 사람을 다른 사람과 구별시켜주는 실체 예 Gặp mặt nhau(서로 만나다), Họp mặt(집합하다 / 회의하다). Thay mặt(대신하다 / 대표하다).
> ㉣ 어떤 바닥, 또는 그런 모양을 가지는 사물의 앞면, 윗부분 예 Mặt trời(태양(태양의 앞면)), Mặt bàn(테이블의 바닥 면), Mặt đất(땅의 바닥)
> ㉤ 사물의 겉에 드러난 네 방향. 면, 방향 예 Mặt trước đối diện với cửa hàng(가게와 마주 바라보는 앞면), Bốn mặt đều là rừng núi(사방이 다 산과 숲이다).
> ㉥ 어떤 문제나 현상을 헤아리거나 고려할 때 가리키는 부분. 측면, 방면 예 Mọi mặt của đời sống(생활의 모든 방면), mặt tích cực(적극적인 면), Mặt tiêu cực(좋지 않은 면(문제)), Chú ý cả mặt hình thức lẫn nội dung(형식과 내용을 다 같이 유의한다).

한국어 '얼굴'과 베트남어 'Mặt'의 단의들을 대조해 보면, (A)[대상]의 의미영역에 속하는 것은 ①과 ㉠임을 알 수 있다. ①, ㉠은 '顔面部'라는 인간 신체의 특정 부분으로서의 대상 그 자체를 가리키는 것으로, 중심의미에 해당된다.

(B)[대상의 형태]에 속하는 것은 베트남어 자료 ㉣인데, 한국어 자료에는 대응되는 단의가 없다. ㉣은 [대상의 위치] 영역에도 관련된다. '안면부'는 형태상으로는 [평탄성]의 하위 영역을, 공간적 위치상으로는 [前部] 또는 [上部]의 하위 영역을 설정할 수 있다. '태양'을 가리키는 'Mặt trời'15)는, 축어적으로 해석하면, '태양의 얼굴'이 된다. 이는 우리가 보는 것은 태양의 앞면(前部)이며 평평한 형태라는 인식이 바탕이 된 것이다. 'Mặt bàn(테이블의 바닥 면)'은 [평탄성]과 [상부]의 하위 영역으로 구분될 수 있음은 쉽게 이해된다. 'Mặt đất(땅의 바닥)'은 [평탄성]과만 관련되는 것처럼 보이지만, 땅의 뒤 또는 아래는 보이지 않는 것이고, 지금 우리가 보고 있는 것은 땅의 앞면 또는 윗면이라는 인식이 깔려 있음을 짐작할 수 있다. 따라서 이 경우는 '지시대상의 형태적 유사성'에 바탕을 둔 비유이므로 은유에 해당된다.

(C)[대상의 구성]에 해당되는 것은 ⑤와 ㉢이다. ⑤는, "영화계에 새 얼굴이 등장하였다.", "야 오랜만에 얼굴이나 한번 보자."와 같은 용례를 보면, '활동 주체로서의 사람이나 인물'과 같은 의미다. ㉢도 마찬가지다. 'Họp mặt(집합하다, 회의하다)'는 축어적으로 해석하면 '얼굴이 모이다'16)의 의미다. 'Gặp mặt nhau(서로 만나다)'17)와 같은 쓰임은 한국어 "얼굴 한번 보자(한번 만나자)"와 차이가 없다. 이 경우의 의미 확장은 환유의 과정이 2회에 걸쳐 적용된다. 첫째, 얼굴은 신체적 관점에서 보면 인간의 일부일 뿐인데, 그것이 심리적으로 인간을 구성하는 핵요소로 인식되는 과정이 있다. 이것은 '실체'로써 '기능'을 나타내는 것이다. 둘째, 심리적 관점에서 인간의 핵요소인 얼굴이 '인간' 그 자체를 가리키게 되는 과정이 뒤따른다. 이것은 '부분'으로써 '전체'를 나타내는 것이다.18)

---

15) [mặt(얼굴), trời(하늘, 해)]

16) [họp(모이다, mặt(얼굴)]

17) [gặp(만나다, 보다), mặt(얼굴), nhau(서로)]

(D)[대상의 기능]의 영역은 좀 복잡하다. 우선 한국어 자료 ②를 보자. ②는 ①과 상당히 유사하여 이 둘이 어떻게 구분되는가는 미묘한 문제다. ①은 '객관적 관점에서의 대상 그 자체'를 가리키는 것이다. ②는, '잘생긴 얼굴, 험상궂은 얼굴, 준수한 얼굴' 등과 같은 용례에서 보듯이, '평가 대상으로서의 외형적 실체'를 가리키는 것으로, 가치판단의 대상이 된다. ②에서의 '얼굴'은 평가 대상으로서의 외형적 윤곽을 나타내는 수단의 역할을 한다. 예를 들면, '잘생긴 얼굴'이라고 할 때의 '얼굴'은 그 사람의 '안면부의 윤곽'이 좋은 가치를 가짐을 나타내는 수단이 되는 것이다. 그리하여 ①의 의미영역이 [대상]인데 비해, ②는 [대상의 기능]이 되며, [외형적 윤곽]이란 하위 영역으로 특화할 수 있다. ①에서 ②로의 의미 확장은, 환유의 방식으로서, 그 지시 대상이 단순한 실체에서 가치판단 대상으로서의 '외형적 윤곽'을 나타내는 기능적 실체로 전환되었음을 뜻한다. 다시 말하면, '실체'로써 '기능'을 가리키게 된 것이다. 위에서 제시한 사전 자료를 보면, 베트남어에서는 한국어 자료 ②에 대응되는 것은 없다.

그런데 한국어 자료 ④도 이와 유사하다. ②가 [외형적 윤곽]이라면, ④는 [심리적 윤곽]이라 할 수 있다. '기쁨에 충만한 얼굴, 겁에 질린 얼굴' 등과 같은 용례에서 보듯이, 이 경우의 '얼굴'은 인간의 심리적 상태가 표현되는 수단임을 쉽게 이해할 수 있다. ②와 ④는 곧 '얼굴을 보고 그 사람의 생김새를 말하게 되고, 얼굴을 보고 그 사람의 심리 상태를 짐작하게 된다'는 것인데, 그러한 것들은 인간의 타고난 생김새나 생리적 작용이므로, [자체적 기능]에 해당된다고 할 만하다. '실체'로써 '기능'을 나타내는 것이니 환유에 해당된다.

한국어 자료 ③과 베트남어 자료 ㉡도 동일하게 [대상의 기능] 영역에 속한다. "내가 무슨 얼굴로 형을 대하겠느냐?"와 "Ngượng mặt(부끄럽다)"[19]와 같은 용례에서 보듯이, 이때의 '얼굴'과 'Mặt'은 [정신적 가치]를 표현하는 수단이 된다. '얼굴이 깎이었다'는 것은 정신적 가치가 손상되었다는 것이다.

---

18) 그렇다면 이 경우는 [대상의 기능]의 영역과도 관련된다.

19) [ngượng(부끄럽다, 어색하다), mặt(얼굴)]

얼굴이 우리의 체면이나 자존심 등과 같은 가치와 동일시된다. 이 경우는 환유와 은유가 모두 적용된다. 첫째, 얼굴은 신체적 관점에서 보면 인간의 일부일 뿐인데, 그것이 심리적으로 인간을 구성하는 핵요소로 인식되는 과정이 있다. 이것은 '실체'로써 '기능'을 나타내는 것이므로 환유다. 둘째, 그러한 심리적인 핵요소가, 핵요소라는 공통점에 바탕을 두어, 정신적 가치관에서의 핵요소인 체면과 동일시되는 은유의 과정이 뒤따른다.

한국어 자료 ⑥에서의 '얼굴'은 [관계적 가치]를 표현하는 수단과 관련된다. "고려청자는 고려 시대 문화재의 대표적 얼굴이다."와 같은 용례가 그것을 잘 보여주고 있다. 고려청자는 나머지 모든 문화재에 대해 '대표로서의 관계'를 가진다는 것과 같다. 이 경우도 환유와 은유가 모두 적용된다. 얼굴은 신체적으로 인간의 일부일 뿐인데 그것이 심리적 관점에서 인간의 핵요소로 인식되는 환유의 과정이 있다. 그리고 심리적인 핵요소인 '얼굴'이, 핵요소라는 공통점에 기인하여, 관계적 가치관에서의 핵요소인 '대표'와 동일시되는 은유의 과정이 뒤따른다. 베트남어 자료 ㊋은 상황의 다양한 장면이 표현되는 수단으로서의 'Mặt'을 설명하고 있다. 이 글에서는 이들 [상황적 가치]의 표현 수단이라고 하여 구분한다. 'Mặt tích cực(적극적인 면), Mặt tiêu cực(좋지 않은 면(문제))'와 같은 용례를 보면 그러한 내용을 짐작할 수 있다. 이 경우도 환유와 은유 두 과정을 거친다. 여기서 언급하고 있는 ③, ㉡, ⑥, ㊋ 등은 [대외적 기능]의 영역이라 하여, [자체적 기능]이라고 한 ②, ④와 구분하고자 한다. '체면'이나 '대표' 등과 같은 것은 인간 본연의 특성과 관계된 것이 아니고, 인간이 외부 세계와 교섭하는 과정에서 생기는 개념이라고 볼 수 있다.

(E)[대상의 위치] 영역에는 베트남어 자료 ㊀이 관련된다. '前部'라는 공간적 위치로서의 특성이 의미 확장의 바탕이 되었다. 'Mặt trước đối diện với cửa hàng(가게와 마주 바라보는 앞면)'와 같은 용례를 보면 Mặt의 그러한 의미가 드러난다. 'Bốn mặt đều là rừng núi(사방이 다 산과 숲이다)'와 같은 용례에서의 '사방'은, 기준이 달라지면, 각각의 면이 전부 '前面' 도는 '前部'가 될 것이다.

이상의 논의 내용을 정리하여 표로 만들어 제시하면 다음과 같다.

<표 2> '얼굴'과 'Mặt'의 의미확장과 비유법

[의미영역]		한국어	베트남어	비유법
대상		① (顔面部)	㉠ (顔面部)	
대상의 형태			*㉣ (평탄성)	은유
대상의 구성		⑤ (사람 / 인물)	㉢	환유₁(실체→기능) 환유₂(부분→전체)
대상의 기능	자체적 기능	② (외형적 윤곽)		환유(실체→기능)
		④ (심리적 윤곽)		환유(실체→기능)
	대외적 기능	③ (정신적 가치)	㉡	환유(실체→기능) 은유
		⑥ (관계적 가치)		환유(실체→기능) 은유
			㉥ (상황적 가치)	환유(실체→기능) 은유
대상의 위치	공간적 위치		*㉣ (前部 / 前面) ㉤ (前部 / 前面)	은유
	시간적 위치			
기타				

　　이상의 정리 내용을 보면, '얼굴'과 'Mặt' 모두 각각 6개의 단의들을 보유하고 있는데, '머리'는 [대상의 기능] 영역에 많은 단의가 포함되어 있고, 'Mặt'는 비교적 여러 영역에 고루 분포되어 있음이 돋보인다. 한국어 '얼굴'에 '기능적 영역'에 해당되는 단의들이 상대적으로 많이 파생되어 있다는 것은 한국어 언중들이 '얼굴'을 주로 기능적 관점에서 인식하고 있다는 뜻이다.

　　'얼굴'과 'Mặt'의 단의들은 비교적 이질적인 경우가, 앞의 '머리'와 'Đầu'의 경우에 비해, 상대적으로 좀 많다. 동일한 의미특성을 가진 짝이 3쌍 6개이고(①-㉠, ⑤-㉢, ③-㉡) 나머지 6개의 단의들에는 의미특성상 짝이 될 만한 경우가 없다.

　　[대상의 구성]과 [대상의 기능] 영역에 속한 단의들의 확장에는 환유가 개입되고, [대상의 형태]와 [대상의 위치] 영역에 속하는 단의들의 확장에는 은유가 개입되는 것이 보통이다. 환유와 은유가 함께 적용된 경우도 있으며, 환

유가 이중적으로 적용된 경우도 있다.

2.3. '눈'과 'Mắt'

국어사전에는 '눈'의 의미를 다음과 같이 총 6개로 기술하고 있다.

> (6) ≪눈≫
>> ① 빛의 자극을 받아 물체를 볼 수 있는 감각 기관
>> ② ＝시력01(視力)
>> ③ 사물을 보고 판단하는 힘
>> ④ ('눈으로' 꼴로 쓰여) 무엇을 보는 표정이나 태도
>> ⑤ 사람들의 눈길
>> ⑥ 태풍에서, 중심을 이루는 부분

한국어 '눈'에 대응되는 베트남어 단어는 'Mắt'인데, 총 5개의 단의로 기술되어 있다.

> (7) ≪Mắt≫
>> ㉠ 동물이나 사람이 사물을 보는 기관 예 Mắt đẹp(멋있는 눈), Mắt kính(안경), Mắt mèo(고양이의 눈)
>> ㉡ 사람의 눈 : 인식이나 관심, 주의를 나타내다 예 Mắt nhà nghề(전문가의 눈, 전문가의 인식). Đẹp mắt(보기에 좋다), Để mắt(관심을 가지다, 주의하다).
>> ㉢ 사물의 표면에 눈의 모양과 같은 울퉁불퉁한 곳 예 Mắt tre(대마디).
>> ㉣ 짜는 제품에 생긴 틈 예 Mắt lưới(그물눈, 망사).
>> ㉤ 중요한 것 예 Đây là mắt xích quan trọng trong toàn bộ kế hoạch (여기는 전부 계획안의 중요한 부분이다).

이 경우에는 '대상, 대상의 형태, 대상의 기능'에 해당되는 단의들만 있다. 여기서도 (A)[대상]의 의미영역에 속하는 것은 ①과 ㉠이다. 이것들은 모두 신체의 일 부위로서의 '안부(眼部)' 그 자체를 가리키는 것이고 중심의미이다.

(B)[대상의 형태] 영역에 속하는 것은 베트남어 자료 ㉢, ㉣이다. '사물의 표면에 눈의 모양과 같은 울퉁불퉁한 곳(예 : 대마디)'이나 '짜서 만드는 제품에

생긴 틈(예: 그물눈)'과 같은 것은 '안부(眼部)'의 형태와 그것들의 형태를 유사하다고 인식한 결과다(은유). 한국어사전에서는 이에 해당되는 의미를 다의관계로 보지 않고 동음이의관계로 처리하는 것이 보통이다. /눈/이란 형태를 가진 세 번째 표제어에 이와 같은 의미를 기술하고 있다.[20]

(D)[대상의 기능] 영역에 속한 단의들은 상대적으로 많다. 특히 한국어는 총 6개의 단의 중 5개가 이에 속하고, 베트남어는 3개가 관련된다. 한국어 자료의 ②의 '눈'은 "눈이 나빠졌다."와 같은 용례에서처럼 '시력'의 의미다. 신체의 일 부위로서의 '눈'이 '시력'이라는 기능을 가리키는 것으로 의미 확장이 이뤄진 것이므로, '실체'로써 '기능'을 나타내는 방식이다(환유). 베트남어 사전에는 이에 대응되는 단의가 없는데 실제로는 있는 것으로 보인다. 베트남어 사전의 'Mắt' 항목에는 이러한 단의가 기술되어 있지 않은데, 'kém'의 항목에는 'Mắt kém[mắt(눈), kém(낮다, 나빠지다)](시력이 좋지 않고 나빠졌다)'와 같은 용례를 신고 있다. 베트남 사람들이 일상적으로 쓰는 용례라고 한다.

③은 '판단력'의 의미인데, 환유가 이중으로 적용된다. 먼저 '눈'이 '시력'을 가리키게 되는 과정이 있고, 다음으로, '시력'이 '판단력'을 가리키게 되는 과정이 있다. 눈이 있어야 이 세상을 볼 수 있는 시력이 있는 것이고, 시력이 있어야 세상의 사물과 일을 바라보고 판단할 수 있으므로, '눈→시력→판단력'의 과정으로 의미 확장이 이뤄진 것이다. 두 번째 과정의 환유는 '수단'으로써 '기능'을 가리키는 경우라 할 만하다. 한국어 자료 ④는 "동경의 눈으로 바라보다.", "의심하는 눈으로 보다."와 같은 쓰임이다. 여기서의 '눈'은 그 사람의 '심리적 태도'를 표현하는 기능을 수행하고 있다. '실체'로써 '기능'을 나타내는 것이므로 환유에 해당된다. 여기서 언급한 ②, ③과 ㉃, ④ 등은, ②는 '시력'을 뜻하는 것이므로 '眼部'의 원초적 기능이고, ③, ㉃은 그러한 시력을 통해서 자연스럽게 가지게 되는 능력이며, ④는 인간이면 누구나 가지는 심리적 태도와 관련된 것이어서, 모든 사람이 자체적으로 가지게 되는 것이므로 [자체적 기능]의 영역에 해당된다고 볼 수 있다.

---

20) <눈3> : ① 그물 따위에서 코와 코를 이어 이룬 구멍. ② 당혜(唐鞋), 운혜(雲鞋) 따위에서 코와 뒤울의 꾸밈새. ③ 바둑판에서 가로줄과 세로줄이 만나는 점.

한국어 자료 ⑤는 '눈길'이나 '시선'의 의미인데, 베트남어 자료 ⓛ에서 제시된 'Để mắt(관심을 가지다, 주의하다)'와 같은 용례에 대응된다. 여기서도 환유가 이중으로 적용된다. 먼저 '눈'이 '시력'을 가리키게 되는 과정이 있고, 다음으로, '시력'이 '가치판단'을 가리키게 되는 과정이 있다. 눈이 있어서 이 세상을 볼 수 있고, 이 세상을 바라보게 되면 보이는 대상들에 대해 가치판단을 하게 된다. 내가 다른 사람의 눈길을 의식한다는 것은 그 사람이 나를 어떻게 판단할지를 의식한다는 것이다. 그것은 곧 '눈→시력→주관적 가치판단'의 과정으로 의미 확장이 이뤄짐을 뜻한다.

⑥은 흔히 '태풍의 눈'이라고 하는 것이다.[21] 이 의미 확장에는 환유와 은유가 모두 작용한다. 첫째, 눈은 신체적 관점에서 보면 인간의 일부일 뿐인데, 그것이 심리적으로 인간을 구성하는 핵요소로 인식되는 과정이 있다.[22] 신체의 여러 부위 중 가장 핵심적인 기능을 수행하는 기관이라는 것이다. 이것은 '실체'로써 '기능'을 나타내는 것이므로 환유다. 둘째, 그러한 심리적인 핵요소가, 핵요소라는 공통적 인식에 바탕을 두어, 태풍의 중심부와 동일시되는 은유의 과정이 뒤따른다. 베트남어 자료 ⑰도 이와 유사한 과정을 거친다. ⑥은 '태풍'이라는 특정한 대상에 대해서만 적용되는 것이지만, ⑰은 '모든 일과 사물 모두'에 적용되는 것이라는 차이가 있다.

지금까지의 논의 내용을 정리하여 표로 제시하면 다음과 같다.

〈표 3〉 '눈'과 'Mắt'의 의미확장과 비유법

[의미영역]	한국어	베트남어	비유법
대상	① (眼部)	㉠ (眼部)	
대상의 형태		㉡ (요철형)	은유
	(동)[23]	㉢ (망형(網形))	
대상의 구성			

---

21) 베트남어에서는 이와 동일한 의미가 명사구 Mắt bão[mắt(눈), bão(태풍)]로 실현된다.
22) '화룡점정(畫龍點睛)'은 무슨 일을 하는 데에 가장 중요한 부분을 완성함을 비유적으로 이르는 말이다. 이는 우리가 '눈'을 매우 중요하게 인식하고 있음을 보여준다.
23) 동음이의 관계로 처리하고 있다는 뜻이다.

[의미영역]		한국어	베트남어	비유법
대상의 기능	자체적 기능	② (시력)	◖24)(시력)	환유(실체→기능)
		③ (판단력)	*ⓛ	환유₁(실체→기능) 환유₂(수단→기능)
		④·(심리적 태도)		환유(실체→기능)
	대외적 기능	⑤ (주관적 가치판단)	*ⓛ	환유₁(실체→기능) 환유₂(수단→기능)
		⑥ ((태풍의) 핵요소)	(구)	환유(실체→기능)
			ⓜ (핵요소)	은유
대상의 위치				
기타				

이상의 정리 내용을 보면, '눈'과 'Mắt'의 경우에도 의미특성에 공통점이 많음을 지적할 수 있다. 두 단어의 단의들이 주로 '대상, 대상의 형태, 대상의 기능' 등의 영역에 포함되고, '대상의 구성, 대상의 위치' 등의 영역에 속한 단의가 없다는 점도 공통적이다. 차이점으로는, 소수지만, 한쪽 언어에는 있는데 다른 쪽 언어에는 없는 단의가 있음을 지적할 수 있다. 그러나 사전의 처리방식이 달라 한쪽에서는 다의관계로 기술되고 다른 한쪽에서는 동의이의 관계로 기술된 경우도 있고, 실제로는 존재하는데 실수로 누락된 경우로 판단되는 경우도 있다. 베트남어 자료의 ㉣에 대응되는 단의는 국어사전에서는 동음이의관계로 처리되어 있다. 한국어 자료 ②에 대응되는 단의는 베트남어 사전에서 빠져 있다.

'눈'의 경우에는 '기능'과 관련된 의미 확장이 많은 것이 특징이다. 총 6개의 단의 중 5개가 [대상의 기능] 영역에 속하는 것이다. 'Mắt'도 5개 중 3개가 이 영역에 속하는 것이니 적다고 말할 수 없다. 특히 이 항목에서는 [대상의 위치]와 관련된 단의가 두 언어 모두 없다는 점을 고려하면, 언중들이 '眼部'를 그것의 위치보다는 기능을 중심으로 인식하고 있음을 알 수 있다.

[대상의 형태]와 관련된 단의들은 은유에 의해 파생된 것이다. [대상의 기

---

24) 사전 편찬의 오류로 누락된 경우를 뜻한다.

능]과 관련된 단의들은 반드시 환유의 과정을 거친 것이다. 환유가 이중으로 적용된 경우도 있고, 환유와 은유가 복합적으로 적용된 경우도 있다.

2.4. '귀'와 'Tai'

국어사전에는 '귀'의 의미를 총 10개의 단의로 기술하고 있다.

> (8) ≪귀≫
> ① 사람이나 동물의 머리 양옆에서 듣는 기능을 하는 감각 기관
> ② =귓바퀴
> ③ =귀때[25]
> ④ 모가 난 물건의 모서리
> ⑤ 두루마기나 저고리의 섶 끝 부분
> ⑥ 주머니의 양쪽 끝 부분
> ⑦ 바늘 윗부분에 있는 실 꿰는 구멍
> ⑧ =불귀01[26]
> ⑨ 바둑판과 같은 넓적한 바닥의 네 모서리 부분
> ⑩ 돈의 큰 단위에 함께 붙는 적은 단위의 액수. 또는 부른 물건 값보다 조금 더 붙이는 금액

한국어 '귀'에 대응되는 베트남어 단어는 'Tai'인데, 제시되어 있는 단의의 수가 다음과 같은 둘 뿐이다.

> (9) ≪Tai≫
> ㉠ 사람이나 동물의 머리 양쪽에 있는데 소리를 듣기에 쓴다. 예 Lỗ tai (귓구멍, 귀), Tai lợn(=Tai heo, 돼지 귀)
> ㉡ 귀와 같은 모양이 있는 사물 예 Tai ấm(주전자의 귀와 같은 모양이 있는 부분),[27] Tai cối xay(맷돌의 귀와 같은 모양이 있는 부분)[28]

---

25) 주전자의 부리같이 그릇의 한쪽에 바깥쪽으로 내밀어 만든 구멍. 액체를 따르는 데 편리하도록 만들어져 있다.
   예 귀때가 달린 단지.
26) 화승총(火繩銃)의 총열에 불을 대는 구멍.
27) 주전자의 손잡이가 붙어 있는 부분이다.
28) 맷돌의 손잡이를 가리킨다.

(A)[대상]의 의미영역에 속하는 것은 ①과 ㉠이다. 이 둘 다 '耳部'라는 신체의 일 부위 그 자체를 가리키는 것이며, 중심의미에 해당된다.

(B)[대상의 형태]에 해당되는 것은 한국어 자료의 ③, ④, ⑤, ⑥, ⑦, ⑧, ⑨, ⑩ 등과 베트남어 자료 ㉡이다. 한국어의 경우 거의 대부분의 단의들이 이 영역에 속한다는 점이 독특하다.29) 베트남어 자료는 전체가 둘 뿐이어서 특별히 의미를 부여하긴 힘들지만, 둘 중의 하나가 이 경우에 속한다는 점을 일단 지적할 수 있다. '耳部'의 형태적 특성은 크게 '돌출되어 있다는 것'과 '구멍이 뚫려 있다는 것'인데, 이를 일단 '[돌출], [구멍]'이란 의미영역을 설정하여 구분하여 보면, ③~⑩의 단의들은 다음과 같은 3가지 유형으로 나눌 수 있다.

(10) ㄱ. [[구멍], [돌출]] ·························· ③
　　 ㄴ. [구멍] ·························· ⑦, ⑧
　　 ㄷ. [돌출] ·························· ④, ⑤, ⑥, ⑨, ⑩

③은 주전자의 부리같이 그릇의 한쪽에 바깥쪽으로 내밀어 만든 구멍으로, 액체를 따르는 데 편리하도록 만들어진 것'이라는 설명을 보면, [구멍]과 [돌출]의 두 가지 특성을 다 가진 경우이다. ⑦과 ⑧은 [구멍]의 의미특성만 가진 경우이다. 그리고 ④, ⑤, ⑥, ⑨, ⑩ 등은 [돌출]의 의미특성만 가진 경우이다. 이들은 대개 사물의 '끝부분'이거나 '모서리' 부분을 가리키는 데 쓰이고 있는 것이므로 '돌출되어 있는 것'으로 인식되는 것이다. ⑩은 '돈의 큰 단위에 함께 붙는 적은 단위의 액수'의 의미니까 '큰 덩치의 한쪽 귀퉁이에 붙어 있는 작은 혹'과 같은 것인데, 인간의 신체 중 끝부분(가장자리, 귀퉁이)에 붙어 있는 '귀'와 동일시됨이 자연스럽게 여겨진다. ③~⑩의 단의들의 파생은 모두 은유의 과정을 거친 것인데, ⑩은 환유의 과정도 개입되어 있다고 본다. '구체적인 대상'으로 '추상적인 대상'을 가리키고 있기 때문이다. 베트

---

29) ③~⑩의 한국어 단의들은 (E)[대상의 위치] 영역과도 관련된다. 이들은 모두 [上部] 또는 [종단부]의 의미특성을 가지는데, '耳部'가 신체의 '윗부분'에, 그리고 얼굴의 가장자리 부분에 위치하고 있다는 점에 기인된 것이다. 이와 같은 '공간적 위치' 관련 하위 영역은 문제의 단의들이 모두 다 가지는 것이므로, 특별히 더 언급할 필요가 없다.

남어 자료 ⓛ은 [돌출]의 의미자질만을 가진 경우로 보인다. 이 경우도 물론 [上部] 또는 [종단부]와 같은 '대상의 공간적 위치'와 같은 의미특성을 함께 가진다.

지금까지의 기술 내용을 정리하여 표로 보이면 다음과 같다.

<표 4> '귀'와 'Tai'의 의미확장과 비유법

[의미영역]		한국어	베트남어	비유법
대상		① (耳部)	㉠ (耳部)	
대상의 형태	[구멍] [돌출]	*③		은유
	[구멍]	*⑦, *⑧		은유
		*④, *⑤, *⑥, *⑨	㉡	은유
	[돌출]	*⑩		은유 환유(구체 → 추상)
대상의 구성		②		환유(전체 → 부분)
대상의 기능	자체적			
	대외적			
대상의 위치	공간적	*③, *⑦, *⑧, *④, *⑤, *⑥, *⑨, *⑩		은유
	시간적			
기타				

이상의 정리 내용을 보면, 한국어 '귀'와 베트남어 'Tai'는, 공통적인 의미특성도 있지만, 상대적으로 매우 이질적인 면이 많이 있음이 드러난다. 이는 앞에서 다룬 다른 항목들의 경우와 견주어 보면 특이하다. 우선, '귀'의 단의는 10개인데 비해, 베트남어 'Tai'의 단의는 단 2개밖에 되지 않는다는 점이 매우 특징적이다. '귀'는 의미 확장이 많이 이뤄진데 비해, 'Tai'는 의미 확장이 매우 미미하게 이뤄진 것이다.

'귀'의 경우, 대부분의 단의들이 [대상의 형태]와 [대상의 위치] 영역에 집중되어 있다는 점도 특징적이다. 'Tai'의 경우도, 단의가 2개밖에 없어 특별히 언급하기 힘들지만, 하나밖에 없는 주변의미가 [대상의 형태]에 속해 있다. 앞에서 다룬 '顔面部'와 '眼部'는 [대상의 기능] 영역에 많은 단의들이 포함되어 있는데 비해, '耳部'의 경우는 [대상의 기능] 영역에 해당되는 단의가 전혀 없고, 대부분의 단의들이 [대상의 형태]와 [대상의 위치] 영역에 속해 있다는 점도 특징적이다. 언중들은 '귀'라고 하면 사람 신체의 상부나 끝 부분에 붙어 있고, 돌출되어 있고, 구멍이 나 있는 형태적 특성을 가장 핵심적인 것으로 인식하고 있다는 뜻이다. 그리고 [대상의 형태] 영역에 속하는 것들은, 한국어 자료를 보면, [돌출]의 의미특성을 가진 것이 제일 많다. 그것은 언중들이 '귀'를 '돌출되어 있는 형태' 위주로 인식하고 있다는 뜻이다.

[대상의 형태]와 [대상의 위치] 영역에 속한 단의들은 반드시 은유의 과정을 거친다. 한국어 자료 ⑩은 은유와 환유의 과정을 복합적으로 거친 것이다.

2.5. '코'와 'Mũi'

국어사전에는 '코'의 의미를 다음과 같은 3개의 단의로 기술하고 있다.

> (11) ≪코≫
> ① 포유류의 얼굴 중앙에 튀어나온 부분.
> ② =콧물.
> ③ 버선이나 신 따위의 앞 끝이 오뚝하게 내민 부분.

한국어 '코'에 대응되는 베트남어 단어는 Mũi인데, 다음과 같은 6개의 단의로 기술되어 있다.

> (12) ≪Mũi≫
> ㉠ 사람이나 동물의 얼굴에서 높이 뻗어 나온 부분. 숨 쉬거나 냄새 맡을 때에 쓰는 인체의 한 기관 예 Khoa tai mũi họng(이비인후과)
> ㉡ 코에서 나온 액체 : 30) 예 Mũi dãi(콧물과 침)
> ㉢ 사물의 뾰족한 앞부분. 뱃머리, 이물 예 Mũi kéo(가위의 끝), Mũi kim(바늘 끝), Mũi giày(구두코)
> ㉣ 육지에서 바다까지 뻗어 나온 땅 예 Mũi đất(곶, 봉, 갑)

---

30) '눈물', '콧물', '침'의 베트남말은 각각 'Nước mắt', 'Nước mũi', 'Nước miếng=Nước bọt'이다.

    ⓜ 뾰족한 것으로 찌르는 일의 횟수 단위 예 Tiêm ba mũi(3번 주사하다)

    ⓑ 일정한 방향으로 공격하는 군대의 한 부분(세력) 예 Chia thành 3 mũi tiến công vào sào huyệt địch(군은 3방향으로 나누어 적의 기지를 공격한다)

여기서도 중심의미에 속하는 것은 ①과 ㉠이다. 이들은 모두 신체의 일 부위로서의 '鼻部' 그 자체를 가리키는 것이고, 모두 (A)[대상]의 의미영역에 속한다.

(B)[대상의 형태]에 속하는 것은 한국어 자료 ③과 베트남어 자료 ㉢, ㉣이다. ⓜ, ⓑ도 부분적으로 관련된다.31) ③과 ㉢, ㉣은 의미특성이 매우 유사하다. 의미영역이 동일한데, 구체적인 용례에 차이가 있다. 이들 모두 [돌출]이란 하위 영역을 설정할 수 있다. 한국어 '코'는 버선이나 신발과 같은 물건의 앞부분에 돌출되어 있는 부분을 가리키는 데만 쓰인다. 베트남어 Mũi는, 이와 같은 경우 외에도, ㉢의 'Mũi kéo(가위의 끝)', 'Mũi kim(바늘 끝)' 등과 같은 예에서 보듯이, 무엇을 찌를 수 있는 도구의 끝과 같은 물체뿐만 아니라, ㉣에서 보듯이, 한국어의 '곶(串)'에 해당되는 것까지 표현하고 있다.

③, ㉢은 모두 (E)[대상의 위치] 영역, 더 자세히 말하면 [前部]라는 '대상의 공간적 위치'와도 관련된다. '鼻部'가 얼굴의 '앞으로' 돌출되어 있다는 점에 기인된 것이다. '버선의 코'도 버선의 앞부분에 위치하고 있고, ㉢이 가리키는 '뱃머리, 구두코' 등도 마찬가지다. 따라서 ③, ㉢은 [[前部], [돌출]]의 하위 영역에 속하고, ㉣은 [돌출]의 하위 영역에 속하는 것으로 정리할 수 있다. ㉣은 육지의 어느 곳이든지 간에 바다 쪽으로 돌출되어 있는 것은 다 해당된다.32) 이들은 모두 은유의 방식으로 파생된 것이다.

②와 ㉡은 (B)[대상의 구성]의 영역에 속한다. 鼻部에서 나오는 액체 분비물이 鼻部의 일부라면, 이는 '전체'로써 '부분'을 가리키는 것이고, 환유에 해당된다.

---

31) 이들은 (C)[대상의 기능] 영역에서 다룬다.

32) 바다 쪽을 '前部'라 하고 내륙 쪽을 '後部'라 하면, 이 경우도 [前部]의 하위 영역을 가진다고 할 수 있다.

(C)[대상의 기능] 영역에 속하는 것은 베트남어 자료 ⑩, ⑭이다. ⑩부터 보자. ㉢에 보면, 'Mũi'가 '바늘 끝'의 의미로 쓰이는 예가 있다. 'Mũi'는 일차적으로 '鼻部'에서 '바늘 끝'을 가리키는 것으로 의미 확장이 일어나고, 그 다음으로, '바늘로 찌르는 행위'로 나아간 다음, '바늘로 찌르는 횟수의 단위'를 가리키는 것으로 의미 확장이 일어났다고 본다. 처음은 은유의 방식이고 나머지 둘은 환유의 방식이다. 이 경우는, 논리적으로 보면, 은유가 환유에 앞서 발생한 꼴이 된다. 한국어 자료에는 이것에 대응되는 단의가 없다. 그런데 국어사전에서는, 다음의 자료에서 보듯이, ⑩과 동질적인 의미를 가진 단어를 따로 설정하여 이 글에서의 '코'와 동음이의어로 처리하고 있다. ②'뜨개질할 때 눈마다 생겨나는 매듭을 세는 단위'는 베트남어 자료 ⑩과 그 의미특성이 일치한다.

(13) ≪코2≫
　　① 그물이나 뜨개질한 물건의 눈마다의 매듭. 코와 코를 잡아맨 눈이 모여서 그물이 되고, 코와 코를 서로 끼워서 뜨개 옷이 된다.
　　② (수량을 나타내는 말 뒤에 쓰여) 뜨개질할 때 눈마다 생겨나는 매듭을 세는 단위. ¶한 코 한 코 뜰 때마다 아내는 자신이 뜬 목도리를 두른 남편의 모습을 그리면서 행복해했다.

≪코2≫의 '코'와 '鼻部' 사이에 유연성을 인정할 수 있을지는 판단하기 어렵다. 베트남어 'Mũi'는, 앞에서도 언급한 바 있듯이, 'Mũi kéo(가위의 끝)', 'Mũi kim(바늘 끝)' 등과 같이 무엇을 찌를 수 있는 도구의 끝과 같은 물체도 가리키고 있으므로, "鼻部→찌르는 도구의 끝→찌르는 행위→찌르는 횟수"와 같은 방향의 의미 확장이 자연스럽게 받아들여진다. 그러나 한국어의 '코'에는 이러한 방향의 의미 확장을 인정하기 어렵다.

⑭은, 전투에서 군 병력이 세 부대로 나뉘어 세 방향으로 공격해 들어가는 상황을 예로 들면, 그러한 각각의 부대 또는 각각의 방향이 모두 'Mũi'로 일컬어진다는 것이다. 이것은 베트남어 'Mũi'가 매우 광범위하게 쓰이고 있음을 보여주는 예이다. 세 개의 부대로 진격해 들어가는 것은 세 개의 어떤 사물이 돌출되어 있는 형국이고, 형태적으로 유사한 꼴이라는 인식이 가능하다.

그러므로 이 과정은 은유에 해당된다. 그 다음엔 그러한 '돌출되어 있는 꼴'이라는 구체적인 의미에서 '추상적인 방향'을 가리키는 기능을 획득하게 되는데, 이는 환유에 해당된다.

③과 ㉢은 (B)[대상의 형태] 부분에서 언급한 것이다. '돌출되어 있는 것'이라는 형태적 특성 외에 '앞부분' 또는 '앞쪽'이라는 공간적 위치로서의 특성도 이들의 의미 확장에 관여된다. '앞부분' 또는 '앞쪽'으로의 돌출이 아닌 것은 전혀 다른 무엇으로 이해될 수 있기 때문이다.[33]

지금까지의 논의 내용을 정리하여 표로 보이면 다음과 같다.

<표 5> '코'와 'Mũi'의 의미확장과 비유법

[의미영역]		한국어	베트남어	비유법
대상		① (鼻部)	㉠ (鼻部)	
대상의 형태	[돌출], [신발류][34]	*③	*㉢, *㉥	은유
	[돌출], [바늘류][35]		*㉢, *㉤,	
	[돌출], [육지]		㉣	
대상의 구성		② (鼻液)	㉡ (鼻液)	환유(전체 → 부분)
대상의 기능	[찌르는 횟수의 단위]	(동)[36]	*㉤	은유 환유₁(수단 → 행위) 환유₂(행위 → 행위 횟수단위)
	[돌출방향]		*㉥	은유 환유(구체 → 추상)
대상의 위치	공간적	*③ (前部)	*㉢ (前部)	은유
	시간적			
기타				

---

33) 신체의 뒷부분에 위치하면서 돌출되어 있는 것은 '꼬리'가 될 것이다.
34) 신발이나 버선 등을 가리킨다.
35) 가위나 바늘 등을 가리킨다.
36) 동음이의어로 처리되고 있다는 뜻이다.

이상의 정리 내용을 보면, 한국어 '코'와 베트남어 'Mũi'는, 공통적인 의미 특성을 많이 보유하고 있지만, 바로 앞에서 다룬 '耳部'의 경우와 마찬가지로, 서로 이질적인 면도 좀 있다. 우선, '코'의 단의는 3개인데 비해, 베트남어 'Mũi'의 단의는 6개라는 점이 눈에 띈다. 'Mũi'는 의미 확장이 많이 이뤄진 데 비해, '귀'는 그렇지 않은 것이다. 이 항목은 단의들이 여러 의미영역에 걸쳐 비교적 고루 분포되어 있다. 이 항목에서도, 앞의 '眼部'의 경우와 마찬 가지로, 사전의 처리방식이 달라 한쪽에서는 다의관계로 기술되고 다른 한쪽 에서는 동의이의관계로 기술된 경우도 있다. 베트남어 자료의 ⓜ에 대응되는 단의는 국어사전에서는 동음이의관계로 처리되어 있다.

'Mũi'의 경우 [대상의 형태] 영역에 속한 단의들이 많다는 점이 특징적이 다. '코'의 경우도, 주변의미가 2개뿐이어서 특별히 언급하긴 힘들지만, [대상 의 기능]에 속한 단의가 없는데 비해 [대상의 형태]에 속한 단의가 하나 있다 는 점에서, [대상의 형태]가 어느 정도의 비중을 차지하고 있다고 볼 수 있 다. '鼻部'는 언중들에게 '돌출'되어 있는 '형태적 특성' 중심으로 인식되고 있음이 드러난다.

[대상의 형태]와 [대상의 위치] 영역은 은유의 방식으로, [대상의 구성]와 [대상의 기능] 영역은 환유의 방식으로 의미 확장이 이뤄지는데, '鼻部'의 경 우도 마찬가지다. 그런데 베트남어 자료 ⓜ, ⓑ은 은유와 환유가 복합적으로 적용된 것인데, ⓜ은 은유에 이어 환유가 2회에 걸쳐 적용된 것으로 볼 수 있다.

2.6. '입'과 'Miệng'

국어사전에는 '입'의 의미를 다음과 같이 총 5개의 단의로 기술하고 있다.

(19) 《입》
    ① 입술에서 후두(喉頭)까지의 부분.
    ② =입술[1]
    ③ 음식을 먹는 사람의 수효.

④ 사람이 하는 말을 비유적으로 이르는 말.
⑤ (수량을 나타내는 말 뒤에 쓰여) 한 번에 먹을 만한 음식물의 분량을
  세는 단위.

한국어 '입'에 대응되는 베트남어 단어는 Miệng인데, 총 4개의 단의가 기
술되어 있다.

(20) ≪miệng≫
ㄱ 사람이나 짐승의 얼굴에 있는 구멍의 모양인데 먹고 마시고 우는 것
  에 쓰인다. 예 cửa Miệng((사람의)입, 입술)), Miệng cọp(호랑이의 입).
ㄴ 말하고 먹는 것에 쓰인 사람의 입. 예 Miệng lưỡi(입과 혀, 수다스럽
  다, 변설에 능하다), Truyền miệng(말로 전하다), Miệng thế(＝Miệng
  đời, 여론), Nhà có 3 miệng ăn(식구가 셋인 집).
ㄷ 글로 쓰는 것이 아닌 말로 하는 직접적인 표현 : 예 Dịch miệng(통역
  하다), Trao đổi miệng(이야기를 나눈다), Kiểm tra miệng(구두시험).
ㄹ 깊이를 가지는 것의 윗부분 : 37) 예 Miệng giếng(우물의 윗부분),
  Miệng cốc(잔의 윗부분).

(A)[대상]의 영역에 속하는 것은 ①과 ㄱ이나. ①, ㄱ을 보면 두 언어의 사
전에서 의미를 기술하는 방식이 조금 다르다. 한국어 자료 ①은 구성적 특성
을 중심으로 정의하고 있고, 베트남어 자료 ㄱ은 기능을 위주로 정의하고 있
다. 그러나 이들은 신체의 일 부위로서의 '口部' 그 자체를 가리키는 것이므
로, 중심의미에 해당되고, (A)[대상]의 영역에 속한다.

(B)[대상의 형태] 영역에 속하는 것은 베트남어 자료 ㄹ이다. 'Miệng
giếng(우물의 윗부분)'이나 'Miệng cốc(잔의 윗부분)' 등과 같은 용례에서 보듯이,
잔과 같이 아주 작은 물체에서부터 우물과 같은 아주 큰 물체에 이르기까지,
'입구'에 해당되는 부분을 가리키는 뜻으로 쓴다. 은유에 의한 의미 확장의
예이다. 한국어의 '입'에는 이러한 단의가 없고, 대신, '주둥이'라는 단어가
이러한 의미의 단의를 보유하고 있다.38)

---

37) '항아리의 입'의 베드남말은 'Miệng lọ'이다.
38) <주둥이> : ①사람의 입을 속되게 이르는 말, ②일부 짐승이나 물고기 따위의 머리에서, 뾰족하
  게 나온 코나 입 주위의 부분, ③병이나 일부 그릇 따위에서, 좁고 길쭉하게 나온, 담긴 물질을

(C)[대상의 구성]으로는 한국어 자료 ②가 해당된다. “손등에 입을 맞추다.”와 같은 용례를 보면, ‘입’이 ‘입술’의 의미로 쓰였음을 알 수 있다. ‘전체’로써 ‘부분’을 가리키는 것이므로, 환유에 해당된다. 베트남어에는 이러한 단의가 없다.

(D)[대상의 기능]에 해당되는 것은 한국어에 셋(③, ④, ⑤), 베트남어에 둘 (ㄴ, ㄷ) 등으로 좀 많다. 이 부분은 크게 [언어 관련] 단의와 [비언어 관련] 단의로 나눌 수 있는데, ④, ㄴ, ㄷ 등은 전자에 해당되고, ③, ⑤ 등은 후자에 해당된다.

‘口部’를 가리키는 단어가 ‘말’ 그 자체를 가리키는 뜻으로 쓰인 경우는 베트남어 자료 ㄷ이다. 축어적으로 번역하면, ‘Dịch miệng(통역하다)’는 ‘입으로 통역하다’란 뜻이고, ‘Kiểm tra miệng(구두시험)’은 ‘입으로 검사하다’란 뜻이다. 이것은 ‘문자언어’에 대비되는 ‘음성언어’의 의미와 상통하는 것이다. 생산 수단(口部)으로써 생산품(언어)을 가리키는 것이니 환유다. ④는 “그 사람은 입이 거칠다.”, “저 사람은 입으로는 당해 낼 수가 없다.”에서처럼 ‘사람이 하는 말의 어조나 말발’의 뜻이다. 이 경우는 ‘口部’에서 그것을 통해 생산되는 제품의 일종인 ‘말’로, ‘말’에서 그것이 담고 있는 ‘어조나 말발’로 의미 확장이 이뤄진 것이다. 환유가 이중으로 적용되었다. 베트남어 자료 ㄴ은 ‘언어 관련적’인 부분도 있고, 그렇지 않은 부분도 있다. ‘Miệng lưỡi(수다스럽다, 변설에 능하다)’에서의 ‘Miệng’은 ④의 의미와 흡사하여 언어 관련적이다. 이 경우도 마찬가지의 과정을 거친 이중 환유다. ㄴ에서 예시된 ‘Nhà có 3 miệng ăn (식구가 셋인 집)’에서의 ‘Miệng’은 ‘식구’의 의미이니, 언어와는 무관한 것이다. 이는 한국어 자료의 ③과 의미특성이 거의 같다.

③은 “입이 하나 늘었다.”와 같은 용례에서처럼 ‘식구’의 뜻이니, 이때의 ‘입’은 언어와 무관하다. 부분으로써 전체를 가리키는 것인데, 신체의 일 부위로서의 ‘口部’ 그 자체에서 ‘먹는 수단’으로, ‘먹는 수단’에서 ‘먹는 주체(사람)’로 의미 확장이 일어난 경우라고 보면 환유가 이중으로 적용된 경우가 된

밖으로 나오게 하는 부분.

다. ㉡의 일부가 ③의 의미에 대응됨은 바로 앞에서 언급한 대로다. ⑤는 "한 입만 먹어 보자."와 같은 용례에서 알 수 있듯이, '한 번에 먹을 만한 음식물의 분량을' 가리킨다. 이는 '口部 → 음식을 먹는 수단 → 한번에 먹을 만한 음식 분량'과 같은 과정으로 의미 확장이 이뤄진 것이다. '수단'으로써 '단위'를 가리키는 것이고, 환유가 두 번 적용된 경우이다.

이상에서 고찰한 내용을 정리하여 표로 보이면 다음과 같다.

〈표 6〉 '입'과 'Miệng'의 의미확장과 비유법

<table>
<tr><td colspan="2">[의미영역]</td><td>한국어</td><td>베트남어</td><td>비유법</td></tr>
<tr><td colspan="2">대상</td><td>① (口部)</td><td>㉠ (口部)</td><td></td></tr>
<tr><td colspan="2">대상의 형태</td><td>(비)³⁹⁾</td><td>*㉣ (입구)</td><td>(은유)</td></tr>
<tr><td colspan="2">대상의 구성</td><td>② (입술)</td><td></td><td>환유(전체 → 부분)</td></tr>
<tr><td rowspan="4">대상의
기능</td><td rowspan="2">언어
관련</td><td></td><td>㉢ (음성언어)</td><td>환유(수단 → 제품)</td></tr>
<tr><td>④ (어조, 말발)</td><td>*㉡</td><td>환유₁(실체 → 기능)
환유₂(수단 → 주체)</td></tr>
<tr><td rowspan="2">비언어
관련</td><td>③ (식구)</td><td>*㉡</td><td>환유(부분 → 전체)</td></tr>
<tr><td>⑤ (단위)</td><td></td><td>환유₁(실체 → 수단)
환유₂(수단 → 단위)</td></tr>
<tr><td rowspan="2">대상의
위치</td><td>공간적</td><td></td><td>*㉣ (上部)</td><td>은유</td></tr>
<tr><td>시간적</td><td></td><td></td><td></td></tr>
<tr><td colspan="2">기타</td><td></td><td></td><td></td></tr>
</table>

이상의 정리 내용을 보면, 한국어 '입'과 베트남어 'Miệng'의 의미특성에 공통점이 많음을 알 수 있다. 두 단어 모두 단의들의 수도 비슷하고 또 여러 의미영역에 걸쳐 고루 분포되어 있다. 한국어 자료 ③, ④를 합친 것은 베트남어 자료 ㉡과 의미특성이 동일하다. 베트남어 자료 ㉣에 대응되는 한국어 단의가 없지만 그러한 방향으로의 의미 확장은 '주둥이'라는 비속어를 통해 이뤄져 있다. 물론 차이점도 있다. 한쪽 언어에는 있는데 다른 쪽 언어에는 없는 단의가 있음이 그 예다. 그리고 [대상의 기능] 영역에 속한 단의들이 상

---

39) '입'의 비속어 '주둥이'가 그러한 의미를 가지고 있음을 나타내는 것이다.

대적으로 더 많다. '口部'라는 인체의 기관은 언중들에게 그 기능이 중심이
되어 인식될 가능성이 커 보인다.

　비유법을 보면, (B)[대상의 형태]와 (E)[대상의 위치]에 속한 경우는 은유와
관련되고, (B)[대상의 구성]과 (D)[대상의 기능]에 속한 경우는 환유와 관련
됨은 당연하다. [대상의 기능]에 속한 것 중에는 환유가 이중적으로 적용된
경우가 여럿 있다.

3. 마무리

　이 글은 한국어와 베트남어의 신체어 중의 일부를 대상으로 하여 그 다의
적 특성을 대조·고찰한 것이다. 사람은 자기중심적 사고방식에 의해, 자신의
몸을 외부세계를 인식하는 데 보조적 수단으로 이용하므로, 특정한 두 개별
언어의 신체어 다의어를 대조·분석해 보는 작업은 매우 흥미로운 과제라고
보았다. 이글에서의 고찰 내용을 요약하여 결론으로 삼는다.

　이 글에서는 인체의 '頭部·顔面部·眼部·耳部·鼻部·口部'를 가리키는 한
국어와 베트남어 단어들의 의미를 대조해 보았다. 양 언어의 단어들의 의미
에는 당연히 공통점도 있지만 차이점도 있다. 대체적으로 보아 중심의미에서
주변의미로 파생되어 나가는 방향과 과정은 유사하다. 소수지만 의미특성이
완전히 동일한 단의들의 짝도 있고, 의미 확장의 방향은 동일하나 적용된 구
체적인 용례에 차이가 나는 경우도 있다. 그리고 대조될 만한 단의가 한쪽
언어에 없는 경우도 있다. 이 경우에는 문제의 단의가 아예 없는 것일 수도
있고, (명사)구나 비속어, 또는 한자어 등과 같은 다른 방식으로 표현되고 있
는 것일 수도 있다.

　사전에 기술되어 있는 각 단어들의 단의 수를 보면, 신체어 여섯 유형 중,
'顔面部(얼굴(6개)·Mặt(6개)), 眼部(눈(6)·Mắt(5)), 口部(입(5)·Miệng(4))는 양 언어
가 비슷하고, '頭部(머리(11)·Đầu(7)), 耳部(귀(10)·Tai(2)), 鼻部(코(3)·Mũi(6))'는

상당한 차이가 난다. 상대적이지만, 한국어는 베트남어보다 '頭部, 耳部'에서 의미 확장이 더 활성화되었고, 베트남어에서는 '鼻部'에서 한국어보다 더 활성화되었다. 신체어 여섯 유형 중, 단의의 수가 가장 많은 것은 '頭部'이다. 한국어에서도 '머리'가 최다이고, 베트남어에서도 'Đầu'가 최다이다. 신체 기관 중에서 '頭部'가 가장 의미 확장이 활발히 일어났음을 알 수 있다.

다의어는 하나의 중심의미에서 여러 주변의미들이 파생되어 나가는 의미 확장의 과정을 거친 것이므로, 각 주변의미들의 의미는 해당 중심의미의 의미 특성과 밀접한 관련을 가지게 된다. 특히 신체어의 경우, 주변의미들은 중심의미의 지시대상이 되는 특정한 신체 부위들의 여러 특징들을 바탕으로 삼아 의미 확장이 이뤄짐이 쉽게 확인된다. 따라서 이 글에서는 다의어를 이루는 각 단의들을, (A)[대상], (B)[대상의 형태], (C)[대상의 구성], (D)[대상의 기능], (E)[대상의 위치], (F)[기타] 등과 같은 6개의 의미영역으로 나누어 고찰하였다.

한국어의 '눈'은 [대상의 기능] 영역에 속한 단의가 많은데, 그것에 대응되는 베트남어 'Mắt'는 각 영역별로 비교적 균형 있게 분포되어 있나. 눌 다 [대상의 위치] 영역에 속한 단의가 없음은 동일하다. 한국어 '귀'는 [대상의 형태] 및 [대상의 위치(공간)]와 관련된 단의가 대부분이다. 이는 한국어 언중들이 '귀'를 '형태와 위치'의 특징을 중심으로 인식하고 있다는 뜻이다. 이들은 모두 '[구멍], [돌출]'이라는 형태적 특징과 '[上部] 또는 [종단부]'라는 공간적 위치의 특징을 가지는데, '耳部'가 신체의 '윗부분'에, 그리고 얼굴의 가장자리 부분에 위치하고 있다는 점에 기인된 것이다. 베트남어 'Tai'는 2개의 단의밖에 없어 의미 있는 언급을 하긴 힘들지만, [대상의 기능] 영역에 속한 단의가 없다는 점은 '귀'와 동일하다. [대상의 기능]이 중심인 '눈'에 [대상의 위치] 영역에 속한 단의가 없는 것과 대비된다. 한국어 '코'에는 특별히 언급할 만한 특징이 없지만, 그것에 대응되는 베트남어 'Mũi'는 [대상의 형태]에 속한 단의들이 대부분이라는 점이 특징이다. 이것은 베트남어 언중들은 'Mũi'를 [돌출]이라는 형태적 특징을 중심으로 인식하고 있음을 보여주는 것이다. 한국어의 '곶(串)'에 해당되는 것을 'Mũi'라고 지칭하는 것은 참 독특한 예다. ‘口部’는 [대상의 기능] 영역 중심으로 의미 확장이 이뤄졌다(한국어 ‘입’은 [대상의 기능] 중심이 확실하지만, 베트남어 ‘Miệng’은 그 정도가 조금 약하다). ‘口部’는 언중들에게 ‘말’과 관련된 기능이 부각되고 그것을 중심으로 인식되는 것이 자연스럽게 느껴진다.

　의미 확장의 과정에 적용된 비유법을 보면, [대상의 형태]와 [대상의 위치] 영역에서는 반드시 은유가 적용되고, [대상의 구성]과 [대상의 기능] 영역에서는 반드시 환유가 적용된다. 후자의 경우에는 은유와 환유가 복합적으로 적용된 경우도 많고, 환유가 두 번 이상 이중적으로 적용된 경우도 많다.

참고문헌

남경완(2005), 「의미 관계로서의 다의 파생 관계에 대한 고찰」, 『국어 의미론』 17, 한국어 의미학회.

배도용(2001), 「우리말 신체어의 의미확장 연구」, 부산대학교 박사학위논문.

박종갑(2006), 「언어와 사고의 상관 관계 연구 —한국어와 베트남어의 다의어 비교를 통해」, 『우리말연구』 19, 우리말학회.

이을환·이용주(1964), 『국어 의미론』, 수도출판사.

이정식(2003), 『다의어 발생론』, 도서출판 역락.

임지룡(1997), 『인지 의미론』, 탑출판사.

홍사만(1985), 「신체어의 다의구조 분석— '손' 의 의미를 중심으로」, 『소당 천시권 박사 화갑기념 국어학 논총』, 형설출판사.

이기동 편역(1983), 『언어와 인지』, 한신문화사 제2장, 「언어와 사고」(Clark, H. H. & E. V. Clark(1977), Language and thought, *Psychology and Language*, New York : Harcourt Brace and Jovanovich).

<사전>

국립국어원편(2001), 『표준국어대사전』, 두산동아출판사.

베트남교육부 베트남어와 베트남문화 연구소편(1999), 『베트남어대사전(Đại từ điển tiếng Việt)』, 문화정보출판사(Nhà xuất bản Văn hóa Thông tin).

베트남 언어학 연구원(2003), 『베트남어사전(Từ điển tiếng Việt)』, Da Nang 출판사(Nhà xuất bản Đà Nẵng).

의미 빈도 사전과 어휘 연구*

서상규

1. 서론

이 글은 현대 한국어 기본 어휘를 대상으로 한 의미 빈도 조사의 필요성과 방법론, 그리고 그 구체적인 적용으로서의 "한국어 기본 어휘 의미 빈도 사전"(가칭)[1]의 편찬에 이르는 일련의 과정을 밝히는 동시에, 이 사전을 활용한 어휘 의미의 심층적 연구의 가능성을 모색하는 데에 목적이 있다. '의미 빈도 사전'이란, 단어의 의미 항목 낱낱의 실제 사용 빈도와 분포를 밝힌 사전을 뜻한다. 이때의 빈도 구분의 경계는 동음이의어일 수도 있고, 다의어의 개별 의미 항목일 수도 있다.

더러 단일한 의미로만 쓰이는 단어도 있지만 기본 어휘는 대부분 다의적이다. 특히 일상적으로 자주 사용하는 고빈도 어휘들은 이러한 다의성이 더욱 두드러진다.[2] 한 단어가 가지는 의미는 사전적 기술로 귀착되게 되는데, 이

---

* 이 글은 필자가 『朝鮮學報』 198집(2006)에 발표한, 같은 제목의 논문을 고쳐서 다시 싣는 것이다.
1) 서상규·남윤진·진기호(1998a, 1998b), 서상규·최호철·강현화(1999), 서상규·강현화·유현경(2000) 등이 이와 관련된 공동 연구 과제의 보고서들이다.
2) 단어의 동형성과 다의성의 실제 양상을 살펴보기 위해, 연세 말뭉치(약 4천만 어절)에서 조사된 최상위 빈도의 단어 300개에 대해 이것들이 『연세한국어사전』(1998)에 실제로 몇 개의 동형어와 의미 항목으로 등재되었는지 그 수를 조사해 보았다. 그 결과, 한 개의 단어가 평균 약 1.7개의 동일 품사의 동형어(품사가 다른 동형어까지 포함하면 약 3.5개), 평균 7.2개의 의미 항목을 가진

러한 사전적 기술을 통해서 그 단어의 여러 뜻을 파악할 수는 있지만, 그 가운데 과연 어느 뜻이 더 중요하고 일상적인가 하는 물음에 부닥칠 경우 우리는 오직 경험이나 직관에 의존하여 판단할 수밖에 없다.

또한 일반적으로, 사전의 의미 기술에 있어서는 이른바 단어의 핵심적(또는 어원적) 의미를 먼저 기술하고, 주변적 (확장) 의미로 그 기술의 폭을 넓혀 가는 방식을 취한다. 그런데 언어 교육, 즉 외국어로서의 한국어 교육이나 국어 교육의 현장에서 학습자들이 단어의 의미를 습득하려는 경우, 한 단어의 다양한 의미를 한꺼번에 다 소화하기란 거의 불가능하다. 이럴 때 우리는 도대체 어떤 의미가 더 중요하며 어느 용법을 먼저 학습해야 하는가 하는 생각을 하게 될 것이다.

이와 같이, 어휘 교육 단계의 설정이나 교육용 기본 어휘의 선정을 비롯하여, 언어 교육이나 평가 단계 설정, 교재나 사전 편찬에서 사용 어휘나 표제어 선정, 뜻풀이의 사용 어휘 통제가 올바로 이루어지기 위해서는 정확하고 신뢰할 수 있는 빈도 정보가 꼭 필요하다. 그러나 이제까지의 여러 빈도 목록은 단순히 형태나 단어 그 자체의 출현 빈도만을 나타내는 것이 보통이다. 또한 거기에 제시된 빈도수에는 적지 않은 분석 오류가 포함되어 있을 뿐 아니라,3) 일상적 사용도(또는 중요도)가 다른 여러 형태와 의미의 빈도가 모두 하나의 빈도 수치로 통합되어 있어서,4) 이를 그대로 활용하기가 쉽지 않다. 이와 같은 문제를 해결하기 위한 방법의 하나가 바로 실제 자료에 쓰인 의미의 빈도를 조사하는 것이다.

것으로 나타났다.

3) 이에 대해서는, 서상규·한영균(1999 : 128~135)을 참조 바람.

4) 예컨대 '어렵다'의 경우, 서상규(1998 : 21)에 의하면 연세 말뭉치 전체(약 4,200만 어절)에서 10,434회 사용되어, 순위로는 466위의 최고 빈도어에 속하는 것으로 나타났다. 그렇지만, 『연세 한국어사전』(1998)에 정의된 것과 같은 '어렵다'의 여섯 가지 의미 각각이 어느 정도의 비중을 차지하는지 빈도 목록 상에서는 전혀 알아낼 도리가 없다.

2. 의미 빈도의 조사 과정

2.1. 의미 빈도 조사의 요소와 절차

말뭉치 분석 결과를 토대로 하여 한국어 교육용 기본 어휘의 의미 빈도 사전을 실제로 개발하기 위해서는 다음과 같은 여러 요소와 절차가 필요하다.

(1) ㄱ. 한국어 교육용 기본 어휘 선정
ㄴ. '한국어 교육용 말뭉치'의 구성
ㄷ. 말뭉치의 형태 정보 주석
ㄹ. 의미 구분을 위한 사전 선택
ㅁ. 말뭉치의 의미 정보 주석
ㅂ. 의미 빈도 추출
ㅅ. 의미 빈도 사전의 모형 고안

(1)의 각 과정은 순서대로 이루어져야 하는데, (1ㄱ)는 조사 대상의 범위와 목록을 확정하기 위한 것으로, 이 연구에서는 서상규·남윤진·진기호(1998b)에서 제안한 한국어 교육용 기본 어휘의 선정의 방법과 절차를 따랐다.5) 기본 어휘의 선정 과정과 방법, 목록 등은 서상규(2003b)에 자세히 밝혀져 있다. 이 기본 어휘는 『외국인을 위한 한국어 학습 사전』(서상규 외, 2004)에 실제로 반영되었다.6)

---

5) 이 논문에서는 다음과 같은 5단계의 절차를 제안하고 있다. 1단계 : "기본 어휘"의 개념의 수립, 2단계 : 말뭉치를 대상으로 한 어휘 빈도 조사, 3단계 : 어휘의 분포와 단계의 분석, 4단계 : 어휘 목록의 검증과 보완, 5단계 : 한국어 교육의 각 단계(교과 과정)의 목표에 따라 기본 어휘 구간과 목록 획정.

6) 1F, 2K, 3L은 각각 '1F : 5개 대규모 말뭉치 어휘 빈도 목록 공통 중요 어휘, 2K : 한국어 교재의 공통 중요 어휘, 3L : 기본 어휘 목록과 사전 중요어 목록의 공통 중요 어휘'를 뜻한다. 『외국인을 위한 한국어 학습 사전』(2004)에서는 이를 별표로 다음과 같이 표시하였다.
(예) 가르다★☆★ 동   가르치다★★★ 동   가르침★☆☆ 명   가수☆★★ 명

〈표 1〉『외국인을 위한 한국어 학습 사전』의 중요 어휘 목록(일부)

표제어	품 사	중요도	표제어	품 사	중요도
가게	명사	1F-2K-3L	가늘다	형용사	3L
가격	명사	1F-2K	가능성	명사	1F-2K
가구	명사	1F-2K-3L	가능하다	형용사	1F-2K
가까이	부사	1F-2K	가다	동사	1F-2K-3L
가깝다	형용사	1F-2K-3L	가다	보조동사	1F-2K
가꾸다	동사	1F-3L	가득	부사	1F-2K-3L
가끔	부사	1F-2K-3L	가락	명사	1F
가난하다	형용사	1F-2K	가렵다	형용사	3L

(1ㄴ)은 기본 어휘 목록의 타당성을 검증함과 동시에, 이들 각 단어들의 의미별 사용 분포를 조사하기 위한 조사 대상이 될 자료를 만드는 일이다. "한국어 교육용 말뭉치"란 한국어 기본 어휘들의 실제적인 용법을 분석하기 위해 구성한 100만 어절의 균형 말뭉치로, 그 구축의 구체적인 방법론과 실제에 관해서는 서상규·남윤진·진기호(1998b), 고석주·남윤진·서상규(1999), 남윤진(2000)에 상세히 밝혀져 있다. 이 말뭉치는, 현대 한국어의 언어 실상을 대표하도록 하여 한국어 교육의 교과 구성, 교재·사전 등의 개발 등에 널리 활용 가능하도록 설계되었다.

〈표 2〉 한국어 교육용 말뭉치의 표본 구성

텍스트 유형		내 용	표본수	규모(형태 수)
산 문	교 양	교양 해설	31	320,222
	실 용	지침, 정보	7	65,592
	사 적	수기, 전기, 기행, 르포	15	144,281
	예 술	소설	34	339,967
		수필	16	155,921
교과서		초등 교과서	65	519,669
		한국어 교재	30	182,062
구 어		구어(자연 발화 녹음 전사)	19	119,526
		준구어(시나리오, 대본 등)	12	118,758
합 계			229	1,965,998

(1ㄷ, ㄹ, ㅁ)은 실제의 조사 과정을 구체화하는 일인데, (1ㄴ)에서 구성된 말뭉치에 형태 정보(어절 분석의 결과)와 의미별 구분 정보를 정확히 붙여 나가는 것이다. 이때 의미 구분 기준은 기존 사전을 활용하는 것이 효율적인데, 이 연구에서는 실제 말뭉치의 용례 분석에 기반을 둔 『연세 한국어사전』(1998)을 의미 구분의 기준 사전으로 삼았다.[7]

사전 보기 --> 현재 표제어 : 그리다

예문
손 치워! 미애, 그리고는 차문을 열었다./그리구선 어디로 가서 살림을 차렸는지…

ID	표제	품사	동형어번호	의미번호	의미풀이
7186	그리다	동사	1	①㉠	(그림을) 만들다. 제작하다.
7188				①ⓛ	선과 색채 따위로 사물과 닮은 모습을 표면에 나타내다.
7189				①x1	선과 색채 따위로, 어떤 생각이나 감정, 형상 등의 추상을 그림으로 표현하다.
7187				②	어떤 생각이나 감정, 형상을 "말이나 글 또는 음학" 등으로 나타내다.
7185				③	(어떤 도형과 닮은 꼴을) 짓다. 이루다.
7190				④	[주로 '그려 보다'의 꼴로 쓰이어] (무엇의 모양을) 마음에 떠올리거나 상상하다.
7191			2		(떨어져 있는 사람을) 보고 싶어하다.
7184			3	x	그렇게/그와 같이 하다. 그렇게 말하다.

그리다 | 사전검색 | 사전 열기 | 닫기(C)

〈그림 1〉 의미 주석 기준 전자 사전(그리다)

일단 (1ㄱ~ㅁ)의 일이 이루어지면, 이를 토대로 (1ㅂ)의 통계 처리 과정을 거침으로써 기본 어휘의 의미 빈도 정보 데이터베이스가 완성된다. (1ㅅ)은 최종 결과를 가공하는 동시에, 실질적으로는 의미 빈도 사전의 전 단계에서 추출되어야 할 어휘 정보의 내용과 폭을 정하는 일이기도 하다.

2.2. '한국어 교육용 말뭉치'의 어휘 구성과 빈도표

'한국어 교육용 말뭉치'의 전체 어휘 구성은 다음과 같다.[8] 이것은 말뭉치

---

7) 본 연구의 의미 주석 사전에 관해서는 서상규(2001 : 88~89)를 참조 바람.
8) ⟨표 3⟩과 ⟨표 4⟩는 위아래로 연결된 것으로, 각 항목의 전체 합계는 ⟨표 4⟩의 맨 아래에 제시되어 있다.

의 어절 분석 결과를 토대로 이루어진 것이어서 일부 접사와 어근이 분석되어 있다. 표에서는 각 품사별로 형태(기본적으로는 단어)의 수, 형태 수의 비율(1ㄱ), 빈도수 합, 빈도수 합의 비율(1ㄴ)이 제시되어 있다.

〈표 3〉 한국어 교육용 말뭉치의 어휘 구성과 빈도

	품 사	형태 수	비 율(ㄱ)	빈도수 합	비 율(ㄴ)
실질형태	명 사				
	명 사	28,921	54.84%	380,105	19.33%
	고유명사	6,692	12.69%	36,623	1.86%
	의존명사	315	0.60%	59,136	3.01%
	대명사	157	0.30%	44,104	2.24%
	수 사	108	0.20%	18,459	0.94%
	동 사	8,243	15.63%	234,903	11.95%
	형용사	2,651	5.03%	80,375	4.09%
	지정사	5	0.01%	43,679	2.22%
	보조동사	58	0.11%	54,414	2.77%
	관형사	675	1.28%	37,034	1.88%
	부 사	2,622	4.97%	88,251	4.49%
	감탄사	496	0.94%	11,546	0.59%
	소 계	50,943	96.60%	1,088,629	55.37%
접두사	명사파생	13	0.02%	516	0.03%
접미사	명사파생	90	0.17%	23,850	1.21%
	동사파생	3	0.01%	6	0.00%
	형용사파생	4	0.01%	127	0.01%
	어 근	15	0.03%	21	0.00%
	소 계	125	0.24%	24,520	1.25%

<표 3>에서 보듯이, 당초 100만 어절을 목표로 구성된 주석 대상 말뭉치에 포함된 실질 어휘(형태)는 모두 5만여 개로 전체의 96% 이상이지만, 이들 실질 어휘(형태)의 빈도를 모두 합하면 약 108만으로 전체의 약 55% 정도를 차지하는 것으로 나타난다.

<표 4>는 문법 형태 등의 형태와 빈도수, 그리고 그 비율 등을 나타낸 것이다. 어미와 조사 등은 형태 수가 적은 데 비해, 전체 빈도수 합은 매우 많

다(따라서 평균 빈도가 높다)는 점이 특징이다. 즉 조사와 어미 등의 형태 수는 1,600여 개로 전체의 약 3%에 불과하지만, 그들의 빈도를 합하면, 이 말뭉치 전체의 무려 43% 이상을 차지한다.

문법 형태까지를 포함한 전체 항목의 수는 5만 2천여 개로, 전체 빈도수 합은 약 196만으로 나타난다.

<표 4> 한국어 교육용 말뭉치의 어휘 구성과 빈도

품 사			형태 수	비 율(ㄱ)	빈도수 합	비 율(ㄴ)
문법형태 / 기타	조 사	주격 조사	6	0.01%	59,722	3.04%
		목적격 조사	3	0.01%	81,374	4.14%
		보격 조사	2	0.00%	5,329	0.27%
		부사격 조사	74	0.14%	89,321	4.54%
		관형격 조사	4	0.01%	37,707	1.92%
		호격 조사	5	0.01%	850	0.04%
		인용격 조사	8	0.02%	814	0.04%
		보조사	89	0.17%	87,485	4.45%
		연결 조사	25	0.05%	13,685	0.70%
	어 미	종결 어미	743	1.41%	111,869	5.69%
		연결 어미	561	1.06%	167,945	8.54%
		관형형 어미	59	0.11%	122,656	6.24%
		명사형 어미	3	0.01%	11,807	0.60%
		선어말어미	27	0.05%	61,290	3.12%
		축약형	5	0.01%	743	0.04%
	자 모		54	0.10%	252	0.01%
	소 계		1,668	3.16%	852,849	43.38%
전체 합계			52,736	100%	1,965,998	100%

2.3. 의미 주석 대상 어휘의 분포

본 연구에서의 의미 주석 대상은 원칙적으로 기본 어휘를 중심으로 한 실질 어휘이지만, 다음 표에서 볼 수 있듯이 일부 접미사도 포함되었다. 2005

년 11월 현재 『외국인을 위한 한국어 학습 사전』(2004)에서 제시된 2,975개의 기본 어휘 중 2,946개를 포함한 6,859개의 실질 어휘, 접미사 84개 등 총 6,943개의 단어 및 형태에 대한 의미 주석이 이루어져 있다. 이것은 한국어 교육용 말뭉치에 사용된 전체 형태 수의 13.6%에 불과한 양이지만, 그 용례를 합하면 모두 843,911개로 이 말뭉치 전체의 무려 75.9%에 이른다.

〈표 5〉 의미 주석 대상 어휘와 기본 어휘의 분포

품 사	한국어 교육용 말뭉치 어휘 분포		의미 주석 대상의 분포				
	형태 수 (ㄱ)	빈도수 합 (ㄴ)	주석 형태 수 (ㄷ)	비 율 (ㄱ/ㄷ)	주석 빈도수 합 (ㄹ)	비 율 (ㄴ/ㄹ)	ㄷ 중의 기본 어휘 수
명사	28,921	380,105	3,691	12.8%	261,087	68.7%	1,529
고유명사	6,692	36,623	33	0.5%	2,109	5.8%	18
의존명사	315	59,136	212	67.3%	52,887	89.4%	86
대명사	157	44,104	74	47.1%	39,106	88.7%	41
수사	108	18,459	79	73.1%	17,141	92.9%	43
동사	8,243	234,903	1,504	18.2%	187,882	80.0%	660
형용사	2,651	80,375	487	18.4%	64,105	79.8%	239
지정사	5	43,679	4	80.0%	38,359	87.8%	2
보조동사	58	54,414	57	98.3%	50,353	92.5%	27
부사	2,622	88,251	506	19.3%	70,149	79.5%	226
관형사	675	37,034	145	21.5%	31,296	84.5%	35
감탄사	496	11,546	67	13.5%	7,214	62.5%	24
소 계	50,943	1,088,629	6,859	13.5%	821,688	75.5%	2,930
접미사	90	23,850	84	93.3%	22,223	93.2%	16
전체 합계	51,033	1,112,479	6,943	13.6%	843,911	75.9%	2,946

말뭉치에 대한 의미 정보 주석은, 형태 정보(품사 표지) 부착 및 수정, 의미 표지 부착, 의미 빈도 통계 처리의 세 단계 과정을 거쳐 이루어졌으며, 각 과정에 필요한 소프트웨어를 개발하여 사용하였다.9)

---

9) 이의 상세한 내용에 대해서는 서상규(2001 : 86~90)를 참조 바람.

2.4. 주석 말뭉치의 구조

말뭉치의 모든 표본들은 형태소 분석을 거쳐 생성된 어절 분석 결과에 품사 기호가 부착된 후, 의미 주석을 거쳐 다음과 같은 구조의 말뭉치로 가공된다.[10]

〈표 6〉 형태 및 의미 주석 말뭉치(일부)

어절번호	원어절	어절내 순서	분석 결과	품사기호	의미기호
10005780	간호원을	1	간호원	nng	―
10005780	간호원을	2	을	jko	
10005781	불렀을	1	부르	vv	1-01-07
10005781	불렀을	2	었#	ep	
10005781	불렀을	3	을	etm	
10005782	때	1	때	nng	1-02-01-01
10005783	,	1	,	sp	
10005784	나는	1	나	np	3-00-01
10005784	나는	2	는	jx	
10005785	야단맞는다는	1	야단맞	vv	
10005785	야단맞는다는	2	는다는	etm	
10005786	말이	1	말	nng	1-00-04
10005786	말이	2	이	jks	
10005787	간호원을	1	간호원	nng	―
10005787	간호원을	2	을	jko	
10005788	두고	1	두	vv	1-04-01
10005788	두고	2	고	ec	
10005789	한	1	하	vv	1-01-01
10005789	한	2	ㄴ	etm	
10005790	말임을	1	말	nng	1-00-04
10005790	말임을	2	이	vc	3-00-01
10005790	말임을	3	ㅁ	etn	
10005790	말임을	4	을	jko	
10005791	알았다	1	알	vv	-01-01
10005791	알았다	2	았	ep	
10005791	알았다	3	다	ef	
10005792	.	1	.	sp	

2.5. 의미 빈도 사전의 모형

한국어 교육 분야에서의 실제 활용 가능성을 높이기 위해서는 사전 구조와

---

10) 이 표의 '의미기호'는 『연세한국어사전』(1998)에서의 의미항목을 기호화한 것이다.

구성 요소, 빈도 표시의 방법, 사용자 편의성을 극대화하기 위한 방안 등이 검토되어야 하는데, 현재 검토 중인 사전 기술의 모형은 다음과 같다.

| 감다 (131) |

감다1 동 1이 2를 감다

　　Ⅰ 아래와 위의 눈시울을 마주 붙이다. 눈꺼풀로 눈알을 덮다. ¶눈을 감아 버렸다. 【77 / 58.8%】

　　　▶눈을 감다 (어른이) 죽다. ¶그는 그 날 새벽녘에 편안히 눈을 감았다. 【3 / 2.3%】

　　Ⅱ (나쁜 짓을 보고도) 모르는 체하다. ¶부정부패에 눈을 감다. 【1 / 0. 8%】

감다2 동 1이 2를 감다

　　머리나 몸을 물에 담가 씻다. ¶머리를 자주 감는다. 【26 / 19.8%】

감다3 동

　　Ⅰ 1이 2에 3을 감다

　　　① (실이나 끈처럼) 길고 가는 것을 헝클어지지 않게 무엇에 두르다. ¶목도리를 목에 감고 있었다. 【11 / 8.4%】

　　　② (팔이나 다리를) 다른 사람의 몸의 일부분에 두르다. ¶아이는 엄마의 목에 팔을 감고 떨어지질 않았다. 【2 / 1.5%】

　　　③ [속된말로] 옷을 몸에 걸치다. ¶하늘색 싱글로 몸을 감고 나비넥타이를 하고 있었다. 【5 / 3.8%】

　　　④ (가늘고 긴 것이) 무엇을 빙 두르다. ¶해초가 자꾸 다리를 감는다. 【2 / 1.5%】

　　Ⅱ 1이 2를 감다

　　　① 긴 물건을 헝클어지지 않게 모아 말다. ¶필름을 감아서 통에 넣었다. 【3 / 2.3%】

　　　② (뱀과 같이 몸이 가늘고 긴 동물이) 몸을 둥글게 모으다. ¶능구렁이는 몸을 감아 똬리를 틀었다. 【0】

　　　③ (태엽을) 돌리다. ¶잠자리에 들기 전 시계의 태엽을 감았다. 【1 / 0.8%】

| 미치다 (165) |

미치다1 동

　　Ⅰ 1이 미치다

① 정신에 이상이 생기다. ¶대번 보기에도 **미친** 여자였다. 【47 /
  28.5%】

② (말과 행동이) 정상적인 상태를 벗어나다. ¶너 **미쳤구나?** 【33 /
  20.0%】

③ 매우. 몹시. ¶**미치게** 보고 싶었어. 【2 / 1.2%】

④ 정신이 나갈 정도가 되다. 매우 괴로워하다. ¶분통이 터져 **미**
  치겠다. 【3 / 1.8%】

Ⅱ ①이 ②에 미치다

(어떠한 일에) 지나칠 정도로 푹 빠지다. ¶그 때 나는 연극에 **미쳐**
  있었다. 【8 / 4.8%】

미치다2 동

Ⅰ ①이 ②에 미치다

① (일정한 곳에) 가 닿거나 이르다. ¶그는 내 손이 **미치지** 않는 곳에
  서 있었다. 【8 / 4.8%】

② ㉠ (일정한 기준에) 다다르다. ¶수입이 지출에 **미치지** 못한다. 【5
  / 3.0%】

  ㉡ (사람의 수준에) 다다르다. ¶키만 컸지 힘은 아직 아버지에게
  못 **미쳤다.** 【0】

③ (어떠한 사실에) 말이나 생각이 이르다. ¶생각이 거기까지 **미쳤다.**
  【10 / 6.1%】

④ (힘이나 기운이) 영향을 주다. ¶스포츠가 건강 및 인체에 **미치는**
  영향. 【13 / 7.9%】

⑤ (일정한 높이 등에) 이르거나 닿다. ¶무릎에도 못 **미치는** 얕은 물.
  【0】

⑥ (때나 장소에) 이르다. 도달하다. ¶버스가 목적지에 약간 못 **미쳤**
  을 때. 【0】

Ⅱ ①이 ②에 ③을 미치다

(영향이나 작용을) 끼치다. ¶이 폭발은 지구에 영향을 **미친다.**
  【36 / 21.8%】

3. 의미 빈도 사전을 활용한 어휘 연구

앞에서 소개한 의미 빈도 조사 결과는 특히 어휘 연구의 다양한 측면에서 활용할 수 있다. 이 글에서는 앞으로 기대되는 어휘 연구의 가능성을 제시하는 데에 초점을 맞추기로 한다.

3.1. "품사통용어 / 다의어"의 의미 분포

품사통용어란 기본적인 의미를 공통으로 가지면서, 둘 이상의 품사로 사용되는 단어를 가리킨다. 그런데 품사통용어의 두 품사는 어느 정도나 의미적 공통성을 지니고 있는 것일까? 또한 각각의 중심 용법은 과연 같은 것일까 다른 것일까?

이러한 의문을 풀기 위해 아래 표에서 동사와 형용사의 두 품사로 통용되는 '밝다'의 의미 분포를 비교하여 보자.11)

〈표 7〉 품사통용어 '밝다'의 의미 분포

표제어	품 사	기 호	뜻풀이 ¶예문	빈 도	비 율
밝다¹	동사		①이 밝다		
		①	어둠이 걷히고 (어떤 곳이) 환하게 되다. ¶어느덧 밖은 다 <u>밝아</u> 있었다.	4	2.2%
		②	밤이 지나가다. ¶아직 날이 <u>밝으려면</u> 멀었다.	14	8.3%
		기타		1	0.6%
밝다²	형용사	I	①이 밝다		
		①㉠	빛이 환하다. ¶햇살이 <u>밝았다.</u> / 달이 <u>밝다.</u> / <u>밝은</u> 불빛.	47	26.0%
		①㉡	(빛을 받아, 어떤 장소가) 환하다. ¶주위가 대낮같이 <u>밝았다.</u>	17	9.4%

---

11) 이하, 의미 빈도의 분포를 보이기 위한 표의 뜻풀이와 용례는 원칙적으로 『연세한국어사전』 (1998)을 바탕으로 하여 이를 수정, 보완한 것임을 밝혀 둔다.

표제어	품 사	기 호	뜻풀이 ¶예문	빈 도	비 율
밝다²	형 용 사	②	(색깔의 느낌이) 탁하지 않고 산뜻하다. ¶밝은 빛깔의 립스틱.	8	4.4%
		③ㄱ	(얼굴, 목소리가) 명랑하다. ¶그는 밝게 웃었다. / 표정이 밝았다.	45	24.9%
		③ㄴ	(사람, 성품 등이) 명랑하다. ¶그녀는 성격이 아주 밝았다.	11	6.1%
		③ㄷ	(분위기, 환경 등이) 명랑하다. ¶사무실은 밝은 분위기였다.	6	3.3%
		④	흐릿하지 않고 확실하다. ¶그는 계산이 밝은 사람이다.	4	2.2%
		⑤	(장래, 미래, 전망 등이) 희망적이다. ¶우리의 미래는 밝다.	8	4.4%
		⑥	(사회, 세상 등이) 공명하고 건전하다. ¶밝은 사회를 이룩하자.	4	2.2%
		⑦	(시력, 청력 등이) 좋다. ¶이 술을 마시면 귀가 밝아진대.	4	2.2%
		⑧	(어떤 능력이) 예민하다. ¶그는 밤눈이 유독 밝다. / 길눈이 밝다.	0	0.0%
		⑨	(예설, 인사성, 사리, 경우 등이)바르고 깍듯하다. ¶그는 매사에 경우가 밝고 인사성도 밝았다.	1	0.6%
		Ⅱ	①이 ②에 밝다 환히 잘 알아 능숙하다. ¶그는 서울 지리에 밝다.	6	3.3%
합 계				181	100%

'밝다'의 동사와 형용사 각각의 의미 대응 관계를 볼 때, 동사로 쓰일 때에는 형용사의 의미 중 가장 중심이 되는 용법인 의미Ⅰ①ㄴ만이 실현되고 있음을 알 수 있다. 동사의 중심 용법은 의미②로 나타나는데, 동사의 의미①, ② 모두 형용사의 Ⅰ①ㄴ에 대응한다고 볼 수 있다.

이에 비해 형용사는 의미Ⅰ①ㄱ을 더 중요한 용법으로 삼고 있으면서(26%), Ⅰ③을 또 하나의 중심적 용법으로 삼고 있는데(33%), 이러한 의미는 동사에서는 실현되지 않는다. 또한 형용사의 Ⅰ②나 Ⅰ④~⑨의 의미는 물론, Ⅱ에 기술된 의미 역시 동사에서는 실현되지 않는다. 동사의 용법은 그 비율 면에서나 의미의 분포 면에서나 매우 국한되어 있는 것이다.

한편, 같은 형태이면서 명사와 부사로 동시에 쓰이는 단어들은 어떠한 관계를 보일까? 또한 이러한 품사통용어의 분포적 특성이 모든 경우에 유사하게 나타나는 것인지, 아니면 단어 개별적으로 다르게 나타나는 것인지를 아울러 살펴보기로 하자.

<표 8> 품사통용어 '깊이'의 의미 분포

표제어	품 사	기 호	뜻풀이 ¶예문	빈 도	비 율
깊이[1]	명사	①	표면에서 밑바닥 또는 속까지의 거리나 길이. ¶깊이는 100미터나 된다.	7	5.0%
		②	(생각이나 사고가) 듬직하고 신중함. ¶그는 생각에 깊이가 있고 믿음직하다.	4	2.8%
		③	(내용이나 생각의) 충실함이나 무게. ¶이 소설은 깊이가 있다.	27	19.1%
깊이[2]	부사	①	(표면에서 밑바닥 또는 속까지의) 거리, 길이가 길게. ¶그들은 다 산 속 깊이 숨어들었다.	43	30.5%
		②	(생각이나 마음가짐이) 듬직하거나 신중하게. ¶살아가는 동안 깊이 생각해야 할 문제가 많습니다.	15	10.6%
		③	수준이 높게. 정도가 심하게. ¶그녀의 예술은 깊이 살펴볼 만한 가치가 있다.	43	30.5%
		기타		2	1.4%
합 계				141	100%

위의 표에 의하면 '깊이'는 부사와 명사로 동시에 사용되며, 그 의미 항목은 각각 일대 일로 대응하는 것으로 기술되어 있다.

용법상의 비중으로 본다면 부사로서의 용법이 명사에 비해 약 3배의 압도적 다수의 용례에서 나타난다. 부사로든 명사로든 모두 의미③을 각각 가장 중요한 용법으로 삼고 있다. 부사로 쓰일 경우에는 의미① 또한 ③과 동등한 비중으로 중심적 용법을 이루고 있다.

아래의 '가까이' 역시 명사와 부사로 쓰이는 품사통용어인데, 그 용법상의 비중은 부사가 명사에 비해 다소 우세한 것으로 나타난다. 부사가 압도적으로 다수의 용법을 차지한 '깊이'와는 다른 양상이다.

명사로 쓰이든 부사로 쓰이든 '가까이'는 모두 각각의 의미①을 공통적으로 가장 중심 용법으로 삼고 있다. 그러나 부사의 의미②는 명사에서는 실현되지 않는다.

〈표 9〉 품사통용어 '가까이'의 의미 분포

표제어	품 사	기 호	뜻풀이 ¶예문	빈 도	비 율
가 까 이¹	명 사	①	가까운 곳. 근처. ¶천장 가까이에 창이 나 있었다.	51	37.5%
		②	어떠한 기준에 거의 다다를 정도. ¶그들은 월급의 절반 가까이를 저축했다.	3	2.2%
가 까 이²	부 사	①	근처에. 거리가 멀지 않게. ¶하늘엔 별무리가 쏟아져 내릴 듯 가까이 보였다.	56	41.2%
		②	관계가 친하게. ¶우리는 옆집과 가까이 지내고 있다.	13	9.6%
		③	지금부터 얼마 되지 않은 과거에. ¶가까이 개화기를 거쳐 지금까지도….	0	
		④	'~가 거의'. (어떤) 정도에 거의 미칠 만큼. ¶시간이 밤 열 시 가까이 되었다.	13	9.6%
합 계				136	100%

3.2. 유의어와 반의어 의미 대조

일반적으로 유의 관계나 반의(또는 대립) 관계를 비롯한 여러 의미 관계를 맺고 있는 단어들을 관찰할 때에 우리는 대체로 그 단어들의 중심 의미에 기대서 판단하게 된다. 그러나 실제 단어들 간의 의미 관계는 각 단어의 개별 의미 항목별로 다르게 맺어질 수 있다는 것은 이제는 널리 알려진 사실이다.[12] 그렇다면 유의 관계나 반의 관계에 있는 두 단어의 실제적 용법의 양상은 과연 어떠할까?

---

[12] 실례로 『표준국어대사전』(1999)의 '춥다'의 반의어가 "[반]덥다01①"로 기술되는 것이라든가, 『연세한국어사전』(1998)에서 '안1'의 의미 기술에서 "①[반]밖"나 "②[유]내4"와 같이 기술하고 있는 것이 바로 그러한 인식의 반영이다.

반의 관계로 널리 일컬어지는 '무겁다'와 '가볍다'의 의미 빈도를 살펴보자. '무겁다'의 경우 ①의 의미가 전체 용례의 과반수를 차지하여 압도적으로 중심적인 용법을 이루고 있다. 이어서 ⑥㉠과 ②가 여타의 의미에 비해 두드러진 쓰임으로 나타난다.

<표 10> '무겁다'의 의미 분포

표제어	품 사	기 호	뜻풀이 ¶예문	빈 도	비 율
무 겁 다	형 용 사	①	무게가 많이 나가다. ¶무거운 가방을 들었다.	63	56.3%
		②	힘이 들거나 움직이기가 힘들고 어렵다. ¶그는 몸이 무거워 자리에서 일어나지 못했다.	12	10.6%
		③	(정도가) 심하다. ¶형량이 너무 무거웠다. / 그런 사람들에게는 무거운 벌을 주어야 할 것이다.	2	1.8%
		④	(자신의 능력에 비추어) 지나치게 부담스럽다. ¶책임이 너무 무겁다.	8	7.1%
		⑤	아주 중요하다. ¶각 정당은 이번 선거의 결과를 무겁게 받아들여야 할 것이다.	2	1.8%
		⑥㉠	(기분이나 분위기 등이) 유쾌하지 못하고 어둡고 침울하다. ¶나는 마음이 무거웠다. / 그는 무거운 목소리로 말했다.	13	11.5%
		⑥㉡	(소리나 색깔이) 어둡고 침울하다. ¶회색은 좀 무거우니까 좀더 밝은 색을 사용하자.	9	8.0%
		⑦	(움직임이) 둔하고 느리다. ¶그는 무겁게 고개를 끄덕였다.	1	0.9%
		x1	지나치게 부담이 되다. ¶회장이 된 경수는 어깨가 무거웠다.	1	0.9%
		x2	앉기만 하면 일어날 줄 모른다. ¶그렇게 엉덩이가 무거워서야 무슨 일을 하겠냐?	0	0.0%
		x3	말을 함부로 하지 않는다. ¶사람은 입이 무거워야 남에게 믿음을 줄 수 있다.	1	0.9%
		기타		1	0.9%
합 계				113	100%

이에 비해 '가볍다'에서는 '무겁다'의 중심 의미①에 대응하는 의미가 두 번째의 중요한 용법으로 나타나며, '무겁다'에서는 단지 한 개의 용례밖에 확인되지 않은 ⑦에 대응하는 의미('가볍다'의 ⑥ㄴ)가 가장 중심적인 용법인 것으로 나타나 있다.

따라서 일반적으로 가장 전형적인 반의어 쌍으로 자주 일컬어지는 이 두 형용사의 경우에도 각기 내재하는 중심 용법이 서로 다르게 나타난다는 것을 확인할 수 있다.

<표 11> '가볍다'의 의미 분포

표제어	품 사	기 호	뜻풀이 ¶예문	빈 도	비 율
가볍다	형용사	①	무게가 적다. ¶저 선수는 체중이 가벼운 편이다.	21	20.4%
		②ㄱ	마음에 부담이 없어 가뜬하고 경쾌하다. ¶나는 가벼운 마음으로 그 친구를 찾아갔다. / 발걸음이 그렇게 가벼울 수가 없었다.	15	14.6%
		②ㄴ	(소리나 색깔이) 밝고, 부드럽고 산뜻하다. ¶가벼운 원색 차림의 사람들. / 나는 일부러 목소리를 가볍게 하였다.	4	3.9%
		③	(생각, 말, 행동이) 신중하지 못하다. ¶그 사람은 입이 가볍다.	1	1.0%
		④	(어떤 것의 중요성이나 가치 따위가 적어) 대수롭지 않고 예사롭다. ¶그는 가볍게 응수하였다. / 이 일을 가볍게 보지 말아라.	14	13.6%
		⑤	(내용이나 형식이) 단순하고 부담이 되지 않다. ¶추리 소설은 가볍고 흥미롭다.	11	10.7%
		⑥ㄱ	(병의 증상, 죄 등의) 상태의 정도가 심하지 않다. ¶다행히 가벼운 처벌로 끝났다. / 가벼운 동상.	7	6.8%
		⑥ㄴ	움직임의 정도가 심하지 않다. ¶가벼운 현기증이 일었다. / 가볍게 경련이 일고 있었다.	29	28.2%
		x1	몸의 상태가 좋다. ¶샤워를 하니 한결 몸이 가벼운 것 같다.	1	1.0%
합 계				103	100%

한편, 다음 표에서 보듯이, '바르다'와 '옳다'를 유의 관계로 인식하게 하는 용법은 다음의 표에서 보듯이 '바르다'의 I③, ④, ⑤와 '옳다'의 I①, ②이다. 이들의 빈도를 모두 합치면, 각각 '바르다'의 76.3%, '옳다'의 78.2%에 해당하여 그 유의적 정도가 매우 크다는 것을 알 수 있다. 그럼에도 불구하고, '바르다'의 I①에 해당하는 용법이 '옳다'에는 없는 것을 비롯하여, 그밖에도 일치하지 않는 (또는, 바꾸어 쓰일 수 없는) 여러 용법이 있음을 확인할 수 있다.

〈표 12〉 '바르다'의 의미 분포

표제어	품 사	기 호	뜻풀이 ¶예문	빈 도	비 율
바르다³	형용사	I	①이 바르다		
		①	곧거나 반듯하다. ¶아이들은 긴장한 얼굴로 바르게 앉아 있었다. / 기울어진 묘비를 바르게 세웠다.	87	16.4%
		②	마음이 비뚤어짐이 없이 곧다. ¶아이가 참 심성이 바릅니다.	3	0.6%
		③	사리나 도리에 맞다. ¶그 분은 늘 바른 말씀을 하세요	71	13.4%
		④	틀리지 않다. 정확하다. ¶결과를 바르게 파악해야 한다.	192	36.3%
		⑤	(격식이나 형식 등에) 맞다. 어울리다. ¶한복을 바르게 입어라.	147	27.8%
		⑥	사실과 어긋남이 없다. 어긋나지 않다. ¶바른 대로 대답해.	8	1.5%
		⑦	예의를 잘 지키다. ¶청년은 예의 바르고 점잖았다.	16	3.0%
		II	['바른'의 꼴로만 쓰여] 햇볕이 정면으로 잘 비쳐서 밝고 따뜻한. ¶그들은 양지 바른 곳에 주검을 묻었다.	1	0.2%
		기타		4	0.8%
합 계				529	100%

<표 13> '옳다'의 의미 분포

표제어	품 사	기 호	뜻풀이 ¶예문	빈 도	비 율
옳다	형용사	Ⅰ	□1이 옳다		
		①	규범이나 사리에 맞아 바르다. ¶도대체 뭐가 옳은 것일까. / 옳은 일을 합시다. / 네 말이 옳다.	127	60.2%
		②	틀리지 않다. ¶이 문장에서 옳지 않은 곳을 고치시오. / 분명 제가 옳게 들은 거지요?	38	18.0%
		③	차라리 더 낫다. ¶차라리 스스로 물러나는 것이 옳겠다.	1	0.5%
		④	정상적으로. 올바로. ¶우리는 물 한 그릇 떠놓고 옳게 약혼을 하고 어쩌고 한 사이는 아니었다.	3	1.4%
		Ⅱ	[절] 옳다		
		①	마땅하다. ¶먼저 인사라도 드렸어야 옳다. / 그 말만은 하지 말았어야 옳았다.	10	4.7%
		②	맞다. ¶어머니도 그쯤은 미리 생각하고 다른 조처를 취했어야 옳았다.	9	4.3%
		Ⅲ			
		①	무엇이 자기의 생각과 꼭 들어맞을 때의 느낌을 나타내는 말. ¶나는 옳지, 하고 즉시 마음을 정했다. / 옳거니, 바로 그것이다!	11	5.2%
		②	어떠한 의견이나 생각에 동의를 나타내는 말. ¶옳소, 나도 그의 의견엔 동감이오.	4	1.9%
		③	잊었던 일이 갑자기 생각났을 때의 느낌을 나타내는 말. ¶옳지, 잘됐다 싶어 그에게 물었다.	6	2.8%
		기타		2	0.9%
합 계				211	100%

유의 관계의 시간 표현어로 자주 다루어지는 '이제'와 '지금'의 용법은 실제 아래와 같이 나타난다.

〈표 14〉 '이제'의 의미 분포

표제어	품 사	기 호	뜻풀이 ¶예문	빈 도	비 율
이제[1]	명사	①	(말하고 있는 바로) 이 때, 지금 이 시간. ¶ 이제부터 내 말을 잘 들어야 한다.	71	5.2%
		②	오늘날. 지금의 시기. ¶이제 세상을 이해하는 데에는 너무도 많은 것을 고려해야 한다.	35	2.6%
		x1	[어떤 행동이나 생각을 하는 시점에서 보아] 그때. ¶그 즈음, 나는 이제까지 알고 있던 모든 지식이 허무한 것을 비로소 깨달았다.	4	0.3%
이제[2]	부사	①	바로 지금. (말하고 있는) 이 때에. ¶이제 스물 셋에 접어든 참한 색시였다.	237	17.4%
		②	지금부터 앞으로 ¶집도 절도 없는 몸이 이제 어디로 가야 한단 말인가.	280	20.6%
		③	지금에 이르러. ¶나와 동생은 이제 누님의 뒷바라지 없이도 살아갈 만큼 성장했다.	500	36.7%
		기타		4	0.3%
이제[3]	감탄사		[특히 입말에서, 간투사적으로 쓰여] 다음 말을 잇거나 말 가운데 버릇처럼 쓰임. ¶그런데, 이제, 그게 이제, 막 시작하려던 그 참에, 이제, ….	231	16.9%
합 계				1,362	100%

〈표 15〉 '지금'의 의미 분포

표제어	품 사	기 호	뜻풀이 ¶예문	빈 도	비 율
지금[1]	명사	①	(말하고 있는 바로) 이 때. ¶도대체 지금이 몇 시야? / 그 일은 지금으로부터 10년 전 일이다.	208	12.2%
		②	오늘날. 현재. ¶나이 오십이 된 지금까지 나는 그런 일을 해 본 적이 없다.	468	27.4%
		x1	뒤늦은 이 시점에. ¶괜찮다고 하더니 왜 지금 와서 딴 소리를 하니?	7	0.4%

표제어	품 사	기 호	뜻풀이 ¶예문	빈 도	비 율
지금[1]	명 사	x2	현 시점. ¶지금 현재의 가장 큰 문제는 실업 문제이다.	6	0.4%
지금[2]	부 사	①	바로 이제. 이 시간에. ¶오늘 밤 당장 나가, 지금 당장!	544	31.9%
		②	오늘날에 이르러. 현재. ¶우리의 생활은 지금 매우 달라졌다.	405	23.7%
		x1	▶지금 현재 현 시점에. ¶지금 현재 회견이 진행되고 있습니다.	3	0.2%
		x2	[간투사적으로 쓰여] 말을 잇기 위해 뜻 없이 쓰는 말. ¶그러니까 과거에 종업원을 배신하고, 지금, 그 종업원의 돈으로 리베이트를 준 것이 아닙니까?	65	3.8%
합 계				1,706	100%

'이제'와 '지금'은 모두 앞의 3.1.에서도 언급한 바 품사통용어이지만, '지금'의 경우 명사와 부사의 비중이 거의 비슷하게 나타나는 데 비해 '이제'에서는 부사의 용법이 압도적으로 나타나고 명사로서의 쓰임은 상대적으로 매우 적게 나타난다.

이들 두 단어는 공통적으로, 발화시점(각각의 ①의 의미)과 발화시역(각각의 ②의 의미)[13]이 모두 중요한 비중을 차지하고 있다. 그런데 '지금'은 명사로 쓰일 때와 부사로 쓰일 때의 중심적인 의미는 서로 다르다. 즉 명사일 때는 발화시역(②)이, 부사일 때는 발화시점(①)이 더욱 중요한 용법으로 나타난다. 한편 '이제'에서는 부사 ③의 용법이 가장 두드러지면서도 다른 두 가지의 의미 역시 상당한 비중으로 쓰이는 것으로 나타난다.

'이제'와 '지금'의 쓰임에서 특히 두드러진 차이는 간투사로서의 쓰임의 비중이다. '이제'에서는 감탄사로서의 용법이 무려 12.9%에 달하는 데 비해 '지금'에서는 약 3.8%로 나타날 뿐이다.[14]

---

13) 서상규(1989)를 참조 바람.

14) 아래의 표는 '이제'의 모든 의미 각각의 빈도수를 텍스트 유형(장르)별로 표시하고, 그 각각의 장르에서의 비율을 구해서 그 비율의 높낮이에 따라서 순위를 매긴 것에서 최상위 10위까지만 표시한 것이다.

이러한 '지금'과 '이제'의 용법상의 특징은, 다음의 표와 같이, 텍스트의 유형에 따른 빈도의 분포를 살펴볼 때 더욱 확연히 드러난다.[15]

〈표 16〉 '지금'과 '이제'의 텍스트 유형별 빈도 분포

단어 텍스트 유형		이제					지금			
		부사	명사	감탄사	합계	비율	부사	명사	합계	비율
산문	교양 산문	164	24	0	188	0.06%	84	116	200	0.06%
	실용 산문	27	5	0	32	0.05%	17	15	32	0.05%

순 위	품 사	의 미	텍스트 유형	빈도 수	장르 내 비율
1	감탄사		구어	231	0.1933%
2			구어	61	0.0510%
3			수필산문	61	0.0391%
4			소설산문	107	0.0315%
5		③	교양산문	94	0.0294%
6	부사		실용산문	18	0.0274%
7			사적저술	39	0.0270%
8		②	구어	31	0.0259%
9			수필산문	36	0.0231%
10		①	구어	27	0.0226%

이 표에서 우리는 감탄사로서의 용법은 오직 구어 자료에서만 나타날 뿐 아니라, 그 사용 빈도 231은 구어 텍스트 전체(119,526개 형태)의 0.1933%에 해당하며, '이제'가 쓰인 여타의 다른 의미와 텍스트 유형과 비교해서도 가장 높은 비율에 해당한다는 것을 알 수 있다. 이 '장르 내 비율'은 규모가 다른 텍스트들에서 추출된 빈도수를 직접적으로 비교할 수가 없으므로, 이를 텍스트 내에서의 상대적인 비율로 환산함으로써 직접 비교할 수 있게 하기 위해 산출한 것이다. 이와 같이, 어떤 단어의 의미와 텍스트의 유형을 함께 살펴봄으로써, 우리는 그 단어의 어느 의미가 주로 어떤 텍스트에서 나타나는지, 그리고 텍스트의 성질에 따라서 의미 용법에 어떠한 특징이 드러나는가 하는 것들을 관찰할 수 있다. 우리가 지향하고자 하는 의미 빈도 사전에서는, 이와 같은 텍스트 유형과 단어의 의미 간의 관계를 더욱 정밀하게 밝혀 표시하는 것이 바람직할 것이다.

15) 이 표에서 '비율'은 어떤 빈도수 합이 해당 텍스트 유형 전체에 대해서 어느 정도의 비율인지를 나타내기 위한 것이다. 예컨대,
　"교양 산문"의 '지금'의 비율 : 빈도수 200÷텍스트 크기 320,222＝0.06%
　"사적 저술"의 '지금'의 비율 : 빈도수 107÷텍스트 크기 144,281＝0.07%
으로 나타나, 겉으로 보기에는 빈도수가 더 많은 교양 산문보다는 사적 서술이 빈도수는 적지만 상대적 비율은 더 높다는 것을 보여 준다.
각 텍스트 유형의 크기는 이 글의 〈표 2〉를 참조 바람.

단어 텍스트 유형	이제					지금			
	부사	명사	감탄사	합계	비율	부사	명사	합계	비율
산문 사적 저술	75	9	0	84	0.06%	50	57	107	0.07%
산문 예술 산문(소설)	235	11	0	246	0.07%	169	120	289	0.09%
산문 예술 산문(수필)	116	13	0	129	0.08%	70	61	131	0.08%
교과서 초등 교과서	129	13	0	142	0.03%	76	170	246	0.05%
교과서 한국어 교재	90	8	0	98	0.05%	157	75	232	0.13%
구어 자연 발화 전사	120	17	231	368	0.31%	294	49	343	0.29%
구어 준구어	65	10	0	75	0.06%	98	28	126	0.11%
합계	1,021	110	231	1,362	0.07%	1,015	691	1,706	0.09%

'이제'는 전체 말뭉치에 대해서 약 0.07%의 비율로 사용되는데, 이 평균 비율보다 높게 쓰인 텍스트는 단연 구어(자연 발화 전사)이며, 구어에서는 감탄사 > 부사 > 명사의 순으로 쓰이는 것으로 나타난다. 예술적 산문에 속하는 소설, 수필도 평균보다 약간 높은 수준으로 나타나지만, 이 텍스트들에서는 감탄사 용법은 나타나지 않는다. 한편 '지금'은 전체 말뭉치에 대해서 약 0.09%로 나타나 '이세'보다 조금 더 높은 빈도로 사용되는데, '이제'와 마찬가지로 구어(자연 발화 전사)에서 부사로 가장 많이 사용되는 것으로 나타난다. 그밖에, 한국어 교재 > 준구어 > 예술 산문(소설)이 각각 평균 비율보다 높게 나타난다.

앞으로 텍스트의 유형과 의미 분포 간의 관계를 더욱 면밀히 기술함으로써 다양한 어휘적 특성을 발견할 수 있음을 이 표를 통해서 알 수 있다.

3.3. 준말과 본딧말의 의미 대조

일반적으로 사전에서는 의존명사 '거'나 아래의 '이것, 그것, 저것' 등과 같은 준말의 의미 기술을 할 때 보통 "~의 준말" 또는 "구어적으로 이르는 말"(표준국어대사전) 등으로 기술하고 있다.

(2) 『연세한국어사전』의 준말 기술
   ㄱ. 거 囹 '것'의 준말.
   ㄴ. 그거 떼 ① (입말로) 그것. ② [주로 '~이 그거야 / 그겁니다'의 꼴로
      쓰이어] 앞에서 얘기한 사실을 강조함.

이러한 단어 기술 방식에는 준말과 본딧말(거-것, 그거-그것 등)이 문체적인
차이만 있을 뿐, 그 의미나 용법은 동일하다는 사실을 전제로 하고 있다.
   그런데 과연 준말과 본딧말은 동등한 가치와 용법을 지니는 것일까? 이러
한 질문에 대해 의미 빈도 조사 결과는 매우 뚜렷한 증거를 제공해 준다.

<표 17> '그것 / 그거'의 의미 분포

기호	뜻풀이 ¶예문	그것		그거	
		빈도	비율	빈도	비율
①	[듣는 이의 가까이에 있는 물건을 가리켜] 그 물건. ¶제발 <u>그것</u> 치워. / <u>그것</u> 날 주게.	23	1.2%	36	5.0%
②	[앞이나 뒤에 나온 사물, 현상을 다시 가리켜] 그 물건. 그 현상. ¶괘종 시계, <u>그것</u>은 할머니가 사 주신 것이다.	951	51.5%	197	27.2%
③	[서로 알고 있는 사실, 현상을 가리켜] 그 물건. ¶아, <u>그것</u> 말씀입니까?	51	2.8%	28	3.9%
④	[앞에서 말한 행위나 상태를 다시 가리켜] 그 사실. ¶실 컷 먹을 수 있다는 것, <u>그것</u> 하나만으로 만족할 수가 있 었다.	731	39.6%	414	57.1%
⑤	그 아이들. 그 녀석들. ¶네게 아이들이 생기고 <u>그것</u>들이 철들 때쯤 다시 이곳에 와.	5	0.3%	4	0.6%
⑥	[동물을 가리켜] 그 짐승(들). ¶그것들은 매일 물을 줘야 돼.	1	0.1%		
⑦	(구체적으로 말하기 난처하거나 민망한 것을 가리켜) 그 물건. ¶보면 볼수록 꼭 남자의 <u>그것</u> 같았다.	4	0.2%	1	0.1%
x1	[문장의 맨 앞에 쓰여] 어떤 일이 자기가 했던 말이나 행 동과 똑같이 되었을 때 쓰는 말. ¶<u>그것</u> 보셔요, 제 말이 맞죠?	5	0.3%	1	0.1%

기호	뜻풀이 ¶예문	그것		그거	
		빈도	비율	빈도	비율
x2	[문장의 맨 앞에 쓰여] (생각 밖의 일에 대해 놀랐음을 나타내며) 그 일은 정말로. ¶그것 참, 그럴듯한데.	21	1.1%	5	0.7%
x3	더구나. 게다가. ¶오늘은 이화하고 같이, 그것도 이화가 지어 준 밥을 먹게 되다니.	52	2.8%		
x4	(두 가지 이상의 일이) 서로 별로 다를 것이 없다. ¶수입이나 국산이나 거의 그게 그거다.	1	0.1%	2	0.3%
기타		3	0.2%	26	3.6%
합 계		1,848	100%	725	100%

‘그것’은 ②와 ④를 중심 용법으로 삼고 있어서 이 두 의미의 용법만으로도 전체 용례의 90% 이상을 차지한다. ‘그거’ 역시 ②와 ④의 용례의 합이 84%를 넘는다. 이 두 의미의 용법이 두 단어 모두에 공통적으로 중심적임을 알 수 있다. 그렇지만, 그 두 의미의 순서는 ‘그것’과 ‘그거’에서 서로 다르게 나타난다.

사전적 의미 기술의 순서나 우리의 일반적인 상식에 따른다면, 이 두 단어에서는, 구체적인 담화 장면의 사물을 가리키는 지시적 의미인 ①이 가장 중심 의미라고 할 것이다. 그러나 실제의 쓰임에서는 ‘그것’과 ‘그거’ 모두에서 이 의미는 소수의 용법에 불과하다는 점이 주목된다.

이와 같은 현상은 ‘이것−이거’, ‘저것−저거’에서도 동일하게 나타날까?

<표 18> ‘이것 / 이거’의 의미 분포

기호	뜻풀이 ¶예문	이것		이거	
		빈도	비율	빈도	비율
①	말하는 사람에게 가까이 있는 사물을 가리키는 말. ¶너 이것 좀 대신 전해 줄래?	134	18.5%	297	39.1%
②	바로 전에 말한 것이나 이미 알고 있는 것을 가리키는 말. ¶‘정신적 건강의 회복’, 이것이야말로 행복한 삶을 위한 구체적 처방이 될 수 있다.	566	78.0%	74	9.7%

기호	뜻풀이 ¶예문	이것		이거	
		빈도	비율	빈도	비율
③	'이 사람'을 얕잡아 이르는 말. ¶이것들이 감히 반항을 해?	8	1.1%	15	2.0%
x1	["이것 저것"의 꼴로] 여러 가지. ¶이것 저것 만져 보아라.	11	1.5%		
x2	말하는 이가 가깝게 느끼며 가리키는 대상이나 일. ¶이게 무슨 소리지? / 이건 제 인생이에요.			261	34.3%
x3	문장의 맨 앞이나 중간에 의미 없이 쓰임. ¶제가 이거 너무 지나친 부탁이 아닐까요? / 이거 정신을 차릴 수 있어야 살지.			85	11.2%
x4	["이것 참 / 정말 / 원 / 도대체"의 꼴로, 문장의 앞에 쓰이어] 생각이나 기대 밖의 일에 대해 놀랍다는 감정을 나타낼 때 하는 말. ¶아, 이거 참 오늘 내가 왜 이러지.	5	0.7%	21	2.8%
x5	[주로 "이것 보다"의 꼴로] 상대방을 부르거나, 따지려고 말을 시작할 때 쓰임. ¶이것 보십시오, 그게 말이 됩니까? / 이것 보세요, 손님.	2	0.3%	7	0.9%
합 계		726	100%	568	100%

<표 18>에서 우리는 '이것 / 이거'는 앞서의 '그것 / 그거'와는 다른 현상을 발견할 수 있다. '이것'은 의미 ②를 가장 중심적 용법으로 삼고 있는 데 비해(76%), '이거'는 ①의 의미가 중심적 용법으로 나타나는 동시에 x2의 의미로도 자주 쓰임을 알 수 있다. 이른바 중심 의미라 할 수 있는 ①의 의미가 '이것'에서는 상대적으로 매우 적게 나타나는 점, 그리고 x2의 의미는 아예 나타나지 않은 점은, 구체적인 지시물을 필요로 하는 구어적 담화 환경과 관련되어 있다고 가정해 봄직한 사실일 것이다.16)

---

16) 이 사실은 다음의 표에서와 같이 '이것', '이거'의 각 텍스트 유형에서의 빈도와 비율을 비교해 보면 확실해진다.

〈표 19〉 '저것 / 저거'의 의미 분포

기호	뜻풀이 ¶예문	저것		저거	
		빈도	비율	빈도	비율
①	(말하는 이와 듣는 이로부터 조금 떨어져 있는) 물건이나 동물을 대신 가리키는 말. ¶저것은 연기가 아니야.	31	52.5%	37	64.9%
②	(말하는 이와 듣는 이로부터 조금 떨어진 곳에서 벌어지는) 일이나 상황을 대신 가리키는 말. ¶저것 봐요, 사람들이 웃어요. / 저것 좀 봐라, 눈물 없이는 볼 수 없는 장면 아니냐?	6	10.2%	6	10.5%
③	[낮추어 이르는 말로] 저 사람. ¶내가 돈이 없다 보니 저것들이 나를 얕보는구나.	8	13.6%	6	10.5%
④	['이것'과 함께 쓰이어] 이것 이외에 다른 것. ¶이것도 어렵다, 저것도 어렵다 하면 도대체 무슨 일을 할 수 있겠느냐?	13	22.0%	6	10.5%
기타		1	1.7%	2	3.5%
합 계		59	100%	57	100%

'저것 / 저거'에서는 ①의 구체적 사물을 지시하는 중심 의미기 공통적으로 가장 널리 쓰이고 있음과 아울러, 그 밖의 다른 의미 역시 비율상의 약간의

범 주	내 용	규모(형태수)	이것	비 율	이거	비 율
산 문	교양 산문	320,222	250	0.08%	43	0.01%
	실용 산문	65,592	25	0.04%	3	0.00%
	사적 저술	144,281	37	0.03%	13	0.01%
	예술 산문(소설)	339,967	42	0.01%	77	0.02%
	예술 산문(수필)	155,921	82	0.05%	11	0.01%
교과서	초등 교과서	519,669	110	0.02%	69	0.01%
	한국어 교재	182,062	103	0.06%	123	0.07%
구 어	자연 발화 전사	119,526	61	0.05%	241	0.20%
	준구어	118,758	21	0.02%	180	0.15%
합 계		1,965,998	731	0.04%	760	0.04%

즉, '이것'의 경우 교양 산문 > 한국어 교재 > 예술 산문(수필) > 구어(자연 발화 전사) 등이 평균 비율 이상으로 쓰여서 문어와 구어에 걸쳐 널리 나타나는 데 비해서, '이거'의 경우에는 구어(자연 발화 전사) > 준구어 > 한국어 교재 등만이 평균 비율 이상으로 쓰이는 것으로 나타나서 대조를 이룬다.

차이를 제외하고는 모두 함께 사용되고 있음을 볼 수 있다.

결국, '이것, 저것, 그것'의 준말과 본딧말 관계를 살펴보면, 이들의 중심 용법이 체계적으로 대응하지 않는다는 것을 알 수 있다. 또한, 본딧말과 준말의 관계에서도 그 중심 의미 관계가 체계적으로 대응하지 않는 것으로 나타난다. '저것 / 저거'의 경우 본딧말과 준말 형태가 거의 같거나 비슷한 대응 관계를 나타내지만, '그것 / 그거'에서는 제1, 제2 중심 의미가 서로 엇갈려서 다르게 나타난다. 한편, '이것 / 이거'는 그 대응 관계가 더욱 복잡하여, 준말 형태가 고유하게 가진 용법의 비중이 매우 높게 나타나며, 이 두 형태가 단순한 준말 / 본딧말의 관계를 벗어나 각기 독자적 의미 영역을 확장해 나가고 있음을 알 수 있다. 이와 관련해서는 문어와 구어의 대조 분석을 통해 앞으로 더욱 깊이 살펴보아야 할 것이다.

3.4. 파생어 간의 의미 대조

의미 빈도 조사 결과를 통해서 우리는 파생어와 그 어원에 해당하는 단어의 의미 사이에는 어떠한 의미적 특성, 특히 둘 또는 그 이상의 파생 관계의 단어들 간의 의미적 대응 관계와 공통성에 관한 특성을 관찰할 수 있다.

'가깝다'에서 파생된 '가까이'「명사」「부사」의 실제 의미 빈도의 분포적 특성을 비교해 보기로 하자.[17]

<표 20> '가깝다'와 '가까이'의 의미 분포

가깝다 「형」		가까이 「명」		가까이 「부」	
기호	뜻풀이 ¶예문	빈도	비율	빈도	비율	빈도	비율
Ⅰ	①이 (②에서) 가깝다						
①	(한 곳이 다른 한 곳에서) 멀리 떨어져 있지 않다. ¶승규의 집은 학교에서 <u>가까웠다</u>.	105	39.9%	51	37.5%	56	41.2%

---

17) 이 표에서 '가까이'의 각 의미 항목의 사용 비율(%)은 명사와 부사를 모두 합한 전체 빈도(136)에 대한 비율로 표시되어 있다. 이를 통해서 '가까이'는 명사로서보다는 부사로서의 용법이 더욱 빈번함을 알 수 있다.

	가깝다 [형]			가까이 [명]		가까이 [부]	
기호	뜻풀이 ¶예문	빈도	비율	빈도	비율	빈도	비율
②	(어떤 때가) 될 시간이 멀리 떨어져 있지 않다. ¶새벽이 <u>가까워</u> 왔다. / 연말이 <u>가까워졌다</u>.	29	11.0%				
Ⅱ	①이 ②와 가깝다						
①	(서로의 사이가) 친하다. 친밀하다. ¶나와 그는 퍽 <u>가깝게</u> 지냅니다.	59	22.4%			13	9.6%
②	[주로 '가까운'의 꼴로 쓰이어] (어떤 친척과) 촌수가 적다. ¶어머니는 <u>가까운</u> 친척 결혼식에 가셨다.	11	4.2%				
Ⅲ	①이 ②에 가깝다						
①	(성질이나 상태가 무엇과) 거의 비슷하다. ¶엄마의 말은 차라리 울음에 <u>가까웠다</u>.	24	9.1%				
②	(어떤 상태에) 거의 이르다. ¶그 계획은 거의 완벽에 <u>가까웠다</u>.	15	5.7%			13	9.6%
③	(어떤 수에) 거의 미치다. ¶영주는 열흘이 <u>가깝도록</u> 모습을 나타내지 않았다.	20	7.6%	3	2.2%		
합 계		263	100%	54	39.7%	82	60.3%

'가깝다'가 쓰인 전체 용례의 거의 40%는 의미 Ⅰ①로 나타나는데, 이 의미는 파생명사와 파생부사에서도 거의 같은 비율로 나타난다. 그러나 부사로 쓰였을 때는 의미 Ⅱ①과 Ⅲ② 역시 적지 않은 빈도로 사용되는 데 비해, 명사로 쓰일 때에는 이러한 용법이 확인되지 않는다. '가까이'의 전체 빈도 중에서 60% 정도는 부사로 쓰이고, 명사로 쓰일 때보다 부사로 쓰일 때의 의미 폭이 더 넓다는 것을 알 수 있다.

이를 통해서 단어 파생 시에 유전되는 의미는 품사별로 서로 다르게 나타난다는 가정을 세울 수 있는데, 이는 향후 더욱 다양한 파생 관계의 기본적 단어를 폭넓게 조사하여 검증해 볼 필요가 있을 것이다.

4. 결론

이 글을 통해서 필자는 지난 1998년 이래 지속적으로 추진해 온 의미 빈도 사전 개발의 전 과정을 개괄적으로 소개하면서 이를 활용한 어휘 의미 연구의 방법론을 제안하였다. 이는 단순히 말뭉치를 이용하기 위한 하나의 구체적 방안을 제시하는 데에 그치지 않고, 이제까지 우리가 상대적으로 소홀히 해 왔던, 실제의 언어 사용의 특성, 분포적 정보를 파악하고, 이의 양적/질적 분석에 대한 관심을 촉구하려는 데 근본 취지가 있다.

이 사전의 개발 과정을 통해서 우리는, 1) 그간 주로 형태 위주로 이뤄져 온 빈도 정보를 의미 층위로까지 심층화하고, 2) 기존 어휘 조사 결과에서의 동음이의어 미구분의 문제를 해결할 수 있으며, 3) 기본어휘로 다루어지는 단어의 가장 중심적인 뜻과 용법을 밝히고, 4) 동음이의어/다의어의 의미적 실현 양상을 규명하고 어휘 의미의 관계성에 대한 새로운 성찰의 필요성을 제기하는 데에 기여하게 되었다고 할 수 있다.

앞으로 기본 어휘 후보에 대한 의미 사용의 분석 결과와 방법론을 더욱 개선해 나감과 동시에, 대상 어휘의 확충, 말뭉치 구성의 정교화, 좀 더 손쉬운 작업 환경과 도구의 개발 등이 수반된다면, 향후 언어 교육 분야에서뿐만 아니라 국어 정보 처리, 문법 및 어휘 연구 등 제반 관련 분야에 크게 기여할 수 있을 것으로 믿어 의심치 않는다.

참고문헌

고석주·남윤진·서상규(1999), 「한국어 교육을 위한 기초 어휘 의미 빈도 사전의 개발」, 『언어정보의 탐구 1』, 연세대학교 언어정보개발 연구원.

김종학(1995), 『한국어의 기초어휘 연구』, 중앙대 국문과 석사 학위 논문.

남윤진(2000), 「한국어 교육용 말뭉치의 구상과 실제」, 『제1회 한국어교육 국제워크숍 발표 자료집』, 연세대 언어정보개발연구원, 43~47면.

문교부(1955), 『우리말에 쓰인 글자의 잦기 조사』.

______(1956), 『우리말 말수 사용의 잦기 조사』.

문영호·권종성·리정용·최병수·박애순·김길연·서춘희·리근용·주향숙(1993), 『조선어빈도수사전』, 과학백과사전종합출판사, 평양(1994년 한국문화사 영인 발간).

서상규(1989), 「時間副詞의 時間表示機能에 대하여-<지금>과의 比較를 통한 時間副詞 <이제>에 대한 研究」, 『朝鮮學報』133집, 朝鮮學會, 23~96면.

____(1998a), 『현대 한국어의 이휘 빈도(상·하)』, 연세대학교 언어정보개발연구원 내부 보고서(CLID-WP-98-02-28).

______(1998b), 「말뭉치 분석에 기반을 둔 낱말 빈도 조사와 그 응용」, 『한글』 242호, 225~270면.

______ 편(1999), 『언어 정보의 탐구』 1, 연세대학교 언어정보개발연구원.

______(2000), 「한국어교육 말뭉치와 학습사전의 개발」, 제1차 한국어교육 국제학술대회 (한국어세계화추진위원회·이중언어학회 공동주최, 2000년 11월 18일~19일) 발표논문.

______(2001), 「말뭉치의 주석과 한국어 기본 어휘 의미 빈도 사전」, 『계량언어학』 1집, 박이정, 57~104면.

______(2002), 한국어 기본 어휘와 말뭉치 분석, 『21세기 한국어교육학의 현황과 과제』, 박영순 편, 한국문화사, 361~396면.

______(2003a), 「한국어 교재의 어휘 사용량 조사」, 『계량언어학』 2집, 박이정, 73~99면.

______(2003b), 「한국어 기본 어휘와 학습 사전」, 『朝鮮語研究會 第200回記念國際學術大會 發表資料集』, 동경, 139~161면.

______(2006), 「韓國語 學習 辭典 編纂과 基本 語彙의 選定을 위한 基礎研究」, 『朝鮮語研究』 3, 朝鮮語研究會 편, くろしお出版.

서상규·강현화·유현경(2000),「한국어 교육 기초 어휘 의미 빈도 사전의 개발」(한국어 세계화 추진을 위한 기반 구축 사업 결과 보고서), 문화관광부.

서상규·김진웅·김한샘(2001),「Yonsei Sense Frequency Dictionary based on sense-tagged corpus」,『사전편찬학 연구』제11집 2호, 19~38면

서상규·김한샘(2001),「의미주석말뭉치와 전자사전의 의미기술정보」,『제13회 한글 및 한국어 정보처리 학술대회 인간과 기계와 언어(학술 발표 논문집)』, 한국 정보과학회·한국인지과학회, 252~259면.

서상규·남윤진·진기호(1998a),『한국어 교육을 위한 기초 어휘 선정 1-기초 어휘 빈 도 조사 결과』(한국어 세계화 추진을 위한 기반 구축 사업 1차년도 결과 보고서), 문화관광부·한국어세계화추진위원회.

서상규·남윤진·진기호(1998b),『한국어 교육을 위한 기초 어휘 선정 2-교재 8종의 어 휘 사용 실태 조사』(한국어 세계화 추진을 위한 기반 구축 사업 1차년도 결과 보고서), 문화관광부·한국어세계화추진위원회.

서상규·백봉자·강현화·김홍범·남길임·유현경·정희정·한송화(2004), 『외국인을 위한 한국어 학습 사전』, 문화관광부·한국어세계화재단.

서상규·최호철·강현화(1999),『한국어 교육 기초 어휘 의미 빈도 사전의 개발』(1999년 도 한국어 세계화 추진을 위한 기반 구축 사업 결과 보고서), 문화관광 부·한국어세계화추진위원회.

서상규·한영균(1999),『국어 정보학 입문』, 태학사.

이상섭(1990),「낱말 빈도를 추정하기 위한 말뭉치 자료 수집의 실제」,『사전편찬학 연 구』제3집, 탑출판사.

이충우(1994),『한국어 교육용어휘 연구』, 국학자료원.

임지룡(1989),「국어의 기초어휘에 대한 연구」,『국어교육연구』23집, 경북대 국어교육연 구회.

임칠성·水野俊平·北山一雄(1997),『한국어 계량 연구』, 전남대 출판부.

장석배(1998),「연세말뭉치의 어절 빈도 연구」,「언어정보의 개발과 이용」(연세대학교 언 어정보개발연구원 제11회 언어 정보 연찬회), 연세대학교 언어정보개발연 구원.

野間秀樹(1998),『조선어 분류 기초 어휘집』, 일본 동경외국어대학 조선어학연구실.

______(2001),「일본어 모어화자 학습자를 위한 한국어 기초 학습어휘 선정과 제시방 법에 대하여」,「제2회 한국어 교육 국제 워크숍한국어 교육과 학습사전 발표 자료집」. 연세대 언어정보개발연구원.

Michael West(1967), *A General Service List of English Words*, Longmans.

홍사만 교수 논저 목록

1968년 ■「助詞 '―도'에 대한 考察」,『국어국문학 연구논문집』17, 3~16면, 1968. 6. 27.

1972년 ■「特殊助詞의 研究―'―는', '―도', '―만'의 기능을 중심으로」, 경북대 대학원 석사학위논문, 1~71면, 1972. 12. 20.

1973년 ■「語辭 '―만'에 대한 意味機能의 史的研究」,『어문론총』8, 경북대 국어국문학과, 95~117면, 1973. 10. 15.

1974년 ■「助詞 '―는 / ―은'과 '──도'의 意味機能 對比」,『東洋文化研究』1, 경북대 동양문화연구소, 109~130면, 1974. 7. 31.

■「國語 後置辭의 副詞的 機能 研究」,『文理學叢』2, 경북대 문리대, 1~16면, 1974. 8. 1.

1975년 ■「國語 後置辭의 格에 대한 無標性 研究」,『語文學』33, 한국어문학회, 293~314면, 1975. 10. 25.

■『變形生成文法槪論』(공역), An Introductory Transformational Grammar(B.L. Liles 원저), 螢雪出版社, 392면, 1975. 12. 20.

1976년 ■『생성·구조이론의 언어교육론』(공역), Generative Grammar, Structual Linguistics, and Language Teaching(K.C. Diller 원저), 창학사, 254면, 1976. 7. 31.

■「15世紀 國語語辭 '믓'과 'ᄀ장'의 比較」,『朝鮮前期의 言語와 文學』, 형설출판사, 201~219면, 1976. 11. 26.

■「國語 後置辭의 下位分類」,『東洋文化研究』3, 경북대 동양문화연구소, 1~18면, 1976. 12. 15.

1977년 ■「國語 接尾辭 目錄에 대한 再考(1)—N類 派生接尾辭와 助詞와의 動搖」, 『語文學』 36, 한국어문학회, 101~134면, 1977. 11. 15.

■「國語 程度副詞와 狀態副詞의 比較 硏究」, 『東洋文化硏究』 4, 경북대 동양문화연구소, 39~54면, 1977. 11. 30.

1978년 ■「韓国人の日本語学習における難易度の分析—とくに両国語間の音韻組織の対照を中心に」, 『外国語と日本語』 3, 筑波大学 文芸・言語学系, 49~62면, 1978. 3. 1.

1979년 ■「日本語の副助詞と韓国語の特殊助詞との対照研究(2)—その接続機能を中心に」, 『朝鮮学報』 90, 朝鮮学会, 1~22면, 1979. 1. 26.

■「『三国史記』記載の百済地名より見た古代百済語の考察」(共), 『文芸・言語研究』 3, 筑波大学文芸・言語学系, 73~128면, 1979. 3.

■「日本語の副助詞と韓国語の特殊助詞との対照研究(1)—その副詞的連用修飾機能を中心に」, 『外国人と日本語』 4, 筑波大学 文芸・言語学系, 93~113면, 1979. 3.

■『生成變形文法入門』(공역), Einführung in die generative Transformationsgrammatik(J. Bechert・D. Clément・W. Thümme・K.H. Wagner 원저), 學文社, 500면, 1979. 7. 15.

■「'前提'에 대한 一考察」, 『여천 서병국 박사 화갑기념 논문집』 353~362면, 1979. 12.

■「助詞 '—만'의 意味分析」, 『東洋文化硏究』 6, 경북대 동양문화연구소, 23~46면, 1979. 12. 25.

■「助詞 '—도'의 意味分析」, 『語文學』 38, 한국어문학회, 125~158면, 1979. 12. 30.

1980년 ■「韓・日語 依存形態素의 對照研究(2)—特殊助詞 '—는/—은'과 副助詞 '—は'의 比較를 中心으로」, 『어문론총』 13・14, 경북대 국어국문학과, 91~122면, 1980. 8. 10.

1981년 ■「南北韓語彙의 形態論的 意味論的 比較研究—言語統一의 對策과 展望의 樹立」, 국토통일원, 1~98면, 1981. 12.

■「國語 性狀形容詞 小考—下位分類의 試論」, 『東洋文化硏究』 8, 경북대 동양문화연구소, 1~16면, 1981. 12. 31.

1982년 ■「大學新聞과 一般新聞의 比較研究—그 內容分析을 中心으로」(공저), 『경북대 논문집』 33, 1~29면, 1982. 8. 31.

■「助詞 '-나'의 意味分析」,『조규설 교수 회갑기념논집』, 713~737면, 1982. 9. 20.

■「韓国語の特殊助詞と日本語の副助詞との対照研究(3)−'極端例示語'類の意味
分析を中心に」,『言語研究』2, 대구언어학회, 115~133면, 1982. 10. 31.

■「極端例示의 表現樣相」,『人文學叢』7, 경북대 인문대, 1~14면, 1982. 12. 15.

■「韓・日語 依存形態素의 對照研究(3)−極端例示 助詞語類의 意味機能 對比」,
『어문론총』16, 경북대 국어국문학과, 67~96면, 1982. 12. 30.

1983년 ■「助詞 '-라도'의 意味分析」,『語文學』43, 한국어문학회, 207~226면, 1983. 5. 30.

■『國語特殊助詞論』學文社, 342면, 1983. 8. 10.

■『言語學槪說』(공저) 學文社, 372면, 1983. 8. 20.

■「韓国語の特殊助詞と日本語の副助詞との対照研究(4)−'−만'と'−だけ'との意
味機能対比」,『言語研究』3, 대구언어학회, 115~133면, 1983. 12. 10.

■「'表別'의 對立樣相」,『어문론총』17, 경북대 국어국문학과, 87~105면, 1983.
12. 30.

1984년 ■「助詞 '-야'의 意味分析」,『語文學』44・45, 한국어문학회, 317~333면, 1984.
4. 25.

■「下義關係와 含意」,『목천 유창균 박사 환갑기념논문집』, 계명대 출판부, 775~
793면, 1984. 12. 30.

■「LEECH의 意味論」,『어문론총』18, 경북대 국어국문학과, 47~67면, 1984. 12.
30.

1985년 ■「身體語의 多義構造 分析(1)−{손}의 意味에 대하여」,『소당 천시권박사 화갑
기념 : 국어학논총』, 513~536면, 1985. 5. 18.

■『國語語彙意味研究』學文社, 356면, 1985. 9. 30.

■「南北韓 語彙의 意味論的 比較分析」,『北韓』166, 북한연구소, 80~87면, 1985.
10. 1.

■「南北韓語의 言語 異質化의 實態分析과 그 統一方案」,『人文科學』1, 경북대
인문과학연구소, 89~108면, 1985. 12. 30.

■「韓・日語 依存形態素의 對照研究(4)−助詞 '−를 / −을'과 '−を'의 比較」,『어
문론총』19, 경북대 국어국문학과, 109~140면, 1985. 12. 30.

1986년 ■「身體語의 多義構造 分析−'머리'의 意味에 대하여」,『약천 김민수교수 화갑기
념 : 국어학신연구』 일조각, 604~624면, 1986. 10. 9.

■「韓・日語の依存形態素の対照研究(5)−特殊助詞と副助詞との分布・機能の比

較」,『人文科學』2, 경북대 인문과학연구소, 167~236면, 1986. 12. 25.

■「N類 派生接尾辭의 意味構造」,『人文學叢』11, 경북대 인문대, 1~16면, 1986. 12. 25.

■「AUSTIN의 言語行爲論」,『한국방송통신대 논문집』6, 193~207면, 1986. 12. 30.

1987년　■「外延的 含意와 內包的 含意」,『우정 박은용 박사 회갑기념 논총 : 한국어학과 알타이어학』, 효성여대 출판부, 625~639면, 1987. 6. 20.

■『新言語學槪論』(공저) 學文社, 324면, 1987. 6. 30.

■「'旣知·未知'의 情報構造」,『우해 이병선 박사 화갑기념 논총』, 339~356면, 1987. 8. 31.

1988년　■「言語構造의 對照研究와 外國語教育에의 活用方案―國, 英, 獨, 日語를 對象으로」,『言語研究』6, 대구언어학회, 1~193면, 1988. 6. 30.

■『韓·日語比較文法論』慶北大出版部, 378면, 1988. 9. 30.

1989년　■「韓·日語 音韻·文法의 對照研究」,『言語研究』6, 대구언어학회, 139~193면, 1989. 10. 10.

■「現代韓国語の特殊助詞の研究―日本語の副助詞との対比を中心に」, 筑波大学 文芸·言語学系 문학박사학위논문, 380면, 1989. 12. 31.

1990년　■『現代韓国語の特殊助詞の研究』慶北大出版部, 380면, 1990. 2. 20.

■「韓·日語 依存形態素의 對照研究(6)―特殊助詞와 副助詞의 承接關係 比較」,『言語研究』7, 대구언어학회, 129~150면, 1990. 12. 15.

■「北原의 構文論(1)―補充成分과 連用修飾成分」,『어문론총』24, 경북어문연구회, 151~171면, 1990. 12. 31.

■「北原의 構文論(2)―『うなぎ文』의 分裂文說」,『語文研究』15, 경북대 어학연구소, 1~15면, 1990. 12. 31.

1991년　■「身體語의 多義構造 分析(3)―'눈'의 意味」,『들메 서재극 박사 환갑기념 논문집』, 계명대 출판부, 839~856면, 1991. 10. 18.

■「韓·日語 依存形態素의 對照研究(7)―助詞 '―만'과 '―だけ'의 意味機能對比」,『李相泰 教授 回甲記念 論文集 : 伏賢日文學』, 75~110면, 1991. 12. 15.

1992년　■「北原의 構文論(3)―助動詞 相互承接의 構文論的 考察」,『어문론총』25, 경북어문학회, 163~197면, 1992. 12. 30.

■「韓·日語 慣用的 表現의 對照研究―身體語의 多義構造 比較를 中心으로」,『어문론총』26, 경북어문학회, 151~209면, 1992. 12. 30.

1993년 ■『한국어독본』(편저) 경북대 어학연구소, 160면, 1993. 3. 1.

　　　　■『한・일어대조어학 / 논고』탑출판사, 380면, 1993. 7. 30.

　　　　■「신체어의 다의 구조 분석(4)−{발}, {낯(얼굴)}의 의미」,『어문론총』27, 경북
　　　　　어문학회, 307~324면, 1993. 12. 30.

1994년 ■『國語意味論硏究』螢雪出版社, 388면, 1994. 8. 25.

　　　　■「자석어의 변천 연구−『倭語類解』와『日語類解』의 비교」,『권재선 박사 환갑
　　　　　기념논문집』, 721~758면, 1994. 10.

　　　　■「일본어의 정중성 표현」,『言語硏究』11집, 대구언어학회, 3~22면, 1994. 12. 30.

　　　　■「신체어의 다의 구조 분석(5)−인간 반응어로서의 신체어 관용구」,『어문론총』
　　　　　28, 경북어문학회, 125~163면, 1994. 12. 30.

1995년 ■『우리말과 글의 이해』(편저) 경북신학교 신학과, 214면, 1995. 3. 1.

　　　　■「신문기사 교열의 사례분석−오용례를 중심으로」,『어문론총』29, 경북어문학
　　　　　회, 187~207면, 1995. 12. 30.

1996년 ■「'머리'考」,『한국어학』3, 한국어학회, 501~535면, 1996. 1.

　　　　■「중세・근대어 {빈}과 {값}의 의미」,『어문론총』30, 경북어문학회, 213~241
　　　　　면, 1996. 12. 5.

　　　　■「중세・근대어 {싁싁ᄒ다}의 의미」,『言語硏究』13, 대구언어학회, 123~137
　　　　　면, 1996. 12. 30.

1997년 ■「말에 관한『잠언』서 분석−화자(話者)의 양태를 중심으로」,『하나님 말씀과
　　　　　우리말 성경』나채운 교수 정년퇴임 논문집, 장로회 신학대학, 608~626면,
　　　　　1997. 3. 25.

　　　　■「재외동포 재학생의 한국어 작문능력 점검−오류 형태의 사례 분석」,『雨江
　　　　　李相泰 敎授 停年退任 紀念論文集』, 1~18면, 1997. 4. 15.

　　　　■「한・일어 파생어 형성에 관한 비교연구−접미파생법을 중심으로」,『어문론총』
　　　　　31, 경북어문학회, 271~320면, 1997. 8. 31.

1998년 ■『韓国語敎本(初級)』東方社, 240면, 1998. 3. 1.

　　　　■『의미론 연구의 새 방향』(공저) 박이정, 380면, 1998. 6. 8.

　　　　■「특수조사의 의미론」,『이승명 박사 회갑기념 논문집 : 의미론 연구의 새방향』,
　　　　　박이정, 223~251면, 1998. 6. 8.

　　　　■「중세・근대어 어휘의미 연구(5)−{ᄉ랑ᄒ다}, {싱각ᄒ다}, {너기다}의 의미」,
　　　　　『어문론총』32, 경북어문학회, 179~204면, 1998. 12. 30.

1999년 ■「中世・近代韓国語の語彙意味の研究(7)−{어리다}と{졈다}の意味分析」, 『島根
県立国際短期大学紀要』 6, 島根県立国際短期大学, 1~28면, 1999. 3. 1.
　　　　■「일본학생들의 초급한국어 테스트 결과 분석」, 『韓・日言語文化研究』 3, 韓・日
言語文化研究所, 45~64면, 1999. 11. 30.
2000년 ■「日本語の副助詞における格との無関係性の研究」, 『島根県立国際短期大学紀
要』 7, 島根県立国際短期大学, 27~53면, 2000. 3. 1.
　　　　■「韓・日両言語の格助詞省略に関する対照研究」, 『東西言語文化の類型論特別プ
ロジェクト研究報告書』 3-2, 筑波大学, 655~680면, 2000. 3. 25.
　　　　■「중세・근대국어 {어리다}, {졈다}의 의미분석」, 『언어과학연구』 17, 언어과학
회, 225~250면, 2000. 6. 30.
　　　　■「어휘 의미의 생태적 추이」, 『어문론총』 34, 경북어문학회, 187~200면, 2000.
8. 30.
　　　　■『現代韓国語教本』 図書出版 映韓, 242면, 2000. 9. 15.
　　　　■「언어의 보편성과 특수성−한국어와 일본어」, 『韓・日言語文化研究』 4, 韓・日
言語文化研究所, 47~64면, 2000. 12. 31.
　　　　■「한・일어 파생어 형성에 관한 비교 연구−접두파생법으로 중심으로」, 『언어
과학연구』 18, 언어과학회, 333~363면, 2000. 12. 31.
2001년 ■「한・일어 격조사 생략에 관한 대조연구」, 『梅田博之教授 古稀記念 : 韓日語文
學論叢』, 太學社, 352~380면, 2001. 4. 24.
　　　　■『표준한국어교본』(공저) 경북대 어학당, 221면, 2001. 6. 30.
　　　　■「중세・근대국어 어휘의미 연구(8)−{짓다}, {만들다}의 의미분석」, 『언어과학
연구』 19, 언어과학회, 339~374면, 2001. 6. 30.
　　　　■「어휘 생태계의 역학적 현상」, 『새국어생활』 11권-4호, 국립국어연구원, 109~
118면, 2001. 12. 26.
　　　　■「韓・日語 接頭辭에 관한 對照研究」, 『韓・日言語文化研究』 5, 韓・日言語文
化研究所, 67~98면, 2001. 12. 30.
2002년 ■「국어 정도 부사의 피한정어 연구」, 『語文學』 76, 한국어문학회, 153~175면,
2002. 6. 30.
　　　　■「국어 정도 부사의 하위분류」, 『어문론총』 36, 경북어문학회, 31~72면, 2002.
6. 30.
　　　　■「한・일어 정도 부사의 대조 연구」, 『언어과학연구』 21, 언어과학회, 3~20면,

2002. 6. 30.

■「『古代朝鮮語と日本語』의 분석-한·일어 屬格(連體)조사의 비교」, 『金思燁 博士 追慕文集』, 293~331면, 2002. 8. 1.

■『한·일어 대조분석』, 도서출판 역락, 384면, 2002. 8. 10.

■『국어 특수조사 신연구』, 도서출판 역락, 424면, 2002. 8. 10.

■「日本語 程度副詞 小考」, 『韓·日言語文化研究』 6, 韓·日言語文化研究所, 3~34면, 2002. 11. 30.

2003년　■「한·일어 대조 연구의 어제와 오늘」, 『이중언어학』 22, 이중언어학회, 49~89면, 2003. 5. 30.

■『국어 어휘의미의 사적 변천』, 한국문화사, 382면, 2003. 6. 15.

■「중세·근대국어 어휘의미 연구(9)-의존명사 {듸}와 {줄}의 의미 분석」, 『어문론총』 38, 한국문학언어학회, 1~42면, 2003. 6. 30.

■「중세·근대 국어 의존명사 '줄'의 분포와 의미」, 『嶺南學』 3, 경북대 영남문화연구원, 263~302면, 2003. 6. 30.

■『쉽게 고쳐 쓴 우리 민법』(김문오 공저), 국립국어연구원, 606면, 2003. 12. 30.

■「우리 민법 속에 남아있는 일본어식 용어(1)-격조사 용법을 중심으로」, 『韓·日言語文化研究』 7, 韓·日言語文化研究所, 3~72면, 2003. 12. 30.

■「북한어 연구의 어제와 오늘」, 『평화연구』 28, 경북대 평화문제연구소, 1~40면, 2003. 12. 30.

2004년　■「우리 민법 속에 남아있는 일본어식 용어(2)-훈독 일본고유어와 음독 한자어」, 『어문론총』 40, 한국문학언어학회, 1~73면, 2004. 6. 30.

■『북한 문화어 어휘 연구-『조선문화어사전』 분석』, 경북대 출판부, 159면, 2004. 7. 15.

■「우리 민법 속에 남아있는 일본어식 용어(3)-법률 전문용어」, 『韓·日言語文化研究』 8, 韓·日言語文化研究所, 27~82면, 2004. 12. 30.

■「우리 민법 속에 남아있는 일본어식 표현(1)-명사구 표현」, 『어문론총』 41, 한국문학언어학회, 57~98면, 2004. 12. 30.

2005년　■「일본에서의 한국어 연구사와 한·일어 대조 연구」, 『語文學』 87, 한국어문학회, 1~46면, 2005. 3. 31.

■「『倭語類解』의 어휘 분석(1)-구개음화 표기를 중심으로」, 『어문론총』 42, 한국문학언어학회, 1~38면. 2005. 6. 30.

■『韓·日語 言語文化 對照研究』(全在昊 공저), 도서출판 역락, 378면, 2005. 9. 30.

■「우리 민법에 남아있는 일본어식 문체─'─때'와 '─경우'의 선행 시제사」, 『韓·日 言語文化研究』 9, 韓·日言語文化研究所, 23~48면, 2005. 12. 30.

2006년 ■「국어 의존명사 {것}의 사적 연구」, 『어문론총』 43, 한국문학언어학회, 101~144면, 2006. 6. 30.

■「『倭語類解』의 어휘 분석(2)─치음 아래 /j/ 유지 표기」, 『韓·日言語文化研究』 9, 韓·日言語文化研究所, 19~54면, 2006. 12. 30.

2007년 ■「『韓·日言語文化研究』의 분석」, 『백민 전재호 박사 팔순기념문집』, 간행위원회, 200~215면, 2007. 1. 10.

■「연역적 논증과 귀납적 추론」, 『어문론총』 46, 한국문학언어학회, 131~172면, 2007. 6. 30.

■「국어 분류사와 일본어 助數詞」, 『韓·日言語文化研究』 9, 韓·日言語文化研究所, 23~52면, 2007. 12. 30.

2008년 ■『국어 의미 분석론』, 한국문화사, 400면, 2008. 1. 31.

■「한·일어 분류사의 대조 연구」, 『언어과학연구』 44, 언어과학회, 2008. 3. 31.

■「중세·근대 국어 {하다}, {만ᄒ다}, {크다}의 유의 분석」, 『어문론총』 48, 61~95면, 한국문학언어학회, 2008. 6. 30.

■「보조동사 {내다}와 {버리다}의 양태적 기능 대비」, 『語文學』 101, 한국어문학회, 25~53면, 2008. 9. 30.

■「『倭語類解』와 『日語類解』의 표기형 대비─모음 표기 변화를 중심으로」, 『韓·日 言語文化研究』 12, 韓·日言語文化研究所, 29~56면, 2008. 12. 30.

2009년 ■『한국어와 외국어 대조분석론』(공저), 도서출판 역락, 620면, 2009. 3. 20.

■「한·일어 이중주격론의 대조 분석」, 『어문론총』 50, 한국문학언어학회, 33~72면, 2009. 6. 30.

홍사만 선생님의 삶과 학문

한결같다

2009년 8월로 홍사만 교수께서 36년간의 학교 생활에서 벗어나신다. 65세 생애의 절반 이상을 경북대학교에 몸담으셨다. 그간 성취해 내신 학문적 업적은 저서 24권, 번역서 3권, 연구 논문 103편으로 요약된다. 국어학자로서 이만한 업적을 쌓으신 분은 극히 드물다.

커다란 성취를 일구어 내신 선생님의 인품은 '한결같다'라는 한마디로 요약된다. '한결같다.' 홍사만 선생님을 오랫동안 대해 온 분들은 누구나 이 말에 동의할 것이다. 홍사만 선생님께서는 한결같은 실천력으로, 36년이란 짧지 않은 세월을 학자로서 그리고 교육자로시의 삶을 살아 오셨다. 제자들에게, 동료 교수에게 선생님의 태도는 늘 한결같았다. 선생님은 정년퇴임에 임한 연세임에도 사십 대 교수보다 더 활발한 저술 활동을 펼치고 계시다. 창의적 논문뿐 아니라 학계의 주목에 값하는 단행본을 지속적으로 출간해 오셨다.

선생님의 이러한 연구 활동은 학문에 대한 선생님의 역량과 깊은 열정으로부터 나오는 것이다. 40년에 가까운 성상을 쉼없이 학문의 길로 매진하기란 쉽지 않다. 요즈음에도 연구에 대한 선생님의 정열은 조금도 식지 않았다. 오히려 앞으로의 연구가 더 기대된다. 퇴임하신 후 더 자유로운 환경에서 더욱 알찬 성과들을 만들어 내실 것을 믿어 의심치 않는다.

자애롭다

주변 사람과 제자들을 대하는 선생님의 태도는 따뜻하고 부드럽다. 늘 미소를 머금은 표정은 사람들을 편안하게 해 준다. 숱이 많은 머리는 백발이

되어서 보는 이로 하여금 고결하고 깨끗한 성품을 엿볼 수 있게 한다. 이러한 선생님의 성품은 '자애롭다'라는 한마디로 요약된다. 선생님이 지니신 자애로움의 원천은 어디에서 비롯된 것일까. 타고나신 천성도 있으려니와, 선생님의 독실한 믿음과 실천적 신앙생활이 그 뿌리가 되었을 것이다. 대구 삼덕교회 시무 장로이시면서, 대구경북 교수선교회 회장 등의 실천적 활동을 하셨다. 선생님의 참된 신앙은 교육과 학문 활동에서 자애로움을 솟구치게 하는 원천이었으리라. 돈독한 신앙심을 지니셨지만, 선생님은 당신의 신앙에 대해 설명하거나 말씀으로 드러낸 적은 한 번도 없었다. 오로지 묵묵한 실천으로 교육과 연구 활동을 해 오셨다.

조화롭다

선생님의 전공은 언어이다. 언어는 음(音)으로 표현된다. 음이 조화를 이루면 율(律)이 된다. 선생님은 음율의 조화로 인생을 아름답게 가꾸셨다. 언어에 통하니 음율을 함께 꿰뚫으셨는지 선생님은 음악에도 깊은 조예가 있으시다. 경북대 국어국문학과의 학과 노래를 작곡하셨을 뿐 아니라 예술성 높은 노래를 여러 곡 쓰셨다. 1974년 경북대 합창단이 창립될 때부터 지금까지 35년 동안 지도교수를 해 오셨다. 이는 어느 대학에서도 찾기 어려운 기록일 듯하다. 또 선생님은 대구 삼덕교회 성가대 지휘를 30년이나 맡아 오셨다. 수학적 재능과 음악적 재능은 두뇌의 같은 부위에 존재한다는 말은 선생님을 통해서 증명이 된다. 대학입시 본고사에서 만점을 받았을 만큼 수학에 뛰어나셨다. 어쩌다가 동료 교수들과 노래방을 가게 되면 선생님의 음악적 재능은 유감없이 발휘된다. 트로트 뽕짝도 선생님의 목소리를 거치면 우아한 가곡풍이 된다. 따님 홍나영 피아니스트를 길러 내신 것도 선생님의 음악 재능이 이어진 것임에 틀림없다. 앞으로 선생님의 삶도 음악처럼 아름답고 조화로운 율려의 세계로 이어질 것을 믿어 의심치 않는다.

한결같은 연구의 길을 평생 동안 걸으시면서 홍사만 선생님은 질과 양의

면에서 탁월한 업적을 쌓아오셨다. 일본 쓰쿠바대학에서 1989년에 취득하신 선생님의 박사학위 논문은 깐깐하기로 정평이 나 있는 일본학계의 심사를 거친 노작이다.

선생님의 연구는 크게 세 부류로 나누어진다. 첫째는 특수조사 분야이며, 이 분야는 선생님 학문의 출발점이기도 하다. 이에 대한 연구는『국어특수조사의 신연구』로 결실되었다. 이 책은 특수조사 연구에 큰 획을 그은 저술로서 관련 연구자들이 딛고 건너지 않을 수 없는 징검다리가 되어 있다. 둘째는 어휘사와 의미론 분야이다. 이에 대한 연구는『국어 어휘의미의 사적 변천』으로 결실되었다. 어휘의미사 연구의 체계화는 물론 심도 있는 연구로 이 분야의 수준을 한 단계 끌어올린 책이다. 셋째는 한·일어 대조언어학 분야인데『한·일어대조분석』으로 결실되었다. 이 밖에도 남북한 언어 비교, 법률 용어 문제, 성서 분석 등에 대해서도 연구하셨다.

선생님의 논문과 저술들은 국어학을 연구하는 후학들에게 다양한 아이디어와 영감을 제공할 것이다. 선생님의 연구 업적이 워낙 방대하고 다양하여 이 짧은 글에서 자세히 언급할 수 없음이 아쉽다.

이 책,『국어 형태·의미의 탐색』이라는 제목의 책을 이렇게 반듯하게 간행하게 된 것은 전적으로 귀중한 논문을 주시고 격려를 베풀어 주신 집필진 선생님들의 덕택이다. 편집진에서는 홍사만 선생님의 연구 분야에서 활동하고 계시는 여러 학자분들께 논문을 청탁하였다. 새 논문 작성의 노고를 덜어 드리기 위해, 편집진에서는 이미 발표한 논문 중 대학원생에게 읽히고 싶은 글을 보내 달라고 여러 선생님들께 부탁을 드렸다. 그리하여 많은 분께서 옥고를 보내주셨다. 우리는 형태 및 의미론에 관련된 여러 논문들을 그 주제에 따라 몇 개의 하위 분야로 나누어 목차를 구성하였다. 그리하여 제1장 '형태·의미 연구의 공시적 접근 (1)'을 비롯한 네 개의 큰 장이 마련되었다. 이런 틀을 만드는 데는 남길임 교수가 수고하셨다.

앞으로 이 책이 국어학, 특히 형태론과 의미론을 연구하는 학자들과 대학원생의 공부에 도움이 되기를 진심으로 바라며, 투고해 주신 여러 선생님들께 엎드려 깊은 감사를 드린다. 귀중한 논문을 주셨음에도 주제상의 거리가 있어서 싣지 못한 논문도 있었다. 대단히 송구스럽게 생각하며 죄송한 마음을 여기에 적어 용서를 구하고 싶다.

끝으로 홍사만 선생님의 사모님에 대해 언급하지 않을 수 없다. 왜냐하면 선생님께서 이루어내신 커다란 학문과 사회활동 모두가 사모님의 헌신적 내조를 바탕으로 한 것이기 때문이다. 사모님은 김해 허씨이시며, 경북대 문리대 국어국문학과를 졸업하셨다. 두 분께서는 흔히 말하는 '과커플'이시다. 사모님은 부드럽고 온화한 인품의 소유자이시다. 우아한 외모도 빠뜨릴 수 없다. 홍사만 선생님을 닮으시어 일찍부터 하이얗고 고운 백발이 되셨다. 웬만한 부인네들이 하는 염색도 아니 하신다. 두 분의 백발은 서로 잘 어울리셔서 한 쌍의 백학 같은 품격을 자랑하신다. 돈독한 신앙심도 두 분이 같으시다. 사모님의 정 깊은 내조가 있었기에 홍사만 선생님께서 우뚝한 학문의 금자탑을 세우신 것이리라. 그리고 지금처럼 건강하신 선생님의 모습도 사모님의 내공을 증명한다.

선생님께서는 얼마 전에 새로 안경을 맞추셨다. 갈색 뿔테 안경이다. 이 안경을 쓰신 선생님은 젊은 학자 같은 풍모가 넘친다. 앞으로 두 분께서 더욱 행복하시기를 진심으로 기원한다. 그리고 앞으로도 줄기차게 계속될 선생님의 학문과 교육 활동이 우리를 끌고 미는 힘이 되기를 간절히 빌어 본다.

2009년 6월 11일 복현동 연구실에서

제자 백두현 삼가 씀

저자 소개(가나다순)

홍사만	경북대 국어국문학과 교수		
김영욱	서울시립대 국어국문학과 교수	김유범	고려대 국어교육과 교수
김정대	경남대 인문학부 교수	김창섭	서울대 국어국문학과 교수
김형철	경남대 국어교육과 교수	남길임	경북대 국어국문학과 교수
문금현	숙명여대 국어국문학과 교수	민현식	서울대 국어교육과 교수
박종갑	영남대 한국학부 교수	백두현	경북대 국어국문학과 교수
서상규	연세대 국어국문학과 교수	성환갑	중앙대 국어국문학과 교수
손세모돌	대진대 국어국문학과 교수	송철의	서울대 국어국문학과 교수
시정곤	한국과학기술원 인문사회과학부 교수	양태식	서울교대 국어교육과 교수
유현경	연세대 국어국문학과 교수	이광호	경성대 국어국문학과 강사
이상규	경북대 국어국문학과 교수	이찬규	중앙대 국어국문학과 교수
임지룡	경북대 국어교육과 교수	장윤희	인하대 인문학부 교수
조항범	충북대 국어국문학과 교수	최호철	고려대 국어국문학과 교수
하치근	동아대 국어국문학과 교수	한 길	강원대 국어국문학과 교수

국어 형태·의미의 탐색

초판 인쇄 2009년 8월 5일 | **초판 발행** 2009년 8월 20일

지은이 홍사만 외

펴낸이 이대현 | **편집** 추다영

펴낸곳 도서출판 역락 | **등록** 제303-2002-000014호(등록일 1999년 4월 19일)

주소 서울시 서초구 반포 4동 577-25 문창빌딩 2층

전화 02-3409-2058(영업부), 2060(편집부) | **팩시밀리** 02-3409-2059

전자우편 youkrack@hanmail.net

ISBN 978-89-5556-715-1 93710

정가 48,000원

■잘못된 책은 교환해 드립니다.